山西交通运输大事记
（2021）

山西省交通运输厅 编

方志出版社
Publishing House of Local Records

图书在版编目(CIP)数据

山西交通运输大事记.2021 / 山西省交通运输厅编.—北京：方志出版社，2022.12

ISBN 978-7-5144-5561-8

Ⅰ.①山… Ⅱ.①山… Ⅲ.①交通运输业—大事记—山西—2021 Ⅳ.①F512.725

中国版本图书馆CIP数据核字(2022)第252522号

责任编辑：齐　笑
责任校对：刘玉霞
责任印制：梅中英
出 版 者：方志出版社
地　　址：北京市朝阳区潘家园东里9号(国家方志馆4层)
邮　　编：100021
网　　址：http://www.zgfzcb.cn
发　　行：方志出版社图书营销中心(010-67110500)
印　　刷：太原市今天西马彩色印刷有限公司
开　　本：889毫米×1194毫米　1/16
印　　张：35.5
字　　数：1002千字
版　　次：2022年12月第1版
印　　次：2022年12月第1次印刷
定　　价：120.00元

《山西交通运输大事记(2021)》
编审委员会

《山西交通运输大事记(2021)》
编纂人员

主　　编　王　晋

执行主编　胡旭东

副 主 编　侯金铃　白彦萍

特约编审　师国梁

编　　辑　陈瑞丽　王晴红　李文瑾　杜佳卉　王瑞璇

特约编辑　薛东梅　茹　雷　杨金成　王　梅　吕秉洮　王志勇
　　　　　李文越　杨　俊　翟智慧　张警予　周应华　常　敏
　　　　　张　芮　董日辉　高　青　侯　兴　赵　勇　王九存
　　　　　陶建强　郭福生　马　可　董　芳　庞燕东　薛　炟

编辑说明

一、《山西交通运输大事记》以马克思列宁主义、毛泽东思想、邓小平理论、“三个代表”重要思想、科学发展观、习近平新时代中国特色社会主义思想为指导，坚持辩证唯物主义和历史唯物主义的立场、观点和方法，全面、系统、完整地反映山西省交通运输系统改革、发展、建设的辉煌成就。2014年起，省交通运输厅组织编纂《山西交通大事记》，2021年更名为《山西交通运输大事记》，每年一卷，公开出版发行。

二、《山西交通运输大事记（2021）》为大事记系列第8卷，由山西省交通运输厅组织编纂，与《山西交通运输年鉴》同时编写，单独出版，互为补充。其功能定位为进一步丰富和完善全省交通运输研究史料，便于全系统各级领导和干部职工参考、借鉴，有效地发挥宣传作用。收载文稿涵盖全省交通运输系统县处级以上各单位、各部门的建设、改革与发展情况，时限为2021年1月1日至2021年12月31日。

三、《山西交通运输大事记（2021）》设省交通运输厅机关、厅直属单位、公路系统、交通运输执法系统、邮政管理系统、交通控股集团、航空产业集团、各市交通运输局8个栏目。

四、《山西交通运输大事记（2021）》记述内容按时间先后顺序排列，一事一条。各县（市、区）交通运输局不单独报送大事记，其相关内容载入各市交通运输局大事记中。

五、《山西交通运输大事记（2021）》使用的计量单位，长度用千米（公里）、米、厘米、毫米，重量用千克（公斤）、克，面积用平方千米、公顷、平方米、亩，体积用立方米、升、毫升。

六、《山西交通运输大事记（2021）》使用的数字、标点符号、计量单位分别执行国家标准《出版物上数字用法》(GB/T15835-2011)、《标点符号用法》（GB/T 15834-2011）、《国际单位制及其应用》(GB3100-1993)和《有关计量、单位、符号的一般原则》（GB 3101-1993）。

七、《山西交通运输大事记（2021）》中所称“山西”“全省”，均指“山西省”；文中所称“省交通运输厅”“省厅”，均指山西省交通运输厅。

目 录

省交通运输厅机关

厅直属单位

公路系统

交通运输执法系统

邮政管理系统

交通控股集团

航空产业集团

各市交通运输局

省交通运输厅机关

山西省交通运输厅大事记

1月1日 太原首条城际高速公交线路太原至古交城际高速公交917路正式开通。首末站分别设在太原市下元公交枢纽和古交市汽车站，线路全长39.8公里，其中高速公路里程26.4公里。每天早6时30分由两地同时发首班车，冬季晚6时30分、夏季晚7时30分由两地同时发末班车。全程票价4元(刷卡同投币价)，65周岁以上老年人、残疾人、军人、伤残军人、消防应急救援人员、伤残警察、两参人员等法定免费群体可免费乘车。运营车辆全部为按高速公路通行标准定制的新能源纯电动公交车，零排放、无污染。

917路城际高速公交线路的开通，不仅为市区与古交深度融合发展奠定基础，同时也极大丰富和改善两地群众出行环境，进而为太原市构建新发展格局，促进经济社会发展提供有力支撑。

1月5日 省交通运输厅党组扩大会议召开，传达贯彻省委十一届十一次全体会议暨省委经济工作会议精神。厅党组书记、厅长闫晨曦主持会议并讲话。

会议提出要求：一是坚持问题导向、目标导向，树牢结果导向，深入总结“十三五”本部门本单位工作成绩、工作经验和短板弱项。要正视问题，一项一项地查，一条一条地改，在问题“见底归零”中不断补短板、转作风、提效能，以工作成效、工作实绩践行“两个维护”。二是合理谋划部署，全力以赴推动全年重点工作任务。要进一步增强做好全年交通运输各项工作使命感、责任感和紧迫感，以“开局就是决战、起步就要冲刺”精神，向年度目标任务发起冲刺。三是改进工作方法，不断强化抓落实本领和水平。要不断提高站位，深刻认识并不断加强对新形势下交通运输行业发展规律研究。要系统推进，善于“抓总、抓重、抓要”，做到两点论和重点论统一。要亲力亲为，进一步发挥领导干部“头雁”作用，一级带着一级干，一级做给一级看，坚持不懈，久久为功，努力为全省实现“十四五”转型出雏形目标做出新的更大贡献。

厅领导王晋、段新源、王四小、郭丙福、王建业、雷天才、李贵顺参加会议。

1月7日 省交通运输厅一级巡视员李贵顺带队赴交科集团调研指导科技创新工作。

李贵顺听取交科集团主要负责人关于企业基本情况和科技创新工作的专题汇报，同交科集团以及各业务板块有关人员进行充分交流，听取企业对省厅科技创新工作意见建议，并对交科集团在科技创新方面取得的成绩以及为全省交通运输发展提供的坚实技术支撑给予充分肯定。

李贵顺指出，中央经济工作会议以及省委十一届十一次全会暨省委经济工作会议，都将创新工作排在重点任务首位，把创新放在转型发展全局的核心位置，体现坚定不移地以创新驱动高质量转型发展的信心与决心。交科集团作为全省交通运输行业的技术中心、人才中心、创新中心，要深入学习贯彻习近平总书记关于科技创新的重要论述，以省委提出的“四为四高两同步”为引领，持续推进内部创新生态建设，利用好自身传统技术优势，聚焦全省交通强国建设和高质量转型发展中的重点问题，集中力量创新研发一批关键技术，掌握应用一批尖端技术，提升制定一批先进标准，进一步加强科研人才培养和创新平台建设，营造“创新为上”的良好氛围，为全省交通运输行业高质量发展做出更大贡献。

1月12日 山西省邮政管理局召开2021年全省邮政管理工作会议，总结2020年工作和“十三五”时期邮政快递业改革发展成效，谋划“十四五”及未来一段时期行业发展思路，明确提出2021年行业改革发展工作的总体要求和主要任务。

会议强调，全省邮政行业要按照“服务全领域、畅通双循环，激活全要素、打造双高地”战略思路，坚定不移贯彻新发展理念，坚持稳中求进工作总基调，以推动高质量发展为主题，以深化供给侧结构性改革为主线，以改革创新为根本动力，以“两进一出”工程为抓手，以满足人民群众日益增长的美好用邮需求为根本目的，统筹发展和安全两件大事，统筹事业与产业双轮驱动，着力稳态势、促改革、强基础、畅循环，推动山西省邮政快递业加快实现高质量发展、高水平崛起，不断加快邮政强国建设步伐，为更好服务常态化疫情防控和构建新发展格局做出积极贡献。

会议要求，2021年全省邮政系统要重点抓好七个方面工作，即持续加强党的全面集中统一领导；狠抓自身建设持续做强内部管理；切实巩固行业稳中向好发展态势；全力推进“两进一出”工程升级；全力以赴维护安全稳定发展局面；持之以恒推动绿色邮政发展；加快提升行业现代化治理效能。

1月13日 临汾市召开黄河一号旅游公路建设推进会，通报2020年全市黄河一号旅游公路建设情况，对下一阶段全市黄河一号旅游公路建设工作进行部署。

会议强调，建设黄河一号旅游公路是贯彻落实习近平总书记在黄河流域生态保护和高质量发展座谈会上的重要讲话精神和视察山西重要讲话重要指示的题中应有之义，是贯彻落实省委、省政府锻造黄河长城太行三大旅游板块重大战略部署的具体务实行动，是推动临汾市文旅融合发展走在全省前列的客观必然要求。各级各部门要进一步提高政治站位，认清存在问题，不讲困难不讲条件，千方百计予以解决，全力攻坚推进，确保2021年黄河一号旅游公路主线全面完成。

1月20日 从零时起，全国铁路实行新的列车运行图。中国铁路太原局集团有限公司管内将新增日常线列车66趟、周末线2趟，变更运行区段11趟。其中，太原南站首开宁波、黄山北高铁，太原站停靠20趟动车组列车，太原高铁枢纽开启“一城两站”模式。

为充分发挥三晋大地高铁成网优势，让群众共享铁路改革发展红利，太原局集团公司依托2020年12月12日新开通的郑太高铁，在太原南站首次开行前往宁波的G3135次、前往黄山北的G3127次高铁列车。长治东、晋城东也分别增开北京西方向G682次、G684次始发高铁列车，太行革命老区首次有了直通首都高铁，为老区发展提供现代化交通支撑。

凭借张大高铁开通、大西动车组贯通形成的快速通道和车站扩能改造，太原站接发列车能力得到进一步提升，去往包头、呼和浩特、大同、运城、西安、郑州等方向的20趟动车组列车开始在太原站停靠，旅客出行选择更加丰富多样。

随着近年来山西铁路网格局不断完善，三晋大地旅客列车运输能力提升20%以上，不断延伸客运线路、不断丰富客运产品为旅客出行带来新体验，为区域经济社会发展带来新助力。与此同时，为严格落实疫情防控要求，太原局集团公司各客运车站认真落实测温验码、通风消毒、旅客提示提醒、职工个人防护等各项防控措施，严防疫情经铁路运输传播。

1月22日 按照中央和省委部署要求，省交通运输厅召开2020年度党员领导干部民主生活会，紧扣认真学习贯彻习近平新时代中国特色社会主义思想，加强政治建设，提高政治能力，坚守人民情怀，夺取决胜全面建成小康社会、实现第一个百年奋斗目标的伟大胜利，开启全面建设社会主义现代化国家新征程这一主题，紧密联系厅党组班子工作，联系班子成员个人思想和工作实际，全面对照检查，认真检视剖析，开展批评与自我批评，提出整改措施，明确努力方向。厅党组书记、厅长闫晨曦主持会议并作总结讲话。省纪委监委、省直工委督导组有关负责人到会指导，并进行点评。厅领导王晋、段新源、王四小、郭丙福、王建业、雷天才、李贵顺参加会议。

厅党组对开好这次民主生活会高度重视，会前进行认真准备，深入学习研讨，广泛征求意见，开展谈心谈话，精心撰写对照检查材料，为开好民主生活会奠定扎实基础。

会上，通报厅领导班子“不忘初心、牢记使命”主题教育专题民主生活会整改措施落实情况和落实意识形态工作责任制、巡视整改情况。随后，闫晨曦代表厅领导班子作对照检查，重点从5个方面深刻查摆问题，深入剖析原因，明确努力方向和整改措施。闫晨曦带头作个人对照检查发言，厅领导班子其他成员逐一发言，进行对照检查，相互开展批评。

闫晨曦对会议进行总结，认为这次民主生活会开得很成功，真正红脸、出汗，达到预期效果，并对整改工作提出4点要求。一是进一步加强学习，不断提高政治站位。要以习近平新时代中国特色社会主义思想为指导，深入学习贯彻中共十九届五中全会精神，对照党中央和省委、省政府决策部署，加强科学谋划，深化改革创新，把学习成果转化为推动交通运输改革发展实际行动。二是进一步严肃党内政治生活，不断锤炼政治品格。厅领导班子成员要以上率下，带头落实组织生活制度，自觉接受党内政治生活锻炼，用好批评和自我批评的武器，敢于直面问题，真正做到履职尽责、忠诚担当。三是进一步压实管党治党责任，切实推动作风转变。要坚决扛起全面从严治党责任，强化党对交通运输工作领导，发挥“关键少数”作用，敢于动真碰硬，切实推动作风改进。四是进一步狠抓整改落实，务求整改取得实效。厅领导班子成员要带头拉清单、领任务，做到统筹兼顾、上下联动，建立工作台账，明确路线图、任务书、时间表，发扬“钉钉子”精神，狠抓工作落实，不断拓展和深化整改成效。

1月27日 省交通运输厅召开重点公路工程第一季度调度暨安全生产视频会议，分析当前安全生产形势，提前谋划复工复产，部署实现“首季开门红”工作任务。厅一级巡视员李贵顺出席并讲话。

李贵顺在讲话中，要求各单位各部门要聚焦疫情防控，补齐短板弱项，坚持不懈抓好常态化疫情防控，为重点公路建设创造良好条件。要聚焦“首季开门红”，以“健康复工、平安复工、文明复工、快速复工”为总要求，以高速公路2月底、普通国省干线3月底全面复工为总目标，奋力为全省经济发展做出交通表率。要聚焦安全生产，紧盯春节前、复工复产前等特殊时期，全面开展隐患排查整治，守住安全生产红线底线。要聚焦前期工作，进一步发挥主观能动性，加快推进征地拆迁和土地手续办理等落实。要聚焦招标投标、设计变更等关键环节，查缺补漏，靶向发力，夯实基础。要聚焦社会稳定，对农民工工资支付以及信访重点人员稳控等工作再排查、再攻坚，做好工地“稳岗留工”工作。要聚焦党风廉政建设，严格落实中央八项规定精神，确保春节期间公路建设领域风清气正。

1月28日 2021年春运开始，至3月8日结束，共40天。为更好地保障人民群众安全便捷出行，省交通运输厅认真贯彻落实省委、省政府和交通运输部有关春运安排部署，研究制定《2021年全省春运工作总体方案》，要求全省交通运输部门全力做好春运各项保障工作。一是切实做好疫情防控。着力加强疫情防控应急指挥调度，严格落实常态化客运服务防控措施，切实强化进出中高风险地区客运管控，强化春运一线服务保障人员培训和自身防护，强化在途疫情防控应急处置，严格落实货运服务防控措施，加强服务区和收费站疫情防控，切实保障公众通行安全。二是强化运输组织保障。切实做好道路旅客运输组织，优化运力调配，精心组织务工人员、学生“点对点”包车运输，加大闭环式防控和安全管理措施力度。加强客运枢纽、渡口码头、机场、旅游景区景点等重点区域运力投放和应急调度，进一步优化农村客运组织，切实做好水路运输组织，做好重点物资运输保障，按照“非必要不阻断”原则，确保应急运输畅通高效。三是强化安全应急保障。加强安全监督管理，严格落实主管部门监管责任，压实企业主体责任，建立健全明察暗访与自检自查相结合的检查整改机制，全面排查治理疫情防控和安全风险隐患。加强辖区地接驳点和接驳运输车辆监督检查，规范包车旅游客运企业安全管理,积极发挥企业智能视频监控报警系统,严禁私自招揽客运业务违法经营。加强“两客一危”重点营运车辆动态监控和零担货物道路运输安全管理。严格执行水路旅客实名制管理制度,强化水路客运安检查危工作。强化安全应急准备,完善有关预案,统筹做好春运应急运输组织、响应程序、应急措施等部署安排。四是强化路网运行保障。加强公路养护巡查,及时排查消除安全隐患,加强省际、市际信息共享与协调联动,确保跨省通道、长大隧道等重要路段衔接顺畅。强化路网运行监测,及时向公众发布实时路况等信息,引导公众合理安排出行。加强路网运行服务保障、收费站通行管理,强化电子不停车收费(ETC)车道运行监测。督促高速公路服务区进一步加强服务管理,确保商品供应充足、设施安全有效、环境卫生可靠、服务便捷高效。五是强化春运服务保障。优化旅客票务服务,进一步加强道路水路客运联网售票服务,推广应用电子客票,及时增加售票窗口和自助售票终端,延长售票时间,切实便捷旅客购票乘车。积极发展班车客运定制服务,提升旅客候乘体验,积极推广“刷脸进站”技术应用,开展旅客联程运输服务,有效提高旅客进站、换乘效率。切实做好与铁路、民航、水路衔接工作,解决旅客出行“最后一公里”问题。《方案》还对春运宣传引导、春运期间的值班值守和信息报送工作提出明确要求。

同日 2021年春运第一天,省交通运输厅党组书记、厅长闫晨曦赴省运输事业发展中心、“两客一危”运输企业调研春运道路运输安全生产工作。厅党组成员、副厅长郭丙福一同调研。

闫晨曦到太原帅航石化运输有限公司,听取关于危化品运输车辆安全管理工作情况汇报,了解企业对危化品运输安全管理有关政策的落实情况,现场察看危化品运输车辆安全装备和智能视频监控平台运营情况。他指出,“两客一危”是抓好道路运输安全生产工作的重中之重,关系人民群众生命财产安全。要进一步提高思想认识,坚持底线思维,严格落实行业监管责任,压实企业主体责任,加强安全生产源头防范和风险防控,检视短板弱项,堵塞安全漏洞,坚决防范和遏制重特大安全事故。要持续强化车辆动态监管,加强车辆安全技术状况检查,加大从业人员安全技能培训,及时发现、纠正车辆的违规行为和不安全驾驶行为,不断提升从业人员整体安全素质和应急处置能力。要对标一流,加大安全投入,通过信息化手段强化安全基础保障能力,实现安全管理水平提档升级,确保全省交通运输安全生产形势平稳向好。

在省运输事业发展中心,闫晨曦听取关于“两客一危”、春运、疫情防控等重点工作情况汇报,对中心所做的各项工作给予充分肯定,并对进一步做好当前和今后一个时期道路运输安全工作提出明确要求。他强调,2021年春运要进一步提高政治站位,强化责任担当,加强组织协调,统筹做好春运疫情防控和运输保障,确保运力调配和各项防控措施落实到位,确保人民群众健康安全平稳有序出行。要严格做好“两客一危”安全生产工作,加强分析研判,积极开展道路运输企业安全生产风险分类分级和隐患排查治理标准研究,为提升行业安全监管能力和车辆安全技术水平提供理论支持。要强化基础工作,协助做好“两客一危”领域安全监督检查、技术规范宣讲、从业人员培训、安全标准化建设、安全信用评价等各方面工作,为行业安全监管打下坚实基础。要提升科技管理水平,加快推进全省危险货物道路运输安全监管系统建设,充分发挥重点营运车辆联网联控系统动态监控作用,继续做好运政管理系统、旅游包车信息管理系统、危货道路运输电子运单系统的运行和技术支持工作,强化各系统间数据对接共享,做好数据分析,为实现智慧监管提供技术支持。闫晨曦还对中心更好适应改革新形势新要求,充分发挥应有职能以及做好其他重点工作提出要求。

1月30日 省交通运输厅党组成员、副厅长王晋赴山西路桥集团太佳东公司现场调研危化品运输车辆公共监管与服务平台建设工作。

在路桥太佳东公司路警联合信息监控指挥中心,王晋认真听取路桥太佳东公司和高速交警一支队十大队关于危化品运输车辆公共监管与服务平台建设、系统运行情况、路警协同机制等方面汇报，通过远程视频查看静乐服务区危化品运输车辆停放管理和应急消防队伍建设情况。

王晋在讲话中，要求按照《山西省推进交通强国建设行动计划（2021—2022）》建设一批“平安交通”基础工程，推进“两客一危”车辆智能视频监控报警系统，山西路桥集团积极探索，初步形成一个可用、管用、好用的技术管控成果，将“两客一危”重点车辆监管工作向前推进一步，在全省起到示范引领作用。下一步，要加强对“两客一危”重点营运车辆智能监控与预警系统研发，从功能模块、监测需求、预警效果等方面继续进行完善。要“走出去、请进来”，在广泛调研全国同行业先进经验、技术基础上，邀请行业权威专家进行指导，研究出台地方标准，在全省高速公路和普通国省干线公路广泛推广。

2月1日 中央广播电视总台《新闻联播》“奋斗百年路 启航新征程·脱贫攻坚答卷”栏目，播发以贺三芳为代表的山西省大宁县村民们脱贫致富的案例。

春节临近，大宁县花卉种植基地迎来销售旺季，在这里打工的60多人都是附近村民。大宁县地处吕梁山集中连片特困区，山大沟深、交通不便。过去，去县城只有一条两米多宽的土路，出行主要靠自行车或三轮车，赶上雨天几乎寸步难行。

脱贫致富靠发展，发展先行是交通。2016年，大宁县开始修建通村硬化路，路修通了，曾经因物流成本太高而放弃投资的花卉种植、生猪养殖等企业纷纷落户。2019年，大宁县80个贫困村2.3万多贫困人口全部脱贫。

2月3日 交控集团一届四次职代会暨2021年工作会召开。2020年，交控集团认真落实省委“四为四高两同步”总体思路和要求，统筹推进经营管理、项目建设、资产证券化、科技创新、风险防控、党的建设等各项工作，形成推动高质量发展的强劲态势，全年完成营业收入458亿余元，实现利润5.34亿元，完成目标任务。在资本运作方面，路桥股份以非公开发行股份方式引入央企战略投资人资金；环保公司增资控股“新三板”企业，向生态环保领域拓展；参股12.2%的山西华翔集团股份有限公司实现IPO，成为山西省2015年6月之后首家成功登陆A股市场的企业。在经营管理方面，通过新材料、新工艺、新技术使政府还贷高速公路降低养护成本2.3亿元；深化与壳牌（中国）的合作，引入中化石油有限公司，实现双品牌合作；完成4对服务区提档升级改造，新开通15对服务区、28座加油站。在项目建设方面，全年签订合同额500余亿元，完成项目投资280多亿元；10个投资项目建成通车，5个高速公路项目开工建设，21个在建项目有力有序实施，其中京雄高速项目创造日均施工产值突破1000万元的集团单项最高纪录；积极推进固废资源规模化应用，节约工程施工成本约1.6亿元。科技创新方面，获批“山西省智慧交通工程研究中心”等4个省部级研发平台；成立山西交科—华为联合创新实验室，与清华大学共建基础设施智能化联合研究中心；在五盂高速公路开展“智能网联重载货运车路协同”交通强国试点项目建设；太原东二环高速成为全省首条应用全寿命周期BIM技术的数字公路。风险防控方面，积极配合地方政府设置卫生检疫站316个，“点对点”包车运输4万余名农民工及时返岗；开展全集团全覆盖全方位隐患排查治理，各类安全生产事故起数和伤亡人数较2019年大幅下降。在党建引领方面，对14户所属企业开展政治巡察，完成3年巡察全覆盖目标，优选形成24个党建项目化成果。

2月5日 2021年全省交通运输工作电视电话会议召开，传达学习省长林武对全省交通运输工作的批示，总结2020年及“十三五”交通运输工作，分析形势，部署2021年工作。厅党组书记、厅长闫晨曦作题为“乘势而上，勇攀高峰，奋力开创‘十四五’交通运输发展新局面”工作报告，动员全省交通运输系统广大干部职工坚持以习近平新时代中国特色社会主义思想为指导，全面贯彻中共十九大、十九届历次全会精神和习近平总书记视察山西重要讲话重要指示以及习近平总书记关于交通运输领域的系列重要论述，深入贯彻落实省委十一届十一次全会暨省委经济工作会议、省“两会”和全国交通运输工作会议精神，乘势而上、勇攀高峰，奋力开创

“十四五”交通运输发展新局面。

2020年,是全省交通运输事业发展史上极不平凡的一年。面对新冠肺炎疫情和艰巨繁重的改革发展稳定任务,全系统上下凝心聚力、众志成城,顽强拼搏、共克时艰,统筹推进各方面工作,坚决打好交通运输疫情防控阻击战,强力推进交通基础设施建设,全力打好交通运输领域三大攻坚战,持续提升运输服务水平,坚定不移深化行业改革,深入推进行业治理,高起点布局交通强国建设,努力建设更高水平的平安交通,全面加强党的建设,切实以“第一责任”领导保障“第一要务”。一年来,固定资产投资实现逆势增长、运输服务水平持续提升、三大攻坚战成果显著、交通强国建设高起点开局、行业治理迈上新台阶,为山西高质量转型发展提供有力支撑,向省委省政府和全省人民交出优秀的“交通答卷”。

闫晨曦指出,2020年是“十三五”规划的收官之年。这五年,现代综合交通网络加快形成,交通运输服务保障能力大幅提升,行业治理体系更加科学高效,交通运输新技术新业态蓬勃发展,人民满意交通持续推进。“十四五”时期,要把思想和行动统一到中央、省委省政府和交通运输部对发展形势及各项工作的决策部署上来,从国家层面、省级层面、专业层面三个维度准确把握有利条件,抢抓发展机遇;对标目标任务要求、人民群众需求和发达省份先进经验,正确认识差距不足,补齐短板弱项;立足山西在全国发展中的战略定位和交通运输“先行官”定位,在交通强国建设中抢点布局,以推进交通强国建设为统领,加快构建现代化综合交通运输体系,争取到2025年实现综合立体交通网初见雏形、交通出行服务品质进一步提升、货运物流服务水平进一步提升、智慧平安绿色交通体系初步形成、行业治理现代化水平进一步提高等5个目标。

闫晨曦强调,2021年是中国共产党成立100周年,是全国现代化建设进程中具有特殊重要性的一年;是全省广大干部群众沿着习近平总书记指引的金光大道奋勇前进、推进转型出雏形的开局之年;也是全省交通运输系统立足新发展阶段、贯彻新发展理念,紧抓构建新发展格局机遇,全面加快建设交通强国的紧要之年。面对新形势、新任务,2021年全省交通运输工作总体要求是:以习近平新时代中国特色社会主义思想为指导,全面贯彻落实中共十九大和十九届历次全会精神,深入贯彻习近平总书记视察山西重要讲话重要指示,坚决贯彻党的基本理论、基本路线、基本方略,增强“四个意识”、坚定“四个自信”、做到“两个维护”,按照省委十一届十一次全会暨省委经济工作会议、省“两会”和全国交通运输工作会议部署,坚持系统观念,坚持稳中求进工作总基调,坚持“四为四高两同步”总体思路和要求,以推动全省交通运输高质量高速度发展为主题,以深化供给侧结构性改革为主线,以改革创新为根本动力,以满足人民日益增长的美好生活需要为根本目的,慎终如始打好交通运输领域疫情防控阻击战,全面开启交通强国建设新征程,围绕优化综合立体交通网,降低交通物流成本,提升服务供给质量,深化交通运输领域改革,守牢安全生产底线,巩固“山清水秀”政治生态,持续发力、久久为功,确保“十四五”开好局起好步,以优异成绩庆祝中国共产党成立100周年。

闫晨曦要求,2021年要重点做好11个方面工作:一要围绕“人民至上、生命至上”原则,坚决打好常态化疫情防控阻击战;二要围绕开启交通强国建设新征程,落实好各项试点任务;三要围绕构建新发展格局,加快建设布局合理、集约高效的综合立体交通网;四要围绕提升公路运营服务水平,大力加强公路养护管理;五要围绕人民群众高品质出行需求,加快构建便捷舒适、一体多元的交通出行体系;六要围绕构建现代流通体系,加快构建结构优化、经济高效的现代物流体系;七要围绕加快“六新”突破的战略要求,打造一批智慧交通、绿色交通、平安交通示范(基础)工程;八要围绕转变政府职能,不断深化交通运输改革;九要围绕实现行业治理现代化,推进交通运输依法治理、共治共享;十要围绕确保交通运输“本质安全”,坚决守住行业安全发展底线;十一要围绕坚持党的全面领导,切实加强交通运输系统党的建设。

闫晨曦最后强调，大道至简，实干为要。全系统广大干部职工要聚焦习近平总书记重要指示批示精神、聚焦山西转型跨越发展大局、聚焦转变工作作风，以奋发有为干劲、只争朝夕拼劲、久久为功韧劲抓落实，不忘初心，牢记使命，锲而不舍，一以贯之，以更加务实的工作作风、更加奋发的精神状态、更加有为的责任担当，加快建设交通强国，为全省转型出雏形贡献交通力量。

厅党组成员、副厅长王晋主持会议，就贯彻落实好会议精神、岁末年初的重点工作进行部署，并宣读《山西省交通运输厅关于2020年度重点工作完成情况评价结果的通报》。厅党组成员、副厅长、省邮政管理局局长秦红保传达省长林武对全省交通运输工作的批示。长治、临汾、晋中、阳泉市交通运输局，省运输事业发展中心，太原西北二环高速公路项目公司负责人作了交流发言。

厅领导段新源、王四小、郭丙福、王建业、郝玉柱、雷天才、李贵顺，厅二级巡视员、驻厅纪检监察组副组长、总工程师、厅机关处室主要负责人，厅直各单位主要负责人，山西交控、航产集团主要负责人在主会场参加会议。各市交通运输局、省公路局、省高速公路综合行政执法总队、省运输发展中心、省交通运输运行监测中心设分会场，各单位班子成员及相关部门主要负责人、重点工程项目单位主要负责人在各分会场参加会议。

2月12日 大年初一，省交通运输厅党组书记、厅长闫晨曦带领厅机关有关处室负责人到省交通运输运行监测与应急处置中心，视察春节期间道路保畅和应急值守工作，并代表厅党组向春节期间坚守在工作一线的工作人员表示慰问。

在省级"12328"电话受理平台、省交通运输厅运行监测与应急指挥大厅，闫晨曦详细询问春节期间电话受理情况以及道路车流量变化情况。要求严格按照省委、省政府以及省厅要求，进一步提高政治站位，增强责任意识，强化安全监管，全力做好春节期间疫情防控和运输保障工作。要加强值班值守，做好信息报送，密切关注天气变化，提前做好预警，妥善应对处置各类突发事件，做到尽好职、守好责，确保全省交通运输工作安全平稳有序，坚决遏制重特大事故发生。

最后，闫晨曦还实地查验省交通运输厅交通移动应急通信指挥平台运行及维护情况。要求抓好日常维护及保养，保证车辆及设备完好率，确保遇有情况，及时响应，完成应急保障任务。

2月20日 省交通运输厅党组召开扩大会议，贯彻落实省委全面深化"13710"工作制度推进会精神，部署全系统全面深化"13710"工作制度相关工作。厅党组书记、厅长闫晨曦主持会议并讲话。厅党组成员、副厅长王晋通报近年来厅"13710"信息化督办系统运行和重点任务台账化管理工作有关情况。

闫晨曦在讲话中，要求全省交通运输系统要更加自觉地对表习近平总书记视察山西重要讲话重要指示和习近平总书记对交通运输工作的重要论述，严格按照省委书记楼阳生"开年即是冲刺，开局就是决战"和"抓好'13710'就是抓作风、就是抓落实、就是抓转型"的指示，切实提高政治站位，增强责任意识，优化系统运行，加大考核奖惩力度，切实抓好省委会议精神的贯彻落实工作。一是提升思想认识，进一步深刻认识"13710"工作制度是省委、省政府贯彻落实中央重大决策部署的重要制度创新和推进全省各项重点工作的重要手段、重要工作方法；深刻认识"13710"工作制度运行以来极大提升全省各级部门单位的工作效率和工作成效，有力助推全省跨越式转型发展目标实现，取得良好实践效果；深刻认识省委、省政府近年来以上率下、干字当头，高度重视抓落实的实际效果，并树立以结果论英雄的鲜明导向。全系统要将抓好省委、省政府"13710"督办事项的承接落实与转作风、优职能、提质效结合起来，不断提高运行效果和反馈质效，实现"工作有章可循、流程科学规范、任务清仓见底"目标。要第一时间将上级部门有关交通运输系统工作部署、工作指示纳入厅"13710"系统，加强过程督办与考核，确保落地见效。二是各级领导干部要充分发挥"头雁"作用，主动加强调查研究，及时做好沟通协调、工作对接，重点解决工作过程中的难点堵点问题,注重抓常抓细,抓出成效。各部门各单位要强化“军令状”“交总账”意识,将各项指标性任务作为底线、红线,注重序时进度,对每一个错时环节实行“亮红灯”管理,以目标倒逼责任、以时限倒逼进度。三是按照“好用管用实用”原则,发挥“人脑+电脑”的复合优势,加强对厅“13710”系统的顶层设计,持续优化流程,精简优化任务数量,集中精力锚定重点任务推动落实。四是进一步健全考核机制,加大对“13710”督办事项以及纳入各类重点工作台账事项在年度目标责任考核中的赋分权重,并与年度评优选先挂钩。同时,对推动工作力度大、效果好,相关任务成绩突出的,加大表彰奖励力度;对敷衍塞责、造成不良影响的严肃追责。

闫晨曦最后强调,全系统要在百分之百承接落实好省委、省政府“13710”督办事项的同时,同步落实省委、省政府关于重点工作实行方案化、清单化、项目化管理要求,明确目标要求、责任主体、监督主体、具体时间节点,确保按时间节点抓一项成一项、实施一项见效一项,以坚定坚实、追赶超越之姿创造交通运输系统新的成绩,为助力全省实现转形出雏形提供交通支撑,向省委、省政府交上满意答卷。

厅领导段新源、王四小、郭丙福、王建业、郝玉柱、雷天才、李贵顺,厅机关有关处室和厅直相关单位负责人参加会议。

2月25日 全国脱贫攻坚总结表彰大会在北京人民大会堂隆重举行。大会对全国脱贫攻坚先进个人、先进集体进行表彰,省交通运输厅驻天镇县驻村工作队获“全国脱贫攻坚先进集体”称号。

5年来,厅党组高度重视驻村帮扶工作,以“百年目标、全党使命”的政治站位,坚持把脱贫攻坚作为首要政治任务、第一民生工程和头等大事来抓。省厅历届驻村工作队在厅党组正确领导下,积极响应党中央号召,踊跃到贫困村驻村帮扶。他们不忘初心、接力奋斗,用自己辛苦指数换取贫困群众幸福指数,注真情、扶真贫,学政策、重落实,纾民情、解民忧,强基础、兴产业,千方百计打通脱贫梗阻,驻村帮扶工作取得显著成效。

截至月底,省厅帮扶的6个贫困村全部整村脱贫,村集体经济收入显著提升,农民生产生活条件显著改善,村容村貌明显改观,建档立卡贫困户由654户1511人降至0户0人,贫困发生率由14.52%降至0。

2月26日 省交通运输厅召开厅安委会第一次全体会议暨交通运输安全生产视频会议,贯彻落实习近平总书记关于安全生产重要指示精神和省委、省政府关于安全生产工作部署,总结2020年交通运输安全生产情况,部署2021年安全生产工作。厅党组书记、厅长闫晨曦出席会议并讲话。

2020年,全系统各部门各单位在全力抗击疫情、有力保障复工复产的同时,狠抓行业安全生产重大风险防范化解,努力实现安全生产事故“减量控大”,全行业安全生产保持总体平稳态势,为全省交通运输行业高质量发展和“十三五”收官提供有力保障。但安全生产基层薄弱、基础脆弱的状况仍未根本改观。各部门、各单位要坚决把思想和行动统一到习近平总书记关于安全生产的重要指示精神上来,统筹抓好发展和安全两件大事,强化对标对表,压实第一责任抓安全;坚持问题导向,聚焦重点难点抓安全;注重关口前移,深入基层一线抓安全。在保持高压严管态势的同时,深化改革创新,强化责任落实,进一步推动全行业安全管理实现质的转变。

闫晨曦在讲话中,要求认真做好2021年及全国“两会”期间交通运输行业安全生产工作。要提高政治站位,坚持“两个至上”,切实增强做好交通运输安全生产工作的自觉性和主动性。要系统分析,科学研判,正确审视交通运输安全生产面临的形势和存在的问题。要统筹谋划,协同部署,全力以赴做好2021年交通运输安全生产工作。要始终坚持“人民至上、生命至上”原则,毫不放松抓好常态化疫情防控,严守红线底线,以安全生产专项整治三年行动和“零事故”单位创建为抓手,重点做好十个方面工作:“清单化”落实安全监管责任,“精准化”防范化解重大安全风险,“模板化”推进双重预防机制构建,“图表化”开展专项整治集中攻坚,“智慧化”实施科技兴安,“规范化”推进安全执法检查,

“专业化”提升从业人员素质，“协同化”推进铁路沿线安全环境治理，“重点化”做好春运后半程和全国“两会”期间的安全工作，“常态化”抓好行业疫情防控，确保全行业安全生产形势持续稳定向好，为全省转型出雏形的大局提供坚强交通支撑，以优异成绩迎接中国共产党成立100周年。

厅党组成员、副厅长王晋主持会议，厅党组成员、副厅长段新源传达省长林武在省政府安委会第一次全体(扩大)会议上的讲话和部长李小鹏在交通运输部安委会第一次全体会议上的讲话精神，厅党组成员、副厅长郭丙福出席会议。

3月1日 山西省道路运输电子证照系统正式上线运行，全省87万道路运输从业人员、17万经营业户、57.2万辆营运车辆，可通过山西道路运输电子证照App实现电子证照的申领、亮证、扫码认证、证照授权等基本功能。同时，电子证照App还提供违章查询、货车导航等便于道路运输从业人员使用的服务功能。

电子证照作为具有法律效力和行政效力的专业性、凭证类电子文件，日益成为市场主体和公民活动办事的主要电子凭证，是支撑政府服务运行的重要基础数据，也是落实国务院推进“互联网＋政务服务”“放管服”改革部署和持续开展“减证便民”的具体要求。省交通运输厅、省行政审批服务管理局进一步完善山西省一体化在线政务服务平台与山西省道路运输电子证照系统的对接，扎实做好电子证照数据归集、互通共享和同步更新工作，在线上共享、线下亮证和社会化便民应用等方面加快推进电子证照应用，让电子证照在全省“放管服效”改革和数字政府建设等方面充分发挥便民、利民作用。

3月8日 2021年全省交通运输系统党风廉政建设工作电视电话会议召开。会议传达学习中共十九届中央纪委五次全会、省纪委十一届七次全会主要精神，总结回顾2020年全面从严治党工作，分析形势和任务，安排部署2021年党的建设各项工作。厅党组书记、厅长闫晨曦出席会议并讲话。要求更加紧密地团结在以习近平总书记为核心的党中央周围，坚决贯彻中央决策部署，全面落实省委、省政府部署要求，不忘初心、牢记使命，勇于担当、积极作为，不断开创全面从严治党新局面，引领保障山西交通运输“十四五”开好局起好步，以优异成绩迎接中国共产党成立100周年。厅党组成员、驻厅纪检监察组组长王建业在讲话中，对新一年全系统纪检监察工作提出要求。会议由厅党组成员、副厅长王晋主持，厅领导王四小、郝玉柱、雷天才、李贵顺参加会议。

2020年，厅党组坚持以习近平新时代中国特色社会主义思想为指导，深入学习贯彻中共十九大和十九届历次全会精神，贯彻落实省委十一届十次全会精神和“四为四高两同步”总体思路及要求，牢牢扛起全面从严治党主体责任，扎实推进党的建设各项工作，为交通运输改革发展稳定各项工作提供坚强保障。

2021年党的建设工作总体要求是：以习近平新时代中国特色社会主义思想为指导，深入贯彻中共十九大和十九届历次全会精神，深入贯彻习近平总书记在十九届中央纪委五次全会上的重要讲话及全会精神，按照省委书记楼阳生在省纪委十一届七次全会上的重要讲话及全会精神，坚持以党的政治建设为统领，强化政治监督、压实政治责任，把党史学习教育贯穿全年，坚持不懈强化理论武装，夯实组织基础，整肃行业作风，一体推进“三不”建设，以全面从严治党新成效引领保障交通运输“十四五”转型出雏形开好局起好步，以优异成绩迎接中国共产党成立100周年。

闫晨曦在讲话中，要求重点抓好6个方面工作：一是强化政治建设统领作用，以有力政治监督进一步压实管党治党政治责任；二是深入开展党史学习教育，做到学史明理、学史增信、学史崇德、学史力行；三是持续深化创新理论武装，不断提升学用结合能力；四是夯实组织基础，发挥堡垒作用，不断增强基层党组织凝聚力；五是强化监督管理，开展专项整治，推动构建风清气正良好政治生态；六是坚持严格执纪，加强综合治理，不断筑牢廉政防线。

王建业在讲话中，提出5点要求：一要自觉践行“两个维护”，以强有力政治监督保障“十四五”交通运输事业开好局、起好步;二要一刻不停深化反腐败斗争,不断实现"三不"一体推进战略目标;三要深入贯彻落实中央八项规定精神,毫不松懈纠治"四风";四要坚持不懈开展专项整治,聚焦突出问题深入进行监督;五要突出落实"两个"责任,发挥政治巡察利剑作用;六要从严从实加强自身建设,始终做党和人民的忠诚卫士。

厅二级巡视员、驻厅纪检监察组副处级以上干部、总工程师、厅机关各处室主要负责人,厅直各单位党政主要负责人在主会场参加会议。各市交通运输局主要负责人、纪检组组长,公路分局、交通运输执法局党政主要负责人、相关部门负责人在各分会场参加会议。

3月10日 省交通运输厅驻村帮扶工作座谈会召开,厅党组书记、厅长闫晨曦出席会议并讲话。座谈会由厅党组成员、副厅长王晋主持,厅领导段新源、王建业、雷天才出席。

2015年11月29日,党中央、国务院发布《关于打赢脱贫攻坚战的决定》以来,省厅充分发挥交通"先行官"职责,既帮助天镇县玉泉镇彻底消灭绝对贫困,也有力助推全省打赢脱贫攻坚战。5年来,省厅坚决落实党中央、国务院和省委、省政府关于扶贫开发和脱贫攻坚的工作部署,累计完成全省贫困地区"四好农村路"新改建4.28万公里,投资353亿元。截至2020年年底,贫困地区公路通车里程达73817公里,占全省公路通车里程的48%;具备条件的建制村100%通硬化路、100%通客车,贫困地区"外通内联、通村畅乡、客车到村、安全便捷"的交通运输网络基本建成,制约农村发展的交通瓶颈基本消除,交通运输的基础性、先导性、战略性和服务性的作用充分发挥,为贫困地区全面建成小康社会、加快推进乡村振兴战略实施提供坚实交通支撑。

闫晨曦在讲话中指出,脱贫摘帽不是终点,而是新生活、新奋斗的起点。在新时期、新阶段,驻村工作队要在"学"字上下功夫,在"谋"字上做文章,在"干"字上见实效,切实做好巩固拓展脱贫攻坚成果同乡村振兴有效衔接各项工作,让脱贫基础更加稳固、成效更可持续。重点要抓好八个方面工作:坚持"党建统领"贯穿始终,继续建强基层党组织堡垒;抓好队伍建设,严肃作风纪律,提供有力保障;实施脱贫地区特色种养业提升行动,健全产业链,促进稳定增收;广泛开展农产品产销对接活动,深化拓展消费帮扶;持续做好有组织劳务输出工作;统筹用好公益岗位,对符合条件的就业困难人员进行就业援助,在农业农村基础设施建设领域推广以工代赈方式,吸纳更多脱贫人口和低收入人口就地就近就业;坚持和完善社会力量参与帮扶等机制;结合美丽乡村建设有关要求,大力开展农村人居环境整治行动。

闫晨曦强调,全体驻村干部和全系统干部职工要进一步提高政治站位,增强能力素质,强化作风建设,继续传承发扬脱贫攻坚精神,发挥好生力军作用,真抓实干、埋头苦干,为全面实施乡村振兴战略,加快推进农业农村现代化做出更大贡献。

闫晨曦还代表厅党组向"全国脱贫攻坚先进集体"称号获得者——省厅驻天镇县驻村工作队的全体队员表示祝贺和衷心感谢。

3月10日至12日、16日至19日 省交通运输厅一级巡视员李贵顺带领省厅督导组赴运城、吕梁督导重点公路项目复工复产情况。

督导组一行深入闻垣高速古城联络线、临猗黄河大桥及引线、运三高速连接线、静兴、离隰等高速公路项目和522国道平陆三湾至常乐段改建,521国道盐湖段改线,209国道、307国道、省道三大线石楼县过境等干线公路项目施工现场,详细了解复工复产、疫情防控、工程进度及质量安全管理等工作。

督导组强调,各单位要坚持"四为四高两同步"总体思路和要求,锚定"两个同步"目标,发扬"三牛"精神,高标准谋划工作,沉下心来抓落实,确保高质量完成重点公路建设目标任务。一是认真开展党史学习教育,把党史学习教育同解决公路建设实际问题结合起来,将党史学习教育成果转化为推动重点公路建设高质量发展的强大动力;二是加快落实改革精神,充分发挥政府监督主动性和行业单位技术优势,按职责抓好各项工作,形成新合力,尽快理顺干线公路质量安全监督管理机制;三是严守安全生产红线底线,统筹抓好“三零”单位创建和安全生产专项整治三年行动等专项行动,巩固好安全生产的稳定态势;四是对标对表,围绕省厅投资任务目标做好工作安排,细化分解目标,优化资源配置,加强项目管理,确保全年任务圆满完成;五是积极部署开展质量提升年专项行动,制定切实可行的实施方案,推动相关要求落实落细;六是绷紧常态化疫情防控之弦,持续补齐疫情防控短板弱项,坚持不懈抓好常态化疫情防控。

督导组还就重点公路项目建设有关制约问题与地方政府进行深入沟通,共同探讨解决方案。

3月11日 全省公路工作会议召开。会议全面总结2020年及“十三五”工作,分析研判“十四五”形势任务,安排部署2021年重点工作。

2020年,在省委、省政府和省交通运输厅坚强领导下,全省公路系统战疫情、迎国评,谋改革、促发展,全面打响赶超进位攻坚战,在大战大考中交出一份优秀答卷。“十三五”时期,全省公路系统全面践行新发展理念,累计完成投资435.2亿元,新改建工程地方政府和社会资本投资达到62%;完成新改建和路面改造3824公里,一二级公路比重达87.59%,优良路率达85.43%。

会议强调,全省公路部门要立足新发展阶段,贯彻新发展理念,融入和服务新发展格局,努力实现“十四五”时期路网供给保障能力、改革创新能力、养护质量效益、公共服务品质、生态文明、行业治理效能等六个方面明显提升,着力打造高品质路网、促进高水平均衡、强化高效能治理、提供高品位服务。

会议明确,2021年主要预期指标:干线公路建设投资170亿元,其中完成新改建150公里,工程质量平均合格率不低于95%;创新规范养护管理,统筹实施养护领域各个专项行动,国省干线公路路面使用性能指数(PQI)保持在82.5以上,优良路率保持在83%以上;收取车辆通行费3.8亿元;超限率控制在2‰以内。全面完成深化改革各项任务,新的运行机制初步入轨。巩固发展安全生产形势,坚决防止重大及以上责任事故。

会议要求,2021年要重点抓好八个方面工作。即广泛调动各方积极性,持续加快公路建设;强化创新引领,提升养护管理科学化精细化水平;坚定不移深化改革,塑造体制机制新优势;以加快建设交通强国为统领,全力推进重点任务落实;更高层次建设智慧公路绿色公路,加快发展方式转变;深化“三零”单位创建,更高水平推进平安公路建设;加强基层基础管理,推进行业治理;全面加强自身建设,为改革发展提供坚强保障。

同日 即日起,加载“交通一卡通”功能的第三代社会保障卡在全省正式进入发卡阶段,实现省级首发,领先全国。省内社保卡持卡人在人社部门社保卡窗口、社保卡发卡银行和“民生山西”App换领加载“交通一卡通”功能的第三代社会保障卡,可享受在全国303个城市乘坐公交、地铁、轮渡等公共交通出行工具,包括在省内11个城市可以乘坐公交车、太原市可以乘坐地铁,实现“一卡在手、走遍全国”。

此次省人社厅联合省交通运输厅率先在全国开展第三代社会保障卡加载“交通一卡通”功能先行先试工作,是贯彻落实习近平总书记关于“要促进基本公共服务便利共享,探索以社会保障卡为载体建立居民服务‘一卡通’,在交通出行、旅游观光、文化体验等方面率先实现‘同城待遇’”的重要指示精神的具体实践,同时也是深入推进党史学习教育,扎实开展“我为群众办实事”的重要举措,对加快推动带有“交通联合”标志的社会保障卡在全省城市客运领域应用,并逐步实现与全国交通一卡通“白名单”城市的互联互通,加快推动两个民生行业应用融合,实现跨省(市、区)域、跨领域的“一卡多用、互联互通”起到破冰先行示范作用,为人民群众更加安全、便捷、高效出行提供交通出行支付服务。

3月15日 太原市新开通7条公交专线接驳地铁2号线站点,票价均为1元。此次增开的7条公交专线是在现有72条接驳轨道交通2号线站点公交线路基础上,把山西转型综改示范区、中北高新技术产业开发区、中北大学、太原南站、武宿机场连接到地铁站,实现市民出行零距离快速换乘、无缝隙高效衔接。

7条公交专线以G1至G7命名，其中，G1专线起点为中北大学、终点至大北门地铁站，G2专线起点为中北高新技术产业开发区长城计算机公交站、终点至尖草坪地铁站，G3专线起点为太原南站、终点至龙兴街地铁站，G4专线起点为南中环地铁站、终点至武宿机场，G5专线起点为富士康园区、终点至康宁街地铁站，G6专线起点为富士康园区、终点至通达街地铁站，G7专线起点为南中环地铁站、终点至唐槐路正阳街。

3月19日 省交通运输厅党组书记、厅长闫晨曦到太原西北二环ZH10标项目部骆驼山隧道出口施工现场检查工作。闫晨曦首先到ZH10标生产调度指挥中心，观看全线视频监控、安全隐患排查、混凝土拌和站质量动态管控、形象进度管理、环境监测、人员定位、钢筋加工厂生产监测、车辆设备定位、BIM等9大软件系统功能演示，听取西北二环项目公司关于项目复工复产、文明施工、安全管控、信息化推进等工作情况汇报。

闫晨曦指出，2021年是“十四五”规划开局之年，也是全省交通运输系统全面加快建设交通强国的紧要之年，项目要进一步提高政治站位，增强责任意识，强化安全监管，再接再厉，全力加快施工进度，安全、优质、高效地推进工程建设，确保项目按时建成通车。

项目负责人表示，全体参建员工一定要在思想、行动上与省厅保持高度一致，凝心聚力，众志成城，千方百计调动各方资源，高标准、高质量建设好项目，向山西人民交一份满意答卷。

3月23日 省交通运输厅召开阳泉市ETC智慧停车城市建设全国试点工作推进会议。厅党组成员、副厅长王晋参加会议。

王晋在听取阳泉市交通运输局及参与方山西信通公司、山西静态交通公司关于试点建设工作的情况汇报后，对阳泉市前一阶段的工作成效给予充分肯定，并对下一步工作提出要求。他指出，开展ETC智慧停车城市建设，对于优化城市停车供需关系、提高ETC使用率和提升城市综合管理品质有着重要意义。要提高站位，高度重视试点建设工作，把整体规划和实施方案做细做实。要根据交通运输部相关要求，加快工作进度，倒排工期、压茬推进，在阳泉综合客运枢纽、火车站等地进行ETC智慧停车场试点建设，总结经验，逐步完善，加快推进试点工作。

3月24日 省交通运输厅召开提升公路桥梁安全耐久水平暨危旧桥梁改造行动部署视频会议，传达交通运输部提升公路桥梁安全耐久水平暨危旧桥梁改造行动动员部署会议精神，宣读全省《公路危旧桥梁改造行动方案》，安排部署全省2021年公路危旧桥梁改造工作。厅党组成员、副厅长王晋出席会议并讲话。

会议指出，当前和今后一段时期，要采取有效措施全面加强公路桥梁养护管理，重点抓好五个方面工作。一是严格落实桥梁安全责任。逐桥界定责任单位、监管单位，分级明确责任主体、建立责任追究制度。二是不断提高桥梁建设质量。建立公路桥梁建设科学决策体系，坚持桥梁全生命周期勘察设计理念，坚持严控建材质量，重点加强影响结构强度和耐久性原材料进场检验。三是全面推行预防性、精细化融合发展的公路桥梁科学养护体系。健全完善桥梁管理养护工作制度，积极推进精准养护，努力构建具有山西特色的桥梁检测、评估、加固一体化维护体系。四是坚定不移推进超限超载治理。创新完善工作机制，构建治超新格局，努力为全国治超提供更多更先进的“山西经验”。五是注重运用信息化手段提升公路桥梁管养水平，全面推行桥梁基础信息数字化管理。

王晋强调，当前，全省《行动方案》已经印发，各级各有关部门要狠抓工作落实，开展好公路危旧桥梁改造行动。一要加强组织领导，动员各方力量进一步细化责任分工，倒排工期，挂图作战，确保改造工作按期保质完成。二要全面排查摸清底数，建立“一桥一档”桥梁档案，进一步健全完善基础数据库。三要抓好规划引领，扎实推进“十四五”养护专项规划编制，将危旧桥梁改造作为专章纳入。四要强化要素保障，按照管理渠道相应做好改造资金的分类落实保障工作。五要加强督导检查，强化工程进度及质量控制，确保如期优质完成任务。

3月26日 太原市交通运输工作会议召开。“十四五”期间，太原将重点打造“321出行交通圈”，即：连接京津冀、中原城市群和关中平原城市群3小时高铁交通圈、太原连接雄安新区并辐射山西中部盆地城市群2小时城际交通圈、太原都市区内部1小时区域交通圈及太原榆次0.5小时交通圈。

“十四五”期间，太原市落实国家综合立体交通网主骨架“京津冀至成渝主轴、京藏走廊和二湛通道”在太原布局，推动太原对外运输通道由现状“大”字形向“六放射”迈进，远景形成“米字形”通道布局，全面构建对外开放、内畅外联、协同高效的综合交通大格局，加快建设互联互通、功能适应、链接生产、智能绿色、品质服务的现代化综合交通运输体系。到2025年，太原市基本实现综合立体交通网建成、交通运输服务品质进一步提升、交通智能化建设全面加强、交通运输绿色化发展效果显著、交通本质安全水平明显提升等目标，基本形成“321出行交通圈”。同时，基本形成“123快货物流圈”，即省内1日送达城市、2日送达农村，省外3日送达。

3月29日 省交通运输厅召开干部大会，宣布省委关于省交通运输厅主要负责人调整的决定，副省长韦韬出席会议并作讲话，省委组织部部务委员刘鹏宣读任免文件，省政府副秘书长梁敬华出席会议，省交通运输厅党组书记赵建平作表态发言。会议由闫晨曦主持。

韦韬在讲话中，充分肯定以闫晨曦为班长的省交通运输厅党组取得的工作成绩，并对下一步全省交通运输工作提出明确要求。一要加强政治建设。以政治建设为统领，深入学习贯彻习近平总书记视察山西重要讲话重要指示和“三篇光辉文献”，认真落实省委“四为四高两同步”总体思路和要求，坚定践行以人民为中心的发展思想，深入开展党史学习教育，不断提高政治判断力、政治领悟力和政治执行力，着力建设正气充盈的良好政治生态。二要抢抓发展机遇，加快建设现代化综合交通运输体系。深入贯彻落实习近平总书记关于交通运输工作的重要论述，充分发挥交通运输在国民经济中的基础性、战略性、先导性、服务性作用，加快推进交通强国建设，为全省构建新发展格局、实现“十四五”转型出雏形目标当好先行。三要注重队伍建设，着力打造高素质专业化的干部队伍。充分发挥厅党组总揽全局的领导核心作用，党组书记要履行好管党治党第一责任，全体班子成员要自觉履行“一岗双责”，始终做到讲政治、讲大局、讲担当、讲奉献；要坚持党管干部原则，加强队伍建设，努力打造一支忠诚干净担当的干部队伍。

赵建平作表态发言，强调将紧扣省委“四为四高两同步”总体思路和要求，团结带领全体干部职工，尽心尽力做好新工作、尽职尽责履行新使命，担当作为、锐意进取，用交通运输工作的新进步，为全省转型出雏形做出积极贡献。一是以忠诚尽责诠释初心使命。把学习贯彻习近平新时代中国特色社会主义思想作为做好各项工作的“指南针”“定盘星”，深刻领会习近平总书记关于交通运输工作的重要论述和视察山西重要讲话重要指示，把交通运输工作放在全省大局中谋划，在转型发展蹚新路中强担当、有作为。将开展好党史学习教育作为贯穿全年的一项重大政治任务，把党的光辉历史中蕴含的智慧和力量，转化为推动资源型地区经济转型发展的磅礴动力，确保省委、省政府对交通运输工作的各项部署条条落实、件件落地、事事见效。二是以虚心学习提升能力本领。认真学习中央和省委、省政府关于交通运输工作的一系列决策部署，认真学习交通运输工作的看家本领和业务知识，认真学习近年来交通运输工作形成的好经验好做法，努力提升驾驭交通运输工作全局的能力和水平。三是以担当作为开创工作新局。坚持发展第一要务，坚定不移以新发展理念统领交通运输事业发展全局，对交通运输重点任务实行项目化、工程化、方案化、清单化管理，一以贯之、锲而不舍抓好落实。切实把改革放在更加突出位置，重点抓好省公路局改革、全省出租汽车行业改革等工作，进一步增强改革的系统性、整体性、协同性。坚持树牢底线思维，认真落实安全生产“三管三必须”原则，做到守土有责、守土担责、守土尽责。四是以严实要求扛牢第一责任。认真履行管党治党第一责任,坚持不懈加强政治建设,持之以恒改进工作作风,纵深推进全面从严治党。严格遵守中央八项规定精神,始终保持清正廉洁的政治本色。带头抓好班子、带好队伍,真正做到同舟共济、同甘共苦、同向同行,确保全省交通运输系统干部职工干事创业的劲头更足、向上向善的氛围更浓。

闫晨曦表示,省委从全省改革发展大局出发,对省交通运输厅主要负责人作出调整,体现省委对交通运输事业发展的高度重视和殷切期望,完全拥护省委决定。近年来,在省委、省政府坚强领导和地方政府、省直部门大力支持下,特别是在全系统广大干部职工共同努力下,省交通运输厅党组攻下一个又一个堡垒,解决一个又一个复杂难题。2018年,面对农村公路和三个一号旅游公路3年近千亿元的建设任务,积极创新投融资模式,破解资金瓶颈,在有力推动农村公路建设顺利开局的同时,带动全省交通固定资产投资增速达到59%,排名全国第一;2019年,面对取消高速公路省界收费站的艰巨任务,坚持加强组织领导,优化实施方案,多方协调联动,细化工作举措,工程建设、ETC推广发行目标提前超额完成;2020年,面对突如其来的新冠肺炎疫情,组织全系统1.6万余名干部职工投身防控一线,坚守交通领域疫情防控阵地,与此同时,完成3年6万公里的农村公路新改建任务,旅游公路建设成效有力支撑全省旅游产业发展和农民群众创收致富。这些工作成效的取得,充分说明省交通运输厅领导班子是对党绝对忠诚、政治站位高、大局观念强的班子,也是重团结、善协作、讲奉献的班子;交通运输系统干部队伍是具有坚强凝聚力战斗力,敢于打硬仗、善于啃“硬骨头”的队伍。为曾经是交通运输战线的一员,为和大家一起共同奋斗、共同工作过而深感骄傲和自豪。今后无论身在何处,都将始终关注交通运输发展、全力支持交通运输事业,为交通发展进步鼓劲加油。当前,全省交通运输事业正站在新的起点上,未来发展前景更为广阔,相信在省委、省政府坚强领导下,以赵建平为班长的省交通运输厅党组,一定能够团结带领全体干部职工,不断开创各项工作新局面,全省交通运输事业一定会取得新的更大进步。

厅领导,厅机关各处室、驻厅纪检监察组副处级以上干部,厅直各单位党政主要负责人参加会议。

是月 在全省交通运输系统深入开展党史学习教育之际,省厅启动重点公路工程质量提升年专项行动,旨在以重点公路项目建设为载体,通过为期一年的专项行动,提升全省重点公路工程建设质量,推动达成“实现质量通病治理新突破、树立全员规范从业新形象、形成质量提升技术新成果、构建工程质量监管新格局”的高质量成效,奋力推动“十四五”转型出雏形开好局、起好步,以实际行动和优异成绩庆祝中国共产党成立100周年。

本次专项行动分三个阶段开展,2021年3月为宣传动员阶段,4月至10月为推动实施阶段,11月至12月为总结提高阶段。专项行动深入贯彻习近平新时代中国特色社会主义思想,坚持贯彻新发展理念、推动高质量发展,着力增强“交卷”意识,以习近平总书记“全力打造精品工程、样板工程、平安工程、廉洁工程”重要指示和视察山西重要讲话重要指示为指导,紧扣省委“四为四高两同步”总体思路和要求,提出具体质量提升目标,全力推动全省重点公路建设质量再上新台阶。

省厅强调,必须严格落实质量责任终身制,进一步夯实相关管理部门和建设、设计、施工、监理、试验检测等五方主要参建单位责任。以“返工一批不合格工程、清退一批不达标技术人员、整治一批质量通病、淘汰一批落后工艺”为主要抓手,推动各项重点任务落实,围绕工作目标和当前突出问题,提出形成“工程质量典型示范项目的实体成果、完善质量管理长效机制的制度成果、可复制可推广的技术成果”三项主要成果的任务要求,并以清单形式将重点任务细化分解。

专项行动以与党史学习教育相结合、与数字化智能化建设相结合、与深化交通运输事业单位和行政执法改革相结合“三个结合”为指向,将“学党史、悟思想、抓质量、再提升”渗透专项行动全过程,坚持创新引领,重点推动智慧技术应用,以数字技术、信息技术等新型监管手段提升监管效能，创新提出实施隐蔽工程数字化全程留痕、从业人员在线技能考核等数字技术应用，开发建设质量信息管理系统和主要人员履约监管系统2个平台，利用信息化手段加强对项目建设、设计、施工、监理、试验检测等单位主要人员的履约监管，切实将数字化建设作为质量提升的新动能，推动山西交通运输高质量发展迈出更大步伐。

为保证专项行动实效，省厅进一步强化抓落实力度和举措，树立以结果论英雄的鲜明导向，突出“抓落实的关键是要有解决方案”的工作要求，提高“答卷”能力和水平。制定完善的保障措施，建立上下半年各一次监督检查全覆盖的工作机制，设立并公开质量投诉热线，接受社会监督，加大宣传力度，褒扬优秀项目和先进人物、曝光质量违法行为，营造积极向上的质量提升氛围。

是月 省邮政管理局印发《2021年山西省邮政快递业更贴近民生七件实事》，旨在更好满足人民群众日益增长的用邮需求。要求全省邮政快递业要全面落实快递进村三年行动方案，持续丰富进村模式，年度快递进村通达率不低于80%；进一步提升末端投递服务水平，智能快件箱投递率达到10%以上、快递公共服务站数量达到1200个；巩固提升建制村直接通邮成果，建制村周三班以上投递比率超过95%，全年新增政务便民网点29个；依托“绿盾”工程，通过“互联网＋监管”，狠抓安全监管“三项制度”落实，为消费者营造安全平稳畅通的寄递环境；重点开展重金属和特定物质超标包装袋与过度包装两个专项整治，力争年底可循环快递箱（盒）使用量达3.5万个，电商快件不再二次包装率达99%，新增900个设置标准包装废弃物回收装置的邮政快递网点；深入实施职业技能培训“246”工程，确保全省行业年度培训8000人次；认真落实国家局制定的快递员劳动定额标准和末端派费核算指引，积极推广人身意外险等适合快递业的险种，联合相关部门出台优化基层员工权益保障政策，持续深入开展“暖蜂行动”，引导形成尊重劳动、关爱行业发展的良好社会氛围。

4月1日 交通运输部召开2021年部安委会第二次全体会议暨交通运输安全生产视频会议，通报一季度安全生产工作情况和专项整治三年行动开展情况，部署下一阶段重点工作。交通运输部部长李小鹏出席会议并讲话。省交通运输厅领导赵建平、王晋、郭丙福在山西分会场参加会议。

李小鹏在讲话中，要求保持高度警醒，发扬务实作风和担当精神，攻坚克难，消除隐患，扎实推进交通运输高质量安全发展。一要以保障交通运输安全生产为目标，切实做好清明和“五一”期间安全生产、常态化疫情防控、运输服务保障、值班值守等工作，严守安全生产底线，落实好防疫措施，引导人民群众安全有序出行，加强应急值守和应急准备。二要以集中攻坚行动为载体，强力整治安全生产突出问题。细化落实工作方案，强化问题隐患和制度措施“两个清单”管理，确保集中攻坚取得明显成效。三要以强化安全监管为手段，尽快扭转重点领域安全生产被动局面。建立健全水上交通安全工作协调机制，深入开展坚守公路水运工程质量安全红线专项行动，清理整治道路危险货物运输“挂靠运营”行为，会同有关部门严厉打击轨道交通保护区违法施工作业、异物侵限等行为，规范新业态领域企业经营行为。四要以夯实“三基”为根本，筑牢基础、狠抓基层、苦练基本功，有效提升交通运输安全保障实力。五要以督导检查为抓手，制定并严格落实检查方案，强化查处问题整改，加大追责问责力度，切实提高安全生产工作执行力。

4月7日 上午，中央第一生态环境保护督察组进驻山西省开展生态环境保护督察动员会召开。当日下午，省交通运输厅党组召开专题会议，传达动员会精神，通报前一轮中央生态环保督察反馈问题整改情况，对全面做好全省交通运输领域生态环保工作进行安排部署。厅党组书记、厅长赵建平主持会议并讲话。要求以此次中央生态环境保护督察为推动契机，坚定不移走生态优先、绿色发展路子，全面推进交通运输领域清洁生产、环境保护和绿色化改造，坚决打好污染防治攻坚战，加快交通强省建设，为全省经济社会高质量发展和生态环境高标准保护做出交通贡献。

赵建平在讲话中指出,中央生态环保督察不仅是对生态文明建设和生态环境保护的“工作督察”,更是对领会习近平生态文明思想、贯彻党中央加强生态文明建设决策部署的“政治检阅”,各级各部门要从政治和全局高度,自觉把思想和行动统一到党中央决策部署和中央生态环境保护督察工作要求上来,把自觉接受、支持配合督察作为增强“四个意识”、坚定“四个自信”、做到“两个维护”的重要检验,作为开展党史学习教育、扎实为群众办实事的有力抓手,进一步增强接受中央环保督察的思想、政治和行动自觉,坚决贯彻落实好中央和省委、省政府部署要求,有力有序推进环保督察工作在全省交通运输系统落地落实落细。

赵建平指出,省厅第一轮中央环保督察“回头看”整改工作已全部完成,但我们仍不能盲目乐观,更不能心存侥幸,要把责任和担当时刻扛在肩上、抓在手上,扎扎实实做好各项工作。一是高标准推进。树牢答卷意识,齐心协力迎接“大考”,将责任落实到各领域各环节,不留死角、不留盲区、不留漏洞。二是高质量整改。坚决落实督察组有关要求,按照问题轻重缓急和难易程度,能马上解决的,要马上解决;一时解决不了的,要明确整改目标、措施、时限和责任单位,督促各责任主体抓好落实。三是高成效巩固。围绕交通运输生态环保重点工作,持续巩固整改成效,避免问题反弹。特别是“道路扬尘污染”,要牢牢把握道路扬尘治理关键环节,压紧任务、压实责任,同向发力。

赵建平强调,要加大与生态环境、自然资源、发改、工信等部门及各市的沟通联系力度,及时掌握各类动态信息,随时研究部署相关工作。同时,要深入挖掘生态环保工作方面的成绩和亮点,加大交通领域生态文明宣传教育,及时反映全省交通运输领域生态环保工作的特色。

厅领导王晋、段新源、王四小、郭丙福、王建业、雷天才出席会议。

4月7日 省交通运输厅党史学习教育推进会召开,对全系统进一步推进党史学习教育工作进行安排部署。厅一级巡视员雷天才出席会议并讲话。会议指出,在全党开展党史学习教育,是党中央作出的一项重大决策,是贯穿全年的一项重大政治任务。全系统各级党组织要提高政治站位,深刻认识开展党史学习教育的重大意义,紧紧围绕党史学习教育工作安排,准确把握党史学习教育要求,切实增强做好党史学习教育工作的责任感使命感。要把开展党史学习教育作为一项重大政治任务,把握正确导向,加强宣传引领,营造浓厚氛围,注重实际效果,把党史学习教育同推动工作紧密结合起来,同交通运输“十四五”转型出雏形紧密结合起来,着力解决实际问题,推动全系统党史学习教育高标准推进、高质量完成。

为推动党史学习教育持续走向深入、取得扎实成效,省厅成立由3位二级巡视员牵头的巡回指导组深入各单位开展巡回指导。会议强调,各巡回指导组须坚持政策把握要“准”、情况掌握要“实”、督促指导要“严”,认真严肃做好巡回指导工作。要把中央精神及省委、厅党组部署领会好、传达好、贯彻好,加强政策研究,掌握政策界限,督促所指导单位把中央及省委精神和本单位实际结合起来,往深里抓、往实里落。要沉下去,真正深入基层、深入群众,广泛听取意见,掌握实际数据,对所指导单位学习教育情况做到心中有数。要敢于较真碰硬,坚决摒弃走过场、搞形式,以高标准、严要求,确保全系统党史学习教育工作有序开展、取得实效,以优异成绩迎接中国共产党成立100周年。

随后,省厅召开党史学习教育巡回指导工作启动会,对巡回指导组全体成员进行思想动员,就高标准高质量做好巡回指导工作作出具体部署。

4月13日至15日 省交通运输厅一级巡视员李贵顺带队先后到208国道清徐县常家庄至晋中长治界一级公路工程、昔榆高速公路和207国道左涉公路施工一线现场督导调研。

李贵顺在讲话中,要求各项目要围绕开好局、起好步来开展各项工作,做到目标不能变、决心不能减、尺度不能松,确保高质量完成重点公路建设任务,以优异成绩庆祝中国共产党成立100周年。

一是认真开展党史学习教育。进一步转变工作作风、增强工作动力，聚焦制约项目进展的突出问题，深入分析，拿出解决方案，提升工作实效性。二是咬定年度投资目标任务不放松。在“首季开门红”的基础上，坚定信心，再接再厉，有序推进各项工作，确保全年投资任务完成。三是坚持不懈抓好安全生产。全面查漏补短，压实各级责任，推动安全生产工作提质增效，坚决防范生产安全事故发生。四是积极开展质量提升年专项行动。按照省厅《关于开展重点公路工程质量提升年专项行动的实施意见》(以下简称《实施意见》)部署要求，制定切实可行的实施方案，推动《实施意见》相关要求落实落细。五是持续抓好常态化疫情防控。坚决防止思想麻痹、工作松懈，不断巩固扩展公路建设疫情防控战略成果。六是树牢绿色发展理念。全面做好施工现场扬尘治理、污水处治，大力推广绿色工艺和材料，推进公路建设高质量发展、绿色发展取得新成效。

4月16日 路桥集团黎霍高速项目部与安百拓贸易有限公司全电脑三臂凿岩台车交机仪式在黎霍高速丁家湾1号隧道举行。这是全省第一次引进此类大型机械用于隧道开掘，助力全省公路建设，也标志着黎霍项目隧道施工从人工作业逐步向机械化作业转型，进入全新模式。

路桥集团负责人表示，此次引进凿岩台车，是集团向“智能化、机械化”施工的又一次重大突破，依托重大工程项目建设，全面推进集团先进设备、大型设备、关键设备布局、推广和应用，在全省公路建设领域开展创新和示范引领，总结提炼先进设备施工工序、工艺，形成可复制、可推广的作业指导书，为标准化施工夯基垒台。

引进全电脑三臂凿岩台车后，黎霍高速项目部以匠心建造理念，以智能建设成效，发挥隧道机械化成套设备优势，进一步提高作业效率，降低施工成本，保证安全质量，确保黎霍高速建设施工任务按期完成。

4月20日 省交通运输厅牵头召开青银二广高速公路太原联络线项目建设现场办公会。省委常委、太原市委书记罗清宇出席，厅党组书记、厅长赵建平主持。晋中市委书记吴俊清，太原市委副书记、市长张新伟，厅党组成员、副厅长王四小，山西交控集团董事长袁清茂，太原市、晋中市、交控集团分管领导和相关部门负责人参加。

青银二广高速公路太原联络线起点拟设在寿阳县南燕竹镇西蔡庄村南，接太旧高速，终点拟设在太原市迎泽区山头村，接南内环街东延与东山大道交汇处，全长33.877公里。全线设计速度100公里/小时，其中，寿阳至东二环高速段长14.8公里，采用双向四车道标准、路基宽度26米；东二环高速至太原段长19.077公里，采用六车道标准、路基宽度33.5米。项目建成后，对太原、晋中两市城市空间拓展、经济社会发展，乃至构建全省现代综合交通运输体系都具有重要战略意义。

与会人员在观家峪村进行实地观摩，听取青银二广高速太原联络线项目总体规划、路线方案、技术标准、工程规模等情况汇报，观看青银二广高速太原联络线BIM(建筑信息模型)演示，了解前期工作进展，就有关事项进行研究。

会议要求认真做好三项工作：一是高起点抓好前期工作。要成立工作专班，从前期工作入手，围绕“一流设施、一流管理、一流服务”的交通强国建设要求，选好前期工作队伍、提高前期工作深度、加强前期工作质量把关，高起点开展项目可行性研究、土地利用、环境影响评价、水土保持评价等前期工作，维护好前期工作的严肃性、程序性，为建设高品质的交通基础设施标杆项目奠定扎实基础。二是高效率抓好协调配合。省交通运输厅要牵头定期召开联席会，梳理解决工作中的问题，高速度推进项目早日建成。各有关地市和部门要把项目作为“一把手”工程，真正把各项工作做细做实。要提升项目化工作能力和本领，密切协调配合，加强沟通联系，落实项目工作要素保障，形成齐抓共管、合力推动的工作格局。三是高质量抓好项目管理。要把高质量要求贯穿到项目建设全过程，树牢安全意识、精品意识，严格规程、强化监管，在确保安全和质量的前提下，确保按期建成、发挥效用。各地市要落实主体责任,发挥重大项目领导包联机制作用,加强项目建设全过程质量管控,推动项目顺利实施。各部门要加强项目前期工作全过程管理,督促项目建设单位建立健全技术责任体系,定期督查和通报前期工作进度与质量,确保按时序要求完成进度。

罗清宇在讲话中指出,修建青银二广高速太原联络线,是践行习近平总书记视察山西重要讲话重要指示,贯彻新发展理念,加快交通强国建设的战略举措,对于进一步落实省委"四为四高两同步"总体思路和要求,贯彻省委书记楼阳生在太原调研时的讲话精神,加快山西中部盆地城市群一体化、太原都市区协同发展,具有重要作用。太原市要着眼构建城在山中、山在城中的城市空间格局,强化开放意识,坚持交通先行,全力服务保障青银二广高速太原联络线项目建设,高点谋划城市东部路网规划,加快完善现代综合交通体系,实现与周边城市产业协同发展、交通互联互通、基础设施共建共享,不断增强省会城市辐射带动作用,努力建设国家区域中心城市。

4月21日 省公路运输工会三届六次全委会议召开。会议总结2020年工作,安排部署2021年工作,审议通过省公路运输工会第三届委员会2020年工作报告。省总工会副主席韩丽珍、厅一级巡视员李贵顺出席会议。

2020年,省公路运输工会以习近平新时代中国特色社会主义思想为指导,以"不忘初心、牢记使命"主题教育为统领,以省总工会"落实见效年"为主题,紧紧围绕全省交通运输中心工作,立足交通产业实际,坚持"维护核心、服务中心、凝聚人心"原则,切实突出"覆盖主群体、壮大主力军、服务主人翁"三个重点,积极履行工会职能,发挥桥梁纽带、主力军组织者和职工之家作用,各项工作取得新成绩。

2021年,全系统工会工作要以开展党史学习教育为牵引,始终坚持正确政治方向,认真抓好党史学习教育,强化工会系统党的政治建设;聚焦庆祝中国共产党成立100周年,在强化职工思想政治引领上实现新突破,广泛开展庆祝中国共产党成立100周年系列活动,持续深化理想信念教育,扎实做好劳动创造幸福为主题的宣传教育;聚焦提高职工生活品质,在为职工办实事解难事做好事上实现新突破,加强工会职工服务阵地建设,充分发挥工会服务品牌作用,拓展常态化疫情防控成果;聚焦维护劳动领域政治安全,在做好维权维稳工作上实现新突破,依法维护职工劳动经济权益,积极参与劳动关系协调;聚焦抓基层强基础,在提升工会改革综合效能上实现新突破,科学谋划推进工会组建,加强工会干部能力建设,提高工会干部队伍整体素质;聚焦加强工会系统党的建设,在锻造高素质专业化工会干部队伍上实现新突破,强化党风廉政建设,建立党建带工建工作机制,强化工会干部队伍建设。

李贵顺在讲话中,对2021年全系统工会工作提出明确要求:树牢"四个意识",把准政治方向;主动服务大局,展现工会作为;加强组织建设,提升工会组织活力;改进工作作风,打造过硬队伍。

韩丽珍在讲话中,充分肯定2020年省公路运输工会工作,就推动新时代产业工会工作提出新要求。

4月23日 为加强公路行业从业人员履约监管,省交通运输厅印发《关于成立公路建设人员履约监管平台的通知》,在省内全面上线"公路建设人员履约监管平台",该平台在路桥集团智慧交通公司2020年研发的"智慧监管指挥平台"基础上拓展开发。该平台建立全省项目从业人员信息库,以打通人员履约监管"最后一公里"为理念,实现对建设单位、施工单位、监理单位、第三方检测单位、设计单位五方进行规范化履约管理。此后,该公司继续积极创新,进一步拓展和完善省厅智慧监管指挥平台功能,建立履约人员考勤与信用评价系统,最终实现与电子招投标平台、市场监管平台相对接,为全省数字化公路转型、行业的智慧化发展提供智慧解决方案。

同日 厅一级巡视员李贵顺带领调研组赴太原西北二环高速公路项目现场开展调研指导。

李贵顺在讲话中,肯定项目质量安全管控和施工方面取得的成绩,要求相关部门帮助解决项目征迁难点问题，并对今后工作提出四点要求。一是抓好党建工作，学党史、提站位，营造良好氛围，全面完成年度任务；二是全面提升安全质量管理，做好安全隐患摸底排查及整改工作；三是紧抓疫情防控工作不放松，加快推进土地手续办理等前期工作；四是做好环境保护工作，着力创建平安百年品质工程。

4月25日 省交通运输厅召开厅安委会第二次会议暨交通运输安全生产电视电话会议，深入贯彻落实习近平总书记关于安全生产重要指示精神，总结一季度交通运输安全生产工作，分析研判安全生产形势，安排部署下阶段安全生产重点工作。厅党组书记、厅长赵建平出席会议并讲话，要求切实把安全生产工作当作政治任务、民生工作来抓，以对党和人民高度负责的态度，坚决守住安全底线红线，全力以赴做好安全生产各项工作。

会议指出，当前，全省交通运输安全生产形势总体稳定，但行业安全生产形势仍然严峻，安全生产风险隐患仍未得到全面管控和根除，行业发展还面临不少困难和挑战，打造安全稳定的运输环境任重道远。各单位、各部门要以讲政治高度深刻认识安全生产工作重要性，切实把安全生产工作当作政治任务来抓。要认真学习习近平总书记关于安全生产重要论述，深刻把握习近平总书记贯穿其中的人民情怀、担当精神、系统观念、底线思维，切实把安全生产工作作为增强“四个意识”、坚定“四个自信”、做到“两个维护”的实践过程，用实际行动切实抓好安全生产各项工作，维护人民群众生命财产安全。要坚决按照省委、交通运输部安排部署，始终把安全生产责任扛在肩上、抓在手上，牢守不发生重特大生产安全事故底线，为全省转型蹚新路筑牢安全保障。

赵建平在讲话中，要求以办实事态度预防和遏制重特大事故，切实把安全生产工作当作民生工作来抓。一是开展集中攻坚行动，细化落实工作方案，强化“两个清单”管理，强化整治重点、难点问题。二是提升本质安全水平，提升从业人员安全素质，提升车辆本质安全性能，提升公路安全运行水平，提升企业安全管理水平。三是防范重大安全风险，全面摸排，精准管控，动态跟踪，长效运行，深入推进集中攻坚行动，扎实开展风险隐患排查和问题整治。四是整治安全突出问题，整治危货运输，整治重载货车，整治非法营运。

赵建平要求，要以零事故精度聚焦重点区域、重要时段，切实把交通运输安全保障作为长期政治工作来抓，以“三零”单位创建特别是“零事故”创建为工作主线，在抓好集中攻坚的同时，统筹抓好疫情防控和重点区域、重要时段道路运输安全生产工作，严格把好农村客运、旅游客运，特别是“五一”假期“安全关”，从根本上守好安全生产底线。一是责任实之再实。强化企业主体责任，强化部门监管责任，强化属地管理责任，强化人员岗位职责。二是问责严之再严。厅安委办要将此项工作作为年度工作重点，按月进行视频调度，适时督导跟进，掌握进展情况，按季度进行通报。对于工作推动缓慢、敷衍了事的，约谈其主要负责人，约谈后仍整改不到位的，通报当地人民政府，以严肃问责倒逼责任落实。三是手段新之再新。应用好动态监控系统，推广安全监管信息化系统建设，推进公路智慧管养。四是底线明之再明。各部门、各单位要及早部署做好“五一”假期安全生产工作，拿出具体方案，坚决守住安全红线，做好常态化疫情防控工作、各项运输服务保障工作，加强应急值班值守工作。

厅党组成员、副厅长王晋主持会议，并通报一季度交通运输安全生产工作情况、安全生产专项整治三年行动开展情况，对路网运行领域专项整治工作进行安排部署。厅党组成员、副厅长段新源，厅党组成员、副厅长郭丙福，厅一级巡视员李贵顺分别对水上交通及城市客运、道路运输、工程建设等领域专项整治集中攻坚重点工作进行具体安排。

同日 省委常委、大同市委书记张吉福一行就推动大同市交通运输重点项目建设赴省交通运输厅进行对接。

厅党组书记、厅长赵建平代表省厅对张吉福一行表示欢迎，对大同市持续加力、支持全省交通运输高质量发展表示感谢，并介绍省厅近期工作进展情况。2021年以来，省厅深入贯彻落实省委、省政府决策部署,强化责任担当,狠抓工作落实,坚持“项目为王”,加快推进各项目前期工作,持续深化交通运输供给侧结构性改革,全省运输结构调整,城乡、区域交通运输一体化等方面都取得长足进步。他表示,省厅将全力支持大同市综合交通网建设,加强工作调度,建立沟通机制,进一步研究协调推进相关项目落实,共同推动大同市交通运输工作迈上新台阶。他希望大同市继续重视和支持全省交通运输发展,为转型发展蹚新路提供交通支撑、贡献大同力量。

张吉福在讲话中,对省厅多年来大力支持大同交通运输事业发展表示感谢。他说,“十四五”期间是大同市交通运输事业高速度高质量发展的关键期,为加快大同市省域副中心城市建设、巩固提升国家级交通枢纽地位,大同市将综合交通网建设作为战略性、基础性、先导性工程谋划实施。他希望省厅在203省道改建工程、云州街和天黎高速增设互通等交通重点项目建设方面给予支持,并表示大同市将统筹安排,做实项目前期工作,细化工作方案,积极推进全市交通运输各项工作。

厅党组成员、副厅长王四小说明相关事项。

4月26日 省交通运输厅2021年度巡察工作动员部署会召开,对在全系统全面启动巡察工作进行动员部署。本次巡察从5月中旬开始至7月底结束,省厅派出2个巡察组,对厅直单位党委(支委)开展常规巡察。厅一级巡视员雷天才主持并作动员讲话。

会议指出,巡察是加强党内监督的战略性制度安排,是厅党组对各单位党组织履行党的领导职能责任的政治监督。巡察工作领导小组成员部门和巡察组要提高政治站位,牢牢把握政治巡察的职能定位,紧紧围绕党的政治建设、思想建设、组织建设、作风建设、纪律建设和巩固发展反腐败斗争压倒性胜利开展巡察监督。各单位各部门、各巡察组要深入学习贯彻习近平总书记关于巡视巡察工作的重要论述,全面对标中央、省委巡视做法,坚持以上促下、联动贯通、一体推进,完善巡察工作战略格局,层层压实责任,推动巡察质量整体提升,做到横向全覆盖、纵向全链接、全系统一盘棋。

雷天才在讲话中,要求各巡察组要坚持问题导向,按照“四个对照”监督标准、“四个紧盯”的监督路径,围绕被巡察党组织履行党的领导职能责任情况,突出“四个落实”监督重点,着力发现和推动解决影响党的领导、党的建设、全面从严治党的根本性全局性问题,督促被巡察单位加强政治建设,增强“四个意识”、坚定“四个自信”、做到“两个维护”,以实际行动践行职责使命,提高治理能力,更好担负起转型发展重任。要提高政治能力,严格依规依纪依法,在扎实做好各项工作中担责履责尽责,高质量完成巡察任务,努力在夺取山西交通运输“十四五”转型出雏形开局新胜利中彰显巡察担当、做出应有贡献。

4月26日至28日 省交通运输厅一级巡视员李贵顺带队先后深入341国道古县至洪洞改建工程和隰吉高速公路施工现场督导调研。

李贵顺在讲话中,提出5点要求。一是深入开展党史学习教育。高标准高质量完成党史学习教育各项任务,确保重点公路建设在党史学习教育中开好局、起好步。二是咬定年度投资目标任务不放松。在“首季开门红”基础上,坚定信心,再接再厉,有序推进各项工作,确保全年投资任务圆满完成。三是坚持不懈抓好安全生产。压紧压实各级责任,坚决防范和遏制生产安全事故发生,坚决守住不发生重特大生产安全事故底线。要切实加强节假日期间安全生产工作,以高风险隧道、桥梁、高边坡为重点进行全面排查整改,加强应急值守,坚决杜绝离岗、脱岗和迟报、漏报、瞒报现象。四是积极开展质量提升年专项行动。按照省厅《关于开展重点公路工程质量提升年专项行动的实施意见》部署要求,高标准制定项目实施方案,高质量完成质量提升工作。五是持续绷紧疫情防控这根弦。慎终如始落实落细常态化疫情防控,按照“应接尽接、梯次推进、突出重点、保障安全”原则,动员参建人员积极主动接种疫苗,巩固拓展疫情防控成果。

李贵顺就浮临高速前期工作与临汾市政府进行沟通,推动项目按既定时间节点如期开工建设。

4月27日 省委统战部副部长、省工商联党组书记陈旭忠带领满帮集团、智加科技、成都大农科技有限公司三家企业就智慧物流新业态与山西开展战略合作赴省交通运输厅调研。厅党组成员、副厅长郭丙福出席座谈会，省委统战部副部长滕德刚主持。

郭丙福代表省厅向省委统战部一直以来关心支持全省交通运输事业发展表示感谢，对远道而来、共谋发展的各位企业家表示欢迎，并介绍全省交通运输主要工作情况及货车交通运输相关情况。他说，省厅深入贯彻落实习近平总书记视察山西重要讲话重要指示，按照省委“四为四高两同步”总体思路和要求，在构建现代综合交通运输体系、深化运输供给侧结构性改革等方面做了大量工作，取得阶段性成效。他希望进一步深化与满帮集团等行业龙头企业合作，积极推动全省货运管理服务水平再上新台阶，为山西高质量转型发展提供强有力支撑。

陈旭忠对省厅高度重视和大力支持表示感谢，并表示省委统战部高度重视满帮集团、智加科技、成都大农科技有限公司3家企业落地山西，希望通过数据科技改变山西物流现状，促进山西省内道路货物运输与互联网融合发展，引领带动山西现代物流业降本、增效、提质，实现经济高质量转型发展。

满帮集团等参会企业表示要以山西数据流量生态园为载体打造中西部数字物流总部基地，充分发挥自身信息技术优势，进一步提升山西物流产业的经济效益、社会效益，推动山西智慧物流新业态快速发展。

4月28日 省交通运输厅2020年度全省高速公路路况检测结果通报暨“五一”期间公路网运行服务保障工作会召开。会议通报2020年度全省高速公路路况检测结果，以及2021年以来全省道路运输安全生产总体情况，部署“五一”假期公路网运行服务保障工作。厅党组成员、副厅长王晋主持会议并讲话。

王晋在讲话中，提出4点要求。一是高度重视2020年度全省高速公路路况检测结果，严格落实管养主体责任，坚持问题导向，狠抓落实，制定详细整改方案，立整立改，补齐短板和差距，确保全省高速公路路况稳步提升。二是抓好日常养护，突出预防性养护。采取科学合理养护措施，加大新工艺、新材料、新技术在公路养护中的应用，全力提升养护管理水平。三是狠抓落实，做好“五一”假期高速公路、国省干线公路保通保畅工作。切实加大对路网运行状况实时监测，特别是加大对长大隧道、互通立交、收费站、服务区及重要平交道口等节点路段，流量大、易拥堵、事故多发路段的监测。完善与公安、应急、消防等部门联勤联动保畅机制，加强部门和区域协调，推进工作协同和应急联动，优化完善清障救援应急网络布局，提高清障救援服务效率和质量。四是加强舆情监控和应急值班值守工作。加强“五一”假期全省交通运输舆情监测工作，及时发布公路交通气象预警信息和安全出行提示，提醒司乘人员错峰出行和提前规划路线。严格落实岗位责任制、节假日领导带班、关键岗位24小时值班制度。严格执行公路交通阻断信息报送制度，指定专人按照有关规定定时、及时上报路网运行情况，保证信息报送及时准确。

同日 山西省首家高速公路房车营地在平遥服务区落地，填补全省高速公路房车发展空白，也标志着全省高速公路服务区服务设施又得到一次升级，服务质量又实现一次质的飞跃，为房车自驾游爱好者提供一个功能齐全、设施配备人性化、周边环境优美的宿营基地。

由祁临高速公路晋中服务区有限公司打造的平遥服务区房车营地，位于世界文化遗产地——平遥古城东五公里处，借助高速公路服务区四通八达之优势，为新兴房车旅游打造全新服务区自驾营地，为往来司乘人员提供更加优质服务。

房车营地占地5600平方米，主要包括停车区、生活区、娱乐区、商务区、运动休闲区等。结合平遥服务区实际情况，营地为广大旅客准备11个房车停车位，安装8套汽车充电设备、11套自来水和废水或污水处理系统，可提供用水和电力补给服务。想要到房车营地休息的驾驶员到达营地后办理一张一卡通卡片，就可以在营地享受完全免费的加水、废水处理、露营等服务,同时营地还配备安保人员,保证入住房车及人员安全。

4月30日 省交通运输厅党组成员、副厅长王晋带领厅机关有关人员赴省交通运输运行监测与应急处置中心调研指导,对"五一"假期安全生产和应急保障工作提出指导意见。

王晋实地察看交通移动通信应急指挥平台,了解装备性能、运行等情况。要求做好装备日常维护、保养及管理,确保遇有情况,及时响应,圆满完成应急保障任务。在省交通运输厅运行监测与应急指挥大厅,王晋详细询问监控平台运行及路网运行监测等情况。要求加强应急值守,严格执行领导带班和24小时值班制度,做好信息上传下达,及时妥善处置突发事件。要紧盯假期群众出行高峰时段,加强路网运行监测,通过高速公路沿线可变情报板等方式及时发布路况、交通气象、分流绕行等预警预报信息,科学引导和服务群众出行。要完善体制机制,加强与交警等部门的沟通协作、联勤联动,持续优化通行方案,保障车辆有序通行,防止出现长时间、大面积拥堵。要做好新闻宣传工作,强化舆情监测预警,注重对负面信息的疏导排解;同时加强正面宣传,充分挖掘和展现行业基层一线优秀人物、先进事迹,弘扬正能量,营造良好舆论氛围。

5月6日 根据省交通运输厅党组党史学习教育安排部署,省厅举办党史学习教育专题宣讲,邀请省委党校副校长、教授王建军宣讲。厅一级巡视员雷天才主持并讲话。厅机关各处室负责人及全体党员近100人聆听。

王建军教授紧紧围绕党的历史是民族复兴史、寻找道路史、自我革命史以及树立正确的党史观等四个方面,系统回顾中国共产党百年奋斗的光辉历程和历史性贡献,深刻阐释习近平总书记关于党的历史的重要论述。专题宣讲深入浅出,内容丰富,生动鲜活,密切联系实际,让与会党员干部进一步深化对党的光辉历史的理解、加深对开展党史学习教育重大意义认识,对大家进一步强化理论武装、汲取精神力量起到很好引领促进作用。大家一致表示,要进一步传承红色基因、牢记初心使命、坚持正确方向,把精神洗礼付诸交通先行实践,将学习成效转化为推动工作动力,真正做到学史明理、学史增信、学史崇德、学史力行,为加快建设交通强国山西新征程贡献应有力量。

雷天才在讲话中,要求以此次党史学习教育专题宣讲为契机,在学习过程中深刻领悟核心要义,坚持学史力行,加强党性锤炼,切实增强投身交通强国建设新征程的信心和决心。一是发挥党支部组织功能。认真组织好党史专题学习,并结合主题党日活动积极开展"学党史、守初心"基层宣讲。二是强化专题宣讲督促指导。加强与省内优秀专家资源的联络沟通,为各单位专题宣讲提供优良师资力量,确保"学党史、守初心"基层宣讲活动取得实效。三是加大舆论宣传力度。及时总结党史学习教育中的好做法、好经验和好典型,充分发挥媒体宣传功能,进一步扩大对外宣传力度,广泛营造"学党史、悟思想、办实事、开新局"的浓厚氛围。

5月7日 交通运输部召开交通运输执法领域突出问题专项整治行动动员部署电视电话会,全面部署专项整治行动。省交通运输厅党组书记、厅长赵建平,厅一级巡视员雷天才在山西分会场参加会议。

会议指出,开展专项整治行动,是坚守初心使命、坚持人民交通为人民、建设人民满意交通的迫切需要,是加快建设交通强国、推动高质量发展的迫切需要,是深化综合执法改革、全面提升队伍素质能力的迫切需要,也是继承和发扬奋斗精神、推进执法队伍自我革命的迫切需要。

会议要求,要以开展专项整治行动为契机,坚持刀刃向内、自我革命,坚持远近结合、标本兼治,坚持正风肃纪、久久为功,着力深化交通运输综合行政执法改革,切实推进提升行业治理能力和水平。一是以创新执法观念和执法方式为着力点,更加注重保障从业人员合法权益,更加注重疏导服务、事前预防、综合治理。二是以完善政策法规制度为着力点,对不合理的行政处罚等条文研究提出清理意见,推动交通运输各方面制度更加成熟、更加定型、更加完备,切实夯实行业治理基础。三是以提升队伍素质能力为着力点,继续抓好改革任务的落地落实，建立完善综合执法运行机制，深化综合执法“三基”建设，切实巩固综合执法改革成果。

5月9日 临猗黄河大桥及引线工程项目工程建设如火如荼。临猗黄河大桥及引线工程是国家高速公路菏宝线G3511的控制性节点工程，也是山西省高速公路网规划“三纵十二横十二环”的出省重要通道之一。项目全长20.914公里，总投资46.45亿元，2020年8月开工建设，计划2023年年底投入使用。起点位于万荣县王显乡范家村东侧，与已建成的垣曲至临猗孙吉段菏宝高速公路顺接，途经临猗县孙吉镇，在西里村以西设黄河特大桥跨越黄河，终点止于陕西合阳县顺接合铜高速。项目建成后，将成为山西省通达陕、甘、宁，连接豫、鄂、皖等地的重要运输通道，将显著改善临猗、万荣等地果业的外运条件，对加密晋南区域路网、促进山西省经济转型发展发挥积极的推动和促进作用。

5月10日 副省长韦韬到省交通运输厅调研。要求坚持系统思维、统筹推进，加强谋划、开拓创新、攻坚克难，加快推进全省交通运输事业再上新台阶，为全省“十四五”转型出雏形开好局、起好步贡献交通力量。厅党组书记、厅长赵建平主持召开座谈会并作汇报。

韦韬先后到厅值班室、公路运输管理处、建设管理处、综合规划处和厅直机关党委，详细了解部门职责、组织机构等有关情况及重点工作开展情况。随后，召开座谈会，韦韬听取山西交通运输工作情况汇报，对全省交通运输部门在统筹推进疫情防控和交通运输高质量发展，加快交通强国建设、优化综合立体交通网、降低交通物流成本、提升服务供给质量、深化交通运输领域改革等方面取得的成绩给予充分肯定。他指出，交通运输是国民经济的命脉，是经济发展的“先行官”。全省交通运输部门要提高政治站位，进一步增强推进全省交通运输事业高质量高速度发展的责任感、紧迫感和使命感，把思想和行动统一到党中央、国务院决策部署和省委、省政府工作安排上来，坚持问题导向、目标导向、结果导向，狠抓工作落实，强化责任担当，强化统筹协调，强化组织调度，强化服务保障，确保重点工作任务见到实效。一是着力优化综合立体交通网络格局，推动交通体系向注重质量效益转变。主动对接，整体谋划，确保重大任务、重大改革、重大项目、重大举措落实落细在专项规划和工作方案中。高点布局，高位推动，重点加强枢纽建设，加快货运枢纽（物流园区）建设，积极推动多式联运，优化运输结构，推动国际陆港、海港、空港一体化建设。试点先行，稳步推进，认真开展交通强国试点工作，扎实推进五项试点任务，打造一批亮点工程，确保实施质量和效果。突出特点，融合发展，持续推动“四好农村路”和三个一号旅游公路高质量发展，实现交旅融合。二是加快推进交通领域重点项目建设，推动交通运输向打通“大动脉”、畅通“微循环”转变。加快推进项目建设，主动破题，形成长效工作机制，确保全年交通运输领域固定资产投资目标完成。按照《山西省省道网规划（2021—2035年）》，积极谋划一批重点项目，推进项目落地、开工建设。加快推动“县县通”高速项目的建设进度，进一步打通出省口、断头路。三是全面深化交通运输领域改革，推动交通效益向系统集成高效转变。按照规定时间节点，抓好关键环节落实，完成相关改革任务。四是不断提升交通运输现代化治理能力，推动交通发展向高水平高质量转变。畅通空中通道，加快民航机场建设。提升高速服务区服务水平，深化“厕所革命”，同步推进加油站加气站充电站建设，推进高速公路服务区提档升级。五是夯实安全生产基石，不断推动交通运输领域平稳健康发展。坚持从严监管、严肃问责、预防为主，把排查风险、治理隐患作为重中之重来抓，强化日常监督，加大安全监管执法力度，守土有责，守土尽责，把严管落实到全流程、全链条，形成全覆盖。

韦韬强调，要加强自身建设，坚持以政治建设为统领推动党的建设，扎实开展党史学习教育，建设高素质专业化队伍，持续改进作风，一刻不停推进党风廉政建设和反腐败斗争。

省政府副秘书长梁敬华参加调研和座谈。厅领导秦红保、王晋、段新源、王四小、郭丙福、王建业、李贵顺，厅机关各处室和厅直各单位主要负责人参加会议。

同日 根据省委组织部、省扶贫办《关于做好驻村第一书记和工作队选派工作的通知》要求,脱贫攻坚转入全面推进乡村振兴的新发展阶段后,省交通运输厅驻村帮扶由天镇县玉泉镇调整为石楼县罗村镇。省厅召开派驻石楼县驻村帮扶工作队员岗前培训会。厅党组成员、副厅长王晋出席会议并讲话。

王晋转达厅党组书记、厅长赵建平对省厅驻村帮扶工作队成员"舍小家为大家"积极投身乡村振兴事业的慰问和感谢。他指出,在全面推进乡村振兴驻村帮扶工作中,全体队员要精诚团结、真情帮扶,政治上,要吃透政策,认真学习贯彻落实习近平总书记重要讲话精神和2021年中央一号文件精神,把全面推进乡村振兴作为实现中华民族伟大复兴的一项重大任务,和党中央保持高度一致,实现巩固拓展脱贫攻坚成果同乡村振兴有效衔接;行动上,要懂规矩守纪律,严格落实考勤管理、履职清单等各项制度,通过进村入户,做到对所在村的村情民意了如指掌,真正发挥引领带头作用,持续巩固拓展脱贫攻坚成果,全面推进脱贫地区乡村振兴;作风上,要保持"交通人"优良传统,艰苦朴素、勇于奉献,依托村"两委",加强工作队党建工作,凝心聚力为群众办实事,为全面推进乡村振兴贡献力量。

培训会上,有关人员介绍驻村帮扶工作要点和方法,选派的5名驻村第一书记结合过往帮扶工作经历分别介绍驻村工作的主要经验以及注意事项。

培训会前,王晋与石楼县委、县政府主要负责人就乡村振兴工作进行对接。

5月14日 全省农村人居环境"六乱"整治百日攻坚专项行动动员部署会后,省交通运输厅高度重视,成立以厅党组书记、厅长赵建平为组长的专项行动领导小组,下发《山西省交通运输厅关于开展全省公路沿线环境专项整治行动的通知》,制定行动方案,明确整治任务和内容,细化职责,规定时限,确保集中整治任务按照标准、时间、要求保质保量完成。

5月15日 省交通运输厅召开《山西省公路危险路段排查治理管理办法》《高速公路交通安全风险评估指南》《"平安文明示范高速公路"建设试点工作方案》评审研讨会。厅党组成员、副厅长王晋出席会议。

会上,厅安监处介绍《山西省公路危险路段排查治理管理办法》《"平安文明示范高速公路"建设试点工作方案》的起草背景、依据以及主要内容,山西交安中心介绍《高速公路交通安全风险评估指南》的编制情况。同济大学教授郭忠印、山西路桥集团安全质量环保部部长孟续峰、省交通设计院高工李海喜等特邀专家,省应急管理厅、省公安厅交管局、山西交控集团、山西交科集团等单位负责人从不同层面和角度,提出富有建设性的意见和建议。

王晋在讲话中,要求编制组要根据各位与会领导和专家意见及建议继续修订完善,争取尽早出台《山西省公路危险路段排查治理管理办法》《高速公路交通安全风险评估指南》,尽快启动《"平安文明示范高速公路"建设试点工作方案》,进一步加强全省公路交通安全风险有效控制和路域环境整治,完善公路危险路段排查治理长效机制,预防和减少公路交通事故发生,打造安全畅通便捷的交通环境。

5月16日 省交通运输厅驻村工作队调研工作汇报会召开。会上,5位第一书记汇报近期帮扶村调研工作,全体队员学习全省农村人居环境"六乱"整治百日攻坚专项行动动员部署会议精神和《关于向重点乡村持续选派驻村第一书记和工作队的意见》,并就接下来细化调研内容、制定帮扶措施等工作进行交流。

会议指出,全省农村人居环境"六乱"整治百日攻坚专项行动契合乡村振兴发展思路,全体队员要深入领会精神,结合各村实际进行落实;向重点乡村持续选派驻村第一书记和工作队是在全面建设社会主义现代化国家新征程中全面推进乡村振兴、巩固拓展脱贫攻坚成果之际,党中央做出的重大决策部署,全体队员要提高政治站位,规范提升村内党建工作,继续开展更加深入详细调查研究,制定出符合各村实际的帮扶举措,用心用情用力做好驻村帮扶工作。

当日下午，省厅驻村工作队前往乡村振兴示范点——团中央定点帮扶的罗村镇泊河村进行参观学习交流。

5月16日至18日 交通运输部紧紧围绕“学党史、悟思想、办实事、开新局”工作要求，结合平安工地建设现状和发展趋势，进一步创新行业指导服务方式，开展“送专家、送技术、送服务到基层”的“三送行动”。由交通运输部安全与质量监督管理司原巡视员黄勇任组长的专家组一行9人，在昔阳（晋冀界）至榆次高速公路项目圆满完成山西省平安工地建设“三送行动”。厅一级巡视员李贵顺参加。

专家组听取山西省公路水运工程平安工地建设情况汇报及项目参建单位平安工地建设工作开展情况汇报，先后深入昔榆高速智慧建设管理中心、LJ11标三集中场站及涂河特大桥、LJ1标太行山隧道和LJ3标赵壁川河特大桥等施工现场，对项目平安工地建设体系运转、现场安全生产条件、内业资料等方面进行全面细致检查，并在项目公司开展“讲好一堂安全课、举办一次技术咨询、组织一次警示教育、开展一次政策咨询”的“四个一”服务。

专家组充分肯定山西省平安工地建设管理及昔榆高速项目平安工地建设开展情况，就发现的问题提出整改意见。黄勇在讲话中，提出6点要求：一是重点加强施工安全专项方案的编制、审核管理；二是持续完善施工现场临时用电、特种设备使用等重点环节的安全管理；三是着力提升参建人员安全意识和安全生产技能；四是不断推动安全风险管控和隐患排查治理双重预防机制落实到位；五是重点提升施工单位平安工地建设主体责任；六是持续深化平安工地建设与信用评价、市场准入相结合的创新监管方式，突出重点、统筹规划，扎实推进平安工地建设。

李贵顺表示，省厅将以本次“三送行动”为契机，抢抓交通强国重大战略机遇期，持续深化“平安百年”认识，积极推进工程项目“零伤亡”平安工地创建目标，持续巩固公路水运工程建设领域安全生产稳定态势。一是正视问题，立整立改，对专家组反馈的问题及建议，逐条进行研究，制定“问题清单”，确保彻底整改到位；二是举一反三，全面排查，对全省公路水运工程平安工地建设进行再动员、再部署；三是加强监管，压实责任，层层扣紧安全生产责任链条，加快建立健全长效机制。

5月17日 交通运输部召开交通运输执法领域突出问题专项整治行动第一次视频调度会议，厅一级巡视员雷天才代表省厅介绍全省交通运输执法领域突出问题专项整治行动开展情况及下一步工作打算。

5月18日 省交通运输厅召开全省交通运输执法领域突出问题专项整治行动动员部署会，厅党组成员、副厅长王晋出席并讲话，厅一级巡视员雷天才宣读《全省交通运输执法领域突出问题专项整治行动方案》，厅党组成员、副厅长郭丙福主持会议。

会议指出，开展交通运输执法领域突出问题专项整治行动，是深入开展党史学习教育、建设人民满意交通具体行动，是优化营商环境、推动交通运输高质量发展内在要求，是深化交通运输综合执法改革、全面提升执法队伍素质能力的迫切需要。此次专项整治行动，从2021年5月持续至10月，以深化交通运输综合行政执法改革为动力，以维护交通运输从业人员合法权益、清理不合理行政处罚规定和严禁乱罚款为着力点，以科技创新和制度创新为引领，着力解决交通运输行政执法队伍中存在的宗旨不牢、作风不优、本领不强、担当不力、执法不廉、管理粗放等突出问题，组织开展执法顽瘴痼疾清理整治，规范公正文明执法，讲政治、优作风、强服务专题教育，执法隐患排查防控，执法队伍轮训，综合执法“三基”建设等六项专业工作。

会议要求，全省交通运输系统要深入贯彻习近平总书记重要指示精神，进一步提高政治站位，增强“四个意识”、坚定“四个自信”、做到“两个维护”，以专项整治行动的实际成效诠释执法为民的根本宗旨，坚持刀刃向内，发扬斗争精神，坚决打赢专项整治攻坚战。各级交通运输部门和执法机构要坚持以开展专项整治行动为契机，以“三基”建设为重点，深化综合行政执法改革，加强基层组织建设，完善执法基准、创新执法方式、健全执法管理制度，加强执法基础管理,坚持加强执法队伍培训和推进执法信息化、装备现代化“双管齐下”,加强基层执法基本能力建设,着力推进行业治理能力建设取得新突破。

会议强调,这次专项整治行动时间紧、任务重、要求高,各级交通运输部门和执法机构要把专项整治行动作为当前行业管理工作的重中之重,强化组织领导,压实主体责任,强化宣传引导,注重系统谋划,切实抓实抓细抓出成效,实现交通运输行政执法队伍政治素质明显提升、纪律作风明显好转、服务意识明显提高、业务本领明显增强、执法权威和公信力明显加强、社会认可度和群众满意度明显上升,以优异成绩庆祝中国共产党成立100周年。

5月19日 中共山西省交通运输厅直属机关第三次代表大会召开。厅党组书记、厅长赵建平出席会议并讲话,厅一级巡视员雷天才代表中共山西省交通运输厅第二届直属机关委员会向大会作报告。厅党组成员、副厅长王晋主持会议。大会应出席代表118名,实到115名。

雷天才在报告中,回顾厅直机关党委五年来认真学习贯彻习近平总书记关于全面从严治党的重要论述,落实新时代党的建设总要求,奋力推进厅直系统党的建设各项工作及取得的成绩,提出今后一段时期厅直系统党建工作的总体要求和意见建议。随后,大会选举产生新一届党委、纪委委员。

赵建平对上一届机关党委五年来的工作予以充分肯定。近年来,厅直机关党委协助厅党组落实全面从严治党主体责任,勇挑重担,完成各项重大政治任务;认真负责,高质量完成党的建设具体工作;善作善成,切实服务和保障交通运输中心工作,充分展现讲政治、顾大局、勇奉献的优良品质。

赵建平指出,2021年是中国共产党成立100周年,是“十四五”建设开局起步之年。新一届党委、纪委要站在新的起点上,认真学习贯彻习近平总书记关于全面从严治党的重要论述,落实好新时代党的建设总要求,持续巩固和深化近年来全系统党的建设成果,不断加强自身建设,以党的建设新进步引领交通运输事业高质量发展。一是以深入开展党史学习教育为抓手,不断深化理论武装。要深入学习领会习近平总书记在党史学习教育动员大会上的讲话精神,落实好省委、厅党组实施方案部署的各项规定任务,引导广大党员学党史、悟思想、办实事、开新局。二是以开展政治巡察为契机,进一步压实管党治党政治责任。要继续发扬敢于担当、忠诚履职的优良作风,站在推动交通运输事业健康发展的大局上谋划好、落实好巡察工作各项部署。各级党组织要自觉接受巡察监督,真刀真枪解决问题,切实以巡察整改为契机,进一步加强党的建设,推动工作全面进步。三是与驻厅纪检监察组协同联动,全面加强党内监督和廉政建设。要带领全系统各级党组织发挥好日常监督的作用,与驻厅纪检监察组的专责监督协同联动,共同构建起纵向到底、横向到边的党内监督体系。四是切实加强党组织和党员队伍建设,不断提升管党治党效能。要注重理论武装、政治历练和实践锻炼,自觉提高政治领悟力、政治判断力、政治执行力,严格按照党章和党内各项法规办事,确保上级关于全面从严治党的决策部署在全系统落地见效。

厅领导段新源、王四小、郭丙福、郝玉柱、李贵顺参加会议,省直工委组织部部长邵勇、驻厅纪检监察组组长王建业出席会议。

5月20日 太原西北二环高速公路ZH07标羊儿山大桥首片预制T梁成功架设,这是项目全线架设的首片预制T梁,标志着太原西北二环高速公路项目上部结构施工将全面展开。

ZH07标段位于古交市梭峪乡与嘉乐泉乡境内,其中桥梁9座,桥梁结构形式为30米和40米的简支T梁,共计1020片,已成功预制12片。本次架设的首片T梁为羊儿山大桥第一跨3号梁,梁长30米,重84吨。为安全优质高效完成施工任务,自复工复产以来,项目部克服工期紧、任务重、施工场地窄、安全风险高等困难,以制架梁为关键线路,倒排工期,迅速展开桥梁下构和T梁预制施工。广大工程技术和施工管理人员弘扬精益求精的工匠精神,优化制架梁方案,合理组织施工,确保首片预制T梁成功架设。

5月22日至28日 为进一步激发全行业普及

科学知识、弘扬科学精神、提高科学素养，省交通运输厅下发《关于在全省交通运输行业开展2021年科技活动周的通知》，决定5月22日至28日举办2021年科技活动周。

本次科技活动周主题为“百年回望：中国共产党领导科技发展”。其间，省厅将依托厅属单位和企业、行业学会等优势资源，结合交通运输行业实际，统筹组织科技资源向社会开放、交通科普进校园、行业特色科普活动等系列活动。

5月23日 省厅召开山西省货运物流业降本增效研讨会，来自省内外全国物流行业专家、学者齐聚一堂，交流切磋，诊断把脉，为促进山西货运物流业的健康发展出谋划策。厅党组成员、副厅长郭丙福致辞。

货运物流业是支撑经济社会发展的基础性、战略性产业，市场需求巨大，发展空间广阔。山西是煤炭资源大省，多年来道路运输行业多以煤炭运输为主，“黑白”货物运输严重不平衡、道路运输体量大、重型货车多，物流成本高于全国平均水平。按照党中央、国务院关于推进供给侧结构性改革和降低实体经济成本的决策部署，近年来，山西省委、省政府着力推进经济转型升级，促进货运物流业高质量发展。省厅为了货运物流业降本增效，也坚持不懈进行有益的尝试与努力。

会上，厅运管处介绍全省货运物流业降本增效工作开展情况，交通运输部公路科学研究院公路交通发展研究中心主任虞明远、交通运输部科学研究院物流中心主任萧赓、大连海事大学教授靳志宏、西南交通大学教授蹇明、长安大学教授王来军、中国民航大学教授高伟、山西财经大学教授敬春菊等专家、学者结合国际国内形势，立足山西实际，分别就道路、铁路、民航、水运等领域如何高质量发展货运物流业提出建设性意见和建议。山西贵恩博信息科技有限公司、华远国际陆港集团有限公司等企业代表根据自身企业发展过程中遇到的困难和问题，表达诉求提出建议。

5月24日 省交通运输厅一级巡视员李贵顺深入241国道调研汾河水库段改线工程项目建设情况。李贵顺深入项目路基第一、二标，实地查看石窑湾大桥、K31段路基、大夫庄隧道施工现场及钢筋加工厂、拌和站，详细了解项目进展情况，解决存在困难和问题，并对下一步工作提出4点要求。一是全力以赴，全面推进，挂图作战，倒排工期，确保项目按时完成。二是凝心聚力，加强协调，最大限度兼顾沿线人民群众利益，统筹抓好征地拆迁、地方协调工作，为项目顺利实施提供有力保障。三是攻坚克难，以“质量提升年”专项行动为契机，加强质量监督，全力推进“平安百年品质工程”建设。四是加强项目规范化、精细化、标准化管理，加大履约监管，努力打造民生工程、精品工程、廉洁工程。

5月25日 省交通运输厅一级巡视员李贵顺带领厅检查组深入静兴高速公路项目调研指导。吕梁市副市长杨巨才一同调研指导。

检查组一行深入静兴项目施工一线，仔细查看现场工程建设推进情况，并听取重点工作、存在问题、施工节点、资金保障等有关情况汇报，并就静兴高速在年内实现高质量通车给出宝贵建议。现场检查结束后召开反馈会，总结分析当前形势，就下一步工作开展进行交流探讨。

检查组指出，静兴高速作为全省2021年唯一一条实现运营通车的高速公路项目，是关乎全省，特别是吕梁老区人民民生问题的大事，实现静兴高质量通车目标不可动摇。静兴公司和参建单位要严格按照施工计划控制工程进度，各级政府要做好协调配合，确保完成通车目标。安全是工程建设底线，是不可逾越红线，加快进度切不可降低工程安全和质量标准；资金是推动工程建设基本保障，要落实好建设资金，确保农民工工资及时发放，为项目推进提供有力的保障。

5月25日至26日 省交通运输厅党组成员、副厅长王四小赴吕梁市石楼县调研驻村帮扶和交通运输工作。王四小先后到罗村镇霍阳庄村、前圪垛村、东石羊村、罗村、楼家庄村，详细询问驻村工作队工作开展和生活情况，与罗阳镇党委负责人和村干部、驻村帮扶队员进行座谈交流，了解村庄基础设施、产业发展、集体经济以及巩固拓展脱贫攻坚成果同乡村振兴有效衔接情况。其间,王四小赴汾石高速公路石楼段,实地查看项目开工前各项准备工作,深入黄河一号旅游公路石楼段第四标段施工现场,查看安全管控、工程进展和工程质量情况。

王四小在讲话中,要求发挥交通运输行业优势,围绕"产业兴旺、生态宜居、乡风文明、治理有效、生活富裕"乡村振兴战略"二十个字"总要求,接续推进巩固脱贫攻坚成果同乡村振兴有效衔接,努力把省厅帮扶村打造成乡村振兴样板村、标杆村。要抓住"十四五"交通运输发展机遇,优化完善路网结构,确保汾石高速公路按期开工;加快推进"四好农村路"建设,支撑乡村振兴战略实施,更好服务经济社会发展,高质量高标准把黄河一号旅游公路打造成生态之路、景观之路、富民之路。

5月26日 全省交通运输系统开展"路政宣传月"集中宣传日活动,厅党组成员、副厅长郭丙福参加太原宣传活动。

在太原汽车客运西站和太原高速东社收费站活动现场,郭丙福分别听取两个站点路政管理工作和"路政宣传月"活动开展情况汇报,并为路政执法人员发放路政法律法规汇编资料,向过往司乘人员发放路政法律宣传单、宣传图册等,特别叮嘱他们要自觉遵守公路路政管理法律法规,做到安全行车、安全乘车。

活动当天,全省交通运输系统围绕"学党史、当先锋、护公路、优服务"主题,采取点线面结合方式,充分运用传统方式与新媒体平台,重点在各高速公路出入口、服务区、货运站场、运输企业开展路政法律法规宣传,向过往司乘人员广泛宣传《中华人民共和国公路法》《公路安全保护条例》《山西省高速公路非公路标志管理办法》等法律法规,有力推动全省"路政宣传月"活动深入开展,充分展示交通运输部门服务疫情防控和经济社会发展大局、服务人民群众和维护公路路产路权等工作成果,营造社会共治良好氛围。据不完全统计,仅省高速公路综合行政执法总队就出动执法人员600余名、流动视频宣传车15台,悬挂条幅200余条,摆放宣传展板80余块,设置宣传点45个,发放宣传资料4000余份,发放宣传漫画册300余份。

全省交通运输系统以交通运输综合行政执法改革为契机,以"路政宣传月"为载体,深入开展交通运输执法领域突出问题专项整治行动,推动路政工作转型发展,不断增强执法队伍凝聚力和战斗力,全力打造一支高素质、能干事、守规矩的路政执法队伍,为提升行业治理体系和治理能力现代化做出新的更大贡献。

5月28日 省交通运输厅党组成员、副厅长王晋深入吕梁市石楼县罗村镇调研指导驻村帮扶工作,看望并慰问工作在一线的驻村工作队员。

王晋先后到罗村镇霍阳庄村、罗村、楼家庄村、东石羊村和前圪垛村,实地查看驻村工作队员的居住条件和办公场所,了解驻村工作队员生活状况以及帮扶村基本情况,并就乡村振兴工作与当地干部群众、驻村工作队员进行交流。要求驻村工作队继续对帮扶村进行更加充分深入调研,根据各村优势和发展面临的困难积极谋划,在人口较多的乡村探索实施便民服务项目,打通快递物流服务"最后一公里";要加大产业帮扶力度,积极培育一批好的产业,带动老百姓发家致富;要加强基层党组织建设,切实发挥基层党组织领导核心作用,充分调动基层党员工作积极性,不断提高为民服务质量和工作效率。

实地查看各帮扶村后,王晋与当地党委政府座谈,双方就接下来的驻村帮扶工作进行交流。

调研期间,王晋带领厅机关第二和第八党支部党员到红军东征纪念馆举行主题党日活动,重温东征故事,锤炼初心使命。

是月 《山西省省道网规划(2021—2035年)》(以下简称《规划》)出台。《规划》对山西省行政区域内的省级高速公路和普通省道构建一张布局合理、安全可靠、便捷高效、智慧赋能、绿色集约的国省道网,期限为2021—2035年,远期展望至2050年。届时,全省将全面建成发达的快速公路网、完善的干线公路网,服务黄河流域、汾渭平原、京津冀及周边"2+26"城市等重点区域发展。国省道总规模将由2020年的183万公里增至2035年的278万公里,中部六省排名由第六上升至第五。高速公路规模将由5745公里增至8418公里；普通国省道规模将由12552公里增至19393公里，基本达到全国中等以上发展水平。

《规划》明确，全省将构建国家高速公路和省级高速公路“4纵15横33联”高速公路网布局，规划总里程8418公里。其中，国家高速公路4522公里，省级高速公路3896公里。普通国道和普通省道共同构成“8纵16横多联”的普通干线公路布局，规划里程19393公里。其中，普通国道8395公里，普通省道10998公里。

是月 根据交通运输部办公厅《关于开展2021年全国“路政宣传月”活动的通知》要求和全省实际，省厅印发《2021年全省“路政宣传月”活动实施方案》，部署开展2021年全省“路政宣传月”活动。

此次活动以“学党史、当先锋、护公路、优服务”为主题，围绕“坚持政策法规宣传、弘扬法治新理念，坚持重点工作宣传、构建共治新格局，坚持先进典型引领、塑造行业新形象，坚持服务为民理念、满足群众新期待”等四个方面宣传内容，结合党史学习教育、深化交通运输综合行政执法改革、坚决整治违规设置妨碍货车通行的道路限高限宽设施和检查卡点等重点工作任务，立足新发展阶段，贯彻新发展理念，服务构建新发展格局，广泛开展富有时代感和生命力的宣传活动，积极争取人民群众对路政工作的理解和支持，营造全社会共治的良好氛围。活动分三个阶段实施，第一阶段为计划筹备阶段，5月1日至10日；第二阶段为组织实施阶段，5月11日至6月10日；第三阶段为总结提升阶段，6月11日至20日。

是月 交通运输部公布2020年度“十大最美农村路”，永和县黄河一号旅游公路南庄—阁底段榜上有名。路段位于晋陕黄河大峡谷东岸，起于南庄乡红崖渠，止于阁底乡阁底村，全长36.9公里，设计等级为三级，设计速度为30公里/小时，交通、慢行、景观、服务、信息“五大系统”完善，全线布设上下行两条彩色陶瓷步行道，望海寺景区、景观桥景点建设木质步道2条，沿线建设观景台2个、文化驿站2个，标准化公厕和停车场4处，总体达到“景在路中、路在景中、路景一体”。该路段贯穿黄河峡谷景区、乾坤湾景区、红军东征永和纪念馆等景区，大大缩短永和县城到旅游景点车程，相邻景点车程不超过30分钟，而且直接连接永和县贫困偏远的4个乡镇、44个行政村181个自然村，对该县旅游兴县、转型发展起到重要作用，被誉为“最美风景路、致富小康路”。

6月1日 省交通运输厅下发《关于对全省国省干线公路沿线环境专项整治工作检查的通知》，成立4个检查组分别对全省普通国省干线公路和高速公路整治情况进行检查。6月7日，4个检查组分赴全省各地开始每月一次的检查工作。截至6月上旬，在路域环境集中整治行动中，全省普通国省干线公路共出动人员5.8万人次、各类机械车辆4.7万台次，路面病害处置34.94万平方米，裂缝处置114.92万延米；补植修剪绿化带苗木共计34.51万平方米，清扫路面5.75亿平方米，清理垃圾2.06万吨，清理疏通边沟4008公里，补划标线366.59万平方米，刷油24.81万平方米。全省高速公路，共修复护栏1845块、维修防眩板5976块、安装防眩板5049块，修补标线5913米，机械清扫路面11.99万公里；全面排查高速公路沿线护网内各类不规范物料堆场，建立任务清单，已清理砂堆769.5立方米、煤堆383.95立方米、渣堆1.24万立方米、土堆1.07万立方米、垃圾堆1.03万立方米。同时，全面清理中央分隔带、互通区、边坡、边沟等抛洒垃圾和隔离栅白色垃圾污染，共清理高速公路沿线白色垃圾7.28万公里，清理收费场站、服务区内白色垃圾3795处、生活垃圾595处。

在本次路域环境整治行动中，全省公路系统干部职工加班加点，提高全省公路服务水平，优化路域环境，改善各项服务效果，整治工作初见成效。

6月2日 省交通运输厅向各市交通运输局和省高速公路综合行政执法总队下发《关于进一步加强全省交通运输执法领域突出问题专项整治行动宣传工作的通知》。要求各级交通运输主管部门、省高速公路综合执法机构要高度重视专项整治行动期间的宣传工作，强化组织领导，细化宣传方案，紧紧围绕维护交通运输从业人员合法权益、清理不合理行政处罚规定和严禁乱罚款以及为民服务暖心举措等宣传主题，聚焦人民群众反映强烈的热点、制约规范公正文明执法的堵点，积极宣传交通运输执法领域突出问题专项整治行动取得的成效。要着力加强与中央、省、市、县各级媒体的沟通协作，充分利用传统媒体和新媒体开展宣传，展示交通运输执法队伍正风肃纪的坚定决心，及时反映各地进展成效，充分展现交通运输执法工作的新作为、新形象。

同日 10时18分，载有50个40英尺标箱出口货物的75002/1次列车从山西中鼎物流园站启程驶往法国巴黎，标志着全省至法国的中欧班列正式开通。至此，山西中欧班列常态化国际线路增至9条，形成辐射“一带一路”沿线11个国家26个城市的外贸新格局。

本次班列是山西晋欧物流有限公司与法国博莱科国际商务集团、法铁法沃迪集团的首次跨国合作，主要载有一次性医疗器械、健身设备、轮胎、汽车等700余吨，经由二连浩特口岸出境，途经俄罗斯、白俄罗斯、波兰、德国等国家，行程约1.1万公里，预计20天后到达位于法国巴黎东南郊的瓦朗通火车站。

本次班列开通，是山西晋欧物流进一步扩大山西“中欧班列”品牌影响力，朝着“立足山西、带动周边、辐射全国”的目标扎实前进的重要举措，创新实现境外客户足不出户便可签收货物的国际物流新模式。

6月4日 省交通运输厅安委会第三次全体会议暨全系统安全生产专项整治三年行动集中攻坚和“安全生产月”启动视频会议召开，深入学习贯彻习近平总书记关于安全生产重要论述和批示指示精神，传达省政府安委会第二次会议精神，通报2020年以来全省交通运输事故情况，安排部署下一阶段交通运输安全生产工作。厅党组成员、副厅长王晋主持并讲话。

2020年以来，全省交通运输安全生产形势总体平稳，但道路运输事故总量仍较大，在各类事故中占比仍较高，特别是责任落实方面还有不少差距。会议要求各单位要进一步增强做好安全生产工作责任感使命感，牢牢守住安全生产红线底线，细化落实“三管三必须”责任，制定安全生产监督管理职责清单和履责规范，从严从细落实好安全生产各项措施，全力以赴做好安全生产各项工作，有效防范化解重大安全风险，推动全省交通运输安全生产形势持续稳定向好。要深入推进安全生产专项整治集中攻坚行动，组织开展“回头看”，进一步补充完善攻坚任务清单，细化工作任务，明确责任举措，实行挂图作战，突出重大风险排查管控、重点领域安全隐患排查治理和责任落实，确保各项任务完成。

王晋强调，要围绕“落实安全责任、推动安全发展”主题，深入开展“安全生产月”活动，树牢安全发展理念，强化底线思维，压实安全责任，防控安全风险，提升安全素养，全面提升本质安全水平。各部门、各单位要结合党史学习教育，进一步深入学习习近平总书记关于安全生产重要论述和指示批示精神，各级领导干部和企业负责人要主动开展安全生产宣讲活动，充分利用网站、微信公众号等渠道，组织开展形式多样的宣传活动。要按照“行业领导、广泛参与、公平公正、共享成果、激励应用”的要求，继续开展“平安交通”创新安全征集活动。

王晋要求，各部门、各单位要按照“全覆盖、严执法、零容忍”原则，开展交通运输安全生产督导检查。一是全覆盖排查。督促交通运输企业全面落实企业主体责任，对安全生产全过程、各环节进行认真细致排查，确保不出现漏洞。二是严格执法。加大监督检查执法力度，对重点问题、重大隐患盯住不放一抓到底，对发现的问题要纳入对企业的信用评价。三是强化督导。坚持问题导向，对发现的问题隐患要及时指出，并跟踪问效，限期整改。

会上，与会人员观看交通运输安全生产警示片，朔州、忻州、运城市交通运输局作了交流发言。

6月7日 省交通运输厅举办交通安全应急管理培训班，面向全省县级以上交通运输主管部门和省级直属交通运输企业开展有关业务培训。省厅高度重视此次培训，专门邀请技术专家授课，主要围绕交通应急管理系统和交通运输部安全生产监管监察综合信息服务平台风险管理模块的使用进行深入浅出讲解，确保实操人员能熟悉交通应急管理系统。此次培训虽然时间不长，但大家纷纷表示受益匪浅，要在日常工作中积极使用交通应急管理系统，形成通过该系统开展有关应急统计和值班工作的良好习惯。

同日 省交通建设中心在黎霍高速项目施工现场举行2021年全省重点公路工程建设领域“安全生产月”活动启动仪式。

围绕“落实安全责任、推动安全发展”活动主题，省交通建设中心向全省重点公路工程项目建设单位印发《关于开展2021年“安全生产月”活动的通知》，要求各参建单位加强组织领导，扎实开展活动，营造浓厚氛围，推动全省重点公路工程建设项目安全生产水平提升和安全形势持续稳定向好。深入学习贯彻习近平总书记关于安全生产重要论述，牢固树立安全发展理念，进一步强化责任担当，筑牢安全防线。加强安全生产事故警示教育和安全培训，积极开展应急演练和“6·16”安全宣传咨询日等活动，不断增强员工安全意识和操作技能。树牢底线思维，下好先手棋，打好主动仗，狠抓安全生产各项措施落地落实，从严压实安全生产责任，开展好“事故隐患大扫除”行动，全面查漏洞、补短板、强弱项，坚决遏制重特大事故发生，坚决守住“发展决不能以牺牲安全为代价”这条不可逾越的红线。

6月8日 省交通运输厅在南京大学举办的山西省交通运输新发展理念暨党史学习教育培训班正式开班。厅党组成员、副厅长王晋出席开班仪式并作动员讲话。南京大学淮安高新技术研究院院长许波连致辞。

王晋在讲话中，要求各级党员干部要在中国共产党成立百年这个特殊背景下，更好地学党史、铸忠诚，更加自觉从党的百年伟大奋斗历程中汲取前进智慧和力量，不断加强党性修养，始终坚持学以致用，把学习党史同总结经验、关照现实、推动工作结合起来，同解决实际问题结合起来，真正把学习成果转化为为民服务成效。要在“十四五”开局之年这个特殊节点上，更好地学知识、强本领，坚持把学习贯彻习近平新时代中国特色社会主义思想摆在突出位置，紧扣全省交通运输改革发展实际，着力在理论学习中锤炼政治能力，在对标一流中激发内生动力，在学习培训中做到修身养性，不断提高把握新发展阶段、贯彻新发展理念、构建新发展格局的政治能力、战略眼光、专业水平。同时要在疫情防控常态化这个特殊条件下，更好地精心学、专心学，认真落实中央八项规定精神，严格遵守各项规章制度，确保取得实实在在的学习成效。

本次培训班为期4天，主题鲜明突出，聚焦贯彻新发展理念与党史学习教育，采取培训动员、专题辅导、研讨交流等方式进行。培训班邀请6名来自江苏省委党校、南京大学、同济大学、南京师范大学的专家教授和江苏省交通运输厅领导作专题辅导，主要内容为党史、新中国史、改革开放史、社会主义发展史以及江苏综合交通运输体系、交通管理干部的阳光心态与压力调试、城市交通枢纽建设与交通一体化等，还组织党员干部深入南京市红色教育基地雨花台烈士纪念馆实地开展学习教育，引领带动大家学史悟思、走深走心。

各市县交通运输局、驻厅纪检监察组、厅机关各处室、厅属各单位领导干部共120人参加培训。

6月11日 省交通运输厅党组理论学习中心组赴彭真生平暨中共太原支部旧址纪念馆缅怀革命先烈，重温入党誓词，开展党史学习教育实地践学活动。厅领导赵建平、王晋、段新源、王四小、郭丙福、王建业、郝玉柱参加。

在讲解员引导下，中心组成员参观彭真生平业绩陈列展厅及纪念馆其他展厅，大家不时驻足，认真听取讲解，询问有关细节，通过一幅幅珍贵图片、一件件历史文物、一个个感人故事，共同瞻仰彭真、高君宇、贺昌等老一辈无产阶级革命家的光辉事迹和精神风范，以及为社会主义革命和建设事业做出的伟大贡献，感受信仰力量，体悟思想伟力。随后，在纪念馆大厅，面对鲜艳的中国共产党党旗，大家庄严肃立，重温入党誓词。

通过实地践学活动，大家接受一次深刻的党性教育和革命洗礼，纷纷表示将在学思践悟中坚定理想信念,传承红色基因,汲取前进力量,砥砺初心使命,进一步增强“四个意识”、坚定“四个自信”、做到“两个维护”,以党史学习教育新成效推动山西交通运输高质量转型发展,以优异成绩庆祝中国共产党成立100周年。

党史学习教育开展以来,厅党组精心谋划、突出重点,始终将党史学习教育作为全年中心组学习的重要任务抓紧抓实,结合理论学习任务和工作实际,制订印发《2021年党组理论学习中心组学习计划》,研究设计9个学习专题已完成5个专题。同时,不断创新形式、丰富内容,以研读理论书籍、传达文件及会议精神为主,采取个人自学、集中领学、专题讲座等形式全方位推进党史学习教育,确保学党史与悟思想融会贯通、办实事与开新局同向发力。

同日 省交通运输厅召开全省交通运输执法领域突出问题专项整治行动第一次调度会,传达贯彻交通运输部专项整治行动调度会议精神,对全省交通运输执法领域突出问题专项整治工作再动员再部署再落实,切实推动专项整治行动走深走实、取得实效。厅一级巡视员雷天才主持会议。

会议指出,当前专项整治行动进入查纠整改关键时期,必须进一步提高对开展交通运输执法领域突出问题专项整治行动重大意义的认识,以从严要求、务实态度毫不松懈推进整改落实各项工作,切实让从业人员和人民群众感受到交通运输执法工作的真改进、真变化。

会议要求,专项整治行动要聚焦基层一线,抓住市县这个关键主体,充分发挥专项整治领导小组指挥协调、层级监督作用,压实市县“一把手”责任,切实形成推进专项整治行动的高压态势。聚焦关键对象,盯紧盯牢盯实关键任务,着重开展执法整治、顽瘴痼疾清理整治、规范公正文明执法、“讲政治、优作风、强服务”专题教育、执法隐患排查防控、执法队伍轮训、综合执法“三基”建设等工作,力争实现交通运输行政执法队伍政治素质明显提升、纪律作风明显好转、服务意识明显提高、业务本领明显增强、执法权威和公信力明显加强、社会认可度和群众满意度明显上升等目标。聚焦宣传主题,营造专项整治行动良好舆论氛围,通过报纸、电视、微信公众号等平台进行全面深入宣传,全面展现新时代交通人的精神风貌。

会议强调,货运司机等从业人员和人民群众期待很高,各单位要坚决落实党中央国务院领导人对维护交通运输从业人员合法权益的一系列重要指示批示精神,攻坚克难,担当作为,高标准高质量完成专项整治行动,以交通运输综合行政执法队伍的新面貌、党和人民满意的新业绩庆祝中国共产党成立100周年。

6月15日 副省长韦韬深入太原市地铁2号线、汾河二库、太佳高速公路东段车辆动态管理平台、西北二环高速公路项目建设工地、公交三公司等,重点检查轨道交通、水运、“两客一危”运输、高速公路施工、城市公交运营等安全生产工作。

韦韬在讲话中,要求坚决贯彻习近平总书记关于安全生产的重要指示要求,树牢安全发展理念,层层压实责任,全面排查整治交通运输行业安全隐患,积极防范化解风险,确保不留盲区死角,彻底根除隐患。要将安全生产制度措施落到实处,严格执行工程建设安全规范和标准,完善应急预案,开展应急演练,努力提升安全应急水平。要抓好高速公路危化品运输车辆安全管理,坚持“疏”“堵”结合,全面规范治理,为全方位推进高质量发展营造良好安全环境,以实际行动迎接中国共产党成立100周年。

6月16日 省交通运输厅在太原市工人文化宫广场参加由省政府安委办和太原市政府安委会联合举办的“安全宣传咨询日”活动。厅党组成员、副厅长王晋参加。

活动围绕“落实安全责任,推动安全发展”主题,现场设置宣传咨询台,面对面解答群众关心关切的安全生产问题,还通过发放安全生产宣传资料,集中宣传普及交通运输安全生产法律法规,“两客一危”、超限超载、公路工程重大风险及应急管理等安全规定和知识,进一步提升公众的安全防范意识和安全素质。在交通安全体验区,人们还进行智慧教室、VR驾驶模拟舱及电焊、消防灭火、隐患排查、安全标志、雾区引导防撞系统等功能体验。

“安全生产月”期间，省厅还陆续开展安全知识问答、安全宣传“五进”等活动，通过群众喜闻乐见方式普及交通安全知识，在全社会大力营造关注安全、关爱生命的浓厚氛围，牢固树立人民至上、生命至上理念，为庆祝中国共产党成立100周年营造良好交通运输环境。

6月18日 省交通运输厅召开厅安委会第四次全体会议暨全省交通运输安全生产视频会议，深入学习贯彻习近平总书记近期关于安全生产的重要批示指示和李克强总理重要批示精神，贯彻落实国务院、省委省政府和交通运输部有关会议精神，安排部署“七一”前后重点任务，为庆祝中国共产党成立100周年营造安全稳定的交通运输环境。厅党组成员、副厅长王晋出席会议并讲话，厅党组成员、副厅长段新源主持会议。

会议指出，近期，全国多地发生安全生产事故，给人民群众生命财产安全带来重大损失。全省交通运输安全生产形势总体平稳，但全行业安全生产仍处在事故易发期，基层薄弱、基础脆弱的状况仍未根本改观，安全生产形势不容乐观。全系统要提高站位，强化担当，严格落实安全责任，防范化解重大风险，强化系统治理，确保全省交通运输安全形势稳定。

王晋在讲话中，要求各单位要结合实际制定安全保障专项工作方案，迅速开展风险隐患排查整治，采取针对有效措施，及时消除事故隐患，不清仓见底决不收兵。要强化应急准备和路网运行监测，精准发布出行信息，严格落实领导带班、24小时值班制度，及时妥善应对和高效处置突发事件。要进一步规范市场秩序、维护安全发展、促进社会稳定，强化执法人员纪律约束，坚决查处腐败问题和失职渎职行为，树立廉洁执法良好形象。要统筹做好汛期暑运等各项工作，慎终如始抓好常态化疫情防控工作，同时加强疫苗货物运输服务保障，确保疫苗接种“百日攻坚”任务的完成。

与会人员还观看了《生命重于泰山》电视专题片。

6月20日 一列CR200J型“复兴号”动车组列车从太原南站驶出，开往吕梁站。经过100多天提质改造施工会战，太中银铁路太原南至吕梁段开行动车工程进入试运行阶段，吕梁革命老区步入动车时代。

太中银铁路设计速度160公里/小时，东起太原，省内途经清徐、交城、文水、汾阳、离石、柳林等县市区，西端分别至宁夏中卫和银川，是连通华北与西北的重要客货运输通道。仅房建方面涉及的施工就达5类128项，包括沿线各站候车室及旅客地道装修改造，站台、雨棚拆建，电缆桥架及照明系统整治等。在站房、站台等基础设施改建提升基础上，沿线各站还加装电梯、增设检票闸机、重建开放式售票窗口、优化进出站流线，让车站环境更优雅、旅客候车更舒适、进出站更快捷。

6月20日至26日 为宣传报道全省以“交通+旅游”为抓手，在“四好农村路”建设中突出旅游公路这一关键元素，加快推动文化旅游等现代服务业提档升级及带动区域脱贫攻坚的经验、做法、亮点、成效，中国交通报社组织驻浙江、湖南、广西记者站骨干记者、特约记者来晋开展以“交通+旅游”为主题的异地采访。中国交通报社总编辑李咏梅带队。

近年来，山西交通运输部门秉承高起点规划、高标准建设、高质量发展理念，坚持交旅融合新路径，着力完善交通旅游网络设施，创新旅游交通产品，提升旅游交通服务品质，扩大新需求，创新新供给，更好地适应经济社会发展和人民群众旅游需求新变化，为促投资促消费促稳定提供坚实支撑。

采访组在太原召开座谈会。李咏梅介绍异地采访活动的目的宗旨，对全省交通运输工作及记者站宣传山西给予充分肯定的同时，希望全省交通运输部门能将交通新闻宣传工作和交通运输部重点活动结合，积极参与重大活动，加强重点报道，善于发现和培树先进典型，有策划、有主题、出精品，更好展示山西交通运输工作的亮点。

厅党组成员、副厅长王晋参加座谈会并向采访组介绍山西交通新闻宣传工作及黄河、长城、太行三个一号旅游公路建设情况，代表厅党组对中国交通报社对全省交通运输工作的关心和支持表示感谢，表示将进一步加强山西交通新闻宣传工作，力争上游,使典型人物能在行业叫响、在全国推出。

采访组听取相关情况介绍,并于6月20日至26日赴偏关、永和、陵川等县就三个一号旅游公路进行实地采访和报道。

6月23日 省交通运输厅召开庆祝中国共产党成立100周年安保维稳推进会暨平安建设领导小组第二次会议。厅党组成员、副厅长郭丙福出席会议并讲话。

郭丙福指出,中国共产党即将迎来百年华诞,各单位要坚决把思想和行动统一到中央和省委决策部署上来,树牢“四个意识”、坚定“四个自信”、做到“两个维护”,进一步提高政治判断力、政治领悟力、政治执行力,牢固树立“万无一失、一失万无”的理念,以最高标准、最严要求、最强措施落实好安保维稳各项工作。

郭丙福在讲话中,要求聚焦重点领域,采取过硬措施,全面落实“五个坚决”。一是坚决落实好“护城河”各项部署。要密切配合公安机关,做好出省口安全管控,加大出省进京人员及携带物品排查管控力度,严防危险人员和物品向首都渗透,确保危险因素全天候拦截。二是坚决抓好反恐防范工作。要突出交通运输人员密集区域、重大工程项目、重要基础设施等重点部位,强化对各类涉恐线索的搜集研判,全面落实反恐防范措施。三是坚决推进信访矛盾纠纷排查化解。要紧绷信访工作这根弦,切实把各类矛盾纠纷解决在基层、化解在萌芽状态。四是坚决守好行业治安防线。要以常态化开展扫黑除恶斗争为牵引,以交通运输重点行业领域违法犯罪和突出问题打击整治、企业项目周边治安秩序整治两大专项行动为抓手,把专项整治与系统治理、依法治理、综合治理、源头治理结合起来,进一步增强对违法犯罪势力的控制力和震慑力,带动行业秩序持续好转。五是坚决强化应急处置。要加强与部门、地方政府协调联动、工作对接、信息共享等措施,确保遇有突发事件第一时间响应、快速高效处置。同时,还要重点做好城市公共交通领域、道路运输领域、治理非法超限超载领域相关工作。

6月24日 全省治超办主任电视电话(扩大)会议召开。省政府副秘书长、省治超办主任梁敬华,省治超办副主任、厅党组成员、副厅长郭丙福参加会议。

会议强调,要充分认识治超工作的艰巨性、长期性和复杂性,准确认识当前面临的新挑战、新任务、新问题,统一思想,提高认识,坚定抓治超就是抓安全信念,全力确保交通运输领域安全生产稳定局势,保障庆祝中国共产党成立100周年重点时段全省安全稳定发展大局。要继续强化“政府主抓、部门联动、属地管理”治理机制,把治超工作纳入本级政府重要议事日程和年度目标责任制考核体系;重点抓好车辆源头管控和短途非法超限超载治理,以强有力措施遏制多发高发态势,守好稳定基本面;加强有效协同,发挥联动机制优势,提升治超工作执法监管覆盖面;切实抓好重点环节管控,严厉整治道路运输涉黑涉恶行为和道路运输违法违规行为;坚持把科技手段作为推动长效治超重要支撑和保障,深化科技治超,进一步提升信息化治理水平。

6月25日 省交通运输厅举行“光荣在党50年”纪念章颁发仪式。受厅党组书记、厅长赵建平委托,厅党组成员、副厅长王晋代表厅党组出席颁发仪式,为获此殊荣的关中祥、张廷盛、秦生发、潘雄元、史荣和、李月星6位老党员代表颁发“光荣在党50年”纪念章,向他们表示热烈祝贺并致以崇高敬意。

老党员们戴上熠熠生辉纪念章,心情无比激动。史荣和代表老党员发言,深情回顾党的光辉历程和自己在党的教育培养下一步步成长奋斗的历史,对党和国家给予的崇高荣誉倍感振奋、深受鼓舞。他表示,作为一名交通人,今后将更加紧密地团结在以习近平同志为核心的党中央周围,不忘初心、牢记使命,听党话、跟党走、感党恩,筑牢对党忠诚的政治品德,永葆政治本色,继续发挥余热,为交通运输事业发展添砖加瓦、贡献力量。

颁奖仪式后,王晋与老党员代表亲切交谈,真诚希望各位老领导、老党员一如既往地关心支持交通运输各项工作,为山西交通运输高质量发展建言献策。他表示，厅党组将继续为老党员、老同志做好服务保障，帮助他们解决实际困难和问题，让每一位老党员、老同志共享交通运输改革发展成果，安度晚年。

全系统共有104位老党员获此荣誉，其中厅机关21位，厅直单位83位。厅直各单位也先后通过举行集体颁发仪式及上门走访慰问，为“光荣在党50年”的老党员颁发纪念章，送去党组织的关怀和问候。

同日 省交通运输厅召开老党员、老干部话党史座谈会。厅党组成员、副厅长王四小出席座谈，与老领导、老同志共聚一堂，话党史忆初心，共谋交通发展。

王四小代表厅党组向老领导、老干部及全省交通运输系统老干部致以崇高敬意和节日问候，通报近年来全省交通运输发展情况，介绍“十四五”交通运输发展思路和下一步重点工作，认真听取大家对交通运输工作的意见建议。他表示，厅党组将认真贯彻落实习近平总书记关于老干部工作的重要论述，把关心好、照顾好老干部作为义不容辞的责任，一如既往做好老干部工作，真正做到思想上多关心、生活上多照顾、精神上多关怀，深入推进离退休干部政治学习和党建工作，充分调动离退休干部的积极性、主动性，展示老干部昂扬向上精神风貌。他希望老领导老干部继续关心和支持交通运输行业发展，充分发挥政治优势、经验优势、威望优势，为加快推进全省交通运输事业发展积极建言献策、贡献更多智慧和力量。

来自厅离退休党总支的16位老干部结合亲身经历，抚今追昔，畅谈对中国共产党成立100周年取得伟大成就的心声，并对厅党组高度重视、关心离退休干部工作表示感谢，对开启交通强国建设山西新征程感到振奋。他们表示，将高举习近平新时代中国特色社会主义思想伟大旗帜，倍加珍惜来之不易的幸福生活，坚定不移听党话、跟党走、感党恩，退职不褪色，退休不退责，为推进交通运输事业发展加油鼓劲、发挥余热、做出贡献。

同日 省高速公路综合行政执法总队在黎霍高速公路建设项目施工一线，开展“进工地到一线入项目优服务”活动。

在黎霍高速公路建设项目公司调研座谈会上，省高速公路综合行政执法总队一行了解工程建设概况、当前进展、质量管控及“安全生产月”活动开展等情况，听取参建单位代表就高速公路建设质量安全监督执法工作提出的意见建议，并与项目负责人、参建单位代表一起探讨解决黎霍高速项目工程建设中的问题和困难及质量安全管控难点的方法。

在赵家烟大桥施工现场，总队为一线施工作业人员发放《公路水运工程安全生产监督管理办法》《公路工程施工作业人员安全手册》等资料和防暑降温慰问品。在路桥集团项目部，总队安全技术专家对安全管理人员进行安全生产专业知识培训，组织观看安全生产警示教育片。

6月26日 全省首条国际货运航线首航仪式在太原武宿机场举行。此条航线开通实现全省国际货运航线零的突破，开启打造国际现代物流枢纽建设新篇章，进一步促进全省扩大进出口、拓展新市场、培育新动能，对全省构建对外开放新高地、打通国际航空运输新通道意义重大。

当日下午，南航CZ8111航班满载35吨国际邮件、电商货物从太原飞往美国旧金山。按计划，此航班将每周执飞一班。同时，太原机场将严格落实疫情防控要求，做好各项消杀、检测、监管等工作，杜绝“货传人”风险，确保太原机场物流业务整体运行平稳。

开航当天，由山西航产集团和广东薛航集团共同出资成立的山西机场物流有限公司举行揭牌仪式，标志着航产集团第一家通过产权交易市场公开出让股权成立的混合所有制企业正式挂牌运营。

同日 全省“县县通高速”最后两个重点项目之一、“十四五”交通领域省重点工程——汾阳至石楼高速公路项目正式开工。

该项目起点位于汾阳市三泉镇巩村南，终点位于石楼县罗村镇，路线全长82.36公里，途经汾阳、孝义、交口、石楼4个县（市），采用双向四车道高速公路标准建设，设计速度为100公里/小时。项目建设工期3.5年,预计2024年年底全线建成通车。

汾石高速开工建设,结束石楼县不通高速公路历史,打通吕梁革命老区对外开放的又一重要通道,对于补齐全省高速公路网、推动县域经济发展、促进乡村振兴具有重要意义。

孝义西互通、石楼东互通、汾阳南枢纽、交口西宋庄1号大桥等15个控制性工程同步拉开建设大幕。

同日 在庆祝中国共产党成立100周年之际,全省客运通道建设再次收获新的重要成果。太中银铁路吕梁至太原南段动车组列车开通仪式在吕梁火车站举行。翠绿涂装的“复兴号”动车组驶出吕梁站,开往太原南站。这标志着全省11市全部实现动车快速通达,三晋大地全面进入动车时代。

穿越吕梁革命老区的太中银铁路,是连通华北与西北的重要铁路运输通道。动车组列车开通初期,在太原南站至吕梁站间“公交化”开行12趟动车,最快仅需1小时20分钟,途经交城、文水、汾阳三站。开行的CR200J型“复兴号”动车组是中国标准动车组“家族成员”,列车速度160公里/小时。

同日 在第34个“国际禁毒日”当天,省交通运输厅在太原汽车客运西站举办“防范毒品滥用”为主题的全省交通运输行业全民禁毒集中宣传活动。

在活动现场,太原市交通运输局向全市交通运输行业各领域发出禁毒倡议,与会全体人员进行庄严宣誓并在禁毒誓词墙上签名,太原市交通运输客运、货运、公交、出租等行业代表作表态发言。

6月是全民禁毒宣传月,省厅制定印发《2021年度禁毒宣传教育工作方案》,对全省交通运输系统宣传活动作出安排。活动开展以来,全省交通运输各级各部门充分利用行业点多、线长、面广优势,实行整体联动,多点开花,广泛动员不同群体参与禁毒斗争,推动形成上下一心、全民共建的禁毒宣传工作格局。活动当日,全省交通运输系统客货运场站、超限检测站、政务服务大厅、高速公路收费站、高速公路服务区等区域普遍设立宣传点,开展形式多样宣传,使禁毒观念深入人心。

6月28日 由山西路桥集团投资建设的隰吉高速公路项目路面水稳层智能无人摊铺试铺工作顺利完成,标志着全省高速公路路面施工正式进入智能化无人施工新阶段。

本次使用的智能无人摊铺机群包括1台水泥稳定碎石无人摊铺机,2台无人驾驶单钢轮压路机,2台无人驾驶胶轮压路机、1台无人驾驶双钢轮压路机和1套无人驾驶控制室。该机群主要采用智能施工技术、机群协同施工技术、机群安全避障技术和平台控制技术等。

在隰吉高速施工现场,无人摊铺碾压施工机群协作井然有序,只有无人驾驶控制室中一名员工控制着机群自动化行走,1台无人摊铺机领头前行,5台压路机紧随其后,通过整个机群的智能联动,一条平整的道路缓缓形成。隰吉高速公路采用无人摊铺工艺后,可达到“均匀摊铺、均匀碾压”的效果,实现摊铺平整度、压实均匀性进一步提升。

引入智能无人摊铺施工机群,是山西路桥集团隰吉公司着力打造具有“创新、品质、绿色、安全、智慧”五大元素的新时代标杆工程的重要举措,既可实现长时间不间断施工,提升施工效率,又可把操作人员从现场施工环境中解脱出来,降低施工环境对施工人员健康危害,同时显著节约人工成本。另外,在施工过程中采用的四重安全避障系统可以较大幅度提升施工安全系数,避免安全事故发生。

6月29日 省交通运输厅召开“两优一先”表彰大会。厅党组书记、厅长赵建平出席并讲授专题党课。厅党组成员、副厅长王晋主持会议。

上午9时,大会正式开始,全体起立,奏唱国歌。厅党组成员、副厅长段新源宣读《中共山西省交通运输厅党组关于表彰2021年优秀共产党员、优秀党务工作者和先进基层党组织的决定》,97名共产党员、28名党务工作者和16个基层党组织,分别被授予“优秀共产党员”“优秀党务工作者”“先进基层党组织”称号。受到表彰的优秀个人和先进集体代表先后上台领奖,会场响起热烈掌声。

会上,赵建平以“感悟百年党史、积聚奋进力量,团结一致推进‘十四五’交通运输发展开好局起好步”为题,给大家上了一堂深刻而生动的党课。他结合自己的学习体会和全省交通运输工作实际,带领党员干部认真学习习近平总书记重要论述，从不同角度回顾党的百年光辉历程，引导大家学史明理、学史增信、学史崇德、学史力行。

赵建平指出，要感悟思想伟力，坚定政治信仰，从党的非凡历程和伟大贡献中，感悟马克思主义的真理力量和实践力量，特别要从中共十八大以来党和国家取得的历史性成就、发生的历史性变革中，感悟习近平新时代中国特色社会主义思想的真理光辉，自觉增强“四个意识”，坚决做到“两个维护”。要赓续精神血脉，弘扬优良作风，从百年来中国共产党人积累的宝贵精神财富中汲取营养，传承红色基因，把人民对美好生活的向往作为奋斗目标，推动山西交通运输建设成果更多更公平惠及人民群众。要汲取历史经验，提升能力水平，把党的成功经验传承好、发扬好，用党的实践创造和历史经验启迪智慧、砥砺品格，不断提高应对风险挑战的能力水平，认清形势，把握规律，抓住机遇，应对挑战，在新时代做出新贡献。

赵建平强调，2021年是全省“十四五”转型发展开局起步之年，广大党员要充分发挥好先锋模范作用，团结干部职工进一步坚定改革决心、发展信心，凝心聚力奋斗，交出优秀答卷，以优异成绩为全省“十四五”开好局起好步提供坚实有力的交通运输保障。一是深入开展党史学习教育，确保取得实实在在成效；二是坚持规划引领，为省委、省政府重大战略实施当好先行；三是狠抓项目建设，确保各项目如期完工；四是着力提升运输服务水平，不断满足运输发展需求和人民群众多样化出行需要；五是持续深化重点领域改革，提升行业治理能力和水平；六是严守安全底线，持续提升本质安全水平。七是坚持全面从严治党，巩固交通运输良好政治生态。

王晋在主持会议时强调，各级党组织和广大党员要以庆祝中国共产党成立100周年为契机，把学习贯彻习近平新时代中国特色社会主义思想不断引向深入，从党的百年历史中感悟信仰力量，坚守全心全意为人民服务根本宗旨，全面推进交通运输高质量发展，不断提升交通运输治理体系和治理能力现代化水平。

厅领导秦红保、王四小、王建业、李贵顺，二级巡视员，驻厅纪检监察组副组长、总工程师，厅机关各处室主要负责人及厅机关部分党员代表，厅直各单位党政负责人及相关部门负责人，以及受表彰的“两优一先”代表参加会议。

会后举行“永远跟党走 奋进新征程”庆祝中国共产党成立100周年文艺会演活动。演出在合唱中拉开序幕，全系统干部职工精心编排的12个精彩节目陆续上演，带领大家共同回顾中国共产党百年奋斗的光辉历程。

是月 《山西省现代物流业2021年行动计划》发布，提出培育新增10家以上A级物流企业，打造一批省级多式联运示范工程，实现物流业总收入2200亿元以上。

根据行动计划，山西将围绕高速公路服务区、收费站及沿线可利用土地、设施等资源，在全省合理配置区域分拨、城乡配送、供应链服务等物流服务功能，打造覆盖全省的智慧物流服务网络体系；提升既有铁路网络运能，对接中欧班列出境口岸和天津、秦皇岛、日照等地港口，提升全省大宗货物运输效能；高水平建设太原、大同航空口岸，全力发展临空物流经济。

在物流枢纽建设方面，将加大太原、大同、临汾国家物流枢纽建设力度，以中鼎物流园等物流园区为载体，强化资源聚集整合，优化物流基地、配送中心、末端网点布局，强化物流枢纽辐射带动作用。在智慧物流建设方面，将加快推动首批智慧物流信息示范平台建设，加快铁路、公路、航空、邮政及市场监管、海关等与物流密切相关领域的信息互联互通，提升信息数据服务水平。

同时，还将推动制造业与物流业深度融合，加快建立与全省制造业发展相适应的物流服务体系；加快构建“市县中转、乡镇分拨、村级配送”三级体系，加强农产品冷链物流基础设施建设，健全农产品冷链物流网络体系。

7月1日 上午8时，庆祝中国共产党成立100周年大会在北京天安门广场隆重举行，中共中央总书记、国家主席、中央军委主席习近平发表重要讲话。省厅组织厅机关全体干部职工在机关五楼会议室集中收看大会盛况,认真聆听习近平总书记发表的重要讲话,共同庆祝中国共产党百年华诞。厅领导赵建平、王晋、段新源、王四小、郭丙福、王建业、李贵顺参加集中收看。

广大党员干部职工一致认为,习近平总书记的重要讲话内涵丰富、思想深刻、意义重大,回顾党的百年光辉奋斗历史振奋人心,展望未来的光明前景催人奋进,为我们在新时代奋进新征程指明前进方向、提供根本遵循。大家一致表示,要更加紧密地团结在以习近平同志为核心的党中央周围,铭记党的奋斗历程,继承和发扬伟大建党精神,以党的百年华诞为新起点,坚守初心、担当使命,恪尽职守、砥砺奋进,不断增强“四个意识”,坚定“四个自信”,坚决做到“两个维护”,加快推进交通强国建设山西新征程,奋力建设人民满意交通,为实现中华民族伟大复兴的中国梦矢志奋斗。

同日 全省铁路沿线安全环境治理联席会议第一次全体会议暨全省铁路沿线安全环境治理推进电视电话会议在太原召开。副省长韦韬出席会议并讲话。

会议指出,随着全省铁路运营里程不断增加、运输规模持续扩大、新技术新设备大量使用,铁路沿线安全环境治理难度进一步加大,漂浮物隐患、违建违占违规作业等安全问题亟须治理。

会议强调,要深入学习贯彻习近平总书记关于铁路安全的重要指示精神,提高政治站位,深化思想认识,从统筹发展和安全、构建新发展格局、推进高质量发展全局高度,切实担负起铁路沿线安全环境治理的职责使命。要坚持问题导向,全面排查治理安全隐患,去存量、控增量,推动铁路沿线安全环境治理制度化、常态化。要加强组织领导、强化责任落实,完善工作机制、密切沟通配合,创新工作方法、注重宣传引导,确保全省铁路沿线安全环境治理取得明显实效。

会上,厅党组书记、厅长赵建平通报全省铁路沿线安全环境治理联席会议制度和铁路沿线安全环境治理情况。省乡村振兴局、长治市政府、中国铁路太原局集团公司分别作了发言。厅党组成员、副厅长郭丙福参加会议。会前,联席会议全体成员实地调研检查太原局辖区内部分铁路沿线的安全环境治理工作。会议在各市设分会场。

7月2日 省交通运输厅组织召开临汾至浮山高速公路、青银二广高速公路太原联络线、青银国家高速公路阳泉旧街至晋中蔡庄段改扩建工程三个项目工程可行性研究报告评审会。厅总工程师、厅机关有关处室、厅直有关单位以及太原、晋中、阳泉等市县政府代表及有关专家出席会议。专家组对三个项目可行性研究报告进行认真分析和技术研讨,提出具体意见建议。

临汾至浮山高速公路是全省仅剩的“县县通高速”项目,是省政府确定的年内开工项目,省厅高度重视,多次组织专家现场踏勘、讨论研究,建设方案已基本确定。本次项目评审会的顺利通过,为加快土地预审、项目批复立项创造了条件,为项目年内开工建设奠定了基础。青银二广高速公路太原联络线和青银国家高速公路阳泉旧街至晋中蔡庄段改扩建工程两个项目建设,进一步构建了太原、晋中和阳泉之间的快速通道,增强了太原都市区的辐射带动范围,对拉大太原都市区框架,打开太原东大门,打通山西东部快速出行通道,带动全省融入京津冀地区实现联动发展具有重要意义。

2021年是“十四五”开局之年,省厅坚定贯彻省委、省政府决策部署,继续加快推进前期工作,力争形成“在建一批、开工一批、储备一批”新格局,为山西转型发展蹚新路构建起现代综合交通运输体系的强力支撑。

7月4日 全省首家高速公路服务区“中国精神+高速旅游”文化长廊在京昆高速公路临汾服务区正式建成,免费对社会公众开放,开辟基层党建宣传教育新平台。

“中国精神+高速旅游”文化长廊选取中国共产党百年历史的新民主主义革命、社会主义革命和建设、改革开放和社会主义现代化建设、中国特色社会主义新时代四个历史时期的45种精神谱系,这些精神形成于不同历史时期,涵盖抗战、抗震、抗疫等众多内容，涉及体育、科技、经济等各个领域及全省的太行精神、吕梁精神、右玉精神，让服务区成为高速公路上发扬革命传统、传承红色基因，赓续共产党人精神血脉的重要窗口。同时，随着“景已通路、路已成景、路上观景”成为“高速＋旅游”的发展趋势，山西交通实业集团从服务司乘、服务社会出发，依托自身优势，本着“一企一特色一区一品牌”工作思路，全力打造主题服务区，让服务区为公众“讲”旅游故事，搭筑山西旅游常态推介平台，让出行至此的人们能在休息区域休憩身心和陶冶情操，通过不同角度和多种方式给游客以文化的熏陶和启迪。

7月6日 省交通运输厅党组理论学习中心组开展集体(扩大)学习，深入学习习近平总书记在庆祝中国共产党成立100周年大会上的重要讲话精神，对全系统进一步抓好学习宣传贯彻作出安排部署。厅党组书记、厅长赵建平主持并讲话，出席会议的厅领导王晋、段新源、王四小、郭丙福作交流发言。

学习交流中，大家从不同角度畅谈学习体会和感受，一致认为，习近平总书记“七一”重要讲话精神，全面回顾百年来伟大领袖引领人民创造伟大业绩的艰辛和不易，把我们党对共产党执政规律、社会主义建设规律、人类社会发展规律的认识提升到新高度，是一篇充满真理力量的马克思主义纲领性文献，是马克思主义中国化时代化的新成果，是加强党的建设新的伟大工程的新灯塔，是推进中国特色社会主义伟大事业的新引擎。一致表示，要把学习贯彻习近平总书记重要讲话作为当前和今后一个时期的重大政治任务，感悟伟大建党精神，赓续红色血脉，汲取奋进力量。

赵建平在讲话中指出，深入学习、深刻领会习近平总书记重要讲话精神，一要牢牢把握中华民族伟大复兴这一历史使命，听党号令、勇往直前，从百年来党的奋斗历程和伟大成就中鼓舞斗志、激发动力，齐心协力加快建设交通强国，为推进中华民族伟大复兴夯基垒台、提供交通支撑。二要牢牢把握全心全意为人民服务这一党的宗旨，加快解决交通建设从“有”向“好”转变，重点发展好农村公路和旅游公路。要大力提升运输服务水平，推进城乡交通运输一体化，大力发展货运物流，真正实现“人畅其行，货畅其流”。三要牢牢把握党勇于自我革命这一鲜明品质，全面加强党对交通运输工作的领导，战胜前进道路上的各种风险挑战。四要牢牢把握党的建设这一法宝，时刻对标、深刻领悟、不断弘扬伟大建党精神，做到以伟大建党精神武装头脑、指导实践、推进工作。

会议要求，全系统要按照省委要求，迅速兴起学习领会、贯彻落实习近平总书记“七一”重要讲话热潮，把学习贯彻讲话精神作为重大政治任务精心部署、周密实施，切实把思想和行动统一到讲话精神上来，把学习成果转化为奋进新征程、建功新时代的实际行动。

省委党史学习教育第十三巡回指导组组长、省台联一级巡视员李朝亮，省委党史学习教育第十三巡回指导组联络员、省委宣传部反非法反违禁处二级调研员武剑梅到会指导。厅机关各处室以及厅直各单位主要负责人参加会议。

7月8日 省交通运输厅党组书记、厅长赵建平一行赴省高速公路综合行政执法总队(省交通运输综合行政执法局)就深化交通运输综合行政执法改革工作开展调研座谈。厅党组成员、副厅长王晋主持会议。厅一级巡视员郝玉柱、雷天才参加会议。

赵建平听取全省交通运输综合行政执法改革机构、编制、人员等情况，了解省公路局关于普通国省干线公路行政执法职责，人员划转、承接等情况，省高速公路综合行政执法总队作了关于省级交通运输综合行政执法改革进展情况汇报。

赵建平在讲话中，要求进一步提高政治站位，深刻认识深化交通运输综合行政执法改革的重要性、艰巨性和复杂性，切实增强推进改革工作的思想自觉和行动自觉。要完善顶层设计，注重统筹谋划，勇于担当，积极作为，加快改革步伐，稳妥有序推进改革工作，不折不扣推动改革各项任务落到实处、取得成效。要坚持问题导向，认真研究改革过程中出现的新情况新问题，盯紧重点改革任务，加强跟踪落实问效，积极破解改革难题。要统筹协调推进,加大协调和督促指导力度,加强队伍建设,严格执法队伍管理,不断夯实基层执法基础,确保高标准、高质量完成改革任务。

同日 省交通运输厅举办“中国梦·劳动美——永远跟党走、奋进新征程”职工演讲比赛。厅党组书记、厅长赵建平,省委党史学习教育巡回第十三指导组组长、省台联一级巡视员李朝亮,厅党组成员、副厅长王晋,厅一级巡视员李贵顺出席活动。

此次演讲比赛由省公路运输工会和厅直机关党委主办,自5月份启动以来,厅直各单位职工积极参与、踊跃报名,经过各级工会精心组织层层选拔,通过预赛最终选拔出25名选手进入决赛。决赛中,25名选手激情洋溢、挥洒自如,通过讲述自己或身边人故事,深情讴歌在平凡岗位的奋斗历程,抒发对党的深厚感情和对平凡岗位的无限热爱,充分展示全省交通运输系统干部职工奋发有为、朝气蓬勃的精神风貌,赢得阵阵热烈掌声。

经过激烈角逐,山西省公路局运城分局杨宁获一等奖;山西交控集团太原公司郭海蓉、山西交控集团路桥集团薛睿秦、山西交控集团临汾南公司刘晓腾获二等奖;太原交通运输执法局罗倩、临汾市交通运输局姚欧阳、运城市交通运输局邵丹、忻州交通运输执法局原平市分局黄瑞婷、阳泉交通运输执法局杨洁获三等奖;山西省公路局阳泉分局司帅等16名选手获优秀奖。

7月13日 省政府召开全省“四好农村路”和三个一号旅游公路建设工作推进会,深入贯彻习近平总书记关于“四好农村路”的重要指示精神和视察山西重要讲话重要指示,就高质量推进“十四五”时期全省农村公路建设进行部署。省委副书记、省长蓝佛安出席并讲话,副省长韦韬主持会议,厅党组书记、厅长赵建平汇报建设情况。

蓝佛安在讲话中,肯定“十三五”时期全省“四好农村路”和旅游公路建设取得的成绩。指出,抓好“四好农村路”和旅游公路建设,是服务和融入构建新发展格局的必然要求,是完善农村基础设施、建设美丽乡村的重要内容,是推进产业转型、发展全域旅游的有力支撑。各级各部门要全面贯彻省委、省政府工作部署,乘势而上推动全省农村公路高质量发展,更好保障转型发展蹚新路和农业农村现代化。

蓝佛安强调,推进“四好农村路”和旅游公路建设,必须统筹好速度和质量、市场运作和政府引导、建设维护和富民增收“三个关系”,把握好“六点要求”。一是体现高质量。建立以质量为核心的信用评价体系,推动农村公路发展从规模速度型向质量效益型转变。二是坚持高标准。健全制度规范,完善技术标准,应用现代信息技术,提升农村交通设施全要素、全周期数字化水平。三是建好绿色路。强化沿线生态保护,做到绿色施工,做好生态恢复,促进路网建设与自然生态系统协调共生、和谐共处。四是念好富民经。坚持就地取材、就地用工,积极拓宽农民增收渠道。五是守住安全线。严格落实农村交通安全设施与道路建设主体工程同时设计、同时施工、同时投入使用制度,扎实开展安全“消危”行动,推进村道安全生命防护等工程。六是把好廉洁关。大力推行“七公开”制度,建设阳光工程、廉洁工程。

蓝佛安指出,要围绕农村公路建、管、护、营四个关键环节,补短板、强弱项、建机制。一要加快建设农村路网。在乡镇和建制村通硬化路基础上,重点向进村入户倾斜。推进村内道路、农村公路与干线公路有机衔接。加快公路设施提档升级。打通三大旅游板块主通道,有机接驳公路、铁路、航空,构建综合旅游交通网。二要丰富管理手段。全面推行“路长制”,实行县道县管、乡村道乡村管网格化管理。推动管理重心下移、力量下沉,加强农村交通依法治理。三要强化日常养护。建立县有所、乡有站、村有员的养护管理机构,健全政府扶持与市场化运行有机结合的养护体制机制、以财政投入为主多渠道筹措为辅的养护资金保障机制。四要提升运营效益。巩固建制村通客车成果,发展农村物流,因地制宜实施资源路、旅游路、产业路建设。蓝佛安还对将旅游公路打造为精品路、功能路、示范路、智慧路作了强调。要求各级各部门要强化组织领导、要素保障和跟踪落实,确保完成“十四五”

农村公路建设目标，奋力谱写新时代山西农村交通发展新篇章。

会前，与会人员实地观摩晋中市环城旅游绿道、“四好农村路”建设和“交通＋产业”发展情况。会上，播放全省“四好农村路”和三个一号旅游公路建设纪实片，晋中、临汾、大同、忻州等市政府领导作了发言。厅党组成员、副厅长王四小，厅机关有关处室负责人，各市交通运输局相关负责人参加会议。市、县设分会场。

7月14日 副省长韦韬在太原为省交通运输系统干部职工讲授专题党课。韦韬深刻阐述习近平总书记“七一”重要讲话精神的重大意义、主要内容和丰富内涵，结合交通运输工作，围绕重要讲话中提出的新思想新观点新要求进行重点解读。韦韬指出，要学习好宣传好贯彻好习近平总书记重要讲话精神，弘扬伟大建党精神，坚定理想信念，强化理论武装，深入践行初心使命，坚决扛牢交通“先行官”历史责任。要全面贯彻新发展理念，抢占交通科技创新先机，增强协调发展能力，搭建集约、高效、绿色物流通道，畅通交通互联网络，推进“四好农村路”、旅游公路建设，助力乡村振兴。要全面加强党的领导，旗帜鲜明讲政治，推进党风廉政建设，夯实组织基础，持续改进工作作风，严明党的纪律，为推进交通运输事业高质量发展提供强有力的保障。

同日 省交通运输厅举办庆祝中国共产党成立100周年厅直单位离退休人员“百年奋斗路 银龄心向党”主题书画摄影展。厅党组成员、副厅长王四小与20多名老干部一同参观展览。

本次书画摄影展共展出165幅作品，展出作品形式多样、内容丰富、主题鲜明、题材新颖，是新时代老干部在党的领导下“老有所学、老有所为、老有所乐”美好生活的生动展示。老干部们通过书画摄影作品创作，抒发不忘初心听党话、矢志不渝跟党走的赤子情怀，展现积极进取、昂扬向上的精神风貌。

7月15日 省财政厅调研组深入省交通运输厅调研指导2022年预算编制工作。调研组听取厅直各预算单位预算编制工作进展情况和存在问题汇报，对各单位提出的问题逐一进行解答，就预算编制工作新的特点进行解读，提出明确要求。厅财务收费管理处对2022年预算编制工作进行安排部署，要求各预算单位高度重视、精心组织，严格按照2022年省级支出预算编制政策，彻底消除“支出基数”概念，把握“一个关键”、实行“四个取消”、坚持“六个结合”、完善“一个标准化”的要求，硬化预算约束，完善项目库建设，切实做好预算编制工作。

同日 省交通运输厅召开全省交通运输执法领域突出问题专项整治行动第二次视频调度会，传达贯彻交通运输部专项整治行动调度会议精神，总结全省近期专项整治行动开展情况，分析存在问题，安排下一阶段的任务。厅一级巡视员雷天才出席并讲话。

会议指出，当前专项整治行动进入深入整改阶段，要认真总结前一阶段做法经验，切实解决好工作进展还不够均衡、查摆问题的深入性和针对性还有待提升、开门整治的氛围还不够浓厚、统筹专项整治与依法履职的能力还有待提升、抓源治本的深度还有待挖掘、综合执法改革不到位引发的矛盾增多等存在问题，在六个方面狠下功夫，推动专项整治行动往深里走、往实里走。一是在思想引领上狠下功夫。将思想和行动统一到习近平总书记关于维护从业人员合法权益的指示精神上来，不断强化执法人员的宗旨意识和初心使命意识。二是在凝聚共识上狠下功夫。通过持续动员部署、督导落实、宣传推广，争取市县各级党委和政府对专项整治行动的重视和领导，凝聚广泛共识。三是在突出重点上狠下功夫。聚焦企业群众、从业人员关心关注的突出问题，深入剖析，精准施策；聚焦基层一线执法人员，持续规范执法，强化作风建设；聚焦查纠整改，发扬自我革命精神，找准根源深入推进整改。四是在深入结合上狠下功夫。将专项整治行动与党史学习教育、深入整改与宣传示范、治标与治本深入结合，建立健全制度体系，畅通管理机制。五是在见实效上狠下功夫。把人民群众反映强烈的突出问题整改到位，对标先进，查漏补缺，加快整改进度。六是在深化改革上狠下功夫。全省交通运输执法系统要持续推进执法隐患排查,通过推广说理式执法、组织基层执法站所开放日活动、实施执法案件回访、开展与从业人员换岗体验等举措,确保高标准、高质量完成专项整治行动。

7月16日 厅直机关党委组织厅机关党员干部赴省展览馆参观"不忘初心、牢记使命——山西省庆祝中国共产党成立100周年图片展"。此次活动是省厅"党旗在基层一线高高飘扬"系列活动之一。

山西省庆祝中国共产党成立100周年图片展以"不忘初心、牢记使命"为主题,通过"牢记嘱托""新民主主义革命时期""社会主义革命和建设时期""改革开放新时期""中国特色社会主义进入新时代"五个部分780余张图片、图表,系统全面、权威准确地呈现党领导山西人民砥砺奋进的光辉历程、重大成就和宝贵经验。

通过此次活动,大家深受教育、备受鼓舞,纷纷表示要不忘初心、牢记使命,传承红色基因,赓续红色血脉,进一步增强"四个意识"、坚定"四个自信"、做到"两个维护",为全省交通运输事业改革与发展贡献自己的力量。

7月17日 省交通运输厅防汛紧急部署会召开,传达全省防汛工作视频调度会议精神,并对近期全力做好交通运输系统防汛工作进行安排部署。厅党组书记、厅长赵建平主持会议并讲话,厅党组成员、副厅长王晋出席会议。

据气象部门预测:未来十天,全省将出现强对流性天气,7月17日至21日,全省将有一次强降水天气过程,部分地区有大到暴雨,晋城、长治、晋中、临汾东部、运城东部有暴雨,局部有大暴雨天气过程,并伴有短时强降水、雷暴大风、冰雹等强对流天气,局部雨量可达200毫米以上。

赵建平指出,防汛工作事关人民群众切身利益,各单位各部门要充分认识当前防汛工作的重要性、紧迫性,高度重视,万分警醒,紧急行动,全面压实各部门、各环节防汛责任,以最严措施认真应对,确保防汛责任落实到位。

赵建平从8个方面对全系统防汛工作提出具体要求:一是加强公路基础设施的养护检查和抢通保通工作,加大对公路、桥梁、隧道巡查力度,及时排除隐患,确保排水泄洪设施通畅。二是加强交通工程建设"两区三厂"、便道便桥、施工现场等人员密集区域安全风险隐患排查,加强涉河施工部位检查。三是督促道路运输企业做好汛期客货运输安全管理和应急运力准备工作,动态了解运行线路通行状况,加强出车前、行车中预警提示,坚决避免冒险运行,降低事故风险。四是督促城市客运企业加强针对性排查,根据汛期影响,及时调整通行线路,确保通行安全。遇到极端天气,应按照当地汛情防控要求采取果断措施,切实规避风险。五是紧盯易受暴雨、山洪等灾害影响以及水位变化较大的重点水域,严格执行恶劣气象条件下客船禁限航规定,严防船舶失控翻沉等危险情况发生。六是切实加强应急预案制度、物资装备和人员队伍准备,做好抢险救援准备。发生公路阻断时,要按照"先抢通,后修复"原则,在确保安全前提下及时开展灾损公路抢通保通工作,妥善应对突发险情。要密切关注道路运输保障情况,及时组织调配运力,确保物资转运和人员转移。七是加强路网运行监测,及时发布路况信息,服务群众安全出行。八是强化应急值守和信息报告制度,严格落实领导带班和24小时值班制度,严格值班纪律,按照相关规定及时、准确上报突发事件信息。

7月19日 为庆祝中国共产党成立100周年,"中国梦·劳动美——永远跟党走 奋进新征程"全省交通运输系统职工书画摄影展在山西省美术馆展出。省总工会党组成员、副主席韩丽珍,省直工委副书记余国琦,厅党组成员、副厅长王晋,厅一级巡视员李贵顺在开展当日参观展览。

本次活动得到全省交通运输系统广大干部职工积极响应,共征集厅机关、厅属单位、各地市交通运输局、山西交控集团书法、绘画、摄影作品432件参展。作品反映中国共产党成立100周年全省交通运输行业取得的辉煌成就,展示交通运输系统干部职工艰苦奋斗和乐于奉献的精神面貌,凝聚着交通人对中国共产党的深厚感情和炙热情怀,受到参观人士一致好评。

本次展览展期9天，由省公路运输工会、省交通运输厅精神文明建设委员会主办。

7月20日 青兰高速长邯段潞城服务区北区LNG加气站奠基启动仪式举行。该加气站是长治市境内首座高速公路服务区LNG加气站，标志着全省“2021年规划建设43座加气站”建设任务进入冲刺攻坚阶段，吹响“3年内完成规划建设102座加气站和2025年实现高速公路服务区能源供应多元化、基本实现山西省高速公路加气站站点全覆盖、LNG车辆在山西境内所有高速公路全程均可加气”目标任务的冲锋号。

项目位于长治市潞城区，项目总投资845万元，建设规模为三级LNG加气站，LNG设计加气规模为4万标准立方米/天，项目规划总用地面积3726.66平方米，建筑用地面积899.9平方米。潞城服务区北区LNG加气站项目建设，实现能源多元化，降低排放污染，调整交通运输设备能源结构，盘活高速公路闲置国有资产，同时有效缓解全省高速公路LNG车辆用气需求，提升服务质量水平，不断增强人民群众出行舒适度和满意度。

7月21日至8月5日 省交通运输厅组织开展2022年度计划科技项目公开征集工作。本次项目征集面向全省交通运输行业企事业单位、科研机构，聚焦“新基建、新技术、新材料、新装备、新产品、新业态”，围绕交通强国试点、“四个交通”建设、黄河流域生态保护和高质量发展、交通运输领域碳达峰碳中和目标实现等重大战略需求，瞄准前沿领域、结合实际需求、攻克核心技术，旨在提出真正能为全省交通运输高质量发展提供科技支撑和保障的科技项目。

申报项目应符合交通运输“十四五”期间发展总体需求，选题应针对全省交通运输领域急需解决的重点、热点和难点问题，突出研究必要性和创新性，技术指标清晰明确，并应具有可预期显著社会效益或经济效益。项目重点方向为交通运输管理决策研究、信息化和智能化（包括大数据、遥感等技术）、工业固废在交通建设中的资源化利用、交通运输领域“双碳”目标实现、交通基础设施建设、交通基础设施维护、综合运输服务、安全生产和应急保障。

7月23日 省交通运输厅召开全省自然灾害综合风险公路承灾体普查工作电视电话会议，贯彻落实国务院、交通运输部和省政府自然灾害综合风险普查工作会议精神，总结试点工作经验，部署推进全省自然灾害综合风险公路承灾体普查全面实施工作。厅党组成员、副厅长王晋主持会议并讲话。

会议指出，开展公路承灾体普查工作，全面掌握公路沿线灾害风险情况，摸清风险灾害隐患底数，有利于夯实自然灾害交通防治体系基础，提升防灾减灾抗灾水平，推进交通运输治理能力现代化，助力加快建设交通强国。全系统各单位要充分认识开展公路承灾体普查的重要意义，进一步提高政治站位，切实增强责任感、使命感、紧迫感，按照党中央国务院、交通运输部和全省部署安排，尽快推动公路承灾体普查进入全面实施阶段。

会议要求，各单位各部门要坚持目标导向，把握时间节点，加强组织领导，压实责任主体，细化工作方案，制定具体举措，加强质量控制，强化技术统筹，加大督导考核，力争高标准高质量完成公路普查各项工作。要加强对各种风险源调查研判，切实掌握风险演变规律特点，进一步推进防范防控工作科学化、精细化，做到精准预测、及时预警，提前从源头上化解风险，最大限度避免灾损，真正把保障人民群众生命财产安全放在第一位落到实处。

会议强调，当前正值主汛期，全省范围内降雨明显增多，极端天气和各类自然灾害频发，全系统各单位各部门要认真学习贯彻习近平总书记关于防汛救灾工作的重要指示精神，进一步加强值班值守，强化预防预警，加大巡查力度，及时处置隐患，按要求做好信息报送工作，扎实做好交通运输防汛抗汛各项工作。

会议通报近期全省汛期道路损毁情况和地质灾害、气象风险预警情况，还对全省地震易发区重要交通生命线加固工程实施工作作了安排。

7月27日 省交通运输厅与太平洋建设集团项目投资对接座谈会举行，双方就全省交通基础设施合作建设事宜进行座谈交流。厅党组成员、副厅长王四小,太平洋建设集团总裁宋少庭出席。

太平洋建设集团是世界500强企业,稳居全球建筑业私企第一。王四小对宋少庭一行到来表示欢迎,介绍全省“十四五”期高速公路、普通国省道和农村公路项目的规划情况和建设管理体制,强调当前全省正处于在中部地区高质量发展中争先崛起的关键时期,希望太平洋建设集团发挥资金雄厚、技术一流、人才荟萃等优势,找准切入点、创新合作模式,进一步深化与全省交通运输系统的战略合作,实现互利共赢。

宋少庭表示,将坚持“诚行天下、信立伟业”的经营理念,发挥集团创新融资和合作模式优势,在交通基础设施建设等方面加大合作力度,助推山西省交通运输行业高质量发展。

7月28日 省交通运输厅一级巡视员李贵顺带领省厅督导组赴阳泉市开展公路建设调研暨“送清凉”慰问活动。

督导组深入307国道、207国道阳泉市绕城改线工程项目施工现场,实地查看工程进度、质量控制、安全生产及汛期防范、疫情防控等各项工作。督导组强调,要压实工作责任,全面对标对表下半年工作目标任务,扎实推进各项工作措施落地见效;要紧紧围绕全方位推进高质量发展这个根本要求,扎实推动“质量提升年专项行动”落实落细;要树牢“零死亡”安全生产目标,高度重视工地防汛工作,加强隐患排查,确保安全度汛;要绷紧常态化疫情防控弦,慎终如始落实落细常态化疫情防控各项工作;要紧盯制约性突出问题解决,加快推进土地二次预审、林地审批、耕地占补平衡等落实;要持续营造崇廉尚廉、风清气正发展氛围,创建廉洁工程。

调研期间,李贵顺代表厅党组开展“送清凉”慰问活动,将各种防暑慰问品发放给奋战在阳泉市交通建设工程一线的广大职工,并向他们致以崇高敬意和亲切问候。

同日 省交通运输厅水运处接到交通运输部海事局协调援助河南船艇、救生物资《紧急通知》后,立即响应,摸排全省公务船艇使用状态,最终协调到晋城市交通运输局海事中心1艘公务船,并于29日早上从晋城市阳城县出发,赶往与河南海事中心约定地点,争分夺秒开展救援。

全省各市水上应急物资库装备比较少,除用于本地防汛外无多余应急物资。基于这一实际,厅水运处申请调用省厅专项应急资金,采购救生衣1000件、救生圈500个、分体成套雨衣100套、专业雨鞋130双,包专车送往河南,体现“晋豫雨水情、海事一家亲”的互助精神。

7月29日 省交通运输厅组织厅机关退役军人赴百团大战纪念馆参观学习,追忆革命历史,感悟革命精神,汲取奋进力量。

走进百团大战纪念馆,大家紧随讲解员脚步,认真倾听,整齐有序,神色庄严,深深沉浸在那烽火硝烟的革命年代,仔细端详一幅幅珍贵历史照片、一件件珍贵抗战文物,深切感受老一辈革命家光辉历程、英雄事迹和优良作风,缅怀革命先辈丰功伟绩,共同追忆血与火的峥嵘岁月,对革命先烈为抗战胜利做出的巨大牺牲表示崇高敬意。

大家纷纷表示,要铭记中国人民用鲜血和生命铸就的伟大历史,传承红色基因,弘扬革命传统,坚定理想信念,进一步增强“四个意识”、坚定“四个自信”、做到“两个维护”,始终保持奋发有为的进取精神,坚守初心、担当使命,为加快推进全省交通运输事业高质量发展贡献力量。

同日 伴随汽笛长鸣,一列编组49车满载日用百货、机械设备的中欧班列从中鼎物流园始发,发往土耳其南部最大的港口城市梅尔辛。至此,全省常态化开行的中欧、中亚班列线路增至10条。与以往不同的是,本次班列首次成功应用国际海铁联运,开启全省中欧班列整列上船海运先河,中欧班列真正实现“漂洋过海”。

本次班列经霍尔果斯口岸出境至哈萨克斯坦阿克套港,整列装船海运至阿塞拜疆巴库港,最终经铁路抵达终点站土耳其梅尔辛站,全程运行约1万公里,运行时间约15天,实现中欧班列通疆达海的全覆盖运输。

华远陆港晋欧物流有限公司是全省中欧班列唯一运营平台,围绕构建全省“一带一路”物流通道和国际供应链主动脉的职责使命，加快推动中欧班列迈向价值链中高端，服务全省经济提质增效升级和对外开放合作取得新突破、新成效。

同日 省交通运输厅党组成员、副厅长王晋带领省厅慰问组深入吕梁南高速公路公司开展“送清凉”慰问活动，为基层职工送去组织关怀与问候。

王晋一行赴汾阳收费站，向奋战在高速公路安全保畅一线的干部职工致以诚挚问候，为他们发放防暑降温慰问品，并亲切询问大家工作生活情况，详细了解高温防护保障工作落实情况，同时叮嘱站区领导关心职工的身体健康和劳动安全，切实落实好各项防暑降温措施。

广大干部职工纷纷表示，一定不负众望，携起手来，同心同德，以更加坚定信心、更加昂扬斗志和更加有为精神，把吕梁南公司的各项工作做好做实。

同日 省交通运输厅“四好农村路”和三个一号旅游公路建设工作推进会召开，深入学习贯彻习近平总书记关于“四好农村路”重要批示指示和全省“四好农村路”和三个一号旅游公路建设工作推进现场会精神，分析研判形势，盘点目标任务，交流工作经验，安排重点工作。厅党组成员、副厅长王四小出席并讲话。

会议要求，各级交通运输部门要提高政治站位，准确把握新形势新要求，明确任务目标，扎实推进“十四五”各项工作。“四好农村路”方面，要认真盘点建设任务，集中力量实施好建制村通双车道和县乡公路改造工程，实施好村道安全生命防护工程和危桥、危隧改造工程，继续实施农村公路平交道口“一灯一带”工程，提高主动安全性，继续深化农村公路管理养护体制改革，加快构建农村公路现代治理体系。要全面推行县、乡、村三级“路长制”，高标准抓好“四好农村路”示范创建工作，抓好农村公路自然灾害综合风险公路承灾体普查工作，抓好水毁补助资金申报工作。三个一号旅游公路方面，要抓好《旅游公路管理办法》的贯彻落实，切实转变理念，加快推进旅游公路前期工作，加快工程建设进度，切实加强质量安全管理，抓好“城景通、景景通”示范段建设，注重生态环境保护。

会议强调，各级各部门要进一步增强主动抓好“四好农村路”和三个一号旅游公路建设的责任感和使命感，加强政策制度学习，完善工作机制，创新资金筹措，强化过程督导，狠抓任务落实，扎实推进“四好农村路”和三个一号旅游公路高质量发展，确保圆满如期完成农村公路年度目标任务，为巩固拓展脱贫攻坚成果、实施乡村振兴战略和转型蹚新路提供坚强的交通运输支撑。

7月30日 省交通运输厅党组书记、厅长赵建平以普通党员身份参加厅机关第一党支部党史学习教育专题组织生活会，按照省委党史学习教育办相关要求，学习习近平总书记在庆祝中国共产党成立100周年大会上的重要讲话精神，重点学习党中央指定的学习材料，围绕“学党史、悟思想、办实事、开新局”主题，交流学习体会、查找差距不足、明确改进方向，严肃认真开展批评与自我批评，进行深刻党性锤炼和思想教育。省委党史学习教育第十三巡回指导组组长李朝亮到会指导。

赵建平与党支部党员一起学习讨论、一起交流心得、一起接受思想教育，不断提升党性修养和思想境界。他表示，要认真学习、反复思考、深刻体会习近平总书记“七一”重要讲话精神，深刻感悟讲话时空穿透力、理论说服力、心灵感召力。要从党的百年奋斗中凝聚力量，坚定全心全意为人民服务这一党的宗旨，保持对党绝对忠诚，把伟大建党精神在交通运输事业发展中继承下去、发扬光大，进一步加强党性修养，不断提升自我革新、自我净化能力。要在学史明理中进一步强化理论武装、坚定理想信念，自觉用习近平新时代中国特色社会主义思想武装头脑、指导实践、推动工作，进一步坚定信仰信念信心，用马克思主义的真理指引全省交通运输事业发展。要在学史增信中进一步弘扬建党精神、锤炼党性修养，把学习领会习近平总书记“七一”重要讲话精神作为首要政治任务，在弘扬光荣传统、赓续红色血脉中不断锤炼党性、提升修养，大力弘扬伟大建党精神，确保高标准完成省委、省政府安排部署的各项任务。要在学史崇德中进一步深入人民群众、厚植为民情怀，牢记“交通强、强国家”使命和人民交通为人民初心,深入开展“我为群众办实事”实践活动,扎实做好交通领域民生工作。要在学史力行中进一步提升工作能力、清正廉洁干事,提升统筹全局能力,全面推进交通运输改革发展和党的建设各项工作,自觉接受组织和党员群众监督,始终保持党员领导干部良好形象。

赵建平指出,办公室是厅党组决策的执行中枢,要自觉增强“四个意识”、坚定“四个自信”、做到“两个维护”,全面提高“三服务”工作水平,围绕交通运输事业大局深入研究、研判分析,反映情况、报送信息,把好文件、会议、活动、接待等各个关口,自觉地远离诱惑、严守底线,当好让厅党组放心的“坚强前哨”和“巩固后院”。

李朝亮在讲话中,充分肯定专题组织生活会成效。他指出,此次专题组织生活会主题鲜明,重点突出,检视问题具体,批评客观精准,达到咬耳扯袖、红脸出汗预期。要进一步坚定理想信念,提高政治觉悟,认认真真读原文、悟原理,努力做到学史明理、学史增信、学史崇德、学史力行。

是月 垣渑高速公路(试)通车仪式在河南省渑池县南村黄河特大桥举行。项目北起山西垣曲,途经八个乡镇,南至河南渑池,设置渑池北枢纽互通与已改扩建完成的连霍高速公路洛三段相接,全长58.184公里。其中山西境内路线全长18.103公里,河南境内路线全长40.081公里,全线设计行车速度80公里/小时,双向四车道,路基宽度25.5米,项目总投资约70亿元。

垣渑项目是全省省道网“4纵15横33联”中第三纵全线贯通的最后一段,既是一条跨省高速公路,更是一座联系晋豫两省的连心路、民生路。正式开通后,作为连接晋豫两省的“黄金通道”,对两省经济文化交流和社会发展意义重大。

是月 山西路桥集团申报的“山西省交通静脉产业工程研究中心”经山西省投资咨询和发展规划院严格评审和网上公示,被确定为2021年省级工程技术研究中心。

山西省工程研究中心是统筹全省科技资源的重要载体,也是全省组织高水平研究开发、技术创新、成果转化与产业化的重要基地,领域涵盖电子信息技术、生物与新医药技术、新材料技术、资源与环境技术等各方面。该项目集技术创新、产学研合作、科技成果转化于一体,以“再生资源+绿色产品”为研发思路,致力于解决工业固废研发、道路应用等瓶颈问题,攻克工业固废在道路工程领域应用的共性关键技术,将大宗工业固废材料转化成绿色、节能、环保、新型的道路建筑材料,实现产业升级,是全省交通行业唯一一家入选此项名单的固废循环利用研究中心。

此后,山西路桥集团持续优化产业布局,建强产业链、优化价值链、提升创新链,以绿色发展助力产业融合,加强与高校合作,不断壮大研发队伍,加快技术成果转化效率,奋力实现“六新”突破。

是月 太原西北二环高速公路ZH07标段的羊儿山大桥右幅半幅贯通,这是太原西北二环项目西环首个实现单幅桥面贯通的大桥。

ZH07标段位于古交市梭峪乡与嘉乐泉乡境内,其中桥梁共9座,羊儿山大桥左幅长278米、右幅长248米。在工期紧、任务重情况下,项目部先后克服交通运输不便、物资材料供应紧张、地形环境复杂等诸多困难,不断优化施工方案,顺利完成大桥单幅桥面贯通,年底完成大桥主体结构施工工程。

8月1日 由山西高速集团建投公司负责投资、建设和运营的国省道路面改造工程(忻州境内)PPP项目顺利通过交工验收,这是全省8个国省道改造项目中第一家完成交工验收的项目。项目全长296.845公里,共6条国省道线路,覆盖忻州9县(市),项目总投资7.34亿元。自2020年5月进场以来,全体参建人员迎高温、战酷暑、抗疫情,紧紧围绕“质量、工期、概算、安全、廉政、环保”六大目标,狠抓控制性工程,强化质量安全管理,克服交通管控、汛期等不利因素的影响,完成工程建设任务。

项目的顺利验收,标志着该项目正式进入运营期,对提高全省国省干线公路运行能力、缓解交通压力、促进社会经济发展具有重要意义。

8月4日 省交通运输厅党组书记、厅长赵建平主持召开2021年度半年工作专题汇报会。厅领导王晋、段新源、王四小、郭丙福、郝玉柱、雷天才、李贵顺作了汇报发言,王建业参加会议。

会上,厅领导班子成员结合各自分管领域,全面总结上半年工作推进情况及工作亮点,查找分析工作中存在的问题和不足,明确下半年工作重点任务。赵建平进行现场点评,结合汇报情况,指出存在问题,明确工作思路,提出落实要求。

会议决定,为高质量高标准完成全年目标任务,近期召开全省交通运输2021年半年工作会议。会议强调,全年时间过去多半,部分工作尚未达到时序进度。要认真盘点、谋划部署,统筹推进新冠肺炎疫情防控常态化工作,坚决贯彻落实省委、省政府决策部署,确保全年任务按期完成。

8月6日 全省推行县、乡两级"双段长"制,对铁路沿线安全实施长效管理。

根据《山西省铁路沿线安全环境管理"双段长"制实施办法》,铁路沿线设区的市政府会同辖区内铁路局集团公司建立"双段长"对接工作机制,设立县、乡两级"双段长"。铁路沿线县(市、区)政府、乡(镇、街道)政府和中国铁路太原、北京、郑州、西安铁路局集团有限公司等铁路运输企业基层单位,分别指定相关负责人作为段长,对铁路沿线安全环境管理工作实施管理。

乡级"双段长"需定期开展联合巡查,及时发现并整治危及铁路安全风险隐患。巡查内容包括:私设非法道口和非法人行通道;在铁路线路安全保护区内非法烧荒、放养牲畜等。对巡查发现的问题,属于铁路产权范围内的,由铁路运输企业负责治理,消除隐患;属于铁路产权之外的,由所在地县级政府督促治理;属于涉及民事法律的,依照民事诉讼程序解决。

对维护铁路安全做出贡献的单位或个人,由县级以上政府和各铁路局集团公司给予表彰奖励。

8月7日 历经6年艰苦施工,山西和顺至河北邢台铁路全线最长隧道、长达11.7公里的天河山隧道安全贯通,标志着和邢铁路21座隧道全线贯通。

全长142.4公里的和邢铁路,线路西起晋中市和顺县,东至河北省邢台市信都区,与京广铁路和邯(郸)邢(台)黄(骅港)铁路并轨后东延至沧州黄骅港,是全国继大秦铁路和中南部铁路通道之后的第三条能源运输大通道。

天河山隧道下穿24条地质断裂带,日最大涌水量超7万立方米,施工技术难度和安全风险国内罕见。在施工中,采用TSP超前预报、地质雷达监测、红外探水等措施加强预测,并使用超前帷幕注浆和全断面径向注浆等技术,确保隧道安全贯通。

和邢铁路作为国家"公转铁"战略的关键项目之一,以货运为主兼顾客运,2021年年底正式投入运营。届时年货运能力达到4000万吨以上,成为一条高效便捷的能源运输新通道,不仅可大大降低能源运输成本,也结束左权、和顺太行山革命老区不通火车历史。

8月10日 省交通运输厅召开2021年全省交通运输半年工作会议,认真贯彻落实党中央决策部署和交通运输部、省委、省政府工作要求,总结上半年工作,安排部署下半年重点工作。厅党组书记、厅长赵建平出席会议并讲话。厅党组成员、副厅长王晋主持会议。厅领导秦红保、段新源、王四小、郭丙福、王建业、郝玉柱、雷天才、李贵顺出席会议。

2021年上半年,全系统深入学习贯彻习近平总书记"七一"重要讲话精神,扎实开展党史学习教育,推动全省交通运输经济正在加快回到疫情前运行态势,主要指标趋于平稳、稳中加固、稳中向好,安全生产形势保持稳定,交通运输执法领域突出问题整治成效明显,交通强国加快建设,交通运输供给侧结构性改革持续深化,网络货运新业态健康发展,交通运输治理能力显著提升,交通运输领域碳达峰、碳中和工作稳步推进,全行业疫情防控稳定有序,党风廉政建设取得阶段性成效,各项工作取得积极成效,有力确保交通运输事业高质量发展。

赵建平要求,要切实把思想和行动统一到习近平总书记"七一"重要讲话精神和党中央号召上来,统一到省委决策部署上来,深入学习领会,把握精髓要义,抓好贯彻落实。要把学习领会习近平总书记"七一"重要讲话精神作为核心内容,丰富拓展党史学习教育内容,认真抓好"我为群众办实事"实践活动,把学习成效转化为奋进新征程、建功新时代、加快建设交通强国、完成年度目标任务、确保“十四五”开好局起好步的强大动力。

赵建平强调,要坚持问题导向、结果导向,加强年度投资目标完成情况调度,尽快出台农村公路省级补助标准和配套考核办法,扶持推动“四好农村路”健康发展。要加大对非法营运车辆打击力度,净化道路客运市场秩序。要严格落实安全生产责任制,坚决打好专项整治集中攻坚战,强化重大风险防范化解,突出抓好普货车、载重货车、危货车辆等重点领域安全监管,统筹做好汛期安全生产工作。要深化交通运输执法领域突出问题专项整治行动,深入推进执法为民实践活动,大力畅通投诉监督渠道,做好“司机之家”建设工作。要加快推进建设交通强国各项具体任务,加快推进交通强国建设实施意见和行动计划落实落地,积极筹备全省交通强国动员大会,高标准完成各项规划编制,全方位推进交通运输高质量发展。要持续深入推进交通运输供给侧结构性改革各项工作,加快推动交通运输高质量发展,服务构建新发展格局。要按照一个目标、一个方案、一个机制、一批政策“四个一”工作部署,支持网络货运平台建设,合理布局网络货运企业。要深化行业改革、推动重点改革事项取得扎实成效。要统筹有序做好碳达峰、碳中和工作。

赵建平要求,近期,国内多地先后发生由德尔塔变异病毒株引起的本土聚集性疫情,要坚决克服麻痹思想、侥幸心理,严格落实客运场站和交通运输工具消毒、通风,旅客测温和佩戴口罩,从业人员防护和健康监测,坚决做好国际航班经停太原入境疫情防控,严格落实进口冷链食品、进口高风险非冷链集装箱货物等核酸抽检和消毒措施,继续做好疫苗运输保障,毫不放松全力抓好“外防输入、内防反弹”各项工作。

赵建平强调,要持续加强党风廉政建设,层层压实管党治党主体责任,严格落实管党治党“第一责任人”和“一岗双责”要求,坚持党建工作与业务工作同谋划、同部署、同落实、同考核,驰而不息纠正“四风”,保持反腐败斗争高压态势,持续巩固交通运输系统风清气正政治生态。

省交通干部学校、运城市交通运输局、阳泉市交通运输局、山西黎霍高速公路公司、省公路局太原分局南郊公路段、成丰货运平台等单位作了交流发言。

会议以视频形式召开,厅机关处室主要负责人,厅直单位主要负责人,交控集团、航产集团主要负责人在主会场参会。各市交通运输局、省公路局、省高速公路综合行政执法总队、省运输发展中心、省交通运行监测中心设分会场。

8月12日 省总工会党组成员、副主席韩丽珍一行赴太原高速公路公司开展“情系职工,清凉一夏”慰问活动。

慰问组赴长风西收费站,看望慰问一线工作人员,为他们送去绿豆、凉茶等清凉消暑物品,感谢他们在炎炎夏日里的坚守和付出,并与基层职工进行面对面亲切交流,了解他们的实际困难和需求,叮嘱大家在做好本职工作同时注意防暑降温、保重身体。

慰问组要求,要做好常态化疫情防控形势下高温天气作业劳动保护工作,切实保障职工身心健康,有效防止中暑事件和生产安全事故发生,及时传达党和工会组织对职工的关心关爱,不断增强职工群众获得感、幸福感、安全感。

慰问组还对长风西收费站心灵驿站、职工书屋等场地建设情况进行调研指导。

8月19日 省交通运输厅召开全省高速公路服务区提质升级三年行动动员部署会。会议宣读省政府办公厅《关于印发山西省高速公路服务区提质升级三年行动方案的通知》,解读《服务区提质升级三年行动工作考核办法》,对全省高速公路服务区提质升级三年行动工作作出安排部署。厅党组成员、副厅长王晋主持会议并讲话。

会议指出,为全面提升全省高速公路服务区服务管理水平,省政府决定,自2021年至2023年,在全省开展高速公路服务区提质升级行动,明确指导思想、工作目标和主要任务。要求围绕“国内一流、山西特色、晋韵品质”目标,以提升公众出行服务质量为主线,以设施建设和文明服务为重点,着力解决环境卫生差、服务质量低、服务区品质不高等突出问题，打造一流设施、一流技术、一流管理、一流服务，将全省高速公路服务区打造成为服务群众美好出行的新载体、发展高速公路廊带经济的新支点，全面推动服务区提质升级，建设人民满意交通。这是省委、省政府赋予的重大使命，更是全省高速公路运营管理的一次重大变革。各单位要按照《山西省高速公路服务区提质升级三年行动方案》，围绕目标任务、成立工作专班、制定详细方案，利用三年时间提高基础服务能力、智慧绿色能力、综合运维能力、融合创新能力，推进全省高速公路服务区建设上水平、管理上台阶、服务上档次。

会议强调，2021年是三年行动第一年，也是打基础关键之年。各单位要按照“一年补短板、两年提品质、三年创品牌”总要求，紧盯目标任务，加强跟踪指导，强化沟通协调，强化因地制宜，全力以赴，压茬推进，确保提质升级各项任务落实到位。要立足交通运输改革发展全局，高位推动高速公路服务区提质升级，重点强化服务山西全方位高质量发展大局意识、对标全国一流看齐意识、建设人民满意交通服务意识。要统筹兼顾，协调推进，将服务区提质升级与开展“我为群众办实事”实践活动、改善卡车司机从业环境、开展“高速公路畅通行动”、建设智慧绿色公路、提升高速公路管养水平结合起来，全面提升高速公路通行能力，为全省“十四五”转型出雏形和全方位高质量发展提供坚强的交通运输保障。

会上，山西交控集团，龙城、汾平、翼侯公司及忻阜高速公路服务区管理单位负责人作了表态发言。

8月20日 省交通运输厅召开厅安委会第五次全体（扩大）会议暨交通运输安全生产专项整治三年行动推进会。厅党组成员、副厅长王晋主持会议并讲话。

会议强调，2021年是安全生产专项整治三年行动集中攻坚年，各单位各部门要以专项整治三年行动为总抓手，紧盯重点目标任务，落实“四个清单”，着力强化安全风险管控和隐患治理，大力开展重点领域突出问题集中整治，扎实有序推进专项整治三年行动。一是深化思想认识，提高政治站位。要牢固树立人民至上、生命至上理念，深刻学习领会习近平总书记关于安全生产专项整治三年行动的重要指示和论述，落实抓好安全生产的政治责任，精准查找短板弱项，注重总结专项整治三年行动制度性成果，建立长效机制。二是加强协调配合，形成整体合力。各单位各部门要加强组织领导，积极主动作为，切实抓好分管领域专项整治。各级安委办要发挥牵头抓总作用，协调有关部门共同推进，确保专项整治落到实处、取得实效。三是突出重点行业领域，抓住重点任务。聚焦道路运输、水上交通、公路运营、工程建设等领域的重点难点问题和薄弱环节，出重拳，用实招，切实解决交通运输安全生产领域顽症痼疾。四是加大督查力度，解决好主体责任“落实难”。对整治任务实行项目化管理，综合运用督办、约谈、通报、考核等手段，以提高企业“六个能力”为突破口，以落实企业主体责任为整治关键环节，切实打通专项整治三年行动“最后一公里”。同时持续加大监管执法检查力度，全面推广运用“互联网＋专家”执法，精准监管，提高执法的质量和效能，确保如期高质量完成安全生产专项整治任务。

会议强调，要毫不放松抓好交通运输常态化疫情防控，着力抓好防汛救灾工作，推动行业安全生产形势持续稳定。

会上，太原、忻州、晋中、晋城4市交通运输局和省公路局分别就安全生产专项整治三年行动作了交流发言。

8月22日 一榀长30米、重82吨的T型中梁架设在首跨墩台上，中铁发展太原西北二环高速公路太古连接线河下村大桥首片T梁架设成功。这是西北二环高速太古连接线架设的首片预制T梁，标志着河下村大桥上部结构施工拉开序幕。

太原西北二环高速全长160.229公里，沿途有特大桥5座、大桥87座。河下村大桥是太原西北二环高速ZH09标主线路上的第一座大桥，全长278米，共有101片T梁，9月15日完成架设。

为保证T梁架设工作安全有序开展，ZH09标项目部多次召开专题会,反复推演施工进程,完善施工组织方案,排查识别安全风险,在施工过程中,克服运距远、沿途车辆多、交通情况复杂等困难,齐心协力、平稳运梁,经过起吊、推送、横移、落梁、就位等一系列操作,顺利完成整个架梁工序。

河下村大桥首片T梁的成功架设,与西北二环高速太古连接线台尾路基连通,为后续大规模预制、架设T梁提供指导数据,积累成功经验。

8月23日 省交通运输厅举办《中华人民共和国安全生产法》(以下简称《安全生产法》)专题学习讲座。厅党组成员、副厅长王晋主持并讲话。厅党组成员、副厅长段新源出席。

应急管理部政策法规司副司长郛燕云应邀授课,对新修订的《安全生产法》贯彻新思想新理念、健全安全生产责任体系、应对新问题新风险、加大违法行为成本、完善政府监管体制机制、落实企业主体责任等方面进行深入解读,特别是结合交通运输业务,就相关事项进行详细阐述。大家一致认为,此次专题学习深入浅出、脉络清晰、内涵丰富、通俗易懂,具有很强的理论性、思想性和指导性,很受教育,深受启发。

王晋在讲话中,要求各单位各部门以此次讲座为契机,迅速掀起新《安全生产法》学习热潮,认真落实"三管三必须",不断提升全行业运用法治思维和法治方式履行监管职责、落实监管责任能力,全面落实企业的安全生产主体责任,把新《安全生产法》的学习成果转化为提升行业依法治安能力的动力,推动全省交通运输安全生产形势持续稳定向好。

8月25日 省交通运输厅开展学习贯彻习近平总书记"七一"重要讲话精神宣讲辅导。省委讲师团副团长、党史学习教育联络组副组长王勇伟应邀对全省交通运输系统宣讲骨干进行现场指导。

王勇伟重点围绕理论宣讲是什么、理论宣讲的重要作用、如何做好理论宣讲工作等方面展开系统解读和辅导。他强调,理论宣讲是党的理论创新工作延续,是连接理论与实践、政策与群众的桥梁,是"确保党始终同人民想在一起、干在一起"的关键环节。当前正值全国上下深入学习贯彻习近平总书记"七一"重要讲话精神的关键时期,省交通运输厅能够立足实际,选拔组建一支本系统理论宣讲队伍,全面开展宣讲工作,非常及时,对于扩大全系统学习贯彻习近平总书记"七一"重要讲话精神的影响力,具有重要作用。他指出,宣讲骨干人员要用心做好理论宣讲工作,坚持正确政治方向,精神要讲准、难点要讲清、要求要讲实,确保宣讲内容政治安全,让党的旗帜在宣传思想战线高高飘扬。

本次宣讲辅导深入浅出、内容丰富,为宣讲骨干指明方向、开拓思路,为做好基层宣讲工作奠定基础。此后,省厅充分发挥宣讲骨干作用,以更高站位、更严要求、更实做法开展基层宣讲工作,扩大宣讲覆盖面,积极营造浓厚学习氛围,在9月30日前完成全系统宣讲工作。

厅机关各党支部书记、厅直各单位宣讲骨干共70余人聆听宣讲辅导。

同日 在中鼎物流园内,各类大型机械往来穿梭,作业繁忙又井然有序。4年前,首趟中欧班列从这里出发驶往俄罗斯;4年间,全省中欧、中亚班列实现常态化运行,架起"山西制造"通达世界的桥梁。

为打造全省国际物流通道,服务进出口企业,推动"一带一路"建设,2017年,山西汽运集团组建晋欧物流公司,作为全省中欧、中亚班列唯一运营平台,晋欧物流立足中鼎物流园,利用自身优势,持续推进全省中欧、中亚班列从无到有,不断提速、扩线,先后开辟9条常态化国际线路,通达12个国家27个城市,助力本土企业"走出去,引进来",成为全省与"一带一路"沿线国家贸易往来重要通道,更拉近全省与中欧、中亚之间距离。

全省中欧班列开行以来,数量逐年刷新,2017年开行10列,2018年开行50列,2019年开行107列,2020年开行206列。截至8月25日,全年已开行125列(折算148列)。累计开行521列,其中去程439列,回程82列,运输货物49.78万吨,货值72.38亿元,货物品类涵盖机械产品、精密铸造、日用百货、陶瓷餐具、石墨电极等,客户群体不断壮大,为"山西制造"走向世界打开高效便捷的国际物流新通道。

8月31日至9月2日 省交通运输厅在省交通干部学校举办全省交通运输系统治超工作培训班。省治超办副主任、厅党组成员、副厅长郭丙福出席开班仪式并作动员讲话。各市交通运输局分管领导及综合执法负责人，部分县交通运输局交通综合执法机构负责人，省公路局、省高速公路综合行政执法总队业务处室有关人员参加培训。

郭丙福在讲话中强调，举办此次培训是为了深入学习习近平总书记在庆祝中国共产党成立100周年大会上的重要讲话和关于安全生产的重要论述、重要指示精神，提高全系统各级治超干部理论水平和业务水平，增强执岗能力，打造一支政治思想硬、综合素质高、业务能力强的高素质治超队伍。参训人员要充分认识此次培训的重要意义，严格遵守疫情防控规定，相互交流、主动学习、共同进步，做到联系实际，学以致用。

随后，省内有关法律法规专家为治超执法人员授课，学员们还实地考察参观祁县雅安超限检测站不停车检测系统和货运车辆不进站电子抓拍系统、祁县非现场治超执法点和治超信息管理监控平台，听取对闯卡违法车辆处罚情况和祁县治超工作开展情况、治超综合信息平台运行情况介绍。

学员们纷纷表示，本次培训受益匪浅，不仅增长治超相关专业知识，还在实地观摩中看到先进治超技术，增强继续投身治超事业信心，今后将始终坚持理论联系实际，认真贯彻落实，争取在自己的岗位上做出更大贡献。

是月 省邮政管理局联合省发改委、省工信厅、省司法厅、省生态环境厅、省住建厅、省商务厅、省市场监督管理局出台《加快推进快递包装绿色转型若干措施》(以下简称《措施》)，进一步加强快递包装治理，推进快递包装绿色转型。

《措施》明确，将紧紧围绕快递包装法规和标准、强化快递包装绿色治理、加强电商和快递规范管理、推进可循环快递包装应用、规范快递包装废弃物回收和处置、完善支撑保障体系、强化组织实施等7项重点任务及19项具体举措，强化快递包装绿色治理，推进快递包装“绿色革命”。

《措施》指出，到2022年，全省电商快件不再二次包装比例将达95%，可循环快递包装应用规模达3.5万个；到2025年，电商快件将基本实现不再二次包装，可循环快递包装应用规模达5万个。包装减量和绿色循环新模式、新业态发展取得重大进展，快递包装基本实现绿色转型。

《措施》强调，各有关部门要加强协同配合和政策衔接，形成齐抓共管工作合力，及时总结推广快递包装绿色转型的有效管理措施、商业模式和制度成果；同时要大力宣传快递包装绿色转型典型做法和工作成效，营造良好社会氛围。

是月 交通运输部发布通报，决定命名太原市等7个城市为国家公交都市建设示范城市。这是自2017年启动国家公交都市建设示范工程验收工作以来，交通运输部命名的第四批国家公交都市建设示范城市。

2012年10月，太原市被交通运输部列为国家公交都市建设示范工程第一批试点城市。经过为期6年创建，太原市公共交通发展体制机制更趋完善，基础设施供给能力显著提高，出行结构加速优化，运营服务水平稳步提升，布局合理、绿色低碳、智慧便捷的城市公共交通体系逐步形成，达到国家公交都市创建预期目标，于2019年12月向交通运输部递交验收申请报告。2020年9月，交通运输部公交都市验收专家组对太原公交都市创建工作进行全面检查验收，给予充分肯定，并给出支持性意见。2021年7月30日，交通运输部命名太原市为国家公交都市建设示范城市。此后，太原市以此为起点，主动对标先进城市，补短板、强弱项、提品质，深化微笑服务品牌，强化服务保障能力，让公交更准时准点、安全舒适和方便快捷，持续提升城市交通治理水平，加快推进公共交通高质量发展，不断满足人民群众美好出行需求。

9月1日 省委宣传部(省政府新闻办)举行山西省“全面建成小康社会”系列新闻发布会省交通运输厅专场发布会，介绍在全面建成小康社会进程中，全省交通事业改革发展成就有关情况。厅党组成员、副厅长、新闻发言人王晋，厅党组成员、副厅长王四小，厅党组成员、副厅长郭丙福一同出席并回答记者提问。新闻发布会由省委宣传部(省政府新闻办)新闻发布处处长马学英主持。

王晋介绍，中共十八大以来，省交通运输厅秉持“转型蹚新路、交通要先行”的发展理念，全省交通人持之以恒，久久为功，从四个方面持续推进交通运输事业高质量发展。

一是围绕“一带一路”等战略布局，积极推动全省交通基础设施提质升级。“十三五”期间，全省交通基础设施完成投资2165.09亿元，保持投资高位运行。全省公路通车里程达到14.43万公里，96%的县通高速公路，95%的乡镇通三级及以上的等级公路。全省民航机场形成“一干六支”格局，国内通达城市76个、国际通达地区城市12个。太原地铁2号线建成通车运营，城市轨道交通“从无到有”。

二是以人民满意交通为宗旨，持续推动运输服务提档升级。开展多式联运示范工程、“无车承运人”和甩挂运输等试点工作，在全国率先推行高速公路差异化收费优惠政策，五年减免货车通行费57.5亿元，惠及货车1.88亿辆次，公共自行车、网约车、共享单车等“互联网＋”交通运输新业态加速发展。

三是发挥先行官作用，全力支撑全省脱贫攻坚和乡村振兴。“十三五”期间，全省已实现具备条件的建制村通硬化路、通客车、通邮，省交通运输厅坚守“小康路上绝不让一个地方因交通掉队”庄严承诺，对58个贫困县完成投资1269亿元，建成高速公路391公里，新改建普通国省公路943公里、农村公路4.28万公里，新建农村邮政网点1189处。高质量编制全国第一个全域旅游公路专项规划，累计建成黄河、长城、太行三个一号旅游公路4087公里，建成“城景通、景景通”示范路段1876公里。

四是围绕行业转型升级，有力推动智慧绿色平安交通建设。智慧交通方面，率先实现公交卡与全国300多个城市通用，80个道路运输客运站实现联网售票，11个设区市实现城市公交智能调度。绿色交通方面，全面实施柴油货车和散装物料运输车污染治理，淘汰国三及以下排放营运柴油货车13.9万辆；全省新能源公交车超过1.3万辆，纯电动出租汽车达1.96万辆。平安交通方面，统筹推进平安交通建设，持续开展“依法治安”“平安工地”“双重预防机制”等专项行动，“十三五”期间，未发生重大以上安全生产事故，安全生产形势稳定向好。

王晋表示，“十四五”是全省全方位推进高质量发展关键期，省交通运输厅紧抓交通强国建设历史机遇，主动担当，砥砺前行，在奋力谱写全面建设社会主义现代化国家山西篇章中当好先行。主要在五个方面持续发力。一是交通网络“更快捷”。加快构建“4纵15横33联”高速公路网和“8纵16横多联”的普通干线公路网，持续推进三个一号旅游公路建设。二是出行服务“提品质”。加快发展一体化、便捷化出行服务，持续推动城乡客运服务均等化。三是货运物流“重改善”。现代物流产业初具规模，物流费用占比进一步下降。四是创新绿色“补短板”。广泛应用感知设施、北斗信息服务等技术，安全监管能力明显提高，节能减排降碳成效显著。五是治理水平“上台阶”。持续深化“放管服”改革，交通运输行业的治理体系和治理能力更加高效有力。

发布会上，王晋、王四小、郭丙福还就交通强国建设、网络货运发展、高速公路服务区提质升级、旅游公路建设、交通运输执法领域突出问题专项整治行动等回答记者提问。

同日 省交通运输厅党组成员、副厅长王晋赴省交通运输运行监测与应急处置中心开展学习贯彻习近平总书记“七一”重要讲话精神专题宣讲。

王晋深刻阐述习近平总书记“七一”重要讲话精神的重大意义、主要内容和丰富内涵，深入解读中国共产党百年奋斗的光辉历程、伟大成就、宝贵经验和实践启示，解读伟大建党精神深刻内涵和时代价值，以及在新征程上以史为鉴、开创未来的根本要求。同时，结合自己的学习体会，对讲话中提出的一系列新思想新观点新要求进行讲解。

王晋强调，要坚守政治忠诚，把学习成效转化为推动各项事业发展强大动力。一是坚持把学习贯彻习近平总书记“七一”重要讲话精神作为当前和今后一个时期的首要政治任务，坚决扛起学习贯彻习近平总书记重要讲话精神的政治责任，加强组织领导，强化统筹部署，将学习贯彻任务具体化、清单化，一项一项抓落实，持续掀起学习高潮。二是坚持以高质量党建推动各项事业高质量发展，紧紧围绕中心主要职责，切实做好运行监测、出行服务、应急保障、舆论宣传等工作。三是坚定不移建设人民满意交通。完善信息报送系统，通过多渠道、多形式及时准确向社会公众发布信息，满足人民群众美好出行需求。四是牢固树立鲜明的改革创新导向，尽快完善职责清单、业务清单、边界清单和工作流程清单。最后，他勉励中心全体干部职工立足平凡岗位，坚守责任担当，锐意进取，真抓实干，为奋力开启交通强国建设山西新征程做贡献。

同日 长城一号旅游公路天镇至左云段（北线）全线贯通，这对于优化农村路网结构，助力文旅振兴，改善市域交通环境，方便群众出行具有重要意义。

长城一号旅游公路是贯彻落实习近平总书记关于“四好农村路”重要批示指示精神，全省打造黄河、长城、太行三个一号旅游公路的重要组成部分，是推动大同市文旅振兴、拉动县域经济发展、促进沿线农村人口增收致富的重点工程。公路规划里程1225公里，主线里程379公里，支线、连接线里程共计846公里，其中主线分为“北线和东线”，“北线”（长城一号旅游公路天镇至左云段全线）起点位于天镇县新平堡镇平远头村，终点位于左云县三屯乡立石村，沿线串联辐射天镇县新平堡、李二口，阳高县守口堡、镇边堡，新荣区得胜堡、宏赐堡，左云县月华池、摩天岭等20多个景区、景点，是一条名副其实的旅游路、致富路。

项目开工以来，在大同市委、市政府坚强领导下，沿线各县区和建设单位攻坚实干，努力克服战线长、投资大、部分路段地理条件差、有效施工期短的重重困难，如期实现全线顺利贯通。

同日 全省道路运输驾驶员从业资格证补发、换发、变更、注销及诚信考核5项高频事项已经调试完成，正式运行。全省道路运输从业人员可通过道路运政电子证照App软件实现从业资格证5项高频事项的“跨省通办”。

为深入贯彻落实交通运输部关于推进道路货运车辆“三检合一”改革决策部署，全省于2018年12月按照交通运输部相关文件要求完成货运车辆综合性能检测数据全国联网，实现“一次上线、一次检测、一次收费”。2021年1月1日起废止机动车综合性能检测，采信GB 38900—2020《机动车安全技术检验项目和方法》标准检测报告，有效杜绝重复检验检测，实现检验检测结果互认，合并道路货运车辆安全技术检验和综合性能检测中涉及安全的检验检测项目，统一检验检测周期，采取多项措施改进货车检验检测便民服务，减轻道路运输经营者负担，优化道路运输营商环境。同时在省厅网站上公示货运车辆“三检合一”的检验检测机构名单，方便广大运输经营者就近检测，全面实施货车车主“交钥匙工程”。另外，组织开展道路运输车辆检验检测和技术等级评定工作。

此外，省交通运输厅利用线上线下渠道，加大宣传推广力度，通过高速公路沿线及服务区可变信息情报板滚动发布“跨省通办”办理渠道信息。“12328”交通运输服务监督电话平台在知识库中增加“跨省通办”“三检合一”业务网上办理渠道和办理流程等内容，并组织各地市平台话务员进行专项培训。将“跨省通办”办理渠道信息在省厅网站、山西交通微信公众号、山西省交通运输厅微博号等政务新媒体进行广泛宣传报道，让广大司机及时了解办证政策与流程，全力推动道路运输政务服务“跨省通办”等便民政务服务事项落地落实。

9月2日 太原市政府新闻办新闻发布会消息，“十四五”时期，太原市全面开启交通强国建设太原新征程，优化完善综合立体交通网络，全力推进交通运输基础设施建设。其中，太原市围绕太原都市区规划，构建“一环十二射”的高速公路网。

规划中，太原市新建两条高速公路。一条是古交至娄烦至方山高速公路，全长79.4公里。项目建设对进一步提升和拓展省城高速路网布局、打通山西西部出省通道、振兴太原市西部区域经济和社会发展，巩固脱贫攻坚成果，促进乡村振兴具有积极意义。另一条是阳曲大盂至盂县(晋冀界)高速公路,全长86公里。项目建设是打通全省东部出省通道,深度融入"雄安新区"、京津冀协调发展、环渤海经济圈建设的重大战略举措,对太原构建全国性综合交通枢纽,形成"大交通、大格局"的高速路网体系具有积极意义。

此外,太原二环高速公路整体建成后,现有太原绕城高速公路调整为城市快速路。

9月14日 省交通运输厅召开全省交通运输执法领域突出问题专项整治行动第三次视频调度会,传达贯彻交通运输部专项整治行动第四次调度会议精神,总结全省查纠整改工作经验做法,安排下一阶段任务。厅一级巡视员雷天才出席会议并讲话。

会议指出,自专项整治行动启动以来,全省各级交通运输部门深入贯彻党中央、国务院、交通运输部有关要求,全面落实各项部署,上下联动、全力推进,掀起一场刀刃向内的自我革命,深入查摆执法领域突出问题,加快推进整改落实,专项整治行动取得阶段性成果。专项整治行动开展以来,省厅组织在全系统开展四轮次问题排查清理,截至8月底,全省交通运输执法领域梳理出的48个突出问题已全部整改完成。

会议强调,当前,专项整治行动已进入全面统筹推进冲刺阶段,要坚持问题导向、目标导向、结果导向,提高政治站位,强化责任担当,加强总结提升,持续深化整改,重点在坚持执法为民、久久为功、系统推进上狠下功夫,乘势而上,再接再厉,扎实做好专项整治行动后半篇文章。要牢固树立执法为民理念,把人民群众根本利益放在首位,让人民群众在每一项执法活动、每一起案件办理中都能感受到公平正义;坚决克服过关心态、松劲思想、厌倦情绪,切实落实主体责任,统筹协调推进各项工作;注重与党史学习教育的统筹衔接,坚持查、改、治、建一体推进,建立健全制度体系和长效管理机制。

会议要求,各地、各单位要从严从实、毫不松懈地推进落实各项工作任务,打好专项整治行动组合拳,确保高标准高质量完成专项整治行动。一是在狠抓整改上精准发力,进一步确保问题查纠整改的连续性。继续深挖深改,组织一轮"回头看",研究建立查纠整改长效机制。二是在党史学习教育上精准发力,进一步提升执法为民实践能力。大力开展"我为群众办实事"实践活动,统筹深入推进"讲政治、优作风、强服务"专题教育,强化执法队伍轮训。三是在"当下改""长久立"上精准发力,进一步推进建章立制。扎实推进不合理罚款规定清理,组织开展执法隐患排查防控,坚持以治标促治本,完善源头治理,深化综合行政执法改革。四是在典型示范引领上精准发力,进一步强化宣传引导力度。加强正面宣传,选树先进典型,推广先进经验,巩固和深化专项整治成果;强化日常宣传,营造浓厚氛围,充分展示交通运输执法队伍的新作为、新变化、新形象。

会上,晋中市交通运输综合行政执法队、忻州市交通运输局、运城市交通运输综合行政执法队、省高速公路综合行政执法总队分别介绍执法领域突出问题查纠整改总体情况、工作亮点及下一步工作安排。

厅专项整治行动领导组成员处室有关负责人,省高速公路综合行政执法总队班子成员在主会场参加会议。各市交通运输局分管领导、有关科室负责人,市交通运输执法队领导班子成员,所属各县(市、区)交通运输局分管领导及交通运输执法队负责人,省高速公路综合行政执法总队机关处室负责人及所属各执法支队班子成员在分会场参会。

9月17日 由省交通运输厅、省公安厅、省机关事务管理局、省总工会联合主办的山西省2021年绿色出行宣传月和公交出行宣传周活动在临汾市启动。厅党组成员、副厅长郭丙福出席启动仪式并讲话。临汾市副市长、公安局局长张勇致辞。省公安厅、省机关事务管理局、省总工会相关领导出席。

活动主题为"倡导绿色出行、促进生态文明",根据活动安排,9月为绿色出行宣传月,9月20—26日为公交出行宣传周。活动期间,全省将采取线上线下集中宣传等方式,通过参与绿色出行公益宣传大赛,创新交通运输新业态服务,关注老年人出行服务改善，开展文明交通安全出行活动、关爱司乘人员活动等举措，进行多角度、全方位、立体化宣传，积极引导社会公众优先选择绿色出行方式，加快推动形成绿色低碳的生活方式，在全社会形成良好的公交优先和绿色出行宣传氛围，持续推动城市交通健康发展。

郭丙福在讲话中强调，临汾市作为国家公交都市建设示范工程和绿色出行创建城市，在市委、市政府坚强领导下，在新能源公交车推广应用、慢行系统建设、公交高品质“空乘化”服务以及公交智能化发展等方面取得显著成效。全省各级交通运输主管部门要借助本次活动，深入贯彻落实公共交通优先发展战略，增强绿色出行方式吸引力，提高城市绿色出行水平，提升公共交通服务能力，让人民群众有更多的幸福感、获得感。要加大宣传力度，创新宣传方式，进一步扩大覆盖面和影响力，让“公交优先、绿色出行”理念深入人心，让更多的人参与到绿色出行中来。同时，他希望支付宝等科技创新型企业，继续发挥大数据、云计算技术优势，共同推动山西城市公共交通数字化转型、智能化升级，为城市客运企业创新发展科技赋能。

启动仪式上，临汾市公交公司董事长安国全宣读给广大公共机构和市民朋友们的《绿色出行倡议书》。启动仪式后，与会领导现场观摩公交智能车载管理系统、岗前检测集成一体系统，参观新能源公交车、出租车、共享单车展示，观看临汾绿色出行工作宣传展板，并乘坐“熊猫公交车”亲身体验绿色出行。

“十三五”期间，全省认真落实城市公共交通优先发展战略和绿色出行理念，积极参与国家“公交都市”创建活动，统筹推进公共交通基础设施建设，公众绿色出行意识、公交运行保障能力和服务品质日益增强，城市绿色出行水平明显提升。截至2020年年底，全省公交运营车辆数达到1.64万辆，新能源公交车占比80.8%，全国排名第6位，其中朔州、忻州、吕梁、晋中、长治、晋城、临汾7个市建成区公交车全部实现新能源化。全省首条城市轨道交通线路太原地铁2号线已开通初期运营，累计运送乘客超过2800万人次。

9月23日至26日 省公路运输工会组队参加省总工会组织的“中国梦·劳动美——永远跟党走、奋进新征程”全省职工党史知识竞赛。

省公路运输工会参赛队由省高速公路综合行政执法总队、省运输事业发展中心、省交通干部学校、山西交控集团选送的6名选手组成。本次党史知识竞赛设置共同答题、车轮战、分组抢答、复活赛、五星棋盘赛、党史连续赛、车轮大战等环节，集个人竞争性、团体配合性、过程趣味性和竞赛激烈性于一体。比赛现场气氛热烈、掌声不断，6位选手全力以赴、稳扎稳打，经过六场预赛、两场复赛、一场决赛，最终省公路运输工会获得团体三等奖；省高速公路综合行政执法总队晋中支队赵晓磊和山西交控集团临汾北高速公路分公司杜翟分别获得个人二等奖、三等奖。

本次党史知识竞赛，不仅展现交通运输系统干部职工团结向上、斗志昂扬的精神面貌，而且加深广大干部职工对党史、新中国史、改革开放史、社会主义发展史的理解和掌握，进一步推动党史学习教育往深里走、往心里走、往实里走。

9月26日 省交通运输厅召开厅安委会第六次会议暨全省交通运输安全生产视频会议，深入贯彻习近平总书记关于安全生产的重要指示批示精神，认真落实党中央国务院、省委省政府和交通运输部关于安全生产的重要决策部署，分析研判当前全省交通运输安全生产形势，安排部署第四季度特别是国庆假期等重点时段安全生产工作。厅党组成员、副厅长王晋出席会议并讲话。厅党组成员、副厅长段新源主持会议。厅党组成员、副厅长郭丙福出席会议，并通报近期省厅安全生产督查情况。

2021年，全省交通运输系统坚决贯彻习近平总书记关于安全生产重要指示精神，全面落实省委、省政府和交通运输部决策部署，扎实推进安全生产三年行动集中攻坚，持续强化重点领域、重点时段安全监管，着力防范化解安全生产重大风险，保持安全生产形势总体稳定。但要清醒认识到，当前全行业安全生产形势依然严峻复杂，近期督查也暴露出部分单位安全发展理念不牢固、安全生产责任不落实、专项整治集中攻坚不扎实、风险隐患排查不深入、安全监管执法不严格、监测预防预警和应急处突能力不足等深层次问题。

会议要求,各单位、各部门要提高政治站位,强化担当精神,认清形势、高度警醒、狠抓落实,全力做好安全生产各项工作,不断筑牢交通运输安全生产坚强防线,确保全省交通运输安全生产形势持续稳定。一是全力以赴做好国庆假期、省第十二次党代会、第二届联合国全球可持续交通大会、中共十九届六中全会等重点时段安全生产工作。提前做好谋划部署,主要领导要亲自抓,将各项工作落实到每个领域、每个岗位,严防各类安全事故发生。扎实开展安全督查,采取专项检查、暗访暗查、驻点督导等方式,不断压实各方责任。提升应急处置能力,严格落实重点时段领导到岗带班、关键岗位24小时值班和信息报告制度,强化预警信息发布和出行引导,合理布设应急力量,加强应急演练,快速高效妥善处置各类突发事件。二是坚决打好专项整治三年行动集中攻坚战。加强组织领导,建立工作专班,坚持问题导向、目标导向,加强推进、严格督办、强化落实、严格考核。对照省厅梳理出的任务清单,逐项自查、查漏补缺。强化工作调度督导,对于重大问题久拖不决、重大隐患久整不治、重大任务久拖不办的,要严格查处、严肃追责。三是切实加强重点领域安全监管。道路运输领域要以"两客一危一货"为重点,严厉打击超速、疲劳和分心驾驶行为,进一步夯实经营者主体责任。公路运营领域要突出抓好公路安全生命防护工程建设,推进危桥危隧改造,切实提升隧道运行安全监管;强化高速公路服务区危化品车辆停放区管理,严禁危化品车辆违规停放;加强路面日常管养和巡查,及时处置公路病害,及时修复受损设施,确保公路运营安全。水上交通领域要强化渡口、水库、旅游景区等水域客船安全监管,严厉查处船舶超载、超员、冒险航行、带"病"航行、跨航区航行、不穿救生衣上船等违法违规行为。工程建设领域要切实加强施工现场和施工驻地安全管理,严格落实极端天气下的安全防护措施,全面推进平安工地建设全覆盖。城市客运领域要加强重点部位隐患排查治理,有效防范化解大规模踩踏、保护区结构垮塌等重大风险。四是深刻汲取近期全国交通运输行业安全生产事故教训。深入剖析原因,强化风险管控、隐患整治,做到关口前移。对本辖区、本领域内的重大风险隐患尤其是事故暴露出的突出问题,做到心中有数,抓紧落实管控措施。五是加强安全生产监管执法,切实在严格规范执法上下功夫。认真学习贯彻新《中华人民共和国安全生产法》,改进检查方式方法,强化日常检查,对突出问题加大打击力度,依法实施处罚。同时定期报送典型执法案例,加大曝光力度,对屡教不改、屡禁不止的要纳入失信惩戒"黑名单"。

会议强调,当前还要持续抓好秋冬季疫情防控工作,积极做好防汛救灾工作,保障人民群众生命财产安全。

会后,省厅召开专题会议,针对近期持续强降雨给全省交通运输基础设施造成的严重损毁,研究部署公路抢通保通保畅工作。省厅要求,各级交通运输部门要高度重视,统筹谋划,按照"先通后畅"原则,抓紧制定方案,抓细抓实各项防汛救灾措施,各司其职、高效有序做好灾毁公路抢通保通工作。要压实责任,协调联动,加大对公路、桥梁、隧道的巡查力度,强化灾害隐患巡查排险,加强重要基础设施安全防护,避免发生次生灾害,确保人民群众生命财产安全。要加强应急值守,及时准确有效报送信息,确保政令畅通。同时密切关注极端天气变化,加强重点区域监测预报预警,强化出行引导,做好防范应对。

9月27日 山西省2021年度水上搜救应急演练在汾河景区三期水域晋阳桥段举行。演练由省交通运输厅主办,太原市交通运输局承办。

本次演练分6个阶段,通过模拟事故发生、报警、接警、启动预案、应急救援、解除预警等步骤完整模拟救援的过程。参演船舶共8艘,参演人员90余人。

演练模拟一艘游览画舫从客运码头启航,航行至距离码头200米水域时,与一艘返回的旅游快艇发生碰撞，造成两船船体损伤，快艇上8名乘客落水，画舫机舱起火，船舶失去动力。各参演部门和单位迅速反应、科学处置，无人机、监测船等装备船艇协同作战、全力应对，圆满完成报警求援、事故船开展自救、海事巡航救助、桨板救援、离心力救援、心肺复苏、蛙人深潜搜寻等演习科目。

此次演练检验省、市水上搜救应急预案的实用性和可操作性，普及水上交通应急知识和自救互救的技能，提高各级各部门安全应急人员处置重大事故能力，展现各水上搜救队专业救援能力和良好素质。

太原市交通运输综合行政执法队，太原市汾河景区管理委员会，太原唯诚家信物业管理有限公司，汾河景区水上应急救援队，山西新青年救援队，汾河二库水上应急救援队，太原公园服务中心晋阳湖、迎泽公园水上应急救援队，太原国投商业运营有限公司水上应急队，以及消防、卫健等部门参加演练。

9月30日 省交通运输厅召开学习贯彻习近平总书记“七一”重要讲话精神专题宣讲会，邀请中央党校教授周文彰作主题宣讲。厅党组成员、副厅长王晋主持宣讲会，厅领导王四小、王建业、雷天才参加会议。

周文彰教授以习近平总书记“七一”重要讲话精神为切入点，着重对习近平总书记“七一”重要讲话精神的主要特点、主体内容、重要表述等方面进行全面、细致、准确解读。他希望大家反复阅读和学习讲话原文，领会讲话的精神要义和深刻内涵，并把学习讲话与学习《习近平谈治国理政》（第三卷）结合起来，与学习习近平总书记在庆祝中国共产党成立95周年大会上的重要讲话精神结合起来，与学习中共十九大报告和十九届历次全会精神结合起来，把党史学习教育引向深入，把“九个必须”贯彻落实到党的建设和全面建设社会主义现代化国家的各项工作中去。

宣讲主题鲜明、重点突出、内容丰富、分析透彻，具有很强的理论性、针对性和指导性，帮助广大党员干部深化对习近平总书记“七一”重要讲话精神的理解和把握，为全系统干部职工进一步深入推进党史学习教育找准方向、理清思路。聆听宣讲的党员干部纷纷表示，要坚持把学习贯彻习近平总书记“七一”重要讲话精神作为党史学习教育的核心内容，坚决把思想和行动统一到讲话精神上来，以高度政治敏锐性和政治责任感把学习成效转化为推动山西交通运输事业高质量发展的强大动力。

厅机关全体人员、厅直各单位班子成员、省公路局副处级以上干部在主会场参加会议。各市公路分局、高速公路综合行政执法支队中层以上干部在分会场参会。

是月 全省农村三级快递物流体系运营管理会议召开，明确提出，要将全省农村三级快递物流体系建成民生工程、标杆项目，着力补齐农村快递物流基础设施短板。要突出农村三级快递物流公共服务平台的功能属性，整合农村地区邮政、快递、交通、供销、商贸流通等现有资源，打造县域内公共开放平台，实现县域内快递包裹集中中转分拨，提高邮件快件转运时效，满足农村地区不断增长的寄递服务需求，让“消费品进得来、农产品运得出”，更好地服务乡村振兴。各运营管理企业与各品牌快递企业要加强沟通，确保县级快递物流仓配中心、村级服务点建得起、稳得住、运营好，到2022年6月底前完成全省模式创新、运营高效、安全绿色的农村物流服务体系建设目标。

是月 省交通运输厅党组成员、副厅长王晋、段新源、王四小、郭丙福，厅一级巡视员雷天才、李贵顺分别赴省交通运输运行监测与应急处置中心、省交通干部学校、厅发展研究中心、厅联网收费结算与会计核算中心、省高速公路综合行政执法总队、省交通建设中心开展学习贯彻习近平总书记“七一”重要讲话精神专题宣讲。

厅领导紧紧围绕习近平总书记“七一”重要讲话精神，结合各自学习体会，深入解读讲话的重大意义、主要内容和丰富内涵，阐释讲话提出一系列新思想新观点新论断，对全面建成小康社会的历史性意义、中国共产党成立的历史背景和深远影响、中国共产党百年奋斗的光辉历程和伟大成就、伟大建党精神的深刻内涵和时代价值、以史为鉴开创未来的根本要求和使命任务等问题进行系统讲解,并对党员干部如何学习领会、贯彻落实提出要求。

王晋强调,要坚持把学习贯彻习近平总书记“七一”重要讲话精神作为当前和今后一个时期的首要政治任务,将学习贯彻任务具体化、清单化,一项一项抓落实,持续掀起学习高潮。要坚持以高质量党建推动各项事业高质量发展,紧紧围绕中心主要职责,切实做好运行监测、出行服务、应急保障、舆论宣传等工作。要坚定不移建设人民满意交通,完善信息报送系统,通过多渠道、多形式及时准确向社会公众发布信息,满足人民群众美好出行需求。要牢固树立鲜明改革创新导向,尽快完善职责清单、业务清单、边界清单和工作流程清单。要立足平凡岗位,坚守责任担当,锐意进取,真抓实干,为奋力开启交通强国建设山西新征程做出贡献。

段新源强调,要把学习贯彻习近平总书记“七一”重要讲话精神作为一项重要政治任务抓紧抓好,认真对照省委省政府决策部署和厅党组书记、厅长赵建平在全省交通运输上半年工作会议上的“十个方面”工作要求,坚持目标导向,加快推进各项重点工作,重支撑,强基础,促发展,协助省厅做好干部培训工作、招生和毕业生培养工作、交通类相关职业等级机构申报工作、全省交通运输行业高层次专业技术人才的培训和服务管理工作,把学习成效转化为加快建设交通强国、完成年度目标任务、确保“十四五”开好局起好步的强大动力。

王四小强调,要学习好宣传好贯彻好习近平总书记“七一”重要讲话精神,弘扬伟大建党精神,坚定理想信念,牢记初心使命,为推进全省交通运输高质量发展贡献力量。要牢固树立和践行“人民交通为人民”服务宗旨,建设人民满意交通。要坚持党要管党、全面从严治党,为推进交通运输高质量发展提供强有力保障。要把学习贯彻与全省全方位推进高质量发展结合起来,与推进交通强省建设结合起来,努力使交通运输成为现代产业体系协调发展的坚实支撑、内外经济循环相互促进的重要纽带、产业链供应链安全稳定的保障基石。

郭丙福强调,要把思想认识统一到习近平总书记“七一”重要讲话精神上来,准确把握核心要义,抓好学习贯彻落实,进一步增强“四个意识”、坚定“四个自信”、做到“两个维护”。要把学习习近平总书记“七一”重要讲话精神作为开展党史学习教育的核心内容,切实推动学习往深里走、往实里走、往心里走,做到“学史明理、学史增信、学史崇德、学史力行”。要把学习习近平总书记“七一”重要讲话精神同总结经验、观照现实、推动工作结合起来,把学习成效转化为工作动力和实绩。

雷天才强调,要把学习贯彻习近平总书记“七一”重要讲话精神作为当前和今后一个时期的重要政治任务,作为开展党史学习教育的核心内容,切实在学懂弄通做实上下功夫,不断汲取历史智慧、感悟思想伟力、提振信心斗志、强化担当作为,全力以赴、统筹抓好改革发展、党史学习教育、高速公路综合行政执法领域突出问题专项整治行动等年度各项重点工作任务,切实把学习成果转化为奋进新征程、建功新时代的实际行动。

李贵顺指出,习近平总书记在庆祝中国共产党成立100周年大会上发表的重要讲话,是一篇闪烁着马克思主义真理的光辉文献,是一篇新时代坚持和发展中国特色社会主义、实现第二个百年奋斗目标的行动纲领。省交通建设中心要深入领会习近平总书记“七一”重要讲话的重大政治意义、理论意义、时代意义、实践意义,旗帜鲜明讲政治,牢牢把握核心要义,把学习成效转化为推动交通运输技术支撑保障服务事业发展的强大动力。

是月 交通运输执法领域突出问题专项整治行动开展以来,全省交通运输系统各部门各单位以习近平法治思想、宪法法律知识、行政执法“三项制度”、交通运输部出台的“一个意见”“两个规范”“一个禁令”等文件和警示教育为重点学习内容,全面开展全省交通运输执法人员轮训。一是坚持线上培训与线下培训相结合。通过采取法治讲座、集体学法、业务培训、剖析典型案例等线下培训的同时,山西交通干部在线平台开设习近平法治思想、宪法法律知识、交通法规等专题课程,面向全省交通运输执法人员开放。二是坚持系统内培训与系统外培训相结合。通过封闭式培训、集中研讨等形式分批次有步骤地开展执法轮训，并组织执法人员参加省司法厅“行政执法大讲堂”学习。有4699人参加第一期“行政执法大讲堂”学习，其中线上4649人，线下50人。三是坚持资格培训与专题教育相结合。扎实开展“讲政治、优作风、强服务”专题教育，全省高速公路综合行政执法人员资格培训实行全封闭军事化管理，共举办8期，1166名人员参加培训。在省司法厅组织开展的2021年度全省交通运输系统行政执法人员资格考试中，全系统共有1476名参试人员通过考试。四是坚持骨干培训与全员轮训相结合。省厅举办两期业务骨干培训班，各市县交通运输局积极采取多种形式开展执法人员轮训，全省11个市累计开展20余次8000余人次参加的队伍轮训。

是月 太原武宿国际机场三期改扩建工程项目获国家发展和改革委员会正式立项批复，这标志着机场三期改扩建工程由前期准备转入具体实施新阶段，建设大幕即将开启。

近年来，太原武宿国际机场航空业务量快速增长，2019年太原机场跨入全国繁忙机场行列。建设太原机场三期改扩建工程，进一步提高了机场保障能力和服务水平，满足了航空业务量快速增长需要。

根据批复，太原机场三期改扩建工程总投资约239亿元，项目计划建设工期4年。飞行区、航站区土建工程按照满足2035年旅客吞吐量4000万人次、飞机起降28.4万架次需求设计，货运及其他可分期实施的项目及设施设备按照满足旅客吞吐量3000万人次、货邮吞吐量15万吨、飞机起降22.6万架次的需求分期配置。

本期工程新建一座40万平方米的T3航站楼、一条长3600米宽45米的第二跑道、127个机位机坪、5万平方米综合交通中心、13万平方米停车楼以及货运、航食、机务维修等公用配套设施，配套建设空管、供油工程。

截至月底，征地拆迁、土地预审、管线迁改、文物勘探、环境评估、设计方案优化、配套工程建设等各项工作交叉向前、压茬推进，为确保工程早日开工全力冲刺、创造条件。

10月3日 经过起吊、推送、横移、落梁、就位等一系列环节后，一榀长30米、重达82吨的T型中梁稳稳地架设上墩台，太原西北二环高速公路太古连接线河下村大桥由此全幅贯通。

太原西北二环高速公路即G2003太原绕城高速公路义望至凌井店段，是太原二环高速公路的重要组成部分。该路段全长约160公里，由西二环、北二环、太古高速公路联络线以及3条连接线组成。其中，ZH09标段位于古交市河口镇境内，河下村大桥全长278米，共有101片T梁，是该标段的控制性工程。

该桥梁虽然不长，但施工困难重重。整个施工区域临近居民住宅聚集区，往来人员及车辆密集，日常施工受到一定影响，并存在一定安全隐患；架梁施工横跨3条既有乡道，运梁道路过窄及拥堵，运梁过程中封锁施工难度较大。项目部全体人员攻坚克难，经过40多天奋战，最终圆满完成施工任务。

10月8日 省交通运输厅召开专题会议，传达贯彻交通运输部部长李小鹏、副部长赵冲久就山西交通运输受灾情况作出的重要批示，听取国庆假期应急值守、运输服务保障和公路基础设施灾毁情况汇报，研究部署全省公路保通保畅和恢复重建等工作。会议由厅党组书记、厅长赵建平主持，厅领导及驻厅纪检监察组、省公路局、厅机关各业务处室主要负责人参加会议。

国庆假期期间，全省交通运输系统认真贯彻落实省委、省政府和交通运输部决策部署，提前谋划、周密部署、加强组织，为确保人民群众度过一个安全、欢乐、祥和的节日做了大量工作。各级交通运输主管部门和公路营运单位党员领导干部靠前指挥、组织有序，全力开展公路应急抢险保通工作，有效应对国庆期间公路灾毁挑战。

会议要求，全省交通运输系统要认真贯彻落实省领导和部领导重要批示精神，全力抓好公路抢险保通和灾后恢复重建工作。一是持续开展问题隐患排查。对全省14.4万公里的公路开展“回头看”行动，持续加大公路日常巡查力度，重点对公路及沿线地质灾害进行排查，对排查出的问题隐患，要逐一明确责任主体，并做好主动防护措施，形成高质量道路养护安全治理长效机制。二是坚持分类处治灾毁路段。对小修小补即可恢复通车的,发现一处处治一处;对一时难以抢通的,及时封闭道路,安排专人值守,制定合理的绕行方案并及时向社会公布;对灾毁严重需重修的,在灾情评估基础上开展受损公路抢修和恢复重建项目前期工作。三是持续加强形势分析研判。强化与气象、水利、自然资源、应急管理等部门的沟通联系,及时掌握气象、水文和地质变化情况,切实加强重点区域、重点路段监测预警,及时向社会发布公路路况、交通管制、分流绕行等出行服务信息。同时,要统筹做好电煤等能源物资运输保障工作,加快抢通当前尚处阻断的公路路段,确保晋煤外运通道有效畅通。

会议强调,各地及相关部门要按照交通运输部要求,详细统计本次水毁路段信息,对受损公路、桥涵、隧道等基础设施进行技术评估,并将灾毁损失情况向属地人民政府和相关部门报告。省厅随后派出督导组,由厅领导带队,赴各市就公路隐患排查、处治情况和能源运输保障工作进行督导检查,力争全省公路尽快恢复畅通。

10月上旬 全省多地遭遇时间久、范围广、强度大的降雨天气,汾河流域平均降雨量超历史同期最高值,造成全省大部分通航航道严重水毁,对全省经济社会发展和人民群众生命财产造成较大损失,影响人民群众出行安全。

灾害发生后,各级交通运输主管部门主动靠前指导,各水运企业积极应对,第一时间组织开展应急抢通工作。省交通运输厅及时对全省通航航道水毁、抢通情况进行统计摸排,并积极向交通运输部请示汇报。交通运输部全力支持全省受灾水毁通航航道应急抢通工作,在同意前期上报的应急抢通项目基础上,又追加此次暴雨造成水毁航道的应急抢通费用。阳泉、长治、晋中、吕梁4市共追加航道应急抢通资金586.8万元,疏浚工程量约22.08万立方米,确保通航水毁航道应急抢通工作有序展开。此后,省厅按照省政府统一部署安排,全力做好内河航道及渡口、码头灾后重建工作,力求尽早恢复全省水路交通秩序。

10月11日 交通运输部召开第二届联合国全球可持续交通大会专题视频调度会议,要求提高政治站位,强化责任担当,把思想和行动统一到党中央国务院决策部署上来,高质量完成好大会风险防控和安全生产等工作,确保行业平稳有序运行,全力保障大会顺利召开。省交通运输厅党组成员、副厅长王晋在山西分会场出席会议,代表省厅汇报全省强化风险防控和隐患治理、加强安全生产、完善应急准备、做好交通运输服务保障等工作情况。

第二届联合国全球可持续交通大会将于10月14日至16日在北京举办,为切实做好大会筹备举办期间交通运输风险防控和安全生产工作,省厅把全面服务大会作为当前重点工作和一项重要政治任务来抓,提高政治站位,多次召开会议进行安排部署,要求各级各部门全力做好大会筹办及会议期间安全生产、疫情防控、交通运输服务保障等工作,并派出11个督查组,对各市交通运输风险防控和安全生产工作进行督导检查。特别是针对近期连续降雨影响,全省公路交通基础设施损毁严重情况,省厅突出隐患排查,全面开展全省14.4万公里的公路“回头看”行动。加强道路运输、公路运营、水上交通、工程建设等重点领域安全监管,确保风险可控。抓好应急处置,严格落实领导带班、关键岗位24小时值班和信息报告制度,强化部门协调联动,加强地质灾害、路网运行、安全风险“三个研判”,做好重点区域、重点路段、重点时段的监测预警,及时向社会发布出行服务信息。同时,合理部署应急力量,确保发生突发事件后能第一时间处置、第一时间救援,最大限度减少人员伤亡和财产损失,确保全行业安全形势稳定,为大会顺利举办提供坚强的交通运输保障。

同日 省交通运输运行监测与应急处置中心组织开展山西省道路运输互联网便民“跨省通办”业务知识“12328”话务工作人员专项培训。

培训重点对道路运输便民政务服务“跨省通办”网上办理的渠道,道路运政电子证照App内可办理的“跨省通办”业务、流程、受理时限、提交材料以及日常话术等问题进行专项讲解。涉及业务内容

10项，其中从业人员从业资格证办理业务6项，车辆道路运输证办理业务4项。在山西省“12328”交通运输服务监督电话系统知识库内增加32条相关知识，涵盖常见问题一问一答15条，办事指南10条，操作说明2份，政策文件4条，思维导图1份。培训结束后，中心梳理相关培训内容加入知识库并录制培训视频下发至各平台。

中心要求各市“12328”客服人员要熟悉交通运输行业最新便民措施，方便解答有关互联网便民政务服务问题；要加强人员内部管理，规范热线办理流程，进一步改进服务态度，全面争先创优；要严格遵守24小时值班值守制度，尤其在当前防汛抢险特殊时期，畅通热线电话，如实记录群众反映的问题，及时报告并转交办相关部门。

由于全省各市受洪涝灾害影响较大，话务量较多，本次培训采取远程在线形式。省、市两级“12328”电话服务中心管理人员、话务班长及业务骨干共计66人参加培训。

10月11日至30日 为切实保障人民群众出行畅通和生命财产安全，省交通运输厅派出6个督导组，分别由厅领导王晋、段新源、王四小、郭丙福、郝玉柱、李贵顺带队，对全省公路灾毁应急处治和灾后恢复工作进行督导检查。

本次督导采取实地踏勘、内业检查、听取汇报等方式，重点对三方面进行督导。一是基本情况。灾毁发生的时间、上报时间、应急处治时间及采取的主动防护措施等；公路及沿线的地质排查情况、问题隐患清单等。二是处治情况。灾毁路段的处治情况、取得的成效；轻微灾毁路段，是否在第一时间内应急抢险处治，恢复通行；一般灾毁路段，是否能保证10月中旬至月底前抢通，是否存在发生次生灾害的隐患；特别严重的灾毁路段，是否启动灾毁重建工作，及时编制处治方案，确定绕行路线，以最快速度抢通。三是运输保供情况。各单位在能源保供方面的安排部署情况；能源运输主要通道畅通情况、灾毁处治和恢复情况；收费站能源运输的保障情况；应对极端天气和重要时段的保通保畅工作方案及公路通行应急预案情况；日常养护工作、应急物资配备情况等。

10月12日 省政府新闻办举行山西省防汛救灾新闻发布会，厅一级巡视员李贵顺介绍全省公路灾损及恢复处治情况并回答记者提问。10月2日以来，受连续强降雨影响，全省公路交通基础设施灾损严重，多地公路发生边坡滑塌、路面沉陷、桥台垮塌、隧道渗水等地质灾害，部分公路出现阻断、设施损坏等情况，严重影响人民群众出行。受此波强降雨影响，全省公路灾损6021.36公里。其中，高速公路受损6.26公里，32处道路中断；普通国省干线公路受损993.1公里，72处道路中断；农村公路受损5022公里，3238处道路中断。部分在建公路工程和水运码头、渡口及航道也损毁严重。国庆假日期间，全省先后出动抢险人员68917人，投入各类机械13453台件。截至10月11日，高速公路已抢通阻断路段30处，普通国省干线公路已抢通阻断路段19处，农村公路已抢通阻断路段2800处。在答记者问环节，李贵顺表示，为全力做好“晋煤外运”道路运输保通保畅工作，省厅将重点做好三方面工作。一是持续加大公路巡查力度，特别是对能源运输重点区域、重点路段、重点时段实施重点监测，最大限度保障道路通畅。同时，进一步强化秋冬季养护，提前做好易积雪、结冰路段和事故多发路段等养护保畅工作。二是加强与相邻省市沟通，及时发布预警和交通管制信息，提前做好车辆分流工作，确保路段之间、市域之间、相邻省份之间公路网畅通。对地质条件复杂、一时难以恢复的灾损公路，会同有关部门，制定合理绕行方案，保证能源物资运输车辆“出得去、回得来”。三是强化管理和完善公路畅通预案，最大限度降低极端天气对车辆运输影响，进一步提升收费站、服务区的服务意识和服务效率，具备条件的收费站开通能源运输车辆专用通道，保障其优先通行。

10月13日 省交通运输厅党组成员、驻厅纪检监察组组长王建业赴平榆高速调研塌陷路段应急处治和能源运输保障工作，实地察看有关情况。在施工现场，王建业要求，要加强科学精准设计和施工，最大限度投入人员和机械设备，加快道路抢通,力争10月15日实现半幅通行,10月19日全线恢复通行。要尽快开展路况排查工作,及时发现隐患、及时处治。

随后,王建业在高速集团平榆公司主持召开座谈会,听取平榆公司处治方案及工程进度汇报。他强调,平榆高速是晋冀咽喉路段,担负着全省能源运输畅通使命,抢通保畅任务艰巨。广大干部职工要站在讲政治、讲大局、讲站位、讲责任、讲奉献高度,为高速公路保通保畅做出贡献,力争把灾情带来的损失降到最低。

10月14日至16日 第二届联合国全球可持续交通大会在北京成功召开。习近平主席出席大会开幕式,发表题为《与世界相交 与时代相通 在可持续发展道路上阔步前行》的主旨讲话,深刻阐释可持续交通发展的重要意义,明确提出推进全球交通合作的5点主张,郑重宣布中国为全球交通发展贡献力量的务实举措,充分彰显中国推动全球可持续发展的积极作为和历史担当,为构建人类命运共同体、全球发展命运共同体进一步凝聚广泛共识,为推动全球可持续发展注入强大动力,为推进全球交通合作发展指明前进方向,为推动全国交通可持续发展提供根本遵循,为加快建设交通强国汇聚磅礴力量。

10月14日至18日 受连续强降雨影响,全省公路交通基础设施灾损严重,严重影响人民群众出行。灾情发生后,交通运输部党组高度重视,在前期持续调度部署基础上,派出由部公路局副局长周荣峰带队的工作组来晋督导调研交通运输抢险救灾和灾后恢复重建工作。14日抵晋当晚,部工作组主持召开工作对接会,传达学习习近平总书记和国务院领导重要指示批示精神、交通运输部专题会议部署要求,听取全省近期公路灾损及抢险救灾工作情况汇报。15日—17日,分抢通保畅组、灾毁恢复重建组和运输保障组3个明察组和1个暗访组,日夜兼程、深入一线、下沉基层、进村入户,赴晋中、长治、晋城、临汾、运城、朔州、忻州、吕梁8市27个区(县)进行全覆盖督导调研,实地察看全省高速公路、国省干线、农村公路灾损及恢复处治情况,深入了解本次灾情对当地民生影响及企业、群众的生产生活诉求,并督导各受灾地区抢险救灾、灾后恢复重建、运输保障、安全生产等工作。18日召开意见反馈会。会上,工作组充分肯定灾情发生以来全省交通运输系统为公路应急抢通保通付出的巨大努力。指出,在省委、省政府坚强领导下,省交通运输厅闻汛而动、精心部署,各级交通运输主管部门连续作战、攻坚克难,坚决贯彻以人民为中心的发展思想,始终把保障人民群众生命财产安全放在第一位,积极应对严峻灾情,全力开展抢通保通,统筹做好安全防范和运输保障,推动抢险救灾和灾后恢复重建取得阶段性成果。同时,指出对灾情的复杂性和艰巨性认识仍有不足、对重大自然灾害的应对能力有待提升、对灾毁原因的分析不够深入准确等问题,并对做好下一步工作提出要求。

部工作组提出4点要求:一要进一步提高政治站位,强化责任担当。坚决贯彻落实习近平总书记重要指示精神,落实国务院领导重要批示精神,切实增强打赢抢险救灾和灾后恢复重建攻坚战的责任感、使命感,层层压实责任,全力做好抢险救灾和灾后恢复重建工作。二要加强应急能力建设,努力做到"四个确保"。加强组织调度,完善协调会商机制,建立针对性抢通保通工作方案,优化细化处治措施,加大人力、物力、财力投入,力争按期全部抢通。针对年内可能出现的极寒天气,提前筹划部署,做好应急预案,确保今冬明春能源运输保障畅通。强化基层应急处置能力,确保道路畅通、确保重点物资运输畅通、确保抢险救灾人员自身安全、确保不发生次生灾害。三要强化技术支撑,尽快深入推进灾后恢复重建工作。引入专业力量,做好灾后检测、隐患排查及灾损评估,加强灾损原因及规律性总结分析,尽快同步开展恢复重建项目前期工作,做实做细重建方案,保障灾后公路基础设施持续安全稳定运行。四要上下联动,全力保障抢险救灾和灾后恢复重建资金。落实地方主体责任,因地制宜,千方百计筹集资金,形成合力。此外,做好抢险救灾和灾后恢复重建资金跟踪问效,确保将有限资金用在"刀刃"上。五要立足实际,综合评估全省灾损情况，完善灾损评估报告并及时上报。

厅党组成员、副厅长王晋代表省厅衷心感谢交通运输部对山西的关心和支持。他表示，将以此次部督导调研为契机，认真践行人民至上、生命至上理念，进一步提高政治站位，增强政治担当，坚持问题导向，坚决打赢交通运输抢险救灾和灾后恢复重建攻坚战，全力保障人民群众生命财产安全。

10月18日 交通运输部党组召开全国交通运输系统电视电话会议，学习贯彻习近平主席在第二届联合国全球可持续交通大会开幕式上主旨讲话精神。厅党组成员、副厅长王晋，厅党组成员、驻厅纪检监察组组长王建业，厅机关各处室及厅直各单位主要负责人在山西分会场出席会议。

同日 省政府新闻办举行山西省灾后恢复重建新闻发布会，省交通运输厅党组成员、副厅长郭丙福介绍全省公路交通设施损毁及修复情况。截至10月17日，因连续强降雨造成高速公路32处中断路段已全部抢通并恢复通行，普通国省干线公路77处中断路段已抢通51处，农村公路3238处中断路段已抢通3142处。

发布会上，郭丙福介绍说，10月2日以来，受连续强降雨影响，全省多地公路发生山体落石、边坡滑塌、路面沉陷等地质灾害，造成部分公路阻断、附属设施损毁。截至10月17日，全省公路累计受损6523.36公里。其中，高速公路受损6.26公里，造成道路中断32处；普通国省干线公路受损993.1公里，造成道路中断77处；农村公路受损5524公里，造成道路中断3238处。汛情灾情发生后，全省交通运输系统闻汛而动，先后出动抢险人员11.96万人次，累计投入各类机械3.05万台次，投入抢险资金4.23亿元，全力以赴开展应急抢险、抢通保通等工作。截至10月17日，高速公路已抢通32处并全部恢复通行，普通国省干线公路已抢通51处，农村公路已抢通3142处。到10月20日前，还抢通普通国省干线公路3处，农村公路40处，确保煤炭等能源物资运输通道畅通，确保受灾行政村至少有一条进出道路畅通，实现农村地区群众出得去，生产生活物资进得来。

郭丙福表示，在继续全力做好抢修保通工作的同时，省厅下一步将重点做好三个方面工作。一是加强隐患排查。加大公路日常巡查力度，持续开展公路及沿线地质灾害隐患排查，重点关注滑坡、泥石流、塌方等次生地质灾害，坚决杜绝因防范不到位而发生事故。二是强化运输保障。重点做好能源物资和重要民生物品的运输保障工作，特别是对于涉及运煤通道的，将优先安排应急抢通；一时难以处治的，将联合公安交警部门，科学制定绕行方案，最大限度保障运输畅通。三是启动灾后重建。对于灾毁严重路段，省厅组织技术专家实地开展地形、地质水文勘验，待勘验完成后抓紧编制恢复重建方案，简化工程报批手续，尽快启动项目建设前期工作。

郭丙福介绍说，新一轮降水和大范围降温天气影响抢险保通效率，为此，省厅制定三个应对措施。一是持续开展公路沿线地质灾害隐患排查，不间断加强岩体、土体结构变形、位移监测和安全评估，严防发生次生地质灾害。二是全力开展桥涵边沟疏通清淤工作，确保公路排水设施畅通，尽快改善修复施工条件。三是密切关注天气变化，严格落实冬季施工安全防护措施，加大抢修作业力度，确保道路尽快恢复通行。

10月18日至19日 省交通运输厅党组成员、副厅长、省民航机场管理局局长段新源深入运城市督导调研公路灾毁处治工作，先后到新绛、稷山、平陆公路受损现场，仔细勘察道路受损抢通情况，详细听取公路灾毁处治工作汇报，对道路抢通保通及灾后重建工作提出明确要求。他强调，要进一步压实抢通保通工作责任，强化防范应对措施，全力抢通受损道路。一要加强组织领导，强化政治担当，主动靠前指挥，加强市县联动，优化处治方案，列出任务清单，紧扣时间节点，全力恢复重建。二要开展隐患排查“回头看”，对道路水毁及沿线地质灾害情况进行再审视、再筛查，对存在重大隐患的路段进行不间断监测，及时掌握灾害发展趋势，提前发布预警，设置警示标志，主动采取防护措施，坚决防止次生灾害发生。三要强化分类处置，轻微路段立即处治,一般路段应急修复,严重路段先绕行再重建。四要保障质量安全,加强施工质量管控,保障施工工艺,杜绝安全生产事故发生,全力保障人民群众安全出行和能源运输通道畅通无阻。

10月18日至21日 省交通运输厅一级巡视员李贵顺采取实地踏勘、内业检查、听取汇报等方式,对太原、朔州、大同境内公路灾毁处治工作进行全面督导检查,查看朔神高速公路施工现场水毁情况以及二广高速、荣乌高速等能源运输通道通行情况。李贵顺在讲话中,要求各级公路部门加强组织领导,切实担当起当前和今冬明春运输保畅工作责任;全力抢通,保障群众出行和省党代会顺利召开;加强公路日常巡查排查,严防发生次生地质灾害;加强冬季施工和养护等安全生产工作;加强运输保畅,优先保障能源运输通道畅通安全;加强值班值守,及时报送信息。

10月19日 省交通运输厅一级巡视员郝玉柱赴临汾市督导检查国道和农村公路灾毁情况及抢修保通工作,实地查看临汾市尧都区县底镇清乐院村贺家庄至梁村段农村公路路基路面水毁情况、大阳镇尧陵旅游路受损情况,并前往520国道查看一平垣乡路面塌陷情况,重点查看309国道峪里路段山体滑塌情况。要求各级公路部门弘扬新时代交通精神,进一步优化抢修保通方案,做好水毁处治工作,以解决人民出行和保畅保供为己任,确保受损公路尽快恢复通行,为抗灾抢险和保障人民群众生命财产安全作出最大努力。

同日 由省总工会党组成员、经费审查委员会主任谭立新带队的调研组深入省公路运输工会交通科学园区工会进行调研。

省公路运输工会重点就工会工作全局中的作用发挥情况、关于产业工会工作新任务新要求的思考、加强和改进产业工会工作的意见和建议等进行汇报。各基层工会分别介绍职工队伍基本情况、组织建设情况、基层工会组织作用发挥情况、工会工作的创新经验等。

谭立新在讲话中,对省公路运输工会及所属基层工会工作给予充分肯定,提出3点要求。一是实现好、维护好、发展好广大职工合法权益,让职工享有获得感、幸福感、安全感;二是因地制宜创新基层工会工作方法,以职工创新为核心,积极开展“创新工作室”建设工作,培养更多先进人才;三是创新开展工会干部培训工作,提升工会干部理论素质和履职能力,推动干部职工以更饱满热情投入维护好职工权益、竭诚服务职工群众工作中,开创新时代工会工作新局面。

10月19日至28日 省交通运输厅党组成员、副厅长郭丙福赴晋中市、阳泉市,对辖区内高速公路、国省干线公路及农村公路灾毁处治工作进行督导检查,实地查看晋中、阳泉10个县区、22处水毁路段处治情况,听取两市相关交通运输部门灾毁处治情况汇报,对两市灾毁处治工作给予充分肯定,要求切实提高政治站位,树立大局意识,发挥关键区域作用,把党中央、国务院交给山西的保通保畅任务完成好;要做好应急处置工作,提高安全风险意识,防止二次灾毁发生,对水毁路段实行不间断巡查,特别要严格管控农村公路客运班线,确保人民群众生命财产安全;要保证公铁运输道路完好,确保能源物资和民生、救灾物资运输通道畅通;要对灾后恢复重建早谋划、早安排,认真落实,切实做好道路恢复工作。

10月20日 省交通运输厅一级巡视员雷天才主持召开全省交通运输执法领域突出问题查纠整改“回头看”督导情况专题汇报会。厅政策法规处负责人,省高速公路综合行政执法总队领导班子成员参加会议。

会上,各督导组组长汇报各市交通运输局和高速公路综合行政执法支队对交通运输执法领域突出问题查纠整改情况。雷天才进行现场点评,并对做好下一步全省交通运输执法领域突出问题查纠整改工作提出具体要求。

会议要求,厅交通运输执法领域突出问题专项整治行动领导组要以书面形式向各地各单位及时反馈在督导中发现的问题和不足,持续层层传导压力,跟踪督促各地各单位限期整改到位,确保“回头看”督导结果落实落细落到位。同时,要认真总结全省各地各单位自专项整治行动开展以来取得的明显成效和工作亮点，加强舆论宣传，全面展现全省交通运输综合行政执法工作新作为新形象。

同日 为进一步弘扬全党重视退役军人工作、关心退役军人优良传统，根据省委退役军人事务工作领导小组安排，省交通运输厅组织厅机关和厅直单位退役军人集中观看CCTV-7播出的“老兵永远跟党走·让退役军人成为全社会尊重的人”主题演讲比赛。

比赛中，参赛选手们用充满激情的话语、感人至深的事例，生动讲述退役军人“退伍不褪色、退役不退志、离军不离党”的优秀品质。观看结束后，退役军人们回忆难忘军旅生涯，纷纷表示将继续践行老兵职责与使命。

本次活动增强了退役军人听党话、跟党走的行动自觉，营造了尊重退役军人、尊崇军人的浓厚氛围，进一步激励广大退役军人不忘初心、牢记使命，为全省交通运输事业发展做出更大贡献的信心和决心。

10月20日至22日 为进一步提高全省交通运输综合行政执法队伍素质能力，根据《山西省交通运输厅交通运输综合行政执法队伍素质能力提升三年行动实施方案（2021—2023年）》要求，结合交通运输执法领域突出问题专项整治行动统一安排，厅政策法规处在省交通干部学校举办第一期全省交通运输综合行政执法业务骨干培训班。此次培训邀请交通运输部、省司法厅、律师事务所等不同领域的专家教授讲解习近平法治思想、《中华人民共和国行政处罚法》《中华人民共和国行政强制法》及交通运输行政执法程序规定及执法实务等内容，进一步增强参训人员严格规范公正文明执法的大局意识和责任意识，全面提升全省交通运输综合行政执法人员的政治能力、素质能力和执法水平。各市交通运输局、省高速公路综合行政执法总队执法业务骨干共计82人参加培训。

10月22日 省政府新闻办举行山西省灾后恢复重建最新进展情况新闻发布会。省交通运输厅党组成员、副厅长、省民航机场管理局局长段新源介绍全省公路交通设施受灾损毁及修复情况并回答记者提问。

发布会上，段新源介绍，全省交通运输整体灾情严重，潜在灾情隐患较大。全省公路累计受损6523.36公里、阻断3349处，其中，高速公路受损6.26公里，中断32处；普通国省干线公路受损993.1公里，中断79处（因次生灾害新增2处）；农村公路受损最为严重，达5524公里，中断3238处。灾情发生以来，全省交通运输系统各级各部门昼夜奋战、不懈努力，累计出动抢险人员22.7万人次，投入各类机械8.9万台班次，投入抢险资金6.6亿元，全力以赴开展应急抢险、抢通保通和恢复重建等工作。截至10月21日，全省公路因灾受损阻断的3349处已抢通3319处。高速公路已全部抢通并恢复通行。普通国省干线公路已抢通54处，还有25处正在抢通，其中，国道16处、省道9处，主要分布在临汾、长治、运城、晋城、阳泉、忻州等市。农村公路已抢通3233处，尚有2处县道3处乡道正在抢通，通村公路已全部抢通，顺利实现受灾行政村至少有一条道路顺畅通行的抢通目标。未抢通路段，均科学设置绕行路线，全力保障全省能源物资、生产生活资料运输通道通畅。

在答记者问环节，段新源表示，当前，全省交通运输防汛救灾工作处在抢通保通与灾后恢复重建衔接期，形势严峻，任务繁重。省厅根据交通运输防汛救灾工作总体部署，全力推进灾后重建工作。一是按照“应统尽统、应报尽报”和“不虚报、不漏报”原则，制定更加科学、全面、翔实的灾毁评估方案，安排各级交通运输部门于10月底前完成对全省公路、水路等交通基础设施的灾损评估工作，为下一步恢复重建工作开展奠定坚实基础。二是按照“先通后固、逐步提速”原则，全面启动灾后重建工作。科学编制技术指南，明确各类灾毁项目重建原则和界面划分；做实做细项目重建方案，与中央和全省“十四五”发展规划、投资计划，与省厅隧道提质升级、危桥改造、自然灾害普查等专项行动做好有序衔接，形成系统推进；做好灾后重建项目摸底和谋划工作，加强科学统筹调度；按照“急事急办、特事特办”原则,依法依规简化灾后恢复重建项目审批程序,用最短时间尽快完成批复并开工建设。三是积极争取灾后重建资金,会同相关部门研究确定投资计划,为灾后重建提供坚强资金保障。

10月25日至28日 省交通运输厅党组成员、副厅长王晋赴阳泉、忻州、吕梁督导检查公路灾毁情况及抢通保通工作,现场查看239国道K792+800处(五台境内)、239国道K826+300~K838+000段(盂县境内)、陈北线888140922、054县乡道(陡寺—里河府)K0+200段的灾毁情况,对五台服务区的柴油供给情况进行调研。要求进一步加大抢通力度,特别是能源运输通道要优先抢通。要持续开展隐患排查工作和“回头看”行动,继续加大日常巡查力度。要做好形势分析研判工作,健全完善联防联控机制,强化重点区域、重点路段的监测预警,及时向社会发布公路路况、交通管制、分流绕行等出行服务信息。高速公路服务区要保证3天内有柴油能源供应,确保运输车辆能源补给。要强化组织领导,成立工作专班,切实担负起灾后恢复重建的政治责任。在做好抢险抢通工作的同时,同步开展灾损评估工作,尽快梳理灾后重建项目清单,扎实做好交通运输基础设施灾后恢复重建前期工作。

10月29日 省交通运输厅召开全省交通运输基础设施灾后恢复重建项目前期工作会议,深入贯彻落实省委、省政府关于防汛救灾恢复重建工作部署和交通运输部督导调研提出的工作要求,分析研判灾后重建形势,研究工作举措,进一步对全省交通运输基础设施灾后恢复重建工作进行安排部署。厅党组成员、副厅长王四小出席会议并讲话。

会议指出,当前全省交通运输基础设施灾后恢复重建处在关键期,形势严峻,任务繁重,各单位要按照省政府“10月20日前恢复基本通车条件、春节前全面恢复城乡正常生产生活秩序、1~3年内明显提升应对风险能力”的安排部署,统一思想认识、提高政治站位、明确目标要求,全力推进交通运输基础设施灾后恢复重建工作。

会议强调,推进灾后恢复重建工作,一要坚持区别对待、分类推进,按照灾毁规模、技术复杂程度和灾后恢复重建投资规模分类推进项目前期工作;二要坚持简化程序、限时跟进,在合法合规前提下精简审批流程、压缩工作时限;三要深入论证、科学决策,深入进行方案比选,科学确定灾后恢复重建项目方案、投资与规模;四要统筹考虑、远近结合,坚持交通运输基础设施恢复重建与提高防灾抗灾减灾相结合;五要实事求是、恢复为主,充分利用公路既有设施和地形条件,科学进行恢复,切勿贪大求全;六要压实责任、全力推进,增强政治担当,坚持问题导向,坚决打赢交通基础设施灾后恢复重建攻坚战,全力保障人民群众生命财产安全。

会后,厅综合规划处组织各市交通运输局、省公路局及各公路分局对《山西省交通运输基础设施灾后恢复重建前期工作方案》进行研究讨论。厅综合规划处、厅农村公路管理处负责人,各市交通运输局、省公路局及各公路分局负责人参加会议。

是月 省交通运输厅党组成员、副厅长王四小赴长治市就公路保通保畅、灾后恢复重建、安全生产等工作开展督导调研,先后深入长治市壶关县、平顺县、屯留县、武乡县、襄垣县现场查看路基、路面、桥梁和防护工程等部位水毁情况和恢复工程建设质量,与当地交通、公路部门共同研讨处治方案,检查警示标志设置和公路修复工程、道路受损及灾后政府救助、生产生活和交通修复情况。他强调,交通运输部门要加大隐患排查力度,及时发现路损路害,做好登记上报;要按照科学规范高效原则,统筹组织,全力开展道路应急抢险保通工作,并坚决守住安全底线,落实落细防护措施,严防次生灾害发生;要加强能源运输重点区域、重点路段、重点时段监测,保障能源物资车辆“出得去,回得来”,全力保障公路安全通畅和群众生命财产安全。在尽快做好灾毁损失评估和恢复重建方案的同时,还要深入分析灾毁原因,吸取经验教训,在恢复重建工作中做到精准施策,提高设计水平,确保工程质量。

是月 为认真贯彻落实好交通运输部和省委、省政府关于能源物资等运输保障决策部署,全力做好当前和今冬明春公路运输保畅工作,省交通运输厅下发《关于加强能源运输保畅工作的紧急通知》,

就有关工作进行安排部署。一要提高思想政治站位，充分认识到今冬明春电煤、天然气等能源物资运输保畅工作的极端重要性，加强公路网调度和统筹协调工作，切实做好保安保通保畅保运工作。二要做好公路运行监测，加大公路日常巡查力度，特别是对公路及沿线容易引发山体滑坡、泥石流、山体滑落等地质灾害路段和能源运输重点区域、重点路段、运输通道等实施重点监测。对存在有重大问题隐患的，要持续掌握灾害发展趋势，提前发布预警，及时采取主动防护措施。三要尽快恢复灾害路段。对轻微灾毁路段，发现一处立即处治一处，做好附属设施维护。对一般灾毁路段，加大处治力度，保证10月中旬至10月底前抢通，防止发生次生灾害。对特别严重灾毁路段，立即启动灾毁重建工作，及时编制处治方案，最大限度做好抢通保畅工作。四要主动与地方政府对接，加强与相邻省市沟通协调，及时发布预警和交通管制信息，提前做好运输分流工作，确保市域之间、路段之间、相邻省份之间公路网畅通。五要强化公路日常养护，做好冬季养护，严格实施精细化养护，及时对路面坑槽、松散、沉陷、网裂等病害进行维修、处治，特别是易结冰、桥面和急弯陡坡路段，保障路况服务水平。六要做好运输保畅工作，加强形势研判，制定极端天气和重要时段保通保畅工作方案，完善公路通行应急预案，采取有力有效措施，最大限度降低极端天气对车辆运输影响。对能源运输主通道的公路收费站，应开通所有收费车道，提高收费站通行能力与效率；具备条件的，应开通能源运输车辆专用通道，保障其优先通行。七要加强组织领导，成立能源运输保畅工作专班，细化工作举措，对灾毁路段修复重建和能源运输通道保畅工作实行领导分路、分段负责制，主要领导是第一责任人，要切实担当起当前和今冬明春运输保畅工作责任。省厅将对灾毁处治情况、运输保畅工作进行督导检查，对不作为、不认真履职的，按照规定追究有关单位、责任人的责任。

是月 全省“12328”交通运输服务监督电话系统进行升级改造，在系统内转办工单过程中新增“好差评”“差评整改”“上管一级”及“整改复核”等功能。10月20日，受省厅委托，省交通运输运行监测与应急处置中心组织省市各级“12328”平台主管单位业务负责人、平台管理人员、客服人员，以及涉及“12328”转办工单处理各级道路运输主管部门业务负责人和经办人共140人，通过视频会议方式进行培训。培训重点是对交通运输部发布的《“12328”交通运输服务监督热线管理办法》进行解读，对“12328”系统更新后的版本功能和工单办理流程作了讲解。培训结束后，省交通运输运行监测与应急处置中心梳理相关培训内容及系统业务操作说明，下发至省市各平台和相关业务受理单位。此后，省交通运输厅结合全省“12328”实际运行情况，重新修订评分细则，并下发执行。

是月 山西路桥集团二公司黎霍高速LJ5分部沁河大桥第一片预制T梁成功架设，标志着该桥正式进入上部结构施工阶段。

沁河大桥全长688米，上部结构采用预应力混凝土40米连续T梁，共计177片。为确保架设成功，项目部严格落实安全质量责任制，对作业班组进行系统作业交底，加强现场施工过程控制，认真落实施工方案，科学统筹配置机械设备，严格按照架梁操作规程，确保梁体准确架设。在全体参建人员共同协作努力下，沁河大桥第一片T梁稳稳安放于两端墩台支座上，顺利完成架设。

11月1日 省交通运输厅党组扩大会议召开，认真学习习近平总书记在深入推动黄河流域生态保护和高质量发展座谈会上的重要讲话精神，传达学习省第十二次党代表大会精神，安排部署全系统贯彻落实工作。厅党组书记、厅长赵建平主持会议并讲话，要求迅速在全系统掀起学习宣传贯彻省第十二次党代会精神热潮，开拓创新，求真务实，履职尽责，勇于担当，全方位推动全省交通运输高质量发展，在奋力谱写全面建设社会主义现代化国家山西篇章中当好先行。

赵建平指出，省第十二次党代会是在我们实现全面建成小康社会第一个百年奋斗目标，向着全面建成社会主义现代化强国第二个百年奋斗目标迈进的关键时刻，召开的一次十分重要的会议，对于全省全方位推动高质量发展意义重大而深远。省委书记林武代表十一届省委所作的报告政治站位高、方向引领强，把牢最根本主线，突出最鲜明主题，承载最厚重期许，作出最清晰判断，谋划最重大布局，发出最响亮号召，是引领全省人民奋力谱写新时代新篇章的纲领性文件。

厅党组成员、副厅长王晋传达中国共产党山西省第十二次代表大会关于中共山西省第十一届委员会报告的决议，厅党组成员、驻厅纪检监察组组长王建业传达中国共产党山西省第十二次代表大会关于中共山西省纪律检查委员会工作报告的决议。厅领导段新源、王四小、郝玉柱、雷天才、李贵顺出席会议。会议还研究了其他事项。

11月9日 交通运输部路网监测与应急处置中心致函省交通运输厅，对全省稽核工作给予充分肯定："为全网联动稽核工作起到积极引领作用。"

全省稽核工作多项业务指标高居全网榜首。截至本年度10月底，全省共审核处理工单12万条，其中处理外省协查工单2万条，确认漏费车辆12.2万辆次，追缴通行费960.6万元。

自全国"一张网"运行以来，特别是2020年12月1日部级稽核平台上线运行以来，厅联网收费结算与会计核算中心在厅党组正确指导和支持下，克服改革过渡期人员编制不足现状，积极协调山西交控集团等各高速公路运营单位组建省中心稽核业务团队。并结合全省高速公路运营实际，探索出"123"工作思路，打造一支团结有力的稽核团队，确保稽核工作顺利开展；采用错峰工作法和分类规范法，通过AI数据分析平台、省内对账服务系统平台进行数据校验复核，确保稽核工单处理及时高效；健全制度，实行首问责任制、抽查复核制和限时办结制，确保稽核工单处理快速准确，圆满完成交通运输部路网监测与应急处置中心交办的各项工作任务。

同日 省交通运输厅在省交通干部学校举办党史学习教育暨党务干部能力提升培训班。厅直各单位党组织书记和党务干部近80人参加培训。厅党组成员、副厅长王晋出席开班仪式并作动员讲话。

王晋在讲话中指出，在中共十九届六中全会召开、省第十二次党代会胜利闭幕之际举办这次专题培训非常及时，也非常有必要。他围绕此次培训提出三方面要求。一是学习好党的历史，传承好党的经验，把党史学习教育成效转化为工作动力和成效。要以负责任态度纵深推进党史学习教育，更准确地把握好开展党史学习教育的重大意义、工作要求和目标任务；更加深刻地理解为了实现中华民族伟大复兴，中国共产党团结带领中国人民取得的伟大成就；更加深刻地感悟伟大的建党精神；更加深入地掌握以史为鉴、开创未来各项要求。要认真学习好中共十九届六中全会精神，切实有效地用好党的历史经验，站在大局上认真研究党的建设和交通运输中心工作深度融合，发挥好党建工作引领保障作用。二是认真学习贯彻省第十二次党代会精神，切实把握核心要义，全方位推动交通运输高质量发展。要深刻领会全方位推动高质量发展的目标要求，在工作中要把本单位本部门发展目标与省委明确的发展目标相对应，科学谋划当前和今后一段时期工作，为全省发展贡献交通力量。要准确把握大会对山西党的建设和党领导的各项事业作出的全面部署，积极谋划和推动，确保不折不扣地在全系统落实到位。三是高质量完成好此次学习培训，切实在思想上有新提升，作风上有新转变。要沉下心来学，静下心来悟，在专家领学基础上，深入研究原文，深刻领悟原理，推动学习往深里走、往心里走，真正做到学以致用。同时，要加强交流，研究推进工作思路和方法，不断提高落实党的建设总要求的能力和水平；要认真抓好全年各项重点工作总结和提升，分析不足和短板，谋划好2022年全面从严治党工作的各项任务，确保全系统党的建设工作取得新进步。

此次培训为期五天，采取集中学习、现场教学等形式，邀请省直工委副书记余国琦、省委党校马克思主义学院院长刘兆征、江苏省委党校教授王培智等党建专家，分别围绕习近平总书记"七一"重要讲话精神、省第十二次党代会精神以及《中国共产党的百年奋斗历程及启示》《论党的宣传思想工作》等专题内容进行宣讲。

11月10日 交通运输部召开全国交通领域整治工作视频推进会。省交通运输厅党组成员、副厅长郭丙福在山西分会场出席会议。

会议强调，要把交通运输整治工作作为政治大事、民生实事来抓，提升站位，加强监管，完善机制，扎实推进。一要提高政治站位，充分认识常态化开展扫黑除恶、持续推进行业整治工作的重大意义。二要把握工作重点，推动整治工作取得实效。三要强化履职尽责，确保各项工作落到实处。会议还通报整治工作进展情况，辽宁省交通运输厅、江苏省交通运输厅等五家单位作交流发言。

厅机关相关处室、省公路局、省高速公路综合行政执法总队、省运输发展中心、省交通运行监测中心、省交通建设中心主要负责人及山西交控集团分管领导参加会议。

同日 省交通运输厅一级巡视员李贵顺赴隰吉高速实地调研工程灾毁恢复重建工作。李贵顺到施工一线，详细察看项目施工进展，重点了解受灾较为严重的施工路段情况，现场听取灾毁恢复重建工作汇报。

李贵顺在讲话中，对隰吉高速在灾情应对和处治方面措施予以肯定。他表示，面对突发灾情，隰吉高速第一时间启动应急预案、详细部署灾情应对及处治措施、积极支援沿线地方抗汛救灾工作，有力保障人民群众生命财产安全，体现出色应急处置能力和高度社会责任担当。

针对下一步工作，李贵顺提出5点要求。一是加强宣传舆论引导，充分挖掘在灾后恢复工作中涌现的典型人物事迹，营造良好建设氛围；二是加快推进灾后恢复重建方案编制，建设、施工、设计、检测单位共同参与，在全面排查隐患、全方位风险评估基础上，编制可行性高、操作性强的方案；三是精准统计水毁受损数据，认真编制受损报告，做好工程保险理赔相关工作，争取最大权益；四是高度重视安全管理工作，加强今冬明春施工安全管控，切实排查安全隐患，防止次生灾害发生；五是统筹推进灾后恢复重建和工程进度，确保隰吉高速2022年通车目标顺利完成。

11月11日 省交通运输厅一级巡视员李贵顺一行会同临汾市政府、项目建设单位共同召开浮临高速开工建设专题调度会。

浮临高速公路是全省“4纵15横33联”高速公路规划布局中12横的重要组成部分，也是全省最后一个“县县通”高速公路，项目建设对完善全省高速公路交通网络、促进临汾市及浮山县区域经济社会快速发展具有重要意义。

截至11月10日，项目已完成土地预审和选址意见书、工程可行性研究报告批复。为实现12月开工建设总目标，李贵顺在讲话中提出3点要求。一是建立健全沟通协调机制，明确各项工作责任单位、责任人员、办理时限等，持续提升工作效率；二是同步加快各项前期工作，统筹推进设计、招投标、开工方案编制、资本金落实等工作；三是及时开展正式用地手续办理及征拆工作，及时发布征拆公告、启动征拆工作，严厉打击抢栽抢种抢建等违法行为，及时启动失地农民社保、耕地占补平衡等相关工作，确保土地手续按期报出。

11月16日 副省长王一新到省交通运输厅调研，实地查看交通应急值班中心，并与干部职工座谈交流。

王一新在讲话中，对交通运输战线干部职工为全省交通运输事业改革发展做出的历史贡献表示充分肯定。他要求省交通运输厅要深入贯彻党中央国务院关于建设交通强国的战略决策，认真落实省第十二次党代会关于构建立体联网、内外联通、多式联运、无缝衔接的现代交通运输体系的工作部署，对标一流、对标先进，树立更新更高目标，振奋精神、激扬斗志，解放思想、创新思路，推动全省交通运输事业实现更好更快发展。要重点围绕“便”“利”“安”三个方面，打通堵点，破解难题，全面提升交通运输发展水平。要守牢安全底线，持续做好隧道、危化品运输等领域安全管理工作，借助大数据等信息化手段，有效消除安全隐患，堵住安全漏洞。要始终加强党风廉政建设，持续巩固良好政治生态,为交通运输事业发展提供坚强保障,推动交通运输战线为全省高质量发展做出更大贡献。

厅党组书记、厅长赵建平主持座谈会并作汇报。省政府副秘书长赵光国参加座谈。厅领导秦红保、王晋、段新源、王四小、郭丙福、王建业、雷天才,厅机关各处室和厅直各单位主要负责人参加会议。

11月17日 省交通运输厅党组召开会议,传达学习中共十九届六中全会精神,安排部署全系统贯彻落实工作。厅党组书记、厅长赵建平主持会议并讲话,要求迅速掀起学习中共十九届六中全会精神热潮,把学习好、宣传好、贯彻好全会精神作为当前和今后一个时期的重大政治任务,进一步增强"四个意识"、坚定"四个自信"、做到"两个维护",切实把思想和行动统一到全会和习近平总书记重要讲话精神上来。

赵建平强调,要用好党的百年奋斗历史经验,指引交通运输工作取得新的成绩。要全面落实中共十九届六中全会及省第十二次党代会部署要求,大力弘扬伟大建党精神,解放思想、实事求是、真抓实干、久久为功,统筹交通强国建设和"十四五"开局起步,扎实做好全年重点任务完成和明年各项工作谋划,为全省全方位推动高质量发展贡献交通力量。

赵建平要求,各级党组织要坚持敢管敢严、长管长严,持续推进党风廉政建设,加强日常管理和常态化监督,为高质量发展提供坚强纪律保障。要提高政治站位,贯彻落实全面从严治党战略方针,严明党的政治纪律和政治规矩,持续营造风清气正政治生态,为交通运输科学发展提供坚强政治保障。

厅领导王晋、段新源、王四小、郭丙福、郝玉柱、雷天才、李贵顺出席会议。会议还研究其他事项。

同日 集大原高铁全线建设动员现场会在朔州市朔城区贾庄乡孙家咀村举行。集大原高铁建设是补齐基础设施短板、推进交通强省建设的重大举措。集大原高铁北接内蒙古自治区乌兰察布市,途经大同市、朔州市、忻州市,终点至大西客专樊家庄线路所,经大西客专连入省会太原市。由集大段和大原段组成。集大原铁路全线新建线路长度270.808公里,其中山西段新建线路总长度为197.134公里,工程总投资为237.54亿元,建设工期4.5年,集大原铁路恒山隧道工程已于2020年6月开工。

集大原高铁作为区域综合交通基础设施的骨干线,是国家中长期铁路网规划"八纵八横"之呼南高速铁路通道的重要组成部分,建成后将形成呼和浩特至大同至太原快速铁路客运通道,并与已经建成的太原至西安、太原至焦作、张家口至大同等客运铁路相连接,进一步增强山西与北京、河北及蒙西、中南、华东、华北地区间的联系,承担起蒙西与晋北地区南下的主客运功能。该项目的建设,连通呼包鄂榆与山西中部盆地两个城市群,进一步快速对接长三角、京津冀经济区等经济发达地区,对促进区域经济协调发展,加快地区经济转型升级以及促进沿线旅游产业开发具有重要意义。

11月19日 省交通运输厅召开常态化扫黑除恶交通运输领域整治工作推进会暨平安建设领导小组2021年第三次会议。会议传达学习全国交通运输领域整治工作视频推进会精神,朔州市、忻州市、吕梁市、阳泉市、临汾市交通运输局和山西交控集团6家单位作交流发言。厅党组成员、副厅长郭丙福出席会议并讲话。

会议指出,常态化开展扫黑除恶斗争,是党中央高瞻远瞩、审时度势作出的重大决策部署,是巩固深化专项斗争三年成果的必然要求,是人民群众的热切期盼。2021年是进入常态化阶段第一年,要把常态化开展扫黑除恶、推进交通运输领域整治工作作为政治大事、本职要事、民生实事来抓,持续加大行业内各类乱象整治力度,坚决向人民群众深恶痛绝的突出问题,特别是影响交通运输健康稳定发展的黑恶势力亮剑,让黑恶势力在交通运输行业无处生根。一要聚焦重点工作,围绕道路客货运输、水路运输、城市客运、非法超限超载、工程建设、公路运营及交通运输执法等重点领域,持续加强线索排查力度,配合政法机关进行严厉打击。二要抓好源头防控,将常态化扫黑除恶与平安建设工作有机结合起来,推动治理重心向基层下移,积极防范化解各类风险隐患,从源头上构建起遏制黑恶势力滋生蔓延的长效机制。三要抓好日常监管,坚持集中整治与日常管理相结合，在打防并举、边扫边治上持续发力。要加大联合执法力度，进一步规范行政审批流程，加强制约和监督。要持续深入开展交通运输执法领域突出问题专项整治行动，着力纠正交通运输行政执法队伍中存在的各类顽疾。四要抓好建章立制，把整治成效转化为全省交通运输行业系统治理、依法治理、综合治理、源头治理的长效机制，努力为全省扫黑除恶长效常治贡献“交通经验”。

郭丙福指出，当前整治工作已进入督导调研、深化整改阶段，时间紧、任务重、要求高。各单位要进一步提高思想认识，坚决杜绝松懈、交卷心态，持续压实各方责任，严格督导问效。要持续加强与政法、纪检监察、信访等部门联动协调，构建共治格局，形成治理合力。郭丙福强调，临近年底，平安建设各项工作任务繁重，各单位要对照省厅、地方党委政府工作部署和考核要求，全面开展“回头看”，查缺补漏、补齐短板，确保各项工作按时保质完成。

厅机关相关处室、厅直各单位主要负责人及各市交通运输局、山西交控集团分管领导参加会议。

11月23日 省发改委批复三条国道改建改线工程可行性研究报告。其中，投资92亿余元的108国道忻州境内段改建完成后，与108国道太原市境内段顺接。

108国道忻州境内砂河至石岭关段改建工程，与在建的108国道神堂堡至砂河段改建工程终点顺接，终点位于忻州市与太原市交界处石岭关村北，与108国道太原市境内段顺接。线路全长170公里，采用双向四车道一级公路标准建设，设计速度80公里/小时；339国道昔阳县城过境段（建都隧道）改线工程顺接既有339国道，全长14.6公里，设计速度60公里/小时；239国道广灵县城西崖头至沙岭段改线工程顺接既有239国道，全长约17公里，设计速度80公里/小时。

11月28日 山西路桥集团投资建设的昔榆高速马圈沟大桥右幅梁板架设全部完毕，标志着里思河大桥至麦中垴隧道路基全部贯通，为下一阶段施工提供有力保障。11月27日，由山西路桥集团二公司黎霍高速LJ5分部承建的田家岭隧道进口左洞开挖突破1000米大关，取得隧道工程施工阶段性成果。2021年，全省交通基础设施建设有序推进，截至11月底，全省累计完成交通固定资产投资711亿元，同比增长16%，已超额完成年度投资目标。其中高速公路项目完成投资324亿元，普通国省道项目完成投资154亿元，农村公路和运输场站完成投资232亿元。

2021年，省交通运输厅深入贯彻落实习近平总书记视察山西重要讲话重要指示精神，认真贯彻落实省委、省政府决策部署，按照2021年省委经济工作会议和政府工作报告安排，牢牢把握扩大内需战略基点，以转型项目建设为抓手，完善交通运输重大基础设施，拉动需求增长的功能和作用。全面贯彻落实省第十二次党代会精神，支持太忻经济区高质量发展，发挥交通运输“先行官”作用，按照太忻经济区“一核双轴多组团”空间布局，围绕雄忻高铁和108国道，统筹考虑产业布局、人口和资源分布等对交通运输要求，合理配置对外通道和内部集疏运体系，完善枢纽功能，有效衔接雄安新区，加快南融东进，打造全省融入京津冀和服务雄安新区的重要走廊。

为加快推动昔榆、黎霍等重点项目建设进度，省厅建立重点工程定期调度、土地手续等制约问题专项调度、投资进度月度通报机制，积极协调市县政府加大征地拆迁工作力度，沟通省直有关厅局帮助协调解决重点工程占用林地等问题。重点推进汾阳至石楼、临汾至浮山最后两个县通高速公路和青银二广高速公路太原联络线等新规划高速公路项目，以及普通国省道一级收费公路项目前期工作。2021年，聘请40余名省内外知名专家组成6个专家组，集中50余天，通过现场踏勘、会议讨论，全面完成126个项目线位方案审查工作，并全部纳入国土空间规划。当前，汾阳至石楼高速公路已完成总投资11%，工程有序推进；浮临高速土地预审已批复，将于年内开工。其余项目正在开展土地预审等前期工作，全面形成“开工一批、研究一批、储备一批”良性格局。截至11月底，昔榆高速项目累计完成投资66亿元，完成总投资目标32%，2021年度累计完成投资50亿元,完成年度投资目标125%。

9月下旬至10月上旬 全省遭遇有气象记录以来最强秋汛,引发的洪水、泥石流、山体坍塌等自然灾害给在建工程项目造成不同程度损害,其中隰吉高速项目受损严重。面对灾情,省厅迅速组织做好灾后恢复重建工作,在保证受灾正常交通秩序、服务好群众生产生活基础上,加快公路灾毁评估检测,对灾毁严重、不良地质和特殊路基等路段,组织技术人员认真开展地形、水文和地质调查,制定灾毁路段恢复重建方案,统筹安排灾后恢复重建项目,确保2022年年底全面恢复到灾前水平。截至11月,隰吉高速全线灾后重建工作已经全面开展,基本恢复正常施工生产秩序。

是月 省人力资源和社会保障厅、省发展改革委员会印发《关于表彰山西省转型项目建设工作先进集体(个人)和特别贡献奖的决定》(晋人社厅发〔2021〕34号),授予厅综合规划处等36个集体“山西省转型项目建设工作先进集体”称号。

2020年以来,厅综合规划处坚持以习近平新时代中国特色社会主义思想为指导,认真贯彻落实省委、省政府和厅党组决策部署,以交通基础设施项目为支撑,全面贯彻新发展理念,坚决扛起交通建设项目投资建设运营转型发展蹚新路的历史使命,积极投身转型项目投资建设主战场,精诚团结、埋头苦干,确保交通运输行业固定资产投资持续快速增长,为全省全方位推动高质量发展贡献交通力量。

是月 山西路桥集团承建的209国道吕梁改线工程东川河大桥右幅连续钢构成功合龙,标志着工程建设取得重要成果,为项目早日贯通奠定坚实基础。

东川河大桥全长992米,18号至21号墩右幅连续刚构采用挂篮悬浇施工工艺,上跨青银高速,墩柱高度77米、跨度90米,施工控制中技术难度大、安全风险高,尤其是对施工配重和气温环境有着极其的苛刻要求。吕梁国道公司组织专家多次现场论证,不断优化施工方案,进行专项安全技术培训;严格按照施工方案要求,紧盯每道工序,全程监控施工质量;抢抓施工时间节点,坚持昼夜不间断精细施工,保证各项指标符合规范要求,最终顺利完成合龙任务。

是月 运三高速公路后湾隧道顺利实现双洞贯通,比计划工期提前22天。这标志着运三高速连接线项目全线3座隧道全部贯通,主体工程取得重大突破,安全风险进一步受控,为下一步进入路面施工奠定坚实基础。

运三高速连接线项目共有坂坡、仝家谭、后湾3座隧道,左洞累计全长2842米,右洞累计全长2983米,均属小净距黄土隧道。

建设中的运三高速公路三门峡公铁黄河大桥连接线是山西南跨黄河、挺进中原的一条重要出省通道。建成通车后,彻底打通制约山西运城、河南三门峡两市联通发展的高速公路断头路,使山西省与河南、安徽、湖北等省份的联系变得更加紧密,为全省全方位推动高质量发展提供强有力的交通支撑。

12月1日 省交通运输厅组织厅机关各处室、厅直各单位在中国庭审公开网观看旁听庭审活动,增强机关工作人员依法从政、依法行政意识。

12月2日 全省交通基础设施灾后恢复重建领导组办公室第一次会议召开,对灾后恢复重建前期工作进行再部署、再安排。省交通运输厅党组成员、副厅长王晋主持会议并讲话。

会议提出3点要求:一是提高政治站位,强化责任落实。按照《山西省交通运输基础设施灾后恢复重建工作方案》(晋交规划发〔2021〕339号)要求,精心组织、倒排工期,加快推进恢复重建前期工作,做到责任到单位、责任到人,切实担负起灾后恢复重建工作的政治责任。二是严格标准质量。按照“科学合理、量力而行、恢复为主、适度提升、严格审查”原则,加快编制、审查技术方案、施工图设计,特别是灾毁严重、涉及新增占地等须履行工可程序的项目,要集中技术力量加快推进,确保在2022年1月中旬前全部完成前期工作。在技术方案、施工图设计编制、审查过程中,要选择实力较强的咨询机构,并组织有关专家深入现场踏勘指导,精准复核技术方案、施工图设计、工可报告等,保证高标准、高质量完成恢复重建前期工作。三是强化督导检查。通过听取汇报、座谈走访、查阅资料、实地核查等方法，深入受灾较重、问题较多的地区，摸清实情、找准问题，指导解决存在问题，尽快将灾毁交通基础设施的路容路貌、通行能力、服务水平、运输服务、功能使用等基本恢复到灾前水平。

同日 省交通运输厅组织厅机关各处室、省高速公路综合行政执法总队参观彭真生平暨中共太原支部旧址纪念馆，深入了解“八二宪法”的由来、地位、作用以及在“八二宪法”基础上历次修宪的伟大意义，深刻感悟中国特色社会主义法治新时代的宪法力量。

12月3日 省交通运输厅召开厅安委会第七次全体（扩大）会议，分析研判当前交通运输安全形势，安排近期安全生产和疫情防控重点工作。厅党组成员、副厅长王晋主持会议并讲话。

会议强调，要深入贯彻落实中共十九届六中全会及省第十二次党代会精神，全面落实省委、省政府、交通运输部关于近期安全生产和疫情防控的部署要求，进一步增强做好安全生产工作的思想自觉、政治自觉、行动自觉，始终将安全生产作为重要政治任务和头等大事抓紧抓好，始终把习近平总书记关于安全生产重要指示批示精神转化为抓落实具体行动，始终绷紧防范风险这根弦，始终严格落实党政领导干部安全生产责任制，确保全省交通运输安全生产形势持续稳定。

会议指出，2021年全省交通运输安全生产形势总体平稳，但形势不容乐观，道路运输事故占比仍然较高，安全应急和防灾救灾能力有待提升，部分地区灾后恢复重建安全防范能力不足。各单位、各部门要进一步增强做好安全生产工作的责任感和紧迫感，对照问题查漏补缺，做到思想认识再提高、安全责任再压实、隐患整治再严格，切实把安全生产各项工作做实做到位。

会议要求，要全力做好当前和下一阶段安全生产工作，抓好冬季安全防范应对工作，抓好应急处置突发事件工作，抓好常态化疫情防控工作，全力完成年度目标任务，及早谋划2022年工作，为全省交通运输事业高质量发展提供安全保障。

会议传达上级有关安全生产工作指示精神、省委疫情防控专题会议精神，通报省厅第三季度安全生产督导检查情况。厅机关相关处室、厅直各单位、山西交控集团、山西航产集团分管领导及相关安全部门负责人在主会场参加会议，各市交通运输局、各公路分局、各市高速公路执法支队分管领导及部门负责人在分会场参会。

同日 省交通运输厅组织厅机关副处级以上干部参加宪法宣誓仪式，弘扬宪法精神，增强宪法意识；宣誓完毕后，举办了《中华人民共和国民法典》专题讲座，让干部职工更深刻地了解民法典与生活的密切关系，极大地激发大家的学法热情。

12月4日 第八个国家宪法日，11月29日至12月5日是第四个“宪法宣传周”。按照省委宣传部、省司法厅的统一安排和具体要求，省厅坚持以习近平法治思想为指引，制定《2021年“12·4”国家宪法日和宪法宣传周活动方案》，组织开展宪法“七进”活动，包括宪法宣誓、《中华人民共和国民法典》专题讲座、宪法答题、旁听庭审等活动。

同日 省交通运输厅政策法规处、省高速公路综合行政执法总队和所属11个支队开展宪法宣传活动，通过悬挂条幅、发放宣传手册、接受群众咨询等形式，营造尊崇宪法、学习宪法、遵守宪法、维护宪法的浓厚氛围，收到良好社会反响。省厅及厅直单位开展宪法答题活动，以考促学、以考促用，引导机关工作人员更好地学习宪法，掌握法律知识，强化法治理念。各市交通运输局、厅直各单位也都结合实际，开展形式多样的“宪法宣传周”活动，取得良好普法宣传效果。

12月6日 汾石高速核桃岩隧道出口、范火泉隧道左洞入口和右洞出口三个作业面同时开启，在全线率先实现隧道开工。

为有序推进汾石高速隧道工程建设施工，汾石公司组织监理、施工单位做好充分准备，科学谋划部署，合理安排施工工序，从监控测量、爆破开挖到支护衬砌等方面都进行细致安排，确保各工序上下衔接紧密。完善专项施工方案，并及时对现场施工作业人员进行技术、安全交底，明确施工作业规范要求，坚持技术人员、监理人员全程跟踪旁站，确保施工质量。同时针对性开展森林防火安全技术交底,确保工程施工安全。

本次开工建设的范火泉隧道左线长1555米、右线长1472米,核桃岩隧道左线长850米、右线长760米。两座隧道顺利开工,为汾石高速年度目标和项目总工期完成奠定坚实基础。

同日 全省高速公路综合行政执法系统上路执法启动动员会议召开,标志着全省交通运输综合行政执法改革取得决定性成果,即将正式履行法律法规赋予的高速公路综合行政执法职能。省交通运输厅一级巡视员雷天才出席会议并宣布“山西省高速公路综合行政执法全面启动”。

会上,雷天才为执法人员代表颁发“中华人民共和国行政执法证”,工作人员宣读交通运输部颁布的《交通运输行政执法禁令》,全省高速公路综合行政执法系统1000余名执法人员进行集体宣誓。

会议指出,高速公路综合行政执法队伍是保护路产、维护路权、保障全省高速公路安全畅通的主要力量,做好高速公路综合行政执法工作责任重大、使命光荣。全省高速公路综合行政执法系统广大干部职工要把思想行动统一到中共十九届六中全会和省第十二次党代会精神上来,深入贯彻落实习近平法治思想,全面推动高速公路综合行政上路执法各项工作,为实现全省交通运输全方位高质量发展、奋力谱写交通强国建设山西篇章贡献力量。一要提高站位、执法为民,以建设人民满意交通为出发点和落脚点,将严格规范公正文明执法贯穿到高速公路综合行政执法全过程、各环节,着力提高人民群众高速公路出行的获得感、幸福感和安全感,全面开启高速公路综合行政执法新征程。二要凝心聚力、振奋精神。坚持以高质量发展为主线,以满足人民群众日益增长的美好生活需要为目标,积极构建交通运输共建共治共享新格局,为全面推进全省交通运输治理体系和治理能力现代化当好开路先锋。三要开拓奋进、攻坚克难。坚决贯彻落实习近平总书记关于“推进法治专门队伍革命化、正规化、专业化、职业化”的重要指示,强化政治引领,严守执法纪律,提升执法能力,认真履职尽责,全力打造一支政治坚定、素质过硬、纪律严明、作风优良、廉洁高效的高速公路综合行政执法队伍,凝聚起奋进新征程、建功新时代的磅礴力量。

2021年是全省高速公路综合行政执法系统改革起步第一年,省高速公路综合行政执法总队认真贯彻落实省委、省政府和厅党组改革决策部署,锚定目标,强化担当,攻坚克难,扎实推进执法资格培训、制度流程编制、事项清单制定、机构组建和人员调配等各项改革工作,取得实质性进展。

12月6日至8日 为深入学习贯彻中共十九届六中全会精神,继续巩固来之不易的治超成果,规范治超执法队伍,提高治超业务水平,省治超办举办2021年度全省治超工作第一期专题培训。省治超办副主任、省交通运输厅党组成员、副厅长郭丙福出席开班仪式并作动员讲话。

郭丙福在讲话中,要求不断深入学习习近平总书记关于安全生产的重要论述和重要指示精神,贯彻落实全国治超办和省委、省政府决策部署,深入推进治超联合执法工作常态化、制度化和规范化,进一步完善治超工作长效机制,建立健全治超考核体系建设,提高全省治超各级领导政策理论水平和治超骨干业务水平,增强执岗能力,打造一支政治过硬、业务较强、执法严明的高素质治超队伍。要充分认识学习培训的重要意义,严格遵守疫情防控规定,集中精力学习,多反思总结,切实做到学以致用。

省委党校历史学博士张宏华教授、国内治超行业专家张柱庭教授、全国治超办处长贺志高、省司法厅立法处处长蔡珂分别围绕学习贯彻中共十九届六中全会精神、交通安全与应急、全国治超工作总体情况和治超方面的法律法规进行授课。

12月10日 省交通运输厅召开全省道路运输电子证照工作视频推进会,总结前一阶段全省道路运输电子证照推广应用经验,安排部署下一步工作任务。厅党组成员、副厅长郭丙福出席会议并讲话。

会议指出,加快道路运输电子证照系统推广应用,是深入贯彻落实中央、国务院有关重大决策部署,推动道路运输便民惠民服务、强化道路运输安全监管的重大决策举措,事关广大道路运输经营者切身利益。山西省是道路运输电子证照推广应用工作的试点省份，根据交通运输部要求和安排部署，2021年年底前要完成部、省两级电子证照系统联网运行。

会议要求，各级各部门要统一思想、提高认识，明确任务、压实责任，深刻理解推动电子证照推广应用的重大意义，切实将全省电子证照推广应用工作落实落地，有效推进全省道路运输电子证照推广工作，确保全省电子证照试点工作任务顺利完成。重点要做好数据采集清理和完善补充，电子证照应用创新，积极拓展道路运输电子证照应用场景，加强执法应用，提升监管效能等方面工作。

会议强调，要多措并举、加大宣传、强化引导，通过线下线上多种渠道全方位加强道路运输电子证照宣传推广，鼓励广大道路运输企业和从业人员开通使用。省厅将加强道路运输电子证照推广应用考核，以电子证照激活率为考核指标，考核各市道路运输电子证照推广应用工作。

会议介绍道路运输电子证照系统功能情况，通报全省道路运输电子证照建设及推广应用情况，太原、长治、忻州三市交通运输局分别介绍道路运输电子证照推广应用情况、存在问题及下一步工作打算。

同日 作为太忻经济区起航的标志性、牵引性、先行性工程，太忻大道（忻州段）顺利开工。路线全长16.5公里，起点位于忻府区东曲村西，终点位于忻州市与太原市交界石岭关处，与太忻大道（太原段）相接。该道路功能定位为城市快速路，采用双向6车道，设计速度80公里/小时，总投资约15.5亿元。项目开工后，忻州按照建设国内一流城市快速路标准，锚定太忻大道忻州段与太原段同步通车这一目标要求，实施“一线工作机制”，一线调度指挥，一线解决问题，一线推动落实，把项目建设成为太忻经济区建设的头号工程，夯实太忻经济区高质量发展交通基础。同时，忻州也提前谋划产业布局、商业形态、道路经济、公共服务、生态环保等事项，切实提升项目效益，推动太忻经济区建设不断走深走实。

同日 一架满载29吨货物的国际货运航班从太原机场飞往比利时首都布鲁塞尔，标志着太原机场在太原至美国旧金山国际货运航线基础上，第二条国际货运航线顺利开通。

此航线开通，是山西航产集团认真贯彻落实省第十二次党代会精神，落实全方位推动高质量发展，打造内陆地区对外开放新高地的具体举措。该航班由天津航空空客A330机型执飞，是太原机场首次开通的欧洲方向国际货运航线，班期为每周二、周四、周日。该航线引进，得到省口岸办、省市卫健委、省商务厅、太原海关、省边检总站以及天津航空公司大力支持。各单位和部门严格落实防疫管控要求，制定周密详尽保障方案，会同梳理各项操作环节，确保航班顺利首航。

12月12日 是日晚，随着“最后一公里”沥青摊铺完成，太行一号旅游公路武乡段主线全部贯通。

太行一号旅游公路武乡县砖壁至太行龙洞至板山段工程，是全省太行一号旅游公路的主线部分，项目总投资4.2亿元，路线全长30.43公里，工程包括大桥1座、分离式立交桥1座、小桥1座、隧道2处。

该工程位于沟壑纵横、地势险要的武乡东部山区。施工期间，项目部千方百计克服新冠肺炎疫情、地质结构复杂、地形地势险恶、强降水引发自然灾害等诸多困难，严密制订施工方案、精心组织实施。在桥梁施工中，引进基础施工机械旋挖钻机，既保证成桩质量，也提高工作效率。在隧道施工中，选派施工经验丰富、队伍力量庞大、专业程度化高的隧道作业队伍进行全部工作面施工，同时将隧道设计为“三台阶”开挖方式，采取三个工作面进行施工，确保控制性工程保质保量按时完成。项目部全体参建人员始终坚持以高起点、高标准、严要求完成既定施工任务为准绳，分解责任、倒排工期、挂图作战，推行“白加黑”工作法，扎实有力推动目标任务圆满完成。

12月14日 省政府新闻办举行山西省“十四五”规划各专项规划系列解读新闻发布会第二十场发布会，深入解读《山西省“十四五”现代综合交通运输体系发展规划》（以下简称《规划》）。《规划》作为省级重点专项规划，紧抓全面开启交通强国建设山西篇章新征程的战略机遇,明确发展目标,即争取到2025年实现市市通高铁航空、县县通高速公路,层次多元化客运服务体系初步形成,货运结构持续优化。省交通运输厅党组成员、副厅长王四小,厅综合规划处主要负责人代表省厅介绍有关情况并回答记者提问。

《规划》提出,到2025年,全省层次多元化客运服务体系初步形成,基本形成“3223出行交通圈”,即省会到国内主要城市3小时通达,省会到设区市2小时通达,设区市到县2小时通达,设区市30分钟通勤。货运结构持续优化,基本形成“123快货物流圈”,即省内1日送达城市、2日送达农村,省外3日送达。太原国家综合交通枢纽地位全面提升,太原对外运输通道由“大”字形向“六放射”迈进。

围绕发展目标,《规划》谋划“两纵四横一环”综合运输通道布局,并从构建现代综合交通运输网络、提升交通运输客运服务品质、提高现代货运物流服务效能、发展智慧交通新基建新技术、打造生态绿色人文交通运输系统、提升交通运输系统发展韧性、推动交通运输融合联动发展、强化交通运输现代治理能力等八个方面,提出70项任务举措,着力构建内畅外通、多极辐射、经济高效、智慧互联、集约绿色、安全可靠的现代综合交通运输体系。

省第十二次党代会提出“形成全省‘一群两区三圈’的城乡区域发展新布局”“重点建设太忻经济区”,这是省委、省政府站在历史发展新高度,全方位推动全省高质量发展而提出的重大战略布局。王四小介绍说,在编制完成《山西省“十四五”现代综合交通运输体系发展规划》基础上,全省近期启动《山西中部城市群综合立体交通网规划》和太忻经济区交通运输高质量发展行动方案编制工作,服务支撑“一群两区三圈”区域发展布局和全省全方位高质量发展。“十四五”期间将重点实施畅通公路工程、旅游公路工程、平安公路工程、智慧公路工程、绿色公路工程五大工程,推动国省道网高质量发展。高速公路重点实施县县通高速、打通“出省口”、贯通“断头路”和大交通量路段扩容改造工程,建设规模3085公里,“十四五”建成755公里,到“十四五”末,全省高速公路通车里程达到6500公里以上;普通国道省道重点实施一级公路联网、城市过境改造、瓶颈路段改造等工程,新改建普通国省道5100公里。到“十四五”末,全省普通国省道通车里程将突破1.9万公里;到2025年,“四纵十五横”高速公路主骨架基本建成,全省实现县县通高速公路,出省口打通32个,设区的市之间基本实现高速公路和一级公路双贯通,基础设施网络更加完善,智慧、绿色、安全水平明显提高。

打造太忻经济区北引擎,交通须先行。王四小介绍,重点实施二连浩特至广州国家高速公路原平至阳曲大盂段改扩建工程,以108国道升级改造为重点,统筹推进区域普通国省道网建设改造,规划建设太忻大道等城际快速路,服务支撑构建太忻经济走廊;新建盂县至忻府区、浑源至繁峙至阜平高速公路,打通太忻经济区融入京津冀、雄安新区的大通道;推动应县至繁峙高速公路等“断头路”的建设,畅通区域高速公路网络。与区域内铁路、民航、枢纽形成立体互联、畅通高效的综合交通网,为太忻经济区高质量发展提供战略支撑。

“十四五”期间,全省如何高质量推进“四好农村路”和三个一号旅游公路建设,王四小表示,五年安排新改建农村公路2.9万公里,重点实施“六大工程”,着力构建“布局合理、通村畅乡、安全便捷、服务优质、绿色经济”的农村公路网。一是实施旅游公路建设再提速工程。今后三年每年建成2500公里以上,确保2024年全面建成三个一号旅游公路网。二是实施农村公路延伸工程。按照“以通为主、结构多样、标准适宜”原则,实施30户以上自然村通硬化路6000公里,推动农村公路向进村入户倾斜、向自然村延伸。三是实施农村公路提档升级工程。以通乡镇公路升级改造为重点,实施建制村通双车道公路3500公里、乡镇通三级公路4000公里,进一步改善农村公路交通条件。四是实施“交通+产业”工程。新改建园区路、资源路、产业路约1500公里,推动农村公路与特色小镇、美丽乡村等农村特色产业融合发展。五是实施消危平安工程。实施农村公路生命安全防护工程1600公里,完善排水防护设施，推进危桥危隧加固改造，基本消除现存农村公路四五类桥梁，逐步消灭不达标隧道；继续推进农村公路“一灯一带”工程，基本实现与国省道平交路口“一灯一带”全覆盖。六是实施服务提质工程。继续深化农村公路管养体制改革，完善覆盖县、乡、村道的“路长制”组织体系，建立长效稳定的养护资金保障渠道，加快推动农村公路养护市场化、专业化、机械化、社会化、信息化；深入推进城乡交通运输一体化，加快实施“快递进村”工程，不断满足广大农民对美好生活的交通需求。

“十四五”期间，为进一步支撑全省经济社会转型发展，省交通运输厅将大力推进交通与相关产业融合发展，打通产业边界、推动跨界融合，从围绕重要通道打造高品质交通经济带、探索培育枢纽经济新范式新动能、发展数字化交通新消费、促进交通运输与旅游业融合发展、推进交通与城市市政设施融合发展五个方面推动“交通＋”新业态发展，不断提高交通运输主动服务经济社会发展能力。

12月15日 中国红十字基金会交通运输系统应急救护项目（山西站）正式启动，中国红十字基金会将分批向山西交通运输系统捐赠10万套急救包。中国红十字基金会理事长郭长江，省交通运输厅党组书记、厅长赵建平，省红十字会副会长白冰等参加座谈会。

2021年5月，交通运输部、中国红十字会总会等8部门联合发文，决定共同启动推广普及交通医疗急救箱伴行计划。中国红十字基金会迅速行动，把捐助资金投入交通运输应急救护项目，并率先在山西启动。

近年来，全省交通运输行业始终坚持以人民为中心，大力建设快速路、干线路、“四好农村路”和旅游路，大力发展公共交通，推进互联互通，并扎实开展“平安交通”建设，不断加强交通运输通达能力、安全监管水平和应急救助能力。截至12月初，已经在长途客运站、高速服务区、机场和地铁站等客流密集的交通运输场站配备医疗急救箱、设立医疗救助站。此次交通运输系统应急救护项目的启动，可有效补充车辆行驶过程中的突发疾病和意外撞伤等救援工作不足。

10万套急救包由滴滴公益基金会通过中国红基会捐赠，急救包将分批发放到全省旅游、客运、班车、出租车、网约车、公交等运输车辆和地铁上，基本能够对全省客运车辆实现全覆盖。此后，省红十字会组织开展医疗急救设施使用及相关急救技能培训，有效提升交通运输行业保障人民安全出行的应急救护能力。

12月16日 省交通运输厅召开全省交通运输执法领域突出问题专项整治行动总结电视电话会议。厅一级巡视员雷天才出席并讲话。

会议指出，专项整治行动开展以来，全系统深入贯彻落实习近平总书记重要指示精神，深化思想认识，提高政治站位，切实维护从业人员合法权益，加强执法队伍建设，持续推动专项整治行动走深走实，取得阶段性成果。各级交通运输部门聚焦人民群众反映强烈的热点和制约严格规范公正文明执法堵点，打了一场攻坚战，展示交通运输系统正风肃纪新气象、新风尚、新变化，取得明显成效。“12328”热线反映的执法投诉举报比专项整治开展前1年降低17%，省厅受理的行政复议同比减少85%。同时，必须清醒认识面临的形势和存在的问题，专项整治行动的成效不容高估，执法人员法治意识不够强，执法队伍素质能力还需提高，专项整治常治长效格局不够牢固，需引起高度重视，切实加以解决。

会议强调，要全方位推动交通运输行政执法工作高质量发展。一要全面深化交通运输综合执法改革。2021年年底前公布省、市、县三级交通运输综合执法机构执法事项清单及执法主体、执法人员名单，并将普通国省干线公路路政、工程质量安全监督纳入本地区交通运输综合执法，彻底消除执法空白。二要建立健全综合行政执法机构高效运转机制。加快制定高速公路执法联动协作制度、制定交通运输综合执法与刑事司法衔接办法等相关制度和办法，大力推进跨领域跨部门联合执法，不断提高执法和监管效率。三要坚守并践行执法为民宗旨。加快建立改进优化交通运输行政执法工作长效机制，切实维护交通运输从业人员和人民群众合法权益。建立突出问题查纠整改长效机制和基层执法站(所)长接待日制度,完善群众监督评价机制,建立行政执法人员入职、任职宪法宣誓制度。四要切实加强执法队伍建设。全面实施山西交通运输行政执法队伍素质能力提升行动方案,加快建设政治坚定、素质过硬、纪律严明、作风优良、廉洁高效的交通运输综合行政执法队伍。五要严格落实《中华人民共和国行政处罚法》《交通运输行政执法程序规定》,全面推进严格规范公正文明执法。六要切实加强行政执法制约和监督。全面落实行政执法责任制,建立行政执法监督制度,大力整治不作为、乱作为、选择性执法、逐利执法等行为,进一步提升执法效能,为走好交通强国建设山西新征程做出新的更大贡献。

12月20日 省交通运输厅召开会议,传达贯彻省委十二届二次全体会议暨省委经济工作会议精神,部署贯彻落实措施。厅党组书记、厅长赵建平主持会议并讲话,要求迅速把省委经济工作会议决策部署转化为有效管用的务实举措、实际行动,进一步凝聚交通运输全方位高质量发展共识,在奋力谱写全面建设社会主义现代化国家山西篇章中当好先行,以优异成绩迎接党的二十大胜利召开。

赵建平指出,省委十二届二次全会暨省委经济工作会议,客观总结全年经济工作,深入分析当前经济形势,科学部署2022年经济工作,展现省委立足实际、放眼长远、制胜未来的战略谋划,提出一系列具有全局性、基础性重要举措,为全系统干部职工凝聚共识、坚定信心、真抓实干,合力推动全方位高质量发展,进一步指明方向、明确路径。

赵建平要求,全系统要把深入学习贯彻省委经济工作会议精神作为当前和今后一个时期的重要政治任务,与学习贯彻省第十二次党代会精神一体结合,迅速掀起宣传贯彻热潮。要围绕会议关于2022年经济工作各项部署安排,加强深层次思考、作出针对性安排,科学谋划2022年交通运输工作,确保省委工作要求在交通运输行业落地落实。

赵建平强调,当前正值年终岁尾,要切实加强安全生产工作,务必保持清醒认识,深刻汲取近期事故教训,举一反三,加大安全监管力度,强化隐患排查治理,坚决遏制重特大事故,确保全省交通运输安全生产形势持续稳定。

会后,赵建平主持召开务虚会,研究谋划2022年交通运输工作思路举措。他强调,要深入学习贯彻中共十九届六中全会精神,聚焦省委重大部署,紧扣全方位推动高质量发展目标要求,科学谋划2022年交通运输工作,更好服务全省经济社会发展大局,以优异成绩迎接党的二十大胜利召开。厅领导王晋、段新源、王四小、郭丙福、王建业、郝玉柱、雷天才结合各自分管领域工作汇报全年重点工作完成情况和做好2022年工作的建议。

12月21日 全省“县县通高速”收官项目——浮山至临汾高速公路正式开工。项目是全省省道网规划(2021—2035年)中新规划的沁临高速的第一阶段重点实施项目,也是全省仅剩的5个“县县通高速”项目之一。项目概算总投资19.66亿元,由省、市、县三级以及山西交控集团共同出资。主线全长18.68公里,起点位于浮山县城西北侧东鲁村,通过设置2条匝道实现与浮山县的交通转换;终点位于尧都区县底镇东北侧,与长临高速临汾东相接。全线采用双向四车道高速公路标准建设,建设工期为两年半,预计2024年6月底通车运营。该项目建成后,将彻底结束浮山县不通高速公路历史,对于强化临汾、浮山与周边地区之间联系,加密全省高速公路网,促进区域经济协调发展具有重要意义。当前,全省96%的县已开通高速公路。

12月24日 山西省国防交通协会第二次会员大会暨第二届理事会第一次会议在太原召开。

会议讨论通过协会第一届理事会工作报告、章程、审计报告、会费收缴及管理办法等换届文件,选举产生新一届协会理事会及领导机构。山西交通控股集团有限公司副总经济师王占军当选为协会第二届理事会理事长(会长),韩昱等20人当选为协会副理事长(副会长),王柏茂当选为协会秘书长,张金锁当选为理事会监事长;同时选举协会常务理事30名、理事106名。

山西省国防交通协会成立于2008年,工作涉及全省国防交通理论学术研究、国防交通宣传教育、国防交通政策法规等领域范畴。近年来,全省国防交通协会始终坚持服务宗旨,主动适应形势发展,努力拓展服务领域,积极发挥咨询参谋和桥梁纽带作用,为全省交通运输事业改革发展做出重要贡献,各项工作取得显著成绩。

12月27日 全省推进交通强省建设动员大会在太原召开,省委书记林武出席会议并讲话。他要求深入学习贯彻习近平总书记关于交通运输工作重要论述和视察山西重要讲话重要指示精神,按照省第十二次党代表大会部署要求,动员全省上下振奋精神、改革创新,加快推进交通强省建设,为全方位推动高质量发展提供坚强交通运输支撑。省委副书记、省长蓝佛安主持会议。省政协主席李佳,省委副书记出席会议。省政府党组成员汤志平就《交通强国建设山西省试点实施方案》作说明。

林武在讲话中指出,中共十八大以来,习近平总书记从全局和战略高度,围绕交通运输的先行官职责使命、建设人民满意交通、建设交通强国等作出一系列重要论述,为做好交通运输工作提供根本遵循。要深刻领会习近平总书记重要论述,从全局和战略高度把握交通运输事业的奋斗历程和重大意义,坚定走好新的赶考之路。要深入贯彻全方位推动高质量发展目标要求,推动交通发展由追求速度规模向更加注重质量效益转变,由各种交通方式相对独立发展向更加注重一体化融合发展转变,由依靠传统要素驱动向更加注重创新驱动转变,发挥好交通运输的基础性、先导性、战略性、服务性作用。要坚定扛起示范引领重大责任,抓好交通强国建设试点工作,努力把山西打造成为全国现代综合交通运输枢纽、全国高效能源物流运输基地、黄河流域绿色交通发展高地,充分彰显建设交通强国的山西担当。

林武指出,要加快构建安全、便捷、高效、绿色、经济的现代化综合交通体系,真正让山西交通成为全方位推动高质量发展的开路先锋。一是服务重大战略,充分发挥交通运输对经济社会发展的支撑带动作用。要主动对接服务国家重大战略,保障省委重大部署落实,重点推进雄忻、集大原、石太第二通道等高铁和运三等高速公路建设,完善民航机场布局,加快完善能源物流运输网络,高标准谋划推进黄河生态交通项目。要着眼以交通带动"一群两区三圈"联动发展,打造以交通走廊为轴线的新型经济开发带、城镇隆起带。要以交通赋能太忻一体化经济区建设,抓好108国道改线工程、太忻大道等建设项目,织密太忻一体化城市快速路网,完善多层级交通网络,助力建设山西中部城市群北引擎。二是狠抓项目建设,加快推进交通运输基础设施网络化。要统筹"铁公机""岸港网",着力建设一批标志性、引领性的重大项目,把铁路专用线、出省公路、通用机场建设等作为重点,扩大铁路基础设施供给,完善公路基础设施供给,优化航空基础设施供给,建设综合交通枢纽体系,推动快速网互联互通、干线网衔接高效、基础网广泛覆盖。三是着眼人民满意,不断提升交通运输效率、品质和经济性。要建设广覆盖、均等化城乡客运一体化服务网络,进一步提高居民出行服务体验。要打造绿色高效现代物流体系,加强城乡互动双向物流体系建设,全面提升物流业价值创造能力。要推动运旅一体化发展,壮大供应链服务、冷链快递等新业态,积极鼓励和规范网络货运、定制客运、网约车等新模式发展。要大力推进碳达峰交通运输行动,构建绿色高效交通运输体系。四是加强科技创新,推动形成富有活力、智慧引领的交通创新体系。要聚焦智慧化、绿色化等发展趋势,强化前沿关键科技研发,大力发展智慧交通,打造交通装备智造基地,持续提升交通科技创新和应用水平。五是提升治理效能,有效推进交通领域治理体系和治理能力现代化。要推进法治交通建设,深化交通运输体制机制改革,推动省属国有交通运输企业提质增效,进一步完善交通治理格局。林武强调,安全发展是交通运输的生命线。要着力构建完善可靠、反应快速的交通安全应急保障体系,加强重大交通基础设施建设运营安全管控,不断提高交通运输本质安全水平。

林武指出,开展交通强国建设试点是建设交通强省的先手棋。各试点地区和单位要大胆探索,勇于创新,加快形成一批可复制可推广的试点经验。要抓好交通运输与旅游融合发展试点,推进黄河、长城、太行三个一号公路建设与文化旅游深度融合,打造一批交旅融合示范工程。要抓好城市交通拥堵治理与绿色出行试点,突出公交优先、资源集约、绿色发展主题,力争创出一套城市交通治理新模式。要抓好智能网联重载货运车路协同发展试点,培育智能信息关联产业,建立车路协同“山西标准”。要抓好绿色高效物流服务体系建设试点,打造以铁路为主的大宗货物多式联运示范工程,培育多式联运和网络货运龙头企业。要抓好普通公路重载运输建设试点,全面推进重载交通路网规划、运输通道建设和技术、治理创新,着力打造全国重载运输“建管养运”协同发展示范区。

林武强调,各级党委要把交通强省建设摆到重要位置,强化规划引领,突出项目化、清单化、方案化,抓好要素保障,深化投融资机制改革,创新交通用地保障机制,确保重大交通项目顺利落地。要大力培养引进交通领域干部人才,坚持综合交通发展与清廉交通建设两手抓,着力打造过硬队伍。要建立健全督促落实机制,逐层传导压力,确保政策落实、责任落实、工作落实。

蓝佛安在主持会议时指出,各级各相关部门单位要深入贯彻习近平总书记关于交通运输工作的重要论述,认真学习领会省委书记林武重要讲话精神,进一步解放思想、实事求是,真抓实干、久久为功,高质量推进交通强省建设。要提高政治站位,切实把交通强省建设摆在全省工作大局中来谋划和推进,加强系统设计,科学编制规划,抓好工作落实。要坚持试点先行,主动对表对标,探索创新、大胆尝试,努力形成可复制可推广的经验成果。要注重项目引领,推进雄忻高铁等重大工程建设,加快交通运输基础设施网络建设,着力构建现代化综合交通体系,提升交通普惠服务能力和水平。要强化质量安全,统筹推进安全责任体系、预防体系和应急处置体系建设,坚持文明安全施工,打造精品工程、平安工程、绿色工程、廉洁工程。要形成工作合力,落实属地责任,狠抓任务落实,扎实推动交通强省建设取得新成效。

会上,省交通运输厅、阳泉市、山西交控集团主要负责人作表态发言。

12月29日 省交通运输厅以视频会议形式举办中共十九届六中全会精神宣讲会,邀请中国社科院马克思主义研究院党委书记辛向阳进行宣讲。厅领导段新源、郭丙福、王建业,厅机关副处级以上干部,厅直各单位班子成员、中层干部共200余人参加宣讲会。厅一级巡视员雷天才主持宣讲会。

辛向阳以“从四个维度看十条历史经验”为题,紧紧围绕《中共中央关于党的百年奋斗重大成就和历史经验的决议》第六部分“中国共产党百年奋斗的历史经验”,从三个历史决议维度、辩证唯物主义和历史唯物主义方法论维度、习近平总书记关于党史的重要论述维度、三个规律维度进行深入讲解辅导。宣讲主题鲜明、主线清晰,重点突出、论述深刻,既有政治高度,又有实践深度,让大家进一步加深对中共十九届六中全会精神内涵和实践要求的理解和把握,为更好地运用全会精神指导交通运输工作提供有益指导。

会议要求,要以此次宣讲会为契机,迅速掀起宣讲热潮,推动全会精神走进基层、走进群众。领导干部要带头宣讲,发挥示范表率作用。各级党组织要联系实际、用好载体,多渠道、全方位组织党员学习,以“真学”促“深化”,以“真懂”促“消化”,以“真用”促“转化”。要坚定不移做“两个确立”的忠诚拥护者、示范引领者,切实全方位推动山西交通运输事业高质量发展取得新业绩,为全省经济社会发展做出新贡献。

是月 经过3年多艰苦奋战,省重点工程静兴高速公路全线建成,待完成工程验收、运营手续办理等工作后正式通车运营。兴县至太原行程将缩短至两小时、岚县正式融入省城1小时经济圈。

静兴高速公路是全省“4纵15横33联”高速公路网的重要组成部分,陕煤、蒙煤和吕梁资源富集区东西运输的大动脉。该项目东起静乐丰润汾河东岸,西至陕西神木市盘塘镇,与拟建的神木至盘塘一级公路相接,路线途经静乐县、岚县、兴县和神木市3县1市、9个乡镇、59个村庄，全长96.6公里，工程概算总投资109.82亿元，全线按4车道高速公路建设，设互通6处、服务区2处、停车区1处，专设黄河一号旅游公路专用通道1处。该项目建成，对完善中西部综合交通运输体系、促进经济和社会发展、方便群众出行具有重要意义。

是月 交通运输部对全国交通运输系统"七五"普法工作中做出突出成绩的119个集体和84名个人进行通报表扬，进一步调动广大干部职工尊法守法学法用法的积极性和主动性，不断推动交通运输系统普法工作再上新台阶。全省3个集体、2名个人受到通报表扬。

全省受到通报表扬的3个集体、2名个人为省高速公路综合行政执法总队、阳泉市交通运输局、晋中市交通运输局，厅政策法规处二级调研员杨继勇、省高速公路综合行政执法总队太原支队副科级干部尚晓驰。省厅要求，全省交通运输系统各单位和广大干部职工要以受到表扬的集体和个人为榜样，进一步加强法治学习、强化法治意识、提高法治素养，切实提高普法宣传的覆盖面、影响力和有效性，为深化实化交通运输法治政府部门建设，加快建设交通强国做出更大贡献。

是月 省政府印发《山西省"十四五"现代物流发展规划》(以下简称《规划》)，提出强化"六新"赋能物流发展，大力推进物流专业化、规模化、网络化运营。力争到2025年，全省物流总额达5万亿元，物流业总收入达2500亿元，建设成物流强省和物流创新发展示范省。

《规划》明确，全省将布局物流新基建、突破物流新技术、发展物流新材料、打造物流新装备、做强物流新产品、培育物流新业态，促进物流与制造业、农业、商贸业融合发展，构建物流供应链体系，发挥国家物流枢纽和示范物流园区的核心组织作用，促进全产业链优化升级。

根据《规划》，"十四五"时期，全省构建"1359"物流新格局，形成"通道+枢纽+网络"现代物流运行体系。其中，"1"是建设太原国际化智慧物流枢纽，"3"是建设大同、临汾、长治三大区域物流枢纽，"5"是布局制造业、农产品、快递、医药、大宗商品五类专业物流基地，"9"是畅通九条物流大通道。

全省还将实施物流枢纽工程、多式联运工程等现代物流七大提升工程，进一步完善大宗商品物流基础设施，高质量推动"公转铁""公转水"，提升物流效能。预计到2025年，全省物流运行效率将大幅提升，公铁联运量达5.6亿吨、铁水联运量达3.5亿吨。

是月 郑太(太焦)高铁连接线全线贯通，标志着沁县将迈入发展"快车道"。项目起于郑太高铁武乡站，止于208国道窑上互通口，包括208国道、北寺上、羌营、现代农业产业园区4个出入口。连接线全长17.409公里，包括涵洞35道、通道16座、桥梁11座，全线采用一级公路标准，双向6车道，路基宽度30米，设计行车速度80公里/小时。

郑太(太焦)高铁连接线作为县城通往高铁站的重要通道，从2019年5月动工，经过两年半艰苦建设，具备通车条件。郑太(太焦)高铁连接线全线实现贯通运营，意味着从县城至武乡高铁站最快仅用10分钟即可到达，进一步完善区域路网，对促进区域经济社会发展具有重要意义。

(资料提供：师国梁 陈瑞丽)

厅直属单位

山西省公路局大事记

1月25日 省公路局(以下简称省局)2020年度领导班子民主生活会召开,紧扣认真学习贯彻习近平新时代中国特色社会主义思想,加强政治建设,提高政治能力,坚守人民情怀,夺取决胜全面建成小康社会、实现第一个百年奋斗目标的伟大胜利,开启全面建设社会主义现代化国家新征程这一主题,紧密联系局领导班子工作,联系局领导班子成员个人思想和工作实际,进行自我检查、党性分析,认真严肃开展批评与自我批评,提出整改措施,明确努力方向。局党委书记尹新平主持会议并作总结讲话。厅第一督导组、驻厅纪检监察组有关负责人到会指导,并对下一步整改工作提出具体要求。局全体班子成员参加会议。会上,通报局领导班子"不忘初心、牢记使命"专题民主生活会整改措施落实情况和2020年度局领导班子民主生活会准备情况。

1月28日 2021年春运开始,至3月8日结束,共40天。为认真贯彻落实省委、省政府和交通运输部、省交通运输厅有关春运安排部署,统筹做好2021年春运工作,更好地保障人民群众安全便捷出行,省局研究制定《2021年全省干线公路春运工作总体方案》,对全系统春运各项保障工作进行安排部署。

1月31日 由中交一公局集团投资、中交一公局晋路工程建设有限公司承建的(太原、阳泉境内)路面改造工程PPP项目包在全省率先通过交工验收,正式进入运营期。该项目包的顺利验收,标志着山西省国省道路面改造工程PPP项目逐步转入运营阶段。

2月8日 省局党委中心组(扩大)会议召开,认真传达学习省交通运输厅党组书记、厅长闫晨曦讲话,安排各级各部门对会议精神进行学习讨论,提出3点要求。一是吃透精神,提高思想认识。要深刻领会全省交通运输工作的新目标、新任务、新要求,深入把握内涵,做到融会贯通,切实把思想和行动统一到会议精神上来。二是认真落实会议任务。在深入传达学习会议精神的同时,组织各业务处室全面梳理工作报告中涉及普通国省干线公路的所有事项,并针对各项目标任务,认真研究落实意见,确保有关重点工作有思路、有措施、能落地。三是加强公路工作谋划。局党委紧密结合工作报告有关内容,坚持把工作摆进去、把问题摆出来,积极谋划"十四五"工作思路、努力方向,明确2021年工作任务,科学制定落实举措,认真推进全省国省干线公路改革发展稳定等各项工作。

3月5日 全国第58个学雷锋纪念日,同时也是第22个中国青年志愿者日。为进一步弘扬雷锋精神,全省公路系统纷纷上街道、进社区、走基层、探老人,开展形式多样的学习雷锋系列活动,以实际行动弘扬雷锋精神,让学习雷锋精神在祖国大地蔚然成风,为实现中华民族伟大的中国梦发光发热。

3月11日 全省公路工作会议在太原召开。会议全面总结2020年及"十三五"工作,分析研判"十四五"形势任务,安排部署2021年重点工作。驻厅纪检监察组副组长聂洪、全体局领导出席会议。局长胡钢成作工作报告。

2020年,全省公路系统在省委、省政府和省交通运输厅坚强领导下,战疫情、迎国评,谋改革、促发展,全面打响赶超进位攻坚战,在大战大考中交出一份优秀答卷。全年完成投资194.4亿元,创近

20年来最好水平;路况水平实现赶超进位,公路养护管理治理能力水平得到交通运输部检查组好评;行业治理体系加快重构,全系统深化改革总体思路及方案得到省委、省政府和省厅充分肯定。

"十三五"时期,全省公路系统全面践行新发展理念,累计完成投资435.2亿元,新改建工程地方政府和社会资本投资达到62%;完成新改建和路面改造3824公里,一、二级公路比重达87.59%,优良路率85.43%。全省公路发展全面呈现新气象、迈上新台阶。

会议指出,加快建设交通强国为干线公路发展提供基本遵循,山西加快转型发展蹚新路对干线公路发展提出更高要求,新一轮科技革命和产业变革为干线公路发展带来强大动能,深化改革为干线公路发展带来蓬勃生机。全省公路部门要立足新发展阶段,贯彻新发展理念,融入和服务新发展格局,努力实现路网供给保障能力、改革创新能力、养护质量效益、公共服务品质、生态文明、行业治理效能等六个方面明显提升,着力打造高品质路网、促进高水平均衡、强化高效能治理、提供高品位服务。

会议明确,2021年主要预期指标是:干线公路建设投资达170亿元,完成新改建150公里,工程质量平均合格率不低于95%;创新规范养护管理,统筹实施养护领域各个专项行动,国省道路面性能指数(PQI)保持在82.5以上,优良路率保持在83%以上;收取车辆通行费3.8亿元;超限率控制在2‰以内。全面完成深化改革各项任务,新的运行机制初步入轨。巩固发展安全生产形势,坚决防止重大及以上责任事故。

会议要求,2021年重点抓好八个方面工作:一要广泛调动各方积极性,持续加快公路建设;二要强化创新引领,提升养护管理科学化精细化水平;三要坚定不移深化改革,塑造体制机制新优势;四要以加快建设交通强国为统领,全力推进重点任务落实;五要更高层次建设智慧公路绿色公路,加快发展方式转变;六要深化"三零"单位创建,更高水平推进平安公路建设;七要加强基层基础管理,推进行业治理;八要全面加强自身建设,为改革发展提供坚强保障。

会议由省局党委副书记赵玉生主持,副局长许秀銮宣读《山西省公路局关于表彰2020年度先进集体和先进个人的决定》。会议以视频形式召开,局机关正副处长、局直单位班子成员在主会场参加会议;各分局领导班子成员及部分中层干部在分会场参加会议。

同日 省局以视频会议形式召开2021年党的建设工作会议。党委书记尹新平代表省局党委作了题为"以高效务实的党建工作 引领保障公路事业高质量发展"的工作报告。驻厅纪检监察组副组长聂洪到会监督指导。省局班子成员、局直驻并单位班子成员、省局机关各处室正副处长在主会场参加会议;各分局班子成员及所属单位负责人在分会场参加会议。会议由局党委副书记赵玉生主持。

会议认真回顾2020年党建工作取得的成绩,概括总结公路行业党建工作规律性认识,科学分析公路系统面临的内外形势,客观正视存在的差距和不足。围绕落实习近平总书记在中共十九届中纪委五次全会上讲话精神,省委书记楼阳生、省纪委书记王拥军在省纪委十一届七次全会上讲话精神,重点从七个方面对2021年党建工作进行安排部署。

会议指出,2021年是中国共产党成立100周年,也是公路事业开启新征程的重要一年。全局上下要坚持以习近平新时代中国特色社会主义思想为指导,以政治建设为统领,以党史学习教育为主线,以转变观念、改进作风、强化素质为抓手,坚定不移推进全面从严治党,全面提升党建工作质量,以高效务实的党建工作,守正创新抓住机遇,迎难而上善作善成,锐意进取开辟公路党建工作新局面。

会议强调,各级党组织要高度重视改革工作,团结广大干部职工拥护改革、支持改革、参与改革,确保改革期间安全稳定。做好角色转变,做到改机构不改初心、改机制不改责任、改职能不改担当,确保改革任务圆满完成。

会议强调,各单位要及时把会议精神传达到所属基层党组织和广大党员干部职工,积极宣传、准确把握。号召引领广大干部职工自觉把思想和行动统一到局党委安排部署上来,凝聚人心、汇聚合力，以责任落实为抓手，以担当作为来践行，有力有效抓好会议精神贯彻落实。坚持党建工作与业务工作融合发展，引领服务保障公路事业高质量发展，以优异成绩迎接建党一百年，为书写山西公路践行新时代中国特色社会主义新篇章再立新功、再创佳绩。

3月12日 241国道(222省道)线平遥香乐至沁源后沟段公路新建工程在平遥举行开工仪式。厅二级巡视员杨增梅应邀出席，省局总工程师马德文出席并讲话。晋中市副市长郝向明，项目施工、监理、设计单位代表共300多人参加开工仪式。该项目全长51.028公里，概算批复投资36.1亿元，建设模式为政府收费还债模式。主线采用四车道一级公路标准建设，设计行车速度分别采用80公里/小时、60公里/小时。全线桥涵设计荷载等级为公路–I级。全线共分11个路基、桥隧施工合同段，6个监理合同段。工程计划于2022年10月底前交工通车。

3月26日 省局以视频会议形式举办党史学习教育专题宣讲报告会。会议设1个主会场、11个分会场，局领导、局机关全体党员、局属单位班子成员及中层党员干部参加。

会议邀请遵义市委党校副校长、遵义干部学院副院长谢以佐教授作专题讲座。从更深层次阐释长征精神和遵义会议精神，让与会人员深刻感悟共产党人的初心和使命，再一次深刻理解“为什么学党史”的问题。

同日 省局普通干线公路工程推进暨质量提升年专项行动部署视频会议召开，对普通干线公路工程推进及质量提升年专项行动进行安排部署。会议由副局长许秀銮主持，总工程师马德文、省局相关处室负责人在主会场参加会议，局长胡钢成出席会议并讲话。各分局主要领导、分管领导、相关科室负责人在分会场参加会议。要求统一思想，坚定信心和决心，不折不扣推进、全力以赴完成省厅下达的普通干线公路170亿元、150公里的年度目标任务。

4月13日 省交通运输厅一级巡视员李贵顺到晋中调研新建工程项目建设情况。省厅相关处室负责人，晋中市有关部门负责人，祁县主要领导参加调研。

李贵顺先后深入208国道新建工程路基第六标、第十一标，实地查看预制梁场、子洪2号隧道建设及首件产品质量认证情况，在分局新改建工程项目部详细了解BIM技术平台运行及新改建工程进展情况以及存在困难，勉励大家坚定信心，攻坚克难，再铸辉煌。

4月20日 省局党委党史学习教育领导小组邀请厅党史学习教育巡回指导组，联合长治分局党史学习教育领导小组，带领局机关及长治分局班子和党员代表到著名的革命老区武乡开展“永远跟党走 奋斗新征程”学习体验活动。

在学习体验活动中，大家首先来到长治市武乡县八路军太行纪念馆。随后，在太行干部学院，由省局党委党史学习教育领导小组组长尹新平主持召开“为什么学、学什么、怎么学”主题党日活动，省局党委党史学习教育领导小组副组长、副局长许秀銮总结局党史学习教育前阶段主要工作，局机关和长治分局党员代表谈了党史学习感悟，厅巡回指导组组长柴洪江对省公路局党史学习教育进行评价和指导，尹新平围绕“学史明理”分享学习体会。下午，大家沿着省道南沁线红色旅游路来到王家峪八路军总部旧址，在这座由三个农家院，14孔窑洞，15间土瓦房组成的国家第一批全国重点文物保护单位，朱德、彭德怀、左权、邓小平、刘伯承等老一辈革命家曾长期生活、战斗过的地方，聆听“人民就是江山 江山就是人民”微党课。

4月28日 省局开展“学史崇德”道德讲堂活动。本次道德讲堂共分“听歌曲、讲故事、颂经典、看短片、谈感悟、送祝福”六个环节。省局党委书记尹新平出席活动，并畅谈如何用实际行动践行学史崇德。

4月29日 省局机关第二党支部开展专题学习暨主题党日活动。会议由支部书记杨帅奇主持，支部全体党员参加。会上，各位党员深入研读《中国共产党简史》，重点学习社会主义革命和建设时期历史，部分党员作交流发言，在围绕“为什么学、学什么、怎么学”展开研讨后，集体观看电影《血战湘江》。

5月24日 省交通运输厅一级巡视员李贵顺深入241国道调研汾河水库段改线工程项目建设情况。厅总工程师高新文、相关部门负责人,娄烦县主要领导陪同调研。

李贵顺深入项目路基第一、二标,实地查看石窑湾大桥、K31段路基、大夫庄隧道施工现场及钢筋加工厂、拌和站,详细了解项目进展情况,解决项目存在的实际困难和问题,并对下一步工作提出要求。

同日 省局党委书记尹新平、副局长许秀銮、总工程师马德文带领局有关处室负责人和省交通勘察规划设计院地质、隧道等相关领域专家,深入事故一线,实地察看险情。尹新平详细了解友谊门隧道基本情况,向现场抢险人员详细询问险情发生、处置有关情况,听取专家初步踏勘意见。在听取各方汇报后,尹新平嘱咐晋城分局要对友谊门隧道进行全面勘察,摸清地质情况,充分吸纳专家意见,科学制定方案,尽快完成处治工作,确保隧道尽快恢复通行。

5月27日 省局局长胡钢成在晋中调研督导新改建工程,省局总工程师马德文陪同调研。在208国道清徐县常家庄至晋中长治界一级公路新建工程施工现场,胡钢成先后实地察看三标段路基、六标段子洪隧道、七标段跨线通道、九标段昌源河3号大桥、十一标段桥梁梁板预制场。在晋中分局新改建工程项目部,实地察看安全体验馆和BIM技术管理平台运行情况。

5月31日 省局信访工作专题会议召开,深入传达学习省信访联席会议精神及省厅信访工作专题会议精神,分析研判全系统信访形势,安排部署下一阶段信访稳定保障工作。省局副局长郭晓军,局机关有关处室负责人,局属有关单位、各分局分管领导,有关科室负责人参加会议。

会议指出,2020年以来,全系统信访形势平稳可控,信访总量持续下降,信访秩序明显好转。2021年是中国共产党成立100周年,做好安保维稳工作特别是信访安全保障工作意义重大。因此,系统上下都要保持清醒头脑,站在讲政治、讲党性、讲大局高度,充分认清当前和今后一段时间做好信访工作的紧迫性和重要性,采取切实有力措施,确保改革发展稳定,确保中国共产党成立100周年信访工作安全、稳定。会议从存量和增量两个方面对全系统面临的信访风险进行分析研判,要求各级各部门及早发现苗头性、倾向性问题,提前做好应对准备。

6月4日至5日 省局局长胡钢成、副局长郭晓军带领局机关有关处室负责人赴吕梁分局调研指导工作。胡钢成一行实地查看岢大线地质灾害应急处置情况、方山境内218省道线路面改造PPP项目完成情况、307国道部挂牌督办路段改造实施情况以及部分危桥改造情况,走访部分公路段机关、道班,就工程项目前期推进、危桥改造等进行调研。

6月10日至11日 省局邀请专家,在241国道、省道岚马线汾河水库段改线工程项目部组织开展送专家、送技术、送服务到基层“三送行动”。“三送行动”结合全年新改建工程综合检查中发现的安全方面问题,开展“讲一堂安全教育课,举办一次技术辅导,组织一次警示教育,开展一次政策咨询”“四个一”系列活动。局长胡钢成、总工程师马德文和所邀专家对在建项目平安工地建设工作进行实地调研。

会上,所邀专家结合实际,就普通国省干线公路项目建设中桥涵、隧道、高边坡防护等多发易发安全风险隐患进行案例剖析,组织大家观看《生命重于泰山——学习习近平总书记关于安全生产重要论述》电视专题片。

6月16日至19日 省局局长胡钢成、副局长郭晓军带领相关处室负责人深入大同、朔州分局境内危桥改造现场、生命安全防护工程、路面改造PPP项目路段、部分服务区及养护施工作业一线等地,就安全生产、PPP项目养护、危桥改造、新改建工程、道路养护等重点工作进行调研督导。

督导检查期间,胡钢成详细询问两个分局境内国省干线交通流量、桥梁运行、服务区运营、养护作业、安全管控、路域环境治理及PPP项目运营等情况,在分别听取分局各项工作推进情况后,对两个分局对重点工作完成情况给予肯定,并对下一阶段工作提出要求。

6月23日 省局庆祝中国共产党成立100周年重点工作部署会召开。会议坚持以习近平新时代中国特色社会主义思想为指导，按照中央决策部署和省委、省政府、省交通运输厅工作要求，动员全系统扛起政治责任，迅速行动起来，扎实做好中国共产党成立100周年安保维稳各项工作。局党委书记尹新平出席会议并讲话，局长胡钢成主持会议，局领导许秀銮、马德文、杨转科、郭晓军出席会议。会议以视频形式召开。局领导、机关处室负责人、局直单位党政主要领导及有关部门负责人在主会场参加会议；各分局领导班子成员及有关部门负责人在各分会场参加会议。

会议强调，建党百年大庆在即，在此关键阶段，做好各项安保维稳工作是当前一项十分重大的政治任务，是践行“两个维护”的重要体现、服务高质量发展的重要保障、深化平安公路建设的重要举措、党史学习教育的重要检验。全系统要切实提高政治站位，强化责任担当，自觉把思想和行动统一到中央和省委、省政府、省交通运输厅决策部署上来。要充分认识安保维稳工作的重要性特殊性，从政治和全局高度落实安保维稳工作要求，切实扛起决战决胜百年大庆安保维稳工作政治责任，坚决落实好维护安全稳定各项任务。

6月25日 省局党委举行“光荣在党50年”纪念章颁发仪式。党委书记尹新平为到场的老党员们一一颁发纪念章。副局长许秀銮主持颁发仪式，局机关有关处室负责人参加。在颁发仪式上，尹新平代表局党委向老党员们详细介绍全省公路系统改革情况，分析面临的困难和挑战，指出应对措施和下一阶段重点工作。

6月28日 省公路局隆重召开庆祝中国共产党成立100周年“两优一先”表彰大会。局党委书记尹新平出席并讲授专题党课。省局领导、局机关全体人员、局直单位班子成员及相关部门负责人和部分“两优一先”代表参加。

会议对局直单位作出突出成绩的53名优秀共产党员、20名优秀党务工作者和8个先进基层党组织进行表彰奖励，号召全系统党员干部要以受到表彰的先进集体和先进个人为榜样，见贤思齐、对标先进、勇于担当、奋发昂扬，为开创“十四五”公路事业发展新局面做出更大贡献。随后，尹新平以“百年路”为题，讲授专题党课。他分别从新民主主义革命、社会主义革命和建设、改革开放和社会主义现代化建设、中国特色社会主义新时代四个时期，详细回顾中国共产党风云激荡的百年奋斗历程，总结分析全国、全省公路发展史，教育动员全系统党员干部不忘初心、牢记使命，以永不懈怠精神状态和一往无前奋斗姿态，继续朝着实现中华民族伟大复兴的宏伟目标奋勇前进。会后，举行“永远跟党走”庆祝中国共产党成立100周年文艺会演，局领导、机关全体人员及部分局属单位职工欢聚一堂，热烈庆祝中国共产党百年华诞。

7月1日 上午8时，庆祝中国共产党成立100周年大会在北京天安门广场隆重举行。省局集中组织全体干部职工全程观看庆祝大会实况。局属各单位分别组织党员干部职工进行集中观看。全系统干部职工认真聆听习近平总书记重要讲话，共同感受并见证伟大的中国共产党百年华诞，抒发对党的热爱和祝福。

7月6日 省局党委理论学习中心组开展第八次专题学习，深入学习贯彻习近平总书记在庆祝中国共产党成立100周年大会上的讲话精神，对全系统进一步抓好学习宣传贯彻作出安排部署。省局党委书记尹新平出席并讲话，局领导胡钢成、许秀銮、马德文、杨转科、郭晓军作了交流发言。

学习交流中，大家深情回顾党的百年奋斗历程，从不同角度畅谈学习习近平总书记重要讲话的认识体会，对百年大党取得的历史性成就深情赞美，对全面建成社会主义现代化强国的坚定决心倍觉振奋，对党的自我革命精神由衷敬佩。尹新平强调，全系统要把学习贯彻习近平总书记重要讲话精神作为当前及今后一个时期一项重大政治任务，迅速兴起学习宣传热潮，努力把学习成效转化为推动公路事业发展强大动力。

7月8日 省交通运输厅举办庆祝中国共产党

成立100周年“中国梦·劳动美——永远跟党走 奋进新征程”职工演讲比赛。省局选派的参赛选手以热情洋溢、积极向上的精神风貌,饱含深情地讲述“永远跟党走 奋进新征程”的故事。经过激烈比赛,最终由来自运城分局杨宁,以总分第一名的成绩获一等奖,同时选送参加全省职工演讲比赛。

7月12日至13日 省交通运输厅党组成员、副厅长王晋赴晋城分局,先后深入省道碗周线、208国道、省道阳济线水毁现场,实地查看水毁情况,询问了解抢险处治进展,现场指导水毁抢通恢复工作。其间,王晋还就旧玉井桥拆除事宜与郑州铁路局方面进行沟通,并做了安排部署。

7月12日至16日 省局党委在右玉干部学院举办党史学习教育暨领导干部综合能力提升培训班。局机关、局属单位共90名党员干部参加培训。局党委书记尹新平、副局长许秀銮参加学习,并分别主持结业及开班仪式。

本次培训围绕习近平总书记“七一”重要讲话精神、右玉精神、全面从严治党形势分析研判、领导干部能力提升、安全生产等5方面内容,科学设置教师讲学和实地践学两种学习形式。

在专题教学中,大家认真聆听中央党校党建部教授李俊伟讲述的“百年大党的伟大光荣历程与红色基因赓续”课程,更加深刻地领会习近平总书记“七一”讲话重要意义;省纪委驻交通运输厅纪检监察组副组长任玉胜以“在党史学习教育中开展一次自我政治体检”为题,详细阐明党员干部进行自我政治扫描和政治画像的现实意义及内容方法;原右玉县副县长赵润虎以“彪炳史册 光耀千秋”为题,从右玉十八任县委书记“治沙笔记”的传承,右玉人民只有起点、没有终点的绿化“接力赛”的奋斗,总结右玉生态建设、人居环境、经济效益三者统一的科学发展之路。尹新平对全系统上半年全面从严治党形势进行分析研判,部分单位党委书记、纪委书记对落实“两个责任”情况进行汇报。

7月14日 省局副局长郭晓军带领有关处室负责人深入晋城境内阳济路严重水毁路段,现场指导水毁应急抢险保通工作。针对阳济路严重水毁灾情,郭晓军在阳城公路段组织召开阳济路应急抢险保通工作研讨会,成立阳济路应急抢险保通领导组,负责指导开展应急抢险保通工作。其间,郭晓军与晋城市委副书记、阳城县委书记姚逊,阳城县长牛琛进行座谈。

7月23日 7月份全省进入主汛期以来,大部分地区普降大到暴雨,晋城地区受灾严重。全省公路部门以雨为令,认真贯彻落实党中央、国务院、省委、省政府和省交通运输厅有关部署,抓好抓细防汛工作,确保全省普通国省干线公路安全度汛。截至7月23日,全省共发生水毁716处,已处置203处,晋城省道阳济线(S229)K21~K42段、省道碗周线(S333)K38+150~K38+900段、208国省K1127+500~K1141+607段、省道坪曲线(S331)K126+000~K162+000段,长治207国道K1699+500处大滩河桥、省道河潞线(S324线)K3~K33段6条道路水毁阻断。共出动应急人员3799人次、机械999台次,清理落实塌方32737立方米。

同日 省局副局长许秀銮带领局机关相关处室人员赴晋城分局,实地查看阳济路水毁情况,现场指挥、指导防汛抢险保通工作。许秀銮在讲话中,要求认真贯彻落实习近平总书记对防汛救灾工作的重要指示,始终把保障人民群众生命财产安全放在第一位,党员领导干部要身先士卒、靠前指挥,进一步抓细抓实各项工作,以实际行动诠释对党忠诚、做到“两个维护”。

7月28日至30日 省公路局局长胡钢成、副局长郭晓军带领局机关相关处室负责人赴晋城分局水毁路段,实地指导抢通保通工作。胡钢成一行先后到晋城分局辖区水毁严重的342国道陵川段、208国道泽州段和省道碗周线、阳济线、坪曲线进行现场查看。在水毁抢通保通作业现场,胡钢成还代表省交通运输厅、省公路局慰问奋战在一线的党员突击队、党员志愿者、一线抢险人员,送去防暑、防疫、劳保、方便食品等物资,并嘱咐现在天气炎热、高温高湿,山区区域性降水多发,在工作时一定要注意加强安全防护和健康防护,相信只要有我们公路人的坚守和努力,被冲毁的路就一定能恢复畅通。

7月30日 在中国人民解放军建军94周年之际，省局组织机关干部职工参观全国爱国主义教育示范基地——阳泉狮脑山百团大战纪念馆，缅怀革命先烈，重温历史画面，激励干部职工立足本职岗位，为全省公路事业改革创新做出新贡献。省局党委书记尹新平、副局长许秀銮出席。通过实地参观，重温入党誓词，大家纷纷表示一定要继承先烈遗志，发扬抗战精神，坚定理想信念，不忘初心、牢记使命，坚守全心全意为人民服务的根本宗旨，奋力书写公路部门新篇章。最后大家集体观摩阳泉分局智慧公路综合指挥系统。

8月2日 省局高速处5个党支部联合召开党史学习教育专题组织生活会。局长胡钢成以普通党员身份参加会议并发言。高速处临时负责人曹军英主持专题组织生活会，局党委党史学习教育领导小组办公室成员列席会议。

会上，各支部书记对半年来支部工作情况，特别是党史学习教育情况进行总结，全面检视存在问题，并提出整改建议。党员们交流党史学习心得体会，认真查摆自身存在问题，开展批评提醒，并明确整改措施和努力方向。

8月3日 省局召开会议，对当前重点工作做出安排部署。驻厅纪检监察组副组长聂洪出席会议并讲话，局长胡钢成在讲话中回顾总结上半年工作，对下半年工作做了安排部署，党委书记尹新平主持会议并讲话。

会议指出，2021年以来，在厅党组、局党委正确领导下，全系统广大干部职工担当作为、锐意进取，尽职尽责、勤奋敬业，着力推动公路事业高质量发展，改革发展稳定和党的建设各项工作取得积极成效。会议要求，要按照年初各项部署要求，抓重点、攻难点，加快推进各项工作，确保顺利完成全年目标任务。

聂洪在讲话中，高度评价公路系统2021年以来所做工作，要求各级党组织切实扛起主体责任，抓好关键少数、带好绝大多数，管好人、管好钱，严格执行中央八项规定精神及各项纪律规定，严肃责任追究，不断营造风清气正的良好环境。会上，局班子成员对上半年工作做了点评，并对各自分管领域工作做了具体安排。副局长杨转科宣读省局《历年工程项目调查核实工作实施方案》。会议以视频形式召开，局领导、省局机关各处室负责人在主会场参加会议；各分局领导班子成员及相关部门负责人在分会场参加会议。

9月4日 307国道、207国道阳泉绕城改线工程苏村河特大桥架梁顺利完成。特大桥桩基总计7404米，承台65座，墩柱2750米，盖梁台帽73座，40米T梁355片，为五分部控制性工程。施工过程中，项目全体员工统一思想，齐心协力，精心组织，狠抓落实，积极组织设备资源，投入吊车20余台、旋挖钻3台、冲击钻20台，使用模板20余套，设置安全爬梯600多延米，最终截面为12.5平方米的65根方形墩柱如雨后春笋般拔地而起。

9月7日 忻州市政府组织召开国省干线公路改建工程项目前期工作协调推进会，了解国省干线公路改建工程项目前期工作进展情况，分析存在困难，协调推进项目实施。忻州市常务副市长赵新年、市相关部门负责人参加会议。会上，各相关单位表示下一步将积极配合，通力协作，优化程序，联动推进，确保各项工作无缝对接。

9月15日 省局总工程师马德文带领机关相关处室负责人赴阳泉分局督导推进省道双阳线盂县过境公路改建工程以及239国道郊区过境河底至荫营段改线工程。督导组一行到各项目施工现场实地查看项目建设、安全生产、质量保障等情况后，组织召开座谈会，对项目存在的实际困难和问题，提出具体指导意见和建议，并对下一步工作提出要求。

9月27日 省交通运输厅党组书记、厅长赵建平，厅党组成员、副厅长王晋带领厅机关有关处室负责人深入长治分局，就自由流收费试点推进情况进行调研。长治市委书记杨勤荣，市委副书记、代市长陈耳东参加调研座谈。调研中，赵建平详细了解自由流收费试点工作推进情况及技术方案相关内容，就完善试点方案、加快推进试点工作提出具体要求。

10月6日 省局局长胡钢成、副局长许秀銮分别冒雨深入晋中境内241国道、241国道新建工程施工现场和长治境内207国道、西井桥指导防汛抢险保通工作。现场指导期间,胡钢成、许秀銮详细查看灾毁情况,了解路情、水情、汛情及地质灾害监测处置情况,强调要坚持做到"五个切实到位",做好国省干线公路防汛工作。

10月13日 省局总工程师马德文带领机关相关处室负责人分赴晋中分局指导公路水毁抢险工作。马德文一行先后实地察看108国道灵石段、241国道平遥段、208国道祁县段10余处水毁严重路段,详细了解晋中分局水毁情况及抢险保通工作。马德文对分局抗击汛情抢险保畅工作给予肯定,并对下一步工作提出要求。

10月18日 省交通运输厅党史学习教育巡回指导组长白贵生带领指导组相关成员到阳泉分局开展党史学习教育巡回指导。

10月25日至27日 省交通运输厅党组成员、副厅长郭丙福一行深入晋中分局督导检查公路灾毁处治工作,实地查看241国道、208国道鲁村桥、东夏线昌源河桥等路段水毁恢复情况。受强降雨影响,晋中境内国省干线公路发生严重水毁,分局管养的18条干线公路,有13条路线336处水毁,共造成交通阻断34处。汛情发生后,分局各单位闻"汛"而动,把抢险保通作为"我为群众办实事"实践活动重要抓手,经全力抢险抢通,至10月中旬共抢通33处。

10月29日 省局副局长许秀銮深入联系点筑机厂机关党支部,参加关于加强党支部联系点工作和"深入学习中共十九届六中全会精神"主题党日活动,并作"十九届六中全会精神和山西省第十二次党代会精神"专题宣讲。许秀銮结合"全会精神和山西省第十二次党代会精神"进行宣讲,与筑机厂全体在职党员、预备党员围绕学习贯彻党的十九届六中全会精神进行深入讨论交流。

同日 省局副局长杨转科一行到构件厂党支部工作联系点开展中共十九届六中全会和省第十二次党代会精神宣讲,并对支部建设工作进行指导。杨转科从中共十九届六中全会的历史性成就,发生的历史性变革,党百年奋斗的历史意义,党百年奋斗的历史经验和发出新时代中国共产党实现第二个百年奋斗目标的动员令进行讲解。同时对省第十二次党代会从过去五年工作精神作了阐述。

同日 省局副局长郭晓军一行赴诚达公司党支部联系点宣讲中共十九届六中全会精神。郭晓军围绕深刻领会中共十九届六中全会重大成就、重要意义、主要内容、标志性决议等作全方位阐述。宣讲内容丰富、脉络清晰、逻辑严谨、事例生动,既有历史纵深度,又有现实针对性,为全体党员干部全面领会和贯彻落实全会精神提供很好辅导。

11月2日 省局党委扩大会议召开,原文学习习近平总书记在深入推动黄河流域生态保护和高质量发展座谈会上的重要讲话精神,深入学习中国共产党山西省第十二次代表大会会议精神及相关决议,学习传达省厅党组扩大会议对落实省第十二次党代表大会精神的有关部署。

会议要求,全系统各级党组织要把学习好、宣传好、贯彻好省第十二次党代会精神,作为当前和今后一个时期的重要政治任务,加强组织领导、广泛宣传发动、精心组织安排、及时指导督促,迅速掀起学习宣传贯彻热潮,推动省党代会精神在全系统贯彻落实。要深入对照省厅五方面任务安排和具体工作要求,全力以赴完成公路系统事业单位改革任务,将当前灾后恢复重建和年度重点工作任务等各项工作紧密结合,统筹抓好抢险救灾和灾后恢复重建、常态化疫情防控、年度国检、冬季运煤通道畅通、行业安全稳定等工作。

11月25日 省局特邀山西社会主义学院多党合作教研室讲师李鹏,就学习贯彻中共十九届六中全会精神,给局机关和直属诚达公司干部职工进行专题讲座。局党委书记尹新平参加,局党委委员、副局长杨转科主持本次讲座。通过这次讲座,广大干部职工对中共十九届六中全会的精神有了比较全面、系统、深刻认识。大家纷纷表示,中共十九届六中全会对于实现第二个百年奋斗目标意义极为重大、影响极为深远,一定要把全会精神学习好、贯彻好、落实好,以高度政治自觉、思想自觉和行动自觉,推动学习贯彻走深走实,并把学习成果转化为做好工作的强大动力，为全方位推动公路事业高质量发展做出贡献。

同日 省局总工程师马德文深入支部联系点山西省晋泽通道路桥梁检测有限公司党支部，宣讲中共十九届六中全会精神和省第十二次党代会精神。会上，马德文听取桥检党支部工作汇报，重点围绕四个历史阶段、两个“确立”、13个方面重大历史成就、10条历史经验等7个方面对中共十九届六中全会精神进行专题宣讲。同时结合10个深刻领会对省第十二次党代会精神作了全面讲解。

11月30日 省局党委书记尹新平带领机关相关处室干部赴晋路公司宣讲中共十九届六中全会及山西省第十二次党代会精神。尹新平强调，要学习宣传贯彻十九届六中全会及山西省第十二次党代会精神，有效地提高基层党支部和党员学习教育效果，真正做到弄懂、学深、悟透。要理论联系实际，把学习贯彻党的十九届六中全会精神和省第十二次党代会精神作为近期及今后一段时期工作重点，真抓实干，做出成效。

同日 省局特邀中共山西省委党校老师就学习领会省第十二次党代会精神，给局机关和直属诚达公司干部职工作专题讲座。局党委书记尹新平，局党委委员、副局长杨转科参加此次讲座。

12月1日至2日 省局党委书记尹新平、副局长杨转科带领机关工作人员一行到帮扶点——石楼县罗村镇东石羊村实地走访调研。在东石羊村党群活动中心，尹新平现场听取驻村第一书记情况介绍以及全年帮扶工作开展情况。尹新平指出，全面贯彻落实乡镇振兴国家战略，工作队责任重大、使命光荣。要继续发扬艰苦奋斗、乐于奉献的精神，在地方政府领导下带领老乡增收增产，发家致富。尹新平深入脱贫户、监测户、非建档卡户家中走访，和他们亲切交谈，详细了解家庭生活情况，询问收入主要来源及政策落实情况。

同日 省局局长胡钢成到省公路物资供应有限公司宣讲中共十九届六中全会和山西省第十二次党代会精神。胡钢成围绕“一个根本问题”“两个确立”“四个阶段”“十三个方面重大成就”“十个坚持”“五个方面重大意义”“四个必须”“一个号召”等方面对全会精神进行深度宣讲。同时结合山西省第十二次党代会精神，对全省过去五年成就进行系统回顾，对未来五年规划进行详细解读。

12月30日 省局召开安委会第五次全体（扩大）会议暨灾后恢复重建工作部署会，深入贯彻中共十九届六中全会、中央经济工作会议及省第十二次党代会和省委经济工作会议精神，贯彻落实厅安委会第七次全体扩大会议精神与省厅灾后恢复重建工作有关部署，对近期安全生产、灾后恢复重建进行部署。局党委书记尹新平主持会议，局长胡钢成讲话，局领导许秀銮、马德文、郭晓军出席会议。

会议以视频形式召开。省局领导，局机关有关处室负责人，局直单位党政主要负责人、分管安全领导及相关部门负责人在省局主会场参加会议；各分局党政主要负责人，分管领导及相关部门负责人在分会场参加会议。

（资料报送：薛东梅）

山西省高速公路综合行政执法总队(山西省交通运输综合行政执法局)大事记

1月11日 上午,省高速公路综合行政执法总队(省交通运输综合行政执法局)党委书记、总队长(局长)〔以下简称党委书记、总队长(局长)〕刘清平深入省交通运输执法职工教育培训中心调研。省局副局长刘宝东陪同调研,培训中心和省局办公室、计划财务处、安监处负责人参加调研。

1月15日 上午,党委书记、总队长(局长)刘清平深入太原交通运输执法局及所属督查支队、万柏林区分局调研指导工作。省局党委副书记、副局长史晓华陪同调研,省局人事处、党工部、计财处负责人参加调研。

1月29日 上午,省高速公路综合行政执法总队(省交通运输综合行政执法局)干部大会召开,宣布新任领导班子成员,并举行揭牌仪式。省交通运输厅党组成员、副厅长王晋出席并讲话,党委书记、总队长(局长)刘清平主持干部大会,厅人事处处长杨斌宣读总队(局)新任领导班子成员任命文件并主持揭牌仪式,王晋和刘清平共同揭牌。副总队长(副局长)郭锋代表新任领导班子成员作表态发言。总队机关各单位处级和中层正职干部、各市交通运输执法局党政负责人参加会议和揭牌仪式。

2月2日 党委书记、总队长(局长)刘清平先后深入省运管局治超办和质监组、省交通运输执法网络监控中心、省交通运输执法督查总队调研。省交通运输执法局办公室、人事处、党工部负责人参加调研。省运管局治超办和质监组、省交通运输执法网络监控中心、省交通运输执法督查总队全体干部职工分别参加调研座谈会。

2月7日 党委书记、总队长(局长)刘清平深入省交通运输执法资讯中心调研。省局办公室、人事处负责人参加调研。

2月19日至3月5日 省高速公路综合行政执法总队开展“讲政治、强责任、严纪律、转作风”集中学习提升专项活动。总队党委坚持问题导向,奔着问题去、盯着问题改,结合工作实际和队伍现状,直接点出4个方面12个共性问题。全系统各级党组织和党员领导干部集中开展“画像”比对,列出问题清单,共查摆问题311个,立整立改160个,制订整改措施220条。各级党组织以问题牵引整改,以整改促进提升,以提升振奋精神,锤炼政治“三力”,凝聚思想共识,强化责任担当,严明纪律规矩,提振队伍士气,全系统展现鼓足干劲、重整行装、决胜开局的奋进姿态,营造人心思进、人心思干、风清气正的良好生态。

2月22日 党委书记、总队长(局长)刘清平先后深入省高速公路路政总队、省运政稽查总队和海事组调研。副总队长(副局长)渠刚、郭锋分别陪同调研,省局办公室、人事处、党工部负责人参加调研。

2月25日 下午,党委书记、总队长(局长)刘清平深入忻州交通运输执法局及所属忻府区分局、定襄县分局调研指导工作。副总队长(副局长)段志伟陪同调研,省局党工部负责人参加调研。

3月3日 党委书记、总队长(局长)刘清平深入晋中交通运输执法局及所属榆次区分局、太谷县分局、祁县分局调研指导工作,督导“讲政治、强责任、严纪律、转作风”集中学习提升专项活动。副总队长(副局长)段志伟陪同调研,省局党工部负责人参加调研。

3月5日 省高速公路综合行政执法总队举办庆“三八”女职工座谈会,全体女职工欢聚一堂,共庆节日。党委书记、总队长(局长)刘清平出席会议并讲话。副总队长(副局长)任晓军主持座谈会,省总队领导班子成员,省交通运输执法局办公室、人事处、党工部、工会负责人参加座谈会。

3月9日 上午,省高速公路综合行政执法总队召开老干部座谈会。党委书记、总队长(局长)刘清平代表总队领导班子向老干部致以新春祝福和节日问候,通报单位改革进展情况,对做好老干部工作提出要求。总队领导段志伟、渠刚、任晓军、郭锋出席座谈会。

3月10日 下午,省高速公路综合行政执法总队召开全系统视频会议,传达学习2021年全省交通运输系统党风廉政建设工作会议精神。党委书记、总队长(局长)刘清平传达省交通运输厅党组书记、厅长闫晨曦在全省交通运输系统党风廉政建设工作会议上的讲话精神,并对贯彻落实会议精神提出具体要求。副总队长(副局长)任晓军传达省交通运输厅党组成员、省纪委监委驻厅纪检监察组组长王建业在全省交通运输系统党风廉政建设工作会议上的讲话精神。总队领导段志伟、渠刚、郭锋参加会议。

3月16日至17日 党委书记、总队长(局长)刘清平先后到朔州交通运输执法局、大同交通运输执法局调研指导工作,省交通运输执法局办公室、人事处负责人参加调研。朔州交通运输执法局、大同交通运输执法局领导班子成员及科室负责人分别参加调研座谈。调研期间,刘清平深入朔州交通运输执法局怀仁县分局、大同交通运输执法局大同县分局进行调研,看望慰问一线干部职工。

3月17日 下午,党委书记、总队长(局长)刘清平赴大同市天镇县玉泉镇李家庄村调研驻村帮扶工作,并看望慰问工作在一线的扶贫队员。刘清平实地调研李家庄村史展览馆、现代农业实验园等项目,考察农作物产业发展情况及现代化技术运用情况,并同村“两委”干部和贫困群众亲切交谈。他对全体驻村队员全天在岗付出的艰苦努力、取得的工作成效给予充分肯定,希望他们继续把驻村工作往实里做、往心里做,切实解决村民实际需求,确保工作计划落到实处。

3月19日 上午,省高速公路综合行政执法总队召开全系统视频会议,对推进全系统“三零”单位创建工作进行安排部署。党委书记、总队长(局长)刘清平对全系统“三零”单位创建工作提出具体要求。副总队长(副局长)渠刚主持会议,并宣布《山西省高速公路综合行政执法总队开展“零上访零事故零案件”单位创建工作的实施方案》;副总队长(副局长)郭锋传达省交通运输厅党组书记、厅长闫晨曦在省交通运输厅“三零”单位创建工作第四次推进会暨平安建设2021年第一次会议上的讲话精神。省总队各单位负责人,“三零”单位创建相关业务科室负责人,省交通运输执法局办公室、安监处全体人员在主会场参加会议。各市交通运输执法局主要领导、相关业务分管领导,市局相关业务科室负责人,各交通运输执法分局党政主要领导在各市局分会场参加会议。

3月24日 省高速公路综合行政执法总队召开创建省直文明单位标兵动员大会,动员机关全体干部职工以高度责任感和饱满热情投入文明创建,确保总队机关2021年度创建省直文明单位标兵工作顺利开展。党委书记、总队长(局长)刘清平作动员讲话。副总队长(副局长)段志伟主持动员会,副总队长(副局长)任晓军宣读《山西省高速公路综合行政执法总队机关创建省直文明单位标兵实施方案》,对创建活动进行安排部署。

3月31日 中国共产党山西省高速公路综合行政执法总队(山西省交通运输综合行政执法局)委员会党员大会召开,选举产生中国共产党山西省高速公路综合行政执法总队(山西省交通运输综合行政执法局)第一届委员会委员。厅直机关党委副书记、纪委书记陈尧仲出席会议,并宣布上级党组织批复意见。党委书记、总队长(局长)刘清平代表筹备委员会作大会筹备工作报告。按照法定程序,大会通过中国共产党山西省高速公路综合行政执法总队(山西省交通运输综合行政执法局)委员会候选人名单、选举办法(草案)、监票人和计票人名单,选举产生刘清平、段志伟、渠刚、任晓军、郭锋5

位党委委员。刘清平代表新当选的全体党委委员作了表态发言,并带领全体党员重温入党誓词。会后,总队(局)党委随即召开第一次全体会议,选举刘清平为党委书记,并对党委委员进行工作分工。

4月6日 上午,省高速公路综合行政执法总队邀请八路军太行纪念馆首席讲解师、山西师范大学特聘教授崔韶光开展党史学习教育专题辅导讲座,总队机关全体、各市局党政负责人共189人现场聆听专题辅导。

同日 下午,省高速公路综合行政执法总队(省交通运输综合行政执法局)召开全系统党史学习教育推进会。各市局就党史学习教育组织发动、安排部署、活动开展、宣传报道情况及下一步工作打算等进行汇报。党委书记、总队长(局长)刘清平主持会议并对全系统党史学习教育进行再动员再部署。副总队长(副局长)任晓军,各市交通运输执法局党政负责人,总队机关各党支部书记参加会议。

4月初 省高速公路综合行政执法总队由副总队长带队,抽调业务骨干,组成4个专题调研组,分赴北京、上海、重庆、四川、安徽、宁夏、福建、江西8个省(自治区、直辖市)10个单位进行调研考察,学习借鉴综合执法改革先进经验和做法。

4月7日至5月14日 省高速公路综合行政执法总队联合省交通建设中心组织开展全省在建高速公路建设项目质量安全监督执法检查工作。检查以坚守安全红线、质量底线为切入点,深度融合普法教育,覆盖全部12个在建高速公路建设项目,针对在施工现场发现的质量问题和安全隐患提出整改要求,并按照相关规定对从业单位进行告知。

4月9日 党委书记、总队长(局长)刘清平深入阳泉交通运输执法局及所属矿区分局、城区分局调研指导工作,督导党史学习教育开展情况。省交通运输执法局办公室、人事处相关人员参加调研。阳泉交通运输执法局领导班子成员、各科室负责人参加调研座谈。

4月20日 省直文明办验收组副组长、省直工委讲师团团长闫志云一行3人对省高速公路综合行政执法总队(省交通运输综合行政执法局)机关2020年度省直文明单位标兵创建工作进行验收考核。省交通运输厅直机关党委专职副书记武安瑜陪同考核。验收组通过听取汇报、实地查看、查阅档案资料、随机问卷测试等方式,对总队(局)机关省直文明单位标兵创建工作进行全面细致验收考核。

4月27日 山西省高速公路综合行政执法总队(山西省交通运输综合行政执法局)印发《公文处理办法(试行)》《公文格式规范(试行)》《发文代字规范(试行)》,进一步规范公文处理工作。

同日 下午,省高速公路综合行政执法总队邀请驻交通运输厅纪检监察组副组长任玉胜讲授专题党课,推动全系统党史学习教育走深走实,推进"党风廉政宣传教育月"活动深入开展。党委书记、总队长(局长)刘清平主持。总队领导班子成员及机关全体党员、干部职工参加党课学习。

4月30日 省高速公路综合行政执法总队召开党建和党风廉政建设工作视频会议。会议总结回顾总队(局)新班子组建以来的党建工作,分析省高速公路综合行政执法系统党风廉政建设形势,安排部署2021年党建和党风廉政建设工作。党委书记、总队长(局长)刘清平作了题为《以高质量党建为引领 奋力谱写交通运输综合行政执法事业新篇章》的工作报告,与班子成员签订2021年度党风廉政建设目标责任书。驻厅纪检监察组副组长任玉胜出席会议,对省高速公路综合行政执法系统2021年党风廉政建设工作提出具体要求。总队机关各单位中层以上干部在主会场参加会议;各市交通运输执法局领导班子成员,市局机关全体干部职工,县分局、督查支队党政负责人在分会场参加会议。

4月 省高速公路综合行政执法总队开展2021年度"党风廉政宣传教育月"活动。各级党组织围绕活动主题,聚焦党史学习教育、党章党规党纪学习、警示教育等重点任务,以新民主主义革命时期历史专题学习周、党章党规党纪专题学习周、社会主义革命和建设时期历史专题学习周、廉政警示教育周"四周四主题"为载体,认真推动2021年度"党风廉政宣传教育月"各项任务落地落实。

4月至7月 省高速公路综合行政执法总队开

展“防风险除隐患保平安迎党庆”消防安全专项行动,有效防范化解重大安全风险,消除安全隐患,坚决遏制群死群伤火灾事故,为庆祝中国共产党成立100周年营造良好消防安全环境。各单位在各自职责范围内严格履行消防安全工作职责,压实责任、细化任务,集中摸排、自查自改,深入开展消防安全检查治理。专项检查以机关办公楼为重点,全面排查消防器材配备是否到位,消防设施日常维护及运行情况是否正常,楼梯、过道和疏散通道是否堆放杂物,是否开展消防应急演练和消防教育培训。

5月1日至5日 根据省交通运输厅安排,省高速公路综合行政执法总队组织11个市局执法人员,深入所辖高速公路服务区、收费站等,对通行秩序、安全生产、疫情防控等进行明察暗访,共出动执法人员1491人次、516车次,检查服务区111个、收费站245个、停车点8个、出省口8个、超限检测站18个,发现问题12个,并将有关情况上报省厅。

5月8日 中共山西省高速公路综合行政执法总队(山西省交通运输综合行政执法局)委员会印发《党委工作规则(试行)》《党委理论学习中心组学习制度(试行)》《党委会议工作规则(试行)》《总队长(局长)办公会议工作规则(试行)》《专题会议工作规则》。

5月11日至12日 省高速公路综合行政执法总队联合省交通建设中心对晋阳高速公路改扩建工程进行综合检查。晋阳高速公路改扩建工程处于建设起步阶段,工程质量总体受控,安全生产形势总体平稳。检查组就项目施工工艺控制、工程实体质量、安全生产管控、监理和工地试验检测开展情况等方面存在的问题进行通报反馈,并提出有针对性的整改要求。正值“5·12”全国防灾减灾日,检查组围绕“防范化解灾害风险、筑牢安全发展基础”主题,在施工作业现场深入开展防灾减灾宣传教育活动,积极宣传防灾减灾知识,切实增强一线施工作业人员的防灾减灾意识和自我防护能力。

5月12日 上午,省交通运输厅党史学习教育第三巡回指导组一行4人到总队机关检查指导党史学习教育开展情况。总队领导班子成员、相关处室负责人参加汇报会。

5月13日 山西省高速公路综合行政执法总队(山西省交通运输综合行政执法局)印发《来信来访受理办理工作办法(试行)》,要求全系统认真贯彻落实,做好来信来访受理办理工作,保护信访人的合法权益,维护信访秩序,促进社会和谐稳定。

5月15日 山西省高速公路综合行政执法总队(山西省交通运输综合行政执法局)印发《总队长(局长)履行经济责任风险防控办法(试行)》,着力构建以风险为导向、以控制为主线、以治理为目标的内部审计模式,充分发挥审计工作事前、事中监督作用。

5月19日 下午,省高速公路综合行政执法总队召开全系统视频会议,对全省高速公路综合行政执法系统执法领域突出问题专项整治行动进行动员部署。专项整治行动从2021年5月开始至10月底结束,统筹开展学党史筑牢为民宗旨、抓改革推动高位开局、转作风凝聚创业共识、勤练兵提升素质能力、明责任强化使命担当、知戒惧严守纪法底线、建制度夯实事业根基七项专项工作,同步部署,压茬进行,有序有效推进。

同日 省高速公路综合行政执法总队对太长高速公路太原南收费站(二期工程暨龙城服务区)进行质量安全监督执法检查。

5月25日 山西省高速公路综合行政执法总队(山西省交通运输综合行政执法局)印发《差旅费管理办法(试行)》和《太原市区公务交通费报销管理办法(试行)》,进一步加强总队机关差旅费和太原市区公务交通费管理,规范公务出行活动。

5月26日 上午,省高速公路综合行政执法总队在太原绕城高速公路东社收费站广场组织开展2021年“路政宣传月”集中宣传日活动。省交通运输厅党组成员、副厅长郭丙福,总队(局)党委书记、总队长(局长)刘清平,山西交控集团副总经理谢鹏远,省交通运输厅路政管理处处长张立承,总队(局)副总队长(副局长)渠刚等参加活动。郭丙福一行向司乘人员发放路政宣传资料和法治宣传漫画册,对一线执法人员进行慰问,对高速公路综合行政执法总队在“路政宣传月”活动中的各项工作予以充分肯定。集中宣传日活动当天，全省高速公路综合行政执法各支队、各大队充分运用传统方式与新媒体平台，重点在各高速公路出入口、服务区、货运站场、运输企业开展路政法律法规宣传，共出动执法人员600余名、流动视频宣传车15台，悬挂条幅200余条，摆放宣传展板80余块，设置宣传点45个，发放宣传资料4000余份，发放宣传漫画册300余份，重点对《中华人民共和国公路法》《公路安全保护条例》《交通运输行政执法程序规定》《山西省高速公路非公路标志管理办法》《超限运输车辆行驶公路管理规定》等路政管理法律法规进行宣传，积极争取人民群众对路政工作的理解和支持，促进严格规范公正文明执法，进一步提升维护交通运输从业人员合法权益意识，也向社会公众展示路政执法队伍良好形象，切实将“路政宣传月”活动推向高潮。

5月28日 下午，省高速公路综合行政执法总队召开全系统信访工作会议，深入学习贯彻省信访联席会议全体(扩大)会议精神，传达贯彻落实省厅关于做好近期信访工作的各项部署要求，通报2021年以来全系统信访工作情况，分析研判当前全系统信访形势，签订2021年度信访工作责任书，对做好改革期间工作进行安排部署。

6月2日 山西省高速公路综合行政执法总队(山西省交通运输综合行政执法局)印发《合同管理办法》，进一步规范总队机关合同管理，有效维护各方合法权益。

6月6日 中共山西省高速公路综合行政执法总队(山西省交通运输综合行政执法局)委员会印发《关于规范党员和领导干部操办婚丧喜庆事宜规定》。

6月11日 全省高速公路综合行政执法人员资格培训圆满结束。培训从2020年11月10日开班，共举办8期，每期10天，1166名执法人员参加培训。培训实行全封闭军事化管理，学员分组编队，严格考勤和请销假制度。培训内容包括基本法律知识、高速公路综合执法专业知识、高速公路综合执法实务操作、党史学习专题、交通运输行政执法职业道德与廉政要求、有效引导舆论防范化解舆情风险、现场医疗救护的基本知识、路政大队实地观摩学习、集中收看廉政警示教育片、学员学习体会交流等内容，同时安排早操队列训练和手势操比武，培训结束进行结业考试。

6月12日至14日 端午“小长假”期间，按照省交通运输厅通知，省高速公路综合行政执法总队组织11个市局出动1385人次、470车次，对公路超限检测站点、客货运站场、源头治超企业等399个执法问题易发场所进行明察暗访，发现各类问题69个，有关情况上报省厅。

6月17日 省高速公路综合行政执法总队党委召开专题会议，对各市交通运输执法局、总队机关各部门主要负责人进行集体廉政谈话，进一步压紧压实各级党组织管党治党责任，为迎接中国共产党成立100周年营造浓厚氛围。

同日 省高速公路综合行政执法总队召开执法领域突出问题专项整治行动推进会，会议传达省厅专项整治行动视频调度会精神，听取各市局专项整治行动进展情况汇报，对专项整治行动进行再动员、再部署。

6月18日 省高速公路综合行政执法总队邀请山西大学法学院教授何建华，开展百年党史与习近平法治思想解读专题讲座。总队机关140余人现场聆听专题讲座。

6月21日至30日 省高速公路综合行政执法总队分4个督导组，采取听汇报、查资料、看现场和个别交流及随机抽检等方式，对各市交通运输执法局及所辖部分分局进行专项督查。督导检查主要包括执法领域突出问题专项整治行动、“安全生产月”活动暨消防安全专项行动、信访工作、落实中央八项规定精神纠“四风”树新风等工作开展情况。

6月22日至26日 省高速公路综合行政执法总队对昔榆、黎霍、朔神、离隰、隰吉、静兴、祁离、晋阳高速改扩建工程8个建设项目进行安全生产专项检查，对各建设项目落实国务院、省委省政府、省交通运输厅近期安全生产工作要求，对施工现场安全生产、汛期安全生产、应急值班值守、农民工工资支付等情况进行检查,并对上一轮综合检查发现的质量安全问题及隐患整改情况进行督导。检查组对检查发现的安全问题和事故隐患及时向参建单位进行反馈,要求各项目参建单位要举一反三,全面排查生产过程中存在的问题和隐患,及时进行整改,彻底消除安全隐患。

6月24日 省高速公路综合行政执法总队党委在八路军总部所在地武乡县举行中心组(扩大)学习暨第七次党史专题学习,瞻仰八路军太行纪念馆、八路军总部王家峪旧址,缅怀革命先烈,重温入党誓词,在长治交通运输执法局武乡县分局开展集中专题学习,并围绕学习中共十八大以来历史以及参观八路军太行纪念馆的感悟感受进行专题研讨。总队领导班子成员,机关各单位、各处室负责人,机关各支部书记参加学习。

6月25日 党委书记、总队长(局长)刘清平一行在黎霍高速公路建设项目施工一线,通过调研座谈、普法宣传、安全讲座和警示教育等多种形式,开展"进工地到一线 入项目优服务"活动。

6月26日 省高速公路综合行政执法总队召开庆祝中国共产党成立100周年安保维稳工作部署会,传达省厅庆祝中国共产党成立100周年安保维稳推进会暨平安建设领导小组第二次会议精神,就做好安保维稳工作进行动员部署,提出明确要求。副总队长(副局长)渠刚主持会议。各市交通运输执法局党政负责人,总队机关办公室、安监处负责人参加会议。

同日 中共山西省高速公路综合行政执法总队(山西省交通运输综合行政执法局)委员会印发《关于进一步贯彻落实中央八项规定精神的实施细则》,进一步加强全系统纪律作风建设,推动形成贯彻落实中央八项规定精神的浓厚氛围,努力营造风清气正的良好政治生态。

6月27日 省高速公路综合行政执法总队举办"永远跟党走 奋进新征程"职工演讲比赛暨文艺会演。首先由党委书记、总队长(局长)刘清平为全系统"光荣在党50年"老党员代表颁发"光荣在党50年"纪念章。随后,19位演讲选手紧扣主题,用饱含激情、真挚自信语言抒发他们的初心使命,用身边党组织和党员在脱贫攻坚、抗击疫情、乡村振兴、志愿服务等平凡岗位上的业绩,声情并茂诠释对党和祖国的热爱、对工作和事业的执着。文艺会演以丰富多彩的艺术形式,带领观众一起回顾党的光辉历程和丰功伟绩,激励和引领全系统广大干部职工不忘初心、牢记使命,坚定不移听党话、感党恩、跟党走,精彩演出博得现场观众阵阵掌声。其间,总队领导分别为受到表彰的"两优一先"代表、演讲比赛获奖选手颁奖。

6月28日 省高速公路综合行政执法总队党委被中共山西省交通运输厅党组授予"先进基层党组织"荣誉称号。

6月30日、10月17日 省高速公路综合行政执法总队组织全系统1218人次参加省司法厅申领行政执法证公共法律知识考试,1090人通过考试,并申领"中华人民共和国行政执法证"。

7月1日 庆祝中国共产党成立100周年大会在北京天安门广场隆重举行。省高速公路综合行政执法系统各单位以多种方式,分别组织干部职工收听收看大会盛况,并开展谈心得、讲体会等活动。

7月1日至2日 党委书记、总队长(局长)刘清平带领班子成员及机关中层干部,赴吕梁市石楼县罗村镇楼家庄村调研驻村帮扶工作。在驻村帮扶工作队驻地吕梁交通运输执法局石楼县分局,刘清平认真查看工作队办公和生活环境,详细询问队员们工作、住宿、就餐等基本情况,勉励他们扑下身子、扎根农村、务实工作,为全面推进乡村振兴持续贡献交通力量;同时,要求石楼县分局切实发挥驻地单位作用,积极沟通协调属地相关部门,在工作、生活等各方面为工作队提供支持和保障。在楼家庄村村委,刘清平与石楼县政府、罗村镇党委主要负责人及村干部、驻村帮扶工作队员进行座谈交流,了解楼家庄村基本情况、驻村帮扶工作开展情况,讨论驻村帮扶总体思路和产业发展规划。

7月1日至2日 党委书记、总队长(局长)刘清平深入吕梁交通运输执法局及所属石楼县分局、汾阳市分局调研指导工作。副总队长(副局长)渠刚陪同调研。

7月7日 山西省高速公路综合行政执法总队(山西省交通运输综合行政执法局)印发《机关采购购置管理办法(试行)》,进一步规范总队(局)机关货物、服务、工程项目和低值易耗品等采购购置的行为,严格采购程序,强化采购人主体责任,明确工作流程,明确各环节当事人责任。

7月8日 省交通运输厅党组书记、厅长赵建平一行赴省高速公路综合行政执法总队(省交通运输综合行政执法局)就深化交通运输综合行政执法改革工作开展调研座谈。厅党组成员、副厅长王晋主持会议。厅一级巡视员郝玉柱、雷天才参加会议。赵建平了解全省交通运输综合行政执法改革机构、编制、人员等情况,听取省公路局关于普通国省干线公路行政执法职责、人员划转、承接等情况汇报,听取总队关于省级交通运输综合行政执法改革进展情况汇报,并对进一步做好交通运输综合行政执法改革提出具体要求。

同日 为保障高速公路综合行政执法工作有序开展,结合工作实际,省总队向省交通运输厅报送《关于高速公路一线综合行政执法管理用房有关问题的请示》,厅党组成员、副厅长王晋批示"由厅法规处牵头研究一个总体方案,分步实施"。根据厅领导批示,9月1日,省总队向省交通运输厅申请发布《高速公路沿线综合行政执法业务用房建设和管理办法》的请示;10月19日,省厅印发《山西省交通运输厅高速公路沿线综合行政执法业务用房建设和管理办法(试行)》。该办法从制度层面规范拟建高速公路沿线综合行政执法业务用房的建设、配置、使用和管理工作。这是总队成立以来推动省厅制定出台的第一个规章,也是全国范围内第一个综合行政执法业务用房建设和管理办法,对规范高速公路执法用房建设和管理具有重要作用。

7月10日至13日 受省交通运输厅委托,省交通运输综合行政执法局组成5个督导检查组,对各市和部分县交通运输局专项整治行动情况实施第二轮专项督导检查。督导检查组实地深入11个市交通运输局、4个市交通运输综合行政执法队、15个县交通运输局、2个县(市)交通运输综合行政执法队、1个运管所和4家超限检测站、10家企业进行督导检查,组织调研座谈32次,发放调查问卷341份。针对督导检查中发现的问题,省局形成报告上报省厅,并提出相应工作建议。

7月14日 省交通运输厅在省高速公路综合行政执法总队(省交通运输综合行政执法局)组织召开交通运输综合行政执法改革座谈会,听取各市交通运输局市县两级交通运输综合行政执法改革进展情况、存在的问题和建议,省厅党组成员、副厅长主持会议,并对推进交通运输综合行政执法改革提出具体要求。

7月23日 党委书记、总队长(局长)刘清平,深入太原交通运输执法局机关讲授专题党课。太原局领导班子成员、机关全体党员干部听讲。

同日 省高速公路综合行政执法总队召开全系统专项整治第二次推进会,传达交通运输部、省交通运输厅专项整治行动视频调度会精神,通报全系统专项督导检查情况,听取各市局工作汇报,对专项整治进行再部署、再推动。

同日 省高速公路综合行政执法总队邀请省交通运输厅政策法规处处长郭富平作"典型案例剖析专题讲座",增强干部职工法律意识,切实推动专项整治行动深入开展。

7月27日 上午,省交通运输厅一级巡视员雷天才深入省高速公路综合行政执法总队,调研督导总队党委落实全面从严治党主体责任情况。总队领导班子成员,总队机关相关部门负责人参加。

8月1日 从8月份开始,省高速公路综合行政执法总队开展"以案释法"案例评析活动。总队专项整治办每周发布一个案例,并列出讨论要点,要求总队机关各处室(中心)、各市交通运输执法局组织干部职工积极参与讨论、评析,按时向总队专项整治办反馈讨论情况,总队专项整治办安排专人对反馈情况进行汇总,定期发布案例点评,梳理案例中的法律关系,从主体确认、事实认定、证据收集、法律适用、办案程序等方面具体分析,澄清反馈意见中的模糊认识，通过“一案一讨论”形式，对典型案例解疑释惑，带动干部职工积极主动学习掌握交通运输相关法律法规，提升执法业务能力和水平。

8月9日 省高速公路综合行政执法总队党委召开“我为群众办实事”实践活动重点项目推进会，盘点总结总队机关各重点项目进展情况，研究解决存在的困难和问题，部署下一步推进措施。

同日 山西省高速公路综合行政执法总队(山西省交通运输综合行政执法局)印发《机关公务用车管理办法(试行)》。

8月17日 省高速公路综合行政执法总队召开2021年上半年工作会议，认真贯彻落实全国、全省交通运输半年工作会议精神，总结上半年工作，安排部署下半年重点任务。党委书记、总队长(局长)刘清平讲话。副总队长(副局长)渠刚主持会议。太原交通运输执法局、忻州交通运输执法局、晋城交通运输执法局、总队质监组在会上作交流发言。会议以视频形式召开。总队领导，总队机关各处室负责人，总队机关各单位领导和部门负责人在主会场参加会议；各市交通运输执法局领导班子成员、科室负责人，各县分局、督查支队主要领导在各市局分会场参加会议。

8月18日 山西省高速公路综合行政执法总队(山西省交通运输综合行政执法局)印发《公章使用管理办法(试行)》。

8月20日 上午，省高速公路综合行政执法总队召开党史学习教育重点工作推进会，主要听取各市交通运输执法局“我为群众办实事”实践活动开展情况汇报，分析研究推进过程中面临的难点堵点问题，对党史学习教育重点工作任务进行再深化再部署。各市交通运输执法局分管领导、党群部负责人，总队党史学习教育办公室有关人员参加会议。

8月21日至22日 省高速公路综合行政执法总队组织召开“山西省高速公路综合行政执法事项清单”专家论证会。省司法厅立法一处处长张明厚、立法二处处长蔡珂、立法三处处长刘彦平、行政执法协调监督处四级调研员李建斌和省交通运输厅政策法规处二级调研员杨继勇等专家参加论证会。专家组了解省高速公路综合行政执法机构改革、组建、职能设置情况，听取“清单”编制的主要原则、依据、基本结构、主要内容和过程等情况说明，围绕编制“清单”需要遵循的根本原则、“清单”框架结构等进行充分分析讨论，提出建设性意见建议，为“清单”进一步完善提供科学指导。

8月30日 上午，省高速公路综合行政执法总队召开机关干部大会，宣布厅党组对总队机关副处级干部任免的决定。党委书记、总队长(局长)刘清平对新任职副处级干部提出希望和要求。省交通运输厅人事处副处长张永辉代表厅党组宣布对总队机关副处级干部的任免决定。副总队长(副局长)段志伟主持会议。总队执法一处副处长梁进勇代表新任职的12名副处级干部从“强政治、勤学习、勇担当、守底线”四方面作表态发言。总队领导、总队机关正科级以上干部参加会议。

9月1日 即日起，省高速公路综合行政执法总队依托“交通运输行政执法人员学习考试管理系统”，对全系统所有在编在岗干部职工执法业务学习考试实行常态化管理。

9月2日至6日 省高速公路综合行政执法总队所属11个支队分别在驻地举行揭牌仪式，省总队领导参加分管支队揭牌仪式并讲话。山西省高速公路综合行政执法总队所属各支队主要承担本辖区高速公路路政(含治超)、运政及建设、养护工程质量安全监督等执法门类的行政处罚及与之相关的行政强制、行政检查工作。各支队的成立，在全省高速公路综合行政执法事业历史上具有里程碑式的重要意义，开启全省高速公路综合行政执法工作新征程。

9月3日至11月27日 省高速公路综合行政执法总队对全省12个在建高速公路项目开展第二次工程质量安全监督执法检查。检查共分为工程质量组、工程安全组、监理试验检测市场行为组3个专业小组，采取现场参看、实体抽检、查阅资料、询问谈话等方式，对高速公路建设项目的质量安全管理行为、施工工艺控制、现场安全生产状况、实体工程质量等方面进行综合检查，对发现的质量问题和安全隐患制作《检查笔录》,并对相关整改事项予以通报。检查过程中,检查组还对各建设项目参建单位进行建设工程领域相关法律法规的普法宣传教育,努力提升依法建设水平。

9月8日 省交通运输厅一级巡视员雷天才在省高速公路综合行政执法总队开展学习贯彻习近平总书记"七一"重要讲话精神专题宣讲,深刻阐述习近平总书记"七一"重要讲话的重大意义、主要内容和丰富内涵,深入解读中国共产党百年奋斗的光辉历程、伟大成就、宝贵经验和实践启示,解读伟大建党精神的深刻内涵和时代价值,并就如何学习领会、贯彻落实习近平总书记"七一"重要讲话提出具体要求。副总队长(副局长)段志伟主持宣讲会。

9月17日 上午,省高速公路综合行政执法总队组织静乐至兴县、祁县至离石等全省12个在建高速公路建设单位,召开全省在建高速公路依法建设工作座谈会。党委书记、总队长(局长)刘清平参加会议,就土地审批、安全质量建设、智慧工地建设、"平安百年品质工程"示范创建等工作与各建设单位进行深入沟通交流。12个在建高速公路建设单位介绍项目概况及程序履行、质量提升、安全管控等工作开展情况。

同日 下午,省交通运输综合行政执法局组织召开全省交通运输综合行政执法队队长座谈会。党委书记、局长刘清平主持会议并讲话。各市交通运输综合行政执法队分别介绍改革推进情况、业务开展情况、现阶段工作中存在的突出问题和对今后工作的意见建议。刘清平介绍省级交通运输综合行政执法改革进展情况和业务工作开展情况,分析全省交通运输综合行政执法改革工作形势,提出做好下一步工作的建议。

9月18日 山西省高速公路综合行政执法总队(山西省交通运输综合行政执法局)印发《机关工作人员考勤和请销假管理办法(试行)》。

同日 为进一步严肃工作纪律,改进工作作风,加强组织管理,省高速公路综合行政执法总队(山西省交通运输综合行政执法局)印发《关于进一步规范和加强外出报备工作的通知》。

9月22日至28日 省交通运输综合行政执法局组织督查组分赴全省开展水上交通安全督导检查。督查重点包括:市、县交通运输主管部门水上交通安全专项整治三年行动开展情况;极端恶劣天气预警预报责任落实情况;水上交通应急预案、应急演练及值班值守情况;水上交通安全监管情况,同时抽查部分水运企业及渡口码头的安全管理工作情况。督查组对发现的问题和隐患,及时向被检查单位反馈,提出具体整改要求,明确责任单位、责任人和整改时限。对影响人民群众水上交通安全出行的问题和隐患,责令被检查单位立即整改,确保国庆节前全部整改到位。同时,要求市、县两级交通运输主管部门深刻汲取"六盘水客8015"侧翻事故教训,举一反三,全面加强水上交通安全监管工作,尤其要在国庆期间加大巡查力度,严格落实值班值守制度,确保节日期间辖区内水上交通安全形势稳定。

9月22日至30日 省交通运输综合行政执法局成立3个督导检查组,采取听取汇报、查阅资料、现场检查、谈话问询等方式,对忻州市、阳泉市、长治市道路运输综合行政执法工作开展情况进行督导检查。督导检查组共检查交通运输综合行政执法部门及相关企业单位16个,其中市、县(区)交通运输综合行政执法队8个,危货企业2个,汽车客运站2个,客运企业1个,货运源头企业3个,覆盖督导检查要求的全部领域。

9月23日 上午,省高速公路综合行政执法总队组织召开全系统执法领域突出问题专项整治行动第三次推进会。会议传达学习交通运输部、省厅调度会议精神,听取各支队问题查纠整改情况和挂牌以来工作进展情况汇报,并对下一阶段专项整治工作进行安排部署。

9月26日 省高速公路综合行政执法总队组织召开全省高速公路综合行政执法"十四五"发展规划编制工作启动会。会议以视频形式召开,要求各支队、各处室(中心)要加强组织领导,落实好工作职责和人员,确保规划编制工作顺利启动;要强化协作配合,按照分工要求,加强沟通、形成合力,保证规划编制有序推进;要注重集思广益,整合各种资源,听取多方意见,增强规划编制的民主性和实用性;要严格掌控时间进度,制订计划、压茬推进,确保规划编制工作如期高质量完成。总队领导,总队机关各处室(中心)负责人、正科级干部在主会场参加会议;各支队班子成员、各分局(队)负责人在分会场参加会议。

9月28日 省高速公路综合行政执法总队由副总队长郭锋带领国省有关桥梁专家组成的工作组,深入建设一线开展"进工地、到一线、入项目"活动。工作组一行参观项目智慧化建设中心,了解项目概况,走访施工现场,向施工人员发放依法建设宣传手册。针对9月22日夜间突发性暴流对现场临建造成的影响,在听取工程进展情况汇报和技术支撑单位湖南大学关于风荷载对桥梁施工安全性影响的分析后,与会专家围绕最不利工况状态下钢箱梁顶推施工稳定性开展研讨,并提出指导性意见和建议。

同日 省直文明委下发《关于表彰2020年度省直文明单位、省直文明校园、省直机关第五届道德模范和精神文明建设先进工作者的决定》(晋直文明委〔2021〕4号),省高速公路综合行政执法总队被授予"省直文明单位标兵"称号。

10月10日至12月31日 省交通运输综合行政执法局在全省组织开展重点货运源头治理专项整治工作,全面履行货运源头治理职责,积极推动源头治超和污染防治工作。各市交通运输综合行政执法队按照辖区管理范围,对源头治理工作进行广泛宣传,提高全社会及相关从业人员对源头治超、污染防治工作的认识,检查过程中重点关注煤、焦、铁、矿等重点货运源头单位及沙石料厂的短途运输超载现象,掌握易发超载时段和超载规律,不定时、不定点,有针对性地进行督导检查,确保不留盲区、不留死角,做到专项整治工作全覆盖。检查结束后,针对专项整治期间的非法超载案件进行梳理、整改,依法依规从严处理,确保处罚执行到位。

10月15日 上午,省高速公路综合行政执法总队组织全省11个高速公路综合行政执法支队,召开改革进展情况汇报会。各支队汇报改革进展情况、在改革过程中遇到的问题以及下一步工作思路和建议。针对支队提出的意见和建议,总队机关各处室(中心)负责人进行现场解答,并就下一步具体工作开展进行安排。总队长(局长)刘清平主持会议并讲话。总队领导班子成员,总队机关各处室(中心)负责人,各支队负责人参加会议。

10月21日 下午,省交通运输厅党史学习教育第二巡回指导组深入省高速公路综合行政执法总队,检查指导党史学习教育推进情况。党委书记、总队长(局长)刘清平介绍2021年以来总队改革发展和党史学习教育总体情况、取得的工作成效以及存在不足,希望巡回指导组多提宝贵意见,指导促进总队党史学习教育取得更大成效。副总队长任晓军汇报总队党史学习教育推进情况。指导组组长虞翠云对总队党史学习教育各项工作给予高度肯定,希望总队保持良好态势、把握当前重点、做好总结提升,持续推动党史学习教育往深里走、往实里走。会后,指导组对总队党委及机关各支部党史学习教育资料进行现场督导检查。

11月1日 省高速公路综合行政执法总队印发《山西省高速公路综合行政执法文书式样及适用规则填制说明(试行)》《山西省高速公路综合行政执法案卷制作基本规范(试行)》,在全系统全面贯彻实施行政执法公示制度、行政执法全过程记录制度、重大行政执法决定法治审核制度,完整、准确反映案件查处全过程,保护行政相对人合法权益,监督行政执法人员执法行为,实现严格规范公正文明执法。

同日 省高速公路综合行政执法总队制定印发《山西省高速公路综合行政执法队伍素质能力提升三年行动实施方案(2021—2023年)》,全面加强队伍建设,提升素质能力,努力打造一支政治坚定、素质过硬、纪律严明、作风优良、廉洁高效的高速公路综合行政执法队伍。

11月5日 省高速公路综合行政执法总队印发《山西省高速公路综合行政执法系统上路执法工作任务清单》,明确总队所属各支队、总队机关各处室(中心)的任务分工和时间节点,统筹推进"年内上路执法”工作目标的实现。

同日 为准备完成向社会公示山西省高速公路综合行政执法机构的执法职责，推进严格公正执法，省高速公路综合行政执法总队编制《山西省高速公路综合行政执法事项清单(2021版)》提请省厅审核。

11月16日 省高速公路综合行政执法总队印发《山西省高速公路综合行政执法总队电子印章管理办法(试行)》，进一步规范全系统协同办公平台电子印章的使用和管理，确保电子印章安全、可靠应用。

11月17日至18日 党委书记、总队长(局长)刘清平深入临汾支队、运城支队调研指导工作。

11月18日 交通运输部印发《关于通报表扬全国交通运输系统“七五”普法突出成绩单位和个人的决定》(交法函〔2021〕611号)，省高速公路综合行政执法总队受到通报表扬；太原支队副科级干部尚晓池受到通报表扬。

11月23日 省高速公路综合行政执法总队工会召开第一次会员代表大会。经过充分酝酿和民主选举，选举产生总队第一届工会委员会、经费审查委员会和女职工委员会。省公路运输工会主席刘贵良参加大会。

同日 总队工会“三委”分别召开一届一次会议，选举产生工会主席、副主席、经审委主任、女工委主任。

11月28日 上午，省高速公路综合行政执法总队召开党委专题扩大会议，传达学习中共山西省交通运输厅党组转发《中共山西省委关于加强对“一把手”和领导班子监督的实施意见》精神，传达学习全国交通运输领域整治工作视频推进会和省厅常态化扫黑除恶交通运输领域整治工作推进会暨平安建设领导小组2021年第三次会议精神，安排部署全系统常态化开展扫黑除恶工作。总队领导班子成员，各支队主要负责人，总队机关各处室(中心)负责人参加会议。

是月 为履行好交通综合行政执法职责，按照刻制印章相关要求，省高速公路综合行政执法总队刻制12枚“山西省交通运输厅综合行政执法专用章”。

12月1日至3日 省高速公路综合行政执法总队11个支队所属68个大队分别在驻地举行集中揭牌仪式，标志着全省高速公路综合行政执法系统支队、大队全部组建完成。总队领导参加揭牌仪式。

12月3日 省高速公路综合行政执法总队印发《山西省高速公路综合行政执法总队行政执法公示制度(试行)》《山西省高速公路综合行政执法总队行政执法全过程记录制度(试行)》和《山西省高速公路综合行政执法总队重大行政执法决定法治审核制度(试行)》。

12月4日 第八个国家宪法日。为了进一步弘扬宪法精神，引导广大群众树立尊崇宪法、宪法至上理念，省高速公路综合行政执法总队组织全系统集中开展“以习近平法治思想为指引，坚定不移走中国特色社会主义法治道路”为主题的宪法现场宣传活动。上午9时，总队和所属11个支队同时行动，深入社区、车站、高速公路收费广场、运输企业等场所，发放宣传资料、宣传册，讲解宪法知识，宣讲中共十九届六中全会决议主要内容和民法典知识，宣传交通运输法律法规。总队长刘清平、副总队长段志伟，省交通运输厅政策法规处副处长张瀚鑫在活动现场向过往群众发放宣传资料，耐心解答群众疑问。

12月6日 全省高速公路综合行政执法系统上路执法启动动员会议在太原召开，标志着全省交通运输综合行政执法改革取得决定性成果，即将正式履行法律法规赋予的高速公路综合行政执法职能。省交通运输厅一级巡视员雷天才出席会议并作动员讲话，会议由总队长刘清平主持。省交通运输厅有关处室负责人参加会议。雷天才在动员讲话中，提出3点要求：提高站位，执法为民，全面开启高速公路综合行政执法新征程；凝心聚力、振奋精神，全方位推动高质量发展；开拓奋进、攻坚克难，全力打造一流执法队伍。会上，雷天才为部分执法人员代表颁发“中华人民共和国行政执法证”；工作人员宣读交通运输部颁布的“交通运输行政执法禁令”；全省高速公路综合行政执法系统1000余名执法人员进行集体宣誓;随着雷天才宣布“山西省高速公路综合行政执法全面启动”,省总队和各支队执法人员乘坐执法车辆,全面开启全省高速公路综合行政执法新征程。

12月7日 省高速公路综合行政执法总队举办学习贯彻中共十九届六中全会精神暨党员领导干部履职能力提升班,掀起学习贯彻中共十九届六中全会精神和省第十二次党代会精神热潮。此次培训共分两期,来自全系统处级领导干部、总队机关各处室科级干部、支队机关各科室和一线执法大队负责人共180余人参加培训。

同日 为规范新建高速公路沿线综合行政执法业务用房建设,省高速公路综合行政执法总队党委会议研究通过山西省新建高速公路沿线综合行政执法业务用房建设规划编制、标准图设计预算,确定由并辉招标代理公司代理采购。按照采购要求,经过面向社会公开询比采购(公告)、项目开标评审等程序,山西省交通规划勘察设计院有限公司中标。12月20日,省总队与中标单位签订合同。12月26日,山西省新建高速公路沿线综合行政执法业务用房建设规划编制、标准图设计通过(初稿)评审会。

12月8日 为严格贯彻执行中央八项规定精神,认真做好总队公务接待和会议费管理工作,山西省高速公路综合行政执法总队(山西省交通运输综合行政执法局)印发《公务接待管理办法(试行)》《会议费管理实施细则(试行)》。

12月8日至10日 省高速公路综合行政执法总队举办“全省公路工程质量安全监督执法人员培训班”,邀请省内外多名专家学者主讲,重点围绕公路工程质量安全监督执法相关法律法规、监督执法实务,路面、桥梁、隧道养护工程质量控制要点等内容进行深入解读。总队机关及所属各支队、各市交通运输综合行政执法队从事公路工程质量安全监督执法工作的70余人参加培训。

12月13日 省高速公路综合行政执法总队印发《山西省高速公路综合行政执法信用体系建设实施意见》。

12月15日至17日 省交通运输综合行政执法局举办“交通运输运政执法培训班”,邀请业内知名领导、教授、法律专家和有着丰富一线执法经验人员授课,并尽可能为学员提供良好的学习条件,有效提升全省交通运输综合行政执法人员业务素质和执法水平。

12月15日至23日 省高速公路综合行政执法总队组织6个督导组,对大同北、朔州、忻州南、太旧、太原、吕梁南、晋中、运城北、临汾北、长治、晋城11个高速公路分公司所辖52个高速公路入口治超检测工作开展专项督导。督导组通过听取公司汇报、查阅公司和治超点资料、实地察看相关数据等,对高速公路入口超限检测点对运输车辆的检测情况,对非法超限车辆处理情况、高速公路入口治超与收费系统的联动运行情况以及治超检测点内业资料、外观环境等进行督导。对于在督导过程中发现的在治超检测各类工作表填写、公示栏内容更新以及夜间值班等方面存在管理不到位、工作不规范等问题,督导组都予以现场反馈,并提出整改意见。

12月16日 省高速公路综合行政执法总队党委书记、总队长(局长)刘清平深入定点帮扶村——石楼县罗村镇楼家庄村调研指导乡村振兴帮扶工作,并看望慰问总队驻村工作队员。副总队长(副局长)段志伟、省厅包村工作队队长郝瑞军、罗村镇党委书记闫瑞平陪同调研。刘清平实地查看罗村镇乡村振兴项目建设情况,现场听取镇村乡村振兴发展规划总体思路和目标定位介绍。随后,他来到脱贫户、非建档卡户村民家中,与村民促膝交谈,详细了解村集体经济发展、村民生产生活现状,认真倾听意见建议,鼓励他们勤奋劳作、增收致富,过上更加幸福的生活。刘清平还看望慰问驻村工作队员并送去御寒物品,查看队员办公、生活场所,详细了解队员工作生活情况,对驻村工作队克服困难、扎根农村,主动作为、努力工作给予充分肯定,同时嘱咐驻地部门要做好工作队各项保障工作。

12月17日 省高速公路综合行政执法总队印发《山西省高速综合行政执法“四基四化”建设实施意见》,夯实基层基础,有序推进高速综合行政执法“四基四化”建设。按照“一年打基础、三年见成效、五年创一流”的总体工作思路,部署开展“四基四化”建设,力争到2023年,打造一支政治坚定、素质过硬、纪律严明、作风优良、廉洁高效的执法队伍;建设一批形象统一、标识规范、设施完备、装备齐全、保障有力的执法大队;建立一套体系完备、内容具体、可操作性强的制度体系;建成一个系统集成、联网适用、信息共享、服务便捷的执法信息平台。实现执法水平提质、执法形象提标、执法基础提档、执法效能提升,选树一批执法标兵、建设一批标准化执法大队、制定一批规范化制度、形成一批可复制经验,创建一流的高速公路综合行政执法形象。

12月20日 省高速公路综合行政执法总队召开全系统执法领域突出问题专项整治行动总结视频会议。全面总结和巩固专项整治行动取得的成果,推动全省高速公路综合行政执法规范化建设实现常治长效。党委书记、总队长(局长)刘清平出席会议并讲话。副总队长(副局长)段志伟主持会议。太原支队、忻州支队、晋城支队作交流发言。总队领导班子成员、总队机关正科级以上干部在主会场参会,支队机关全体人员、大队副科级以上干部在分会场参会。

12月23日 为进一步贯彻落实《山西省高速公路综合行政执法信用体系建设实施意见》,加强和规范高速公路建设市场信用评价相关工作,省高速公路综合行政执法总队成立高速公路建设市场信用评价领导组,总队长(局长)刘清平任组长,副总队长(副局长)段志伟、渠刚、任晓军、郭锋任副组长,相关处室负责人任成员,领导组负责统筹安排部署全省在建高速公路建设市场信用主体的评价工作,审核各参建单位人员信用评价扣分情况,讨论、确认、汇总形成总队年度信用评价扣分结果上报省厅。领导组下设办公室,设在执法三处,具体负责在建高速公路施工、监理、设计等信用主体的信用评价工作,依据总队高速公路建设领域监督执法检查结果,按照客观、有效、公开、公正的工作原则,对各评价主体不良行为进行分析、研究、确认和记录,按照相关规定汇总信用评价扣分条目信息,并报领导组审定。

12月27日至28日 省交通运输综合行政执法局党委书记、局长刘清平到晋城市、长治市交通运输综合行政执法支队调研指导工作。

12月28日至29日 省高速公路综合行政执法总队党委书记、总队长刘清平深入晋城、长治调研指导工作。刘清平先后深入晋城支队、长治支队、晋城支队四大队、长治支队三大队进行调研座谈,听取工作汇报,深入了解基层大队工作开展情况。刘清平在讲话中,对各单位工作表示肯定,要求各支队、大队要立足全面依法履职需要,关心关爱一线职工,为大家创造良好工作生活环境。

12月29日 省交通运输厅疫情防控调研组一行3人到省高速公路综合行政执法总队调研疫情防控工作。调研组听取总队疫情防控工作情况汇报,现场查看疫情防控工作制度和防疫物资储备情况。调研组对总队疫情防控工作表示充分肯定,并对下一步疫情防控工作提出具体要求。

12月30日 省高速公路综合行政执法总队制定印发《全省高速公路综合行政执法辖区划分方案》,明确总队所属各支队执法辖区路线起止点位置、起止点桩号和公里数,要求各支队根据辖区划分方案,严格辖区管理,加强沟通协作,杜绝执法管辖真空。

12月31日 省高速公路综合行政执法总队制定印发《山西省高速公路综合行政执法系统法治宣传教育第八个五年计划(2021—2025)》,明确指导思想、主要目标、重点任务、主要对象和工作要求,引深全系统法治宣传教育工作,增强全系统干部职工法治意识,促进形成办事依法、遇事找法、解决问题用法、化解矛盾靠法的法治环境,进一步夯实高速公路综合行政执法法治建设基础。

(资料提供:茹 雷 杨金成)

山西省运输事业发展中心大事记

1月11日 太原市中级人民法院下发行政裁定书，山西省交通运输事业发展中心(以下简称运输中心)与李效东行政确认纠纷诉讼一案结案，运输中心胜诉。事业发展部组织律师针对该案，准备应诉材料，并授权委托律师和中心客运部代理运输中心出庭应诉。

1月19日 运输中心召开“2021年领导干部个人事项填报工作专题会议”，组织学习《领导干部报告个人有关事项工作培训手册》《两项法规》和《报告表》填报说明等内容，填报个人分别进行承诺，圆满完成处级干部个人事项填报。

1月27日 经省交通运输厅党组研究决定：史晓华任山西省运输事业发展中心党委书记、主任。

1月28日至3月8日 运输中心配合省厅完成2021年道路客运春运工作。2021年春运40天，全省累计投入客运总客车数17.9万台次，班车数量17.13万台次，包车数量7728台次，班车27.05万趟次，发送旅客223.77万人次，日均发送旅客5.6万人次。农民工返乡返岗“点对点”包车趟次765趟次，运输农民工21932人次，印制发放道路春运宣传手册62000册。

是月 为加强水路运输行业管理，维护水路运输市场秩序，促进水路运输行业持续健康发展，运输中心协助省厅下发《关于开展2021年水路运输业核查工作的通知》，指导各市开展年度水路运输业核查，各有关部门边审核、边指导，边发现问题、边解决纠正，有效促进水运企业安全管理规范化。

1月至3月 运输中心配合省厅做好与交通运输部中国交通通信信息中心对接工作，理顺全省网约车合规化数据对接和传输机制。

1月至6月 运输中心完成出租汽车行业改革前期工作。参加出租汽车行业改革工作专班，协助省厅开展工作。起草《关于深化全省出租汽车行业改革的试点工作方案》，省政府召开第88次常务会，原则通过。

2月4日至7日 运输中心以部室为单位对处级以下全体在编人员进行年度考核测评，考核结果报党委会研究通过，在公示无异议后上报省厅备案。

2月20日至12月31日 运输中心完成道路运输疫情防控专班信息汇总、统计、上报工作。从2021年2月20日开始，累计315天，汇总统计道路旅客运输疫情防控信息并按规定及时上报，此项工作2022年仍在延续。

2月25日 为丰富职工文化、体育生活，活跃节日气氛，展现职工风采，营造良好氛围，增强单位凝聚力，运输中心于2月开展庆元宵文体活动。

是月 运输中心127名职工定制一卡通工作证，规范人员管理，提升单位正规化形象。

3月1日至10日 运输中心参加省政府组织对阳泉市安全生产专项督查工作。

3月1日至11月4日 《山西省道路客运电子客票实施方案》印发实施。根据省厅下达的目标责任考核要求，客运部在充分了解安徽等相关省份电子客票建设实际情况后，赴阳泉市进行实地调研，积极和省厅相关处室沟通，形成《山西省道路客运电子客票实施方案》，上报省厅，完成省厅下达的目标任务要求。

3月12日 改革后，运输中心首次岗位设置方案在历经四个月数次讨论修改后，经省人社厅审核批准备案。

3月15日 运输中心正式启动岗位聘用工作,草拟《岗位设置实施方案》,征求全体职工意见,召开职工代表大会讨论,报中心领导研究通过。

是月 运输中心人事档案信息化工作启动,整理并电子化中心处级以下干部职工人事档案94份,外聘人员20份,共计114份。

是月 运输中心参加阳泉市"出租车公司乱收费问题"的13710督办件专项核查组,进行实地核查办理。截至6月15日,阳泉市出租汽车企业已累计退还车辆管理费、附属配套设施担保费、车辆贷款担保费、安全互助金等各项不合理费用838万元。

是月 运输中心事业发展部多次与省审批局协调,对市县运管机构和市县审批局在具体领用时职责划分、道路运输和城市客运的营运证照的发放、使用和后续咨询做了妥善安排,确保IC卡在证照分离改革过程中能够发放到位,有序衔接,平稳过渡,服务好行业发展需要。

3月至6月 运输中心接受省审计厅2020年度改革前后的财务收支情况审计及预算执行情况审计,审计发现问题整改率均为100%;同时,于2021年2月至3月开展年度预算执行及财务收支情况内部审计工作。

4月10日 在全民义务植树活动40周年暨我国第43个植树节之际,运输中心学雷锋志愿服务队参加太原市园林局组织的"我为太原栽株纪念树"活动。

4月19日 省直文明办第一验收组对运输中心2020年度省直文明单位标兵创建工作进行验收。

是月 运输中心完成山西省千家企业(交通运输)2020年度节能目标责任评价考核工作的招标工作。5月上旬对参加考核的21家企业(其中道路运输企业15家,城市公交企业2家,水路运输企业4家)申报考核资料进行初审。6月20日,组织考核机构完成企业现场考核并完成考核报告。

5月1日至5日 全省城市公交保持平稳有序,假日期间全省共投入公交运力56938.8标台,同比增长23.84%;运送乘客1765.39万人次,同比增长51%。

5月11日 2021年省运输事业发展中心工作会议召开。会议总结回顾2020年工作,分析当前存在问题和运输发展形势,安排部署2021年重点工作任务。

同日 运输中心组织召开党风廉政建设工作会议,安排部署中心2021年党风廉政建设工作重点;制定《中共山西省运输事业发展中心委员会2021年党风廉政建设主体责任清单》和《中共山西省运输事业发展中心委员会党委成员2020年党风廉政建设"一岗双责"责任清单》,党委书记与中心党委委员签订"一岗双责"责任清单;分管领导与所分管部室负责人15人签订《部室党风廉政建设责任书》。

5月18日 运输中心举办"学党史、守初心"专题党课宣讲活动,特邀省委党校中共党史教研部副教授桑艳军以"中国共产党的光辉历程与启示"为题,为全体干部上了一堂别开生面的专题党课。

5月25日 运输中心组织离退休干部党支部30余人赴麻田八路军总部纪念馆参观红色教育基地。

5月26日 省交通运输厅党组巡察二组巡察运输中心党委进驻动员会召开。厅直机关党委专职副书记武安瑜,厅党组巡察二组组长王斌俊,巡察二组全体成员,运输中心全体干部职工参加会议。

是月 运输中心选派谢育斌和张超2人进驻石楼县霍阳庄村,担任第一书记和工作队员。

6月6日至10日 运输中心副主任王建民、厅水运处副处长王春清、长治市运输发展中心邢波一行赴四川成都市和资阳市对内河通航水域认定工作进行调研,通过与四川省交通运输厅航运处、资阳市地方海事局、四川省交通勘察设计院工作人员座谈和实地调研,为明确内河通航水域认定的依据和原则、认定条件、认定程序、责任分工奠定工作基础。

6月8日 运输中心召开集体廉政提醒谈话。史晓华代表中心党委对全体干部职工进行集体廉政提醒谈话,并与39名中层干部签订《廉政提醒谈话卡》,着力达到"教育一片、警示一方"功效。

6月21日至30日 运输中心配合省文化和旅游厅联合对旅行社等场所开展"双随机、一公开"抽查工作。

6月22日 省交通运输厅党组成员、副厅长段新源赴运输中心联系点调研指导支部党建工作。党委书记、主任史晓华，机关第二党支部全体党员参加会议。段新源认真听取机关第二党支部党建工作情况汇报，并同二支部党员进行现场交流。

6月23日 运输中心岗位聘用申报表经省交通运输厅和省人社厅审核通过，在编107名职工全部入岗，重新签订聘用合同，改革后的首次岗位设置和聘用工作完成。

6月30日 运输中心全面完成干部职工档案整理和电子化工作，有效提高档案查询管理效率，减少档案丢失和篡改风险。

6月30日至8月31日 暑假期间，共计63天，运输中心汇总统计全省进入秦皇岛的道路客运信息，并按时上报交通运输部。

6月 截至月底，运输中心组织各市开展2020年度出租汽车企业及驾驶员服务质量信誉考核工作，全省共有19家企业取得AAA级及以上质量信誉考核优秀企业称号。

7月6日 运输中心编制出台地方标准《汽车客运站旅客安全检查指南》。为了保质保量按时完成标准制定任务，运输中心专门召开标准制定专题会议，成立标准编制组，启动标准编制工作，明确任务和分工，在人员、资金等方面给予充分保障。标准编制组积极组织人员编写标准编制大纲、聘请专家进行专题咨询、广泛征求社会意见、反复修改完善，按照地方标准编制管理规定，上报省市场监督管理局审批。2021年4月6日，省市场监督管理局正式发布《汽车客运站旅客安全检查指南》(DB14/T2274—2021)，于2021年7月6日实施。从此，全省有了科学合理、清晰明确的管理规范，便于对市场进行指导。该《指南》编制单位为：山西省运输事业发展中心、长安大学、山西省道路运输协会、山西汽车运输集团有限公司；编制人员为：张颖、高玉斌、李大鹏、李岩、樊素伟、姚志刚、席建华、徐未东、张涛、高文婷。

7月6日至7日 运输中心配合省厅以暗访和明察形式，对群众反映的《关于对平定县城乡交通运输一体化示范创建验收公示意见进行核实并研提整改落实方案的函》进行核查。

7月9日 运输中心学雷锋志愿服务队积极参加庙前街道海边街社区开展的“公益创城一小时”志愿服务活动，用勤劳汗水和无私奉献践行着“我为群众办实事”誓言。

7月 运输中心建立中期财政规划及项目储备，按照省财政厅、省交通运输厅要求，细化年度预算编制，确保年度预算编制科学、准确，并按规定建立中心中期财政规划及项目库，并进行项目储备。

8月2日 运输中心组织30余名退役军人参观省军区军史馆，重温党的光辉历史和人民军队的伟大历程，并为每位退役军人发放500元慰问金。

8月23日 运输中心组织单位职工收看国家机关事务管理局联合北京市人民政府共同举办的2021全国公共机构技能宣传周启动仪式。

8月23日至29日 全国节能宣传周期间，围绕“节能降碳，绿色发展”“低碳生活，绿建未来”两大宣传主题，运输中心要求落实到责任人，从制度上促进节能工作开展。

8月25日 运输中心组织单位职工收看国家机关事务管理局会同浙江省、江西省事务管理局，以“继承发扬勤俭节约传统，积极践行绿水青山理念”为主题的云党课。

同日 全国低碳日当天，运输中心通过短信、群发微信等方式，号召干部通过一系列能源短缺体验活动，自觉树立节能降碳办公和节俭文明绿色消费理念，养成厉行节约良好习惯，提高对能源重要性认识，形成绿色低碳生产生活方式。通过宣传周活动，中心干部职工节能意识明显增强，节能措施得到有效落实。

同日 为积极培育和践行社会主义核心价值观，运输中心携手太原市红十字血液中心开展义务无偿献血活动，32名职工共献出12200毫升血量。

是月 按照省交通运输厅《关于开展厅属事业单位重塑性改革自查自评工作的通知》要求，运输中心完成事业单位重塑性改革自查自评工作。

9月1日至28日 第十四届全运会期间，共计

28天,运输中心汇总统计全省进入陕西和西安的道路客运信息,并按要求及时上报交通运输部。

9月22日至30日 为做好“我为群众办实事”工作,在前期对全省水路运输行业基本信息进行摸底基础上,运输中心选派职工赴部分市、县水路运输企业开展调研,主要针对水路运输企业基础薄弱状况,企业主体责任、安全生产投入、安全教育培训、应急搜救能力水平、信息化监管水平、影响水运行业高质量发展等情况进行调研,调研报告已于2021年12月初完成,报告对全省水路运输业发展有一定指导作用。

9月27至30日 运输中心配合省交通运输厅复核工作组深入大同市、朔州市、忻州市、晋城市,对2021年“四好农村路”省级示范创建工作进行实地复核。

是月 运输中心配合省交通运输厅在临汾市召开全省2021年绿色出行月公交出行宣传周活动启动仪式,倡议号召广大市民、企事业单位、社会团体积极参与到“绿色出行”活动中,鼓励分享和传播绿色出行理念,在全社会营造良好活动氛围。活动期间,共印制、发放、张贴宣传海报2000余份。

10月1日至7日 国庆假日期间,全省城市公交保持平稳有序,全省城市共投入公交车96571标台,同比增长4.87%;运送乘客2193.57万人次,同比增长6.06%。

10月9日 运输中心编制出台《四个清单》。中心成立研究专班,广泛调研、收集资料、分析研究、编写初稿、征求意见、讨论修改,最后形成终稿、正式上报。其间,书面征求省内外市、县交通运输和运输管理部门人员意见,咨询交通运输部相关专业人员意见,多次给省厅分管领导专题汇报,听取厅机关相关处室意见建议,多次召开专题会议讨论修改。经2021年9月29日省交通运输厅第16次党组会研究通过,于2021年10月9日印发《山西省运输事业发展中心细化职责、业务范围、业务边界和工作流程清单(试行)》的通知》(晋交党发〔2021〕39号)。《四个清单》细化省运输中心职责,规范业务范围和业务边界,明晰工作流程。它的出台,在省直机关乃至全国交通运输行业尚属首创,对于促进厅机关及各事业单位规范运行、健康有序发展、提高工作效率,起到积极示范效应。

10月13日 运输中心开展“我为灾区献爱心”捐款活动,共收到110名干部职工捐款11940元。

10月中旬 根据省委编委《关于开展全省机构编制核查的实施方案》和省委编办《关于做好机构编制核查有关数据核对和报送工作的通知》精神以及省厅要求,运输中心对所有在编人员的基础信息,包括名字、学历、身份证号、出生日期、进入时间、职务职级、入党时间等一一进行核对,按时高质量完成机构编制核查有关数据核对和报送工作。

是月 根据省交通运输厅要求,运输中心对2020年度考核等次为优秀的21人给予嘉奖奖励。

是月 根据省交通运输厅《关于晋广电发〔2021〕13号文件积极参加竹叶青杯法治动漫微视频征集展播活动的通知》要求,运输中心在深入学习宣传习近平新时代中国特色社会主义思想,深入贯彻落实习近平法治思想基础上,结合工作实际,拍摄以危险货物运输司机为原型的法治宣传微视频《我的爸爸》,获得2021年“竹叶青杯”法治动漫微视频评选三等奖。该视频的播出,提高了道路危险货物运输驾驶员遵法守法经营意识,保障了道路运输安全,进一步繁荣发展了社会主义法治文艺,增强了法治宣传教育工作的吸引力、感染力,在全社会营造了遵法学法守法用法的浓厚氛围。

是月 为严肃财经纪律,规范各项财务管理工作,强化内部控制,根据省审计厅审计、厅党组巡察指出的问题,运输中心制定下发《关于进一步规范支出行为的通知》。

11月1日至30日 全国信用交通宣传月期间,围绕“诚实守信,一路畅行”宣传主题,运输中心积极开展一系列宣传活动。在行业内全面展示交通运输信用体系建设新进展,营造共建共治共享、加快推进信用交通建设良好氛围。把“信用交通”与“我为群众办实事”实践活动和当前工作相结合,引导中心人员强化服务意识,做信用交通的守护人。在《山西经济日报》开设专版,围绕“诚实守信,畅行三晋”主题，向全道路运输经营企业、道路运输从业者、市民朋友发出倡议，并推送到新华网、人民网、山西新闻网等十多家网络媒体。通过宣传月活动，增强社会对信用交通的体验感和认同感，弘扬诚信正能量，让诚实守信成为道路运输领域共同的价值追求，深化形成“学信用、懂信用、用信用、守信用”的良好环境。

11月19日 交通运输部海事局下发文件，同意运输中心核定为C类渔业船舶检验机构。

11月24日 运输中心邀请驻厅纪检组一级调研员李宇作“如何做好党建工作”专题培训。中心领导、各党支部书记及支委、各部室正副部长、党务工作者共50余人参加培训。

11月30日 运输中心开展“送温暖、献爱心”社会捐助活动。根据省委办公厅、省政府办公厅《关于开展“送温暖、献爱心”社会捐款活动的通知》精神，各部室认真组织，中心干部职工积极踊跃参加捐助活动，共有105人捐款3920元。

12月8日 运输中心在太原组织召开省市运输发展（服务）中心主任座谈会，省中心领导班子成员、各市中心主任参加会议。会上，省、市运输发展（服务）中心分别就省级和各市中心改革以及改革后的主要职能及工作思路等情况进行交流，省中心介绍省交通运输厅党组印发的《省运输事业发展中心细化职责、业务范围、业务边界和工作流程清单（试行）》的主要内容。

12月16日 运输中心主任史晓华一行赴省厅扶贫点石楼县罗村镇霍阳庄村调研指导帮扶，实地开展产业调研和入户走访工作。

12月17日 运输中心在太原组织召开全省机动车驾驶员培训工作座谈会。副主任时晋杰、驾培从业部工作人员、各市运输发展（服务）中心管理驾培行业分管领导和部门负责人及机动车驾驶员培训监管服务平台技术人员参加此次座谈会。座谈中，运输中心向各市介绍省厅下发的《省运输事业发展中心细化职责、业务范围、业务边界和工作流程清单（试行）》中驾培从业部所承担的工作职责。各市中心驾培部门就驾培行业发展基本情况及存在的问题和建议、道路货物运输驾驶员从业资格考试制度改革执行的情况及存在的问题等内容进行交流，运输中心对各市在交流中提出驾培工作中的问题进行现场解答。

12月14日至19日 运输中心聘请河南省海事局、四川乐山海事局专家对全省两所船员培训学校开展中期许可证换证核查工作。

12月15日 全省道路客运工作座谈会召开。深入分析全省道路客运行业现状，积极同乡村振兴有效衔接，更好地履职尽责，推进全省客运行业高质量发展。

12月16日 运输中心邀请结对共建单位山西职业技术学院专职组织员姚芳老师作“支部工作规范化建设”的专题培训。中心各支部委员和山西职业技术学院计算机工程系教师党支部的优秀党员代表共计30余人参加培训。

是月 运输中心举办干部职工党史学习教育暨履职能力提升培训班，对110名干部职工进行培训。

是月 运输中心开展全省船员考试题库编制及考试软件开发工作。

是月 运输中心认真完成2020年全省道路运输统计年报及交通运输综合年报等报表审核、汇总、上报工作。对年报数据进行整理，编制《2020年道路运输统计资料汇编》，已分发到省厅、中心相关领导和部门，为各级领导和相关部门工作开展提供统计服务和数据支持。

（资料提供：王 梅）

山西省交通运输运行监测与应急处置中心（山西省交通运输厅新闻中心）大事记

1月15日 山西省交通运输运行监测与应急处置中心(山西省交通运输厅新闻中心)(以下简称省交通运输应急中心)专题会议召开,中心领导董化金、倪津、赵小鹏等人参加会议。根据省总工会晋工发〔2019〕20号和省财政厅晋财行〔2020〕25号文件要求,会议决定厅应急中心节约行政运行经费,补助中心工会经费,具体工作由中心工会根据文件精神落实。

1月19日 省交通运输应急中心领导干部个人有关事项填报专题会议召开,中心领导董化金、倪津、赵小鹏、李文革、李奋先及杨春兰、崔鸣原、赵文洁参加。会议传达厅党组对做好2021年领导干部个人有关事项填报工作总体部署,学习"领导干部报告个人有关事项规定"、"领导干部个人有关事项报告查核结果处理办法"、领导干部个人有关易错易漏点、领导干部填报个人事项重点内容自审表、填报要诀十六句、"四个不予接收"、"五个不予采信",并对领导干部个人有关事项报告新要求及注意事项进行逐条逐项讲解,就历年来常见填报错误进行举例分析,并就大家关心的问题进行答疑。

会议要求,全体领导干部要进一步提高政治站位,把严格执行两项法规作为履行全面从严治党主体责任的一项重要政治任务,要切实增强纪律意识、规矩意识和组织意识,以做到"两个维护"和对党忠诚的政治自觉,如实填报个人有关事项,坦诚接受组织监督。党群工作部对填报工作要加强指导,对填报表格要严格审核把关,强化两项法规刚性要求,确保中心领导干部个人有关事项报告准确率。

最后,与会人员一一进行表态发言。

2月8日 省交通运输应急中心专题会议召开,中心党委委员董化金、倪津、赵小鹏、李奋先参加会议。会议传达学习2021年全省交通运输工作会议精神和省交通运输厅《关于做好2021年春节期间有关工作的通知》精神,对春节期间值班、廉政、安全、公车封存、运行监测、应急保障、新闻宣传以及突发应对等工作进行安排部署。

2月23日 省交通运输应急中心专题会议召开。中心领导董化金、倪津、赵小鹏及李文革、李奋先等参加会议。会议传达学习省交通运输厅党组书记、厅长闫晨曦在全省交通运输工作会议上的讲话精神;听取中心各部室负责人2021年工作计划汇报,并对中心下一步重点工作进行部署。

会议要求,要把学习全省交通运输工作会议精神,作为当前和今后一个时期的一项重要政治任务抓好抓实,进一步提高政治站位,切实把思想和行动统一到厅党组决策部署上来,采取灵活方式将会议精神传达到每名干部职工;要紧紧围绕中心六项主要职责,进一步细化部室职责、岗位职责及工作流程,把任务分解到岗位,把责任落实到每个人,并且要厘清中心与厅机关相关处室之间、各部室之间的职责边界,彻底理顺相关工作机制;要积极推进综合交通运输运行监测体系建设,与交控、民航、轨道交通等部门逐步建立信息共享交互机制,进一步提高全省交通出行综合服务能力;要逐步构建与气象、地质、水利、生态环境、应急、公安交警等部门服务协调工作机制,切实提高预测预警能力和水平;要依据省交通运输厅关于"数字交通"建设的总体部署,立足职能、强化服务,做好顶层设计相关工作,推动"数字交通"重点建设项目统筹规划和落地实施;要加强机关作风建设,强化人员考勤管理,严格工作纪律,营造守纪律、讲规矩的工作氛围。

3月2日 省交通运输应急中心党委会议召开,党委委员董化金、倪津、赵小鹏、李文革、李奋先参加会议。

会议完成八项工作内容:一是表决通过《山西省交通运输运行监测与应急处置中心2021年工作报告》;经征求厅领导意见后召开中心2021年工作会,确定运行监测部、新闻采编部、新媒体部为2020年优秀部室,其他6部室为良好部室。二是讨论中层干部选拔任用方案,经下一次党委会议定后实施。三是讨论韩涛个人提出办理提前退休申请,安排党工部根据国家有关政策并与厅人事处征询意见后再行商议;会议议定同意杜改爱离职申请,经所在党支部请示,党费从停发工资当月调整为每月5元,党工部尽快为其办理党组织关系转移。四是会议通过根据省财政厅《关于推行和做好政府采购意向公开工作》的通知,省交通运输厅融媒体平台内容服务费107万元(分散采购)、资产购置经费10万元(集中采购)2项内容为公开项目。五是根据省厅对厅属单位考核内容和工作要求,2021年法律顾问经费6万元已批复,要求结合中心整体需求,选取了解掌握并从事交通运输行业法律工作经验丰富的律所和律师,通过招标等方式相互比对进行选取,具体由技术保障部承办。六是通过网络安全关键部位网络安全威胁分析设备采购工作意向,需向省厅追加预算经费18万元。整体采购、安装、调试工作按照省、市主管部门和公安部门要求完成。

同日 省交通运输应急中心党委会议召开,党委委员董化金、倪津、赵小鹏、李文革、李奋先出席会议。会议传达学习厅安委会第二次会议暨交通运输安全生产电视电话会议精神并安排部署中心安全生产工作;会议研究通过中心中层管理人员竞聘、平级调整任用干部工作方案;同意中心新建党员活动室、布置党建宣传展板、开展主题党日的相关费用支出;通过省交通运输厅融媒体平台内容服务费采用竞争性磋商方式、省交通运输厅网络舆情服务费采用比选方式,并同意招标采购;安排部署省交通运输厅2021年巡察工作的配合工作。

3月4日 省交通运输应急中心工作会议召开,全面贯彻全省交通运输工作会议精神,总结2020年工作,部署2021年任务,动员广大干部职工以新担当新作为全面推进中心事业迈上新台阶,奋力实现"十四五"开好局、起好步。

2020年是中心起步之年。一年来,中心坚持以习近平新时代中国特色社会主义思想为指导,紧紧围绕省委"四为四高两同步"总体思路和要求,全面贯彻落实厅党组决策部署,牢牢把握职责定位,加快补短板强弱项,全力以赴推进事业单位改革、路网运行监测、公众出行服务、应急保障服务、新闻舆论宣传等各项工作,完成全年目标任务,为山西交通运输高质量发展提供有力支撑。

会议明确中心"十四五"时期发展思路和目标。要进一步增强机遇意识,紧紧抓住有利条件,积极应对困难和挑战,在山西交通运输发展大局中找准位置、勇担使命、奋发有为,展现担当、体现作为、做出贡献,争取"十四五"实现综合交通运行监测体系逐步构建完善,公众出行信息服务体系进一步优化,道路运输应急保障能力进一步提高,交通运输新闻舆论的传播力、引导力、影响力、公信力进一步提升4个目标。

会议要求,2021年要重点做好8个方面工作:一是推动信息化建设,实现资源共享互联互通;二是强化路网运行监测,增强服务公众能力;三是完善预测预警与应急保障机制,全面提升保障服务水平;四是着力做好运维保障工作,确保各系统安全稳定运行;五是推动传统媒体和新兴媒体融合发展,以新闻舆论宣传新成绩营造良好环境;六是着力做好常态化疫情防控,压紧压实安全生产责任;七是抓好建章立制,构建规范化管理长效机制;八是不断提高基层党建质量,推进党建工作全面过硬。

3月17日 由省交通运输与应急中心主任董化金带队,和山西交科集团副总经理潘铁一行13人赴北京市交通运行监测调度中心(TOCC)观摩交流学习。观摩人员参观并听取工作人员关于TOCC综合交通运行监测情况介绍。

在交流学习座谈会上,副主任王晶晶介绍

TOCC成立背景、建设规模、发展理念、人员配备、运营管理等基本情况;运行管理部部长毛力增介绍北京市交通运行指挥调度平台的应用体系、主要功能及技术手段。董化金详细介绍中心改革情况、内设机构、中心职责、路网运行监测的工作现状及下一步工作计划。随后,双方重点围绕运行监测、预测预警、指挥调度、决策支撑、社会服务五大功能,以及TOCC运行机制、资金来源、数据整合等问题进行深入交流。

董化金表示,要充分学习TOCC发展思想、发展理念、业务模式,加快推进山西省路网运行监测信息化建设,实现资源共享互联互通,全面掌握各交通领域运行动态;同时,运用交通运行大数据、云计算、人工智能等技术,开展多领域、多层次、多周期的交通运行预测预警,为交通运输保障工作提供态势分析和趋势研判,全面提升保障服务水平。

潘铁表示,此次TOCC之行提供了崭新的工作思路,今后将进一步加强视频处理及路网运行监测方面的技术交流,为全省路网运行监测、预测预警信息化建设提供更多更专业的技术支持和运维服务。

5月10日 省交通运输应急中心党委会议召开,党委委员董化金、倪津、赵小鹏、李文革、李奋先出席会议。会议按照《平级调整任用干部工作方案》要求,中心平级调整任用干部工作领导组办公室对报名职工进行初审,李奋先、曹海涛、徐爱莉3人符合条件。按照平级调整任用干部工作程序,中心党委对其进行研究表决,同意李奋先、曹海涛、徐爱莉3人平级调整为正科级实职岗位干部。

6月25日 省交通运输应急中心主任办公会议召开,中心领导董化金、倪津、赵小鹏及李文革、李奋先等人参加会议。会议传达学习省交通运输厅第三次、第四次安委会及在庆祝中国共产党成立100周年安保维稳推进会暨平安建设领导小组2021年第二次会议上的讲话精神,并结合中心实际进行安排部署。会议强调,要把学习省厅第三次、第四次安委会及在庆祝中国共产党成立100周年安保维稳推进会暨平安建设领导小组2021年第二次会议上的讲话精神作为当前和今后一个时期的一项重要政治任务抓好抓实,进一步提高政治站位,切实把思想和行动统一到厅党组决策部署上来,深刻认识安全生产及维稳工作的重大意义;要同做好当前工作结合起来,认真做好网络安全、各类设备的正常运维、疫情防控、舆情研判、"12122"紧急救援、"12328"信息服务等相关工作;要强化值班备勤,严格落实好领导带班制度和24小时值班备勤制度,严格执行重大情况请示报告制度,坚决杜绝迟报、漏报、瞒报等问题发生;要充分利用《山西交通》及山西交通微信、微博、抖音等自媒体做好"七一"期间重大活动的宣传报道工作;会议同意省厅网络舆情、融媒体平台项目继续推进;会议同意2021年度职工健康体检,山大医院为备选医院;会议同意维修保养交通移动应急通信指挥平台;会议同意中心法律咨询顾问费、"12122"电路租赁费、光缆租用费等预算资金调剂。

会议还研究讨论赵小鹏、崔鸣原、赵文洁、张春琳、车艳琴、张蓉等机关事业单位工资系统中出生年月确认、调整充实新闻采编人员和中心2020年度审计报告中涉及问题整改情况等相关事项。

7月6日 省交通运输应急中心党委会议召开,党委委员董化金、倪津、赵小鹏、李文革、李奋先出席会议,王翠莲、耿介列席会议。会议审议同意进行2021年度供配电及机房环境系统维护项目的委托单位采购工作;审议同意省厅网络舆情、融媒体平台项目资金按合同进行拨付;审议同意2020年度未休年假补助按有关规定发放;审议同意李岸平级调整使用,公示后任正科实职岗位;审议通过竞聘评委小组由5人组成,竞聘人员评议综合得分低于60分者不进入下一环节;审议同意印发中心纪检工作汇编;审议同意上报2022年项目库及审议同意党费支出。

7月21日 省交通运输应急中心党委会议召开,党委委员董化金、倪津、赵小鹏、李文革、李奋先出席会议,王翠莲、耿介列席会议。会议审议中心竞聘正科实职岗位考察对象任免事项及中心正科级干部任免事项,研究决定:牛宇任综合办公室主任,李岸任党群工作部部长,秦绯任运行监测部部长,徐爱莉任出行服务部部长,梁毅任应急预警部部长,张蓉任技术保障部部长,樊小丽任信息服务部部长,李奋先任新闻采编部部长,曹海涛任新媒体部部长;审议同意陈阳平级调整使用,公示后任副科实职岗位;审议同意启动副科实职竞聘程序;审议同意省级治超联网管理信息系统升级改造项目按合同约定支付预付款227.1万元。

8月4日 省交通运输应急中心党委会议召开,党委委员董化金、倪津、赵小鹏、李文革、李奋先出席会议。会议审议中心竞聘副科实职岗位考察对象任免事项及中心副科级干部任免事项,研究决定:武作华任综合办公室副主任,吕婷、刘晓蕾任党群工作部副部长,单威、武洁任运行监测部副部长,陈阳任出行服务部副部长,崔海明任应急预警部副部长,池晓宏任技术保障部副部长,郑孟龙任信息服务部副部长,刘文柱任新闻采编部副部长,王璐任新媒体部副部长。

8月27日 省交通运输应急中心党委会议召开,党委委员董化金、倪津、赵小鹏、李文革、李奋先出席会议。会议审议同意省级治超联网管理信息系统软件测试及网络安全等级测评采用竞争性谈判采购方式;审议同意修改《山西省交通运输运行监测与应急处置中心合同管理办法(试行)》事宜;审议同意修改劳务派遣协议中涉及工伤等赔偿事宜;审议同意购置党员活动室相关多媒体设备及党务资料事宜;审议同意支付新闻中心档案整理费、“12122”客服电话费、保洁费、法律顾问费、汽车维修费、墙体粉刷费、食堂餐费、供配电及机房环境系统维护、行车指南印刷费等款项;审议同意支付《山西交通》报纸、信封等印刷费。

8月31日 省交通运输应急中心室专题会议召开,党委委员倪津、李奋先出席会议。会议就当前重点工作进行汇报。要求综合办公室近期要完成保洁费、律师费等相关费用支付工作;应急预警部要尽快完成移动应急指挥平台、气象服务费用相关手续办理工作;运行监测部要完成全国高速公路行车指南编印的手续支付相关工作;新闻采编部要加快推进报纸、信封等相关手续工作。会议强调,各部门要认真做好预算费用执行,加快合同等相关事宜工作,确保中心9月份底的预算执行率达到省交通运输厅要求。

9月1日 省交通运输厅党组成员、副厅长王晋赴省交通运输应急中心开展学习贯彻习近平总书记“七一”重要讲话精神专题宣讲。

王晋深刻阐述习近平总书记“七一”重要讲话的重大意义、主要内容和丰富内涵,深入解读中国共产党百年奋斗的光辉历程、伟大成就、宝贵经验和实践启示,解读伟大建党精神的深刻内涵和时代价值,以及在新征程上以史为鉴、开创未来的根本要求。同时,结合自己学习体会,对讲话中提出的一系列新思想新观点新要求进行讲解。

王晋强调,要坚守政治忠诚,把学习成效转化为推动各项事业发展的强大动力。一要坚持把学习贯彻习近平总书记“七一”重要讲话精神作为当前和今后一个时期的首要政治任务,坚决扛起学习贯彻习近平总书记重要讲话精神的政治责任,加强组织领导,强化统筹部署,将学习贯彻任务具体化、清单化,一项一项抓落实,持续掀起学习高潮。二要坚持以高质量党建推动各项事业高质量发展,紧紧围绕中心主要职责,切实做好运行监测、出行服务、应急保障、舆论宣传等工作。三要坚定不移建设人民满意交通。完善信息报送系统,通过多渠道、多形式及时准确向社会公众发布信息,满足人民群众的美好出行需求。四要牢固树立鲜明的改革创新导向,尽快完善职责清单、业务清单、边界清单和工作流程清单。最后,他勉励中心全体干部职工立足平凡岗位,坚守责任担当,锐意进取、真抓实干,为奋力开启交通强国建设山西新征程做出贡献。

9月15日 省交通运输应急中心举办消防安全知识讲座暨消防安全疏散演练,特邀省消防协会高级讲师、宣教中心主任陈涛作辅导。

陈涛就如何树立消防责任意识、清除消防安全隐患、初期火灾扑救、灭火器等消防器材使用、火情紧急情况处置、火灾应急疏散常识等作了全面讲解。讲座结合近年来大量事故案例,以视频和图片方式进行详细分析。消防知识深入浅出,引用案例发人深省,事故画面触目惊心,让每位职工深刻感受到火灾无情和消防知识重要性。

讲座结束后,还组织消防安全疏散演练,进一步增强中心干部职工消防安全意识,提高火灾自救防范和处置能力。

10月14日 省交通运输应急中心党委会议召开,党委委员董化金、赵小鹏、李文革、李奋先出席会议。审议同意支付"12122"网络电路租赁费、光缆租用费以及法律顾问费三项费用;审议同意在预算基础上,再列支资产购置费5万元、办公区域修缮费6万元、伙食费13万元;审议同意补缴原厅新闻宣传中心退休职工医疗保险中公务员补助事宜;中心领导向驻厅纪检组汇报纪律作风整顿第二阶段情况;会议还研究不担任实职的副处级以上人员的工作事宜。具体如下:李兴协助赵小鹏副主任做好新闻宣传工作,曹世勋协助董化金主任做好党务工作,赵文洁协助倪津副主任进行运行监测和技术保障工作,崔鸣原为山西电视台驻厅记者站负责人,杨春兰担任《中国交通报》山西记者站副站长。

10月16日 全省"12328"交通运输服务监督电话系统进行升级改造,在系统内转办工单过程中新增"好差评""差评整改""上管一级"以及"整改复核"等功能。

10月20日 受省交通运输厅委托,省交通运输应急中心组织省市各级"12328"平台主管单位业务负责人、平台管理人员、客服人员,以及涉及"12328"转办工单处理的各级道路运输主管部门业务负责人和经办人,通过视频会议方式进行培训。

培训重点对交通运输部发布的《"12328"交通运输服务监督热线管理办法》进行解读,同时还对"12328"系统更新后的版本功能和工单办理流程进行讲解。培训结束后,省交通运输应急中心梳理相关培训内容及系统业务操作说明,并下发至省市各平台和相关业务受理单位。省交通运输厅也结合全省"12328"实际运行情况,重新修订评分细则,并下发执行。

省交通运输厅公路运输管理处相关负责人参加此次培训,要求省市各级交通运输主管单位高度重视"12328"平台的建设和管理工作,充分发挥"12328"平台作为倾听民声、服务民生窗口作用;省市各平台"12328"客服人员要熟练掌握系统各项功能、工单办理流程、操作规范以及注意事项,进一步保障服务质量,提高工单办结效率。

10月21日 省交通运输应急中心主任办公会议召开,党委委员董化金、倪津、李文革、李奋先出席会议。会议一是听取制定整改落实厅党组巡察一组巡察反馈意见工作方案情况汇报,同意上报驻厅纪检监察组、厅巡察办;二是商议撤销专家技术咨询组事宜。对其人员岗位调整如下:王建功分配至综合办公室;侯春生分配至党群工作部;彭刚、张春琳分配至技术保障部;李明瑞分配至信息服务部。

11月8日 省交通运输应急中心专题会议召开,副主任倪津出席会议。会议首先由综合办公室主任牛宇传达省交通运输厅《关于启用值班工作微信号的通知》文件精神,随后,倪津对各部室值班工作进行安排部署。要求各部室干部职工要高度重视值班工作,加强值班期间各类信息上传下达,发生突发事件及时高效处置,值班记录要完整闭合;值班人员要遵守工作纪律,按时签到并做好交接工作,重点关注以下三个环节。一是严格履行应急职能,对突发事件及时启动预案,做到响应及时,处置得当;二是上报信息要做到及时准确;三是加强对值班工作考核,并完善相关制度。

会议要求,要认真学习贯彻《交通运输部安委会关于切实加强重点时段和冬季安全生产工作的通知》精神,结合省厅安全生产相关文件要求,切实加强恶劣天气等重点时段和冬季交通运输安全生产工作,充分发挥各部室业务职能,确保全省交通运输行业安全生产形势稳定,保障人民群众生命财产安全。

会议强调,中心各部门务必要清醒认识近期恶劣天气全省交通运输安全生产面临的严峻形势,始终把安全生产放在肩上,抓在手上,将省交通运输厅各项安全生产工作要求落到实处,全力做好全省灾后恢复重建工作。

11月9日 省交通运输应急中心党委理论学

习中心组进行集体学习，传达学习贯彻省第十二次党代会精神和厅党组扩大会议精神，并就下一步做好学习贯彻落实进行安排部署。

会议强调，深刻学习领会、坚决贯彻落实省第十二次党代会精神是当前和今后一个时期重中之重的政治任务。全体党员干部职工要迅速掀起学习省党代会精神热潮，全面准确领会精神实质，切实将思想和行动统一到大会精神上来，统一到厅党组各项工作部署上来。要按照“六个领域”“三个体系”全方位推动高质量发展目标要求，找准中心工作与省党代会精神的结合点、切入点，完善工作思路，认真履职尽责，主动担当作为，推动省党代会精神在中心落到实处。要创新方式方法，深入开展宣传，加强思想引领，充分挖掘全系统贯彻落实大会精神的好经验、好做法，营造学习贯彻省第十二次党代表大会精神的浓厚舆论氛围。同时要压实管党治党责任，加强政治建设，抓好作风纪律，打造过硬队伍，把全面从严治党各项任务落到实处，为中心各项工作高质量发展提供坚强保证。

11月24日 省交通运输应急中心主任办公会议召开，党委委员倪津、赵小鹏、李文革、李奋先出席会议。会议一是审议通过《山西省交通运输运行监测与应急处置中心行政管理制度汇编》，由综合办公室负责印发，试行一年，并结合工作实际进行修订；二是审议通过“12328”交通运输服务监督电话系统功能改造相关事宜，由出行服务部负责此项工作，进一步加强与交通运输部、省政务服务中心和省厅相关部门沟通协调，按照时间节点和技术标准积极推进改造工作；三是审议通过停用原协同办公平台（中心OA系统）申请，由信息服务部负责此项工作，中心各部室要对机构改革后保留的各业务系统进行梳理，对需要关闭或合并的要及时上报，实现信息资源优化配置；四是审议同意与腾讯大地通途（北京）科技有限公司签订路况信息共享战略合作协议，由运行监测部负责此项工作，增强信息共享效能，进一步提升路网运行监测水平；五是审议通过《山西省高速公路交通事件管理系统（TIMS）网络安全管理办法》，由运行监测部负责此项工作，加强与交控集团及路段公司沟通协作，针对网络安全问题对相关人员开展业务培训，提高网络安全应对能力。六是审议通过中心综合业务培训计划，由综合办公室负责此项工作，做好培训相关事宜。七是会议表决通过倪津副主任为山西省国防交通协会第二次会员大会理事候选人。八是听取中心各部室2021年度目标责任考核工作任务指标完成情况汇报，要求各部室严格对照考核内容和指标，认真完善印证材料，12月中旬组织开展自查工作。

12月2日 省交通运输应急中心工会组织开展心理健康专题讲座，特邀山西医科大学姜峰教授作辅导。姜峰从什么是健康、什么是心理健康、心理健康为什么会引发健康问题、健康的四大基石和促进心理健康建议等方面作了系统解读，引导大家正确看待心理健康问题，及时自我疏导，释放心理压力。

此次讲座深入浅出，是一堂生动的心理健康教育课。大家纷纷表示，要进一步增强自我保健意识，自觉养成良好生活、工作习惯，加强体育锻炼，以强健体魄、健康心理、充沛精力投入繁忙的工作和生活中，为全方面推动交通运输高质量发展做出新贡献。

12月3日 省交通运输应急中心专题会议召开，副主任倪津出席会议。

会议强调，要深入贯彻落实中共十九届六中全会及省第十二次党代会精神，全面落实省委、省政府、交通运输部关于近期安全生产和疫情防控的部署要求，进一步增强做好安全生产工作的思想自觉、行动自觉，始终将安全生产作为重要政治任务和头等大事抓紧抓好，始终把习近平总书记关于安全生产重要指示批示精神化为抓落实的具体行动，始终绷紧防范风险这根弦，始终严格落实党政领导干部安全生产责任制，确保全省交通运输安全生产形势持续稳定。

会议指出，2021年以来，全省交通运输安全生产形势总体平稳，但形势不容乐观，道路运输事故占比仍然较高，安全应急和防灾救灾能力有待提升，部分地区灾后恢复重建安全防范能力不足。各单位、各部门要进一步增强做好安全生产工作的责任感和紧迫感,对照问题查漏补缺,做到思想认识再提高、安全责任再压实、隐患整治再严格,切实把安全生产的各项工作做实做到位。

会议要求,要全力做好当前和下一阶段安全生产工作,抓好冬季安全防范应对工作,抓好应急处置突发事件工作,抓好常态化疫情防控工作,全力完成年度目标任务,及早谋划2022年工作,为全省交通运输事业高质量发展提供安全保障。

12月13日 省交通运输应急中心党委会议召开,党委委员董化金、倪津、赵小鹏、李文革、李奋先出席会议。会议审议同意与北京太极计算机股份有限公司进行战略合作相关事宜;审议同意支付成都曙光光纤网络有限责任公司“山西省高速公路电子不停车收费全国联网工程”项目14.7656万元履约保证金;审议同意支付灾后恢复重建宣传费使用相关事宜,其中约1万元用于前期报道差旅费、租车费等,10万元用于支付《中国交通报》专版报道,12万元用于山西新闻网微视频等报道,2万元用于《中国交通报》订阅;审议同意韩涛申请辞职相关事宜;审议同意按照规定程序推进“12328”交通运输服务监督电话功能改造工作相关事宜;审议同意根据实际工作需要为应急指挥平台购置相关设备。

12月21日 为加强党员干部党性党风党纪教育,深入推进党风廉政建设和反腐败斗争,杜绝违规违纪行为发生,省交通运输应急中心举办廉政教育辅导讲座,邀请省纪委监委驻厅纪检监察组副组长、一级调研员任玉胜作廉政教育辅导。

任玉胜结合自身多年工作经验和交通运输行业实际,以“在党史学习教育中开展一次自我政治体检”为题,用通俗易懂语言,从深刻认识反腐败斗争形势、党史学习教育中提出的要求、开展政治体检以及结果运用等四个方面进行辅导,并要求党员干部要常修从政之德、常怀律己之心、常思贪欲之害、常戒非分之想。

党员干部纷纷表示,要从思想上绷紧廉洁自律这根弦,筑牢拒腐防变思想防线,清除政治灰尘,净化政治灵魂,增强政治免疫力。要切实把好人生方向,珍惜政治生命,在工作中充分发挥先锋模范带头作用,时刻自重、自省、自警、自励,做政治信念坚定、遵规守纪的明白人。

12月23日 省交通运输应急中心疫情防控专题会议召开,副主任倪津、赵小鹏参加会议,会议传达省交通运输厅疫情防控紧急会议精神,对中心近期疫情防控工作作了安排。

会议指出,当前疫情防控形势严峻复杂,防控任务艰巨繁重,中心全体干部职工要进一步提高政治站位,严格做好个人防护,原则上取消休假,领导干部非必要不出并(太原)。综合办公室要做好日常疫情防控工作,运行监测部、出行服务部通过“12122”“12328”服务热情做好反馈和汇报工作。

12月27日 省交通运输应急中心主任办公会议召开,副主任倪津、赵小鹏参加会议。会议一是审议各部室2021年度目标责任考核工作任务指标完成情况;二是审议通过中心2021年度预算经费支出及工会经费收支情况;三是安排部署中心近期疫情防控工作。

中心领导在讲话中,对2021年度工作成绩予以肯定,对人员短缺、技术支撑不足、应急经费不够等问题,要求各部门坚持问题导向,着力补齐短板。中心要严格按照省厅《关于切实做好元旦、春节期间新冠肺炎疫情防控工作的通知》文件要求,全面做好中心疫情防控工作,落实好各项防控举措,综合办要完善相关制度,运行监测部要做好信息上报有关工作。

(资料提供:吕秉洮)

山西省交通建设中心大事记

1月4日 山西省交通建设中心(以下简称建设中心)完成2020年度监理工程师和一级造价工程师职业资格考试(交通运输工程)现场资格审核工作。

1月6日 建设中心发布2020年度公路工程试验检测机构“双随机”专项抽查情况通报。

同日 建设中心对长治市长兴道桥试验检测有限公司法定代表人信息变更进行审核。

1月11日 按照交通运输部公路局《关于征求对下放公路工程甲级和公路机电工程专项资质审批权限意见的函》的要求,建设中心进行意见回复。

1月12日 建设中心对太原冶峪互通改造工程进行竣工质量检测检查。

1月14日 建设中心对忻州市交通试验检测中心名称、性质和法定代表人信息变更进行审核。

1月21日 建设中心对山西华路通工程检测有限公司公路工程试验检测综合丙级进行综合评定,评定结果为通过。

1月27日 建设中心负责人参加省交通运输厅组织召开的2021年第一季度重点公路工程调度暨安全生产会议。

1月29日 建设中心对山西嘉隆达工程试验检测有限公司行政负责人信息变更进行审核。

1月31日 建设中心2020年度党员领导干部民主生活会召开。

是月 建设中心开展2020年度全省高速公路,国、省道干线施工企业安全生产信用评价。

2月3日 建设中心对山西汇鼎建设工程质量检测有限公司及山西高速公路工程检测有限公司信息变更进行审核。

2月9日 建设中心发布2020年高速公路项目建设市场督查整改情况通报。

2月19日 建设中心对山西恒泰工程质量检测中心有限公司信息变更进行审核。

2月23日 建设中心对山西交通建设监理咨询集团有限公司试验检测中心公路工程试验检测综合乙级进行综合评定,评定结果为通过。

是月 建设中心部署开展全省重点公路工程建设领域春节冬施安全生产、疫情防控及应急值守工作。

3月3日 根据《党政领导干部选拔任用工作条例》,结合工作实际,经建设中心党委会研究决定,任命陈强任工程质量服务部副部长。

3月4日 建设中心印发《学雷锋志愿服务月活动方案》。方案以习近平新时代中国特色社会主义思想为指导,认真贯彻落实习近平总书记关于学雷锋志愿服务重要指示精神,以培育和践行社会主义核心价值观为根本,立足新时代、展现新作为,传播党的声音,传递温暖爱心,走在前、做表率,为提高社会文明程度,实现山西高质量转型发展贡献力量。

同日 建设中心对307国道汾阳市过境改线工程进行交工质量检测。

同日 建设中心负责人参加省政府组织的坚决制止耕地非农化行为电视电话会议。

3月8日 建设中心组织召开2021年全省重点公路项目建设项目土地报批专题推进会,分管厅领导及厅相关处室人员参加会议。

3月10日 建设中心对山西交通建设监理咨询集团有限公司试验检测中心信息变更进行审核。

3月16日 建设中心对山西新星项目管理有限责任公司和山西天中公路工程监理有限公司申

报相关资料进行初审。

同日 按照省厅行政审批处要求,建设中心提供相关行政审批空白证照样式。

3月18日 根据中央、省委和省交通运输厅党组关于开展党史学习教育的总体要求,结合中心工作实际,制定党史学习教育实施方案,印发《2021年党委理论学习中心组和干部理论学习重点内容》,制定年度学习计划。3月25日至12月,以中心组、支部集中学习和个人自学相结合方式,深入学习宣传中国共产党党史、新中国历史、改革开放史和社会主义发展史。

3月22日 山西省交通建设中心工会第一次会员大会召开,选举产生第一届工会委员会、经费审查委员会、女职工委员会。

同日 2021年全省重点公路工程建设项目第一季度安全生产视频会议召开。

3月24日至4月30日 建设中心联合省高速公路综合行政执法总队,对在建的静兴、隰吉、黎霍、晋阳改扩建等12个项目开展综合检查,对项目从业人员进行2021年第一轮业务知识考试。

3月29日 建设中心对山西华筑天成土木工程检测有限公司公路工程试验检测综合丙级进行综合评定,评定结果为通过。

3月31日 省交通运输厅公布2020年度公路建设市场信用评价结果。设计企业32家,其中AA级6家,A级24家,B级2家;施工企业61家,其中AA级14家,A级32家,B级13家,C级2家;监理企业40家,其中AA级2家,A级36家,B级4家;监理工程师434名。

4月6日至29日 建设中心联合省高速公路综合行政执法总队,完成对朔神、静兴、祁离、离隰、太原西北二环、昔榆、临猗黄河大桥及引线工程三门峡公铁黄河大桥连接线工程、闻垣古城联络线等9个在建高速公路项目首轮综合安全检查。

4月13日 建设中心对山西路鑫工程检测中心有限公司试验检测中心信息变更进行审核。

4月16日 建设中心开展"我为群众办实事"实践活动和察民情访民意活动。

4月20日 建设中心对山西交研工程质量检测有限公司公路工程试验检测综合乙级进行综合评定,评定结果为通过。

4月22日 建设中心注销太原华兴通公路试验检测有限公司公路水运工程试验检测机构等级证书。

5月1日 建设中心开展"五一"节平安工地建设服务指导。

5月8日 建设中心对山西广通工程检测有限公司公路工程试验检测综合乙级进行综合评定,评定结果为通过。

5月9日至14日 建设中心联合省高速公路综合行政执法总队完成对隰吉、黎霍、晋阳高速改扩建工程3个在建高速公路项目首轮综合安全检查。

5月10日 省交通运输厅公布2020年度试验检测信用评价,包括62家等级检测机构和435名助理检测师。

5月17日 建设中心对山西恒泰公路工程质量检测中心有限公司试验检测中心信息变更进行审核。

5月25日 建设中心对山西省首科工程质量检测有限公司和山西百佳基业工程质量检测有限公司公路工程试验检测综合丙级进行综合评定,评定结果为通过。

5月28日 省交通运输厅党组第二巡察组对建设中心党委进行为期三个多月的政治巡察。

5月31日 建设中心负责人参加省交通运输厅组织召开的2021年第二季度重点公路工程调度暨安全生产会议。

同日 建设中心负责人参加省交通运输厅组织的青银二广高速公路太原联络线和临汾至浮山高速公路土地预审专题会。

6月2日 建设中心对342国道晋城市过境段改线工程进行交工质量检测。

同日 建设中心参加省交通运输厅组织的全省公路项目线位审查汇报会议。

同日 建设中心负责人参加省政府组织的全省自然资源卫片执法问题整治工作会议。

6月7日 建设中心对山西路桥集团试验检测中心有限公司公路工程综合甲级申报资料进行核查。

同日 建设中心组织召开“安全生产月”活动启动仪式，围绕“落实安全责任，推动安全发展”的主题，在全省重点公路工程项目建设领域开展为期一个月的安全生产月活动。

同日 建设中心对山西尧翔交通建设监理咨询有限公司信息变更进行审查。

6月8日 建设中心对山西路桥第五工程有限公司质量检测中心信息变更进行审核。

6月9日 建设中心负责人参加省交通运输厅关于召开全省加快推进交通基础设施项目纳入国土空间和核实补足永久基本农田工作视频会议。

6月16日 建设中心对山西交院试验检测有限公司信息变更出具审核意见。

6月16日至18日 建设中心对闻垣古城联络线进行交工质量检测。

6月17日 建设中心对山西虹利工程项目管理有限公司申报监理资质相关资料进行初审。

同日 建设中心对山西交通建设监理咨询集团有限公司试验中心动态考核整改情况进行复核。

6月21日至22日 建设中心对省道汾屯线沁源松罗至上滩段改建工程进行交工质量检测。

6月22日 2021年全省重点公路工程建设领域上半年安全生产视频会议召开。

6月23日 建设中心部署开展全省重点公路工程建设领域起重机械安全专项整治工作。

同日 建设中心采取党委统一组织和各党支部自行安排相结合方式，组织开展庆祝中国共产党成立100周年系列活动。活动广泛宣传党的光辉历程、伟大成就和优良传统以及涌现出的先进典型，进一步加强中心党员队伍建设，增强党组织凝聚力和战斗力，党员的先锋模范作用得到充分发挥。

6月25日 建设中心党委赴长治市黎城县黄崖洞红色教育基地开展“学党史、担使命”主题学习教育活动。

6月29日至30日 建设中心对霍永西二期进行竣工质量现场检测检查。

6月30日 建设中心对山西路桥第八公路工程有限公司公路工程专业丙级监理资质延续进行审核。

同日 建设中心发布对全省重点公路建设项目施工监理检测人员进行考核的通知。

7月1日 上午，建设中心党委组织全体干部职工集中收听收看庆祝中国共产党成立100周年实况，引发强烈反响。

同日 建设中心注销中铁十七局集团第五工程有限公司中心试验室公路水运工程试验检测机构等级证书。

7月1日至10日 建设中心组织对各在建高速公路项目进行工程质量安全问题整改“回头看”抽查，对质量提升年专项行动实施情况、安全生产情况进行检查，同时对项目从业人员进行2021年第二轮业务知识考试。

7月2日 公路水运工程试验检测专业技术人员职业资格考试承办机构和收费单位变更为山西省交通建设中心。

7月5日 建设中心参加省交通运输厅组织的临汾至浮山高速公路、青银二广高速公路太原联络线项目土地预审工作专题会。会议要求倒排工期、责任到人，切实完成8月预审批复的目标任务。

7月6日至14日 建设中心完成对黎霍、昔榆、太原西北二环、祁离、离隰、隰吉、静兴、朔神、晋阳、运三共10个在建高速公路项目2021年施工现场安全生产情况“回头看”检查。

7月13日 建设中心对中铁六局集团有限公司检测中心信息变更进行审核，提出整改问题；7月26日再次对申报内容进行审核。

7月14日至15日 建设中心领导参加省交通运输厅组织的太原西北二环专题协调会。

7月15日 建设中心举办公路工程试验检测技术公益直播培训。

7月20日 建设中心参加省交通运输厅组织的临汾至浮山高速公路、青银二广高速公路太原联络线项目土地预审工作第二次专题会。

7月21日 建设中心负责人在省发改委会议

室参加黎霍、静兴高速公路被征地农民基本养老保险补贴工作专题协调会。会议围绕项目所在地被征地农民基本养老保险工作进展、问题及困难进行研究、沟通、协调。

7月22日 建设中心领导参加省厅组织召开的2021年第三季度重点公路工程调度暨安全生产会议。

7月26日 建设中心负责人参加省政府组织的失地农民社保、补充耕地、违法用地、先行用地座谈会。

7月27日 建设中心负责人参加省政府组织的高速公路建设项目用地事宜协调会。会议围绕协调高速公路失地农民社保、补充耕地、违法用地、先行用地等工作进行研究部署。

7月30日 建设中心对中铁十二局集团第三工程有限公司计量测试中心信息变更进行审核。

8月2日 建设中心组织召开全省重点公路项目建设项目土地报批调度会。

8月3日 建设中心负责人参加省交通运输厅组织的青银二广高速公路太原联络线和临汾至浮山高速公路土地预审专题会。

8月4日 建设中心发布山西省2021年度监理工程师(交通运输工程)成绩合格人员资格审核公告。

同日 建设中心对山西宜通工程技术有限公司、山西省交通建设工程质量检测中心(有限公司)及山西省公路局忻州分局公路工程质量检测中心站信息变更进行审核。

8月10日 建设中心负责人参加省人社厅组织的被征地农民基本养老保险补贴工作会议。

8月16日 建设中心发布“2021年度公路水运工程试验检测专业技术人员职业资格考试山西省考区考试公告”。

同日 建设中心负责人参加省交通运输厅组织的太旧拓宽改造路线讨论会。

8月17日 建设中心负责人对山西博奥检测股份有限公司等两家公路工程试验检测综合丙级进行综合评定,评定结果为通过。

8月17日至18日 建设中心对神岢三井互通连接线进行交工质量检测。

8月19日 建设中心对京乌高速公路山西段进行竣工质量现场检测检查。

8月20日 建设中心对239国道东坊城至大磁窑段改建工程进行综合检查。

8月23日 建设中心组织全省11个重点公路工程项目参建单位1700余人参加《中华人民共和国安全生产法》的专题学习,153人参加线上考试。

8月25日至9月17日 建设中心组织进行网上报名,并对报考人员信息进行审核。

8月25日 建设中心负责人参加省政府组织的全省自然资源卫片执法问题整治工作会议。

8月26日 建设中心对山西立诚交通建设工程试验检测有限公司信息变更进行审核。

8月30日 建设中心免费向广大持证人员以网络钉钉直播的形式开展全省2021年度公路工程造价培训,共有730人参加此次培训。对认真听讲满课时并通过考试合格的515人向交通运输部职业资格中心申请认定20个选修课学时。

8月31日 建设中心负责人参加省交通运输厅组织的青银二广高速公路太原联络线和临汾至浮山高速公路土地预审专题会。

9月6日 建设中心对山西方达华宸建设工程监理有限公司的公路工程专业丙级监理资质延续进行审核。

同日 建设中心对山西隆坤科瑞建设工程检测有限公司公路工程试验检测综合乙级进行综合评定,评定结果为通过。

同日 对山西晋达交通工程试验检测有限公司和中铁十五局集团第一工程有限公司中心试验室信息变更进行审核。

9月7日 省交通运输厅一级巡视员李贵顺到省交通建设中心开展学习贯彻习近平总书记“七一”重要讲话精神专题宣讲。宣讲层次清晰、逻辑严谨、针对性强,为建设中心深入学习贯彻习近平总书记“七一”重要讲话精神提供有力指导。参会人员纷纷表示,要把学习贯彻讲话精神与抓好当前重点工作结合起来,与全面完成全年工作目标任务结合起来，立足新起点，顺应新形势，把握新机遇，展示新作为，为全省交通运输基础设施建设高质量发展做出应有贡献。

9月7日至9日 建设中心完成对209国道吕梁新城区（方山县城至中阳金罗镇）段公路改线工程项目质量安全综合检查。

9月14日 建设中心组织全省73家检测机构进行能力比对试验，70家机构参加此次比对试验，2家机构因特殊原因提交不能参加书面申请，1家机构无故未参加，能力验证结果按“不满意”处理。

9月18日 建设中心对中铁十二局集团第三工程有限公司计量测试中心和山西施宇公路工程质量检测有限公司信息变更进行审核。

9月18日至19日 建设中心举办山西省公路工程质量安全业务培训。

9月22日 建设中心对大同市科建工程质量检测有限公司信息变更进行审核。

9月22日至23日 建设中心对239国道阳泉郊区过境河底至荫营段改线工程进行交工质量检测。

9月27日至30日 建设中心完成对朔神、隰吉2个在建高速公路项目第二轮综合安全检查。

9月28日 建设中心负责人参加省自然资源厅组织召开的省以上重点工程项目土地手续办理协调会。

9月29日 建设中心联合山西路桥建设集团在昔榆高速公路建设工地举办第一届“路桥杯”技能比武大赛。

9月30日至10月1日 建设中心举办2021年度全省公路工程质量安全管理人员培训讲座。

10月1日 建设中心开始组织汇编《平安百年品质工程成果图册》。

10月11日 建设中心参加省交通运输厅组织召开的2021年第四季度重点公路工程调度暨安全生产会议。

10月12日 建设中心对中铁十五局集团第一工程有限公司中心试验室公路工程试验检测综合乙级进行综合评定，评定结果为通过。

同日 建设中心对中铁十二局集团有限公司计量测试中心和中铁三局集团第六工程有限公司工程试验中心信息变更进行审核。

10月13日至15日 建设中心对神岢项目进行工程质量现场检测检查。

10月14日 建设中心对中铁十二局集团第二工程有限公司计量测试中心信息变更进行审核。

10月19日 建设中心对339国道（吕梁境内）小算沟至马坊段公路改建工程竣工质量现场检测检查。

10月26日至30日 建设中心完成对离隰、黎霍2个在建高速公路项目第二轮质量安全综合检查。

10月28日至11月28日 建设中心参加省交通运输厅组织的公路养护市场督查工作，对太原高速公司、太佳东分公司、平榆公司、榆和公司及大同公路分局、朔州公路分局、晋中公路分局、阳泉公路分局进行检查。

10月29日 省交通运输厅政治巡察组以大会形式向建设中心党委反馈巡察意见，指出中心在贯彻党的理论和路线方针政策以及党中央重大决策部署、落实全面从严治党、落实新时代党的组织路线、对审计监督发现问题整改落实4个方面存在的10项重点问题。针对巡察反馈问题，中心党委高度重视、迅速行动，坚持以问题为导向，狠抓整改落实，取得明显成效。

10月30日至31日 建设中心组织“2021年度公路水运工程试验检测专业技术人员职业资格考试山西省考区考试”。

10月至11月 按照省交通运输厅《关于开展2021年度公路工程试验检测机构专项监督检查的通知》（晋交建管发〔2021〕243号）要求，建设中心组织全省注册的检查机构开展自查自纠，并结合自查自纠结果起草《专项监督检查工作方案》，分四个组对73家检测机构开展质量体系运行、人员配备、设备配备、检测环境、能力保持及业务开展情况的全面检查。

10月至12月 建设中心以中心组学习、支部学习、自学方式，重点学习中共十九届六中全会精神、习近平总书记在党史学习教育总结大会上的重要讲话精神、省委第十二次党代会精神。

11月8日 建设中心负责人参加省交通运输厅领导同省自然资源厅领导座谈土地报批工作会议。

11月10日 建设中心召开党委(扩大)会议,专题学习省第十二次党代表大会精神,落实省交通运输厅相关部署。

11月10日至11日 建设中心完成对静兴高速公路项目第二轮综合检查。

11月15日至16日 建设中心对207国道左权至黎城及南沁线左权桐峪至河北涉县界公路进行交工质量检测。

11月22日 上午,建设中心举行学习贯彻山西省第十二次党代会精神宣讲报告会。会议要求中心全体干部职工要充分利用各种宣传资源和平台加强宣传指引,多层次多角度宣传省党代会精神,要把学习好、宣传好、贯彻好省第十二次党代表大会精神作为当前和今后一个时期的重要政治任务,迅速掀起学习热潮。要精准把握全方位推动高质量发展的目标要求,为谱写全面建设社会主义现代化国家山西篇章而努力奋斗。

11月25日 建设中心负责人参加省自然资源厅补充耕地占补平衡推进会,调度解决东二环、闻垣、黎霍、昔榆、离隰、临猗、汾石7个项目占补平衡问题。

同日 建设中心对山西弘德诚试验检测有限公司、山西天功工程质量检测有限公司、山西晋达交通工程试验检测有限公司信息变更审核。

是月 建设中心根据省交通运输厅2021年信用交通宣传月活动部署,中心以“诚实守信、一路畅行”为主题,结合工作实际,组织专业人员走进企业,为在全省从事施工、监理、试验检测工作的企业及从业人员开展社会信用体系建设宣传。

12月3日 建设中心负责人参与组织召开全省重点公路工程建设高质量发展年度总结暨冬季施工工作部署会议。

12月6日 建设中心举办公路平安百年品质工程攻关行动成果培训。

同日 建设中心对中铁十七局集团有限公司工程检测中心信息变更进行审核。

12月7日 建设中心对阳泉西环进行竣工质量现场复查检测。

12月14日 建设中心向省交通运输厅提交山西交通控股集团有限公司运城北高速公路分公司试验检测中心公路工程试验检测等级证书注销意见。

同日 建设中心对山西汇鼎建设工程质量检测有限公司信息变更进行审核。

12月15日 建设中心主要负责人深入石楼县前圪垛村,看望乡村振兴驻村工作队队员,调研驻村帮扶工作开展情况,并入户慰问当地群众。厅驻村工作队队长、中心副主任郝瑞军参加活动。随后,慰问组一行前往红军东征纪念馆,缅怀革命先烈,接受党史教育。

12月15日至20日 建设中心对运宝黄河大桥、长临高速进行工程质量专项验收。

12月16日 建设中心对山西省公路局晋城分局试验室信息变更进行审核。

12月21日 建设中心对华冠天诚检测认证有限公司公路工程试验检测综合乙级进行综合评定,评定结果为通过。

12月22日 建设中心向省交通运输厅提交关于山西一通监理咨询有限公司公路工程试验检测等级证书注销意见。

12月29日 建设中心发布山西省2021年度造价工程师(交通运输工程)成绩合格人员资格审核公告。

12月下旬 建设中心对各在建项目开展第二轮业务知识考试。

是月 建设中心对太原西北二环(12月28日至29日)、昔榆(12月14日至15日)进行冬季施工检查。

(资料提供:王志勇)

山西省交通运输厅发展研究中心大事记

1月6日 下午，山西省交通运输厅发展研究中心(以下简称厅发展研究中心)党支部组织开展“学习贯彻省委十一届十一次全会精神”主题党日活动，集中传达学习中共山西省第十一届委员会第十一次全体会议精神。

1月14日 厅发展研究中心召开支委会议暨主任办公会议，研究通过了中心《党建工作责任制度》《“三会一课”制度》《“三重一大”事项集体决策制度》《支委会议制度》《党风廉政建设制度》《党费收缴管理制度》《民主评议党员制度》《党支部和党员联系服务群众制度》《党务工作例行公开制度》《文明单位创建工作制度》《党支部理论学习中心组学习制度》等11项党建工作制度(试行)，以及中心《主任办公会议制度》《政务公开制度》《保密工作制度》《安全管理制度》《应急管理工作制度》《消防安全管理制度》《公文管理制度》《档案管理制度》《印章管理制度》《财务管理制度》《差旅费管理办法》《公务交通费用报销管理办法》《考勤管理制度》《值班(带班)工作制度》《环境卫生管理制度》《车辆使用及管理制度》《合同管理制度》《采购管理办法》《固定资产管理制度》《办公用品管理制度》20项工作制度(试行)。

1月19日 上午，厅发展研究中心召开集中学习会议，传达省交通运输厅和省高速公路综合行政执法总队机关大院关于进一步严格新冠肺炎疫情防控工作通知精神，中心主任全文领学《中共中央关于加强党的政治建设的意见》和《关于巩固和深化“不忘初心，牢记使命”主题教育成果的意见》。

1月28日 下午，厅发展研究中心召开2020年度领导班子民主生活会。厅党组成员、副厅长王四小，厅综合规划处处长许有志，驻厅纪检监察组二级调研员冯御到会监督指导。会议由中心党支部书记胡旭东主持，中心领导班子全体成员参加会议。会上，胡旭东代表中心领导班子作了对照检查，班子成员逐一进行了个人检视剖析发言，互相开展了严肃的批评与自我批评，坚持把自身摆进去，把不足找出来，把问题说清楚。厅党组成员、副厅长王四小和驻厅纪检监察组二级调研员冯御分别对此次民主生活会进行了点评，认为此次民主生活紧扣主题，思想上重视，准备上充分，态度上端正，检视问题深刻，整改措施切合实际，达到了预期效果。要求会后要进一步强化理论学习，落实管党治党责任；要在整改成效上下功夫，抓紧制定完善整改清单，明确细化整改步骤，切实抓好问题整改落实；要始终坚持挺纪在前，抓牢抓实作风建设；要以此次民主生活会为新起点，进一步凝聚高质量发展正能量。王四小对中心下一步工作提出了具体要求：一是要做到“三讲”：即讲政治、讲担当、讲规矩；二是要强化“五种思维”：即政治思维、学习思维、开放思维、创新思维和全局思维；三是要建立学习型、研究型单位。胡旭东代表领导班子表示，感谢省厅督导组和纪检组提出的宝贵意见和建议，为中心今后的工作明确了努力方向。针对提出的意见和建议，以及本次民主生活会查摆出的问题，中心领导班子将认真梳理，认真组织“回头看”，第一时间整改落实。在今后的工作中，中心将进一步加强学习教育，压实管党治党主体责任，特别是对做好改革后半篇文章要有新的理念、新的思路和新的作为，带领中心全体干部职工勇于担当，履职尽责，推动中心工作迈上新台阶，为山西交通运输高质量发展贡献力量。

2月5日 下午,厅发展研究中心召开专题会议,传达学习2021年全省交通运输工作会议精神。会议传达了全省交通运输工作会议主要内容,认真学习了厅党组书记、厅长闫晨曦在工作会议上的讲话精神,围绕11个方面的重点工作特别是加快完善规划体系等内容展开学习。会议就切实做好全年工作做了安排部署:一是要深刻领会会议精神,切实把思想和行动统一到厅党组的工作部署上来;二是要认真抓好贯彻落实,以全省交通运输工作会议精神为根本遵循,结合中心工作实际,细化分解全年工作任务;三是要切实做好春节期间疫情防控和安全生产工作,严明纪律规矩,廉洁平安过节。

2月25日 下午,厅发展研究中心召开党史学习教育动员会,对中心扎实开展党史学习教育工作进行动员部署。

3月22日 为加快全省高速公路和普通国、省道建设项目国土空间规划工作,山西省交通运输厅出台《关于进一步加大推进高速公路和普通国、省道重点建设项目前期工作力度的实施意见》(晋交规划函〔2021〕121号),决定由厅发展研究中心代厅组织项目线位审查工作,要求6月底前完成全省118个项目国土空间数据报送省自然资源厅。厅发展研究中心迅速组织开展此项工作,与厅综合规划处、省公路局、省交通环保中心站、市县交通运输局及项目工程可行性研究报告编制单位密切配合,历时40余天,组织专家组现场踏勘项目98个(全省共118个项目,经核实20个不实施),专家审查会议20余场,圆满完成全省高速公路和普通国、省道建设项目线位方案审查工作,按要求向省自然资源厅报送了国土空间数据。

3月26日至29日 厅发展研究中心组织开展大同239国道、朔州336国道项目线位方案审查工作。厅综合规划处、省公路局、厅发展研究中心、大同公路分局、朔州公路分局、省交通环境保护中心站(有限公司)、专家组、编制单位和咨询单位参加审查。下午组织现场踏勘239国道西崖头至翟疃段改建工程;27日上午,组织踏勘336国道平鲁县城至口子上段改建工程;29日下午,组织召开专家会议。

3月31日 上午,厅发展研究中心组织召开党支部党员大会,选举产生省交通运输厅直机关第三次党员大会党代表。

4月2日 厅发展研究中心副主任白彦萍、战略研究所所长王丽等一行人员赴广东省交通运输规划研究中心调研学习。

4月6日至7日 厅发展研究中心组织开展晋中307国道、太原108国道项目线位方案审查工作。厅综合规划处、省公路局、厅发展研究中心、晋中公路分局、太原公路分局、寿阳县交通运输局、省交通环境保护中心站(有限公司)、专家组、编制单位和咨询单位参加审查,下午组织现场踏勘307国道阳泉坡头至晋中榆次段一级公路新建工程;7日,组织踏勘108国道太原过境段(石岭关至小西沟)改建工程和召开专家会议。

4月13日 厅发展研究中心组织干部职工赴太原市尖草坪区柏板乡慕云山义务植树点,开展学雷锋义务植树志愿服务活动。

同日 下午,厅发展研究中心党支部书记带领中心全体党员干部在党建活动室参观学习,重温中国共产党百年奋斗的光辉历程。

4月15日 厅发展研究中心组织开展党史学习教育暨党风廉政宣传教育集中学习,集中传达学习习近平总书记在十九届中纪委五次全会上的重要讲话精神、楼阳生书记在全省党史学习教育部署会上的讲话精神以及吕岩松在省委党史学习教育领导小组办公室主任会议上的讲话精神,组织集中观看了纪录片《共产党人·党史篇》。

4月20日 下午,厅发展研究中心召开2020年度省直文明单位考核验收汇报会,接受山西省直精神文明建设委员会办公室考核验收。

4月21日至23日 厅发展研究中心组织开展晋城东南过境高速公路(北义城至大箕)、331省道坪曲线老马岭至里必段改建工程线位方案审查工作。厅综合规划处、厅发展研究中心、晋城市交通运输局、晋城公路分局、沁水县交通运输局、省交通环境保护中心站(有限公司)、专家组和编制单位参加审查;22日,组织现场踏勘晋城东南过境(北义城至大箕)高速公路工程;23日上午,组织踏勘331省道坪曲线老马岭至里必段改建工程,返回太原后,组织召开专家会议。

4月22日 上午,省交通运输厅党史学习教育第二巡回指导组赴厅发展研究中心检查指导党史学习教育开展情况,听取了中心有关工作开展情况的汇报。巡回指导组组长、厅二级巡视员王大为出席会议并作点评。

同日 下午,厅发展研究中心组织开展党史学习教育暨党风廉政宣传教育集中学习,围绕中国共产党在新民主主义时期历史展开学习研讨,并集中观看廉政警示教育片《贪路无归——蜕变》。

4月25日 下午,厅发展研究中心召开支委会议,研究决定3个内设所室副职任命及9名专业技术人员岗位聘任有关事宜。

4月29日 厅发展研究中心组织开展临汕高速公路临汾至浮山段、青银二广高速公路太原联络线项目线位方案审查工作。厅综合规划处、厅发展研究中心、临汾市交通运输局、晋中公路分局、太原市交通运输局、省交通环境保护中心站(有限公司)、专家组和编制单位参加审查。29日下午,组织现场踏勘临汕高速公路临汾至浮山段项目;30日下午,组织踏勘青银二广高速公路太原联络线项目;5月7日,组织召开专家会议。

同日 下午,厅发展研究中心组织开展党史学习教育主题党日活动,集中传达学习习近平总书记"培育和弘扬社会主义核心价值观"重要讲话精神、习近平总书记在福建考察期间重要讲话精神以及习近平总书记关于崇尚英雄、缅怀先烈的重要论述,组织干部职工手抄革命先烈家书、遗书、诗抄等,并围绕中国共产党社会主义革命和建设时期历史开展学习研讨。

5月6日 下午,厅发展研究中心组织开展党史学习教育专题学习,集中传达学习《中共山西省交通运输厅党组巡察工作的通知》和《2021年度巡察工作方案》两个文件精神,并围绕中国共产党改革开放新时期历史开展学习研讨。会后,中心召开支委会议,就迎接厅党组巡察工作进行安排部署,成立了中心巡察工作联络组。

5月20日 上午,省交通运输厅党组第二巡察组在厅发展研究中心召开巡察进驻见面沟通会,组长王斌俊、副组长刘中海、组员王飞以及中心领导班子全体成员参加会议。会上,组长王斌俊传达省委关于巡察工作的新精神新要求,通报了此次巡察任务、工作安排和具体要求等内容。

同日 下午,厅发展研究中心组织开展党史学习教育主题党日活动。中心党支部书记胡旭东围绕"重温党章历史沿革,扎实开展党史学习教育"主题,给全体党员讲授专题党课;传达学习习近平总书记在广西考察期间的重要讲话精神;围绕中国共产党十八大以来的历史开展学习研讨,并集中观看纪录片《辉煌中国》。

5月24日 上午,根据省交通运输厅党组2021度巡察工作安排部署,厅党组巡察二组在省交通运输厅发展研究中心召开巡察工作动员会。驻厅纪检监察组二级调研员冯御,厅党组巡察办、厅直机关党委副书记、纪委书记陈尧仲,厅党组巡察二组组长王斌俊及其成员,中心全体干部职工参加了会议。

在进驻动员大会上,冯御强调,巡察组代表厅党组开展巡察工作,要把握政治方向、突出巡察重点、注重方式方法,以发现问题为目标,及时沟通汇报;要严格落实廉洁纪律要求,展现巡察队伍的忠诚、干净、担当和高素质。厅发展研究中心要切实提高政治站位,高度重视此次巡察工作,强化责任担当,全力保障配合,着力整改落实。驻厅纪检监察组将密切关注此项工作,并做好纪律保障。

陈尧仲强调,一要深刻认识巡察工作的重要意义。开展2021年度巡察工作,是落实全面从严治党和省委巡察工作部署的一项重要工作,是厅党组进行政治监督的重要抓手,是中心加强和改进党的领导的重要契机。二要深刻把握巡察工作的重点内容。围绕党的政治建设、组织建设、思想建设、作风建设、纪律建设、制度建设进行全面监督。三要严格落实巡察工作要求。厅发展研究中心要提高政治自觉,积极支持配合巡察组开展工作;巡察组要严格程序、大胆工作;双方严格遵守各项工作纪律,相互监督,顺利完成巡察工作任务。

王斌俊围绕巡察任务、巡察时间、巡察内容和巡察方式等进行了部署安排。他强调,中心要强化政治担当,认真贯彻落实好厅党组巡察工作有关要求,严格落实全面从严治党主体责任,严肃认真对照检查工作中存在的问题,做到即知即改、立行立改,积极配合完成好此次巡察工作任务。

厅发展研究中心党支部围绕单位总体情况、存在的问题、改进工作的思路和措施等三个方面进行了汇报并表态:中心将进一步统一思想认识,以高度的政治责任感认真对待巡察工作;严格遵守各项工作纪律,全力支持配合好巡察工作;以此次巡察工作为契机,进一步加强自身建设,完善工作措施,推动交通运输发展研究工作取得新发展。

6月4日 下午,厅发展研究中心组织开展党史学习教育专题学习,集中传达学习习近平总书记在全国脱贫攻坚总结表彰大会上的重要讲话精神和全国两会精神。

6月4日至10日 厅发展研究中心组织召开高速公路和普通国、省道建设项目(第一批)线位方案审查会议。厅综合规划处、厅发展研究中心、省公路局、省交通环境保护中心站(有限公司)、地方交通运输部门、专家组和编制单位参加会议,对全省高速公路和普通国、省道建设项目(第一批)共30个项目进行审查。

6月15日至18日 厅发展研究中心组织召开高速公路和普通国、省道建设项目(第二批)线位方案审查会议。厅综合规划处、厅发展研究中心、省公路局、省交通环境保护中心站(有限公司)、地方交通运输部门、专家组和编制单位参加会议,对全省高速公路和普通国、省道建设项目(第二批)共28个项目进行审查。

6月23日 下午,厅发展研究中心组织召开高速公路扩容改造项目线位方案审查会议。厅综合规划处、厅发展研究中心、省交通环境保护中心站(有限公司)、专家组和编制单位参加会议,对青银国家高速公路旧关至太原段改扩建工程等6个项目进行审查。

6月24日 下午,厅发展研究中心组织开展党史学习教育专题学习。一是中心领导班子成员讲授党史学习教育专题党课,中心副主任白彦萍为中心全体干部职工讲授题为“古田精神永放光芒”专题党课,中心副主任侯金铃讲授题为“重温中国共产党百年伟大贡献”专题党课。二是集中传达学习习近平总书记重要文章《用好红色资源 传承好红色基因 把红色江山世世代代传下去》。三是集中学习山西省英烈英模先进事迹。四是传达学习韦韬副省长在“落实‘一岗双责’,切实抓好党风廉政建设、安全生产和稳定工作专题会议”上的重要讲话精神。

同日 下午,在中国共产党成立100周年来临之际,厅发展研究中心领导班子一行走访慰问了中心退休老党员张岐山,向他致以崇高的敬意和亲切的问候,并颁发了“光荣在党50年”纪念章。

在张岐山家中,大家同老人亲切交谈,关切询问他的生活起居和健康状况。中心党支部书记表示,老党员为山西省交通运输事业发展做出了突出的贡献,是中心的宝贵财富,是大家学习的榜样。中心将努力为老党员和退休职工做好服务保障,切实帮助解决实际困难和问题。真诚希望老党员一如既往地关心和支持单位的各项工作,为交通运输发展建言献策,并祝张岐山身体健康,生活愉快。

6月25日 为深入开展党史学习教育,迎接中国共产党成立100周年,厅发展研究中心组织全体干部职工赴武乡八路军太行纪念馆、八路军总部旧址等红色教育基地,开展“坚定理想信念,传承红色基因”主题党日活动,现场接受党史教育,实地学习伟大的抗战精神、八路军精神和太行精神,重温党的光辉历程。

活动中,中心全体干部职工集体参观了八路军太行纪念馆、八路军总部砖壁旧址和王家峪旧址,认真聆听讲解员述说老一辈革命家的丰功伟绩,驻足细看陈列的文物、文献、书籍和照片,回顾八路军英勇抗击日本侵略者的革命历史,重温中国共产党波澜壮阔的伟大历程。实地参观后,中心党支部书记带领全体党员在党旗前庄严宣誓,重温入党誓词，牢记和坚定共产党人的初心和使命。

6月29日 省交通运输厅召开“两优一先”表彰大会，中心副主任白彦萍荣获省厅“优秀共产党员”荣誉称号。

7月1日 上午8时，厅发展研究中心组织全体干部职工集中收看庆祝中国共产党成立100周年大会直播。

7月8日 厅发展研究中心组织召开《山西省交通物流若干重大问题与发展战略研究》中期成果评审会，顺利通过专家评审。

7月9日 上午，厅发展研究中心党支部组织召开工会第一次会员大会，选举产生第一届工会委员会委员、经审委员会委员和女工委员。

7月14日 下午，厅发展研究中心组织开展党史学习教育专题学习。一是党支部书记宣讲习近平总书记在庆祝中国共产党成立100周年大会上的重要讲话精神。二是集中学习习近平总书记在参观“不忘初心，牢记使命”中国共产党历史展览时的重要讲话精神、习近平总书记在中央党校（国家行政学院）中青年干部培训班开班式上的重要讲话精神、林武书记在全省“两优一先”表彰大会上的讲话精神等内容。三是开展廉政教育，传达学习省纪委办公厅关于印发《党员干部和公职人员办理子女生日、升学事宜“四严禁、五倡导”的通知》文件精神。

7月21日 为切实加强党的政治建设，按照省直工委和厅直机关党委安排部署，厅发展研究中心党支部组织开展强化政治机关意识专题学习研讨，中心全体党员参加会议。

研讨会上，中心全体党员集体学习了《中共中央关于加强党的政治建设的意见》《关于加强和改进中央和国家机关党的建设的意见》和习近平总书记“7·9”重要讲话精神，深入学习领会加强党的政治建设的重要意义，进一步强化政治机关意识，自觉做好“三个表率”。

会上，中心全体党员都做了交流发言。会议强调，中心党员干部要牢固树立政治机关意识，做到政治和业务两促进、两提高。一是要坚定信念，同频共振；二是要站位全局，把准方向；三是要学用结合，提升业务；四是要务实清廉，永葆本色。

7月26日 下午，厅发展研究中心党支部组织召开党史学习教育专题组织生活会。中心全体在职党员参加会议，厅联网收费结算与会计核算中心党支部书记、综合部部长代表厅直机关党委列席会议并对会议进行了点评。

会上，中心党支部书记代表党支部委员会报告了半年来党支部工作开展情况，通报了党支部委员会在开展党史学习教育、落实从严治党主体责任等方面开展的工作、存在的问题和下一步的工作措施；全体党员联系思想和工作实际，围绕学习习近平总书记在庆祝中国共产党成立100周年大会上的重要讲话心得体会，学习习近平新时代中国特色社会主义思想和党中央指定学习材料的感悟收获，在坚定理想信念、增强历史自觉、弘扬优良传统、加强党性锤炼等方面存在的不足和在发挥党员先锋模范作用，立足岗位、履职尽责，为身边群众做实事好事等方面存在的差距等4个方面进行盘点和检视，轮流开展了批评与自我批评。

8月4日 上午，中心组织召开实习生见面会。会上，中心主任代表单位全体干部职工向来参加实习实训的大学生们表示热烈的欢迎，给他们介绍了山西省悠久的历史文化、经济和交通运输发展情况以及中心的职能任务，嘱咐实习生要加强个人疫情防护，积极学习实践，学有所获。来参加实习的学生分别介绍了各自的专业特长和研究方向，表示非常高兴有机会来中心实习实训，希望能够结合所学专业，增强实践经验，夯实专业技能，从各方面提升自己的综合素质，并希望以后有机会能用自身所学，为山西发展贡献一份力量。

8月5日 上午，省交通运输厅党组成员、副厅长王四小在厅发展研究中心宣讲习近平总书记“七一”重要讲话精神。厅综合规划处副处长张福全、中心全体干部职工和实习生参加学习。

王四小从中国共产党百年奋斗的伟大成就，办好中国的事情关键在党，江山就是人民、人民就是江山，伟大建党精神和推进马克思主义中国化等五个方面，结合交通运输工作，深刻阐述了习近平总书记“七一”重要讲话的重大意义、主要内容和丰富内涵。王四小指出,要学习好宣传好贯彻好习近平总书记重要讲话精神,大力弘扬伟大建党精神,坚定理想信念,牢记初心使命,为推进全省交通运输高质量发展贡献自己的一份力量;要牢固树立和践行“人民交通为人民”的服务宗旨,建设人民满意交通;要坚持党要管党、全面从严治党,为推进交通运输高质量发展提供强有力保障。

宣讲结束后,王四小与中心领导班子进行了座谈交流,深入了解联系点工作情况,并就加强和改进中心工作提出了具体要求。

8月10日 上午,厅发展研究中心邀请厅规划中心原主任安小平,就交通运输规划研究方面的心得体会给中心干部职工及实习生做专题讲座。

8月12日 上午,厅发展研究中心组织干部职工和实习生赴交通科学园区参观学习。

同日 下午,厅发展研究中心党支部组织开展党史学习教育主题党日活动,组织全体干部职工及实习生集中学习《我国和山西省公路发展及规划》,并轮流朗诵红色经典。

8月13日 厅发展研究中心组织召开《山西交通运输基本公共服务均等化研究》中期成果评审会,顺利通过专家评审。

8月23日 下午,省交通运输厅第三检查组组长肖为民,组员杜钟、李岸、贺茹一行,赴厅发展研究中心开展党史学习教育“回头看”工作检查,围绕专题学习、专题培训、专题党日、“我为群众办实事”实践和专题组织生活会等方面开展专项检查。

8月25日 下午,厅发展研究中心党支部召开党员大会,根据厅直机关党委安排,选举产生省直机关党代表会议代表候选人及出席省第十二次代表大会候选人初步人选。

8月26日 下午,厅发展研究中心组织开展党史学习教育专题学习,集中学习习近平总书记关于“总结党的历史经验,加强党的政治建设”内容的重要论述、习近平总书记在中央财经委员会第十次会议上的重要讲话精神等内容。

是月 按照省委办公厅、省政府办公厅印发的《关于深化省校合作的实施方案》精神和省厅统一安排,厅发展研究中心接收6名省外“双一流”高校学生开展实习实训。中心领导高度重视此项工作,第一时间对实习生岗位分配、党史学习教育、实地参观、座谈交流等具体工作进行了周密的安排部署。

9月1日 下午,省交通运输厅党组成员、副厅长王四小赴厅发展研究中心,开展学习贯彻习近平总书记“七一”重要讲话精神专题宣讲。

9月9日 下午,厅发展研究中心组织集中学习《落实中央八项规定精神负面清单》以及省交通运输厅《关于巩固拓展交通运输脱贫攻坚成果 全面推进乡村振兴的实施意见》。

9月16日 厅发展研究中心开展主题党日活动,组织认真学习贯彻《2019—2023年全国党员教育培训工作规划》以及省委组织部关于贯彻落实《工作规划》具体措施等有关内容;扎实开展安全警示教育,学习交通运输部安委办关于安徽太湖县“9·5”事故通报有关内容,并组织集中学习《中华人民共和国道路交通安全法》,集中观看《血泪之鉴——道路交通安全警示教育片》。

10月13日 下午,省交通运输厅党史学习教育第一巡回指导组组长孙印、组员李新军一行,赴厅发展研究中心开展党史学习教育巡回指导工作。

中心党支部书记围绕党史学习教育专题学习、专题培训、党日党课活动和组织生活会等开展情况以及“我为群众办实事”项目推进落实情况向巡回指导组作了汇报。巡回指导组对中心党史学习教育现阶段工作开展情况给予了肯定,并对下一阶段工作提出了具体要求。

中心党支部书记代表支部表态,中心将严格按照党史学习教育实施方案要求,贯彻落实好下一阶段各项工作任务,学好用好三部“简史”,注重梳理总结党史学习教育各环节中的工作亮点、做法和经验,并及时做好宣传报道。

10月15日 下午,根据省交通运输厅党组巡察工作领导小组部署,厅党组第二巡察组组织召开巡察反馈会议,向厅发展研究中心反馈巡察情况。第二巡查组组长王斌俊、组员王飞、中心全体干部职工参加会议。

王斌俊指出，厅发展研究中心支委能够认真贯彻落实厅党组各项决策部署，积极参与省厅“十四五”规划工作，在科学谋划山西省交通运输行业发展蓝图，记录传承山西交通运输系统历史成就等方面发挥了作用做出了贡献，同时指出了巡察发现的主要问题。要求中心支委要针对巡察反馈的问题，认真对照检查，立行立改、真改实改，并持续抓好四个方面的工作：一是提高政治站位，把制度建设和治理能力建设摆在更加突出的位置；二是贯彻落实好全面从严治党“两个责任”，推动全面从严治党向纵深发展；三是着力加强党的组织建设，进一步提升党建水平；四是加强干部队伍建设，创造干部干事创业担当作为的有利环境。

厅发展研究中心党支部书记做了表态发言：中心将进一步提高政治站位，统一思想认识，以高度的政治责任感认真抓好整改工作，逐条对照、立行立改；把巡察整改作为全面从严治党的重要抓手，坚决扛起主体责任，举一反三，补短板、强弱项、堵漏洞，进一步加强自身建设，完善工作措施，推动交通运输发展研究工作取得新发展。

同日 厅发展研究中心召开干部大会，宣布3名中层正职干部任命。

10月21日 厅发展研究中心组织开展主题党日活动。集中传达学习习近平主席在第二届联合国全球可持续交通大会开幕式上的主旨讲话精神、李小鹏部长在第二届联合国全球可持续交通大会部长论坛上的主题发言、交通运输部部署深入学习贯彻习近平主席在第二届联合国全球可持续交通大会开幕式上主旨讲话精神的通知、网络安全相关战略法规及安全防护措施、交通运输战线全国“两优一先”先进典型事迹以及安排部署疫情防控、省委第十二次党代会信访保障、安全维稳等工作。

11月1日 厅发展研究中心召开全体会议，认真学习习近平总书记在深入推动黄河流域生态保护和高质量发展座谈会上的重要讲话精神，传达学习省第十二次党代表大会精神和省交通运输厅有关会议精神，就中心贯彻落实工作作出安排部署。

会议指出，学习好、宣传好、贯彻好习近平总书记在深入推动黄河流域生态保护和高质量发展座谈会上的重要讲话精神和省第十二次党代会精神，是中心当前的首要政治任务。中心全体干部职工要切实提高政治站位，迅速把思想和行动统一到中央、省委和厅党组工作部署上来。

会议要求，一是要持续深入抓好习近平总书记在深入推动黄河流域生态保护和高质量发展座谈会上的重要讲话精神和省第十二次党代会精神的学习。二是要把习近平总书记重要讲话精神和省第十二次党代会精神贯穿工作始终，抓好年度重点工作落实。三是要认真做好年度工作总结和2022年工作谋划，以省第十二次党代会精神指引各项工作开展。

11月12日 中心组织召开《山西交通运输基本公共服务均等化研究》结题评审会，课题顺利通过专家评审。《山西交通运输基本公共服务均等化研究》在理论研究、发达省份经验借鉴和山西发展评价分析基础上，提出“十四五”期交通运输基本公共服务均等化的发展目标、重点任务和实施路径，并构建了评价指标体系。课题研究成果为省厅制定相关政策提供了理论依据。

11月16日 中心组织召开《山西省交通物流若干重大问题发展战略研究》结题评审会，课题顺利通过专家评审。《山西省交通物流若干重大问题发展战略研究》从利用交通基础设施网络推进山西物流发展；实现货运物流枢纽集聚提升与枢纽经济发展；盘活交通资源，构建新时代路域经济；应用推广多式联运“一单制”等专题开展研究，提出“十四五”时期交通物流的发展战略和发展对策。课题研究成果为省厅制定相关政策提供了理论依据。

11月18日 厅发展研究中心组织集中观看党史学习教育视频讲座，中国社会科学院当代中国研究所原副所长、研究员、博士生导师武力，以“奋斗与辉煌：从站起来、富起来到强起来”为题导读《中华人民共和国简史》。

同日 厅发展研究中心党支部书记给全体党员干部宣讲省第十二次党代会精神。

11月25日 厅发展研究中心认真学习贯彻党的十九届六中全会精神,组织集中学习《中共中央关于党的百年奋斗重大成就和历史经验的决议》。

11月26日 厅发展研究中心赴太原市娄烦县开展主题党日活动,组织全体干部职工在高君宇纪念馆和故居参观学习,重温入党誓词,现场接受党史教育,深刻学习感受高君宇同志革命生平和伟大贡献。

11月29日 厅发展研究中心召开政治监督专项检查工作布置会,传达学习省纪委开展政治监督专项检查通知精神,组织集中学习省委《关于加强“一把手”和领导班子监督的实施意见》。

同日 厅发展研究中心领导班子与全体党员干部开展集体廉政谈话。

12月1日 厅发展研究中心开展宪法宣传周活动,组织党员干部以收看直播的方式集中旁听庭审。

12月6日 省交通运输厅党组巡察办主持召开督导巡察整改落实情况工作会议,听取厅发展研究中心关于巡察组反馈问题的整改落实情况,并实地查验相关印证材料。厅党组巡察办崔庆云,第二巡察组副组长刘中海,组员王飞、李彩霞及中心领导班子成员参加会议。

12月10日 厅发展研究中心组织开展《山西省推进综合交通枢纽体系建设、提升枢纽辐射能级战略研究》和《山西省高速公路互通立交增设改造专项研究及管理办法》两项基础研究课题工作大纲评审会,顺利通过专家评审。

12月15日 按照山西省交通运输厅《关于进一步做好驻村帮扶工作的通知》精神,厅发展研究中心组成调研组,赴帮扶点石楼县罗村镇前圪垛村开展实地调研。调研组与驻村干部、党员、贫困户代表进行了座谈,了解前圪垛村脱贫后的整体情况、驻村工作队一年来开展的主要帮扶工作,分析当前存在的困难和问题,与他们一起研讨2022年帮扶计划。随后,调研组走访慰问了贫困户,了解他们的生活情况,鼓励他们坚定信心,相信在党和政府的帮扶下,在个人的不断努力下,生活一定会越来越好。

12月30日 厅发展研究中心开展“宪法进机关”主题党日活动。一是举行宪法宣誓仪式,由中心主任领誓,全体干部职工集体进行了宣誓;二是围绕学习贯彻习近平法治思想、“八五”普法规划等开展集中学习。

(资料提供:李文越)

山西省交通运输厅联网收费结算与会计核算中心大事记

1月28日 按照《中共山西省交通运输厅直属机关委员会关于认真开好2020年度县以上党和国家机关党员领导干部民主生活会的通知》(晋交直党发〔2020〕44号)文件要求,山西省交通运输厅联网收费结算与会计核算中心(以下简称厅核算中心)在原省高管局9楼会议室召开领导班子民主生活会,厅第四督导组领导、驻厅纪检监察组领导出席。

3月7日 厅核算中心领导班子成员、部门负责人,深入学习领会习近平总书记在党史学习教育动员大会上重要讲话精神;研究制定厅核算中心党支部《开展党史学习教育实施方案》有关事项。

3月22日 厅核算中心领导班子成员、部门负责人,深入学习领会习近平总书记党史学习教育动员大会重要讲话精神;深入研读习近平《论中国共产党历史》，开展专题研讨；及时跟进学习习近平总书记关于党史学习教育的重要讲话和最新指示精神；学习《毛泽东 邓小平 江泽民 胡锦涛关于中国共产党历史论述摘编》。

3月29日 厅核算中心领导班子成员、部门负责人深入学习领会习近平总书记党史学习教育动员大会重要讲话精神；深入学习习近平总书记在福建考察期间重要讲话精神；深入研读《中国共产党简史》，深刻领会百年来我们党的光辉历程、伟大贡献、初心宗旨、重大理论成果、伟大精神、宝贵经验，围绕学习新民主主义革命时期历史开展专题研讨，深刻领会我们党领导人民经过28年浴血奋战，完成民族独立和人民解放的历史任务，建立中华人民共和国，实现中国从几千年封建专制政治向人民民主的伟大飞跃。

4月7日 厅核算中心领导班子成员、部门负责人深入学习领会习近平总书记党史学习教育动员大会重要讲话精神；围绕学习社会主义革命和建设时期历史开展专题研讨，深刻领会我们党领导人民完成社会主义革命，确立社会主义基本制度，推进社会主义建设，实现中华民族由不断衰落到根本扭转命运、持续走向繁荣富强的伟大飞跃。

4月23日 厅核算中心领导班子成员、部门负责人深入学习领会习近平总书记党史学习教育动员大会重要讲话精神；围绕改革开放新时期历史开展专题研讨，深刻领会我们党领导人民进行改革开放新的伟大革命，成功开创、坚持和发展中国特色社会主义，实现中华民族从落后时代到大踏步赶上时代的历史性跨越；学习《习近平新时代中国特色社会主义思想学习问答》。

4月25日 厅核算中心领导班子成员、部门负责人，按照厅直机关党委关于在党史教育中开展“中国共产党为什么‘能’，马克思主义为什么‘行’，中国特色社会主义为什么‘好’”主题党日活动的通知精神，组织全体人员到彭真生平暨中共太原支部旧址纪念馆进行党史学习教育主题党日活动。

5月17日 厅核算中心领导班子成员、部门负责人学习《习近平新时代中国特色社会主义思想学习问答》；传达学习习近平总书记在广西考察期间重要讲话精神的通知；传达厅党组《我为群众办实事实践活动工作要求》的通知；围绕学习党的十八大以来的历史开展专题研讨。

5月27日 厅核算中心领导班子成员、部门负责人，学习领会习近平总书记党史学习教育动员大会重要讲话精神；围绕学习中共十八大以来的历史开展专题研讨；学习习近平总书记在全国脱贫攻坚总结表彰会上的讲话；深入学习2021年全国“两会”精神。

6月17日 厅核算中心全体党员开展“重温红色记忆，传承红色基因”主题党日活动。组织党员干部到武乡八路军总部革命纪念馆参观学习，重温红色记忆，回忆党的光辉历史，缅怀革命先烈，传承红色基因，不断推动党史学习教育走深走实。

7月1日 早8时，厅核算中心领导班子成员带领全体党员、职工共计12人集中观看庆祝中国共产党成立100周年大会实况，认真学习习近平总书记重要讲话。与此同时，中心其他6名职工在不同地点、以不同方式收看收听大会实况。

7月15日 厅核算中心全体党员学习习近平总书记“七一”重要讲话精神，专题研讨“百年征程波澜壮阔，百年初心历久弥坚”。乘着习近平总书记“七一”重要讲话东风，厅核算中心举办庆祝建党百年理论和强化政治机关意识专题研讨会，旨在立足新起点，激励全体干部职工满怀信心投身到新中心建设中来。

7月30日 上午，按照《中共山西省交通运输厅直属机关委员会关于召开党史学习教育专题组织生活会的通知》文件要求，厅核算中心党支部召开专题组织生活会。会上，党支部书记、主任杨毅首先通报半年来党支部工作情况（开展党史学习教育情况，党支部委员会在开展党史学习教育、联系服务党员群众、力戒形式主义官僚主义等方面检视问题情况），专题组织生活会准备情况及征求意见情况。然后，代表中心领导班子做对照检查，班子成员进行讨论、补充、认领存在问题并提出整改意见。全体党员对照4个方面开始逐一发言，接着对照检查,查摆问题,深入剖析根源,开展自我批评并虚心诚恳接受其他党员批评意见,并提出下一步努力方向和整改措施。整个会议严肃认真,切实做到直面问题、直奔主题,既红脸又出汗,达到发现问题、解决问题,增进友谊、促进团结,转变思想作风、提高工作能力目的。通过征求到干部群众意见及班子对照检查,从思想、工作、作风等方面进行深刻剖析,查找出班子建设中存在的五个方面13个突出问题,对存在问题产生的原因进行深入剖析,并指明今后努力方向和主要整改措施。

9月8日 省交通运输厅党组成员、副厅长郭丙福赴厅核算中心开展学习贯彻习近平总书记"七一"重要讲话精神专题宣讲。郭丙福深刻阐述重大意义、主要内容和丰富内涵,并提出一系列新思想、新观点、新论断进行详细解读。郭丙福在宣讲中,要求把思想认识统一到习近平总书记"七一"重要讲话精神上来,切实在学懂弄通做实上下功夫,准确把握核心要义,抓好学习贯彻落实,进一步增强"四个意识"、坚定"四个自信"、做到"两个维护";要把学习习近平总书记"七一"重要讲话精神作为开展党史学习教育的核心内容,切实推动学习往深里走、往实里走、往心里走,做到"学史明理、学史增信、学史崇德、学史力行";要把学习习近平总书记"七一"重要讲话精神同总结经验、结合实际、推动工作结合起来,把学习成效转化为工作动力和实绩。

9月23日 厅核算中心全体党员开展"读原文、学原著、悟原理——学习《中国共产党简史》"为主题的专题集体学习;传达学习《中华人民共和国安全生产法》;开展《落实中央八项规定精神正负面清单》专题学习。

11月1日 厅核算中心领导班子成员、部门负责人学习省第十二次党代表大会精神及新一届省委第一次常委会会议精神,传达贯彻省交通运输厅党组书记、厅长赵建平在省交通运输厅党组学习传达省第十二次党代表大会精神会议上的讲话精神。

11月23日 厅核算中心领导班子成员、部门负责人深入学习贯彻中共十九届六中全会精神,安排部署下一步学习计划和落实措施。会上,全体参会人员学习中共十九届六中全会公报内容,并进行热烈研讨。

11月29日 厅核算中心领导班子成员、部门负责人学习中共山西省委《关于加强对"一把手"和领导班子监督的意见》和习近平总书记关于意识形态工作的重要论述。

(资料提供:杨 俊)

山西省交通干部学校大事记

1月6日 上午,山西省交通干部学校(以下简称学校)召开专题会议,传达学习省委十一届十一次全体会议暨省委经济工作会议精神。校党委书记、校长辛泉生主持会议,全体校领导及各部门负责人参加会议。辛泉生介绍省委十一届十一次全体会议暨省委经济工作会议基本情况、重要意义、主要特点和重要成果。会议结合学校实际工作,就学习贯彻省委有关会议精神提出要求。

1月上旬 为打赢打好新冠肺炎疫情防控阻击战,坚决维护全体职工身体健康和生命安全,学校认真学习贯彻习近平总书记重要指示批示精神,坚决贯彻落实上级决策部署,采取多项举措,全力做好疫情防控工作。

1月中旬 学校岗位设置方案通过上级主管部门审核，明确学校增设正高级专业技术岗位。学校是以专业技术人员为主的事业单位，长期以来副高级职称就是“天花板”，人才晋升渠道受限，在一定程度上影响技术人才成长进步。学校以事业单位改革为契机，深入开展调研，认真分析研判人员结构，结合实际制定方案，多次与有关部门沟通协调，岗位设置方案通过上级主管部门审核，明确学校增设正高级专业技术岗位。进一步为人才成长拓展空间，也为学校可持续发展起到积极促进作用。

1月22日 上午，学校召开党委会，学习领导干部个人有关事项报告相关政策文件，对2020年领导干部个人有关事项报告填报工作进行安排部署。会议重点学习《领导干部报告个人有关事项工作培训手册》、两项法规、《报告表》填报说明等内容，班子成员逐一承诺。校党委书记、校长辛泉生强调，本次集中填报必须坚持依规依法、实事求是总体原则：一是提高认识，牢固树立“四个意识”。要讲政治、讲忠诚，通过严格规范填报个人重大事项报告，切实增强纪律意识、规矩意识和组织观念，全力营造好、维护好风清气正的政治生态。二是认真填报，精准把握报告要求。要加强学习，对两项法规和《报告表》中的说明要认真研究、学懂弄通，对填报工作中出现过的典型问题要提高警觉、举一反三，引以为戒。三是从严审核，切实提高报告质量。领导本人要把好初审关，不瞒报、无漏报，涉及配偶、子女的信息，要与之共同核对，涉及证、照、账户信息的，一律见证、见照、见账户，确保内容完整、格式规范。

1月25日 上午，学校召开2020年度党员领导干部民主生活会。校党委班子全体成员参加，省厅第六督导组组长、一级巡视员雷天才，厅直机关党委专职副书记武安瑜，省纪委驻厅纪检组于雅芬全程指导。会议由校党委书记、校长辛泉生主持。

会前，校党委广泛征求意见建议，广泛开展谈心谈话，班子成员对照问题，认真撰写个人发言提纲，深入剖析自身存在问题，为开好民主生活会打下坚实基础。会上，辛泉生首先通报本次民主生活会征求意见情况；代表班子作了对照检查；班子成员依次对照检查，进行严肃批评与自我批评，并进行表态发言。大家敞开心扉、坦诚相见，把问题摆上桌面，把意见说在当面。

雷天才在讲话中指出，学校党委对本次民主生活会召开，一是认识到位、态度端正，领导班子和党员领导干部对照检查材料全面。二是准备充分。会前征求意见和材料撰写认真扎实，剖析深刻；自我批评能直面问题，敢于担责；相互批评有针对性、中肯切题。三是查找问题准确，能够结合工作实际，深入查找主观原因和客观原因。四是分析原因精准。从宗旨意识深刻剖析，体现较强为民服务情怀。五是整改措施到位，能够根据实际提出切实可行的举措，整改态度积极。雷天才对学校下一步工作提出三点希望和要求：一是提高政治站位，加强学习。把党的建设放在首位。以党的政治建设为统领，全面贯彻落实习近平总书记对交通运输工作的指示批示精神，在提高理论素养，学深悟透做实上下功夫，不断提高把握方向、把握大势、把握全局能力。二是开拓创新，推进学校发展。要破除固有思维模式，进一步改变培训方式、途径，善于运用现代信息化手段开展工作，实现学校创新发展。三是对照剖析问题，扎实推进整改落实。围绕自身查摆问题，主动认领，端正态度，逐项逐条进行整改，确保整改落实到位。党委书记、校长辛泉生代表校领导班子表示，对本次民主生活会查摆出的问题，校党委要认真整改，确保实效。今后要进一步加强学习教育，压实管党治党主体责任，严肃党内政治生活，不断增强干部担当作为自觉性，激发全体教职工内生动力，推动学校工作再上新台阶，为山西交通运输发展贡献力量。

1月27日 上午，省交通运输厅党组成员、副厅长、省民航机场管理局局长、第二考核组组长段新源带队到学校，对学校2020年度目标任务完成情况、领导班子运行情况、学校运行情况、领导干部综合表现情况等进行年度考核。考核通过实地查看、测评评价、个别谈话、查阅资料方式进行。受疫情影响,此次年度目标责任考核采取书面述职方式进行。全体在编人员参加考核测评。学校厅管干部、中层干部及部分教职工进行谈话。考核组对年初省厅下达学校的各项目标责任完成情况进行细致核查。考核结束后,学校对照《厅直单位2020年度目标责任考核工作赋分办法》上报学校加分事项,并提供印证资料。

2月5日 下午,学校召开会议,传达学习贯彻全省交通运输工作会议精神。

同日 学校召开中心组理论学习和校党委扩大会议,校党委书记、校长辛泉生主持会议,省纪委监委驻省交通运输厅纪检监察组二级调研员冯御到会指导工作,校党委委员及各部门负责人参加会议。会议集中学习习近平总书记主持召开中央全面深化改革委员会第十八次会议、习近平总书记在党史学习教育动员大会上的讲话、省委书记楼阳生在全省党史学习教育部署会上的讲话、党政领导干部违规入股企业问题专项清理工作明确的有关事项,会议还传达贯彻省厅深入贯彻落实省委全面深化"13710"工作制度推进会精神。

2月28日 学校历时两个半月组织完成华东交通大学2020级交通运输专业硕士班学位课程学习与考核。学校本着服务交通、服务职工思想,从交通运输行业发展和学生自身需求出发,就硕士班课程设计、教学形式和考核方式上积极与华东交通大学研究生院进行深入沟通,在课程安排上植入"交通安全工程""交通仿真与VISSIM""智能交通系统""交通状态估计方法""交通流理论与方法""交通运输经济理论"等前沿专业课程,在工学矛盾突出、疫情防控增大情况下,采取周六日远程网络授课方式组织教学,同时采用非集中考核方式组织课程考核,既保证学生不离岗、不离家完成同等学力第一阶段课程学习,也保证单位工作不耽误,还免去学习过程中产生的各种费用。为保证学习效果,学校还会同授课教师采用网络打卡,课间网络签到的形式保证出勤率,并将出勤纳入课程考核之中。在课程考核方式上,根据课程类型和培养学生硕士论文撰写能力,采用试卷开卷笔答、撰写小论文以及技术系统软件应用等方式进行,实实在在提升学生分析、解决问题的能力。

3月1日 学校2021年工作会议召开,总结2020年工作,分析形势,部署2021年工作。校党委书记、校长辛泉生作工作报告。

2020年,学校坚持以习近平新时代中国特色社会主义思想为指导,在厅党组坚强领导下,迎难而上、顽强拼搏,统筹疫情防控和改革发展任务,学校改革持续深化,办学实力持续增强,发展水平持续提升,新发展格局建立,党的建设全面加强。2020年,学校干部培训实现新突破,举办培训93期7427人次;学历继续教育招生2081人,在册生4760人,创历史新高;"山西交通在线"教育培训平台和"山西交通在线"安全教育培训平台双轨并行;学校具备4个工种的初、中、高层次技能等级认定资质,获批为全省住建系统培训教育基地暨职业技能鉴定站;学校成为全省首批行政立法基层联系点。

2021年学校工作的总体思路是:以习近平新时代中国特色社会主义思想为指导,全面贯彻落实中共十九大和十九届历次全会精神,深入贯彻习近平总书记视察山西重要讲话重要指示,坚决贯彻党的基本理论、基本路线、基本方略,增强"四个意识"、坚定"四个自信"、做到"两个维护",按照省委十一届十一次全会暨省委经济工作会议部署,坚持稳中求进工作总基调,坚持"四为四高两同步"总体思路和要求,立足新发展阶段,贯彻新发展理念,构建新发展格局,以推动高质量发展为主题,以改革创新为根本动力,坚持和加强党对教育工作的全面领导,全面贯彻党的教育方针,坚持发展抓规模,改革抓创新,安全抓责任,提升抓质量,保证抓党建,更加注重提高办学能力,更加注重提升办学水平,加快建设教育现代化,为山西交通运输高质量发展提供思想政治保证、人才支持和智力支撑,以优异成绩庆祝中国共产党成立100周年。

3月5日 上午,学校工会组织开展草莓采摘活动,零距离感受田园风光,体验采摘乐趣、品尝丰收喜悦,以独特方式庆祝"三八"妇女节到来。学校全体女职工参加活动。

3月11日 下午，学校成人教育部以在线方式，组织学校教学管理人员和班主任，参加北京交通大学继续教育学院网络教学培训。学院副院长董俊要求，新学年总体教学工作要规范管理、提高人才指标、提升质量，工作重心由规模增长转向质量提升。教务部主任张琪、副主任张涛、教学服务中心副主任晋林蔚、考务部老师贾焕军分别对教务工作、网络统考及学位、教学管理和考务流程作了详细解读。

3月15日至19日 学校各党支部组织开展2020年度组织生活会和民主评议党员，校领导班子成员以普通党员身份参加所在支部组织生活会。党委书记、校长辛泉生要求，广大党员干部要以此为契机，充分发挥模范带头作用，全面提升支部凝聚力，增强基层党组织的战斗堡垒作用。

同日 学校成功举办路桥集团太佳东分公司中层干部履职能力提升培训班，30名学员参加培训学习。

3月16日 山西交控集团经营业绩考核业务培训班在学校开班，为期两天。省内知名教授、专家前来授课，通过案例、座谈等形式促使培训针对性和实效性得到提高。此次培训让广大业务干部全面了解掌握经营业绩考核工作新要求，推动交控集团经营业绩考核工作顺利开展。

3月16日至17日 学校职业资格服务部一行四人在副校长白贵生带领下赴陕西交通职业技术学院就快递员技能认定暨相关培训事宜进行考察学习。学校于2020年9月成为山西省首批职业技能等级认定试点机构，具备四个工种三个层次的技能认定资质。其中，快递员等级认定在全省尚属领先。根据省委书记楼阳生“人人持证，技能社会”的指示精神，通过前期与省人社厅、省邮政管理局等职能部门大量走访工作，计划于2021年全面开展全省快递员职业技能等级认定工作。

考察期间，陕西交通职业技术学院经管院副院长刘海斌、交通培训中心主任张伟就快递员培训暨鉴定工作经验与信息进行分享，并就题库共建、校校合作等方面达成共识。

3月17日 上午，学校举办党史学习教育专题讲座，邀请省委党校副教授陈辉为全体党员、入党积极分子和群众代表讲授“学党史、知党情、跟党走”专题讲座。

3月22日 为认真贯彻落实省交通运输厅关于做好《国家综合立体交通网规划纲要》学习宣传贯彻工作通知要求，学校采取多种形式组织开展学习宣传贯彻工作，迅速掀起宣传热潮，营造浓厚学习氛围。

3月22日至26日 山西交控集团晋中分公司委托学校，举办2021年度收费系统管理能力提升专项培训班，33名业务骨干参加培训。

3月24日 上午，学校组织广大党员干部开展“学习党史、践行初心”志愿服务清扫活动，在学府公园捡拾、清理垃圾，以主人翁精神认真履行洁城职责。

3月26日 下午，国家开放大学软件学院副院长李涛一行5人到学校就办学情况进行调研检查。双方围绕招生、教学、考试、师资等工作开展情况进行深入交流与探讨。

会上，学校成人教育部部长李斌介绍学校基本情况，从提优创质、资源建设、经验问题和意见建议等方面做了详细汇报。会后，国家开放大学一行实地查看学校基础设施。国家开放大学一行对学校教学招生工作给予充分肯定，并就加强试卷保管、招生宣传规范性等工作提出指导意见。

3月下旬 山西交控集团依托“山西交通在线”教育培训平台开办党史学习教育网络专题培训班，深入讲解习近平总书记关于国有企业党的建设、国有企业强根固魂、“两个一以贯之”、国有企业领导人员队伍建设等重要论述。本次在线培训涵盖交控集团下属各级单位所有党员，共计约1万人。

3月29日至31日 由学校承办的省交通信通公司ETC业务专题培训班圆满结束，48名学员参加培训学习。

3月31日 应省交通运输厅安委办要求，学校成立“山西交通在线”安全教育培训平台。2020年10月试运行后，在晋中、阳泉、吕梁、朔州、长治、运城等市组织46场培训会,2262家企业参会,培训企业涵盖客运、危运、货运、客运站、驾校、维修等行业。截至3月31日,平台已上线企业1135家,录入从业人员28291人,从业人员累计参训43336人次。

同日 省交通运输厅组织有关专家组成验收委员会,对学校完成的厅科技项目“公路小修保养技术在线课程开发”进行验收。

同日 为庆祝中国共产党成立100周年,“山西交通在线教”育培训平台上线中央党校专题讲座。本专题分为12讲,共计25个学时。

同日 2021年春季学历继续教育招生工作开始后,面对疫情传播,成人招生改革,招生层次调整、专业限制、计划缩减以及厅属事业改革等新形势、新问题,学校把党史学习教育融入实际工作中,在工作中践行“红船精神”“井冈山精神”“长征精神”“延安精神”等革命精神,化革命精神为实际工作的精神支柱和力量源泉,总结招生经验,迎难而上,主动出击,打破交通行业招生壁垒,主动走向社会,与主办院校积极沟通,拓宽社会类招生专业,增加招生计划,开通网络平台报名和入学考试,推动2021年春季招生工作取得新成效。招生专业由原来交通类土木工程、交通运输等5个专业扩展到面向社会的计算机网络技术、建设工程管理、行政管理、小学教育等13个专业;共招收专科和专升本学生182人,招生人数比上年增加50%,为近5年春季招生最多的一年。

3月31日至4月2日 学校举办省交通信通公司网络通信及网络安全专业技术培训班,共45人参加培训学习。

是月 “山西交通在线”教育培训平台上线“党史学习教育系列专题(一)——中国共产党全国代表大会史(从一大到十九大)”专题。该专题全面系统介绍中共发展历程。课程面向平台4万余名学员开放,共有25门课程约20个学时,时长约300分钟。

是月 学校组织开展“学雷锋 献爱心”无偿献血活动,为社会奉献自己一份力量,充分展现职工敢于担当、乐于奉献的精神风貌。

4月7日至17日 由学校和忻州顿村职工培训公司联合承办的山西交控集团党史学习教育暨企业管理能力提升培训班圆满结束。培训班分两期,152名学员参加培训。

4月8日 下午,学校党委理论中心组在校九楼会议室开展党史学习教育第二次专题读书学习会。校领导班子成员及各部门负责人参加会议,党委书记、校长辛泉生主持会议。

4月11日至16日 太旧高速公司在学校举办党史学习教育培训班。培训分两期,公司各级党员干部共110人参加培训。

4月12日 下午,学校邀请省委党校哲学教研部副主任、教授郑文靖为全体教职工作“从改革开放看党的社会主义发展历史”专题讲座,推动党史学习教育走深走实。

4月15日 交通运输部职业资格中心考务管理处张立昆、李然一行两人赴太原对全省城市轨道列车司机职业技能鉴定工作展开调研。学校按照省交通运输厅要求,在副校长孟万银带领下,配合完成部资格中心对全省的调研工作

同日 围绕开展国家安全教育日普法宣传活动,为营造浓厚学法氛围,增强国家安全意识,学校充分运用LED电子屏、微信、公众号、抖音等新媒体开展国家安全法治宣传教育,在学校一楼大厅播放国家安全宣传视频,组织教职工收看《护航之道——总体安全观纵横》专题宣传片。

4月19日 按照厅党组安排部署,学校在“山西交通在线”教育培训平台上组织开展全省交通运输系统党史知识在线学习测评活动。5月31日结束,分阶段组织开展测评。厅机关、省公路局、省高速公路执法总队、省运输发展中心、省交通运行监测中心、省交通建设中心、厅发展研究中心、厅收费核算中心、学校9家单位参与测评。接到省厅通知后,平台工作人员迅速进行题库建设,分头查阅资料,对党史、新中国史、改革开放史、社会主义发展史四史内容进行严谨剖析,最终出题428道,做成21套练习题向参加测评人员开放。同时,对试题上传、组卷、考试等环节精心准备、严格管理、认真审核,圆满高效地完成此次党史知识学习测评活动。

在厅党组大力推动组织下，此次线上测试过程严谨规范，共6834人参加测试，6567人测试通过，通过率达96.1%。

4月20日 上午，学校党委理论中心组围绕“新民主主义革命时期历史”专题开展学习研讨。校党委书记、校长辛泉生主持会议并领学，校党委委员围绕主题分别发言，各部门负责人参加会议。

4月20日至23日 长治高速公路公司纪检干部能力提升培训班在学校圆满结束，共有40名基层纪检人员参加培训。

4月23日 上午，为进一步深入开展党史学习教育，认真贯彻落实“党风廉政宣传教育月”活动要求，教育引导广大教职工坚定理想信念，提升党性修养，淬炼灵魂，激励使命，切实增强政治意识、廉洁自律意识、责任担当意识，学校以“清正廉洁、忠诚担当”为主题，组织党员干部赴万柏林区廉政教育基地开展主题党日活动。校党委书记、校长辛泉生为全体党员干部讲授微党课。

4月24日 上午，学校组织北京交通大学山西教学中心2021春季新生通过远程视频方式，集体收看由北京交通大学现代远程教育学院举办的开学典礼及入学教育，副院长董俊作新学期致辞。

4月28日 学校召开专题会，传达学习厅安委会第二次会议暨交通运输安全生产电视电话会议精神。

4月29日 学校党委理论学习中心组围绕学习“社会主义革命和建设时期历史”专题开展集中研讨。校党委书记、校长辛泉生领学，校党委成员围绕主题分别发言。校各部门负责人列席会议。

4月30日 省交通运输厅组织有关专家，对学校申报的城市轨道列车司机职业技能鉴定站展开资格审查。经过专家们集体评议，一致认为，学校具备建站条件，同意申报山西省城市轨道列车司机职业技能鉴定站。

5月7日 学校党委理论学习中心组围绕学习“改革开放新时期历史”专题开展集中研讨。校党委书记、校长辛泉生领学，校党委成员围绕主题分别发言。校各部门负责人列席会议。

同日 下午，学校成人教育部教学管理人员参加长安大学组织的教学管理人员线上学习交流培训。

5月8日 下午，学校与太原汽车制造厂社区联合开展“母亲节庆党百年华诞 巾帼献礼共铸党建”主题活动，学校20余名党员职工参加此次活动。活动以唱红歌、插花方式献礼中国共产党成立100周年。

5月10日 上午，学校成人教育部召开继续教育工作推进交流会。会议总结学校学历继续教育工作基本情况，分析学历面临现状，共同学习合作院校在招生、教学管理上的新变化新要求。继续教育管理人员结合实际，就学历继续教育招生、教学管理、学生管理与服务、教学信息化建设等问题进行深入学习和交流，进一步掌握招生层次、专业、报名方式、途径以及教学信息化管理过程，进一步明晰班主任(导学员)工作职责延伸和变化，如何更有效地为学生服务提升毕业率，确保教学管理质量提高。学校以此次工作推进交流会为契机，强化通力合作，积极履行职责，规范教学管理，推动教务管理信息化和学历继续教育教学工作高质量发展。

5月10日至20日 学校在全校范围内开展“学党史、悟思想”党史知识竞赛活动，更好地普及党史知识，营造比学赶超氛围，引导广大教职工加深对党的历史理解和把握，激发爱党爱国热情。

5月11日 凌晨5点，学校一楼消防给水管爆裂渗水，综保部值班人员发现后，第一时间报告，迅速采取行动，立即召集综保部全体人员集合，关闭周边给水阀门，快速处理大厅溢水，毫不停歇开展突发应急抢修工作，保证学校各项设施完好。

5月13日 上午，省交通运输厅党史学习教育第三巡回指导组组长杨增梅，成员时晋杰、李杰、杜钟一行到学校督查指导党史学习教育开展情况。校领导、各部门负责人参加会议。校党委书记、校长辛泉生主持会议。

巡回指导组通过听取工作汇报、查阅资料、查看特色活动载体等形式对学校党史学习教育进行全面深入指导。随后，召开座谈会，辛泉生从提高政治站位、强化统筹部署，把握关键环节、狠抓推进落实,坚持更高标准、务求取得实效等三个方面对学校党史学习教育开展情况进行汇报。杨增梅传达省厅党史学习教育巡回指导的八项职责任务,对巡回指导方式进行说明,并对学校党史学习教育活动开展提出明确要求。辛泉生代表党委表态发言,他表示,学校将坚决按照厅党组部署要求,强化政治担当,扛起政治责任,领导干部带头参加学习,带头上讲台讲好专题党课,带头开展“办实事、开新局”专题调研,带头为群众办实事解难题,切实做到“严”“深”“细”“实”。

座谈会后,巡回指导组参观学校智慧党建展厅。

5月17日 下午,学校组织党员干部开展“不忘初心 坚定前行”在线党史学习教育主题党日活动。活动创新学习方式,利用学校“智慧党建”展厅,集体在线参观学习“梁家河”专题展厅,通过生动形象的音、视频故事和陈列的知青旧居、沼气池、缝纫社、代销店、磨坊等照片资料,如临其境,真切感受到习近平总书记当年扎根农村,与梁家河群众相濡以沫、苦干实干、锐意进取、共克时艰的奋斗历程和为民情怀,深刻体悟习近平总书记在梁家河的七年知青岁月及习近平总书记为祖国、为人民无私奉献的坚定信念和初心。“智慧党建”在线展厅参观结束后,支部全体党员还通过智慧党建系统,开展在线答题活动,进一步检验、夯实本次学习成效。

5月18日至27日 学校分两期举办山西交控集团纪检监察干部培训班,179人参加培训学习。培训班以学习贯彻中纪委五次全会和省纪委七次全会精神为主题,对纪检监察史、中国共产党纪律处分条例以及纪检监察监督执纪业务等内容开展培训,邀请有关专家、学者、教授进行专题辅导。

5月21日 学校党委理论学习中心组开展党史学习教育第六次学习研讨,围绕学习中共十八大以来的历史开展交流研讨。校党委书记、校长辛泉生主持学习,校党委委员作交流发言,各部门负责人列席会议。

同日 审计工作圆满结束。从3月10日起,省审计厅审计组对省交通运输厅及所属8个单位的2020年度预算执行和农村公路建设补助资金管理、使用、绩效及重大政策落实等情况进行审计。学校积极配合,圆满完成各项审计任务。送审1—12月份记账凭证共计17盒42册,总分类账、明细分类账、资产负债表、收入支出表、银行对账单等共计23册。

5月23日至28日 为进一步提升治超执法人员依法履职能力和水平,学校在运城市夏县成功举办运城市交通运输综合行政执法队治超执法人员业务培训班,运城市14个县(区)执法队治超业务骨干共88人参加培训学习。副校长孟万银参加开班仪式并作动员讲话。培训邀请省委党校、省厅治超处,省、市执法局,临汾市纪委监委等多名专家学者,针对“建党百年的辉煌历程、新时代如何做好治超工作、源头治超执法、路面治超巡查、超限检测站点规范化执法、党风廉政建设教育”等相关内容进行深入浅出、系统全面的讲解与解读。聘请专业教官开展正规化早操、队列、指挥手势的训练,培训工作取得显著成效。此次培训组织严密,管理严格,对适应治超执法工作新形势,完成新任务,迎接新挑战具有很强的指导性、实践性,学员普遍表示收获很大。

5月24日 按照省技能鉴定中心要求,学校在太旧高速公路公司举行首期技能等级认定评价工作。本次认定是学校取得自主评价资格后首次运行,评价内容是公路收费及监控员(车辆通行费收费员)中级工(四级工),共计67名企业在职员工参加认定考核。学校对本次认定工作高度重视,从认定资格备案申报、制度发布、实施方案、题库编辑开发到组织实施,确保方案试题编制科学合理、组织管理规范有序、服务保障周到细致。考评期间,省交控集团人力资源中心副主任刘志军、太旧高速公路公司副总经理赵国荣等领导亲自到考场,对认定工作进行监督指导。在太旧高速公路公司大力支持与配合下,认定工作得到省职业技能鉴定中心和省交控集团人力资源中心一致肯定。

5月24日至6月4日 学校组织开展两期为期8天的临汾北公司中层及以上管理干部综合培训。临汾北公司中层及以上管理干部共计100余人参加培训学习。

5月25日 上午，根据厅党组统一部署，厅党组巡察一组在学校召开巡察工作动员会，正式进驻开展为期两个月的巡察。厅党组巡察办、厅直机关党委专职副书记武安瑜，省纪委监委驻厅纪检组二级调研员冯御，厅党组巡察一组组长张联信及其成员，校党委委员、全体教职工参加会议。会议由校党委书记、校长辛泉生主持。

5月25日至26日 在北京交通大学远程与继续教育学院统一部署下，学校组织北京交通大学山西交通教学中心2021年上半年本科生毕业论文视频答辩，共有土木工程、会计学、交通运输三个专业的33名本科生参加答辩。

5月27日 上午，学校组织28名离退休教职工赴晋商博物院和山西北方机械制造有限责任公司参观学习，开展一次生动活泼的党史学习教育活动。

同日 下午，学校组织全体党员走进太原市图书馆，开展"学党史 寻初心 汲力量"党史学习教育主题党日活动。

5月28日 学校承办的山西交控集团有限公司收费业务及机电专项技能培训全部完成。此次培训得到交通运输部路网监测与应急处置中心大力支持，来自交控集团所属路桥集团、交投集团、高速集团、路桥股份公司及各高速公路管理公司相关部室负责人、业务骨干1200余人分4期参加专项培训。

6月4日 上午，学校举办《行政事业单位国有资产管理条例》专题讲座，特邀省财政厅资产处处长董洪波授课，厅直属单位资产管理与法务工作分管领导和相关负责人共120余人听讲。

6月7日至11日 学校组织教职工参加在南京大学举办的交通运输新发展理念暨党史学习教育培训班。

6月15日 学校组织全体教职工观看《生命重于泰山》电视专题片。

6月15日至24日 吕梁南高速公司廉洁从业暨纪检业务培训班在学校结束。培训分两期，有87名中层管理人员及纪检委员参训。

6月16日 在全国第20个"安全生产月"来临之际，根据省厅安委办指示，"山西交通在线"教育培训平台上线2021年"安全生产月"学习专题，推动"安全生产月"活动深入开展。

6月18日 交通运输部职业资格中心纪委书记、副主任李好明，考务管理处处长张巍一行两人赴太原，对学校申请成立山西省首个城市轨道列车司机职业技能鉴定站资格审核工作展开调研。为履行学校交通运输行业职业资格和职业技能培训、鉴定、咨询等工作职能，按照省厅指示，学校各部门在党委书记、校长辛泉生带领下，完成部资格中心此次调研工作。

6月29日 由山西交通控股集团有限公司主办，学校承办的科技创新专题培训班落幕。集团公司所属各企业科技工作分管领导、部门负责人和相关人员共计70余人参加培训。

6月30日 学校党委书记、校长辛泉生向"光荣在党50年"老党员颁发纪念章，向他们转达党中央亲切关怀，感谢他们为党和人民的事业做出的贡献。下午，副校长梁锦华冒着酷暑到退休老党员家中走访慰问，并向他们表达崇高敬意和深切关怀。

同日 上午，学校召开"两优一先"表彰大会，重温党的光辉历程，讴歌党的丰功伟绩，传承党的优良传统，表彰一批为学校事业发展做出贡献的优秀共产党员、优秀党务工作者和先进基层党组织，动员和激励全体党员干部职工为奋力推进学校事业高质量发展再上新台阶努力奋斗。校党委书记、校长辛泉生出席大会并讲话，副校长梁锦华主持，校党委委员、全体教职工参加大会。

大会在庄严的《中华人民共和国国歌》声中拉开帷幕。副校长孟万银宣读学校党委《关于表彰优秀共产党员、优秀党务工作者和先进党支部的决定》，校领导为受表彰的8名优秀共产党员、5名优秀党务工作者和1个先进党支部颁发荣誉证书。会议向受到表彰的优秀共产党员、优秀党务工作者和先进基层党组织表示祝贺，希望受表彰的优秀个人和先进集体珍惜荣誉，发扬成绩，以更加饱满精神、更加昂扬斗志，更加务实作风，再立新功。

随后，辛泉生以"追忆党的百年历程，体悟党的初心使命，坚定'听党话、跟党走'的政治自觉"为题,讲授一堂内容丰富、生动精彩的党课。

7月1日 上午,学校组织全体教职工在校十二楼会议室集中观看庆祝中国共产党成立100周年大会实况直播。

7月5日 学校党委组织全体教职工以支部为单位,集中学习习近平总书记在庆祝中国共产党成立100周年大会上的重要讲话精神,对学校学习宣传贯彻工作进行全面动员部署,着力抓好落实,在全校迅速兴起学习贯彻"七一"重要讲话精神热潮。

7月8日 下午,学校党委召开理论学习中心组专题学习(扩大)会,深入学习贯彻习近平总书记在庆祝中国共产党成立100周年大会上的重要讲话精神。党委书记、校长辛泉生主持并讲话,党委委员和各部门负责人参加会议。党委委员分别进行交流研讨。

7月10日至11日 按照国家开放大学统一要求,学校顺利组织完成2021年春季期末考试工作。

7月12日至21日 由学校承办的山西省公路施工企业三类安全管理人员考试圆满结束。此次考试历时9天,设置35场次考试,全省公路水运工程施工企业主要负责人和安全生产管理人员3000人参加考试。

8月13日至9月30日 山西交控集团委托学校,利用"山西交通在线"教育培训平台开展"意识形态工作能力提升网络专题培训"。此次网络培训旨在进一步贯彻落实《党委(党组)意识形态工作责任制实施办法》,准确掌握意识形态的相关理论和工作方法,不断提升意识形态工作队伍责任意识和鉴别能力。学校紧紧围绕主题,上线专题课程24门,共计24个学时。参学人员以单位建立群组组织学习,有86家单位约800人参与学习。

8月30日 学校上半年工作会议召开。会议认真贯彻落实厅党组决策部署与工作要求,总结上半年工作,安排部署下半年重点工作,动员学校再鼓干劲、再加压力,确保圆满完成年度目标任务。党委书记、校长辛泉生作了题为"坚定信心,奋勇争先,奋力完成全年目标任务"的讲话,党委委员、副校长梁锦华主持会议,全体教职工参加会议。

9月7日到8日 为进一步提升桥梁、隧道养护工程师业务素质,由省交通运输厅路网处主办的全省干线公路桥梁、隧道养护工程师及养护技术人员培训班,在学校圆满结束,共有来自全省干线公路系统及交控集团的115名养护专技人员参加培训。

9月8日 上午,"山西交通在线"教育培训平台推进会在学校4楼会议室召开,学校领导及相关科室与上海时代光华项目团队负责人参加会议。会上,时代光华团队对平台上线以来工作进行总结梳理。平台总课程共6217门,内部课程1186门。至此,注册激活人数达4.3万余人。2021年以来平台学习登录率达到92%以上,总学时达488万学时,人均平均在线时长达194小时。

会上,学校领导与时代光华团队,就平台新的合作方向、职业技能认证等进行深度沟通交流。校党委书记辛泉生强调,在线教育培训平台需要在课程内容上下功夫,提供的课程内容应该新颖、多样化,以求吸引学员主动学习,让他们更方便地找到自己所需课程,让平台成为交通系统人才培养重要渠道,构建工作、学习生态圈。应该更多拓展平台新功能,提高各个功能利用率,为推动全省交通运输事业发展发挥最大作用。

9月9日 上午,学校成人教育部所有教学管理人员参加北京交通大学继续教育学院线上培训。副院长董俊对本学期教学工作提出总体要求;教务服务中心副主任晋林蔚对教学管理工作做了具体安排,详细梳理教学工作每个流程关键点,重点强调要做好学风建设工作;教务部副主任张涛、教学服务中心老师邵天颖分别对网络统考及学位工作、学习支持服务工作进行讲解,并对相关政策变化进行具体解读。通过此次线上培训,学校教学管理人员进一步明确了学院教学工作新要求和新内容。

9月10日 上午,学校在晋阳湖公园开展主题为"赓续百年初心,担当育人使命"的健步走活动,全校50余名教职工参加活动。

9月13日至15日 学校组织举办全省交通运输系统城市客运工作培训班,全省43名城市客运工作骨干人员参加培训。

9月22日至24日 学校组织举办全省交通运输系统审计人员业务教育培训班，全系统43名审计工作人员参加培训。

9月23日 上午，学校邀请省委党校副教授崔永河为全体教职工作《辉煌历史 伟大成就——认真学习习近平总书记"七一"重要讲话精神》党课宣讲。

9月24日 下午，学校组织教职工观看党史题材电影《三打三捷》。

9月26日 根据太原市劳动竞赛委员会统一安排部署，由太原市总工会和太原市邮政管理局统一领导，学校与太原市快递行业工会联合会联合组织承办庆祝中国共产党成立100周年全市百万职工聚焦"六新"助力转型暨第十二届职工职业技能大赛——邮政快递行业第一届大赛。市总工会党组成员、副主席樊小高，市邮政管理局党组成员、副局长李伟，学校党委书记、校长辛泉生等出席开幕式并进行观摩指导。本次大赛共有12家品牌企业、40名选手分别报名参加快递员和快件处理员两个工种决赛。

9月27日 上午，学校成人教育部全体教务管理人员提质增效工作推进会召开。

9月27日至29日 学校组织举办山西交控集团2021年企业合规管理专题培训班，集团所属企业法律合规工作分管领导、部门负责人及专职工作人员参加培训。

9月28日 上午，学校党委理论学习中心组专题学习（扩大）会召开，传达学习习近平总书记在陕西榆林考察时的重要讲话精神。党委书记、校长辛泉生主持并讲话，党委委员和各部门负责人参加会议，并结合工作实际进行交流。

9月下旬 北京交通大学远程与继续教育学院组织的党史知识竞赛结果揭晓，学校获优秀组织奖，为68家参赛单位中获奖的17家单位之一，参赛学生获得一等奖1个、三等奖2个。

9月下旬 学校通过"山西交通在线"教育培训平台，采用在线学习方式开展山西交控集团企业新型学徒制专题培训。先后开设安全生产规范和职业素养两大块专业课程，共100门课程110.5学时。培训以在线学习方式，严格要求，规范管理，全面记录参培学员在线学习情况，保证学习质量。课程从9月份上线以来，陆续有23家单位500多名学员参加学习，反响良好。

10月12日 上午，学校举行"我为灾区献爱心"捐款活动，共56人捐款人民币5450元。

10月13日至11月15日 根据省交通运输厅要求，学校利用"山西交通在线"教育培训平台组织开展新《安全生产法》知识测评。厅机关、厅属事业单位和交控集团全体人员参加。全省交通运输系统共29248人参加，通过率达到99.6%。

10月14日 省交通运输厅党史学习教育第一巡回指导组通过查看资料、听取汇报等方式，对学校党史学习教育工作进行检查指导。校党委书记、校长辛泉生作汇报，巡回指导组第一组组长孙印出席并讲话，对学校党史学习教育工作开展情况给予肯定，要求提高政治站位，认真贯彻落实厅党组工作部署，把党史学习教育抓在手上，融入日常；要加强宣传引导，营造良好党史学习教育氛围。

辛泉生代表校党委对巡回指导组检查督导表示衷心感谢。表示学校将以此次巡查指导为契机，把准政治方向，加强组织领导，高质量高标准开展党史学习教育，把党史学习教育与工作业务建设相结合、与"我为群众办实事"主题实践活动相结合、与提高办学质量相结合，进一步厚植广大教职工爱国情怀，更好地践行"为党育人、为国育才"初心使命。

校领导班子成员和各党支部书记参加会议。

同日 下午，省交通运输厅党组巡察一组在学校召开巡察专题反馈会。会议由校党委书记、校长辛泉生主持，厅党组巡察一组组长张联信出席并讲话，巡察一组成员及学校全体干部职工参加会议。在反馈会上，张联信代表厅党组巡察办就本次对学校政治巡察结果进行全面反馈，客观评价学校工作，指出工作中存在的主要问题和不足，并提出具有针对性、指导性和可操作性的意见建议，为学校当前及今后一个时期工作指明前进方向。

会上，辛泉生代表校党委就抓好巡察意见整改落实进行表态发言。一要强化政治导向，切实增强整改的主动性和坚定性；二要强化问题导向，确保整改工作有序有效；三要强化结果导向，着力构建常态长效工作机制。表示要以此次巡察意见整改为契机、为起点、为动力，埋头苦干，奋发有为，奋力推进学校各项工作实现新发展、新跨越，不辜负厅党组和巡察组对学校期望。

同日 学校组织退休老职工前往双塔公园开展“我们的节日——重阳节”活动。党委书记、校长辛泉生代表学校向各位老干部致以崇高敬意和节日祝福，对大家长期以来为学校做出的贡献及多年来的默默支持表示衷心感谢。

10月19日 山西开放大学教务处副处长郭昌欣带队对学校开办国家开放大学学历继续教育教学管理工作进行督导检查。肯定学校学习中心作为公办院校资源优势，强调在办学过程中要注重规范性和严肃性，要着重围绕“治招”“治学”“治考”三方面工作，对课件学习、实践课程、作业评阅等具体问题进行强调和规范。

10月20日至29日 由学校承办的山西省公路施工企业三类安全管理人员考试圆满结束。此次考试历时10天，设置28场次考试，全省公路水运工程施工企业主要负责人和安全生产管理人员共2400余人参加考试。

11月1日 学校严格按照上级有关要求，结合实际情况，通过张贴宣传海报、电子屏滚动播放有关宣传标语，积极开展《中华人民共和国反间谍法》颁布实施七周年宣传教育活动。

11月2日 学校党委理论学习中心组第16次集体学习会议举行，专题传达学习山西省第十二次党代会精神，校领导班子成员、各部门负责人参加会议。

11月9日 全国消防日，学校联合太原市久安消防公司组织开展消防安全现场教学及实操演练。

11月16日 学校党委书记、校长辛泉生主持召开党委（扩大）会，传达学习贯彻中共十九届六中全会精神，并对学习贯彻全会精神作出部署。校领导班子成员、各部门负责人参加会议。

11月中旬 学校以“送温暖、献爱心”为主题，在全校范围内开展社会捐助活动，共计捐款1640元。

11月25日 8时30分，来自省直各厅局参加省直机关第264期党员发展对象培训班的学员们，准时打开“山西交通在线教育培训平台”终端，收听收看党员发展对象培训班线上“直播课堂”。省交通运输系统17名参训学员，在学校主会场集中收看老师授课。

同日 省交通运输厅委托省交通干校，借鉴互联网直播教育模式，依托“山西交通在线教育培训平台”，创办线上“直播课堂”和考核平台。

11月25日至27日 省直机关工委组织全省省直机关党员发展对象，创新性地通过“山西交通在线教育培训平台直播课堂”开展为期三天的在线培训，邀请专家学者、党校教授直播授课。首期线上“直播课堂”成功举办，1600余名党员发展对象参加学习培训和线上结业考试。此次参训方式灵活，覆盖面广，学员可以自行选择上课地点，通过手机、电脑等终端下载软件，即可参加培训。既保证学习人数全覆盖，又有效提升学习效果，减少人员聚集。

11月26日 上午，学校党委书记、校长辛泉生主持召开党委（扩大）会，宣传解读省第十二次党代会精神，校领导班子成员、各部门负责人参加会议。

同日 上午，学校中层以上领导干部开展集体廉政谈话，进一步筑牢廉洁自律防线。校党委书记、校长辛泉生结合工作实际提出要求。

11月30日 学校、立德教育集团、太原弘成教育、山西兴业工商专修学院、鼎元桓盛有限公司举行“结对共建聚合力，党建创新谋发展”党建共建活动。学校党委书记、校长辛泉生出席并宣讲中共十九届六中全会精神，立德教育集团董事长白小平、书记柴天禄，山西兴业工商专修学院解小俊，鼎元桓盛有限公司董事长韩杰参加。

结对共建计划重点围绕组织建设互促、党员干部互促、党建载体互促、结对帮扶互助等内容，通过共建活动平台，分享党建资源、交流党建经验，实现资源共享及党建互促，进一步增强党支部建设成效，凝聚更加磅礴发展合力。

同日 上午，学校邀请山西工程职业学院思政教学部概论教研室主任崔秀娟老师宣讲中共十九届六中全会精神。

是月 根据省交通运输厅法规处统一安排，学校依托“山西交通在线教育培训平台”举办山西交通运输执法系列讲座。该讲座共设七个专题，共计120门课程，约120学时。课程内容涵盖习近平法治思想和《中华人民共和国宪法》《中华人民共和国民法典》《中华人民共和国行政处罚法》《中华人民共和国行政许可法》《中华人民共和国行政强制法》《中华人民共和国安全生产法》《中华人民共和国公路法》《中华人民共和国公路安全保护条例》等法律法规，以及综合行政执法等相关课程。此次参训人员为全系统在编行政执法人员，广泛分布在全省各市、县(市)区。通过建立微信群统一管理，前期进行人员信息采集、数据汇总、人员导入等工作，最终，11个市100多个县(市、区)共5300余名行政执法人员在平台上注册。至今，该讲座已开放学习两月有余，累计参学人次近20万人次，总计完成8000多学时。

12月2日 省交通运输厅党组成员、副厅长王晋带队赴学校调研基层党组织建设工作情况，与学校第一党支部全体党员进行座谈。

会上，王晋首先听取第一党支部党建工作开展情况、存在问题及建议汇报，并与全体党员进行深入交流，对第一党支部党建工作给予充分肯定。王晋指出，党的基层组织是党的全部工作和战斗力的基础，党支部则是党的基层组织基础，担负着推动发展、服务群众、凝聚人心的重要责任，是团结带领党员干部群众贯彻党的理论和路线方针政策、落实党的任务的战斗堡垒。王晋强调，党建工作要与业务工作结合起来，理论学习要与实际工作相结合，通过抓实党务工作促进业务工作开展。党委书记、支部书记要充分发挥党员先锋模范带头作用，第一党支部和全校要继续保持优良传统，完善规范支部建设体系，激励党员干部奋勇担当，以身作则，勤于学习，把学史力行、办好实事作为党史学习教育落脚点，进一步开拓视野、寻找方法、坚定信心，立足学校发展和岗位实际，把自己的事情办好，不断在实践中总结经验、提炼精华、巩固提高。

12月4日 第八个国家宪法日。学校紧紧围绕“以习近平法治思想为指引，坚定不移走中国特色社会主义法治道路”主题，开展了一系列宣传教育活动。推动学校深入学习宣传习近平法治思想，弘扬宪法精神，维护宪法权威，厚植爱国情怀。一是开展习近平法治思想学习宣传活动，邀请山西工程职业学院思政教学部概论教研室主任崔秀娟老师宣讲中共十九届六中全会精神。二是在办公楼电子显示屏播放宣传标语，在大厅播放宪法动漫微视频，学校以部门为单位集中组织观看旁听庭审直播。三是举办《中华人民共和国民法典》学习讲座。邀请省委党校杜学文副教授做专题讲座，引导广大干部职工养成自觉守法意识。四是组织宪法竞赛。五是加强宪法宣传工作。

12月7日 上午，省交运输厅党组巡察一组到学校开展政治巡察整改落实情况现场督导工作。会上，校党委书记、校长辛泉生从整改工作推进情况、任务完成情况以及下一步整改工作打算三个方面，详细汇报学校关于政治巡察反馈意见整改的具体情况。厅党组巡察一组通过听取汇报、现场查看印证资料，对巡察反馈的3类11条意见，逐一进行对照检查。认为学校党委认真履行巡察整改政治责任，整改落实情况及时、到位，印证材料清晰明了。对能够立即整改的问题，坚持边巡边改，立行立改，取得实实在在效果；对需要长期整改的问题，坚持问题导向，持久用力，全面落实，努力形成长效机制，整改工作推进有序有力有效。

同日 应省高速集团要求，学校举办2021年度安全应急综合知识培训班。省高速集团相关领导、安全部门负责人及集团各部门中层副职以上管理人员共计44人参加培训。

（资料提供：张謦予）

公路系统

山西省公路局太原分局 大事记

1月26日 上午，山西省公路局太原分局（以下简称太原分局）2020年度领导班子民主生活会召开。省公路局局长胡钢成、党工部部长段晓燕、市委住建工委宣传部部长李玉蓉到会指导。

1月30日 太原分局2021年春运安全保畅工作专题会议召开。会议提出七点要求：一是提高政治站位，加强组织领导，严密构建春运组织体系；二是加大路面养护力度，坚守安全底线，抓好重点任务落实，全力打造平安春运；三是完善应急预案，加强冬季养护应急物资储备和除雪机械检修工作，以雪为令，做好降雪天气道路应急保畅工作；四是强化春运服务措施、提升春运服务质量，开展"情满旅途"活动；五是强化责任意识，严格遵守值班制度，落实24小时昼夜值班制度、领导干部带班及外出报备制度，做好信息报送工作；六是加大超限检测站管理力度，保证车辆快速通行；七是强化监督，严肃追责，确保收到预期成效。

太原分局深入开展学习贯彻全省交通运输工作会议精神活动，确保省厅2021年确定的11个方面重点工作落到实处，收到实效。一是坚决打好常态化疫情防控阻击战，推进公路工作平稳有序开展；二是坚持项目为王，做好落地项目建设和规划项目的前期推动工作，确保年度投资目标任务和一到两个新项目前期工作完成；三是紧盯事业单位改革进展，做好改革应对和配合工作；四是做好改革过渡期公路养护工作，积极研究改革后养护管理模式，不断提升路况水平，确保干线公路安全畅通；五是不断提升行业治理现代化，推进路产保护、超限治理法治化水平；六是围绕"三零单位"创建，坚决守住单位安全稳定发展底线；七是围绕坚持党的全面领导，切实加强分局系统党的建设，按照党史学习教育活动安排开展好各项活动。

3月1日 上午，太原分局召开241国道、省道岚马线汾河水库段改线工程复工准备情况汇报会。副局长张晋龙对下一步工作进行安排部署：一是项目公司要针对当前制约项目进展的各项前期问题（如路线调整、土地调控、征地拆迁等）明确职责，继续加大实施管理力度，全力推进项目建设。二是加强工程建设质量管理，全力打造品质工程。三是为确保完成工程年度计划目标任务，项目公司要按照工程进度完成项目资金筹措，并尽快完成剩余公招项目招标工作，积极组织项目各参建单位全面开工建设。四是注重施工过程安全生产管理，做好安全隐患排查工作，确保安全无事故。五是按照规范要求做好内业资料整理完善，确保各项资料同步规范、真实有效。六是为保证信息畅通，项目公司继续按旬做好工程进展情况报送工作。七是分局相关部门要加强监管，并就建设工程中出现的问题积极配合项目公司协调各方关系，严格依法依规履行监管职责，同时为工程顺利进展提供服务。

3月30日 上午9点，太原分局第九届第四次职代会暨2021年工作会召开。局长闫志雄作了题为《改革创新，奋发有为，乘势而上，开启太原公路事业新征程》的工作报告。2021年确定的主要预期目标为：干线公路建设投资8亿元，工程质量平均合格率不低于95%；创新规范养护管理，统筹实施养护领域各个专项行动，国、省道路面性能指数（PQI）保持在82.5以上，优良路率保持在83%以上；超限率控制在2‰以内。全面完成深化改革各项任务，新的运行机制初步入轨。巩固发展安全生产形势，坚决防止重大及以上责任事故。

同日 太原分局2021年党建暨党风廉政建设工作会召开。党委书记赵湧文作了题为《以全面从严治党新成效引领保障太原公路事业高质量发展》的工作报告。2021年党建工作总体要求是:坚持以习近平新时代中国特色社会主义思想为指导,深入贯彻中共十九大和十九届历次全会精神,深入贯彻习近平总书记在十九届中央纪委五次全会上的重要讲话及全会精神,牢牢把握新时代党的建设总要求,以党的政治建设为统领,坚定不移推进全面从严治党,扎实开展党史学习教育,紧紧围绕公路中心工作和分局改革发展稳定大局,全面推进公路党建规范化、标准化,大力提升行业文明建设水平,继续深化党风廉政建设和反腐败工作,团结带领全体党员和干部职工,圆满完成年度工作目标,为谱写文明开放富裕美丽太原新篇章提供强有力的道路交通支撑和服务保障。

3月25日 太原分局积极开展党史学习教育活动。先后印发《开展党史学习教育实施方案》,成立党史学习教育活动领导小组,明确总体要求和学习内容;购买学习教育资料;积极开展中心组学习活动。

4月15日 为迎接第六个全民国家安全教育日,富路公司开展2021年全民国家安全教育日法治宣传教育活动。

4月21日 省交通运输厅党史学习教育第二巡回指导组组长王大为一行4人督导检查太原分局党史学习教育工作。党委书记赵湧文汇报开展情况,局党史教育领导小组及办公室成员参加座谈。

4月29日 太原分局2021年养护暨路产保护工作会议召开。会议提出,2021年养护工作坚持"科学、创新、精准、务实"的理念,以"保稳定、保畅通、保路况、保安全、保质量、保环境"六保为重点总体思路,并制定印发《2021年养护工作要点》。安全资产科传达省交通运输厅安委会第二次会议暨交通运输安全生产会议精神,并对路产保护和安全生产进行安排部署。

5月24日 下午,省交通运输厅一级巡视员李贵顺深入调研241国道汾河水库段改线工程项目建设情况,厅总工程师高新文,建管处处长武建勇,娄烦县委书记李树忠,太原分局局长闫志雄、副局长张晋龙及太原市交通运输局相关领导参加调研。李贵顺在讲话中提出4点要求:一是全力以赴,加快项目建设进度,倒排工期,确保省厅年度目标任务完成。二是凝心聚力,加强地方协调,统筹兼顾好沿线人民群众利益,解决好征地拆迁、地方协调工作,为项目顺利实施提供有力保障。三是攻坚克难,以"质量提升年"专项行动为契机,加强质量监督,狠抓质量,全力推进"平安百年品质工程"建设。四是加强项目规范化、精细化、标准化管理,加大履约监管,努力打造民生工程、精品工程、廉洁工程。

5月31日 以局总工程师马德文为组长的省公路局国省干线公路新改建工程综合检查组采取实地抽查、查阅资料等方式,对241国道、省道岚马线汾河水库段改线工程项目建设管理、工程质量安全管控、专项行动落实情况进行全面检查。

5月至6月 为加强公路路政管理服务政策宣传,充分展示公路系统服务经济社会发展大局、保护人民群众生命财产和公路基础设施安全等工作成果,营造社会共治良好氛围,太原分局开展以"学党史、当先锋、护公路、优服务"为主题的路政宣传月活动。在活动中,大力宣传《中华人民共和国公路法》《公路安全保护条例》《路政管理规定》《超限运输车辆行驶公路管理规定》等法律法规和规章,解读《交通运输部公安部关于治理车辆超限超载联合执法常态化制度化工作的实施意见(试行)》《交通运输部办公厅关于严格执行全国超限超载认定标准的通知》等文件精神,充分利用现有资源,多措并举,呈现出主题鲜明、形式多样、生动活泼、有声有色的特色。

6月1日 上午,检查组召开检查反馈会,省局检查组,太原分局局长闫志雄、副局长张晋龙及相关科室负责人,项目公司和各参建单位负责人参加会议。检查组以PPT形式对检查情况做了详细反馈并提出具体建议和要求。副处长刘军提出5点要求:一是项目公司要认真对待检查中发现的问题,举一反三，做好整改落实工作。二是参建单位要在精细化方面下功夫，严格按照实体抽检一般项目合格率≥94%，关键项目合格率≥96%，平均合格率不低于95%的指标进行管理。三是咬紧年度目标任务，倒排工期，落实责任，保障年度目标顺利完成。四是夯实安全生产责任，落实安全责任，守住安全底线。五是尽快完善相关手续，做好农民工工资支付管理工作。

6月4日 太原分局副局长张晋龙带领养路科科长李晓妮、路政支队长郭并育走进太原电台新闻综合广播FM91.2《行风热线》直播间，介绍分局2021年路网整体规划及前期工作进展情况、路面改造PPP项目、公路养护、治超等工作情况，接听听众电话，与听众进行直接对话交流，解答听众反映的有关公路养护、建设及治超等方面热点问题。

6月6日 太原分局未雨绸缪，确保汛期公路安全畅通。为确保安全度汛，按照“安全第一、常备不懈、预防为主、全力抢险”的防汛方针，太原分局积极采取有力措施，未雨绸缪，扎实做好公路防汛工作，确保汛期公路安全畅通。共组建6支200余人防汛抢险队伍，配备抢险车辆及机械设备30余台(辆)。

6月8日 省交通运输厅国、省道公路沿线环境专项整治行动工作检查组一行4人对太原分局公路沿线环境专项整治工作进行月度检查。副局长张晋龙携养路科工作人员陪同检查。此次检查重点是307国道(东山段)、108国道公路沿线路域环境治理以及杨家峪道班、黄寨服务区场站环境整治情况。在检查过程中，检查组对公路沿线环保工作表示认可，同时希望分局进一步加强场站环境整治，努力营造舒适、优美的出行环境。

6月10日 太原分局加快推进交通基础设施项目纳入国土空间规划和核实补足永久基本农田会议召开，会议由各编制单位、公路段段长、分局前期工作领导组成员、241国道项目公司相关人员参加。

6月11日 省公路局在241国道、省道岚马线汾河水库段改线工程项目上开展“送专家、送技术、送服务到基层”行动专题会议，邀请省交通建设中心质量服务部专家马冬云、省交通科技研发有限公司专家李忠陶对“公路工程施工安全管理”“风险分级管控与隐患排查治理‘双体系’建设”进行讲解，并组织观看《生命重于泰山——学习习近平总书记关于安全生产重要论述》电视专题片。省局总工程师马德文，建设处副处长刘军、张彦飞，建设处及政策法规处相关人员，分局相关科室负责人，项目各参建单位主要负责人和质量技术安全相关人员参加会议。

同日 省公路局局长胡钢成，总工程师马德文，建设处副处长刘军、张彦飞对241国道、省道岚马线大夫庄隧道施工、拌和站建设运行情况进行现场调研，太原分局副局长张晋龙、工程科和项目公司相关负责人陪同。

6月23日至24日 为隆重庆祝中国共产党成立100周年，缅怀党的丰功伟绩，进一步深化拓展党史学习教育，太原分局党史知识竞赛决赛阶段比赛在机关五楼会议室举行。此次知识竞赛内容包括党史、新中国史、改革开放史、社会主义发展史等相关知识。竞赛活动自2021年4月启动以来，21个基层党组织的84名党员和入党积极分子踊跃报名，经过笔试初赛和激烈淘汰赛，最终6支代表队进入总决赛。最终，机关第一党支部代表队勇夺第一，北郊公路管理段代表队、机关第三党支部代表队获二等奖，油房堡超限检测站代表队、后勤服务部代表队、娄烦公路管理段代表队获三等奖。

6月28日 下午，省公路局“热烈庆祝中国共产党成立100周年文艺会演”隆重举行。太原分局派队参演，表演的舞蹈“在灿烂的阳光下”将浓浓爱党之情化作优美舞姿，向党的百年华诞献礼。

6月29日 太原分局召开庆祝中国共产党成立100周年暨表彰大会。机关科级以上干部、基层党政主要领导和“光荣在党50年”老党员代表、“两优一先”代表共50余人参加大会。会议由党委书记赵湧文主持。会议宣读市委住建工委《关于颁发“光荣在党50年”纪念章的决定》和局党委关于《表彰先进基层党组织、优秀共产党员和优秀党委工作者的决定》。之后举行“光荣在党50年”纪念章颁发仪式，并对87名优秀共产党员、24名优秀党务工作者和7个先进基层党组织进行表彰。

9月13日至14日 太原分局专题会议召开,安排部署"十四五"规划国省干线公路新改建工程重点项目交通量OD调查工作。截至2021年9月17日10时,全路段累计布设阳曲大盂、泥屯、城晋驿、西殿、大方山,清徐油房堡、王答,小店区张花,东山杨家峪,古交邢家社、常安道班、梭峪、太古路出口、太古高速收费站,北郊康西公路15个交通量OD调查点,共出动公路段、检测站、交警、编制单位510人次。为保证本次调查工作顺利开展,分局为每个调查点配备应急车辆、警示牌、警示墩、防疫用品、应急照明灯、热水、安全服、防寒防雨服等保障物资和餐饮服务,做好各项安全防范,为调查人员创造良好工作环境。经过15日、16日两天连续48小时不间断工作,本次交通量OD调查工作圆满结束。

10月12日 下午,张花公路超限检测站党支部牵头、党员干部及党员带头在全站上下发起抗洪救灾"我为山西加油,我为群众办实事"募捐活动。近在咫尺的清徐就有灾区,全体党员职工积极行动起来,发扬一方有难、八方支援的精神,共募捐资金4100元,通过多种渠道全部捐出,用于帮助灾区人民共渡难关、重建家园。

10月上旬 古交公路段全力以赴处治水毁灾害。一是10月5日晚,在巡察摸排时,发现339国道K711+190处(想儿岭段)的涵水量已满,随时有溢出风险,为防止造成更大安全隐患,立即启动应急预案,连夜采取紧急排水措施,出动挖机、装载机,20余人。经过一夜抢修奋战,该路段安全隐患基本清除,小型车辆可以正常通行。二是10月3日至8日,共出动机械34台次,人员206人次,清理塌方609立方米。

10月18日 下午,由省交通运输厅建管处处长武建勇带队,省厅公路灾毁处治工作督导组一行在分局339国道想儿岭灾毁点检查督导灾毁处治工作。督导组对太原分局及时响应、处治迅速予以肯定,要求在开展受损公路抢修保通基础上,尽快开展恢复重建项目前期工作。

同日 下午,太原分局局长闫志雄、副局长张晋龙及相关部门负责人在老旧桥梁改造工地检查。针对检查中发现的问题,局领导提出4点整改要求:一是加强施工现场规范化管理力度,施工、监理单位各尽其责,发挥职能,确保施工质量、施工安全;二是严格施工工艺,提高工作标准,打造内实外美、尺寸准的构造物;三是严格安全生产监管,安全标志、安全设施配置到位,严格施工现场安全监管,做好施工便道维护,确保不出事;四是重视施工便道扬尘等施工现场环保问题,切实履行公路部门社会责任,维护公路部门良好形象。

11月20日至11月21日 省公路局2021年养护管理评价检查组,在副局长许秀銮,养路处处长王文俊、副处长霍翠兰带领下,一行9人对太原分局进行为期两天的养护管理评价。局长闫志雄、副局长张晋龙携养路科、计划科有关人员陪同检查。

11月25日 上午,太原分局2021年度档案业务培训在五楼会议室举办。市档案局处长刘永田结合当前档案工作发展动态,省市档案管理"十四五"规划以及文书档案归档整理操作实务等方面给全系统档案人员进行认真详细解读,并对大家提出的问题进行解读。办公室主任张夏玲就加强档案安全管理、规范借阅、年度档案管理等工作提出要求。全系统专兼职档案员40余人参加培训。

11月下旬 清徐公路管理段在全段范围内开展"抗险救灾"捐款活动,77名职工个人自愿捐款共计14050元,单位捐款20000元,所有善款已送交清徐县红十字会。

(资料提供:李 渊)

山西省公路局大同分局大事记

3月11日 山西省公路局大同分局(以下简称大同分局)召开党史学习教育部署会。

4月8日 大同分局十二届三次职工代表大会暨2021年度工作会、2021年党的建设暨党风廉政建设工作会、2021年文明单位创建工作动员会召开。

4月18日 大同分局举办离退休人员门球邀请赛。

4月22日 大同分局组织党史学习大讲堂。

同日 大同分局在208国道燕庄桥施工现场开展“我为群众办实事”实践活动。

4月26日 省交通运输厅党史学习教育第二巡回指导组到大同分局检查指导工作。

4月28日 大同分局组织机关党员开展“学党史、永远跟党走”2021年健步行活动。

5月12日 大同分局邀请大同市委党校教授韩府作党史学习教育主题宣讲。

5月18日 大同分局和朔州分局赴平型关大捷纪念馆联合开展现场学习体验活动。

5月24日 大同分局组织志愿者服务队开展志愿服务活动。

5月26日至27日 大同分局举办深入学习贯彻中共十九届五中全会暨党史学习教育培训班。

6月11日 大同分局组织端午节包粽子活动暨道德讲堂现场体验活动。

6月16日至17日 省公路局局长胡钢成到大同分局调研指导工作。

6月25日 大同分局庆祝中国共产党成立100周年暨“两优一先”表彰大会召开。

6月29日 大同分局举办永远跟党走——庆祝中国共产党成立100周年红色经典颂歌会。

7月1日 大同分局组织集中观看庆祝中国共产党成立100周年大会。

7月27日 大同分局组织对职工进行心理健康专业辅导。

9月1日 208国道燕庄公铁立交桥通车。

9月13日 大同分局党员代表大会和学习贯彻习近平总书记“七一”重要讲话精神专题宣讲会召开。

12月8日至9日 大同分局举办中共十九届六中全会精神、省第十二次党代会精神宣讲会暨党建专题培训班。

(资料提供:张建伟)

山西省公路局朔州分局大事记

2月1日 按照省交通运输厅、省公路局专项行动文件精神及工作要求,山西省公路局朔州分局(以下简称朔州分局)牢固树立“建设是发展,养护也是发展”理念,安排各公路段在管养国省干线公路开展路面病害排查建档及科学处治工作,迅速掀起路面病害冬季处治专项行动工作热潮。

2月18日 上午,朔州分局召开会议,传达学习贯彻全省交通运输工作会议精神。会议认真学习省交通运输厅党组书记、厅长闫晨曦在2021年全省交通运输工作会议上的工作报告,要求认真贯彻落实省厅、省局安排部署,把学习成果转化为工作动力,把思想认识和行动统一到全省交通运输工作会议精神上来,进一步强化工作纪律,春节过后,以饱满热情、昂扬斗志、充足信心,做好工作,迎接挑战。领导干部要以身作则,带头行动,坚定信心,迎难而上,开拓进取,扎实开展各项工作。要真抓实干,进一步提升工作水平,确保“十四五”开好局、起好步,以优异成绩庆祝中国共产党成立100周年。

3月2日 按照厅党组、省局党委安排部署,朔州分局迅速组织开展学习党史教育活动,深刻领会开展党史学习教育的重大意义、工作重点和要求,切实把思想认识统一到习近平总书记重要讲话精神上来。

3月19日 朔州分局十四届二次职代会暨2020年度表彰大会、2021年度党的建设暨党风廉政建设、2021年度安全生产大会召开,会议通过现场和网络视频形式召开。会议总结2020年公路工作,部署2021年重点工作任务,表彰2020年度先进个人和先进集体。

4月19日 下午,朔州市委常委、市军分区政委张培军,司令员孙强一行深入朔州分局调研国防动员及交通战备建设工作。党委书记、局长任永,分管副局长及相关科室负责人陪同调研。

调研组一行听取交通战备工作以及在国防建设方面所作的工作情况汇报,实地观摩工程机械营营部、民兵党建活动室、朔州分局应急保障指挥中心以及青年民兵之家,对国防动员及交通战备建设工作给予充分肯定和赞扬。

调研组指出,公路交通历来是战争大动脉、军队生命线,国省干线公路安全畅通为朔州市交通战备工作提供强有力硬件条件,也为朔州市国防交通建设提供有力支撑。此外,调研组一行就加强朔州市国防交通基础设施建设、专业保障队伍建设、国防动员潜力调查、分局交通战备改革等各项工作进行深入探讨交流。

4月27日 由省交通运输厅二级巡视员王大为带领的党史学习教育第二巡回指导组一行4人,对朔州分局党史学习教育开展情况进行督导检查。督导组实地查看分局党员活动室、党史学习教育文化长廊、党员政治生日展台等党史学习教育阵地,听取党史学习教育开展情况汇报,查阅党史教育相关资料,并与部分党员进行谈话。

王大为在讲话中指出,朔州分局党委对党史学习教育工作高度重视、响应迅速、部署周密,开展有序、落实有效,工作有力,向前推进形成良好势头,要继续保持下去。他强调,要切实增强党史学习教育工作责任感和使命感,在“五个抓好”“五个做到”上下功夫,贯彻好“三个始终”,突出学习重点,进一步提高政治站位、扛起政治责任。要深刻认识开展党史学习教育重大意义,做到“五个带头”,引导全体党员增强“四个意识”、坚定“四个自信”、做到“两个维护”。要准确把握工作要求,立足公路工作实际,聚焦一线,制订办实事项目清单,拿出具体措施,付诸实际行动,以小切口服务大民生,着力解决职工群众急难愁盼问题。

4月28日 朔州分局上水泊超限检测站工程项目部经理张金顺携项目部有关人员赴工程施工现场督导安全环保工作,要求确保工程质量按期完工。

6月2日至4日 朔州分局开展为期3天的党史学习教育培训班。此次培训活动邀请省直工委讲师团专家库成员、省委党校教授张志蓬,八路军太行纪念馆第一讲解员、首席讲解员崔韶光教授,以及驻厅纪检组副组长任玉胜等专家,为广大党员干部讲述党的百年光辉历程、成功之道,展示中国共产党不懈奋斗、波澜壮阔的历史画卷,进一步引深党史学习教育,引导党员干部坚定理想信念,切实做到学史明理、学史增信、学史崇德、学史力行,切实增强“四个意识”、坚定“四个自信”、做到“两个维护”。培训期间,局党委理论中心组围绕中共十八大以来历史,举行第七次专题研讨交流会,观看两场爱国主义教育影片,开展集体廉政约谈暨警示教育大会及老干部座谈会。

6月4日 朔州分局结合党史学习教育专题培训,召开端午节前集体廉政约谈暨警示教育大会。会议通报省纪委监委“五一”、端午节前公开曝光的5起违反中央八项规定精神典型案例,开展集体廉政约谈,并组织观看警示教育片《叩问初心》。要求深刻汲取发生在身边的典型案例教训,不断提高思想认识,始终做到警钟长鸣、心有所畏、行有所止;要坚持以身作则,带头落实中央八项规定及其实施细则精神要求,切实以忠诚干净担当政治本色和党风廉政建设实际成效推动建养管工作再上新台阶;要紧紧围绕节日期间腐败问题易发多发的风险点,进一步加强廉政风险防控,确保干部职工不踩红线、不碰雷区。要结合党史学习教育进一步加强理论学习,不断增强党性修养和作风养成,坚定理想信念,提高廉洁自律意识。要进一步强化纪律和规矩意识,不断增强落实中央八项规定精神的思想自觉和行动自觉,严格执行廉洁自律规定。要进一步扛起党风廉政建设责任,带头履行“第一责任人”责任和“一岗双责”,带头廉洁自律,带头担当作为,不断营造风清气正发展环境,为高质量发展营造良好政治生态。

6月25日 朔州分局举办庆祝中国共产党成立100周年暨表彰先进大会和“学党史颂党恩跟党走”庆祝中国共产党成立100周年红色经典朗诵比赛,全分局180余人参加活动。

大会重温入党誓词,表彰2020年以来在党建和公路养建管各项工作中涌现出来的先进党支部、优秀共产党员和优秀党务工作者,举办局长讲党课、文艺会演等内容丰富的纪念活动。

朗诵比赛活动由来自局机关、局属各单位等20支代表队,通过诵读建党百年经典诗词方式,回顾党的光辉历程,讴歌党的丰功伟绩。在“走向辉煌的共产党”“有一首歌”“相约一百个春天”等红色篇目中,抒发朔州分局党员干部爱党、爱国、爱家乡的真挚情怀,展现朔州公路人砥砺奋进的朗朗风采。

12月20日 朔州分局专题会议召开,学习贯彻中共十九届六中全会精神。局党委班子成员、机关科室负责人参加专题学习。

12月29日 上午,朔州分局上水泊超限检测站正式启动运营。检测站位于109国道K539+225处,为双向I类超限检测站。检测车道700米,单侧各为350米,设计速度60公里/小时,配置动态称重系统4套,静态称重系统2套,抓拍系统2套。

启动运营后,对遏制公路车辆超限超载,维护路产路权,保障公路完好、安全和畅通起到积极作用。

(资料提供:王晓东)

山西省公路局忻州分局大事记

1月28日 为期40天的公路交通春运工作正式启动。为确保春运期间国、省干线公路安全畅通,山西省公路局忻州分局(以下简称忻州分局)。牢记使命职责,主动作为,提前部署,全力以赴为广大人民群众提供安全舒畅的出行环境。一是对管养道路安全隐患进行全面排查治理,特别对重点路段、事故多发路段加强动态观察,并设立明显的警示、提示标志,真正做到"预防为主,安全第一"。二是成立春运检查组对各单位安全措施、应急保障机制等进行全面检查,从源头上加强安全防范,全力打造"平安春运"。三是进一步完善应急保障预案,加强应急队伍建设,做好应急物资储备和应急设备检修工作,提高应急保障快速反应能力。四是积极与相关部门建立辖区内预警机制和交通安全保畅通工作联动机制,形成工作合力,提前做好应急准备工作。五是利用公路便民服务区,为过往司乘人员提供优质高效服务。六是严格路网疫情防控,积极配合地方相关部门设置联合防疫站点,对过往车辆及人员严格落实"两码"查验等工作,巩固疫情防控成果。七是加强春运应急值班管理,畅通信息报送渠道,遇有紧急或突发事件,及时上报并妥善处理,确保春运期间管养干线公路安全、有序、畅通。

2月28日 晚上,忻州市普降中到大雪,给出行群众造成不便。降雪前,忻州分局提前安排各公路段依据天气预警信息及时组织养护人员对管养路段及桥梁进行排查,并预备融雪剂、防滑料等物资。雪情发生后,各公路管理段以雪为令,第一时间启动应急预案,迅速组织人员和机械在背阴、陡坡、弯道等重点路段撒布融雪剂和防滑料,全力开展除雪作业,确保管养干线公路安全畅通,有力保障人民群众平安出行。

3月31日 上午,忻州分局2021年公路工作会议召开,全面回顾总结2020年及"十三五"期间工作,研判"十四五"形势任务,安排部署2021年重点工作。动员全分局广大干部职工创新担当、奋发进取,全力开启忻州公路高质量发展新征程。

4月27日 省交通运输厅二级巡视员王大为带领党史学习教育第二巡回指导组一行赴忻州分局指导党史学习教育工作,详细询问党史学习教育推进相关情况、亮点做法及存在问题,对局领导高度重视,早动员早部署、结合工作实际开展党史学习教育活动给予充分肯定,并就进一步加强党史学习教育提出具体要求。

6月中旬 忻州市迎来连续降雨天气。为有效应对夏季汛期雨水对公路造成的影响,忻州分局立足实际,采取有效措施,全力以赴做好普通干线公路雨季防汛工作,全力保障人民群众安全出行。一是加强组织领导,强化责任落实,成立5个督查组对防汛备汛工作进行检查,确保各单位做到防汛各项工作落实到位,有效应对汛期可能影响道路安全通行的各类突发事件。二是增强安全意识,认真开展汛期隐患排查。重点对临崖、临水、山区等灾害易发路段开展全面排查,发现隐患,建立台账,落实措施,限期整改,做到发现一处,整改一处,销号一处。三是未雨绸缪,全面做好应急保障工作。各公路段均组建强有力应急队伍,完善防汛保通应急预案,积极开展防汛抢险实战模拟演练,配足防汛物资,提前做好应对恶劣天气应急保障准备工作。四是强化日常养护管理,做好汛期抢险工作。及时对管养公路路面坑槽、裂缝等病害进行处治,提高通行质量。五是坚持24小时值班制度和灾情上报制度，管养干线公路发生水毁后，及时上报并立即启动应急响应，迅速进行抢修恢复，确保汛期公路安全畅通。

6月29日 上午，忻州分局举办庆祝中国共产党成立100周年“永远跟党走”主题活动。局机关干部职工欢聚一堂，通过重温入党誓词、红歌合唱、舞蹈、快板表演、器乐演奏、朗诵等形式，共同重温党的光辉历程，讴歌党的丰功伟绩，抒发对党的崇敬之情，共同庆祝中国共产党成立100周年，同时也充分展现新时代公路人昂扬向上的精神风貌。局属各单位干部职工也以视频形式观看演出。

7月 忻州市降雨频繁，容易引发山体滑坡、泥石流等地质灾害，为确保国庆期间人民群众安全出行，忻州分局立足实际，采取多项措施，全力以赴做好道路安全保畅各项工作。一是提前对国庆期间安全保畅工作进行安排部署，进一步明确任务，落实责任，制定有效措施，确保国庆期间道路安全畅通。二是组织养护人员对管养干线公路路基路面、桥涵隧道、标志标线等进行全面巡查，及时处治路面病害。三是加大安全隐患排查力度，消除影响行车安全各类隐患，并成立检查组对工作落实情况进行检查。四是强化与气象部门、公安交警等部门多方协作联动机制，形成工作合力，提升应急处置能力和水平。五是认真做好应急值守，严格执行领导带班、24小时值班和信息报送制度，畅通信息报送渠道，遇有紧急或突发事件，及时上报并妥善处理。六是做好应急物资储备和应急设备检修工作，组建应急队伍，完善应急预案，确保发生强降雨天气和应急事件能及时、科学、高效处置。

9月7日 忻州市委常委、常务副市长赵新年在忻州分局组织市交通运输局、市发改委、市财政局、市自然资源局、市行政审批局主要负责人和相关人员召开国省干线公路改建工程项目前期工作协调推进会，了解国省干线公路改建工程项目前期工作进展情况，分析存在困难，现场协调推进。就加快推进国省干线公路改建工程项目前期工作，特别是108国道忻州境内砂河至石岭关段改建工程PPP项目，赵新年提出3点要求。一是由忻州分局牵头，市相关部门配合，尽快制定推进项目实施组织领导机构，进一步细化方案，明确责任分工和具体业务，待市政府研究确定后，各部门遵照执行。二是按照进度要求，倒排计划，压茬推进，将时间进度明确到每个部门头上，限时完成。三是建立联系沟通机制，忻州分局定期召集相关部门召开会议，及时进行沟通联系工作进展情况。

10月28日 省交通运输厅党组成员、副厅长王晋一行赴239国道忻州五台境内现场调研督导道路安全隐患处治情况。受连续强降雨影响，239国道K792＋800处（陈家庄南坡村）发生山体崩塌。王晋一行详细了解山体隐患当前处治情况及下一步工作，要求忻州分局严格按照专家制定的处治方案，加快推进山体治理及公路设施修复，认真做好施工现场安全措施，并安排专人在塌方中断道路处做好值班值守工作，尽全力快速、彻底消除道路交通安全隐患，早日恢复人民群众生产生活交通出行秩序。

是月 受连续降雨影响，忻州市境内干线公路多路段因雨水冲刷造成路基掏空、路面坑槽，挡墙损毁等不同程度灾害，为保障人民群众出行安全，忻州分局迅速组织养护人员、机械展开灾后道路修复作业。此次灾后道路修复，共出动人员1200余人次，机械200余台次，回填路基缺口2300余立方米，修补坑槽900余平方米，清理堆积物1000余立方米，全体养护人员加班加点，持续作战，灾害路段全部修复完成，以实际行动保障辖区内干线公路安全畅通。

11月9日 312省道（忻五线）忻府区云中河岩口大桥危桥改造工程项目顺利完工，正式通车。岩口大桥作为312省道交通运输咽喉，也是跨越忻州云中河景区西延的桥梁之一。岩口大桥顺利竣工通车，极大缓解周边交通压力，更好地满足人民群众对高品质公路出行服务需求，同时也为云中河景区增添一道“景色”。

12月3日 忻州市委书记、市长朱晓东实地踏勘太忻经济区所涉及的108国道忻州境内砂河至石岭关段改建工程PPP项目路址。询问该段公路运行情况,并对照设计方案图,详细了解工程概况、道路设计、要素保障及目前项目前期工作进展等情况。要求忻州分局紧紧把握好当前建设太忻经济区交通运输发展机遇,进一步优化项目设计方案,适度超前设计,预留发展空间,不断完善忻州路网结构,强化与太原道路对接,在科学合理布设基础上尽可能压缩时间,确保项目早日落地,顺利实施。

12月21日 上午,忻州市委副书记、市政府党组书记李建国一行赴石岭关实地调研108国道忻州境内砂河至石岭关段改建工程PPP项目推进情况,现场查看项目设计方案,了解该路段路况现状、改造线路规划及项目进展等相关情况,要求忻州分局要重点抓好项目落地工作,科学谋划、合理安排,主动对接相关部门,优化设计方案,强化沟通衔接,并完善好配套设施,紧扣时间节点,加快项目推进步伐,确保按照既定目标开工建设,为太忻一体化经济区建设、忻州全方位高质量发展提供有力公路支撑。

(资料提供:陶江江)

山西省公路局阳泉分局大事记

1月29日 山西省公路局阳泉分局(以下简称阳泉分局)召开2020年度党员领导干部民主生活会。会议由分局党委书记李传书主持,分局领导班子全体成员参加会议,局长办公室、党工部、纪检监察室负责人列席会议。

3月7日 307国道、207国道阳泉绕城改线工程阳涉铁路上跨桥3号墩0号块,历经63个小时顺利完成浇筑,实现节后全线最高的大体积混凝土浇筑开门红,为后续施工生产奠定坚实技术基础。

3月23日 市长雷健坤赴307国道、207国道阳泉市绕城改线工程调研征拆工作进展并现场办公。副市长王明厚,市政府秘书长张俊堂,项目副总指挥闫献忠、李传书,平定县县长王建义陪同调研。

同日 上午11时,307国道、207国道阳泉绕城改线工程六分部土木垴大桥3号墩右幅0号块在历时12小时后顺利完成浇筑。

3月26日 是阳泉市城区第十七届人民代表大会代表换届选举日。8时30分,分局516位选民依次到设在11楼会议室的投票站,有序将选民证交给工作人员核验、领取选票、认真写票,郑重投下自己神圣一票。

3月29日 上午,阳泉分局2021年公路工作会暨第十三届三次职工代表大会召开。分局领导班子成员、机关副科级以上领导干部、基层单位班子成员及职工代表参加会议。会议由副局长宋振宏主持。

4月1日 307国道、207国道阳泉绕城改线工程项目组织召开“大干90天”劳动竞赛启动会。项目副总指挥、阳泉分局局长闫献忠,党委书记李传书出席会议。项目建管处、项目公司主要负责人及各参建单位主要负责人参加会议。

4月7日 党委书记李传书带领阳泉分局党史学习教育第二巡回指导组到盂县东公路管理段、交口超限检测站开展党史学习教育巡回指导工作。

同日 郊区公路管理段党支部召开专题会议,传达学习《中国共产党统一战线工作条例》,并开展党史学习教育第三次集中学习。

4月8日 副市长王明厚到307国道、207国道阳泉绕城改线工程调研项目征拆扫尾工作及工程实体进展。市政府副秘书长闫立彪,项目副总指挥阳泉分局局长闫献忠、党委书记李传书,平定县副县长王俊杰陪同调研,建管处、沿线乡镇、项目公司等单位负责人参加。

4月12日 307国道、207国道阳泉绕城改线工程顺利完成K4+070~K4+330段和K5+720~K6+020段路基共560米路基交验。

4月13日 307国道、207国道阳泉绕城改线工程北茹1号隧道右线顺利贯通。

4月21日 交通运输部公路局副局长周荣峰、处长贺志高,部路网中心处长杨峰,省交通运输厅一级巡视员李贵顺,省公路局局长胡钢成一行到旧关隧道开展公路隧道运行与管理状况调研,阳泉分局局长闫献忠、党委书记李传书等领导陪同调研。

5月5日 晚12时,随着一声炮响,307国道、207国道阳泉绕城改线工程六分部北茹1号隧道左线顺利贯通,实现双洞贯通。至此,307国道、207国道阳泉绕城改线工程六分部4座隧道全部贯通。

5月6日 早7点,随着最后一方混凝土入模,307国道、207国道阳泉绕城改线工程西郊大桥0号块在历时约16个小时后完成浇筑。自此,西郊大桥施工步入挂篮悬浇施工的全新阶段。

5月7日 上午,阳泉分局党委带领局机关全体党员和各党支部书记赴阳泉狮脑山革命教育基地参观学习,重温入党誓词,接受红色教育。省交通运输厅党史学习教育第三巡回指导组和市直机关工委第九巡回指导组应邀参加主题党日活动。

5月8日 阳泉分局局长闫献忠到338国道、239国道盂县境内改线工程现场,就工程开工准备、建设进展、存在问题等情况进行调研。

5月10日 下午,阳泉分局举办"健康伴我行 永远跟党走"活力操比赛,来自16个基层单位和局机关共17支代表队参赛。局领导闫献忠、李传书、宋振宏、吕彦明、王卫华出席此次比赛。

5月18日 307国道、207国道阳泉绕城改线工程开展"大干90天"期中总结暨路面开工仪式。项目副总指挥、阳泉分局局长闫献忠,党委书记李传书出席活动;项目建管处、项目公司、参建单位相关负责人及职工代表参加此次活动。

5月27日 市长雷健坤赴307国道、207国道阳泉绕城改线工程现场调研项目进展情况。副市长王明厚,市政府副秘书长闫立彪,郊区区委书记王晓丽,项目副总指挥闫献忠、李传书陪同调研,沿线乡镇、建管处、项目公司等单位负责人参加。

5月29日 随着最后一根桩基浇筑完成,307国道、207国道阳泉绕城改线工程项目五分部所有桩基施工全部完工,施工进度实现新跨越,正式进入承台、系梁、墩柱、盖梁、挡块等下部结构施工阶段。

6月2日至3日 省公路局总工程师马德文带领省公路局国省干线公路新改建工程综合检查组到307国道、207国道阳泉市绕城改线工程开展综合检查。项目副总指挥、阳泉分局局长闫献忠、党委书记李传书陪同检查。

6月11日 307国道、207国道阳泉绕城改线工程项目建设管理处临时党支部联合中建基础河北公司阳泉项目党支部,组织党员、入党积极分子、青年员工共同开展"追寻红色印记 汲取奋进力量"党史学习教育主题党日活动和"学党史 跟党走 扬清风 促发展"廉政警示教育活动。

同日 上午,阳泉分局党委、纪委对在建的三个省重点工程项目部党政负责人进行廉政集体谈话。

6月22日至24日 为进一步贯彻落实省委、省政府、省交通运输厅以及阳泉市安全生产专题会议精神,确保307国道、207国道阳泉绕城改线工程安全有序建设。307国道、207国道阳泉绕城改线工程指挥部建设管理处组织项目公司、总监办、各驻地办对全线开展质量、安全生产专项督查工作。

6月23日 阳泉分局局长闫献忠深入207国道、307国道阳泉绕城改线工程督导检查安全生产工作,山西中建基础设施建设运营有限公司总经理郑刚及工程各标段负责人陪同检查。

6月24日 东梁超限检测站开展"中国共产党为什么能,马克思主义为什么行,中国特色社会主义为什么好"主题党日活动。活动分三个环节展开,党员干部、班股长参加活动。

6月30日 上午,307国道、207国道阳泉市绕城改线工程庆祝中国共产党成立100周年暨"大干

90天”劳动竞赛总结活动在项目六分部辛兴互通开展。阳泉市政府副秘书长闫立彪,阳泉分局局长闫献忠、党委书记李传书,中建基础公司副总经理、河北分公司党总支书记、董事长张璐,河北分公司党总支副书记、副总经理、山西中建基础设施建设运营有限公司董事长张光宇,河北分公司副总经理朱义嘉出席活动。

7月1日 上午8时,庆祝中国共产党成立100周年大会在北京天安门广场隆重举行,中共中央总书记、国家主席、中央军委主席习近平发表重要讲话。阳泉分局组织机关全体干部职工在机关六楼会议室集中收看大会盛况直播,认真聆听习近平总书记发表的重要讲话,共同庆祝中国共产党百年华诞。局领导闫献忠、李传书、宋振宏、吕彦明、王卫华、张妹云参加集中收看。

7月5日 郊区公路管理段党支部组织全体党员开展党史学习教育第十一次集中学习。

同日 副市长王明厚到307国道、207国道阳泉绕城改线工程现场办公,解决项目推进和沿线群众出行诉求有关问题。市政府副秘书长闫立彪,项目副总指挥闫献忠、李传书陪同调研,平定县政府、建管处、项目公司、平定征拆指挥部及沿线乡镇负责人参加。

7月6日 阳泉分局机关组织全体党员干部走进“中共创建第一城”旧址,开展“中国共产党为什么‘能’,马克思主义为什么‘行’,中国特色社会主义为什么‘好’”主题党日活动。

7月14日 上午,郊区公路管理段党支部召开2021年度第四次党员大会暨党员结对认亲帮扶专题部署会议。

7月19日 沙井超限检测站开展以学习贯彻习近平总书记“七一”重要讲话精神为主题的主题党日活动。

7月28日 阳泉分局局长闫献忠以普通党员身份参加所在机关第三党支部党史学习教育专题组织生活会,认真学习贯彻习近平总书记在庆祝中国共产党成立100周年大会上的重要讲话精神,围绕“学党史、悟思想、办实事、开新局”主题,同党员一起交流学习体会、检视问题、剖析原因、明确整改方向、认真开展批评与自我批评,推动党史学习教育成果在党支部组织建设上实现新的转化和提升。

同日 省交通运输厅一级巡视员李贵顺一行深入307国道、207国道阳泉市绕城改线工程施工现场调研指导并开展“夏日送清凉”慰问活动。项目副总指挥闫献忠、李传书,阳泉市交通运输局局长梁庆陪同调研和慰问。

7月29日 根据省公路局部署和阳泉分局党委关于党史学习教育专题组织生活会安排,交口超限检测站党支部召开专题组织生活会。

同日 阳泉分局集中组织开展结对认亲温暖民心活动。组织召开结对认亲帮扶专题推进会议,对“十万党员结对认亲 排忧解难温暖民心”工作进行督促指导,要求大家对照《结对认亲协议》,畅通帮扶渠道,经常走访慰问,做到和认亲户“认亲戚、拉家常”,建立深厚感情;党员要铭记职责,践行初心,做到常态推动,倾情帮扶,热情关怀,做到“七个勤”;要第一时间建立《结对认亲民情日记》,如实详细记录认亲走访帮扶情况。

8月4日 市委书记姜四清专题调研307国道、207国道阳泉市绕城改线工程,现场办公研究解决问题。要求全面落实省委全方位推进高质量发展要求,进一步加快建设进度,拉大城市框架,科学统筹规划,带动沿线发展,全力打造全市高质量发展新增长带。

8月6日 22点57分,307国道、207国道阳泉市绕城改线工程项目部三分部承建的阳左高速立交桥悬浇梁右幅顺利合龙,这是全线首座合龙的现浇刚构桥梁。

8月9日 下午,307国道、207国道阳泉绕城改线工程第四项目部4段路基共计1.56公里一次性通过验收。

8月12日 307国道、207国道阳泉绕城改线工程项目指挥部建管处组织召开项目推进会,为项目开展攻坚决战进行再部署。项目副总指挥李传书出席会议,建管处全体职工、项目公司班子成员、监理单位总监、总承包部及各分部项目经理和总工程师参加会议。

8月22日 307国道、207国道阳泉绕城改线工程2号桃河大桥钢箱梁吊装顺利完成，为桥梁9月中旬实现转体奠定基础。

8月23日 省文明办副主任樊志强带领验收考核组到上社超限检测站，对省级文明单位创建工作进行验收。阳泉分局党委书记李传书，阳泉市文明办、盂县县委宣传部相关领导参加此次验收测评工作。

8月26日 为进一步提高职工安全意识，增强遇到突发事件后的应急自救能力和事故处置能力，沙井超限检测站开展安全应急知识培训。

8月29日 307国道、207国道阳泉绕城改线工程二分部路基（除福隆盛、南坪村段）全部施工完毕并交验完成，标志着二分部路、桥、隧主体全部施工完毕，比规定的“9·30”建设目标提前32天完成施工任务。

9月1日 307国道、207国道阳泉绕城改线工程顺利完成沥青下面层试验段施工，正式进入沥青面层施工阶段。

9月4日 307国道、207国道阳泉绕城改线工程唯一的一座特大桥——苏村河特大桥顺利贯通。

9月7日 阳泉市城区人大组织出席市第十五届人大代表到307国道、207国道阳泉绕城改线工程项目开展专项调研。项目副总指挥、阳泉分局局长闫献忠陪同，建管处、项目公司、项目分部等相关负责人参加。

9月9日 阳泉市委副书记、代市长刘文华深入省级重点工程项目——307国道、207国道阳泉绕城改线工程调研指导工作。

同日 307国道、207国道阳泉绕城改线工程召开项目生产推进会，为冲刺项目建设目标再动员、再加压。项目副总指挥、阳泉分局局长闫献忠，项目副总指挥、党委书记李传书，中建基础公司副总经理刘巍，中建基础公司副总经理、河北分公司党总支书记、董事长张璐出席会议。项目建管处及各参建单位相关负责人参加会议。

9月13日 307国道、207国道阳泉绕城改线工程六分部辛兴互通最后一联现浇桥全部完工，土木垴大桥左线现浇钢构挂篮合龙，同一天内两个控制性工程全面完成。

9月15日 省公路局总工程师马德文带领督导组到阳泉督导推进省道双阳线盂县过境（交口—西小坪）公路改建工程、239国道郊区过境河底至荫营段改线工程两个地方政府负责实施的PPP公路建设项目。阳泉分局局长闫献忠、副局长吕彦明陪同，盂县、郊区交通运输局及项目公司负责人参加。

9月16日 郊区公路管理段党支部组织全体在职党员和副股级以上人员开展中秋、国庆“两节”廉洁自律教育和警示教育。

9月20日 东梁超限检测站组织开展“中秋慰问送真情，组织关怀暖人心”活动。

9月22日 下午，阳泉分局局长闫献忠带领相关科室负责人到307国道复线督查重污染天气应急响应工作落实情况。郊区副区长韩晓东、分局副局长宋振宏陪同，郊区公路管理段相关负责人参加。

9月27日 上午，阳泉市政府副秘书长、阳泉市治超办主任梁爱卿采取“四不两直”方式到白泉超限检测站开展节前治超、安全、疫情防控等工作督导检查。阳泉市交通运输局副局长、市治超办副主任史连海陪同，阳泉市交通运输综合行政执法队相关负责人参加。

10月3日 受持续降雨影响，盂县东公路管理段管养的207国道和314省道线路段发生多处塌方落石等边坡地质灾害，该段及时启动应急响应，全力开展公路水毁抢修保畅工作。

同日 郊区公路管理段组织召开地质灾害隐患排查专题安排部署会议，对管辖范围内的地质灾害路段进行全面排查，建立地质灾害隐患清单；加大道路巡查力度，坚持24小时值班值守，通过微信、电话进行沟通联系，确保信息畅通。

10月9日 阳泉分局防汛应对专题会议召开，在总结研判近期防汛工作基础上，结合省市有关工作要求，对当前公路防汛工作进行再安排、再部署。局长闫献忠主持会议并做具体工作安排。

10月13日 阳泉分局开展“铭记历史 缅怀先

烈 传承基因 奉献公路”主题党日活动,组织机关全体党员到影院集中观看红色电影《长津湖》。

10月14日 东梁超限检测站干部职工带着慰问品去北蒋村看望两位结对认亲的80岁孤寡老人,为他们送去节日祝福。

10月18日 省交通运输厅党史学习教育巡回指导组在组长白贵生带领下,到阳泉分局开展党史学习教育巡回指导。党委书记李传书主持会议并作汇报,副局长吕彦明、党史学习教育领导小组办公室有关人员参加会议。

10月25日 阳泉市阳光众安消防培训中心讲师到西郊超限检测站就消防安全知识进行专题培训。

10月28日 下午,阳泉分局开展“读原著、学原文、悟原理”第二次专题“读书班”学习研讨。阳泉市委党史学习教育第四巡回指导组组长李树林、主任孙雪艳,市直机关工委第九巡回指导组组长赵冬冬列席参加。

同日 阳泉市纪委常委穆成明到239国道盂县境内夫城口至肖家汇段公路改线工程项目建设进行调研。阳泉分局党委书记李传书、副局长吕彦明陪同。

11月3日 阳泉市人大常委会组织全市部分全国、省、市、县(区)、乡(镇)五级人大代表,赴307国道、207国道阳泉绕城改线工程视察项目建设情况。市人大常委会主任王旭明,市委常委、常务副市长郭建文,市人大常委会副主任张永忠、张宝明、郑清明等参加视察。项目副总指挥、阳泉分局局长闫献忠,项目副总指挥、党委书记李传书陪同,各相关单位负责人参加。

11月4日 307国道、207国道阳泉绕城改线工程项目组织召开“战百天、保通车”动员大会,为决战年终通车目标再动员、再加压。项目副总指挥、分局党委书记李传书出席会议,建管处、项目公司及各参建单位相关负责人参加。

11月10日《山西省道路货物运输源头治理超限超载暂行办法》立法评估调研组到西郊超限检测站调研。阳泉市治超办主任、政府副秘书长梁爱卿,平定县副县长王俊杰陪同,市县治超办及各职能部门相关负责人参加。

11月12日 省公路局国省干线公路新改建工程综合检查组到307国道、207国道阳泉绕城改线工程开展综合检查。项目副总指挥、阳泉分局党委书记李传书陪同,工程科、项目建管处、项目公司等相关负责人参加此次检查。

同日 伴随着最后一方混凝土成功浇筑,由中建交通山西公司307国道、207国道阳泉市绕城改线工程四分部负责施工的冠山场区综合楼工程正式封顶。该节点的顺利完成,标志着该项目部房建工程正式转入二次结构及装饰装修施工阶段。

11月24日 凌晨1点40分,307国道、207国道阳泉绕城改线工程跨铁路钢箱梁T型刚构桥——2号桃河大桥完成54°的桥梁转体。这是全省境内同类型桥梁跨度最长、转体重量最大的桥梁。

11月25日 中午1点58分,随着307国道、207国道阳泉绕城改线工程天花池6号桥最后一联桥面铺筑顺利完成,标志着项目五分部实现主体工程全部完工。

12月3日至4日 西郊超限检测站开展“以习近平法治思想为指引,坚定不移走中国特色社会主义法治道路”为主题的宪法宣传活动。

12月7日 上午,交通运输部专项行动调研组对旧关隧道提质升级情况进行现场调研,省交通运输厅,省公路局、阳泉分局相关人员陪同。

同日 上午,交通运输部专项行动调研组到207国道郊区霍树头至韩庄长陡下坡处治路段进行现场调研,省交通运输厅,省公路局、阳泉分局相关人员陪同。

12月7日至8日 阳泉分局局长闫献忠、副局长吕彦明带领调研组到338国道盂县境内闫家庄至梁家寨段公路改线工程调研。分局工程科、建管处及参建单位参加调研。

12月8日 上午,阳泉分局调研组一行来到工地一线,对黄树岩隧道、黄树岩大桥、黄树岩路基、陈小路立交、梁家寨隧道进行现场调研。局长闫献忠在讲话中,要求严把工程质量,严守安全底线,文明环保施工,全面落实冬季施工措施,确保工程建设正常开展，有序推进，顺利完成工程建设各项既定目标任务。

同日 307国道、207国道阳泉绕城改线工程阳涉铁路上跨桥主桥顺利合龙，标志着307国道、207国道阳泉绕城改线工程取得重大节点性胜利。

同日 阳泉分局局长闫献忠、副局长吕彦明带领分局调研组到239国道盂县境内夫城口至肖家汇段公路改线工程调研。局工程科、建管处及参建单位参加调研。

12月9日 阳泉市委副书记、政法委书记尚日红实地调研307国道、207国道阳泉绕城改线工程推进情况。要求深入学习贯彻中共十九届六中全会精神，强化责任担当，聚力攻坚克难，加快工程进度，确保如期竣工通车。市委副秘书长李昱平，局长、项目副总指挥闫献忠，平定县县长王建义，建管处、沿线各乡镇和项目公司相关负责人参加调研。

（资料提供：崔海军）

山西省公路局吕梁分局大事记

1月6日 省公路局组织对新国道孝辛线石口至石楼段升级改造工程进行竣工验收。省厅、省局有关领导及处室，吕梁市质量监督站有关领导及人员，山西省公路局吕梁分局（以下简称吕梁分局）有关领导及科室，建设项目参建各单位和接养单位参加验收。

1月14日 副市长杨巨才召集市财政局，市规划局，市交通运输局、吕梁分局和中阳、柳林县政府有关负责人召开307国道汾阳至晋陕界公路改线工程方案论证会。会上，咨询单位就该项目路线走向推荐方案及备选方案情况进行汇报，吕梁分局汇报该项目推进情况、存在问题及解决建议，市直部门和沿线政府对路线走向方案发表意见，副市长杨巨才对下一步工作进行安排部署。

项目建设里程123.286公里（不含连接线），全线采用一级公路标准设计。其中汾阳市境内26.1公里，孝义市境内7.8公里，中阳县境内46.317公里，柳林县境内43.069公里。全线估算总投资约162.5亿元。

1月16日 吕梁分局党委2020年度党员领导干部民主生活会召开。会上通报本次民主生活会准备情况、“不忘初心、牢记使命”主题教育专题民主生活会整改落实情况及本次民主生活会征求意见情况。党委书记刘庆爱代表分局领导班子做了全面深刻对照检查，深刻剖析根源，明确努力方向，提出整改措施。党委成员逐一做对照检查并开展批评与自我批评。

2月5日 省交通运输厅召开全省交通运输工作会议，吕梁分局第一时间将讲话精神传达到局属各单位，要求各公路段迅速组织学习，传达到养护一线和每一位员工。

2月11日 省公路局第四考核组一行7人到吕梁分局，就2020年度目标任务完成情况、领导班子运行情况及领导干部综合表现情况等方面工作进行综合考核。考核组还代表省吕梁分局党委走访慰问分局困难职工代表。

3月2日至4日 吕梁分局分为5个考核小组，通过书面述职、查访核验、谈心谈话、民主测评等方式，对局属各单位2020年度指标任务完成情况、领导班子运行情况及班子成员个人综合表现情况进行考核。

3月5日 吕梁分局召开紧急作风纪律整顿部署会议,在家领导班子成员、机关各科室负责人、基层单位党政负责人参加会议。

会议要求,各单位要对照局党委印发的方案、提出的问题给自己做一次全面纪律作风"体检",找出政治站位、思想认识、工作作风、组织观念等方面病症所在,逐条逐项将存在问题找清找全并查明原因,分类梳理,建立专项台账,做到一项一项整改、一个一个突破、一件一件销号。同时,要梳理完善制度,做到有章有制可循;要严格抓好制度执行落实,为常态化、长效化推进党员干部纪律作风建设提供有效保障。

3月9日 吕梁分局党史学习教育推进会召开,对开展党史学习教育进行安排部署。局领导、机关科室负责人、局属各支部书记、党员代表共50多人参加会议。局党委宣传委员、副局长马荣宣读《关于开展党史学习教育的实施方案》。党委书记刘庆爱在讲话中,要求切实站在讲政治高度,把党史学习教育作为一项当前最重要政治任务,与作风纪律整顿统筹推进,以强烈政治责任感和历史使命感高标准高质量抓好落实。

3月16日 吕梁分局党委中心组举行党史学习教育专题学习研讨会,通过原原本本学习习近平总书记在党史学习教育动员大会上的重要讲话和《论中国共产党历史》,进一步深化对党的百年奋斗史、对马克思主义中国化成果特别是习近平新时代中国特色社会主义思想理解,确保高标准高质量完成党史学习教育各项任务。党委书记刘庆爱主持并讲话,班子成员重点交流学习体会。

局属各党支部共选送13名选手参加局主办的演讲比赛,通过抽签,13名选手按照顺序依次上场进行比赛。

3月17日至19日 省交通运输厅一级巡视员李贵顺,总工程师高新文,建管处处长武建勇等一行4人深入吕梁对国省干线公路建设项目现场调研指导,副市长杨巨才一同调研。

调研组先后对209国道吕梁新城区(方山县城至中阳金罗镇)段公路改线工程、307国道柳林县城区段(张家湾隧道)公路改线工程、209国道交口县城段公路改线工程、省道三大线石楼县过境(孟家塔至板桥段)改线工程工地现场进行详细观摩调研,并提出具体指导意见。

省公路局总工程师马德文,吕梁分局局长薛根平、副局长郭兵兵,市交通运输局局长刘瑞平,项目建设单位相关负责人及有关区县政府领导参加调研。

3月23日 吕梁分局局属各党支部理论学习中心组学习会议召开,领导班子带头学党史、悟思想,围绕"党史"主题,创新形式,进行多样化主题党日活动。

3月31日 吕梁分局九届一次职代会暨2021年公路工作会议召开,深入贯彻落实全省交通运输和公路工作会议精神,总结2020年及"十三五"工作,分析"十四五"形势,部署2021年工作,动员广大干部职工转变思想观念,勇于担当作为,以昂扬姿态奋力开启"十四五"公路事业高质量发展新征程。

会议以视频会议形式召开。局领导班子成员,机关副科以上干部,职工代表及离石城区实体单位党政负责人在机关会议室参会;基层养护单位及其他实体单位股级以上领导干部,职工代表以观看直播视频形式参会。

会议明确2021年主要目标和任务。一是公路建设。按计划开工建设续建项目5项,总投资129.16亿元,计划完成投资33.27亿元。二是高速公路。汾石高速争取控制性工程开工,祁离高速计划完成投资30亿元,积极推进离隰高速征地拆迁工作。三是项目储备。做好307国道汾阳至晋陕界(汾阳河北村至柳林雅沟)段改建工程,离石至临县碛口(晋陕界)高速公路工程,汾石二期前期项目储备项目工作。四是公路养护。完成省局下达的公路灾害防治、危桥(隧)改造等养护任务。公路(PQI)值、优良路率不低于省局下达的指标。五是安全生产。保持安全形势稳定向好,杜绝重特大事故和安全生产责任事故发生。六是机构改革。按照省交通运输厅、省公路局部署要求,全面稳妥完成改革任务。七是超限治理。保持治超高压态势,非法超限率控制在0.2%以内。

会上，还对2020年度成绩显著、表现突出的先进集体和个人进行表彰。

同日 吕梁分局2021年党的建设暨党风廉政建设工作会召开。会议以视频形式召开，局领导班子成员、局机关副科以上干部、驻离石城区的实体单位党政领导、局机关职工代表共49人参加会议；分会场参加人员是局属单位党政领导班子成员、中层干部、职工代表。

党委书记刘庆爱作了题为《履行新使命，开创新局面，奋力推进新时代吕梁公路事业高质量发展》的党的建设工作报告，全面回顾2020年全局党的建设工作情况，分析存在的问题和不足，从始终突出党的政治建设、履行管党治党责任、持之以恒抓学习、深入开展党史学习教育、持续加强党的组织建设、深入推进党风廉政建设、全面推进行业文化建设、着力提升行业治理效能八个方面安排部署全年党建工作任务。

纪委副书记冯华作了题为《以高效务实纪检工作，保障公路事业高质量发展》的党风廉政建设工作报告，全面回顾2020年取得的成绩，客观分析全局党风廉政建设和反腐败工作存在的问题与不足，并结合中共十九大以来决胜全面小康、决战脱贫攻坚等重大斗争实践，同公路养护中心工作结合起来，聚焦推动“两个责任”落实，聚焦强化政治监督、践行“两个维护”，聚焦持续开展专项整治、深入监督突出问题，聚焦深化整治形式主义、官僚主义顽瘴痼疾，聚焦干部队伍建设等方面安排部署2021年党风廉政建设工作。

4月19日 吕梁分局围绕工作职能，聚焦身边人和身边事，就经营性实体单位生产经营情况，召集在家班子成员、有关科室和实体单位负责人召开集中座谈会，听取2021年度工作思路以及提出的建议和意见，为企业摸实情、送服务、助发展，推动实践活动见实见效。

吕梁分局有6家经营性实体单位，包括应急中心、汾州公司、监理公司、设计院、沥青库、试验室。近几年，通过吕梁分局大力支持和单位自身努力，6家实体单位按照吕梁分局提出的工作思路，坚持问题导向，聚焦工作任务，凝心聚力、攻坚克难，“求生存、保市场”得到很好贯彻落实。

通过召开集体座谈会，充分发挥集体智慧，进一步摸清底数，确定工作思路，提出合理建议，明确工作重点，“学党史、悟思想、办实事、开新局”的工作要求也更富有实效。

4月22日 省交通运输厅党史学习教育第三巡回指导组一行4人到吕梁分局检查指导党史学习教育开展情况。

上午，巡回指导组通过听取工作汇报、浏览宣传标语、查阅台账资料、互相交流等方式，详细了解分局开展党史学习教育的具体做法和亮点成效。下午，吕梁分局邀请巡回指导组，带领局领导和兴县公路段班子成员及党员代表开展“传承红色基因、坚定理想信念”学习体验活动。巡回指导组组长杨增梅在讲话中，要求按照省厅安排部署，继续保持优良工作作风，学习好党的百年奋斗史。要坚守初心使命，牢树为民宗旨，从小事做起，从点滴抓起，扎实开展好“我为群众办实事”活动，充分体现党对人民的关怀。

5月26日 下午，吕梁分局局长薛根平、副局长郭兵兵带领局相关人员一行到陕西省榆林市交通运输局就离石至临县碛口（晋陕界）高速公路建设两省接线事宜进行对接。

5月28日 省交通运输厅党组成员、副厅长王晋深入石楼县罗村镇调研指导驻村帮扶工作，看望并慰问工作在一线的驻村工作队员。吕梁分局局长薛根平陪同。

王晋先后来到罗村镇霍阳庄村、罗村、楼家庄村、东石羊村和前圪垛村，实地查看驻村工作队员的居住条件和办公场所，了解驻村工作队员目前的生活状况以及帮扶村的基本情况，并就乡村振兴工作与当地干部群众、驻村工作队员进行交流。随后，王晋与当地党委政府在石楼公路管理段开展座谈，他对石楼县和罗村镇党委政府给予省交通运输厅驻村工作队的支持帮助表示感谢，双方就接下来的驻村帮扶工作进行深入交流。

调研期间,王晋还带领厅机关第二和第八党支部党员,到革命圣地红军东征纪念馆,举行主题党日活动,重温东征故事,锤炼初心使命。

5月28日至30日 省局建设处副处长张彦飞一行11人,先后对吕梁分局监管的209国道吕梁新城区(方山县城至中阳金罗镇)段公路改线工程和省道三大线石楼县过境(孟家塔至板桥段)公路改线工程进行半年综合检查。分局副局长郭兵兵、工程技术科和开发公司相关人员,各建设项目参建单位有关人员陪同检查。

6月2日 吕梁分局召集各单位主要负责人召开信访工作专题会议,对信访工作再强调再安排再部署。

会议传达学习省信访联席会议精神及省交通运输厅信访工作专题会议精神,分析研判吕梁分局信访稳控形势,安排部署下一阶段信访稳定保障工作。要求自上而下、由内及外,开展一次"无缝隙、拉网式"矛盾纠纷排查,实行清单管理,明确化解措施和化解时限,确保将纠纷化解在初始、隐患消灭在萌芽。

6月4日至5日 省公路局局长胡钢成、副局长郭晓军带领机关有关处室负责人赴吕梁分局调研指导工作。胡钢成一行实地查看兴县魏家滩路段、岢大线地质灾害应急处置情况、方山境内S218线路面改造PPP项目完成情况、G307线部挂牌督办路段改造实施情况以及部分危桥改造情况,走访部分公路段机关、道班,就工程项目前期推进、危桥改造等进行调研。

在分别听取各项工作推进情况后,胡钢成对吕梁分局有关工作给予肯定,并对下一阶段工作提出要求。一是继续抓好前期工作。紧紧围绕重点项目,完善工作方案,列出责任清单和时间节点,将任务分解到部门、责任落实到人。二是继续推进危桥改造工作。在做好桥梁实时监测基础上,加快推进危桥改造项目前期工作,力争尽快开工,早日消除公路安全隐患。三是继续推进路面改造PPP项目建设。要按"高标准推进、高品质结尾"要求,充分发挥好监管作用,督促相关单位整改,确保工程耐久优质。四是全面完成交通运输部挂牌督办路段改造项目。建立收尾工作清单,明确完成时限,做好收尾工作,确保挂牌督办路段PQI持续提升。

6月11日 全省安全生产专题电视电话会议之后,吕梁分局立即召开相关会议,贯彻落实省委和市委会议精神,对局安全生产工作进行安排部署。

6月16日 由吕梁市安委会牵头举办的"6·16"安全宣传咨询日活动暨"跟党走、颂党恩、保安全·吕梁安全行"启动仪式在世纪广场隆重举行。局党委书记、分管安全负责人及有关科室参加活动。

2021年6月是第20个全国"安全生产月",主题为"落实安全责任,推动安全发展"。为营造"人人讲安全、时时想安全、处处抓安全、事事要安全"的安全生产氛围,创建"平安公路",吕梁分局积极参加活动。一是制作展板,张贴、悬挂安全生产宣传标语;二是印发安全生产政策法规宣传资料和疫情防控知识贴图等;三是充分利用道班、超限站电子屏滚动播放安全生产和疫情防控宣传标语;四是结合党史学习教育"我为群众办实事"实践活动,积极开展"五进"安全宣传活动。局属各养护单位也同时在各县(市)参加"6·16"安全宣传咨询日活动。

6月22日 下午,吕梁分局与基层30个单位联合举办以"学党史 颂党恩 跟党走"为主题诵读活动,庆祝中国共产党成立100周年。比赛精彩纷呈,选手们用不同形式从不同视角回忆党的百年峥嵘岁月与艰苦拼搏,凝聚着对革命先烈的深深缅怀,也寄托着对未来宏图的美好愿景。经过评比打分,现场评出一、二、三等奖和优秀奖。

6月30日 上午,吕梁分局召开庆祝中国共产党成立100周年暨"两优一先"表彰大会,回顾党的光辉历程,讴歌党的丰功伟绩,表彰全局优秀共产党员、优秀党务工作者和先进基层党组织,激励引导全局各级党组织和广大党员干部积极投身为吕梁提供坚实公路交通保障的伟大事业。局领导班子成员、机关副科以上干部、基层各单位党政负责人82人参加。

会议宣读《关于表彰先进基层党组织、优秀共产党员、优秀党务工作者的决定》,对全局系统100

名优秀共产党员、12名优秀党务工作者、11个先进基层党组织予以表彰。局领导为受到表彰的先进集体和优秀个人颁发证书和奖牌。

会上,局党工部部长史瑞文带领预备党员进行宣誓,党委书记刘庆爱带领全体党员重温入党誓词。全体党员面朝党旗高举右拳,字字铿锵,回顾初心使命,追忆峥嵘岁月,坚定理想信念。局党委书记刘庆爱以“新时代呼唤新作为,新征程谱写新篇章,奋力推进新时代吕梁公路事业高质量发展”为题给参会人员上了一堂精彩而有意义的党课。

为给大会增添喜庆气氛,由来自基层的职工为大会汇报演出《颂歌献给党》《道工赞》《破晓的曙光》《致敬,亲爱的党》《英雄碑颂》《三句半》等节目,通过诵读、表演等艺术表现形式,热情讴歌在中国共产党领导下,广大党员干部在各自工作战线上做出的重要贡献、取得的丰硕成果,激励动员继续传承吕梁精神、两路精神,坚定不移听党话、跟党走,在新时代为吕梁公路发展事业建功立业。

7月6日 下午,吕梁分局副局长郭兵兵召集307国道交城至汾阳段改线工程、307国道汾阳至晋陕界改线工程、离石至碛口高速公路、汾石高速罗村镇至转角(晋陕界)高速公路工程等四个项目前期工可、土地勘界、环境评估、水土保持各单位相关人员召开工作协调会。总结前段工作,对下一步各节点工作进行安排。

7月7日至9日 受省交通运输厅委托,省公路局组织对吕梁分局承建的新国道太克线临县苗家庄至梁家会段升级改造工程和新国道太克线方山焦家峪至临县苗家庄段、临县梁家会至克虎寨段升级改造工程2个项目进行竣工验收。竣工验收委员会由省厅、省局、市质监站共20人组成,各项目参建单位和接养单位参加验收。

竣工验收会议由省公路局建设处副处长刘军主持。竣工验收委员会在认真听取2个项目建设单位的项目执行报告,设计、监理、施工单位施工总结,市质监站质量监督报告和接管养单位使用情况报告后,分成综合外观组、路基桥涵房建组、隧道机电路面绿化及交通安全组和内业资料组四个工作小组,进行现场检查。

通过认真听取汇报、现场检查、查阅资料、集体评议,验收委员会认为,新国道太克线临县苗家庄至梁家会段升级改造工程和新国道太克线方山焦家峪至临县苗家庄段、临县梁家会至克虎寨段升级改造工程均严格按照批准的设计文件完成各项建设任务,水土、环保、档案等通过专项验收,竣工决算通过审计,经过通车试运行,公路技术状况良好,具备竣工验收条件,同意该两个项目通过竣工验收。

7月22日 上午,市长张广勇主持召开会议讨论307国道汾阳至晋陕界改线工程、离碛高速公路的路线方案。副市长杨巨才,市直有关单位负责人,吕梁分局局长薛根平、副局长郭兵兵参加会议。会后,郭兵兵召集两条公路工可编制单位,就落实市政府会议精神做安排部署。

7月24日 位处吕梁市新城前赵家庄村的分局新办公楼项目正式开工建设。

7月30日 吕梁分局党委委员以普通党员身份参加所在机关支部党小组的专题组织生活会。

9月1日 省交通运输厅一级巡视员李贵顺一行调研吕梁市境内重点工程建设协调推进情况,吕梁分局局长薛根平、副局长郭兵兵陪同调研。

9月14日 上午,吕梁分局局长薛根平与相关科室负责人实地调研分局办公楼项目建设情况,并对工程质量、进度、安全等提出要求和建议。

9月17日 上午,吕梁分局局长薛根平带领分局养路科、市城管执法大队、市交警二大队、离石公路段、离石区环卫中心等职能部门负责人及志愿者,在责任路段岐则沟村口至滨河北西路进行现场督导。

10月2日20时至10月6日8时 时值国庆佳节,吕梁市持续出现强降雨天气,最大降水量为241.1毫米。路面积水、山体滑坡、路基冲毁、边坡坍塌、道路阻断等,致使吕梁境内国省干线出现不同程度险情。汛情就是命令。为及时消除安全隐患,做好防汛保畅工作,吕梁分局高度重视,按照上级指示和要求,紧急部署,进入防汛保畅应急状态。广大干部职工以雨为令,坚守岗位,夙夜奋战,全力以赴打响防汛抢险“突击战”,有力保障国庆期间国、省道路安全运行。一是迅速响应。2日开始,局带班领导和值班科室在微信工作群传达省市气象预警、防汛保畅等各类工作信息30余条,局养路科密切关注气象变化和路网运行情况,科学调度、指导处置道路险情,并及时向省局报告路况信息并发布,引导公众安全出行。养护道工坚守岗位,在前期密切监测基础上,始终保持临战状态,进一步加大临崖临水、高危边坡、急弯陡坡、重要桥梁和隧道等危险路段的巡查频次。二是冒雨保畅。局属各养护单位及时上路开展24小时不间断巡查,密切关注地质灾害、易发生落石和塌方路段,冒雨疏通水沟、涵洞、桥梁泄水孔,人机合力,路警联合,果断处置险情,引排路面积水,清理路面落石、塌方和树木,设立醒目标志标识,确保行车安全。三是强化督导。6日开始,局领导班子成员和养护单位领导干部取消休假,全部返回岗位,深入灾毁一线,靠前指挥,制定应急抢险方案,做好安全评估,科学组织抢险工作。并就加强应急值守、扎实开展隐患排查、开展公路水毁修复工作提出具体要求。各养护单位也迅速开展道路巡查、水毁处置、核实水毁损失情况等工作,及时上报相关情况,确保道路畅通。

截至10月20日,吕梁分局所辖路段共发生水毁281处,损失金额1552万元,恢复费用需1904.4万元,抢通费用发生309万元,投入人员2782人次,投入机械482台次,清理各种塌方淤泥29500立方米。

10月2日20时至10月6日8时 吕梁市遭遇连续强降雨,导致孝义等地发生严重自然灾害,给人民群众财产和经济社会发展造成重大损失。吕梁分局为弘扬中华民族“一方有难,八方支援”的传统美德,帮助受灾群众渡过难关,深入践行“我为群众办实事”,号召全系统干部职工开展自愿捐款活动。

在活动中,局领导班子成员带头捐款,充分发挥先锋表率作用,党员干部积极响应,纷纷把自己充满爱心和祝福的善款投入捐款箱内,为抗洪抢险工作尽自己绵薄之力。各基层党员干部群众更是不畏艰险、履职尽责,冲锋在保畅第一线,积极奉献爱心,充分展现公路人在关键时刻的责任和担当。活动捐款及时上缴吕梁市红十字会捐款账户,全力支持全市抢险救灾、受灾群众生活救助和灾后恢复重建等工作。

10月14日 省交通运输厅党史学习教育第三巡回指导组通过查看资料、听取汇报等方式,对吕梁分局党史学习教育工作进行检查指导。局党委书记刘庆爱作党史学习教育工作汇报,巡回指导组第三组组长白贵生在讲话中,对局党史学习教育工作的开展情况给予肯定,特别是利用“三晋先锋”平台和党员进社区“双报到双服务”活动助推党史学习教育的工作特色和亮点。要求提高政治站位,认真贯彻落实厅党组工作部署,把党史学习教育抓在手上,融入日常;要加强宣传引导,营造良好党史学习教育氛围,多形式多渠道开展党史学习教育,深入挖掘提炼特色亮点,及时总结推广经验做法,确保党史学习教育取得扎实成效;要进一步强化督促检查,及时掌握党史学习教育进展,坚决防止形式主义,确保党史学习教育取得实效;要立足实际,明确重点,深入开展“我为群众办实事”实践活动,切实推动党史学习教育走深走实。

刘庆爱代表局党委对巡回指导组检查督导表示衷心感谢。表示将以此次巡查指导为契机,把准政治方向,加强组织领导,高质量高标准开展党史学习教育,把党史学习教育与养建工作相结合、与“我为群众办实事”主题实践活动相结合,更好地践行“人在路上,路在心中”的行业价值理念,为实现人民对美好生活的出行需求接续奋斗。

11月30日 吕梁分局干部警示教育大会召开。会议由局长薛根平主持,其他班子成员、机关科室负责人,养护单位和实体单位的党政一把手,超限站负责人参加会议。另外,还特别邀请省局机关纪委书记解凤林参加。

会上,纪委书记白彦丞就闫某海典型案例进行通报,分局党委书记刘庆爱和省局机关纪委书记解凤林讲话。

会议指出,闫某海作为一名领导干部,受组织教育培养多年,正值年富力强、干事创业的大好年华,却严重背离党的宗旨与党性原则,背弃初心使命,在权力与金钱诱惑下,没有经受住考验,走上违法违纪不归路,最终受到党纪国法严惩,不仅个人付出惨痛代价,也给公路事业和分局形象造成严重影响。

会议强调,闫某海典型案例是发生在我们身边的人和事,主要原因,一是理想信念动摇,放弃世界观改造;二是心理出现失衡,放松对自身要求;三是权力观发生扭曲,在诱惑面前经不住考验;四是不愿接受监督,把个人凌驾于组织之上;五是初心蒙尘,作风漂浮履责不力;六是"两个责任"落实不到位,缺少刚性的监督和约束手段。全局广大党员干部特别是党员领导干部要汲取教训、引以为戒,深刻反思,从严律己,进一步强化廉洁意识,筑牢防腐堤坝,进一步增强拒腐防变的自觉性和坚定性,努力营造吕梁分局风清气正的良好政治生态环境。

会议要求,一要压实职责,加强"严"的意识;二要聚焦问题,把握"严"的要求;三要以坚决的态度与决心,来对待发生在我们身边的这个案例;四要以督促改,保持"严"的态势。

12月7日 吕梁分局机关党支部组织开展护绿志愿服务活动,为机关院内和包联路段初冬的树木"穿"上新衣。树木路树刷白后,不仅能美化办公环境和路容路貌,诱导车辆安全行驶,更重要的是能杀死树缝里的越冬虫卵和病菌、预防树干冻裂和日灼发生,增强行道树抗病性能。

(资料提供:樊小兰)

山西省公路局晋中分局大事记

1月11日 凌晨1:30分,接到荣复社区要求增派志愿者协助社区开展疫情防控核酸检测任务后,山西省公路局晋中分局(以下简称晋中分局)第一时间优中选精,组织20名志愿者分三组加入金润园小区、荣盛苑小区、榆次区实验小学核酸检测采集点,配合医务人员进行核酸样本采集,负责信息录入、登记及维持秩序等工作。

1月25日 由市政协机关一级调研员王跃华带队的晋中市第六考核组一行三人,对晋中分局进行2020年度目标责任考核。分局领导、机关副科以上干部、驻金润商务楼单位党政负责人共计30人参加考核会。

考核组观摩晋中分局2020年工作成果图版、党员活动室、展示馆、职工书屋、职工活动室、路网监测与应急处置中心。观摩结束后,召开2020年度目标责任考核大会,局长张惠民代表局领导班子就服务地方经济建设作了工作述职报告。2020年,在市委、市政府、省厅、省局坚强领导和大力支持下,分局始终坚持把各项工作主动纳入晋中经济社会发展大局中谋划布局,全分局综合治理能力、整体经济实力、公共服务水平、文明和谐程度实现新提升,全面超额完成市委、市政府下达的各项任务指标,在支持和服务地方经济建设中展现新担当、新作为。

考核组对晋中分局领导班子、党风廉政建设等情况进行民主测评,并通过查看资料、谈话等方式,对分局2020年度目标任务完成情况进行考核。

2月2日 由省公路局副局长许秀銮带队的省局第二考核组一行7人,对晋中分局2020年度领导班子、领导干部及目标责任完成情况进行全面考核。

因疫情防控工作需要,考核不组织大会述职。考核组对局领导班子整体运行、发挥职能作用、党风廉政建设以及领导干部履行岗位职责等情况进行民主测评;对分局领导班子成员、机关科室负责人、基层单位行政负责人共50人进行考核谈话;查看党建、党风廉政建设、公路建设、公路养护、安全生产、综合管理等各项目标任务资料,对分局2020年度目标任务完成情况进行考核打分,分局总体工作受到考核组肯定和好评。

2020年,晋中分局以习近平新时代中国特色社会主义思想为指引,全分局干部职工同心同向、奋力奋进,在抓好疫情防控的同时,着力打好迎国检、项目建设、路域环境整治“三大攻坚战”,完成省厅、省局下达的各项任务指标,全分局综合治理能力、整体经济实力、公共服务水平、文明和谐程度实现新提升,为“十四五”开好局、起好步奠定坚实基础。

3月8日 晋中分局组织机关女职工开展“魅力女性,优雅绽放”插花艺术主题活动。活动分三个步骤进行:一是由花艺指导老师讲授插花艺术知识;二是参加活动的女职工根据自身审美观点和认知亲手完成插花作品;三是对插花作品进行竞赛排名,分别评选出一、二、三等奖及优秀奖。

3月12日 上午,241国道(省道222)线平遥香乐至沁源后沟段公路新建工程在平遥举行开工仪式。晋中市副市长郝向明出席并宣布开工。省交通运输厅二级巡视员杨增梅、省公路局总工程师马德文出席。施工单位中铁六局集团太原铁路建设有限公司总经理韩士桥表态发言。监理单位山西交通建设监理咨询集团有限公司党委委员、副总经理马昕宇表态发言。平遥县委副书记、代县长魏江峰主持开工仪式,并代表县委、县政府致辞。

路线全长51.028公里,概算批复投资36.1亿元,项目建设模式为政府收费还债模式。计划于2022年10月底前交工通车。

省、市、县各级领导,施工、监理、设计单位代表共300多人参加开工仪式。

4月7日 下午,晋中分局召开专题会议,传达中央第一生态环境保护督察组督察山西省工作动员会精神以及省委、市委关于落实中央第一生态环境保护督察组督察山西省工作动员会精神的安排部署,就分局国省干线公路和新改建工程扬尘污染治理工作进行安排部署。

会议强调,各级各单位要提高政治站位,坚定不移地高位配合中央生态环境保护督察;加强组织领导,坚定不移地压实工作责任;明确工作任务,坚定不移地开展自查自纠,做到边督边改、立行立改,切实做好中央环保督察整改和扬尘污染治理工作。

会上,晋中分局和各公路段签订《扬尘污染防治责任书》。

4月13日 上午,省交通运输厅一级巡视员李贵顺深入晋中调研新建工程项目建设情况。厅总工程师高新文,建管处处长武建勇,晋中市交通运输局局长赵俊生,晋中分局局长张惠民,祁县县委书记李军,县长冯耀黎参加调研。

李贵顺先后到208国道新建工程路基第六标、第十一标实地察看预制梁厂、子洪2号隧道建设情况及首件产品质量认证情况,在晋中分局新改建工程项目部详细了解BIM技术平台运行情况及新改建工程进展情况、存在困难。

李贵顺在讲话中,提出4点要求:一是全力以赴,加快项目建设进度。在确保质量前提下,坚守疫情防控常态化、环保和安全生产底线,开足马力、倒排工期、挂图作战,高效推进项目建设。二是凝心聚力,营造良好环境。加强地方协调,统筹兼顾好沿线人民群众利益,解决好征地拆迁、地方协调工作,为项目顺利实施提供有力保障。三是攻坚克难,打造精品工程。要以“质量提升年”专项行动为契机,加强质量监督,狠抓质量薄弱环节管控,全力推进“平安百年品质工程”建设,推动工程质量再上新台阶,打造品质工程。四是依靠信息化、智能化手段,加强项目规范化、精细化、标准化管理,加大履约监管,努力打造民心工程、精品工程、廉洁工程、百年工程。

4月19日 晋中分局组织机关全体党员50余人到晋中市烈士陵园开展“缅怀革命先烈,传承红色基因”主题教育活动。职工代表郝军魁重温入党志愿书,全体党员面对纪念碑向革命烈士三鞠躬,并向革命英烈敬献花篮,表达对革命先烈的缅怀之情,寄托对烈士的哀思与敬仰。分局副局长、工会主席游新宇领誓，全体党员重温入党誓词。随后，大家跟随讲解员聆听革命故事，回顾党的历史，追思英烈事迹，接受红色教育。

4月27日 山西省公路局晋中分局被中华全国总工会授予“全国五一劳动奖状”，是全省交通运输系统唯一获此殊荣的单位。

“全国五一劳动奖状”是中华全国总工会授予在中国特色社会主义建设中做出突出贡献的劳动者企事业单位、机关团体光荣称号。近年来，晋中分局以习近平新时代中国特色社会主义思想为指导，立足新发展阶段，贯彻新发展理念，构建新发展格局，树牢“项目为王”理念，加快推进重点工程建设，项目落地数量、建设里程、投资规模均居全省之首，连续24年养护工作名列全省第一，连续19年被评为“全省公路系统标兵单位”，在服务地方经济发展、助力改善民生方面做出突出贡献。

5月8日 省交通运输厅党史学习教育第三巡回指导组在组长杨增梅带领下一行4人，到晋中分局指导检查党史学习教育工作。第三巡回指导组对照厅党组《关于开展党史学习教育的实施方案》和厅直机关党委《关于成立党史学校教育巡回指导组的通知》要求，通过实地看、听汇报、查资料，对分局开展党史学习教育情况进行全面检查。

局长张惠民从三个方面汇报分局开展党史学习教育情况。自3月8日全面启动党史学习教育以来，分局紧扣“学史明理、学史增信、学史崇德、学史力行”目标要求，把学思践悟工作方法、严细精实工作标准、善作善成工作精神、共享发展工作目标，作为开展好党史学习教育的基础和保障，做到人在岗、心到位、谋实事、求实效，坚持规定动作，创新自选动作，以“四到位”“四个学”“四抓好”“四做到”为抓手，着力在“真学、真悟、真用、真行”上下功夫，不断坚定信仰、信念、信心，有力有序推进党史学习教育走深走实、取得实效。

指导组要求，要提高思想认识和政治站位，坚决扛起政治责任，严格对标对表，全力以赴学好党史这门“必修课”，为“十四五”开好局、起好步贡献智慧和力量。

5月14日 上午，晋中分局党委开展“学党史、强信念、跟党走——红心向党”竞演讲述活动。竞演讲述活动决赛在12位选手激情讲述中圆满落幕。省厅机关党委专职副书记武安瑜，省公路局党工部部长段晓燕，晋中市委宣传部副部长赵丽华，市直机关工委委员韩勇，晋中广播电视台新闻主播、晋中市朗诵艺术协会理事柴宋君担任评委。

活动中，12名选手紧扣党史学习教育，讲述中国共产党成立百年来带领人民取得的辉煌成就，讲述人民群众工作生活发生的巨大变化，讲述晋中公路人筑路、养路、护路的感人故事，展现晋中公路人爱岗敬业、担当作为的精神面貌，获得现场阵阵热烈掌声。经过激烈角逐，竞演讲述活动最终产生一等奖一名，二等奖两名，三等奖三名，优秀奖六名。此次活动，进一步加强分局干部职工对中国共产党史、新中国史、改革开放史、社会主义发展史的学习领悟，激励广大干部职工传承红色基因、牢记初心使命，从党的百年伟大奋斗历程中汲取继续前进的智慧和力量。

5月21日 晋中分局举行“全国五一劳动奖状”授牌仪式。晋中市人大常委会副主任、市总工会主席王根元，市总工会党组书记、常务副主席赵瑞昌，市总工会副主席李均平等领导出席仪式。授牌仪式由分局党委负责人、局长张惠民主持。

仪式上，赵瑞昌向分局颁发“全国五一劳动奖状”奖牌和证书。局长张惠民代表分局作表态发言。他说，荣获“全国五一劳动奖状”是晋中分局继获得全国文明单位、全国交通运输先进集体等一系列国家级荣誉之后的又一“国字号”荣誉。荣誉来之不易，凝聚着市委、市政府、市总工会各级领导的关心、支持、帮助和厚爱。作为2021年全省交通运输系统唯一获此殊荣的单位，一方面为此感到鼓舞和欣慰，另一方面也感到责任和压力，广大干部职工以此作为新的起点，珍惜荣誉，爱护荣誉，养好路、管好人、履好责、尽好职、办实事、开新局，继续为晋中经济高质量转型发展做出新贡献，为庆祝中国共产党成立100周年交出一份优异成绩。

王根元向晋中分局表示祝贺，并对晋中分局各项工作给予充分肯定,他指出:在省局党委和市委、市政府坚强领导下,晋中分局全面落实新发展理念,坚持服务引领,坚持党建引领,行业文明取得很大进展,坚持创新引领,在养建管征营各方面取得骄人成绩,不愧为全省交通系统和全国公路系统标杆、旗帜。希望今后继续发扬担当拼搏理念,大力发扬劳模精神、劳动精神、工匠精神,在新时代做出晋中公路人应有贡献。

分局领导班子成员、各科室负责人等近30人参加本次授牌仪式。

5月27日 省公路局局长胡钢成深入晋中分局调研督导新改建工程。省局总工程师马德文参加调研,晋中分局局长张惠民、省局有关处室负责人陪同调研。

在208国道清徐县常家庄至晋中长治界一级公路新建工程施工现场,胡钢成先后实地察看三标段路基、六标段子洪隧道、七标段跨线通道、九标段昌源河3号大桥、十一标段桥梁梁板预制场。在晋中分局新改建工程项目部,实地察看安全体验馆和BIM技术管理平台运行情况。每到一处,胡钢成都详细了解质量管控措施、工艺工序流程、施工进度、安全防范等情况。

胡钢成在讲话中,提出4点要求:一是加强质量管控,打造品质工程。要扎实开展“质量提升专项行动”10项内容,抓好首件工程认证,加强桥梁、隧道等控制性工程和薄弱环节管控,着力打造品质工程。二是全力以赴加快进度。要抓住当前施工黄金季节,科学调度各方面力量,精心组织、加大力度,确保年度目标圆满实现。三是毫不放松抓好安全。要层层压实安全生产责任,加强桥梁、隧道、大型机械设备操作等关键环节安全管理,要科学辨识安全风险源和风险动态管控,要特别注意大风、暴雨等极端恶劣天气应对措施,打造平安工地。四是加强环境保护。认真落实工程施工“六个百分之百”措施,打造绿色、环保工程。五是加强工程建设科技创新。以信息化、智能化手段推广应用BIM技术和新材料、新工艺、新设备在工程建设中的应用,提高工程管理水平。

6月28日 上午,晋中分局举行“光荣在党50年”纪念章颁发仪式。

党委负责人、局长张惠民代表分局党委向与会人员致辞,为全分局荣获“光荣在党50年”纪念章的老党员致以崇高敬意和衷心祝贺,号召分局干部职工要以老党员们为榜样,赓续精神血脉,传承红色基因,汲取奋进力量,不断增强“四个意识”、坚定“四个自信”、做到“两个维护”,继承和发扬老一辈晋中公路人忠诚担当、艰苦奋斗、奋发有为优良传统和作风,以更加优异成绩迎接中国共产党成立100周年。

在“光荣在党50年”纪念章颁奖仪式上,晋中分局领导为10位老党员代表颁发纪念章,本次荣获纪念章的老党员年龄最大95岁,党龄最长79年。

7月21日 受连续强降雨影响,寿阳境内省道216线K23+400处发生4500余立方米土石方滑塌,导致交通全面阻断,经过寿阳段4个半小时的全力清障抢修,盂榆线恢复通行。

塌方发生后,寿阳段主要负责人和当地政府部门人员迅速赶赴现场查看险情,全力抢险保通。该段按照“先保通、后修复”原则,路地联手指挥处置险情,路政配合交警立即封控道路,设置安全警示牌,实施临时管控,指挥滞留车辆绕行。同时,该段应急队伍50余人全力清理泥石流堆积物。出动装载机5台、挖掘机1台,自卸运输车8辆,水车3辆。塌方已全部清理,盂榆线恢复通行。

7月29日 省公路局副局长许秀銮一行到晋中分局新改建工程项目部开展“送清凉”慰问活动,向奋战在工程一线的施工人员送去省局关怀和问候。省局工会副主席常丽珍、晋中分局局长张惠民等参加活动。

许秀銮一行看望慰问工程一线参建人员,为他们送去防暑降温慰问品,并对工程一线职工不畏高温、坚守岗位、辛勤工作的敬业精神表示感谢。叮嘱大家在高温天气下劳作要做好防暑降温、安全生产,以良好精神状态确保新改建工程项目顺利进行。

8月2日 晋中分局与山西建筑工程集团有限公司举行战略合作框架协议签订仪式,晋中分局党委负责人、局长张惠民，山西建工集团党委书记、董事长邢六斤出席会议，并签订战略合作框架协议，共同携手打造双方合作共赢新战略、新思路、新远景、新目标。

双方根据各自发展规划，在国、省干线公路工程建设领域建立长期战略合作关系。双方本着“资源共享，优势互补，互学共进，合作共赢”原则，依托双方项目资源，展开全面合作，实现共同发展，争取形成可复制、可推广、可借鉴的“晋中模式”“晋中经验”，共同服务山西交通建设事业的高质量发展，为全省高质量转型发展做出新的更大贡献。

9月18日 上午，208国道项目部第二总监办在第十合同段举办试验及测量技术比武活动。

本次活动有第三、第四、第十合同段及协力监理共四支队伍参加，选定水泥标准稠度用水量试验、钢筋拉伸试验及闭合路线等外业测量，重点对参赛人员操作规程和细节进行考核。

通过技术比武活动开展，提高参建技术人员质量意识，提升职工操作技能，激发职工学技术、练技能、提素质热情，在营造“比学赶超”氛围同时，对工程质量提高起到促进作用，为工程顺利实施夯实基础。

10月3日 受持续强降雨影响，寿阳县境内307国道、339国道、省道盂榆线受灾严重，发生滑坡、崩塌、路基下沉等几十处水毁。

面对严峻险情，在晋中分局正确指挥和寿阳县委县政府大力支持配合下，寿阳段坚持安全抢险、协同抢险、科学抢险、及时抢险，全体干部职工上下“一盘棋”，放弃节假日，第一时间启动防汛抢险保通应急预案，统筹安排，科学调配抢险力量，紧急调度机械和工具，层层压实责任，将任务细化落实到每一个人、每一条路。经过全段干部职工昼夜奋战，清除水毁路段路面危石、淤泥，加固防护网，增设临时泄水管道，实施交通管制。全段干部职工与塌方、滑坡展开夺路战，用实际行动消除群众焦虑与烦忧，全力保障寿阳境内国省干线公路安全畅通。

10月3日至6日 榆社县境内出现持续性强降雨天气，致340国道、519国道、102省道榆社公路段所辖路段出现多处山体滑坡、坍方。截至10月6日12时，共发生坍方及泥石流16处，沥青路面被毁400平方米，截水沟损毁120米。灾情发生后，榆社段及时启动水毁抢险保通应急预案，积极投身抢险保通一线，确保所辖国、省干线公路畅通。

面对严峻防汛形势与保通压力，榆社段迅速组织相关人员赶赴水毁现场抢修，及时上报水毁灾情，在隐患路段设置安全警示标志，并迅速组织职工，调集装载机、挖掘机等对沿线路面堆积的坍方、泥沙及影响车辆通行断树及时进行清理。现场组织挖掘机、装载机、自卸车等机械同时对灾毁点进行多点抢通作业，提高机械使用率，保障出行人员和车辆的安全。共投入铲车等机械18台班、人工80余人次。

10月5日 上午，晋中分局新改建工程项目“提振信心，咬定目标，严格标准，落实责任，大干六十天”动员会召开，分局领导，各公路段段长，项目技术负责人，业主代表，设计单位，各施工、监理单位主要负责人，项目部全体人员共计130余人参加。

动员会上，副局长、总工程师史军强对项目建设质量管理工作进行点评，通报9月份新改建工程项目安全、质量、环保综合检查情况，并对下一步工作做了安排部署；3个施工单位、2个监理单位作交流表态发言；项目负责人、分局局长张惠民作动员讲话。

张惠民在讲话中，要求统一思想，提振信心，迅速掀起大干60天工程建设新热潮；咬定目标，攻坚克难，全力以赴推进工程进度；严格标准，精细管理，确保质量目标实现；安全为本，守牢底线，确保建设万无一失；落实责任，从严管理，为项目建设攻坚战提供措施保障。

10月6日 省公路局局长胡钢成冒雨深入晋中境内241国道、241国道新建工程施工现场督导检查防汛工作。督导检查期间，胡钢成详细查看灾毁情况，了解路情、水情、汛情及地质灾害监测处置情况，强调要坚持做到“五个切实到位”，做好国省干线公路防汛工作。省公路局养路处副处长张育斌、晋中公路分局局长张惠民陪同督导检查。

一是切实加强思想认识到位。要充分认识到

国庆期间大范围连续降雨,对公路安全运营提出的严峻挑战,充分认识到做好强降雨防范工作的极端重要性和紧迫性。全系统干部职工要以雨为令,闻“汛”而动,迅速进入战时状态,全力以赴保证国省干线路网平稳运行;各级领导干部要率先垂范,靠前指挥,深入一线,指挥防汛保通工作。分局领导班子要分片包干督导,加强对基层防汛工作指导;分局一把手要对发生灾毁路段亲临现场、亲自指挥、亲自部署,对道路安全畅通情况及灾毁情况做到心中有数、心中有底。

二是切实做到隐患排查到位。针对连续降雨导致地质灾害频繁发生,要加大巡查力度,加密巡查频率,及时发现、及时处置、及时报警。要对排查出的隐患采取有针对性措施进行分类处置,针对发现隐患和险情路段要本着“应封尽封、应早尽早”原则,及时与交警部门联系,果断采取交通管制,提前设置醒目标志标识,确保行车行人安全。

三是切实做到分析研判到位。按照“及时、准确、可靠”要求,分级分层分类研判。要科学研判本区域汛情,与当地气象、水利、自然资源部门加强沟通,做到全面掌握、心中有数。要科学研判本区域路网运行情况,针对因连续降雨导致部分高速公路中断,给国、省干线公路运营带来的压力,有针对性采取措施,配合交警部门做好交通疏导,防止桥梁、隧道、地质灾害易发路段发生安全事故。要科学研判发生灾毁路段情况,认真做好安全评估,在确保安全前提下,科学组织抢通,防止发生次生灾害。

四是切实加强项目建设监管到位。要督促工程施工单位落实防汛工作主体责任,按照全覆盖、全方位、无盲区要求,对驻地施工进行一次全面排查,高度重视工程施工便道、房屋设施等安全盲区隐患排查,做好雨后安全评估工作,确保施工安全。

五是切实加强应急抢险及值班值守到位。要做好防汛应急预案,确保队伍、物资、设备到位,保证防汛应急抢险工作有序开展。要严格落实领导带班和24小时值班制度,随时掌握雨情汛情动态,及时报告汛情险情、路况阻断以及防汛抗洪抢险工作信息。

10月8日至10日 由于受连日强降雨影响,208国道祁县段鲁村桥祁县公路段巡查时发现涵洞拱圈坍塌,10月9日上午部分桥涵路面坍塌,10月9日夜桥涵全部坍塌致使交通中断。

水毁灾害发生以来,分局局长张惠民先后3次亲赴现场督导检查,组织召开2次会议专题研究,积极推动抢险保通工作及时跟进。与此同时,祁县县委书记李军,副书记、县长冯耀黎也先后深入现场督促指导。祁县路段迅速成立抢险保通突击队进行抢险保通,共组织施工人员110余人,挖掘机2台,装载机2台,重锤1台,吊车2辆,水泥泵车1辆,自卸车25辆,沙袋3000个。已开挖涵洞北侧基础,南侧处治路面沉陷后已回填。

10月12日 省公路局总工程师马德文在晋中分局督导检查国省干线公路水毁抢险工作,省公路局技术处副处长(主持工作)李永东、分局局长张惠民等有关人员陪同。

马德文总工一行先后实地察看108国道灵石路段、241国道平遥路段、208国道祁县路段10余处水毁严重路段,详细了解晋中公路分局水毁情况及抢险保通工作。

马德文对晋中分局以雨为令、闻“汛”而动,领导干部靠前指挥、党员率先垂范抢险保通工作,以及所展现出的不畏艰险、冲锋在前的责任担当,“站前列、打硬仗、创一流”的行业精神给予充分肯定和高度赞扬。要求进一步优化施工组织,统筹好人员、材料、机械设备等要素,最大限度确保抢险保通工作有序推进;要在保质量前提下争分夺秒抓进度、抢工期,争取尽早抢通水毁路段,为沿线人民群众生产生活和出行提供保障;要把安全放在首位,加强抢险施工组织过程中安全教育和防护,密切关注可能新出现的滑坡、坍塌等安全隐患和次生灾害,确保干线公路安全畅通。

11月16日至18日 晋中分局开展“四个全面提升”主题活动和养护“六个专项行动”观摩考核。观摩考核组利用3天时间行程近1300公里,对11个公路段、10个超限站、2个收费站和8个直属单位进行全方位观摩。分局领导、机关各科室负责人、各公路段段长共32人参加观摩考核。

在全面提升干线公路服务能力方面，重点观摩“六个专项行动”、消灭“次差路”、“双优”公路段创建、美丽示范公路创建、路域环境整治、服务品质提升创建情况。在全面提升工程建设管理水平方面，重点观摩提升管理人员素质、提升工程质量管理水平、提升成本管理水平、提升信息化管理水平工作情况。在全面提升标兵单位“含金量”“含新量”方面，重点观摩清单执行、工作实绩、精细管理、改革创新、对标一流、文明创建、工作亮点工作情况。在全面提升干部职工贯彻力、执行力方面，重点观摩党史学习教育、能力建设、工作纪律、工作作风、责任落实、工作业绩、党建、党风廉政建设工作情况。

各单位通过打造高标准观摩点和图版、微视频相结合方式，全方位展示和反映创新举措、特色亮点、工作成效、经济效益等重点工作任务完成情况，充分展示改革创新、对标一流的责任担当和争先赶超、奋发有为的精神风貌。

12月3日 省交通运输厅工会主席刘贵良带队一行4人到晋中分局开展“送党史、送文化”活动，省公路运输工会副主席李丽英，省局工会副主席常丽珍，分局党委负责人、局长张惠民，副局长、工会主席游新宇参加活动。

在分局职工书屋，刘贵良向晋中分局赠送党史类、文学类、名著类等各类图书163册。张惠民表示，省厅、省局工会领导为分局“送党史、送文化”，为干部职工赠送丰富精神食粮和宝贵知识财富，体现对晋中分局的关心、支持和鼓舞。晋中分局会加倍努力，不辜负各级领导希望，继续在服务、支撑、保障区域经济发展的新征程中做出“晋中贡献”，交出一份优异的“晋中答卷”。

赠送活动结束后，刘贵良一行参观晋中分局工作成果图版、党员活动室、展示馆、职工活动室、路网监测与应急处置中心。刘贵良对晋中分局多年以来取得的成绩给予充分肯定，希望晋中分局今后继续发扬劳模精神、劳动精神、工匠精神，创先争优、担当拼搏，在新时代做出晋中公路人新贡献。

（资料提供：张志英）

山西省公路局长治分局大事记

3月18日 山西省公路局长治分局（以下简称长治分局）召开第十四届三次职工代表大会、六届四次工代会暨党建和党风廉政建设工作会，深入贯彻落实全省交通运输、公路工作会议精神，总结分局2020年及“十三五”工作，分析研判“十四五”形势任务，安排部署2021年重点工作。会议结合省厅、省局工作会议精神，提出“十四五”分局工作总体要求和目标。“十四五”时期，长治分局持续聚焦路网提升、养管转型、发展增效“三大主要任务”，打通大动脉、畅通内循环，着力打造路网畅通、管理科学、服务优质、保障有力的新时代干线公路治理体系，努力实现路网支撑坚实有力、管理体系科学高效、养管服务品质提升目标。

3月24日 省交通厅一级巡视员李贵顺带领调研组到长治市，就341国道王庄至晋豫省界段工程建设进展情况进行调研。李贵顺在讲话中，要求项目建设单位要紧盯时间节点，倒排任务工期，加快施工进度，确保年度建设目标实现。项目投资方和沿线各级地方党委、政府要高度重视，强化组织协调，确保资金及时到位，积极帮助解决项目建设存在的困难和问题,为项目早日建成通车营造良好施工环境。

3月30日 副省长韦韬深入长治市国道环线余庄互通枢纽调研。韦韬对“十三五”期间长治干线公路建设取得的成果给予充分肯定。要求公路部门要认真贯彻落实省委“四为四高两同步”总体思路和要求,以推动国省干线公路高质量高速度发展为主题,以满足人民日益增长的美好生活需要为根本目的,立足全省在全国发展中的战略定位和交通运输“先行官”定位,主动将干线公路融入新发展格局,坚持“项目为王”,建立协调机制,加速跟踪对接,突出科技应用,积极推动建设能力充分、保障有力的干线公路网,有效提升公路建设运行效率和管理水平,确保“十四五”开好局起好步。

同日 长治市政府向省政府报送《关于在全市先行先试开展普通国省干线收费公路自由流收费技术试点的请示》。该技术是贯彻新发展理念、实现“六新”突破、率先蹚出转型发展新路的具体举措,可通过收费技术、模式、服务创新,综合运用ETC、北斗高精度定位、车牌识别等技术,实现普通干线公路不停车收费,从而提高道路通行效率,提高交通管理智能化、信息化水平。

4月7日 长治市副市长贺鑫深入国道环线余庄互通段,对国省干线公路建设工作进行现场调研。贺鑫强调,交通基础设施在经济社会发展大局中具有基础性、先导性、战略性和服务性的重要位置,公路部门要切实提高站位,坚持“项目为王”,高质量推进干线公路事业稳步发展。

同日 麻坪公路超限检测站举行启动仪式,标志着该站进入正式通车检测阶段。检测站位于沁源县法中乡麻坪村341国道右侧,是经省政府批准设立的一类超限检测站,主要承担341国道沁源至屯留方向超限运输车辆的监控检测任务。该站严格按照交通运输部国家一类超限检测站技术规范进行设施改造,新增2套不停车检测系统,完善标志、标线、安全岛等设施,设置检测区、卸载区、停车区、处理大厅、生活区,并融入科技治超手段,配备先进的超限超载检测系统,能够远程查询证照、违法记录信息和站内执法信息等,实现治超管理信息系统网络一体化、数据标准化、信息共享化。该站的正式检测运行,标志着沁源境内干线公路超限治理工作迈向一个新阶段,对改善治超执法工作环境、预防和减少交通事故、保护干线公路路产路权、服务地方经济发展具有重要意义。

4月20日 省公路局党委和长治分局党委在革命老区武乡县联合开展“永远跟党走、奋斗新征程”学习体验活动。省公路局领导班子成员及局机关部分党员、分局领导班子成员及局机关党支部书记共70余人参加活动,省厅党史学习教育第一巡回指导组成员应邀全程参加活动。

6月11日 长治分局召开安全生产(扩大)会暨推进安全生产专项整治三年行动攻坚会议,传达厅安委会第三次全体(扩大)会议暨全系统安全生产专项整治三年行动集中攻坚和“安全生产月”启动视频会议精神,并特别邀请省交通运输厅安监处副处长刘佳就《生产安全事故应急条例》出台的背景、主要特点、主要内容进行讲解,并集体观看《生命重于泰山——学习习近平总书记关于安全生产重要论述》电视专题片。

6月28日 长治分局隆重召开庆祝中国共产党成立100周年暨“两优一先”表彰大会,对在公路养管战线上涌现出的先进党组织和优秀共产党员、优秀党务工作者进行表彰。会上,党委书记杨勇以“百年党史守初心使命”为题,带领全体党员回顾党的百年光辉历程,为大家上了一堂内容丰富、生动深刻、与时俱进的主题党课。

7月8日 省政府对省交通运输厅上报的《关于长治市先行先试开展普通国省干线收费公路自由流收费技术试点工作的意见》(晋交路网发〔2021〕195号)予以批示同意。

10月9日至11日 由省公路局副局长许秀銮、养路处副处长霍翠兰带队的督导组一行再次深入长治市武乡、沁县、沁源、屯留、平顺、上党、潞城、黎城、壶关9个受灾严重县区,现场检查指导水毁路段抢修抢通工作。

10月15日 由交通运输部公路局副局长周荣

峰带队的工作组一行深入长治市，就国省干线公路水毁抢通恢复工作开展督导调研。

10月16日 省公路局局长胡钢成深入施工一线就国省干线公路水毁抢修保通工作进行现场调研。胡钢成对长治分局水毁抢通恢复工作给予充分认可。他指出，面对严重汛情、灾情，长治分局要以雨为令、不等不靠、主动出击、迅速应对，抢通保畅，树立长治公路人担当作为良好社会形象。长治分局要切实提高站位，主要领导要深入一线、靠前指挥，切实加强对国省干线公路灾后抢通恢复工作指导，确保阻断公路尽快恢复正常运营。要加强对地质灾害路段巡查排查，在地质灾害隐患路段、多发路段、易发路段设立明显警示标志，对公路桥梁隧道、临水临崖路段加大巡查频率，全面掌握本区域地质灾害路段情况，坚决杜绝发生次生灾害。

11月2日至3日 省交通运输厅党组成员、副厅长王四小深入长治分局管养的309国道、省道南沁线督导调研国省干线公路抢通恢复工作。王四小在讲话中，要求公路部门要强化责任担当，切实增强打赢抢险救灾和灾后恢复重建攻坚战的责任感、使命感，层层压实责任，全力做好国省干线公路灾后恢复重建工作；要加强组织调度，完善协调会商机制，建立针对性抢通保通工作方案，优化细化处治措施，力争按期将道路抢通修复；要做好灾后检测、隐患排查及灾损评估，加强灾损原因及规律性总结分析，做实做细重建方案，保障灾后公路基础设施持续安全稳定运行。

12月16日 省发改委以晋发改交通发〔2021〕483号文批复长治市国道环线新增自由流收费等可行性研究报告。

12月28日 省交通运输厅、省公路局验收组一行对长治分局承担长治国道环线公路重载交通城市过境典型示范工程（以下称示范工程）创建工作进行验收。该项目依托长治市国道环线公路重载运输和城市过境两个典型特点，开展重载交通技术、绿色循环技术、智能化施工和运营管理、建设模式转型等方面探索，对于拉大城市发展框架、改善城乡人居环境、增强城市经济辐射力，加速推进上党城镇群建设，为服务全市建设国家级资源型城市转型升级示范区、高质量城镇圈先行区，打造现代化太行山水名城具有重要意义。

（资料提供：宋瑞亭）

山西省公路局晋城分局
大 事 记

1月8日 晋城市的省、市人大代表一行15人，到山西省公路局晋城分局（以下简称晋城分局）就推进晋阳一级公路建设进行专题调研。局长马远、副局长陈建国陪同调研并就制约工程建设的有关问题同与会代表进行深入沟通。

1月22日 208国道长治司马至高平刘庄段（高平段）改扩建工程在高平市河西镇常乐村北（208国道常乐互通）举行开工仪式，标志着该项目工程正式进入全面实施阶段。局长马远受省交通运输厅、省公路局委托，代表行业监管部门发言。

同日 晋城分局同陵川县政府就加快推进342国道六泉至西河底段改扩建工程进行对接。陵川县县长杨晓雷、副县长赵兴顺，分局局长马远、副局长徐斌等主要领导参加。陵川县县长杨晓雷表示，将委托资信能力强的咨询单位优化项目路线方案，确定投融资模式，全力以赴推动项目早日开工建设，为陵川经济发展大局做出贡献。

2月3日 省局党委副书记赵玉生带队到晋城分局进行年度考核。

2月24日 晋城分局组织召开党史学习教育动员部署会，集体学习习近平总书记在党史学习教育动员大会上的重要讲话精神、省委书记楼阳生在全省党史学习教育部署会上的讲话精神、晋城市党史学习教育部署会精神，对分局党史学习教育进行动员部署。分局局长马远主持会议，党委书记张根法作动员部署。分局领导、机关各科室负责人、局属各单位党政主要负责人参加会议。

2月24日至25日 晋城地区出现雨转雪天气过程，24日16时晋城市气象局发布暴雪红色预警信号，本轮降雪最大降水量达36.9毫米，最厚雪深达22厘米。分局以雪为令，立即启动应急预案，迅速组织人员、机械设备连夜上路开展清雪除冰工作。截至2月25日上午9时，分局共出动人工301人次，机械车辆50台次，撒布防滑料141立方米、融雪剂18.3吨，扫雪除冰面积229.9万平方米，全局管养干线公路无阻断、无滞留车辆。

3月23日 省交通运输厅一级巡视员李贵顺深入207国道长治晋城界至陵川段升级改造工程施工一线调研。要求在确保质量和安全前提下，紧紧抓住当前有利施工时间，优化施工组织安排，加快推进工程进度，争取使项目早日建成，早日惠及沿线企业和群众生产生活，助力地方经济社会发展。分局局长马远、副局长王振明陪同调研。

3月26日 晋城分局2021年工作会议召开。会议明确，2021年要重点抓好七个方面工作，一是继续抓好疫情防控工作，做好疫情防控和经济发展两不误两促进；二是坚持“项目为王”，抓好“5条路2个互通”建设；三是坚持养管并重，努力做到“四个加强三个推进”；四是积极推进公路行业改革，确保各项工作有序衔接；五是深化“三零”单位创建，扎实推进平安公路建设；六是持续抓好生态环境治理，推进绿色公路建设；七是坚持全面从严治党，切实加强党建、党风廉政建设，积极推进文明创建工作。

同日 晋城分局党委2021年党的建设暨党风廉政建设工作会议召开。会议要求，2021年要重点抓好七方面工作，即坚持以党的政治建设为统领；扎实开展党史学习教育；精心做好庆祝中国共产党成立100周年工作；不断提高基层党组织建设水平；着力建设政治过硬、狠抓落实的领导班子和干部队伍；持续推进党风廉政建设和反腐败斗争；坚持以党建引领保障改革发展。

3月30日 晋城分局完成208国道晋中长治界至晋城金村(长治司马至高平刘庄段)改扩建工程勘察设计招投标。

4月20日 晋城分局举办“党史学习守初心、廉政教育知敬畏”专题讲座，特邀省纪委监委驻交通运输厅纪检监察组副组长任玉胜讲授题为“在党史学习教育中进一步筑牢拒腐防变的思想堤坝”的廉政党课。全局副科级以上干部参加会议，局长马远主持会议并讲话。

4月21日 省交通运输厅、省公路局党史学习教育巡回指导组组长柴洪江，到分局督查指导党史学习教育工作，并同局机关全体党员赴晋城市城区洞头村党性教育基地开展党史学习教育专题主题党日活动。

5月15日 207国道改线新增金凤路互通完成剩余四条匝道路基路面工程，完工通车。

5月23日 上午，342国道陵川境内友谊门隧道中段突发局部坍塌，造成部分设施损坏、交通受阻。为确保安全，陵川段第一时间组织清理，并通报交警部门实施交通封闭。

5月24日 省公路局党委书记尹新平、副局长许秀銮、总工程师马德文带领省局有关处室负责人和省交通勘察规划设计院地质、隧道等有关领域专家，进入隧道险情位置实地察看。尹新平在讲话中，要求尽快邀请设计单位对隧道进行全面勘察，摸清隧道地质情况，科学制定处置方案，尽快完成处治工作，确保公路安全畅通。

6月28日 207国道改线新增红星东街互通完成东延段路基路面工程，完工通车。

同日 晋城分局党委举行“光荣在党50年”纪念章颁发仪式，为老党员张东海颁发纪念章。

同日 晋城分局党委组织开展庆祝中国共产党成立100周年活动，对优秀共产党员、优秀党务工作者和先进基层党支部进行表彰。

6月30日 342国道晋城市过境改线PPP项目完成交工验收，顺利进入试运营阶段。

7月10日至11日 晋城地区出现强降雨天气，气象部门连发两个暴雨红色预警。晋城分局紧急启动防汛抢险应急预案，集结人员，调集物资，强化巡查，全局上下严阵以待，全面做好应急保畅工作。据气象部门统计，10日16时至11日16时，晋城市出现大暴雨天气，有12个气象观测站降水量超200毫升，其中最大降水量为360.3毫升，此次强降雨天气为晋城市64年来范围最广、强度最大的区域性大暴雨天气过程。

7月11日 受强降雨天气影响，晋城分局辖区省道阳济线水毁严重，交通中断，其中K27+000~K27+400段路基完全冲毁。208国道省界段水毁严重，交通中断。

7月12日 阳城公路管理段联合济源市公路局，共投入机械7台次、人员40余人次，经过8小时艰苦奋战，于当日14时30分顺利打通省道阳济线济源至阳城方向生命通道9公里，保障沿线6个村3100余人的物资供应及救援。晋城市委副书记、阳城县委书记姚逊，对干线公路抢通保通工作给予高度评价，称赞“晋城公路人关键时候敢于担当，是一支值得称赞的队伍”。

同日 省交通运输厅党组成员、副厅长王晋带领省厅、省局相关处室一行6人到达晋城，实地查看干线公路水毁情况，指导水毁抢修恢复工作。省公路局副局长郭晓军随行参加。晚上，王晋一行到达晋城后，就立即连夜召开防汛抢险专题会议，听取晋城干线公路水毁抢险情况。王晋指出，晋城分局及各公路段在此次强降雨过程中，不等不靠、及时响应、主动作为、方法得当，为干线公路保通保畅做了大量工作，省厅对此次应对强降雨过程中晋城分局和各公路段所做的工作给予充分肯定。

7月13日 上午，省交通运输厅党组成员、副厅长王晋一行先后深入省道碗周线、208国道、省道阳济线水毁一线，实地查看水毁灾情，现场指导水毁抢通恢复工作。王晋强调，当前一是加强隐患排查，加快水毁恢复；二是提振精神，以备再战；三是加强对水毁路段安全管控。截至7月13日15时，晋城分局全局共出动人员590人，机械117台次，清理落石塌方7070立方米，完成处治85处，正在处治19处，制定3条水毁交通阻断路段现场勘测、恢复方案，省道阳济线济源方向打通生命通道9公里。

7月14日 上午，省公路局副局长郭晓军带领工程、养护、设计等有关处室负责人徒步深入省道阳济线水毁现场调研，并对水毁抢修工作提出指导性意见。分局局长马远、副局长陈建国参加调研。调研期间，郭晓军还与晋城市委副书记，阳城县委书记姚逊、县长牛琛就阳济线水毁抢修进行专题座谈。

7月17日 下午，晋城分局再次紧急召开防汛抢险视频部署会，就7月18日至20日即将到来的新一轮强降雨进行防汛安排部署。分局局长马远主持会议并部署，党委书记张根法出席会议并讲话。分局领导、机关各科室负责人、局属驻市各单位主要负责人和各项目负责人在主会场参会，局属其他单位主要负责人和防汛有关人员在分会场参会。

7月19日 午夜，342国道陵川境内K712+000处突发大面积山体塌方，交通中断，通过陵川段干部职工紧急处置，于20日中午恢复畅通。

7月20日 208国道衙道过村路段发生山体滑坡，推移路基长度100米，造成交通中断。晋城南段及时设立标志封闭交通，并向社会公告。

7月21日 午夜，省道坪曲线沁水境内K134+050发生发大面积山体坍塌，造成交通中断。

7月22日 省公路局副局长许秀銮到晋城指导干线公路水毁恢复工作。

同日 省交通运输厅新闻中心联合省电视台《新闻午报》栏目记者到省道阳济线水毁抢通恢复现场采访。

7月27日至28日 省交通运输厅总工程师高新文带领专家组一行4人，先后深入晋城分局辖区水毁严重的342国道陵川段、208国道泽州段和省道碗周线、阳济线、坪曲线等，就7月11日以来多轮历史平见强降雨造成的公路水毁进行现场查看,并对抢通保通工作进行技术指导。

7月28日至30日 省公路局局长胡钢成、副局长郭晓军带领计划处、技术处、养路处负责人,先后深入晋城分局辖区水毁严重的342国道陵川段、208国道泽州段和省道碗周线、阳济线、坪曲线进行现场查看。胡钢成对晋城分局在水毁发生后采取的一系列科学调度、积极应对的做法给予充分肯定,对晋城分局第一时间结合路况实际绘制《晋城国省干线公路易灾毁示意图》并通过媒体向社会公示的做法给予高度赞扬。在水毁抢通保通作业现场,胡钢成还代表省厅、省局慰问奋战在一线的党员突击队、党员志愿者、一线抢险人员。

8月23日 晋城分局邀请晋煤大学讲师、晋城市应急管理局兼职教师、安全工程硕士、国家安全培训讲师范婷婷进行新《中华人民共和国安全生产法》专题培训。培训以视频会议形式举行,分局领导、机关全体干部职工在主会场参加培训,局属各单位、各项目建管处负责人和中层管理人员在各分会场参加培训。通过此次新《中华人民共和国安全生产法》专题培训,使全局干部职工对安全生产法律法规有了更加具体认识和了解,对提升全员安全生产责任意识、认真落实安全生产主体责任、筑牢安全发展基础起到积极推动作用。

9月22日 15时30分,受前期降雨影响,342国道K884+200~K884+300段(距阳翼高速沁水东收费站500米处)发生山体滑移,造成交通中断。

9月27日 由全国公路职工思想政治工作研究会主办的“全国公路系统党委书记工作座谈会暨全国公路政研会第32届年会”在甘肃省嘉峪关市召开。晋城南公路管理段党支部获“公路交通行业百个先进基层党组织”称号,晋城分局党委书记张根法获“公路交通行业优秀政研工作者”称号。

10月6日 下午,晋城分局以视频会议形式召开地质灾害II级应急响应工作部署会,就地质灾害II级应急响应工作作了动员部署。分局局长马远就分局辖区地质灾害防治工作作全面部署。副局长陈建国、徐斌分别对在建工程地质灾害防治和地质灾害II级应急响应工作作了安排。会议成立由分局主要领导任指挥长、其他班子成员任副指挥长、相关部门负责人任成员的应急指挥部,明确在地质灾害II级应急响应工作期间实行日调度会制度。各公路段、路政支队、通行费征收管理处、公路物资公司、各项目建管处(协调办、代表处)、PPP项目公司负责人和分局机关有关科室负责人分别在分会场和主会场参会。

10月16日 交通运输部公路局副局长周荣峰带领部抢险救灾和灾后恢复重建督导调研组一行4人,在省交通运输厅党组成员、副厅长王晋等领导陪同下,深入晋城干线公路灾毁抢通保畅、恢复重建一线督导调研。晋城市副市长王宏微,省公路局副局长许秀銮和晋城公路分局局长马远等参加督导调研。在晋城调研期间,周荣峰一行先后深入晋城市208国道衙道路基滑塌路段、省界路基冲毁垮塌路段,省道阳济线两处路基全幅冲毁路段,342国道沁水山体滑坡路段和省道坪曲线路基滑塌路段、山体崩塌路段等处,进行实地督导调研,并沿途查看国省干线公路灾毁恢复情况。通过调研,分局防汛抢险应急准备、抢通保通、灾毁排查、新闻报道等工作受到交通运输部抢险救灾督导组表扬。

10月19日 省交通运输厅党史学习教育第二巡回督导组在组长虞翠云带领下,到晋城分局督导党史学习教育工作。督导组一行实地察看分局文化展厅、新时代党员讲习所,通过听取汇报、查看资料、座谈交流等方式,全方位多角度了解分局党史学习教育开展情况,深入晋城南公路段党支部进行党史学习教育督导调研。分局党委书记张根法汇报分局党史学习教育开展情况。

10月22日 208国道晋中长治界至晋城金村(长治司马至高平刘庄段)改扩建工程初步设计通过省交通运输厅批复。

11月15日 晋城分局党委理论学习中心组(扩大)会议召开,传达学习中共十九届六中全会精神。分局党委书记张根法主持会议并领学。分局领导班子成员、机关全体干部职工参加学习。

11月23日至25日 晋城分局委托晋城市应急

管理资格考试中心举办为期3天的安全生产与应急管理培训。分局机关有关科室、局属各单位、各项目管理处共85人参加培训。

11月24日 下午，共青团晋城市委书记常阳、副书记韦波，团市直工委书记李建喜一行到晋城分局就共青团建设工作进行调研指导并召开座谈会。分局党委书记张根法、团委及有关部门人员陪同调研。

12月28日至29日 省交通运输厅、省公路局组成验收委员会，对晋城分局承担晋城207国道瓶颈公路重载交通山区道路典型示范工程创建工作进行整体验收。省交通运输厅二级调研员李安渠、省公路局总工程师马德文、省公路局相关处室负责人以及晋城分局相关参建人员参加验收。验收委员会通过踏勘实体工程、查阅相关资料、听取汇报，审查示范工程具体实施情况，一致认为该项目示范工程创建工作验收材料齐全，内容完整，数据翔实，基本完成《交通强国建设试点方案》《普通公路重载交通试点方案》对建设典型示范工程的要求和省交通运输厅《关于将国道G207线新房洼至省界瓶颈路段改造工程列入重载交通建设试验路段的函》所要求的任务，符合验收条件。

（资料提供：宋永胜）

山西省公路局临汾分局大事记

1月26日 上午，山西省公路局临汾分局（以下简称临汾分局）局长刘晓明先后对西涧北收费站、一平垣超限检测站和临汾公路管理段就疫情防控工作进行检查指导。每到一处，刘晓明都与一线工作人员详细交谈，了解各项疫情防控措施落实情况，并叮嘱大家要坚守好岗位，切实做好个人防护，确保自身安全。要进一步梳理疫情防控风险点，压实责任，精准施策，确保不留死角、不留盲区。

1月27日 临汾分局2020年度党员领导干部民主生活会召开。党委书记李红主持会议并作总结讲话，领导班子成员参加会议，党工部、办公室负责人列席会议。

临汾分局党委对开好这次民主生活会高度重视，会前进行认真准备，深入学习研讨，广泛征求意见，开展谈心谈话，精心撰写对照检查材料，为开好民主生活会奠定扎实基础。

会上，通报领导班子“不忘初心、牢记使命”主题教育专题民主生活会整改措施落实情况。随后，党委委员、局长刘晓明代表领导班子作对照检查，重点从5方面深刻查摆问题，深入剖析原因，明确努力方向和整改措施，同时带头作个人对照检查发言，每位领导班子成员逐一发言，进行对照检查，相互开展批评。

李红对会议进行总结，认为这次民主生活会开得很成功，真正红脸、出汗，达到预期效果，并对整改落实工作和加强分局班子自身建设提出要求。

3月25日 临汾分局第八届五次职工代表大会暨党的建设和党风廉政建设工作会议召开。会议回顾总结2020年和“十三五”工作成绩，分析“十四五”发展形势和基本思路，安排2021年工作，动员号召广大干部职工顺应改革大势，勇于担当作为，全面开启临汾公路事业现代化发展新征程。分局局长刘晓明、党委书记李红、纪委书记张小军分别作工作报告、党建报告、廉政报告，副局长杨英俊宣布表彰决定，副局长张碧玉主持会议。

会议指出，过去的一年，面对新冠肺炎疫情严重冲击,面对艰巨繁重公路工作任务,临汾分局上下在省厅和省局坚强领导下,坚持"以人民为中心"服务理念,以公路事业高质量发展为主题,强化责任担当,严防严控疫情,推进复工复产,加快项目建设,做好养护主业,全力迎接国评,各项目标任务圆满完成,交出疫情防控和公路工作"双胜利"的优异答卷。

会议强调,站在"十四五"崭新起点上,全体干部职工要以习近平新时代中国特色社会主义思想为指导,全面贯彻中共十九大和十九届历次全会精神和习近平总书记视察山西重要讲话精神,深入贯彻全省交通运输和公路工作会议部署要求,紧扣全省"十四五"公路建设和发展总目标,坚持稳中求进工作总基调,坚持"四为四高两同步"总体思路和要求,立足新发展阶段,贯彻新发展理念,融入构建新发展格局,以推动高质量发展为主题,以深化供给侧结构性改革为主线,以改革创新为根本,以建设人民满意公路为目标,巩固拓展疫情防控和公路建养成果,守牢安全底线,全力开启交通强国建设新征程,顺应改革大势,推进转型发展,确保"十四五"开好局起好步,以优异成绩庆祝中国共产党成立100周年。

根据疫情防控工作需要,会议以视频形式召开。临汾分局领导、机关职工代表、临汾段及各直属单位职工代表在主会场参会,各公路段、超限检测站、收费站职工代表在分会场参会。

4月15日 临汾分局贯彻落实路域环境暨公路扬尘污染综合整治专题部署会召开,进一步细化措施,压实责任,不折不扣完成各项任务。

6月15日 临汾分局良马站快速启动应急预案,仅用20多分钟成功处置一起货车自燃事件,保障人民群众生命财产安全。

6月25日至7月15日 临汾分局组织开展"防风险、保平安、迎大庆"安全生产大检查行动。局领导带队分赴局属各单位的养护作业现场、在建工地、应急物资储备库、办公场所等进行安全生产检查。共填写检查卡片29份,发现问题隐患32处,已整改29处,剩余3处隐患于近期整改完成。

7月1日 上午8时,庆祝中国共产党成立100周年大会在北京天安门广场隆重举行。临汾分局机关及局属各单位积极组织广大党员干部群众认真收看大会实况直播。

同日 上午,临汾分局庆祝中国共产党成立100周年暨"两优一先"表彰大会隆重召开。此次表彰大会回顾党的光辉历程,讴歌党的丰功伟绩,表彰各条战线涌现的先进集体和优秀个人,激励各级党组织和广大共产党员继承和发扬党的优良传统和作风,进一步坚定信心、提振精神、勇担使命、团结奋进,凝聚新时代临汾公路事业发展新篇章强大动力。党委书记李红出席并讲话,代表党委向受到表彰的先进集体和个人致以热烈祝贺,向全体党员致以节日问候。副局长杨英俊宣读表彰决定,纪委书记张小军带领全体党员重温入党誓词,副局长张碧玉主持会议,局机关全体干部职工参加会议。

同日 临汾分局召开深入学习贯彻习近平总书记重要讲话精神交流研讨会,开展"我为群众办实事""学党史、践行动、连续作战保畅通"等活动,以实际行动贯彻落实习近平总书记"七一"重要讲话精神,凝聚临汾公路改革发展力量。

7月14日 受连续强降雨及大风影响,襄汾段辖内多处路段树木倒塌、断枝落于道路中间,给过往车辆通行造成极大安全隐患,公路应急抢险刻不容缓。险情发生后,该段立即启动应急预案,迅速组织4支应急抢险队伍赶赴现场,在隐患路段设置安全警示标志,调集装载机、挖掘机、电锯等设备快速进行清理。本次抢险,共出动抢险人员30余人,应急抢险设备7台,经数小时连续奋战,路面安全隐患全面排除。

9月22日 即日起,临汾市遭遇有记录以来最强连续强降雨过程,平均降水量274.5毫米,为全省最高,是历年同期降水量9.4倍。强降雨导致临汾辖区国省干线公路多处发生大规模路基沉陷、边坡滑塌等重大灾害,公路基础设施受损严重,18处路段因水毁阻断,安全风险不断上升。截至10月12日,共有较大水毁498处,粗略估计应急抢通需投入2152万元,灾毁重建需投入34626万元。10月11日降雨停止后部分路段滑塌、沉陷仍有扩大趋势。

面对持续强降雨对公路造成的严重损坏，临汾分局上下牢固树立以人民为中心理念，认真贯彻省委省政府、省厅省局和市委市政府关于防汛应急工作要求，紧急启动应急响应，领导干部坚守岗位、靠前指挥，应急抢险队伍坚守一线、日夜奋战，全体干部职工全力投入防汛抢险保通抢通工作中。一是领导带头，强化责任落实。制定领导干部分片包联工作机制，切实压实责任，发动全员投入防汛抢险保通工作。二是多措并举，深入排查隐患。积极研判，紧急出台《关于做好公路应急抢通及灾毁重建若干措施》，明确应急抢险重点目标和任务，确保应急抢通及灾毁重建有序开展。各养护单位进一步加大道路巡查，发现隐患采取分类处治措施，对不能及时消除的隐患路段，提前设立醒目标志标识，积极与公安交警部门协调，按照“应封尽封”原则，及时进行交通管制，确保行车安全；对已发生地质灾害路段，严格按照养护技术规范做好安全警示，认真做好安全评估，在确保安全前提下，科学组织抢通工作，防止发生次生灾害；同时还对道班、养护中心、超限检测站等站点房屋安全进行全面排查，发现隐患立即撤离人员，确保一线职工生命安全。三是路地联动，全力保通保畅。临汾分局、公路段与市、县交通管理部门建立会商联动机制，具备条件的路段及时抢通，保证应急通道通畅，合理规划路网运行，尽快恢复正常生产生活秩序。四是严防死守，有序应急抢险。严格落实领导带班和24小时值班制度，值班室全部实行双岗制，值班值守人员全时在岗。同时，依托37个应急站点，补充应急物资储备，加强抢修设备管护，确保性能状态正常，做到应急响应灵敏快捷，应急处置及时高效。10月2日至年底，防汛应急抢险共出动人员7046人次，出动机械设备1207台次，已处理水毁230处。

10月8日 临汾分局组织开展为期一周的干线公路抢通保通及安全生产专项督查。此次督查，以贯彻落实上级防汛及安全生产工作精神、基层基础设施安全自查、道路隐患排查及处治措施为主要内容，由局领导班子带队，分为五个小组，对全市17个公路管理段进行全覆盖督查。

10月9日至11日 省公路局副局长郭晓军带领计划处、养路处及相关专家到临汾分局辖区干线公路水毁灾害抢通保通一线检查指导。分局局长刘晓明、副局长杨英俊陪同检查。

郭晓军一行先后深入水毁灾害严重的209国道段、309国道、520国道等进行现场查看。每到一处，郭晓军都向现场负责人、工程技术人员详细了解水毁发生原因、产生影响、有无绕行路线以及已采取的处治措施等，并与陪同人员现场商讨后续处治方案。

郭晓军对自9月以来针对连续降雨造成的大规模水毁所采取的一系列科学调度、积极应对措施给予充分肯定，对临汾分局第一时间结合路况实际与地方政府和交警、应急等相关部门协同联动，发挥用好“路地联管”机制，积极采取交通管制，并通过各类媒体平台向社会告知的做法给予赞扬。要求树牢“人民至上、生命至上”理念，做到高频巡查、全面排查，多措并举消除隐患；实施安全评估，科学组织抢修，严防次生灾害发生。

10月13日 省交通运输厅党组党史学习教育第二巡回指导组一行3人，在组长、省交通建设中心副处级干部虞翠云带领下，到临汾分局进行党史学习教育督察指导。指导组一行通过听取工作汇报、访谈党员干部、查阅文件资料、基层实地调研等方式详细了解党史学习教育开展情况。领导刘晓明、李红、杨英俊参加汇报并陪同调研。

指导组传达省交通运输厅党组近期关于党史学习教育工作的部署要求，并就做好下一步党史学习教育工作提出指导性意见。希望临汾分局党委紧紧把握学习重点，持续深入学习贯彻习近平总书记“七一”重要讲话精神；紧紧围绕厅党组工作会议安排部署，结合党史学习教育，立足职能定位，持续引领广大干部职工为公路事业发展做出新贡献；牢牢聚焦群众“急难愁盼”，不断深化“我为群众办实事”实践活动，持续增强群众的获得感、幸福感、安全感；注重总结推广党史学习教育中的经验做法，推动党史学习教育取得更大成效。

党委书记李红表示将以此次巡回指导为契机，

查短板、补不足,在持续深入"学"、持续深刻"悟"、持续扎实"做"三个方面发力,进一步深化"我为群众办实事"实践活动,党员领导干部以上率下,以关键少数带动绝大多数,扛稳管辖国省干线公路抢通保通及灾毁恢复重建工作重任,为提升公路通行能力和服务水平做出贡献。

10月14日 临汾分局防汛应急工作会议召开,分析研判形势,进一步对防汛应急工作进行安排部署。局长刘晓明主持会议并讲话,副局长杨英俊结合近期工作实际对防汛应急工作作具体安排,局领导李红、张碧玉出席会议,张小军在分会场参加会议。

会议要求,各单位、各部门要认真贯彻落实好本次会议精神,切实增强工作责任感和紧迫感,强化工作举措,夯实工作责任,全面排查整治各级公路安全隐患,做细做实公路应急抢通及灾毁重建各项工作,确保全市公路交通安全。

会议以电视电话会议形式召开,局机关相关科室负责人,临汾段、洪洞段主要负责人在主会场参加会议,襄汾等15个公路段设分会场。

10月15日至17日 灾情发生后,交通运输部党组高度重视,派出由部公路局副局长周荣峰带队的工作组一行9人到山西开展督导调研。其中第一督导组由部公路局副局长周荣峰带队、第二督导组由部综合规划司主任科员赵煜民带队,一行6人对临汾分局所辖路段的应急抢险和灾毁恢复工作开展情况进行专项督导。省厅党组成员、副厅长王晋,总工程师高新文,省局副局长许秀銮,省厅、省局相关处室负责人、交科设计院专家及临汾分局局长刘晓明、副局长杨英俊参加督导。

督导组驱车380余公里先后赶赴341国道、209国道、520国道、309国道、209国道等15处路段,现场了解公路灾损及恢复处治情况,并和省厅、省局和分局陪同人员现场商量后续处治方案。在灾毁公路沿线,督导组向附近居民了解其受灾影响和生产生活诉求,要求公路部门要确保人民群众生命财产安全,切实把党中央国务院、部党组的关心关怀落到实处。

在随后召开的汇报会上,临汾分局采取文字和多媒体两种方式向督导组汇报近期辖区路段的受灾、处治情况及现存问题和下一步计划,向督导组展现在本次因连续强降雨引发的公路应急抢险和灾毁恢复中的"以人民为中心"的思想理念和"以汛为令,全力保畅"的工作原则,临汾境内国、省干线公路未发生一起因公路灾损引发的人员伤亡事故。督导组对临汾分局能够沉着高效应对本次紧急汛情,广大干部职工能够主动放弃休假全身心投入抢险保通,在最短时间内尽最大努力抢通公路阻断,恢复交通通行,表示认可和肯定。同时,希望继续发扬持续战斗和打苦仗、打大仗、打胜仗的革命精神,一是在确保安全前提下,尽快打通阻断路段,确保民生通道、生命通道、能源运输通道畅通。二是在结合实际前提下,尽快组织技术力量研究制定公路抢通恢复专项方案,确保应急抢险和灾毁重建快速向前推进。三是强化警戒防备意识,全力做好应急抢险物资管理,做到在大汛大灾发生时,物资储备充足、调配高效、发放及时,为高效化解险情提供坚实物资支持。四是在应对本次特大灾情中,坚定打赢公路灾毁恢复攻坚战决心,确保恢复方案高效实施、专项资金高效使用、恢复措施高效落实,主动作为,确保成效,为经济社会和人民群众提供更加优质的公路通行服务。

10月19日 省交通运输厅一级巡视员、省公路灾毁处治工作督导检查组第五组组长郝玉柱一行5人对临汾分局所辖路段的应急抢险和灾毁恢复工作开展情况进行专项督导。市委常委、副市长王渊一同前往。局长刘晓明、副局长杨英俊参加督导。

督导组一行先后前往520国道一平垣路面塌陷处、309国道峪里路段山体塌方处进行实地督导检查,对能够以汛为令,在第一时间迅速组织力量开展公路抢修抢通和应急处治工作给予肯定和认可。

郝玉柱在讲话中,要求持续加大公路日常巡查力度,重点对公路及沿线地质灾害隐患进行排查,开展风险评估,留存数据资料,进行科学统计,实行技术指导,为抢修抢通和恢复重建提供有力支撑。在确保施工安全情况下,按照"先通后畅"原则,对小修小补即可恢复通车的,要发现一处处治一处,尽快保障沿线群众出行和生产生活需要,并统筹做好电煤等能源物资运输保障工作,确保晋煤外运通道畅通;对一时难以抢通路段,要及时封闭道路,安排专人值守,制定合理绕行方案并及时向社会公布;对灾毁严重需重修的,要在灾情评估基础上,开展受损公路抢修和恢复重建项目前期工作,力争尽快恢复路网顺畅运行,为人民群众出行创造安全通畅的公路交通环境。

10月21日 临汾分局局长刘晓明主持召开党政联席专题会议,听取公路应急抢通、灾毁重建及安全生产五个督查组对基层单位防汛应急、隐患排查、灾毁重建督查情况的汇报。局领导张碧玉、杨英俊、张小军出席会议,督导组、局办公室、养路科、计划统计科、资产设备科、公安路政科负责人参加会议。

会议深入分析研判当前形势,充分肯定局属各单位整体工作,客观指出存在问题,强调在下一步工作中,重点做好十方面工作。一要进一步落实好省厅省局、市委市政府应急抢通和灾毁重建工作的文件和会议精神,坚定打好攻坚战的信心决心,发挥好领导班子研判会商和分片包联督查作用,确保政令畅通,落实有力。二要切实摸清底数,分类实施,有序组织抢通和灾毁重建工作。一类项目公路段加快完成,做好数据统计,留存印证材料;二类项目中排险、止损类由公路段报请分局养路科会商计划科同意后按应急工程组织实施;二、三类项目按程序打包编制工可、施工图设计。三要继续加大安全隐患排查力度,严格落实安全生产责任,确保不发生人员伤亡事故。四要持续做好灾毁统计工作,做到报送及时,口径一致,数据准确。五要继续加强技术指导,加快处治方案制定,加强分类处置工作指导。六要严格工作制度,主要领导要坚守岗位,亲自督战,严格值班值守,保证信息畅通及时。七要进一步争取资金支持,有序组织工程实施。八要持续加强公路环保工作,突出重点,确保效果,把公路环保责任落实到位。九是强化嘉奖表扬和追责问责力度,树立工作典型,进行正向引导;对工作落实不力单位和个人要严肃追责问责,纪检监察、业务科室要全程跟进,确保应急资金、物资使用安全。十要进一步加大舆论宣传力度,讲好公路人应急抢险生动故事,体现公路部门在关键时刻行业担当,营造上下一心,团结共进的良好工作氛围。

10月28日 临汾分局局长刘晓明赴霍州段、汾西段督查指导公路应急抢险和灾毁重建工作,养路科、资产设备科负责人参加督查。

刘晓明一行先后前往霍州市境内108国道K810+800段、K816+500段、K817+800段和汾西县境内国道胶海线、省道桃临线路基沉陷、路面塌陷、边坡垮塌路段进行实地督导、现场办公,对霍州段、汾西段抢修保通工作予以肯定,并针对不同灾毁情况提出指导性意见。一是继续深入细致排查隐患,不留死角,建立健全隐患台账;二是抓紧制定施工方案,针对不同路况实际,与相关科室联合制定科学有效的施工方案,尽早启动修复工作;三是狠抓工程质量,各职能科室和公路段对施工过程要加强全方位监管,确保工程质量,杜绝豆腐渣工程;四是加强冬季道路养护,公路段要提前备足防滑料、融雪剂等应急物资,确保冬季道路安全通行。

11月4日 临汾分局召开公路灾毁抢通抢修及恢复重建专题会议。会议充分肯定各养护单位阶段性工作成果,深入分析研判当前面临的新形势,客观指出存在问题,对今后一段时期工作进行再安排、再部署。会议由副局长张碧玉主持,各公路段及中咨养护公司负责人汇报近期工作进展情况,养路科及计划科负责人结合业务范围对下阶段工作进行详细安排部署,党委书记李红、副局长杨英俊、纪委书记张小军分别对督导片区工作进行点评并结合分管工作领域特点提出指导性意见,局长刘晓明出席会议并讲话。

会议要求,各养护单位要认真总结前期应对强降雨过程中排查防范、落实责任、抢险救援积累的好经验、好办法、好措施,聚焦突出问题和薄弱环节,全面提升防大汛、抢大险、救大灾工作水平,持续稳定高质量做好后续重建工作。

11月18日 108国道襄汾至曲沃至侯马过境

公路改线工程奠基仪式在襄汾举行。临汾市交通运输局局长冯小宁主持奠基仪式,副市长王云宣布正式奠基。省公路局、中交一公局、临汾市政府办公室、临汾分局及襄汾、曲沃、侯马三县市主要领导和相关人员参加仪式。项目起点位于襄汾县梁坡村东侧,终点位于侯马市高村乡西贺村北侧,全长67.68公里,总投资37.87亿元,全线采用双向四车道一级公路标准建设。

仪式上,临汾分局局长刘晓明介绍项目情况,中交一公局副总经理徐振伟、沿线地方政府代表襄汾县委书记乔飞鸿分别作表态发言。

省公路局党委委员、副局长郭晓军在讲话中,要求把这条路建设成为品质工程、廉洁工程、民生工程,打造样板标杆,为全省过境公路改建提供可复制经验。

王云在讲话中,要求沿线三县市要主动作为,全力做好工程建设中征地拆迁、环境保障等工作,为工程顺利实施创造良好氛围。市直有关部门要积极配合,简化手续,努力为工程建设提供优质便捷政务服务。临汾分局等工程施工单位要牢固树立质量意识,科学组织、加强管理、精心施工,努力把这项工程建设成为优质工程、精品工程,为全市加快实施"1355"战略,在全方位推动高质量发展中走在全省第一方阵做出积极贡献!

12月2日 临汾分局召开中共十九届六中全会和省第十二次党代会精神宣讲会。党委书记作宣讲报告,机关全体党员、部分直属单位党员干部参加会议。

12月23日 临汾分局召开疫情防控调度会议,分析研判当前疫情防控形势,传达学习省市疫情防控会议、文件及主要领导指示精神,对下阶段工作进行安排部署。局长刘晓明主持会议并讲话,局领导张碧玉、杨英俊、张小军出席会议。会议要求,全局上下要迅速行动起来,抓紧落实落细各项防控措施,坚决筑牢"外防输入"防线,坚决守住本单位不发生疫情底线。

(资料提供:贾 鑫)

山西省公路局运城分局大事记

2月24日 下午2时起,运城境内普降中到大雪,部分山区路段积雪达10厘米以上,省公路局运城分局(以下简称运城分局)领导高度重视,第一时间启动春运除雪保畅应急预案,积极采取多项应急措施,开展强有力除雪保畅工作。截至当天22时许,共出动243人次,机械49台班,撒融雪剂16吨,撒防滑料33.6立方米,扫雪除冰39.1万平方米。

3月5日 第58个学雷锋纪念日,为弘扬和传承雷锋精神,运城分局多家基层单位开展学雷锋志愿服务活动。

3月16日 运城分局2021年公路工作会议召开,总结2020年和"十三五"公路工作,明确"十四五"发展思路,部署2021年工作,动员全局广大干部职工攻坚克难,砥砺奋进,开启新征程,实现新发展,奋力谱写运城干线公路事业新篇章。

3月30日 运城分局党委组织机关及驻运单位全体干部职工100余人前往烈士陵园,开展"缅怀革命先烈 传承红色基因"清明节烈士陵园祭扫活动,隆重缅怀革命先烈。

4月14日 下午,运城分局举行别开生面的养护工作座谈会。会上，各公路段段长结合单位工作实际，对去冬今春养护工作开展情况、2021年度养护工作思路、需要改进的意见或建议、需分局帮助解决的问题以及PPP建设项目存在的问题谈了各自看法和建议。计划科从计划及养护资金下达方面向各单位提出新要求。养路科对春季养护、地质灾害排查等工作进行安排，对2021年养护工作思路和打算进行说明，并对公路养护管理工作实施意见进行解读。副局长张兆阳从加大路面养护、强化桥梁养护、加强安全生产、创新管理模式、筑牢底线思维等九个方面对大家提出要求。副书记平华对大家前一阶段工作给予充分肯定，并结合当前养护形势提出新的工作思路和指导意见。

4月16日 党委副书记平华以“坚定理想信念 做好时代先锋”为主题，给局机关第一、二党支部全体党员作党史教育专题辅导。

4月23日 运城分局党委组织召开党史学习教育专题培训会，特邀省委党校教授崔永河作了题为“中国共产党百年辉煌历程”专题授课。全体干部职工，局属各单位党政负责人共计110余人参加培训。

4月29日 上午，运城分局自挖潜力创新举办党史学习教育专题党课，工会副主席王东结合自身思想和学习感悟，以“学史明理 学史增信”为题，为党员干部上了一堂生动深刻的党课。

5月18日至19日 运城分局党委在机关九楼会议室举办庆祝中国共产党成立100周年“学党史、颂党恩、跟党走”主题演讲比赛，比赛分预赛、决赛。来自局机关、局属各基层党支部的33名选手参加比赛，经过激烈角逐，本次演讲比赛评选出一等奖1名，二等奖2名，三等奖3名，优秀奖9名，优秀组织奖5名。

6月3日 下午，长直超限检测站党支部书记兼站长吕成民经过精心准备，为运城分局党员干部讲述题为“胜利的密码”专题党课，局领导、局直属单位领导班子、机关副科级以上干部及全体党员听讲。

6月23日至24日 运城分局庆祝中国共产党成立100周年“忆党史 感党恩”党史知识竞赛在机关九楼会议室举办。经过局属各单位层层选拔，共推选出31支代表队参加比赛，最终6支代表队脱颖而出，进入决赛，经过激烈角逐，最后评选出一等奖、二等奖、三等奖各1名，优秀奖3名。此次党史知识竞赛，有效展示党史学习教育阶段性成果，推动形成“以赛促学、以学促践、融会贯通”的浓厚学习氛围。

6月30日 运城分局庆祝中国共产党成立100周年暨“两优一先”表彰大会隆重召开，共庆党的百年华诞，同时对在建、管、养、征等各条战线中涌现出来的先进基层党组织、优秀共产党员标兵、优秀党务工作者和优秀共产党员进行表彰。局班子成员、基层单位党政负责人、受表彰的先进代表及机关全体党员共计104人参加会议。

7月1日 上午7点半左右，运城分局机关全体职工集中观看中共中央在北京天安门广场举行的庆祝中国共产党成立100周年大会。据统计，局机关，公路段、超限站、收费站、道班等共计2000余人以集中观看、网络、手机等形式收看直播。

7月23日 晚上，由运城分局、帮建的北城锦华社区联合举办的“情满锦华·爱聚社区·讲辖区故事”消夏晚会激情上演，为群众送上丰盛文化大餐，一个个精彩节目赢得现场观众阵阵热烈掌声，最后由运城市朗诵艺术家协会副秘书长、局工会副主席王东朗诵的《人民万岁》把晚会推向高潮。

9月下旬 由于持续强降雨，致使运城全市境内国省干线公路出现不同程度的塌方、滑坡、沉陷、裂缝等灾害，尤其是平陆、绛县、垣曲等地山区路段泥石流肆虐，山体滑坡、塌方落石严重影响沿线群众和车辆的通行安全。运城分局迅速启动防汛应急预案，第一时间组织相关人员召开防汛紧急会议，安排部署防汛抢险工作，加大巡查力度，出动应急抢险队伍，以科学严谨作风，扎实有效措施，以“先抢通后恢复”原则，切实做好防汛抢险工作，最大限度减轻灾害损失，全力保障人民群众生命财产安全，以实际行动践行学史力行，彰显公路人风采。

10月19日 下午，运城分局动员全体党员干部职工踊跃参加“我为灾区献爱心”捐款活动。活动中,局领导率先垂范,党员干部积极响应,离退休人员、普通职工积极为灾区群众献出公路人爱心。截至20日下午,全局共1047名党员干部职工参与捐款活动,共募集捐款75720元。其中,71620元已全部汇入运城市红十字会统一捐赠账户,4100元汇入新绛县红十字会统一捐赠账户。

11月15日至21日 按照省公路局安排部署,经运城分局领导研究决定,由工程技术科科长王英杰带领科室业务人员一行5人利用1周时间,对监管地方政府实施的5个新改建工程进行年终督导检查,对新绛过境路、河津108国道、万荣裴运线、平陆522国道、盐湖区521国道的施工情况、工程进度、工程质量等进行实地检查,检查各项指标基本达到合格。

11月17日至19日 运城分局举办"党员干部学党史暨履职能力提升培训班",局领导、机关全体党员干部及局属各单位党政负责人,共90余人参加培训。培训采取"集中授课"和"现场教学"相结合方式进行。特邀运城市委党校、市直工委、市安监局等有关部门专家教授和骨干讲师,详细解读中共十九届六中全会精神、省第十二次党代会精神、党建及党风廉政建设、《中华人民共和国安全生产法》等内容。19日上午,全体党员干部前往闻喜县陈家庄太岳三地委机关旧址开展现场教学,接受革命教育洗礼。

(资料提供:张 霞)

山西省公路物资供应有限公司
大 事 记

3月18日 由山西省公路物资供应有限公司(以下简称物资公司)副经理张宏组织召开物资公司六届八次职工代表大会。吴翼副经理做了上一年度工会经费支出报告,总经理杨立梅向职工代表们汇报上一年度物资公司工作,提出下一年工作计划打算,解答了职工们提出的意见和建议。最后,与公司单位、各部门签订年度目标责任书,六届八次职工代表大会结束。

6月22日 为庆祝中国共产党成立100周年,物资公司举办一场"颂百年辉煌、战时代担当"为主题的演讲比赛。此次比赛,评出一等奖1人,二等奖2人,三等奖5人。通过此次演讲比赛,进一步激发全体职工"感党恩、听党话、跟党走"热情,增强党组织凝聚力和战斗力。

6月28日至29日 物资公司分别参加省厅、省局举办的庆祝中国共产党成立100周年文艺会演,选送舞台剧《十送红军》,充分展现干部职工不忘初心,牢记使命,对党浓浓的热爱之情。

7月7日 物资公司35名党员分别参观右玉精神展览馆、南山森林公园、四五道岭生态长廊、右卫古城、县委旧址、右玉历史博物馆等右玉精神红色教育基地,深入了解右玉县70多年来的发展历程,感受右玉县从黄沙漫天到绿染山川的变化,体会"久久为功的右玉精神",使参加本次活动的全体党员更加坚定为人民服务的理想信念。

7月7日至8日 物资公司党委组织全体党员干部开展"右玉精神永放光芒"主题党日活动。

7月8日 在右玉精神展览馆、右玉艺术馆、右玉长城、右卫古城、县委旧址、杀虎口长城区和右玉历史博物馆内,大家认真仔细观看图文音像资料,全方位、多角度、立体化了解右玉历史和文化。

(资料提供:杨立梅)

山西省公路工程质量检测中心 大事记

4月19日 省直文明委和省公路局文明委检查验收，山西省公路工程质量检测中心（以下简称检测中心）连续14年保持“省直文明单位”称号。

4月26日 检测中心七届三次职代会召开。

6月1日 省公路局党委书记尹新平到检测中心视察指导工作。

6月10日 检测中心全体员工赴麻田八路军纪念馆开展“七一”主题党日活动。

6月24日 检测中心党委成功举办“党的光辉照我心”主题演讲活动。

6月29日 检测中心选送的情景剧《守护》参加省局文艺会演。

10月29日 检测中心中标108国道襄汾至曲沃至侯马过境改线工程施工监理JL1标，中标金额1033.95万元。

是月 检测中心组织对5个项目部进行综合检查。

（资料提供：魏超飞）

山西晋路投资开发有限公司 大事记

3月31日 山西晋路投资开发有限公司（以下简称晋路公司）四届一次职代会召开。

同日 晋路公司党的建设和党风廉政建设工作会召开。

4月16日 晋路公司组织开展“学雷锋志愿者”专题活动。

4月22日 晋路公司组织下属子公司参加第二十届2021太原煤炭（能源）工业技术与装备展览会。

6月16日 晋路公司组织开展“忆红色党史 迎百年华诞”红色教育活动。

6月21日 晋路公司组织开展庆祝中国共产党成立100周年主题党日活动。

6月24日 晋路公司组织开展预备党员宣誓活动。

6月30日 晋路公司召开庆祝中国共产党成立100周年大会。

同日 晋路公司举办中国共产党成立100周年“党在我心中 红歌颂党恩”歌咏比赛。

7月1日 晋路公司集中组织收看庆祝中国共产党成立100周年大会实况。

7月22日、26日、27日 晋路公司3个基层党支部分别召开党史学习教育专题组织生活会。

8月19日 晋路公司下属新能源公司中标神池县2021年农村地区生物质区域集中供暖特许经营项目。

9月8日 晋路公司成立山西晋路新能源神池有限公司。

11月30日 省公路局党委书记尹新平赴晋路公司第二党支部开展宣讲活动。

(资料提供:刘稚楠)

山西省筑路机械厂大事记

1月12日 为有效防范疫情输入,确保山西省筑路机械厂(以下简称筑机厂)安全,根据山西省和太原市新冠肺炎疫情防控工作领导小组安排部署,筑机厂对疫情防控工作领导组进行调整。组长为党委书记、厂长贺金明,副组长为党委副书记、纪委书记、副厂长徐志杰,厂党委委员、副厂长李爱民,共有成员8名。

1月26日 筑机厂2020年度民主生活会召开。省局第四督导组组长、局党委委员、副局长许秀銮,党工部副部长艾鹏应邀到会指导。厂党委书记贺金明汇报厂领导班子2020年度民主生活会整改措施落实情况和意识形态工作责任制落实情况,同时代表厂领导班子作对照检查,从5个方面查摆10个问题和不足,并提出要扎实做好四个方面整改工作。贺金明带头,三位班子成员逐一进行对照检查,班子成员之间态度诚恳,开展有深度、有力度批评与自我批评,班子成员在思想上和灵魂上受到一次深刻洗礼。

3月9日 筑机厂党史学习教育动员大会召开,全体在职党员、预备党员参加会议,并制定《山西省筑路机械厂党史学习教育工作实施方案》。

3月10日 根据山西转型综合改革示范区晋中开发区管理委员会《关于收回国有土地使用权的函》(综合晋开管函〔2021〕4号),山西转型综合改革示范区晋中开发区管理委员会拟有偿收回筑机厂位于使赵乡西荣村的54.36亩划拨农场用地及地面建筑物,经向省局请示,经厂党委会研究决定,保证国有资产不流失,依法依规收回合理补偿。在相关手续齐全,妥善处理好历史遗留问题情况下,同意山西转型综合改革示范区晋中开发区管理委员收回筑机厂划拨农场国有土地使用权。

4月25日 筑机厂党委开展“感悟红色武乡、弘扬太行精神”主题党日活动,全体在职党员、预备党员到武乡八路军太行纪念馆、王家峪八路军总部旧址和八路军总司令部旧址砖壁村进行参观学习。之后大家撰写“参观红色武乡革命教育基地观后感”交流发言材料,并装订成册交流学习。

5月28日 为切实落实部门责任,解决当前信访突出问题,根据省局要求,筑机厂成立“解决信访突出问题工作领导小组”。由贺金明任组长,徐志杰、李爱民任副组长。要求做到多方排查,狠抓落实,实地接访,及时化解,完善机制,认真总结。

6月1日 根据省局要求,筑机厂深入开展关于进一步更严更细落实中央八项规定精神的专项整顿工作,专项整顿工作分三个阶段:自查自纠阶段(6月1日至8日),督导检查阶段(6月9日至15日),整章建制阶段(6月16日至23日)。并制定了进一步更严更细落实中央八项规定精神的专项整顿工作清单。

6月2日 为了认真贯彻落实省局部署要求,

组织好庆祝中国共产党成立100周年活动，筑机厂制定《实施方案》，开展一系列活动。即强化理论武装，开展知识竞赛活动，参观红色教育基地，重温入党誓词，开展走访慰问活动，开好座谈会，引深“党课开讲啦”“学习身边榜样”活动，以优异成绩迎接建党百年华诞。

6月8日 筑机厂各党支部进行党员民主评议，向省厅推荐优秀党员3名，向省局推荐优秀党员3名、优秀党务工作者1名。

6月16日至23日 筑机厂开展“学党史、践初心、担使命”党史知识竞赛，广大党员踊跃参与，认真答题，营造浓厚学习氛围，有效提高党员干部群众学习党史的积极性和主动性，共评选出一、二、三等奖共10名，收集到20余条切合全厂实际且具有可操作性的意见建议，有效推动全厂党建工作。

6月18日至21日 筑机厂党委精心组织和安排迎“七一”“品味老区红色情怀、追忆红色革命摇篮”井冈山主题党日活动。大家唱红歌、朗诵红色诗词，重温入党誓词，给革命先烈敬献花环，看红色革命实景剧及珍贵的历史革命图片。活动后，大家撰写“红色革命教育基地井冈山”心得体会，并在集中学习会上进行交流发言，谈感想感悟，坚定信念，树立不怕苦，不怕牺牲，勇担使命的精神。

6月27日 筑机厂党委开展主题为“永远跟党走，奋进新征程”的座谈会活动。全体党员互相交流研讨，重温入党誓词，为5名老党员颁发“光荣在党50年”纪念奖章。在支部党员大会上，全票通过5名党员发展对象转为预备党员，支部书记作为领誓人，带领预备党员面向党旗宣誓，并在宣誓结束后寄语预备党员，希望他们通过努力早日转正。通过庄严肃穆宣誓活动，让每一名预备党员心灵受到洗礼，进一步坚定政治立场和早日成为合格党员决心。

7月1日 上午8点，筑机厂党委组织全厂党员干部职工收看“中国共产党成立100周年直播大会”，以及“庆祝中国共产党成立100周年文艺演出《伟大征程》”，党员干部职工利用手机、电脑、电视等多种形式观看直播盛典，见证中国共产党成立100周年伟大盛况。

7月7日 筑机厂在厂区内开展“纪律作风整顿”活动，并制定《纪律作风整顿方案》。

7月29日 筑机厂机关党支部召开主题为“学党史、悟思想、办实事、开新局”党史学习教育专题组织生活会。党委书记贺金明、党委副书记徐志杰以普通党员身份参加组织生活会，谈学习收获体会，作自我批评，并认真听取大家的意见及建议。

是月 筑机厂开展“我为群众办实事”四项工程，分别是家属区惠民工程、厂区饮用水净化工程、家属区雨污分流工程、零星修缮维护工程。截至12月底，厂区饮用水净化工程、家属区雨污分流工程和零星修缮维护工程均已完工，向社区争取到的家属区惠民工程已进入收尾工作。

8月30日 为了更好地适应市场变化，正确定位奋斗目标，实事求是地规划改革发展前景，筑机厂制定“三年发展规划”，坚持“一个统领”，推动“两翼发展”，抓好“三项重点”，坚持“四个发挥”。通过实施“1234”战略，形成多点支撑、多业并举、多元发展的现代产业体系，通过三年发展，实现企业自给自足，收支平衡。

同日 为了进一步规范管理，理顺筑机厂各部门工作程序，明确工作职责，保障各项工作顺利完成，提高企业经济效益，《山西省筑路机械厂管理制度汇编》印发实施。

11月5日 筑机厂党委开展“学习山西省十二次代表大会精神”主题党日活动，并做“高举中国特色社会主义思想伟大旗帜，全面贯彻习近平新时代中国特色社会主义思想，深入贯彻习近平总书记视察山西重要讲话精神，解放思想，实事求是，真抓实干，久久为功，全方位推动高质量发展，为谱写全面建设社会主义现代化国家山西篇章而努力奋斗”的主题宣讲，要求每位党员都要立足本职岗位，将本职工作与贯彻学习山西省第十二次党代表大会精神相结合，脚踏实地，充分发扬共产党员先锋模范作用，全方位推动高质量发展，为全厂高质量发展增砖添瓦。

11月8日 为了充分调动干部职工工作积极性和创造性，增强责任意识和服务意识，提高管理和服务水平，根据企业实际，筑机厂成立“员工考核领导组”和“卫生检查领导组”，全面负责员工考核工作的组织领导、协调指导和监督落实。制定《员工考核管理办法》，对全厂部门正、副职及员工进行考核。

11月29日 在“深入学习中共十九届六中全会精神”主题党日活动中，省公路局党委委员、副局长许秀銮到场指导，并做“山西省第十二次党代会精神和十九届六中全会精神”专题宣讲。还与筑机厂全体在职党员、预备党员围绕学习贯彻中共十九届六中全会精神进行深入讨论交流，机关党支部两位党员还就“深入学习中共十九届六中全会精神”分享心得体会。

（资料提供：常传鹏）

交通运输执法系统

山西省高速公路综合行政执法总队太原支队大事记

2021年度大事记分两部分进行记载。8月27日前为山西省太原交通运输执法局(简称太原交通运输执法局)大事记;8月28日后为山西省高速公路综合行政执法总队太原支队(简称太原高速公路执法支队)大事记。

1月7日 上午,太原交通运输执法局召开新冠肺炎疫情防控领导组会议;当日下午召开疫情防控工作紧急会议。传达省高速公路综合行政执法总队1月6日疫情防控工作部署视频会议精神,并对全局当前新冠肺炎疫情防控工作进行安排部署,提出4点要求。一是提高政治站位,切实增强做好当前疫情防控的紧迫感、使命感;二是强化组织领导,狠抓责任落实;三是增强工作力度,保障工作成效;四是强化督查力度,严肃失职追责问责。

1月15日 上午,省高速公路综合行政执法总队党委书记、总队长刘清平等一行人深入太原交通运输执法局及所属督查支队、万柏林区分局调研指导工作。刘清平在讲话中提出5点要求:一是深入学习宣传贯彻中共十九届五中全会和省委十一届十一次全会精神;二是立足本职,认真谋划好今后工作;三是毫不放松抓好疫情防控和安全生产工作;四是加强内部管理,严格带好队伍;五是坚持不懈抓好党风廉政建设。以扎实工作作风、良好工作成绩为交通运输事业改革发展稳定和交通强国山西新征程建设做出积极贡献,喜迎中国共产党成立100周年!

2月3日 省高速公路综合行政执法总队考核组深入太原交通运输执法局对2020年度目标责任完成情况进行考核,同时督导2020年度的党员领导干部民主生活会。

2月4日 太原交通运输执法局党委、工会组织开展春节期间慰问困难党员、困难职工活动。

2月19日 上午,太原交通运输执法局召开会议,传达省高速公路综合行政执法总队"讲政治、强责任、严纪律、转作风"集中学习提升专项活动动员视频会议精神。会议要求:一是提高政治站位,认真学习贯彻落实会议精神;二是落实工作举措,扎实开展好集中学习提升专项活动;三是强化组织领导,确保集中学习提升专项活动取得实效。同时,对值班值守、纪律作风建设、开展年度目标责任考核、党支部年度组织生活会、党员民主评议等工作进行部署。

2月19日至24日 太原交通运输执法局目标责任考核组先后深入所属各单位对2020年度目标责任落实情况进行考核。

3月12日 太原交通运输执法局组织部分干部职工参加省绿化委员会组织的以"全民绿植四十载·美丽山西谱新篇"为主题的2021年度义务植树活动,为建设美丽太原再添新绿。

3月19日 上午,省高速公路综合行政执法总队"三零"创建工作推进视频会议召开后,太原交通运输执法局当即对会议精神进行传达贯彻,要求严格按照省高速公路综合行政执法总队会议部署,提高政治站位,强化责任担当,全面落实"三零"单位创建工作责任制,高标准、严要求,不折不扣把任务落实到位,以优异成绩迎接中国共产党成立100周年。

3月22日 根据省交通运输厅下发的《关于在全省交通运输系统做好党史学习教育准备的通知》,太原交通运输执法局启动党史学习教育活动。

3月30日 太原交通运输执法局党委组织志

愿服务队40余名党员群众赴太原市文瀛公园彭真纪念馆开展“学党史、弘扬雷锋精神”志愿服务活动。

4月13日 下午，太原交通运输执法局党委邀请省委党史研究院四室副主任许兴达以“开天辟地屹立东方——新民主主义革命时期中国共产党历史回顾”为题，为全体党员进行党史学习教育专题辅导讲座。

同日 下午，太原交通运输执法局党委召开局属各单位负责人及机关党支部书记党史学习教育推进会。在听取各党支部党史学习教育情况汇报后，传达省高速公路综合行政执法总队“全系统党史学习教育推进会”精神，提出3点要求：即进一步提高政治站位，切实增强开展党史学习教育的思想自觉、政治自觉和行动自觉；进一步精准把握内容要求，推动全局党史学习教育高质量开展；进一步强化组织领导，确保全局党史学习教育取得实效。

4月23日 上午，省交通运输厅党史学习教育第一巡回指导组深入太原交通运输执法局指导检查党史学习教育工作。局领导班子成员及相关科室负责人作了汇报。第一巡回指导组组长柴洪江在讲话中充分肯定太原交通运输执法局前一阶段党史学习教育工作，提出4点要求：一是进一步提高站位，切实增强开展党史学习教育的责任感、使命感；二是进一步发挥作用，推动党史学习教育高质量开展；三是进一步结合实际，转变工作作风，实现办实事、开新局；四是进一步求真务实、坚持上下联动，确保党史学习教育取得实效。

4月25日 下午，太原交通运输执法局召开2021年度“党风廉政宣传教育月”廉政谈话会，对局属各单位党政负责人和机关科室负责人、党支部书记进行廉政谈话。

4月30日 上午，省高速公路综合行政执法总队召开2021年党建和党风廉政建设工作会议后，太原交通运输执法局迅速召开会议，对贯彻落实会议精神提出3点要求，一是认真传达学习会议精神，将思想和行动统一到省总队党委各项安排部署上来；二是以党的政治建设为统领，扎实做好党的建设各项工作；三是要一体推进不敢腐、不能腐、不想腐，不断取得党风廉政建设新成效。

5月1日至5日 太原交通运输执法局根据省高速公路综合行政执法总队通知要求，成立4个工作组，对辖区内7个高速公路服务区、通往热门景区高速公路37个收费站入口等区域场所的通行秩序、安全生产等工作开展明察暗访，累计出动人数80人/次、巡查里程3220公里。

5月18日 上午，太原交通运输执法局召开2021年高速公路综合行政执法“路政宣传月”活动动员安排会。会议要求局属各单位提高站位、精心组织、严格履责，将党史学习教育初步成效转化为实际行动，确保“路政宣传月”活动取得实效。

5月24日 下午，太原交通运输执法局召开太原高速公路综合行政执法领域突出问题专项整治行动领导小组会议，对专项整治行动进行全面安排。会议提出3点要求：一是提高政治站位，切实增强开展专项整治行动的责任感、使命感；二是明确行动要求，扎实有序推进专项整治行动；三是压实工作责任，确保专项整治行动高标准、高质量开展。

5月26日 上午，根据省交通运输厅、省高速综合行政执法总队要求，太原交通运输执法局派出50名职工抵达太原绕城高速东社收费站广场开展路政宣传活动。省交通运输厅党组成员、副厅长郭丙福，省高速公路综合行政执法总队党委书记、队长刘清平参加此次活动。本次活动共出动车辆15台，出动50人次，发放宣传资料800份、漫画册300余份、宣传品70余份。

5月27日 在太原市精神文明建设指导委员会认定2020年市级文明单位、文明校园决定中，太原交通运输执法局小店区分局、杏花岭区分局、尖草坪区分局、万柏林区分局、晋源区分局、清徐县分局、娄烦县分局、督查支队8家单位被评为“2020年度市级文明单位标兵”，太原交通运输执法局迎泽区分局和阳曲县分局2家单位被评为“2020年度市级文明单位”。

6月1日 上午，太原交通运输执法局召开信访工作会议。会议传达省高速公路综合行政执法总队全系统信访工作会议精神，签订2021年度信访工作责任书，并对做好改革期间信访工作进行安排部署。会议提出3点要求：一是把思想和行动统一到上级对信访工作的安排部署上来，扎实做好当前信访工作；二是严格落实信访值班制度和信访零报告制度，落实各项工作举措，维护全局和谐稳定；三是按照“属地管理、分级负责”和“谁主管、谁负责”原则及“三到位一处理”要求，压实工作责任，做到统筹兼顾，确保把问题控制在源头、解决在当地。

6月12日至14日 根据省交通运输厅《关于加强端午“小长假”期间执法管理的通知》和省高速公路综合行政执法总队《关于组织开展端午“小长假”期间专项整治督导检查的通知》，太原交通运输执法局制订工作计划，成立3个督导检查组，对太原辖区内10个县（市、区）的交通行政执法领域工作开展督导检查。

6月26日 省高速公路综合行政执法总队党委表彰2021年优秀共产党员、优秀党务工作者和先进基层党组织，太原交通运输执法局机关一支部、娄烦县分局党支部被授予“先进基层党组织”称号；张勇被授予“优秀党务工作者”称号；王海燕等8人被授予“优秀共产党员”称号。

6月27日 在省高速公路综合行政执法总队举办的“永远跟党走 奋进新征程”职工演讲比赛中，太原交通运输执法局罗倩、谢康分获一等奖、三等奖。

6月27日、29日 太原交通运输执法局组织50余名干部职工成立合唱队，分别参加省高速公路综合行政执法总队“永远跟党走 奋进新征程”职工演讲比赛暨文艺会演和省交通运输厅“两优一先”表彰大会、“永远跟党走 奋进新征程”庆祝中国共产党成立100周年文艺会演活动。

6月28日 在省交通运输厅党组表彰2021年优秀共产党员、优秀党务工作者和先进基层党组织决定中，太原交通运输执法局党委、小店区分局党支部被授予“先进基层党组织”称号；杨志诚等2人被授予“优秀党务工作者”称号；刘超等12人被授予“优秀共产党员”称号。

同日 上午，太原交通运输执法局召开庆祝中国共产党成立100周年安保维稳工作部署会议。会议要求，各单位要把庆祝中国共产党成立100周年安保维稳工作作为一项重大政治任务来完成，通过落实安全守卫、做好信访和矛盾化解、消防安全、常态化疫情防控、反恐防范等工作举措，为庆祝中国共产党成立100周年营造安全稳定良好环境。

同日 上午，太原交通运输执法局组织开展“七一”慰问老党员、老干部和生活困难党员活动。太原交通运输执法局领导为老党员佩戴“光荣在党50年”纪念章。

6月30日 上午，太原交通运输执法局组织150名符合行政执法证申领条件的执法人员参加由省司法厅组织的行政执法人员公共法律知识线上考试，考试及格率92%。

7月1日 上午，太原交通运输执法局组织机关全体干部职工观看庆祝中国共产党成立100周年大会现场直播。局属单位各党支部同时收看直播。

7月7日 上午，太原交通运输执法局党委书记、局长赵有恭以“初心如磐 使命在肩 积极为高速公路综合行政执法事业做贡献”为题，为机关全体干部职工讲授党课。

7月23日 上午，省高速公路综合行政执法总队党委书记、总队长（局长）刘清平深入太原交通运输执法局以“铭记党的光辉历史，弘扬伟大建党精神，奋力当好全省加快推进交通强国建设主力军”为题向市局机关全体党员讲授党课，并对之后工作提出4点要求：学习好宣传好贯彻好“七一”重要讲话精神；持续推动党史学习教育走深走实；充分发挥党组织战斗堡垒作用；坚持不懈将全面从严治党引向深入。

7月27日至29日 太原交通运输执法局党委成立4个督导组，分别深入15个党支部，列席并督导各党支部组织生活会。

是月 太原交通运输执法局被省人力资源和社会保障厅、省交通运输厅评为“山西省交通运输系统先进集体”。

8月5日 下午，太原交通运输执法局组织召开太原高速公路综合行政执法领域突出问题专项整治行动第二次推进暨进一步做好疫情防控工作会议。会议听取并点评局属各单位开展专项整治行动情况汇报,对专项整治行动进行再动员、再部署、再落实。同时,对近期疫情防控工作提出要求,严格落实疫情防控责任,严密组织疫苗接种,认真做好个人防护,切实保障职工身体健康。

8月12日 下午,太原交通运输执法局特邀省纪委监委驻省交通运输厅纪检组副组长任玉胜以“在党史学习教育中开展一次自我政治体检”为题,向局领导、各科室负责人和局属各单位负责人作政治警示教育辅导讲座。

8月23日 下午,省文明办考察组一行4人在省直文明办、厅直机关党委有关人员陪同下,到太原交通运输执法局开展2020年度文明单位创建复查测评工作。

8月25日 省高速公路综合行政执法总队转发《山西省交通运输厅关于同意高速公路综合行政执法总队所属支队内设科室设置建议方案的函》(晋交高速执法发〔2021〕212号),明确太原高速公路执法支队4个内设科室名称和主要职责。

8月27日 党史学习教育活动开展以来,太原交通运输执法局多措并举,把“我为群众办实事”实践活动作为党史学习教育和执法领域突出问题专项整治行动的重要内容与突出抓手,坚持问题导向,立足群众需求,落实民生实事7件。

8月28日 上午,太原高速公路执法支队召开干部大会,宣布厅党组干部任免文件,任命刘耀为太原高速公路执法支队党委书记、支队长,任命杨志诚、李军民、张军3人为太原高速公路执法支队副支队长。赵有恭保留正处级待遇,武晋熙、刘初平2人保留副处级待遇。太原高速公路执法支队副科级及以上实职干部参加会议。

9月1日 太原高速公路执法支队按照省高速公路综合行政执法总队安排,对168名在编在岗正式职工实行执法业务学习考试常态化管理。

9月2日 上午,山西省高速公路综合行政执法总队太原支队举行揭牌仪式。省高速公路综合行政执法总队副总队长段志伟一行出席仪式,太原高速公路执法支队全体干部职工、局属各单位党政负责人参加仪式。

9月3日至10日 太原高速公路执法支队领导班子成员深入11个基层单位开展调研,对下一步工作提出5点要求。即:提高政治站位;加强学习教育;增强改革意识;扎实完成年度工作目标;严格做到遵规守纪。

9月15日至18日 太原高速公路执法支队成立督导组,按照“四不两直”方式,对所属各单位的安全生产、疫情防控、执法领域突出问题专项整治行动工作落实情况进行督导检查,针对中秋、国庆两节,做出廉政提醒。

9月18日 山西省直机关精神文明建设委员会下发《关于表彰2020年度省直文明单位、省直文明校园、省直机关第五届道德模范和精神文明建设先进工作者的决定》(晋直文明委〔2021〕4号),太原高速公路执法支队获“省直文明单位标兵”称号。

9月28日 省高速公路综合行政执法总队执法领域突出问题专项整治查纠整改“回头看”及“两节”期间监督检查组组长、副总队长段志伟一行,深入太原高速公路执法支队机关和所属阳曲县分局、杏花岭区分局督导检查工作。

10月1日至7日 根据省高速公路综合行政执法总队要求,太原高速公路执法支队成立国庆假期督查检查工作领导组及7个工作组,分别深入辖区内37个收费站、7个服务区、2个水上经营单位以及阳曲公路段、古交交通局、尖草坪区交通局、太原高速公司等50家企业,对通行秩序和安全生产等情况开展明察暗访。共出动人员210人次、巡查里程3220公里,共查出四个领域20个问题,并在第一时间将发现问题和隐患移交给相关责任单位,得到整改反馈。

10月9日 上午,省交通运输厅党史学习教育第二巡回指导组组长虞翠云检查指导太原高速公路执法支队工作。在充分肯定前一阶段党史学习教育工作基础上,对下一步工作提出3点要求。一是增强开展党史学习教育的责任感、使命感;二是结合实际,转变工作作风,实现办实事、开新局;三是求真务实，坚持上下联动，持续推进“我为群众办实事”活动，确保党史学习教育取得实效。

10月12日 太原高速公路执法支队积极响应上级开展的“我为灾区献爱心”捐款倡议，178名党员干部职工自发捐款18450元，为山西抗洪救灾贡献一份力量。

10月14日 重阳节来临之际，太原高速公路执法支队为179名离退休人员发放慰问金，同时根据疫情防控要求，采取微信群送发慰问信形式，为离退休人员送上节日祝福。

10月20日 上午，太原高速公路执法支队召开会议，传达贯彻全系统改革进展情况汇报会精神，并对改革进展及当前重点工作进行安排。一是严格树立红线、底线意识，认真落实中央八项规定精神，做到明晰底线、知止存畏；二是切实抓好基础管理工作，积极为下一步高速公路综合行政执法工作开展打基础、做准备；三是锚定工作目标，认真抓好年度各项重点工作。会后，太原高速公路执法支队与11个所属单位负责人签订《党风廉政建设第一责任人责任清单》和《2021年度平安建设工作目标责任书》。

10月24日、27日 太原高速公路执法支队疫情防控工作领导组先后两次召开紧急会议，对当前疫情防控工作进行安排部署。一是及时将上级和支队有关要求传达至每名干部职工，时刻保持高度警惕；二是严格管控措施，从严从细落实防疫举措；三是坚持“非必要、不外出”，严格履行请销假制度及应急值班制度。

10月29日 下午，太原高速公路执法支队召开会议传达学习省第十二次党代表大会精神，要求各党支部认真学习传达、深刻领会党代会精神，把思想和行动统一到党代会要求部署上来，与“读原著、学原文、悟原理”党史专题学习结合起来，与谋划“十四五”规划重点任务结合起来，与完成全年工作目标任务结合起来，精心组织学习，确保实效，以优异成绩迎接党的第二十次全国代表大会胜利召开。

11月5日 根据省高速公路执法总队《关于开展高速公路综合行政执法系统工作人员奖励的通知》精神及有关规定，经研究决定，太原高速公路执法支队对2020年度考核为优秀等次的杨志诚等29人予以嘉奖。

11月11日 经山西省精神文明建设指导委员会复查确认：山西省高速公路综合行政执法总队太原支队继续保留“山西省文明单位”荣誉称号（晋文明办〔2021〕27号）。

11月12日 上午，省高速公路综合行政执法总队副总队长段志伟深入太原高速公路执法支队阳曲执法分局，为分局全体干部职工开展学习贯彻习近平总书记“七一”重要讲话精神讲党课活动。

11月18日 在交通运输部通报表扬全国交通运输系统“七五”普法突出成绩单位和个人决定中，太原高速公路执法支队尚晓驰被通报表扬。

11月22日 下午，省交通运输厅直属机关党委专职副书记武安瑜一行深入太原高速公路执法支队小店区执法分局党支部，就“建强基层党组织”进行调研。

11月29日 太原高速公路执法支队改革领导小组会议确认省高速公路综合行政执法总队党委审核同意的太原高速公路执法支队干部调整和人员调配实施方案。

同日 根据省委办公厅、省人民政府办公厅《关于开展“送温暖、献爱心”社会捐款活动的通知》，太原高速公路执法支队全体干部职工自发捐款4810元，并全部交至省民政厅社会捐助工作机构。

12月1日 上午，太原高速公路执法支队所属大队举行揭牌仪式。省总队副总队长（副局长）段志伟出席仪式。仪式上宣读新组建的机关科室、各大队临时负责人，其他工作人员名单，同时就进一步推进支队干部调整、人员调配及固定资产有关工作进行安排。

12月4日 全国第八个宪法宣传日之际，太原高速公路执法支队三大队开展“12·4”宪法宣传日活动，省高速公路综合行政执法总队党委书记、总队长刘清平和副总队长段志伟，省交通运输厅政策法规处副处长张瀚鑫一行到现场宣传指导。太原高速公路执法支队领导和相关科室负责人一同参加活动。

12月6日 上午,全省高速公路综合行政执法系统上路执法启动仪式举行,太原高速公路执法支队在分会场参加启动仪式。

12月16日 太原高速公路执法支队召开改革领导组会议,对领导班子成员分工进行调整,讨论通过太原高速公路执法支队改革领导组调整及下设各工作组成员组成和职责。

12月21日 太原高速公路执法支队党委书记、支队长刘耀围绕习近平总书记成长之路和奋斗历程、中共十九届六中全会精神为机关全体党员讲授党课。此后,其他领导班子成员分别深入所联系党支部开展专题党课讲授活动。

12月21日至23日 根据省高速公路执法总队工作安排,太原高速公路执法支队执法科工作人员配合省总队第三督导组,对高速公路太原分公司迎西、东社、长风东和小店超限检测点进行督导检查。

12月22日 太原高速公路执法支队印发《执法队伍素质能力提升三年行动实施方案(2021—2023年)》,指导执法队伍素质能力提升工作开展。

12月24日 太原高速公路执法支队领导班子成员赴石楼县罗村镇楼家庄村看望慰问支队驻村帮扶工作队员,并送上御寒衣物,把组织关怀传递到队员心间。

12月29日 省高速公路综合行政执法总队下发《关于印发全省高速公路综合行政执法辖区划分方案的通知》(晋交高速执法发〔2021〕58号),对太原高速公路执法支队所属六个大队执法辖区进行明确。

同日 太原高速公路执法支队印发《高速公路综合行政执法“四基四化”建设实施意见》,夯实基层基础,有序推进高速综合行政执法“四基四化”建设。

是年 7月24日、8月20日、9月16日、10月14日、11月19日和12月24日,根据省司法厅统一安排,太原交通运输执法局(太原支队)先后5次组织全体人员参加1期至6期“行政执法大讲堂”学习活动。

8月11日、8月18日、8月31日和9月17日,太原交通运输执法局(太原支队)先后组织人员开展4次案例评析活动。

(资料提供:周海燕)

山西省高速公路综合行政执法总队大同支队大事记

1月6日 大同交通运输执法局安排部署元旦、春节期间新冠肺炎疫情防控工作,局领导班子、基层单位党政负责人及机关科室负责人参加会议。

2月24日 大同交通运输执法局召开专题会议,传达学习习近平总书记在全国党史学习教育动员大会上的重要讲话精神。

3月17日 省高速公路综合行政执法总队总队长刘清平、办公室负责人茹雷、人事教育处负责人王晋一行到大同交通运输执法局调研,局长曲晓东、党委书记车红兵、副局长张军、副局长田占峰、副局长李彬、党委副书记胡让、相关科室负责人参加调研汇报会。

3月24日 大同交通运输执法局召开党委会议,传达学习《山西省高速公路综合行政执法总队党史学习教育工作方案》,安排部署大同交通运输执法局党史学习教育工作。

4月8日 大同交通运输执法局组织党员干部赴平型关纪念馆开展“学习先烈精神、传承红色基因、狠抓工作落实、争做合格党员”主题党日活动。

4月25日 省交通运输厅党史学习教育巡回指导组王大伟一行4人到大同交通运输执法局检查指导工作。

5月7日 大同交通运输执法局在浑源县恒山国际酒店举办党史学习教育专题全员培训。

6月27日 大同交通运输执法局组建合唱团参加省总队迎七一“永远跟党走，奋进新征程”职工演讲比赛暨文艺会演。

6月29日 大同交通运输执法局领导班子、机关党支部、基层党政负责人参观大同红色记忆馆。

9月2日 山西省高速公路综合行政执法总队大同支队(以下简称大同支队)挂牌成立，省高速公路综合行政执法总队副总队长任晓军，大同支队党委书记、支队长车红兵揭牌。

9月27日 省纪委监委驻厅纪检监察组副组长任玉胜一行6人在大同支队进行政治监督专项检查。

12月3日 山西省高速公路综合行政执法总队大同支队所属大队揭牌，省高速公路综合行政执法总队副总队长任晓军、大同支队班子成员揭牌。

12月5日 山西省高速公路综合行政执法总队大同支队参加省高速公路综合行政执法总队举行的全省高速公路综合行政执法系统上路执法启动动员大会。

12月10日 山西省高速公路综合行政执法总队大同支队副支队长李彬带领帮扶责任人与驻村工作队及村“两委”、村民代表在浑源县官儿乡李家庄村召开乡村振兴调研座谈会。

(资料提供:咎成继)

山西省高速公路综合行政执法总队朔州支队大事记

3月 党史学习教育活动开展以来，朔州交通运输执法局按照学史明理、学史增信、学史崇德、学史力行要求，精心组织实施、有力有序推进，共开展中心组9次专题学习、9次专题研讨、2次读书班、1次专题培训、1次专题辅导、1次专题讲座、4次专题宣讲。支部集中学习30余次、专题研讨8次、主题鲜明的主题党日活动3次，道德讲堂活动1次。赓续红色血脉，传承红色基因，解决一批干部群众急难愁盼问题，开展庆祝中国共产党成立100周年系列活动。整个党史学习教育求实、务实、扎实，广大党员干部受到一次全面深刻的政治教育、思想淬炼、精神洗礼，干部职工历史自觉、历史自信心大大增强，凝聚力、战斗力大大提升，达到学党史、悟思想、办实事、开新局目的。

4月7日 朔州交通运输局召开党风廉政宣传教育月活动动员会，对各项工作进行动员部署。期间，通过参观廉政基地、观看警示教育片、廉政提醒谈话、学习相关法律及党纪条规，并结合工作实际，突出亮点，有针对性地开展党纪法规“学、讲、考”，全方位开展党风廉政宣传教育月活动，使全体干部职工深刻认识违纪违法行为社会危害性，不断提高拒腐防变能力，切实增强法纪意识，守住纪律底线，锻造忠诚干净担当的干部队伍。

5月26日至27日 朔州交通运输执法局开展以“学党史、当先锋、护公路、优服务”为主题的路政宣传月活动。党委书记部伟刚、副局长张子军带领宣传人员先后深入朔州汽车北站、朔州市恒通驾校和神头二电厂等场所指导活动开展。其间,共设置集中宣传点12个,摆放移动宣传展板24块,出动执法车辆18台次,发放法律法规宣传单8000余份、宣传册2000余份,现场解答群众提出的相关问题100多人次,进一步增强人民群众爱路护路意识。

8月19日 朔州交通运输执法局工会组织学雷锋志愿服务队,在张蔡庄乡泰胜车队开展"情系职工、清凉一夏"慰问活动。党委书记部伟刚,工会主席、副局长张子军参加活动。服务队详细了解泰胜车队职工劳动保护、生产生活等各方面情况,对坚守在一线的司机朋友们表示深深敬意,为奋战在高温酷暑下辛勤工作的一线职工送上冰糖、绿豆、白糖、罐头和饮料等防暑用品,给他们送去清凉和健康。

9月2日 山西省高速公路综合行政执法总队朔州支队(以下简称朔州支队)举行揭牌仪式。省高速公路综合行政执法总队副总队长任晓军出席,朔州支队支队长部伟刚主持揭牌仪式。朔州支队揭牌,标志着朔州高速公路综合行政执法事业迈上新的历史征程。朔州支队聚焦建设法治交通为目标,坚持不懈推进执法规范化建设,着力激发护航新征程的强烈政治担当、使命担当、责任担当,以更加奋发有为精神状态履行好新时代使命任务、书写好新时代高速公路综合行政执法事业新答卷。

11月11日 朔州支队赴大同支队进行面对面、点对点、实打实对接交流,推进高速公路综合行政执法改革建设高质量发展。大同支队党委书记、支队长车红兵,副支队长李彬及相关科室负责人,朔州支队党委书记、支队长部伟刚及相关科室负责人参加会议。经双方商议,初步确定大同、朔州执法区域管辖区域交界桩号。此次工作对接意义重大,在厘清工作职责、交流工作经验的同时,积极发挥桥梁纽带作用,推动工作进一步开展,为高速公路综合行政执法工作做出新贡献。

12月3日 山西省高速公路综合行政执法总队朔州支队举行所属大队揭牌仪式。省高速公路综合行政执法总队副总队长任晓军出席仪式,朔州支队全体干部职工共50余人参加。仪式由党委书记、支队长部伟刚主持,宣布支队科室和大队临时负责人,各科室及大队所属人员调配情况。部伟刚在讲话中,要求站在新起点上,紧紧围绕总队党委确定的"一年打基础、三年见成效、五年创一流"工作目标,对正位、明方向、抓落实、闯新路、开新局,用昂扬工作姿态,饱满工作热情,为高速公路综合行政执法事业稳步启航做出应有贡献,用实际行动向厅党组、总队党委交出一份满意答卷。

12月6日 随着全省高速公路综合行政执法系统上路执法启动动员会议召开,全省交通运输综合行政执法改革取得决定性成果。朔州支队把建设人民满意高速公路综合行政执法队伍作为出发点,以交通运输治理体系和治理能力现代化为导向,严格按照总队党委确定的工作目标,抓班子带队伍,履好职尽好责,守纪律讲规矩,以时不我待、只争朝夕的精神状态,鼓足干劲、重整行装、决胜开局,全力以赴投入改革发展各项工作中,切实增强广大人民群众对高速公路综合行政执法改革的获得感和满意度。

同日 朔州支队"妈咪小屋"被省总工会、省卫生健康委员会命名为第七批山西省"妈咪小屋"。朔州支队珍惜荣誉,再接再厉,不断强化管理、拓展内涵、提升品质,打造优质母婴服务环境,竭诚为女职工服务。

(资料提供:潘志锋 田向刚)

山西省高速公路综合行政执法总队忻州支队大事记

2月19日 忻州交通运输执法局贯彻落实省高速公路综合行政执法总队"讲政治、强责任、严纪律、转作风"集中学习提升专项活动动员会精神，并组织开展第一次集中学习研讨会。局党委书记曲恒卯主持会议，领导班子其他成员、各科室负责人参加会议。曲恒卯在会上带领大家集中学习习近平总书记在省部级主要领导干部学习贯彻中共十九届五中全会精神专题研讨班开班式上发表的重要讲话等内容，要求充分认识开展集中学习研讨的重要性，以不断强化政治判断力、领悟力、执行力为目标，将专项活动作为当前一项重要政治任务来抓。同时严格按照省高速公路综合行政执法总队安排，对下一步集中学习研讨和在全局上下开展集中学习提升专项活动进行全面部署，层层压实责任，确保专项活动取得实效。

4月9日 上午，忻州交通运输执法局组织召开党史学习教育活动推进会。局党委书记曲恒卯讲话，局党委副书记、纪委书记王占军主持会议，局党委委员、基层各分局党政负责人和机关副科以上干部出席会议。市局机关、督查支队、忻府区分局等16个党支部书记逐一进行汇报，并提出设想和建议。汇报结束后，曲恒卯进行点评，提出"五抓五看"。即：抓组织领导，看政治站位；抓深学深悟，看思想认识；抓时间节点，看创新亮点；抓学习载体，看承载内容；抓营造氛围，看通讯报道。

4月14日 下午，忻州交通运输执法局党委组织机关党支部、督查支队党支部、忻府区分局党支部三个支部50余名党员来到革命先烈续范亭将军纪念堂进行党史学习教育。全体党员面对鲜红党旗重温入党誓词，局党委书记曲恒卯在讲话中，要求大家要珍惜今天来之不易的幸福生活，牢记初心和使命，砥砺奋进前行，充分发挥党员先锋模范作用，立足本职岗位，为高速公路综合行政执法改革事业开局起步做出应有贡献。

5月20日 上午，忻州交通运输执法局执法领域突出问题专项整治行动安排部署工作会议在市局机关六楼会议室召开。局领导班子成员、机关各科室负责人参加会议。会上，局党委书记曲恒卯再次重点传达省高速公路综合行政执法总队队长刘清平有关专项整治行动工作精神，并就下一步开展工作提出要求。

5月26日 上午，忻州交通运输执法局开展全国第七个"路政宣传月"活动。活动以"学党史、当先锋、护公路、优服务"为主题，将忻州市体育广场作为活动主要宣传阵地，并且统筹基层各执法分局在各自辖区全面开展宣传攻势，形成全面动员、人人参与的宣传局面。同时，通过采取搭建拱门、组织演出、陈列展板、发放宣传资料、现场政策解读、送法入户等多种方式，将《中华人民共和国行政处罚法》《中华人民共和国行政强制法》《中华人民共和国公路法》《公路安全保护条例》等法律法规，向社会广大群众进行深入宣传，并对有关政策进行深入讲解，得到社会群众一致认可。

6月23日 上午，忻州交通运输执法局定襄县分局党支部召开全体党员大会，为支部退休老党员李拴劳颁发"光荣在党50年"纪念章。

6月24日 忻州交通运输执法局党委、工会在广泛征求干部职工意见建议基础上，积极筹备开展形式多样的活动喜迎中国共产党成立100周年，用实际行动表达感党恩听党话跟党走颂党情的热情，落实局党委倾听群众呼声,认真落实党史学习教育“我为群众办实事”实践活动的具体举措。一是以“交通联系你我他,安全知识进万家”为主题,内容以交通标志、标识、安全知识竞赛为主;二是以“执法知识我懂,上岗履职我行”为主题,紧密联系工作实际,内容以法律法规、高速公路标志标识知识竞赛为主;三是以丰富生活,强健体魄,锻炼身心为目标,开展“职工乒乓球比赛”;四是以凝聚团队精神,增强向上活力为目的,开展“职工投篮比赛”;五是举办“抒发爱党情,美文颂党恩”为主题的征文比赛。

8月26日 下午,忻州交通运输执法局召开干部大会,宣布干部任免决定。局党委书记曲恒卯主持会议,厅人事处二级调研员侯一方,省高速公路综合行政执法总队副总队长段志伟、总队人事处副处长于良出席会议,市局机关全体职工和督查支队、忻府区分局、定襄县分局、原平市分局、静乐县分局、代县分局、繁峙县分局等基层分局副科以上干部参加会议。会上,侯一方宣布干部任免决定,宣布任命曲恒卯为忻州支队党委书记、队长,任命王占军、李红光、杨定国3人为副支队长。

9月3日 上午,山西省高速公路综合行政执法总队忻州支队(以下简称忻州支队)举行揭牌仪式,省高速公路综合行政执法总队副总队长段志伟一行到场指导。揭牌仪式由忻州支队党委书记、支队长曲恒卯主持,忻州支队机关全体干部职工、各基层单位党政负责人参加揭牌仪式。

9月30日 省交通运输厅政策法规处(执法监督处)二级调研员杨继勇一行到忻州支队督导检查工作,重点检查执法领域突出问题查纠整改“回头看”工作和中秋国庆两节期间落实中央八项规定精神,坚决防止“四风”问题反弹回潮,统筹做好疫情防控和“两节”期间各项工作。要求进一步提高全员宗旨意识,提升执法能力水平。

10月29日 忻州支队组织全体干部职工召开专题会议,就进一步强化贯彻落实省第十二次党代会上讲话精神进行安排部署。党委书记曲恒卯主持会议并讲话,提出具体要求。机关全体职工、各基层分局副科以上干部参加会议。

12月1日 山西省高速公路综合行政执法总队忻州支队各大队举行揭牌仪式,省高速公路综合行政执法总队副总队长段志伟一行到场指导,忻州支队全体干部职工参加揭牌仪式。揭牌仪式由副支队长王占军主持,支队长曲恒卯作动员讲话。要求树立大局意识,强化履职尽责,扎实工作,奋勇争先,以建设人民满意高速公路综合行政执法队伍为出发点,锚定总队党委“一年打基础、三年见成效、五年创一流”工作目标,认真做好忻州支队机构改革“后半篇文章”。

同日 忻州支队班子成员对4个机关科室、8个大队临时负责人进行廉政谈话。党委书记、支队长曲恒卯对新任职干部提出4点要求,即提高政治站位,树立大局意识;强化履职尽责,树立担当意识;扎实推进改革,树立争先意识;增强廉洁自律,自觉接受监督。

12月6日 在庄严国歌声中,忻州支队分会场在省高速公路综合行政执法总队统一指挥下全员上路执法全面启动。会上,雷天才为部分执法人员颁发“中华人民共和国行政执法证”并作动员讲话,工作人员宣读“交通运输行政执法禁令”,执法人员举行集体宣誓。在收到总队长刘清平“出发”的命令后,忻州支队6辆喷涂崭新“交通运输执法”字样的执法车辆从机关院内徐徐开出,驶向辖区高速公路。

(资料提供:杨淑娟)

山西省高速公路综合行政执法总队阳泉支队大事记

1月7日 阳泉交通运输执法局在市局五楼会议室组织召开新冠肺炎疫情防控安排部署专题会议，局长范文生主持会议，基层单位主要负责人、机关科室负责人参加会议。会议传达省厅、省局疫情防控紧急会议精神，部署阳泉交通运输执法局疫情防控工作。

2月7日 阳泉交通运输执法局召开专题会议，传达贯彻落实全省交通运输工作会议精神，局长范文生主持，基层各单位机关各科室负责人参加会议，安排部署近期工作。参会人员就讲话精神作交流发言。

2月20日 阳泉交通运输执法局党委组织“讲政治、强责任、严纪律、转作风”主题中心组（扩大）学习，就如何开展好此次专项活动进行研究，党委成员、纪检及两办负责人等参加学习。会议研究部署活动开展的具体任务分解、落实计划和活动内容。

2月23日 阳泉交通运输执法局党委在市局五楼会议室召开党委中心组（扩大）学习，集中学习贯彻习近平总书记在党史学习教育动员会上的重要讲话精神。机关全体党员、基层单位负责人参加学习。

同日 阳泉交通运输执法局党委组织开展“讲政治、强责任、严纪律、转作风”主题党日活动，机关全体党员、基层党政负责人、党员代表着正装、戴党徽参加活动。党委负责人带领全体党员参观局党建教育活动基地。4名基层党支部书记、党员代表发言，回顾党的一大到十九大发展历程，全局党员面对党旗宣誓。

是月 阳泉交通运输执法局获得省交通运输厅脱贫攻坚专项记功表彰，潘云飞获得省厅脱贫攻坚专项个人记功表彰。

3月1日 阳泉交通运输执法局召开“讲政治、强责任、严纪律、转作风”集中学习提升专题研讨交流会，局机关科室、基层单位负责人参加研讨交流。

3月2日 阳泉交通运输执法局党委组织召开“争当改革发展稳定排头兵”活动推进会，机关全体、基层单位负责人参加会议。

3月5日 阳泉交通运输执法局组织“三八”妇女节活动，组织机关全体妇女座谈交流。

3月10日 阳泉交通运输执法局党委组织机关全体党员干部传达学习贯彻2021年全省交通运输系统党风廉政建设工作会议精神。

3月16日至17日 阳泉交通运输执法局局长范文生带队一行4人赴盂县分局、矿区分局、城区分局开展重点工作督导。

3月22日 阳泉交通运输执法局在市局三楼会议室召开“三零”单位创建推进工作会议，机关全体职工参会。局长范文生传达省总队“三零”单位创建工作推进会议精神；党委副书记、纪委书记冯晋泉宣读阳泉交通运输执法局“三零”创建工作方案；最后，范文生就全局进一步深化“三零”单位创建工作进行安排部署。

同日 阳泉交通运输执法局获“全市驻村帮扶模范单位”称号。

3月25日 阳泉交通运输执法局党委召开党史学习教育第二次专题学习暨领导班子理论学习中心组（扩大）会议。局长范文生主持，领导班子成员、相关科室负责人参加会议。班子成员冯晋泉、戴有禄结合学习体会作交流发言。

3月26日 阳泉交通运输执法局召开“争当改革发展稳定排头兵”活动阶段总结会，机关全体职工、基层单位党政负责人参加会议,会议由党委副书记、纪委书记冯晋泉主持。盂县分局、矿区分局负责人,机关安全生产监督科、纪检监察室负责人参加,4人作交流发言。局长范文生作总结讲话。

同日 阳泉交通运输执法局传达学习《省纪委监委驻省交通运输厅纪检监察组2021年工作要点》,并就贯彻落实文件精神提出五点要求。

3月31日 阳泉交通运输执法局机关党支部组织机关全体党员,前往爱国主义教育、革命传统教育和理想信念教育基地狮脑山百团大战纪念碑,开展"学党史、忆先烈、勇担当"主题党日活动。

是月 阳泉交通运输执法局获得"全市脱贫攻坚驻村帮扶工作模范单位"称号。

4月1日 上午,阳泉交通运输执法局矿区分局组织全体党员干部职工,前往阳泉市郊区旧街乡南沟村草帽山狼峪抗战遗址公园,开展"缅怀先烈学党史,继承传统跟党走"党史学习教育主题党日活动。

同日 阳泉交通运输执法局党委召开党史学习教育第三次专题学习暨领导班子理论学习中心组(扩大)会议。局长范文生主持,领导班子成员、相关科室负责人参加会议。

4月7日 阳泉交通运输执法局传达贯彻省交通运输厅党组《2021年度"党风廉政宣传教育月"活动实施方案》,并对照文件精神做出具体安排部署。局长范文生就贯彻落实"活动方案"提出4点要求。

同日 阳泉交通运输执法局在市局三楼会议室召开专题会议,传达贯彻省高速公路综合行政执法总队党史学习教育活动推进会会议精神,安排部署下一阶段党史学习教育工作,推动党史学习教育活动落实落细。会议由局长范文生主持,机关全体职工参加会议。会议要求各单位、各科室要加强组织领导,高质量抓好落实。全局要坚持统筹兼顾,把学习党史同总结经验、观照现实、推动工作结合起来,同高速综合行政执法改革结合起来,切实做到两手抓、两不误。

4月9日 省高速公路综合行政执法总队党委书记、总队长(局长)刘清平一行3人深入阳泉交通运输执法局及城区、矿区分局两个基层单位调研指导工作。阳泉交通运输执法局领导班子成员、机关科室负责人参加调研座谈。刘清平在讲话中对取得的成效给予充分肯定,对今后工作开展提出6点要求。

4月12日 阳泉交通运输执法局召开会议,传达贯彻刘清平在阳泉交通运输执法局调研讲话精神。局长范文生主持,局领导班子成员、各基层单位党政负责人和机关全体干部职工参加会议。

同日 阳泉交通运输执法局召开党史学习教育暨党风廉政宣传教育月活动推进会。局长范文生进行再安排、再部署,局党委副书记、纪委书记冯晋泉对两个活动开展具体任务进行责任分解。

4月15日 阳泉交通运输执法局组织开展第6个全民国家安全教育日活动。

同日 阳泉交通运输执法局召开党委中心组(扩大)第四次党史专题学习,局长范文生主持,相关科室负责人参加。

4月18日 省交通运输厅党史学习教育第三巡回指导组一行三人深入阳泉交通运输执法局指导党史学习教育工作。局领导、相关科室负责人参加督导检查。

4月26日 阳泉交通运输执法局召开安全生产委员会第二次会议,传达省厅会议精神,对近期安全生产工作做出安排。

同日 阳泉交通运输执法局党委举办党风廉政建设专题讲座。阳泉市直机关纪工委副书记高军琴应邀授课。局领导班子成员、机关全体、基层单位副科级以上干部50余人听讲。局长范文生与基层单位负责人逐一签订《全面从严治党责任书》。

4月30日 阳泉交通运输执法局党委召开党史学习教育第五次专题学习暨领导班子理论学习中心组(扩大)会议。局长范文生主持,局领导班子成员、相关科室负责人参加会议。

5月1日至5日 阳泉交通运输执法局干部职工总动员,成立由局长范文生为组长的领导组,下设5个检查组,不分昼夜对阳泉辖区内330公里4条高速公路服务区、客流量大的通往景区的收费站出入口、治超监测点等区域场所的车辆通行秩序、安全生产等情况进行检查。

5月7日 省交通运输厅党史学习教育第三巡回指导组一行4人到阳泉交通运输执法局检查指导党史学习教育开展情况。市直机关工委书记王瑞萍受邀出席，市局领导班子成员、相关科室负责人参加座谈。指导组对取得的成效给予充分肯定，对今后党史学习教育提出要求。

5月19日 阳泉交通运输执法局党委召开党史学习教育第六次专题学习暨领导班子理论学习中心组（扩大）会议。局长范文生主持，局领导班子成员、相关科室负责人参加会议。

同日 阳泉交通运输执法局组织机关全体职工、基层单位副科以上领导干部参加省高速公路综合行政执法总队召开的高速公路综合执法领域突出问题专项整治行动动员部署视频会，对阳泉交通运输执法局开展专项整治行动做出部署。

5月12日 上午，阳泉交通运输执法局开展以“防范化解灾害风险、筑牢安全发展基础”为主题的“5·12”防灾减灾日安全培训。

5月25日 阳泉市文明委通报，阳泉交通运输执法局矿区分局、郊区分局（市级标兵），阳泉交通运输执法局督查支队继续保持市级文明单位荣誉称号。

5月26日 阳泉交通运输执法局联合市交通运输局综合行政执法队组织开展“学党史、当先锋、护公路、优服务”为主题的“路政宣传月”集中宣传日活动。共出动214人次，出动车辆33车次，发放传单1万余份、铜版纸宣传彩页2000份，组织“万人大签名”4次、提供咨询服务120余次，活动现场气氛热烈，受到了一致好评，活动成果显著。

5月31日 阳泉交通运输执法局召开驻盂县上社镇中社村工作队乡村振兴驻村工作安排部署会。市局办公室、党群部、纪检监察室、人事科等相关科室参加会议，会议由局长范文生主持。

6月1日 阳泉交通运输执法局召开信访工作会议。机关全体职工、基层单位主要负责人参加会议，局长范文生主持。

同日 阳泉交通运输执法局领导深入郊区育英小学和市实验中学开展路政宣传活动，为学生们准备学习文具，并送上节日祝福与问候。

6月2日 阳泉交通运输执法局机关党支部组织开展“党史学习教育”党课讲座。局长范文生主讲，机关全体党员听讲。

同日 阳泉交通运输执法局机关党支部在市局五楼党建活动基地开展“迎‘七一’，庆祝中国共产党成立100周年”主题党日活动。

6月7日 上午，阳泉交通运输执法局召开安全生产委员会第三次会议，会议传达省厅安委会第三次会议精神，对“安全生产月”工作进行安排部署。

6月10日 上午，阳泉交通运输执法局召开关于领导干部超标准配备办公用房问题专项整治集体廉政谈话会。

同日 阳泉交通运输执法局党委组织全局50余名党员代表赴中共阳泉市委、市政府旧址纪念馆，开展“传承红色基因 致敬建党百年”党史学习教育参观见学活动，共同缅怀革命先烈英雄事迹，接受红色洗礼。

6月16日 阳泉交通运输执法局组织全体干部职工开展以“落实安全责任，推动安全发展”为主题的“6·16”安全宣传咨询日活动。共布置展板9块、悬挂横幅1条，发放各类宣传资料100余份，现场接受群众咨询30余人次。

6月17日 阳泉交通运输执法局党委召开党史学习教育第七次专题学习暨领导班子理论学习中心组（扩大）会议。局长范文生主持，局领导班子成员、相关科室负责人参加。

6月21日 阳泉交通运输执法局召开执法领域专项整治行动再动员、再部署会。会议传达省高速公路综合行政执法总队专项整治行动工作推进会精神，对督导检查内容及要求进行分析部署。

6月23日 阳泉交通运输执法局召开执法领域突出问题专项整治行动推进会，局长范文生主持会议，局领导班子成员、各基层单位、各科室负责人、局专项整治行动领导组办公室人员参加会议。

6月26日 上午，阳泉交通运输执法局召开庆祝中国共产党成立100周年“七一”表彰大会。全局全体党员、入党积极分子、部分退休党员代表参加会议。会上,10名优秀共产党员、6名优秀党务工作者、3个先进基层党组织受到表彰。为两名老党员颁发“光荣在党50周年”纪念章。

同日 省高速公路综合行政执法总队决定授予阳泉交通运输执法局机关党支部“先进基层党组织”称号,授予李海鹰、李志恒、张鑫“优秀共产党员”称号,授予巩晓玲“优秀党务工作者”称号。

同日 阳泉交通运输执法局开展“奋斗百年路 启航新征程”庆祝中国共产党成立100周年文艺会演。市局机关、基层单位、退休老党员代表等60余人参加活动。

6月30日 根据省司法厅统一安排,阳泉交通运输执法局组织开展行政执法人员公共法律知识考试。51名符合申领行政执法证条件人员参加考试。考试采用无纸化统一闭卷方式,在省司法厅执法证件考试平台上进行,设机关、基层单位共7个考场。

同日 中社村党支部召开党史学习教育专题组织生活会。镇党委组织委员田振良、乡村振兴工作队员及中社村全体党员参加,阳泉交通运输执法局乡村振兴队员参加会议。

6月30日至7月3日 省高速公路综合行政执法总队专项督导检查组第四督导组一行5人对阳泉交通运输执法局执法领域突出问题专项整治行动等5项工作进行督导检查,给予肯定。

是月 杨洁在省高速公路综合行政执法总队“永远跟党走 奋进新征程”演讲比赛中,获得二等奖。

是月 杨洁在阳泉市总工会“中国梦·劳动美——永远跟党走 奋进新征程”传颂红色经典全市职工朗诵大赛中,获得优秀奖。

7月1日 阳泉交通运输执法局党委以支部为单位,组织全局60余名在职党员集中收看“庆祝中国共产党成立100周年大会”庆典盛况。聆听习近平总书记发表重要讲话。

7月8日 阳泉交通运输执法局联合阳泉公路分局邀请驻交通运输厅纪检监察组副组长任玉胜,讲授开展党史学习教育专题廉政党课。

同日 阳泉交通运输执法局职工杨洁参加省交通运输厅举办的“中国梦·劳动美——永远跟党走、奋进新征程”职工演讲比赛并荣获三等奖。

7月9日 阳泉交通运输执法局党委组织机关全体干部职工就中共山西省纪委办公厅《关于党员干部和公职人员子女生日、升学等事宜“四严禁、五倡导”》文件精神进行学习,并做安排部署。

7月16日 阳泉交通运输执法局召开执法领域突出问题专项行动深入整改专题研究部署会议,局长范文生主持会议,传达省厅专项整治行动第二次视频调度会精神,对此次专项整治行动深入整改进行分析研究,并做进一步工作部署。

7月20日 阳泉交通运输执法局党委召开党史学习教育第八次专题学习暨领导班子理论学习中心组(扩大)会议。局长范文生主持,局领导班子成员、相关科室负责人参加会议。

7月21日 中社村党支部书记崔建旺与阳泉交通运输执法局驻村工作队员张贵林冒雨亲临原大西沟村,对河道、堤坝、村民房屋、电站等容易有隐患的地方进行实地勘察,提醒各家各户密切关注天气变化,注意个人安全防护,发生紧急情况要立即报告。

7月27日 阳泉交通运输执法局驻盂县上社镇中社村3名驻村队员参加由中共盂县县委组织部、盂县乡村振兴局举办的为期3天的首期乡村振兴业务培训学习。

同日 阳泉交通运输执法局组织执法人员积极参与省司法厅组织的第一次行政执法大讲堂培训。

同日 阳泉交通运输执法局召开专项整治行动领导组会议,传达全省高速公路行政执法系统执法领域突出问题专项整治行动第二次推进会精神,研究分析全局专项整治行动下一步工作。机关全体职工参加会议。

7月28日 上午,阳泉市交通运输执法党委副书记、纪委书记冯晋泉在机关党支部讲授“专心致志学好党的历史,真正做好全面从严治党”主题党课。

7月28日至29日 “八一”建军节即将到来之际,阳泉交通运输执法局走访慰问单位退役军人,在了解他们日常生活和工作同时，送上慰问金和慰问信，表达节日关怀、温暖和问候。

是月 阳泉交通运输执法局继续保持省级标兵文明单位，城区分局、平定县分局继续保持省级文明单位。

是月 阳泉交通运输执法局被省厅授予“山西省交通运输系统先进集体”称号。

是月 尚迎锋被市直工委授予“优秀共产党员”称号，王静被市直工委授予“优秀共产党员”称号，巩晓玲被市直工委授予“优秀党务工作者”称号。

8月5日 上午，阳泉交通运输执法局召开疫情防控专题会议，传达学习省政府疫情防控会议精神及省长蓝佛安关于疫情防控指示精神，局长范文生就本单位疫情防控工作做具体安排。

8月6日 阳泉交通运输执法局机关党支部开展“强化政治机关意识”主题党日活动。机关全体党员集体学习习近平总书记“在庆祝中国共产党成立100周年大会上的重要讲话”等内容，并进行研讨交流。

8月11日 省纪委监委驻省交通运输厅纪检监察组一行5人到阳泉交通运输执法局开展新冠肺炎疫情检查工作，采用实地检查的方式就疫情防控措施、防控制度、防控工作资料及档案进行检查，并开展座谈。

8月18日 阳泉交通运输执法局党委在市局五楼会议室召开专题会议，传达贯彻省厅、省总队2021年上半年工作会议精神，安排部署下半年工作任务。机关全体职工、基层单位副科级以上干部参加会议。

8月20日 阳泉交通运输执法局组织执法人员积极参与省司法厅第二次行政执法大讲堂培训活动。通过集体观看、线上观看、线上线下发言讨论等方式进行，共59人参加培训。

8月23日 市局督导组赴盂县分局开展交通运输执法领域突出问题专项整治行动专项检查。

8月27日 下午，阳泉交通运输执法局组织召开干部大会，宣布干部任免决定。省交通运输厅人事处二级调研员侯一方，省高速公路综合执法总队副总队长（副局长）段志伟，省总队人事处副处长于良出席会议。阳泉交通运输执法局机关全体干部职工，各分局、督查支队副科级以上领导干部参加会议。侯一方宣布山西省高速公路综合行政执法总队阳泉支队（以下简称阳泉支队）干部任免决定。新任职党委书记、支队长范文生作表态发言。

9月2日 阳泉支队党委书记、支队长范文生一行在盂县上社镇中社村党支部书记崔建旺和驻村工作队队员们陪同下，探望结对认亲的困难老党员王明华。

9月3日 山西省高速公路综合行政执法总队阳泉支队揭牌仪式隆重举行。省总队副总队长（副局长）郭峰志一行3人到场指导，阳泉支队领导班子成员、全体干部职工参加揭牌仪式。

同日 下午，阳泉支队机关党支部组织机关全体党员观看市直机关工委主办的全市学习贯彻习近平总书记“七一”重要讲话精神专题宣讲线上直播课“百年奋斗铸辉煌 阔步迈向新征程”，市委讲师团吕勇慧讲授。

9月9日 阳泉支队组织退役军人集中观看以“老兵永远跟党走·党的退役军人工作发展历程”为主题的专题访谈。

同日 上午，阳泉支队改革领导组召开第二次推进会，完善内控制度、全面规范工作，推进阳泉支队高速公路综合行政执法工作开好局、起好步，决定先行研究拟定各类基础管理制度。

9月10日 阳泉支队机关支部开展学习贯彻习近平总书记“七一”重要讲话精神专题宣讲会，党委书记、支队长范文生作宣讲报告。机关党支部30余名党员参加宣讲会。

9月13日至16日 阳泉支队安全生产督导组成员深入基层分局，对疫情防控、隐患排查、消防设施设备配备及完好情况开展督导检查。

9月14日 阳泉支队结对认亲组前往盂县上社镇中社村困难党员零就业家庭王计正家中进行走访。

同日 阳泉支队机关党支部组织党员结对帮扶组赴盂县上社镇中社村，亲切看望慰问结对帮扶困难老党员,驻村第一书记、工作队员陪同慰问。

9月15日 阳泉支队组织机关全体干部职工召开“中秋、国庆”集体廉政谈话会。

同日 阳泉支队召开交通运输执法领域突出问题专项整治行动总结分析会议,会议由党委书记、支队长范文生主持,各科室负责人、专项领导组成员参加会议。会议传达学习专项整治行动第三次视频调度会精神。对照精神,会议对阳泉支队专项整治行动进行全面总结分析,并部署下一步工作。

9月18日 上午,阳泉支队纪律作风督查组深入平定县分局,开展中秋国庆“两节”期间作风建设监督检查。

9月18日、28日 阳泉支队对各基层单位开展“中秋、国庆”期间监督检查工作。

9月26日 上午,阳泉支队组织机关全体党员干部及基层单位负责人深入学习讨论《落实中央八项规定精神负面清单》及中央、省纪委通报违反中央八项规定精神问题和系统内典型案例。

9月27日 省总队第一督导组组长、副总队长段志伟一行6人对阳泉支队开展执法领域突出问题查纠整改“回头看”、“两节”期间落实中央八项规定、疫情防控等重点工作进行督导检查。对工作表示肯定,对“回头看”存在的问题进行指示指导。

9月30日 阳泉支队党委在机关三楼会议室以读书班形式召开党委中心组(扩大)学习和专题研讨。党委成员、相关科室负责人参加学习。

同日 阳泉支队中层以上干部,参加省厅组织的学习贯彻习近平总书记“七一”重要讲话精神专题宣讲会。由原国家行政学院副院长周文彰讲授。

同日 阳泉支队安排部署国庆期间安全生产监督检查。

10月13日 阳泉支队开展重阳节慰问活动,相关部门走访慰问单位退休老干部,为他们送去关怀和温暖,发放慰问金和慰问信,致以节日问候。

10月16日至17日 阳泉支队组织业务骨干8人次参加阳泉市交通运输局组织的阳泉市交通运输综合行政执法知识业务培训。

10月19日 上午,阳泉支队工会组织全体干部职工、工会会员开展2021年度“博爱一日捐”募款活动。

10月20日 阳泉支队人事科组织退役军人集中观看以“老兵永远跟党走·让退役军人成为全社会尊重的人”为主题的演讲比赛。

10月22日 王静在“中国梦·劳动美——永远跟党走进奋进新征程”全省交通运输系统职工书画摄影比赛中获得优秀奖。

10月26日 阳泉支队党委书记、支队长范文生带队一行5人赴阳五高速路政就下一步高速路政执法工作进行接洽、探讨和交流。

10月28日 阳泉支队党委在机关三楼会议室以读书班形式召开党委中心组(扩大)学习和专题研讨。党委成员、相关科室负责人参加学习。

10月29日 阳泉支队机关全体职工、基层单位副科级以上干部参加全系统传达贯彻省十二次党代表会议精神视频会议。党委书记、总队长、局长刘清平传达题为《牢记领袖嘱托,扛起时代使命,全方位推动高质量发展,奋力谱写全面建设社会主义现代化国家山西篇章》的报告。副总队长、副局长任晓军传达中国共产党山西省第十一届纪律检查委员会的工作报告。

11月2日 阳泉支队党委召开改革领导组专题(扩大)会议,传达学习贯彻省第十二次党代表大会精神,班子成员、科室负责人参加会议。参会人员结合感受进行交流研讨。

11月19日 阳泉支队60人参加省司法厅组织的第五次“执法大讲堂”活动。

11月29日 阳泉支队党委在机关三楼会议室以读书班形式召开党委中心组第三次(扩大)学习和研讨,党委成员、相关科室负责人参加学习。

12月1日 山西省高速公路综合行政执法总队阳泉支队举行所属大队揭牌仪式。省总队副总队长(副局长)郭锋、省总队指挥中心副主任王晓东出席,阳泉支队全体干部职工参加仪式。会议宣布机关科室和大队临时负责人,并对各大队所属人员进行安排部署。随后,省总队副总队长(副局长)郭锋和党委书记、支队长范文生依次为阳泉支队所属四个大队揭牌。

12月4日 阳泉支队围绕“举办一次专题研讨，参加一次旁听庭审，开展一次进基层活动，组织一次答题活动，观看一次宪法宣传片，开展一次民法典学习”开展“12·4”国家宪法日和宪法宣传周系列活动，营造普法、敬法、爱法、守法良好氛围。

12月6日 为全面推进高速公路综合行政执法改革任务，实现“年内上路执法”目标，山西省高速公路综合行政执法总队举行“全省高速公路综合行政执法系统上路执法启动动员会议”，阳泉支队全体干部职工参加会议。会议主会场向执法人员代表颁发“中华人民共和国行政执法证”，省交通运输厅一级巡视员雷天才作动员讲话；工作人员宣读“交通运输行政执法禁令”，全系统执法人员在主会场和分会场进行集体宣誓。随着雷天才宣布“山西省高速公路综合行政执法全面启动”，各分会场依次报告“收到”，总队长刘清平发出“出发”命令后；全省执法车辆同时出发驶向辖区高速公路。

12月13日 阳泉支队被省总工会命名为“党的创新理论宣讲站”。

12月24日 阳泉支队召开疫情防控专题会议。会议由支队长范文生主持，机关全体职工参加。会议传达学习省委第五十四次疫情防控专题会暨省疫情防控工作领导小组会议的精神，对阳泉支队疫情防控工作进行部署安排。

12月28日至30日 阳泉支队组织开展对支队机关、4个大队以及各留守单位节前疫情及消防安全督导检查工作。

12月31日 阳泉支队召开2021年元旦、春节节前廉政警示提醒会，支队科室负责人、大队负责人参加会议。会议就做好元旦、春节期间正风肃纪工作进行安排。

（资料提供：张 鑫）

山西省高速公路综合行政执法总队吕梁支队 大 事 记

1月11日 吕梁交通运输执法局召开2020年度党建工作目标责任制考核会议，市直工委党建第一考核组组长、市直纪检监察工委书记刘志勤一行对任务完成情况进行考核。

2月7日 吕梁交通运输执法局进行2020年度目标责任考核工作，受疫情影响，为减少人员聚集，考核不以会议形式召开，省高速公路综合行政执法总队第二考核组及局领导班子、局机关全体职工、各基层单位党政负责人参加考核工作。本次考核以书面形式向参加考核人员发放吕梁交通运输执法局2020年度工作述职报告和领导班子成员个人述职报告，在机关四楼会议室进行考核测评和民主推荐，并进行个别谈话，圆满完成各项考核议程。

2月20日 根据省高速公路综合行政执法总队“讲政治、强责任、严纪律、转作风”集中学习提升专项活动会议精神，吕梁交通运输执法局组织召开专题工作推进会，就此项活动进行再动员、再安排、再部署。

2月22日 吕梁交通运输执法局进行2020年度干部考核工作，受省高速公路综合行政执法总队党委委托，对基层单位领导班子和总队管领导干部进行考核，并对市局管副科级干部和一般干部进行考核。市局机关及各基层单位全体干部职工参加考核工作。参考总队考核市局模式，此次考核不以会议形式召开。市局组织全体参加考核人员分别对被考核单位、领导干部及一般干部进行考核测评,同时开展正科级干部、副科级干部非定向推荐及“担当作为先进典型”干部候选人推荐工作。最后,经过局领导与部分基层单位、机关科室负责人考核谈话,此次干部考核工作顺利完成。

3月2日 上午,吕梁交通运输执法局召开党史学习教育动员会议,深入学习贯彻习近平总书记在党史学习教育动员大会上的重要讲话和吕梁市党史学习教育动员大会精神,并对吕梁局党史学习教育工作进行动员部署。市局机关、离石区分局、督查支队全体职工参加会议。

4月8日 吕梁交通运输执法局组织局机关、离石区分局、督查支队3个支部全体党员走进临县林家坪镇南圪垛村中共中央西北局旧址,开展“学党史 悟思想 办实事 开新局”现场教学活动。

4月9日 吕梁交通运输执法局召开专题会议,迅速传达贯彻省高速公路综合行政执法总队长刘清平在省总队党史学习教育推进会上的讲话精神,并就如何抓好会议精神贯彻落实做出安排部署。

4月12日、4月14日 吕梁交通运输执法局深入开展党章党规党纪专题学习周活动。

4月中旬 吕梁交通运输执法局在全体党员中深入开展“践行初心使命、手抄党章字帖”活动。

4月21日 吕梁交通运输执法局深入开展领导班子成员讲党课活动,副局长孙权平主讲,市局机关、离石区分局、督查支队全体干部职工听讲。

4月23日 吕梁交通运输执法局以世界读书日为契机,举办“讲述党史故事、赓续红色血脉”主题活动。

同日 省交通运输厅党史学习教育第三巡回指导组组长杨增梅一行深入吕梁交通执法局开展指导工作。指导组通过听取汇报,查看相关文件、党委中心组学习记录、党支部工作记录、学习笔记,同相关人员座谈等方式,详细了解党史学习教育开展情况。给予充分肯定,要求认真对照任务清单,逐项高标准高质量完成好、落实好。

4月28日 吕梁交通运输执法局依托每周一、三、五集中学习平台,继续开展《警示录》专题学习。

同日 吕梁交通运输执法局以“坚定理想信念、永远跟党走”为主题,举办道德讲堂。

5月14日 上午,吕梁交通运输执法局邀请省纪委监委驻厅纪检监察组副组长任玉胜作题为“在党史学习教育中进一步筑牢拒腐防变的思想堤坝”党史学习教育专题辅导。

5月20日 上午,吕梁交通运输执法局组织机关党员干部参观吕梁市直机关“学党史、聚合力、兴吕梁”庆祝中国共产党成立100周年党史金句主题书法展。共展出作品283幅,主题鲜明、风格多样、立足传统、力求创新,艺术感染力强,抒发作者热爱党、感恩党的深厚情怀。

5月24日 吕梁交通运输执法局工委“工会进万家”调研走访慰问活动走进省级劳模问恩昌、许海家中进行慰问,并代表组织对两位老人每人送上500元慰问金。

同日 吕梁交通运输执法局组织两个监督检查组深入基层各单位对党史学习教育开展情况进行督导检查。

5月26日 吕梁交通运输执法局结合党史学习教育,统筹谋划,精心组织,以“学党史、当先锋、护公路、优服务”为主题,深入社区、校园、交通运输关联企业开展路政法治宣传教育。此次宣传活动,共发放宣传单2000余份,悬挂宣传标语14条、制作展板2副,制作宣传视频2个,现场解答群众提出问题100余个,出动宣传人员38人次,取得良好效果。

5月31日 下午,吕梁交通运输执法局召开信访工作会,市局机关全体、基层单位党政负责人参加会议,对信访工作进行安排部署,提出3点要求:统一思想,提高认识;压实责任,深入排查;迅速传达,及时化解。

6月16日 吕梁市交通运输局组织开展安全宣传咨询日活动。活动主题为“落实安全责任,推动安全发展”。围绕这一主题,明确以交通运输领域安全生产为重点,喷绘活动展板,张挂宣传条幅,印制宣传图册、传单。

6月22日 吕梁交通运输执法局组织机关、孝义市分局、离石区分局和督查支队4个党支部先后来到孝义市孝义县人民政府首驻地纪念馆和中国共产党孝义建党第一址纪念馆，开展“庆百年华诞 忆红色党史”主题党日活动。

6月23日 上午，吕梁交通运输执法局组织市局机关、离石区分局和督查支队干部职工开展消防安全知识培训。此次培训围绕“人人会灭火、人人会自救、人人会逃生”主题，从生活中常见的火灾隐患入手，详细介绍起火后应当如何实施灭火、自救和逃生。

6月27日 省高速公路综合行政执法总队第一督导组在副总队长段志伟带领下到吕梁交通运输执法局，围绕执法领域突出问题专项整治行动、“安全生产月”活动暨消防安全专项行动、信访工作、落实中央八项规定精神纠“四风”树新风等工作开展情况，进行专项督导检查。段志伟对吕梁局各项工作给予充分肯定，同时针对性提出五项工作建议及意见。

6月30日 上午，吕梁交通运输执法局组织局机关和14个基层单位的57名行政执法人员，参加省司法厅2021年度申领行政执法证公共法律知识考试。此次考试采用“无纸化”形式进行，要求申领行政执法证人员在线考试，考试时间为90分钟。试题共有判断题、单选题和多选题三种题型100道，重点测试执法人员对公共法律知识的掌握和实际运用能力。共计52人通过考试，及格率91.2%。

7月1日 上午，吕梁交通运输执法局党委组织局机关、离石区分局、督查支队全体干部职工在机关三楼会议室全程收看庆祝中国共产党成立100周年大会直播盛况，认真聆听习近平总书记在会上作的重要讲话。同一时间，局属各单位组织人员在本单位集中收听收看大会直播。

同日 在庆祝中国共产党成立100周年之际，吕梁交通运输执法局领导走进退休困难党员家中，为他们送去组织关怀和温暖。在患病退休困难党员刘利娥和薛立平家中，孙权平详细询问病情和恢复情况，第一时间转达组织深切关怀，感谢他们所做贡献，并鼓励他们积极调整心态，全力配合治疗，争取早日康复。

7月2日 下午，省高速公路综合行政执法总队长刘清平一行深入吕梁交通运输执法局调研指导工作。局机关全体职工、离石区分局、督查支队党政负责人参加调研。副总队长渠刚、人事处处长王晋陪同调研。刘清平认真听取2020年以来重点工作情况汇报，并同干部职工现场进行交流，深入了解违规入股、福利支出等工作，对面临人员短缺、经费不足等困难耐心予以指导，逐项提出切实可行解决方案，并对提出的下一步工作建议耐心解惑释疑，对取得的成绩给予充分肯定，鼓励干部职工戒骄戒躁、勇于担当，攻坚克难，积极作为。要求旗帜鲜明讲政治；要深入开展党史学习教育；真抓实干抓好执法领域专项整顿；全力以赴谋划推进改革；充分利用现有条件，因地制宜，提前谋划，前瞻推进，主动作为；从严带好队伍；持续不断正风肃纪；为省厅驻村帮扶队提供必要的服务和保障；多关心、帮助退休老干部。

7月3日 吕梁交通运输执法局深入开展领导班子成员讲“七一”专题党课活动。孙权平以“奋斗百年路 启航新征程”为主题，讲授一堂精彩生动党课。市局机关、离石区分局、督查支队全体干部职工参加活动。

7月5日 吕梁交通运输执法局召开习近平总书记在庆祝中国共产党成立100周年大会上的重要讲话学习贯彻专题会议。市局机关、离石区分局、督查支队全体干部职工参加会议。

7月28日 上午，吕梁交通运输执法局机关党支部以党员大会形式，紧紧围绕“学党史、悟思想、办实事、开新局”主题，认真组织召开党史学习教育专题组织生活会。

7月28日至31日 吕梁交通运输执法局党委结合党员少、地域广的特点，组织局属各支部以片区形式，集中召开各支部党史学习教育专题组织生活会。副局长孙权平到基层单位，全程参加各支部专题组织生活会，并对各支部会议召开情况依次进行督导、点评，严格做到参会全面覆盖、会议提前介入、全程从严把关、认真进行点评、提出具体要求。

7月30日 省高速公路综合行政执法总队(省交通运输综合行政执法局)副总队长(副局长)渠刚深入吕梁交通运输执法局调研指导工作。要求进一步加强政治引领,提高政治判断力、领悟力、执行力,形成推动下半年改革攻坚合力;要进一步强化理论武装,加大压力传导,抓好队伍建设,严格落实“三重一大”议事决策制度,坚决守好廉洁自律底线,努力锻造一支高素质专业执法队伍。局领导班子,机关各科室负责人,离石区分局、督查支队党政负责人参加会议。

7月31日 吕梁交通运输执法局多措并举,真心实意为群众办好事、办实事,先后为家属区、办公区自行车棚内配备4套电动车集中充电装置,安装1组公共配送智能快递箱,着力消除因电动车私接电源、跨夜无人值守充电引发的火灾事故隐患,解决群众“快递最后100米”问题。

8月2日 吕梁交通运输执法局以庆祝中国共产党成立100周年为契机,以“坚持与信仰”为主题,举办一期生动的道德讲堂。市局机关、离石区分局、督查支队全体职工参加活动。活动共分为六个流程,分别是:作一番自省、唱一首歌曲、颂一段经典、讲一个故事、谈一番感悟、送一份吉祥。六个流程环环相扣,精彩生动,使干部职工体验一场沉浸式党性教育。

8月4日 吕梁市直机关第45期道德讲堂总堂在吕梁卫校隆重开讲。本期道德讲堂由吕梁市直机关工委主办,吕梁交通运输执法局承办,来自市直机关80多家单位代表参加。

8月19日 吕梁交通运输执法局召开党委会议,原汁原味传达学习贯彻总队长刘清平在全省高速公路综合行政执法2021年上半年工作会议上的讲话精神。局领导、机关部分科室负责人参加会议。

8月20日 吕梁交通运输执法局对《朱小红诉被上诉人成都市交通运输局公路行政强制及被上诉人四川省交通运输厅行政复议案》进行分析讨论。

同日 吕梁交通运输执法局组织开展“行政执法大讲堂”第二期线上培训活动。本次培训活动由省司法厅主办,山西国晋律师事务所承办,特邀太原理工大学文法学院副院长、副教授杨建华对新《中华人民共和国行政处罚法》修订条文进行对比解析。全局共57名执法人员参加线上培训。

8月25日 由省交通运输厅组织的学习贯彻习近平总书记“七一”重要讲话精神宣讲辅导在厅机关五楼会议室开班。吕梁交通运输执法局2名宣讲骨干聆听辅导。本次辅导由省委讲师团副团长、党史学习教育联络组副组长王勇伟担纲授课,重点围绕理论宣讲是什么、理论宣讲的重要作用、如何做好理论宣讲工作等方面展开系统解读和辅导,主线清晰,深入浅出,语言生动,要求明确,逻辑性和启发引导性极强。

8月27日 下午,由吕梁市直工委举办的吕梁市直机关“学党史、做表率”有奖征文活动颁奖仪式在吕梁市经信局会议室举行,市直工委领导、活动评委、市直各单位党组织负责人和获奖作品作者共计80余人参加颁奖仪式。吕梁交通运输执法局选送的2篇征文作品从吕梁市直机关149篇参赛作品中脱颖而出,获评优秀奖。

8月29日 上午,山西省高速公路综合行政执法总队吕梁支队(以下简称吕梁支队)召开干部大会,宣布厅党组对吕梁支队领导干部任免决定。总队党委书记、总队长(局长)刘清平、省厅人事处副处长张永辉出席会议。会议由省总队副总队长(副局长)渠刚主持。张永辉代表厅党组宣布对吕梁支队领导干部的任免决定。渠刚代表吕梁支队新任领导干部作表态发言。刘清平在讲话中,对吕梁局近年来的工作给予充分肯定,对不再担任领导职务的干部作出高度评价,要求切实把思想和行动统一到厅党组和总队党委的决策部署上来,奋力开创高速公路综合行政执法事业新局面。

9月上旬 吕梁支队深入开展2021年公共机构节能宣传周有关活动。

9月16日 吕梁支队组织开展“行政执法大讲堂”第三期线上培训活动。本次活动由省司法厅主办,山西国晋律师事务所承办,特邀山西财经大学法学院教授郭相宏以“行政处罚的认定”为主题,进行讲解。55名执法人员参加培训。

9月23日 上午，吕梁支队组织局机关和14个基层单位的49名行政执法人员，参加9月份执法业务知识考试。此次考试采用"无纸化"形式进行，要求执法人员在线考试，考试时间90分钟。试题共有判断题、单选题和多选题三种题型80道，重点测试执法人员对新修订的《交通运输行政执法程序规定》的掌握和实际运用能力。

9月26日 吕梁支队在全体基层单位、机关科室负责人会议上重申省交通运输厅、省高速公路综合行政执法总队关于严明中秋、国庆期间纪律要求，坚决整治"四风"问题精神，对"两节"期间严明作风纪律提出具体要求。

9月27日 上午，省纪委监委驻厅纪检监察组干部深入吕梁支队机关，就"两节"期间纪律作风进行督导检查。

9月28日 吕梁支队组织工作人员上街开展卫生清扫志愿服务活动。

9月29日 吕梁支队举办习近平总书记"七一"重要讲话精神专题宣讲，支队机关、离石区分局、督查支队干部职工听讲。

10月1日 上午，吕梁支队组织召开国庆期间安全生产监督检查专题部署会议，迅速成立3个督导组、6个检查组和1个后勤保障组，明确责任分工，细化工作任务，不折不扣抓落实，确保吕梁境内高速公路、国省干线、水上交通安全生产监督检查全覆盖，国庆期间日日有安排、检查不间断。

同日 吕梁支队组织精干力量，充分结合全省防汛Ⅳ级应急响应要求，深入吕梁范围内各高速公路、国省干线、水上交通等场所，对收费站口安全畅通、"两客一危"车辆停放、路面桥隧安全隐患、高边坡水毁塌方和"四不乘船八不出航"制度执行等情况进行全覆盖督导检查。

10月2日 下午4时许，吕梁支队交通运输安全生产第二督导组联合第三检查组在对209国道督查检查途中，与驾驶员及现场群众合力将被困车辆从排水沟中推出，赢得群众一致好评。

10月8日 吕梁支队以每周一、三、五集中学习平台为依托，认真学习传达中共吕梁市第五次代表大会精神。

10月13日 吕梁支队组织机关、离石区分局、督查支队党员干部认真学习习近平总书记在纪念辛亥革命110周年大会上的讲话精神。

10月14日 省交通运输厅党史学习教育第三巡回指导组深入吕梁支队，对党史学习教育工作进行巡回指导。

同日 上午，吕梁支队主要负责人、省高速公路综合行政执法总队副总队长（副局长）渠刚对部分离退休老干部进行走访慰问。

10月21日 吕梁支队集中利用四天时间组织开展综合执法业务知识培训。

10月25日 吕梁支队积极响应吕梁市直工委倡议，动员机关党员干部踊跃为防汛救灾捐款。

10月下旬 吕梁支队精心打造"党史学习教育"主题走廊，开辟学习教育新阵地，以特色鲜明学习形式，引导党员干部不知不觉受熏陶、潜移默化受教育。

做好领导干部及时报告个人有关事项工作，是落实全面从严治党要求、从严管理监督干部重要举措。按照省高速公路综合行政执法总队相关要求，于10月25日吕梁支队在机关三楼会议室组织开展中心组理论学习，原原本本、逐条逐句集中学习中组部《关于领导干部及时报告个人有关事项的通知》。会议强调，中心组成员务必要提高政治意识，把纪律和规矩挺在前面，清清白白做人，老老实实做事，向党组织说真话说实话，如实亮家底，自觉接受组织监督，经得起组织反复查验。

11月3日 吕梁支队召开理论学习中心组学习会议，围绕习近平总书记关于全面从严治党重要论述进行再学习、再研讨、再贯彻、再落实。

同日 吕梁支队依托每周一、三、五集中学习平台，组织机关、离石区分局、督查支队全体干部职工传达学习贯彻省第十二次党代会精神。

同日 吕梁支队机关党支部召开党员大会，讨论预备党员高浩予转正事宜。

11月4日 省总队第三巡回督导检查组李智勇一行以"四不两直"方式直驱吕梁支队及所属部

分基层单位,就政治建设、党的建设、工作作风和贯彻落实中央八项规定精神等情况开展深入督导检查。

同日 吕梁支队在吕梁市世纪广场开展“12·4”国家宪法日宣传教育活动。活动通过悬挂宣传条幅、发放宣传资料、开展法律咨询等宣传形式,向群众宣传宪法及与群众生产生活密切相关的法律法规知识。活动中,现场解答群众咨询数100余人次,发放宣传资料1000余份。

11月11日 晚上,中共十九届六中全会公报发布。吕梁支队高度重视,认真部署,迅速在支队上下掀起学习宣传贯彻热潮。

11月12日 上午,吕梁支队召开改革领导组扩大会议,集中学习中共十九届六中全会公报、省第十二次党代会决议和省委关于加强新一届省委班子建设的决定。支队机关、离石区分局、督查支队全体干部职工参加会议。

11月18日 上午,吕梁支队邀请省纪委监委驻省交通运输厅纪检监察组副组长任玉胜,为全体干部职工及劳务派遣人员作党风廉政建设专题宣讲辅导。

同日 上午,吕梁支队志愿服务队走上街头,走进社区、学校、公交站和加油站,深入开展防疫知识宣传、派发口罩、社区防疫管控等志愿服务行动。

11月26日 吕梁支队机关党支部组织全体党员干部,开展“冲刺年度目标任务”主题党日活动。

12月6日 上午,总队隆重举行“全省高速公路综合行政执法系统上路执法启动动员会议”,吕梁支队全体干部职工在吕梁分会场参加会议。随着上路执法工作正式启动,吕梁支队与全系统同步实现“年内上路执法”预期目标。

12月15日 吕梁支队新组建的大队在大队队部举行揭牌仪式,支队副支队长孙权平、综合科李苏晋参加揭牌仪式。

同日 吕梁支队依托每周一、三、五集中学习平台,充分利用电子显示屏宣传阵地,组织干部职工集中收看《增进人民福祉办实事》《服务“一老一少”办实事》2部“我为群众办实事”主题公益广告。

12月22日 吕梁市精神文明考核测评组对吕梁支队开展市级文明单位标兵测评验收。考评组通过现场察看、听取汇报、查阅资料等形式,认真对照《吕梁市文明单位(标兵)测评细则》,全面了解吕梁支队文明创建工作开展情况,对吕梁支队文明单位创建力度、措施和成效给予高度评价,认为领导重视、工作扎实、氛围浓厚、成效显著,并就进一步深化创建工作提出宝贵建议。

12月23日 吕梁支队举办职工体育健身活动。各工会小组共54余人参加比赛。活动设置羽毛球、乒乓球、象棋、扑克等8种比赛项目。

12月24日 吕梁支队积极响应市委、市政府号召,继续组织“送温暖、献爱心”社会捐助活动。活动中,全体干部职工充分发扬中华民族团结互助、扶危济困传统美德,慷慨解囊,踊跃捐款,共募集善款9650元,全部交送吕梁市民政部门。

同日 由市直工委曹丽华一行组成的文明单位验收小组,深入吕梁支队,对2020—2021年度市级文明单位标兵创建工作进行初步验收。验收小组通过听取汇报、查阅资料和实地考察相结合方式,全面细致走访查看文明创建成效,对相关工作给予充分肯定,并对不足部分提出中肯的改进意见。

同日 吕梁支队改革领导组开展扩大集中学习,认真学习全国交通工作会议精神、习近平总书记在《求是》杂志上发表的重要理论文章《坚持用马克思主义及其中国化创新理论武装全党》和《中国共产党山西省第十二届委员会第二次全体会议决议》。支队机关、三大队全体干部职工参加学习。

12月27日至28日 中共中央政治局召开党史学习教育专题民主生活会。吕梁支队高度重视,依托每周一、三、五集中学习平台,迅速组织支队全体党员干部认真学习专题民主生活会情况通报,持续掀起学习宣传贯彻热潮。

2021年,吕梁支队党委坚持深化党史学习教育,以文件形式划定任务清单,明确党委25项、党支部13项重点工作任务,层层压实责任,逐项推动落实。全年共开展专题学习18次,交流研讨14次,以普通党员身份参加支部交流研讨10次,讲党课2次,组织党员先后走进4处红色教育基地学习“吕梁精神”。开展“讲政治、强责任、严纪律、转作风”集中学习提升专项活动，先后开展4次共8学时集中学习，全体副科级以上干部撰写心得体会，将活动细化分解形成10项切实可行的具体任务，共梳理形成第一责任人责任清单14份、岗位责任清单33份，全部销号清零。扎实推进交通运输执法领域突出问题专项整治行动，共查摆出6方面14项问题、涉及59人次，截至2021年年底，已全部整改完毕，整改率100%。

（资料提供：宋 文）

山西省高速公路综合行政执法总队晋中支队大事记

2月19日 晋中交通运输执法局开展“讲政治、强责任、严纪律、转作风”集中学习提升专项活动，于3月5日结束。分五个专题依次开展集中学习、研讨交流、查摆问题、整改落实活动，取得明显成效。

3月3日 上午，省高速公路综合行政执法总队党委书记、总队长刘清平深入晋中交通运输执法局调研。听取工作情况汇报后，现场查看专项活动资料，深入榆次分局、祁县分局、太谷分局调研，并看望基层一线干部职工。副总队长段志伟及相关处室人员陪同调研。

3月30日 晋中交通运输执法局党委组织开展党史学习教育，于12月底结束。党委以“六学联动”多样化学习方式，组织专题学、研讨学、现场学、主题学、实践学、在线学，党委中心组遵照“9+2”要求举行专题学习研讨；各党支部按照“8+2”安排开展专题学习研讨，处级干部深入联系点宣讲辅导、讲授党课，引导广大党员干部从百年党史中汲取智慧和力量。在庆祝中国共产党成立100周年之际，举办“十个一”系列活动，完成“我为群众办实事”实践活动7个项目。

4月9日 晋中交通运输执法局“学党史、晒承诺、比作风、办实事”典型做法在中国交通新闻网报道。

4月28日 晋中交通运输执法局被晋中市委、市政府评定为2020年度优秀单位。

5月14日 晋中交通运输执法局邀请省纪委监委驻厅纪检监察组副组长任玉胜作党史宣讲辅导和廉政专题党课。

5月至10月底 晋中交通运输执法局开展执法领域突出问题专项整治行动，以“六个过硬”为目标，以“八个坚持”为抓手，下大力气整治“六个方面”突出问题。

7月 晋中交通运输执法局党委书记、支队长杜士平被省人力资源和社会保障厅、省交通运输厅表彰为“山西省交通运输系统先进个人”。

8月27日 山西省高速公路综合行政执法总队晋中支队（以下简称晋中支队），召开干部大会，宣布厅党组关于晋中支队干部任免决定。

8月30日 晋中支队成立改革领导组。同日，召开晋中支队改革领导组第一次会议，研究通过《改革领导组会议规则（试行）》。

9月2日 晋中支队举行揭牌仪式，标志着综合行政执法改革工作取得重大成果，开启高速公路综合执法工作新征程。

11月11日 晋中支队顺利通过省级文明单位验收，继续保留荣誉称号。

11月29日 晋中支队举行6个执法大队揭牌仪式。根据总队文件精神，设立综合科、执法科、法治科、督查科、一大队、二大队、三大队、四大队、五大队、六大队10个内设机构，完成支队内设科室和大队机构设置。

同日 晋中支队召开人员调配大会，对现99名在编人员和58名编外人员进行整合调配。

12月6日 晋中支队按照省高速公路综合行政执法总队上路执法启动统一部署，举行上路执法启动仪式。

12月31日 经市直机关工委批准，晋中支队撤销原15个党支部，在支队机关和6个执法大队新建立8个党支部，强化改革期间对党员教育、管理、监督和服务，确保党组织活动有序衔接、正常开展。

同日 根据市委组织部和晋中市扶贫开发办部署，为巩固脱贫攻坚成果，开展乡村振兴工作，全年投入经费12万元。

（资料提供：陈建文　王云龙）

山西省高速公路综合行政执法总队长治支队大事记

1月17日 长治交通运输执法局召开专题会议，传达贯彻省高速公路综合行政执法总队新冠肺炎疫情防控工作会议精神，从提高思想认识、加强组织领导、狠抓责任落实、强化防控措施等方面对疫情防控工作详细安排部署。市局领导班子成员、14个基层单位负责人和机关全体干部职工参加会议。

2月19日 长治交通运输执法局召开会议，传达贯彻全省交通运输工作会议、省高速公路综合行政执法总队“讲政治、强责任、严纪律、转作风”集中学习提升专项活动动员会议精神，要求全局干部职工认真学习贯彻会议精神，结合工作实际，对标工作要求，以新作风新形象开创各项工作新局面，以实际行动迎接中国共产党成立100周年。

2月中旬 因在全省脱贫攻坚工作中做出突出贡献，长治交通运输执法局被省交通运输厅给予嘉奖。

2月22日 长治交通运输执法局召开“讲政治、强责任、严纪律、转作风”专题学习会，重温习近平总书记“三篇光辉文献”。会议还就集中学习提升专项活动进行安排部署，对干部职工提出3点要求。一是通过深入学习，全面提升政治领悟力，把思想和行动统一到党中央、省委和省交通运输厅党组、省总队党委决策部署上来；二是坚持正确政治导向，通过活动开展，使干部职工思想、能力、行动能够跟上党中央要求和新时代步伐；三是坚持问题导向，深刻查找问题，深挖思想根源，立见立行立改，抓紧抓细抓实，确保活动取得实效。

3月2日 长治交通运输执法局召开党委理论中心组(扩大)学习会，集中学习习近平总书记在党史学习教育动员大会、全国脱贫攻坚总结表彰大会上的重要讲话，对“讲政治、强责任、严纪律、转作风”集中学习提升专项活动进行小结，对下一阶段工作进行部署。

3月3日 山西省高速公路综合行政执法总队副总队长渠刚一行3人到长治交通运输执法局，对“讲政治、强责任、严纪律、转作风”集中学习提升专项活动进行督导，听取局长王京会工作汇报后，对下一步工作提出3点要求：一是强化理论武装，推进学习常态化，确保专项活动取得成效；二是强化政治建设，增强自觉性和坚定性，持续加强基层组织建设和队伍建设；三是提振队伍士气，增强责任意识，聚焦综合执法改革，开创各项工作新局面。

3月18日 长治交通运输执法局党委理论学

习中心组召开党史专题学习会，集中学习中共中央印发《关于在全党开展党史学习教育的通知》《论中国共产党历史》。党委书记赵庆新就开展党史学习教育的重要意义进行阐述并就学习教育具体事项进行部署。局长王京会要求全局干部职工把党史学习教育作为重大政治任务，认真落实学习教育方案，扎实高效向前推进，切实把学习成效转化为工作动力。

3月24日至25日 山西省高速公路综合行政执法总队第三督查组一行3人到长治交通运输执法局及所属长治县分局、长子县分局，就党建工作、领导干部违规入股企业专项清理工作、集中学习提升活动等项工作进行督导检查，对长治局工作给予肯定并就下一步工作提出要求。

4月1日 长治交通运输执法局党委组织直属党支部全体党员赴长治市太岳烈士陵园，开展“缅怀革命先烈，传承红色基因”主题党日活动。

4月8日 长治交通运输执法局党委召开党风廉政宣传月部署会，就宣传教育活动进行周密部署。会议由局党委书记赵庆新主持。会上，传达学习省交通运输厅党组、省高速公路综合行政执法总队党委《党风廉政宣传月实施方案》和《通知》要求，宣读《实施方案》，要求干部职工聚焦党史学习教育，将宣传教育活动与党章党规党纪学习、警示教育相结合，推动全面从严治党向纵深发展、向基层延伸。

4月20日 长治交通运输执法局党委理论学习中心组（扩大）召开党史学习教育专题研讨会。会议由局党委书记赵庆新主持，局机关全体干部职工参加。

4月21日 省交通运输厅第一巡回指导组组长柴洪江一行4人深入长治交通运输执法局，对党史学习教育开展情况进行督导。听取局党委书记赵庆新汇报后，查看相关资料，提出4点要求：一是政治站位要高，进一步加深对开展党史学习教育重大意义认识，增强学史明理、学史增信、学史崇德、学史力行的思想自觉和行动自觉；二是组织要更严，领导干部要带头深学深悟，坚持以上率下，发挥示范带动作用；三是结合实际要紧，紧密结合单位实际开展好党史学习教育，扎实开展“我为群众办实事”实践活动；四是成效要更好，突出学习重点，总结典型经验，强化督导检查，推动党史学习教育走深走实，见功见效。

4月23日 长治交通运输执法局党委组织开展“学党史、做表率”主题党员读书日活动启动仪式。此项活动时间为一个月，主要从三个方面着手推进：一是以读促学，各党支部组织党员通读《山西革命烈士家书》《太行精神》等书籍，引领全体党员学习先进人物、先进事迹；二是以学促悟，通过开展读书交流会，分享读书收获，激发读书热情，营造浓厚党史学习教育氛围；三是以悟促行，积极参与长治市文明办和长治市广电总台联合开展的“点赞您最喜爱的红色家书”活动，进一步增强干部职工“四个意识”、坚定“四个自信”、做到“两个维护”，提升文明素质，强化党性品行，为推动综合执法改革工作高质量发展贡献力量。

4月29日 长治交通运输执法局党委举办党风廉政教育专题讲座，邀请长治市委党校党风廉政教研室副主任刘凯授课。市局和各基层单位领导班子成员、市局机关和直属支部全体党员听讲。

5月26日 长治交通运输执法局组织14个基层单位，因地制宜，灵活组织，开展形式多样的“路政宣传月”集中宣传日活动。为确保宣传活动取得实效，专门成立宣传工作领导小组，确定“学党史、当先锋、护公路、优服务”的活动主题。支队机关、督查支队、城区分局设立固定咨询点、制作宣传版面，现场解答群众咨询。其余各单位，或进企业，或进学校，或深入客运站点、货运源头企业、机动车维修经营企业宣传高速公路管理法律法规。活动当天，全局共出动车辆26车次、执法人员110人次，发放宣传资料3141份，受到各界好评。

5月31日 长治交通运输执法局召开交通运输执法领域突出问题专项整治行动任务分解会，对自查自纠阶段的工作进行再部署，力求通过责任分解细化，扎实推进整治行动。局长王京会在讲话中提出3点要求：一是提高政治站位，站在推进全省高速公路综合执法工作开好局起好步高度，扎实做好专项整治各阶段工作；二是增强责任意识，层层分解任务，全面自查各单位和每一位执法人员突出问题；三是增强担当作为意识，突出问题导向，做到整改期限、整改措施和整改责任人三个明确，确保专项整治取得实效。

6月18日 长治交通运输执法局党委组织开展“参观八路军纪念馆”主题党日，市局领导深入基层调研，在武乡分局召开党委理论中心组(扩大)学习暨第六次党史学习研讨会、市局机关支部学习研讨会，进一步延伸党史学习教育。市局党委成员、市局机关、城区分局和督查支队3个直属党支部全体党员参加活动。

6月21日 长治交通运输执法局先后召开执法领域突出问题专项整治领导组会议、全局执法领域突出问题专项整治推进会，传达贯彻省高速公路综合行政执法总队专项整治会议精神，对专项整治活动进行再部署再落实。局长王京会在讲话中提出4点要求：一是迅速贯彻省总队会议精神，重点解决压力传导和重视程度不到位问题；二是突出问题导向，进一步落实责任和细化措施，推进专项整治走深走实；三是强化责任意识，切实加强安全生产、信访和疫情防控工作，全面深入开展安全隐患和矛盾隐患排查，及时处置各类安全隐患和矛盾隐患；四是加大工作推进力度，强化信息宣传和督导检查工作，确保专项整治各个阶段各个环节的工作落实到位，取得实效。

6月22日 由省交通运输厅政策法规处处长郭富平带队的全省交通运输系统执法领域突出问题专项整治行动第一督导组一行4人，对长治市交通运输系统专项整治工作进行督导检查，听取长治市交通运输局、长治公路分局、长治交通运输执法局工作汇报，与运输企业代表就如何改进交通运输执法工作深入交流并虚心征求意见。郭富平在讲话中，要求按照交通运输部和省交通运输厅要求，再加工作力度，集中清理执法领域顽瘴痼疾突出问题，确保6月底前公布一批让群众有获得感的整治成果。

6月26日 在长治市召开的市直机关“七一”表彰大会上，长治交通运输执法局党群部副部长焦蓉被评为优秀共产党员，长治交通运输执法局机关党支部被评为先进基层党组织。

6月27日 在山西省高速公路综合行政执法总队举办的“永远跟党走、奋进新征程”演讲比赛中，长治交通运输执法局机关职工杨娜获三等奖。

同日 在省高速公路综合行政执法总队党委召开的庆祝中国共产党成立100周年表彰大会上，长治交通运输执法局党群部部长崔军杰被评为优秀党务工作者，安全科科长王青、人事科副科长郭俊、法规科副科长翟磊、城区分局局长常毅、襄垣分局局长高维岗被评为优秀共产党员，督查支队党支部、平顺分局党支部被评为先进基层党组织。

6月28日至29日 长治交通运输执法局集中开展以“百年党史耀光辉、不忘初心担使命”为主题的党课宣讲和调研督导活动，以实际行动迎接建党百年，进一步推进党史学习教育走深走实。市局领导班子成员按照包片分工深入联系点单位，一是传达贯彻省交通运输厅和省高速公路总队庆祝中国共产党成立100周年安保维稳工作推进会会议精神，对工作再部署再落实；二是结合党史学习教育和当前重点工作，开展以“百年党史耀光辉、不忘初心担使命”为主题的党课宣讲，推进党史学习教育进一步走深走实；三是对各单位党支部建设、党员队伍建设、党史学习教育、执法领域突出问题专项整治行动进行全面督导。调研督导期间，局长王京会、党委书记赵庆新还分别深入已退休困难党员贾玉金和王刘栓家中进行慰问。

6月30日 长治交通运输执法局党委举行庆祝中国共产党成立100周年“光荣在党50年”纪念章颁发仪式暨“两优一先”表彰大会。向党龄达到50年的老党员颁发纪念章，表彰优秀共产党员、优秀党务工作者和先进基层党组织。会议由局长王京会主持，党委书记赵庆新讲话。会议对全局党员干部提出三点要求：一是以党员身份为荣，坚定理想信念追求；二是以党性修养为根，发挥先锋模范作用；三是以务实为民为本，密切党群干群关系，按照“学党史、悟思想、办实事、开新局”要求，扎实做好本职工作。

7月26日至29日 长治交通运输执法局机关党支部3个党小组和14个分局党支部分别召开“学史明理、学史增信、学史崇德、学史力行”党史学习教育专题组织生活会。市局领导班子成员以普通党员身份参加所在党小组组织生活会。此次组织生活会主要是分享交流党史学习教育开展以来的收获和提高，紧紧围绕四个方面查找自身存在的不足和差距。通过生活会召开，进一步深化党史学习教育，坚定广大党员爱岗敬业、奋发有为的理想信念，激励党员积极为事业发展贡献力量。

8月12日 长治交通运输执法局召开专题会议，传达贯彻全省交通运输上半年工作会议精神，重点学习省交通运输厅党组书记、厅长赵建平在全省交通运输上半年工作会议上的讲话精神，进一步明确下半年重点工作。

8月28日 上午，长治交通运输执法局召开干部大会，宣布山西省高速公路综合行政执法总队长治支队（以下简称“长治支队”）干部任免决定。省交通运输厅人事处副处长张永辉、省高速公路综合行政执法总队副总队长任晓军出席会议，长治交通运输执法局全体干部职工参加会议。会议由赵庆新主持。张永辉代表省交通运输厅党组宣布长治支队干部任免决定：王京会任长治支队党委书记、支队长，王保川和李斌任长治支队副支队长。王京会代表新任职领导班子做表态发言。

8月31日 长治支队召开党委理论学习中心组（扩大）学习会，学习贯彻省交通运输厅和省高速公路综合行政执法总队上半年工作会议精神。党委书记、支队长王京会主持会议，支队领导班子成员、机关全体干部职工参加会议。

9月3日 山西省高速公路综合行政执法总队长治支队隆重举行揭牌仪式，标志着山西省高速公路综合行政执法总队长治支队正式成立。副总队长渠刚、执法总队执法一处秦万能出席揭牌仪式。揭牌仪式由王京会主持。渠刚在讲话中，要求严格按照总队党委确定的“一年打基础、三年见成效、五年创一流”的工作目标和实施“双基”建设工程，抓班子带队伍，履好职尽好责，全面推进全省高速公路综合行政执法事业高质量发展。渠刚、王京会共同为长治支队揭牌。

9月16日 长治支队举办习近平总书记“七一”重要讲话精神宣讲会。会议由副支队长李斌主持，支队机关正科级干部宋建光做专题宣讲。

9月28日 下午，山西省高速公路综合执法总队副总队长渠刚深入长治支队，为“党史学习教育”联系点长治城区分局党支部专题宣讲习近平总书记“七一”重要讲话精神。支队长王京会、副支队长王保川、李斌以及城区分局党支部全体党员听讲。渠刚在宣讲中，要求原原本本读原文、认认真真悟原理，把学习成果转化为推动工作强大动力，扎扎实实做好综合执法改革各项工作，履行好高速公路综合行政执法新职能新使命。

10月20日 下午，省交通运输厅党史学习教育第二巡回指导组虞翠云一行3人到长治支队指导党史学习教育，与支队领导班子和机关干部职工进行工作座谈，听取党委书记、支队长王京会工作汇报，对下一步工作提出3点要求：一是进一步统一思想，掀起党史学习教育新高潮；二是进一步落实职责，把各项活动抓实，力戒表面化、形式化、程序化；三是进一步形成良好学风和浓厚学习氛围，不断引深党史学习教育，推动各项工作健康发展。

11月11日 山西省精神文明建设指导委员会办公室下发《关于复查确认继续保留荣誉称号的山西省文明单位、文明校园的通报》（晋文明办〔2021〕27号），长治支队继续保持山西省文明单位称号。

12月1日 山西省高速公路综合行政执法总队长治支队为所属5个执法大队举行揭牌仪式。副总队长渠刚一行出席揭牌仪式。党委书记、支队长王京会宣布新组建的支队机关四个科室和五个执法大队的负责人及工作人员调配名单。渠刚和王京会共同为五个执法大队揭牌。

12月3日至4日 长治支队和所属5个执法大队组织开展“宪法宣传日”活动。支队机关开展宪法宣誓活动，支队领导带队深入高速公路路口开展宪法咨询,向过往司乘人员发放宣传资料。支队组织开展宪法知识答题活动。

12月6日 长治支队在省高速公路综合行政执法总队统一部署下,在支队机关六楼会议室分会场举行高速公路综合行政执法上路执法启动仪式。在主会场统一指挥下,支队全体执法人员集体宣誓。宣誓后,党委书记、总队长刘清平发出“出发”命令后,支队机关院内的执法人员驾驶新式交通运输执法车辆驶向辖区高速公路,标志着高速公路综合行政执法工作正式启动。

12月23日 长治支队召开党委理论学习中心组(扩大)学习会,深入学习贯彻《中共中央关于加强“一把手”和领导班子监督的意见》及中央经济工作会议精神。副支队长李斌主持会议。支队领导班子成员、各执法大队负责人和机关全体干部职工参加会议。会议要求全体干部职工提高政治站位,始终在思想上、行动上与党中央保持高度一致,深刻领悟推动全面从严治党重要意义,结合工作实际,积极推进落实。

12月27日 长治市文明办副主任茹虎林、潞州区文明办主任严保昌等一行4人,对长治支队创建文明单位工作进行复查测评。茹虎林在反馈复查结果时,对长治支队精神文明创建工作给予肯定,要求进一步加大创建工作力度,在组织领导、资金投入、丰富载体、提升档次等方面多措并举,不断巩固创建成果。

12月29日 上午,山西省高速公路综合行政执法总队党委书记、总队长刘清平一行5人到长治支队及三大队调研工作,与支队、大队领导班子和干部职工进行工作座谈,对长治支队工作给予充分肯定,就下一步工作提出6点要求。一是深入学习贯彻中共十九届六中全会、中央经济工作会议、全国交通运输工作会议精神和省第十二次党代会精神及经济工作会议精神,进一步树牢“四个意识”,坚定“四个自信”,做到“两个维护”,不断增强干部职工政治判断力、领悟力和执行力,全面推进高速公路综合执法工作全方位高质量发展。二是积极谋划和推进全面上路执法工作,尽快实现全方位履行高速公路综合行政执法职能,抓出成效,迈上台阶。三是切实加强领导班子建设和执法队伍建设,班子要讲政治、讲团结,发挥好领导核心作用。在执法队伍建设方面要“严”字当头,从严带队,从严管理,严明纪律,树好形象。四是打牢基层、基础基本功,加强基层大队正规化建设。五是持之以恒加强党风廉政建设,切实落实好“两个责任”。贯彻好中央八项规定精神,维护执法队伍良好形象。六是抓好年终岁尾各项工作,科学谋划2022年工作,全力实现“一年打基础、三年见成效、五年创一流”总体目标。

(资料提供:韩建华)

山西省高速公路综合行政执法总队晋城支队大事记

1月6日 山西省高速公路综合行政执法总队召开全系统疫情防控工作视频会议,传达省交通运输厅疫情防控会议精神,晋城交通运输执法局领导和机关科室负责人参加。

1月7日 晋城交通运输执法局召开疫情防控工作部署会议,市局机关全体职工和基层党政负责人参加会议。

1月8日 晋城市委第十四考核组对晋城交通

运输执法局促进地方经济社会发展指标和“两个责任”落实相关情况进行现场考核。

1月29日 晋城交通运输执法局局长张慧锋、党委书记王卫华参加山西省高速公路综合行政执法总队（山西省交通运输综合行政执法局）干部大会，宣布新任领导班子成员，并举行揭牌仪式。

2月3日 山西省高速公路综合行政执法总队第二考核组到晋城交通运输执法局，就2020年度目标责任和市局领导班子和班子成员进行考核，并参加2020年度领导班子民主生活会。

2月8日 晋城市劳动竞赛委员会印发《关于为创建全国文明城市做出突出贡献的集体和个人记功的决定》，晋城交通运输执法局1名职工记二等功，1名职工记三等功。

2月9日 晋城交通运输执法局召开党委中心组扩大会议，学习传达2021年度全省交通运输工作会议、晋城市委七届十次会议、晋城市纪委七届六次全会精神。

2月19日 晋城交通运输执法局领导、机关科室负责人、基层单位党政负责人参加全系统“讲政治、强责任、严纪律、转作风”集中学习提升专项活动动员视频会议。

2月23日 省交通运输厅印发《关于给予厅属单位工作人员和集体脱贫攻坚记功、嘉奖的决定》（晋交人发〔2021〕44号），晋城交通运输执法局陵川县分局受到嘉奖。

3月1日 晋城交通运输执法局分管领导和相关科室负责人参加全系统信访工作视频会议。

3月10日 晋城交通运输执法局领导、机关科室负责人、基层单位党政负责人参加全系统“讲政治、强责任、严纪律、转作风”集中学习提升专项活动总结视频会议，党委书记王卫华在主会场参加汇报。

3月18日 晋城交通运输执法局领导、办公室和安监科负责人、基层单位主要负责人参加全系统“三零”单位创建工作推进视频会议。

3月23日 山西省高速公路综合行政执法总队第三监督检查组到晋城交通运输执法局检查督导。

3月29日 中共晋城市委、市政府授予晋城交通运输执法局“环境卫生大整治红旗单位”称号。

4月9日 晋城交通运输执法局召开党史学习教育推进会暨党风廉政宣传教育月活动动员会，基层党政负责人和机关全体职工参加，各党支部书记汇报党史学习教育开展情况。

4月14日 晋城交通运输执法局召开“学党史，守初心”专题宣讲会，晋城市直工委宣讲团成员梁晋旗到晋城局宣讲，全体职工参加。

4月27日 晋城市年度目标责任考核领导组印发《关于对中央、省驻晋城单位表彰奖励的通知》（晋市考发〔2021〕1号），授予晋城交通运输执法局“促进晋城经济社会发展贡献奖”。

5月19日 晋城交通运输执法局机关全体职工和基层副科级以上人员参加高速公路综合执法领域突出问题专项整治行动动员部署视频会议。

5月25日 晋城交通运输执法局召开执法领域突出问题专项整治行动动员会，全体职工参加。

6月1日 晋城交通运输执法局召开2021年度信访工作会议，基层党政负责人、机关科室负责人参加。

6月8日 在第14个国际档案日即将到来之际，晋城交通运输执法局组织机关、城区、泽州、支队4个支部党员干部到晋城市档案馆开展“档案馆开放日”参观学习活动。

6月21日 由省交通运输厅政策法规处处长郭富平带队的执法领域突出问题专项整治工作督查组到晋城交通运输执法局检查指导工作。

同日 晋城交通运输执法局召开执法领域突出问题专项整治行动再动员会议暨第三次安委会扩大会议。

6月22日 晋城交通运输执法局举行“光荣在党50年”纪念章颁发仪式。

6月24日 晋城交通运输执法局召开庆祝中国共产党成立100周年大会，党委书记王卫华讲授专题党课，全体党员集体重温入党誓词，开展各支部党建资料观摩评比活动。

6月28日 山西省高速公路综合行政执法总队第二专项督导检查组一行5人在副总队长渠刚带

领下到晋城交通运输执法局检查指导工作。

是月 中共晋城市直工委授予晋城交通运输执法局党委"先进基层党组织"荣誉称号。

7月12日 中共晋城市直工委,授予晋城交通运输执法局"环境卫生大整治流动红旗单位"称号。

7月30日 晋城交通运输执法局召开"八一"建军节退伍军人座谈会。

8月26日 省审计厅印发《关于全省审计系统庆祝中国共产党成立100周年"书写百年党史、创造审计辉煌"书画摄影展评选结果公告》,晋城交通运输执法荣获书法类"优秀奖"2名,摄影类"优秀奖"2名。

8月28日 晋城交通运输执法局召开干部大会,全体干部职工参加。省交通运输厅人事处副处长张永辉、省总队副总队长任晓军、党群部李庆江出席会议,局长张慧锋主持会议。会议宣布王卫华任山西省高速公路综合行政执法总队晋城支队(以下简称晋城支队)党委书记、支队长,王黎平、谢小兵2人任晋城支队副支队长,张慧锋保留正处级待遇,免去以上人员原任职务。

是月 晋城交通运输执法局参加省交通运输厅举办的"建党百年主题征文活动",荣获三等奖。

9月3日 山西省高速公路综合行政执法总队晋城支队正式挂牌成立。

10月13日 省高速公路综合行政执法总队印发9月份执法业务学习考试情况通报(晋交高速执法发〔2021〕247号),晋城支队单位综合成绩排名第二,两名执法人员个人笔试成绩排名前十。

10月19日 省交通运输厅党史学习教育第二巡回指导组到晋城支队督导检查工作。

10月29日 中共晋城市直工委,授予晋城支队"环境卫生大整治流动红旗单位"。

11月11日 山西省精神文明建设指导委员会印发《关于复查确认继续保留荣誉称号的山西省文明单位、文明校园的通报》(晋文明办〔2021〕27号),复查确认晋城支队继续保留"山西省文明单位标兵"荣誉称号。

12月1日 晋城支队所属大队揭牌仪式在四楼会议室举行,标志着综合行政执法改革工作又取得重大进展,省高速公路综合行政执法总队副总队长渠刚出席揭牌仪式。

12月17日 晋城市直工委意识形态工作责任制落实情况专项督查暨第三轮流动红旗督导评比第五组一行5人到晋城支队检查指导工作。

12月28日 山西省高速公路综合行政执法总队(省交通运输综合行政执法局)党委书记、总队长(局长)刘清平一行5人深入晋城支队调研指导工作。

(资料提供:丁 亮)

山西省高速公路综合行政执法总队临汾支队大事记

1月7日 临汾交通运输执法局组织疫情防控工作部署会议召开,认真执行属地管控政策,履行单位之责,普及防控知识,做好防控物资设备储备调拨,有效阻断疫情传播途径,2021年全年无疫情感染。

2月20日 临汾交通运输执法局按阶段、分步骤开展"讲政治、强责任、严纪律、转作风"集中学习提升专项活动,全体干部职工精神面貌焕然一新。按照学党史、悟思想、办实事、开新局要求,及时跟进督促落实"三会一课"、主题党日、组织生活会和民主评议党员等重点内容，确保各项活动任务高起点开局、高质量推进。

2月23日 省交通运输厅印发《关于给予厅属单位工作人员和集体脱贫攻坚记功、嘉奖奖励的决定》（晋交人发〔2021〕44号），临汾交通运输执法局获记功奖励，李红武等6名党员干部获嘉奖奖励。

4月9日 按照省高速公路综合行政执法总队工作部署，临汾交通运输执法局召开全局“党风廉政宣传教育月”动员会，从三个方面对全局教育月活动进行安排部署。

5月19日 临汾交通运输执法局部署全局高速公路综合执法领域突出问题专项整治行动。细化整治项目18项；制定“我为群众办实事”等6个具体实施清单；对18个基层单位全方位全覆盖督导检查；7次组织集中学习习近平总书记关于依法治国重要论述；落实“我为群众办实事”活动33项；走进27家运输企业开展大走访大调研，收集意见建议55条；4次开展“以案释法”；2次在线观看“旁听庭审”；3次向总队专题汇报；2次接受省厅、总队专项检查，编发简报专报55篇，制定执法内业管理制度22项，对梳理汇总的6类、19项问题已全面整改销号，专项整治行动取得阶段性成果。

5月21日 临汾交通运输执法局部署开展“路政宣传月”活动。印制宣传单6万份、宣传漫画3000册，宣传版面27块。组织“5·26”统一集中宣传日，深入30个点位开展宣传，宣传覆盖高速公路沿线单位、学校、集市、运输企业、在建工地，强化高速公路法律法规政策解读，展示新形象，营造社会共治良好氛围。

6月22日 临汾交通运输执法局组织专题党课教育，开展“红色徒步跟党走”健身活动和“传承红色基因·弘扬革命精神”主题党日活动，接受红色教育，培养爱党爱国情怀。

同日 临汾交通运输执法局邀请政安消防教官席延俊开展安全防范培训和消防应急演练，为基层单位购置配齐消防器材专柜，更新完善消防器材设备。

6月23日 为引深党史学习教育，巩固拓展“我为群众办实事”实践活动，临汾交通运输执法局领导班子成员主动深入基层，走访慰问4名“光荣在党50年”离退休老干部、1名因公殉职党员遗孀、1名老干部，颁发“光荣在党50年”纪念章，为他们送去组织关怀和温暖。

6月24日 临汾交通运输执法局局长李建勋带队与8名志愿者主动深入解放路办事处社区卫生服务中心，慰问一线接种医务工作者。

7月1日 临汾交通运输执法局组织全体干部职工收看中国共产党成立100周年大会实况。

9月2日 山西省高速公路综合行政执法总队临汾支队（以下简称临汾支队）正式挂牌成立。

11月17日 省高速公路综合行政执法总队党委书记、总队长（局长）刘清平与相关处室人员一行到临汾支队调研指导工作。先后深入支队机关、洪洞分局同基层一线干部职工亲切座谈交流。刘清平在讲话中提出殷切希望，并强调基层一线是开展交通运输综合行政执法工作的前沿阵地，是检验历练综合执法队伍主战场，全体党员干部职工要振奋精神、勇于担当，以饱满精神状态从事崭新工作。

11月30日 临汾支队89名执法人员顺利通过省司法厅考试取得行政执法证。先后4次组织领导干部集中学法；4批37名执法人员参加省总队执法资格培训；全员参加交通在线“山西交通运输执法系列讲座”专题培训；6次参加省司法厅举办的执法大讲堂；交通运输模拟练习系统参与率100%；89名执法人员顺利通过省司法厅考试取得行政执法证。

12月3日 临汾支队8个大队集中统一举行揭牌仪式，科室、大队临时负责人及组成人员调整整合全部到位。对8个大队的管辖路段里程起止点进行合理划分，并与毗邻连接的晋中、长治、晋城、运城支队进行实地勘定边界。

12月6日 临汾支队参加全省组织的“上路执法”仪式，标志着改革顺利实现“年内上路执法”工作目标提速推进。

是月 临汾支队积极响应市委号召，深入开展“我为灾区献爱心”捐助活动，全局干部职工累计捐款9460元。

（资料提供：李峰　郭琪）

山西省高速公路综合行政执法总队运城支队大事记

2月2日 运城交通运输执法局2020年度领导班子民主生活会召开。省高速公路综合行政执法总队督导组组长郭锋、副组长贾继承到会指导。

2月26日 运城交通运输执法局召开“讲政治、强责任、严纪律、转作风”专项活动研讨交流会，进一步增强开展集中学习提升活动针对性和实效性。市局领导班子、市局机关和基层单位代表共20人参加会议。

3月10日 运城交通运输执法局召开2021年安委会第一次工作会议，传达省交通运输厅、省高速公路综合行政执法总队安委会精神，回顾总结2020年安全生产情况，安排部署2021年安全生产工作。

3月26日 运城交通运输执法局召开党史学习教育安排部署会。会议从十个方面对各党支部开展学习教育活动进行具体安排部署。

4月8日 运城交通运输执法局召开党史学习教育推进会暨“党风廉政宣传教育月”动员会。对进一步推进党史学习教育工作暨开展“党风廉政宣传教育月”活动进行详细安排部署。

4月16日 运城交通运输执法局河津分局举行党史学习笔记观摩评比活动。

4月21日 运城交通运输执法局临猗分局认真贯彻落实省高速公路综合行政执法总队“防风险 除隐患 保平安 迎党庆”安排部署，走进临猗县消防救援大队参观学习。

4月27日 运城交通运输执法局开展“一起学党史”专题党课，集中观看家风文化纪录片《家国裴氏》，开展廉政警示教育。

4月28日 运城交通运输执法局组织市局机关、盐湖分局和夏县分局到运城市博物馆参加“革命专题：条山风云展厅——庆祝中国共产党成立100周年特展”，感悟初心使命。

5月26日 运城交通运输执法局积极组织、认真部署，在全系统深入开展“路政宣传月”活动。

6月2日 运城交通运输执法局召开信访工作安排部署会议，传达省高速公路综合行政执法总队信访工作会议精神，对全局信访工作进行安排部署。

6月22日 运城交通运输执法局与运城公路分局邀请省纪委监察驻厅纪检监察组副组长任玉胜开展党史学习教育专题辅导讲座。

7月27日 运城交通运输执法局党委开展“博爱一日捐”活动。活动主题为：捐出您一天收入、奉献您一片爱心。

8月2日 运城交通运输执法局机关党支部开展八月份主题党日活动。贯彻学习习近平总书记在庆祝中国共产党成立100周年大会上的讲话精神，掀起学习法律法规、提升执法素质高潮。

9月2日 山西省高速公路综合行政执法总队运城支队（以下简称运城支队）举行揭牌仪式。省总队副总队长郭锋、财务审计处副处长李保军出席揭牌仪式，运城支队全体干部职工参加仪式。

11月9日 运城支队组织相关业务骨干赴运城中级人民法院旁听某行政诉讼案件，进一步强化法治意识和思维，努力提高执法业务素质和法律水平。

11月18日 省高速公路综合行政执法总队（省交通运输综合行政执法局）党委书记、总队长（局长）刘清平一行5人深入运城支队调研指导工作。

12月3日 运城支队举行所属8个大队揭牌仪式。

12月30日 运城支队三大队开始履行高速公路综合行政执法第一次上路巡查工作。

（资料提供：李 鑫）

邮政管理系统

山西省邮政管理局大事记

1月4日 国家邮政局以电视电话会议形式召开2021年全国邮政管理工作会议，省邮政管理局全体公务员参加会议。

1月5日 省邮政管理局2021年春节期间全省邮政快递业疫情防控工作电视电话会议召开，全面部署春节期间行业疫情防控工作。局党组成员、纪检组长、副局长高日勇出席并讲话。办公室、普遍服务处相关人员，市场监管处全体人员，省邮政业安全中心相关人员，邮政企业、各主要品牌快递企业省级公司负责人在主会场参会；各市局分管局领导，办公室、普遍服务科相关人员，市场监管科全体人员，邮政业安全中心相关人员，辖区邮政快递企业负责人在各市局分会场参会。

1月7日 国家邮政局发布“2020年度全国快递服务现代农业金牌项目”名单，运城苹果再获殊荣，连续三年成为全省唯一一个入选榜单的金牌项目。

1月12日 省邮政管理局以电视电话会议形式召开2021年全省邮政管理工作会议。局领导班子、机关全体公务员，省邮政业安全中心筹备组负责人，省快递协会负责人在主会场参会，各市局领导班子成员、机关全体公务员，市邮政业安全中心、县级机构负责人在各市局分会场参会。

1月20日 省邮政管理局会同共青团山西省委联合印发《关于开展2021年“快递从业青年服务月”活动的通知》，于1月中旬至2月中旬开展为期1个月的“快递从业青年服务月”活动。

1月25日 省邮政管理局理论学习例会，组织学习《邮政政务信息》以及观看专题片《正风反腐就在身边》第一集，机关全体党员参加学习。

1月26日 省邮政管理局召开党组中心组理论学习会议，围绕中央经济工作会议和省委经济工作会议精神进行学习，局党组书记、局长秦红保主持会议并讲话。局党组成员、各部门负责人参加学习。

同日 省邮政管理局召开党组会议，专题研究2021年党建工作，审议并通过《2021年党建领导小组工作要点》。

同日 中国邮政集团有限公司山西省分公司召开2021年工作会议。省邮政管理局党组书记、局长秦红保出席会议并讲话，充分肯定全省邮政企业工作成绩，并就做好2021年工作提出希望和要求。

同日 省邮政管理局联合省快递协会开展“暖蜂行动”慰问活动，为广大快递小哥送去温暖和关怀。

1月26日至27日 省邮政管理局党组成员、纪检组长、副局长高日勇带队深入主要品牌快递企业分拨中心，就春节期间行业疫情防控、安全生产、寄递服务保障等工作进行督导检查。市场监管处相关人员陪同检查。

1月29日 省邮政管理局党组2020年度党员领导干部民主生活会召开。局党组书记、局长秦红保主持会议。局党组成员参加会议，各部门负责人列席会议。

同日 省邮政管理局组织召开2020年四季度邮政普遍服务监督与保障政企联席会，副局长赵光参加会议并讲话。省局普遍服务处负责人、相关人员，省邮政分公司分管领导、相关部门负责人参加会议。

2月1日 省邮政管理局理论学习例会，举办“红旗部门”颁奖仪式以及“业务讲堂——邮政业统计工作简介”，市场监管处获得“红旗部门”称号，机关全体党员参加学习。

2月5日 省邮政管理局2020年度党组织书记抓基层党建工作述职评议会议召开,局机关党委书记高日勇主持会议并讲话。局机关和省邮政业安全中心全体党员参加会议。

2月8日 省邮政管理局印发《关于落实过紧日子坚持厉行节约反对浪费的通知》,提出多项严要求硬举措,常态化压减机关部门一般性支出,有效贯彻厉行节约反对浪费精神,进一步落细落实"过紧日子"要求。

同日 省邮政管理局副局长赵光带队深入太原部分邮政所和省机要通信局就春节期间普遍服务保障、机要通信、安全生产、疫情防控等工作开展督导检查。督导检查期间,赵光受省邮政管理局党组委托向奋战在一线的邮政员工致以新春祝福,送上祝福、鼓舞士气。省局普遍服务处、太原局、邮政企业相关负责人陪同督导检查。

同日 省邮政管理局印发《党建工作领导小组2021年工作要点》,对全年党建工作提出具体要求。

2月18日 省邮政管理局党组书记、局长秦红保主持召开机关新春见面会,为大家送上新春祝福的同时,就全省系统从严从紧"过紧日子"进行再部署再安排。局机关全体人员、省邮政业安全中心负责人参加会议。

2月22日 省邮政管理局理论学习例会,集中学习李克强总理视察中通山西运城转运中心时的重要指示精神,对全省邮政管理系统兴起学习宣传热潮、抓好贯彻落实进行部署,机关全体党员参加学习。

同日 省邮政管理局印发《关于做好2021年全省邮政快递业安全生产工作的通知》,对行业安全生产工作作出详细部署和提出具体要求。这是省局连续4年以一号文件形式部署行业安全生产工作。

同日 省邮政管理局印发《2021年工作要点、工作任务目标分解安排、贴近民生七件实事》的通知,对全年重点工作任务提出明确要求,并逐项进行责任分解安排,着力解决社会和消费者关注突出问题,更好满足人民群众日益增长的用邮需求。

2月24日 省邮政管理局召开全省邮政管理系统党建暨党风廉政建设工作电视电话会议。局党组书记、局长秦红保作工作报告,局党组成员、纪检组长、副局长高日勇主持会议,省局机关全体公务员,省邮政业安全中心筹备组组长、副组长在主会场参会;各市局领导班子、内设机构负责人在分会场参加会议。

同日 省邮政管理局召开党组中心组理论学习会议,专题学习《论党的宣传思想工作》,局党组书记、局长秦红保主持会议并讲话。

2月25日 省邮政管理局召开2021年全国"两会"期间全省寄递渠道安全服务保障工作电视电话会议,全面部署全国"两会"期间全省寄递渠道安全服务保障工作,局党组成员、纪检组组长、副局长高日勇出席会议并讲话。省局办公室、普遍服务处、市场监管处、省邮政业安全中心相关人员,中国邮政集团有限公司山西省分公司,各品牌快递企业省级公司相关人员在主会场参会;各市局分管局领导,办公室、普遍服务科、市场监管科相关人员在分会场参会。

3月2日 省邮政管理局领导分别带队,组成两个检查组,深入快递企业省级分拨中心、营业网点,检查督导"两会"期间寄递服务和安全保障工作落实情况。

3月4日 按照全省"绿盾"工程视频联网项目巡查监管系统专项提升工作领导小组要求,省邮政业安全中心组成两个调研组,于3月至4月,赴全省11个地市开展"绿盾"工程视频联网项目巡查监管系统专项提升工作调研。

3月8日 省邮政管理局联合省发改委、省工业和信息化厅、省司法厅等14个部门召开加快推进快递包装绿色转型专题研讨会。深入贯彻《国务院办公厅转发国家发展改革委等部门关于加快推进快递包装绿色转型意见的通知》文件精神,加快推进全省快递包装绿色转型相关工作。

3月9日 省邮政管理局召开2021年全省邮政市场监管工作电视电话会议。局党组成员、纪检组长、副局长高日勇作工作报告。省局机关各部门、省邮政业安全中心、省快递协会、各主要品牌省级快递企业负责人、省局市场处全体人员在主会场参会;各市局分管领导,办公室、普遍服务科及邮政业安全中心、快递协会相关负责人,市场监管科(行业管理科)全体人员在分会场参会。

同日 省邮政管理局召开2021年全省邮政普遍服务监管工作电视电话会议,吕梁市、大同市、晋中市邮政管理局作经验交流发言。局党组成员、副局长赵光出席会议并讲话,省局普遍服务处全体人员及办公室相关人员在主会场参加会议,各市局分管领导,普遍服务(行业管理)科全体人员及办公室相关人员在分会场参加会议。

同日 省邮政管理局联合省公安厅召开全省寄递企业安全查控工作电视电话会议。省公安厅党委委员、副厅长马润生,省邮政管理局党组成员、纪检组长、副局长高日勇出席并讲话。省公安厅治安、禁毒、反恐、技侦部门负责人及相关工作人员,省邮政管理局市场监管处负责人及相关工作人员,主要品牌快递企业负责人在主会场参加会议;各市公安局分管领导,治安、禁毒、反恐、技侦部门负责人及相关工作人员,市邮政管理局分管领导、市场监管科负责人及相关工作人员在各市分会场参加会议。

3月10日 省邮政管理局召开全省邮政管理系统党史学习教育部署电视电话会议。局党组书记、局长秦红保作动员,局党组成员、纪检组组长、副局长高日勇主持会议。省局机关全体领导干部、省邮政业安全中心筹备组领导在主会场参加会议,各市局机关全体党员干部在分会场参加会议。

3月12日 省邮政管理局党组理论学习中心组召开会议,深入学习贯彻习近平总书记在党史学习教育动员大会上的重要讲话精神和局长马军胜在全国邮政管理系统党史学习教育动员部署会议上的讲话精神,集中学习《论中国共产党历史》重要篇目。局党组书记、局长秦红保主持会议并讲话。

同日 省邮政管理局召开党组会议,专题研究全省邮政管理系统党史学习教育实施方案。局党组书记、局长秦红保主持会议并讲话。

同日 省邮政管理局印发《山西省邮政快递业贯彻落实新时代加快完善社会主义市场经济体制意见实施方案》,进一步深化邮政快递业改革,促进行业高质量发展、高效能治理。

同日 省邮政管理局印发《中共山西省邮政管理局党组开展党史学习教育实施方案》,扎实开展党史学习教育。

3月15日 省邮政管理局召开党史学习教育专题学习研讨会议,机关全体党员干部参加会议。会议还围绕李克强总理视察山西中通重要讲话精神进行交流研讨。

同日 省邮政管理局理论学习例会,集中学习《马军胜在国家邮政局网络安全和信息化领导小组会议上的讲话》和《楼阳生在全面深化“13710”工作制度推进会上的讲话》,并进行交流发言。机关全体党员参加学习。

同日 省人民政府办公厅印发《山西省推进服务业提质增效2021年行动计划的通知》,将快递进村纳入2021年行动计划。

同日 省“扫黄打非”工作领导小组印发《关于通报表扬2020年全省“扫黄打非”工作先进集体、先进个人和优秀信息员的通知》,省邮政管理局再获先进集体称号,这是省局自2017年以来连续五年获此荣誉。

3月19日 省邮政管理局组织局机关和省邮政业安全中心干部职工开展志愿者义务献血活动。

同日 省邮政管理局出台强化全省快递末端服务站规范管理意见,积极回应社会关切,通过提高末端服务能力和水平助力行业高质量发展,树立行业良好形象。

同日 省邮政管理局印发《庆祝中国共产党成立100周年活动方案》,在中国共产党成立100周年之际,做好全省邮政快递行业相关庆祝活动。

同日 省邮政管理局印发《山西省邮政管理系统2021年党风廉政建设工作要点》,对全年党风廉政建设工作进行安排部署。

3月22日 省邮政管理局召开理论学习例会,集中学习《论中国共产党历史》2个篇目。机关全体党员参加学习。

3月29日 省邮政管理局理论学习例会收看党史学习教育中央宣讲团山西报告会,机关全体党员参加了学习。

3月30日 省邮政管理局印发《2021年山西省邮政管理局精神文明建设工作要点》,对全年精神文明建设工作提出具体要求。

同日 省邮政管理局印发《2021年邮政普遍服务和邮票发行监督管理工作方案》,组织落实全年邮政普遍服务和邮票发行监督管理的各项工作任务。

是月 截至3月底,山西省11个市邮政业安全中心全部获批,山西"1+11"的省、市邮政业安全监管支撑体系搭建完成。

4月1日至2日 省邮政管理局党组成员、副局长赵光带队,成立调研组,深入运城市邮政企业,就普遍服务保障、补白网点运营、安全生产、邮快合作等工作开展调研。运城局、运城邮政企业相关负责人陪同调研。

4月6日 省邮政管理局理论学习例会集中学习《毛泽东 邓小平 江泽民 胡锦涛关于中国共产党历史论述摘编》节选。机关全体党员参加学习。

4月9日 省政府第7次省长办公会议审议通过《山西省推广农村物流创新模式工作方案》,投入4亿元建设县乡村三级快递物流体系。从2021年4月开始,确定20个县作为试点,在全省推广农村物流创新模式,到2022年年底实现全覆盖,并明确该项工作由省发展改革委和省邮政管理局共同组织实施。

同日 省邮政管理局邀请山西大学原党委副书记鲍善冰教授,以"从党史和新中国史中汲取前进的智慧和力量"为主题进行专题讲座。省局机关和省邮政业安全中心全体党员干部在主会场参加会议,各市局机关和市邮政业安全中心全体党员干部在分会场参加会议。

4月12日 省邮政管理局理论学习例会,集中收看《"4·15"全民国家安全教育日专题学习——保密科普系列教育片》。机关全体党员参加学习。

4月14日 省邮政管理局组织全体党员干部前往太原黄坡革命烈士陵园,开展清明祭英烈主题党日活动,利用本地红色资源,深入开展党史学习教育。

同日 省邮政管理局以电视电话会议形式召开工作调度会,确保年度重点工作有序推进,高质量完成。局党组书记、局长秦红保主持并讲话,办公室主任、副主任在主会场参加会议;各市局局长、办公室主任在分会场参加会议。

4月15日、21日、22日 省邮政管理局党组书记、局长秦红保带队,分别深入忻州、阳泉、晋城三市专题调研全省县乡村三级物流体系建设。省局办公室、市场监管处,忻州、阳泉、晋城局负责人,三级物流体系建设工作专班部分成员陪同调研。

4月16日 省邮政管理局党史学习教育集中学习暨2021年党组理论学习中心组第4次会议召开,局党组书记、局长秦红保主持并讲话。会议学习《习近平新时代中国特色社会主义思想学习问答》部分内容,以及《中华人民共和国国家安全法》《党委(党组)国家安全责任制规定》。局党组成员,各部门负责人参加会议,部分负责人作交流发言。

4月20日 省邮政管理局组织召开2021年全省寄递渠道安全管理领导小组会议。省委政法委、省公安厅、省交通运输厅、省国家安全厅等9家成员单位相关负责人参加会议。

同日 省邮政管理局党组成员、副局长赵光带队,深入《人民日报》山西分印点现场,专项检查邮政企业党报党刊发运服务保障工作。省局普服处、太原局负责人陪同检查。

同日 省邮政管理局联合省发改委印发《关于开展农村物流创新模式推广工作的通知》。

4月22日 省邮政管理局党组成员、副局长赵光带队深入晋中调研指导"邮快合作"、邮政普遍服务保障、建制村直接通邮、党报党刊当日见报、机要通信安全等工作情况。省局普遍服务处,晋中局负责人陪同调研。

4月23日 省邮政管理局党组印发通知,就"五一"、端午两节期间党风廉政建设工作提出要求,确保风清气正、文明祥和。

同日 省年度目标责任考核领导小组办公室

印发《关于山西省2020年度目标责任考核等次评定结果的通知》，山西省邮政管理局再次获评“促进山西经济社会发展突出贡献单位”。

4月25日 省邮政管理局组织召开推进农村三级物流体系建设座谈会，听取邮政快递企业关于推进农村三级物流体系的意见建议。局党组成员、纪检组长、副局长高日勇出席会议并讲话。农村三级物流体系建设工作专班全体成员，省邮政公司及13家主要品牌快递企业省级公司负责人参加座谈会。

4月28日 省邮政管理局召开电视电话会议，部署安排“五一”劳动节期间全省邮政行业安全服务保障和疫情防控工作。局党组成员、纪检组长、副局长高日勇作部署讲话，省、市两级相关人员参加会议。

同日 省邮政管理局召开《邮件快件包装管理办法》宣传贯彻暨全省邮政业生态环保工作电视电话会议。省局党组成员、纪检组长、副局长高日勇出席会议并讲话，省局相关部门人员以及11家寄递企业省级公司主要负责人在主会场参会；各市局分管局领导、市场监管（行业管理）科全体人员，辖区内各寄递企业负责人在分会场参会。

同日 省邮政管理局组织召开2021年一季度邮政普遍服务监督与保障政企联席会，局党组成员、副局长赵光参加会议并讲话。省局普遍服务处全体人员、市场监管处相关人员，省邮政分公司分管领导、相关部门人员参加会议。

同日 山西省邮政管理局印发《2021年行业生态环境保护工作要点》，要求强化责任落实，突出工作实效，大力实施“2582”工程，加快推进快递包装绿色转型，稳步推进行业节能减排。

4月29日 省邮政管理局印发《全省邮政管理系统2021年度“管理杯”考核办法》，持续在全省系统开展“管理杯”考核活动。

5月12日 省人民政府印发《山西省“十四五”新业态规划》，多项举措惠及全省邮政快递业发展。

5月14日 省邮政管理局印发《山西省快递市场秩序整顿专项行动工作方案》，进一步强化快递市场监督管理，保护广大用户合法权益，维护市场公平竞争环境，进一步激发市场主体活力，促进行业高质量发展。

5月18日 省邮政管理局组织召开快递企业安全生产体系建设推进会。局党组成员、纪检组组长、副局长高日勇出席会议并讲话。太原局相关人员，省快递协会、各品牌快递企业省级公司30余人参加会议。

5月20日至21日 省邮政管理局党组举办党史学习教育读书班。局党组书记、局长秦红保主持并讲授党课，局党组成员、纪检组组长、副局长高日勇和党组成员、副局长赵光分别领学，省局机关和市局部分干部作交流发言。读书班还邀请省委党校教授作专题辅导讲座。省局机关、省邮政业安全中心和太原局机关、太原市邮政业安全中心全体党员干部和各市局党组书记参学。

5月26日 省邮政管理局以电视电话会议形式召开重点工作推进调度会。局党组成员、纪检组组长、副局长高日勇参加会议并讲话。省局市场处全体人员在主会场参加会议，各市局分管领导、市场监管科（行业监管科）人员在各市分会场参加会议。

5月31日 全省邮政管理系统62人参加国家邮政局举办的第六次全国邮政行政执法考试。

6月1日 省邮政管理局召开中国共产党成立100周年庆祝活动全省寄递渠道安全服务保障工作电视电话会议。局党组成员、纪检组组长、副局长高日勇出席会议并讲话。省局办公室、普遍服务处、省邮政业安全中心相关负责人，市场处全体人员，各寄递企业省级公司主要负责人在主会场参加会议；各市局分管领导，相关科室负责人，市场科（行业管理科）全体人员，辖区内各快递企业负责人在各市分会场参加会议。

6月7日 省邮政管理局组织全体干部职工观看《闪亮的名字——王顺友》，回顾学习王顺友先进事迹。

6月8日 省邮政管理局联合省发改委印发《关于开展全省农村三级物流体系专项债券项目申报的通知》，试点县申报专项债券项目。

6月9日 省邮政管理局印发《中国共产党成

立100周年庆祝活动全省寄递渠道安全服务保障工作实施方案》,在中国共产党成立100周年庆祝活动期间,确保全省寄递渠道安全畅通,邮政行业平稳运行。

6月10日 省邮政管理局党组印发《党史学习教育“我为群众办实事”实践活动方案》,扎实开展“我为群众办实事”实践活动。

同日 省邮政管理局组织召开2021年全省“绿盾”工程视频联网项目巡查监管系统专项提升工作电视电话会议。省局党组成员、纪检组组长、副局长、省“绿盾”工程领导小组组长高日勇出席会议并讲话。省局市场监管处相关人员、省邮政业安全中心全体人员,寄递企业省级公司相关负责人在主会场参加会议;各市局分管领导,市局市场(行业)监管科及市邮政业安全中心有关人员,市级各品牌寄递企业相关负责人在分会场参加会议。

6月16日 省邮政管理局召开2021年党组理论学习中心组第6次会议,局党组书记、局长秦红保主持会议并讲话。会议学习习近平对湖北十堰市张湾区艳湖社区集贸市场燃气爆炸事故作出的重要指示,《求是》杂志发表的习近平总书记重要文章《学好“四史”,永葆初心、永担使命》和《中华人民共和国民法典》。省局党组成员、各部门负责人参加会议。

同日 省邮政管理局在太原市工人文化宫组织开展邮政快递业安全宣传咨询活动。

6月17日至18日 省邮政管理局成立专项督导组,由省局党组成员、纪检组组长、副局长高日勇带队,赴各品牌快递省级分拨中心开展中国共产党成立100周年庆祝活动期间全省寄递渠道安全服务保障工作调研督导检查。省局市场处、太原局相关人员陪同检查。

6月18日 省邮政管理局召开全省邮政业中国共产党成立100周年安全生产专题部署会议,局党组书记、局长秦红保出席会议并讲话。省局办公室、普遍服务处、市场监管处负责人及相关人员,各寄递企业省级公司主要负责人参加会议。

6月21日至22日 省邮政管理局党组书记、局长秦红保带队深入吕梁、晋中、太原三市专题督导检查中国共产党成立100周年寄递渠道安全保障工作。省局办公室、市场监管处,太原、晋中、吕梁局负责人陪同检查。

6月23日至28日 省邮政管理局党组成员、纪检组组长、副局长高日勇一行深入临汾、运城、长治、晋城市主要寄递企业分拨中心开展寄递渠道安全管理工作联合督导检查。党组成员、副局长赵光一行前往大同、朔州、忻州、阳泉市督导检查中国共产党成立100周年寄递渠道安全保障工作。省局办公室、普遍服务处、市场监管处负责人,相关市局领导陪同检查。

6月28日 省邮政管理局举办以“铭记百年历史、赓续奋进力量”为主题的全省邮政系统庆祝中国共产党成立100周年文艺会演。本次文艺会演以视频轮播的形式进行,省局机关和省邮政业安全中心全体党员干部在主会场,各市邮政管理局全体党员干部在分会场观摩演出。

同日 省邮政管理局以电视电话形式召开全省邮政管理系统庆祝中国共产党成立100周年大会,表彰优秀共产党员、优秀党务工作者和先进基层党组织,向老党员代表颁发“光荣在党50年”纪念章。省局党组书记、局长秦红保出席会议并讲话。省局党组成员、纪检组组长、副局长高日勇主持,省局党组成员、副局长赵光宣读表彰决定。省局机关和省邮政业安全中心全体党员干部、退休党员代表、全省系统“两优一先”获奖代表在主会场参会,各市局全体党员干部在分会场参加会议。

6月29日 省邮政管理局组织机关全体干部职工收看“七一勋章”颁授仪式实况,接受深刻的精神洗礼,体会先进楷模的历史担当。

6月30日 省邮政管理局举办党史学习教育专题培训班。省局党组成员、副局长赵光讲授“学党史、铭党恩、强党性”专题党课。省局机关和省邮政业安全中心副处级(四级调研员)以上领导干部、党务工作者在省局主会场参加培训。各市局党组成员、党务工作者在分会场参加培训。

同日 国家邮政局部署“快递进村”三年行动

以来，省邮政管理局高度重视，将“快递进村”列入年度重点工作、“为民办实事”工程，多措并举，扎实推进。截至6月底，快递服务已通达全省18137个建制村，覆盖率达82.9%，提前半年完成年度目标。

7月1日 庆祝中国共产党成立100周年大会隆重举行，省邮政管理局组织全体党员干部员工集中收看大会直播实况，认真聆听习近平总书记重要讲话，共同庆祝党的百年华诞。

7月5日 省邮政管理局分别召开党组理论学习中心组会议和党员干部理论学习例会，专题学习习近平总书记在庆祝中国共产党成立100周年大会上的重要讲话精神，并深入开展研讨交流。

7月8日 省人民政府印发《山西省“十四五”现代服务业发展规划》，提出全省现代服务业发展“十四五”及2035年远景规划，邮政快递业多项内容纳入其中，惠及行业高质量转型发展。

7月12日 省邮政管理局理论学习例会，集中组织学习贯彻习近平总书记在参观“‘不忘初心、牢记使命’中国共产党历史展览”时重要讲话精神和观看学习习近平总书记关于安全生产重要论述电视专题片——《生命重于泰山》。

7月19日 省邮政管理局理论学习例会，宣读省直机关“两优一先”表彰决定，并颁发证书，集中组织学习《习近平新时代中国特色社会主义思想学习问答》。

7月20日 省邮政管理局联合省发展改革委、工信厅、司法厅、生态环境厅、住房和城乡建设厅、商务厅、市场监督管理局出台《加快推进快递包装绿色转型若干措施》，进一步加强快递包装治理，推进快递包装绿色转型。

7月21日 省邮政管理局组织召开2021年二季度邮政普遍服务监督与保障政企联席会，省局党组成员、副局长赵光参加会议并讲话。省局普遍服务处全体人员、邮政业安全中心负责人，省邮政分公司分管领导、相关部门负责人参加会议。

7月22日 省政协十二届十八次常委会议围绕“推动现代物流高质量发展”开展协商议政，大力推动现代物流业高质量发展，邮政快递业迎来利好。

同日 省邮政管理局印发《关于抓好全省邮政行业汛期安全工作的通知》，对全省行业汛期安全工作进行部署安排。

同日 省邮政管理局召开专题会议，迅速传达国家邮政局学习贯彻习近平“七一”重要讲话精神党史学习教育专题培训班暨2021年全国邮政管理局长座谈会精神，并就贯彻落实会议精神提出要求。党组书记、局长秦红保出席会议并讲话。省局机关各部门、省邮政业安全中心负责人参加会议。

7月26日 省邮政管理局党组书记、局长秦红保，党组成员、纪检组组长、副局长高日勇，党组成员、副局长赵光带领各市局负责人、省局机关四级调研员以上干部、省邮政业安全中心负责人前往山西省展览馆参观“不忘初心、牢记使命——山西省庆祝中国共产党成立100周年图片展”，追寻红色印迹，赓续红色血脉。

7月26日至27日 省邮政管理局召开学习贯彻习近平总书记“七一”重要讲话精神党史学习教育读书班暨2021年全省邮政管理局长座谈会。局党组书记、局长秦红保出席会议并讲话。局党组成员、纪检组组长、副局长高日勇，党组成员、副局长赵光分别主持第一、第二阶段会议。省局机关四级调研员以上干部，省邮政业安全中心负责人，各市局负责人参加会议。

7月28日 省人力资源和社会保障厅、省交通运输厅印发《关于表彰山西省交通运输系统先进集体和先进个人的决定》，省邮政管理系统2个集体4名个人获省交通运输系统先进荣誉。

同日 省邮政管理局召开专题会议，对快递进村、快递员权益保护、末端网络提质等重点工作进行深入研究。局党组书记、局长秦红保出席会议并作具体安排，局党组成员、省局机关各部门负责人参加会议。

8月5日 省委副书记、省长、省疫情防控工作领导小组组长蓝佛安到太原国际邮件互换局（交换站）督导检查疫情防控工作，看望奋战在一线的抗疫工作者。省委常委、太原市委书记罗清宇，副省长孙洪山、吴伟，省政府秘书长朱鹏参加。太原市政府、省卫健委、省政府研究室、太原海关、省邮政管理局、中国邮政集团有限公司山西省分公司负责人陪同调研。

8月6日 省邮政管理局召开全省行业疫情防控工作紧急视频调度会。省局党组成员、纪检组长、副局长高日勇出席会议并讲话。省局相关处室负责人,省邮政公司、各主要品牌快递省级公司负责人在主会场参加会议;各市局负责人,相关科室负责人,市级邮政公司和快递企业负责人在各市分会场参加会议。

同日 省邮政管理局联合省委组织部(省委非公和社会组织工委)、省交通运输厅、省市场监管局印发《关于开展快递物流行业党建工作调研的通知》。从8月上旬到中旬,对全省各地快递物流企业、协会的基本情况、党建工作底数等情况进行全面摸底,以有效提升行业党建工作水平。

8月7日 副省长韦韬在省邮政管理局《关于2021年上半年全省邮政管理工作情况的报告》上批示:上半年工作成绩显著,望省邮政管理局在下半年再接再厉,继续努力,尤其在发展农村物流业,推动乡村振兴上创新思路,多出实招,取得更好成绩。

8月10日 省邮政管理局党组书记、局长秦红保以普通党员身份参加省局办公室党支部党史学习教育专题组织生活会,进行自我检视剖析,谈心得体会,谈感悟收获,与支部党员一起交流。

8月12日 省邮政管理局印发《无烟山西省邮政管理局领导小组办公室工作制度》和《无烟山西省邮政管理局管理规定》,全面推进无烟机关建设。

8月13日 省委副书记、省长蓝佛安深入太原邮区中心局调研邮政快递业数字经济发展。要求深入贯彻习近平总书记关于数字经济发展的重要论述和视察山西重要讲话重要指示,充分发挥数字经济带动作用,加快培育转型发展新动能。省政府秘书长朱鹏、省发展改革委主任刘锋、省邮政管理局局长秦红保等相关部门负责人陪同调研。

同日 省邮政管理局、省信息业工会联合会、省快递协会联合开展“夏日送清凉”活动,看望慰问一线“快递小哥”,调研指导快递员权益保障工作。

8月16日 省长蓝佛安主持召开省政府第115次常务会议,学习贯彻7月30日中央政治局会议、党外人士座谈会等重要会议精神,并安排部署快递物流体系建设等工作。

8月17日 省邮政管理局党组书记、局长秦红保带队深入山西顺丰速运有限公司、山西瑞吉中通物流有限公司和中外运敦豪山西分公司督导检查疫情防控工作,并就企业数字化、信息化建设进行调研。省局办公室、市场监管处负责人陪同调研。

8月26日 省邮政业安全中心通过腾讯视频会议举办全省邮政快递业安检机联网系统线上培训班,对“绿盾”工程安检机联网系统建设和应用工作进行讲解。各市邮政管理局、邮政业安全中心有关人员共20余人参加培训。

同日 省邮政管理局党组印发《2021—2022年巡察工作方案》,于2021年9月至2022年对11个市局以及省邮政业安全中心开展巡察工作。

同日 省邮政管理局联合省禁毒委员会办公室、省公安厅组织召开全省视频会议,传达学习全国“寄递渠道禁毒百日攻坚行动”部署会议精神,全面动员部署全省寄递渠道禁毒百日攻坚行动。省局党组成员、纪检组组长、副局长高日勇出席会议并讲话。各市邮政管理局和辖区内各品牌寄递企业负责人在各市分会场参加会议。

同日 省邮政管理局印发《关于做好2021年中国国际服务贸易交易会期间寄递渠道安全服务保障工作的通知》,对9月2日至7日即将在北京举办的2021年中国国际服务贸易交易会期间,全省寄递渠道安全服务保障工作进行部署。

8月27日 省邮政管理局联合省发改委印发《关于做好农村物流创新模式试点工作的通知》,公布试点县名单,制定农村物流体系建设要点及农村物流体系运营管理办法。

9月3日 省邮政管理局、省发展改革委员会联合召开农村快递物流工作部署推进电视电话会议。省局党组成员、纪检组组长、副局长高日勇,省发改委二级巡视员庞建军出席会议并讲话。省发改委经贸处、省邮政管理局农村三级快递物流体系建设工作专班相关人员及主要邮政快递企业省级公司负责人在主会场参加会议；各市发改委、市邮政管理局负责人，试点县政府分管副县长，县发改局相关负责人及辖区内各品牌快递企业负责人在各市分会场参加会议。

9月6日 省邮政管理局成立15周年。从2012年至2020年年底，全省邮政行业年度业务总量从30.45亿元增长到150.72亿元，年均增长15.03亿元，年均增长率22.13%；年度业务收入从29.90亿元增长到107.76亿元，年均增长9.73亿元，年均增长率17.38%。其中，快递业务增长迅猛，年度快递业务量从2805.32万件增长到53583.56万件，年均增长6347.28余万件，年均增长率44.59%，快件最高日处理量达到844.47万件；年度快递业务收入从5.43亿元增长到67.09亿元，年均增长7.71亿元，年均增长率36.92%。

同日 省邮政管理局组织召开农村三级快递物流体系运营管理会议，会议对农村物流运营管理规划进行解读，省局党组书记、局长秦红保出席会议并讲话。省局农村物流工作专班成员，4家申报运营管理企业及11家主要品牌快递企业省级公司负责人参加会议。

9月6日至27日 省邮政管理局党组组成两个巡察组，分赴大同、朔州、忻州、阳泉、晋中、吕梁6个市局党组开展巡察工作。

9月8日 省邮政管理局在长治召开市场监管重点工作片区推进会。省局党组成员、纪检组组长、副局长高日勇出席会议并讲话。省局市场监管处负责人及相关人员，太原、长治、晋城、临汾、运城局分管局领导和市场监管科（行业管理科）科长参加会议。

9月9日 省邮政管理局印发《山西省邮政行政处罚回避制度（试行）》《山西省邮政行政执法疑难问题会商制度（试行）》《山西省邮政行政处罚案卷管理规定（试行）》，加强法治政府建设及行政执法监督。

9月10日 省邮政管理局党组书记、局长秦红保带队深入太原古交市就加快农村寄递物流体系建设进行专题调研。省局办公室、市场监管处、省邮政业安全中心负责人，太原局负责人及相关人员陪同调研。

9月16日 省邮政管理局印发《通知》，部署节日期间全省邮政快递业安全生产工作，要求各市局、各寄递企业有效推动安全生产专项整治三年行动集中攻坚任务落实，全力以赴抓好中秋国庆期间行业安全生产工作，坚决防范遏制各类事故发生。

同日 省邮政管理局党组印发《关于紧盯四风问题确保中秋国庆期间风清气正的通知》，要求全省邮政管理系统各级党组织和党员领导干部要落实中央八项规定及其实施细则精神，着力纯正政治生态，在“两节”期间持续强化严的氛围，防止“四风”问题变异反弹。

9月24日至29日 省邮政管理局第一期邮政快递业安检机作业人员培训班顺利开班，太原、阳泉邮政快递企业及市局相关人员共计60余人参加培训。省局分三批对全省邮政快递企业安检机作业人员进行培训。

9月26日、28日 省邮政管理局分别组织召开11个市局、运营管理企业和省级品牌寄递企业农村三级寄递物流体系建设推进座谈会。省局党组书记、局长秦红保出席会议并讲话，省局党组成员、纪检组组长、副局长高日勇主持。省局农村寄递物流工作专班成员，各市邮政管理局局长、市场监管（行业管理）科科长，省邮政分公司、省汽运集团、中通、顺丰、韵达、申通、圆通、百世、中科富创9家品牌运营管理公司，德邦、京东、极兔3家省级品牌企业负责人分别参加座谈会议。

9月27日 省委保密局督查组一行到省邮政管理局检查保密管理工作，省局党组书记、局长秦红保出席座谈会并与督查组就有关工作情况作交流。

9月28日 省直机关精神文明建设委员会印发《关于表彰2020年度省直文明单位、省直文明校园、省直机关第五届道德模范和精神文明建设先进工作者的决定》，省邮政管理局机关和省邮政业安全中心同步获“2020年度省直文明单位标兵”称号，这也是山西局自建局以来连续14年获得此项荣誉。

10月9日 省邮政管理局局长秦红保发表第52届世界邮政日致辞——“贯彻新发展理念,构建新发展格局,奋力谱写现代化邮政强国建设山西篇章”。

10月12日 省邮政管理局在大同召开市场监管重点工作片区培训会。省局党组成员、副局长高日勇出席培训会并讲话。省局市场监管处负责人及相关人员,太原、大同、朔州、阳泉、忻州、晋中、吕梁局分管局领导和市场监管科(行业管理科)科长参加会议。

10月14日 省邮政管理局党组完成大同、朔州、忻州、阳泉、晋中、吕梁6个市局党组巡察情况反馈,自此山西局本年度6个市局的巡察工作顺利完成。

10月18日 省邮政管理局召开模范机关建设动员部署会议,详细解读《山西省邮政管理局关于深入推进模范机关建设实施方案》。省局党组书记、局长秦红保出席会议并讲话。省局机关、省邮政业安全中心全体干部职工参加会议。

10月18日至22日 全省邮政快递业第二批安检机培训举办,忻州、朔州、长治、吕梁、临汾市局及快递企业共计64人参加培训。

10月25日 中国共产党山西省第十二次代表大会召开,省委书记林武作了题为《牢记领袖嘱托 扛起时代使命 全方位推动高质量发展 奋力谱写全面建设社会主义现代化国家山西篇章》的报告。报告就健全农村快递物流体系提出新要求,指出:“推动现代物流降本增效,打造一批电商小镇,健全农村快递物流体系。”

同日 省邮政管理局举办“全民健康·从我做起”科普讲座,山西医科大学医学心理学教授姜峰应邀授课,省局机关、省邮政业安全中心全体干部职工30余人聆听讲座。

同日 省邮政管理局召开2021年快递业务旺季服务保障动员部署电视电话会议。省局党组成员、纪检组组长、副局长高日勇参加会议并讲话。省局各部门相关人员,邮政业安全中心、快递协会相关负责人,中国邮政集团有限公司山西省分公司有关负责人和各品牌快递企业省级公司主要负责人在省局主会场参加会议。各市局领导班子成员,各科室负责人,市级邮政业安全中心、快递协会有关人员在市局分会场参加会议。

10月25日至29日 全省邮政快递业第三批安检机培训举办,运城、晋中、晋城市局及快递企业共计62人参加培训。全年三批安检机培训结束,共计171人取得证书。

10月28日 省邮政管理局机关党委组织各党支部开展“坚持党建引领,建设模范机关”主题党日活动。全体党员干部赴工人文化宫广场参观省直机关工委举办的省直机关党建成果展。

11月1日 省邮政管理局召开专题会议,传达学习山西省第十二次党代会精神,安排部署贯彻落实意见。省局党组书记、局长秦红保主持会议并讲话。省局党组成员、各部门负责人参加会议。

同日 省邮政管理局印发《关于做好第四届中国进口博览会期间寄递渠道安全服务保障工作的通知》,对11月4日至10日即将在上海举办的第四届中国进口博览会期间,全省寄递渠道安全服务保障工作进行部署。

11月3日至15日 省邮政管理局党组书记、局长秦红保,党组成员、副局长高日勇分别带队对主要品牌快递企业旺季服务保障工作进行督导检查。调研期间,督导组联合省快递协会对部分品牌快递企业进行联合慰问。同时赴忻州、晋中、运城调研农村寄递物流体系建设工作。省局市场监管处、省邮政业安全中心负责人,相关市局主要负责人陪同调研督导。

11月8日 省邮政管理局印发《山西省邮政行政监督检查规定(试行)》《山西省邮政行政执法过错责任追究制度(试行)》《山西省邮政行政委托执法办法(试行)》,进一步加强法治政府建设及行政执法监督。

11月11日 “双11”之夜,省邮政管理局党组书记、局长秦红保赴省邮政业安全监控中心督战全省邮政快递业旺季服务保障工作。在省安全监控中心分别与国家邮政局党组书记、局长马军胜,党组成员、副局长陈凯进行视频连线并作汇报。省局市场监管处负责人、办公室及太原局相关人员陪同，省邮政业安全中心全体人员参加。

同日 省政府印发《山西省“十四五”现代物流发展规划》，邮政快递业作为重要内容纳入“十四五”现代物流发展规划。

11月15日 省直机关工委第六督查组一行深入省邮政管理局督查机关党建工作，省局党组书记、局长秦红保出席座谈会并与督查组就有关工作情况作交流。

同日 省邮政管理局理论学习例会，组织学习中共十九届六中全会公报，机关全体党员参加学习。

11月16日至18日 省委副书记、省长蓝佛安在忻州市偏关、河曲、保德三县宣讲中共十九届六中全会精神并就深入推动黄河流域生态保护和高质量发展工作进行调研。宣讲调研期间，到保德县故城村电商服务中心，了解产品销售情况，要求进一步完善快递物流体系，使电商在全省每个县都发展起来，让农民群众搭乘互联网快车走上致富路。

11月17日 省邮政管理局召开全省邮政管理系统新闻宣传培训电视电话会议。省局各部门、省邮政业安全中心、省快递协会相关人员在主会场参加会议；各市局办公室负责人，各科室、市邮政业安全中心相关人员在分会场参加会议。

同日 省邮政管理局印发《2020—2021年新闻宣传工作先进单位和优秀通讯员的决定》，对朔州市邮政管理局等8个先进单位（部门）以及全省系统14名优秀通讯员给予表彰。

11月18日 省邮政管理局召开党组中心组理论学习扩大会议，围绕《中共中央关于党的百年奋斗重大成就和历史经验的决议》进行集中学习，省局党组书记、局长秦红保主持会议并讲话。省局党组理论学习中心组成员、省局机关和省邮政业安全中心副处级以上党员干部参加会议。

11月22日 省邮政管理局召开机关党员大会，迅速落实省直机关党建工作督查问题整改工作，还围绕省直机关党建工作“四级四岗”责任清单及《中国共产党支部工作条例（试行）》进行深入学习。省局机关全体党员干部参加会议。

11月24日 省邮政业消费者申诉中心召开全省快递服务质量提升联席会议暨年度申诉处理培训班。省快递协会、省内13家重点品牌快递企业代表共30余人参加会议。

同日 省精神文明建设指导委员会办公室印发《关于复查确认继续保留荣誉称号的山西省文明单位、文明校园的通报》，省邮政管理局继续保留“山西省文明单位”荣誉称号。

11月26日 省交通运输厅、省邮政管理局、省发展和改革委员会、省人力资源和社会保障厅、省住房和城乡建设厅、省商务厅、省市场监督管理局、省总工会、团省委等9部门联合印发《关于做好快递员群体合法权益保障工作的实施方案》，切实保障好快递员群体合法权益，促进全省快递业持续健康高质量发展。

11月29日 省邮政管理局印发《关于做好2022年度〈人民日报〉〈求是〉杂志发行工作的通知》，对切实做好2022年党报党刊发行工作进行部署，提出要求。

同日 省邮政管理局理论学习例会组织学习国家邮政局党组《党领导邮政事业的历史经验与启示》以及《汪勇在全国道德模范座谈会上的发言》，机关全体党员参加学习。

11月30日 省邮政管理局举行山西省邮政业安全监控中心暨“绿盾”工程信息系统上线启动仪式。省邮政管理局党组书记、局长秦红保，省交通运输厅党组成员、副厅长王晋出席启动仪式并讲话。省局领导，国家局安全中心数据管理处、省交通运输厅办公室负责人出席会议。国家局安全中心数据管理处相关人员，省局机关处室负责人，各市局主要负责人，省邮政业安全中心负责人，省快递协会负责人，省级邮政快递企业主要负责人，省邮政业安全中心工作人员，各市邮政业安全中心负责人参加会议。

同日 省邮政管理局召开全省邮政管理系统警示教育电视电话会议。省局党组书记、局长秦红保出席会议并讲话，局党组成员、纪检组长、副局长高日勇主持会议，局党组成员、副局长赵光出席。

省局机关各部门负责人,各市邮政管理局主要负责人,省邮政业安全中心负责人,省局机关和太原局机关全体公务员在主会场参加会议;各市邮政管理局全体公务员,县级机构负责人在分会场参加会议。

12月1日 省政府办公厅民生处、省发改委、省邮政管理局组成调研组对阳泉市县乡村三级寄递物流体系建设开展情况进行调研。

12月3日 省邮政管理局模范机关建设领导组开展第四次现场观摩检查,由省局党组成员、副局长赵光带领各部门和安全中心负责人,对各部门模范机关建设目标任务推进情况进行实地观摩,检验工作成果。

12月7日 为进一步推进农村寄递物流体系建设,有效破解农村寄递"最后一公里"难题,省邮政管理局党组书记、局长秦红保带队深入太原市清徐县开展专题调研。省局市场监管处、太原局负责人及相关人员陪同调研。

同日 河南省邮政安全发展中心考察组赴山西省开展调研,并与山西省邮政业安全中心举行座谈。两省邮政业安全中心相关人员参加座谈。

12月13日 省邮政管理局理论学习例会组织观看廉政教育系列参考片《党史中的清廉故事》,机关全体党员参加学习。

12月16日 省委经济工作会议提出"加快农产品冷链物流建设,在全省各县同步开展农村三级寄递物流体系建设,2022年年底实现农村寄递物流服务全覆盖"。这是继山西省第十二次党代会之后,省委、省政府再次将农村寄递物流体系列为重点建设项目。

12月17日 省邮政管理局召开党组(扩大)会议,传达学习中央经济工作会议精神和省委十二届二次全体会议暨省委经济工作会议精神,省局党组书记、局长秦红保主持会议并讲话。省局党组成员,省局四级调研员以上党员干部参加会议。

12月27日 全省推进交通强省建设动员大会在太原召开,其发布的《交通强国建设山西省试点实施方案》,多项举措惠及全省邮政快递业发展。

同日 省政府制发省邮政业安全中心、太原市邮政业安全中心15人行政执法证。省局、太原局依据相关法规办法,分别委托省邮政业安全中心、太原市邮政业安全中心开展部分安全监管行政执法事项。

同日 省邮政管理局理论学习例会组织观看反腐警示教育片《失重》,机关全体公务员参加学习。

12月28日 省邮政管理局党组印发通知,就元旦、春节期间严防"四风"问题反弹回潮做出安排,着力营造风清气正、廉洁过节的氛围。

同日 省邮政管理局印发《机关会务保障管理办法》,进一步强化机关会务管理工作,提高会务效能,保障局内各项会议有序进行。

同日 国家邮政局公布"2021年快递服务现代农业金牌项目"名单,"运城苹果"和"吕梁杂粮"两个"快递+"项目上榜,分别位列第20位和46位,这也是"运城苹果"连续四年摘得金牌,"吕梁杂粮"首次上榜。

12月29日 省邮政管理局举办2021年度邮政行政执法培训,培训内容为新修订的《中华人民共和国行政处罚法》和行政处罚程序、案卷文书制作等。省局机关、省邮政业安全中心和各市局相关人员参加培训。

12月30日 省邮政管理局举行机关2021年度中层领导干部述职会议。省局党组书记、局长秦红保出席会议,党组成员、纪检组长、副局长高日勇主持会议,党组成员、副局长赵光参加。省局机关全体公务员参加会议。

同日 省邮政管理局印发《机关公务员平时考核工作方案(试行)》,进一步加强公务员日常管理和监督,全面准确评价公务员德才表现和工作实绩,建设忠诚干净担当的高素质专业化公务员队伍。

同日 省邮政管理局积极推进邮政综合服务平台建设。截至2021年12月底,全省县级城市实现警邮、税邮、政邮合作全覆盖。

同日 省邮政管理局与省发展和改革委员会联合印发《山西省邮政业发展"十四五"规划》,《规划》明确完善基础网络建设、提升公共服务水平、推进快递扩容增效、坚持市场多元发展、推动行业数字化转型、加快绿色邮政发展、完善行业治理体系、营造良好市场环境、推进治理协同创新9项主要任务；确定寄递枢纽布局建设、城镇小区邮政设施建设改造、拓展快递服务领域、农村三级寄递物流体系建设、产业服务空间拓展、绿色包装工程6个重点项目，提出坚持党的领导、加强组织协调、健全政策支撑体系、加强行业标准建设、优化行业发展环境、提升科技创新水平、加强人才队伍建设7项保障措施。

（资料提供：常 敏）

太原市邮政管理局大事记

1月5日 太原市邮政管理局执法人员对当日发行的辛丑年特种邮票进行监督检查。

1月8日 太原市邮政管理局召开会议，专题部署春节前后疫情防控工作。

1月12日 太原市邮政管理局组织召开专题会议，迅速传达学习贯彻全省邮政管理工作会议精神，围绕工作报告进行集中交流讨论并就宣贯落实工作作出部署安排，市局全体党员干部参加会议。

1月13日 人力资源和社会保障部、国家邮政局印发《人力资源和社会保障部 国家邮政局关于表彰全国邮政行业先进集体、劳动模范和先进工作者的决定》，太原市邮政管理局获全国邮政行业先进集体称号；太原邮区中心局驾驶员郭瑶麟、山西瑞吉中通物流有限公司负责人赵晓龙获全国邮政行业劳动模范称号。

1月15日 太原市政府第一次常务会议召开，审议并通过《关于推进太原市智能快件箱项目建设的决策草案》。

1月21日 太原市邮政管理局开展警示教育“第一课”，迅速组织全局党员干部收看电视专题片《正风反腐就在身边》。

2月1日 太原市副市长焦斌龙带队赴太原国际邮件互换局实地督导寄递企业疫情防控工作，市局副局长薛伟民陪同督导。

2月4日 太原市邮政管理局联合市委宣传部、共青团市委、市总工会、市文旅局等四部门共同开展“锦绣太原 暖春行动——把爱寄回家”关心关爱春节留太原快递小哥“暖蜂行动”。

2月25日 太原市邮政管理局联合市公安局、市国家安全局印发《关于做好2021年全国“两会”期间太原市寄递渠道安全服务保障工作的通知》，协同做好全国“两会”期间全市寄递渠道安全服务保障工作。

同日 太原市邮政管理局组织召开党组中心组（扩大）学习会，深入学习全省邮政管理系统党建暨党风廉政建设工作会议精神，并结合市局实际对全年党建及党风廉政建设工作提出具体要求。

2月26日 太原市邮政管理局与太原市邮政分公司联合召开2021年政企联席会议，深入学习全国邮政普遍服务工作会议精神，回顾2020年邮政普遍服务工作及“十三五”时期邮政事业发展，研究部署2021年重点任务。市邮政管理局和市邮政分公司主要领导及分管领导、各相关部门负责人参加会议。

3月1日 中共太原市委机构编制委员会印发《关于批复〈古交市事业单位改革实施方案〉的通知》和《关于批复〈娄烦县事业单位改革实施方案〉的通知》，方案明确古交市和娄烦县分别成立邮政业安全中心，设在市县交通运输局，财政保障，编制各5人。

3月2日 省邮政管理局党组书记、局长秦红保一行到太原京东物流园区、宅急送太原分公司、顺丰昆仑营业部督导检查行业“两会”安保工作情况。

同日 太原市邮政管理局党组中心组(扩大)学习会召开,迅速传达学习习近平总书记在党史学习教育动员大会上发表的重要讲话精神,并结合实际提出贯彻落实要求。

同日 太原市快递协会成立暨第一次会员大会在省邮电学校召开,来自全市快递行业58个会员单位代表参加会议,市邮政管理局相关领导出席大会并讲话。

3月3日 太原市邮政管理局成立全国两会安保专项检查组,由局领导带队深入京东、宅急送、申通、联邦、顺丰、圆通、菜鸟等企业分拨中心、营业网点进行现场检查,督导两会期间企业安保工作落实。

3月4日 太原市邮政管理局与市直10多家单位,共同发起无偿献血活动,共有180多人参与献血,共采血36000毫升,极大缓解血库紧张状况。

3月5日 太原市邮政管理局召开全市邮政管理工作会议,深入贯彻全省邮政管理工作会议和市委经济工作会议部署,系统总结2020年工作,科学研判发展形势,部署安排2021年重点工作。市局党组书记、局长董刚作了题为《立足新发展格局,贯彻新发展理念,为推动太原邮政快递业高质量发展努力奋斗》的工作报告。

同日 太原市邮政管理局召开2021年党建暨党风廉政建设工作会议,深入落实全省邮政管理系统党建暨党风廉政建设工作会议部署要求,总结回顾2020年工作,研究部署2021年任务。市局机关及事业单位全体人员参加会议。

3月6日 太原市邮政管理局组织开展学雷锋志愿服务暨主题党日活动,并组织全体志愿者观看反映社会主义核心价值观和好家风传承的优秀影片《你好,李焕英》。

3月8日 太原市邮政管理局印发《关于做好2021年全市邮政快递业安全生产工作的通知》(并邮管〔2021〕1号),就2021年全市邮政快递业安全生产工作进行安排部署。

3月17日 太原市邮政管理局召开党史学习教育动员部署会,党组书记、局长董刚作动员讲话。会议重点学习习近平总书记在党史学习教育动员大会上的重要讲话精神,传达学习国家邮政局、省邮政管理局党组、太原市委党史学习教育部署要求。

3月18日 太原市邮政管理局召开2021年全市邮政普遍服务管理工作会暨一季度政企联席会,市邮政分公司分管领导及相关部门负责人、各县(市、区)邮政分公司主要负责人、省机要通信局和太原邮区中心局分管领导参加会议。

同日 太原市邮政管理局召开全市邮政市场监管工作会议暨安全生产工作会议。局党组成员、副局长、纪检组长薛伟民出席会议并作工作报告。

3月26日至4月2日 太原市邮政管理局组织推进4县(市)邮政分公司与当地民营快递公司进行邮快合作项目协调,并初步达成“快递进村”合作基本框架。

3月29日 太原市邮政管理局印发《2021年精神文明建设重点工作安排》,全面系统安排部署机关和行业企业2021年度精神文明建设重点工作。

4月2日 太原市邮政管理局文明办迅速响应太原市“文明绿色过清明”相关要求,积极部署开展“文明祭扫 绿色清明”主题实践活动。

4月6日 为进一步丰富教育形式,推进党史教育取得扎实效果,太原市邮政管理局组织党员干部赴“山西省人民政府旧址”现场学习和开展主题党日活动。

4月9日 太原市邮政管理局分别召集古交、娄烦、清徐、阳曲邮政分公司负责人及县主要品牌快递企业负责人,组织召开县级邮快合作推进会,扎实推动快递进村工作。

4月13日 太原市邮政管理局组织召开全市寄递渠道全民国家安全教育日反恐怖宣传教育动员培训会,牢固树立“大安全”理念。

4月14日 太原市“扫黄打非”工作领导小组办公室印发《关于通报表扬2020年全市“扫黄打非”工作先进集体和先进个人的通知》,太原市邮政管理局傅晓强获“扫黄打非”工作先进个人称号。

4月20日 省邮政管理局党组成员、副局长赵光带队，深入《人民日报》山西分印点现场专项检查邮政企业党报党刊发运服务保障工作。

同日 太原市邮政管理局采取机关带行业形式，集中开展专题辅导暨市快递行业党委党史学习教育动员部署会，市局机关、邮政业安全中心、行业党委、行业工会、市快递协会全体党员干部，全市寄递企业党员代表、各企业负责人，共计80余人参加培训。

4月23日 太原市邮政管理局执法人员督促指导邮政和当地民营快递企业，在阳曲县率先开展邮快合作试运行。

4月29日 太原市人民政府办公室印发《关于成立太原市智能快件箱项目建设工作领导小组的通知》（并政办函〔2021〕8号），全力推进全市重大行政决策事项智能快件箱项目建设工作。

5月6日 太原市邮政管理局联合市反恐办组织召开全市寄递渠道反恐防范会议，市局党组成员、副局长薛伟民，市反恐办副主任、市公安局反恐应急支队支队长庞永胜，副支队长孙浩出席会议并讲话。

5月13日 太原市快递行业党委在中通快递山西管理中心组织开展党史学习教育入企宣讲活动，邀请太原市委讲师团讲师、太原市哲学研究基地成员左莉老师作专题宣讲，行业党委委员及企业部分党员、管理层人员共计32人参加宣讲活动。

5月14日 在太原市邮政管理局推动下，阳曲县邮政公司与中通、圆通、申通、百世汇通、韵达5家民营快递公司顺利达成合作意向，标志着太原市邮快合作进村工程取得实效。

5月19日至27日 太原市邮政管理局执法人员组织开展全市邮政机要通信第一轮专项检查。

5月20日 太原市邮政管理局联合市公安局组织开展中部投资贸易博览会期间寄递渠道专项安保检查，扎实做好中部投资贸易博览会期间全市寄递渠道安全服务保障工作。

5月21日 太原市邮政管理局执法人员对当日发行的《中巴建交七十周年》邮票进行监督检查。

5月27日 根据省局和市委、市政府绿色环保工作有关要求，为进一步抓好《邮件快件包装管理办法》贯彻落实，太原市邮政管理局与市邮政业安全中心、市快递协会联合印制并发放“绿色寄递 从我做起”倡议书，统一在全市邮政快递网点张贴。

同日 太原市精神文明建设指导委员会印发《关于认定2020年度市级文明单位、文明校园的决定》，太原市邮政管理局获“文明单位”称号，这是连续四年获此称号。

5月31日 太原市邮政分公司与景区合作设立太原古县城主题邮局，开发展示多款文创产品，受到游客关注。“五一”假期期间，主题邮局共接待游客5000余人次。

6月1日 省委党史研究院向太原市快递行业赠送党史学习教育图书156册。活动中，省委党史研究院还与快递行业党委座谈，了解全市快递行业发展现状和党史学习教育活动开展情况。

6月7日 太原市邮政管理局组织召开中国共产党成立100周年庆祝活动全市寄递渠道安全服务保障工作动员部署会。

6月17日 太原市邮政管理局组织召开2021年二季度政企联席工作会，市邮政分公司、省机要通信局、邮区中心局分管负责人和相关职能部门人员参加会议。

同日 太原市邮政管理局组织开展普遍服务和机要通信工作培训会议。

6月18日 太原市邮政管理局联合市公安局、市国家安全局印发《中国共产党成立100周年庆祝活动全市寄递安全服务保障工作实施方案》的通知。

同日 在市总工会指导下，太原市快递行业工会组织召开“中国共产党成立100周年全市百万职工聚焦‘六新’助力转型暨第十二届职工职业技能大赛”动员大会，安排部署全市邮政快递行业第一届职业技能大赛工作。

6月21日 太原市人大常委会副主任冯原平一行，赴太原顺丰速运昆仑营业部调研邮政快递业绿色发展工作。

6月23日 太原市邮政管理局依托全市邮政营业网点设立“快递小哥爱心驿站”，已有37个邮政局(所)挂牌并投入使用,年底前确保全市163个邮政普遍服务营业网点全部挂牌并正常运转,为太原市快递小哥构筑起温馨港湾。

同日 太原市邮政管理局执法人员对当日发行的《北京2022年冬奥会——竞赛场馆》邮票进行监督检查。

6月28日 太原市邮政管理局、市快递行业党委认真筹划、积极协调全市各品牌快递企业,组织快递小哥齐声同唱《不忘初心》时代旋律,拍摄和录制成MV,用嘹亮歌声为党的百岁华诞献礼。

6月30日 太原市委隆重举行全市“两优一先”表彰大会,对全市优秀共产党员、优秀党务工作者和先进基层党组织予以表彰,市邮政管理局刘凯获“全市优秀党务工作者”称号,太原市邮政公司服务质量部党支部获“全市先进基层党组织”称号。

同日 太原市邮政管理局联合市交通运输局组织阳曲县、娄烦县交通运输局、客运办、农村客运公司、快递企业相关人员召开“客货邮融合发展”座谈会。

7月1日 太原市邮政管理局执法人员对当日发行的《中国共产党成立一百周年》邮票进行监督检查。

7月2日 太原市快递行业工会联合会组织开展“全市邮政快递行业职业技能大赛”操作项目示范教学观摩活动。

同日 经市委、市政府审批同意,太原市邮政管理局联合市机关事务局、市财政局、市房产局、市住建局等12家单位印发《关于推进太原市智能快件箱项目建设的工作方案》。

7月22日 为加速推进邮政快递业从业人员疫苗应接尽接工作,提高从业人员疫苗接种率,太原市邮政管理局协调市疾控中心组织设立邮政快递业疫苗接种专场,为快递员接种疫苗提供方便。

同日 太原市委、市政府印发《关于2020年度全市安全生产和消防工作目标责任考核结果的通报》,太原市邮政管理局获评优秀等次。

7月23日 太原市安全生产委员会印发《关于表彰2020年度安全生产先进单位和先进个人的通报》,太原市邮政管理局薛伟民和呼丽获安全生产“优秀个人”称号、王娜获安全生产“先进个人”称号。

7月28日 太原市邮政管理局组织召开专题会议,迅速传达贯彻2021年全省邮政管理局长座谈会精神,重点学习省局局长秦红保讲话精神,安排部署全市邮政快递行业贯彻落实意见。

7月30日 太原市邮政管理局联合市总工会在中国邮政太原分公司广场揽投部组织开展“情系一线职工 促进六新发展”送清凉慰问快递小哥活动。市局党组成员、副局长薛伟民,太原市总工会党组成员、四级调研员、第八慰问组组长黄小飞,市总工交建工委和市快递行业工会联合会相关负责人一同参加慰问活动。

8月1日 太原市邮政管理局党组成员、副局长、纪检组长薛伟民带队赴太原警备区进行走访慰问,向驻地官兵致以节日祝福,并送上慰问品。山西极兔企业负责人参加座谈。

8月4日 太原市邮政管理局深入百世快递公司网点现场指导备案工作,打造服务型政府机关,努力把党史学习教育更多转化成为群众办实事解难题的实际行动。

8月4日至7日 太原市邮政管理局开展全国平信、包裹时限测试工作,受疫情影响,8月8日起,后续测试工作暂停。

8月6日 在太原市邮政管理局与太原市邮政公司共同努力下,小返乡、河口镇等乡镇的35个建制村投递频次由每周三次提升至每周五次。至此,太原市建制村投递全部实现周五班以上,投递水平再上新高。

同日 太原市邮政管理局机关党总支、行业党委开展党史学习教育主题党日活动,组织机关党员干部、行业党员代表16人前往山西省展览馆,集体参观“不忘初心、牢记使命——山西省庆祝中国共产党成立100周年图片展”。市局党组成员、副局长、纪检组长、机关党总支书记薛伟民参加活动。

同日 太原市邮政管理局主要领导带队,深入联邦快递、中外运敦豪等经营国际快递业务企业开展督导检查,着力筑牢寄递渠道“外防输入”的国际快递关口。

8月10日 太原市邮政管理局机关党支部、太原市邮政业安全中心党支部分别召开专题组织生活会，各所属全体党员参加，党组成员分别以普通党员身份参加2个支部会议。

同日 太原市邮政管理局联合市发改委、房产局在市政府新闻办举行太原市推进服务业提质增效加快智能快件箱项目建设工作新闻发布会，就《关于推进太原市智能快件箱项目建设的工作方案》进行全面解读并回答记者提问。

8月13日 太原市总工会党组成员、副主席汪伦一行到市快递行业工会联合会调研，重点了解掌握全市快递行业一线快递员权益维护保障情况并给予具体指导。市邮政管理局党组成员、副局长薛伟民主持座谈会。

8月16日 按照省政府和省邮政管理局党组关于疫情防控工作部署，省邮政管理局与市邮政管理局组成联合检查组对太原国际邮件互换局疫情防控开展专项督导检查。

8月24日至9月7日 太原市邮政管理局开展全市邮政机要通信第二轮专项检查。

9月7至8日 太原市邮政管理局对2021年高校录取通知书寄递服务满意度进行电话回访。

9月8至28日 太原市邮政管理局配合完成国家邮政局信件、包裹时限测试后续工作。

9月10日 省邮政管理局党组书记、局长秦红保带队深入太原古交市就县乡村三级物流体系建设等情况进行调研，并到太原市邮政管理局考察指导工作。

9月13日 太原市邮政管理局开展无烟机关创建动员部署暨道德讲堂，就如何抓好创建工作提出明确要求，市局机关和市邮政业安全中心干部职工参加活动。

9月16日 太原市邮政管理局组织开展全市邮政特邀监督员业务培训。

9月17日 太原市邮政管理局督促指导邮政和当地民营快递企业，在清徐县开展邮快合作。

9月18日 太原市邮政管理局开展“公民道德宣传日”文明创建系列活动，市局机关和市邮政业安全中心干部职工参加活动。

9月26日 太原市快递行业工会联合会组织召开第十二届职工职业技能大赛——邮政快递行业第一届大赛，全市邮政快递行业共有12支品牌企业代表队40名优秀选手参加并举行开幕式。

9月27日 太原市邮政管理局开展“七一”重要讲话精神专题学习，邀请市委宣讲团成员、市委党校刊物编辑室副主任刘晶进行宣讲辅导，市局机关和市邮政业安全中心党员干部参加活动。

10月20日 太原市邮政管理局赴中国邮政集团有限公司山西省太原邮区中心局开展邮政普遍服务法律法规培训。

10月22日 太原市委副书记、政法委书记李新春作出批示，对太原市邮政管理局行业监管工作给予高度肯定。

同日 太原市邮政管理局组织召开2021年三季度普遍服务监督与保障政企联席会。会后，对太原邮区中心进行邮政普遍服务法律法规培训。

10月27日 为深入推进快递员群体合法权益保障工作，省总工会副主席辛旭光带队深入全市快递行业调研行业工会组织建设情况。

同日 太原市邮政管理局印发《关于2021年快递业务旺季服务保障工作方案的通知》（并邮管〔2021〕61号），保障全市快递业务旺季寄递服务和行业平稳运行。

10月28日 太原市邮政管理局组织召开2021年快递业务旺季服务保障工作动员部署会议，副局长薛伟民出席会议并讲话。机关各部门、市邮政业安全中心、市快递协会相关负责人，全市各寄递企业相关负责人等30余人参加会议。

10月29日 太原市邮政管理局积极行动，对全市主要快递品牌企业旺季服务保障准备工作进行督导检查。

11月4日 省、市总工会与太原市邮政管理局联合开展“工会进万家·新就业形态劳动者温暖行动”服务月启动仪式。省总工会一级巡视员、副主席韩丽珍主持启动仪式，省总工会党组书记、常务副主席王蕾出席启动仪式并讲话。

11月9日 太原市快递行业工会联合会组织开展全市邮政快递行业工会干部培训。各主要品牌企业工会主席等相关人员共计20余人参加培训。

11月12日至12月15日 太原市邮政管理局开展省内和同城信件、包裹时限测试工作。

11月15日 太原市636个建制村“快递进村”全覆盖。

11月19日 太原市邮政管理局与市疫情防控办联合举办全市邮政快递业疫情防控工作培训班,对进一步做好岁末年初行业疫情防控工作进行再动员、再部署。全市邮政快递企业相关负责人共计50余人现场参加培训,500余人通过网络接受培训。

同日 太原市邮政管理局联合市公安局治安支队举办全市行业安全生产工作培训班。各邮政快递企业安全和网管负责人共计50余人参加培训。

11月22日 太原市邮政管理局印发《太原市寄递渠道安全管理领导小组2021年工作要点》(并寄递发〔2021〕2号)。

11月25日 太原市邮政管理局协调市邮政公司全力推进“快递小哥爱心驿站”的设立。至此,全市163个邮政普遍服务营业网点全部挂牌并正常运转,为太原市快递小哥构筑起温馨港湾和暖心场所。

12月1日 太原市邮政管理局联合市禁毒办组织召开全市寄递渠道禁毒百日攻坚行动座谈会,全市各寄递企业安全和网管负责人参加会议。

12月10日 太原市快递行业工会联合会组织举办“快递员群体合法权益保障工作”培训班。全市邮政快递许可企业负责人、各企业工会主席和行业工会联合会全体委员参加培训。

12月15日 太原市寄递渠道安全管理领导小组召开2021年度联席会议,市委政法委副书记徐剑平,市邮政管理局党组书记、局长董刚出席会议并讲话。

12月16日 太原市发改委、市邮政管理局、市工业和信息化局、市生态环境局、市城乡管理局、市商务局、市市场监督管理局七部门联合印发《太原市加快推进快递包装绿色转型方案》,进一步加强快递包装治理,推进快递包装绿色转型。

12月17日 太原市邮政管理局、市快递行业党委、市快递行业工会联合会和市快递协会联合设立“快递小哥之家”,在省综改区太原工业园区人才公寓挂牌试点运行。

(资料提供:魏胖胖)

大同市邮政管理局大事记

1月22日 大同市邮政管理局会同团市委召开关心关爱快递小哥座谈会,相关专家学者详细询问一线快递员待遇、出行、社会保障和工作流程等基本情况,对快递员提出的建议和诉求做了认真记录和回复。

2月1日 大同市邮政管理局深入邮政、顺丰、中通等品牌企业分拨中心及部门营业网点开展节前寄递渠道安全检查工作。要求各寄递企业合理安排节日期间网络运行,满足群众节日期间用邮需求,统筹做好疫情防控、冰雪等不利天气应急应对工作。

2月24日 大同市邮政管理局安排部署全国“两会”期间全市寄递渠道安全服务保障工作,开展线上线下相结合监督检查,抓好“三项制度”落实,提升应急处置能力，确保全国“两会”期间寄递渠道安保工作万无一失。

3月3日 大同市邮政管理局党支部书记以《学习传播‘四史’砥砺奋进前行，增强守初心、担使命的思想和行动自觉》为题，为全体党员干部做专题党课辅导。

3月18日 大同市邮政管理局联合邮政企业共同表彰2020年度全市邮政普遍服务先进典型，联合授予邮政普遍服务优秀县区、优秀网点、优秀管理人员、优秀检查员等荣誉称号。

4月7日 大同市邮政管理局召开全市快递行业末端网点规范管理工作推进会，明确行业末端网点规范管理要点，安排启动为期3个月的行业末端专项整治。

5月10日 大同市邮政管理局举办全体公务员行政执法能力提升专项培训，推动执法人员依法履职，切实做到严格规范公正文明执法。通过培训，执法人员综合能力得到有效提升，执法全过程注意细节更加明晰，为有效规范提升行政执法能力奠定扎实基础。

5月25日 大同市邮政管理局获评大同市2020年度突出贡献单位荣誉称号。

6月18日 大同市邮政管理局联合公安、国安等部门对全市邮政快递企业分拨中心及网点进行专项检查。重点检查企业落实安全主体责任情况，落实“三项制度”等各项安全管理制度情况，查堵涉枪涉爆、涉黄涉非、涉毒涉危（危险化学品）等禁寄物品工作情况。

6月28日 中共大同市委召开全市优秀共产党员表彰大会，大同市雯华快递公司员工梁晓飞被授予“全市优秀共产党员”荣誉称号。

7月21日 2021年大同市寄递渠道安全管理领导小组会议召开，市邮政管理局、市委政法委、市公安局、市国家安全局、市交通运输局等9家成员单位参加会议。

7月22日 大同市邮政管理局举办寄递企业主要负责人安全生产责任落实述职会，建立企业主要负责人安全责任落实公开报告制度，切实推动行业安全生产体系建设工作更上新台阶。

7月23日 大同市邮政管理局联合市红十字会举办关爱快递小哥博爱行动，此次活动共向一线邮政快递小哥捐赠一次性医用口罩2万个、健康生活包200盒、运动鞋200双、慰问金5000元、款物总价值88700元。

是月 大同市人民政府办公室印发《大同市交通运输领域财政事权和支出责任划分改革实施方案》，对邮政领域财政事权和支出责任进行明确划分，为全市邮政业高质量发展奠定坚实基础。

8月22日 大同市邮政管理局联合市委组织部、市交通运输局、市市场监管局对全市快递行业非公党建工作开展调研。

8月25日 大同市邮政管理局联合市人社局等部门召集主要快递品牌负责人，就全市快递企业工伤保险缴纳情况进行交流座谈。

9月15日 大同市邮政管理局就快递末端服务站规范管理问题，对全市市级品牌快递企业主要负责人和全市154家分支机构负责人通过市邮政快递业远程监管调度系统参加约谈。

9月27日 大同市邮政管理局、共青团大同市委联合启动“送健康、保安全、关爱快递员”活动，为一线快递员送上体检卡300张，安全头盔200个。

10月27日 大同市副市长郭蕾深入市邮政分公司分拣中心就邮政快递业疫情防控工作进行督导检查。

11月4日 大同市邮政管理局组织召开党风廉政警示教育，集中观看专题片《正风反腐就在身边》和市纪委书记、监委主任梁晓旭的专访，教育广大党员干部始终坚守纪律底线，强化责任担当，勇于攻坚克难，不断推进党风廉政建设和反腐败工作取得新成效。

11月5日 大同市邮政管理局召开优化营商环境专项行动动员部署会，学习优化营商环境相关政策法规，全体工作人员对杜绝“吃拿卡要”等行为作出庄重承诺。

11月15日 大同市邮政管理局召开专题会议，传达学习中共十九届六中全会公报，迅速掀起学习党的十九届六中全会精神热潮。

11月16日 大同市邮政管理局积极协调市政府对从业人员开展定期全员集中核酸工作,行业抗疫防线进一步织密筑牢。

12月27日 大同市市长张强深入市邮政分公司分拣中心实地督导邮政快递业疫情防控工作。

12月28日 大同市邮政管理局联合市人社局组织开展快递职业技能等级认定考试,108名快递员参加职业技能中级考核。

12月30日 大同市委十六届二次全会暨市委经济工作会议明确要求不断健全农村快递物流体系,推动现代物流降本提质。农村寄递物流体系建设正式纳入全市年度经济工作重点任务。

(资料提供:李 东)

吕梁市邮政管理局
大 事 记

1月11日 吕梁市邮政管理局联合市委组织部印发《关于加强快递行业疫情防控工作的八条措施》,充分发挥行业非公企业党组织和行业党员作用,组建党员先锋队,全面做好快递行业疫情防控工作。

1月18日 吕梁市副市长任磊一行深入汾阳市,就邮政快递行业疫情防控工作进行调研督导。

2月 吕梁市邮政管理局联合共青团吕梁市委、吕梁市留守儿童关爱协会共同开展"小善大爱"春节慰问活动。

是月 吕梁市邮政管理局开展春节期间行业疫情防控和寄递服务保障督导检查工作。

3月 2021年全市邮政管理工作会议召开。

是月 2021年全市邮政管理系统党建暨党风廉政建设工作会议召开。

是月 吕梁市邮政管理局联合消防部门举办邮政快递业消防安全培训。

是月 2021年全市邮政普遍服务工作电视电话会议召开。

是月 2021年全市邮政市场监管工作会议暨安全生产工作会议召开。

是月 中共吕梁市邮政管理局党组印发《开展党史学习教育实施方案》,并召开全市邮政管理系统党史学习教育部署会议。

是月 吕梁市邮政管理局组织市快递行业党委开展党史学习教育部署会。

4月 吕梁市邮政管理局赴刘志丹纪念馆开展"清明祭英烈"主题党日活动。

是月 吕梁市邮政管理局积极响应市委号召,组织全体在职党员向单位所在地社区报到,为社区群众服务。

是月 汾阳、孝义市事业单位机构改革,分别出台《深化事业单位改革实施方案》,组建汾阳、孝义市运输事业发展中心,隶属于汾阳、孝义市交通运输局,加挂市邮政业发展中心牌子,副科级建制。

是月 吕梁市邮政业服务中心启动人才招聘工作。

5月 吕梁市邮政管理局再次获评"促进吕梁经济社会发展突出贡献单位"。

是月 为弘扬红色文化、传承红色基因,吕梁市邮政管理局组织全体党员、干部参观市直机关"学党史、聚合力、兴吕梁"庆祝中国共产党成立100周年党史金句书法展。

是月 吕梁市快递行业党委组织全体委员围

绕百年党史开展专题学习研讨。

是月 吕梁市邮政管理局争取地方财政资金35万元。

是月 吕梁市邮政管理局市邮政业服务办公室业务用房解决。

5月20日 吕梁市快递行业协会党支部正式成立。

6月 吕梁市邮政管理局组织举行“邮快合作”运营协议签约仪式。

是月 吕梁市邮政管理局全面完成邮政普遍服务“两转”工作目标，全市175处普遍服务网点全部成为自办经营。

是月 吕梁市邮政管理局以“学党史、传家风”为主题，把党史学习教育搬进“道德讲堂”。

是月 吕梁市邮政管理局印发《中共吕梁市快递行业委员会“我为群众办实事”实施方案》，组织吕梁市快递行业党委深入推动“我为群众办实事”实践活动。

是月 吕梁市邮政管理局组织全体党员干部走进泰化文化园参观红色展厅，重温入党誓词，聆听专题党课。

7月 吕梁市邮政管理局组织全体干部职工收听收看中国共产党成立100周年庆祝大会实况直播。

是月 吕梁市邮政管理局组织快递行业工会联合会开展“夏送清凉 关爱小哥”活动。

是月 吕梁市邮政管理局召开专题会议宣传贯彻快递员群体合法权益保障工作会议精神。

是月 吕梁市邮政管理局开展《中国共产党成立一百周年》纪念邮票发行专项检查。

8月 吕梁市邮政快递业发展多项内容纳入吕梁市“十四五”规划。

是月 吕梁市邮政管理局开展“我为群众办实事”工作，组织快递企业因地制宜设置智能快递柜，解决群众快递存取“最后一公里”问题，获市委书记肯定。

是月 吕梁市邮政管理局联合建行吕梁分行开展“致敬高温下的坚守 为快递小哥送清凉”活动。

是月 吕梁市邮政管理局专题部署行业新冠病毒疫苗接种“清零行动”。

9月 吕梁市邮政管理局开展普法送法进企业宣传活动。

是月 吕梁市邮政管理局组织开展“我为群众办实事，文明创建当先锋”主题党日活动。

是月 吕梁市邮政管理局召开邮政快递业新《中华人民共和国安全生产法》培训会。

9月22日 中共山西省邮政管理局党组第二巡察组政治巡察组进驻吕梁市邮政管理局，开展第二轮政治巡察工作。

是月 吕梁申通快递员宋勇，当选吕梁市第五次党代会代表，荣获吕梁市优秀党务工作者称号。

10月 吕梁市邮政管理局全体党员干部、孝义邮政快递企业积极为受灾群众捐资捐款。

是月 吕梁市邮政管理局召开2021年快递业务旺季服务和安全保障工作动员部署会。

是月 吕梁市邮政管理局在汾阳、孝义分别组织200余名快递从业人员开展职业技能提升培训。

11月 吕梁市邮政管理局开展行政执法案卷专题评议，助推高质量办案。

是月 吕梁市邮政管理局开展旺季安全生产和服务保障工作督导专项检查。

11月22日 吕梁市邮政管理局出台《吕梁市交通运输领域财政事权和支出责任划分改革实施方案》。

12月 吕梁市邮政管理局组织开展“学习宪法精神 维护宪法权威”专题活动。

是月 吕梁市邮政管理局专题调研快递员权益保障工作。

是月 吕梁市邮政管理局开展“学习六中全会精神、冲刺年度目标任务”主题党日活动。

是月 吕梁市快递行业党委召开中共十九届六中全会精神学习宣传贯彻会。

是月 吕梁市邮政管理局召开2021年全市寄递渠道安全管理领导小组工作会议。

是月 吕梁申通快递员闫阿丽当选吕梁市人代会代表。

是月 吕梁市邮政业服务工作人员全部到岗。

（资料提供：郭 琦）

运城市邮政管理局大事记

1月1日 国家邮政局发布“2020年度全国快递服务现代农业金牌项目”名单,运城苹果再获殊荣,连续三年成为全省唯一一个入选榜单金牌项目。

1月2日 交通运输部发布《关于表彰全国交通运输系统抗击新冠肺炎疫情先进个人和先进集体的决定》,运城市顺丰快递员薛全坡被评为“全国交通运输系统抗击新冠肺炎疫情先进个人”。

1月6日 运城市副市长崔元斌深入陶朱公街顺丰、货场西路邮件处理中心、邮政大厦营业厅等网点专题调研邮政快递业扩内需、促消费工作,详细了解发展现状、面临问题和政策需求,现场查看进出港快件特别是国际进港件疫情管控情况,并对行业服务扩内需、促消费工作提出要求。

1月22日 中共运城市快递行业委员会成立大会召开,选举产生书记、委员和副书记,市委非公工委书记为运城市快递行业党委进行授牌。

1月25日 运城市副市长梁清燕深入中通、顺丰等品牌快递分拨中心,专题调研督导邮政快递业疫情防控工作,查看企业测温登记、人员防护、快件消杀、内部管控等关键环节防控措施,详细了解核酸检测和疫苗接种等情况,并提出加强疫情防控工作的具体要求。

1月26日 运城市邮政管理局组织召开2021年度邮政普遍服务质量监管通报会议,通报2020年全市普遍服务及特殊服务监督管理情况,传达2021年全省邮政管理工作会议精神,并就做好2021年全市普遍服务重点工作提出明确要求。

2月2日 运城市邮政管理局党组2020年度民主生活会召开,对上年度“不忘初心、牢记使命”主题教育专题民主生活会和巡视整改落实,以及征求意见情况进行通报,从五方面开展对照检查、进行原因分析、提出下步努力方向和整改措施。

2月4日 运城市委书记丁小强专程深入运城中通分拨中心进行调研,详细察看快件进港卸车、立体消杀、自动分拣、封包传送等处理流程,具体了解基础建设、内部管理、处理能力、生产运转、疫情防控等情况,听取运城市邮政管理局工作汇报,并看望慰问了快递一线人员,给他们送去党和政府的关怀和温暖。

2月5日 运城市人民政府通报2020年市政府“13710”系统交办工作落实情况,运城市邮政管理局被评为优异单位,受到通报表扬。

2月7日 中共中央政治局常委、国务院总理李克强在山西省委书记楼阳生、省长林武陪同下在运城考察。他强调,要在以习近平同志为核心的党中央坚强领导下,把惠民之事办实、利民之事办好,在持续发展中不断改善民生。

春节期间快递需求旺盛,李克强来到中通快递分拨中心,企业负责人介绍已经采取措施加快物流配送。听到近两年快递的单位成本大幅下降,李克强说,物流快递是经济流通大动脉,成本下降有利于促进消费,也会推动快递行业发展、带动就业特别是灵活就业。他对快递员们说,过去说家书抵万金,现在是快递暖人心、保生活。运城寓意着好运之城,但好运不是天上掉下来的,必须靠大家努力奋斗才能抓住幸运机遇。

2月17日 运城市直机关精神文明建设指导委员会下发表彰决定,运城市邮政管理局被授予2020年度“市直文明单位标兵”称号,这是运城市邮政管理局首次获此殊荣。

2月22日 运城市邮政管理局召开机关全体会议，传达学习中共中央政治局常委、国务院总理李克强考察运城中通快递分拨中心时的重要讲话精神，贯彻国家局、省局和市委第184次常委会精神，坚定信心，锐意进取，细化实化各项落实工作。

2月23日 运城市印发《运城市交通运输领域财政事权和支出责任划分改革实施方案》，对市、县两级邮政快递业财政事权和支出责任进行明确。

2月24日 运城市邮政管理局组织收看全省邮政管理系统党建暨党风廉政建设工作电视电话会议，会后立即召开全体干部会议，传达学习全省邮政管理系统党建暨党风廉政建设工作会议精神。

同日 运城市邮政管理局组织全体干部职工召开专题会议，认真贯彻落实国家局、省局过紧日子部署要求，围绕全面压减预算开支，从严从实细化落实各项“过紧日子”措施，努力实现厉行节约长效常治，推动机关廉洁高效运行。

3月3日 经市编委批复同意，临猗县编委会印发《临猗县深化事业单位改革实施方案》，组建成立临猗县邮政业发展中心，与临猗县商务局电子商务发展服务中心实行“一套人马，两块牌子”，为县商务局所属副科级公益一类全额财政拨款事业单位，核定编制6名。

3月5日 恰逢第58个“学雷锋纪念日”，为大力弘扬雷锋精神，激发党员干部投身文明城市创建热情，运城市邮政管理局机关全体职工到禹都公园开展“美化环境志愿服务暨健步走游园活动”，有效彰显邮政快递行业责任担当和精神风貌。

3月11日 运城市邮政管理局召开全市邮政管理工作会议，详细传达李克强总理考察运城中通快递分拨中心重要讲话精神和市委专题贯彻落实会议精神，全面回顾2020年主要工作，深入贯彻全省邮政管理工作会议和市委经济工作会议部署，以“2222”工程为总抓手，谋划部署全年各项重点工作。

3月15日 运城市邮政管理局召开党史学习教育动员部署会议，全面落实党中央、国家局党组、省局党组和市委要求，对全市邮政快递业党员干部开展党史学习教育工作进行安排和部署。

3月18日 为扎实开展党史学习教育活动，激励机关党员干部增强担当作为的政治自觉、思想自觉和行动自觉，运城市邮政管理局组织开展“学党史、找差距、促提升”活动，进一步凝聚推动全市邮政快递业高质量发展的精神力量。

同日 运城市邮政管理局党组召开会议，对2021年第一季度意识形态领域进行专题分析研判。

同日 运城市邮政管理局党组印发《党建工作领导小组2021年工作要点》。

3月23日 运城市委召开第184次常委会议，贯彻落实中共中央政治局常委、国务院总理李克强在运城考察重要讲话精神。要求不断完善农村市场供应体系建设，加快快递业和农村市场深度对接，满足群众需要，扩大农村消费。要支持快递产业高质量发展，打造快递产业发展示范城市。

同日 运城市邮政管理局组织全局党员干部观看《一大聚首 共创大业》《榜样5》党史专题教育片。

3月24日 运城市邮政管理局联合运城市人力资源和社会保障局印发《关于开展邮政快递行业用工专项规范整治工作的通知》，对全市行业用人单位劳动规章制度、招用工、劳动合同签订、工作时间、休息休假、社会保险等劳动用工情况进行专项整治规范，全力保障快递小哥合法权益。

3月30日 为提高快递末端服务站服务能力和水平，运城市邮政管理局召开全市规范快递末端服务站管理工作部署会，全面启动快递末端服务站专项整治工作。

4月1日至2日 省邮政管理局党组成员、副局长赵光带队到运城市邮政企业，就普遍服务保障、补白网点运营、机要通信、安全生产、邮快合作、政策法规和统计等工作开展调研。

4月12日 第六个全民国家安全教育日来临之际，运城市邮政管理局联合市快递行业协会开展“送法入企”普法宣传活动。

4月19日 运城市邮政管理局针对快递末端服务问题，约谈相关企业负责人，督促辖区企业强化快递末端服务规范管理。

4月20日 运城市邮政管理局党组理论中心

组开展专题学习，深入研读党史，围绕学习社会主义革命和建设时期历史开展专题研讨，并结合全民国家安全教育日主题活动，学习《中华人民共和国国家安全法》。

4月21日 为进一步推动全市邮快合作工作进度，运城市邮政管理局组织召开邮快合作深度推进会，研究部署全年邮快合作方案和任务。

4月24日 为庆祝中国共产党成立一百周年，加强党史学习教育，运城市邮政管理局积极组织邮政快递企业参加市委宣传部主办的“党恩在我心 奋进新时代”2021书香运城阅读季直播诵读活动。

4月25日 为有效整合行业资源，着力提升农村末端寄递服务水平，运城市邮政管理局召开专题会议加快推进快递进村工作。

4月26日 运城市副市长崔元斌听取市邮政管理局关于全市邮政快递业发展情况专题汇报，给予充分肯定。

4月28日 运城市邮政管理局组织邮政企业开展《仿印邮票图案监督管理办法》专题宣传贯彻培训会议。

同日 “五一”、端午节将至，为持之以恒推进作风建设，确保节日期间风清气正，运城市邮政管理局组织召开节前廉政警示教育会议。

同日 在“五一”劳动节来临之际，运城市邮政管理局联合快递行业协会前往顺丰星河网点、邮政农产品集散中心慰问快递小哥，为他们送上米、面、油等慰问品。

4月29日 为庆祝中国共产党成立100周年，增强全市邮政快递行业党员职工政治理论素养，推动党史学习教育深入开展，运城市邮政管理局组织快递企业参加由市非公工委组织的“红色物业杯”市直两新组织党史知识竞赛活动。

5月6日 为扎实推进党史学习教育走深走实，检验党史学习成果，不断激发党员党史学习积极性和主动性，运城市邮政管理局开展党史知识测试主题党日活动。

5月11日 运城市邮政管理局党组开展“书记讲党课”活动，党组书记、局长胡福海以“学好党史履行职责”为主题，为全局党员干部上了一堂党史学习教育专题党课。

同日 共青团中央发布《关于表彰全国“五四”红旗团委(团支部)、全国优秀共青团员、全国优秀共青团干部的决定》，运城市稷山县邮政分公司团员吴珂获“全国优秀共青团员”称号。

5月12日 为深入推动关心关爱快递员“暖蜂行动”，运城市邮政管理局联合市总工会、快递行业工会和市快递行业协会，组织200余名快递员分批进行免费体检，同时送上一份人身意外保险和一封慰问信。

5月17日 运城市委常委会出台《“我为群众办实事”重点项目清单》，确定22项为群众办实事项目清单，邮政快递业发展多项内容被纳入其中。

5月24日 运城市邮政管理局联合市委组织部、市总工会举行首批“快递小哥爱心驿站”揭牌仪式，并为19家“快递小哥爱心驿站”进行集中授牌，进一步提升快递员群体的幸福感、获得感。

6月8日 运城市邮政管理局组织召开中国共产党成立100周年庆祝活动寄递渠道安保动员部署会，通报检查发现的主要问题隐患，对当前安全形势和风险管控重点进行分析研判，详细解读《建党100周年寄递渠道安保工作方案》，要求各企业严格落实各项要求。

6月10日 运城市快递行业党委深入临猗县楚侯顺丰分拨中心，以“党在改革开放和社会主义现代化建设新时期的奋斗历程与经验启示”为题，为快递企业联合党支部专题授课。

同日 运城市委、市政府对2020年度目标责任考核优异单位进行表彰，运城市邮政管理局获驻运垂直管理单位优秀等次。

6月15日 运城市邮政管理局举办“百年奋进、百年荣光”书画摄影展，庆祝中国共产党成立100周年。

6月16日 为进一步贯彻落实“快递进村”三年行动方案，健全县、乡、村三级寄递物流体系，运城市邮政管理局出台《关于推广临猗县“快快+快商”模式推进“快递进村”工作的指导意见》，助力快递进村全覆盖。

6月22日 为隆重庆祝中国共产党成立100周年，推动党史学习教育走深走实，运城市邮政管理局举办“红色经典·献礼百年”阅读活动，教育引导广大职工干部重温百年历程，赓续百年血脉。

6月28日 运城市邮政管理局组织全体党员走进闻喜陈家庄红色教育基地，开展红色教育，从百年党史中汲取奋进力量，不断激发党员干部爱党热情和奋斗精神。

6月30日 运城市邮政管理局机关2名党员获得全省邮政管理系统“优秀党务工作者”和“优秀共产党员”称号、1人被评为全市两新组织“优秀党务工作者”。京东快递杜队和顺丰快递徐晓晖分获全市“优秀共产党员”和两新组织“优秀共产党员”称号。

7月8日 运城市快递行业工会联合会一届二次全委会议召开，选举第一届工会联合会主席。

7月9日 运城市邮政管理局联合市总工会开展“情系职工 清凉一夏”快递小哥慰问活动，将党和政府亲切关怀及“清凉慰藉”送到快递员心中。

7月28日 运城市邮政管理局召开专题会议学习传达全省邮政管理局长座谈会精神，重点学习省邮政管理局党组书记、局长秦红保在座谈会上的讲话，传达省局下半年工作部署安排，并提出市局贯彻落实意见。

8月2日 为发挥邮政军民融合主渠道作用，在运城市邮政管理局积极推动下，全省首家“军邮驿站”在驻运某部队正式启用，“送邮展进军营”活动同步开展。

8月3日 运城市委书记丁小强到临猗申通、中通及运城顺丰楚侯中转场调研，听取运城市邮政管理局和企业关于行业运行及疫情防控汇报，现场了解企业运行情况和面临问题，并查看高风险疫情区域进港件消毒管控情况，对邮政快递业防控工作表示充分肯定，并提出明确要求。

8月5日 按照党史学习教育活动部署，运城市邮政管理局党支部围绕“学党史、悟思想、办实事、开新局”主题，组织召开党史学习教育专题组织生活会，交流学习体会，开展党性分析。

8月9日 为进一步深化“我为群众办实事”实践活动，运城市邮政管理局组织全体干部职工开展“博爱一日捐”活动，以实际行动为常态化疫情防控、自然灾害和突发事件救灾救助、大病患者救助困难家庭奉献爱心。

同日 为加强防汛抗疫攻坚力量建设，运城市邮政管理局组建成立11支邮政快递业防汛抗疫党员突击队，以实际行动践行着邮政快递业政治责任和使命。

8月10日 运城市邮政管理局开展实名收寄专项提升，对全市邮件快件未实名企业督导约谈。

8月17日 运城市邮政管理局召开疫情防控再动员、再部署会议，深入贯彻落实习近平总书记关于疫情防控工作的重要指示精神和国家局、省局疫情防控视频调度会要求，对局机关和全市邮政快递行业疫情防控工作进行再动员、再部署、再落实。

8月31日 运城市政府组织快递物流体系建设专题座谈会，围绕打造快递物流业发展示范城市目标，就快递物流助推运城农产品外销、流通降本提速增效、农村服务网络完善等重点问题听取企业意见，深入分析探讨，推动快递物流体系高质量发展。市政府副市长崔元斌主持会议。

9月16日 省委党史学习教育第四巡回指导组在运城顺丰中转场地调研督导时，对运城市邮政管理局用心用情用力解决企业急难愁盼问题，积极、扎实、有力开展“我为群众办实事”实践活动所取得的工作成效给予高度肯定。这是继邮政快递业发展纳入市委常委会“我为群众办实事”重点项目清单、市委主要领导实地调研行业发展、市政府召开快递物流体系建设专题座谈会后，运城市邮政管理局党史学习教育活动取得的又一丰硕成果。

9月23日 运城市邮政管理局联合市公安局召开全市寄递渠道禁毒百日攻坚行动暨“利剑斩毒”专项行动推进会。

10月11日 继前期首批“爱心驿站”揭牌后，运城市邮政管理局抢抓机遇，全力攻坚，推动全市13个县(市、区)累计建成201座爱心驿站，实现“快递小哥爱心驿站”市县两级全覆盖。

10月13日 运城市多地遭遇连续多日极端强降雨天气,防汛形势十分严峻。面对汛情大考,运城市快递行业党委协同顺丰快递企业向灾区捐赠价值4万元救灾物资,以实际行动构筑防汛救灾红色堤坝,诠释行业党员干部政治担当。

10月15日 第六届山西(运城)国际果品交易博览会在运城万荣黄河农耕文明博览园举办,运城市邮政管理局积极协调相关部门,推动三家企业参展亮相。

10月21日 运城市邮政管理局召开专题会议,传达邮政管理系统警示教育大会精神,并按照会议要求就贯彻落实会议精神进行安排部署。

10月28日 运城市副市长崔元斌在专题听取运城市邮政管理局关于做好快递业务旺季服务保障准备工作汇报后作出批示:"近年来,运城市邮政管理局在推动邮政快递行业健康发展方面,措施得当,推进有力,成效务实,特别是对即将到来的快递业务旺季,谋划科学,准备充分,相关监管和保障工作值得肯定。希望持续加力,确保全市邮政快递行业安全、高效、便捷、畅通,更好地服务于运城全方位高质量发展。"

11月2日 为切实做好2021年全市快递业务旺季安全服务保障工作,运城市邮政管理局召开2021年运城市快递业务旺季服务安全保障动员部署暨培训会,对快递业务旺季安全服务保障工作进行全面动员部署,确保快递业务旺季期间全市行业平稳运行与寄递渠道安全畅通。

同日 为进一步畅通受灾农产品销路,帮助受灾群众渡过难关,运城市邮政管理局联合临猗县政府,在耽子镇文化广场举办中通助农"晋"心"晋"力启动仪式,活动现场同时进行助农直播活动。

11月8日 运城市委书记丁小强督导调研邮政快递业疫情防控工作,对运城邮件处理中心疫情防控措施落实、规范管理、疫苗接种、核酸检测采样工作情况进行检查,要求各企业要把疫情防控作为当前最重要、最紧迫的任务来抓,最大限度降低防控风险。

11月8日至9日 省邮政管理局党组书记、局长秦红保带队,先后深入临猗县仓配中心、运城顺丰中转场、运城中通分拣场、大运集团公司以及快递网点实地调研,要求各企业加强沟通协作、规范工作流程、实现共配信息化系统共享,实现仓储、配送、分拣等配送数据和环节智能化管理。同时,要守好疫情防控第一道入关口,认真做好快件转运、消杀工作,确保疫情防控和快件畅通"两不误"。

11月10日 运城市邮政管理局在顺丰晋南分公司举办全市邮政行业应急演练及禁毒、防恐、反电信诈骗宣传活动。

11月11日 为贯彻实施国家邮政局提出的人才强邮战略和快递人才素质提升工程,进一步加强行业人才队伍建设,运城市邮政管理局联合市职业技术大学、市快递行业协会举行全市邮政快递行业校企合作授牌暨签约仪式,并召开邮政快递行业校企合作座谈会。

11月15日 运城市邮政管理局陪同省新冠疫情防控指挥部办公室专项督导组对邮政快递行业疫情防控工作进行督导检查。

同日 运城市委书记丁小强召集运城中通快递等四家企业进行专题汇报,听取企业经营情况和行业存在问题及建议。

12月1日 运城市邮政管理局召开专题会议,传达学习全省邮政管理系统警示教育电视电话会议精神,进一步加强全局党风廉政建设和反腐败工作。

12月8日 为大力弘扬志愿服务精神,进一步深化文明单位创建工作,运城市邮政管理局组织党员走进吉祥社区,开展清扫卫生倡导文明志愿服务活动。

12月12日 为加快推动"邮快合作"工作进度,运城市邮政管理局组织召开"邮快合作"工作总结暨再推进会。

12月14日 为进一步强化机关干部廉洁自律意识,提高拒腐防变能力,运城市邮政管理局机关全体到运城市廉政警示教育基地参观学习,筑牢新形势下全面从严治党思想根基,涵养党员干部党性修养,增强新时代建功立业责任感和使命感。

12月17日 运城市邮政管理局联合运城市交

通运输局，组织汽运公司、快递企业召开交快合作快递进村推进会，研讨全市“交快合作”模式及具体措施，推动交通、快递资源共享、优势互补、融合发展，充分整合农村交通、快递网络资源，降本增效。

12月22日 运城市政府副市长李哲专题听取运城市邮政管理局工作情况汇报，对全市邮政管理工作取得的成绩高度肯定。要求市邮政管理局认真贯彻落实市委、市政府决策部署，积极服务地方发展，尤其在疫情防控、防汛救灾、寄递渠道安全稳定等方面做出积极努力和贡献。

（资料提供：王 刚）

临汾市邮政管理局大事记

1月4日 临汾市邮政管理局领导带队，成立调研组实地走访山西师范大学、山西管理职业技术学院等10所高等院校，全面调研高校“菜鸟驿站”绿色环保工作及运营情况。调研组叮嘱负责人，要切实增强责任意识，守好安全底线，切实提供安全、高效、绿色寄递服务，让广大师生安心回家过年。

1月5日 临汾市邮政管理局领导带队，深入平阳北街集邮门市部，对《辛丑年》特种邮票销售现场监督，重点检查邮票供应、现场秩序维护和规范服务情况，指导邮政企业根据天气情况，组织消费者室内排队等候，提供热水服务。用户对现场疫情防控措施、邮票销售、网点秩序与环境等均表示满意，未发现违规销售、损害消费者利益等现象。

1月14日 临汾市邮政管理局从建立好基础台账、制定详细消杀流程、开展专项指导检查、做好协同配合、强化值班值守五方面对邮政快递业疫情防控工作进行再安排再部署。此外，还联合临汾市电视台、《临汾日报》对全市邮政快递业疫情防控工作进行全面宣传报道，确保人民群众安心用邮、放心寄递。

1月15日 临汾市邮政管理局以“三治”为抓手，建立健全常态化疫情防控机制，持续抓好机关和行业常态化疫情防控工作，牢牢筑起疫情防控“安全屏障”。一是政治引领，压紧常态化防控责任。二是自治保障，落实常态化防控措施。三是德治支撑，倡导常态化防控家风。

1月28日 临汾市邮政管理局召开党组会议，再次深入学习贯彻全省邮政管理工作会议精神，进一步细化落实2021年重点任务，逐条逐项明确责任，统一思想、凝聚共识，以更足干劲、更严标准、更高要求推进全市邮政快递业实现高质量发展。

1月29日 临汾市邮政管理局驻村帮扶工作队多措并举，积极配合大宁县太古乡党委和东庄村两委，落实属地防疫要求，切实做好疫情防控工作。此外，工作队还积极配合县、乡卫生防疫部门安排，组织一线防疫人员进行核酸检测和疫苗接种，对返村人员严格落实防控措施，进行隔离观察。

同日 临汾市邮政管理局召开主题党日暨廉政警示教育会议，以“开展一次集中学习、观看一次警示教育片、重温一次入党誓词、组织一次廉洁约谈提醒”把好节日廉政关，坚持不懈正风肃纪，坚持纠正“四风”和树立新风并举，严格执行中央八项规定及其实施细则精神，营造春节期间风清气正廉洁氛围。

2月1日 临汾市邮政管理局组织全市邮政快递从业人员开展新冠疫苗接种和核酸检测工作。

全市行业有1041人完成疫苗接种工作,2623人完成核酸检测。

2月2日 临汾市邮政管理局召开2020年度党员领导干部民主生活会,省局督导组到会指导,局党组书记、局长董向阳主持会议。会上,董向阳代表局党组领导班子进行对照检查,深入查找存在主要问题,深刻剖析问题产生的内在原因,并提出今后努力方向和改进措施。局党组成员逐一进行检视剖析,严肃开展批评和自我批评。

2月3日 临汾市邮政管理局联合市消防救援支队、市交通运输局召开全市邮政快递业节前消防安全工作部署电视电话会议。切实做好寄递渠道消防安全工作,提升全市邮政快递行业消防安全意识,增强从业人员防御火灾事故能力。

同日 临汾市邮政管理局由局长带队,深入大宁县太古乡东庄村易地扶贫搬迁小区开展春节走访慰问活动,为脱贫群众送去春联、面粉、食用油等生活物资和新春祝福。

2月4日 临汾市邮政管理局联合市总工会、团市委多举措开展关爱快递员"暖蜂行动"和"快递从业青年服务月"活动。在春节前夕,深入邮政快递企业市级分拨中心和营业网点,为一线员工送去食品、药品、保健品等暖心用品;在全市所有"快递小哥爱心驿站"配备热水、快餐、手机充电器、电车充电设备;邀请共青团"12355"青少年服务台老师现场为快递从业青年提供劳动权益、职场适应、心理健康、亲子关系等方面咨询疏导服务;为全市邮政快递从业人员争取到免费疫苗接种政策;运用多种形式开展"暖蜂行动"宣传动员,在全社会营造理解、尊重、关爱快递员群体良好氛围。

2月14日 农历大年初三,临汾市邮政管理局党组书记、局长董向阳带队深入邮政、中通市级分拨中心检查行业安全生产情况,向一线从业人员送上新春祝福,强调要认真贯彻省局和市委市、政府部署,落实好安全生产和疫情防控各项要求,科学调配力量,保障人民群众寄递服务需求。

3月1日、3日 临汾市邮政管理局由局领导带队,分别深入市级邮政、快递企业分拨中心和营业网点,现场督导寄递企业压实责任、细化举措,全面保障全国"两会"期间全市寄递渠道安全稳定畅通。

3月5日 临汾市邮政管理局召开2021年党建暨党风廉政建设工作会议,深入学习贯彻全省邮政管理系统党建暨党风廉政建设工作会议精神,总结2020年主要工作,安排部署2021年党建和党风廉政建设工作重点任务。

同日 临汾市邮政管理局召开专题会议,深入学习研讨全国邮政普遍服务工作电视电话会议精神,研究部署2021年邮政普遍服务和机要通信重点工作任务。

3月8日 临汾市邮政管理局召开专题会议,传达学习习近平总书记在党史学习教育动员大会上的重要讲话精神和全国邮政管理系统开展党史学习教育动员部署会议精神,要求全体党员干部深刻领会开展党史学习教育重大意义,准确把握重点和工作要求,积极参加"三大课堂",掀起党史学习教育第一股热潮。

同日 中共临汾市委机构编制委员会办公室印发《关于组建临汾市邮政业安全中心的通知》,同意组建临汾市邮政业安全中心。通知明确,市邮政业安全中心为正科级公益一类事业单位,编制16名,由临汾市邮政管理局管理,主要负责全市邮政行业安全监管信息平台建设和运行维护等工作;承担邮政业运行安全监测、预警及信息统计分析等工作;为邮政业安全应急处置提供技术支持。

3月10日 临汾市邮政管理局召开专题会议,认真学习贯彻2021年全省邮政普遍服务工作电视电话会议精神,研究部署2021年全市普遍服务和机要通信工作任务。

同日 临汾市邮政管理局召开专题会议,传达贯彻2021年全省邮政市场监管工作会议精神,研究部署全年市场监管重点工作。

3月12日 临汾市邮政管理局召开党史学习教育动员部署会议,进一步深入学习贯彻习近平总书记在党史学习教育动员大会上的重要讲话精神,全面落实国家局党组、省局党组和市委要求,动员全体党员干部提高站位、统一思想,全面开展好党史学习教育,以优异成绩迎接中国共产党成立100周年。

3月15日 临汾市邮政管理局多举措开展“3·15”消费者权益日主题活动,进一步提升邮政快递业服务质量,营造诚实守信市场环境。

3月19日 临汾市邮政管理局开展“知史爱党知史爱国”党史学习教育主题党日活动,通过开展“党史集中学习、支部书记讲党课、党史教育课堂”三个环节,凝聚党员党史学习教育思想力量。

3月23日 临汾市邮政管理局联合市公安局召开2021年全市邮政市场监管工作暨安全生产工作会议,深入贯彻全省邮政管理工作会议和全省邮政市场监管工作会议精神,回顾总结2020年主要工作,安排部署2021年重点任务。

同日 临汾市邮政管理局组织全市邮政快递企业负责人开展邮政快递业安全生产履职尽责集体承诺宣誓。

3月26日 临汾市邮政管理局召开2021年全市邮政普遍服务监督管理工作暨政企联席会议,传达贯彻全国、全省邮政普遍服务监督管理工作会议精神,回顾总结2020年及“十三五”期间工作,分析新形势、新任务,部署2021年重点任务。

3月29日 临汾市邮政管理局“学党史、抓业务、强素质”主题系列讲堂正式开班。全体党员干部深入学习党史和业务知识,真正在学党史中悟思想、提素质、强能力、出实效。

3月31日 在临汾市总工会召开的三届八次全委(扩大)会议上,临汾市邮政管理局工会获评2020年度先进基层工会,1人获评先进工作者。

4月13日 临汾市“共创‘三零’·共建平安”主题宣传月启动仪式在尧都区鼓楼广场举行,临汾市邮政管理局组织全市各品牌快递企业代表参加启动仪式,并现场开展主题宣传活动。

4月14日 临汾市邮政管理局动员组织全市邮政快递业广泛开展防范非法集资、电信网络诈骗集中宣传活动。通过宣传标语、防骗宣讲等方式,将防骗知识送进千家万户,为防诈识骗宣传教育工作全民化贡献更多行业力量。

4月15日 临汾市邮政管理局在第六个全民国家安全教育日到来之际,组织全市邮政快递企业开展2021年“4·15”全民国家安全教育日系列普法宣传活动,深入贯彻总体国家安全观,深化行业维护国家安全意识。

4月21日 临汾市邮政管理局在深入调研基础上,就群众用邮满意度不高、邮政普遍服务不达标、主体责任落实不到位等问题集中约谈市邮政分公司和尧都区邮政分公司。

4月23日 临汾市邮政管理局开展“学党史、严纪律、强作风”主题党日活动,引导党员干部进一步坚定信念、严守规矩、严明纪律。

4月27日 临汾市邮政管理局组织全体党员干部赴爱国主义教育基地——韩略村烈士陵园开展“追寻红色足迹、感悟亮剑精神”党史学习教育主题活动,进一步激发党员干部勇于担当、主动作为热情,弘扬革命传统精神。

4月29日 临汾市邮政管理局从“政治关、责任关、监督关”入手,教育引导党员干部守好廉洁风险防范红线,抓牢重要节点,持续纠治“四风”,确保“五一”、端午节日期间风清气正。

5月17日 共青团临汾市委、临汾市青年联合会印发《关于颁授2020年度“临汾青年五四奖章(状)”的决定》,临汾市邮政快递业1个集体1名个人获表彰。其中,山西顺丰速运有限公司临汾分公司获“临汾青年五四奖状”,中国邮政集团有限公司尧都区分公司投递员郭伟获“临汾青年五四奖章”。

5月21日 临汾市邮政管理局开展“学党史、抓安全、强责任”主题党日活动,进一步落实邮政快递业安全生产监管责任、推动行业安全发展。

同日 临汾市邮政管理局召开会议,专题学习研讨习近平总书记在广西考察时的重要指示精神。

5月27日 临汾市委组织部部务委员、市委非公和社会组织工委书记高涛一行深入临汾邮政管理局,就快递行业非公党建工作进行实地调研,并组织召开座谈会,局党组书记董向阳主持会议。

5月28日 临汾市邮政管理局召开全市邮政快递业安全生产工作推进会,进一步巩固全市邮政快递业安全生产形势,安排部署近期安全生产工作。

6月1日 临汾市邮政管理局联合市总工会在全市邮政快递业开展“关心关爱、助力成长”“六一”关爱慰问活动,积极维护行业从业人员合法权益,团结带领全行业听党话、跟党走,立足岗位建新功。

6月4日 临汾市邮政管理局在辖区内开展《邮件快件包装管理办法》宣传贯彻活动,通过召开专题培训会议、开展绿色发展宣传、开展“送法入企”教育,引导邮政快递企业践行绿色发展理念,推动全市行业绿色高质量发展。

6月9日 临汾市邮政管理局向市委常委、常务副市长潘海燕作专题汇报。潘海燕充分肯定邮政快递业发展成绩和邮政管理工作,并专门批示同意将市邮政管理局纳入全市目标责任考核体系。

6月10日 临汾市邮政管理局联合侯马市卫生健康和体育局组织爱心企业开展“致敬高温工作者”消暑公益行动,向辛勤工作在一线的快递小哥捐赠防暑药品1525盒,送去夏日“清凉”关怀。

6月11日 临汾市邮政管理局联合市国家安全局、市公安局召开中国共产党成立100周年庆祝活动寄递渠道安全服务保障工作动员部署会,全面保障中国共产党成立100周年庆祝活动期间全市寄递渠道安全稳定畅通。

6月17日 尧都区政协副主席解武强带领区政协经济委员会部分委员,深入邮政快递企业调研全区智慧物流工作。要求高度重视邮政快递业发展,积极沟通协调,合理规划,合力把邮政快递业做大做强,统筹安排好智慧物流各项工作,帮助企业快速发展。政协委员要积极建言献策,围绕中心服务大局,针对邮政快递业发展继续深入调研,充分发挥参与、监督职能。

6月18日 临汾市邮政管理局主持召开临汾市寄递渠道安全管理领导小组全体会议,确保中国共产党成立100周年庆祝活动期间寄递渠道安全稳定,持续推进平安寄递建设。市委政法委、市公安局、市国家安全局、临汾海关、市市场监督管理局、市交通运输局等各成员单位相关负责人参加会议。

6月21日 临汾市邮政管理局组织全体党员干部开展“学党史、晒笔记、亮学风”笔记展评活动,进一步激发党员干部学习积极性和主动性。

6月25日 临汾市邮政管理局由局领导带队,以“四不两直”方式深入一线,检查企业中国共产党成立100周年庆祝活动期间寄递安保工作,制定全市邮政快递业应急演练方案,从严从紧、从细从实督导寄递企业落实“建党100周年”庆祝活动期间各项安保工作措施,确保活动期间寄递渠道安全平稳运行。

6月29日 临汾市邮政管理局组织全市邮政快递企业开展2021年邮政快递业突发事件应急演练,进一步树牢安全意识,全面提升突发事件应急处理能力。应急演练在顺丰速运尧都集散点举行,同时邀请第三方消防机构进行理论培训和现场指导。

7月1日 上午,临汾市邮政管理局组织全行业和机关全体人员观看庆祝中国共产党成立100周年大会,认真聆听领会习近平总书记重要讲话精神,进一步筑牢信仰之基、凝聚奋进之力。

7月2日 临汾市人人持证技能社会建设领导小组召开第一次会议,并印发《临汾市新发展阶段深化“人人持证、技能社会”建设 推进“临汾技工”品牌提质增效实施细则》,明确年内快递从业人员职业技能提升培训2000人,临汾市邮政管理局派人参加会议。

7月7日 大宁县太古乡举行驻村帮扶工作队欢送会,向临汾市邮政管理局驻村帮扶工作队赠送“用真情做实事 用爱心暖民心”锦旗,感谢两年来驻村帮扶工作队全身心投入扶贫帮扶,真心实意帮助村委搞好基础设施建设,认真落实各项惠农政策,用心用力推进乡村振兴,帮扶全村42户贫困户118人脱贫致富。

同日 中共临汾市委非公和社会组织工委印发《关于表彰两新组织优秀共产党员、优秀党务工作者和先进基层党组织的决定》,中共临汾市快递行业协会支部委员会获评“先进基层党组织”称号。

7月12日 临汾市邮政管理局指导全市邮政快递企业严格落实防汛抗涝各项工作措施,严格落实防汛安全责任,扎实树牢安全底线思维,全面开展企业自查、安全排查、视频巡查等,坚决杜绝因防范不力造成安全事故。

7月19日 临汾市邮政管理局通过严格作业流程、做好客户服务、开通“绿色通道”三方面督导邮政企业全力做好2021年度的高考录取通知书投递工作，确保录取通知书优先、安全、及时、准确地投递到广大考生手中。

7月27日 受台风“烟花”影响，襄汾县突降暴雨、出现内涝，部分寄递网点、快件被淹，投递延误。临汾市邮政管理局迅速督导邮政快递企业做好救灾抢险和防汛工作，全力应对极端天气，保证寄递安全和服务质量。

7月28日 临汾市邮政管理局召开全体人员会议，专题传达全省邮政管理系统学习贯彻习近平总书记“七一”重要讲话精神党史学习教育读书班暨2021年全省邮政管理局长座谈会议精神，强调要咬定目标、突出重点、对标先进、狠抓落实，全力保障各项目标任务顺利完成。

8月3日 临汾市邮政管理局党组书记、局长董向阳以普通党员身份参加局机关第一党支部党史学习教育专题组织生活会，全体党员围绕“学党史、悟思想、办实事、开新局”主题，交流学习体会，查找差距不足，从百年党史中持续汲取奋进力量。

8月4日 全市邮政快递业从业人员6229人，接种全部针数4772人，接种部分针数1059人，疫苗接种率93.61%，除因身体原因不能接种外，仅余46人未接种，行业疫苗接种工作取得阶段性成果。

同日 临汾市邮政管理局联合市消防部门开展全市邮政快递业汛期安全专项培训，进一步增强从业人员防汛意识，提高行业防汛应急处置能力。

8月6日 临汾市邮政管理局组织市邮政企业召开2021年第二次政企联席会暨邮政普遍服务监督管理通报会议。会议总结上半年全市邮政普遍服务监督管理工作情况，通报上半年监督检查中发现的问题，并提出整改要求，对下半年邮政普遍服务监督保障工作进行安排部署。

8月11日 随着最后一张快递从业人员职业技能提升培训结业证书发放，临汾市邮政管理局提前四个月超额完成《山西省快递从业人员职业技能提升培训实施方案(2020—2021)》培训计划，累计培训2500人，超额完成9.1%。

8月13日 临汾市人民政府办公室印发《2021年临汾市商业经济提质行动计划和临汾市推进服务业提质增效2021年行动计划》，邮政快递业多项内容获得政策支持。

8月23日 临汾市人民政府印发《临汾市城镇老旧小区改造攻坚行动方案(2021—2025年)》，明确把邮政快递设施作为基础类项目纳入城镇老旧小区改造范围，行业发展再迎利好。

8月24日 临汾市邮政管理局强化部署邮件快件处理场所“四不”问题专项整治，进一步开展邮件快件处理场所规范化提升行动，全力护航邮政快递业健康安全发展。

8月25日 临汾市人大常委会二、三次产业发展调研组深入临汾市邮政管理局，就邮政快递业发展情况开展调研，市统计、税务等部门相关负责人陪同调研。

9月6日至7日 省邮政管理局党组成员、副局长赵光带队深入临汾市尧都区、翼城县，督导邮政普遍服务保障、企业主体责任落实、机要通信安全等工作，并就邮快合作工作进度进行调研。

9月10日 临汾市邮政管理局联合市禁毒委员会办公室召开“寄递渠道禁毒百日攻坚行动”动员部署会，深入推进“净边2021”“利剑斩毒”专项行动。

同日 临汾市邮政管理局联合市发改委召开“农村三级快递物流体系工作部署”推进会，深入推进农村物流创新模式试点工作。

9月17日 临汾市邮政管理局召集全市邮政快递企业主要负责人、快递协会相关负责人共40余人，专题学习宣传新《中华人民共和国安全生产法》，切实提高全市邮政快递企业知法、懂法、守法意识。

9月23日 临汾市邮政管理局组织全市邮政特邀监督员开展2021年邮政社会监督线上培训，进一步做好社会监督，切实提升特邀监督员履职能力。

9月24日 临汾市邮政管理局对市邮政分公司行政约谈，责令对近一段时间内省局督查和市局检查中发现的提供邮政普遍服务不达标、主体责任落实不力、安全生产不到位等问题立即整改。

10月8日 临汾市邮政管理局召开专题会议，进一步部署邮政业防汛救灾各项工作，要求深入贯彻省局部署和市政府防汛工作视频调度会议精神，坚持人民至上、生命至上，压实责任、强化措施，落细落实各项防范应对措施，全力保障行业安全稳定。

10月9日 临汾市邮政管理局局长董向阳发表第52届世界邮政日致辞，向全市邮政业广大干部职工致以节日问候和良好祝愿。

10月26日 临汾市邮政管理局与市统计局开展工作座谈，强调优化服务、加强合作，共同提升邮政行业指标数据质量，精准研判行业发展方向，为推进全市经济发展贡献力量。

10月28日 临汾市邮政管理局组织召开2021年全市快递业务旺季服务保障动员部署会，对行业疫情防控、邮件快件处理场所“四不”问题整治、快递员权益保护、末端服务站整治、快递进村及寄递物流体系建设等重点工作作出具体安排。

11月11日 上午，临汾市邮政管理局联合市总工会、共青团市委、市快递协会在市中通分拨中心开展“关爱快递小哥、旺季送温暖”活动，向奋战在快递旺季一线快递小哥送去党的关心和问候。

11月17日 在快递业务旺季之际，临汾市邮政管理局倡议：继续推动快递包装绿色转型、减少塑料封装污染、提高邮(快)件包装分类回收、提升可循环利用水平，推进邮政快递业绿色高质量发展。

11月24日 全市电子运单使用率，电商快件不再二次包装率，邮政快递营业场所、处理场所包装废弃物回收装置覆盖率均达到100%，可循环快递包装箱(盒)使用量达到3500余个，提前完成全年行业生态环保目标。

12月9日 临汾市邮政管理局邀请市卫健委专家对局机关、市邮政业安全中心和市级邮政快递企业进行疫情常态化防控知识专场培训，进一步加强邮政快递业新冠肺炎疫情常态化防控工作，规范消杀流程、提升防控能力。

12月22日 临汾市邮政管理局党组举行学习贯彻中共十九届六中全会和省第十二次党代会精神专题宣讲会，局党组书记和班子成员作宣讲报告。

(资料提供：史 强)

晋中市邮政管理局大事记

1月5日 晋中市邮政管理局开展《辛丑年》特种邮票发行与销售专项监督检查。

1月上旬 根据省邮政管理局和市委、市政府疫情防控工作部署，晋中市邮政管理局印发《紧急通知》，要求全市邮政、快递企业坚持民生保障，全力以赴做好防疫物资和居民生活物资寄递服务的同时，从严从紧、有力有效做好寄递渠道各项防控措施，严防疫情通过寄递渠道传播。

1月中旬 晋中市人民政府办公室出台《关于印发晋中市交通运输、教育、科技领域市级与县级财政事权和支出责任划分改革实施方案的通知》，明确全市邮政行业财政事权和支出责任。

1月25日 晋中市副市长郝向明深入邮政、快递企业一线调研榆次区邮政快递业疫情防控情况，并对坚守岗位、奋斗在一线快递从业人员表示慰问。

2月4日 晋中市邮政管理局由局领导带队，

对部分寄递企业分拣中心及快递网点进行督导检查，以做好春节期间全市寄递服务保障工作，

3月1日 在省邮政管理局安排部署全国“两会”期间，全省寄递渠道安全服务保障工作后，晋中市邮政管理局第一时间组织执法力量对各企业开展安全服务保障专项督导。

3月2日 省邮政管理局党组成员、副局长、纪检组组长高日勇带队，对晋中寄递企业在全国“两会”服务安全工作进行督导检查。

3月8日 晋中市邮政管理局精心组织以“魅力女人·美丽如花”为主题的插花培训讲座，热烈庆祝“三八”妇女节。

3月10日 晋中市邮政管理局召开全局干部会议，传达贯彻全省邮政普遍服务监管工作会议精神，对会议相关工作进行再部署再落实。

同日 为深入学习贯彻习近平总书记在党史学习教育动员大会上的重要讲话精神，认真落实国家局、省局党史学习教育动员部署会要求，晋中市邮政管理局党史学习教育动员部署会召开。

3月26日 为落实省局刚出台的《强化全省快递末端服务站规范管理意见》，规范末端网点服务水平，持续推进末端网点综合平台建设，晋中市邮政管理局召开高校末端规范治理研讨会。

3月下旬 晋中市邮政管理局获评2019—2020年度市直文明单位称号。自2013年以来，晋中市邮政管理局连续8年被评为市直文明单位。

3月30日 为全面贯彻落实全国及全省邮政市场监管工作会议精神，晋中市邮政管理局组织召开2021年全市邮政市场监管工作会议。总结2020年工作，分析形势，明确思路，部署和安排2021年重点工作任务。

4月上旬 晋中市邮政管理局开展党史学习教育主题党日活动，引导广大党员干部“学党史、忆先烈”。

4月25日 晋中市邮政管理局指导邮政企业开展邮政普服质量提升年活动。

同日 为落实国家局关于落实过紧日子要求和财政事权划分改革会议精神，晋中市邮政管理局召集党组成员专题研究部署下一步工作重点，在秉持“过紧日子”原则基础上，进一步攻坚克难，推动《晋中市交通运输领域市级与县级财政事权和责任划分改革实施方案》落地实施。

同日 省邮政管理局党组成员、副局长赵光带队深入晋中市邮政管理局调研指导“邮快合作”、邮政普遍服务保障、建制村直接通邮、党报党刊当日见报、机要通信安全等工作情况。

6月7日 晋中市邮政管理局组织全市30余家邮政快递业负责人召开动员部署会，落实国家局、省局关于中国共产党成立一百周年庆祝活动全市寄递渠道安全服务保障工作动员电视电话会议精神。

同日 晋中市邮政管理局召开全市邮政快递业警示教育会议，深入开展安全生产专项整治三年活动，提升企业安全生产意识与防范能力。

6月上旬 晋中市快递行业党委获批成立。

6月16日 晋中市邮政管理局积极开展“安全宣传咨询日”活动，进一步强化安全发展理念，普及安全用邮知识，广泛开展行业安全生产教育。

7月1日 晋中市邮政管理局对《中国共产党成立100周年》纪念邮票和纪念封发行与销售开展专项监督检查。

7月上旬 晋中市邮政管理局局领导带队，组织全体执法人员全面进入寄递安保“实战阶段”，分别深入寿阳、榆次等县（市、区）开展督导检查，保障建党百年庆祝活动期间全市寄递渠道安全畅通。

7月中旬 晋中市邮政管理局积极部署录取通知书投递工作，确保企业规范、精准寄递，不断优化服务质量。

同日 晋中市邮政管理局多举措安排部署全市邮政快递业防汛工作，全力保障行业安全度汛。

7月26日 晋中市邮政管理局联合榆次区工会开展“听党话、跟党走、感党恩”送清凉活动。慰问团为快递员带来精彩纷呈慰问演出，送出总价值近两万元的慰问品。

7月28日 晋中市邮政管理局组织召开全局工作会议，传达学习贯彻2021年全省邮政管理局局长座谈会会议精神。

8月初 晋中市快递行业工会联合会获批成立。

8月13日至16日 由晋中市委组织部牵头，市邮政管理局联合交通、市场等部门组成调研组，通过专题座谈、实地走访、数字统计等方式，对晋中市快递物流行业党建工作进行摸底调研。

9月12日至17日 中共山西省邮政管理局党组第二巡察组对晋中市邮政管理局党组开展巡察。

9月下旬 晋中市邮政管理局联合市发改委等八部门印发《关于认真贯彻落实省发展改革委等八部门〈加快推进快递包装绿色转型若干措施〉的通知》，多举措安排部署快递行业绿色包装工作，助力快递行业可持续发展。

9月27日 晋中市邮政管理局召开专题会议，传达学习省局农村三级寄递物流体系建设座谈会精神，介绍其他地市局先进经验做法，并对下一阶段工作进行部署。

9月30日 晋中市邮政管理局联合市发展改革委等23部门印发《关于推动返乡入乡创业高质量发展的实施意见》，多举措推动全市返乡入乡创业高质量发展。

9月28日 晋中市邮政管理局局领导带队到快递营业网点和处理场地开展国庆节前安全和保障检查工作。

10月9日 晋中市邮政管理局局长陈志刚发表第52届世界邮政日致辞。

同日 省邮政管理局第二巡察组对晋中市邮政管理局党组巡察情况反馈会议召开。

10月14日 上午，晋中市邮政管理局组织召开全市三季度邮政普遍服务监督与保障政企联席会，双方分管负责人及相关业务科室负责人参加会议。

10月15日 晋中市邮政管理局结合党史学习教育“我为群众办实事”实践活动，向全体党员干部发出捐款倡议，组织开展爱心捐款活动，全力支援防汛救灾和灾后重建工作。

10月24日 晋中市邮政管理局联合市交通运输局组织志愿者队伍，深入田间地头帮助农民群众抢收玉米，扎实推进“我为群众办实事”。

10月29日 晋中市邮政管理局联合市快递协会开展关爱快递员“暖蜂行动”。

10月下旬 晋中市邮政管理局组织召开农村三级寄递物流体系建设座谈会，推动全市农村三级寄递物流体系建设工作。

11月中旬 省局党组成员、纪检组组长、副局长高日勇深入晋中，就“双十一”旺季期间晋中寄递渠道安全及服务保障等相关工作进行调研督导。

11月下旬 晋中市邮政管理局党组书记、局长陈志刚带队，随机对榆社、左权两县邮政公司和乡镇网点邮政普遍服务、特殊服务、安全生产和疫情防控等工作开展综合执法检查。

11月30日 晋中市邮政管理局召开专题会议，迅速传达学习全省邮政管理系统警示教育电视电话会议精神，进一步学习贯彻全省邮政管理系统警示教育会议精神和局长秦红保讲话要求，研究贯彻落实措施。全局机关干部参会。

12月2日 晋中市邮政管理局积极协调第三方专业认定机构对首批150余名快递从业人员开展快递员职业技能等级认定工作。

12月中旬 晋中市邮政管理局联合市公安局、市国安局深入邮政快递企业开展寄递渠道禁毒安全联合执法检查，严厉打击不法分子利用寄递渠道从事毒品违法犯罪活动，深入推进寄递渠道禁毒工作，提升寄递渠道毒品治理能力。

12月12日 晋中市邮政管理局开展全市寄递行业安全生产培训，动员部署安全风险隐患大排查大整治工作，全市各品牌寄递企业40余人参会。

12月15日 晋中市快递行业工会联合会成立暨第一次会员代表大会召开。

（资料提供：赵 瑞）

忻州市邮政管理局大事记

1月5日 忻州市邮政管理局深入忻州市集邮文化礼品中心等纪特邮票销售网点，开展《辛丑年》特种邮票发行销售监督检查。

1月8日 忻州市副市长王月娥深入顺丰、中通、德邦、邮政等品牌快递企业分拨中心督导邮政快递行业新冠肺炎疫情防控工作。市卫健委、市疾控中心、市邮政管理局相关负责人陪同调研。

1月10日 忻州市邮政管理局执法人员深入忻州市集邮文化礼品中心等纪特邮票销售网点，开展《中国人民警察节》特种邮票发行销售监督检查。

1月12日 忻州市邮政管理局专题会议召开，对全省邮政管理工作会议精神进行学习和研讨，对照全省邮政管理工作会议精神，落实各项要求，积极谋划2021年各项重点任务。

1月17日 忻州市邮政管理局组织召开政企联席会，回顾2020年邮政普遍服务重点工作完成情况，部署2021年重点任务，持续传导压力，进一步推动邮政普遍服务水平提升。局主要领导、分管领导、普遍服务科全体职工，市邮政分公司主要领导、分管领导、相关部门负责人参加会议。

1月19日 忻州市年度目标责任集中考核第十四分组对忻州市邮政管理局2020年度目标任务完成情况进行全面考核，局党组书记、局长主持会议并就邮政快递业发展情况与考核组进行深入交谈，圆满完成2020年度目标责任考核。

1月20日 忻州市邮政管理局邀请市疾控中心采取线上授课方式，对全市邮政快递企业负责人疫情防控知识培训，共75人参加培训。

1月27日 忻州市邮政管理局联合共青团忻州市委开展以“暖蜂行动”为主题的2021年“快递从业青年服务月”活动。

2月2日 忻州市邮政管理局联合共青团忻州市委开展“快递小哥与人大代表政协委员面对面”活动。团市委书记、人大代表刘江表示会通过提案、建议等形式积极反映，争取在两会上为快递小哥发声，为全市邮政快递业发展建言献策。随后，共青团忻州市委和忻州市邮政管理局慰问组深入京东一线快递网点，为他们送去口罩、消毒液等防疫物资。

2月7日 忻州市邮政管理局局领导带队深入忻州市百世、顺丰、极兔、中通、德邦、圆通、申通、韵达等快递企业分拨中心对企业寄递渠道疫情防控、节前安全生产及服务保障情况进行督导检查，确保节日期间寄递渠道安全畅通。

2月18日 忻州市邮政管理局推出“业务知识小讲堂 人人当讲师”活动，局党组书记、局长柴茂林在开班仪式上作动员讲话并为全体党员干部讲授第一堂课。

2月25日 忻州市第四届人民代表大会第七次会议召开，忻州市政府在《工作报告》中明确提出：加快智慧物流园区建设，支持快递领域保畅发展。

2月26日 忻州市邮政管理局召开专题会议，迅速学习传达全省邮政管理系统党建暨党风廉政建设工作会议精神，并结合实际，对2021年落实党建暨全面从严治党工作进行安排部署。

3月1日 忻州市邮政管理局专题会议召开，迅速组织学习全国邮政普遍服务工作会议精神，并结合实际提出贯彻意见。局负责人、分管领导、普遍服务科全体人员，忻州市邮政分公司负责人、分管领导、相关部门负责人参加会议。

3月2日 忻州市邮政管理局召集全市邮政、快递企业通过“现场＋线上”会议方式,统筹谋划、扎实推进部署全国“两会”期间寄递渠道安保工作。

3月5日 忻州市邮政管理局积极部署全国“两会”期间党报党刊投递工作,督促邮政企业发挥投递主渠道作用,保障党报党刊投递时效和服务质量。

3月11日 忻州市邮政管理局专题会议召开,紧盯会前、会中、会后三个环节,坚持刀刃向内,严明纪律,强化监督,进一步改进会风,严肃会纪。

3月12日 忻州市邮政管理局党组(扩大)会议召开,研究制定《2021年工作要点及工作任务目标分解安排》《2021年忻州市邮政业更贴近民生七件实事分工安排》,细化分解全年工作目标任务,安排部署当前及年度重点工作。

3月16日 忻州市邮政管理局持续推进快递从业人员职业技能培训工作,取得2021年开门红。

3月17日 忻州市邮政管理局动员全体党员干部开展“送温暖、献爱心”社会捐款活动。活动募集的捐助款,统一交给政府有关部门,专项用于特困群众生活救助、儿童重大疾病救助以及对孤儿、孤寡老人、残疾人和贫困学生等困难群体救助。

3月18日 忻州市邮政管理局党史学习教育动员部署会议召开,安排部署全局党史学习教育任务。会上,组织全局党员干部认真学习习近平总书记在党史学习教育动员大会的重要讲话精神,局党组书记作开展党史学习教育动员部署会议讲话,纪检组组长宣读《中共忻州市邮政管理局党组开展党史学习教育学习方案》。

3月19日 忻州市邮政管理局组织召开2021年全市邮政快递业市场监管工作会,总结回顾2020年市场监管各项工作,研究部署2021年重点任务。忻州市邮政分公司负责人和全市快递企业主要负责人参加会议。

3月20日 忻州市邮政管理局深入忻州市集邮文化礼品中心等纪特邮票销售网点,开展《五牛图》特种邮票发行销售监督检查。

3月23日 忻州市邮政管理局召开2021年全市邮政普遍服务工作会议,市邮政分公司及相关部门负责人、各县(市、区)邮政分公司负责人共20余人参加会议。会议组织学习全国、全省邮政普遍服务工作会议精神及工作要求,总结2020年及“十三五”全市邮政普遍服务工作,部署2021年重点工作任务。原平、代县邮政分公司做了邮政普遍服务网点标准化建设经验交流发言。

3月24日 忻州市邮政管理局组织召开邮快合作推进会。忻州市邮政分公司相关负责人和各主要品牌快递企业负责人参加会议。

3月25日 忻州市人民政府印发《忻州市交通运输领域财政事权和支出责任划分改革实施方案》明确划分邮政业安全管理和安全监管、其他邮政公共服务,邮政末端基础设施、邮政业环境污染治理等领域财政事权和支出责任,为忻州市邮政快递业高质量发展带来利好消息。

3月26日 忻州市人民政府印发《忻州市2021年职业技能提升行动实施方案》,明确将邮政快递业从业人员纳入职业技能提升行动计划。

3月27日 忻州市邮政管理局开展《榜样5》专题节目学习宣传活动,激发党员对标榜样、学习先进自觉性,引导党员提振精神、优化作风,为全市邮政业发展提供高质量服务。

4月1日 忻州市邮政管理局组织机关全体党员干部每周开展一次党史学习教育知识测试,内容主要包括党史、新中国史、改革开放史、社会主义发展史等。通过测试真正达到以考促学、以考提升目的,增强全体党员干部参加党史学习自觉性。

4月6日 忻州市邮政管理局组织专人,深入忻州市集邮文化礼品中心等纪特邮票销售网点,开展《厦门大学建校一百周年》特种邮票发行销售监督检查。

4月15日 忻州市邮政管理局积极在全局、全行业范围内开展“4·15”全民国家安全教育日宣传活动。

4月17日 忻州市邮政管理局深入忻州市集邮文化礼品中心等纪特邮票销售网点,开展《中国飞机(三)》特种邮票发行销售监督检查。

4月19日 忻州市邮政管理局2021年一季度

邮政普遍服务政企联席会召开，突出以强化管理为抓手，细分措施，持续发力，抓好落实年度各项重点工作任务。局领导、普服科负责人，市邮政分公司主要负责人、各有关部门负责人参加会议。

4月20日 忻州市邮政管理局专题会议召开，传达学习全省工作调度会议精神，并对重点工作开展落实提出具体要求，确保重点工作有序推进，取得重大突破。

4月21日 忻州市邮政管理局迅速组织各部门负责人及相关工作人员召开专题会议，传达学习中央过紧日子要求和推进财政事权划分改革工作电视电话会议精神。

4月23日 忻州市邮政管理局开展邮政专用信箱专项检查，查看企业开展邮政专用信箱工作的档案资料，对3个正在运行的专用信箱进行现场检查，检查未发现违规操作行为。

同日 忻州市邮政管理局执法人员深入忻州市集邮文化礼品中心等纪特邮票销售网点，开展《中国古典文学名著——〈西游记〉(四)》特种邮票发行销售监督检查。

4月24日 忻州市邮政管理局组织全市市级快递企业及许可企业召开4月安全生产工作例会，就企业上一阶段安全生产工作情况进行通报，并部署下一阶段工作任务。

4月25日 忻州市邮政管理局组织全市邮政、快递企业召开“我为群众办实事”专题座谈会，重点围绕企业发展“急难愁盼”问题展开热烈讨论。

4月26日 省邮政管理局党组书记、局长秦红保带队深入原平市专题调研县、乡、村三级物流体系建设。局办公室、市场监管处、调研专班组、忻州市邮政管理局主要负责人陪同调研。

4月27日 忻州市邮政管理局开展“缅怀革命先烈，传承红色基因”主题党日活动，组织全体党员干部参观革命烈士纪念馆和烈士英雄名录墙，积极引导党员干部立足岗位、履职尽责，不忘初心、勇担使命，强化服务、促进发展。

同日 忻州市财政局对忻州市邮政管理局提出的安全监管经费33.6万元的诉求部分支持，具体意见经市长朱晓东签阅，即将进入具体实施执行阶段。

4月28日 忻州市邮政管理局组织召开关于开展作业场地安全管理规范化提升行动动员部署会，全市市级快递企业及许可企业负责人参加会议。

4月29日 忻州市邮政管理局党组书记、局长柴茂林带队深入基层，对“五一”节前寄递企业安全生产情况进行专项督导检查。

4月30日 “五一”将至，为巩固深化落实中央八项规定精神，持之以恒纠正“四风”问题，确保节日期间风清气正，忻州市邮政管理局坚持把纪律挺在前，严把时间节点，提醒在前，预防在先，加大监督执纪力度，确保党员领导干部远离“节日病”，做到廉洁过节。

5月10日 忻州市邮政管理局专题会议召开，传达学习全省邮政管理系统4月份重点工作会议精神，教育引导全体党员干部强化责任意识，积极主动履职，全面提升水平。

5月13日 忻州市邮政管理局全面开展“安全生产月”活动，通过线上线下相结合方式，召集全市邮政、快递企业负责人共140人开展行业安全生产警示教育培训会。

5月14日 忻州市邮政管理局召开全面推动邮快合作动员部署会，深入贯彻落实国家局、省局要求，全面安排部署邮快合作下乡进村工作。

5月16日 忻州市邮政管理局组织全行业寄递企业负责人进行《中华人民共和国固体废物污染环境防治法》《邮件快件包装管理办法》法律知识专题学习，并将国家局设计的《邮件快件包装管理办法》宣传海报印制后分发至各级企业在一线网点张贴。

5月18日 忻州市邮政管理局集体赴忻州市云中河水上公园开展以“五四青春 健步飞扬”为主题的五四青年节健步行主题党日活动。

5月19日 忻州市邮政管理局执法人员深入忻州市集邮文化礼品中心等纪特邮票销售网点，开展《福建土楼》特种邮票发行销售监督检查。

5月20日 忻州市邮政管理局局长带队，深入忻府区“三通一达”在建快递分拨中心调研指导。中心占地约5000平方米，计划投资800万元，使用环形自动化交叉带，能够实现全程自动化分拣，全部使用环氧地坪漆，每小时快件操作量可达1.8万～2.5万件，日处理快件量最高可达50万件。

5月21日 忻州市邮政管理局执法人员深入忻州市集邮文化礼品中心等纪特邮票销售网点，开展《中巴建交七十周年》纪念邮票发行销售监督检查。

5月25日 忻州市邮政管理局组织全体党员干部集中观看《正风反腐就在身边》。

5月28日 忻州市邮政管理局领导听取市邮政公司机要通信第一轮自查情况汇报，对企业发现问题后进行分析整改提出要求。

6月1日 忻州市邮政管理局执法人员深入忻州市集邮文化礼品中心、代县邮政营业厅等纪特邮票销售网点，开展《儿童画作品选》特种邮票发行销售监督检查。

6月2日 忻州市委宣传部和市总工会在全市职工群众中开展“争当新时代最美劳动者”主题劳动竞赛选树宣传活动。忻州市顺丰快递公司一线快递小哥郭东红从全市300多名职工候选人中脱颖而出，入围前十，获2021年“全市新时代最美劳动者”称号。

6月4日 忻州市邮政管理局电视电话会议召开，部署中国共产党成立100周年庆祝活动期间寄递渠道安全服务保障工作，全市主要邮政、快递企业负责人参加会议。

6月9日 忻州市邮政管理局召开全市邮政快递业2021年“安全生产月”活动动员部署会，全市快递企业负责人参加会议。

6月11日 属地安全监管经费取得进展，忻州市邮政管理局申请的14.5万元安全监管经费进入拨付程序。

6月12日 忻州市邮政管理局深入忻州市集邮文化礼品中心、代县邮政营业厅等纪特邮票销售网点，开展《丝绸之路文物（二）》特种邮票发行销售监督检查。

6月16日 忻州市邮政管理局局领导参加全市“6·16”安全宣传咨询日活动，积极宣传邮政行业安全生产知识，弘扬行业安全文化。

6月17日 为深入贯彻习近平总书记在党史学习教育动员大会上的重要讲话精神，迎接中国共产党成立100周年，忻州市邮政管理局通过组织开展“党组理论中心组学习＋党支部主题党日活动”方式，生动开启党史学习教育专题党课。

6月20日 忻州市邮政管理局执法人员深入忻州市集邮文化礼品中心等纪特邮票销售网点，开展《中国共产党历史展览馆》特种邮票发行销售监督检查。

6月23日 忻州市邮政管理局组织召开2021年寄递渠道领导小组联席会议。市政法委、市公安局、市国安局等8家成员单位相关负责人出席会议。会议研究部署2021年寄递渠道安全管理重点工作，分析面临形势，并就中国共产党成立100周年庆祝活动期间全市寄递渠道安全服务保障工作进行专题研究。

同日 忻州市邮政管理局执法人员深入忻州市集邮文化礼品中心等纪特邮票销售网点，开展《北京2022年冬奥会——竞赛场馆》纪念邮票发行销售监督检查。

6月28日 忻州市邮政管理局领导陪同省邮政管理局领导督导检查中国共产党成立100周年庆祝活动期间全省寄递渠道安全保障工作。

6月29日 忻州市邮政管理局组织开展“我为群众办实事”系列活动，即深入基层讲党课，贴近群众听需求，走进社区送服务。

6月30日 忻州市邮政管理局组织全市邮政快递企业安全骨干人员50余人参加消防安全培训及应急逃生演练。

7月1日 忻州市邮政管理局执法人员深入忻州市集邮文化礼品中心、原平邮政营业厅等纪特邮票销售网点，开展《中国共产党成立100周年》纪念邮票发行销售监督检查。

同日 忻州市市直工委举办“市直机关‘两优一先’表彰大会”，对全市市直机关“优秀共产党员”“优秀党务工作者”和“先进基层党组织”予以表彰，忻州市邮政管理局1人获优秀共产党员称号、局机关党支部获“先进基层党组织”称号。

同日 上午8时，忻州市邮政管理局组织全体党员干部在局会议室集中收听收看庆祝中国共产党成立100周年大会实况，认真聆听习近平总书记重要讲话。

7月5日 忻州市邮政管理局7月份行业安全例会召开，就近期禁毒宣传、末端服务保障、绿盾工程接入、疫苗接种等重点工作进行安排部署。

7月9日 忻州市邮政管理局全局会议召开，专题学习习近平总书记在庆祝中国共产党成立100周年大会上重要讲话，研究贯彻落实工作。

7月12日 根据邮政领域财政事权和支出责任申请的属地安全监管经费14.5万元已经拨付到账。

7月13日 忻州市邮政管理局完成忻州市快递工程中级专业技术职称评审委员会重新备案工作。

7月16日 忻州市邮政管理局安全生产专项整治三年行动集中攻坚年工作推进会召开，推进企业安全生产标准化建设，增强防范化解重大消防安全风险能力。

7月20日 忻州市召开2020年全市考核工作总结部署会议，经市委常委会审定，忻州市邮政管理局被评为促进忻州经济社会发展重要贡献单位。

7月22日 忻州市邮政管理局完成2020—2021年度省级文明单位继续申报工作。

7月23日 忻州市邮政管理局汛期安全工作部署会召开，切实保障全市邮政快递业汛期安全平稳运行。

同日 忻州市邮政管理局执法人员深入忻州市集邮文化礼品中心、原平邮政营业厅等纪特邮票销售网点，开展《第三十二届奥林匹克运动会》纪念邮票发行销售监督检查。

7月29日 忻州市邮政管理局机关党支部组织召开党史学习教育主题组织生活会。

8月9日 忻州市邮政管理局执法人员赴偏关、河曲、保德开展执法检查，实现县级企业检查全覆盖，抽查末端服务站4家，下发整改通知书7份，立案2起，并就检查发现的问题，组织邮政快递企业负责人开展安全生产专项培训。

8月13日 忻州市邮政管理局会同市委组织部深入忻府区、五台县、定襄县、静乐县等7个县(区)开展快递物流行业党建工作调研。

8月16日 忻州市邮政管理局积极引导邮政企业参与中国邮政快递报社联合央视新闻客户端组织的投递直播活动，助力央视新闻连线忻州邮政直播高考录取通知书派送全过程。

8月19日 忻州市邮政管理局执法人员深入忻州市集邮文化礼品中心、原平邮政营业厅等纪特邮票销售网点，开展《西藏和平解放70周年》纪念邮票发行销售监督检查。

8月20日 忻州市邮政管理局联合市总工会开展夏日送清凉慰问活动，深入快递企业一线，看望慰问快递小哥，送去绿豆、冰糖、矿泉水、饮料等共计1万元降暑用品。

8月23日 忻州市邮政管理局领导对忻州“三通一达”分拨中心建设情况进行走访调研，就企业安检机设置和使用、监控设备运行等问题提出指导性意见。

8月26日 忻州市邮政管理局召开8月份行业安全例会，就近期禁毒宣传、末端服务保障、绿盾工程接入、疫苗接种等重点工作进行安排部署。

8月28日 忻州市邮政管理局执法人员深入忻州市集邮文化礼品中心、原平邮政营业厅等纪特邮票销售网点，开展《动画——哪吒闹海》特种邮票发行销售监督检查。

9月2日 忻州市邮政管理局党组书记参加全省邮政管理系统第二轮巡察工作动员部署会。

9月7日 忻州市邮政管理局联合交警部门召开快递电动三轮车规范化管理工作座谈会，就快递三轮车上牌、驾驶员考取驾照以及头盔佩戴等工作进行直接交流，为企业提供有针对性的便利条件，加快快递三轮车规范管理进程。

同日 忻州市邮政管理局执法人员深入忻州市集邮文化礼品中心、原平邮政营业厅等纪特邮票销售网点，开展《木芙蓉》特种邮票发行销售监督检查。

9月10日 忻州市邮政管理局、市工信局联合印发《忻州市促进快递业和制造业深度融合发展的方案》，建立工作机制，推动“快递进厂”进一步发展。

9月15日 忻州市邮政管理局执法人员深入市集邮文化礼品中心、原平邮政营业厅等纪特邮票销售网点,开展《中华人民共和国第十四届运动会》纪念邮票发行销售监督检查。

9月16日 忻州市邮政管理局联合市公安局禁毒支队召开全市寄递渠道禁毒“百日攻坚”行动工作推进会,进行总体部署。全市邮政、快递市级企业及许可企业负责人参加会议。

9月17日 忻州市邮政管理局开展2021年度全市邮政社会监督员培训工作。培训期间,老师详细解读社会监督员工作手册,对普遍服务、快递服务、邮票销售等方面开展日常社会监督涉及的频次要求、常见问题及工作方法进行指导。此外,还组织全体社会监督员现场观摩邮政普遍服务营业网点,采用现场教学方式,对监督重点、难点进行解答。

9月22日 忻州市邮政管理局领导参加省邮政管理局第一巡察组巡察工作动员会。

9月25日 忻州市邮政管理局执法人员深入市集邮文化礼品中心、原平邮政营业厅等纪特邮票销售网点,开展《江山如此多娇》特种邮票发行销售监督检查。

9月27日 忻州市邮政管理局党组书记在泛华千人报告厅列席中共忻州市第五次代表大会。

9月29日 忻州市邮政管理局召开专题会议,部署落实国庆假期相关工作,确保安全、廉洁过节,全体党员干部参加会议。

10月8日 忻州市邮政管理局党组制定《中共山西省邮政管理局党组第一巡察组巡察反馈意见整改方案》,全面启动整改工作。

10月9日 忻州市邮政管理局局长柴茂林发表第52届世界邮政日致辞。

10月10日 忻州市邮政管理局执法人员到市集邮文化礼品中心等纪特邮票销售网点,开展《辛亥革命110周年》纪念邮票发行销售监督检查。

10月13日 忻州市邮政管理局联合市公安局召开快递行业安全工作保障会,就落实安全制度、加强禁毒防毒、排查安全隐患等工作进行安排。

10月15日 忻州市邮政管理局深入忻州市集邮文化礼品中心等纪特邮票销售网点,开展《交通可持续发展》特种邮票发行销售监督检查。

10月18日 忻州市邮政管理局组织党员干部开展“我为灾区献爱心”捐款活动,并第一时间把爱心捐款汇入指定账户,全力支持受灾地区建设工作。

10月21日 忻州市邮政管理局推进三级寄递物流体系建设工作,与民政部门对接,全面摸排最新所辖县、乡镇 、行政村数量和明细情况。

10月25日 忻州市邮政管理局执法人员到忻州市集邮文化礼品中心等纪特邮票销售网点,开展《中华人民共和国恢复联合国合法席位50周年》纪念邮票发行销售监督检查。

10月28日 忻州市邮政管理局召开全局党员干部纪律作风整顿活动动员会议,部署开展为期2个月的纪律作风集中整顿活动,全面查找问题,深入抓好整改,进一步压实管党治党责任。

10月29日 忻州市邮政管理局组织召开2021年全市快递业务旺季服务保障工作动员会,市级邮政、快递企业相关负责人参加会议。

11月1日 忻州市邮政管理局组织召开关于《智能信包箱》《鲜活水产品快递服务要求》两项标准的培训会,全市主要邮政快递品牌负责人参加培训。

11月3日 忻州市邮政管理局领导分别带队,对市级主要品牌快递企业开展“双11”旺季安全生产督导专项检查。

11月4日 忻州市邮政管理局联合市公安局组织召开2021年全市邮政快递业安全生产工作会议,全市邮政快递市级企业负责人参加会议。

11月5日 忻州市邮政管理局持续三周举办行政执法培训班,全面提升行政执法能力和水平,全局党员干部参加培训。

11月9日 忻州市邮政管理局领导陪同省局党组书记、局长秦红保深入忻州市静乐县专题调研县乡村三级物流体系建设情况。

11月11日 忻州市邮政管理局集中开展邮政行业统计检查工作。主要检查忻府区、原平市申通、圆通、韵达、百世、极兔等寄递品牌企业,查看统计基础工作、统计人员配备和报表数据真实准确性等情况。

11月12日 忻州市邮政管理局党组2021年巡察整改专题民主生活会召开。

11月15日至12月31日 忻州市邮政管理局制定《忻州市邮政快递业综合执法检查实施方案》，成立两个执法检查组，在全市范围内开展年终综合执法大检查。

11月23日 忻州市邮政管理局党组扩大会议召开，传达学习中共十九届六中全会精神，进一步统一思想、凝聚共识、汇聚力量。

11月24日 忻州市邮政管理局执法人员深入忻州市集邮文化礼品中心等纪特邮票销售网点，开展《科技创新(三)》纪念邮票发行销售监督检查。

11月24至25日 忻州市邮政管理局开展2021年省内平常信函和包裹全程时限监测有关工作。

11月29日 忻州市邮政管理局迎接山西省疫情防控督导组专项督导检查，并在督导反馈会上汇报全市邮政快递行业疫情防控工作情况。

12月1日 忻州市邮政管理局多次和市直属机关事务服务中心沟通，经市委、市政府主要领导批示同意，局办公业务用房问题得到圆满解决。

12月3日 忻州市邮政管理局执法人员深入市集邮文化礼品中心等纪特邮票销售网点，开展《国家重点保护野生动物(I级)(三)》特种邮票发行销售监督检查。

12月7日 经市委非公经济组织和社会组织工委批复同意，忻州市快递行业委员会正式成立。

12月10日 忻州市邮政管理局接受市直工委党建工作年度、市委保密委保密工作年度考核。

12月11日 忻州市邮政管理局执法人员深入市集邮文化礼品中心等纪特邮票销售网点，开展《中伊建交50周年》纪念邮票发行销售监督检查。

12月14日 忻州市邮政管理局联合市疫情防控督导组对邮政快递业疫情防控情况进行督导检查。

12月20至23日 忻州市邮政管理局对定襄县、宁武县、五寨县邮政普服网点进行执法检查。

12月23日 忻州市邮政管理局领导陪同山西省督查组对忻州市快递行业塑料污染治理情况进行督导检查。

12月28日 忻州市邮政管理局对全市29家分拨中心、营业场所、末端网点就安全落实、疫情防控、扫黄打非、生态环保等方面进行综合执法检查。

12月30日 忻州市邮政管理局行政约谈定襄县百世、极兔、中通、韵达、圆通企业负责人，对定襄中通、五台圆通、五台申通进行立案处罚。

（资料提供：范馨月）

晋城市邮政管理局大事记

1月19日 晋城市邮政管理局联合共青团晋城市团委在蓝远快递物流园区开展“关爱快递小哥暖蜂行动”，为快递小哥送去冬日慰问。

3月31日 晋城市邮政管理局以“缅怀革命先烈、传承红色基因”为主题，开展清明节网上祭奠活动。

4月14日 晋城市邮政管理局联合市公安局召开邮政快递业安全生产工作会议，部署推动全市邮政业绿色环保工作。

5月21日 在晋城市2020年度目标责任制考核会上，市委主要领导对晋城市邮政管理局全市邮政业发展工作给予充分肯定，再次授予“促进晋城经济社会发展突出贡献奖”。

6月10日 晋城市邮政管理局积极开展“我为群众办实事”实践活动。集中向全市29家寄递企业发放防疫物资,为快递服务行业人员提供更多安全保障。

6月25日 晋城市邮政管理局联合市总工会、团市委,共同举办以“迎‘七一’颂党恩”为主题的文艺会演。

7月16日 上午,晋城市中通分拨中心积极组织开展邮政快递行业安全应急演练活动,全市各邮政、快递企业负责人及从业人员共70余人现场观摩。

7月26日 经中共晋城市委非公经济组织和社会组织工作委员会批复同意,晋城市快递行业党委正式成立。

7月30日 中通快递(晋城)智能科技电商快递产业园区项目开工奠基仪式顺利举行。项目位于晋城泽州县北义城镇和高都镇车岭村,项目总投资5亿元,用地面积约202亩,拟建设4幢快递车间,2幢倒班楼,1幢办公楼,总建筑面积约18万平方米,建设工期24个月。项目建成后可提供就业岗位1000余个,成为具备全国一流水平的智能科技产业链园区、现代化电子商务集散基地和中原经济区重点物流枢纽中心,助力地方经济社会高质量发展。

8月5日 晋城市邮政管理局联合市总工会开展2021年度“夏送清凉”慰问一线快递员工,全市快递企业员工代表共50余人参加慰问活动。

8月16日 上午,晋城市邮政管理局为全市快递小哥发放爱心防疫包裹。

10月9日 晋城市邮政管理局组织全市邮政、快递企业开展第52届世界邮政日宣传日宣传活动。

是月 晋城市邮政管理局强力推进农村三级寄递物流体系建设,着力打造邮政快递业高质量发展晋城范例。

11月1日至13日 全市各快递企业共处理833.9万件快件。其中,出港量104.86万件,同比增长75%;进港量577.82万件,同比增长36.5%;日均处理量达64万件,其中11月13日为峰值,处理快件76.5万件。

11月24日 晋城市邮政管理局召开2021年快递工程初级职称评审会,全市13名快递从业人员通过评审。

12月1日 申通快递晋城转运中心开始试运行,中心位于泽州县高都镇,占地约60亩,投资6000万元,解决260余人就业,负责晋南四市(晋城、长治、临汾、运城)的快件转运,日处理量约30万件,最大日处理能力可达100万件以上。

(资料提供:张馨月)

长治市邮政管理局大事记

1月5日 长治市邮政管理局对《辛丑年》纪念邮票发行销售情况进行专项监督检查。

1月21日 长治市邮政管理局在定点扶贫村武乡县蟠龙镇安乐庄村开展“送温暖、献爱心、抗疫情”主题活动。主要领导带队深入安乐庄村,走访脱贫群众,了解脱贫攻坚成效巩固情况,听取意见建议。

1月26日 长治市邮政管理局召开2021年度邮政管理工作会议,会议总结2020年工作,回顾“十三五”时期行业改革发展成效,分析研判当前面临的新形势,研究提出未来一个时期行业发展目标,部署2021年工作。

2月1日 长治市邮政管理局局领导带队深入圆通转运中心，顺丰、中通、韵达、申通、京东等所有品牌分拨中心进行全覆盖实地专项督导检查，进一步做好全市邮政快递业疫情防控工作。

2月3日 中共长治市邮政管理局党组召开2020年度民主生活会，党组领导班子和成员对照国家局党组和省局党组民主生活会标准，深刻进行对照检查，严肃开展批评和自我批评。

2月7日 长治市邮政管理局联合团市委和市快递协会开展"暖蜂行动"暨春节慰问活动。慰问组深入快递分拨处理中心与快递小哥交流，详细了解快递小哥日常生活中的情况和困难，向快递小哥赠送食品、对联等慰问品，并向全市邮政快递从业者致以春节慰问。

3月11日 长治市邮政管理局召开党史学习教育动员部署会议，传达学习全省邮政管理系统党史学习教育部署电视电话会议精神，对长治市邮政管理局开展党史学习教育工作进行安排和部署。

3月25 长治市邮政管理局举办党史学习教育首场专题党课，局党组书记以《三个维度理解学习党史学习教育的重大意义》为题，为机关全体党员讲授了专题党课。

4月1日 长治市邮政管理局安委办在市邮政公司开展寄递安全大讲堂专场培训，推动防范化解行业重大安全风险体制机制不断健全。

4月28日 长治市邮政管理局邀请市委老干部宣讲团以"如何更好开展党史学习教育"为主题进行了专题讲座。宣讲团从党史学习教育的重大意义、认真研读党史著作、全面了解党的百年光辉历程和历史性贡献、深刻把握开展党史学习教育的重点、学懂弄通做实习近平新时代中国特色社会主义思想四个方面深入浅出地讲解党史学习教育开展的背景、要解决的问题和要达到的目标。

5月7日 长治市邮政管理局开展"追忆先烈学党史，凝心聚力跟党走"主题活动，组织机关全体工作人员赴壶关县常行村窑洞保卫战旧址参观学习，通过追忆先烈的光荣事迹，深化党史学习教育，进一步激发"我为群众办实事"的动力。

6月29日 长治市邮政管理局联合市应急管理局组织开展全市邮政快递业2021年应急演练，全市各市级主要品牌企业共60余人进行现场观摩。本次演练检验了寄递企业及其从业人员在发生火灾和危险品泄漏等突发状况时的应急应对能力，同时也以练代学、实战练兵，进一步提升了行业应急处置，紧急救援能力水平。

是月 长治市首批邮政快递从业人员新冠疫苗集中接种工作在潞城区进行。来自潞城区各品牌的邮政快递企业的100余名从业人员接受了集中接种。

8月31日 长治市2021年首期快递职业技能提升培训班正式开班。本期培训班延续政府主办、行业协会协办、培训机构承办的模式，严格落实疫情防控各项要求，培训内容涵盖快件处理、职业道德、安全生产、绿色环保等方面。

8月 长治市委、市政府组织力量为邮政快递从业人员提供免费新冠核酸检测服务。已有1500余名从业人员参加了首批免费核酸检测，为企业和个人节省检测费用11万余元。

10月21日 长治市邮政管理局组织召开2021年第四季度全市邮政快递业安全生产会议，联合对长治中通严格执行寄递渠道安全管理制度进行通报表扬，并为安检机操作人员颁发荣誉证书及奖金。

10月25日 长治市邮政管理局组织机关全体干部职工集中收看山西省第十二次党代会开幕大会实况，听取并学习了省委书记林武所作的中共山西省第十一届委员会报告。

11月2日 长治市邮政管理局联合公安局交警支队组织邮政快递从业人员进行交通法规和文明交通素质专题培训。

11月7日 长治市2021年第十六期快递员职业技能培训提升班成功举办，至此，长治市邮政管理局共进行了1843名快递员的职业技能提升培训，完成了计划数的101%，快递员职业技能培训工作圆满收官。

11月11日 在"双11"旺季高峰期到来之际，长治市邮政管理局联合市总工会开展"工会进万家新就业形态劳动者温暖行动”,为各邮政快递品牌一线快递员工送上头盔、围脖、手套、护膝等寒冬慰问品,向全市邮政快递从业者致以冬日慰问。

12月16日 长治市邮政管理局联合团市委开展“2021温暖行动”,为长治市中通部分快递员工送上保温杯、毛毯等寒冬慰问品,向日常忙碌在一线的快递从业者致以冬日慰问,全力营造全社会关爱快递小哥的暖心氛围。

12月30日 长治市邮政管理局组织召开邮政快递业疫情防控工作推进会,各市级邮政快递网点负责人参加了本次会议。会议要求,要严格落实疫情防控各项要求、开展示范点评、开展防疫专题培训工作。

(资料提供:韩国芳)

阳泉市邮政管理局大事记

1月7日 阳泉市邮政管理局召开会议,传达省、市疫情防控工作领导小组会议和省局疫情防控电视会议精神专题,布置行业疫情防控工作。

1月8日至1月11日 阳泉市邮政管理局主要领导和分管领导分别带队,赴各快递企业分拨中心及营业场所进行疫情防控督查工作。

1月9日 省委疫情防控督查组赴阳泉市邮政公司和快递网点督导检查,阳泉市邮政管理局将督查组意见反馈寄递企业,要求邮政快递企业严格遵照执行,进一步做好行业疫情防控工作。

1月22日 阳泉市邮政管理局党组书记、局长曹阳带队,组织局领导班子成员、相关科室及部分邮政、快递企业负责人到帮扶的盂县梁家寨乡黄树岩村开展扶贫慰问活动。

1月26日 阳泉市市长雷健坤深入市邮政分公司分拣中心、南外环邮政营业厅,调研邮政快递业疫情防控工作,并慰问一线邮政员工。副市长李文兵,市政府秘书长张俊堂,市卫健委、商务局、市场监管局、邮政管理局、阳泉海关、疾控中心等部门负责人参加调研。

1月29日 阳泉市邮政管理局在平定蒙牛快递园区召开现场协调会,落实“四方”责任,加强快递园区疫情防控工作。

2月1日 阳泉市委书记姜四清深入盂县快递分拨中心现场调研邮政快递业疫情防控和公共服务工作。

同日 阳泉市邮政管理局主要负责人出席阳泉市邮政公司2021年工作会议,充分肯定阳泉市邮政企业工作成绩,并就做好全年工作提出希望和要求。

2月3日 阳泉市邮政管理局组织邮政企业和部分快递企业负责人一行到市局对口帮扶的贫困村——盂县梁家寨乡黄树岩村开展疫情防控和驻村帮扶工作。

2月4日 阳泉市邮政管理局党组2020年度民主生活会召开,省局督导组组长田笃到会指导。

2月5日 阳泉市邮政管理局、盂县邮政管理局和阳泉市邮政业工会联合会深入盂县邮政分公司、盂县快递分拣中心和梁家寨乡邮政快递网点,慰问行业一线员工和困难员工家庭。

2月8日 共青团阳泉市委、阳泉市邮政管理局共同开展“暖蜂行动”,慰问邮政快递行业职工,传递关心关爱。

2月19日 阳泉市邮政管理局组织开展邮政快递行业疫情防控和安全生产综合检查。

同日 阳泉市邮政管理局下发《关于开展疫情期间企业自查互查的通知》，并召开疫情期间企业自查互查工作部署会，专题布置相关工作。

2月23日 为切实做好全国“两会”期间全市寄递渠道安全服务保障工作，阳泉市邮政管理局积极部署全市寄递渠道安全服务保障工作。

2月25日 阳泉市邮政管理局全体人员参加专题学习，领悟贯彻习近平总书记在党史学习教育动员大会上的讲话精神。

同日 阳泉市邮政管理局考核组赴盂县邮政管理局开展2020年度县局考核工作，同时慰问县局派驻驻村扶贫工作队队员。

3月5日 阳泉市邮政管理局积极开展“两会”期间寄递渠道安全专项检查。

3月15日 阳泉市邮政管理局参加由市场监督管理局组织开展的2021年“3·15”国际消费者权益日宣传活动启动仪式，现场设立咨询台、放置主题宣传展板、发放宣传手册，切实维护消费者合法权益。

3月17日 阳泉市邮政管理局成立检查组，积极开展化学品寄递安全专项检查。

3月22日 阳泉市邮政管理局召开2021年全市邮政管理工作会议，总结回顾2020年及“十三五”期间重点工作，科学研判发展形势，部署安排2021年重点工作。

3月23日 阳泉市委常委、宣传部部长杨建军调研市邮政管理局党史学习教育开展情况。

3月25日 阳泉市邮政管理局召开2021年全市邮政管理工作会议，全面总结2020年全市邮政市场监管工作，安排部署2021年重点任务。

3月26日 根据阳泉市人民政府印发的《阳泉市交通运输领域财政事权和支出责任划分改革实施方案》，邮政业纳入交通运输领域财政事权和支出责任，阳泉市邮政快递业发展获得重要政策支持。

3月30日 阳泉市邮政管理局召开2021年全市邮政普遍服务工作会议暨一季度政企通报会，对全年工作进行安排部署。

4月2日 阳泉市邮政管理局党支部召开组织生活会，党支部全体党员参加会议，党组成员以普通党员身份参加会议。

4月12日 阳泉市邮政管理局加强邮件快件包装综合治理，将快递包装绿色治理纳入日常监督检查，并实地调研快递网点。

4月13日 阳泉市邮政管理局开展“学习教育”主题党日活动，举办全市邮政管理系统党史学习教育专题讲座，市委讲师团讲师作专题讲座。

4月14日 阳泉市邮政管理局领导赴阳泉市开发区管委会，与管委会领导就物流园区在开发区建设难题、解决办法、发展方向等问题展开研讨。

4月15日 阳泉市邮政管理局采取多项措施推进塑料污染治理工作，对寄递渠道开展“重金属和特定物质超标包装袋”专项检查。

4月19日 阳泉市邮政管理局检查组深入全市顺丰、中通、韵达等企业末端网点检查，督促企业及时备案新开设末端网点，确保末端网点备案工作落到实处。

4月21日 省邮政管理局党组书记、局长秦红保一行先后在阳泉市平定县平定综合快递园区、宋家庄村、张庄镇、官道沟村，实地实况实效调研“邮快合作”、“快递进村进厂”、快递末端建设和农特产品上下行等农村三级物流体系建设运营情况。

4月24日 省邮政管理局党组书记、局长秦红保，省交通厅党组成员、副厅长王晋一行到盂县调研农村物流体系建设情况，阳泉市邮政管理局党组书记曹阳、盂县县委书记梁海昌、经济开发区管委会主任张五太全程陪同调研并召开座谈会。

5月1日 阳泉市邮政管理局通过向市委领导汇报工作、市局党组召开主题会议、与阳泉市发展和改革委员会建立联动推进机制等举措，全力推进农村物流创新模式试点工作。

5月26日 为推动阳泉市邮政快递服务一体化、智能化，保障居民合法用邮权益，有效解决快递服务“最后一公里”难题，阳泉市邮政管理局联合住建部门分类分步扎实推进智能快件箱建设工作。

同日 为深入贯彻落实习近平总书记关于快递包装绿色治理的重要指示批示精神，加强邮件快件绿色包装管理，推动邮政快递业绿色高质量发展，阳泉市邮政管理局全面开展《邮件快件包装管理办法》宣传贯彻系列活动。

5月28日 阳泉市委书记姜四清听取市邮政管理局农村物流体系建设专题汇报，要求市邮政管理局和相关县区、部门切实做好农村物流体系建设工作，积极推进农村物流创新模式试点工作。

6月3日 阳泉市邮政管理局专题会议召开，安排布置中国共产党成立100周年寄递渠道安全服务保障及安全生产月相关工作要求。

6月4日 阳泉市委常委、组织部部长金所军调研邮政快递行业党建和非公党建工作，听取阳泉市邮管局党组行业党建、快递行业非公党建工作汇报，现场调研申通快递分拣中心、市邮政分公司并与一线从业人员进行交流。

6月10日 为切实做好常态化疫情防控，阳泉市邮政管理局主动与地方疫情防控部门协调沟通，安排医护力量对快递从业人员免费进行核酸检测。

6月11日 在端午节即将来临之际，为进一步做好疫情防控、安全生产工作，阳泉市邮政管理局深入邮政、快递企业，重点对消防安全、收寄验视和确保寄递渠道安全进行专项检查。

6月18日 为切实做好中国共产党成立100周年庆祝活动期间寄递渠道安全服务保障工作，坚决防范快递行业各类生产安全事故发生，阳泉市邮政管理局迅速成立检查组到邮政、快递企业开展督导检查，采取“不打招呼、直奔现场”方式，对中通、韵达、顺丰等分拨中心开展夜查。

6月28日 中国共产党成立100周年之际，阳泉市邮政管理局局机关党员干部和快递行业党委党员代表集体参观“中共创建第一城”旧址，以“学党史 恒初心 感党恩”为主题开展“七一”主题党日活动。

6月30日 省公安厅领导在盂县政法委书记高尚明、公安局局长杨慧文陪同下到盂县快递分拣中心专题督导检查中国共产党成立100周年庆祝活动期间寄递渠道安全保障工作。

7月1日 阳泉市邮政管理局机关和市邮政业安全中心全体党员干部集体观看庆祝中国共产党成立100周年大会现场直播，聆听习近平总书记重要讲话，并畅谈学习体会和感受。

7月5日 为贯彻习近平生态文明思想和总书记关于快递包装绿色治理重要指示批示精神，扎实推进行业生态环保工作，落实《2021年全省行业生态环境保护工作要点》，阳泉市邮政管理局积极推进“2585”工程。

同日 阳泉市邮政管理局党组扩大会召开。专题学习贯彻习近平总书记在庆祝中国共产党成立100周年大会上的重要讲话精神，局机关和安全中心全体党员干部参加学习。

7月16日 根据阳泉市政府办公厅印发《阳泉市国民经济和社会发展第十四个五年规划和二〇三五年远景目标纲要任务分工方案》，阳泉市邮政快递业多项重点工作被纳入其中。

7月21日 阳泉市禁毒委召开全市工作会议，总结部署全市禁毒工作，表彰全市禁毒工作先进集体，阳泉市邮政管理局获“全市禁毒工作先进集体”称号。

同日 阳泉市邮政管理局多举措做好邮政行业防汛工作，下发《关于进一步加强汛期安全生产工作的紧急通知》，联合市气象局落实《气象邮政合作协议》，就保障极端气候下寄递渠道安全通畅展开研讨并制定系列措施。

7月28日 阳泉市邮政管理局第一时间召开全体人员会议，传达学习省局召开学习贯彻习近平总书记“七一”重要讲话精神党史学习教育读书班暨2021年全省邮政管理局长座谈会会议精神。

7月29日 阳泉市邮政管理局成立专项检查组，对辖区内快递末端网点开展专项检查，进一步规范全市快递企业末端网点服务管理工作。

7月30日 阳泉市人民政府办公室印发《阳泉市城镇老旧小区改造攻坚行动方案(2021—2025年)》通知，全面推进城镇老旧小区改造工作，阳泉市邮政快递设施建设被纳入改造范围。

同日 阳泉市邮政管理局开展廉政警示教育活动。机关公职人员参观阳泉市纪委、监委廉政警示教育基地并开展主题学习。

8月2日 由阳泉市人民政府主办，市邮政管理局、市消防救援支队、中国邮政集团有限公司阳泉市分公司承办的“消防邮路”活动正式启动。

8月5日 阳泉市邮政管理局机关党支部召开党史学习教育专题组织生活会，局党组书记曹阳以普通党员身份参加组织生活会。

8月13日 阳泉市邮政管理局、盂县邮政管理局和市快递行业工会领导深入盂县、郊区、城区邮政快递一线，开展关爱快递小哥、维护快递小哥权益调研慰问活动。

8月20日 阳泉市邮政管理局召开2021年上半年全市邮政普遍服务监管通报会。

8月24日 阳泉市开展快递物流行业党建工作调研，扎实推进快递行业非公党建工作。

8月27日 阳泉市邮政管理局组织召开新入职工作人员培训暨座谈会，局党组书记、局长曹阳出席并做培训辅导，局机关科室负责人、新入职公务员、安全中心人员参加培训并作交流发言。

同日 阳泉市邮政管理局检查组先后深入邮政、顺丰等企业营业网点及处理场地，开展全市邮政快递行业生态环保监督检查。

9月3日 阳泉市邮政管理局联合市发改委召开座谈会，积极贯彻落实全省农村物流工作推进会会议精神。

9月8日 随着平定县娘子关镇回城寺村实现快递服务进村，阳泉市“快递进村”最后一块拼图拼齐，948个建制村实现“快递进村”全覆盖。

9月16日 阳泉市人大常委会城环委主任王玉明带队，深入中国邮政阳泉分公司火车站网点调研企业生态环保建设工作，阳泉市邮政管理局主要负责人陪同调研。

同日 阳泉市邮政管理局印发《关于做好中秋、国庆双节期间寄递渠道安全保障工作的通知》，安排部署全市寄递企业切实做好“两节”期间行业安全生产和服务保障工作。

同日 阳泉市邮政管理局组织召开国庆节、中秋节“两节”前廉洁教育会议。会议由局党组书记、局长曹阳主持，局领导班子全体成员，局机关、安全中心全体工作人员参加会议。

9月18日 阳泉市邮政管理局组织党员集中收看“胸怀千秋伟业 百年风华正茂”宣讲，更好贯彻习近平总书记“七一”重要讲话精神。

10月20日 阳泉市邮政管理局局长赴盂县，与盂县县委书记、县长会商推进盂县三级物流体系建设项目，盂县县委书记表示大力支持此项惠民项目。

10月26日 阳泉市邮政管理局组织召开全市快递业务旺季服务保障工作部署会议，贯彻落实国家局、省局电视电话会议精神并提出贯彻落实要求。

11月1日 阳泉市发改委会同阳泉市邮政管理局联合下发《关于加快推进农村物流创新模式试点工作的通知》，对试点县区三级物流体系建设做出安排部署。

11月5日 阳泉市公安局与阳泉市邮政管理局实行联合监管，通过专题工作会商、联合专项检查与安全培训教育等方法，确保旺季寄递渠道安全畅通。

同日 阳泉市广播电视总台邀请市邮政业安全中心负责人做客《今日新闻汇》节目，介绍“双11”旺季服务保障及行业监管、疫情防控采取措施等工作情况介绍。

11月11日 为做好“双11”业务旺季期间邮递寄递安全服务保障工作，阳泉市邮政管理局领导带队，深入各快递企业分拨中心和营业网点开展疫情防控及安全生产监督检查。

11月16日 阳泉市邮政管理局领导分两组带队，采取“四不两直”方式，到辖区内开展疫情防控督导检查，并向从业人员宣传贯彻《疫情防控期间邮政快递业操作规范建议(第七版)》。

11月17日 阳泉市委书记雷健坤深入快递企业调研督导，要求邮政快递行业做好旺季服务和疫情防控工作，阳泉市邮政管理局局长曹阳陪同。

11月18日 阳泉市邮政管理局召开专题会议，组织全体党员学习中共十九届六中全会精神。

同日 阳泉市邮政管理局工作务虚会议召开，总结2021年主要工作，研讨2022年工作思路。市局全体人员、市邮政业安全中心全体人员及盂县局负责人参会。

11月19日 阳泉市邮政管理局检查组赴城区中通、圆通、韵达、百世、极兔等快递处理场所，调研指导各企业绿色企业、绿色网点、绿色分拨中心创建活动开展情况。

11月22日 为切实做好生态环保监管工作，阳泉邮政管理局持续开展生态环保专项检查，随机抽取顺丰、邮政、圆通等快递企业各营业网点，重点督导检查企业生态环保主体责任执行情况。

11月23日 阳泉市邮政管理局联合商务局，就快递绿色包装协同治理开展座谈会，进一步贯彻落实习近平生态文明思想，研究探讨快递电商绿色包装协同治理工作。

11月25日 阳泉市邮政管理局联合市烟草专卖局、市市场监督管理局，对物流寄递企业运营情况及运输烟草制品情况开展“双随机”抽查工作。

12月1日 省政府办公厅领导到阳泉市实地调研农村寄递物流体系建设，省发改委、省邮政管理局相关部门负责人陪同调研。

12月2日 阳泉市邮政管理局全体职工大会召开，学习国家邮政局党组发表的《党领导邮政事业的历史经验与启示》文章，局党组书记、局长曹阳传达省局关于加强党风廉政建设会议相关精神。

12月8日 阳泉市邮政管理局、市疾病预防控制中心主办，市邮政业安全中心承办阳泉市邮政快递行业疫情防控暨《疫情防控期间邮政快递业生产操作规范建议(第七版)》培训，市局全体人员、企业负责人、安全主管参加。

同日 阳泉市应急管理局与市邮政管理局举办、市邮政业安全中心承办阳泉市邮政快递业安全生产暨新修订的《中华人民共和国安全生产法》知识培训，市级各邮政快递品牌企业负责人、安全主管，阳泉局全体人员参加。

12月9日 省邮政管理局党组成员、纪检组长、副局长高日勇带队赴阳泉市，就寄递渠道生态环保与安全保障情况开展督导检查。

12月10日 阳泉市总工会和阳泉市邮政管理局开展“工会进万家 新就业形态劳动者温暖服务行动”走访慰问邮政快递员工活动。

12月17日 阳泉市邮政管理局和阳泉市快递行业党委以“以史为鉴，开创未来——学习中共十九届六中全会”为主题，举办全市系统行业学习贯彻中共十九届六中全会精神宣讲会。

同日 阳泉市邮政管理局召开全市邮政管理系统党风廉政暨廉政警示教育会，局党组书记、局长曹阳出席会议并讲话，局党组成员、纪检组组长、副局长李姝慧主持会议。

12月27日 阳泉市邮政管理局安全生产例会召开，对近期疫情防控和安全生产检查情况进行通报，对下一步做好冬季安全生产和疫情防控工作进行安排部署。

12月30日 阳泉市副市长句爱云调研阳泉市邮政快递业疫情防控工作并表示肯定，市卫健委防控办、市交通运输局、市邮政管理局和相关县区负责人参加调研。

12月31日 阳泉市邮政管理局联合市交通运输局、市发展和改革委员会、市人力资源和社会保障局、市住房和城乡建设局、市商务局、市市场监督管理局、市总工会、共青团阳泉市委制定《阳泉市关于做好快递员群体合法权益保障工作的实施方案》。

(资料提供：苏 蕾)

朔州市邮政管理局大事记

1月2日 朔州市邮政管理局正式迁入新办公场地挂牌办公。

2月 朔州市邮政管理局连续三年联合市总工会、团市委开展“暖蜂行动”和“快递青年服务月”活动。

是月 全市邮政快递业2021年疫情防控工作推进会召开。

3月31日 朔州市编办印发文件,组建朔州市邮政业安全中心。

是月 朔州市邮政管理局“四结合四做到”部署党史学习教育。累计开展“唱红歌、诵红诗、观红色电影”系列活动9次,推动党史学习教育走深走实。

4月 快递行业党委批复成立8个党支部,全市非公快递企业党员数量达到31名,快递员有了自己的党组织。

5月 圆通快递小哥张日军获全市“新时代最美劳动者”称号和朔州市“五一劳动奖章”,成为朔州首位荣膺此两项荣誉的快递小哥。

6月 朔州市邮政管理局联合团委、公安开展“6·26”国际禁毒日宣传活动。

是月 朔州市邮政管理局全面启动快递末端服务站专项整治工作。

是月 朔州市邮政管理局完成66个委代办普服网点改自办工作。

7月 朔州市邮政管理局联合市总工会向1928名快递员开展夏季“送清凉、送保险、送体检”活动,建成省级工会职工书屋。

是月 朔州市邮政管理局获评“促进朔州经济发展突出贡献单位”。

是月 朔州市邮政管理局开展中国共产党成立100周年寄递安保督导检查。

是月 朔州市邮政管理局开展乡镇邮政普遍服务局所专项检查“回头看”。

是月 朔州市邮政管理局监督检查《中国共产党成立100周年》纪念邮票发行销售情况。

8月 朔州市邮政管理局顺利召开朔州市快递协会2021年第一次会员大会,朔州市快递行业协会正式成立。

9月 朔州市邮政管理局、团省委发文,同意朔州开展省级青年文明号建设。

是月 朔州市邮政管理局将411辆快递投递车辆纳入监控平台管理。

是月 朔州市邮政管理局联合市公安局开展禁毒百日攻坚行动。

是月 朔州市邮政管理局右玉县实现电商快递融合、朔城区和平鲁区实现“邮快合作”、山阴县实现“快快合作”,全市1166个建制村“快递进村”覆盖率达80.7%,

10月 首批520名快递小哥获物流师、电商师等初、中、高级证书,3名快递员分别成为市县两级党代表、人大代表和政协委员。

11月 朔州市委书记姜四清、市政协副主席苏斌如先后调研快递业发展、行业旺季和高质量发展情况。

是月 朔州市邮政管理局开展处理场所规范化行动,对传输带不堵缝、未人车分流的两家企业进行立案处罚。

12月 根据疫情防控形势,朔州市邮政管理局对疫情防控工作进行紧急安排部署,做好常态化疫情防控和疫苗接种。

是月 朔州市邮政管理局行业工会获评省级

工会优秀阵地称号,获阵地建设资金20万元、春节慰问资金3万元。

是月 全市6县(市、区)"警邮""税邮""政邮"合作实现全覆盖。

是年 朔州市邮政管理局新闻宣传工作获全省邮政管理系统第一名。

是年 朔州市邮政快递业发展增速领跑全省,全市邮政行业业务总量同比增长41.45%,增速位列全省第一;全市快递服务企业业务量同比增长73.71%,位列全省第二。

(资料提供:高 伟)

山西交通控股集团

山西交通控股集团有限公司大事记

1月上旬 山西交通控股集团有限公司(以下简称"交控集团")获"山西转型综合改革示范区模范单位"称号。此次表彰由山西转型综合改革示范区组织评选,共授予30个模范单位称号,30个先进集体称号,79名劳动模范称号,活动旨在表彰先进、树立榜样,营造劳动光荣的社会风尚和精益求精的敬业风气,进一步激励全区干部职工积极投身转型综改实践。

1月上旬 在全省工会改革创新工作经验交流会上,交控集团工会获省人力资源和社会保障厅、省总工会授予的"山西省模范职工之家"称号。

1月上旬 交通运输部印发《关于表彰2018—2019年度全国交通运输行业精神文明建设先进集体的决定》,授予199个单位"全国交通运输行业文明单位"称号、211个单位"全国交通运输行业文明示范窗口"称号。同时复核通过185个上一年度文明单位和201个文明示范窗口。在省交通运输厅大力支持和指导下,交控集团共有5家所属企业获表彰。

1月15日 交控集团召开新冠肺炎疫情防控工作紧急会议。总经理、疫情防控领导组常务副组长武艺出席并讲话。武艺在讲话中,要求进一步提高政治站位,清醒认识当前疫情防控形势严峻性、复杂性、紧迫性,强化组织领导,切实扛起疫情防控重大政治责任,科学精准抓好冬春季特别是春节期间疫情防控工作,千方百计巩固来之不易的疫情防控战果,维护交控集团安全稳定大局,为全省"十四五"开好局、起好步。

1月26日 交控集团召开2021年安委会第一次全体(扩大)会议暨疫情防控工作视频会,总结2020年安全生产工作,分析当前面临的安全形势,安排2021年安全生产和疫情防控工作。党委书记、董事长袁清茂出席并讲话,总经理武艺主持。

1月28日 交控集团召开2021年第一季度高速公路运营管理工作会暨春运工作部署动员视频会,总结2020年运营管理工作,分析形势和存在问题,部署全年运营工作,安排春运和疫情防控工作。总经理武艺出席并讲话,副总经理谢鹏远主持。

2月2日 交控集团总经理武艺会见到访的中国人保财险山西分公司党委书记、总经理张宝辉。双方就进一步加强业务合作深入交换意见。集团公司总会计师孙建秀,人保财险山西分公司副总经理徐洪杰、总经理助理陆晓军参加。

2月3日 交控集团一届四次职代会暨2021年工作会议召开。2021年,交控集团完成营业收入458亿余元,同比增长17.38%;利润5.34亿元,同比增长17.62%。党委书记、董事长袁清茂出席并讲话,总经理武艺作工作报告,专职党委副书记刘宏武主持,交控集团外部董事赵石岗及交控集团领导韩文军、孙建秀、焦军、贾勇、杨志贵、谢鹏远出席。

同日 交控集团召开2021年党的建设和党风廉政建设工作会议。这次会议,是在交控集团从重组整合、立柱架梁、重点向改革要效益阶段进入深耕市场、创新突破、重点向经营要效益新阶段召开的一次重要会议。党委书记、董事长袁清茂出席并讲话,总经理武艺主持会议,纪委书记、监察专员焦军就党风廉政建设工作进行安排部署。交控集团领导刘宏武、韩文军、孙建秀、贾勇、杨志贵、谢鹏远出席。

2月4日 交控集团与省供销社在公司总部举行战略合作协议签约仪式。交控集团党委书记、董事长袁清茂，省供销社党组书记、理事会主任狄重阳出席并致辞。交控集团总经理武艺、省供销社理事会副主任尚有明代表双方签约。交控集团领导刘宏武、谢鹏远参加。

2月8日至9日 交控集团总经理武艺先后赴吕梁南、吕梁北及路桥集团太佳东公司，就生产经营、安全生产、疫情防控等工作进行调研。武艺在讲话中，要求深入学习贯彻中共十九届五中全会精神，把思想和行动统一到习近平总书记视察山西重要讲话重要指示上来，切实推动省委十一届十次、十一次全会暨省委经济工作会议精神和省"两会"精神落到实处，认真落实省委、省政府和省国资委党委要求，狠抓落实，开拓新局，对标对表抓紧完成，以"起步即冲刺、开局即决战"姿态实现开门红。

2月12日 大年初一，交控集团党委书记、董事长袁清茂深入太原公司东社收费站现场督导检查安全生产工作，并代表集团公司党委向坚守岗位的干部职工致以节日问候。要求切实抓好春运期间安全生产各项工作，深入细致做好高速公路疫情防控和服务保畅工作，确保人民群众度过一个平安幸福、欢乐祥和春节。副总经理谢鹏远陪同。

同日 交控集团总经理武艺在总部通过"安全应急智慧管理系统"视频，检查所属企业春节期间安全生产和疫情防控工作，并代表交控集团向辛勤奋战在一线的广大干部职工致以节日问候。

2月中旬 省国资委发布《关于命名2019—2020年度山西省省属企业精神文明创建先进集体和个人的决定》。在省国资委精心指导下，交控集团有16家单位获"省属企业文明单位标兵"称号，21家单位获"省属企业文明单位"称号，2个家庭获"省属企业文明家庭"称号，11人获"省属企业精神文明建设优秀工作者"称号。

交控集团希望受到表彰的集体和个人珍惜荣誉，再接再厉，不断创造新经验，努力做出新成绩，发挥好带头示范作用，继续走在精神文明建设前列。所属各企业要学习先进单位的好经验、好做法，不断巩固和扩大精神文明建设成果，为塑造"交控集团"美好形象，实现高质量发展做出新贡献。

2月22日 交控集团召开2020年度党委书记抓基层党建述职评议考核会议。党委书记、董事长袁清茂出席并讲话。要求进一步增强严格落实主体责任使命感和加快改革发展紧迫感，以敬业实干新作风、锐意进取新状态、管党治党新成效，确保集团公司"十四五"开好局、起好步，以优异成绩迎接中国共产党成立100周年。总经理武艺主持会议，集团领导刘宏武、韩文军、孙建秀、焦军、贾勇、杨志贵、谢鹏远参加。

2月24日 副省长王一新到交控集团专题调研，在山西交通科学研究院集团实地察看创新发展成果，并就如何培育新兴业态进行座谈交流。

3月9日 交控集团党委书记、董事长袁清茂会见神农科技集团党委书记、董事长鞠振。双方就加强合作、共享机遇、推动发展进行深入探讨和交流，并达成重要共识。

3月上旬 山西转型综合改革示范区公布2020年度优秀企业家及管理(技术)团队名单，交控集团党委书记、董事长袁清茂及管理团队获年度特殊贡献奖。

3月11日 交控集团举办2021年度第1期"山西交控大讲堂"，邀请山西大学历史文化学院历史学博士，为广大干部职工讲授党史知识。讲座以视频形式召开，交控集团公司领导及总部中层干部在主会场参加，各企业班子成员、基层单位党员干部在分会场参加。

3月12日 交控集团在总部召开2021年一季度建设管理调度暨复工复产、作风建设会议。会议通报交控集团复工复产情况，研究解决当前工作中存在的问题，并就开展工程建设领域施工项目部作风建设专项督查行动和下一步工作进行安排部署。会议还对2020年公路工程项目建设争优创先劳动竞赛先进集体进行表彰。总经理武艺出席并讲话，副总经理韩文军主持会议。

3月16日 时任省长林武深入交控集团调研交通建设工作，并主持召开座谈会。要求深入贯彻习近平总书记视察山西重要讲话重要指示，认真落实全国"两会"精神和省委、省政府决策部署，用好全国交通强国建设第二批试点省的政策机遇，高质量谋划推进“十四五”交通建设，加快构建现代综合交通运输体系，为转型出雏形打通大动脉、当好先行官。副省长王一新、韦韬参加调研。

3月18日 交控集团总经理武艺深入太旧、太原公司调研。要求认真贯彻落实2021年工作会议和党建工作会议精神，进一步强化内部管理，推进标准化建设，深化路域环境治理，全力实现高质量高速度发展。

3月23日 交控集团党委书记、董事长袁清茂到交投集团中小企业产业园区、龙城服务区等项目建设现场调研，并在太长公司召开调研汇报会。交控集团领导武艺、刘宏武、焦军、贾勇及外部董事赵石岗一同调研。

3月24日 交控集团党委书记、董事长袁清茂会见华阳集团党委书记、董事长翟红。双方就加强合作沟通，探索新材料应用场景进行深入交流。交控集团专职党委副书记刘宏武、华阳集团总会计师高彦清参加。

同日 交控集团总经理武艺与省审批服务管理局副局长李和林一行举行工作座谈，双方就统筹推进高速公路LNG加气站建设项目审批工作进行交流和探讨。

3月30日 交控集团总经理武艺深入环保公司、置地公司调研座谈，并在环保公司开展党史学习教育宣讲。要求深入学习贯彻习近平总书记在党史学习教育动员大会上的重要讲话，扎实开展党史学习教育，把党的成功经验传承好、发扬好，将学习党史与提高经济效益、提升核心竞争力、促进国有资产保值和增值结合起来，以昂扬姿态奋力开启全面建设社会主义现代化国家新征程，以优异成绩迎接中国共产党成立100周年。副总经理韩文军参加调研。

4月7日 交控集团召开2021年二季度运营管理工作会议。会议传达省委、省政府关于“生态环境保护”和“统筹推进高速公路油气电建设运营”的重要指示精神，听取各运营企业一季度运营管理工作情况汇报，安排部署二季度工作任务。总经理武艺出席并讲话，副总经理谢鹏远主持会议。

4月9日 交控集团党委书记、董事长袁清茂深入物流集团、实业集团就党史学习教育开展情况、改革发展总体情况进行调研，并开展党史学习教育宣讲。要求深入学习习近平总书记关于党史学习教育的重要论述，重温中国共产党走过的百年光辉历程，广大党员干部要静下心来，认真学、用心悟、扎实干，切实把党中央和省委部署要求落到实处，引领推动全集团党史学习教育取得实效、走在前列，以优异成绩迎接中国共产党成立100周年。交控集团领导武艺、刘宏武、赵石岗、韩文军、孙建秀、焦军、贾勇、谢鹏远参加调研。

4月14日 全省高速公路服务区加油站加气站用地保障推进会议在太原召开。会议主要任务是贯彻落实省长林武调研交控集团座谈会会议精神，并对下一步工作进行安排部署。省自然资源厅副厅长级干部赵福义、省交通运输厅副厅长王晋、交控集团副总经理贾勇出席会议并讲话。

4月15日 交控集团召开2021年第一季度经济运行分析会，听取各企业一季度经济运行情况汇报，总结一季度经济运行情况，分析存在问题，安排部署下阶段经济运行工作。总经理武艺出席并讲话，交控集团领导韩文军、孙建秀、谢鹏远出席会议，副总经理贾勇主持会议。

4月19日 交控集团党史学习教育读书班在省委党校开班。党委书记、董事长袁清茂出席并作动员讲话，专职党委副书记刘宏武主持开班仪式。

4月20日 交控集团召开2021年安委会第二次全体(扩大)视频会议。总经理武艺出席并讲话，专职党委副书记刘宏武主持会议，副总经理韩文军、谢鹏远出席。会议总结一季度安全生产工作，并对二季度安全生产和疫情防控工作进行安排部署。

4月21日 交控集团党委书记、董事长袁清茂会见中石油山西销售分公司执行董事、党委书记梁国斌。双方就前期加油站合作经营、高速公路服务区增设LNG加气站等进行深入交流。交控集团总经理武艺、副总经理谢鹏远，中石油山西销售分公司总经理林喜东、副总经理文继维参加。

4月22日 省委党史学习教育巡回指导组第十五组组长高航,带领指导组赴交控集团指导党史学习教育工作,并参加党委中心组党史学习教育第五次专题学习。交控集团党委书记、董事长袁清茂主持会议,并汇报党史学习教育开展情况。

4月27日 2021年庆祝"五一"国际劳动节暨"建功'十四五'、奋进新征程"主题劳动和技能竞赛动员大会在北京人民大会堂隆重举行,会议宣读《中华全国总工会关于表彰2021年全国五一劳动奖和全国工人先锋号的决定》,长治公司长邯隧道管理站站长王安宏获"全国五一劳动奖章"。

同日 中华全国总工会发布《关于表彰2021年全国五一劳动奖和全国工人先锋号的决定》,交科集团黄土地区公路建设与养护技术交通行业重点实验室获评全国工人先锋号。该实验室围绕黄土地区公路工程"重载、黄土、采空区"行业特色,聚焦重载道路结构与材料、黄土力学特性与工程特性、公路采空区灾变防治三大研究方向,先后获国家科技进步二等奖1项,省部级科技进步一等奖11项、二等奖42项。相关技术在山西、宁夏、甘肃、上海等公路、机场、码头基础设施中成功推广应用,取得良好经济和社会效益。

4月30日 交控集团召开"五一"假期高速公路安全保畅工作会,分析研判2021年高速公路安全保畅工作形势,安排部署安全生产和保通保畅工作任务。总经理武艺出席并讲话,副总经理谢鹏远出席。

4月下旬 在建筑材料工业技术情报研究所主办的2020年度"建筑材料创新奖"颁奖大会暨获奖项目交流大会上,路桥集团《新型无碱速凝剂混凝土湿喷技术》从参加申报的223个项目中脱颖而出,获三等奖。"建筑材料创新奖"是根据《国家科学技术奖励条例》及《关于进一步鼓励和规范社会力量设立科学技术奖的指导意见》设立的社会科技奖励,旨在激发建材行业从业人员积极贯彻《国家创新驱动发展战略纲要》,推动产业升级与节能减排,加快建设科技强国。

4月下旬 交控集团"五四"表彰公布,一批优秀集体和青年个人上榜。为表彰先进,选树典型,交控集团团委决定授予吕梁北公司团委等4个基层团组织"五四红旗团委"称号;授予路桥集团左涉公司团支部等22个基层团组织"五四红旗团(总)支部"称号;授予刘轲等45人"优秀共青团员"称号;授予师昊等21人"优秀共青团干部"称号;授予赵心怡等27人"优秀青年志愿者"称号;授予李琎龙等32人"青年岗位能手"称号。

5月7日 交控集团与山西工程科技职业大学签署战略合作协议。交控集团党委书记、董事长袁清茂,山西工程科技职业大学党委书记张主社出席签约仪式并致辞。交控集团总经理武艺,山西工程科技职业大学副校长赵随民代表双方签约。交控集团领导焦军、谢鹏远,山西工程科技职业大学校领导李英杰、郭建平、李锦元参加。

5月10日 五台县第一书记、驻村工作队对接会在五台县东雷乡政府召开,交控集团派驻五台县第二批驻村工作队30名队员顺利进点进行轮换交接。交控集团相关部门负责人,五台县相关领导,交控集团各包村单位负责人、帮扶联络人,新老第一书记、驻村工作队员,帮扶村村支"两委"等参加会议。

5月17日 交控集团2021年基层党支部书记轮训班在顿村培训中心开班。此次基层党支部书记轮训共举办三期,每期三天,旨在深入学习习近平新时代中国特色社会主义思想,进一步加强基层党组织建设,提升基层党支部书记做好新形势下党建工作和思想政治工作能力水平,重点解读《中国共产党国有企业基层组织工作条例》《中国共产党党员教育管理工作条例》《中国共产党支部条例》等内容。

6月1日 交控集团总部举办党史学习教育沙盘情景式学习活动,党员干部、驻并企业党务部门负责人和业务骨干60余人参加,党委书记、董事长袁清茂,专职党委副书记刘宏武出席。

6月3日 交控集团党委在革命传统教育基地、支前模范村——阳曲县侯村乡店子底村,开展"行走的思政课"红色教育主题党日活动。交控集团领导,总部全体党员、预备党员、入党积极分子参加。

6月11日 交控集团召开专题会议，传达贯彻全省领导干部会议、省委专题会议和省属国有企业进一步加强风险防控专题会议精神。党委书记、董事长袁清茂就贯彻落实会议精神进行安排部署。要求深入学习领会省委、省政府重要会议精神，进一步统一思想行动、提高政治站位，确保党中央大政方针和省委、省政府决策部署不折不扣贯彻执行。交控集团领导刘宏武、孙建秀、焦军、谢鹏远出席。

6月16日 全省“安全生产宣传咨询日”活动在太原工人文化宫举行。在此次咨询日活动中，交控集团在现场设置公路建设与运营安全体验馆，以及宣传咨询台、活动现场，共发放宣传资料1500余份、宣传品1000余件。

6月22日 交控集团“中国梦·劳动美——永远跟党走、墨香颂党恩”职工书画、摄影、手工作品展启动仪式在集团总部职工之家举行。党委书记、董事长袁清茂出席启动仪式，交控集团领导刘宏武、孙建秀、焦军、谢鹏远参加。

6月23日 交控集团党委书记、董事长袁清茂先后前往忻州南公司、太原公司走访慰问生活困难党员，送上组织关怀和温暖，并向广大党员致以节日问候。专职党委副书记刘宏武参加。

6月25日 交控集团党委书记、董事长袁清茂带领班子成员，前往石楼县红军东征纪念馆参观学习，缅怀革命先烈，重温入党誓词，开展党委理论学习中心组集体学习，推动党史学习教育走深走实。交控集团领导刘宏武、韩文军、孙建秀、焦军、贾勇、杨志贵、谢鹏远参加。

6月29日 交控集团举行“七一”表彰大会。大会深入学习贯彻习近平总书记在“七一勋章”颁授仪式上的重要讲话，回顾党的百年历程，为老党员颁发“光荣在党50年”纪念章，表彰先进典型，激励干部职工进一步坚定信念、务实担当，加快推进交控集团高质量发展。党委书记、董事长袁清茂出席并讲话。要求深入学习贯彻习近平新时代中国特色社会主义思想，切实增强“四个意识”、坚定“四个自信”、做到“两个维护”，从百年党史中汲取奋斗力量，坚定不移贯彻新发展理念，推动改革发展再上新台阶。

6月30日 交控集团党委书记、董事长袁清茂到太原公司基层单位督导检查安全生产工作，并赴党建联系点长风西收费站党支部调研。要求深入学习领会习近平总书记关于安全生产重要论述，认真贯彻落实省委专题工作会议、全省安全生产专题电视电话会议精神，时刻绷紧安全生产这根弦，强化红线意识、底线思维，坚决防范遏制重特大安全责任事故发生，为庆祝中国共产党成立100周年创造安全稳定社会环境。

同日 交控集团总经理武艺深入实业集团检查安全生产，先后赴太原公司晋祠互通、清徐服务区、实业集团总部督导检查安全生产工作。在清徐服务区，现场查看危化品运输车辆停车位设置及其引导标识和消防器材配置情况、超市灭火器配备情况、消防水泵运行状况。在实业集团总部，翻阅安全生产管理工作内业资料。

7月1日 庆祝中国共产党成立100周年大会在北京隆重举行。交控集团广大干部职工通过电视直播、网络平台收听收看大会盛况，认真聆听习近平总书记发表的重要讲话，共同见证激动人心的历史时刻。

同日 “翰墨颂清廉 永远跟党走——庆祝建党100周年主题廉政书法剪纸作品展”在交控集团总部职工之家举行。党委书记、董事长袁清茂，总经理武艺，纪委书记焦军参加。

7月2日 省国资委举办的“颂歌献给党·奋进新征程”歌咏比赛在山西大剧院举行。交控集团合唱团凭借出色发挥，获得大赛金奖。党委书记、董事长袁清茂，总经理武艺，纪委书记焦军在现场加油助威。专职党委副书记刘宏武、总会计师孙建秀以歌手身份参加演出。

同日 交控集团在山西交通科学园区举办首届“平安交控·知识竞赛”。总经理武艺出席并讲话，副总经理谢鹏远致开幕词。

7月6日 交控集团召开党委理论学习中心组学习会，深入学习习近平总书记在庆祝中国共产党成立100周年大会上的重要讲话精神，研究贯彻落实举措。党委书记袁清茂讲话并作交流发言,交控集团领导杨志贵、谢鹏远作交流发言。

7月12日 交控集团召开防汛工作紧急视频会议,传达省政府、省交通运输厅关于防汛工作的部署要求。总经理武艺出席并讲话,副总经理谢鹏远主持。

7月14日 交控集团党委书记、董事长袁清茂与宁德时代商用事业部总经理马鉴奇举行工作会谈,双方就推进新能源产业领域合作深入交流。交控集团副总经理贾勇、谢鹏远出席。

7月20日 交控集团潞城服务区北区LNG加气站奠基启动仪式举行。交控集团总经理武艺,华新燃气集团总经理崔建军,省交通运输厅党组成员、副厅长王晋,长治市副市长贺鑫,交控集团副总经理谢鹏远,华新燃气集团副总经理翟慧兵出席。

7月20日至21日 交控集团总经理武艺先后赴长治、晋城公司就党史学习教育、生产经营、信访工作等进行调研,并对安全生产工作进行督导检查。副总经理谢鹏远一同调研。

7月22日 交控集团在总部举办新《中华人民共和国安全生产法》宣传贯彻培训。总经理武艺、副总经理谢鹏远出席。

7月23日 交控集团召开2021年上半年经济运行分析会,听取各企业上半年经济运行情况汇报,总结上半年经济运行情况,分析存在问题,安排部署下阶段经济运行工作。总经理武艺出席并讲话,副总经理韩文军、总会计师孙建秀出席,副总经理贾勇主持。

7月26日 交控集团党委书记、董事长袁清茂以普通党员身份参加机关第一党支部专题组织生活会,深入学习贯彻习近平总书记在庆祝中国共产党成立100周年大会上的重要讲话精神,围绕"学党史、悟思想、办实事、开新局"主题,交流学习体会,检视自身问题,剖析思想根源,明确整改措施,严肃认真开展批评与自我批评,推动党史学习教育不断取得新的更大成效。省委党史学习教育第十五巡回指导组组长高航到会指导并作点评讲话。

同日 交控集团"庆祝中国共产党成立100周年职工合唱展演活动"在山西大剧院隆重举行。党委书记、董事长袁清茂出席并致辞,交控集团领导武艺、刘宏武、孙建秀、焦军、贾勇、杨志贵出席。

同日 交控集团总经理武艺以普通党员身份参加机关第二党支部党史学习教育专题组织生活会,与大家共同深入学习贯彻习近平总书记在庆祝中国共产党成立100周年大会上重要讲话精神,围绕"学党史、悟思想、办实事、开新局"主题,讲收获提高、谈差距不足,开展批评与自我批评,进一步提神醒脑、统一思想、凝聚力量,推动交控集团全方位高质量发展。省委党史学习教育第十五巡回指导组组长高航到会指导并点评讲话。

7月27日 交控集团在晋中公司召开2021年安委会第三次全体(扩大)会议暨应急演练现场观摩会,对上半年安全生产工作进行总结,并安排部署三季度安全生产和疫情防控工作。总经理武艺、副总经理谢鹏远出席会议。

7月29日 在山西省政研会第六届理事会第五次常务理事(扩大)会上,交控集团获评2019—2020年度"全省政研会工作优秀单位"。

7月30日 交控集团与招商银行太原分行举行智慧党建云平台签约仪式。交控集团党委书记、董事长袁清茂,招商银行太原分行行长马红霞出席并致辞。交控集团专职党委副书记刘宏武、总会计师孙建秀,招商银行太原分行副行长曹海洋、高级专员吴海波出席。

8月3日 交控集团召开2021年三季度运营管理工作会议。会议总结回顾上半年运营管理工作成果,深入分析当前存在突出问题,安排部署下一阶段重点工作。总经理武艺出席并讲话,副总经理谢鹏远主持会议。

8月11日至13日 交控集团总经理武艺先后赴实业集团、服务区管理分公司、朔州公司、大同南公司、大同北公司调研并讲授专题党课。副总经理谢鹏远一同调研。

8月18日 交控集团党委书记、董事长袁清茂与山西银行党委书记、董事长高计亮举行工作会谈,探讨和推动双方建立良好银企关系,实现相互赋能、促进共赢发展。交控集团武艺、刘宏武、孙建秀,山西银行领导王会波、乔昱瑞、赵富参加。

8月27日 交控集团召开低效闲置资源盘活利用推进会,听取工作进展情况,分析存在问题和困难,研究制定相关措施,进一步推动各项工作走深走实,同时对交控集团盘活低效闲置资产暨光伏发展现场会进行动员部署。总经理武艺主持,交控集团领导孙建秀、谢鹏远出席并就分管工作进行安排部署。

8月30日 交控集团召开学习习近平总书记"七一"重要讲话精神交流研讨会。省委党史学习教育巡回指导组第十五组组长高航到会指导,党委书记、董事长袁清茂主持会议。交控集团领导武艺、刘宏武、韩文军、孙建秀、焦军、贾勇、杨志贵、谢鹏远,交控集团总部相关部室负责人,部分所属企业负责人参加。

9月7日 交控集团总经理武艺会见到访的中国智慧能源产业联盟主任白建林。双方就深化新能源领域合作,盘活高速公路沿线低效土地,冷链物流应用场景等进行深入交流。交控集团副总经理谢鹏远,中国智慧能源产业联盟高级顾问徐自军、商务经理孙义道参加。

9月16日 中国共产党山西交通控股集团有限公司党委第一次代表大会召开。党委书记、董事长袁清茂代表中国共产党山西交控集团委员会作工作报告。省国资委副主任刘峰到会指导。交控集团党委副书记、副董事长、总经理武艺主持。

9月18日 "履行社会责任,创造社会价值——晋沪粤国资国企社会责任论坛"在京召开,交控集团发布2020年度社会责任报告,总经理武艺参加论坛并作主题发言,分享社会责任理念和实践经验。

9月中旬 第20届全国青年文明号集体评选结果揭晓,交控集团2个青年集体被认定为"第20届全国青年文明号"。

此次命名表彰由共青团中央、最高人民法院、发展改革委、工业和信息化部等23家全国创建"青年文明号"活动组委会成员单位开展,共有1881个创建集体被认定为"第20届全国青年文明号"。青年文明号活动自1994年启动实施,是面向职业青年群体,以"敬业、协作、创优、奉献"为理念,弘扬职业文明、培育先进集体和优秀人才,具有群众性、实践性、品牌性的精神文明创建活动。

9月23日 交控集团在盂县服务区召开服务区提质升级工作现场推进会,交流学习服务区提质升级工作经验,共同推进建设"国内一流、山西特色、晋韵品质"服务区。总经理武艺出席并讲话,副总经理谢鹏远主持。

9月28日 交控集团收费稽核与入口治超工作现场会在忻州南公司召开。会议全面总结收费稽核专项行动开展以来的工作成效,交流经验、分析问题,共同在打逃堵漏上想对策、出实招。总经理武艺出席并讲话,副总经理谢鹏远主持会议。

9月29日 交控集团总经理武艺赴平榆高速现场指导水毁塌陷路段应急处治工作,实地察看道路水毁情况,听取专业技术人员处治方案及工程进度汇报。要求清醒认识当前面临的抢险保通形势,全体党员干部要站在讲政治、讲大局、讲站位、讲责任、讲奉献高度,为高速公路保通保畅做出贡献,力争把灾情带来的损失降到最低。

9月30日 交控集团总经理武艺深入运城南公司所辖S75侯平高速运三段,现场指导高速公路灾毁抢修处治工作,并就国庆节假日安全生产工作进行督导检查。他强调,雨情就是命令,防汛就是责任。全体党员干部要坚决扛起防汛责任,险情出现在哪里,就坚守在哪里,不畏艰难,抢险保通,全力保障人民群众安全出行。副总经理谢鹏远一同前往。

10月1日 交控集团党委书记、董事长袁清茂到太原公司、实业集团、服务区管理分公司检查指导国庆期间重点工作。要求提高政治站位,抓实抓好抓细安全生产各项工作,全力做好服务保畅和疫情防控,为全省人民群众度过一个平安祥和的节日创造良好环境。副总经理谢鹏远参加。

10月13日 交控集团旗下路桥集团与徐工集团在山西数字化交通产业园举行合作签约暨"职业

技能培训中心"启动仪式。晋中市委书记吴俊清,交控集团党委书记、董事长袁清茂,徐工集团党委书记、董事长邱成,晋中市委秘书长鹿建平,晋中市常务副市长丁雪钦,交控集团副总经理杨志贵出席。

10月19日 交控集团2021年安委会第四次全体(扩大)会议暨应急演练现场观摩会在朔州公司召开。总经理武艺、副总经理谢鹏远,朔州市副市长武跃飞出席。

10月20日 交控集团举办党委理论学习中心组(扩大)"读原著、学原文、悟原理"党史学习教育专题读书班,深入学习领会习近平总书记关于全面从严治党重要论述。省委党史学习教育巡回指导组第十五组组长高航到会指导,总经理武艺主持会议。

10月21日 交控集团召开国企改革三年行动推进会。会上传达全省国企改革推进会会议精神,通报改革工作进展情况,部署下一步工作任务。党委书记、董事长袁清茂出席并讲话,总经理武艺主持会议。

10月22日 "集善助残 爱心单位"荣誉牌匾颁发仪式在交控集团举行,山西省残疾人福利基金会正式向交控集团授予"集善助残 爱心单位"称号。交控集团专职党委副书记刘宏武、山西省残疾人福利基金会秘书长董先出席。

10月25日 中国共产党山西省第十二次代表大会在太原开幕。交控集团机关干部通过网络收看大会直播盛况,认真聆听省委书记林武代表十一届省委向大会作的报告。

10月27日 交控集团总经理武艺深入路桥集团数字化交通产业园、昔榆高速项目调研并讲党课。副总经理韩文军、杨志贵参加。

11月1日 交控集团召开传达贯彻山西省第十二次党代表大会精神会议。党委书记、董事长袁清茂主持会议并部署贯彻落实工作。要求全集团要迅速掀起学习宣传贯彻热潮,切实把思想和行动统一到省第十二次党代会要求上来,众志成城、锐意进取,全方位推动高质量发展,为建设国内一流的现代化交通企业不懈奋斗。

11月2日 交控集团总经理武艺深入交科集团、汾石高速项目调研。要求认真贯彻落实好省十二次党代会精神,集中精力,攻坚克难,确保全年各项目标任务的圆满完成。副总经理韩文军参加。

11月4日 中国公路建设行业协会2020—2021年度(第二批)公路交通优质工程奖(李春奖)评选结果公布,由路桥集团申报的青岛至兰州国家高速公路山西长治至临汾段、运城至灵宝高速公路黄河大桥,长治公司申报的山西省黎城(冀晋界)至长治公路改扩建工程三个项目荣获李春奖。

11月8日 交控集团召开联网收费跨省交易对账业务及近期重点工作推进会。总经理武艺出席并讲话,副总经理谢鹏远主持会议。

同日 第三届"清风正气"原创微电影展组委会公布获奖情况,交控集团纪委连续两年获"优秀组织奖",朔州公司拍摄的《双重考察》获"优秀作品奖",交科集团设计院公司拍摄的《三杯茶》获"最佳作品提名奖"。

11月9日 交控集团总经理武艺深入监理集团调研,并主持召开座谈会。总会计师孙建秀一同调研。武艺一行在监理集团机关大厅观看企业宣传片,了解公司在开拓市场、转型发展、科技创新等方面的情况。在"张瑞峰职工创新工作室"实地参观研发、工作环境,听取近年来科技创新成果汇报,询问创新成果后续推广应用转化情况。

11月10日 交控集团召开四季度运营管理工作会,总结回顾2021年以来运营管理工作,研究解决当前工作中存在问题,全力推动完成年度目标任务和重点工作。总经理武艺出席并讲话,副总经理谢鹏远主持。

11月19日 交控集团党委书记、董事长袁清茂主持召开传达贯彻全省国有企业领导干部警示教育大会精神会议并讲话。他强调,省委召开全省国有企业领导干部警示教育大会充分表明省委从严管党治企的鲜明态度和坚定决心。要求深入学习领会会议精神,坚决把思想和行动统一到省委、省政府决策部署上来,以案明纪、以案促改,为全方位推动交控集团高质量发展提供坚强政治保证。集团公司领导武艺、韩文军、孙建秀、焦军、贾勇、杨志贵、谢鹏远参加。

11月中旬 交控集团推荐的6名职工(劳模)创新工作室通过省公路运输工会验收考核,被命名为全省交通运输系统“六新”领域职工(劳模)创新工作室。本次省公路运输工会共命名6个工作室,均为集团公司所属。职工(劳模)创新工作室是为大力弘扬劳模精神、劳动精神、工匠精神,充分发挥劳模和工匠人才示范引领作用,激励引导广大职工积极参加群众性创新活动的重要平台。

交控集团以此次命名表彰为动力,积极推动职工技术攻关、创新研究工作,进一步加强职工(劳模)创新工作室创建和管理,发挥工作室示范引领、集智创新、协同攻关、传承技能、培育精神功能,促进技能精湛、素质优良、结构合理创新团队培养,引领带动广大职工为交控集团高质量发展做出积极贡献。

11月中旬 交控集团获2021年度“山西省版权示范单位”称号。授予“山西省版权示范单位(软件正版化)”称号是省委宣传部、省版权局对交控集团软件正版化工作的肯定,更是对交控集团尊重知识产权、依法合规经营的充分认可。

11月29日 在全省上下深入学习中共十九届六中全会、省第十二次党代会精神,努力将学习成果转化为全方位推动高质量发展举措之际,交科集团与山西祥睿能源签署战略合作协议。交控集团总经理武艺、祥睿能源董事长王正通出席签约仪式。

12月8日 交控集团召开通行费收入趋势分析研判座谈会。会议对通行费收入作系统分析,研究多元化增收促收工作举措,协同推动建立科学合理通行费增收体系。总经理武艺、副总经理谢鹏远出席并讲话。

12月14日 山西交投综改园区开发有限公司中小企业产业园正式开园运营。这是交控集团全面贯彻落实省第十二次党代会精神,全方位推动高质量发展,积极为全省中小企业打造绿色发展成长“摇篮”的一次具体实践。党委书记、董事长袁清茂,山西转型综改示范区管委会副主任陈曦,省小企业发展促进局副局长冯志山及交控集团副总经理贾勇出席。

同日 交控集团高速公路路域经济发展工作推进会在太原公司召开。会议分析当前路域经济发展形势,交流路域经济发展工作经验,研究部署路域经济下一步工作。总经理武艺出席并讲话,总会计师孙建秀、副总经理谢鹏远出席。

12月15日 交控集团与中国工商银行山西省分行,共同举办以“不忘初心强党建,银企合作谱华章”为主题的党团共建签约仪式暨职工乒乓球羽毛球联谊赛。交控集团党委书记、董事长袁清茂,工行山西省分行党委书记、行长杨志忠在签约仪式上致辞。交控集团领导刘宏武、孙建秀,工行山西省分行领导甄燕、王晓勇、赵阳出席。

12月17日 交控集团防范产业资本风险研讨会在总部召开。会议研究讨论金资公司未来业务发展方向和防范产业资本风险工作具体举措。总经理武艺出席并讲话,总会计师孙建秀主持会议。

12月19日 交控集团总经理武艺深入浮临高速项目督导开工筹备工作。要求严格按照省委、省政府安排部署,坚定信心不动摇,锚定目标不放松,勠力攻坚不停步,确保浮临高速按期开工建设。副总经理谢鹏远参加。

12月21日 全省“县县通高速”重要收官项目——浮山至临汾高速公路项目正式开工。这是全省上下深入学习贯彻中共十九届六中全会和中央经济工作会议精神,全面落实省委十二届二次全会暨省委经济工作会议部署,加快推进交通强国建设试点任务的重要举措。省委副书记、省长蓝佛安在临汾市浮山县出席开工仪式,并宣布项目开工。省政府党组成员汤志平出席仪式并讲话。

12月23日 交控集团召开党委理论学习中心组(扩大)学习会。总经理武艺主持会议,交控集团领导刘宏武、孙建秀、贾勇、杨志贵,总部各部室、中心负责人参加。

12月24日 交控集团总经理武艺与招商公路董事长白景涛举行工作会谈,探讨进一步推动实业集团改革发展,维护巩固良好发展局面,实现国有资产保值增值。招商公路总经理刘昌松,交控集团专职党委副书记刘宏武参加。

(资料提供:周应华 程才峰)

山西路桥建设集团有限公司大事记

1月1日 上午,交控集团副总经理、山西路桥建设集团有限公司(以下简称"路桥集团")党委书记、董事长杨志贵在黎霍公司党委书记、董事长王力杰陪同下,赴黎霍高速公路项目调研指导工作。党委委员、总会计师李军,总经理助理、投资开发部部长曹红军,总经理助理、工程管理部部长李贵龙,路桥二公司党委书记、董事长蒲智明,路桥七公司党委书记、董事长张文红陪同调研。

同日 下午,交控集团副总经理、路桥集团党委书记、董事长杨志贵,沁源县委书记金所军出席沁源县交通建设一期工程项目开工仪式。开工仪式上,晋南公司党委书记、董事长刘刚出席会议,并作表态发言。

1月15日 上午,路桥集团与省工业设备安装集团签署战略合作协议。党委副书记、副董事长、总经理杨建红,山安集团党委书记、董事长、总经理王利民代表双方签约。总工程师荆冰寅,总经理助理、投资开发部部长曹红军参加签约仪式。

同日 原中共浙江省委常委、杭州市委书记,杭州城市学研究理事会理事长王国平一行到访路桥集团。当天上午,王国平理事长专程前往集团投资建设的山西交通物流园、交通苗木培育基地、鹿泉驿站、鹿泉小镇、康养综合体等项目为一体的交通产业园区进行实地查看。下午,王国平与路桥集团公司党委副书记、副董事长、总经理杨建红在集团总部就交通产业园区概念性规划进行深入交流座谈。座谈会由路桥集团党委委员、副总经理郭聪林主持。会后,还举行签书赠送仪式。寿阳县委书记杨隽,寿阳县副县长、平头镇党委书记张江涛,寿阳县自然资源局局长李永宏,路桥集团总经理助理、投资开发部部长曹红军,交通产业公司党委书记、董事长白永胜陪同。

1月29日 路桥集团党委理论学习中心组开展2021年第一次集中学习。会议由交控集团副总经理、路桥集团党委书记、董事长杨志贵主持,路桥集团领导班子全体成员参会。

同日 路桥集团、所属路桥七公司分别成功中标241国道(222省道)线平遥香乐至沁源后沟段公路新建工程路基、桥隧施工项目LJ9标段(2.08亿元)和LJ2标段(0.98亿元)。

同日 下午,路桥集团召开2021年安委会第一次全体(扩大)会议暨疫情防控工作视频会议。会议总结回顾2020年安全生产工作,全面分析当前安全生产形势,并安排部署2021年安全生产和疫情防控工作。交控集团副总经理、路桥集团党委书记、董事长杨志贵出席会议并讲话。党委副书记、副董事长、总经理杨建红主持会议。路桥集团各部室、中心负责人在主会场参加会议,所属各单位领导班子、项目部经理、部室负责人共913人在分会场参加会议。

1月30日 省交通运输厅党组成员、副厅长王晋一行在路桥集团太佳东分公司现场调研危化品运输车辆公共监管与服务平台及疫情防控工作,厅安全监督处处长任大为,路网运行管理处处长高保全,路桥集团党委委员、副总经理杨海龙,总经理助理、工程管理部部长李贵龙陪同调研。

1月31日 路桥集团召开"十四五"发展规划研讨会,部分退休老领导、专家委员会成员参加座谈会。交控集团副总经理、路桥集团党委书记、董事长杨志贵,党委副书记、副董事长、总经理杨建红等集团领导与部分退休老领导、集团专家委员会成员共同回顾充满汗水和艰辛、光荣和梦想的峥嵘岁月,共同擘画企业高质量高速度高效益发展美好蓝图。

2月4日 下午,路桥集团召开市场开发推进会,旨在深入贯彻落实交控集团2021年工作会议精神,以市场开发为持续动力,全面形成推动高质量发展强劲态势。党委副书记、副董事长、总经理杨建红主持会议。交控集团副总经理、路桥集团党委书记、董事长杨志贵出席会议并讲话。投资开发部通报2020年市场开发完成情况,并对2021年市场开发工作提出具体思路和建议,15家所属单位负责人就如何做好下一步市场开发工作进行汇报。杨志贵对集团2021年市场开发工作作安排部署。

2月9日 交控集团党委副书记、副董事长、总经理武艺深入路桥集团太佳东公司就春运工作与"两客一危"平台建设工作进行督导调研,副总经理谢鹏远,安全总监李新杰,运营管理部部长周世俊及路桥集团党委副书记、副董事长、总经理杨建红,总经理助理、工程管理部部长李贵龙等相关人员陪同督导调研。

2月23日 路桥集团召开2020年度党组织书记履行全面从严治党责任和基层党建工作述职评议考核会议。党委副书记、副董事长、总经理杨建红主持会议,党委书记、董事长杨志贵出席并讲话。会上,路桥六公司、昔榆公司、吕梁国道公司、太佳东公司、智慧交通公司5家单位党组织书记进行现场述职,其他单位党组织书记提交书面述职。其间,与会人员对述职情况进行测评。

路桥集团领导班子全体成员,所属单位领导班子成员,党务部门负责人,职工代表参加会议。

2月24日 路桥集团党委理论学习中心组开展2021年第二次集中学习。会议由交控集团副总经理、路桥集团党委书记、董事长杨志贵主持,领导班子全体成员参加学习。会议集中学习习近平总书记在党史学习教育动员大会上讲话精神、《新时代宣传思想工作(干部培训教材)》(第一章)和习近平总书记关于安全生产工作重要指示批示摘录等内容。

2月25日 上午,交控集团副总经理、路桥集团党委书记、董事长杨志贵带领领导班子及部室负责人先后前往房地产公司路桥科技中心项目、路桥龙锦花园项目、路桥科研生产基地项目、路桥物业公司及路桥金泽华府小区现场调研。调研中,杨志贵听取项目负责人汇报情况,并就项目建设有关工作指导安排。房地产公司领导班子陪同调研。

3月2日 由路桥集团信息中心自主开发、法务审计部运营维护的"山西路桥管理制度库"开通上线,系统内容涵盖公司治理、党建、纪检工作、生产经营、人力资源、资金财审、综合管理、群团工作八大类有效制度及规范性文件。提高集团制度管理效能,可实现制度从起草到废止的在线全过程管理。

同日 省国资委开展省属国有企业"第三届道德模范"评选活动,4名职工获省属国有企业"道德模范"称号。左涉公司党委书记、董事长田正旺获"创新创效"道德模范称号,路桥七公司左涉项目LJ4分部工程部长张鹏霞获"孝老爱亲"道德模范称号,总承包分公司介休项目办公室负责人袁利进获"助人为乐"道德模范称号,路桥六公司二分公司项目副经理程伟伟获"见义勇为"道德模范称号。

同日 继路桥集团获交控集团"文明单位标兵"称号后,路桥集团总部及所属5家单位再次通过省国资委"省属企业精神文明创建先进集体"评审。其中,路桥一公司被授予"2019—2020年度山西省省属企业精神文明单位标兵"称号;路桥集团、路桥二公司、机电公司、检测公司、太佳东分公司被授予"2019—2020年度山西省省属企业精神文明单位"称号。

同日 河北省交通运输厅党组书记、厅长王普清带队调研组来到延崇高速赤城支线调研,赴路桥八公司承建的延崇高速Z3合同段考察疫情防控和复工复产情况。王普清详细了解合同段常态化疫情防控措施和防疫物资储备情况,认真听取项目负责人关于节后复工复产工作的汇报,充分肯定2020年路桥八公司在项目建设中取得的成绩。

3月3日 路桥集团召开党的建设和党风廉政建设工作会议,总结回顾近三年工作,明确"十四五"党建目标,安排部署2021年工作任务。党委副书记、副董事长、总经理杨建红主持会议,交控集团副总经理、路桥集团党委书记、董事长杨志贵作了题为《不忘初心,牢记使命,奋力书写高质量党建引领高质量发展新篇章》的报告,党委委员、纪委书记刘伟威作了题为《推动纪检工作高质量发展 为集团公司开新局谋新篇提供坚强纪律保障》的报告。

会议主要任务是,坚持以习近平新时代中国特色社会主义思想为指导,全面贯彻中共十九大和十九届历次全会精神,全面贯彻新时代党的建设总要求和党的组织路线,认真落实省委“四为四高两同步”总体思路和要求,深入贯彻省委十一届十次全会、十一次全会暨省委经济工作会议精神,省纪委十一届七次全会精神,按照集团公司党的建设和党风廉政建设工作会议部署,扎实开展“党建质量提升年”,深入实施“六大工程”,全面提高党建质量和党建引领发展水平,为打造“国内一流的交通基础设施投资建设施工现代企业集团”提供坚强政治保障。

会上,对路桥六公司、昔榆公司、太佳东分公司等9家“2020年度党建目标考核优秀单位”进行表彰。

会议以视频会议形式召开,直抵基层112个分会场。路桥集团领导、外部董事,总部中层管理人员,各派驻纪检组组长、副组长,受表彰优秀单位党组织负责人在主会场参会。所属各单位领导班子全体、中层管理人员、项目经理部班子全体和项目部门负责人在分会场参会。

3月4日 上午,路桥集团召开2021年固废资源化利用工作会议。党委副书记、副董事长、总经理杨建红主持会议,交控集团副总经理、路桥集团党委书记、董事长杨志贵出席会议并讲话。昔榆公司、路桥二公司、再生资源公司分别进行表态发言。路桥集团领导,各部室负责人,投资建设板块、基建施工板块等单位负责人在主会场参加会议;所属各单位领导班子、固废资源化利用管理相关人员、各项目经理部班子在分会场参加会议。

同日 中国公路学会到路桥集团,调研“山西公路全产业链发展需求”。中国公路学会副理事长兼秘书长刘文杰,旅游交通工作委员会常务副秘书长徐伟,企划部副主任庄丽,交控集团副总经理、路桥集团党委书记、董事长杨志贵,党委副书记、副董事长、总经理杨建红及相关领导、部室负责人参加调研座谈。

3月9日 路桥集团与葛洲坝路桥签署战略合作协议。交控集团副总经理、路桥集团党委书记、董事长杨志贵,葛洲坝路桥党委书记、董事长冯钧出席仪式并致辞。交控集团党委委员、副总经理郭聪林,葛洲坝路桥总经理助理殷致武代表双方签约。路桥集团党委副书记、副董事长、总经理杨建红,副总经理李殿勤,葛洲坝华中分公司市场部总经理吴学斌及双方相关部门负责人参加签约仪式。

3月10日 上午,路桥集团召开“1235”党建项目化管理交流座谈暨项目管理课题研究工作会议。所属基建施工板块4家单位主要围绕党建项目化管理经验做法、存在问题进行汇报,各重点项目负责人对党建项目化管理内容进行演示。专职党委副书记、副董事长崔君毅,总部相关部门负责人与基层单位开展深入交流。会议就“打造路桥特色项目管理模式”课题作出安排,要求参会单位紧紧围绕党建引领、管理提升主题,总结提炼近年来集团在项目管理过程中的经验做法、特色亮点,在行业领域宣传推广路桥特色项目管理模式,进一步提升企业品牌形象。

路桥集团总部党委办公室(董事会办公室、机关党委)、综合办公室、党委组织部(人力资源部、团委)、工程管理部,所属路桥一公司、路桥二公司、路桥六公司、路桥七公司分管党建工作领导、党务部门负责人、重点项目负责人参加会议。

3月12日 路桥集团赴徐州徐工集团考察学习,并出席无人驾驶摊铺机、压路机等路面施工设备交付仪式。安全质量环保监督部,资产管理部,技术中心,路桥一公司、七公司、交通产业公司相关人员参加考察学习。

3月14日 下午,中冶天工集团党委副书记、总经理王振堂一行到访路桥集团交流座谈,交控集团副总经理、路桥集团党委书记、董事长杨志贵热情接待并出席座谈会。双方就项目合作开发、投融资管理、施工成本管控、考核激励举措等方面进行深入交流。集团公司党委委员、副总经理郭聪林，总工程师荆冰寅，总经济师丁林虎，总经理助理、投资开发部部长曹红军及相关人员参加交流座谈。

3月16日 2020年，在交控集团党委正确领导下，路桥集团凭借高质量新闻宣传、高效率工作机制、高水平专业队伍优势，以1498.33高分再次获得集团公司新闻宣传工作考核第一名。

3月17日 宁夏石嘴山市交通运输局党组书记、局长张新一行到访路桥集团交流座谈，路桥集团党委副书记、副董事长、总经理杨建红对石嘴山交通运输局来访表示欢迎。会后，双方代表前往路桥集团投资建设的阳蟒高速公路钢渣试验段进行实地调研。总工程师荆冰寅，科技开发部部长张青江，技术中心主任王枭及所属再生资源公司、阳蟒公司相关领导参加交流座谈。

3月18日 五台县委、县政府印发《关于表彰2020年全县脱贫攻坚“一奖双模双先”的决定》，路桥集团被授予该县“干部驻村帮扶工作模范单位”称号。

同日 路桥集团与赣州交控集团签署战略合作协议，交控集团副总经理、路桥集团党委书记、董事长杨志贵一行与赣州交控集团主要领导、相关业务部门进行密切交流。座谈会上，杨志贵与赖丁才分别代表双方签约，并就长期合作达成共识。双方还就党的建设、公司治理、制度管理等方面展开交流。在赣期间，杨志贵一行赴长征精神发源地、苏区精神形成地于都县，与于都县委、县政府有关领导和部门洽谈市场开发及项目合作事宜。路桥集团总经理助理、投资开发部部长曹红军，党委办公室、董事会办公室负责人王鹏飞，路桥八公司党委书记、董事长周泽晓等参加。

3月23日 下午，交控集团副总经理、路桥集团党委书记、董事长杨志贵与文水县委书记杨洋就拟投资建设交通装配式科技园项目进行工作会谈。会上，双方就项目前期有关事项深入交流，并提出合理建议。总工程师荆冰寅，副总经理杨利军，党委办公室、董事会办公室负责人王鹏飞，再生资源公司负责人张宏，文水县经济开发区管委会主任刘大鹏，副县长、教科局局长王金忠，自然资源局局长刘德志，山西国金电力董事长、总经理颉钰等参加会谈。

3月24日 上午，路桥集团党委副书记、副董事长、总经理杨建红一行与新疆交投公司就项目投融资、公路自主运营等方面合作进行会谈交流。新疆交投公司党委委员、董事、副总经理鲁新虎，副总经济师、投融资开发部部长史永寒等主要领导及相关部室负责人参加会谈。在疆期间，杨建红一行还分别拜访新疆维吾尔自治区交通运输厅党委书记、副厅长李学东，新疆交投党委书记、董事长、总经理孙泽强等领导，并前往S21阿勒泰至乌鲁木齐公路建设一期工程(黄花沟至乌鲁木齐段)HW-3项目进行调研督导。总经理助理、投资开发部部长曹红军，路桥五公司党委书记、董事长尤智浩，西北指挥部负责人、西藏德海路桥法定代表人吴东杰等参加。

3月25日 上午，交控集团副总经理、路桥集团党委书记、董事长杨志贵拜会吕梁市委副书记、市长张广勇，就深化政企合作、推动项目建设进行座谈。市政府副市长杨巨才，秘书长权威、副秘书长王吉及市交通运输局、规划和自然资源局、吕梁经济开发区相关负责人，路桥集团相关部室及所属单位负责人参加座谈。

3月26日 在交控集团2020年公路工程项目建设争先创优劳动竞赛中，路桥集团所属隰吉公司、吕梁国道公司获“标兵单位”称号，离隰公司、左涉公司、永和旅游路公司、武乡县“四好农村路”公司获“先进集体”称号。在桂林期间，杨志贵带领总部相关部室、所属单位负责人，分组与广西路桥集团进行为期两天的深度对口交流学习，并赴广西路桥科技城、企业展厅、南宁南过境线(吴圩机场至隆安段)设计施工总承包项目部进行现场观摩考察。

3月27日 交控集团副总经理、路桥集团党委书记、董事长杨志贵带队一行20余人，赴广西路桥集团学习全业务信息化管理和施工全过程标准化管理先进经验及模式。

4月1日 路桥集团中标洪洞县乾峰大桥建设项目工程EPC总承包项目，中标金额3.58亿元。

4月8日至9日 路桥集团党委副书记、副董事长、总经理杨建红带队深入209国道吕梁改线工程施工一线,就吕梁国道公司全面落实2021年工作会议要求,扎实推进209国道吕梁改线工程建设工作进行督导调研。总经理助理、工程管理部部长李贵龙和吕梁国道公司相关负责人陪同调研。

4月12日 路桥集团及所属路桥八公司获河北省2020年度公路建设市场信用评价最高级荣誉——“AA级信用单位”称号,其中,路桥八公司连续两年获得此项荣誉。

4月13日 上午,路桥集团召开深化改革三年行动专题会议,就认真落实省委、省政府、交控集团部署要求进行工作安排。党委副书记、副董事长、总经理杨建红,党委专职副书记、副董事长崔君毅,党委委员、副总经理郭聪林出席会议。会议根据中央、省委、省政府关于国企改革三年行动总体要求,按照交控集团《深化改革三年行动实施方案(2020—2022年)》《深化改革三年行动工作任务清单》安排部署,明确集团深化改革三年行动领导小组人员和工作职责,制定深化改革三年行动工作分解台账,具体安排实施方案编制和任务分解等各项工作。

4月15日 路桥集团交通产业公司研发的数字化机械设备运营平台正式上线运行。该平台通过“互联网+机械+金融+N”体系,整合设备租赁行业资源,设置自选直租、竞价选租、路桥成套、先租后买、共享基地、机手劳务等业务板块,为承租方、出租方、企业与企业之间提供工程设备租赁一体的专业解决方案。

同日 路桥集团党委书记、董事长杨志贵赴沁源县,在调研项目同时,与沁源县委书记赵永进交流座谈。党委委员、总会计师李军,沁源县县长徐计连参加座谈。会上,双方就项目建设有关事项交换意见,并达成共识。

4月16日 路桥集团组织召开“1235工作法”党建项目化管理集中评审会,省委党校党的建设教研部主任、法学博士、教授崔建周全程点评,党委专职副书记、副董事长崔君毅出席会议。路桥集团党委办公室(董事会办公室、机关党委)、综合办公室、工程管理部,所属各单位分管党建工作领导、党务部门负责人、重点项目负责人等相关人员参加会议。会上,京雄高速SG3合同项目部等10个项目党支部现场展示党建项目化管理成果。崔建周针对各单位开展情况提出优化建议,并就下一步深入开展党建项目化管理工作的项目选题、工作思路、实践路径作专业化阐释。本次评审全面掌握集团党建项目化管理工作推进情况,促进各单位交流互鉴,进一步提高“1235工作法”推进党建工作水平,形成互相学习、争先创优的良好竞争氛围。

同日 路桥集团黎霍高速项目部与安百拓贸易有限公司全电脑三臂凿岩台车交机仪式在公司承建的黎霍高速丁家湾1号隧道举行。路桥集团副总经理、路桥集团党委书记、董事长杨志贵,党委委员、总会计师李军,黎霍公司党委书记、董事长王力杰,晋南公司党委书记、董事长刘刚参加仪式。路桥二公司党委副书记、副董事长、总经理程志康主持仪式。随后,杨志贵观摩黎霍五分部丁家湾1号隧道施工现场,叮嘱施工人员要规范、安全组织施工作业,提升标准化、智能化施工水平。在黎霍四分部,杨志贵认真查看预制梁场、钢筋加工厂和党员责任区情况,详细了解当前项目存在难点、重点问题。杨志贵在讲话中,要求施工主体单位要紧密结合党史学习教育契机,严格落实“一线工作法”要求,深入项目部开展调研、督导工作,推动学党史、悟思想、办实事、开新局在黎霍项目取得坚实成效。

同日 为深入贯彻路桥集团2021年工作会议精神,进一步推动“争创一流办公室”活动走深走实,综合办公室组织召开深化“争创一流办公室”活动座谈会。会议围绕制度建设、公文管理、绩效考核等“十个贯穿始终”开展热烈讨论,提出非常宝贵的意见和建议。

4月19日 路桥集团党委理论学习中心组以“领学+集中学习+专题研讨”形式,开展党史学习教育第4次专题学习暨2021年第6次党委理论学习中心组学习。党委书记、董事长杨志贵主持学习,中心组成员、外部董事参加学习。会上,全体参学人员以领学、集中自学方式，深入研读《中国共产党简史》。中华人民共和国的成立和新生人民政权的巩固、中共八大和社会主义建设的良好开端和省委书记、省委党史学习教育领导小组组长楼阳生在省委常委会上关于“坚持以上率下，高标准高质量完成党史学习教育各项任务”的讲话精神。中心组成员杨建红、杨海龙、刘伟威结合学习体会作交流研讨发言。

同日 路桥集团党委委员、副总经理韩文军，工程部部长刘瑞斌一行在昔榆高速公路项目现场调研指导，昔榆公司党委书记、董事长温郁斌，副董事长、总经理魏杰陪同。韩文军实地查看修文枢纽互通、刘家坡大桥、涂河特大桥、白坡头隧道、小木鱼隧道、木瓜河大桥、里思河大桥施工现场。

4月21日 交通运输部公路局副局长周荣峰带队携部路网中心、重庆交通运输局、长安大学及交通科研设计院等单位相关专家深入路桥集团太佳东分公司调研“两客一危”公共监管与服务平台。省交通运输厅一级巡视员李贵顺，路桥集团党委副书记、副董事长、总经理杨建红陪同调研。

调研组一行认真听取太佳东分公司和高速交警对“两客一危”公共监管与服务平台建设、运行情况汇报，详细了解太佳东高速危化品运输车辆通行状况、源头管控情况、通行介质运输管理和“两客一危”平台建设背景、功能模块、监测效果以及路警协同共治机制等方面工作进展情况，充分肯定太佳东分公司率先将“两客一危”重点车辆监管工作在全省进行先行先试有力举措及在平台建设中取得的经验。

在此基础上，调研组就如何更好地推进“两客一危”公共监管与服务平台建设及危化品运输车辆源头管控等重点、难点问题进行充分交流。

4月22日 晋中市委书记吴俊清，交控集团副总经理、路桥集团党委书记、董事长杨志贵在交通产业园区项目现场调研。晋中市市委委员、寿阳县县委书记杨隽陪同调研。路桥集团党委委员、副总经理郭聪林总体介绍平头综合产业园项目业态布局规划，并重点介绍投资建设的交通产业园区项目建设情况。调研中，吴俊清详细询问平头综合产业园项目中交通产业园区的建设情况，对线上数字交易平台和线下实体交易基地建设给予高度评价。

4月23日 喜讯传来，路桥集团获交控集团“2020年度安全生产先进企业”“2020年度抗击新冠肺炎疫情先进单位”称号。所属路桥二公司、路桥七公司、运营分公司、东二环公司、京雄高速SG3项目部获“2020年度抗击新冠肺炎疫情先进单位”称号。集团10名干部职工被授予“2020年度安全生产先进工作者”称号，8名干部职工被授予“2020年度抗击新冠肺炎疫情先进工作者”称号。

4月26日 在建筑材料工业技术情报研究所主办的2020年度“建筑材料创新奖”颁奖大会暨获奖项目交流大会上，路桥集团《新型无碱速凝剂混凝土湿喷技术》从参加申报的223个项目中脱颖而出，获三等奖。

4月27日 山西文旅集团新能公司纪委副书记耿华一行18人到路桥集团交流学习纪检工作。路桥集团纪委委员、纪委副书记孟莉莉主持学习交流会议。路桥集团纪委各室、各派驻纪检组、所属单位纪委相关人员参加座谈会。座谈会上，孟莉莉介绍路桥集团纪委基本情况和重点工作开展情况。集团纪委各室主任，派驻第二、第三纪检组副组长以及路桥一公司、五公司纪委书记分别就本部门、本单位工作中的经验做法进行交流发言。双方就如何做好基层项目监督、制度执行力监督、招采过程监督、廉洁宣传教育等工作以及工作中存在的困难和问题进行深入研讨。双方以此交流学习为契机，继续加强纪检各项工作沟通联系、学习交流，取长补短、携手并进，共同推动双方纪检工作再上新台阶。

同日 路桥集团成功中标G2003太原绕城高速公路义望至凌井店段(太原西北二环)土建工程施工项目ZH02标段，中标金额76335.9836万元。

G2003太原绕城高速公路义望至凌井店段(太原西北二环)土建工程施工项目ZH02标段路线总长度9.634公里，包含标段范围内路基、路面、桥涵、隧道、交安及绿化工程，主线共设特大桥1座，长度

1048米,为40米T梁;大中桥8座,总长2372米;涵洞通道11道;隧道1座,长度651米,计划工期30个月。

4月29日 路桥集团召开隧道智能化成套装备施工作业观摩暨工艺标准化管理信息化推进会。党委副书记、副董事长、总经理杨建红主持会议,交控集团副总经理、路桥集团党委书记、董事长杨志贵出席会议并讲话。随后召开隧道智能化成套装备施工作业观摩暨工艺标准化管理信息化推进会。杨志贵在讲话中指出,信息化、数字化正在改变生产模式和管理模式,必须主动创新、主动求变,适应行业发展趋势。杨志贵还就全面做好债权债务清理工作、建立全员绩效考核评价体系、抓好党史学习教育、推出"1235"党建项目化品牌、构建路桥特色纪检监督体系、持续推动党建与生产经营深度融合作出重要安排部署。会议通过视频直播方式传输到所属各单位、各施工项目部一线。集团公司领导、总部相关部室负责人、所属投资建设和基建施工单位相关人员在主会场参会,路桥集团总部和所属单位其他相关人员在分会场参会。

4月30日 路桥集团党委副书记、副董事长、总经理杨建红一行在路桥七公司党委副书记、副董事长、总经理王文明等人陪同下,到晋阳高速改扩建LQ合同段项目调研指导。

杨建红实地察看项目关键工程进展情况,认真听取项目负责人对工程重点、难点问题的汇报,对路桥七公司在前期工作方面所取得的成绩给予高度肯定,对当前存在问题和困难提出指导性意见。

5月6日 上午,路桥集团党史学习教育培训班在省委党校正式开班。交控集团副总经理、路桥集团党委书记、董事长杨志贵做动员讲话,并为本期参训学员讲授党课。党委专职副书记、副董事长崔君毅主持开班仪式。本次培训班特邀省委党校、山西财经大学、省交干校专家教授,围绕党史学习专题、习近平法治思想、国企改革等内容进行专题培训。培训共分三期,参训人员覆盖路桥集团总部及所属单位227名领导干部。

同日 路桥集团党委副书记、副董事长、总经理杨建红一行到物资公司调研指导。党委委员、总会计师李军,总经理助理范志红,工程管理部副部长杨嵩桥等参加调研。调研组一行参观物资公司集采物资样品及物资采购系统,听取物资公司生产经营情况汇报,与公司领导班子成员和相关部门负责人进行座谈交流,要求物资公司要全力做好路桥集团所属各项目物资保障工作,并对物资公司在集采过程中遇到的问题进行现场研究解决。

5月7日 上午,路桥集团与徐工集团道路机械分公司签订战略合作协议。路桥集团党委副书记、副董事长、总经理杨建红,徐工集团道路机械分公司党委书记、总经理崔吉胜出席致辞并代表双方签约。路桥集团总经济师丁林虎主持会议。资产管理部部长王枭,安全质量环保监督部部长孟续峰,交通产业公司董事长、智慧交通公司执行董事、总经理白永胜,技术中心副主任金文刚参加并交流座谈。

5月8日 《山西省人民政府办公厅关于印发2021年省级重点工程(第一批)和新开工重大基础设施项目名单的通知》正式发布,路桥集团投资建设施工的20余个项目入选名单,涉及新业态领域和重大传统基础设施领域两个方面。

新业态领域:山西交通物流园(南区)项目。

重大传统基础设施领域:昔阳(晋冀界)至榆次高速公路、呼北国家高速公路隰县至吉县段工程、呼北国家高速公路离石至隰县段、209国道吕梁新城区(方山县城至中阳金罗镇)段公路改线工程、青兰国家高速公路长治至延安联络线(2211国道)境黎城至霍州段、241省道岚马线汾河水库段改线工程、207国道左权至黎城界及南沁线左权桐峪至河北涉县界公路新建工程、呼北国家高速公路朔城至神池段、黄河板块旅游公路建设项目、太行板块旅游公路建设项目、241国道(222省道)线平遥香乐至沁源后沟段公路新建工程、省道董榆线(318省道)寒湖岭隧道新建工程、341国道平顺县境内王庄至晋豫省界段新建公路工程、341国道李子坪至梗壁道路改扩建项目、长城板块旅游公路建设项目、晋中市环城旅游绿道建设项目、晋城东站站前广场及丹河快线"1+3"项目一期工程、丹河新城金村起步区建设项目、山西综改示范区潇河综合治理工程、国道2003太原绕城高速公路义望至凌井店段(太原西北二环)、晋阳高速公路改扩建项目。

5月10日 交控集团副总经理、路桥集团党委书记、董事长杨志贵带队赴北京,与金山云网络技术有限公司、小米数字科技有限公司交流座谈。三方就路桥云、数字金融、交通一体化服务,共建山西智慧交通平台展开深入交流并达成广泛共识。

山西路桥集团一行参观小米智能家居体验馆、金山云智慧展厅,领略和感受小米系列科技产品、金山云科技应用服务系列场景,随后在金山云北京总部召开交流座谈会。党委委员、总会计师李军,副总经理杨利军,总经理助理、资金证券管理部部长范志红,信息中心负责人郭鑫,所属智慧交通公司、交通产业公司党委书记、董事长白永胜及相关业务部室负责人陪同交流座谈。

5月11日 在交控集团工会举办的“做时代新人 展劳动风采”主题征文活动中,路桥集团紧紧围绕活动要求,共征集并推荐高质量参赛作品50余篇,被交控集团工会授予“优秀组织奖”。其中,所属路桥八公司选送作品《做时代新人 展劳动风采》《让“路桥蓝”绽放在冀北大地上》分别获一等奖、三等奖,路桥一公司、路桥六公司、阳蟒公司选送作品《立足本职 放飞自我 做新时代筑路人》《弘扬劳模精神 奋斗路桥事业》《做时代新人 展阳蟒风采》获优秀奖。

同日 下午,党史学习教育山西路桥集团宣讲团宣讲报告会在太佳东分公司举行。党委副书记、副董事长、总经理杨建红作专题宣讲报告,总经理助理、工程管理部部长李贵龙主持。报告会上,杨建红围绕“党的100年简史阐述、党史教育的意义,党史教育的重点和做法”三个方面进行详细讲解。报告会以视频会议形式举行,太佳东分公司领导班子、机关人员及全体党员共67人在主会场参加学习。隰吉公司、路桥二公司、设计分公司设分会场。

同日 下午,路桥集团纪委召开制度执行力监督检查工作部署会,对监督检查阶段工作进行安排部署。纪委副书记李元平主持会议,党委委员、纪委书记刘伟威出席并讲话,监督检查组全体成员参加会议。会后,各检查组对监督检查内容进行组内分工,并详细安排监督检查行程。

5月14日 上午,山西三建集团党委副书记、副董事长、总经理史杰一行到访路桥集团进行交流座谈,路桥集团党委副书记、副董事长、总经理杨建红热情接待并出席座谈会。双方就项目合作开发、投资驱动业绩等方面进行深入交流。路桥集团副总经理李殿勤,总经理助理、投资开发部部长曹红军及相关人员参加交流座谈。

5月15日 上午,路桥集团施工项目成本管理及信息化系统专题培训正式开班。党委副书记、副董事长、总经理杨建红主持,党委书记、董事长杨志贵出席并讲话。本次培训为期两天,包括项目策划、成本测算、合同结算、成本核算管控要点及信息化系统操作等内容。

5月19日 在交通运输部公布的2020年度“十大最美农村路”名单中,路桥集团投资建设的临汾市永和县黄河一号旅游公路南庄—阁底段榜上有名,成为山西唯一上榜的路线。

同日 为加强档案管理工作,进一步提高从业人员基本业务技能,促进档案工作水平整体提升,路桥集团举办档案知识培训。培训特邀省委办公厅档案业务指导处专家,从“建设项目档案验收”“文书档案的收集、整理和归档”“公路工程质检资料规范性填报和文件归档”三个方面进行授课,本次培训通过视频直播方式传输到各施工项目部一线。路桥集团总部各部室兼职档案员,所属单位档案部门负责人、专(兼)职档案员、工程档案管理人员共计102人在主会场参加培训。

5月22日 路桥集团党委举办“学习百年党史、汲取奋斗力量”党史知识竞赛预赛,掀起党史学习热潮。此次预赛由路桥六公司承办,集团总部及所属单位共32支代表队参加。

5月24日 《山西省交通运输厅、山西省发展和改革委员会关于印发山西省推进交通强国建设行动计划(2021—2022年)项目清单的通知》正式发布,路桥集团投资建设施工的20余个项目入选名单。

高速公路项目:呼北国家高速公路隰县至吉县段工程、呼北国家高速公路离石至隰县段工程、呼北国家高速公路朔城至神池段工程、青兰国家高速公路长治至延安联络线(G2211)山西境黎城至霍州段、G2003太原绕城高速公路义望至凌井店段(太原西北二环)、晋阳高速公路改扩建项目、昔阳(晋冀界)至榆次高速公路。

国省道项目:341国道李子坪至梗壁段(沁源古县界至洪洞108国道)改建项目、241国道线省道岚马线汾河水库段改线工程、341国道线平顺县境内王庄至晋豫省界段工程、209国道吕梁新城区(方山县城至中阳金罗镇)段公路改线工程、省道临夏线新绛县城过境段改线工程、241国道阳方口至朔州和336国道朔州至平鲁段公路改扩建工程、207国道左权至黎城界及南沁线左权桐峪至河北涉县界公路新建工程、241国道(222省道)线平遥香乐至沁源后沟段公路新建工程、省道董榆线寒湖岭隧道新建工程。

“四好农村路”项目:四好农村路。

旅游公路项目:黄河、长城、太行三个一号旅游公路。

绿色交通项目:鹿泉山服务区、离石至隰县高速绿色公路示范工程、隰县至吉县高速绿色公路示范工程、黎城至霍州高速绿色公路示范工程、昔阳至榆次高速绿色公路示范工程。

5月24日 山西路桥集团市场开发迎来一轮新高潮,连续中标218国道线那拉提至巴仑台公路PPP项目,介休市交通设施补短板PPP项目、城市提质改造PPP项目、教育基础设施提质PPP项目4项工程,中标金额达52.49亿元。

同日 新疆交投建管公司常务副总经理许强一行到访路桥集团,就建设管理先进工作经验进行交流学习。党委副书记、副董事长、总经理杨建红出席座谈会,党委委员、副总经理李殿勤,总部相关部室负责人参加交流座谈。会后,许强一行实地调研路桥集团投资建设的东二环高速、昔榆高速项目。总经理助理、工程管理部部长李贵龙陪同。

5月25日 路桥集团召开混凝土外观质量提升研讨会。交控集团副总经理、路桥集团党委书记、董事长杨志贵,党委副书记、副董事长、总经理杨建红出席会议,总工程师荆冰寅主持。会议通报混凝土外观质量专项调研情况和整改建议,邀请行业专家针对当前存在的主要问题作技术指导,并对混凝土外观质量提升下一步重点工作进行安排部署。昔榆公司、吕梁国道公司、路桥二公司、路桥八公司分别作交流发言。

同日 上午,路桥集团开展“工会进万家”走访慰问劳模活动,党委专职副书记、副董事长崔君毅,工会主席魏开勋走访慰问集团退休职工、省劳动模范刘建新。

同日 路桥集团党委委员、副总经理郭聪林一行赴重庆高速集团就项目合作开发、投融资等方面进行交流座谈。重庆高速集团党委委员、副总经理李海鹰出席座谈会。路桥集团总经理助理、投资开发部部长曹红军,路桥三公司党委书记、董事长张勇,总工程师吴文震,重庆高速集团综合办主任何革伟,市场发展部总经理李望斌,建设管理部副总经理杨桥培,投资公司副总经理刘伟,巨能集团副总经理刘亮参加交流座谈。

5月26日 上午,路桥集团召开施工项目成本管控工作会。党委副书记、副董事长、总经理杨建红主持会议,交控集团副总经理、路桥集团党委书记、董事长杨志贵出席并讲话。会上,所属各基建施工板块单位董事长就各项目成本目标执行情况依次汇报。会议通过视频直播方式传达到项目一线。路桥集团领导,总经理助理,总部相关部室、中心负责人,投资建设板块、基建施工板块、产业链上下游及新业务板块相关单位董事长、总经理,部分在建项目部项目经理在主会场参加会议;所属单位领导班子成员、相关部室负责人,所属项目部班子成员在分会场参加会议。

同日 下午,路桥集团举办2021年第2期“路桥大讲堂”。再生资源公司支部委员、副总经理张宏作了题为“党建引领 把握新机遇 创新驱动 开创新局面”的专题报告。讲座以视频形式召开,路桥集团全体党员在主会场参会,所属各单位党员干部、入党积极分子、优秀青年、职工代表在分会场参会。

5月27日 上午，路桥集团举办网络安全专题培训。所属各单位网络安全工作分管领导、责任科室负责人和网络安全管理员共80余人参加培训。本次培训邀请太原市公安局专家讲解分析当前网络安全形势，并就缩小暴露面、建立主动防御意识、提升网络安全监测防御能力及人员防骗意识及技能提出建议措施；山西晋信安科技有限公司资深测评师对等级保护2.0标准及等级保护测评工作进行解读和实务操作介绍。

5月28日 下午，路桥集团党委举办“学习百年党史 汲取奋斗力量”党史知识比赛决赛。吕梁国道公司代表队在决赛中获得第一名，路桥六公司、路桥八公司获得第二名，隰吉公司、离隰公司、路桥二公司、桥隧公司和多经公司获得第三名。借此机会，路桥集团党史学习教育领导小组办公室对组织开展答题活动积极踊跃、成绩突出的单位和个人进行表彰，隰吉公司、左涉公司、太佳东公司获“优秀组织单位”，路桥五公司陈燕春、路桥七公司张海云、路桥六公司温虎平获“优秀个人”。路桥集团领导、总部相关负责人及所属各单位代表队分管领导参加活动。

5月29日 京雄高速公路SG3合同段自2020年3月12日开工建设以来，历时14个月，于2021年5月20日交工验收，5月29日正式通车。

5月31日 路桥集团党委理论学习中心组开展党史学习教育第7次专题研讨暨2021年第9次集中学习。交控集团副总经理、路桥集团党委书记、董事长杨志贵主持学习，中心组成员、外部董事参加学习。集体学习采用“领学+集中学习+专题研讨”形式。中心组成员收看中共中央政治局第二十九次集体学习关于生态文明建设的会议精神视频，部分中心组成员领学省委书记楼阳生在《人民日报》刊发的文章《牢记嘱托 奋力书写崭新答卷》、中共十八大以来的历史等内容，中心组成员李军、郭聪林、李殿勤结合学习体会作交流研讨发言。

6月1日 路桥集团施工项目成本管理系统正式上线。该系统围绕施工项目成本管理相关业务进行开发，主要涵盖项目级合同管理、验收结算、实际成本核算及企业级数据统计分析等功能模块，系统充分挖掘数据资源，打通信息孤岛，最大化整合工作流程，实现合同签订、验收结算全过程信息化管理，有效提高收支、目标与实际成本对比分析工作效率，为成本管控提供重要抓手，切实保障企业价值最大化。

6月3日至4日 路桥集团党委副书记、副董事长、总经理杨建红，党委委员、副总经理李殿勤深入晋阳高速公路改扩建工程LQ项目部调研指导工作。成本控制中心主任李素勤、工程管理部副部长杨嵩桥及路桥一公司党委副书记、副董事长、总经理姚峰，党委委员、董事、总工程师段宝红，路桥七公司党委书记、董事长张文红，党委副书记、副董事长、总经理王文明陪同调研。杨建红一行深入施工现场，实地察看项目进展情况及施工重点、难点作业面。随后，针对项目运营施工同步进行的工程特点和施工面临的重点、难点、堵点等问题，召开调研指导工作会。会上，杨建红、李殿勤分别从施工方案、工艺、技术、安全质量、协调管控及特殊工程新型材料等方面同与会人员进行深入探讨，并提出指导性意见。

6月4日 福建省高速集团总工程师陈礼彪一行赴路桥集团，就项目建设、国企党建、科技创新等方面进行交流学习，总工程师荆冰寅陪同并出席交流座谈会。陈礼彪一行先后来到路桥集团投资建设的昔榆高速公路项目智慧建设管理中心、LJ11标工地试验室、产业工人幸福小镇、钢筋加工场、涂河特大桥施工现场，对路桥集团项目管理和建设情况进行详细了解。随后，双方在昔榆公司召开交流座谈会，就项目管理建设、国企党建、科技创新等方面进行深入交流。路桥集团总部相关部室负责人、昔榆公司主要负责人参加交流座谈。

6月7日 交控集团党委办公室印发《关于表彰2020年度宣传思想工作先进集体和个人的决定》，山西路桥集团本部及所属单位获4项荣誉。其中：山西路桥建设集团有限公司获“新闻宣传工作先进集体”称号，“山西路桥”微信公众号获“优秀媒体传播平台”称号,熊晋华(所属智慧交通公司试验检测部)获“建言献策先进个人”称号,刘泽文(集团公司党委办公室)获“优秀通讯员”称号。

6月8日 路桥集团召开工程协作队伍管理提升研讨会。党委副书记、副董事长、总经理杨建红,党委委员、副总经理李殿勤,总部相关部室负责人,所属基建施工板块单位代表出席会议。会议对施工组织模式和工程协作队伍管理存在问题、施工组织模式标准化、工程协作队伍入库条件、工程协作队伍选择、信用评价体系等级建立及应用等方面进行交流研讨。会议明确路基、桥涵、路面、隧道和其他专业工程施工组织模式及协作队伍管理提升方向,安排部署后续相关工作。

6月10日 省住房和城乡建设厅印发《关于认定2021年度山西省骨干、优秀骨干和10强骨干建筑业企业的决定》(晋建市字〔2021〕89号),路桥集团本部及所属4家单位获评荣誉称号。其中,路桥集团获“山西省10强骨干建筑业企业”称号,同时也是省内唯一获此项荣誉的交通企业。所属路桥一公司、二公司、六公司、七公司获“山西省骨干建筑业企业”称号。

同日 下午,路桥集团党委副书记、副董事长、总经理杨建红,党委委员、副总经理李殿勤一行赴路桥五公司新疆S21阿乌高速3标项目调研督导。杨建红一行深入施工现场,实地察看项目进展情况,细致了解项目无人驾驶摊铺、碾压集群智能化作业情况。随后在项目部召开调研指导工作会。会上,杨建红听取项目副经理对工程施工进展及质量安全管控情况汇报,就施工工艺、施工技术、成本管控等方面同与会人员进行深入探讨,并提出指导性意见。路桥五公司党委书记、董事长尤智浩,路桥二公司党委书记、董事长蒲智明,西北指挥部负责人、西藏德海路桥法人吴东杰陪同调研。

6月9日至11日 路桥集团工会在省交通干部学校举办工会干部培训班。党委专职副书记、副董事长崔君毅出席开班仪式并讲话,路桥集团及所属各单位工会主席、工会干部共计100余人参加培训。此次培训特邀省总干校教研部主任张剑、组织工作教研室主任杨玉串授课,主要包括工会主要任务、如何当好工会干部、工会经费审查、工会经济技术工作创新与发展及工会工作存在问题五个方面内容。授课深入浅出、条理清晰、针对性强,进一步加深参训人员对工会工作认识,增强工会抓好党建工作责任感和使命感。

6月9日至12日 路桥集团党委副书记、副董事长、总经理杨建红,党委委员、副总经理李殿勤一行赴新疆调研督导G218那拉提至巴仑台公路政府和社会资本合作(PPP)项目(以下简称那巴项目)并受邀参加施工方第一次见面会。路桥五公司党委书记、董事长尤智浩,路桥二公司党委书记、董事长蒲智明,西北指挥部负责人吴东杰陪同参加。

6月11日 在庆祝党百年华诞的重大时刻,路桥集团组织开展党史学习教育“重走黄崖军工路 再启路桥新征程”主题党日活动,交控集团副总经理、路桥集团党委书记、董事长杨志贵率领总部机关党员干部、青年团员、入党积极分子100余人,来到太行腹地黎城县、八路军华北敌后最大军工基地黄崖洞兵工厂,缅怀革命先烈,重温入党誓词,实地感受共和国军工创建发展艰辛历程,深刻感悟人民兵工精神和黄崖洞精神,更好地从党的百年伟大征程中汲取前进智慧和奋进力量,切实做到学党史、悟思想、办实事、开新局。其间,杨志贵讲授题为《重走黄崖军工路 再启路桥新征程》专题党课。杨志贵强调,路桥集团党委开展此次活动,主题鲜明、意义重大。要坚定信仰信念,牢记领袖嘱托,紧跟省委部署,大力弘扬新时代红船精神、长征精神、太行精神、右玉精神等,在学史明理、学史增信、学史崇德、学史力行中,凝聚开启路桥新征程的强大力量。

6月13日 省交控集团副总经理、路桥集团党委书记、董事长杨志贵,党委委员、副总经理郭聪林一行赴介休市PPP项目调研指导工作。总承包分公司副总经理(主持工作)王恩奎、路桥六公司董事长赵国锋、路桥七公司董事长张文红、市政公司董事长郭涛、三维华邦公司董事长白志刚陪同调研。

杨志贵一行实地调研介休市人行天桥EPC项目和计划投资建设的绿色交安项目选址处,现场听取各承建单位工程进展情况汇报，充分肯定施工前期基础工作推进情况，并对项目建设工作策划、进程等环节提出指导性意见。

6月16日至18日 2021世界交通运输工程技术论坛（WTC2021）在陕西西安举行，大会以“新技术·新模式·新交通”为主题，包括开幕式、主旨报告、124场学术论坛、132场墙报区论坛和20项成果发布，以及1场世界大学生桥梁设计大赛共计258项活动。其中，“全国道路运输安全监管论坛”由山西路桥集团和中国公路学会主办，路桥集团所属太佳东分公司和中国公路学会运输与物流分会承办，并取得圆满成功。本次全国道路运输安全监管论坛是全国道路运输安全监管政策下的落地应用实践和模式创新，特别是高速公路运营单位和高速交警分享的管理经验及协同共治机制为WTC大会增添新亮点，注入新活力，激发新动力。

6月17日 在京雄高速公路工程建设总结大会上，路桥集团京雄高速SG3合同项目部获“先进集体”称号。党委委员、副总经理李殿勤，路桥一公司党委书记、董事长王涝谦参加颁奖典礼。

6月18日 山西路桥建设集团有限公司与山西交通科学研究院集团有限公司、山西交科岩土工程有限公司组成联合体，成功中标汾阳至石楼高速公路项目，中标价90.749亿元。

同日 交控集团副总经理、路桥集团党委书记、董事长杨志贵一行拜访内蒙古自治区交通运输厅，并交流座谈。内蒙古自治区交通运输厅党组书记、厅长高世勤出席，二级巡视员、总工程师张旺晓及办公室、规划处、建设处和财务处相关负责人参加座谈。路桥集团党委委员、副总经理郭聪林及相关部室，所属路桥六公司、路桥八公司负责人陪同。

同日 交控集团副总经理、路桥集团党委书记、董事长杨志贵，党委委员、副总经理郭聪林赴路桥六公司内蒙古办事处调研指导工作，综合办公室负责人王蒙，六公司党委书记、董事长赵国锋，副总经理田俊军陪同。杨志贵详细了解工作开展情况，深入分析内蒙古市场特点，并就如何充分发挥自身管理优势、资质优势和发展优势，积极参与内蒙古交通建设提出要求。

6月20日 按照路桥集团工作用车集中集约管理要求，由信息中心组织协调、所属多经公司具体实施开发的“路桥行”工作用车智慧车辆管理系统已建设完成，在路桥集团总部、路桥六公司、多经公司试运行一个月后，在全集团范围内正式上线。

6月22日 路桥集团召开2020版《公路工程施工定额》修订研讨会，党委副书记、副董事长、总经理杨建红，党委委员、副总经理郭聪林，党委委员、副总经理李殿勤出席会议。

会上，成本控制中心负责人李素勤汇报2020版《公路工程 施工定额》建议修订内容，工程管理部，所属路桥一公司、路桥三公司、路桥五公司、路桥六公司、路桥七公司等单位分管领导和工程部负责人针对项目部反馈较多的部分工程人工费、机械费等费用定额情况进行深入交流讨论。

6月23日 交控集团工会委员会印发《关于表彰山西交控集团劳动模范和工人先锋号的决定》《关于表彰山西交控集团工会先进集体和个人的决定》，山西路桥集团本部及所属单位获多项荣誉。其中，吕梁国道公司前线项目组、太佳东分公司西凌井收费站、路桥七公司丹河新城市政道路工程项目部二分部、再生资源公司技术研发部、左涉新建公路总承包项目部LJ3分部获“工人先锋号”称号；路桥八公司周泽晓、路桥二公司蒲智明、路桥一公司史建峰、左涉公司田正旺、隰吉公司张军获“劳动模范”称号。路桥集团获“模范职工之家”称号，路桥六公司二分公司工会、运营分公司路产维护站工会小组获“模范职工小家”称号；集团公司王丽艳，吕梁国道公司鲁素平，太佳东分公司吉燕峰、潘燕妮获“优秀工会工作者”称号。

同日 交控集团总会计师孙建秀深入党支部工作联系点路桥集团太佳东分公司平头党支部开展党史学习教育宣讲并对安全生产工作进行督导检查。孙建秀实地查看平头片区站、路产维护站等地，听取太佳东分公司党建工作、党史学习教育、路段运营状况、安全生产形势及“两客一危”动态管理系统运用、公司与高速交警双方“创智共享 路警联治”的工作机制和成效等情况的汇报。

6月24日 路桥集团召开安全生产专题视频会议暨安全生产“大讲堂”。会议由交控集团副总经理、路桥集团党委副书记、副董事长、总经理杨建红主持,党委书记、董事长杨志贵出席并讲话。

会上,总工程师荆冰寅传达近期国务院、交通运输部、省委、省政府、省交通运输厅和交控集团安全生产会议精神,并对安全生产大排查大整治工作详细安排。杨志贵在讲话中,要求以高度政治站位和责任意识,从严从细抓好安全生产各项工作落地落实,并对近期重点工作进行安排部署。荆冰寅紧紧围绕全年安全生产月“落实安全责任、推动安全发展”活动主题,结合安全生产管理总体思路,作了题为“落实企业主体责任,推动集团安全发展”的宣讲。会议以视频形式召开,集团领导班子全体成员,总部各部室、中心负责人,所属各单位主要领导在路桥集团主会场参会;所属各单位其他领导、部室负责人,各项目部经理班子、主要管理人员在分会场参会。

同日 路桥集团召开信息化建设推进会。会议由党委副书记、副董事长、总经理杨建红主持,省交控集团副总经理、路桥集团党委书记、董事长杨志贵出席并讲话。会议以视频形式召开,路桥集团领导班子全体成员,总部各部室、中心负责人,所属各单位主要领导在集团公司主会场参会;所属各单位其他领导、部室负责人,各项目部经理班子、主要管理人员在分会场参会。

同日 路桥集团召开第二季度分管副书记例会。党委专职副书记、副董事长崔君毅主持会议并讲话。会议首先传达交控集团党建工作分管副书记例会会议精神。所属路桥三公司、路桥四公司等5家单位就上半年党建工作主要做法和成效汇报交流,党务部门负责人就党史学习教育、党建责任制落实、基层组织建设等各项工作进行具体安排,并对近期工作进行重点部署。会议还对意识形态、疫情防控、信访工作、网络安全等工作进行安排。

同日 路桥集团总部与兴业银行共同发起的并表信托业务通过北京金融资产交易所成功落地,金额为6.7亿元,期限2+N年,票面利率3.9552%,综合成本6%左右。该笔并表信托业务是山西省内第一单以“并表信托+北京所债融计划”模式落地的集合资金信托业务,利息可以税前扣除,为交控集团历年权益类资金成本新低。

6月28日 路桥集团举办2021年第3期“路桥大讲堂”。特邀山西大学讲师李全平博士作题为《伟大开端:中国共产党早期建党历史专题详解》的专题讲座。李全平围绕中国共产党创立初期艰难探索历程,全面分析建党早期历史经验教训,深刻诠释开展党史学习教育的重要意义,科学归纳党的发展进程中取得的宝贵经验启示。讲座以视频形式召开,路桥集团全体党员在主会场参会,所属各单位党员干部、入党积极分子、优秀青年、职工代表在分会场参会。

6月30日 “七一”前夕,路桥集团领导班子成员赴所属各单位开展走访慰问活动,看望退休老党员、因公殉职党员家属、困难职工党员、驻村党员干部,为他们送上节日问候和祝福,带去党组织关心和爱护,并为党龄超过50年的老党员颁发“光荣在党五十年”纪念章。

同日 路桥集团与北京金山云公司签署战略合作协议。路桥集团副总经理杨利军主持签约会,党委委员、副总经理郭聪林,金山云数字政府副总经理裴佳代表双方签约。交控集团副总经理、路桥集团党委书记、董事长杨志贵,金山云合伙人、副总裁田开颜出席仪式并致辞。路桥集团总经理助理、工程管理部部长李贵龙,总经理助理、投资开发部部长曹红军,信息中心负责人郭鑫,所属交通产业公司党支部书记、董事长白永胜,智慧交通公司党支部委员、副总经理陶锋参加签约仪式。

同日 永和县人民政府致信路桥集团,感谢匠心建造、品质铸造永和县黄河一号旅游公路一期工程(南庄至阁底段),荣膺交通运输部2020年度“十大最美农村路”称号,并对晋南公司在项目管理方面的出色表现和全体建设者共同努力提出表扬。

同日 “七一”前夕,路桥集团直属机关党委组织所属支部为全体党员过集体“政治生日”暨开展

"不忘党员第一身份"主题党日活动。在活动中，全体党员重温入党誓词、现金交纳党费，发放"政治生日纪念卡"和《红色家书》。在一系列具有浓厚组织生活仪式感活动中，增强全体党员履行党员义务的行动自觉，强化广大党员身份认同感、组织归属感、集体荣誉感，充分诠释"不忘党员第一身份"深刻内涵。

同日 交控集团开展2020—2021年度"1235工作法"推进党建工作项目化管理成果集中评审，在参加评审的29个项目中，路桥集团入围4个项目，取得优异成绩。其中路桥一公司党委《党旗飘扬 决战京雄》项目荣获一等奖，隰吉公司党委《党建引领打造交通强国 建设山西省绿色公路示范工程》项目、吕梁国道公司党委《"党建三联机制"开展固废资源化利用攻关》项目获二等奖，左涉公司党委《"产业工人幸福小镇"》项目获三等奖。

7月1日 路桥集团6项管理创新成果获评第十八届全国交通企业管理现代化创新成果，为党的百年华诞献礼。其中，路桥集团申报的《创新党建项目化管理 打造特色党建品牌》《创新驱动绿色发展 研发保障固废利用》《高标准"品质工程" 助力企业高质量发展》三项创新成果、所属智慧交通公司申报的《"平安交通"安全管理平台》《公路工程BIM + GIS大数据决策平台》《公路工程安全防护设施构件创新》三项创新成果，分别被评为一、二、三等成果。

7月2日 路桥集团工会、团委、直属机关党委联合组织开展红色观影活动，观看爱国主义教育片《1921》，从优秀影视作品中汲取奋进力量，扎实推动党史学习教育深入开展，让红色基因代代相传。路桥集团总部党员、团员、职工共78人参加活动。

7月5日 路桥集团组织直属机关各支部组织委员和所属驻并单位党务部门负责人赴山西省展览馆参观"不忘初心、牢记使命——山西省庆祝中国共产党成立100周年图片展"。

7月6日 路桥集团党委召开党史学习教育第10次专题研讨暨2021年第12次学习会议，专题学习习近平总书记在庆祝中国共产党成立100周年大会上的重要讲话、在参观"'不忘初心、牢记使命'中国共产党历史展览"时的讲话、在庆祝中国共产党成立100周年"七一勋章"颁授仪式上的重要讲话、在中共中央政治局第三十一次集体学习时的重要讲话文章，省交控集团副总经理、路桥集团党委书记、董事长杨志贵主持学习。中心组成员、外部董事参加学习会议和党史学习教育专题读书班。

7月6日至8日 路桥集团组织召开16项企业标准报批稿评审会。会议邀请中铁三局、贵州路桥、省交通勘察规划设计院、省交通建设监理咨询集团等有关单位专家进行评审，总工程师荆冰寅出席并讲话。会上，编制单位现场答辩，评审专家提出专业修改意见，并就企业标中存在问题进行深入研究探讨，高质量完成16项标准评审工作。

7月8日 太佳东分公司举行安全生产先锋队授旗、安全生产监督管理专用车授车仪式。交控集团安全总监李新杰，安全环保部部长陶云川，路桥集团党委副书记、副董事长、总经理杨建红，路桥集团相关部室负责人，24家分子公司主要负责人及相关人员参加授旗、授车仪式。路桥集团总工程师荆冰寅主持活动。

同日 路桥集团联合阳曲县人民政府在太佳东分公司举办太佳高速公路东段西凌井隧道危险化学品运输车辆交通事故应急处置综合演练。阳曲县应急管理局、消防救援大队、太佳东分公司、高速交警一支队十大队等9家单位参演。交控集团安全总监李新杰，安全环保部部长陶云川，路桥集团党委副书记、副董事长、总经理杨建红，总工程师荆冰寅，高速交警一支队副支队长续淑军出席活动。阳曲县应急管理局、消防救援大队相关领导，路桥集团总部相关部室及24家分子公司主要负责人参加观摩。

同日 路桥集团纪委组织召开2021年第二季度纪检工作例会。纪委副书记孟莉莉主持会议，党委委员、纪委书记刘伟威出席会议并讲话。路桥集团纪委全体人员，各派驻纪检组组长、副组长，所属各单位纪委书记、纪检室负责人参加会议。会上，任期满一年的两名纪委书记汇报个人履职情况，集团公司各纪检室、各派驻纪检组汇报上半年工作开展情况,所属各单位纪委书记作书面汇报,纪委副书记对分管领域下一步重点工作进行安排。

同日 路桥集团纪委组织召开食堂专项整治工作推进会。纪委副书记孟莉莉主持会议,党委委员、纪委书记刘伟威出席会议并讲话。会上,第二纪检室通报全集团食堂专项整治工作开展情况,路桥三公司纪委汇报食堂专项整治工作推进情况,三公司吕梁209国道改线工程LJ3-2项目部介绍整改之后的食堂管理流程。会后,与会人员参观路桥三公司吕梁209国道改线工程LJ3-2项目部、路桥一公司吕梁209国道改线工程LM项目部和路桥四公司吕梁209国道改线工程LJ项目部整改之后的食堂。

7月9日 路桥集团组织召开隧道花岗片麻岩及钢渣在沥青混凝土上面层应用工作研讨会。会议由党委副书记、副董事长、总经理杨建红主持,省交控集团副总经理、路桥集团党委书记、董事长杨志贵出席并讲话。会前,技术中心组织相关科研单位及部分所属单位对离隰高速、隰吉高速、209国道沿线的花岗片麻岩、钢渣等集料进行调研和试验。会上,集团领导认真听取检测公司和再生资源公司及离隰高速部分施工项目部等单位关于前期调研、试验情况汇报,与外部专家就花岗片麻岩及钢渣在沥青混凝土上面层具体应用工作进行深入交流。会议认为,花岗片麻岩和钢渣集料用于沥青混凝土上面层技术可行、经济合理。总工程师荆冰寅,总部相关部室、所属隰吉公司、离隰公司、吕梁国道公司、路桥一公司、路桥二公司、路桥八公司、检测公司、再生资源公司负责人及技术负责人,离隰高速、隰吉高速、209国道路面施工项目部项目经理参加会议。

7月12日 路桥集团召开防汛工作紧急视频会议。党委副书记、副董事长、总经理杨建红,党委委员、副总经理李殿勤,总工程师荆冰寅出席会议。会议传达省政府、省交通运输厅、交控集团关于防汛工作指示要求,分析当下面临的严峻防汛形势,安排部署下一步防汛工作。路桥集团相关部室、多经公司负责人在主会场参会,所属各单位领导班子、中层管理人员、项目经理班子在分会场参加。

7月13日 2020年度公路施工企业全国综合信用评价结果出炉,路桥集团及所属路桥一公司获“AA”级评价。所属路桥二公司、三公司、四公司、五公司、七公司、八公司获“A”级综合信用评价。

同日 路桥集团举办2021年第4期“路桥大讲堂”。邀请获省国资委“先进基层党组织”称号的路桥一公司京雄高速3标项目部党支部书记、常务副经理葛振才和获省国资委“省属企业优秀党务工作者”称号的路桥八公司延崇高速河北段Z3合同项目部党支部书记、项目经理秦戈分别作专题授课。讲座以视频形式召开,路桥集团全体党员在主会场参会,所属各单位全体党员、入党积极分子、优秀青年、职工代表在分会场参会。

同日 山西省“四好农村路”和三个一号旅游公路建设工作推进现场会在路桥六公司承建的环城旅游绿道项目成功举办。省政府副秘书长梁敬华,省直有关单位及各地市分管副市长、交通、文旅部门负责人等100余人参加。交控集团副总经理、路桥集团党委书记、董事长杨志贵参加会议。参会人员观摩“四好农村路”和三个一号旅游公路规划建设、交旅融合发展情况和环城旅游绿道项目建设情况。在白龙谷休憩点,梁敬华充分肯定项目建设,给予“结构合理、功能齐全、设施完善、特色突出”的高度评价。

7月15日 路桥集团党委副书记、副董事长、总经理杨建红一行赴临汾市吉县沿黄旅游公路项目进行督导调研。工程管理部副部长杨嵩桥,晋南公司党委书记、董事长刘刚,党委副书记、副董事长、常务副总经理赵国梁,路桥三公司党委副书记、副董事长、总经理程高峰陪同调研。杨建红一行分别在吉县旅游路路基施工点、T梁预制场、水泥混凝土拌和站及小型构件预制场驻足,细致询问项目进展、安全生产、汛期应急、工料机运行及成本管控情况,充分肯定项目取得的成绩,要求项目公司及项目部要提高创新创效意识,积极开展固废利用、二次经营等工作,为产值目标及利润目标实现打好基础。

7月18日 路桥集团召开2021年度目标任务工作推进会。交控集团副总经理、路桥集团党委书记、董事长杨志贵出席会议并讲话。党委副书记、副董事长、总经理杨建红主持会议。会议主要任务是：对照年度目标任务，总结分析上半年生产经营状况，对标查找问题和不足，安排部署下半年生产经营、改革发展重点工作，坚定信心，锚定目标，举非常之力，建非常之功，向着国内一流现代交通企业奋进。会上，总部相关部室通报上半年目标任务及重点工作完成情况，深入分析问题，针对性提出措施。所属单位代表作表态发言，路桥集团领导就各自分管工作提出具体要求。围绕本次会议主题，结合当前实际，杨志贵强调重点做好市场开发、产值进度、制度建设及信息化建设、管理升级、深化改革、科技创新、作风建设、安全稳定等八个方面工作。会议以视频形式召开，连线至所属各单位及一线项目部。路桥集团领导，总经理助理，纪委副书记，总部各部室、中心负责人，所属各单位党委书记、董事长、总经理在主会场参会；所属各单位其他班子成员、中层管理人员、各项目部经理班子成员在分会场参会。

7月19日 经过近六个月试运行，路桥集团电子商务平台全面启用。该平台的使用，进一步提高路桥集团招标采购工作效率和准确性，规范相关项目工作管理，实现招标采购工作透明化操作、全过程留痕、穿透式监管，将招标采购工作全面提升为云采购管理模式。

7月20日 省交通运输厅党组成员、副厅长王四小，党组成员、驻厅纪检监察组组长王建业一行深入路桥集团六公司晋中环城旅游绿道项目调研。厅直相关单位负责人，晋中市交通运输局局长赵俊生，路桥六公司党委书记、董事长赵国锋陪同。王四小、王建业一行先后来到环城绿道项目河口村、和合寺、拈花湾、白龙谷等地，实地察看环城绿道建设和防汛措施落实情况，认真听取相关单位负责人汇报，就环城绿道收尾工程建设中需要注意的问题提出要求。

7月22日 路桥集团第一次统战工作会议暨2021年度统战工作培训班开班，党委专职副书记、副董事长崔君毅出席开班仪式并讲话。会议传达全国、全省统战部长会议精神，安排部署下一步统战工作重点任务。路桥集团及所属各单位分管统战工作领导、部室负责人，统一战线成员代表参加会议。会后，组织全体参会人员就中国共产党百年辉煌历史、百年统战史、《中国共产党统一战线工作条例》进行培训。

7月24日 从省发改委官网公示名单获悉，路桥集团申报的“山西省交通静脉产业工程研究中心”经山西省投资咨询和发展规划院严格评审和网上公示，被确定为省级工程技术研究中心。

7月26日 交控集团副总经理、路桥集团党委书记、董事长杨志贵会见北京花乡花木集团董事长林巧玲一行，双方就合作事宜进行深入交流。党委副书记、副董事长、总经理杨建红，总经理助理、投资开发部部长曹红军，党委组织部部长郜晋生，绿化公司党支部副书记、副董事长、总经理胡雪瑞参加交流座谈。

同日 交控集团“永远跟党走”职工合唱展演（赛）在山西大剧院举行。路桥集团参赛队用慷慨激昂、催人奋进的经典歌曲，满怀深情向中国共产党成立100周年献礼，凭借《唱支山歌给党听》《我的祖国》两首曲目的精彩演绎，从22支参赛队伍中脱颖而出，获金奖。交控集团副总经理、路桥集团党委书记、董事长杨志贵，党委委员、总会计师李军在现场为参赛队加油助威。党委专职副书记、副董事长崔君毅，党委委员、纪委书记刘伟威参加演出。

7月28日 交控集团副总经理、路桥集团党委书记、董事长杨志贵以普通党员身份参加直属机关第一党支部专题组织生活会并讲授专题党课。会议围绕“学党史、悟思想、办实事、开新局”主题，检视自身问题，深刻剖析根源，明确整改措施，严肃认真开展批评与自我批评。随后，杨志贵进行学习贯彻习近平总书记“七一”重要讲话精神专题宣讲。要求把深入贯彻习近平总书记“七一”重要讲话精神引向深入，推动党史学习教育取得新成效，进一步加深对百年党史深刻感悟，把学习教育成果切实转化为高质量发展强大动力。党委专职副书记、副董事长、机关党委书记崔君毅到会指导，并对此次组织生活会进行点评。他指出,这是一次主题鲜明、别开生面的民主生活会,大家坦诚相见、直截了当,真正起到"红红脸、出出汗"效果。党委副书记、副董事长、总经理杨建红,副总经理杨利军以普通党员身份参加直属机关第一党支部党史学习教育专题组织生活会。

同日 路桥集团纪委采取钉钉直播方式,向各派驻纪检组、所属各单位纪委全体纪检人员传达交控集团纪委2021年纪检监察半年工作会议精神。会议全文传达学习交控集团党委委员、纪委书记、监察专员焦军在2021年纪检监察半年工作会上的讲话,宣读《纪检系统依规依纪依法安全文明办案专题教育活动实施方案》,并对学习宣传贯彻会议精神有关工作作出安排部署。

7月29日 路桥集团党委书记、董事长杨志贵会见天津市政总院副院长曹景一行,双方就深入全面合作进行交流座谈。党委副书记、副董事长、总经理杨建红,总经理助理、投资开发部部长曹红军,科技管理部部长张青江,所属设计分公司党支部书记、总经理张正星参加交流座谈。

同日 路桥集团组织中层以上领导干部、纪委全体人员,赴晋中市纪委监委警示教育中心开展廉政警示教育活动。党委专职副书记、副董事长崔君毅参加。

同日 路桥集团纪委举办纪检系统依规依纪依法安全文明办案专题培训会。纪委总部、各派驻纪检组全体员工参加会议。会上,组织全体人员集中学习纪检系统依规依纪依法安全文明办案相关规定,并安排部署个人学习计划。两名一线办案人员结合办案经验,围绕"依规依纪依法安全文明办案与纪检系统工作高质量发展的关系",谈认识、谈体会,作交流发言。纪检综合室人员作题为"坚守执纪规则 安全文明办案"专题培训。

同日 路桥集团举办法务管理系统培训会,共计16家所属单位、30余名法务工作人员参加。

7月30日 路桥集团举办"美好生活·民法典相伴"专题培训。党委副书记、副董事长、总经理杨建红出席会议并讲话。集团总部及所属单位分管领导、法务工作部门负责人、相关工作人员共100余人参加培训。

同日 路桥集团中标长城板块旅游公路朔州境内南山生态旅游路等13条公路工程项目设计施工总承包项目,中标金额55726万元。

同日 在省委网信办指导、黄河新闻网承办的"奋斗百年路 启航新征程"党的知识网上竞答活动颁奖仪式中,路桥集团获"优秀组织单位"称号。党委专职副书记、副董事长崔君毅出席颁奖仪式并表示,在此次活动中,路桥集团高度重视,组织200多个党支部3400名党员干部积极参与,收到良好成效。路桥集团将深入开展"我为群众办实事"实践活动,将"学史力行"落实在办实事、开新局上,推动党史学习教育不断走深走实。

7月31日 路桥集团承办的S21阿乌高速公路路面智能化成套设备作业观摩暨路面施工技术推广应用交流会顺利召开。新疆交通投资集团副总工程师兼新疆交投建设公司总经理韦振勋主持会议,路桥集团党委副书记、副董事长、总经理杨建红,新疆交通投资集团安全质量总监玉山江·伊布拉音出席会议并致辞。这是路桥集团在省外组织召开的首次大型无人机摊铺现场会。新疆交通投资集团、新疆交投建设公司、新疆S21阿乌高速项目指挥部、山西路桥集团、徐工集团道路机械事业部、新疆维吾尔自治区交通运输厅、新疆生产建设兵团第六师五家渠市委、新疆生产建设兵团第六师五家渠市政府、山西省援疆前方指挥部、新疆生产建设兵团第六师五家渠市交通运输局、S21阿乌高速项目一期工程总监办、各驻地监理办、各施工单位及受邀新闻媒体共计百余人参加现场会。

8月2日至15日 路桥集团财务核算部、资金证券部及财务共享中心联合开展上半年度财务工作监督检查工作。财务核算部部长梁永刚,资金证券部部长张荣,财务共享中心总经理苏国平分别带队前往投资建设、基建施工、上下游产业链及新业务板块所属单位及事业部、项目部展开财务检查工作,检查范围主要围绕各子公司财务与资金相关制度的贯彻执行、预算完成、整体财务、资金使用、财务信息化运行及新旧收入准则衔接情况等。此次检查旨在加强对子公司财务工作和资金管理情况了解，规范各子公司财务工作及深入了解项目部计量、成本结算及研发投入情况，确保年度预算目标高质量完成。

8月3日 晋中市人大常委会党组成员、副主任、市总工会主席王根元，晋中市交通运输局局长赵俊生，路桥集团党委副书记、副董事长、总经理杨建红一行到昔榆高速公路施工现场，开展高温慰问送清凉活动。市总工会党组书记、常务副主席赵瑞昌，市总工会党组成员、副主席田芳，路桥集团工会主席魏开勋，昔榆公司副董事长、总经理魏杰，党委副书记、董事张军出席活动。

同日 路桥集团与平遥县人民政府举行合作洽谈会，双方就加强合作、项目投资、促进互利共赢等方面深入交流。县委副书记、县长魏江峰，副县长刘光明、梁风旺，交控集团副总经理、路桥集团党委书记、董事长杨志贵参加座谈。党委委员、总会计师李军，总经理助理、投资开发部部长曹红军，路桥六公司党委书记、董事长赵国锋，市政公司党委书记、董事长郭涛参会。

8月10日 路桥集团党委副书记、副董事长、总经理杨建红一行先后深入离隰高速公路LJ2标梁板预制场、外沟大桥、LJ4标拌和站等施工现场调研指导。杨建红听取离隰公司党委书记、董事长常新忠汇报，了解项目整体进展情况，并就离隰高速公路建设提出指导性意见。路桥集团总经理助理李贵龙、离隰公司领导班子成员陪同调研。

同日 路桥集团党委副书记、副董事长、总经理杨建红深入209国道吕梁改线工程施工现场对项目整体推进情况调研指导。总经理助理李贵龙，吕梁国道公司全体领导班子成员陪同调研。杨建红一行先后来到车家湾特大桥，东川河大桥控制性工程施工现场和项目终点张子山互通，重点查看施工进展、安全质量管控、文明施工、标准化建设等情况。

8月12日 路桥集团召开2021年政治监督专项监督检查部署会，党委委员、纪委书记刘伟威出席会议，党委办公室（董事会办公室、机关党委）、综合办公室、党委组织部（人力资源部、团委）、纪检综合室、第二纪检室、投资开发部、工程管理部、科技管理部、安全质量环保监督部、法务审计部等部室负责人参加会议，会议由纪委副书记孟莉莉主持。会上，纪检综合室负责人宣读《政治监督专项监督检查工作方案》。相关部门负责人对政治监督专项监督检查工作提出意见建议。刘伟威对监督检查工作作出具体安排部署并提出明确要求。

同日 路桥集团党委副书记、副董事长、总经理杨建红，党委委员、副总经理李殿勤一行深入黎霍高速LJ1分部调研指导。路桥七公司党委书记、董事长张文红，副总经理崔玉成、刘建伟陪同调研。

杨建红一行现场查看黎霍高速LJ1分部冀家岭工区、梁板预制场等施工区域，听取项目负责人就工程进度、工期安排及存在问题详细汇报后，对项目进度、安全生产等方面提出建设性意见。

8月18日 路桥集团党委表彰在三维转岗工作中表现突出的单位和个人，分别授予山西三维华邦集团有限公司领导班子“特别贡献奖”、山西路桥第一工程有限公司等12家单位“优秀组织单位”称号、刘龙跃等15人“优秀工作者”称号、刘芳等30人“先进个人”称号。至此，三维转岗员工1483人已安心转入集团所属各投资建设、基建施工、上下游产业链单位，标志着备受关注的三维华邦公司人员转岗工作圆满完成。

8月23日至24日 为进一步提高路桥集团管理质效，夯实基础，推进高质量发展，路桥集团召开高质量发展座谈会。交控集团副总经理、路桥集团党委书记、董事长杨志贵出席会议并讲话，党委副书记、副董事长、总经理杨建红主持会议。会议以视频形式召开，连线至所属单位及一线项目部，通过“现场提交意见、现场拆封整理、现场研讨解答”方式，围绕项目管理、财务资金、市场开发、科技创新应用、新业态培育、改革管理创新等方面的工作进行深入交流座谈。

会上，杨志贵以问题和目标为导向，对各单位、各项目部提交的意见建议，逐条进行解答分析和工作指导；路桥集团领导，总部部室、中心负责人，进行针对性补充解释。

杨志贵从聚焦战略、管理、效益、人才、机制、信息化、企业文化七个方面,就“如何打造一流企业”进一步安排部署。

8月24日 路桥集团纪委举办案件审理工作培训班,各派驻纪检组、所属各单位纪委相关人员参加培训。

8月26日 路桥集团召开深化改革三年行动工作推进会。各部室负责人,所属各单位分管领导以及攻坚小组工作人员参加会议,党委专职副书记、副董事长崔君毅出席会议并讲话。会议通报路桥集团深化改革三年行动总体进展情况,对下一阶段各项改革工作任务进行安排部署,并提出三方面要求。

同日 路桥集团党委召开省第十二次党代会、省国资委党代会党代表推荐及交控集团党代会党代表选举工作会议。党委专职副书记、副董事长崔君毅出席会议并讲话。

会议主要就推荐省第十二次党代会党代表候选人、省国资委党代会党代表候选人及选举交控集团党代会党代表工作进行安排部署。路桥集团纪委、党委办公室、党委组织部负责人,各单位党委(支部)书记、纪委负责人和党务部门负责人参加会议。

8月27日 路桥集团召集所属投资建设板块、基建施工板块8家单位技术负责人,就报送的技术工作月报中存在的问题进行集中反馈约谈。总工程师荆冰寅出席会议并讲话。

8月31日 交控集团副总经理、路桥集团党委书记、董事长杨志贵会见天津市政总院党委书记、执行董事、总经理赵建伟,并签署战略合作协议。

同日 路桥集团党委组织部(人力资源部、团委)组织召开贯彻落实集团高质量发展座谈会精神部署会,路桥集团及所属各单位组织人事干部参会。会上,党委组织部(人力资源部、团委)对所属各单位在高质量发展座谈会上提出的建议和意见一一进行回复解答,并对下一步组织人事工作提出具体要求。

9月1日 省交通运输厅一级巡视员李贵顺一行深入路桥集团投资建设的离隰高速公路项目调研指导工作,详细听取现场人员工作汇报,了解离隰高速建设进展及征迁工作进展情况,并就协调地方政府推进离隰高速公路建设提出具体要求和意见。省交通运输厅建设管理处处长武建勇、交控集团建设管理部部长刘瑞斌、路桥集团总工程师荆冰寅及有关区县政府领导参加调研。离隰公司领导班子成员陪同调研。

同日 由路桥集团投资建设的大同·长城1号旅游公路天镇至左云段(北线)全线贯通。省委常委、大同市委书记张吉福,市长张强,新荣区委书记邓志蓉等市、区领导在长城1号旅游公路施工现场参加贯通仪式,党委副书记、副董事长、总经理杨建红,党委委员、纪委书记刘伟威受邀参加。

9月2日 路桥集团党委副书记、副董事长、总经理杨建红,党委委员、纪委书记刘伟威一行深入桥隧公司承建的朔神高速公路第1A合同段、朔州国道改建项目南互通施工一线调研指导工作。党委书记、董事长张伟斌,总经理武继文,纪委书记徐海河陪同调研。

9月6日 中国共产党山西路桥建设集团有限公司党委代表大会召开,选举出席中国共产党山西交通控股集团有限公司第一次代表大会代表。来自路桥集团总部及所属各单位领导人员、一般管理人员、生产一线人员等190名党员代表参加大会。会议由党委专职副书记、副董事长崔君毅主持。

9月7日 路桥集团与寿阳县委、县政府召开产业园项目现场办公会,双方就加强合作、项目投资、促进互利共赢等方面深入交流。交控集团副总经理、路桥集团党委书记、董事长杨志贵,寿阳县委书记杨隽参加座谈。

路桥集团党委副书记、副董事长、总经理杨建红,党委委员、副总经理郭聪林,总工程师荆冰寅,交通产业公司党支部书记、董事长白永胜,绿化公司党支部书记、董事长郜晋生,县委副书记、县长彭超,县委副书记田晓宇,县委常委、副县长裴彦巍,副县长常拴林,以及双方有关部门负责人参加会议。

同日 交控集团总会计师孙建秀深入路桥集

团智慧交通公司、山西数字化交通产业园督导调研。党委专职副书记、副董事长崔君毅，交通产业公司董事长、智慧交通公司执行董事白永胜，智慧交通公司总经理陶锋及有关部门负责人陪同调研。

9月8日 山西路桥集团与山西工程科技职业大学战略合作签约暨产教融合实训基地、智慧交通协同创新中心揭牌仪式在山西数字化交通产业园举行。路桥集团党委副书记、副董事长、总经理杨建红，山西工程科技职业大学党委书记张主社、校长潘晋孝出席仪式。路桥集团党委专职副书记、副董事长崔君毅主持仪式。

路桥集团党委委员、副总经理郭聪林，总工程师荆冰寅，交通产业公司党支部书记、董事长白永胜，山西工程科技职业大学副校长李锦元，山西工程科技职业大学副校长石瑛，以及双方有关部门负责人出席仪式。

9月9日 路桥集团党委理论学习中心组开展2021年第16次集中学习。交控集团副总经理、路桥集团党委书记、董事长杨志贵主持学习，中心组成员、外部董事参加学习。

同日 由路桥集团团委主办、金控集团团委、交投集团团委协办的“心动之路 为爱搭桥”青年联谊交友活动在太原古县城桐封书院成功举行。来自路桥集团、金控集团、交投集团及部分省内高校，医院，迎泽区、小店区政府引进人才等不同行业、不同领域近200名优秀单身青年缘聚一堂，主动寻找属于自己的幸福。

9月10日 路桥集团召开2021年安委会第三次全体(扩大)会议暨综合检查通报视频会议。党委副书记、副董事长、总经理杨建红主持会议，交控集团副总经理、路桥集团党委书记、董事长杨志贵出席会议并讲话。路桥集团领导，总部各部室、中心负责人在主会场参会，所属各单位领导班子、部室负责人及项目部经理以视频会议方式在分会场参会。

同日 路桥集团在山西数字化交通产业园召开平台应用推进研讨会。交控集团副总经理、路桥集团党委书记、董事长杨志贵出席会议并讲话，党委副书记、副董事长、总经理杨建红主持会议。党委委员、纪委书记刘伟威，党委委员、副总经理郭聪林，外部董事李志刚、张补才，副总经理杨利军，总经济师丁林虎，总部有关部室、所属单位负责人参加会议。

9月14日 省委落实中央及省委政协工作会议精神情况专项督查组一行在山西数字化交通产业园考察调研。省纪委监委二级巡视员贾东光，省政协港澳台侨和外事委员会副主任高绍柱，省纪委监委二级调研员杨晓军，省政协提案委员会办公室副主任拜江宏，晋中市委副书记潘海燕，晋中市政协党组书记任秀红，晋中市政协主席王建林，晋中市政协党组成员、秘书长、机关党组书记张晓彤，晋中市委副秘书长冯雨平及有关部门人员参加调研。

9月17日 路桥集团召开政府购买服务旅游路工程项目推进会。交控集团副总经理、路桥集团党委书记、董事长杨志贵出席并讲话，党委副书记、副董事长、总经理杨建红主持会议。党委委员、纪委书记刘伟威，党委委员、副总经理郭聪林，党委委员、副总经理李殿勤，总经理助理李贵龙、曹红军、范志红，相关总部部室、所属单位、项目负责人参加会议。

同日 省交通运输厅召开地方标准编制大纲评审会议，路桥集团起草的《公路工程物资设备编码指南》编制大纲顺利通过评审，正式列入地方2021年第二批标准编制计划。

9月23日 路桥集团党委副书记、副董事长、总经理杨建红，总经理助理李贵龙，工程管理部部长杨嵩桥一行深入207国道左涉公路新建工程调研指导工作。党委书记、董事长、总经理田正旺及领导班子成员陪同调研。

9月24日 交控集团副总经理韩文军、企业管理部部长魏网民、建设管理部部长刘瑞斌一行深入路桥集团智慧交通公司督导调研。执行董事白永胜、总经理陶锋陪同调研。

9月27日 路桥集团召开第11次信息化工作推进会。交控集团副总经理、路桥集团党委书记、董事长杨志贵出席会议并讲话，党委副书记、副董事长、总经理杨建红主持会议。会议主要听取业财融合进展和关联系统建设情况,对前一阶段工作给予肯定。会上,进一步明晰年度信息化建设目标,分析存在问题并制定解决方案,对下一阶段工作进行安排部署。党委专职副书记、副董事长崔君毅,党委委员、纪委书记刘伟威,党委委员、副总经理郭聪林,总经理助理李贵龙、范志红,总部相关部室、中心负责人参加会议。

同日 路桥集团党委副书记、副董事长、总经理杨建红深入209国道吕梁改线工程施工现场开展调研督导工作,党委委员、副总经理李殿勤,总经理助理李贵龙及相关单位负责人参加调研。现场调研结束后,立即召集各施工单位母体公司负责人、施工项目部及监理单位负责人召开建设推进会。吕梁国道公司党委书记、董事长王勇对项目整体推进情况进行汇报。

9月28日 路桥集团党委副书记、副董事长、总经理杨建红,党委委员、副总经理李殿勤一行深入离隰高速调研指导。总经理助理李贵龙、工程管理部副部长席晓彬参加调研。离隰公司领导班子、各施工项目部母体公司负责人及项目经理陪同调研。杨建红一行实地察看各标段碎石加工场、梁板预制场、桥梁架设等施工现场,在LJ7项目部召开离隰高速项目建设推进会。会上,杨建红详细听取离隰公司和各施工项目部关于离隰高速项目建设进展情况汇报,并就项目建设提出指导性意见。

9月28日至29日 路桥集团联合晋中市总工会举办第一届"路桥杯"技能比武大赛。晋中市人大常委会党组成员、副主任乔金国宣布大赛开幕,交控集团副总经理、路桥集团党委书记、董事长杨志贵出席开幕式并致辞。本次大赛赛场设在路桥集团投资建设的全省重点工程——昔榆高速公路项目,共20支队伍、100余名选手参赛。比赛面向公路行业领域、紧扣"质量月"活动主题,在水泥混凝土抗压强度回弹法检测、结构物几何尺寸检测、水准测量、细集料亚甲蓝试验、钢筋拉伸试验、钢筋焊接、压路机操作、湿喷机械手操作、质量管理知识等方面进行技能比武和知识竞赛。市总工会党组书记、常务副主席赵瑞昌,副主席李均平,省交通建设中心主任陈俊,交控集团工程管理部副部长汪伟,路桥集团党委副书记、副董事长、总经理杨建红,党委委员、副总经理李殿勤,总工程师荆冰寅参加。

9月29日 继2018年取得中国施工企业管理协会工程建设企业AAA级信用评价后,路桥集团作为复评企业,再次获评2021年度工程建设AAA级信用企业。

9月30日 路桥集团召开国庆期间安全防范工作视频调度会议。党委副书记、副董事长、总经理杨建红出席会议。

会议结合近期安全生产和疫情防控工作部署,从重点领域督导、消防安全、防汛备汛、防范地质灾害、疫情防控、应急管理六方面,对国庆期间安全防范和疫情防控工作进行安排部署。路桥集团领导班子成员,总部各部室、中心负责人,各单位、项目部班子成员、各部室负责人共计900余人参会。

同日 路桥集团党委书记、董事长杨志贵赴北京拜会中国工程院院士、清华大学化工科学与技术研究院院长金涌,双方就全面合作进行交流座谈。中国绿色建材产业发展联盟、工业固废应用技术专业委员会秘书长秦文臻、再生资源公司副总经理张宏参加交流座谈。

10月8日 安徽交建公司党委书记、董事长胡先宽一行到访山西路桥集团进行交流座谈,交控集团副总经理、路桥集团党委书记、董事长杨志贵出席座谈会。双方就加强业务合作、推动市场开发等方面进行深入交流。党委委员、副总经理郭聪林,总经理助理李贵龙、曹红军,路桥四公司、交通产业公司相关领导班子成员参加座谈。

会前,胡先宽一行参观路桥集团智慧交通公司、山西交通苗木培育基地和山西数字化交通产业园。

10月12日 徐工集团党委书记、董事长邱成一行在路桥集团投资建设的山西数字化交通产业园观摩,集团党委书记、董事长杨志贵陪同。党委委员、副总经理郭聪林,总经济师丁林虎,资产管理部部长王枭,技术中心主任张亚军,交通产业公司、智慧交通公司有关领导陪同。

10月13日 路桥集团与徐工集团在山西数字化交通产业园举行合作签约暨“职业技能培训中心”启动仪式。晋中市委书记吴俊清，徐工集团党委书记、董事长邱成，交控集团党委书记、董事长袁清茂，晋中市委常委、市委秘书长鹿建平，晋中市委常委、常务副市长丁雪钦，交控集团副总经理、路桥集团党委书记、董事长杨志贵，寿阳县委书记杨隽等领导，共同出席见证山西路桥集团与徐工集团深化合作、携手共赢的重要时刻。党委副书记、副董事长、总经理杨建红主持仪式。随后，杨志贵与邱成代表双方签订战略合作协议。在与会领导、嘉宾共同见证下，晋中市委、山西交控集团、徐工集团、寿阳县委等领导一起按下启动键，标志着“山西路桥·徐工集团职业技能培训中心”正式启动。

同日 山西路桥集团举行防汛救灾募捐活动启动仪式，为防汛救灾贡献一份自己的力量。募捐仪式上，路桥集团领导带头捐款，总部各部室、中心踊跃参与活动，纷纷献出自己一片爱心，此次活动共有177人捐款，募集善款28500元。

10月13日至17日 交控集团副总经理韩文军在浙江调研路桥集团322国道景宁段改建工程PPP项目、仙居至庆元路松阳水南至枫坪段PPP项目，并专题宣讲学习贯彻习近平总书记“七一”重要讲话精神。

10月15日 路桥集团党委副书记、副董事长、总经理杨建红，党委委员、副总经理李殿勤一行赴太原西北二环2标召开项目策划评审会。

10月20日 省政府安委办安全生产督查组在路桥集团太佳东分公司就“两客一危”运输、高速公路运营、服务区危化品车辆停靠等安全生产工作进行督导检查。督查组组长、省消防救援总队高级工程师王晋带队，省交通运输厅安全监督处处长任大为陪同检查。

10月21日 省交通运输厅一级巡视员李贵顺一行在路桥四公司239国道东大线改建工程SGZB-1标段项目部调研指导工作。

10月22日 山西路桥集团召开2021年度目标和重点任务推进会。交控集团副总经理、路桥集团党委书记、董事长杨志贵出席会议并讲话。党委专职副书记、副董事长崔君毅主持会议。会议以视频形式召开，连线至所属各单位及一线项目部。路桥集团领导、总经理助理、总监、纪委副书记，总部各部室、中心负责人，所属各单位党委书记、董事长、总经理在主会场参会；所属各单位其他班子成员、中层管理人员，各项目部经理班子在分会场参会。

同日 山西省公路运输工会发布2021年“中国梦·劳动美——永远跟党走 奋进新征程”全省交通运输系统职工书画摄影展览获奖个人及优秀组织奖。路桥集团选送的绘画作品《筑路人》获一等奖，书法作品《沁园春·雪》、摄影作品《光与钢》、绘画作品《盛世繁荣》获三等奖，摄影作品《海的女儿》获优秀奖。

10月25日 中国共产党山西省第十二次代表大会隆重开幕。路桥集团领导班子成员、总部中层干部、机关党委各支部委员集中收看大会直播盛况，认真聆听党代会报告，瞩目未来五年发展蓝图。

10月25日至26日 路桥集团所属三公司、四公司顺利取得交通运输部“交通运输企业安全生产标准化建设一级达标”资格证书。至此，路桥集团所属基建施工板块单位100%实现安全生产标准化建设一级达标，标志着安全生产标准化建设工作迈上新台阶。

10月26日 交控集团党委委员、副总经理韩文军，建设管理部部长刘瑞斌、安全环保部部长陶云川一行赴隰吉高速公路施工现场调研汛期水毁及救灾情况，路桥集团总工程师荆冰寅、安全总监孟续峰、相关部室负责人参加。

10月27日 交控集团党委副书记、副董事长、总经理武艺深入路桥集团投资建设的数字化交通产业园、昔榆高速项目调研并讲授专题党课。党委委员、副总经理韩文军，副总经理、路桥集团党委书记、董事长杨志贵参加。安全总监李新杰、党委办公室主任张晓东、战略发展与投资管理部部长翟建峰、企业管理部部长魏网民、运营管理部部长韩昱、建设管理部部长刘瑞斌、安全环保部部长陶云川，路桥集团党委副书记、副董事长、总经理杨建红，党委委员、副总经理郭聪林,党委委员、副总经理李殿勤,总工程师荆冰寅,总经理助理李贵龙,安全总监孟续峰等陪同调研。

10月28日 路桥集团收到深圳证券交易所《关于山西路桥建设集团有限公司2021年非公开发行可续期公司债券符合深交所转让条件的无异议函》(深证函〔2021〕782号),成功注册交控集团内首笔非公开发行可续期公司债,金额20亿元。

10月29日 路桥集团工会、团委、直属机关党委联合组织开展红色观影学习教育活动,观看红色电影《长津湖》。总部党员、团员、职工共62人参加活动。

11月3日 路桥集团召开2022年度全面预算编制启动会。交控集团副总经理、路桥集团党委书记、董事长杨志贵出席会议并讲话,党委副书记、副董事长、总经理杨建红主持会议。

会议以视频形式召开,连线至所属各单位。路桥集团领导,总经理助理,总部各部室、中心负责人及业务预算管理人员、所属各单位主要领导在主会场参会。所属各单位业务管理负责人及业务预算管理人员在分会场参会。

同日 晋中市委常委、市纪委书记、监委代主任那志茂在路桥集团投资建设的山西数字化交通产业园调研。交控集团副总经理、路桥集团党委书记、董事长杨志贵,晋中市委委员、寿阳县委书记杨隽陪同调研。

同日 路桥集团主编的《循环流化床锅炉灰渣改良土填筑路基应用技术指南》《公路工程钢渣沥青混凝土应用技术指南》《铁尾矿路面基层应用技术指南》《公路工程铁尾矿混凝土应用技术指南》四项地方标准在省市场监督管理局主办、省交通运输厅组织召开的地方标准立项评审会上顺利通过。

同日 由中共山西省委网信办主办、中共太原市委网信办协办、黄河新闻网承办的“2021山西省网络安全知识线上有奖答题活动”中,路桥集团获“优秀组织奖”。

此次活动是“2021国家网络安全宣传周”专题活动之一,路桥集团积极响应,鼓励员工主动参与,答题人数共计4200余人。深入宣传贯彻《中华人民共和国网络安全法》等相关法律法规,进一步普及网络安全知识,提升网络安全意识和防护技能。

同日 省工业和信息化厅公布2021年山西省省级技术中心年度评价结果,路桥集团技术中心从388家参评的省级技术中心中脱颖而出,获2021年度优秀省级技术中心评价。路桥一公司、路桥二公司、三维华邦公司技术中心顺利通过评审。

11月4日 路桥集团召开传达贯彻山西省第十二次党代表大会精神会议。交控集团副总经理、路桥集团党委书记、董事长杨志贵主持会议并部署贯彻落实工作。

会议以视频形式召开,路桥集团领导班子成员、总部中层及以上干部、机关党委各支部委员,所属各单位党委书记、董事长在主会场参加;所属各单位领导班子成员、中层及以上干部,各项目部党员干部在分会场参加,共1500余人。会议还就集团“十四五”规划内容进行宣传贯彻。

同日 省教育厅职称教处处长韩瑞勇、人社厅职建处副处长杨晓海和交控集团人力资源中心主任李宏义等一行在山西数字化交通产业园督导调研。路桥集团党委专职副书记、副董事长崔君毅,太原理工大学继续教育学院院长成满庆陪同调研。

会后,督导组一行实地观摩了解山西数字化交通产业园交通工业品数字化采购基地、数字化模板循环再制造基地、通用飞行器研发制造基地、新能源示范点、产教融合培训中心等业态情况。

同日 2020—2021年度(第二批)公路交通优质工程奖(李春奖)评选结果公布,全国共31项公路工程获奖,路桥集团投资建设施工的青岛至兰州国家高速公路长治至临汾段,投资建设的运城至灵宝高速公路黄河大桥,参与施工的黎城(冀晋界)至长治公路改扩建工程3项工程名列其中。荆冰寅、田利民、王枭等多名参建人员被评为“优秀项目建设者”。

11月5日 路桥集团所属路桥三公司、路桥四公司、桥隧公司3家企业技术中心相继通过市级企业技术中心认定。至此,集团共有省级企业技术中心4个、市级技术中心4个。

同日 路桥集团发布29项施工技术标准，包含路基路面13项，桥涵8项，隧道6项，工程资料2项。至此，共发布60项企业标准，进一步完善施工技术标准化体系。

同日 路桥集团党委理论学习中心组召开"读原著、学原文、悟原理"第3次专题学习（读书班）暨2021年第19次集中学习。中心组成员、外部董事、职工董事参加学习，交控集团副总经理、路桥集团党委书记、董事长杨志贵主持学习。读书班上，部分中心组成员围绕学习内容，依次作交流研讨发言，其他中心组成员分别递交书面研讨材料。

11月9日 交通运输部路网监测与应急处置中心致函省交通运输厅，对省高速公路全网联动稽核工作给予充分肯定，点名通报表扬路桥集团。

11月10日 省交通运输厅一级巡视员李贵顺赴隰吉高速实地调研工程灾毁恢复重建工作，厅总工程师高新文、建设管理处副处长赵景彭，交控集团党委委员、副总经理韩文军，路桥集团党委副书记、副董事长、总经理杨建红陪同调研，隰吉公司有关负责人参加。

同日 交控集团党委委员、副总经理贾勇一行在黎霍高速LJ1分部施工现场调研指导工作。总工程师付宏，黎霍公司党委书记、董事长王力杰，路桥七公司副总经理崔玉成陪同调研。

11月11日 路桥集团"省增值税电子发票电子化报销、入账、归档试点工作"顺利通过省档案局、省财政厅、省商务厅、国家税务总局验收。

同日 省交通运输厅通过线上+线下会议方式，组织验收通过路桥集团承担的厅科技计划项目《岩石边坡复绿一体化技术研究》。路桥集团始终坚持以科技创新引领高质量发展，制定发布"自主创新与科研开发计划"，有序推进科技成果转化应用。

11月12日 山西路桥建设集团有限公司直属机关委员会召开换届选举党员大会，通过无记名投票方式差额选举产生新一届机关党委和机关纪委组成人员。党委专职副书记、副董事长崔君毅到会指导，总部136名党员参会。

11月15日至19日 经过为期5天的对路桥集团质量管理体系、环保管理体系、职业健康安全管理体系及工程建设施工企业质量管理规范贯彻落实及运行情况严格检验，审核组一致认为路桥集团三标一体管理体系整体运行良好，监督审核结果符合要求，准许通过管理体系审核认证。

11月16日 交控集团副总经理、路桥集团党委书记、董事长杨志贵赴长治市黎城县与县委书记牛晨霞交流洽谈，双方就加强战略合作、加大项目投资等方面进行深入交流。党委专职副书记、副董事长崔君毅，党委委员、副总经理郭聪林，总经理助理、投资开发部部长曹红军，所属机电公司董事长陈建文陪同。县人大常委会主任任江鸿，县政协主席刘永清，县委常委、县委办主任岳保国，县政府副县长王瑞岗及县相关单位负责人参会。

11月17日 路桥集团组织召开合同履约管理专项检查进点会暨动员会，安排部署合同管理专项检查工作。总经理助理李贵龙主持会议，党委副书记、副董事长、总经理杨建红出席会议并讲话。交控集团法律合规部部长兰晓林带队专项检查组成员参加会议。

11月18日 交控集团副总经理、路桥集团党委书记、董事长杨志贵赴洪洞县，与临汾市委副书记、洪洞县委书记黄巍交流洽谈。会上，双方就洪洞项目建设、三维华邦转型发展、战略合作深化等有关事项进行深入交流。党委委员、副总经理郭聪林，总经济师、三维华邦公司董事长丁林虎，总经理助理、投资开发部部长曹红军，路桥二公司党委书记、董事长蒲智明、总经理程志康，三维华邦公司总经理李强；洪洞县委副书记、县长李俊平，县政府党组成员、经开区党工委书记、管委会主任张志军，副县长柳勇，以及县财政局、县水利局、赵城镇等相关负责人参加。

11月19日 省科学技术协会副主席郝建新一行赴再生资源公司调研指导2021年全国"双创"周山西省科技工作者双创大赛相关工作。

同日 路桥集团党委创新工作思路，综合考虑岗位职责、道德品行、业务素质等因素，从支部班子、领导人员、业务骨干等选拔出德能勤绩表现突出的党员作为结对帮带人,以35周岁及以下青年职工为对象,采取业务对口、就近帮带原则与青年职工“一对一”,创新开展“党员带青年”结对帮带活动。

11月20日 路桥集团联合中科同昌、交科集团和中交京纬共同发起成立的中科智信公司举行揭牌暨签约仪式,全面开启科技创新赋能发展、数字经济引领发展新纪元。

11月23日 路桥集团组织召开首届资金融资咨询专家聘任交流会。党委副书记、副董事长、总经理杨建红出席会议并讲话。

同日 路桥集团收到来自中国企业文化研究会表扬信。信中指出申报的“坚持文化强企 凝聚发展合力 深化新战略机遇期企业文化建设实践”成果被评为“企业党组织引领企业文化建设”先进经验,在“弘扬共产党文化精神引领新时代企业文化——中外企业文化2021武汉峰会”开幕式上获得通报表扬。

11月24日 路桥集团召开2021年安委会第四次全体(扩大)会议暨安全生产专项整治三年行动集中攻坚年重点任务推进会议。党委副书记、副董事长总经理杨建红主持会议,交控集团副总经理、路桥集团党委书记、董事长杨志贵出席会议并讲话。路桥集团领导班子成员、总经理助理、安全总监,总部各部室、中心负责人,所属各单位主要负责人在主会场参会,所属各单位、各项目部主要管理人员以视频会议形式在分会场参会。

同日 交控集团副总经理、路桥集团党委书记、董事长杨志贵主持召开传达贯彻全省国有企业领导干部警示教育大会精神会议并作出具体安排部署。会议以视频形式召开,路桥集团领导班子成员、总经理助理、总监,纪委副书记,总部和中心负责人,各单位主要领导在主会场参会;所属各单位其他领导班子成员、中层管理人员,项目经理部班子成员及主要管理人员在分会场参会。

11月25日 路桥集团召开汾石高速施工项目工作推进会,交控集团副总经理、路桥集团党委书记、董事长杨志贵出席会议并讲话。党委委员、副总经理李殿勤,总工程师荆冰寅,总经理助理李贵龙,安全总监孟续峰,总部相关部室、中心负责人,汾石高速各施工单位负责人,总承包分公司、检测公司、设计分公司、智慧交通公司主要负责人及汾石项目经理参加会议。

11月27日 交控集团副总经理、路桥集团党委书记、董事长杨志贵带队深入山西数字化交通产业园现场办公。随后,杨志贵与交通产业公司、宁德时代、徐工集团项目团队负责人交流座谈。党委委员、副总经理郭聪林,副总经理杨利军,总经理助理范志红,总部相关部室负责人一同参加。

11月29日 省总工会、省质量与名牌协会、省妇女联合会联合发布的《关于2021年山西省质量管理小组活动成果质量信得过班组的公告》中,路桥集团获质量管理小组活动特等成果1项、一等成果1项、二等成果23项、三等成果26项,质量信得过班组三等班组称号4项。

路桥一公司质量先锋QC小组成果“提高农村道路水泥混凝土路面外观质量合格率”获特等成果称号,是全省交通运输系统在此次评选中唯一获此殊荣的成果。

12月1日 中国交通企业管理协会印发《关于发布2021年度交通运输文化建设优秀成果的通知》,路桥集团榜上有名,获“交通运输党建文化建设优秀单位”“交通运输安全文化建设优秀单位”“交通运输创新文化建设优秀单位”三项称号,所属路桥二公司获“交通运输文化建设优秀单位”称号。

12月2日 省交通运输厅通过线上+线下会议方式,组织验收通过路桥集团承担的省交通建设科技项目《山区高速公路生态修复与景观营造关键技术研究》。经鉴定,项目研究成果总体达到国际先进水平。

12月3日 住房和城乡建设部组织的“绿色施工科技示范工程”验收会议在太原举行,路桥集团投资建设的“运城至灵宝高速公路运宝黄河大桥”科技示范工程项目顺利通过验收。

12月5日 交控集团副总经理、路桥集团党委书记、董事长杨志贵带队深入山西数字化交通产业园现场办公。杨志贵一行实地调研园区综合楼展厅,并召开专题会议与交通产业公司、宁德时代、徐工集团项目团队负责人交流座谈。党委委员、副总经理郭聪林，副总经理杨利军，总经理助理范志红，总部相关部室负责人一同参加。

12月6日 省市场监督管理局发布2021年度第七批山西省地方标准制修订项目计划，路桥集团主编的《循环流化床锅炉灰渣改良路基施工技术规程》《铁尾矿集料公路路面基层施工技术规程》《铁尾矿混凝土公路施工技术规程》通过立项。

12月7日 继“电商直采系统V1.0”后，路桥集团自主研发的“电子商务平台V1.0”顺利通过国家版权局审核，获得计算机软件著作权登记证书。

12月8日 省交控集团副总经理、路桥集团党委书记、董事长杨志贵与多卡公司（中国）区域总经理张弛就模板循环再利用等事宜进行交流座谈。党委委员、副总经理郭聪林，交通产业公司董事长白永胜等有关人员参会。

12月10日 路桥集团与黎城县人民政府签署战略合作协议。交控集团副总经理、路桥集团党委书记、董事长杨志贵，黎城县委书记牛晨霞出席仪式并致辞。党委副书记、副董事长、总经理杨建红，县委副书记、县长李颖南代表双方签署战略合作协议。县委常委、常务副县长申晓峰，副县长王瑞岗，路桥集团党委专职副书记、副董事长崔君毅，党委委员、副总经理郭聪林，总经理助理、投资开发部部长曹红军及双方相关单位、部门负责人参加签约仪式。

12月13日 路桥集团党委中心组召开“十九届六中全会精神”“全面建设清廉国企”专题学习（读书班）暨2021年第20次集中学习会议，专题学习《习近平：关于〈中共中央关于党的百年奋斗重大成就和历史经验的决议〉的说明》、中共十九届六中全会精神、中央经济工作会议精神、《国有企业领导人员廉洁从业若干规定》等内容，省交控集团副总经理、路桥集团党委书记、董事长杨志贵主持学习。

中心组成员、外部董事参加中心组学习会议和专题学习读书班，并围绕主题交流研讨。

12月14日 路桥集团召开第12次信息化工作推进会，副总经理杨利军主持会议，省交控集团副总经理、路桥集团党委书记、董事长杨志贵出席会议并讲话。路桥集团领导班子、路桥总经理助理、总部各部室负责人参加会议。总部相关部室负责人汇报2021年信息化建设任务完成情况、存在问题和下一步工作计划，就信息化建设重点问题提出解决方案。

12月15日 路桥集团所属“山西绿色道路材料科技研究中心”和路桥三公司所属“山西公路工程施工安全研究中心”获省交通运输厅第一批科技创新中心认定。

同日 路桥集团召开“全面建设清廉国企”专题民主生活会。交控集团副总经理、路桥集团党委书记、董事长杨志贵主持会议，交控集团领导班子成员参加会议，党委办公室、党委组织部和纪检综合室相关负责人列席会议。

12月16日 交控集团副总经理谢鹏远、总工程师付宏一行深入黎霍高速LJ1分部施工现场调研指导工作。路桥七公司党委书记、董事长张文红陪同调研。

同日 省总工会、共青团山西省委、省科学技术协会联合发布《关于2021年全省“五小”创新大赛评审结果的通报》。路桥集团获二等奖2项、三等奖2项。其中，再生资源公司《新型无碱速凝剂混凝土湿喷施工技术》、偏关旅路公司《忻州市三大板块旅游公路偏关县境内第一期PPP工程》获二等奖，路桥六公司《小型预制构件自动化生产工艺》、路桥四公司《钢筋等间距卡箍的应用》获三等奖。

12月18日 晋中市委副书记、市长常书铭，副市长杨隽一行在山西数字化交通产业园调研。交控集团副总经理、路桥集团党委书记、董事长杨志贵，党委副书记、副董事长、总经理杨建红，党委委员、副总经理郭聪林，寿阳县委副书记、县长彭超，县委副书记田晓宇，县委常委、副县长裴彦巍陪同调研。

同日 路桥集团与寿阳县人民政府在山西数字化交通产业园签署战略合作协议。交控集团副总经理、路桥集团党委书记、董事长杨志贵，晋中市副市长杨隽出席仪式并致辞。党委副书记、副董事长、总经理杨建红，寿阳县委副书记、县长彭超代表双方签署战略合作协议。县委副书记田晓宇,县委常委、副县长裴彦巍,县经济技术开发区党工委书记、管委会主任孙金忠,路桥集团党委委员、副总经理郭聪林,总经理助理、投资开发部部长曹红军,交通产业公司董事长白永胜参加签约仪式。

12月20日 省交通运输厅一级巡视员李贵顺,交控集团副总经理、路桥集团党委书记、董事长杨志贵为浮临高速公路总承包项目部LJ1分部揭牌,标志着路桥集团总承包施工单位正式进驻该项目,迎来项目建设崭新阶段。

同日 路桥集团对所属检测公司与长安大学合作承担的重点科技项目《新型改性乳化沥青厂拌冷再生设计与施工技术研究》《SBS橡胶复合改性沥青及其混合料推广应用研究》组织验收评审。经专家组评审鉴定,两项课题研究成果均达到国内领先水平,顺利通过验收。

12月23日 路桥集团党委副书记、副董事长、总经理杨建红深入太佳东分公司宣讲中共十九届六中全会和省第十二次党代会精神,综合办公室负责人王蒙主持会议。公司领导班子成员、全体中层干部及优秀青年50余人参加。

12月26日 交控集团副总经理、路桥集团党委书记、董事长杨志贵率队赴山西数字化交通产业园现场办公。杨志贵一行调研新能源光储充换电示范基地和园区综合楼展厅建设情况,并召开专题会议。党委副书记、副董事长、总经理杨建红,党委专职副书记、副董事长崔君毅,党委委员、副总经理郭聪林,总工程师荆冰寅,副总经理杨利军陪同。

12月27日 2021山西数字经济成果展暨数字化转型助力"双碳"战略交流会在省展览馆举行开幕仪式。路桥集团所属机电公司、绿化公司、智慧交通公司、交通产业公司、再生资源公司共同参展。

12月28日 路桥一公司组织召开"全面建设清廉国企"专题民主生活会。交控集团副总经理、路桥集团党委书记、董事长杨志贵到会指导,党委专职副书记、副董事长崔君毅,党委办公室主任王鹏飞参加。会议由路桥一公司党委书记、董事长王涝谦主持。会后,开展"中共十九届六中全会精神暨省第十二次党代会精神"专题宣讲。

12月29日 省政府党组成员汤志平出席路桥集团投资建设的青银二广高速公路太原联络线项目奠基仪式,并宣布项目正式开工。随后,在山西数字化交通产业园调研指导工作。省政府副秘书长梁敬华、省交通运输厅厅长赵建平、山西交控集团总经理武艺、太原市副市长卢俊峰、晋中市副市长郝向明、省发展改革委副厅长级干部李祥及省政府相关部门负责人参加,交控集团副总经理、路桥集团党委书记、董事长杨志贵陪同。

12月30日 "山西路桥集团电子档案管理系统"上线试运行。

12月31日 路桥集团党委副书记、副董事长、总经理杨建红,总工程师荆冰寅深入左涉公司调研指导运营准备工作。总经理助理李贵龙、安全总监孟续峰、资产运营管理部部长王枭参加调研,左涉公司党委书记、董事长田正旺及领导班子成员陪同调研。

(资料提供:刘 扬)

山西交通开发投资集团有限公司大事记

1月7日 山西省交通开发投资集团有限公司（以下简称“交投集团”）与中铁隧道股份有限公司举行战略合作框架协议签署仪式。

2月8日 交投集团二届二次职代会暨2021年工作会、2021年党的建设和党风廉政建设工作会议召开。

同日 省委宣传部等14个部门、单位联合下发《关于公布2020年度山西省“最美志愿者、疫情防控最美志愿者、最佳志愿服务组织、最佳志愿服务项目、最美志愿服务社区、志愿服务先进工作者”先进典型名单的通知》，交投集团所属太长高速长治西收费站“送温暖进万家”志愿者服务项目获评山西省“最佳志愿服务项目”。

3月15日 晋阳高速公路改扩建工程润城2号大桥开钻仪式在阳城县润城镇施工现场举行。此次开钻标志着晋阳高速改扩建项目实体工程建设正式启动。

3月17日 交投集团与武乡县委、县政府在龙湖公司座谈，就双方共同关心的太长高速武乡出口改造、武乡服务区提档升级、龙湖公司规划发展等进行沟通与磋商。

3月19日 省国资委命名省属国有企业“第三届道德模范”，交投集团所属太长高速榆社北收费站副站长姚小艳、襄垣路产维护站副站长高勇分别获“诚实守信”“见义勇为”称号，忻阜高速路产维护二站主任刘洋荣获“第三届道德模范”提名奖。

3月23日 省交通运输厅一级巡视员李贵顺一行深入晋阳高速改扩建项目一线调研指导工作，厅总工程师高新文、交控集团副总经理韩文军及交投集团有关领导参加调研活动。

同日 交控集团党委书记、董事长袁清茂深入交投集团中小企业产业园区、龙城服务区等项目建设现场调研，并在太长公司召开调研汇报会。交控集团领导武艺、刘宏武、焦军、贾勇及外部董事赵石岗一同调研；交投集团党委书记、董事长魏鹏举陪同调研并汇报工作，交投集团领导班子成员参加。

3月26日 交投集团党委举办“学习百年党史汲取奋进力量”党史教育专题辅导，省委党校教授受邀作题为“学党史 悟思想 干实事 开新局”的专题授课。

4月9日 黎霍高速小涧河大桥第一片预制T梁正式开工架设。标志着黎霍高速桥梁施工从桥梁下部结构施工转入上部结构施工，为黎霍高速公路工程建设按下“快进键”。

5月7日 交投集团所属诺通公路养护公司被晋城市住房和城乡建设局认定为2021年度晋城市骨干建筑业企业。

5月15日 黎霍高速公路风洞山隧道右洞顺利贯通，这是黎霍高速第一条贯通的隧道，标志着黎霍高速施工进入新阶段。

5月25日至28日 交投集团在省交通干部学校举办安全管理提升培训班。

5月27日 交投集团召开2021年经营工作推进会，总结前半年工作，对下一步经营工作进行安排部署。

6月7日 山西省重点公路工程建设系统“安全生产月”活动启动仪式在黎霍高速公路项目靳曲浊漳河大桥施工现场举行。省交通建设中心党委委员、副主任王润民，安全服务部副部长王家林，黎霍公司领导班子成员，项目施工单位、监理单位负责人、安全管理人员以及施工人员代表出席活动。

6月11日 交通运输部办公厅公布《平安百年品质工程创建示范项目(第一批)清单》,在全国共选出87个公路水运工程在建项目。黎霍高速公路项目成功入选,成为交控集团唯一一个入选首批"平安百年品质工程创建示范项目"的在建工程。

同日 交投集团举办以"落实安全责任,推动安全发展"为主题的2021年"安全生产月"主题宣讲活动。

6月17日 上午,交投集团所属晋焦高速公司会同省公安厅交通警察总队高速三支队、长晋高速公司、交控集团晋城高速公路管理公司、山西汽运集团晋城汽车运输有限公司等多家单位开展晋新高速2021年隧道突发事件联勤联动应急演练。

同日 交投集团组织机关广大党员干部职工深入武乡县八路军太行纪念馆、黎霍高速沁源段项目建设一线,开展以"赓续精神血脉,筑牢安全之基,践行服务之本"为主题的主题党日活动、"安全生产宣传咨询日"活动及"夏日送清凉"慰问活动。

6月22日 在全省优秀共产党员、优秀党务工作者、先进基层党组织表彰大会上,交投集团党委被授予"全省先进基层党组织"称号。

6月22日至25日 交投集团举办2021年法务能力提升培训班。

6月27日 省国资委党委召开庆祝中国共产党成立100周年暨"两优一先"表彰大会,交投集团党委获得"省属企业先进基层党组织"称号。

6月30日 集团公司举行庆祝中国共产党成立100周年暨"七一"表彰大会。

同日 交投集团举办庆祝中国共产党成立100周年"铭记百年历程 凝聚奋进力量"文艺会演。

7月9日 省人力资源和社会保障厅、省交通运输厅下发《关于表彰山西省交通运输系统先进集体和先进个人的决定》,授予交投集团所属黎霍高速公司"山西省交通运输系统先进集体"称号,授予交投集团张晓枫"山西省交通运输系统先进个人"称号。

7月13日 晋阳高速改扩建项目牛王山隧道出口左洞正式进洞施工。

7月30日 交投集团党委书记、董事长魏鹏举会见重庆交通大学副校长易志坚一行,双方就深化产学研合作进行深入交流。

8月2日 黎霍高速狼尾河大桥右幅钢箱梁架设顺利完成,是黎霍高速首片架设成功的钢箱梁。

8月10日 交投集团通建·融创城项目1-1地块8栋主楼主体结构全部顺利封顶。

8月11日 霍州市南疙瘩村征地工作圆满结束,标志着黎霍高速公路项目征地工作全面完成。

8月28日 为贯彻落实山西省高速公路服务区提质升级三年行动方案和高速公路服务区"厕所革命"专项行动实施方案,交投集团在所属各高速公路服务区组织开展"环境卫生专项整治月"活动,全面提升服务区公共卫生服务水平。

9月1日 上午,交投集团与百胜中国天津肯德基公司举行战略合作洽谈会,双方就深化合作展开座谈,并签署品牌战略合作协议。

9月9日 交投集团召开2021年度中期财务运行分析会,总结前期财务运行情况,安排部署下一步重点财务工作任务。

9月10日 交投集团所属诺通公路养护公司沥青拌和中心被晋城市环保局认定为晋城市沥青拌和行业标杆。

9月12日 交投集团所属长晋高速长治南收费站提升改造工程顺利收官,全面恢复通车。

9月17日 交投集团党委书记、董事长魏鹏举会见NTT DATA(中国)信息技术有限公司国内事业部副总裁金晓波一行,双方就加强信息技术合作进行深入交流。

9月24日 交投集团召开"百日攻坚"行动动员大会,动员广大干部职工大干一百天,确保圆满完成年度各项目标任务,奋力实现"十四五"开局首战首胜。

9月26日 交投集团召开集团董事会,专题听取经理层前三季度工作汇报。这是交投集团新一届董事会成立以来首次听取经理层汇报工作,是交投集团完善企业法人治理结构,畅通董事会与经理层之间沟通渠道，提高董事会、经理层等治理主体行权履职能力方面做出的创新尝试。

9月27日 交控集团专职党委副书记刘宏武率领党史学习教育督导组一行，对交投集团党史学习教育进行督导检查。

9月28日 交投集团召开党建工作例会暨党史学习教育工作推进会，传达学习交控集团党史学习教育推进会及督导检查会议精神，对下阶段党史学习教育等重点工作进行安排部署。

9月29日 交投集团召开服务区“百日攻坚”暨“提质升级三年行动”推进会。

9月30日 交投集团党委书记、董事长魏鹏举会见光大银行太原分行行长王萍等一行，双方就加深金融合作事宜进行深入交流。

是月 经中国交通企业管理协会、交通行业优秀企业管理成果评审委员会审定，交投集团所属太长高速公司申报的“高速公路运营标准化模块建设”成果获“第十八届全国交通企业管理现代化创新成果一等奖”。

是月 交投集团所属晋焦高速公司两项创新型QC成果《研制CPC卡小型屏蔽器》《开发内网自动巡检程序》入选全省优秀QC小组成果，获二等奖。

10月3日 晋阳高速改扩建项目路桥二分部首片T梁浇筑完成，项目正式开启预制梁施工阶段。

10月15日 交投集团组织所属企业召开科技工作座谈会，研究部署当前和今后一个时期科技工作。

10月26日至30日 山西省交通建设中心对黎霍高速进行第二轮综合检查。此次检查全线合格率96.8%，较上半年提高1.9%。

11月4日 交投集团所属黎霍高速白玉河1号大桥右幅1~2号预制墩柱首件工程顺利浇筑完毕。

同日 交投集团所属山西交投综改公司在中小企业产业园项目现场举办“潇河发展新引擎，产业发展新天地”招商推介会，来自省内30余家企业代表出席本次推介会。

11月5日 交投集团所属山西交投综改公司自主研发的开口式建筑外露植筋除锈器获国家知识产权局颁发的实用新型专利证书。

11月15日 交投集团召开年度高速公路运营分析会。

11月23日 交投集团所属黎霍高速公司申报的《高风险富水岩溶隧道灾害识别、监测预警及控制技术研究》《山区桥梁装配式下部结构合理连接构造设计及质量控制技术》2项科研课题顺利通过省交通运输厅科技项目立项评审，是全省交通系统重点建设工程申报项目中唯一立项项目。

12月8日 交投集团举办中共十九届六中全会专题辅导会。

12月9日 交投集团与中国国际金融股份有限公司举行合作交流座谈会，双方签署合作协议，就未来进一步合作达成共识。

12月11日 交投集团所属高平服务区LNG加气站主体建设和设备安装全面完工。

12月14日 交投集团所属山西交投综改公司中小企业产业园正式开园运营。这是交控集团、交投集团全面贯彻落实省十二次党代会精神，积极响应省委、省政府全方位推动高质量发展号召，积极为全省中小企业打造一个绿色发展成长“摇篮”的一次具体实践。交控集团党委书记、董事长袁清茂，党委委员、副总经理贾勇；山西转型综改示范区管委会副主任陈曦，省小企业发展促进局党组成员、副局长冯志山及交控集团党委书记、董事长魏鹏举，党委委员、副总经理田卫川等出席并共同启动开园仪式。

同日 交投集团所属忻阜高速公司、高新高速公司被省政府安委办评为“2021年度省级安全文化建设示范企业”。

同日 交投集团与工商银行山西省分行进行座谈，双方就进一步深化合作展开交流。

12月23日至24日 交投集团举办首期董事会建设、外部董事履职及信访业务培训班。

12月29日 交投集团所属山西交投高新高速公路管理有限公司路产维护站养护班组获中国质量协会“全国质量信得过班组”称号。

同日 交投集团所属黎霍高速公司收到省交通运输厅贺信，来信对黎霍高速公路马鞍山特长隧道提前贯通表示祝贺。

12月31日 黎霍高速公路首条特长隧道——马鞍山隧道左线贯通仪式在黎霍高速公路马鞍山隧道进口施工现场举行。

同日 黎霍高速沿线管理服务设施项目开工奠基仪式在襄垣县上丰工地举行,标志着黎霍高速房建项目正式拉开建设帷幕。

(资料提供:高 洋)

山西省高速公路集团有限责任公司 大 事 记

1月7日 交控集团纪委第一检查组尚海波带队到山西省高速公路集团有限责任公司(以下简称"高速集团")平榆公司开展2021年元旦、春节监督检查工作。

1月11日 经高速集团党委会议研究决定,胡雪峰任高速集团纪委副书记,免去胡雪峰山西吕梁环城高速公路管理有限责任公司党委副书记、委员职务;经1月11日高速集团会议研究决定,免去:胡雪峰山西吕梁环城高速公路管理有限责任公司副董事长、董事职务。提名解聘:胡雪峰山西吕梁环城高速公路管理有限责任公司副总经理职务。

1月13日 高速集团与山西东奥律师事务所签署法律顾问服务合同书。

同日 高速集团平榆公司召开2020年年终考核暨经营业绩考核工作安排部署会。

1月14日 高速集团向交控集团上报2020年项目投资完成情况报告和2021年投资计划报告。

1月19日 高速集团安排机关全体共计125名工作人员进行核酸检测。

同日 交控集团工委授予高速集团平榆公司平遥南服务区"环境整治、服务提质"劳动竞赛先进集体称号(晋交控工会发〔2021〕4号)。

1月21日 高速集团组织召开民主生活会。

同日 交控集团对高速集团进行2020年年度领导班子和领导人员综合考核评价工作。

同日 高速集团完成交控集团"党建年度考核"检查工作。

1月27日 高速集团吕环公司、平榆公司召开2020年度党员领导干部民主生活会,领导班子及班子成员对照检查发言,开展批评与自我批评,并做表态发言。

同日 高速集团在帮扶村左权县石匣乡马家庄村开展2021年新春慰问活动。为马家庄村318户农户发放大米、白面、食用油等节日慰问品,确保帮扶群众能够度过一个欢乐祥和的春节。

1月29日 高速集团组织召开"未巡先查、边查边改"督导检查工作会。

同日 高速集团与山西东奥律师事务所签署发行公司债券专项法律服务合同,并完成前期相关底稿资料工作。

1月28日至3月3日 为期40天的春运即将拉开帷幕。为了更好地服务广大司乘人员,高速集团所属公司多措并举,在做好常态化疫情防控同时,用心用情铺就旅客春运回家路。

是月 中下旬,高速集团对所属企业领导班子、领导人员及总部管理人员进行年度综合考核评价,同步开展党建工作目标责任制考核和选拔任用"一报告两评议"工作。

2月3日 交控集团文明委对2019—2020年度山西交控集团精神文明创建先进单位进行表彰,高速集团获首批“文明单位”称号，并顺利通过国资委省属企业文明单位测评工作。

同日 高速集团太原公司取得工会法人资格证书，2月25日开立公司工会基本存款账户，具备单独核算条件。

2月7日 高速集团召开一届三次职代会暨2021年工作会议、2021年党的建设和党风廉政建设工作会议。

2月10日 高速集团按照省国资委、交控集团《关于做好2020年企业年度工作报告填报工作有关事宜的通知》要求，精心组织、统筹安排，圆满完成2020年年报编写工作并上报交控集团。

2月25日 高速集团与交通物流集团就山西交通研创商务基地项目二期工程合作投资开发事宜召开工作对接会。

3月1日 高速集团召开2020年度党委书记抓基层党建述职评议考核会议，党委书记、董事长刘胜出席会议并讲话，党委副书记、副董事长、总经理王敏主持会议，集团领导班子成员及机关各部室负责人、所属企业党委书记及党务部门负责人参加会议。

同日 高速集团大成公司邀请山西交研科学实验工程有限公司技术人员对一线收费部门综合业务技能进行培训，围绕业务知识、操作技能、特情处置开展知识、理论和技能提升活动，为一线收费工作夯实基础。

3月2日 省国资委发布《关于命名2019—2020年度山西省省属企业精神文明创建先进集团和个人的决定》。在国资委、交控集团精心指导下，高速集团及所属平榆公司获“省属企业文明单位”称号。

3月4日 上午，高速集团与汽运集团隆重举行高速新能源利用项目合作框架协议签约仪式。交控集团党委副书记、副董事长、总经理武艺，高速集团党委书记、董事长刘胜，华远国际陆港集团总经理助理，山西汽运集团党委书记、董事长王均国出席并致辞。高速集团党委副书记、副董事长、总经理王敏与汽运集团党委副书记、副董事长、总经理陈树海代表双方签约。

3月5日 高速集团与太旧高速公司成功举行高速闲置土地利用项目合作框架协议签约仪式。与临汾南高速公司举行合作会谈，双方初步达成合作意向。高速集团在发展高速沿线物流综合服务，建设LNG加气站、加油站、充电桩等领域与山西汽运集团、太旧高速公路公司等进行合作，是合作各方优势互补、抱团开发、合作发展的有益尝试，是盘活现有资源、培育新兴业态，大力发展衍生、复合、跨界、叠加业务的一次有益探索。

3月8日 上午，高速集团举办以“魅力巾帼·花漾生活”为主题的庆“三八”插花活动。本次活动特邀专业花艺老师前来指导，集团机关全体女职工参加本次活动。

3月10日 交控集团授予高速集团平榆高速监控指挥中心“2021年度巾帼先进集体”称号，梁海琴、贾蓉蓉“2020年度巾帼先进个人”称号（晋交控工会发〔2021〕17号）。

3月14日 为贯彻落实交通运输部、交控集团关于开展ETC服务提升专项调研工作的决策部署，确保ETC服务提升专项调研工作有效实施，高速集团要求各所属公司加强组织领导，认真开展ETC服务提升调研工作，确保如期完成各项工作任务。

3月15日 高速集团太原公司新取得石油化工工程施工总承包叁级、城市及道路照明工程专业承包三级2项建筑业企业资质证书。至此，太原公司具有11种专业17项建筑企业资质和4项行业许可证书。

3月26日 交控集团党委委员、纪委书记、监察专员焦军一行深入高速集团平榆公司调研，并为平榆公司班子成员和有关党员干部就党史学习教育进行宣讲。

4月2日 交控集团工委授予高速集团平榆公司宝塔山隧道管理站、吕环公司大武收费站收费一班、大成公司繁峙西收费二班“安康杯”劳动竞赛优胜班组称号（晋交控工会发〔2021〕24号）。

4月13日 副省长韦韬到高速集团朔神高速建设项目调研，省交通运输厅、朔州市相关领导陪同调研。

同日 在第六个全民国家安全教育日来临之际,高速集团机关及所属各公司认真组织开展以“践行总体国家安全观,统筹发展和安全,统筹传统安全和非传统安全,营造庆祝中国共产党成立100周年良好氛围”为主题的2021年全民国家安全教育日反恐怖宣传教育活动。

同日 省交通运输厅一级巡视员李贵顺,厅总工程师高新文,厅建管处处长武建勇一行深入朔神高速公路施工现场开展调研工作,朔神公司项目负责人王小龙及领导班子成员陪同检查。

4月15日 高速集团吕环公司被交控集团评为“2020年度抗击新冠肺炎疫情先进单位”。

4月19日 省总直属基层工会授予高速集团机关工会“争当最美劳动者 争创最美劳动集体”获奖集体;授予高速集团朔神公司王小龙“争当最美劳动者 争创最美劳动集体”获奖个人(晋工直属基层〔2021〕27号)。

4月22日至23日 高速集团组织所属平榆、吕环、大成公司相关业务骨干参加由中国公路学会在苏州国际博览中心主办的以“转型、优化、提升”为主题的第二十三届中国高速公路信息化大会暨技术产品展示会。

4月25日 交控集团党委第一巡察组召开巡察高速集团党委工作动员会。巡察组组长田冬作动员讲话,对做好巡察工作提出要求。高速集团党委书记、董事长刘胜表态发言,会议由党委副书记、副董事长、总经理王敏主持。

4月28日 高速集团工会和团委联合举办2021年度“学党史、强信念、跟党走”主题演讲比赛。比赛充分展现高速集团职工特别是广大团员青年听党话、跟党走的坚定信念和执着、坚韧、追求的精神品格,激励广大职工为实现高质量发展建功立业,以优异成绩迎接中国共产党成立100周年。

4月29日 高速集团召开纪念五四运动102周年表彰大会和团委一届三次全体(扩大)会议。专职党委副书记、副董事长、副总经理刘子兴应邀出席会议,集团机关及所属公司团干部、团员青年代表参加会议。会议对过去一年中涌现出的3个先进集体和26名先进个人进行表彰。

5月7日 按照省交通运输厅、交控集团交通战备办安排部署,高速集团大成公司为解放军某部野营拉练途经服务区全力做好休整保障服务,公司第一时间启动预案,专门部署,提前安排相关人员规划停车场地,疏导过往车辆,提供住宿条件,为人民子弟兵创造良好休整环境。

5月11日 高速集团在《山西日报》上完成刊登山西潞安能源交通投资有限责任公司注销清算公告。

5月13日 根据山西交控智能创新股权投资合伙企业(有限合伙)2020年利润分配方案,高速集团收到交控智能创新基金2020年全年分红共计450万元。

5月18日 高速集团召开干部大会,大会由专职党委副书记、副董事长、副总经理刘子兴主持,交控集团专职党委副书记、副董事长、副总经理刘宏武,党委组织部部长郝左军出席会议。会议宣布交控集团干部调整决定:

经2021年4月30日交控集团党委会议研究,决定:免去王敏高速集团党委委员、党委副书记职务。周世俊任高速集团党委委员、党委副书记。

经2021年4月30日交控集团会议研究,决定:免去王敏高速集团董事、副董事长职务。提名解聘王敏高速集团总经理职务。牛铮任高速集团外部董事。周世俊任高速集团董事、副董事长,提名为高速集团总经理。

5月19日 高速集团组织本部及所属单位职工接种新冠疫苗,共计接种180人。

5月20日 高速集团积极推进加气站建设,完成5个加气站项目可研、风控报告,正在抓紧做法律意见书和专家评审意见报告,提交党委会研究、董事会决策后,上报交控集团。

同日 高速集团根据第九届“书香三八”读书活动安排,结合全集团正在开展的党史学习教育活动举办“光辉百年,书香传承”为主题的阅读(朗读)分享活动,向中国共产党成立100周年献礼。

5月26日 经高速集团董事会2021年第8次

会议审议,决定:聘任周世俊为高速集团总经理,不再聘任王敏的高速集团总经理职务。

5月29日 高速集团山西高速·诺德珑园项目举办开工仪式。

6月1日 为了隆重庆祝中国共产党成立100周年,高速集团机关工会以“永远跟党走”为主题,在全集团先后开展歌咏比赛、主题征文、党史知识竞赛、书画摄影手工制作展、党员故事短视频征集、羽毛球和乒乓球等职工文体活动。

6月上旬 高速集团党委副书记、副董事长、总经理周世俊与集团相关领导和有关部室负责人,先后赴平榆、朔神、交融等8家所属公司开展工作调研,通过看现场、听汇报、问情况等方式,实地了解和掌握各公司生产经营状况。在调研过程中,周世俊充分肯定各公司取得的成绩,并对各公司生产经营和改革发展进行具体探讨。

6月15日 高速集团大成公司繁峙西站被山西交控集团授予第二批“妈咪小屋”称号(晋交控工会发〔2021〕51号)。

6月17日 高速集团组织全体党员前往吕梁兴县蔡家崖晋绥边区革命纪念馆进行党史学习教育主题活动。活动立足新起点和新征程,以“缅怀先烈、牢记党恩、献身使命”为主题,依托蔡家崖红色资源,重温党的光辉历史,推进红色基因传承,使高速集团党史教育不断走向深入,切实增强党员干部理想信念。

6月28日 高速集团文明委组织广大党员干部群众开展“学党史传承红色基因 献热血牢记初心使命”无偿献血活动,采血37人,献血量达14200毫升。

6月30日 高速集团隆重举行2021年“七一”表彰大会,庆祝中国共产党成立100周年,对涌现出的优秀共产党员、优秀党务工作者及先进基层党组织进行表彰。党委书记、董事长刘胜出席会议并讲话,党委副书记、副董事长、总经理周世俊主持会议。

同日 山西省总工会直属基层工会工作委员会授予山西吕梁环城高速公路管理有限责任公司“路产维护站最美劳动集体”称号(晋工直属基层〔2021〕9号)。

7月1日 高速集团吕环公司信义收费站刘少莹在交控集团庆祝中国共产党成立100周年廉政书法剪纸活动中,获得剪纸类优秀奖(晋交控纪发〔2021〕11号文件)。

7月2日 高速集团董事会批复同意太原公司修订公司章程,修订后增加机电设备生产、销售;电力设备生产、销售;计算机软件开发、销售;园林绿化;沥青销售;建筑材料销售;汽车租赁;电力供应;地下水取水服务;原水供应服务;自来水供应;洗车等12项营业项目。

7月5日 高速集团召开职工合唱团排练启动仪式。出席本次启动会的有专职党委副书记、副董事长、副总经理刘子兴,集团副总经理刘珍平,集团所属各公司相关领导及工会负责人。

7月6日至7日 高速集团党委书记、董事长刘胜一行深入朔神高速项目调研指导工作。刘胜一行先后与朔州市副市长,神池县委书记、县长就加快项目建设、征迁工作进行深入交流洽谈,深入工地详细了解项目工程进度和工程质量、安全、环保等管控情况以及现阶段存在的困难与问题,召开座谈会并听取朔神公司关于项目整体推进情况汇报,对项目建设下一步工作提出具体要求。

7月12日 高速集团召开交控集团党委第一巡察组巡察情况反馈会,交控集团党委巡察工作领导小组成员、党委办公室主任张晓东,交控集团纪委、监察专员办第一纪检监察副主任岂永强,第一巡察组组长田冬,副组长王旭东、高保旺及巡察组相关工作人员,高速集团领导班子成员,中层以上管理人员参加会议。会议由党委副书记、副董事长、总经理周世俊主持,党委书记、董事长刘胜作表态发言。

7月14日 高速集团召开2021年度上半年经济运行分析会,听取所属各企业上半年经济运行情况汇报,总结高速集团及所属各企业上半年经济运行情况,分析存在问题,安排部署下阶段经济运行工作。

同日 高速集团党委召开党委(扩大)会议,专题研究部署推进巡察反馈问题整改工作。

7月16日 高速集团党委召开对照“三清单”问题整改推进会。领导班子成员、各部门负责人参加会议。

7月19日 高速集团召开第一次巡察反馈问题整改领导组办公室会议,传达交控集团巡察组对“三清单”内容提出的具体要求。

7月23日 高速集团参加宁波保税区三晋国投股权投资基金合伙企业(有限合伙)2021年第一、二次合伙人会议。审议相关事项,对结构调整、基金日常管理、协议条款提出修改意见,有效维护高速集团利益。

7月26日 高速集团在交控集团庆祝中国共产党成立100周年职工合唱展演(赛)中取得第一名的好成绩,喜获金奖。

同日 高速集团交融公司变更公司经营范围。

7月29日 高速集团召开第二次巡察反馈问题整改领导组办公室会议,重点传达专题民主生活会会议相关要求及明确整改资料模板。

同日 高速集团参加晋商信用增进投资股份有限公司2020年度股东大会,以记名投票表决方式通过五项议案。

7月30日 高速集团纪委组织召开2021年上半年纪检工作会。党委委员、纪委书记高进才出席并讲话,所属各公司纪委书记、副书记和纪检室负责人,以及集团纪委全体工作人员参加会议。

同日 高速集团纪委组织召开巡察整改纪检系统廉政提醒谈话会。党委委员、纪委书记高进才围绕巡察反馈问题涉及纪检系统相关问题,与集团系统全体纪检人员进行廉政提醒谈话。

同日 高速集团召开迎“八一”复转军人慰问座谈会,专职党委副书记、副董事长、副总经理刘子兴和副总经理刘珍平出席会议并讲话,党委组织部负责人、集团6名复转军人代表参加会议。

8月2日至4日 高速集团在山西社会主义学院举办2021年度“基层党支部书记轮训班”。专职党委副书记、副董事长、副总经理刘子兴、山西社会主义学院副院长王朝晖出席开班仪式并讲话,各基层党支部书记、所属公司党务部门负责人、集团总部党务工作骨干等共计45人参加培训。

8月5日 高速集团房地产公司取得建筑工程施工许可证。

8月6日 高速集团纪委召开巡察反馈问题整改工作督导会和推进会。

8月11日 高速集团召开2021年安委会第三次全体(扩大)视频会议,会议主要内容是传达落实山西交控集团安委会第三次全体(扩大)会议暨应急演练现场观摩会议精神,总结上半年安全生产工作开展情况,分析研判当前面临的安全形势,安排部署第三季度安全生产和疫情防控工作。

8月26日 高速集团房地产公司与山西五建集团有限公司、山西八建集团有限公司分别签订建设工程施工合同。

8月27日 高速集团房地产公司正式下达项目开工指令。

同日 高速集团纪委组织召开党风廉政建设和反腐败协调小组专题会议暨推进部门联动监督工作会。党委委员、纪委书记高进才出席会议并讲话。

8月30日 高速集团交融公司投资建设LNG加气站获得交控集团批复。

是月 高速集团再建3个“妈咪小屋”。至此,全集团共建“妈咪小屋”8个。

9月6日 高速集团召开干部大会,党委书记、董事长刘胜主持,党委副书记、副董事长、总经理周世俊宣读交控集团党委任免决定。

经2021年8月29日交控集团党委会议研究,决定:郭强任集团公司党委委员。免去刘子兴集团公司党委委员、专职党委副书记职务,张补才、温智勇集团公司党委委员职务。

经2021年8月29日交控集团会议研究,决定:提名聘任郭强为高速集团副总经理;提名张显任高速集团、监理集团外部董事;刘子兴任养护集团、监理集团外部董事;张补才任路桥集团、养护集团外部董事;温智勇任养护集团、监理集团外部董事;王敏任交科集团、交控置地公司外部董事。免去刘子兴高速集团董事、副董事长职务。提名免去刘子兴、张补才的高速集团副总经理职务;温智勇高速集团副总经理、总工程师职务。

9月7日 高速集团太原公司取得实用新型专利证书2项(一种公路用路面切割装置、一种电力用电缆切割装置)。

9月9日 高速集团太原公司取得2项计算机软件著作权登记证书(公路路面改造工程BIM信息化管理系统、收费站及隧道UPS、EPS装置网络化智能监护平台)。

9月13日 交控集团运营管理检查组到高速集团大成公司,对第三季度运营管理情况进行监督检查。检查组依照评分标准,通过查看现场和查验相关印证材料,对路政队、收费信息部、服务区、路产维护站文件流转情况、稽核业务管理等工作作出客观评价,并对需改进的地方提出指导意见。

同日 交控集团对高速集团交融公司LNG加气站项目进行批复,交融公司已具备招标条件,加气站建设项目以EPC总承包的方式进行公开招标。

9月14日 高速集团召开企业治理结构改革工作例会暨职业技能提升工作推进会。

9月21日 高速集团太原公司取得发明专利证书1项(一种小型桥梁养护用裂缝修复加固装置)。

9月22日 经高速集团公司董事会2021年第15次会议审议,决定:同意聘任郭强副总经理职务,同意解聘刘子兴、张补才副总经理职务,同意解聘温智勇副总经理、总工程师职务。

9月26日 高速集团参加交控集团合规管理体系建设暨试点工作启动会,高速集团被选为7家合规试点单位之一。

9月27日 高速集团党委副书记、副董事长、总经理周世俊会同交科院集团相关领导及特邀专家到平榆高速K578+840~K578+940水文地质灾害导致路面沉降应急处治施工现场查看处治情况,并召开专题会议对应急处治施工方案及施工周期进行研究讨论。

9月29日 交控集团党委副书记、副董事长、总经理武艺在安全总监李新杰、党委办公室主任张晓东、运营部高级专员赵凯、宣传部主管李端陪同下,亲临平榆高速水文地质灾害现场督导应急抢险工作,慰问抢险保通一线干部职工。同时,视察平榆高速云竹湖服务区疫情防控工作。高速集团党委副书记、副董事长、总经理周世俊及相关部门人员陪同视察。

9月29日至30日 高速集团党委委员、副总经理郭强带领工程、安全相关部门负责人赴朔神公司对节假日期间安全生产工作进行督导检查。

10月9日 省交通运输厅党组成员、副厅长王晋,总工程师高新文,交控集团副总经理谢鹏远、部长赵凯,高速集团董事长刘胜、总经理周世俊到平榆高速K578+840~K578+940水文地质灾害导致路面沉降应急处治施工现场督导处治工作。

10月11日 高速集团太原公司取得计算机软件著作权登记证书6项(高速公路电力线路远程智能监控系统、高速公路直流系统智能监管平台、日常巡检高速公路机电设备系统、高速公路隧道消防实时监控灭火系统、在建高速公路电力工程建设全过程信息应用平台、山西省高速公路集团太原公司集控管理中心平台)。

10月13日 省交通运输厅党组成员、省纪委监委驻厅纪检监察组组长王建业,路网处处长高保全,交控集团纪委副书记赵雨兵,运营管理部部长韩昱到平榆高速K578+840~K578+940水文地质灾害导致路面沉降应急处治施工现场督导处治工作,并召开专题会议。

同日 高速集团开展"我为群众办实事——民法典现场法律咨询活动"。山西东奥律师事务所指派四位长期从事民商事方面法律工作、经验丰富的律师助力此次活动。

10月15日 交通运输部抢险救灾和灾后恢复重建督导调研组周荣峰一行到平榆高速K578+840~K578+940水文地质灾害导致路面沉降应急处治施工现场调研督导工作。

10月18日 高速集团党委书记、董事长刘胜深入朔神项目沿线调研并召开项目建设推进会。党委副书记、副董事长、总经理周世俊,党委委员、副总经理郭强,相关部室负责人、朔神公司领导参加沿线调研及会议,各建设单位、监理单位等负责人参加推进会。

10月26日 高速集团召开安委会第四次全体(扩大)会议、国企改革三年行动推进会、2021年第三季度经济运行分析会,党委书记、董事长刘胜出席会议并讲话。

11月1日 交控集团召开传达贯彻山西省第十二次党代表大会精神视频会议,高速集团设立分会场,集团领导、机关中层及以上干部、所属各企业主要负责人参加。

11月2日 交控集团建设管理部与山西交院试验检测有限公司相关人员共同组成检查组,对高速集团朔神项目全线路基、桥梁、隧道等质量指标进行全面检测,对项目建设情况进行摸底,并督促各参建单位落实项目建设主体责任。

11月5日 高速集团召开专题会议,安排汛后水毁隐患排查治理和地质灾害防治工作,党委委员、副总经理郭强出席会议并讲话,安监部长主持会议,所属各公司分管安全领导及安监部门负责人20余人参加会议。

11月15日 为进一步帮助洪涝受灾地区职工渡过难关,高速集团工会在全集团范围组织开展"送温暖、献爱心"社会捐助活动,捐款人数778人,捐款共计28640元。

11月16日 为切实提高广大干部职工安全意识,从源头上预防和减少酒驾、醉驾等违纪违法行为,高速集团吕环公司纪委以"我为群众办实事"活动为契机,邀请吕梁市公安局交警支队宣传科民警走进公司开展2021年度酒驾醉驾违纪行为暨交通安全专题讲座。

11月25日 交控集团干部考察组到高速集团平榆公司组织民主推荐交控集团中层副职人选。平榆公司领导班子、中层管理人员及职工代表参加干部大会、推荐谈话。

11月30日 高速集团将工会组织隶属关系从"省直属基层工委"转至交控集团工会。

12月6日 高速集团召开常年法律顾问年度工作总结座谈会。集团领导、总经济师吕静伟,常年法律顾问团队、法律事务部工作人员参加会议。常年法律顾问(东奥律师事务所)李飞律师就一年来集团法律服务工作情况作了汇报。

12月11日 交控集团党委书记、董事长袁清茂一行到高速集团朔神项目调研指导工作并召开座谈会。省交通运输厅一级巡视员李贵顺,朔州市副市长何向荣,交控集团副总经理贾勇、杨志贵等领导参加调研和座谈,高速集团党委书记、董事长刘胜,党委副书记、副董事长、总经理周世俊,副总经理郭强陪同调研。

12月14日 高速集团组织召开吕环公司标志提升专项工程,2021年路面、桥面病害处置专项工程,2021年桥梁隧道维修加固工程,离石东服务区B区改造及更换管道工程,离石东服务区修建排污管道工程竣工验收会议,专家组(吕梁南高速公路有限公司、吕梁市交通运输局、高速集团太原有限责任公司、山西省交通规划勘察设计院、山西交通建设监理咨询集团有限公司)、业主单位及参建单位代表参加会议。验收期间,验收委员会专家、委员认真审阅工程建设有关文件和竣工验收资料,听取建设、设计、施工、监理、运营单位关于工程建设、管养情况汇报,对专项工程进行实地察看,经竣工验收委员会综合评价,专项工程顺利通过竣工验收。

12月15日 高速集团召开"全面建设清廉国企"专题民主生活会。交控集团党委副书记、副董事长、总经理武艺等到会指导。高速集团党委书记、董事长刘胜主持会议。

同日 交控集团党委副书记、副董事长、总经理武艺深入高速集团就中共十九届六中全会及省第十二次党代会精神作专题宣讲。高速集团党委书记、董事长刘胜主持会议。

12月16日 中国交通企业管理协会召开2021年法律年会暨全国交通企业法律大会,高速集团被评为第七届全国交通运输企(事)业法治先进单位。

12月23日 高速集团党委书记、董事长刘胜宣布交控集团党委对集团领导班子调整的决定:

经2021年11月26日山西交控集团党委会议研究决定:高进才任高速集团专职党委副书记,刘珍平任高速集团党委委员。

经2021年11月26日山西交控集团会议研究，决定提名李文胜为高速集团副总经理，提名解聘吕静伟的高速集团总经济师职务，李文胜的高速集团总会计师职务。

经2021年12月23日高速集团会议研究决定：免去周世俊太原公司监事职务，马冬梅任太原公司监事；

免去杨子倩平榆公司监事职务，马冬梅任平榆公司监事；

李吉祥任交融公司外部董事、太原公司外部董事、房地产公司外部董事，解聘李吉祥集团总经理助理职务；

常增康任太原公司、房地产公司外部董事；

许宏任太原公司、房地产公司外部董事；

郭桂成任交融公司、房地产公司外部董事；

李琼任太原公司外部董事；

张建雄任太原公司外部董事、朔神公司外部董事、房地产公司外部董事，免去张建雄大成公司党委委员职务，提名解聘其大成公司副总经理职务。

12月24日 高速集团召开工会第二届会员代表大会。专职党委副书记、纪委书记高进才，党委委员、副总经理刘珍平，46名工会会员代表参加会议。

12月27日 中共山西省高速公路集团有限责任公司委员会党员大会在省交通干部学校召开。会议由高速集团党委副书记、副董事长、总经理周世俊主持。会议审议通过党委工作报告、纪委工作报告和党费收缴、使用和管理情况报告，选举产生中共山西省高速公路集团有限责任公司第一届委员会委员和纪律检查委员会委员，召开集团党委第一届第一次会议及集团纪委第一届第一次会议，选举产生党委书记、副书记；纪委书记、副书记。

12月30日 高速集团为三名省劳模申报2022年春节慰问金。

同日 高速集团召开安全生产风险隐患大排查大整治“百日攻坚”行动专题会，就下一步安全防范及疫情防控工作做出具体安排。

（资料提供：雷 倩）

山西交通科学研究院集团有限公司大事记

1月6日 山西交通科学研究院集团有限公司（以下简称“交科集团”）承担的呼北国家高速公路山西省朔城至神池段预算及附属工程的施工图设计获省交通运输厅批复。批复函号：晋交审批发〔2021〕8号。

同日 交科集团承担的运三高速三门峡公铁黄河大桥连接线预算及附属工程的施工图设计获省交通运输厅批复。批复函号：晋交审批发〔2021〕9号。

1月20日 交科集团所属省交通研发公司完成4项省交通厅科技项目验收。其中：“高强钢纤维混凝土路面结构分析与设计方法研究”达国际领先水平；“重交通薄层沥青复合式路面结构与材料协同研究”和“路面抗滑性能衰变机理（规律）及防治措施研究”达国际先进水平；“环保型彩色路面技术开发”达国内领先水平。

1月22日 交科集团所属省交通设计院公司高新技术企业在科学技术部火炬高技术产业开发中心备案。

是月 交科集团成功申报建筑工程施工总承

包三级、市政公用工程施工总承包三级、机电工程施工总承包三级、城市及道路照明工程专业承包三级资质。

是月 山西省省属企业精神文明建设指导委员会授予交科集团所属省交通新技术公司“2019—2020年度山西省省属企业文明单位”称号。

是月 交科桥梁附件公司、交科节能环保公司通过高新技术企业认定。

1月25日 经省市场监督管理局批准，山西省地方标准《旅游公路设计技术指南》(DB14/T 2266—2021)正式发布。该标准由省交通运输厅提出并监督实施，交科集团所属省交通设计院公司、交通运输部公路科学研究所、北京交科公路勘察设计研究院有限公司联合起草，4月25日起实施。

1月27日 由交科集团所属省交通设计院公司设计的阳城电厂至晋城市区集中供热项目隧道工程贯通，晋城市副市长、市政府秘书长等领导参加隧道贯通庆祝仪式。

2月4日 交科集团所属省交通研发公司完成2项山西省交通运输厅科技项目验收，其中认定“基于侧向约束法的既有黄土路基加固技术研究”成果达国际先进水平。

2月7日 山西省属企业精神文明建设指导委员会下发《关于命名2019—2020年度山西省省属企业精神文明创建先进集体和个人的决定》，交科集团所属省交通研发公司获“文明单位标兵”称号。

2月24日 副省长王一新在交控集团进行专题调研，并在交科集团实地察看创新发展成果。交科集团自主研发的安全环保特种路面、交通智能装备、交通机电软件、交通安全产品，以及承担的智能网联重载货运车路协同发展项目等“六新”成果受到高度评价。

3月3日 山西省土木建筑学会印发《关于山西省第十六届“太行杯”土木建筑工程大奖评审结果的通知》，交科集团所属省交通设计院公司完成的“省界杨树庄至白泉公路改建工程隧道机电工程”项目获山西省第十六届“太行杯”土木建筑工程大奖。

3月10日 山西省人民政府印发《关于2019年度山西省科学技术奖励的决定》(晋政函〔2021〕51号)，交科集团所属省交通设计院公司参与完成的“加筋土结构性能提升关键技术研究与应用”获得2019年度山西省科技进步奖一等奖。

同日 交科集团所属交通研发公司获得山西省科学技术奖8项，其中，山西省科技进步一等奖1项，二等奖2项，三等奖1项；山西省技术发明一等奖1项，二等奖2项，三等奖1项。

3月11日 交科集团董事长樊英华一行深入省交通研发公司开展高层次人才工作调研，公司领导及博士代表们参加调研座谈会。樊英华与博士代表们对交科集团在高层次人才引进、体制机制创新、团队建设及优化人才发展环境方面进行深入交流。

同日 交科集团成功中标太原市轨道交通发展公司科研课题“液化地层条件下地铁结构抗震性能评价及防控研究”。项目总金额377.7460万元，项目研究周期三年。

3月15日 广东省档案局审核同意授予2020年度“广东省重大建设项目档案金册奖”。交科集团所属省交通设计院公司参与设计的汕(头)湛(江)高速公路云浮至湛江段及支线工程被授予2020年度“广东省重大建设项目档案金册奖”，广东省有8个建设项目档案达到标准。

3月19日 省政府第103次常务会议通过交科集团参与编制的《山西省省道网规划(2021—2035年)》。本规划以落实国家综合立体交通网“6轴、7廊、8通道”主骨架布局为导向，布局全省高速公路网和普通国省道网。

3月24日 山西省质量技术监督局在交科集团所属省交通研发公司召开山西省地方标准《公路桥墩动测技术规程》和《黄土冲沟区桥梁排水系统设计指南》送审稿验收评审会。与会专家听取课题组编制情况汇报，对标准征求意见稿进行审查，提出审查意见，一致同意通过审查。

3月30日 交控集团专职党委副书记刘宏武赴交科集团所属省交通新技术公司调研。在第二党支部，刘宏武听取党支部建设、党建项目化、党史教育开展情况及公司"四新"技术研发情况汇报，对省交通新技术公司取得的成绩特别是党建项目化成果给予充分肯定。

3月31日 交科集团自主研发的ETC智能快速检测系统研制成功，该系统是国内首台针对ETC检测的全自动化检测装备。该系统的成功研发革新现有ETC检测技术手段，提升全国交通检测装备水平。

是月 重大基础设施"天—地"一体多源感知关键技术研发与应用获得山西省技术发明一等奖。

是月 隧道智能检测系统研发及工程应用获得山西省技术发明二等奖。

是月 一种低温下性能稳定的改性煤沥青及其制备方法获得山西省技术发明二等奖。

是月 重交通连续配筋混凝土复合沥青路面关键技术研究获得山西省科技进步二等奖。

是月 筑路用高模量硬质颗粒沥青的制备及应用获得山西省科技进步二等奖。

是月 一种冷再生用沥青乳化剂及其制备方法获得山西省技术发明三等奖。

是月 先简支后连续预应力混凝土曲线梁桥设计及施工适应性研究获得山西省科技进步三等奖。

4月1日 交科集团所属省交通研发公司承担的省交通运输厅建设项目"沥青混凝土桥面铺装病害预警技术研究"通过省交通厅组织的验收。该项目达到"国际先进"水平。

4月8日 交科集团承担的汾阳至石楼高速公路初步设计项目顺利通过省交通运输厅组织的外业验收及初步设计专家审查。

4月16日 交科集团举办2021年第一期交科大讲堂。会议主题为：交流学习促提升、聚焦"六新"谋发展。

同日 下午，交科集团举办2021年第一期"交科沙龙"。本次座谈会邀请同济大学交通运输工程学院4位教授、山东高速信息集团有限公司7位专家，对已建成的山西智能网联重载货运车路协同科研实验路段的未来面向自动驾驶和网联车辆测试示范，以及如何推进智慧交通新兴前沿领域创新和产业化、培育壮大智慧交通产业链的商业化运营模式等方面展开深入讨论。研发公司各部门科研技术骨干30余人参加座谈。

4月12日至13日 交科集团承担的108国道襄汾至曲沃至侯马过境改线工程初步设计顺利通过省公路局组织的外业成果核查及技术方案论证。

4月12日 交科集团所属省交通研发公司主持编制的《晋阳高速公路改扩建工程路堑高边坡、桥梁和隧道工程施工安全总体风险评估》咨询项目顺利通过评审，为晋阳高速改扩建施工组织开展提供指导依据，为公司后续生产积累丰富经验。

同日 交科集团所属省交通设计院公司承担的隰县至吉县高速公路预算及古城村遗址改建、附属工程施工图设计获省交通运输厅批复。批复函号：晋交审批发〔2021〕86号。

4月20日 由交科集团所属省交通设计院公司承担前期工作的青银二广高速公路太原联络线举行现场办公推进会。省委常委、太原市委书记罗清宇出席，省交通运输厅党组书记、厅长赵建平主持。晋中市委书记吴俊清，太原市委副书记、市长张新伟讲话，省交通运输厅党组成员、副厅长王四小介绍项目进展情况。交控集团党委书记、董事长袁清茂，太原市领导刘鹓、李军，晋中市领导鹿建平、郝向明参加。公司董事长黄仰收、主持工作副总经理甄俊杰陪同调研。主持工作副总经理甄俊杰结合规划展板向各位领导详细介绍项目总体规划、路线方案、技术标准、工程规模等情况。

同日 新疆维吾尔自治区交通运输厅印发《关于2020年度"聚焦总目标 当好主人翁 建功新时代 奋斗强交通"主题劳动和技能竞赛优胜单位（集体）、优胜个人的通报》（新交发〔2021〕38号），交科集团所属省交通设计院公司获"交通强国新疆智库服务品质竞赛优胜单位"，西北分院杜荣生、刘喜春获"交通强国新疆智库服务品质竞赛优胜个人"。

4月22日 交科集团国家青年基金项目"并联式车载稳定平台机构综合及其在非惯性系中的耦合动力学研究"通过验收。

4月26日 交科集团所属省交通研发公司承

担的省交通运输厅科技项目“桥梁运维数据库建设与跨库融合技术研究”通过验收,该项目成果达国际先进水平。

4月27日 中华全国总工会授予黄土地区公路建设与养护技术交通行业重点实验室等1297个集体“全国工人先锋号”称号。作为公司乃至全省交通运输系统一张名片,黄土实验室于2009年12月9日获批建设,已有12个年头。其间,研究成果先后获国家科技进步二等奖1项,省部级科技进步一等奖11项、二等奖42项。

4月29日 交科集团所属省交通研发公司承担的省交通运输厅科技项目“氯盐类融雪剂对公路基础设施、路域生态环境的影响评价与防治技术研究”通过验收,成果达国际先进水平。

同日 交科集团所属省交通设计院公司承担的汾阳至石楼高速公路初步设计获省交通运输厅批复。批复函号:晋交建管发〔2021〕119号。

5月1日 交科集团成功获批特种工程(结构补强)专业承包资质(不分等级)。

5月11日 交科集团所属省交通设计院公司安全用电QC小组完成的《提高服务区电气火灾报警准确率》QC成果获山西省工程建设(勘察设计)优秀QC小组二等奖;估算编制QC小组完成的《提高估算编制效率》、高速建筑QC小组完成的《高速公路服务区光伏窗零碳设计》QC成果获山西省工程建设(勘察设计)优秀QC小组三等奖。

5月14日 交科集团所属省交通研发公司组织党员代表、团员青年赴山西国民师范旧址革命活动纪念馆参观学习,开展“学习百年党史,追寻红色记忆”主题党史学习教育活动,寻觅红色足迹,感悟光辉历程。

5月19日 交科集团所属省交通设计院公司承担的菏泽至宝鸡国家高速公路临猗黄河大桥及引线段工程施工图设计获省交通运输厅批复。批复函号:晋交审批发〔2021〕135号。

5月25日 交科集团所属省交通研发公司道路材料研究院智能交通设备产品和道路材料产品取得6项国家知识产权商标注册证书,进一步落实科技创新和品牌化战略,强化知识产权保护。

5月26日 交科集团所属省交通检测公司获评2020年度公路水运工程试验检测AA级信用评价机构。

5月28日 交科集团所属省交通研发公司完成4项山西省应用基础研究项目验收。其中“重载条件下基于复合型裂纹扩展的钢桥焊缝疲劳性能及劣化机理研究”评审结论为“优”。

是月 交科集团工会获交控集团“模范职工之家”称号;省交通设计院公司第一公路设计院工会小组获“模范职工小家”称号。

6月2日 博士后科研工作站博士白清获得中国博士后科学基金第69批面上项目。

6月3日 交通运输部路网监测与应急处置中心处长董雷宏、部智能交通行业研发中心主任王惟锋带领“十四五”发展纲要编制工作组赴交科集团所属省交通研发公司,就“十三五”期间交通强国建设山西试点智能网联重载货运车路协同发展项目阶段性进展情况进行调研交流。

6月4日 交科集团承担的241国道阳方口至朔州段和336国道朔州至平鲁段公路改扩建工程初步设计获省交通运输厅批复。批复函号:晋交审批发〔2021〕80号。

6月8日 交科集团所属省交通设计院公司承担的呼北国家高速公路离石至隰县段预算及路面、附属工程施工图设计获省交通运输厅批复。批复函号:晋交审批发〔2021〕164号。

6月9日 交控集团专职党委副书记、副董事长、副总经理刘宏武深入基层党建联系点交科集团所属省交通检测公司第五党支部调研座谈、党课宣讲,交控集团相关部室负责人陪同。

6月15日 交科集团所属省交通研发公司取得授权专利证书6项。其中,发明专利4项、实用新型1项、软件著作1项。

6月20日至26日 安全月期间,交科集团组织所属企业积极参加交控集团举办的安全生产三级教育培训竞赛,交科集团获团体奖。其中所属企业交通质量检测公司选送的“落实安全责任、推动安全发展”和集团总部选送的“安全风险辨识评估管控办法”培训课件获交控集团三级教育培训竞赛课件公司级奖励，所属企业交通科技研发公司选送的“LED生产车间安全培训”获得交控集团三级教育培训竞赛课件班组级奖励。

6月22日 全省“两优一先”表彰大会在太原隆重召开。交科集团所属省交通研发公司党委副书记、副董事长、总经理张军参加表彰大会并获“全省优秀共产党员”称号。

6月24日 交科集团专职党委副书记、副董事长李富林一行到省交通研发公司进行党建工作专题调研，其间专项考察第三党支部党建情况，此外调研公司科研业务开展成果，参观6号楼结构实验室，观摩桥梁与隧道工程研究院自主建设的桥隧智慧管控平台。

6月28日 交控集团专职党委副书记刘宏武赴交科集团现场督导检查安全生产工作，并深入党支部工作联系点交科集团交通建设工程质量检测中心第五党支部调研。刘宏武先后到交科集团园区桥梁结构实验室，交通建设工程质量检测中心沥青室、力学室、化学试剂库和机电检测实验室，与相关技术人员亲切交谈，详细了解业务开展情况，新技术、新装备应用及化学试剂安全管理和领用流程。在听取交科集团安全风险管控、隐患排查治理、应急救援处置等情况汇报后，刘宏武在讲话中，要求提高政治站位，把做好安全生产工作作为增强“四个意识”、坚定“四个自信”、做到“两个维护”的实际行动，把安全生产工作抓紧、抓牢、抓出实效。要科学抓好工作，突出理论指导，坚持用科学方法分析、解决问题，发挥好科技信息化手段和现代化管理手段作用，运用好先进技术，配备精良装备，持续提升安全治理体系和治理能力现代化水平。严格执行24小时值班和领导带班制度，持续抓好常态化疫情防控，全力做好防汛各项工作，推动交科集团安全生产形势持续稳定向好，为建党百年营造良好氛围。

6月30日 交科集团召开庆祝中国共产党成立100周年暨“七一”表彰大会，对“两优一先”进行表彰。

7月13日 “智慧交通山西省实验室”获批建设。实验室整合3个既有省部级创新平台，从交通基础设施数字化、交通基础设施智慧建养、交通安全与智能装备、交通大数据与车路协同等方向入手，通过科技赋能，持续提升交通基础设施服务效能，努力满足新时代下交通运输需求，不断提升民众的获得感、幸福感、安全感。

7月18日至20日 武汉大学教授张继宏一行12人应邀进行“山西高速路测光伏发电”专题调研。此次调研，将探索以“零碳交通”为目标减排创新路径，推动山西能源转型发展、落实国家双碳战略发挥积极作用。

7月17日 省政府印发《关于2020年度山西省科学技术奖励的决定》（晋政函〔2021〕98号）通知，交科集团所属省交通设计院公司完成的“特长公路隧道辅助通道设置及施工关键技术研究”获得2020年度山西省科技进步奖一等奖。

7月23日 交科集团华南区域中心在广东省中山市正式揭牌运营，交科集团副总经理申俊敏揭牌并讲话。

是月 “特长公路隧道辅助通道设置及施工关键技术研究”获山西省科技进步奖一等奖。

是月 “桥梁加固新旧材料协同受力机理研究”获得山西省科技进步奖二等奖。

是月 “大断面软弱围岩隧道变形控制与处置技术研究”获山西省科技进步奖二等奖。

是月 “基于模态分析法的宽梁桥荷载横向分布系数影响研究”获山西省科技进步奖三等奖。

是月 “湿陷性黄土结构性本构模型研究及应用”获山西省科技进步奖三等奖。

是月 “生物基复合沥青制备及微胶囊型沥青改性剂开发与应用”获山西省技术发明奖三等奖。

是月 “高性能SBS改性沥青综合稳定剂研发与应用”获山西省技术发明奖三等奖。

8月4日 交科集团所属省交通研发公司获山西省科学技术奖6项。其中，山西省科技进步奖二等奖2项，三等奖2项；山西省技术发明三等奖2项。

8月10日 交科集团所属省交通研发公司取得授权专利证书10项。其中,发明专利3项、实用新型5项、软件著作1项、外观设计1项。

8月11日 交科集团与太原科技大学就共建智慧交通山西省实验室签署企校全面合作协议。

同日 交科集团召开成本管控工作推进会,督促、检查所属企业对各项工作的完成情况,确保交科集团年度各项成本指标顺利完成。集团党委委员、副总经理潘铁主持会议。

8月13日 交科集团召开2021年上半年经济运行分析会,结合年度目标对上半年经济运行情况进行全面总结分析,对部分企业呈现的亮点和存在不足进行点评,安排部署下阶段经济运行工作。党委副书记、副董事长、总经理方锐主持会议。

8月22日 "公路下伏多层和陡倾采空区处治关键技术研究"通过省交通运输厅组织的课题验收,认为达到国际先进水平。

8月23日 交科集团所属省交通研发公司取得授权专利证书2项。其中,实用新型1项、软件著作1项。

8月25日 交科集团印发《智慧交通山西省实验室建设工作实施方案》,成立领导组,并配备专职工作人员组建专项工作组。

9月1日 交科集团所属省交通设计院公司参编《公路隧道辅助通道设计细则》《公路隧道水消防系统设计细则》《公路工程建设领域建筑信息模型(BIM)设计交付标准》《公路工程标准工程量清单及计量规范》4项地方标准获山西省市场监督管理局批准发布。

9月3日 "特重交通沥青铺面材料及病害预警技术研究"获中国公路建设行业协会科技进步奖二等奖。核心成果在吉河、神岢等高速公路铺面工程中成功应用,有效提升特重交通沥青铺面的耐久性能、抗车辙性能,减少路面养护工程次数,延长路面使用寿命,取得良好工程效果。

9月7日 副省长于英杰到交科集团调研,听取关于智慧交通山西省实验室建设情况汇报,并对实验室运行运转、目标定位、高质量发展等做出指示。

9月14日 交科集团所属省交通研发公司编制的山西省地方标准《公路工程野外勘察作业人员安全防护指南》《高速公路运营隧道突发事件应急预案编制指南》《黄土地区桥梁排水系统设计指南》发布。

9月18日 山西省勘察设计协会印发《山西省关于公布2021年度全省工程勘察、建筑设计行业和市政公用工程优秀勘察设计评选结果的通知》(晋勘设协字〔2021〕28号),交科集团所属省交通设计院公司、交科公路设计院公司设计完成的国家高速公路网青岛至兰州公路山西境长治至临汾段高速公路第CZ2合同段、晋蒙黄河大桥工程获一等奖;五台至盂县高速公路获二等奖;太长高速公路太原南收费站工程、临吉高速公路光华互通A和C匝道右侧滑坡处治工程、临汾市滨河东路贯通工程尧都区至襄汾段(襄汾境)获三等奖。

9月29日 山西省交通运输安全应急保障技术中心(有限公司)在交通科学园区成功举行揭牌仪式。交控集团安全总监李新杰和交科集团党委书记、董事长樊英华共同揭牌。交科集团总经理方锐、副总经理梅拥军参加仪式。

10月9日 副省长于英杰组织召开省实验室专题座谈会,对省实验室建设进行统一调度和部署,为智慧交通山西省实验室建设提出具体要求,指明发展方向。

10月15日 交科集团召开深化改革三年行动推进会,总结分析查找目前工作中存在的问题和不足,并对国企改革工作进行再动员、再部署。党委副书记、副董事长、总经理方锐主持会议。

10月25日 交科集团党委书记、董事长樊英华一行深入所属企业交安公司开展改革发展稳定专题调研,听取工作情况汇报,倾听一线党员干部心声,了解基层员工的操心事、烦心事、揪心事,重点围绕企业改革发展中存在的优点、缺点、盲点,逐条研究并提出对应解决方案。党委副书记、副董事长、总经理方锐,专职党委副书记、副董事长李富林一同调研。

是月 "防松脱多向变位梳齿板伸缩装置"获

2021年全省“五小”创新大赛优秀成果一等奖；“一种用于隧道衬砌加固的W形钢带+锚杆整体支护构造”获2021年全省“五小”创新大赛优秀成果二等奖。

是月 省总工会党组成员、经审委主任谭立新一行在省公路运输工会主席刘贵良、交控集团工会主席孟仁贵陪同下到交通科学园区调研。交科集团专职党委副书记、副董事长李富林及部分工会干部、劳模代表、职工代表参加此次调研。

11月4日 交科集团党委书记、董事长樊英华一行赴交科集团所属省交通设计院公司开展全方位推动高质量发展及设计质量提升专项行动调研。党委副书记、副董事长、总经理方锐，专职党委副书记、副董事长李富林，党委委员、副总经理潘铁及相关职能部门负责人一同调研。

11月5日 交科集团所属省交通检测公司顺利通过由山西转型综合改革示范区市场监督管理局组织的资质认定换证复核及扩项现场评审，检测范围由18类、102个产品、523个参数增加至25类、236个产品、2064个参数。

11月11日 交科集团党委书记、董事长樊英华一行到省交通研发公司开展全方位推动高质量发展专题调研，专职党委副书记、副董事长李富林一同调研。

11月16日 交科集团所属省交通设计院公司承担的沁水至临汾高速公路浮山至临汾段初步设计获山西省交通运输厅批复。批复函号：晋交审批发〔2021〕338号。

11月22日 交科集团与同济大学签署共建智慧交通山西省实验室合作协议。

同日 智慧交通山西省实验室聘任同济大学交通运输工程学院院长、教授凌建明为首席科学家。

同日 智慧交通山西省实验室第一届学术委员会成立大会暨第一次会议召开。会议认为实验室目标定位准确，研究特色鲜明，建设基础扎实，建设方案合理，研究方向明确，技术路线清晰，经过三年建设期，必将有力提升智慧交通领域自主创新水平，实现更多从零到一、从一到多突破，助推建设人民满意、保障有力、世界前列的交通强国。

11月26日 交科集团所属省交通研发公司1项专利“一种低温环境下桥梁加固用结构胶及其制备方法”获得山西省专利二等奖。

11月29日 交科集团与山西祥睿能源有限公司聚焦双碳目标、平台共建、绿色低碳出行，签署战略合作协议。

11月30日 交科集团所属省交通研发公司编制的《山西省农村公路“十四五”发展纲要》由省交通运输厅正式发布，为推进全省农村公路“十四五”期高质量发展提供规划保障，也标志着农村公路发展纲要编制工作顺利完成。

是月 一种低温环境下桥梁加固用结构胶及其制备方法获得山西省专利奖二等奖。

12月3日 省长蓝佛安到交控集团考察指导工作，听取智慧交通山西省实验室在发展定位、研究方向、建设目标，以及合作模式、人员构成、学术委员会组成、建设进展等方面情况汇报。

12月20日 交科集团召开第四季度经济运行分析会，会议深入分析当前经济运行态势，对当前取得的成绩给予充分肯定，对存在不足进行分析指导，研究部署下一步经济工作。党委副书记、副董事长、总经理方锐主持会议。

12月27日 省委宣传部、省文明办授予交科集团所属省交通设计院公司山西省社会主义核心价值观建设示范点称号。

同日 “危化品车辆过隧道跟踪辨识和自动警示系统 ”项目获2021年全省“五小”创新大赛优秀成果二等奖，项目是行业内首次对危化品车辆通行隧道进行系统研究，研究成果是对现有行业隧道监控系统相关研究重要补充，依托技术成果和工程应用形成行业标准，在新建和改建隧道机电工程中对技术成果进行推广。按照隧道每公里造价20万元估算，1.35万公里长大隧道技术改造创造27亿元市场规模，拥有广阔应用前景。

12月28日 省交通运输厅科技处处长张俊生为交科集团所属省交通研发公司“山西交通管理创新研究中心”授牌，标志着公司在交通运输领域政策标准、行业管理、运输服务等方面科研创新工作进入新阶段。

12月29日 交科集团党委书记、董事长樊英华，党委副书记、副董事长、总经理方锐，专职党委副书记、副董事长李富林，集团相关部门负责人一行深入省交通研发公司开展全方位推动高质量发展专题调研。

12月31日 "提高大直径灌注抗滑桩施工质量""提高桥梁伸缩装置安装合格率""消除车辆碰撞跨线桥上部结构的事故"获2021年度全国交通运输行业优秀质量管理小组优秀奖。

12月31日 交科集团技术中心通过太原市工信局、市科技局、市财政局和市税务局四部门委托第三方评估机构组织评审后，进入太原市第十八批市级企业技术中心认定名单。

是月 交科集团获交控集团2021年"书香三八"读书征文活动优秀组织奖。

（资料提供：柳锐锋）

山西交通物流集团有限公司 大事记

1月11日 山西交通物流集团有限公司(以下简称"物流集团")向国网太原供电公司提出正式用电申请，并于4月3日收悉交通研创商务基地项目增容供电方案。

1月20日 物流集团与省燃气规划设计研究院签订《城市燃气工程勘测设计合同》，并于4月27日取得中压燃气工程(主管网)设计图纸。

1月21日 物流集团交通研创商务基地一期工程初步设计得到交控集团批复。要求物流集团全权负责该项目建设管理，严格执行基本建设程序，做好开工前的各项准备工作，依法依规开展招投标，加强安全质量管控，确保建成优质、精品工程。

1月22日 物流集团2020年度领导班子和领导人员考核大会召开，交控集团行政总监、第二考核组组长赵伟带队对物流集团领导班子和领导人员进行年度考核及党建工作目标责任制考核，对物流集团中层管理人员选拔任用工作进行"一报告两评议"。党委书记、董事长张庆华代表领导班子作2020年度工作述职述廉报告，并向大会作干部选拔任用报告及人才专项报告。领导班子成员进行书面述职述廉。

2月4日 物流集团召开一届二次职代会暨2021年工作会。党委书记、董事长张庆华向大会作题为《凝心聚力谋发展 聚焦主业提效益 奋力开创物流集团转型发展新局面》的工作报告，明确要求全面提升保障和服务全省高速公路经营管理全产业链能力，大力实施"155"工程。专职党委副书记、副董事长李文平主持，会上审议2021年度集体合同及专项集体合同。

同日 物流集团2021年党的建设和党风廉政建设工作会议召开。会议总结分析2020年党的建设和党风廉政建设工作，对2021年党的建设和党风廉政建设工作进行安排部署。党委书记、董事长张庆华出席会议并讲话，纪委书记秦华国对党风廉政建设工作进行总结和部署。会议由专职党委副书记、副董事长李文平主持，集团领导出席。

3月1日 物流集团与市热力集团签订《物流中心热力站及一次网拆除工程》合同。

3月3日至11日 物流集团所属物资公司专业人员行程1万余公里，对交控集团下属16家分公司的126个维护站点机械设备使用情况进行摸排，经统计，共有常用机械1653台，低使用率设备569台，需技术改造设备63台，待报废设备215台。

3月15日 物流集团纪委主动承担交控集团廉洁管理平台试点工作，对监察对象进行摸底，健全完善59名监察对象廉洁档案，积极提供“物流经验”。

同日 物流集团所属物资公司与重庆诚邦公司举行技术交流座谈会，双方就公路沥青路面精表处成套技术推广应用进行深入交流。精表处成套技术为国内外首创，能与旧路面通过一系列物理化学反应结为一体，并形成精表处保护层，具有较好抗滑性、粘附性及使用耐久性。

3月22日 物流集团完成交通研创商务基地项目树木移植工程。

3月28日 物流集团党委书记、董事长张庆华，专职党委副书记、副董事长李文平，党委委员、副总经理陈琳一行，深入物资公司调研，并开展党史学习教育宣讲。

3月29日 物流集团党史学习教育专题会议召开。要求所属各级党组织和广大党员要深刻认识党史学习教育的重大意义，切实提高政治站位，对标对表党中央决策部署和省委及上级党委要求，学党史、悟思想、办实事、开新局。并对下一阶段的党史学习教育工作进行分解和安排。

3月30日 山西交通研创商务基地一期工程监理及施工合同签约仪式在物流集团举行，标志着项目正式进入全面实施阶段。

4月7日 物流集团与太原高速公路管理有限公司、交控集团太原高速公路分公司举行盘活高速公路低效土地合作签约仪式，三方就东社收费站、小店收费站、清徐南收费站驻地的低效土地利用事宜开展会谈并达成一致意见。

4月8日 交控集团党史学习教育督导组通过查阅资料、座谈交流等方式对物流集团党史教育工作开展情况实地督导。党委书记、董事长张庆华介绍党史学习教育工作推进情况和特色亮点。督导组组长刘志斌对物流集团开展党史学习教育活动以来所做的工作给予充分肯定，并就下一步推进党史学习教育工作走深走实提出指导意见。

4月9日 交控集团党委书记、董事长袁清茂一行深入物流集团山西交通研创商务基地一期工程施工现场调研，并召开座谈会。交控集团领导武艺、刘宏武、赵石岗、韩文军、孙建秀、焦军、贾勇随同调研。座谈会上，交控集团领导对“以租代购”、养护业务良性发展、交通研创商务基地项目推进等工作给予肯定，要求物流集团进一步厘清发展思路，找准发展目标和定位，制定出一套有利于改善经营的举措，切实解决好生存和发展问题；要充分利用内部优势资源，积极推进协同经营工作，在精准养护领域大力推进新技术、新装备融合应用，推进企业高质量高速度发展。

4月14日 交控集团党委第一巡察组巡察物流集团党委动员会召开。巡察组组长田冬出席并讲话，党委书记、董事长张庆华代表物流集团党委作表态发言。

4月17日至18日 物流集团所属物资公司在吕梁北高速临县北收费站收费广场及车道使用水性高分子材料、高强聚合物砂浆等新型材料对麻面破损、坑槽等病害进行样板试点处置。

4月19日 物流集团完成项目施工用水和临时食堂用水工程施工，具备正常使用条件。

4月25日 物流集团所属物资公司经营管理事务部获交控集团工会2020年度“安康杯”优胜班组称号。

4月30日至5月21日 物流集团组织对所属企业领导班子成员进行2020年度经营业绩考核。

5月12日 物流集团与市热力设计公司签订《供热工程热力站及支线建设工程设计合同》。

5月14日 物流集团2021年度经营目标责任书签订仪式举行。党委书记、董事长张庆华分别与经理层4名分管领导、4户所属企业负责人签订2021年度经营目标责任书，物资公司、龙城公司负责人代表所属企业做表态发言。

5月26日 交控集团完成对物流集团经营业绩考核工作。

是月 物流集团所属物资公司完成吕梁南高

速夏汾段锈蚀护栏防腐翻新处治养护工程。

6月1日 物流集团纪委组织所属纪检人员赴彭真生平暨中共太原支部旧址纪念馆开展党史学习教育专题宣讲。党委委员、纪委书记秦华国参加活动,并作“学党史 守初心 永做党的忠诚卫士”党课辅导。

6月4日 物流集团所属物资公司在吕梁北高速临县北收费站应用高聚物快速结构修补料对破损的水泥混凝土路面接缝进行修复试验。

6月18日 物流集团党委组织党员干部赴太原解放纪念馆开展“传承红色基因,凝聚奋进力量”党史学习教育主题党日活动。

同日 物流集团所属物资公司获2019—2020年度小店区“文明单位”称号,进一步增强职工幸福感、获得感、安全感,全面提升企业文明程度。

6月22日 物流集团所属物资公司联手吕梁北公司成功举办养护联盟暨“四新”技术现场观摩会,以技术比武形式呈现物流集团聚焦“六新”突破,强化创新驱动的新成果。

6月28日 物流集团在所属物资公司高速公路养护项目部召开安全生产大排查大整治工作现场会,进一步统筹做好重点时段安全生产工作,全面排查治理各类安全风险隐患,坚决遏制重特大事故发生,切实保障人民群众生命财产安全。党委书记、董事长张庆华出席会议并讲话,党委委员、副总经理陈琳主持会议。

6月29日 物流集团举行“七一”表彰大会。表彰在企业改革创新、疫情防控、项目建设、重点工作任务突破和党史学习教育中做出贡献的先进基层党组织、优秀共产党员和优秀党务工作者,激励全体党员职工在各自岗位上创造出新的成绩。

6月30日 太原市中级人民法院对物流集团所属龙城公司同路华公司房屋租赁合同纠纷诉讼案件进行一审庭审。

7月12日 交控集团党委第一巡察组巡察物流集团党委情况反馈会议在物流集团召开。交控集团党委巡察工作领导小组成员、党委办公室主任张晓东出席会议并讲话,交控集团纪委、监察专员办第一纪检监察室副主任岂永强出席会议,第一巡察组组长田冬代表巡察组对物流集团党委巡察情况进行反馈。

7月13日 物流集团完成项目施工临时供电工程施工并正式送电。

7月20日 物流集团纪委制定出台《监督执纪工作办法》《落实中央八项规定精神正负面清单》《“六大纪律”负面清单》。

7月29日 物流集团党委召开巡察整改专题民主生活会,党委书记、董事长张庆华主持会议,交控集团第一巡察组副组长高保旺、王旭东等到会点评指导。会上,张庆华代表领导班子作了对照检查,并带头作个人对照检查,重点围绕“四个方面”查摆问题和不足,剖析问题根源,明确努力方向和整改措施。随后,班子成员主动联系思想和工作实际逐一进行对照检查,严肃开展批评与自我批评。

7月30日 物流集团纪委2021年上半年纪检工作会议召开,传达学习交控集团纪检监察上半年工作会议精神,回顾总结上半年纪检工作,部署下半年重点工作任务。

同日 物流集团纪委召开协助推动巡察整改落实工作推进会。会议深入学习贯彻习近平总书记“七一”重要讲话精神和关于巡察工作重要论述,巩固拓展巡察整改成果,推动整改工作往深里走、往实里抓,切实做好巡察“后半篇文章”。

8月11日 物流集团取得交通研创商务基地一期工程1号综合办公楼、开闭所和换热站“建设工程规划许可证”。

同日 物流集团组织宣传贯彻新《中华人民共和国安全生产法》,全面提升安全管理水平,树牢全体员工新发展安全理念,推动安全生产专项整治三年行动落实落细,强化安全责任意识。

8月16日 交控集团党委第一巡察组对物流集团党委进行中期整改督查,督促落实整改主体责任,确保整改如期完成。

同日 物流集团党委召开巡察整改中期推进会,会议传达交控集团党委第一巡察组对物流集团党委中期整改督查反馈意见,听取各部门巡察整改工作情况汇报，着重对下一阶段巡察整改工作提出明确要求。

8月25日 物流集团完成出资方式和实缴资本变动的产权登记。

8月27日 物流集团组织召开山西交通研创商务基地1号综合办公楼重要工程专家论证会，结构、地勘等专业评委专家，太原市住建局有关领导、交控集团及物流集团有关领导和专业技术人员，以及设计、勘查单位有关人员参加会议。会议在听取设计、勘查单位成果汇报后，各位与会专家提出富有建设性的中肯意见，并一致同意原则通过重要工程专家论证。

同日 物流集团党委巡察整改推进会召开，会议由党委书记、董事长张庆华主持。会上，总部各部室负责人及巡察整改责任人汇报近期巡察整改落实情况，重点对巡察整改中存在的方向不明、意见分歧，以及需要各部门配合推进整改事宜进行充分沟通。各分管领导也结合各自分管领域提出解决问题的工作路径及可行办法。

同日 物流集团完成所属物资公司实缴资本变动的产权登记。

8月30日 物流集团取得交通研创商务基地一期工程1号综合办公楼、开闭所和换热站"建筑工程施工许可证"，为项目合法开工建设提供前提条件。

同日 物流集团纪委开展领导班子和班子成员政治画像工作。

8月至12月 物流集团所属物资公司完成运城北高速标线补划工程。标线施划采用美国固瑞克划线设备，过程稳定高效。

9月3日 物流集团2020年度党建工作项目化管理成果验收评审会召开。专职党委副书记、副董事长李文平出席会议并讲话。各党支部书记从项目概况、重要成果、创新做法、不足之处等方面介绍项目情况，评委结合项目完成情况、取得成效等进行评审。

9月22日 物流集团完成交通研创商务基地项目地块内35千伏煤机架空专线迁改入地工程。

9月24日 物流集团完成应急物资标准库项目整体规划方案设计招标工作。

9月26日 物流集团对全省71处回转车道可开发利用土地进行摸底核查，并结合土地地理优势及周边环境，对可开发利用土地作了详细规划。

9月27日 省高级人民法院作出对物流集团所属物资公司与山西万厦公司合作开发房地产纠纷二审判决。

10月2日 物流集团交通研创商务基地充电站项目前期停车场建设工程正式开工。

10月13日 最高人民法院对物流集团所属物资公司与山西万厦公司合作开发房地产纠纷正式立案再审。

10月26日 太原市行政执法总队和执法一大队检查验收组对山西交通研创商务基地1号综合办公楼、开闭所和换热站工程安全生产、环境保护各项准备工作进行开工检查验收，经过审查资料、检查现场，评定本项目开工验收合格。准许正式开工建设。

11月4日 物流集团邀请三位应急预案评审专家，对《生产安全事故应急救援预案》进行评审。

11月8日 物流集团纪委制定"政治监督任务清单、责任清单、落实清单""政治监督正负面清单""服务保障集团公司发展的十项措施"。

11月9日 物流集团召开党史学习教育工作推进会，深入学习贯彻交控集团"我为群众办实事"实践活动推进会精神，对"我为群众办实事"实践活动进行再动员、再督办、再推动，促进党史学习教育走深走实。

11月11日 为进一步加强监督执纪问责工作，不断提升纪检业务能力和水平，物流集团纪委编撰《纪检工作规范化法治化手册》。

11月16日 物流集团与吕梁北高速签订战略合作框架协议，携手推动高速公路经济走廊共同发展。

11月24日 物流集团领导班子全体成员深入山西交通研创商务基地1号综合办公楼、开闭所和换热站项目工地，对项目推进情况和近期计划进行现场办公、工作指导，分析研判建设过程中存在问题，把科学严谨、真抓实干的工作作风落实到工地一线,引领带动各参建单位进一步提升工作积极性、主动性。

11月30日 吕梁北高速公路管理有限公司党委书记、董事长薛海军一行与物流集团领导班子开展座谈交流活动。双方就进一步深化战略合作,携手推动高速公路经济走廊共同发展进行交流讨论。本次座谈会加快推进物流集团与吕梁北公司关于兴县东闲置土地的开发工作。

是月 物流集团组织申报的"山西省网络货运发展趋势研究"科技项目,通过评审并列入省交通运输厅2022年度科技项目计划。

11月至12月 物流集团所属物资公司完成吕梁北高速方山路产维护站所辖路段桥梁伸缩缝病害维修处治工程。

12月3日 物流集团完成成立以来文件资料归档工作,确保档案资料完整性、连续性。

12月4日 物流集团举行党委理论学习中心组第十九次集体学习暨学习贯彻中共十九届六中全会精神专题读书班,邀请中共太原市委党校党史党建教研室主任郑培君教授作专题讲座。专职党委副书记、副董事长李文平主持会议,物流集团领导班子成员、所属企业和机关各部室及项目部全体党员共计40余人参加学习。

12月9日 物流集团完成在省应急管理厅的应急预案备案工作,标志着应急管理工作取得新进展。

12月9日至10日 物流集团与运城南、运城北高速开展路域经济发展及清障救援座谈会,并与运城南高速签订路域经济发展框架协议。

12月14日 物流集团参加交控集团召开的路域经济发展工作推进会,并完成会场参展汇报工作。

12月17日 物流集团完成所属和谐物业公司的产权登记办理。

同日 交控集团党委委员、总会计师孙建秀深入物流集团,宣讲中共十九届六中全会精神和省第十二次党代会精神,传达全省国有企业干部警示教育大会精神,指导物流集团"全面建设清廉国企"专题民主生活会。

12月22日 物流集团党委书记、董事长张庆华深入山西交通研创商务基地项目部,宣讲中共十九届六中全会精神和省第十二次党代会精神。

12月23日 物流集团邀请交通运输部公路院中路高科交通检测中心主任张涟一行举行治超回转车道房车营地建设交流洽谈会,达成平台化运营合作意向。

12月29日 物流集团纪委2021年度党风廉政建设和反腐败工作协调小组会议召开,与各成员单位开展工作总结交流,充分运用成员单位之间的协同联动,形成监督合力。

(资料提供:王惠玲)

山西交通养护集团有限公司大事记

3月26日 山西交通养护集团有限公司(以下简称"养护集团")与浙江交通资源投资有限公司,在养护集团总部签订战略合作协议。双方表示,将充分发挥各自优势,围绕交通工程养护业务拓展、交通资源开发利用、养护技术研发等方面开展友好合作,实现优势互补,加快提升双方核心竞争力,有效促进企业高质量发展。

4月27日 共青团山西交通养护集团有限公

司团委第一次团员大会在养护集团总部召开，大会选举产生第一届总支部委员会委员。会后，召开第一届总支部委员会第一次全体会议，选举产生书记，健全养护集团团组织机构。

7月13日 交控集团党委委员、副总经理贾勇，与企业管理部、安全环保部、人力资源中心三部门工作人员一行4人，深入养护集团调研，查看党史学习教育开展情况，检查安全生产。贾勇一行首先前往太旧高速日常养护标准示范路段，对榆次分公司开展的日常养护项目进行安全检查，查看日常养护标准化作业情况。随后到榆次养护基地，详细了解养护基地建设和环保改造情况。在随后召开的座谈会上，贾勇认真听取养护集团党委书记、董事长高耀华有关党史学习教育、"六定"改革、经营生产和安全生产等工作的汇报，对取得的成绩给予充分肯定。

7月30日 由中国工程机械工业协会举办的全省交通系统用户座谈会，在养护集团召开。来自路桥集团、交科集团、省公路局、喜跃发集团等单位的人员参加座谈会。中国工程机械工业协会人员介绍第十六届中国（北京）国际工程机械、建材机械及矿山机械展览与技术交流会展会情况。全体与会人员就未来养护工程机械信息化、智能化发展进行热烈研讨，并从专业用户角度对养护工程机械研发生产提出建设性意见和建议。

10月 养护集团所属山西高速公路工程检测有限公司主动履行社会责任，参与农村公路建设质量志愿帮扶检测，涉及路基、路面、桥梁、隧道工程和交通安全设施五个方面13个参数。

12月1日 交控集团企业管理部（科技创新部）部长魏网民、副部长刘宇峰到养护集团调研指导科技项目工作，了解掌握养护集团承担项目进展情况。魏网民一行参观榆次分公司养护基地，了解路面废旧料回收存放和厂拌热再生设备运行等情况；在太旧高速公路现场察看厂办热再生试验段摊铺路面，了解路面性能状况。魏网民在讲话中，要求按照时间节点，有序推进研发进度，通过课题研究，实现技术上的创新和突破，并将研究成果转化成产业，产生实实在在的效益。

12月28日 在省交通运输厅举行的科技创新中心授牌仪式上，养护集团申报的"山西高速公路科技养护研究中心"被授牌认定为厅第一批科技创新中心。

是年 养护集团"一种乳化沥青稀浆混合料黏聚力测定设备""一种沥青混合料拌和机用防黏耐高温锅套""一种废旧轮胎制成的新型节能环保防撞桶""一种黏粘力试验仪试样固定装置"4项发明获得实用新型专利。

是年 为使市场准入得到充分保障，养护集团主动办理升级资质，推动产业链延伸、专业化发展，养护集团2021年办理取得电力工程施工总承包三级、机电工程施工总承包三级、输变电工程施工总承包三级和公路路面工程专业承包三级4个资质。

（资料提供：梁福轶）

山西交通实业发展集团有限公司
大 事 记

1月1日 山西交通实业发展集团有限公司（以下简称"实业集团"）副总经理李兔照赴太原分公司清徐服务区、吕梁分公司杏花服务区开展元旦安全检查。重点对节假日期间疫情防控工作、各项安全生产工作落实情况及危化品车辆停放管理专区开展了安全检查。

1月6日 实业集团党委副书记、总经理曹志刚带领安全与工程部负责人赴太原分公司阳泉服务区、忻州分公司大营服务区对危化品停车区整改、疫情防控工作进行检查指导工作。

1月8日 实业集团联合属地应急管理部门、疫情防控部门、消防支队、高速交警及路段公司等相关部门,在运城分公司运城服务区举行危化品车辆突发事故及新冠肺炎疫情防控应急演练。

1月10日 交控集团总经理、疫情防控领导组常务副组长武艺赴太原分公司阳泉服务区、盂县服务区对疫情防控工作进行现场督导检查。山西交控集团安全总监李新杰、疫情防控办有关人员参加。在阳泉服务区,武艺详细了解疫情防控措施升级以来河北方向入省口车辆通行情况,认真听取检疫站点设置、防控措施落实及后勤保障情况汇报。

1月16日 实业集团召开疫情防控紧急会议。会上,传达了省政府、省交通运输厅和山西交控集团关于进一步严格疫情防控工作有关文件精神,并对实业集团疫情防控工作进行了安排部署。

1月18日 “高速能源和中化石油”双品牌加油站在临汾分公司吉县服务区正式营业,实现了青兰高速临吉段高速公路服务区加油站运营的“零”突破。吉县服务区位于青兰高速公路K1042+615公里处,毗邻著名的黄河壶口瀑布,占地面积80亩、建筑面积5500平方米。吉县服务区南、北两区加油站提供优质的成品标号汽油及柴油,共8台加油机、32把加油枪、8个油罐。

1月20日 实业集团党委召开2020年度党员领导干部民主生活会。山西交控集团纪委常务副书记王忠明到会指导并进行点评,山西交控置地有限公司专职党委副书记、副董事长、副总经理霍金相到会指导。

1月29日 实业集团召开2021年安委会第一次全体(扩大)会议暨疫情防控工作视频会议。总结回顾了实业集团2020年安全生产工作,分析了当前面临的安全形势,并对2021年安全生产和疫情防控工作进行了安排部署。

是月 中国质量协会发布了2020年“全国质量信得过班组”光荣榜,实业集团运城分公司绛县停车区餐厅班组、朔州分公司山阴服务区保安班组荣获全国“质量信得过班组”荣誉称号。

2月7日 实业集团党委召开2021年第2次会议,传达学习习近平总书记在中央政治局第二十五次、第二十六次、第二十七次集体学习时的重要讲话精神和山西省纪委十一届七次全体会议精神及山西交控集团一届四次职代会暨2021年工作会议、党的建设和党风廉政建设工作会议精神。

2月23日 实业集团召开2021年服务品质提升工作会议。会议宣读了实业集团《关于开展2021年服务质量提升暨第一季度环境卫生督查工作的通知》文件精神,通报了2020年环境卫生整治工作和服务监督投诉情况。

是月 实业集团党委书记、董事长、党委理论学习中心组组长秦阳主持召开实业集团党委理论学习中心组2021年第2次学习(扩大)会,集体学习十九届中央纪律检查委员会第五次全体会议精神和山西省十三届人大四次会议、省政协十二届四次会议精神。

是月 交通运输部办公厅、中华全国总工会办公厅印发《关于公布2020年验收合格“司机之家”建设项目名单和取消“司机之家”称号名单的通知》,太原分公司阳曲、盂县服务区荣获2020年验收合格“司机之家”建设项目,也是山西省唯一获奖的两个单位。

3月3日 实业集团党委副书记、总经理曹志刚一行赴长治分公司就环境卫生整治、疫情防控、安全生产等工作进行检查指导。先后赴东阳关服务区、潞城服务区、鲍店服务区,对服务区各经营业态的经营管理情况和公共卫生间、危化品运输车辆安全管控等公益类服务的管理运行情况进行了现场指导,对东阳关服务区运营管理中存在的南二区出口引道路基坍塌、供电线路老化短路、办公楼漏雨、发电机老化等问题进行了现场勘察,认真听取了该服务区负责人的情况汇报,对各项问题整改的推进落实提出了指导意见和建议。

3月8日 实业集团党委书记、董事长、党委理论学习中心组组长秦阳主持召开实业集团党委理论学习中心组2021年第3次学习(扩大)会议。会议以“加强党史学习、凝聚奋进力量”为主题,集体学习习近平总书记在党史学习教育动员大会上的重要讲话精神及全省党史学习教育部署会议精神等内容。

3月9日 实业集团召开2021年党的建设和党风廉政建设工作会议。会议主要是贯彻落实中央、省委、省国资委党委及山西交控集团党委相关会议精神和部署要求,总结回顾2020年工作,分析当前形势,安排实业集团2021年党的建设和党风廉政建设工作。

3月15日 实业集团财务共享中心、垣曲服务区荣获山西交控集团2020年度“巾帼先进集体”荣誉称号。

3月16日 实业集团召开服务区公共服务管理工作提升座谈会。就服务区公共服务工作现状、存在问题与困难,提升服务区公共服务管理工作的重要性、紧迫性,以及如何提升公共服务管理工作展开热烈讨论。各位参会代表结合工作实际,展开热烈讨论,提出了许多建设性意见建议和工作措施。

3月18日 吕梁分公司岚县服务区加油站开通试运营。岚县服务区位于S50平临高速公路K98+100米处,占地面积约115亩,分南、北两区,实业集团联合中化石油,为岚县服务区加油站提供成品标号的汽油、柴油,加油站两区共有8台加油机,24把加油枪,10个油罐总容积500立方米。

3月22日 实业集团与交控环保站共建高速公路生态环保服务区战略合作签约仪式在太原举行,实业集团党委书记、董事长秦阳与交控环保站党委书记、董事长姚凯签订了战略框架协议。在签约仪式中,双方就山西省高速公路服务区存在的污水处理、垃圾清运、加油加气站土壤及地下水监控等环保痛点进行深入研讨交流。

是月 交控集团工会发布关于表彰2020年服务区“环境整治、服务提质”劳动竞赛先进集体和个人的决定。实业集团有3个服务区获得“标兵单位”称号,4个服务区获得“先进集体”称号,7人获得“十佳服务区经理”称号,55人获得“服务区岗位能手”称号。

是月 实业集团召开一届三次职代会暨2021年工作会议,总结回顾2020年工作,分析当前形势,安排部署2021年任务。实业集团党委书记、董事长秦阳作了题为《切实增强“五力” 跑出发展速度 扎实推进实业集团迈向高质量发展新征程》工作报告,实业集团党委副书记、总经理曹志刚主持会议并作了《一届二次职代会职工代表提案落实情况报告》。

4月1日 实业集团党史学习教育领导小组办公室召开第一次会议,研究部署相关工作。会上,与会人员深入学习领会习近平总书记党史学习教育动员大会重要讲话,组织学习吕岩松在省委党史学习教育领导小组办公室主任会议上的讲话,听取了《三月份重点任务清单》落实情况汇报并现场进行资料检查验证,研究讨论了拟提交实业集团党委会的《党史学习教育工作情况汇报》,组织学习了山西交控集团党史学习教育领导小组办公室有关文件并提出贯彻落实意见。

4月7日 交控集团纪委副书记、党史学习教育巡回指导组组长刘志斌一行6人到实业集团,实地督导党史学习教育开展情况。指导组听取了实业集团党史学习教育开展情况汇报,对实业集团特色做法进行了深入了解,并对实业集团党史学习教育相关工作资料进行了检查,并与相关人员开展了沟通交流。

4月8日 实业集团党委理论学习中心组进行第六次集中学习,专题学习习近平总书记在福建考察期间的重要讲话精神。

4月9日 交控集团党委书记、董事长袁清茂深入实业集团就党史学习教育开展情况、改革发展总体情况进行调研座谈,并开展党史学习教育宣讲。山西交控集团领导武艺、刘宏武、赵石岗、韩文军、孙建秀、焦军、贾勇、谢鹏远参加调研座谈,结合各自分管领域对实业集团进行现场点评,并提出了针对性改进和加强的意见建议。袁清茂听取了实业集团党委书记、董事长秦阳关于党史学习教育开展情况、改革发展总体情况、下一步工作思路及建议等方面汇报,详细了解服务区开通运营、财务经营、项目投资等情况,肯定了服务区提档升级、经营管理等方面取得的成绩。

4月13日 实业集团党委委员、副总经理彭梁柱赴临汾分公司襄汾服务区就环境污染防治暨综合整治进行调研。实地查看了襄汾服务区污水处理室、垃圾清运场所及服务区隔离栅沿线,详细了解污水处理设备运行、排污处理和垃圾外运落实情况,并对各项问题的整改推进提出指导意见和建议。

4月15日 党史学习教育山西交控集团宣讲团成员、中共山西省委党校科学社会主义教研部教授、中国社会主义学会理事、山西省直工委特聘宣讲专家、全省党校系统教师赵毅纯到实业集团党委作党史学习教育专题宣讲。

4月16日 “情满河东”党建微展馆在高速公路运城服务区正式开馆,标志着全省首家高速公路党建微展馆建成亮相。党建微展馆占地面积25余平方米,为党员干部提供学习教育新平台、党建文化宣传新窗口、党员干部教育培训新基地。

4月17日 实业集团召开党建工作交流暨一季度分管书记例会,总结分析第一季度党建工作开展情况,安排部署第二季度党建工作任务。会上,组织传达了3月24日山西交控集团党建工作交流会精神、党史学习教育领导小组办公室《简报》(第15期)内容,大同分公司、晋城分公司和物业公司等3个党支部围绕高质量党建引领高质量发展情况、2021年一季度党建工作开展情况进行交流发言,并对加强和改进党建工作提出意见和建议,其他17个党支部进行了书面交流,运城分公司、朔州分公司、信息技术公司党支部围绕党建项目化管理的经验做法、工作成效进行交流。

4月18日 实业集团“对标先进、提质增效、争创一流”现场观摩会在运城分公司举行。观摩会期间,与会人员参观了垣曲服务区、绛县停车区现场及运城分公司驻地建设,运城分公司作经验介绍,忻州、晋中分公司代表参会人员谈体会、谈感受,实业集团与所属企业签订经营业绩责任书。

4月22日 实业集团召开2021年安委会第二次全体(扩大)会议,传达山西交控集团第二次安委会(扩大)视频会议精神,总结一季度安全生产工作,分析当前面临的安全形势,部署第二季度安全生产工作,晋城分公司、长治分公司、运城公司分别作表态发言。

4月28日 山西省首家高速公路房车营地在平遥服务区落地,填补了山西省高速公路房车发展的空白,为房车自驾游爱好者提供了一个功能齐全、设施配备人性化、周边环境优美的宿营基地。房车营地包括11个房车停车位,安装了8套汽车充电设备、11套自来水和废水或污水处理系统,可以为房车提供用水补给和电力补给服务。

4月30日 实业集团在平遥服务区举行开展“两高”环境整治、建设美丽生态驿站主题活动启动仪式,其他104对服务区同时启动开展主题活动。此次活动时间为2021年4月30日至10月31日,主要活动内容包括健全环保制度、增强环保意识、加强环境综合治理、强化绿化管护四个方面的内容。

是月 实业集团党委召开专题会议,深入学习领会山西交控集团领导调研座谈会精神,研究实业集团贯彻落实意见。

5月7日 实业集团党委理论学习中心组举办2021年第七次学习会,围绕“意识形态工作、总体国家安全观”主题进行专题学习。会上,与会人员深入学习习近平总书记在党史学习教育动员大会上的讲话、旗帜鲜明反对历史虚无主义等首要议题,并围绕学习内容结合工作实际展开研讨。

5月10日 实业集团与交投集团举行工作会谈,实业集团党委书记、董事长秦阳,交投集团党委书记、董事长魏鹏举参加座谈会。双方就加油站和加气站建设与运营、服务区经营业态与经营模式创新、服务区提档升级、与高速公路收费部门联动、服务区+等方面进行了深入学习、交流。

5月11日 实业集团自主研发的一种服务区安全管理用人员导流装置、一种服务区安全管理用隔离带、一种服务区安全管理用车辆管理装置喜获国家知识产权局颁发的“实用新型专利证书”，开创了实业集团自主研发、专利发明的先例。

5月12日 山西交控集团印发《关于对实业集团清徐服务区环境整治工作给予表扬的通报》。通报表扬清徐服务区彻底解决附近村民在服务区随意摆摊设点，非法占地经营，一天内完成违建拆除、货物清理等各项工作，清除了清徐服务区内不法商贩多年非法占地经营顽疾。

5月18日 实业集团与金资公司举行工作会谈，实业集团党委书记、董事长秦阳，金资公司党委书记、董事长高鸿斋参加座谈会。双方就经营管理、解决债务风险、合理利用资金、提高资金效益等方面进行了深入交流。

5月28日 实业集团组织党史学习教育第六次专题学习研讨暨党委理论学习中心组第9次学习，围绕学习党的十八大以来的历史开展交流研讨，开展党纪国法教育和依法治国依法治党教育学习。

5月31日 实业集团党委副书记、总经理曹志刚在大同分公司调研。现场听取了大同分公司工作情况汇报，与服务区(停车区)负责人进行工作座谈，到古店、灵丘、浑源、峰峪服务区查看经营管理现场。

是月 实业集团党委理论学习中心组举办2021年第八次(扩大)学习会，围绕“生态文明建设”主题进行专题学习。

是月 实业集团党委召开党委会，对在党史学习教育中开展“我为群众办实事”实践活动进行专题研究，进一步明确实践活动的总体要求、重点任务、工作步骤、方法举措以及组织领导。

6月2日至10日 实业集团党委党史学习教育领导小组办公室深入各党支部督导检查党史学习教育开展情况。

6月3日 实业集团召开2021年“安全生产月”活动动员部署会。

6月7日 实业集团纪委召开2021年纪检工作会议暨端午节前廉政谈话，回顾总结2021年以来实业集团纪委工作情况，查找工作中存在的问题和不足，安排部署下阶段工作，开展端午节集体廉政谈话。纪委综合室做了集团纪委阶段性的工作总结，并安排部署下阶段重点任务，与纪检委员签订《党风廉政监督目标责任书》。

6月15日 实业集团举办党史学习教育第七次专题学习研讨暨党委理论学习中心组2021年第10次学习会，传达习近平总书记近期重要讲话和指示批示精神，围绕学习中共十八大以来的历史开展专题研讨。随后，与会人员赴太原市图书馆马克思书屋进行参观学习，组织学习了《中国共产党组织工作条例》、解读《中共中央关于加强对“一把手”和领导班子监督的意见》、中共中央政治局会议精神等内容，专题学习《生命重于泰山——学习习近平总书记关于安全生产重要论述》电视专题片。

6月16日 养护集团党委委员、纪检组组长秦林清一行9人来到实业集团开展纪检工作交流。双方围绕制度建设、监督检查等工作情况进行了交流和研讨，实业集团参加党委督查的人员就督查工作依次作了交流发言。

6月23日 实业集团举办“平安实业—知识竞赛”活动。

6月24日 实业集团总会计师赵红义深入晋中分公司开展党史学习教育“我为群众办实事”实践活动专题走访调研。现场听取了晋中分公司2021年度上半年生产经营情况及“我为群众办实事”实践活动开展情况汇报，讲授了《社会主义发展史》主题党课。

6月25日 交控集团及山西交通实业集团联合高速交警四支队、临汾北高速公路管理公司、临汾市消防救援支队、临汾市尧都区应急管理局、临汾市尧都区刘村镇人民政府、临汾服务区有限公司等8家单位，在临汾服务区西区组织开展了危险化学品运输车辆事故应急救援处置实战演练。

6月28日 实业集团组织开展安全应急培训。培训重点围绕习近平总书记关于安全生产的重要论述，安全法律法规相关知识，安全生产事故典型案例，服务区加油站、加气站消防安全知识，危化品车辆停放管理相关知识及应急处置等方面内容。

6月29日 实业集团运城分公司党支部申报

的《铸造特色班组 激发基层工作动力》项目荣获交控集团2020—2021年度“1235工作法”推进党建工作项目管理成果二等奖。

6月30日 交控集团公司总经理武艺深入太原公司、实业集团进行安全生产督导检查,先后赴晋祠互通、清徐服务区、实业集团总部检查安全生产工作。在清徐服务区,现场查看了危化品运输车辆停车位设置及其引导标识和消防器材配置情况、超市灭火器配备情况、消防水泵运行状况,并在实业集团总部,翻阅了安全生产管理工作内业资料。

6月 实业集团召开庆祝中国共产党成立100周年暨“两优一先”表彰大会。来自实业集团各部门、单位的在工作中取得优异成绩的31名共产党员、12名党务工作者和3个党支部,分别被授予“优秀共产党员”“优秀党务工作者”“先进基层党组织”荣誉称号。

是月 实业集团成功举办“永远跟党走·建功新时代”实业集团先进模范职工思享荟。

7月2日 实业集团召开2021年第二次分管副书记例会暨党史学习教育工作交流推进会、党建工作研讨会。会议集中学习了习近平总书记在庆祝中国共产党成立100周年大会上的重要讲话,传达了6月23日山西交控集团分管副书记例会等会议精神并提出贯彻落实意见,组织学习了实业集团党委《关于印发〈实业集团党委庆祝中国共产党成立100周年活动安排计划〉的通知》等文件精神,通报了实业集团党委党史学习教育开展情况报告和党史学习教育督导情况并提出整改落实要求,听取了各党支部2021年上半年党建工作开展情况、党史学习教育工作情况汇报,听取了运城分公司党支部党建工作项目化管理经验做法介绍,信息技术公司党支部、大同分公司党支部、临汾联合党支部、吕梁分公司党支部作现场交流发言。

7月6日至9日 实业集团党委委员、副总经理彭梁柱对大同分公司、朔州分公司、能源销售分公司安全生产大排查大整治及2021年上半年安全生产工作目标责任考核进行督导检查。

7月7日 服务区管理分公司召开干部大会。交控集团专职党委副书记、副董事长、副总经理刘宏武出席会议并作重要讲话,交控集团党委组织部副部长师靓宣布任免决定:秦阳任服务区管理分公司党委书记,张铮任服务区管理分公司党委副书记、聘任为服务区管理分公司总经理。

7月20日 高速公路潞城服务区北区LNG加气站奠基启动仪式举行。省交通运输厅党组成员、副厅长王晋,山西交控集团副总经理谢鹏远,华新燃气集团党委委员、副总经理翟慧兵分别讲话。长治市人民政府副市长贺鑫,山西交控集团党委副书记、副董事长、总经理武艺,华新燃气集团党委副书记、副董事长、总经理崔建军等领导出席。本项目位于山西省长治市潞城区,项目总投资845万元,建设规模为三级LNG加气站,LNG设计加气规模为4万标准立方米/天,项目规划总用地面积3726.66平方米,建筑用地面积899.9平方米。

7月21日 实业集团召开警示教育暨纪律作风整顿活动大会。

7月22日 实业集团党委书记、董事长秦阳与华远陆港集团总工程师肖志强举行工作会谈,就加强合作,创新商业模式,打通公路运输大宗物流通道,建设服务区换电站,加大汽车运输、电动重卡运输,实现互利共赢进行深入沟通交流。

7月24至25日 实业集团党委书记、董事长秦阳一行赴阳澄湖服务区、苏汽集团物流公司进行考察调研。灵石县委书记韩军一并参加。考察组一行参观了阳澄湖服务区,听取了现场工作人员的相关介绍,并详细调研了服务区各经营场所、公共区域、非遗文化展区。在苏汽集团物流公司,详细考察了物流产业、服务特色、运营模式和管理经验等。

7月29日 实业集团、高速公路服务区管理分公司共同召开2021年安委会第三季度全体(扩大)会议,总结2021年上半年安全生产工作,分析当前面临的安全形势,部署第三季度安全生产和疫情防控工作。

是月 实业集团举行党史学习教育第八次专题学习暨党委理论学习中心组2021年第12次学习会。会议深入学习贯彻习近平总书记在庆祝中国共产党成立100周年大会上的讲话及中央政治局第三十一次集体学习会议精神，山西省庆祝中国共产党成立100周年座谈会、习近平总书记“七一”重要讲话精神专题宣讲报告会精神等内容。在集中自学研读的基础上，开展专题研讨，部分党委成员作交流发言。

8月2日 实业集团召开2021年第10次党委会议，传达学习习近平总书记在西藏考察时的重要讲话精神，研究部署贯彻落实工作。组织学习了中共中央政治局会议精神、中共中央政治局第三十二次集体学习精神和《学习贯彻习近平总书记“七一”重要讲话精神山西宣讲提纲》及《中国共产党组织工作条例》《中国共产党党徽党旗条例》《中国共产党统一战线工作条例》。

8月3日至4日 实业集团、服务区管理分公司学习贯彻习近平总书记“七一”重要讲话精神宣讲活动走进大同、朔州、忻州分公司及其所属部分服务区(停车区)，实业集团党委书记、董事长兼服务区管理分公司党委书记秦阳作宣讲报告。报告会后，秦阳一行与基层党员和群众进行了面对面、互动式的宣讲和交流。

8月4日 大同市境内首座高速公路服务区LNG加气站奠基启动仪式在荣乌高速公路山西段灵丘服务区举行，标志着实业集团向“2021年内完成32座加气站”建设任务又迈出坚实一步。该项目位于山西省大同市灵丘县，项目总投资736.8万元，建设规模为三级LNG加气站，LNG设计加气规模为3万标准立方米/天，项目规划总用地面积2072.25平方米，建筑用地面积945.8平方米。该项目建成后每年至少拥有6600吨液化天然气供应能力，将辐射荣乌高速周边大约3.3万台过往LNG车辆的用气需求。

8月6日 实业集团、服务区管理分公司召开干部大会。经山西交控集团党委研究决定，郭亚彬任实业集团专职党委副书记，建议不再担任实业集团工会主席，蒋勇任实业集团党委委员，王彩荣任服务区管理分公司纪委书记，李兔照、孙亚雄任服务区管理分公司党委委员；经山西交控集团会议研究决定，提名郭亚彬任实业集团董事、副董事长，聘任李兔照、孙亚雄为服务区管理分公司副总经理。

8月11日 交控集团党委副书记、总经理武艺在山西交控集团副总经理谢鹏远陪同下，赴朔州分公司调研。武艺一行先后深入朔州分公司康庄、应县服务区餐超、公共卫生间、加油站和场区工程改造现场，详细了解了加油站经营情况、公共卫生间升级改造工程和场区改造工程进展情况，并提出意见和要求。

8月11日至13日 交控集团总经理武艺先后赴实业集团、服务区管理分公司、朔州公司、大同南公司、大同北公司调研并讲授专题党课。武艺一行先后深入服务区、收费站、隧道管理站、路产维护站对党史学习教育、经营效益提升、站区标准化建设、场区改造、安全生产、疫情防控等工作进行督导检查。

8月13日 垣曲服务区南区、北区LNG加气站和东阳关服务区南区LNG加气站项目开工建设，标志着实业集团年内完成32座加气站建设任务全面进入攻坚阶段。

8月19日至20日 交控集团工会组织开展了“百年风华·童心向党”第二届员工子女才艺展示。本次活动分为书法绘画手工、特长展示两大类，共征集到展示作品近50件。

8月20日 实业集团党委召开贯彻落实全国国有企业党的建设工作会议精神情况“回头看”动员部署暨“我为群众办实事”实践活动进展情况通报会。实业集团党委书记、董事长秦阳作动员讲话。会上，实业集团有关职能部门(单位)通报牵头负责的“我为群众办实事”实践活动进展情况，接受干部群众监督。

8月25日 实业集团召开高速公路服务区经营与管理安全生产疫情防控专题会议。会议传达了山西交控集团疫情防控领导组《关于对服务区疫情防控措施督查情况的通报》文件精神并提出贯彻落实意见，组织学习了中央纪委办公厅《关于贯彻落实党中央决策部署毫不松懈抓好新冠肺炎疫情防控监督工作的通知》和山西交控集团疫情防控领导组办公室《关于进一步加强疫情防控工作的通知》文件精神等。

8月27日 中国交通企业管理协会、交通行业优秀企业管理成果评审委员会发布《关于公布和推广第十八届全国交通企业管理现代化创新成果的通知》,实业集团《构筑基于流程管理模式的基层党组织标准化党建质量管理体系》和运城分公司《党员积分制管理的探索与实践》均荣获"2020年全国交通企业管理现代化创新成果二等奖"。

是月 实业集团召开2021年第2次党委书记议稳会议。实业集团党委书记、董事长秦阳主持会议。会议听取了综合办公室《议稳工作分析研判报告》,秦阳从四个方面6个内容就涉及企业的信访稳定工作进行了分析研判。

是月 实业集团举行党委理论学习中心组2021年第13次学习会。会议重温了全国国有企业党的建设工作会议精神以及习近平总书记关于国企改革和党的建设重要论述,传达了山西交控集团党委有关全国国有企业党的建设工作会议精神贯彻落实情况"回头看"动员部署文件精神,重点组织学习了中共山西省委十一届十二次全体会议、全省服务业提质增效推进大会、全省国企改革推进会等会议精神,传达了山西省交通运输厅召开的"高速公路服务区提质升级三年行动动员部署会议"精神。

是月 实业集团党委书记、董事长兼服务区管理分公司党委书记秦阳带领实业集团部分单位、部门负责人赴大同泰瑞集团建设股份有限公司参观学习。现场参观了泰瑞集团装配式建筑产业园基地和产学研厂区,并深入了解泰瑞集团的企业组织架构及公司文化、人才培养、员工待遇等。

是月 实业集团党委书记、董事长兼服务区管理分公司党委书记秦阳深入大同分公司所属古店、管家堡、云阳堡、右玉服务区(停车区)、朔州分公司所属康庄服务区和忻州分公司所属顿村、大营服务区及太原分公司所属大盂服务区,就企业改革发展、高速公路服务区"三补八化五改观一提升"专项整治行动、安全生产、疫情防控、党的建设和企业文化建设等工作进行调研。

9月6日 中国共产党山西交通实业发展集团有限公司大会胜利召开。会议通过差额选举,冯立山、李涛、秦阳、郭亚彬、郭运黎、葛彦明、董婧钰(按姓氏笔画顺序排序)7人当选为出席中国共产党山西交通控股集团有限公司第一次代表大会代表。

9月7日 实业集团、服务区管理分公司组织召开政府还贷高速公路服务区"百站示范、千站提升"创优活动动员部署大会。

9月7日至9日 实业集团专职党委副书记、副董事长、工会主席郭亚彬赴长治、晋城、运城分公司及其所属部分服务区开展学习贯彻习近平总书记"七一"重要讲话精神专题宣讲。

9月9日 山西交通运输厅党组成员、副厅长王晋到二广高速公路原平、大营、康庄服务区和荣乌高速应县、山阴服务区,调研高速公路服务区提质升级工作进展情况。在原平服务区,王晋听取了关于15对高速公路服务区公共卫生间改造项目进展情况汇报,现场查看了公共卫生间改造工程施工情况。在大营服务区,王晋观看了服务区提档升级设计效果图,听取了服务区整体升级改造工作进展情况汇报,现场检查了临建房建设情况。在康庄和应县服务区,王晋实地查看了公共卫生间和场区路面改造施工现场,听取了改造工程的规划方案、工程进度、推进措施等情况汇报。在山阴服务区,王晋现场查看了LNG加气站建设项目工地,听取了加气站建设项目的工作进展情况汇报。

9月14日 实业集团、服务区管理分公司共同举办新修订的《中华人民共和国安全生产法》宣贯培训,特邀山西省应急管理和安全生产协会副秘书长朱建国授课。

9月17日 实业集团党委2021年第13次会议召开,传达贯彻中国共产党山西交控集团第一次代表大会精神。重点学习了交控集团党委书记、董事长袁清茂向大会所作的题为《固根铸魂强引领 改革创新促升级 为加快建设国内一流的现代交通企业而不懈奋斗》的工作报告,山西交控集团党委委员、纪委书记焦军向大会所作的题为《忠实履行职责,积极担当作为,为推动集团公司全方位高质量发展提供坚强的纪律保障》的工作报告,并就报告中的内容进行详细解读。

9月23日 交控集团在盂县服务区召开服务区提质升级工作现场推进会，交流学习服务区提质升级工作经验。交控集团总经理武艺出席并讲话，副总经理谢鹏远主持。参会人员实地观摩盂县服务区提质升级专项行动成果，交流学习盂县服务区引进社会知名品牌、“服务区+旅游”、信息化建设、“车棚光伏+屋顶光伏+地面光伏”应用等成功经验。会议听取了相关服务区提质升级工作以及LNG加气站土地转性办理推进情况汇报。

9月26日 高速公路服务区“三补八化五改观一提升”专项整治行动阶段工作总结暨国庆服务保障工作部署现场会召开，现场观摩阶段性成果，互动交流经验做法，对深化专项整治行动进行再动员再部署，并对国庆期间服务保障工作进行安排部署。参会人员实地观摩了大盂服务区、太原服务区“三补八化五改观一提升”专项整治行动成果，观看了《改观改造改变 服务美好出行》专题片。

9月27日 实业集团党委召开2021年第4次专题会议，学习传达省政府副秘书长梁敬华对高速公路服务区调研指导工作时的要求精神，安排部署推进重点工作和完成年度目标任务暨做好国庆节假期服务保障工作。

9月29日 实业集团党委副书记、总经理曹志刚深入太原分公司阳泉、清徐服务区，进行国庆节前安全生产督导检查。现场查看了服务区加油站、超市、小吃、公共卫生间、广场等一线场所，详细了解了服务区的日常经营管理情况及疫情防控工作，同时还询问了服务区公共卫生间升级改造和危化品安全设施配备和改造情况，重点针对服务区危化品停车管理作出相应指导。

9月30日 实业集团党委副书记、总经理曹志刚赴长治分公司潞城服务区对国庆长假节前安全保畅准备工作进行检查指导。对潞城服务区停车场区、餐厅、加油站、汽修厂等经营管理工作及环境卫生方面进行了检查指导，听取了长治分公司节前准备工作情况汇报。

是月 实业集团专职党委副书记、副董事长、工会主席郭亚彬，党委委员、纪委书记王彩荣一行赴运城南公司开展工作交流。运城南公司党委书记、董事长李震，党委副书记、副董事长、总经理彭梁柱，党委委员、副总经理薛炎龙等参加座谈。双方就党史学习教育、企业文化建设、干部人才工作、安全生产等方面工作进行了深入交流座谈。

是月 实业集团召开党建项目化管理和党建品牌创建暨第二次党史学习教育推进会。会议对2021年的党建项目化管理、党建品牌创建工作进行了集中总结、交流、研讨，传达学习了省委党史学习教育第十五巡回指导组4次深入山西交控集团提出的工作要求精神，并对当前及今后一段时期的工作作出部署。

是月 实业集团党委召开学习习近平总书记“七一”重要讲话精神交流研讨会，深入学习宣传贯彻习近平总书记“七一”重要讲话精神。

是月 实业集团党委理论学习中心组举行2021年第14次学习会。会议认真学习习近平总书记在8月31日中央政治局会议、中央财经委员会第十次会议、中央全面深化改革委员会第二十一次会议上的讲话精神及三次省委常委会等会议精神。

是月 实业集团党委书记、董事长兼服务区管理分公司党委书记秦阳率领实业集团、服务区管理分公司领导班子成员深入原平、大营服务区进行调研。现场查看了原平服务区公共卫生间改造、危化品停车区改造和大营服务区提质升级项目施工现场，检查了餐厅、超市等现场环境和经营状况，实地了解了大营服务区加气站重新选址情况。

10月1日 交控集团党委书记、董事长袁清茂深入太原公司、实业集团、服务区管理分公司检查指导国庆期间重点工作。在太原服务区，详细了解服务区疫情防控方案，现场检查安全措施落实和值班值守情况，实地察看服务区提质升级成效，了解便民服务举措、超市特色商品销售等情况。

10月11日 实业集团召开经济责任审计进点会，标志着实业集团对信息技术公司经济责任审计工作正式启动。

10月13日 围绕“贯彻习近平总书记关于全面从严治党和干部队伍建设及本行业本领域重要

论述”主题,实业集团举行党委理论学习中心组2021年第15次学习会暨第2次“读原著、学原文、悟原理”专题学习。

10月14日 交控集团党委印发《关于表彰集团公司2021年度先进基层党组织的决定》,中共山西交通实业发展集团有限公司运城分公司支部委员会荣获“党建工作示范点(党支部)”称号;中共山西交通实业发展集团有限公司朔州分公司支部委员会荣获“标杆党支部”称号。

10月22日 实业集团、服务区管理分公司共同召开2021年第四季度安委会(扩大)视频会议,传达学习省委省政府、交控集团关于安全生产工作精神和要求,总结前三季度安全生产工作,分析当前安全生产形势,安排部署第四季度安全生产工作。吕梁、晋中、临汾、晋城、运城分公司和岚县、晋中服务区就安全生产、危化品车辆管理等工作进行交流发言。

是月 平遥服务区被中国公路学会评为“第二届全国高速公路旅游特色服务区”,也是全省首家、唯一获此殊荣的高速公路服务区。

11月3日 实业集团党委召开2021年第14次会议,传达贯彻交控集团2021年省委省政府安排部署重点工作进展情况汇报会精神。

11月17日 实业集团召开党风廉政建设和反腐败工作协调小组会议暨政治监督工作推进会。会议集中学习了中共十九届六中全会精神、山西省第十二次党代会精神、中国共产党山西省第十二届纪律检查委员会第一次全体会议精神,听取了成员部门围绕党风廉政建设和反腐败工作的落实情况、发现的风险点及下一步工作举措,总结了2021年以来党风廉政建设和反腐败协调小组工作履责情况,并对政治监督工作进行再动员、再部署、再督促,确保政治监督工作稳步推进。

11月19日 实业集团党委理论学习中心组2021年第17次、服务区管理分公司党委理论学习中心组2021年第1次学习会议在东楼310会议室召开,传达学习中共十九届六中全会和山西省第十二次党代会精神,对实业集团、服务区管理分公司学习宣传贯彻工作进行动员部署。

11月23日 实业集团、服务区管理分公司共同举办2021年度法律培训,特邀实业集团法律顾问单位北京大成(太原)律师事务所高级合伙人赵多政主任授课,培训采取视频方式进行,实业集团、服务区管理分公司领导,职能部室负责人在主会场,各分、子公司主要负责人及相关人员在分会场参加培训。

11月24日 实业集团党委书记、董事长兼服务区管理分公司党委书记秦阳深入晋中服务区,宣讲中共十九届六中全会精神和山西省第十二次党代会精神,就服务区提档升级等进行调研。秦阳详细询问施工单位资质、工期安排情况,现场查看晋中服务区公共卫生间改造、餐厅提质升级项目施工现场,检查临时餐厅、超市等现场环境和经营状况,实地了解晋中服务区加气站的选址,并对项目建设一线的干部职工表示慰问。

11月30日 实业集团党委理论学习中心组2021年第18次、服务区管理分公司党委理论学习中心组2021年第2次暨第3次“读原著、学原文、悟原理”专题学习会召开,围绕“习近平总书记的成长之路和奋斗历程、全面从严治党和全面建设清廉国企”开展学习。

12月1日 中国交通企业管理协会、交通行业优秀企业管理成果评审委员会印发《关于发布2021年度交通运输文化建设优秀成果的通知》,实业集团荣获2021年度“交通运输文化建设优秀单位”称号;太原分公司获“交通运输安全文化建设优秀单位”称号;临汾分公司获“交通运输安全文化建设优秀单位”称号;晋中分公司获“交通运输创新文化建设优秀单位”称号。

12月9日至13日 实业集团、服务区管理分公司共同举办2021年度安全培训。服务区管理分公司党委委员、副总经理李兔照出席开班仪式并讲话,实业集团、服务区管理分公司各职能部室人员、在并子分公司业务骨干在主会场,各分子公司主要负责人、分管安全负责人和服务区主要负责人以及保安、保洁在分会场参加培训。

12月15日 实业集团领导班子召开“全面建设清廉国企”专题民主生活会。交控集团党委副书记、总经理武艺在交控集团党委办公室副主任李国庆及党委组织部业务主管刘天华的陪同下深入实业集团指导专题民主生活会，并宣讲中共十九届六中全会精神、山西省第十二次党代会精神、山西国有企业领导干部警示教育大会精神。武艺在点评中，从“站位高、标准高、质量高”三个方面对此次民主生活会给予充分肯定，并提出六点要求：一是坚决做到旗帜鲜明讲政治。二是坚决做到标本兼治防腐败。三是健全完善现代企业制度。四是发挥好典型引路和示范作用。五是加强考核和激励约束。六是做好安全生产和疫情防控。

12月16日 临汾服务区公司霍州服务区加油站获“质量信得过班组”荣誉称号。霍州服务区加油站主要围绕班组建设需求、建设策划、建设过程和建设成效四大板块11项内容推进班组建设。

12月17日 实业集团党委书记、董事长兼服务区管理分公司党委书记秦阳和服务区管理分公司党委副书记、总经理张铮到太原分公司阳曲服务区进行调研并作宣讲报告。听取太原分公司全面从严治党工作情况和“我为群众办实事”实践活动情况汇报，实地查看了阳曲服务区公益服务现场、经营业态现场及企业文化现场，对干部职工进行了亲切慰问。

12月17日至31日 实业集团组成6个宣讲组分别前往21个党支部开展党的十九届六中全会、山西省第十二次党代会精神宣讲。宣讲组采取集中面对面宣讲的同时，还选择了与一线干部职工互动交流方式进行阐释，以便让更多的干部职工聆听宣讲内容，更好地指导实际工作，助力企业全方位推动高质量发展。

12月24日 交控集团总经理武艺与招商公路董事长白景涛举行工作会谈，探讨进一步推动山西交通实业集团改革发展，维护巩固良好发展局面，实现国有资产保值增值。招商公路总经理刘昌松，交控集团专职党委副书记刘宏武参加。武艺强调，交控集团上下正深入学习贯彻中共十九届六中全会和中央经济工作会议精神，全面落实省第十二届委员会第二次全体会议暨省委经济工作会议部署，统筹推进经营管理、项目建设、资产证券化、科技创新、风险防控、党的建设等各项工作。特别是在推动高速公路经营管理方面，加快建设“国内一流、山西特色、晋韵品质”服务区。希望双方继续加强全方位多领域的沟通交流，为山西省全方位推动高质量发展做出更大贡献。白景涛表示，招商公路与山西交控集团有着良好合作基础，希望双方继续加强沟通交流，深化产业合作，推动协同发展，共树山西省首批国有企业混改单位典型，共同打造人民满意服务区，不断提升群众出行的安全感、获得感、幸福感。

12月28日 实业集团党委书记、董事长兼服务区管理分公司党委书记秦阳深入晋中分公司晋中服务区进行调研，并宣讲中共十九届六中全会和省第十二次党代会精神。实地查看了晋中服务区餐厅、超市、卫生间的疫情防控工作落实情况，现场观看了服务区提档升级设计效果图，听取了晋中服务区改造项目进展情况汇报，现场查看了改造工程情况，并就调研中发现的问题提出了意见和建议。

12月29日 朔州分公司康庄服务区“强化顾客体验管理”QC课题、山阴服务区“提升服务区公厕卫生清洁度”QC课题、朔州服务区“消防应急一键启动，提高保安现场应急处置能力”QC课题、右玉南服务区“降低服务区污水管道堵塞和污水外溢发生率”QC课题获2021年度全国交通行业“优秀质量管理小组”称号。平鲁服务区保安班组荣获2021年度全国交通运输行业“质量信得过班组”。

12月30日 实业集团、服务区管理分公司召开贯彻交控集团安全生产会议，传达贯彻交控集团关于落实山西省近期安全会议精神和林武书记、蓝佛安省长的重要讲话重要指示精神，对风险隐患大排查大整治“百日攻坚”行动和岁末年初的安全防范工作进行动员部署。服务区管理分公司总经理张铮出席会议并讲话，实业集团运营总监蒋勇、服务区管理分公司副总经理李兔照分别就“百日攻坚”行动进行安排部署，服务区管理分公司副总经理孙亚雄主持。实业集团、服务区管理分公司职能部室负责人,各区域分公司主要负责人和分管安全的负责人,各服务区负责人参加会议。

是月 “中化石油和高速能源”双品牌加油站在运城分公司芮城服务区正式进入试营业,实现了运城境内G59呼北高速公路服务区加油站运营的“零”突破。芮城服务区位于国高网G59呼北高速K869+280南北两侧,占地共145亩,南北场区两座加油站共占地2058平方米,加油机20台,加油枪40把,12个储油罐,总储量达360吨。芮城服务区加油站的运营将有效保障过往车辆的加油需求,为旅客提供更加便捷顺畅的服务,提升了过往司乘对美好出行的体验需求。

是月 实业集团、服务区管理分公司召开疫情防控紧急会议,传达贯彻省委第五十四次疫情防控专题会暨省疫情防控工作领导小组会议精神,分析研判全省服务区疫情防控形势,安排部署服务区疫情防控工作。实业集团党委委员、运营总监蒋勇,服务区管理分公司党委委员、副总经理李兔照,孙亚雄出席会议;实业集团、服务区管理分公司职能部门负责人、各区域分公司主要负责人和分管安全的负责人、各服务区负责人参加会议。

(资料提供:冯立山)

山西交通建设监理咨询集团有限公司大事记

1月7日 交控集团法律合规部部长兰晓林,法律顾问、国晋律师事务所律师吴华等一行4人,到山西交通建设监理咨询集团有限公司(以下简称“监理集团”)调研指导法务工作。党委书记、董事长何晓明,专职党委副书记、副董事长周留刚,党委委员、副总经理杨军及监理集团各部室、部分子公司负责人参加调研座谈。

1月8日 由监理集团领导和相关部门人员组成检查组,对所属4个监理子公司的疫情防控工作进行检查和安排部署。

1月12日 监理集团党委书记、董事长何晓明主持召开专题会议,对疫情防控再安排再部署。监理集团、各子公司负责人、机关各部室(中心)负责人参加会议。

1月27日 监理集团2021年安委会第一次全体(扩大)会议暨疫情防控工作会议召开。党委书记、董事长何晓明出席会议并讲话,专职党委副书记、副董事长周留刚主持会议,党委委员、副总经理杨军对当前安全生产形势进行分析,并安排部署2021年安全生产、疫情防控、冬施期间安全生产监理工作。

2月3日 监理集团成功中标省公路局晋中分局241国道(222省道)线平遥香乐至沁源后沟段公路新建工程SGJL4标段施工监理项目,中标金额742万元,迎来2021年首季开门红。

2月5日 监理集团监理的“青海省310国道大力加山(省界)至循化段公路工程”获2020—2021年度第一批青海省建设工程“江河源”杯(省级优质工程)奖。

2月7日 监理集团专职党委副书记、副董事长周留刚走访慰问困难党员吴俊全。周留刚代表监理集团党委送上慰问金,以及米、面、油、春联等慰问品,并向他致以新春祝福。

2月8日 监理集团党委召开专题会议,传达学习交控集团一届四次职代会暨2021年工作会以及党的建设和党风廉政建设工作会会议精神,并就学习领会和贯彻落实作出安排部署。

2月11日 根据省国资委、省交通运输厅、交控集团有关安排部署，为扎实做好春节期间安全生产及疫情防控工作，监理集团迅速行动，党委书记、董事长何晓明带领质量安全部相关人员组成检查组，开展春节期间安全生产和疫情防控专项检查。

2月25日 监理集团一届三次职代会暨2021年工作会议召开。党委书记、董事长何晓明作题为《审时度势 解放思想 坚定信念 凝心聚力 全力开创“十四五”高质量发展新局面》的工作报告，会议由专职党委副书记、副董事长周留刚主持。资深专家刘安民、监理集团外部董事郭跃波及监理集团领导杨军、马昕宇、郭佳、张晶尧出席。

同日 监理集团2021年党的建设和党风廉政建设工作会议召开。领导班子成员、资深专员、外部董事、总部相关部室负责人、所属企业领导班子成员、党群部门负责人、直属项目部党支部书记、部分职工代表参加会议。

同日 监理集团召开2020年度党组织书记抓基层党建述职评议考核大会。领导班子成员、总部党群部门负责人、所属各党组织书记以及部分职工代表参加会议。

3月2日 监理集团子公司交科监理公司朔神项目JL1总监办在山西高速集团朔神有限责任公司组织召开的2020年度工作表彰大会暨2021年第一季度安全生产进度会上，获“2020年度先进监理单位”称号。

3月8日 监理集团所属各单位结合实际，组织开展“三八”妇女节主题活动。

3月9日 监理集团党委书记、董事长何晓明与到访的江西交通咨询公司总经理熊小华一行进行工作座谈。双方就加强交流、共赢发展进行深入探讨和交流。

3月10日 监理集团子公司交科监理公司241国道、省道岚马线汾河水库段改线工程JL2总监办在业主单位太原国、省道汾河水库段建设管理有限公司组织的2020年度劳动竞赛中，获“先进监理单位第一名”，获奖金3万元。

3月11日 在第111个“三八”国际妇女节之际，交控集团工会下发《关于表彰山西交控集团2020年度巾帼先进集团和先进个人的决定》，监理集团试验中心被授予“巾帼先进集体”称号，太原项目部总监理工程师魏瑞芬被授予“巾帼先进个人”称号。

3月15日 继监理集团被山西省省属企业精神文明建设指导委员会评为“2017—2018年度省属企业精神文明创建文明单位标兵”之后，再次被命名为“2019—2020年度省属企业文明单位标兵”称号。

3月26日 监理集团子公司振兴监理公司中标黄河一号旅游公路石楼段工程建设项目施工监理，中标额260万元。

4月1日 监理集团邀请原工会主席、高级政工师张广烜为干部职工讲授一堂党史学习教育专题党课。领导班子成员、资深专员、享受待遇领导人员、总部中层干部、机关全体党员、所属子公司党员领导干部及相关部室工作人员参加。

4月2日 监理集团召开干部大会，宣布对4个分公司领导人员职务任命的决定。专职党委副书记、副董事长周留刚主持会议。

4月8日 监理集团召开党史学习教育推进会。会议听取各子公司、机关党支部、太原项目部党支部党史学习教育开展情况汇报。党委工作部兼组织部部长付志英对交控集团党史学习教育巡回指导组提出的问题整改进行安排部署，专职党委副书记、副董事长周留刚，党委委员、纪委书记郭佳对扎实开展好党史学习教育提出要求。

4月10日 监理集团围绕群众“急难愁盼”问题，深入基层单位察民情访民意，倾听一线职工心声，了解群众所需。在了解到振兴监理公司资金周转压力较大，第一季度在建项目尚未计量及回款后，为保证其稳定及更好地运营和发展，监理集团及时召开党委会议，研究决定为振兴监理公司提供周转资金300万元。这一举措，给予公司发展极大支持，切实保障职工工资发放及各项保险正常缴纳。

4月12日 上午，监理集团开展“学党史 颂党恩”建设绿色家园主题党日活动。专职党委副书记、副董事长周留刚,党委委员、纪委书记郭佳和党委委员、副总经理张晶尧以普通党员身份参加义务植树活动,机关党支部、太佳项目公司党支部、试验中心党支部30余名党员积极参与。

4月13日 交控集团下发《山西交通控股集团有限公司工会委员会关于表彰2020年度集团公司"安康杯"竞赛优胜集体的决定》,监理集团静兴高速公路J1总监办、黎霍高速公路JL4总监办、隰吉高速公路JL1总监办获"优胜班组"称号。

4月15日 监理集团机关党支部及子公司党支部等80余名党员干部,前往太原市娄烦县高君宇纪念馆参观学习,开展一次别开生面的主题党日活动,全体党员干部重温入党誓词。

同日 监理集团黎霍项目JL4总监办所监理的中铁交通四分部预制梁场观摩会召开,标志着项目主体工程建设正式进入上部结构施工新阶段。全线7家施工单位项目经理、总工程师到现场交流T梁施工经验、共同学习。

4月19日 监理集团党委书记、董事长何晓明进行党史学习教育宣讲,机关党支部和太佳项目公司党支部30余名党员干部、团员、青年认真聆听宣讲。

4月20日 监理集团专职党委副书记、副董事长周留刚,党委委员、纪委书记郭佳等一行,组织4家子公司召开"我为群众办实事"实践活动察民情访民意工作座谈会。

同日 监理集团专职党委副书记、副董事长周留刚,党委委员、纪委书记郭佳等一行7人,对所属4家子公司开展党史学习教育情况进行巡回指导。

同日 监理集团所监G340寨沟隧道改线工程项目寨沟隧道左线出口顺利进洞。

同日 交控集团2021年安委会第二次全体(扩大)视频会议召开,对2020年度安全生产先进企业和先进工作者、抗击新冠肺炎疫情先进单位和先进工作者进行表彰。监理集团获评"2020年度抗击新冠肺炎疫情先进单位",高泽涛、李锐获"安全生产先进工作者"称号,赵丽华获"抗击新冠肺炎疫情先进工作者"称号。

4月25日 监理集团2021年安委会第二次全体(扩大)会议召开。党委书记、董事长何晓明出席会议并讲话,专职党委副书记、副董事长周留刚主持会议,党委委员、副总经理杨军总结一季度安全生产工作,并对二季度安全生产工作进行安排部署。

同日 监理集团2021年第一季度经济运行分析会召开。会议听取各企业一季度经济运行情况汇报,总结一季度经济运行情况,分析存在的问题,安排部署下阶段经济运行工作。党委书记、董事长何晓明出席会议并讲话。专职党委副书记、副董事长周留刚主持会议。监理集团领导杨军、马昕宇、郭佳、张晶尧出席会议。

4月28日 监理集团以"传承红色基因、汲取奋进力量、绽放时代光芒"为主题,开展党史知识竞赛。

同日 省交通运输厅一级巡视员李贵顺一行到监理集团隰吉项目所监标段调研督导工作。

5月1日至5日 监理集团领导班子成员深入一线进行安全管控和疫情防控专项检查,经营管理部相关人员一同检查。

5月13日 在中国共产党成立100周年之际,监理集团党委高度重视,认真安排部署,切实抓好贯彻落实,上下"总动员",参与庆祝中国共产党成立100周年系列活动,积极组织专题学习,参观创作展览,并立足本职岗位,创作出一系列有精神高度、有情感温度、有生活厚度的优秀作品,向建党百年献礼。

5月18日 监理集团成功中标太原市市政建设开发中心滨河东路南延二期工程监理二标段,全长5.78公里,中标额563万元,总投资额约11.29亿元,是本项目总投资额最大标段。该项目是监理集团管理结构改革组建分公司后第一个中标的交控集团外市政工程项目,为下一步拓宽市政监理市场奠定坚实基础。

5月27日 中国交通企业管理协会召开"第十五届全国交通运输文化建设高峰会",监理集团获评"2020年度全国交通运输文化建设优秀单位"称号,原党委书记、董事长张跃峰被评为"全国交通运输文化建设先进个人"。

6月24日 交控集团副总经理、路桥集团董事长杨志贵一行深入其党支部工作联系点监理集团交科监理公司党支部调研，并进行安全生产督导检查。监理集团领导班子全体成员及相关部门负责人、交科监理公司领导班子全体成员及相关部门负责人、全体党员参加调研。

6月25日 为大力弘扬劳模精神、劳动精神、工匠精神，激励广大干部职工在推进企业改革发展和党的建设中争当模范、建功立业，交控集团开展劳动模范和工人先锋号评选表彰活动，监理集团太佳项目公司、一分公司黎霍高速公路JL4总监办获“山西交控集团工人先锋号”称号。一分公司党支部书记、太原项目总监理工程师魏瑞芬，交科监理公司静兴高速公路J6总监办总监理工程师李锐荣获“山西交控集团劳动模范”称号。

同日 监理集团党委书记、董事长何晓明深入振兴公司和集团机关党支部调研，并开展党史学习教育宣讲。

6月28日 为进一步增强党员干部及敏感重点岗位廉洁自律意识，树牢廉政防范意识，增强拒腐防变能力，监理集团纪委举办党员干部廉政教育培训，监理集团领导、各子分公司领导班子成员、中层干部及党务、纪检、审计、财务等重点岗位60余人参加培训。

6月30日 监理集团隆重举行“七一”表彰大会。领导班子成员、各基层党组织书记、子分公司部分班子成员、总部各部室负责人、受表彰人员代表及总部相关人员参加。

同日 由监理集团参建的(北)京新(疆)高速(G7)公路梧桐大泉至木垒段顺利通车运营，标志着世界穿越沙漠里程最长的京新高速公路全线建成通车。

7月5日 吕梁北公司与监理集团在太原签署吕梁北高速公路公司2021—2025年度养护工程监理服务合同，这是交控集团高速公路运营公司中首家以“分片区打捆招标”模式采购的监理服务项目，为构建新型养护监理模式和管理体制起到促进作用，具有开创性、里程碑意义。吕梁北公司党委书记、董事长李耀峰，监理集团党委书记、董事长何晓明出席签约仪式，并代表双方致辞、签约。吕梁北公司领导、监理集团领导及双方相关部室负责人参加。

7月26日 监理集团积极响应交控集团部署要求，高度重视、提前筹备、精心安排主题宣传工作，运用各类传播平台，努力创新宣传方式，充分营造庆祝中国共产党成立100周年浓厚氛围。

8月6日 监理集团工会组织开展“夏季送清凉”活动。党委委员、副总经理杨军，党委委员、纪委书记郭佳，工会主席徐忠先后前往静兴、黎霍、G340榆社改建等项目，看望慰问高温下坚守一线、辛勤付出的职工，代表监理集团党委送上炎炎夏日里的“清凉”问候。

8月17日 监理集团顺利取得省住房和城乡建设厅“化工石油工程监理乙级资质证书”，标志着业务范围从公路工程、市政公用、房屋建筑工程延伸扩展至新领域。

8月24日 针对子公司振兴监理公司账面资金紧张，支付职工工资、“五险一金”等存在困难，监理集团借予振兴监理公司300万元作为周转资金；针对子公司资金周转困难、中标后无法办理履约保函问题，监理集团拿出兴业银行和招商银行授信额度，为振兴、兴路、交科监理公司分别办理项目履约保证金和履约保函470余万元，确保项目顺利开展，切实解决所属子公司“急难愁盼”问题。

9月2日 中国公路学会举办的第二届全国公路微创新大赛评比落幕。本次大赛共申报449个项目，经过专家细致严谨初评、终评，监理集团申报的“隧道可拆装照明灯具装置及维护机械手”获金奖，“隧道照明灯具激光划线定位套模安装工法”获铜奖，这是监理集团在2020年首届微创新大赛获2项银奖后，再次得到表彰奖励。

9月3日 监理集团“三合一管理体系”顺利通过北京华夏认证中心再认证审核，连续23年保持管理体系认证注册资格。

同日 中国共产党山西交通建设监理咨询集团有限公司党委大会顺利召开，会议选举产生出席中国共产党山西交通控股集团有限公司第一次代表大会代表。党委书记、董事长何晓明主持会议。

9月18日 2020年度全国公路建设市场监理

企业综合信用评价结果揭晓,监理集团本部及兴路监理子公司均获得“AA”级评价,交科及振兴监理子公司均获得“A”级评价。

9月28日 监理集团与沁源经济技术开发区在监理集团总部举行战略合作协议签约仪式,党委书记、董事长何晓明,沁源经济技术开发区管委会副主任张宁出席并致辞。

9月29日 监理集团子公司交科监理公司成功取得住建部公路工程监理甲级资质证书,业务范围得到进一步拓展。

10月8日 国庆节期间,监理集团及所属各单位举办形式多样、内容丰富的活动,热烈庆祝中华人民共和国成立72周年,表达对祖国的炽热深情。

10月22日 中国交通建设监理协会第十六次信息联络员工作会议在江西省上饶市召开,监理集团获评2020—2021年度“信息化建设先进单位”称号,2名信息联络员获“优秀信息联络员”,交科监理公司联络员在会上作交流发言。

10月29日 为深入学习贯彻习近平总书记关于全面从严治党重要论述,围绕《山西省廉政文化建设行动计划》,监理集团党委、纪委编印《党员干部廉洁从业制度汇编》口袋书,并举行发放仪式。

11月2日 由山西省质量与名牌协会主办的2021年山西省质量管理小组活动评选落下帷幕,监理集团再次取得好成绩。监理集团参与评选的5个项目中:青海加西公路JXZX-3监理办QC小组“提高桥梁工程梁板预制横坡及安装施工质量”及山西静兴高速公路J1总监办QC小组“提高电力监控系统电缆(线)的敷设一次验收合格率”获评QC小组活动“二等成果”;黎霍高速公路JL4总监办QC小组“降低隧道初支湿喷砼回弹率”、北京项目部QC小组“改善钢箱梁吊装的导改时间”及经营管理部QC小组“提高投标文件的编制效率”获评QC小组活动“三等成果”。

11月8日 中国公路建设行业协会传来喜讯:由监理集团所监的广东省高明至恩平高速公路、山西省黎城(冀晋界)至长治公路改扩建工程,由集团和交科监理公司参加建设的青岛至兰州国家高速公路山西长治至临汾段3项工程获2020—2021年度(第二批)公路交通优质工程奖(李春奖),该奖项与詹天佑奖、鲁班奖、茅以升奖齐名,是全国公路建设最高质量奖,也是全国公路建设者最高荣誉。同时三项工程的项目总监郑兆广、秦荣旺、訾瑞海、李锐4名人员被授予“优秀项目建设者”称号。

11月8日至11日 中共十九届六中全会在北京召开,审议通过《中共中央关于党的百年奋斗重大成就和历史经验的决议》。监理集团和所属各单位广大党员干部群众通过集中学习以及网络、电视、“学习强国”等多种方式第一时间学习领会全会精神,反响热烈。

11月16日 晋城高速公路公司党委书记、董事长赵升琪一行到监理集团考察调研,并与党委书记、董事长何晓明座谈,双方就加强合作、共赢发展进行深入探讨和交流。

同日 监理集团参与评选的山西静兴高速公路J1总监办路面监理组和黎霍高速公路总监理办公室问腰瓦斯隧道监理组在山西省质量与名牌协会主办的山西省质量信得过班组建设经验交流会上,分别获得“一等班组”和“三等班组”。

11月19日 监理集团成功中标广东滨海旅游公路汕尾品清湖南岸段工程第三监理合同段,中标金额161.5万元。监理集团成功中标此项目,不仅为进一步拓展省外市场奠定良好基础,而且对“走出去”拓展省外市场具有积极推动作用。

同日 监理集团成功中标山西省内新建20座LNG加气站项目EPC总承包监理项目最大两个标段。

11月22日 在交控集团公司工会举办的“中国梦·劳动美——永远跟党走,奋进新征程” 职工书画摄影、手工制作品评比展览活动中,监理集团工会共报送作品10余件。其中,王晓静“热烈庆祝中国共产党成立100周年”剪纸作品获交控集团工会手工制作品优秀奖;交科集团赵宝军“清平乐·会昌”毛笔临摹书法作品获得省交通运输厅书画摄影作品三等奖和交控集团工会职工书画摄影展二等奖,白海斌的摄影作品“潜心笃志”获得交控集团工会职工书画摄影展优秀奖,胡军的摄影作品“诊断师”、张佳的摄影作品“筑梦人的笑颜”和获奖作品一并在全省交通运输系统职工书画摄影展进行展播。

11月30日 为扎实推进安全生产专项整治三年行动集中攻坚，监理集团组织开展2021年消防和新《中华人民共和国安全生产法》专题知识培训及演练。

12月21日 监理集团继8月取得化工石油工程监理乙级资质以来，顺利取得省住房和城乡建设厅“通信工程监理乙级资质证书”，获得迈向通信工程监理业务通行证。

12月24日 中国交通企业管理协会、交通行业优秀企业管理成果评审委员会发布2021年度交通运输文化建设优秀成果，监理集团获“2021年度全国交通运输文化建设卓越单位”称号，党委书记、董事长何晓明被评为“全国交通运输文化建设先进个人”。

12月28日 交控集团工会“中国梦·劳动美——永远跟党走，奋进新征程 ”和“书香三八”读书征文活动落下帷幕，监理集团选送的杨清平征文作品《认真的样子最美》获二等奖、阎慧征文作品《坚定跟党走 坚信劳动美》获三等奖；樊斌阅读分享作品《与妻书》获二等奖。

同日 监理集团积极开展社会捐助活动，募得捐款14155元。多年来，监理集团坚持开展爱心捐助及志愿者活动，以实际行动践行企业社会责任。

12月30日 为认真落实交控集团安委会第五次全体(扩大)会议暨安全生产风险大排查大整治“百日攻坚”行动部署会议精神，监理集团立即组织召开部署会议。会议结合近期安全风险隐患大排查大整治检查情况，进行再安排、再部署。

(资料提供：袁燕芳)

山西省交通环境保护中心站(有限公司)大 事 记

1月8日 山西省交通环境保护中心站(有限公司)(以下简称“环保公司”)党委召开中层干部任前集体谈话暨廉政谈话会议，宣布公司业务部门与职能部门中层干部任免决定。

同日 环保公司编制的《河池至荔波高速公路环境影响报告书》取得广西河池市生态环境局的批复，批复文号为河环审〔2020〕78号。该项目是公司在广西开展的11个高速环评项目第1个取得批复的项目，为后续项目的快速推进奠定了基础。

1月11日 环保公司召开2021年第一次党委会，会议由公司党委书记、董事长姚凯主持，庞军艺、王玉喜、冯丽琦、孙虎参会，赵兵、宋雪飞(财务部部长)、马旭文(党委办公室主任)列席。会上研究讨论了关于高速公路运营站区污水治理工程项目进行融资的事宜。

同日 环保公司以现场方式召开第一届董事会2021年第1次会议。会议由公司董事长姚凯主持，应参加表决的董事5人，出席参加表决的董事5人，分别是姚凯、赵兵、庞军艺、徐利民、张跃峰。公司纪检组组长冯丽琦，党委办公室(董事会办公室)、财务部负责人共3人列席会议。

同日 环保公司上报交控集团关于高速公路运营站区污水治理项目进行融资的请示。

1月15日 环保公司党委召开第一次党委理论中心组学习。集中学习内容有《习近平治国理政》(第三卷)、《关于巩固深化“不忘初心、牢记使命”主题教育成果的意见》、《中共中央关于加强党的政治建设的意见》、《习近平总书记视察山西重要讲话重要指示》、《习近平总书记三篇辉煌文献》、《中国共产党章程》,个人自学内容有习近平总书记在纪念中国人民志愿军抗美援朝出国作战70周年大会上的重要讲话、习近平总书记在全国抗击新冠肺炎疫情表彰大会上的重要讲话。

1月20日 环保公司召开2021年第二次党委会,会议由公司党委书记、董事长姚凯主持,庞军艺、王玉喜、冯丽琦、孙虎参会,赵兵、马旭文(党委办公室主任)列席。会上研究讨论关于领导人员个人工作绩效考核指标评价的事宜、关于公司领导班子及正职领导干部2020年度述职述廉报告的事宜、关于公司领导班子成员工作分工调整的事宜等9个议题。

同日 环保公司以现场方式召开第一届董事会2021年第2次会议。会议由公司董事长姚凯主持,应参加表决的董事5人,出席参加表决的董事5人,分别是姚凯、赵兵、庞军艺、徐利民、张跃峰。公司纪检组组长冯丽琦列席,党委办公室(董事会办公室)、党委组织部(人力资源部、团委)、战略发展与投资管理部(法律事务与审计部)、环保咨询中心负责人等4人列席会议。

1月22日 中标山西朔州新建民用机场项目环保技术咨询服务,该项目为环保公司首个行业外机场咨询项目。

1月25日 交控集团党委考核组一行6人到公司进行综合评价专项检查。

1月26日 成立中国共产党山西交控生态环境股份有限公司支部委员会。

同日 根据“六定”改革机构设置、职责等情况,经公司党委会研究,完成公司领导班子成员分工调整。

同日 对环保公司本部完成一季度预算预安排。

2月4日 环保公司召开2021年第三次党委会,会议由公司党委书记、董事长姚凯主持,庞军艺、王玉喜、冯丽琦、孙虎参会,马旭文(党委办公室主任)列席。会上研究讨论关于规范优化基层党组织设置的实施方案的事宜、关于建议由公司党委指派交控生态党支部书记的事宜、关于修订公司《招标采购管理办法实施细则》的事宜等6个议题。

同日 环保公司党委召开第二次党委理论中心组学习。集中学习内容有袁清茂、武艺在交控集团一届四次职代会暨2021年工作会议上的讲话、袁清茂、焦军在2021年党的建设和党风廉政建设工作会议上的讲话、中国共产党党员权利保障条例、中共十九届五中全会精神,自学内容有《党委(党组)网络安全工作责任制实施办法》《中华人民共和国网络安全法》。专题研讨中共十九届五中全会精神。

2月5日 环保公司党委印发《关于规范优化基层党组织设置的实施方案》。

同日 环保公司上报山西交通控股集团《2021年度用人需求》计划。

同日 环保公司编制的《重庆市三环高速公路陈食至油溪段环境影响报告书》取得重庆市生态环境局的批复,批复文号为渝(市)环准〔2021〕4号。

2月8日 环保公司召开2021年第四次党委会,会议由公司党委书记、董事长姚凯主持,庞军艺、王玉喜、孙虎参会,马旭文(党委办公室主任)列席。会上研究讨论了关于高速公路收费站区污水治理项目EPCO总承包和监理计量款支付的事宜。

同日 环保公司以现场方式召开第一届董事会2021年第3次会议。会议由董事长姚凯主持,应参加表决的董事5人,出席参加表决的董事5人,分别是姚凯、赵兵、庞军艺、徐利民、张跃峰。环保公司纪检组组长冯丽琦列席,党委办公室(董事会办公室)、战略发展与投资管理部(法律事务与审计部)、项目管理中心(安全委员会办公室)负责人等4人列席会议。

2月10日 中标云州现代农业产业示范区规划环境影响评价编制项目,是环保公司首个行业外农业产业园区规划环评项目。

2月12日 迎接交控集团对环保公司领导班子和领导人员年度考核。

2月18日 新年伊始,环保公司召开新年工作动员部署专项会议。

2月22日 环保公司召开2021年第五次党委会,会议由公司党委书记、董事长姚凯主持,庞军艺、王玉喜、冯丽琦、孙虎参会,马旭文(党委办公室主任)列席。会上研究讨论关于一届二次职工大会暨2021年工作会议、一届二次会员大会筹备工作的事宜。

2月28日 环保公司一届二次职代会暨2021年工作会顺利召开。

同日 环保公司召开2021年度党的建设和党风廉政建设工作会。

同日 环保公司召开工会一届二次会员代表大会。

3月2日 环保公司中标“青兰国家高速公路长治至延安联络线(G2211)山西境黎城至霍州段工程水保监测咨询技术服务”,中标金额448.18万元,是环保公司在山西省高速公路环水保咨询的又一重大项目。

3月4日 环保公司党委召开第三次党委理论中心组学习。集中学习内容有习近平总书记在党史学习教育动员大会上的重要讲话、《新时代宣传思想工作》第一章(节选)、《山西省贯彻落实〈中国共产党党内关怀帮扶办法〉实施细则》答记者问、《关于转发中央纪委国家监委〈工作提醒〉的通知》、《中纪委十九届五中全会精神》、《省纪委十一届七次全会精神》,自学内容有党性原则、中国共产党统一战线工作条例。专题研讨:习近平总书记在党史学习教育动员大会上的重要讲话。

3月5日 环保公司开展“弘扬雷锋精神第一支部主题党日活动”。

3月至10月 环保公司与王东卫等9名正式员工签订劳动合同。

3月11日 环保公司参加2021年第1期“交控大讲堂”。

同日 在全公司各个部门的积极配合下,克服各种困难协助安老师、邹老师完成ISO 9001质量管理体系认证,将公司的运行向着更加高效有序的方向推进。

同日 环保公司编制的《国道108线襄汾—曲沃—侯马过境改线工程水土保持方案报告书》取得了山西省水利厅的批复(晋水审批决〔2021〕107号)。

3月12日 环保公司召开了2021年第一次党建工作例会。

同日 环保公司郭文博在2020年度敦当高速公路建设项目中,表现突出、成绩显著,被评为“先进个人”。

3月15日 环保公司举行成立山西交控普利匡有限公司三方座谈会暨《合作备忘录》签约仪式。

3月17日 环保公司党委印发《环保公司开展党史学习教育的实施方案》。

3月18日 环保公司组织开展关于“预防和制止餐饮浪费”的宣传活动。

同日 环保公司编制的《鹿寨—钦州港(鹿寨至鱼峰段)公路环境影响报告书》取得广西柳州市生态环境局的批复,批复文号为柳审环城审字〔2021〕9号。该项目是公司在广西开展的11个高速环评项目第2个取得批复的项目。

为保证环保公司在融雪剂领域业务的顺利开展,环保公司党委委员、副总经理孙虎,副总经理魏文慧带领调研团队于2021年3月18日—20日对长春大成集团兴隆厂区内大成生物公司、帝豪食品有限公司、鸿成公司(中试平台)以及金宝特公司进行了实地调研及现场考察。

3月19日 环保公司财务部配合中天运山西分所开展对公司2020年度报表的审计工作,出具了环保公司2020年度财务报表决算审计报告。

3月22日 环保公司党委印发《网络安全工作责任制实施办法》。

同日 环保公司中标“昔阳(晋冀界)至榆次高速公路环保、水保监理监测咨询服务项目”,中标金额646.88万元,是公司在山西省高速公路环水保咨询的又一重大项目。

3月23日 环保公司召开2021年第六次党委会,会议由公司党委书记、董事长姚凯主持,庞军艺、王玉喜、冯丽琦、孙虎参会,马旭文(党委办公室主任)列席。会上研究讨论关于筹备召开共青团山西省交通环境保护中心站(有限公司)总支委员会第一次团员大会的事宜、关于向交控集团纪检监察人才库推荐纪检监察人才的事宜、关于2021年党委中心组和干部理论学习安排意见的事宜等15个议题。

同日 环保公司印发《2021年度培训计划》。

3月24日 环保公司以现场方式召开第一届董事会2021年第4次会议。会议由公司董事长姚凯主持,应参加表决的董事5人,出席参加表决的董事5人,分别是姚凯、赵兵、庞军艺、徐利民、张跃峰。公司纪检组组长冯丽琦列席,党委办公室(董事会办公室)、战略发展与投资管理部(法律事务与审计部)、环保咨询中心负责人等4人列席会议。

同日 环保公司根据交控集团《财务管理专项检查工作方案》要求成立财务管理专项检查领导组及工作组。

同日 环保公司财务部配合山西中联智浩会计师事务所有限公司开展对环保公司的审验申请设立登记的注册资本金实收情况,出具了关于对山西晋交环境损害司法鉴定所注册资金审验的验资报告。

3月26日 环保公司党委召开第四次党委理论中心组学习。集中学习内容有《山西交控集团党委贯彻落实〈中国共产党宣传工作条例〉实施细则》、《中国共产党党和国家机关基层组织工作条例》、习近平总书记在党史学习教育动员大会上的重要讲话。观看《申纪兰视频》、学习《论中国共产党历史》《毛泽东 邓小平 江泽民 胡锦涛关于中国共产党历史论述摘编》。

同日 清华大学山西清洁能源研究院污染物控制技术研究中心由长福主任、郭朝选、韩钰晋一行到公司指导。

同日 环保公司党委印发《2021年党委理论中心组和干部理论学习安排意见》。

同日 环保公司清华大学山西清洁能源研究院污染物控制技术研究中心由长福主任一行到环保公司进行深入洽谈。

3月29日 环保咨询中心组织参加了由生态环境部环境工程评估中心举办的"2021年全国第2期碳达峰目标与碳中和愿景下技术政策解读培训班"。

同日 环保公司党委调整议稳领导组,姚凯任组长,副组长为赵兵、庞军艺、王玉喜、冯丽琦、孙虎、罗霄霞、魏文慧、王建辉。

同日 环保公司党委调整党的建设工作领导小组,姚凯任组长,副组长为庞军艺、王玉喜、冯丽琦、孙虎,成员为赵兵、罗霄霞、魏文慧、王建辉。

同日 环保公司党委调整意识形态工作领导小组及成立意识形态分析研判小组,姚凯任组长,庞军艺任副组长,成员为赵兵、王玉喜、冯丽琦、孙虎、罗霄霞、魏文慧、王建辉。

同日 环保公司党委成立统一战线工作领导小组,姚凯任组长,孙虎任副组长,成员为赵兵、庞军艺、王玉喜、冯丽琦、罗霄霞、魏文慧、王建辉。

3月30日 环保公司党委成立宣传思想工作领导小组,姚凯任组长,副组长为赵兵、庞军艺、王玉喜、冯丽琦、孙虎、罗霄霞、魏文慧、王建辉。

同日 交控集团党委副书记、总经理武艺深入环保公司进行调研,并在环保公司召开调研座谈会。

3月31日 环保公司党委办公室组织各党支部观看《表里山河》视频。

同日 环保公司党委办公室组织各支部开展了"缅怀革命先烈、传承红色基因"清明节党史学习教育活动。

是月 环保公司与太旧高速公路分公司签订坡头互通绿化施工合同,合同金额150.59万元。

4月1日 交控集团党委组织部部长郝左军一行到环保公司就人才工作进行专项调研。

同日 环保公司党委召开第五次党委理论中心组学习。集中学习内容有习近平总书记在党史学习教育动员大会上的重要讲话、《中国共产党党员权利保障条例》。自学内容有《中国共产党简史》从第一章中国共产党的创建和投身大革命的洪流至第四章夺取新民主主义革命的全国性胜利、《论中国共产党历史》从第一章实现中华民族伟大复兴是中华民族近代以来最伟大的梦想至第十一章在纪念邓小平同志诞辰一百一十周年座谈会上的讲话、《毛泽东 邓小平 江泽民 胡锦涛关于中国共产党历史论述摘编》——毛泽东重要论述(1～62页)。专题研讨:新民主主义革命时期历史。

4月7日 环保公司党委书记、董事长姚凯一行赴湖北交投智能检测股份有限公司调研交流。

4月8日 环保公司党委印发《贯彻落实"三重一大"决策制度的实施细则(修订)》。

同日 环保公司党委印发《中共山西省交通环境保护中心站(有限公司)委员会前置研究讨论重大经营管理事项清单》。

同日 环保公司参加2021年第2期"交控大讲堂"。

同日 下午三点半环保公司组织开展"防风险除隐患保平安迎党庆办实事"消防安全专项宣传活动。

4月9日 环保公司党委书记、董事长姚凯,总工程师王建辉及经营分管领导等一行赴晋城丹河新城建设集团进行商务对接,并召开商务洽谈会议。

同日 环保公司财务相关人员参加山西交控集团组织开展的二期网上报销系统上线应用培训。

同日 环保公司党委书记、董事长姚凯,总工程师王建辉等一行赴晋城丹河新城建设集团进行商务对接,并召开商务洽谈会议。

4月12日至13日 上午,环保公司党委书记、董事长姚凯分别与国内环卫行业头部上市企业玉禾田环境发展集团股份有限公司、侨银城市管理股份有限公司有关人员就高速公路大环卫和城市环卫市场化等工作进行了座谈交流,双方分别介绍了公司基本情况、产业布局与业务发展方向,就如何开展合作进行了深入探讨交流。项目管理中心、经营开发部主要负责人参加了会议。

4月12日至15日 为保证环保公司在融雪剂领域业务的顺利开展,公司党委委员、副总经理孙虎,副总经理魏文慧带领调研团队对西安公路研究院、西商高速公路分公司进行了融雪剂应用的实地调研及现场考察。

4月13日 环保公司党委印发《中共山西省交通环境保护中心站(有限公司)委员会"三会一层"议事清单(试行)》。

4月15日 环保公司党委组织开展了"学党史铭初心,红色老区忆先烈"清明祭扫主题党日活动。

同日 交控生态党支部赴彭真生平暨中共太原支部旧址纪念馆,开展"回望起点 铭记初心"主题党日活动。

同日 环保公司战略发展与投资管理部(法律事务与审计部)组织开展"国家安全"法律课堂活动。

4月16日 环保公司党委召开第六次党委理论中心组学习。集中学习内容有《习近平总书记在党史学习教育动员大会上的重要讲话》、《中央政治局第二十六次集体学习会议精神》、《习近平关于总体国家安全观论述摘编》——第一专题(坚持总体国家安全观)、《党委(党组)国家安全责任制规定》、《习近平谈治国理政》(第三卷)——第八章增强忧患意识,防范化解风险挑战(217~218页)、《关于认真学习习近平总书记在福建考察期间重要讲话精神的通知》,围绕对照班子成员党史自学计划表进行自学。观看影像《总体国家安全观》。专题研讨:一是《社会主义革命和建设时期历史》,二是《关于认真学习习近平总书记在福建考察期间重要讲话精神的通知》。

同日 环保公司召开2021年第七次党委会,会议由公司党委书记、董事长姚凯主持,庞军艺、王玉喜、孙虎参会,赵兵、马旭文(党委办公室主任)列席。会上研究讨论关于2021年度预算草案的事宜。

4月19日 环保公司完成对王意龙等13人的专业技术职务聘任工作。

4月20日 环保公司完成2021年养老保险、失业保险、工伤保险基数核定。

同日 山西省交通环境保护中心站(有限公司)高速公路运营站区污水治理工程交(竣)工验收第三方监测服务项目由招标代理组织进行了公开招标。

4月21日 环保公司党委印发《党委委员与党支部、党员与群众双向联系工作实施方案》。

4月22日 环保公司第三党支部组织召开"修复我们的地球"——世界地球日主题党日活动。

同日 环保公司财务部组织开展个人所得税汇算清缴现场指导工作。

同日 环保公司工会携手国美电器,在12层休闲活动区举办"普惠职工"家用电器团购福利活动。

同日 环保咨询中心主持编制的《钦州北过境

线(钦州北环线段)水土保持方案报告书》顺利通过了钦州行政审批部门组织的专家技术评审会议。

4月23日 环保公司第一党支部组织开展第三次党史学习教育。

同日 环保公司第一党支部组织开展“百年华诞 书香传承”主题党日活动。

同日 交控集团党史学习教育宣讲团赴环保公司开展“学党史,守初心”基层宣讲活动。

4月25日 环保咨询中心主持编制的《重庆市综合交通运输“十四五”规划环境影响报告书》,顺利通过了重庆市生态环境局组织的技术评审会。

4月26日 环保公司财务部配合中税网天运税务师事务所对公司2020年的研发费用进行专项审计,并出具了环保公司2020年度研发费用税前扣除审计报告。

4月27日 环保公司召开2021年第八次党委会,会议由公司党委书记、董事长姚凯主持,庞军艺、王玉喜、冯丽琦、孙虎参会。会上研究讨论关于环保公司深化改革三年行动实施方案(2020—2022年)的事宜。

同日 环保公司开展《“降本增效、减员增效、提效增效”专项行动工作》。

4月28日 环保咨询中心主持编制的《河池(宜州)西过境线公路环境影响报告书》顺利通过了河池市生态环境局组织的技术评审会。

4月29日 环保公司上报交控集团企管部山西省交通环境保护中心站(有限公司)深化改革三年行动实施方案(2020—2022年)和《深化改革三年行动工作任务清单》。

同日 环保公司工会组织职工在阳曲营响教育基地开展了“学党史,爱企业,植绿树,美家园”为主题的植树护绿活动。

4月30日 环保公司组织召开共青团山西省交通环境保护中心站(有限公司)第一次团员大会。

同日 环保公司上报交控集团环保公司关于《2021年度全面预算编制说明》及《2021年度融资计划》的报告。

5月7日 山西省交通环境保护中心站(有限公司)党史学习教育培训班在山西省交通干部学校正式开班。

同日 经交控集团研究决定:任杨海龙为山西省交通环境保护中心站(有限公司)外部董事。

同日 环保公司项目管理中心全员参加消防理论培训和餐厅模拟火灾疏散演练活动。

5月7日至5月8日 环保公司举办“党史学习教育培训”。

5月10日 环保公司开展2021年5月份安全生产会议。

5月11日 环保公司党委召开第七次党委理论中心组学习。集中学习内容有《习近平总书记在党史学习教育动员大会上的重要讲话》《关于培育和践行社会主义核心价值观的意见》《关于进一步把社会主义核心价值观融入法治建设的指导意见》,围绕对照班子成员党史自学计划表进行自学。专题研讨《改革开放新时期历史》。

同日 环保公司党委书记、董事长姚凯带领环保公司领导班子成员赴交控生态公司进行调研,并开展党史学习教育宣讲。

5月11日 环保公司党委书记、董事长姚凯带领班子成员赴交控生态公司进行党委理论中心组学习。

5月12日 环保公司党委同意山西交控生态环境股份有限公司支部委员候选人预备人选的批复。

5月13日 环保公司组织召开2021年第九次党委(扩大)会,会议由公司党委书记、董事长姚凯主持,庞军艺、王玉喜、冯丽琦、孙虎参会。赵兵、罗霄霞、魏文慧、王建辉、马旭文(党委办公室主任)、各党支部书记、委员列席。会上专题学习习近平生态文明思想、中共十九届五中全会精神和省委十一届十一次全会暨省委经济会议精神,研究讨论关于成立工会小组的事宜、关于党员领导干部廉政谈话制度(试行)的事宜等4个议题。

5月20日 环保公司组织开展以“不忘初心担使命 无偿献血我先行”为主题的无偿献血主题党日活动。

同日 环保公司财务部配合中税网天运税务

师事务所开展对公司2020年度企业所得税的汇算清缴工作,出具了2020年度汇算清缴报告并报送国家税务总局所得税年度申报套表。

5月21日 环保公司完成对本部2021年度全面预算的下达。

同日 环保公司党委印发《2021年宣传工作要点》。

同日 环保公司参加2021年第3期"交控大讲堂"。

5月21日27日 环保公司项目管理中心(安全生产委员会办公室)组织对高速公路运营站区污水治理工程就质量、安全、进度进行现场巡查检查。

5月24日 环保公司环境监测检测中心积极响应"我为群众办实事"实践活动号召,开展为期两天的"专业检测,为家护航"主题室内甲醛检测活动。

5月27日 交控集团批准成立山西晋交普利匡环保新材料科技有限公司。

5月28日 驻晋交环保综合派驻纪检组召开纪检专题学习暨党风廉政建设及反腐败工作协调小组会,传达学习集团纪委书记、监察专员焦军在所属企业纪委书记任期试用期考核会上的讲话,并对近期党风廉政建设及反腐败工作进行安排部署。

同日 环保公司迎接交控集团对公司2020年度经营业绩考核和薪酬专项稽核工作。

5月31日 环保公司党委组织召开第八次党委理论中心组学习。集中学习内容有习近平总书记在党史学习教育动员大会上的重要讲话、《习近平:推动我国生态文明建设迈上新台阶》、《习近平:在黄河流域生态保护和高质量发展座谈会上的讲话》、焦军在所属企业纪委书记任职试用期考核会上的讲话、《中国共产党问责条例》。自学内容有习近平生态文明思想、省委十一届十一次全会暨省委经济工作会议精神,围绕对照班子成员党史自学计划表进行自学。观看影像《百炼成钢:中国共产党的100年 走自己的路》。专题研讨:深入研读《习近平新时代中国特色社会主义思想学习问答》,围绕学习中共十八大以来的历史开展专题研讨。

5月31日至6月2日 分管副总经理孙虎、部门负责人师建飞和部门员工田峰川一同参加交控集团2021年消防安全管理培训。

6月2日 环保公司领导罗霄霞、魏文慧、王建辉一行赴长治市襄垣县调研国家高速公路黎城至霍州段施工期水保综合服务项目,查看项目驻地建设情况,并慰问项目部工作人员。

6月3日 第一阶段山西高速公路运营站区污水治理项目现场巡查检查按期完成。

6月4日 环保公司协助山西路桥集团阳蟒高速公路有限责任公司召开了阳蟒高速公路水土保持优化方案及专项设计会议,并顺利通过了会议专家组成员的技术评审,为该项目水土保持验收奠定基础。

同日 环保公司协助山西路桥东二环高速公路有限公司召开了太原东二环高速公路水土保持优化方案及专项设计会议,并顺利通过了会议专家组成员的技术评审,为该项目水土保持验收奠定基础。

6月5日 环保公司柳格高速(G3011)敦煌至当金山高速公路环境保护工程监理监测项目部响应敦当高速公司发起的爱国主题宣传教育活动。

6月8日 环保公司党委印发《党员领导干部廉政谈话制度(试行)》。

同日 环保公司党委印发《坚决制止大操大办婚丧喜庆事宜和借机敛财行为的实施办法(修订)》。

同日 环保公司党委印发《开展廉政文化建设的实施方案》。

6月9日 环保公司侨银城市管理股份有限公司执行总裁胡威一行来公司调研座谈,公司党委书记、董事长姚凯,副总经理魏文慧以及财务部负责人宋雪飞参加。

同日 召开了关于环保公司与江苏普利匡成立合资公司的专项推进会。

同日 环保公司编制的《(钦州北环线段)公路工程水土保持方案》取得了广西省钦州市行政审批局的批复,批复文号是钦审批投资〔2021〕18号,该项目是公司在广西开展的水保项目中第一个取得批复的项目。

6月10日 环保公司编制的《重庆市综合交通运输"十四五"发展规划环境影响报告书》取得重庆

市生态环境局的批复，批复文号为渝环函〔2021〕362号。该项目规划期限为2021—2025年，远景展望至2035年，规划内容涵盖五大基础网络建设(包括铁路、公路、水运、航空及邮政)和六大运输体系建设(客运服务体系、现代流通体系、智慧交通体系、绿色交通体系、平安交通体系及现代治理体系)，涉及铁路项目25项、高速公路项目76项、水运项目50项、民航项目8项，总投资5000亿元。该项目环评顺利完成对于公司提升品牌影响力、巩固重庆及周边地区市场等方面具有重要意义。

6月11日 环保公司组织召开2021年第十次党委会，会议由公司党委书记、董事长姚凯主持，庞军艺、王玉喜、冯丽琦、孙虎参会，马旭文(党委办公室主任)列席。会上研究讨论关于支部委员会选举结果请示的事宜，关于制定《慰问帮扶生活困难党员、因公伤残党员和党员因公殉职、牺牲的实施办法》的事宜，关于制定《党委意识形态工作责任制考核办法(试行)》的事宜等6个议题。

同日 环保公司以现场方式召开第一届董事会2021年第6次会议。会议由公司董事长姚凯主持，应参加表决的董事6人，出席参加表决的董事6人，分别是姚凯、赵兵、庞军艺、徐利民、杨海龙、张跃峰。公司副总经理王玉喜、纪检组组长冯丽琦列席，党委办公室(董事会办公室)、党委组织部(人力资源部、团委)负责人等3人列席会议。

6月15日 环保公司外部董事徐利民、杨海龙、张跃峰一行赴交控生态公司进行调研，并召开座谈交流会。

同日 环保公司修订《薪酬管理办法(试行)》第六条。

6月16日 环保公司侨银城市管理股份有限公司执行总裁胡威一行来公司调研座谈。

同日 环保公司第一党支部联合各党支部开展了一场别开生面的专题党课学习会，公司专职党委副书记、副董事长庞军艺以《学党史，强信念，跟党走》为题为到场全体职工上了一节生动的党课。

6月17日 环保公司2021年6月份安全生产会议暨“安全生产宣传咨询日”主题活动，活动中孙虎副总经理就“习近平总书记关于安全生产重要论述”做了安全生产“大讲堂”。会议最后还播放了安全警示教育片《代价》(上)和城市燃气安全教育片。

同日 环保公司党委印发《中共山西省交通环境保护中心站(有限公司)委员会党建工作领导小组2021年工作要点》。

同日 环保公司党委印发《新闻宣传工作管理办法》。

同日 环保公司党委印发《党委意识形态工作责任制考核办法(试行)》。

同日 环保公司完成2021年医疗保险、公务员补助基数核定。

6月18日 环保公司党委组织召开第九次党委理论中心组学习。集中学习内容有《习近平总书记在青海考察期间重要讲话精神》，围绕对照班子成员党史自学计划表进行自学。

6月21日 下午3时，环保公司由副董事长赵兵、副总经理孙虎主持，项目管理中心协助召开污水工程推进会。

6月23日 环保公司在1208党员活动室开展“安康杯”安全知识竞赛暨2021年“平安交控—知识竞赛”选拔赛。

同日 环保公司副董事长赵兵、副总经理孙虎带队，项目管理中心协助开展“七一”节前安全大检查。

同日 环保公司副董事长、副总经理(主持经理层工作)赵兵，党委委员、副总经理孙虎一行前往忻州南、忻州北公司对部分高速公路运营站区污水治理工程进行“七一”节前安全大检查。

同日 环保公司编制的《G2003太原绕城高速公路义望至凌井店段(太原西北二环)环境影响报告书》取得山西省生态环境厅的批复，批复文号为晋环审批函〔2020〕225号。该项目涉及凌井沟省级自然保护区、晋祠泉域、金牛森林公园、天龙山森林公园等多个环境敏感区，项目历时3年。

6月24日 “七一”建党节来临之际，交控生态党支部深入大盂运营站区、原平运营站区污水处理站项目一线开展“学史力行融一线 凝心聚力促生产”主题党日活动。

6月25日 环保公司组织召开2021年第十一次党委会,会议由公司党委书记、董事长姚凯主持,冯丽琦、孙虎参会,赵兵、马旭文(党委办公室主任)列席。会上研究讨论关于公司2021年度“两优一先”推荐表彰人选的事宜、关于《环保公司庆祝中国共产党成立100周年活动方案》的事宜、关于表彰2021年“优秀通讯员”的事宜3个议题。

同日 环保公司以现场方式召开第一届董事会2021年第7次会议。会议由公司董事长姚凯主持,应参加表决的董事6人,出席参加表决的董事5人,分别是姚凯、赵兵、徐利民、杨海龙、张跃峰。授权委托的董事1人,庞军艺因出差已授权赵兵作为委托的代理人,就此次会议提案进行表决。公司纪检组组长冯丽琦列席,党委办公室(董事会办公室)负责人等2人列席会议。

6月28日 环保公司党委组织开展了“追寻英雄足迹,传承红色基因,凝聚红色力量”主题党日活动。

同日 环保公司第二党支部《党建+项目信息化管理提升》项目荣获集团公司2020—2021年度“1235工作法”推进党建工作项目化管理成果三等奖。

同日 环保公司进行山西晋交普利匡环保新材料科技有限公司出资协议签约仪式。

6月29日 山西省市场监督管理局对《公路桥面径流处理技术规范》制定予以批准立项。

同日 环保公司《公路路面径流处理技术规范》《高速公路绿化设计规范》两项标准获山西省市场监督管理局立项批复。

6月30日 环保公司举行2021年“七一”表彰大会。

同日 环保公司党委印发《环保公司庆祝中国共产党成立100周年活动方案》。

同日 环保公司党委书记、董事长姚凯,党委委员、副总经理孙虎,项目管理中心负责人师建飞参加集团公司党委书记、董事长袁清茂在太原公司主持召开的安全生产督导检查座谈会,公司党委书记、董事长姚凯做安全生产工作情况汇报。

7月1日 环保公司组织观看庆祝中国共产党成立100周年大会直播盛况。

7月2日 环保公司党委组织开展“重温红色记忆,坚守初心,勇担使命”主题党日活动。

7月3日 环保公司与经营开发部部长王振解除劳动合同,同年8月4日,解聘其经营开发部部长的职务。

7月5日 环保公司完成大同北公司收费站区污水治理项目合同的签订。

7月6日 经交控集团研究决定:任刘志斌为山西省交通环境保护中心站(有限公司)外部董事。

7月8日 环保公司与山西综改示范区签订《用于航空等领域PPM高分子装配式复合材料生产项目》入驻协议。

同日 环保公司编制的《河池(宜州)西过境线公路环境影响报告书》取得广西河池市生态环境局的批复,批复文号为河环审〔2021〕30号。该项目是公司在广西开展的11个高速环评项目第3个取得批复的项目。

同日 环保公司编制的《交城县横下线旅游公路路面改造工程水土保持方案》取得了交城县行政审批服务管理局的批复交审管函〔2021〕53号。

7月10日 环保公司中标重庆市武隆至两江新区高速公路(平桥至大顺段)项目洪水影响评价咨询服务,该项目既是公司在省外承揽的第一个防洪项目,也是公司2021年中标的第一个省外项目,为公司防洪业务在省外的开扩走出了扎实的第一步。

7月至12月 环保公司完成集团《组织人事工作月度数据监测表》。

7月13日 环保公司《预制装配式高速公路树脂砼排水系统》项目被山西省交通运输厅列入2021年度计划科技项目并补助经费20万元。

7月15日 环保公司项目管理中心(安全委员会办公室)部门负责人师建飞前往山西省交控集团有限公司参加2021年度建设管理调度会。

7月16日 环保公司项目管理中心(安全委员会办公室)部门负责人师建飞前往太旧高速公司完

成收费站区污水治理工程合同签订。

7月20日 山西晋交普利匡环保新材料科技有限公司成功注册。

7月21日 环保中心由项目管理中心(安全委员会办公室)联合工会组织召开环保公司"安康杯"安全知识竞赛颁奖仪式,公司党委书记、董事长姚凯,党委副书记庞军艺,副总经理孙虎等重要领导参加活动。

同日 由环保中心项目管理中心(安全委员会办公室)组织开展环保公司地震应急疏散演练。

同日 环保公司党委印发《"党旗在基层一线高高飘扬"实施方案》。

7月22日 环保公司协助交通控股集团有限公司忻州南分公司召开神池至岢岚高速公路水土保持优化方案及专项设计会议,并通过了会议专家组成员的技术评审,为该项目水土保持验收奠定基础。

同日 环保公司中标青银二广高速公路太原联络线环境影响评价、水土保持方案编制服务两个项目。

7月23日 环保公司在山西交控生态环境股份有限公司开展了运城南高速公路污水治理工程施工图设计评审。

同日 环保公司第二党支部在1212会议室组织召开了党史学习教育专题组织生活会。

7月26日 环保公司第一党支部召开了党史学习教育专题组织生活会,公司党委书记、董事长姚凯以普通党员身份参加会议。

7月27日 环保公司第四党支部组织召开了党史学习教育专题组织生活会。

同日 环保中心交控生态党支部召开党史学习教育专题组织生活会。

同日 环保公司副董事长、副总经理(主持工作)赵兵,项目管理中心部长师建飞参加集团公司组织召开的2021年安委会第三次全体(扩大)会议暨应急演练现场观摩会。

7月28日 环保公司第三党支部召开"学党史、悟思想、办实事、开新局"专题民主生活会。

同日 环保公司完成对田峰川等3人的专业技术职务聘任工作。

是月 环保公司所属第二党支部党建项目《党建+项目信息化管理提升》在获评交控集团2020年度党建项目化管理成果验收"三等奖"。

8月3日 环保公司召开2021年第十二次党委会,会议由公司党委书记、董事长姚凯主持,庞军艺、王玉喜、冯丽琦、孙虎参会,赵兵、马旭文(党委办公室主任)列席。会上传达学习《焦军书记在交控集团2021年上半年纪检监察工作会上的讲话精神》,研究讨论关于解聘王振的事宜、关于李飞等19人列为发展对象的事宜等8个议题。

同日 环保公司以现场方式召开第一届董事会2021年第8次会议。会议由公司董事长姚凯主持,应参加表决的董事6人,出席参加表决的董事6人,分别是姚凯、赵兵、庞军艺、徐利民、杨海龙、张跃峰。公司纪检组组长冯丽琦列席,党委办公室(董事会办公室)负责人等2人列席会议。

同日 由环保公司项目管理中心(安全委员会办公室)组织召开环保公司上半年经营分析会,环保公司领导班子成员、各子公司负责人、各部室负责人参加了会议。

8月6日 环保公司党委委托外部董事刘志斌以"强素质,树形象,肯吃苦"为主题开展党课宣讲。

同日 环保公司印发《加强政治监督的实施细则》的通知。

8月9日 环保公司中标大同经济技术开发区(本部)建设用地2020-17#、2020-18#、2020-19#、2021-04#、国药物流、华达商住地块土壤污染状况调查服务项目。

同日 环保公司项目管理中心组织召开公司2021年安委会第三次全体(扩大)。

8月11日 环保公司项目管理中心组织召开2021年第三次项目协作会议。

同日 环保公司主持完成的山西省交通运输厅科技项目《基于大数据的黄土地貌类型下公路水保特征及效应研究》(2018-01-28)通过专家验收评审,成果总体达到国际先进水平。

8月13日 环保公司党委组织开展了学习贯

彻习近平总书记“七一”重要讲话精神专题宣讲会。

8月17日 环保公司部门负责人师建飞参加了在交控生态召开的晋城高速公路管理有限公司和长治高速公路管理有限公司运营站区污水治理施工图设计评审会。

同日 环保公司印发《企业治理结构改革重点任务分解实施方案》。

8月18日 “百人·百天·百期”读书会活动完成第100期音视频录制播放,环保公司党委创新学习形式、丰富教育载体,运用新媒体特别推出“百人·百天·百期”读书会活动,组织公司100名干部职工,自3月26日起,用100天的时间,通过诵读《习近平新时代中国特色社会主义思想学习问答》《中国共产党简史》等四本书目,录制100期音视频,在环保公司微信公众号“晋交环保”进行领学分享的方式,回顾中国共产党百年征程,传承红色基因,积极营造浓厚的学习氛围。8月18日全部播完。

8月19日 环保公司特邀北京德恒(太原)律师事务所高级合伙人、律师、山西股权交易中心评审专家王晶晶女士为环保公司领导、各部门中层、交控生态公司高管,以及晋交普利匡公司高管做专题培训。

8月23日 环保公司召开2021年第十三次党委会,会议由公司党委书记、董事长姚凯主持,庞军艺、王玉喜、冯丽琦、孙虎参会,赵兵、马旭文(党委办公室主任)列席。会上传达交控集团纪委《关于8起酒驾醉驾典型案例的通报》,研究讨论省第十二次党代表大会代表候选人预备人选的事宜、山西省国资委党代会代表候选人预备人选的事宜等8个议题。

同日 环保公司以现场方式召开第一届董事会2021年第9次会议。会议由公司董事长姚凯主持,应参加表决的董事7人,出席参加表决的董事7人,分别是姚凯、赵兵、庞军艺、徐利民、杨海龙、张跃峰、刘志斌。环保公司纪检组组长冯丽琦列席,党委办公室(董事会办公室)负责人等2人列席会议。

8月23日至27日 环保公司项目管理中心(安全委员会办公室)协同纪检室对采购工作进行自查。

8月25日 环保公司印发《中共山西省交通环境保护中心站(有限公司)委员会党委会议事规则》的通知。

同日 为全国低碳日,为积极倡导低碳出行,助力绿色交通发展。环保公司工程技术中心联合党委办公室组织开展了“节能我行动 低碳新生活”能源短缺体验活动。

8月26日 环保公司项目管理中心(安全委员会办公室)部门负责人师建飞、项目管理中心成员前往太原公司清徐收费站调研高速公路运营站区污水治理工程(首件工程)。

8月27日 环保公司召开2021年第十四次党委(扩大)会,会议由公司党委书记、董事长姚凯主持,庞军艺、王玉喜、冯丽琦、孙虎参会,罗霄霞、魏文慧、王建辉、马旭文(党委办公室主任)列席。会上研究讨论关于中共山西交通控股集团有限公司党委新一届委员会委员候选人推荐人选的事宜、关于中共山西交通控股集团有限公司纪律检查委员会委员候选人推荐人选的事宜。

8月29日 环保公司完成2021年住房公积金基数核定。

8月31日 环保公司印发《中共山西省交通环境保护中心站(有限公司)委员会前置研究讨论重大经营管理事项清单》的通知。

9月1日 环保公司召开2021年第十五次党委会,会议由公司党委书记、董事长姚凯主持,庞军艺、王玉喜、冯丽琦、孙虎参会,马旭文(党委办公室主任)、曹雪(纪检室主任)列席。会上研究讨论关于环保公司党员大会筹备工作方案的事宜,关于党员大会会议议程及监票人、计票人名单的事宜等3个议题。

同日 环保公司外部董事对高速公路运营站区污水治理项目进行调研,并召开项目座谈推进会。

同日 环保公司外部董事徐利民、张跃峰一行赴晋中公司机关污水治理工程的现场进行调研,并召开座谈交流会。环保公司副总经理赵兵,项目管理中心负责人师建飞,监理代表耿勇,EPCO总承包方代表王东卫、李来虎、冯晓伟等参加调研座谈。

同日 经山西省交通环境保护中心站(有限公

司)党委会研究决定,任命柴东东为山西省交通环境保护中心站(有限公司)党委组织部(人力资源部、团委)部长,聘任杨记芳为经营开发部副部长,张力为战略发展与投资管理部(法律事务与审计部)部长。

同日 环保公司主持编制的《绿色公路评价标准》(DB14/T 2314—2021)、《绿色公路建设技术指南》(DB14/T 2315—2021)、《高速公路沿线服务和管理设施污水回用处理技术指南》(DB14/T 2316—2021)三项山西省地方标准获山西省质量技术监督局批准发布,并于2021年12月1日起实施。

9月2日 环保公司与忻州南高速签订了中分带绿化工程项目合同,合同金额17.046万元。

9月3日 环保公司项目管理中心(安全委员会办公室)组织召开公司2021年9月安全生产会议,公司领导、各部室、中心负责人参加了会议。

9月7日 环保公司印发《新闻宣传工作管理实施细则(试行)》的通知。

同日 环保公司党委委员、副总经理孙虎,生态科技中心部门主任常铁深,副主任贺胜义、丁一哲赴亚科排水科技(上海)有限公司进行调研考察。

9月8日 环保公司党委组织开展"红色走廊参观学习活动",在场人员沿长廊聆听讲解,重温中国共产党百年发展历史,也回顾自己在党建工作引领下的工作学习之路,在参观中汲取继续前进的智慧和力量,立志把伟大建党精神继承下去、发扬光大。

同日 环保公司党委委员、副总经理孙虎带领晋交普利匡公司筹备组一行前往亚科排水科技(上海)有限公司参观学习,并参加了座谈交流会。

同日 环保公司党委委员、副总经理孙虎,生态科技中心部门主任常铁深,副主任贺胜义、丁一哲赴米亚建筑材料(昆山)有限公司进行调研考察。

9月9日 下午,环保公司党委委员、副总经理孙虎带领晋交普利匡公司筹备组一行到米亚建筑材料(昆山)有限公司参观学习,并参加了座谈交流会。

9月20日 环保公司中标上饶至蒲城高速公路(江西境内)新建工程环保监测技术服务项目。

9月22日 环保公司中标晋阳高速公路改扩建项目工程环保、水保综合技术咨询服务项目。

9月22日 环保公司完成2021年工资总额预算方案并上报。

9月26日 下午,环保公司党委联合省交通设计院公司党委组织开展"品奋斗历程 聚红色精神"主题党日活动。环保公司领导班子成员带领各支部职工代表、省交通设计院公司职工代表共计40余人到场认真观影,体悟奋斗精神。

9月29日 经交通控股集团研究决定:李晋文为山西省交通环境保护中心站(有限公司)外部董事。

同日 环保公司中标大同市重点地区地下水污染状况调查评估项目。

9月30日 环保公司召开2021年第十六次党委会,会议由公司党委书记、董事长姚凯主持,庞军艺、王玉喜、冯丽琦、孙虎参会,马旭文(党委办公室主任)、曹雪(纪检室主任)列席。会上研究讨论关于修订《企务公开实施方案》的事宜、关于环保公司员工健康体检实施标准的事宜、关于环保公司及所属企业2020年度利润分配方案的事宜3个议题。

同日 环保公司以现场方式召开第一届董事会2021年第10次会议。会议由公司董事长姚凯主持,应参加表决的董事7人,出席参加表决的董事7人,分别是姚凯、赵兵、庞军艺、徐利民、杨海龙、张跃峰、刘志斌。公司纪检组组长冯丽琦列席,党委办公室(董事会办公室)负责人等2人列席会议。

同日 环保公司党委组织召开第十四次党委理论中心组学习。集中学习内容有《习近平总书记在中央民族工作会上的重要讲话》、《习近平总书记在陕西榆林考察期间重要讲话精神》、《省委党史学习教育第十五巡回指导组五次深入集团公司提出指导意见》汇编材料。自学内容有《习近平总书记视察山西重要讲话重要指示》《习近平总书记在青海考察期间重要讲话精神》《习近平总书记在福建考察期间重要讲话精神》《习近平总书记在西藏考察期间重要讲话精神》《习近平总书记在"不忘初心牢记使命"中国共产党历史展览时的重要讲话》。

同日 为庆祝中国共产党成立100周年,传承红色基因,深入开展党史学习教育活动,环保公司党委组织职工开展“品革命精神 致敬最可爱的人”《长津湖》电影观影活动。

同日 环保公司党委组织召开第十五次党委理论中心组学习。集中学习内容有《习近平总书记在中央人才工作会议上重要讲话》。

是月 工程技术中心3月申报的综改区普惠类高新技术企业奖励成功获得补助20万元;申报的专精特新企业,于2021年9月认定成功,获得补助35万元。

10月8日 环保公司中标241国道、省道岚马线汾河水库段改线工程PPP项目环保、水保咨询服务项目。

10月9日 环保公司项目管理中心(安全委员会办公室)全员前往交控生态环境股份有限公司参加《PPP项目全过程造价及项目盈利能力管控》培训。

同日 环保公司外部董事徐利民、杨海龙、刘志斌一行赴晋城市农村生活污水治理项目调研指导工作。环保公司副董事长、副总经理(主持工作)赵兵、项目管理中心负责人师建飞参加调研座谈。

10月12日 环保公司中标汾阳至石楼高速公路工程环水保监测、监理及验收服务两个项目。

10月13日 环保公司中标山西省交通运输领域碳达峰碳中和专项行动方案研究项目。

10月14日 环保公司完成网上申报2021年高校毕业生、高技能人才来并(太原)工作补助(贴)和本土人才能力素质提升补助。

10月19日 交控集团在朔州管理公司召开2021年安委会第四次全体(扩大)会议暨应急演练现场观摩会,环保公司副董事长、副总经理(主持工作)赵兵,党委委员、副总经理孙虎,项目管理中心(安全委员会办公室)负责人师建飞参加会议。

同日 环保公司印发《中共山西省交通环境保护中心站(有限公司)委员会前置研究讨论重大经营管理事项清单》的通知。

10月21日 环保公司党委委员、副总经理王玉喜,项目管理中心(安全委员会办公室)部门负责人师建飞前往交控生态参加关于晋城PPP城市生活污水治理EPCO总承包项目协调研讨会。

10月22日 环保公司主持完成的山西交通控股集团有限公司科技项目《公路设计中绿色公路理念设计技术指标及评价方法研究》(18-JKKJ-30)通过专家验收评审。

同日 环保公司主持完成的山西交通控股集团有限公司成果转化项目《聚合物—粉煤灰陶粒生态景观型声屏障装备研发与推广应用》(19-JKKJ-45)通过专家验收评审。

10月28日 交控生态党支部开展“赓续红色血脉 推进党史学习教育走深走实”主题党日活动。组织公司职工50余人集体观看抗美援朝题材电影《长津湖》,利用“电影课堂”学习百年党史,忆峥嵘岁月。

10月29日 环保公司党委组织召开2021年第五次党建工作双月例会。

是月 环保公司承担了山西省发展和改革委员会2021年度重大专项《山西省黄河流域水资源高效利用问题研究》科技项目,该项目是山西省贯彻落实黄河流域生态保护和高质量发展重大国家战略的具体行动,旨在通过课题研究提出山西省黄河流域水资源高效利用的政策和措施,针对黄河流域深度节水控水提出更高要求,以高质量集约式发展降低水资源承载压力,促进黄河流域水资源利用可持续发展。

11月1日 环保公司领导班子成员、中层以上干部积极参加集团公司组织的“传达贯彻山西省第十二次党代表大会精神会议”视频会议。

同日 环保公司党委组织召开第十六次党委理论中心组学习。集中学习内容有《习近平总书记在纪念辛亥革命110周年大会上的讲话》《中华人民共和国公职人员政务处分法》《中华人民共和国监察法》《中华人民共和国国家安全法》《中国共产党统一战线工作条例》。自学内容有《中国共产党章程》《中国共产党问责条例》《中国共产党党员权利保障条例》《中华人民共和国民法典》,围绕对照班子成员“党史”自学计划表进行自学。

11月4日 环保公司完成岗位外包服务采购

项目。

11月5日 环保公司开展《"决胜60天、冲刺保目标"专项行动实施方案》。

11月11日 下午,环保公司党委特邀有着丰富的基层党务工作经验的央企党校高级党务教员唐宾楷老师前来授课,创新形式,组织开展"党建沙盘+心理解压"爱国主义教育专题活动,公司专职党委副书记、副董事长庞军艺,各支部党员及群众代表共60余人参加活动。

同日 环保公司专职党委副书记、副董事长庞军艺进行"忆光辉党史"党课宣讲,各支部党员及群众代表共60余人参加活动。

11月15日 环保公司项目管理中心组织公司领导、职工参加省政府安委办召开的第四次全体(扩大)会议暨专项整治三年行动集中攻坚年重点任务推进视频会。

11月16日 环保公司中标晋城市政府统一服务专项经费项目。

11月19日 环保公司与运城北高速签订了收费站增设环保公厕项目合同,合同金额37.49万元。

同日 环保公司党委组织召开第十七次党委理论中心组学习。集中学习内容有《省第十二次党代会精神》。专题研讨《省第十二次党代会精神》。

11月22日 米亚建筑材料(昆山)有限公司来环保公司进行调研回访。

11月25日 环保公司中标省道366老马岭至杨河桥段改建工程环境影响评价和水土保持方案编制服务项目。

11月26日 环保公司召开2021年第十七次党委会,会议由公司党委书记、董事长姚凯主持,庞军艺、王玉喜、冯丽琦、孙虎参会,赵兵、罗霄霞、魏文慧、王建辉、马旭文(党委办公室主任)列席。会上学习习近平总书记在中央人才工作会议上的重要讲话精神,研究讨论关于对经理层成员的聘任协议和业绩合同的事宜、关于环保公司2020年领导班子成员薪酬兑现方案的事宜等4个议题。

同日 经山西省交通环境保护中心站(有限公司)党委会研究决定,任命曹雪为山西省交通环境保护中心站(有限公司)派驻纪检组副组长。

同日 环保公司以现场方式召开第一届董事会2021年第11次会议。会议由公司董事长姚凯主持,应参加表决的董事8人,出席参加表决的董事7人,分别是姚凯、赵兵、庞军艺、徐利民、杨海龙、刘志斌、李晋文。授权委托的董事1人,张跃峰会前授权徐利民作为委托代理人,就此次会议提案进行表决。公司纪检组组长冯丽琦列席,党委办公室(董事会办公室)、党委组织部(人力资源部、团委)负责人3人列席会议。

同日 环保公司第四党支部开展以"聆听革命故事、弘扬长征精神"为主题的党史学习教育专题党课。环保公司第四党支部党员及积极分子共18人到场认真学习。

11月28日 公司完成劳务派遣服务采购项目。

11月30日 公司与郑永红、段明宇、赵玮琦3人续签劳务派遣合同。

同日 环保公司报送公司薪酬执行情况的自查和整改报告。

同日 下午,交控生态党支部组织召开学习贯彻党的十九届六中全会精神宣讲会,支部书记王玉喜进行了宣讲。公司高级管理人员、部门临时负责人、党员、入党积极分子等30余人参加宣讲会。

是月 环保公司完成了集团《关于2021年"人人持证、技能社会"建设提质增效目标任务分解的通知》(晋交控人发〔2021〕143号)中对公司下达的50人次任务数。

11月至12月 环保公司与齐婧冰等18名专业技术人员签订劳务外包合同。

12月2日 环保公司参与完成的山西省交通建设科技项目《山区高速公路生态修复与景观营造关键技术研究》(17-2-02)通过专家验收评审,成果总体达到国际先进水平。

12月5日至8日 环保公司项目管理中心(安全委员会办公室)负责人师建飞组织进行第二、三期高速公路运营站区污水治理工程计量的收尾工作。

12月10日 环保公司组织开展环保公司党委

政治理论学习测试。

12月13日 环保公司召开2021年第十八次党委会,会议由公司党委书记、董事长姚凯主持,庞军艺、王玉喜、冯丽琦、孙虎参会,赵兵、马旭文(党委办公室主任)列席。会上研究讨论关于“全面建设清廉国企”专题民主生活会领导班子及班子成员检视剖析材料的事宜、关于印发《2021年意识形态工作报告》的事宜、关于印发《2021年意识形态领域研判报告》的事宜、关于印发《2021年网络意识形态领域研判报告》的事宜。

12月14日 环保公司召开“全面建设清廉国企”专题民主生活会。

同日 以环保公司与清华大学山西清洁能源研究院为依托的山西省交通运输科技创新中心——山西交通生态环保科技研究中心,获山西省交通运输厅认定。

12月16日 环保公司与山西省交通干部学校签订2021年在线教育培训与测评服务协议。

12月20日 环保公司召开2021年第十九次党委会,会议由公司党委书记、董事长姚凯主持,庞军艺、王玉喜、孙虎参会,赵兵、马旭文(党委办公室主任)列席。会上研究讨论关于《大同市重点地区地下水污染状况调查评估项目工作方案(讨论稿)》的事宜、关于《山西省交通环境保护中心站(有限公司)信访工作制度(修订)》的事宜、关于调整议稳领导组的事宜等9个议题。

同日 环保公司上报山西交通控股集团《“六定”长效机制改革方案》报告。

同日 环保公司完成对王建辉等19人的专业技术职务聘任工作。

同日 环保公司初级工程技术职务评审委员会评审吕柏玮、赵浩男、原本昊、张欣、温涛、蔚红艳、刘剑、张艺文8人取得交通运输工程专业助理工程师任职资格。

同日 环保公司党委组织召开第十八次党委理论中心组学习。集中学习内容有《十九届六中全会精神》。专题研讨《十九届六中全会精神》。

同日 环保公司以现场方式召开第一届董事会2021年第12次会议。会议由公司董事长姚凯主持,应参加表决的董事8人,出席参加表决的董事7人,分别是姚凯、赵兵、庞军艺、徐利民、杨海龙、张跃峰、刘志斌。授权委托的董事1人,李晋文会前授权徐利民作为委托代理人,就此次会议提案进行表决。公司派驻纪检组副组长(纪检室主任)曹雪列席,党委办公室(董事会办公室)、财务部、经营开发部负责人4人列席会议。

同日 环保公司召开2021年第二十次党委会,会议由公司党委书记、董事长姚凯主持,庞军艺、王玉喜、孙虎参会,赵兵、马旭文(党委办公室主任)列席。会上研究讨论了关于高鹏等4名预备党员转正的事宜、关于山西省交通环境保护中心站(有限公司)党建走廊设计制作服务项目支付的事宜、关于印发《山西省交通环境保护中心站(有限公司)舆情应急处置预案》的事宜。

12月23日 环保公司财务部根据交控集团《差旅费管理办法》对公司现有的《差旅费管理办法(试行)》进行修订,并印发《环保公司差旅费管理办法》。

12月24日 环保公司完成公司和交控生态公司“经理层任期制和契约化管理”工作,并签订了《经理层成员岗位聘任协议书》《年度经营业绩考核责任书》和《任期经营业绩考核责任书》。

12月26日 环保公司入库西藏自治区重点公路建设项目管理中心涉密公路建设项目专项评估供应商名单征集环境影响评价、水土保持方案、防洪影响评价、水土保持监测、水土保持设施验收、竣工环境保护验收六个标段。

12月29日 环保公司项目管理中心迎接集团公司对环保公司2021年度安全生产工作目标管理考核。

12月30日 环保公司党委委员、副总经理孙虎主持召开安全生产风险隐患大排查大整治“百日攻坚”行动部署会议。

同日 环保公司报送年终财务快报。

12月31日 环保公司取得林业调查规划设计资质丙级证书。

是月 经环保公司党委会、董事会研究确定了

2020年公司及各部门年度绩效考核系数。

公路混凝土防撞墙耐久性联合防腐技术是公司第一个内部立项课题,是针对山西省内高速公路混凝土防撞墙氯盐腐蚀、冻融损害等病害问题,提出的一种柔性基层材料和刚性预制面层板相结合的新型复合防护技术体系,对基层界面进行有效封闭,起到防渗、耐侵蚀及表面美化的效果,可有效提高公路混凝土防撞墙耐久性能。该技术已于2021年12月在S56太古高速一处桥梁混凝土防撞墙作为现场试验工程。该工程段中心桩号为ZK0+980.773,长度约17米,本次试验工程的防护面层板安装高度为75毫米,厚度(防护面层板+防护基层)约5毫米。

(资料提供:温 涛)

山西交控置地有限公司
大 事 记

1月8日 山西交控置地有限公司(以下简称“置地公司”)紧急召开疫情防控工作专项会议,贯彻落实省政府、交控集团疫情防控工作相关文件精神,对疫情防控工作进行再研究、再部署。要求全体人员要在思想、行动上、责任上筑起疫情防控“铜墙铁壁”,坚决守护住全体干部职工生命健康安全,努力实现常态化疫情防控和公司发展“双统筹”,稳步走向“双胜利”。

1月29日 置地公司2021年度安委会第一次会议暨疫情防控工作会议召开。要求全体职工要进一步深入贯彻落实习近平总书记关于安全生产的重要指示批示要求,按照省委、省政府和交控集团相关安排部署,统筹做好安全管理和疫情防控工作,全力以赴确保“春节”和“两会”期间安全形势持续稳定向好。

2月18日 春节后上班第一天,置地公司领导班子带领相关部门负责人一行20人,深入工程项目一线,赴龙锦花园实地调研,了解项目规划、工程进展情况以及推进过程中遇到的问题和困难,为节后开工建设做好积极准备。

3月10日 置地公司领导班子在山西路桥房地产开发有限公司龙锦花园项目部召开现场推进会,对所属项目建设大干快上进行安排部署。

3月11日 置地公司领导班子成员赴临汾地产公司现场调研,组织召开房地产项目推进会,旨在加快推进临汾地产项目进展进度,尽快实现复工复产,如期完成各项任务目标。

3月15日 置地公司人才座谈会召开,20名优秀研究生代表参加,交流学习和工作经历,畅谈自身职业规划,为置地公司发展建言献策。本次会议体现置地公司党委始终把人才工作作为推动高质量发展的重要基础和坚实保障。

3月30日 交控集团党委副书记、副董事长、总经理武艺一行赴置地公司龙锦花园项目建设现场和公司驻地调研指导工作。要求聚力重点工作目标任务,把握总体不移主线思路,围绕高速公路沿线土地开发,盘活资源、做好定位,加强战略合作,切实做好房地产开发工作;要积极对标先进国企房地产企业,以对标学习为契机,努力查找自身不足、积极创新、稳步推进各项工作。

6月12日 临汾市住房与城乡建设局局长尹明星、市安全评价中心主任席岩俊、质量评价中心主任张迎庆及相关工作人员到景泰房地产公司易和苑项目二标段调研指导工作。要求以近期省内安全事故为警钟，切实加强建筑工地安全管控，提高思想认识，坚决遏制各类安全生产事故发生；把国企责任和担当落到实处，建设好人民满意优质工程。

6月17日 太原市司法局入企服务调研组到置地公司座谈。座谈会上，市司法局相关领导介绍本次入企服务内容目的及司法行政工作职能，真正落实省委“四为四高两同步”总体思路和要求，充分发挥政法机关职能作用，有效服务企业所需，保障企业高质量转型发展。为及时了解企业诉求，帮助解决经营发展中的法律问题，双方建立长效联系服务机制。

6月25日 置地公司领导班子成员、总部全体党员、青年团员、入党积极分子60余人，前往武乡县八路军文化园、八路军太行纪念馆，探寻“太行精神”、重温入党誓词，党委书记讲授主题党课，开展“寻太行红色印记、忆百年峥嵘岁月”红色研学主题党日活动。

6月29日 置地公司与华润置地（太原）有限公司签署战略合作框架协议，通过此次合作，双方充分发挥各自优势，从资源共享、优势互补、协同创新、共同发展等方面，推进双方发展战略实施，实现共同增强企业核心竞争力双赢目标。

6月30日 置地公司庆祝中国共产党成立100周年“两优一先”座谈会召开。激励动员公司广大党员干部坚定信念、开拓创新，以更加优异成绩庆祝中国共产党成立100周年。

是月 置地公司所属山西路桥集团物业管理有限公司获中物协主办“暖心服务携手同行”物业管理公益大讲堂暨年度会员交流活动“优秀组织奖”。

7月2日至3日 置地公司在省交通干部学校举办“管理人员及党员能力提升培训班”，邀请省内优秀专家教授分别从打造高执行力团队、企业文化建设与管理、警示教育、疫情背后的意识形态斗争以及国有企业基层组织建设等方面开展高质量高水平专题讲座。

7月28日 置地公司领导班子一行赴富力地产集团西北区域公司进行交流座谈，旨在对标优秀地产企业，学习成功经验，双方就房地产集前期、设计、建设、销售、投融资、物业服务等为一体的全产业链模式进行深入交流，为下一步更深层次开展合作奠定基础、达成共识。

7月 置地公司党委书记、董事长贾建国，副总经理段建杰，党委办公室主任石磊分别获省委组织部“担当作为表现突出”称号。

是月 置地公司所属企业山西路桥房地产开发有限公司党委委员、常务副总经理杨小平获省交通运输厅“先进个人”称号。

是月 置地公司党委组织部部长孔鹏获交控集团党委“优秀党务工作者”称号。

是月 置地公司职员杜凯、张希分别获交控集团党委“优秀共产党员”称号。

8月30日 置地公司与太原理工大学土木工程学院签署校（院）企合作框架协议，根据协议，双方紧紧围绕优势优质资源，在人才培养、科学研究、社会服务、文化传承等方面展开全方位战略合作。

9月27日 置地公司2021年第三季度经济运行分析会暨年度工作目标任务推进会议召开，公司领导班子成员及外部董事参加会议。会议听取所属各企业前三季度经济运行情况汇报，分析存在问题，安排部署下阶段经济运行工作。公司总经理杨峰斌代表经理层向董事会做工作报告并安排部署下阶段工作。

10月 山西路桥景泰房地产开发有限公司机关党支部获交控集团党委“标杆党支部”称号。

11月11日 交控集团副总经理谢鹏远一行赴置地公司龙锦花园建设项目调研，督导检查安全管理并讲授“读原著、学原文、悟原理”专题党课。要求在交控集团党委坚强领导下，继续保持积极向上工作状态，再接再厉，力争完成各项经营目标任务，进一步把置地公司办得更好。

11月18日 省住建厅和临汾市房地产服务中心“双随机、一公开”监管工作检查组到景泰房地产公司，对易和苑项目商品房销售和资金监管情况进行全面检查。进一步规范房地产销售行为，督导监管资金落实，确保秩序正规。工作组对销售中心公示内容、预售资金监管协议、项目备案证明、项目五证、楼盘销控表、预售商品房买卖合同、商品房预售资金监管账户银行流水、各期申请拨付预售监管资金的相关手续材料进行详细检查了解。在检查过程中,边发现问题、边指导解决,为置地公司相关部门和人员理思路、教方法、提要求,面对面推动工作落实,要求真正把销售和资金监管工作摆上位、管到位,提高精细化管理水平,全力营造主体诚信、行为规范、监管有力、市场有序的房地产市场环境。

11月25日 吕梁市副市长油晓峰一行赴路桥房地产吕梁分公司调研督导,并召开丽水苑项目设计方案专题会议。会议就丽水苑项目推进工程中存在的问题及设计方案进行深入讨论,保证方案合理性、可行性和实操性,高效率推动项目快速落地建设。油晓峰在讲话中,要求设计中应充分考虑住宅功能性、安全性、舒适性、生活性、美观性、服务性,做到空间规划利用率高,户型设计合理舒适,满足人民群众对美好便捷生活的向往,积极响应省第十二次党代会提出的全方位推动高质量发展目标要求。

12月2日 交控置地·龙锦院住宅项目将品牌定位全面升级,营销中心正式开放。置地公司领导班子及各部门负责人、路桥房地产公司领导班子及各部门负责人以及其他相关单位人员等参加开放仪式,各大主流媒体、五中教师、意向客户及周边社区居民参观营销中心。

12月25日 置地公司所属山西交通国际旅行社有限公司在山西省旅游协会五届三次会员代表大会上获“优秀会员单位”奖。

12月30日 置地公司2021年工作总结会暨经理层向董事会汇报工作会召开,公司领导班子、外部董事参加会议。全面总结回顾2021年以来各项工作成绩,研究解决当前存在的各项问题,进一步理清来年工作思路,明确发展方向,为在新的一年里谋新篇、开新局奠定良好基础。副总经理郑小峰代表经理层向董事会作工作汇报。

是年 经置地公司党委会、董事会、总经理办公会研究审议,共制定或修订制度128项。

(资料提供:张 希)

山西交控金资管理有限公司
大 事 记

1月8日 交控集团法务部部长兰晓林一行到山西交控金资管理有限公司(以下简称“金资公司”)就法务工作进行调研,听取有关情况汇报后,对下一步工作开展提出指导性意见。

同日 金资公司与路桥集团开展业务对接。首先,双方梳理路桥集团保理业务方面需求,确定建立周碰头会商机制,共同建立保理业务项目工作组;其次,就路桥集团转让德海融资租赁有限公司股权一事进行具体协商;最后,双方就共同设立基金帮助路桥集团盘活存量资产,实现“产融互动,以融助产”进行深入交流。

3月2日 金资公司工会第一次会员大会召开,通过《工会筹备组工作报告》,选举张羽中为工会第一届主席,田红波为工会第一届经费审查委员会主任,李莉为工会第一届女职工委员。

3月5日 金资公司与中金资本合作交流会召开。双方共同研究下一步投资方向和项目,为助推交控集团上市公司资产证券化,体外孵化转型项目,未来深化合作空间、实现互利共赢打下坚实基础。

3月16日 金资公司与中信城市发展股权投

资基金管理公司开展合作交流。双方商定,共同探索设立山西省高速公路基础设施股权投资基金。

3月22日 金资公司董事长高鸿斋一行到焦煤融资租赁有限公司,就融资租赁、商业保理相关业务合作进行交流。双方围绕保理线上管理系统、相关业务制度、金融监管部门支持政策等方面进行深入沟通交流,就未来合作达成一致意向。

3月25日 金资公司专职党委副书记、副董事长张羽中带领财务人员赴山西交通科学研究院集团有限公司开展财务工作学习交流活动。双方围绕财务管理、团队合作、财务人员培养、文化建设等多方面进行深入交流,会后观摩财务楼以及财务资料,取得相互借鉴取长补短效果。

3月26日 金资公司副总经理张志峰及交控资本公司领导等赴山西路桥第一工程有限公司开展业务交流会谈。会上,一公司副总经理李斌宏着重介绍主营业务情况。围绕指标考核、利润完成以及重大项目投融资需求等方面,双方进行深入探讨。

3月30日 交控集团总会计师孙建秀到金资公司调研座谈。对公司成立以来的各项工作给予肯定,并对公司下一步业务发展、风险预防、人才队伍建设等方面给出指导性意见。

4月2日 根据交控集团党委安排,党史学习教育巡回指导组在组长刘志斌带领下赴金资公司督促指导。听取有关情况汇报后,对下一步党史教育活动进行安排部署。

同日 金资公司董事长高鸿斋一行到临汾,现场与临汾北公司、路桥集团交通产业开发公司进行项目合作交流,初步达成开发方案。

4月7日至9日 金资公司相关业务人员赴中信城开屏山项目,对城乡建设用地增减挂钩指标第一、二批次验收工作情况进行现场核查。

4月20日 晋交商业保理(上海)公司注册成立。

4月21日 金资公司纪委书记高洪生、副总经理李莉一行赴省交通研发公司、省交通规划勘察设计院公司开展学习交流活动。

4月22日 临汾北管理公司董事长卫小红、山西路桥集团交通产业开发公司董事长白永胜一行到金资公司就联合开发山西交通数字化基建临汾北物资储运中心项目进行合作交流。

5月7日 交控集团企务公开第一督查组赴金资公司就企务公开开展情况进行督导检查。听取纪委书记高洪生、副总经理李莉汇报后,督查组对金资公司企务公开工作开展情况予以肯定,并希望进一步强化企业管理,引深企廉工作。

5月10日 山西信托股份有限公司代董事长、金控集团办公室主任武旭一行到金资公司开展合作交流,双方寻求能在商业保理、融资租赁、交控集团应收应付款管理、融资通道、职工理财等业务上进一步寻求合作机会,实现合作共赢。

5月18日 金资公司董事长高鸿斋一行到山西交通实业集团进行项目合作交流,双方就业务合作,特别是实业集团加气站项目建设规划进行深入洽谈,双方围绕高速公路液化天然气(LNG)加气站项目建设进行深入交流,达成合作意向。

5月26日 金资公司董事长高鸿斋一行前往华远陆港资本运营有限公司进行业务座谈,双方一致同意继续深化合作交流,实现共赢,就供应链金融、山西生态环保产业基金、中金山西科创基金等项目进行深入交流。

5月27日至28日 金资公司董事长高鸿斋一行前往上海参加中金资本举办的2021年投资人大会和第七届中国资产证券化论坛年会暨第五届CNABS年会。学习中金并购基金工作情况,了解行业布局和投资逻辑。

5月29日 金资公司董事长高鸿斋一行与浦东金融局职工一起参观陆家嘴金融城党群服务中心,学习优秀党建经验。

6月3日 金资公司组织党员赴大寨进行主题党日活动——“行走的党课”红色研学活动,在行走中感悟大寨的奋斗精神和历史底蕴。

6月8日 金资公司党委批准成立机关党支部。

6月9日 为全面加强党员教育管理,贯彻党的教育方针,金资公司党建阵地和廉政教育阵地投入使用。

6月10日 交控集团纪委书记、监察专员焦军深入工作联系点金资公司调研,并组织召开座谈会。听取有关情况汇报后,焦军在讲话中对金资公司上半年各项工作给予充分肯定,并对下一步工作提出指导性意见。

6月15日 金资公司机关党支部党员大会暨选举大会在党委会议室召开,会议宣读金资公司党委有关批复文件,宣布候选人预备人选名单。接着,依次通过支部大会选举办法(草案)、选举内容、监票人和计票人产生办法。同时,会议还根据《中国共产党章程》《中国共产党基层组织选举工作条例》有关要求,选举产生机关党支部第一届委员,并召开支委会第一次会议,选举产生支部书记,确定党支部委员的分工。

6月18日至19日 中金资本运营有限公司与金资公司一同前往革命圣地山西武乡八路军纪念馆、黄崖洞八路军兵工厂旧址,联合开展“传承红色基因,牢记初心使命”主题党日活动。

6月23日 金资公司董事长高鸿斋一行赴光大银行太原分行拜会行长王萍,双方就深化银企合作、推动授信落地等进行深入沟通交流。在保理业务、基金托管、国企孵化上市等领域开展全方位、深层次合作,开创银企合作新局面。

6月25日 金资公司董事长、晋交商业保理公司执行董事高鸿斋一行前往上海与同煤漳泽(上海)融资租赁有限公司进行业务座谈。会上,晋交商业保理公司与同煤漳泽融资租赁公司及其下属上海泽润商业保理有限公司共同签订首单业务落地协议。双方愿进一步加强沟通对接,持续深化合作。

7月6日 交银金融资产投资有限公司、交通银行山西省分行一行8人赴金资公司进行合作交流。会上,金资公司、交银投资、交通银行山西分行共同表示愿加强全面合作,发挥各自优势,在股权投资、基金、商业保理、授信等方面建立更多持续性互动交流机制,拓展合作空间,实现合作共赢。

7月22日 金资公司一行4人赴深圳与中信城市发展股权投资基金管理(深圳)有限公司开展“党建促业务”会谈交流活动。会上,双方分享党史教育学习实践经验。另外,双方就基础设施基金、城市改造基金、股权投资业务风险控制经验及员工跟投制度建设等方面交换意见。

7月29日 金资公司党委巡察整改专题民主生活会召开。交控集团党委巡察组副组长党峰、王晓水到会指导。会议由党委书记高鸿斋主持。党峰代表巡察组对本次专题民主生活会进行点评。

7月30日 金资公司一届一次职工大会暨2021年工作会议召开。会议全面总结分析公司2020年和2021年上半年各项工作开展情况,部署下半年重点任务。会议通报金资公司上半年经营情况及各子公司指标完成进度,党委书记、董事长高鸿斋作题为“奋发有为开新局 既往开来正当时”的工作报告。会上,签署《2021年度集体合同及专项集体合同》。

同日 金资公司2021年党的建设和党风廉政建设工作会议召开,领导班子成员及全体员工参加会议。专职党委副书记张羽中作公司2021年党建工作报告,纪委书记高洪生作公司2021年党风廉政建设工作报告,并对2021年公司党建及党风廉政建设工作作出相关安排。

8月3日 金资公司一行6人赴交科新技术发展有限公司开展业务及党建工作交流座谈。会上,双方就各自基本情况做简要介绍后,双方就新形势下党务日常工作、党史学习教育、党员发展等标准化、规范化党建工作开展深入交换意见。

8月9日 金资公司所属保理公司顺利完成光大银行太原分行2亿元授信提取工作,首笔贷款8783万元顺利落地,为保理业务投放提供及时的流动性资金支持。

9月6日 经交控集团党委会研究决定,李军任金资公司党委书记。经交控集团会议研究决定,李军任金资公司董事、董事长。

10月28日 金资公司机关党支部组织全体党员和入党积极分子前往山西国民师范旧址革命活动纪念馆开展主题党日教育。

11月11日 金资公司与山西银行太原分行签署党建共建、纪检共建合作协议。金资公司党委书记、董事长李军,山西银行太原分行党委书记、行长韩小锐出席会议并讲话。签约仪式前，双方就深化业务合作，加强银企联系，探索党建共建、纪检共建新模式等方面进行座谈。随后，双方举行党建、纪检共建协议签订仪式，互相赠送共建牌匾。确定双方党建纪检工作结对共建关系，并从共建活动平台、加强业务合作、交流工作经验、组织联合培训等方面制定活动规划。

12月3日 金资公司政治生态研讨会召开，进一步贯彻落实全面从严治党工作要求，提升传达学习全省国有企业干部警示教育大会精神成效。会议还就化解重大债务风险等内容进行讨论。

12月17日 交控集团产业资本风险防控工作会议召开，金资公司董事长李军参加会议，并就金资公司风控工作作汇报。会上，交控集团总经理武艺对金资公司职能进行定位，并提出“大力发展保理业务、审慎发展股权投资、适度开展债权投资”的业务发展思路。

是年 金资公司全年实现利润2.82亿元，完成年度目标100.7%。实现经济增加值7043.96万元，完成年度目标234.8%。实现营业收入利润率248.2%，完成年度目标的206.83%。共开展投融资项目15个，合计余额23.83亿元。资产管理规模近39亿元。其中，债权投资业务投资项目3项，实现收入1.06亿元；股权投资业务投资项目8项，实现浮盈1.78亿元；保理业务融资项目4项，实现收入750.48万元。

是年 金资公司共召开党委会34次，研究审议187项议题，其中前置研究讨论重大决策事项128项。开展理论中心组集中学习14次，交流研讨8次，专题党课6次，领导班子成员带头宣讲10余次、共撰写个人学习心得体会40篇。组织党员集中学习18次，共计350余人次。全年在公司微信公众号公开工作动态信息、普及知识共计182篇。

是年 金资公司对9名中层干部进行任前廉政谈话；对新入职的12名员工进行入职廉政谈话；结合党史学习教育，公司纪委书记与中层干部以及党员员工进行“推动党史学习、落实具体工作”谈心谈话，开展3次自查自纠。全年开展廉政警示教育12次。

（资料提供：李博化）

大同北高速公路管理有限公司大事记

1月8日 大同北高速公路管理有限公司（以下简称“大同北公司”）召开巡察反馈会，对交控集团党委第三巡察组2020年10月29日至11月17日对大同北公司党委全面巡察情况进行反馈。交控集团纪委、监察专员办公室综合室副主任（主持工作）、物流集团纪委书记秦国华，党委办公室副主任冀岚，第三巡察组组长陈建华出席反馈会议，对抓好巡察整改工作提出要求。

1月19日 大同北公司纪检室会同工会组织各部门召开企务公开协调推进工作会，切实推动公司落实落细企务公开工作，加强对权力运行的制约和监督。

1月25日 大同北公司2020年度党员领导干部暨巡察整改专题民主生活会召开，交控集团党委第三巡察组成员到会指导。

1月26日 大同北公司党建工作双月例会召开，对2020年度党建工作进行全面总结，并就2021年工作作出具体安排部署。

1月28日 大同北公司开展全员核酸检测,全面筑牢疫情防控安全防线,切实掌握全员身体状况,确保队伍安全稳定。

2月1日至7日 大同北公司领导和相关部室负责人积极开展新春慰问工作,为退休老干部、扶贫干部、困难党员、困难职工等,送去慰问金及肉类、水果、干果、春联等慰问品,并致以新春祝福,让他们过上一个温暖、欢乐、祥和的春节。

2月2日 山西高速交警二支队与大同北公司召开路警协同共治联席会议,进一步加强路警协同共治,完善联动工作机制,提高应急处置能力。

2月4日 大同北公司纪委会议召开,传达学习省纪委十一届七次全会精神以及交控集团2021年党的建设和党风廉政建设工作会议精神,并围绕会议精神研究下一步工作。

2月12日至13日 大年初一、初二,大同北公司领导班子成员心系一线员工,带着关心和牵挂分赴各收费站、路产维护站、路政队以及省高速交警二支队五大队进行走访慰问,送去春节慰问品,并向他们致以节日问候和美好祝福,把浓浓关爱送到每位干部职工心里。

3月8日 大同北公司举办"同北女声"歌唱比赛,广大女职工欢聚一堂,生动展示新时代女性自信自强、追求卓越的精神风貌。

3月12日 大同北公司召开一届四次职工代表大会暨2021年工作会议。来自各单位、各部门的106名职工代表肩负重托、齐聚一堂,共商改革大计,共谋发展宏图。

同日 大同北公司召开2021年度党的建设暨党风廉政建设工作会议,回顾总结2020年工作,安排部署2021年工作,动员各基层党组织和广大党员干部提高政治站位,强化责任担当,为公司全面实现改革转型和高质量发展提供新动能。

3月24日 大同北公司与省交通信息通信有限公司联合召开业务交流促进会,双方就进一步加强业务合作深入交换意见。

同日 朔州公司一行人赴大同东收费站,就深入推进企业文化品牌建设和标准化精细化站区管理等方面观摩交流学习,共同探索收费站运营管理建设和加速发展良策。

4月1日 大同北公司2021年新闻宣传工作安排部署会召开,总结2020年新闻宣传工作,对2021年新闻宣传工作进行安排部署。

4月13日 大同北公司举办收费治超系统稽核业务培训,进一步强化通行费征收管理,不断适应新收费模式下稽核基础业务及管理工作需要,加快稽核业务工单处理,全力追缴通行费,保证"颗粒归仓"。

4月19日 大同北公司开展基层党务工作者业务能力提升培训,全体党支部书记和各支部党务工作者约100人参加,进一步提升业务素质和能力水平,推动基层党组织规范化建设。

4月20日 大同北公司以视频会议形式,组织公司领导、各部门各单位主要负责人进行节前集体促廉谈话,并观看市纪委拍摄的警示教育片《警醒》,将廉洁教育推向深入,确保过一个风清气正的节日。

4月22日 大同北公司2021年收费站纪律专项整顿工作部署会议召开。进一步凝聚收费运营发展正能量,促进收费治超系统纪律作风大改进、大转变,全面提升高速公路收费治超窗口服务水平。

4月28日 大同北公司团支部书记座谈会暨"五四"青年节工作部署会召开。来自基层单位的22名团支部书记对上半年团支部工作进行总结,并且对近期4次党史学习教育情况进行简要汇报。

5月6日 交控集团教育宣讲团成员、省委党校党建教研部副主任、副教授陈彪赴大同北公司,与广大党员干部面对面宣讲党史,公司领导干部、各部门负责人、基层党支部书记及党员代表120余人参加会议。

5月13日 大同北公司路产维护部组织云冈路产维护站、路政、高速交警、施工单位相关负责人,召开"五方联席会议",安排部署"声屏障、防眩网"日常养护维修施工和进一步规范安全施工举措等当前各项重点工作,并就相关问题达成共识。

5月14日 大同北公司举办中国共产党成立100周年"永远跟党走"职工歌咏比赛。经过激烈角逐，最终御西收费站夺得一等奖，路政大队等三家单位获二等奖，云冈收费站等五家单位获三等奖。天镇隧道管理站等六家单位获得优秀组织奖。赛后，在场270人共唱《我们走在大路上》，在激昂的旋律声中活动圆满落幕。

5月17日 大同北公司党建工作三年经验交流会暨党建双月例会召开，公司领导班子成员、相关部室人员和基层党政负责人等70余人参会。相关单位就本支部三年来高质量党建推进高质量发展情况，党史学习教育开展情况，支部党建、特色党建，巡察整改等工作情况作交流发言。

5月17日至21日 由大同北公司路产维护部牵头，分批次组织所辖各路产维护站和隧道管理站约100人，在大同市示范性实践基地开展路产维护汛期和养护机械管理培训，进一步提升养护系统人员职业素养、专业水平，不断提升大同北高速辖区高速公路养护管理内外业工作规范化、标准化。

5月17日至21日 大同北公司开展以"节水中国·你我同行"为主题的节水用水主题宣传周系列活动。以丰富内容、多样形式向广大社会人员及单位干部职工宣传节水用水知识，取得良好效果。

5月26日 大同北公司通过观看宣传片及知识竞赛两部分，开展《中华人民共和国档案法》宣传及"档案法知识竞赛"活动，切实加强新修订档案法的宣传教育。

6月2日 大同北公司特邀山西领瀚律师事务所优秀青年律师张文杰，开展以"'法'润同北、'典'亮站区"为主题的普法进基层系列宣讲活动。张文杰以生动形象语言、精辟严密论述、深入浅出解析、渊博严谨专业知识，让大家受益匪浅，受到一致好评。

6月9日 是"第14个国际档案日"，大同北公司通过举办档案微视频展播、答题竞赛、发放宣传手册等档案日系列宣传活动，用好用活红色档案资源，生动鲜活讲好党的百年故事，用档案见证时代发展。

6月16日至17日 大同北公司由分管领导王东平带队，在大同南收费站开展以"落实安全责任，推动安全发展"为主题的2021年"全国安全生产宣传咨询日"宣传活动，切实提升公众安全意识和安全能力。

6月26日 大同北公司联合共青团大同市委、驻同部队，在世家康养小镇举办大型青年联谊交友活动。为更好推动"我为青年做件事"主题实践活动深入开展，立足青年职工婚恋交友需求，帮助公司青年职工扩展婚恋交友范围，为公司单身青年男女搭建交友平台，此次活动受到单身青年欢迎和支持，吸引大同北公司、大同南公司及大同地区其他企事业单位青年职工和驻同部队青年官兵等200余人报名参加。

6月29日 "七一勋章"颁授仪式在人民大会堂隆重举行。大同北公司领导班子成员、机关各部室负责人集中收看颁授仪式，感受"七一勋章"获得者给全党全社会带来的精神洗礼，感受这些杰出党员先进楷模的强烈历史担当。各党支部也分别通过电视、网络直播等形式，组织广大党员干部职工收听收看大会实况。

7月1日 大同北公司2021年"七一"表彰大会和庆祝中国共产党成立100周年座谈会召开，认真学习习近平总书记在庆祝中国共产党成立100周年大会上的重要讲话精神，表彰公司2021年度优秀共产党员、优秀党务工作者和先进基层党组织，共同庆祝中国共产党百年华诞。党委书记、董事长杨国华出席会议并讲话，公司领导班子成员、各部室负责人、各基层单位党政负责人和全体受表彰人员及2021年新入党党员参加大会。

同日 大同北公司党委书记、董事长杨国华讲授庆祝中国共产党成立100周年专题党课，公司各部室负责人，各基层单位党政负责人，2021年度优秀党员、优秀党务工作者和2021年新入党党员聆听党课，取得良好效果，引起热烈反响。

同日 庆祝中国共产党成立100周年大会在北京天安门广场隆重举行。大同北公司近400名党员干部分别在机关视频会议室和各支部党员活动室集中收听收看大会实况直播。

7月7日 大同北公司召开以"提升党性素质，强化经营管理，我为公司发展建言献策"为主题的交流座谈会，共同为发展献计献策。

7月8日 大同北公司召开干部大会，宣布党委副书记、副董事长、总经理陈俊伟，党委委员、纪委书记张浩宇任职决定。

7月13日 大同北公司党委书记、董事长杨国华带队，赴朔州公司参观学习，进一步加强同、朔两地在高速公路运营管理方面的互通互联。

7月14日 交控集团纪委副书记刘志斌赴大同北公司，为领导班子成员、副职以上中层管理人员和机关全体党员讲授专题党课。

7月16日 大同北公司收费系统召开为时3个小时的收费管理指标提升座谈会，推进收费管理工作有序开展，切实提升收费管理水平。

7月22日 大同北公司召开经营目标未完成单位约谈会。董事长杨国华主持，专职党委副书记王卫青、纪委书记张浩宇、副总经理王东平出席，收费治超部全体人员以及兴王、新荣、左云北、右玉北、新荣南收费站站长参加会议。

7月28日至29日 大同北公司组织民主党派人士、无党派人士、少数民族和统战工作人员，开展统一战线主题教育研修班暨统一战线成员座谈会。进一步强化对公司统一战线思想引领，健全党外人才队伍建设，着力抓好发现、培养、使用、管理等工作，激励引导统一战线成员更加坚定永远跟党走，同心实现中华民族伟大复兴的信心和决心。

7月29日 大同北公司与山西高速交警二支队召开路警协同共治联席会议，进一步加强路警协同共治，完善联动工作机制，提高应急处置能力。

7月30日 由交控集团党委委员、副总经理韩文军带队的安全生产第四督导组，赴大同北公司检查安全生产工作，并召开反馈会。

同日 大同北公司举办学习贯彻习近平总书记“七一”重要讲话精神专题宣讲报告会，大同大学马克思主义学院副院长、副教授刘志财作专题宣讲。

同日 大同北公司召开“八一”退伍军人座谈会。专职党委副书记、副董事长王卫青出席会议并讲话，各业务部室负责人和近40名退伍军人参加座谈会，庆祝建军94周年，进一步凝聚退役军人力量。

8月5日 大同北公司对新任16名中层管理人员进行任前廉政谈话，进一步增强廉洁从政和拒腐防变能力，打好廉洁“预防针”，筑牢廉政“防火墙”，确保清醒就任、清正履职、廉洁从业。

8月13日 集团公司总经理武艺赴大同北公司调研，副总经理谢鹏远和相关部门负责人陪同调研。

8月16日 大同北公司开展中层管理人员竞聘上岗，加强队伍建设，拓宽选人用人渠道，鼓励公司内部中层管理人员合理流动。

8月19日 大同北公司配合省交通建设中心完成对京乌高速公路山西段项目进行工程质量鉴定。

8月20日 来自各个岗位23名“笔杆子”齐聚大同北公司，开展公文写作比赛，进一步激扬起同北高速人用文字写辉煌的澎湃豪情。

8月24日 由大同北公司承办，携手高速交警二支队联合举办的“秀出自信，展现自我”篮球友谊赛在大同市“云中之巅”篮球馆正式开哨。进一步丰富业余文化生活，释放紧张繁重工作压力，增强团队凝聚力，展示青年员工风采。

8月26日 大同北公司工会组织开展以“展个人风采，显国球魅力”为主题的首届“振兴杯”乒乓球比赛，展现广大青年职工健康向上的精神风貌。

8月30日 大同北公司组织“典型引路，示范引领，推动‘百站示范、千站提升’创优活动”动员部署推进会召开，就创优活动进行重点安排和部署。

9月1日 大同北公司工会委员会召开，传达关于发放2021年度中秋福利和收缴2021年度工会会员会费两项工作并做具体安排。全体工会委员讨论并一致通过中秋福利发放标准和会费收缴标准。

9月6日 中国共产党大同北高速公路管理有限公司第一次大会在公司总部五个会场同步召开，选举出席山西交控集团第一次党代会代表。来自公司43个党支部的288名党员参加会议，党委书记、董事长杨国华主持会议。

9月10日 晋城公司党委书记、董事长赵升琪一行十人，赴大同北公司参观交流。党委书记、董事长杨国华代表公司领导班子对兄弟单位到来表示热烈欢迎，并希望双方加强沟通与协作，互相学习，共同提高。

9月24日 大同北公司大院隆重举行军训汇报表演。进一步提高广大干部职工个人综合素质和管理服务能力，切实改变工作作风，增强干事创业积极性，营造积极向上工作氛围。

同日 大同北公司与大同大学战略合作协议签约仪式在四楼会议室举行，共同开启企校共建新篇章。

9月27日 大同北公司联合消防、交警、120急救中心等多部门，在亮马台隧道开展隧道交通事故应急演练。

同日 大同北公司举行“时代新人说——恰是百年风华”职工演讲比赛，激励和引导广大青年职工继承光荣传统，展示青年风采，增强报效祖国、岗位成才的责任感和使命感，在推动高质量发展进程中建功立业。

9月29日 大同北公司举行“迎国庆·颂党恩”书画现场比赛。广大职工用一场丰厚文化盛宴，为新中国72岁华诞和中国共产党成立100周年献礼。

同日 大同北公司与山西高速交警二支队召开路警协同共治联席会议，加强路警协同共治，完善联动机制，营造平安畅通高速公路通行环境。

9月30日 大同北公司以打造“五强＋路产维护站”“五强＋隧道管理站”为目标，结合前三季度各基层站区路域整治完成情况，组织各路产维护站、隧道管理站负责人开展现场观摩交流会，巩固拓展推进高速公路路域环境整治成果。

10月13日 省交通建设中心组织验收组对北京至乌鲁木齐国家高速公路山西段开展工程质量专项验收工作，经严格验检，顺利通过专项验收。

10月18日 大同北公司机电维护中心组织机电人才库人员进行高速公路机电维护技能实操培训，对监控系统、收费系统原理、设备构成、线路走向及日常故障维护中所用到的工器具的操作方法、线缆接头、仪器仪表使用进行模拟环境实操培训，全面促进技术人员技能提升。

10月20日 大同北公司组织专家相继深入天镇隧道管理站、新平堡隧道管理站、天镇收费站和天镇路产维护站，开展安全文化现场指导工作，不断加强安全文化建设工作。

10月21日 交控集团人事档案专项审核工作第二检查组一行5人，赴大同北公司开展人事档案专项审核工作。

10月25日 省第十二次党代会开幕。大同北公司通过电视、网络等多种形式收听收看省第十二次党代会直播实况，聆听工作报告，热议未来发展蓝图。

同日 大同北公司在泰瑞建筑工程学院召开以“提升业务技能，弘扬工匠精神”为主题的交流座谈会。第一期电工培训班50余名学员参加座谈。

11月1日 大同北公司召开员工薪酬晋档工作推进会，全力推进员工薪酬晋档工作，让绩效上、薪酬上，绩效下、薪酬下真正落地，全面激发职工内在活力，为高质量发展提供基础。

11月2日 在各项工作达到加速冲刺、争分夺秒的关键阶段，大同北公司组织召开年度工作情况汇报会暨年度工作任务完成推进会，为打好打赢“决战四季度、决胜全年度”攻坚战、主动仗，圆满完成年度各项指标，保障2022年良好开局起到积极推动作用。

11月4日 大同北公司党委组织部（人力资源部、团委）在公司四楼会议室对新修订的《绩效考核办法（试行）》《薪酬管理实施细则（试行）》制度进行宣传贯彻。公司领导、各单位负责人、职工代表及在岗员工聆听具体内容。

同日 大同北公司各收费部（站）领导及负责交易对账人员（共计95人）通过“腾讯会议”，线上学习联网收费交易对账业务细则和省内对账服务平台操作流程。

11月6日 大同北公司首批“车辆通行收费员”职业技能等级认定考核在公司考点和泰瑞建筑工程学院考点拉开序幕。此次职业技能等级认定由山西交通技师学院组织实施，为期五天，完成三级（高级工）、四级（中级工）、五级（初级工）近900人的技能等级认定工作。

11月8日至10日 大同北高速公路公司职工羽毛球比赛开赛，20多家单位51人参加比赛。

11月10日至12日 大同北公司本着对标学

习、取长补短,携手并进促发展理念,由党委书记、董事长杨国华带队,先后赴临汾南公司、临汾北公司、运城南公司、运城北公司就党的建设、企业文化、经营管理、安全发展等多个方面进行交流学习。

11月11日 大同北公司组织开展2021年“安康杯”知识竞赛初赛,40个单位参赛员工,采取线上答题方式,以安全知识论高下,以安全实力争第一,以能力提升促安全。

11月15日 大同北公司召开职能部室人员薪酬绩效晋档座谈会,相关部室负责人同大家一起回顾2019年、2020年绩效考核结果,公布最终积分排名晋档结果,并对前两年绩效考核成绩及绩效考核制度中互评打分等相关提问进行解答。

11月16日 大同北公司2021年第三季度高速公路运营管理监督检查评价情况整改推进会召开,推进落实整改,实现立整立改。

11月17日 由省应急管理厅、省交通运输厅、交控集团一行6人组成的省级安全文化建设示范评审小组到大同北公司开展现场审核工作。

11月19日 由省交通运输厅牵头组织,京乌高速公路山西段竣工验收会议在省交战办二楼会议室召开。会议通过听取汇报、现场查看、审阅资料等方式进行。通过工程评议、打分,讨论通过《竣工验收鉴定书》,经竣工验收委员会综合评定和审议,建设项目综合评分为90.74分,工程建设项目综合评价等级为优良。

11月22日 大同北公司组织召开迎接交控集团政治监督专项检查部署会议,就检查工作要求进行详细阐释,并就检查方式和检查安排等作出说明。

同日 大同北公司党委书记、董事长杨国华,党委委员、副总经理赵福君与省交通运输厅国省公路养护市场督查组成员,在公司二楼会议室进行会谈,双方围绕高速公路养护市场督查工作进行洽谈。

11月23日 大同北公司通讯员座谈会召开,群策群力,共话新闻宣传工作。

11月24日 大同日报社新媒体编辑部主任邓琳赴大同北公司参观交流。大同北公司就公司发展历程、资质荣誉、项目成果等作介绍,并陪同参观公司企业文化长廊。其间,邓琳对“一支部一品牌,一单位一特色”的企业文化架构和“智慧党建”平台功能等给予高度认可和较高评价。

11月25日 大同北公司党委委员、副总经理赵福君带队,组织各路产维护站负责人前往所辖各路产单元的标准化路段进行现场观摩,深入巩固前阶段路域整治观摩成效,加速推进全路段常态化路域环境整治工作。

11月30日 大同北公司党委书记、董事长杨国华,党委委员、副总经理赵福君就大同绕城段高速平旺收费站、口泉收费站、云冈收费站,得大段高速新荣收费站、大同东收费站改建扩容项目前期协调工作,与大同市交通运输局、云冈区政府相关领导进行研究。

12月2日 大同北公司党委书记、董事长杨国华,专职党委副书记、副董事长王卫青代表公司党委、纪委对新任职的3名中层管理人员进行任前、廉政谈话,并提出要求。

12月3日 大同北公司召开干部大会,宣布李艳琴、李慧、李晶晶任职决定。

12月4日 省交通运输厅高速公路技术状况检测检查组到大同北公司,开始第一阶段对所辖路段特大桥外业桥梁管养现状以及相关桥梁近五年来的内业管养资料检查工作。

12月9日 大同北公司开展以“暖冬行动千人行,路域环境百里净”为主题的集中清理白色垃圾行动。由公司党委牵头,以党建片区党支部为单位,采取分片包干、划分责任区方式,组织上千名干部职工参加,主要对收费站周围及辖区近300公里路段两侧绿化带的饮用水瓶、塑料包装袋、废弃物等白色污染物,徒步进行地毯式清理。

同日 大同北公司举办团干部素质能力培训班,来自基层各单位共40余名团务工作者参加培训。

12月10日 大同北公司组织机关四个党支部党员在四楼会议室开展政治理论测试,进一步提高政治理论学习水平,将思想和行动统一到党中央和省委决策部署上来。

12月14日 省政府安全生产委员会办公室命

名大同北公司为“2021年度省级安全文化建设示范企业”。

12月16日 大同北公司“全面建设清廉国企”专题民主生活会召开，交控集团法务部部长兰晓林到会指导。会后，围绕国有企业如何开展法务工作，对大同北公司领导班子成员进行深入指导。

12月20日 大同北公司“百站示范、千站提升”创优活动推进会召开，充分发挥典型引路、示范引领作用，推动运营管理高质量发展。

12月21日 省高速公路综合行政执法总队执法一处处长秦万能一行8人到大同北公司开展高速公路入口治超检测专项督导，进一步规范高速公路治超检测工作，持续保持高速公路治超的高压态势。

同日 大同东收费站“妈咪小屋”被省总工会、省卫健委授予山西省第七批“妈咪小屋”称号，全省交通运输系统此次获得该荣誉的仅2个，大同东收费站为交控系统此次唯一一家被授牌单位。

12月25日 由大同北公司承担的沥青面层材料抗紫外线劣化性能研究及应用技术科技项目验收会议召开，会议由项目合作单位广东工业大学线上汇报，经交控集团组织的权威专家评审，一致肯定该项目成果，并通过验收。

12月28日 大同北公司在教育培训中心召开“党建引领促提升、凝心聚力开新局”座谈会，全面了解基层党建工作，增进党支部书记间交流互鉴。

12月29日 大同北公司组织召开“六大增效”工作总结暨专题推进会，进一步提高经营管理水平和服务品质，切实规范运行机制，有效解决管理薄弱环节，实现经济效益最大化。

（资料提供：李 慧）

大同南高速公路管理有限公司
大 事 记

1月8日 根据交控集团党委统一安排部署，交控集团党委第三巡察组在大同南高速公路管理有限公司（以下简称“大同南公司”）召开反馈巡察情况会。交控集团第三巡察组成员，大同南公司领导班子成员、各党支部书记和机关各部室负责人参加此次会议。会上，交控集团党委办公室副主任冀岚出席会议并讲话，党委第三巡察组组长陈建华反馈巡察情况并提出整改意见建议，党委副书记、副董事长、总经理张俊主持会议并代表公司党委作表态发言。

1月21日 大同南公司2020年度领导班子综合考核暨“一报告两评议”工作会议召开，交控集团考核组组长李新杰、副组长刘珍平一行及公司领导班子成员参加会议。

1月26日 按照交控集团公司党委统一部署，大同南公司2020年度民主生活会和巡察整改专题民主生活会议召开，巡察组副组长党峰、白文平一行到会指导，党峰进行点评，大同南公司党委书记、董事长马东强主持会议并代表班子作总结表态发言。

同日 下午，大同南公司2021年安委会第一次全体（扩大）会议暨疫情防控工作视频会议召开。党委书记、董事长马东强出席并讲话，党委副书记、副董事长、总经理张俊主持会议，党委委员、副总经理赵东宏总结2020年安全工作，部署2021年安全生产和疫情防控工作。要求切实把握讲话实质内涵，传达到每一位员工，切实提高安全意识，把安全放在心上、担在肩上、抓在手上；要切实做好近期安全生产工作，对重点工作要重点抓、反复的事情反复抓,切实压实安全责任、强化风险管控、消除安全隐患,为大同南公司高质量发展提供坚强保障。

2月25日 大同南公司以视频会议形式召开一届四次职代会暨2021年工作会议。马东强出席会议并讲话,张俊作题为《守正笃实抓主业,厚植发展新优势,齐心协力砥砺奋进谋高质量发展开新局》的工作报告,专职党委副书记、副董事长蔚宏主持。公司领导班子成员及职工代表参加会议。会议认为,2020年大同南公司深入贯彻交控集团工作部署,聚焦主责主业、统筹推进疫情防控、生产经营和改革发展各项工作。集全体员工智慧制定并初步实施“品质同南”品牌战略工程,逆势前行,在党建引领、经营管理、人才培育、质效提升等方面取得良好成绩。全面打赢新冠疫情“阻击战”、撤站并网“突击战”、降本增效“保卫战”、打逃漏费“攻坚战”,各项工作受到交控集团高度肯定。会议分组讨论并审议通过《2021年工作报告》《2021年度集体合同及专项集体合同(草案)》及《一届四次职代会暨2021年工作会议决议(草案)》,签订《管理公司2021年度安全目标责任书》《2021年度安全目标责任书》及《2021年度集体合同》。

同日 下午,大同南公司2021年度党的建设和党风廉政建设工作会议召开。党委书记、董事长马东强和党委委员、纪委书记王进宙,分别对党建重点任务和党风廉政建设工作进行安排,党委副书记、副董事长、总经理张俊主持会议。会议以视频形式召开,公司领导班子、中层管理人员、全体党员及党务工作者参加会议。会议全面回顾总结2020年党的建设和党风廉政建设工作,安排部署2021年工作,动员全体党员干部切实提高政治站位,持续强化责任担当,全面提升党建工作质量,为公司高质量发展提供坚强政治保证、思想保证和组织保证。

3月9日 大同南公司以视频会议形式,召开2020年度党支部书记抓基层党建述职评议考核会议,党委书记、董事长马东强出席并讲话,专职党委副书记、副董事长蔚宏主持会议,公司领导班子成员、各党支部书记、党务工作者及党员代表参加此次会议。会上,6名基层党支部书记代表进行现场述职,马东强对述职情况进行点评,肯定各党支部取得的成绩,并结合各党支部实际给予建设性意见和建议。

3月10日 交控集团安全环保部杨耀荣、交安中心李忠陶等一行4人,对大同南公司“两会”期间安全生产工作进行调研督导。

4月1日 太原公司党委书记、董事长李强一行9人到大同南公司进行考察交流,党委书记、董事长马东强及公司领导班子成员对兄弟单位到访表示热烈欢迎。座谈会上,双方坦诚交流,就党的建设、企业管理体制、运行机制、队伍建设、服务保畅、风险防控等内容进行深入探讨,分享各自在管理过程中取得的宝贵经验、先进做法,双方表示将进一步加强沟通与联系,多交流,多合作,共同开创高质量发展新局面。通过此次交流学习,促进两家兄弟单位业务能力提升,开拓工作思路和方法,达到相互学习、资源共享目的,为今后合作和共同进步夯实基础。

4月14日 交控集团纪委副书记、党史学习教育巡回指导组组长刘志斌一行6人到大同南公司,通过资料查阅、询问情况等方式对党史学习教育开展情况进行督导检查。党委书记、董事长马东强及领导班子成员、各相关部室负责人参加。反馈会上,督导组充分肯定大同南公司党史学习教育开展成效,并就下一阶段学习教育提出具体要求。

4月20日 大同南公司2021年安委会第二次全体(扩大)会议召开。党委副书记、副董事长、总经理张俊出席并讲话,党委书记、副总经理赵东宏总结第一季度安全工作,安排部署下一阶段安全生产工作,总经理助理、安全应急部部长张卫琛主持会议。会议要求,以党史学习教育为契机,推动各项工作部署落地见效。要按照“党政同责、一岗双责”和“三管三必须”原则,落实安全责任。要加大安全生产法律法规、安全知识宣传和普及,营造良好氛围。要严格执行24小时值班、领导干部带班以及外出报备制度,严肃值班纪律,筑牢安全防线,保障辖区道路安全畅通,为广大人民群众节假日出行和中国共产党成立100周年营造安全稳定通行环境。

4月23日 大同南公司组织党员、干部走进大同红色记忆馆，开展“学党史 知党情 强党性”主题党日活动。活动现场，大家沿着党艰苦奋斗历史足迹，先后参观“曙光初现”“共赴国难”“革命到底”“缅怀先烈”4类主题11个展厅，结合历史图片和珍贵文献资料等革命文物，全面回顾从1921年到1949年，大同地区党组织发展和在中国共产党领导下大同地区学、工、群运动历史，共同追忆革命先烈舍生忘死艰苦奋斗历程，切身感受革命前辈始终不渝的理想信念和为中华民族解放奋斗一生的革命精神。全体党员高举右手，再一次重温入党誓词，誓言声铿锵有力、激昂慷慨，表达为共产主义事业奋斗终身的决心。

4月26日 大同南公司举行“永远跟党走”党史知识竞赛初赛，31个党支部90余名党员、干部参加。此次竞赛，设公司机关、路政大队、浑源东收费站三个比赛场地，采用笔试闭卷方式，以党史、新中国史、改革开放史、社会主义发展史为内容设置试题，试题形式多样，含有单选、多选和简答题。参赛者们沉着应考，认真读题，细心作答，严格遵守考场纪律和各项要求。本次竞赛，选出10支代表队参加5月初党史知识竞赛决赛。

4月27日 山西信通公司党委书记、董事长张江浩一行9人到大同南公司进行业务工作交流座谈，大同南公司党委书记、董事长马东强及公司相关领导对兄弟单位到访表示热烈欢迎。双方就系统运行情况、机电运维模式、项目合作意向等进行深入交流探讨。此次交流，促进双方合作与发展，深入挖掘提升机电运维新思路、新举措，力争使机电管理工作再上新台阶。

4月29日 大同南公司2020年度党建项目化管理成果验收终审会召开。本着“公开、公平、公正、择优”原则，初审小组围绕项目定位是否准确、项目措施是否具体可行、项目成效是否明显、项目示范性及推广性是否突出等方面对2020年申报立项的24个项目进行严格初审验收，最终入围8个党建项目参加本次终审。

同日 大同南公司团委组织团员青年到平型关革命纪念馆开展“传承红色基因 牢记初心使命 坚持正确方向”主题团日活动。

5月6日 大同南公司党委邀请省委党校党建教研部副主任陈彪作专题宣讲报告。宣讲会以视频方式进行，公司领导、总经理助理、机关全体党员、发展对象和积极分子在主会场参加，基层单位领导班子成员、党支部全体党员和在岗职工在分会场参加。专职党委副书记、副董事长蔚宏主持会议。报告主题鲜明，视野开阔，分析透彻，深入浅出，为公司深入学习领会、全面贯彻落实党史学习教育提供有力指导。

5月19日 大同南公司组织参加交控集团开展的“宝葫芦”杯档案日知识竞赛活动。

5月20日 大同南公司构建“双重预防机制”动员宣传贯彻培训会召开。

5月25日 大同南公司领导班子成员2020年度及2018—2020年任期经营业绩考核大会召开，集团公司第三考核组雷红锋等一行8人到场检查指导。党委书记、董事长马东强对2020年度及2018—2020年任期生产经营情况及2020年薪酬收入管理专项情况进行汇报，党委副书记、副董事长、总经理张俊主持会议，公司领导班子成员，机关各部室、两中心一大队负责人及部分职工代表参加会议。雷红锋对考核工作进行重点部署。

5月28日 大同南公司召开谢鹏远任期经济责任审计进点会。集团公司党委委员、副总经理贾勇，审计风控部部长郜勇刚，项目负责人白峰，审计组成员，公司领导班子成员，各部室负责人参加会议。会上，贾勇传达当前审计工作面临的新形势、新变化，并对做好这次审计工作进行详细具体安排部署；党委书记、董事长马东强做表态发言；党委副书记、副董事长、总经理张俊代表原任总经理谢鹏远作述职报告。

6月1日 全国第20个“安全生产月”，大同南公司用独特的微动漫形式讲述安全生产故事，助力“安全生产月”活动顺利开展。广大职工围绕“落实安全责任、推动安全发展”活动主题，用书法、绘画、剪纸、钻石绣等群众喜闻乐见的艺术形式，大力开展安全生产宣传教育，寓安全教育、安全宣传于艺术欣赏之中，为“安全生产月”顺利开启，营造浓厚的安全生产氛围，为中国共产党成立100周年创建良好安全环境。

6月2日 大同南公司党委组织部组织公司领导、党员干部前往平型关大捷纪念馆开展“追寻革命足迹 传承红色基因”主题教育活动。上午10时，党委书记、董事长马东强，党委委员、纪委书记王进宙向平型关大捷主要参战将领铜像敬献花篮，全体党员干部向抗日战争牺牲中的革命烈士三鞠躬，悼念英灵，寄托哀思。蔚宏领誓，重温入党誓词，党员干部郑重地举手握拳，誓言字字铿锵有力，句句掷地有声，催人奋进。

6月3日 大同南公司党委书记、董事长马东强采用视频直播的形式，为党员、干部讲授题为“重温百年党史 铭记初心使命”专题党课。本次党课，打破传统的“理论灌输”，采取“图文并茂”的“疏导方式”，用简明生动、通俗易懂的语言，深刻阐明开展党史学习教育的重大意义，进一步引导党员干部学懂弄通做实习近平新时代中国特色社会主义思想，把诺言和担当投入实践中，身体力行、干字当头，勇于在干事创业中显身手、见担当，以履职尽责的实际行动践行初心使命，助推公司高质量高速度发展。

6月10日 大同南公司工会组织开展“学党史 绘党情”为主题书法、绘画评比活动。自4月中旬启动以来，得到广大党员职工的积极响应，共收到软笔书法类作品23幅，硬笔书法类作品16幅，绘画类作品13幅。参赛作品种类丰富、主题鲜明，以翰墨丹青形式，把感党恩、跟党走的情怀凝聚笔端，热情讴歌中国共产党成立100年所走过的光辉历程，充分展现党员职工对党无比忠诚与热爱的深厚情感。本次评比评出硬笔书法、软笔书法、绘画类各一等奖1名、二等奖1名、三等奖1名，作品结集成册，并在“七一”期间向广大职工展示。

6月24日 大同南公司召开安全生产专题视频会议暨安全生产“公开课”。党委副书记、副董事长、总经理张俊出席并讲话，党委委员、副总经理赵东宏主持会议。会议要求充分认清当前安全生产严峻形势，始终把人民群众生命安全放在首位，把做好高速公路安全保障作为当前压倒一切的头等大事，进一步提高思想认识，汲取事故教训，落实安全责任。要狠抓重点，深入推进安全生产大排查大整治活动，迅速对公路沿线地质灾害防治点、危险路段、施工现场等重点区域和周边环境，进行一次全面、细致、拉网式隐患排查，确保安全生产零事故。要加强安全生产形势研判，加强养护施工、收费网络、清障救援、道路巡查等重点领域安全管理，统筹做好防汛、应急和常态化疫情防控工作，为中国共产党成立100周年营造良好氛围。

6月28日 大同南公司工会举办“传承红色基因 汲取奋进力量 绽放时代光芒”党史知识竞赛决赛。公司机关、基层共6个代表队，每队各3名队员参加本次比赛，比赛分为个人必答题、团队必答题、抢答题三个环节，竞赛内容丰富，涉及知识面广，题目设置灵活新颖，融知识性、教育性、趣味性为一体，竞赛现场气氛热烈，党员们积极踊跃、反应敏捷，比赛过程既紧张又欢乐和谐，让党员们在轻松氛围中既重温了党史，也接受了一次生动直观教育，让党史知识深入人心。

6月29日 庆祝中国共产党成立100周年“七一”勋章颁授仪式在北京人民大会堂隆重举行。中共中央总书记、国家主席、中央军委主席习近平为“七一勋章”获得者颁授勋章并发表重要讲话。大同南公司组织领导班子成员、各部室负责人、全体党员及职工代表集中收看现场直播，感受平凡党员给全党全社会带来的精神洗礼，体会优秀党员先进楷模的强烈历史担当。

6月30日 交控集团副总经理韩文军赴大同南公司督导安全生产工作。督查组一行先后来到应县收费站、公司机关办公楼、浑源北收费站、水头隧道管理站等站区，详细了解各单位安全主体责任、疫情防控措施、管理制度落实和隐患排查整改等情况，并实地对现场消防器材配备、消防系统运行管理等情况进行检查。要求高度重视当前安全工作，严格落实各项安全管理措施，聚焦风险隐患突出环节，加强安全风险防控，强化隐患整治闭环管理，确保安全形势稳定。时刻绷紧安全这根弦，坚决落实安全责任，切实保障人民群众生命财产安全，为中国共产党成立100周年营造良好安全环境。

同日 大同南公司举行2021年“七一”表彰大会。党委书记、董事长马东强出席会议，并代表党委向受表彰的优秀个人、先进集体表示热烈祝贺，向辛勤奋战在各系统、各岗位的共产党员致以节日问候。党委副书记、副董事长、总经理张俊主持会议。公司领导班子成员，受表彰的“两优一先”代表和优秀党建项目代表，公司中层以上干部参加会议。会上，10名优秀共产党员、10名优秀党务工作者、4个先进基层党组织和4个优秀党建项目分别受到表彰，3名受表彰代表分别作交流发言。

7月1日 大同南公司积极组织干部职工通过集中观看和自主线上观看相结合方式，收看收听中国共产党成立100周年大会，深刻领会习近平总书记在中国共产党成立100周年大会上重要讲话精神，号召全体党员持续抓好党史学习教育，组织开展好系列庆祝活动，推动党史学习教育走深走实。大家纷纷表示，要做到学史明理、学史增信、学史崇德、学史力行，学党史、悟思想、办实事、开新局，以优异成绩庆祝中国共产党成立100周年。

7月5日至9日 大同南公司党委组织督查考核工作组，对所属31个党支部开展二季度党建工作暨“五强+”标准化党支部督导考核。此次考核以全面提升基层党建工作质量为目标，采取分组集中统一查看资料、现场评分方式，重点对全面党史学习教育情况、党的建设工作、党风廉政建设、党建促进业务情况进行督导检查。在督导考核中，工作组对各党支部党建工作开展和完成情况进行全面了解，并结合各支部实际情况，认真查找工作中存在的问题和不足，列出问题整改清单，有针对性地提出整改要求和指导意见，为公司党建工作扎实规范开展奠定坚实基础。

7月14日 交控集团纪委副书记、党史学习教育巡回指导组组长刘志斌一行6人到大同南公司，通过资料查阅、询问情况等方式，对大同南公司党史学习教育开展情况进行第二轮督导检查。党委书记、董事长马东强及领导班子成员、各相关部室负责人参加。反馈会上，督导组对大同南公司党史学习教育取得的工作成效给予充分肯定，并就下一阶段学习教育提出具体要求；马东强作表态发言。

7月20日 大同南公司收费机电部、浑源东收费站联合属地公安，交警，高速交警，市、县治超办等部门共同破获一起山西牌照大型货车套牌案。本次行动不仅得到山西省、大同市治超办高度认可，并且在“山西治超”公众号进行宣传，还有效维护高速公路正常收费秩序，对故意滞留、集结闯道、内外倒车牌等违法行为形成有效高压态势，确保通行费应征不漏、治超检测应检尽检，努力营造风清气正、和美畅安的高速公路通行环境。

7月26日 交控集团庆祝中国共产党成立100周年职工合唱展演在山西大剧院圆满落幕，大同南公司合唱团以饱含深情演唱获银奖。参赛曲目《复兴的力量》和《灯火里的中国》，热情讴歌党的光荣历史，赞颂党的光辉业绩，淋漓尽致展现出大同南公司干部职工对党忠诚、矢志奋斗、永远跟党走的坚定信念和上下同心、砥砺前行、奋勇拼搏的精神风貌，诠释公司广大干部职工“永远跟党走、奋进新征程”的不变情怀。

7月30日 大同南公司路政四中队职工杜鑫磊于2021年5月在大同市三医院被确诊为结肠癌晚期，全体职工秉承“一方有难、八方支援”的中华传统美德，发扬人道主义精神，伸出援助之手，献上一份爱心，积极为其捐款4万余元。

8月4日 大同南公司印发《进一步加强新冠肺炎疫情防控工作的通知》，进一步落实疫情防控主体责任，细化疫情防控工作举措，切实把疫情防控工作抓实抓细落地，确保所辖高速公路安全通行、业务工作有序开展，全力以赴打赢防疫攻坚战。

8月5日 大同南公司2021年安委会第三次全体（扩大）会议召开。党委副书记、副董事长、总经理张俊出席并讲话，党委书记、副总经理赵东宏主持，总经理助理、安全应急部部长张卫琛总结上半年安全生产，并对下一阶段安全生产和疫情防控进行安排部署。要求严格落实责任,全力保障各项措施落实落地。要按照新《中华人民共和国安全生产法》要求,严格落实“党政同责、一岗双责、齐抓共管、失职追责”和“管行业必须管安全,管业务必须管安全,管生产经营必须管安全”原则,切实把安全责任抓在手上、扛在肩上。要加强对相关养护施工作业单位的安全教育和安全培训,加强安全管理;要在安全生产季度目标考核基础上,进一步细化对各单位履责检查和日常考核,严格奖惩措施。对未完成安全生产重点工作任务、存在重大问题隐患以及发生事故的单位和个人,要按照“四不放过”原则,汲取事故教训,为高质量发展营造良好安全环境。

8月9日 按照交控集团团委工作部署,大同南公司团委深入浑源西收费站、浑源北收费站团支部开展习近平总书记“七一”重要讲话精神宣讲。

8月12日 交控集团党委副书记、副董事长、总经理武艺,副总经理谢鹏远,安全管理部部长陶云川,党委办公室副主任李国庆等一行到大同南公司就党史学习教育、运营管理、安全生产等方面工作进行调研督导并讲授专题党课。武艺一行先后到应县收费站、王庄堡路产维护站、路政大队、清障中队等基层一线,实地查看站区建设、运营管理、基层党支部双“五+”创建、企业文化、廉政教育阵地等情况,听取站区标准化管理、疫情防控、收费营销、路政治超管理、清障救援等方面的工作成效,详细了解慰问基层一线职工生活。随后,召开座谈会,听取大同南公司运营管理工作和党史学习教育情况汇报。武艺对大同南公司整体工作给予充分肯定。他指出,大同南公司持续巩固拓展运营管理成果,党史学习教育、路域环境、安全生产、企业文化等工作亮点频现、成效明显。谢鹏远对大同南公司所取得的成绩给予高度赞扬,对今后工作提出明确要求。即:善于总结回顾,在强基固本上再下功夫;聚焦工作重点难点,在贯彻落实上再下功夫;发扬工匠精神,在精品细研上再下功夫。大同南公司以此次调研指导为契机,认真贯彻落实集团公司决策部署,不断推动公司高质量发展,为助力交控集团打造国内一流现代化交通企业贡献力量。

8月18日 大同南公司工会第二届会员代表大会召开,专职党委副书记、副董事长蔚宏出席大会并讲话,各部室及基层单位60名代表参加此次会议。全体代表以饱满政治热情、高度政治责任感积极履行职责,顺利完成大会预定的各项议程。会议听取并审议公司工会第一届委员会主席蔚宏所作《凝心聚力 锐意赶超 奋力开创工会工作新局面》的工作报告。会议要求,新一届工会委员会要始终把牢正确的工会工作政治方向,切实提高政治判断力、政治领悟力,政治执行力。

同日 大同南公司党建、党风廉政建设二季度工作例会召开,总结分析上一阶段党建、党风廉政建设工作,安排部署下一阶段重点工作任务。专职党委副书记、副董事长蔚宏,党委委员、纪委书记王进宙出席会议并讲话。会议要求,一要把学习教育做“强”,着力发挥学习能力强、学习效果好的党员表率带动作用,以共学互学联学等形式,提升学习系统性和整体性。二要把规范建设做“细”,探索党员积分制管理,把党员日常履行岗位职责、参加组织生活、发挥作用等方面情况作为积分考核内容。三要把党风廉政做“严”,认真落实中央八项规定精神和公司党委实施细则,驰而不息纠正“四风”。

9月1日 为使全体干部职工准确把握新《中华人民共和国安全生产法》新理念和新内容,大同南公司结合实际、创新形式、丰富载体,掀起学法、知法、用法、守法新热潮。大同南公司党委高度重视,将其纳入党委理论学习中心组学习内容,同时举办多场新宣传贯彻培训班,结合高速公路实际进行解读,让干部职工充分了解新《中华人民共和国安全生产法》出台背景、修订意义和修订的重要内容,引导干部职工持续深入学习,全面了解掌握在生产运营中履行的法定权利和义务,为推动法律实施打下牢固理论基础。

同日 大同南公司纪委组成督查组,对辖区各基层单位开展节前专项监督检查工作。

9月9日 晋城公司党委书记、董事长赵升琪,大同北公司党委书记、董事长杨国华一行11人到大同南公司。专职党委副书记、副董事长蔚宏及相关负责人参加交流座谈。交流会上，党委书记、董事长马东强代表公司对兄弟单位一行到来表示热烈欢迎。随后，相互分别详细介绍公司概况、发展历程、党的建设等内容，并围绕党史学习教育、党务、组织人事、工会、纪检等方面工作进行深入探讨，相互取长补短、分享资源、交流经验。交流会后，一同赴平型关大捷纪念馆接受红色革命教育洗礼，共同感悟历史、牢记历史，赓续红色血脉。大家表示：要把党史学习教育作为一个提升自我的新起点，坚定信仰，传承勇于担当、甘于奉献精神。此次交流学习，兄弟单位相互借鉴学习好经验、好做法，开阔视野，拓宽思路，增进友谊，为今后合作和发展奠定良好基础，有力推动高速事业再上新台阶。

9月27日 国庆节前夕，交控集团督导检查组到大同南公司检查“两节”期间安全生产工作。督查组首先对公司安全生产专项整治三年行动落实情况、重点领域专项整治开展情况、风险管控隐患排查情况等内业资料进行查阅，随后对水头隧道管理站、峰峪路产维护站配电室、水泵房、消防设施、应急物资库及相关设备设施进行督查，并就当前安全生产工作提出3点要求。即：提高政治站位，抓好安全风险防范；加强重点管控，打好三年行动攻坚战；坚持问题导向，做好隐患排查治理。

9月30日 大同南公司机关党支部组织党员干部，赴大泉山红色教育基地开展党史学习教育。参观结束后，全体党员面对党旗，高举右拳，字字铿锵，向革命先辈再次作出当初入党时最庄严神圣承诺，坚定理想信念，增强宗旨意识。最后，支部书记围绕习近平总书记“七一”重要讲话精神开展专题宣讲，用质朴、接地气语言和方式，传承红色基因、赓续革命精神。

10月8日 大同南公司浑源东收费站组织在岗干部职工联合沙圪坨交警中队、二岭交警中队开展“差异化收费政策”及“提高ETC使用率”宣传活动。

10月26日 大同南公司2021年安委会第四次全体（扩大）会议暨秋冬季安全生产工作会议召开，党委副书记、副董事长、总经理张俊出席并讲话，党委委员、副总经理赵东宏主持，党委委员、副总经理刘斌传达交控集团安委会第四次全体（扩大）会议和“一保两迎”安全防范工作视频会议精神，总经理助理、安全应急部部长张卫琛总结三季度安全生产工作，并对下一阶段安全生产和疫情防控工作进行安排部署。会议强调，各单位要认真落实交控集团、大同南公司四季度安委会会议精神，切实把握讲话实质内涵，始终绷紧安全生产这根弦，真正把安全责任刻在心上、扛在肩上、抓在手上、落实在行动上，以极端负责态度和扎实有效举措，统筹抓好四季度安全生产各项工作，扎实做好“一保两迎”安全防范工作，为人民群众出行营造良好交通环境。

11月11日 大同南公司党委党建暨党风廉政建设第三季度工作例会召开，专职党委副书记、副董事长蔚宏，党委委员、副总经理王进宙出席会议并讲话，全体党支部书记参加。会上，汤头收费站、王庄堡路产维护站等7个党支部围绕党支部党建工作、党风廉政建设、存在问题和下一步努力方向四个方面进行现场交流发言；党委工作部部长通报三季度党建暨“五强+”标准化党支部考核情况。王进宙对四季度党风廉政建设工作作出安排部署，一是突出抓好政治监督，确保组织生活经常化、党员教育常态化、党支部主体作用长效化；二是做实做细日常监督，在补齐监督短板、做实做细日常监督上求实效；三是夯实管党治党责任，切实打通责任落实“最后一公里”；四是持续深化作风建设，坚持纠“四风”和树新风并举，为高质量发展提供作风保障；五是锻造纪检监察铁军，始终做到知责于心、担责于身、履责于行。专职党委副书记、副董事长蔚宏在讲话中，肯定各党支部在党建、党风廉政建设工作方面取得的成绩。要求咬定目标，全面冲刺；突出重点，统筹推进；压实责任，增强信心。

11月11日至13日 大同南公司委托山西交通技师学院开展车辆通行收费员技能等级认定评价工作，共443名职工参加考试。本次认定分三批开展，涉及收费基础知识测验、收费相关业务实操、收费礼仪情景模拟考核、国家收费政策问答等多项环节，理论考试采用答题卡，实操考试随机抽取题组，现场打分评分，内容丰富，题型新颖，实现理论与实操相结合。

11月15日 大同南公司作为交控集团合规管理建设四个试点单位之一,组织召开合规管理体系建设尽职调查工作启动会,诚挚欢迎顾问律师进驻公司开展合规管理体系建设工作,公司机关部室及两中心一大队负责人参加会议。会议总结大同南公司合规管理进展情况,要求各单位(部室)进一步提高政治站位,聚力思想统一,以高度责任感和使命感促进合规管理体系建设各项工作任务见实落地。

11月16日 大同南公司"一种高速公路隔音屏障"获得国家知识产权局实用新型专利证书。

11月17日 大同南公司2021年度除雪打冰、安全保畅工作专题会议召开,公司领导班子成员、相关部室及各基层单位负责人参加会议。会议听取各系统基层单位代表除雪打冰工作情况汇报,通报第三季度安全工作情况,并对下一步工作进行安排部署。要求坚持"以雪为令、快速反应、确保畅通"原则,早谋划、早准备、早落实,优化应急预案,全面做到冬防物资到位、防控措施到位、人员安排到位、信息上报到位,全力以赴做好除雪保畅工作。

11月24日 大同南公司工会组织开展"送温暖、献爱心"社会捐款活动。活动现场暖意融融,爱心涌动,领导班子成员主动带头,机关干部职工慷慨解囊,基层一线职工积极响应,在短短一天里,就筹集2万余元现金,以实际行动弘扬中华民族团结互助、扶危济困的传统美德,唤起职工社会责任心和大局使命感,积极营造奉献爱心、回报社会的浓厚氛围。

11月29日 大同南公司举行党委理论学习中心组(扩大)会议暨"全面建设清廉国企"专题民主生活会专题学习。党委书记、董事长马东强主持并领学,全体中心组成员及各党支部书记参加。会上,集中观看警示教育片《失重》,认真学习《国有企业领导人员廉洁从业若干规定》《贯彻落实〈党委(党组)落实全面从严治党主体责任规定〉实施细则》《山西省省属企业违规经营投资与重大决策终身责任追究实施办法》等内容,并以"全面建设清廉国企"为主题,结合太重集团系列腐败案件教训开展专题研讨。

11月30日 大同南公司团委书记赴灵丘片区为团员青年宣讲解读中国共产党山西省第十二次代表大会精神。

12月1日 交控集团工会主席孟仁贵一行深入大同南公司调研指导工作,党委书记、董事长马东强,专职党委副书记、副董事长蔚宏,收费机电部及工会相关人员陪同。调研组一行来到浑源东收费站,深入了解该站"五室两廊八窗"阵地建设、工会工作存在困难、职工文化生活、图书室和健身室利用率等情况,边走边看,边听边问,对公司注重党建工建工作和用贴心管理模式和完善配套设施来关心关爱广大职工的举措表示充分肯定。孟仁贵强调,工会组织要始终坚持党的领导,围绕中心,服务大局,结合"13126"工作框架思路,在凝聚职工力量、协调劳动关系、维护职工合法权益、保护改革发展稳定大局等方面发挥重要作用,不断加强职工思想教育、组织开展劳动竞赛、积极选树先进典型、经常性开展文体活动、大力推进困难职工脱困解困、积极落实职工福利,努力把工会建成深受职工信赖的"职工之家",推动工会工作紧跟公司高质量发展步伐,更好地在工作大局中发挥作用。

12月3日至4日 为深入学习贯彻中共十九届六中全会精神,推动全社会树立宪法意识,大同南公司各单位开展主题宣传系列活动,激发全民学法热情,营造学法守法浓厚氛围。

12月9日 大同南公司特邀省委党校教授崔永河为全体党员干部作"中共十九届六中全会精神"专题培训。培训会以视频方式召开,公司领导、机关全体党员在主会场参加,其他党员在分会场参加。整个培训主题鲜明、脉络清晰,既有高度,又接地气,既有理论深度,又有经验总结,对深刻理解、全面把握全会精神具有很强的指导意义。

12月17日 大同南公司党委举行理论学习中心组学习。大同北公司专职党委副书记王卫青一行列席旁听。会议由党委书记、董事长马东强主持,中心组成员参加。王卫青对此次专题学习予以充分肯定,他指出,大同南公司党委能够把理论武装摆在突出位置，科学策划、精心组织，中心组学习主题鲜明、重点突出，议程设计合理，交流研讨准备充分，能够从理论学习中提炼要点、重点，切实发挥党员领导干部学思践悟新思想的“领头雁”作用。

同日 按照省国资委党委、交控集团党委安排，大同南公司召开“全面建设清廉国企”专题民主生活会。督导组组长赵伟一行到会指导并作点评。党委书记、董事长马东强主持会议，领导班子成员及党委工作部、组织部、纪检室负责人参加会议。会上，党委书记、董事长马东强代表党委领导班子，紧扣“全面建设清廉国企”主题，深刻汲取太重集团系列腐败案件教训，从理想信念、政治立场、主体责任、作风建设、法纪意识、宗旨意识六个方面作剖析检视发言。赵伟对此次专题民主生活会的准备工作和开展情况给予充分肯定，并提出点评建议和要求：即坚决做到旗帜鲜明讲政治，标本兼治防腐败，忠诚担当干事业。要将专题民主生活会及年度民主生活会问题整改与2022年工作整体安排结合起来，一体推进、一体落实，全方位推动公司高质量发展，以优异成绩迎接中国共产党第二十次全国代表大会胜利召开。

12月20日至21日 为推进“百站示范、千站提升”创优活动，持续巩固拓展双“五+”创建成果，全面提升收费人员综合素质，大同南公司举行收费业务技能竞赛活动，10个收费站130余名业务能手参加。本次竞赛是推动收费运营标准化、队伍专业化、服务规范化的有力举措，也是夯实业务技能、提升职工素质、凝聚职工战斗力的有效途径，为公司提高运营服务水平打下坚实基础。

12月30日 大同南公司安委会第五次全体（扩大）会议暨大排查大整治“百日攻坚”行动部署视频会议召开。公司领导张俊、蔚宏、赵东宏、刘斌、张卫琛及两中心一大队、各部室负责人参加此次会议。会议强调，要认清当前形势，提高政治站位，增强做好安全生产工作的政治责任感和政治敏锐性。以对人民群众生命财产极端负责的态度，狠抓安全生产措施落实，着力提升本质安全水平；要牢固树立安全发展理念，强化底线思维和红线意识，扎实开展“百日攻坚”专项行动，以更加务实担当和更加有力举措，切实将风险隐患消灭在萌芽状态；加强组织领导，层层传导压力，毫不松懈扣紧安全生产责任链条，落实落细安全生产主体责任，坚决守住安全发展底线，形成“层层负责、人人有责、各负其责”的安全责任网络，促进公司安全生产形势持续稳定，为“两节”“两会”及冬奥会召开营造良好安全环境。

同日 大同南公司峰峪路产维护站QC小组“解决柱式轮廓标冬季无法拆旧换新问题”获得山西省交通企业协会、全国交通运输行业优秀质量管理小组三等成果奖。

同日 大同南公司王庄堡路产维护站云天QC小组“降低沥青路面坑槽补返修率”获得省交通企业协会、省质量管理小组活动三等成果奖。

同日 大同南公司恒山隧道管理站闪电QC小组“降低隧道电伴热用电”获得山西省交通企业协会、全国交通运输系统质量管理小组通报表扬。

同日 大同南公司浑源东路产维护站QC小组“降低防眩网支架损坏率”获得山西省交通企业协会、全国交通运输系统质量管理小组通报表扬。

（资料提供：唐烨 景芸轩）

忻州北高速公路管理有限公司大事记

1月7日 交控集团有限公司党委第一巡察组巡察忻州北高速公路管理有限公司(以下简称“忻州北公司”)党委情况反馈会议召开,党委巡察工作领导小组成员,第一巡察组组长、副组长、联络员,忻州北公司党委领导班子成员、各部室及各基层单位负责人、各支部书记参加会议。

1月8日 忻州北公司2020年度工作述职会议召开,领导班子成员、各部室及各基层单位负责人、各支部书记参加会议。

1月22日 上午,交控集团对忻州北公司领导班子和领导人员进行年度综合考核;下午,忻州北公司召开2020年度党员领导干部民主生活会。

1月25日 忻州北公司党委组织开展“两节”前廉政警示教育观影活动,公司机关全体党员领导干部共计30余人参加活动。

1月26日 交控集团2021年安委会第一次全体(扩大)会议暨疫情防控工作视频会议召开,忻州北公司领导班子成员、各部室负责人、原平北收费站及野马梁隧道管理站负责人在分会场参加会议。

1月28日 交控集团2021年第一季度高速公路运营管理工作会暨春运工作部署动员视频会召开,忻州北公司党委书记、董事长李子东,党委副书记、副董事长、总经理胡慧恩,党委委员、副总经理王霆,各相关部门负责人在分会场参加会议。

1月29日 忻州北公司2021年安委会第一次全体会议暨疫情防控工作视频会议召开,公司领导班子成员、各部门负责人、各基层单位负责人及安全员、安全应急部全体人员参加会议。

2月3日 交控集团一届四次职代会暨2021年工作视频会议召开,忻州北公司领导李子东、胡慧恩及职工代表在分会场参加会议。

同日 交控集团2021年党的建设和党风廉政建设工作视频会议召开,忻州北公司领导班子成员、相关部室负责人在分会场参加会议。

2月22日 交控集团2020年度党委书记抓基层党建述职评议考核视频会议召开,忻州北公司领导班子成员、相关部室负责人在分会场参加会议。

2月23日 交控集团党委第一巡察组对忻州北公司开展为期2天的巡察整改中期督导工作。

2月24日 交控集团党委第一巡察组巡察忻州北公司巡察整改中期督导反馈会议召开,巡察工作领导小组成员,忻州北公司领导班子成员、各部室负责人参加会议。

2月26日 忻州北公司党委组织召开2021年度第一次党建双月例会,领导班子成员、各支部书记参加会议。

3月2日 交控集团组织设计、监测、施工、监理、管理单位对长梁山2号隧道病害现场调查,并组织召开专题会议。

3月8日 忻州北公司“三八”妇女节女性健康知识专题讲座举行,邀请忻州市人民医院妇产科主任王妍婷授课,公司机关女职工在主会场听讲,各基层单位女职工在分会场听讲。

3月9日 忻州北公司组织召开2021年第一季度意识形态领域形势分析研判工作会议,公司领导班子成员、各部室负责人参加此次会议。

3月10日 忻州北公司一届四次职工代表大会暨2021年工作会议在机关三楼会议室以视频会议召开,党委书记、董事长李子东,党委副书记、副董事长、总经理胡慧恩,专职党委副书记、副董事长薛秀文，总监杨吉旺，党委委员、纪委书记宋志芬，党委委员、副总经理王霆，各部室负责人，部分职工代表在主会场参加会议，各基层单位负责人、其余职工代表在分会场参加会议。李子东作题为《坚定信心谋发展 砥砺奋进抓落实 乘势而上谱写忻州北高质量发展新篇章》的工作报告，并与各单位负责人签订2021年度经营目标责任书。会议对2020年度先进集体和优秀个人进行表彰。

3月10日 忻州北公司2021年党的建设和党风廉政建设工作会议召开，公司领导、各部室负责人、党员代表、各部室廉政监督员在主会场参加会议，各基层单位负责人、各支部书记、各基层单位廉政监督员在分会场参加会议。

3月11日 交控集团举办2021年第一期“交控大讲堂”暨学习“党史教育——新民主主义革命”，忻州北公司领导班子成员、各部室负责人、各基层单位党员干部在分会场参加视频学习。

3月12日 忻州北公司组织召开巡察整改部署会议，领导班子成员、各部室负责人参加会议。

3月23日 忻州北公司组织开展党史学习教育，领导班子成员、机关各部室全体人员参加学习。

3月24日 交控集团党委委员、副总经理贾勇一行3人赴忻州北公司，对经营管理总体情况、党史学习教育、党建工作进行调研，公司领导李子东、胡慧恩、宋志芬、王霆陪同调研。

3月26日 忻州北公司组织观看《榜样5》专题节目，领导班子成员、机关各部室全体人员参加学习。

同日 忻州市政府召开关于全市治超暨党风廉政建设工作会议，忻州北公司领导王霆，路政大队大队长参加会议。

3月31日 忻州北公司纪委组织召开基层企务公开标准化建设现场观摩交流学习会议，领导班子成员、各基层单位负责人及廉政监督员参加此次会议。会后，对中层管理人员进行廉政谈话。

同日 忻州北公司组织开展党史学习教育，党委书记、董事长李子东主讲，领导班子成员、原平北收费站全体党员、野马梁隧道管理站全体党员及机关所有党员、发展对象、积极分子参加学习。

4月1日 忻州北公司领导王霆带队赴太原高速公路公司进行对标提升观摩学习，各收费站负责人、各路政中队负责人及相关人员共计18人参加观摩学习。

同日 交控集团召开高速公路不动产确权登记专题会议，忻州北公司领导胡慧恩、收费稽查部负责人参加会议。

4月8日 交控集团2021年第2期“交控大讲堂”视频讲座举行，忻州北公司领导班子成员、各部室中层副职以上人员在分会场听讲。

同日 交控集团组织设计、监测、施工、监理、管理单位再次对长梁山2号隧道病害进行现场调查，并组织召开专题会议。

4月9日 忻州北公司巡察整改工作总结会议召开，领导班子成员、各支部书记、各部室负责人、各基层单位负责人参加会议。

同日 交控集团纪委企务公开专项检查组对忻州北公司企务公开工作进行督导检查。

4月12日 交控集团党委党史学习教育督导组对忻州北公司进行专项督导检查。

4月14日 交控集团财务运行分析会召开，忻州北公司领导胡慧恩，财务部负责人参加会议。

4月15日 交控集团第一季度经济运行分析会召开，忻州北公司领导胡慧恩参加会议。

同日 忻州北公司组织观看《护航之道——总体国家安全观纵横》，公司领导班子成员、各部室全体人员在机关三楼会议室集中观看，各基层单位人员在分会场观看视频。

4月19日 忻州北公司党委党建工作交流会召开，公司领导班子成员、各支部书记、相关部室负责人参加会议。

4月20日 交控集团2021年安委会第二次全体（扩大）视频会议召开，忻州北公司领导班子成员、各部室负责人及受表彰人员在分会场参加会议。

4月21日 交控集团举办题为“从党史和新中国史中汲取前进的智慧和力量”线上专题宣讲报告会，忻州北公司领导班子成员、各部室负责人、全体党员在分会场听讲。

4月26日 忻州北公司纪委组织观看党风廉政警示教育片,领导班子成员、机关全体党员参加活动。

4月28日 忻州北公司2021年安委会第二次全体视频会议召开,领导班子成员、各部门副职以上人员、原平北收费站和野马梁隧道管理站副职以上人员及安全员、安全应急部全体人员在机关三楼会议室参加会议,其余基层单位副职以上人员及安全员在分会场参加会议。

同日 省公安厅交通警察总队高速五支队组织召开忻州市域高速公路联勤联动暨"五一"节假日交通安保工作联席会,忻州北公司党委书记、董事长李子东,相关部室负责人参加会议。

同日 忻州北公司组织观看第四期企业家高端对话网络活动,领导班子成员、机关全体人员在机关三楼会议室集中观看,各基层单位人员在分会场观看视频。

4月30日 交控集团"五一"假期高速公路安全保畅工作视频会议召开,忻州北公司领导班子成员、各部室负责人及各基层单位负责人在分会场参加此次会议。

是月 忻州北公司本着公开、平等、竞争、择优原则,开展财务人员内部选拔工作。经过前期公开报名,4月15日,对符合条件的参选人员进行资格审查;4月21日下午,组织符合条件的参选人员进行笔试;4月22日,组织参选人员进行面试,最终根据笔试和面试综合成绩,选取前三名人员入选本次选拔,并进行公示。

5月7日 忻州北公司举办党史学习教育专题宣讲报告会,邀请集团宣讲团成员、省委党校党建教研部副主任、副教授陈彪作题为"中国共产党为什么能"的党史学习教育专题宣讲报告,公司领导班子成员、各部室负责人、机关全体党员、原平北收费站和野马梁隧道管理站负责人、党支部书记及全体党员在机关三楼会议室参加听讲,其余基层单位负责人、支部书记及全体党员在分会场听讲。

5月10日 交控集团组织开展派驻五台县第二批驻村工作队对接会,忻州北公司领导李子东、薛秀文参加会议。

5月11日 忻州北公司举办庆祝中国共产党成立100周年"感党恩、听党话、跟党走"职工主题演讲比赛。

5月12日 忻州北公司举办党史知识竞赛,公司党员、发展对象、积极分子和群众共计31人参赛。

同日 忻州北公司党委书记议稳暨信访研判会议召开,公司领导班子成员、各部室负责人参加会议。

5月17日 交控集团联合省交通干部学校启动2021年春季收费业务及机电专项技能培训班,忻州北公司相关人员参加此次培训。

5月19日 交控集团纪检监察业务培训班在省交通干部学校开班,本次培训班分为两期,忻州北公司领导宋志芬,纪检室负责人参加第一期培训,纪检室其余人员参加第二期培训。

5月20日 交控集团举办《中国共产党国有企业基层组织工作条例(试行)》专家解读培训会,忻州北公司领导李子东、薛秀文,各党支部书记、各支部党务工作者、机关各党支部及原平北收费站党支部委员在分会场参加培训。

同日 交控集团召开新任外部董事座谈会议,忻州北公司外部董事李果来,董事会办公室相关人员参加会议。

5月25日 忻州北公司党委组织部举办薪酬制度和绩效考核业务培训,机关各部室、各基层单位相关工作人员共计40余人参加培训。

5月27日 忻州北公司纪委组织召开传达贯彻焦军书记在所属企业纪委书记任职试用期考核会上的重要讲话精神专题会议,公司领导班子成员、机关全体人员、原平北收费站党支部及野马梁隧道管理站党支部党员、廉政监督员在机关三楼会议室参加会议,其余各基层党支部党员、廉政监督员采取视频会议形式在分会场参加会议。

5月28日 交控集团第三考核组组长雷红峰一行对忻州北公司开展2020年度及2018—2020年度任期生产经营业绩考核工作。

6月8日 交控集团召开忻州北高速公路公司

总经理李子东任期经济责任审计进点会，副总经理贾勇出席并讲话，公司领导班子成员、各部室及各基层单位负责人参加会议。

6月9日 省政府召开全省“减量控大”交通事故预防百日攻坚行动推进会，忻州北公司领导李子东，相关单位负责人在忻州市公安局参加会议。

6月11日 交控集团召开关于传达贯彻全省领导干部会议、省委专题会议精神和省属国有企业进一步加强风险防控专题视频会，忻州北公司领导班子成员、中层以上干部在分会场参加会议。

6月22日 交控集团举办安全生产专题视频会议并举办安全生产“大讲堂”，忻州北公司领导班子成员、各部室及各基层单位负责人参加会议。

6月23日 忻州北公司2020年度“1235工作法”推进党建项目化管理成果验收评审会召开，公司领导班子成员、相关部门负责人、各党支部书记参加会议。

6月24日 忻州北公司纪委开展“以案促改”党风廉政警示教育活动，领导班子成员、机关全体人员参加活动。

同日 交控集团运营部、安全环保部、交通规划设计院及相关专家现场勘探灵河高速（原神段）K159+350~K159+500右幅护坡病害，提出处治意见。

6月28日 忻州北公司“七一”表彰暨“1235工作法”党建工作项目化管理优秀成果表彰大会召开，领导班子成员、各部室负责人、各党支部书记、各基层单位负责人、2020年度“两优一先”受表彰集体和个人、“1235工作法”党建工作项目化管理优秀成果受表彰项目负责人参加会议。

6月29日 为庆祝中国共产党成立100周年“七一勋章”颁授仪式在人民大会堂隆重举行，忻州北公司组织机关党员干部群众在机关三楼会议室观看，各基层单位在本单位集中观看。

6月30日 忻州北公司党委举行2021年新发展党员入党宣誓仪式，党委书记、董事长李子东领誓并为新党员佩戴党员徽章，党委班子成员、机关全体党员和部分基层党员代表参加宣誓仪式。

同日 交控集团副总经理贾勇一行赴忻州北公司对党史学习教育、安全生产及信访工作等情况进行调研，公司领导班子成员陪同调研。

7月1日 忻州北公司组织观看庆祝中国共产党成立100周年大会现场直播，公司领导班子成员、机关全体人员在机关三楼会议室集中观看。

7月8日 忻州北公司召开传达学习《中共山西省纪委办公厅关于印发〈党员干部和公职人员办理子女生日、升学等事宜“四严禁、五倡导”〉的通知》专题会议，全体党员干部参加会议。

同日 忻州北公司组织观看警示教育片《贪欲之害》，领导班子成员、机关全体党员、原平北收费站党支部及野马梁隧道管理站党支部全体党员在机关三楼会议室集中观看。

同日 忻州北公司党委书记、董事长李子东以“听党话 感党恩 跟党走 做合格党员”为题，为机关党员干部讲授专题党课。

7月13日 交控集团党委党史学习教育巡回检查组对忻州北公司党史学习教育开展情况进行专项督导检查。

同日 交控集团党史学习教育巡回指导组组长刘志斌赴忻州北公司开展巡回指导并以“强素质 树形象 肯吃苦”为题讲授专题党课。党委委员、机关各部室党员干部职工、原平北收费站党支部及野马梁隧道管理站党支部党员干部职工在机关主会场听讲，各基层党支部通过视频连线方式在分会场听讲。

7月20日 交控集团举办新《中华人民共和国安全生产法》宣传贯彻培训班，忻州北公司领导班子成员、各部室、各基层单位中层以上干部参加培训。

同日 忻州北公司组织开展忻州片区纪检工作人员业务提升专题培训，忻州北公司、忻州南公司纪检人员参加培训，本次培训特邀原平市纪委一线办案人员进行现场授课和对标交流。

7月27日 忻州北公司组织收看省国资委学习贯彻习近平总书记“七一”重要讲话精神专题宣讲报告会，省委宣讲团成员余国琦作宣讲报告，公司领导班子成员、各部室负责人、机关全体党员在三楼会议室通过视频收听收看报告。

8月3日 交控集团2021年第三季度高速公路运营管理工作视频会议召开,忻州北公司领导李子东、胡慧恩、王霆,相关部室负责人在分会场参加会议。

8月4日 交控集团“两优一先”先进事迹宣讲报告视频会议召开,忻州北公司领导班子成员、各部室负责人、受表彰单位负责人及受表彰个人参加报告会。

同日 忻州北公司组织设计单位、施工单位、监理单位第三次对长梁山2号隧道病害召开专题会议。

同日 忻州北公司2021年安委会第三次全体视频会议召开,公司领导班子成员、各部门副职以上人员、原平北收费站和野马梁隧道管理站副职以上人员及安全员、安全应急部全体人员在机关三楼会议室参加,其余基层单位副职以上人员及安全员在分会场参加。

8月5日 忻州北公司组织召开山西取消高速公路省界收费站建设工程SG4忻州北合同段交工验收会议,公司领导胡慧恩,专家组,设计单位、监理单位、施工单位代表参加会议。

8月6日 忻州北公司组织召开传达学习焦军书记在集团公司2021年纪检监察半年工作会上的讲话精神视频会议,公司领导班子成员、各部门副职以上人员、机关廉政监督员、原平北收费站和野马梁隧道管理站副职以上人员及廉政监督员在机关三楼会议室参加,其余基层单位副职以上人员及廉政监督员在分会场参加。

8月10日 忻州北公司组织召开晋蒙黄河大桥工程竣工环境保护自主验收会议,公司领导胡慧恩,特邀专家,环评单位、设计单位、监理单位、环保工程施工单位、竣工环保验收调查单位相关人员参加会议。

8月11日 忻州北公司党委书记、董事长李子东带队赴吕梁北公司观摩学习,公司领导胡慧恩、相关部室负责人及职工代表一行16人参加学习。

8月12日 交控集团组织《软件管理办法》专题业务视频培训,忻州北公司领导胡慧恩、王霆,相关部门负责人及具体承办人参加培训。

8月17日 忻州北公司党委副书记、副董事长、总经理胡慧恩带队赴吕梁南公司观摩学习,公司领导王霆,相关部室负责人及基层单位代表一行10人参加学习。

8月18日 忻州北公司举办“两优一先”先进事迹宣讲报告会,机关全体党员在机关三楼会议室听讲。

8月19日 忻州北公司贯彻落实全国国有企业党的建设工作会议精神情况“回头看”动员部署会暨党建工作双月例会召开,公司领导李子东、薛秀文,各党支部书记,相关部室负责人参加会议。

8月25日 忻州北公司2021年上半年党风廉政建设和反腐败工作会召开,公司领导班子成员、各部室负责人、各基层单位负责人及廉政监督员参加会议。

8月31日 忻州北公司2021年上半年运营管理工作会召开,公司领导胡慧恩、王霆,各部门及各基层单位负责人在机关三楼会议室参加会议。

8月31日至9月3日 忻州北公司组织党史学习教育培训,领导班子成员、中层干部、全体党员、部分党务工作者共计160余人参加培训。

9月6日 忻州北公司党员大会选举出席中国共产党山西交通控股集团有限公司第一次代表大会代表,公司127名党员参加会议。

9月8日 忻州北公司组织《党委会议事规则(新修订版)》宣贯会,会议由党委工作部主持,各部室负责人及相关成员参加会议。

9月14日至17日 交控集团举行外部董事党史学习教育暨第二期业务培训,忻州北公司外部董事李果来、王志远,董事会办公室负责人李文祥参加培训。

9月17日 忻州北公司企业文化建设设计方案交流会召开,党委委员、相关部室负责人及企业文化建设公司参加交流会。

9月18日 交控集团中秋国庆假期安全防范工作暨安全专项整治三年行动集中攻坚任务推进视频会议召开,忻州北公司领导李子东,收费稽查部、路产维护部、安全应急部、路政大队、信息机电中心负责人及安全应急部全体人员参加会议。

9月22日 忻州市偏关县自然资源局国有建设用地使用权拍卖会举办，忻州北公司领导胡慧恩参加，完成偏关县、神池县辖区内服务区、停车区四块土地权利性质由划拨转经营变更工作。

9月23日 交控集团2021年服务区提质升级工作现场推进会召开，忻州北公司领导胡慧恩参加会议。

9月26日 交控集团举办企业合规管理专题培训，忻州北公司领导胡慧恩、相关部室人员参加培训。

9月28日 交控集团收费稽核与入口治超工作现场会议召开，忻州北公司领导李子东、收费稽查部及信息机电中心负责人参会。

同日 忻州北公司领导李子东、薛秀文、宋志芬一行深入结对帮扶的五台县东雷村走访慰问脱贫户和驻村工作队，公司相关部门人员参加活动。

同日 忻州北公司工会第二届会员代表大会召开，57名会员代表参加会议，公司领导薛秀文、宋志芬出席会议。

9月28日至29日 交控集团举办2021年第一期安全生产管理人员培训班，忻州北公司部分部门和基层单位负责人参加培训。

9月29日 忻州北公司开展收费稽核业务培训，邀请省交通运输厅联网收费结算与会计核算中心收费稽核部部长刘国干、稽核主管樊楠楠授课，公司收费稽查部负责人及全体人员、各收费站站长、稽查员、票证员及监控员共计40余人参加培训。

9月30日 忻州北公司召开传达交控集团党代会精神暨国庆期间相关工作部署会议，公司领导班子成员、各部室负责人、各党支部书记、各基层单位负责人参加会议。

同日 交控集团召开国庆期间安全防范工作视频调度会议，忻州北公司领导班子成员、各部室及各基层单位负责人参加会议。

10月9日 交控集团高速公路竣工验收专项推进会议召开，忻州北公司领导李子东、路产维护部负责人参加会议。

10月14日 忻州北公司组织召开合同签订规范格式宣传贯彻会议，各部室相关人员参加会议。

10月18日 交控集团对忻州北公司纪委书记试用期满进行考核，并对公司人事档案进行检查。

同日 交控集团信访工作专题会议召开，忻州北公司领导胡慧恩、综合办公室负责人参加会议。

10月19日 交控集团2021年安委会第四次全体（扩大）会议暨应急演练现场观摩会召开，忻州北公司领导李子东、安全应急部负责人参加会议。

10月20日 交控集团党委理论学习中心组（扩大）“读原著、学原文、悟原理”专题读书班开班，忻州北公司领导李子东参加学习，公司领导班子其他成员、各部室党员在分会场参加学习。

同日 交控集团对忻州北公司招标采购工作进行督导检查。

10月21日 交控集团召开第三季度经济运行分析会，忻州北公司党委书记、董事长李子东，党委副书记、副董事长、总经理胡慧恩参加会议。

同日 交控集团国企改革三年行动推进会召开，忻州北公司领导李子东、胡慧恩参加会议。

10月22日 交控集团“一保两迎”安全防范工作视频会议召开，忻州北公司领导班子成员、各部室及各基层单位负责人在分会场参加会议。

同日 忻州北公司2021年安委会第四次会议召开，公司领导班子成员、各部室及各基层单位负责人参加会议。

同日 忻州北公司纪委召开传达学习《关于对山西省交通信息通信有限公司不停车收费运营服务中心长治西营业厅违规办理ETC设备并收取费用问题的通报》会议，公司领导班子成员、各部室副职以上人员、原平北收费站及野马梁隧道管理站副职以上人员参加会议。

10月25日 交控集团全面风险管理体系建设项目动员会暨风险管理专题培训会召开，忻州北公司领导班子成员、各部室负责人、部分基层单位负责人在分会场参加会议。

10月26日 忻州北公司第三季度意识形态研判分析会议召开，领导班子成员、各部室负责人参加会议。

10月27日 交控集团纪委召开全省纪检监察机关依规依纪依法安全文明办案专题教育活动总结会会议精神传达会议，忻州北公司纪委书记宋志芬，纪检部室全体人员参加会议。

同日 忻州市高速交警五支队一大队召开路警协调会，忻州北公司路产维护部、路政大队、宁武路产维护站、三岔路产维护站、偏关路产维护站负责人参加会议。

10月28日 忻州北公司组织各收费站举办收费业务技术比武大赛。

10月29日 交控集团党史学习教育督导组对忻州北公司党史学习教育进行督导并召开督导会议，公司领导班子成员、各部室负责人参加会议。

11月1日 交控集团传达贯彻山西省第十二次党代表大会精神视频会议召开，忻州北公司领导班子成员、中层副职及以上干部参加会议。

11月2日 省交通环境保护中心站对忻州北公司运营站区污水质量项目组织交工验收。

11月3日 忻州北公司团委组织团员青年赴五台县东雷乡东雷村开展主题活动。活动中，驻村工作队第一书记韩一峰为大家讲解帮扶村情况及帮扶成果。

11月4日至5日 交控集团开展新收入与政府补助会计准则专题视频培训，忻州北公司各部室报账员、各基层单位副职以上干部及报账员、计划财务部全体人员参加培训。

11月5日 交控集团加气站土地办理座谈会召开，忻州北公司领导李子东参加会议。

11月8日 交控集团联网收费跨省交易对账业务推进视频会召开，忻州北公司领导李子东、胡慧恩、王霆，收费稽查部负责人，各收费站站长及对账业务人员参加会议。

11月10日 交控集团2021年第四季度高速公路运营管理工作视频会议召开，忻州北公司领导李子东、胡慧恩、王霆，相关部室负责人参加会议。

11月11日 忻州北公司组织开展“送温暖、献爱心”社会捐助活动，各部室、各单位干部职工踊跃捐款，为南方受灾群众伸出爱心之手，献出关爱之情。

11月15日 忻州北公司开展传达学习中共十九届六中全会精神专题党课宣讲，安排部署公司学习宣传和贯彻落实工作。党委书记、董事长李子东作宣讲，党委班子成员、各党支部书记、部室负责人参加听讲。

同日 交控集团召开省政府安委会第四次全体(扩大)会议暨专项整治三年行动集中攻坚年重点任务推进视频会，忻州北公司领导班子成员、各部室及各基层单位负责人在分会场参加会议。

同日 交控集团召开内部审计工作专项检查进点视频会，忻州北公司党委书记、董事长李子东，计划财务部负责人在分会场参加会议。

11月24日至25日 忻州北公司举办深化国企改革暨法治专题培训，邀请山西财经大学教授樊云慧、副教授张军授课，机关全体干部职工、部分基层单位职工约80人在主会场参加，其余基层单位全体职工约150人在分会场听讲。

11月29日 忻州北公司举办养护技术规范及安全知识网络培训，路产维护部、安全应急部全体人员在主会场参加会议，各路产维护站人员在分会场参加。

11月30日 忻州北公司举办财税业务培训，机关各部室及部分基层单位负责人、报账员在主会场参加，其余基层单位负责人及报账员在分会场参加。

12月1日 忻州北公司围绕习近平总书记重要指示重要批示贯彻落实情况开展自查自纠工作会议，公司领导班子成员、各部室负责人参加会议。

12月7日 交控集团开展学习贯彻中共十九届六中全会精神宣讲报告视频会，忻州北公司领导班子成员、中层副职及以上干部在分会场参加听讲。

12月8日 省国资委组织学习贯彻省第十二次党代会精神专题讲解报告视频会，忻州北公司领导班子成员、中层以上干部在分会场参加会议。

同日 交控集团召开高速公路通行费收入趋势研判座谈会，忻州北公司领导李子东参加座谈会。

12月8日至10日 交控集团举办信访工作培训班，忻州北公司领导胡慧恩、综合办公室负责人李文祥参加培训。

12月10日 忻州北公司党委组织所属基层党支部开展政治理论专题学习测试。机关三个党支部在三楼会议室集中测试，各基层党支部在各单位站区组织参加。

同日 忻州北公司组织开展智慧手持终端机操作使用培训，各基层单位机电员、收费班长及票证员参加培训。

12月14日 交控集团路域经济发展工作推进会召开，忻州北公司领导胡慧恩、王霆，后勤中心负责人参加会议。

12月16日 忻州北公司党委“全面建设清廉国企”专题民主生活会召开。交控集团纪委副书记王忠明到会指导。公司领导李子东主持会议。

12月17日 交控集团高速公路通信系统升级改造项目工作推进会召开，忻州北公司领导王霆参加会议。

12月21日 省人民政府安全生产风险隐患大排查大整治集中行动部署视频会议召开，忻州北公司领导班子成员、各部室及各基层单位负责人、安全应急部全体人员在分会场参加会议。

同日 忻州北公司2021年第四季度意识形态研判分析暨下半年议稳维稳工作会议召开，公司领导班子成员、各部室及各基层单位负责人参加会议。

12月21日至23日 忻州北公司举办业务技能提升培训，各基层单位机电维修人员及稽查人员参加培训。

12月24日 山西省国防交通协会第二次会议召开，忻州北公司胡慧恩参加会议。

同日 交控集团公路资产专项清查工作安排视频会召开，忻州北公司领导胡慧恩，计划财务部、后勤中心负责人及相关工作人员参加会议。

12月24日至25日 省交通运输厅召开山西省内高速公路联网收费运营和服务规则培训会，忻州北高速公路管理有限公司收费稽查部及各收费站全体人员参加会议。

12月27日 交控集团举办“交控大讲堂”视频宣讲，公司领导班子成员、机关党员干部、原平北收费站和野马梁隧道管理站党员干部在分会场听讲。

同日 忻州北公司公路资产专项清查工作安排会召开，公司领导、各相关部门负责人参加会议。

12月30日 交控集团安全生产风险隐患大排查大整治“百日攻坚”行动部署视频会议召开，忻州北公司领导班子成员、各部室及各基层单位负责人、安全应急部全员在分会场参加会议。

同日 忻州北公司召开会议，传达贯彻落实交控集团第五次全体(扩大)会议暨大排查大整治“百日攻坚”行动部署会会议精神，公司领导、各部室及各基层单位负责人参加会议。

同日 忻州北公司完成神池县境内服务区、停车区两块土地性质由划拨转经营的变更工作，并取得不动产权证书。

(资料提供：张 澜)

忻州南高速公路管理有限公司大事记

4月1日 忻州南高速公路管理有限公司(以下简称“忻州南公司”)成立土地确权专项工作组，并分三个小组负责推进忻州南高速土地确权相关事宜。公司多次召开专项推进会议和领导单独召见负责人进行工作安排，其间分别取得神岢段岢岚、神池、五寨服务区(经营用地)、忻保段忻府区的不动产证,累计取得约402万平方米的土地确权工作,取得突破性进展。忻州南分公司用地总面积约2497万平方米,截至11月20日,确权率85.34%。

6月4日 忻州南公司廉政教育巡回展活动在顿村收费站拉开帷幕,历时90天,先后在46个基层党支部轮流展出,活动还设立廉洁承诺宣誓、廉洁签名留言等环节,做到全员参与,全面覆盖。一幅幅形象生动的图文漫画寓教于乐感染人、弘扬正气规范人、警钟长鸣告诫人、营造环境激励人,积极构建"人人思廉、人人促廉"的廉洁从业氛围。巡回展活动开展以来,吸引广大干部员工踊跃观展,自觉签署廉政承诺并宣誓。用通俗易懂、直观生动的图展,向基层干部宣讲当前"党纪党规""家风家教""八项规定精神以及纠正四风"和"以案释纪"警示教训,引导基层党员干部廉洁自律,保持高尚品格和廉洁操守。

6月下旬 为庆祝中国共产党成立100周年,深化党史学习教育,忻州南公司工会积极组织职工参加省交通运输厅开展的"诵读红色经典·传承时代精神"诵读活动。经省交通运输厅评选,获一等奖1个、二等奖2个、三等奖1个。

9月8日 上午,忻州南公司党委副书记、副董事长、总经理张彦斌到五台县东雷乡宝穑村乡村振兴帮扶点调研指导工作,实地察看工作队员工作生活环境,了解工作队调整到位衔接及履职尽责等情况,听取驻村工作队第一书记白洁的工作汇报,并给予肯定与指导,并就推进乡村振兴战略、党史学习、疫情防控、防汛减灾等工作与两委干部、工作队员座谈。要求扎实推进党史学习教育工作,详细规划,目标明确,作风务实,结合乡村实际开展"我为群众办实事",切实解决村民急难愁盼问题,为今后工作打下良好基础。要抓好乡村振兴关键,大力挖掘当地资源,发展多元化产业,积极探索特色产业,打造有亮点的乡村振兴村。

9月15日 忻州南公司组织22个收费站开展为期半个月的收费营销活动。活动期间,各收费站根据车辆通行结构向过往司乘赠送雨伞、抽纸、矿泉水等礼品;开展营销问卷调查,发放3000张收费站顾客满意度调查问卷,向司机了解通行情况、客户需求及遇到的困难,精准解答通行疑惑;深入街道、居民小区、企业、加油站、服务区,开展收费政策宣传活动,了解客、货车行驶路径及实际需求,并对公司辖区路况、差异化收费政策等要素进行宣传,免费提供通行指南;发放ETC推广宣传资料,加大ETC宣传力度,为司乘积极办理ETC、现场解决ETC故障,引导车辆ETC通行。通过营销活动,精准掌握客户通行需求,准确解答客户疑惑,及时回应客户关切,变被动服务为主动服务,以良好窗口形象、优质服务内容吸引更多新老客户通行高速公路,提高通行费增收水平。

9月18日 上午,忻州南公司召开中秋国庆假期安全防范工作视频会议。安委会成员,各部门、各单位负责人及安全员共110余人参加,会议以视频形式召开。会上,纪委书记申晓飞安排部署公司中秋、国庆两节期间作风建设工作;党委副书记、副董事长、总经理张彦斌对公司中秋国庆两节期间安全防范工作及疫情防控、疫苗接种"清零行动"工作进行安排部署。党委书记、董事长潘东在讲话中,要求各部门、各单位要认真谋划安全生产工作思路、重点任务和管用措施,压紧压实安全生产责任,坚守安全生产红线和底线,综合研判秋冬季节客流趋势、出行特点,加强易拥堵缓行路段、收费站和省际重要通道区域路网运行的实时监控,完善应急预案,逐级安排落实,提升防灾减灾救灾能力,全力以赴抓好省党代会和中秋国庆假期安全防范工作。要高度加强自身修养,持续助力乡村振兴工作。

9月22日至29日 忻州南公司工会举办为期一周的职工篮球赛。来自收费、路政、养护、信息、机关的5支代表队共60名运动员参加比赛。比赛实行小组循环赛,半决赛、决赛采取淘汰赛,最终决出冠、亚、季军。此次篮球比赛,加强各单位、各部门之间沟通协作,锻炼身体,增强体魄,提升职工凝聚力和团队意识,为公司高质量发展奠定坚实基础。

9月23日 交控集团副总经理谢鹏远深入忻州南公司开展工作调研,并就学习贯彻习近平总书记"七一"重要讲话精神作专题宣讲。谢鹏远现场观摩交控数通公司在顿村收费站试点运行的机器人收费服务操作过程，现场查看收费稽核管理现场会筹备及路产维护站标准化工间和库房建设情况。谢鹏远在讲话中，要求建立完善运营管理标准化制度体系，切实把交控集团决策部署落到实处；要加快推进隧道提质升级、通信系统升级改造工程项目建设，以及沿线站区房屋、闲置土地利用，光伏发电用地租赁等经营事项；要大力提升服务保障，全心全意为司乘人员提供快速、便捷、精准服务；要坚持以党建工作引领业务发展、以业务工作检验党建成效，推动党的建设和生产经营深度融合；要强化纪律意识，始终保持风清气正的管理工作氛围。调研后，谢鹏远结合交控集团运营管理工作重点，为忻州南公司党员干部专题宣讲学习贯彻习近平总书记“七一”重要讲话精神。

9月29日 忻州南公司举办2021年度秋季职工运动会。运动会共设5支参赛队，在为期一周的赛程中进行篮球、羽毛球、乒乓球三个项目的精彩角逐。通过此次活动，进一步增强职工合作精神和集体荣誉感，充分展示广大干部职工的蓬勃朝气和竞技热情。

10月14日 忻州南公司召开“两优一先”先进事迹宣讲报告会，会议以视频形式举行，公司主会场、分会场共200余人参加。报告会由受到交控集团和忻州南公司表彰的先进基层党组织、优秀党务工作者、优秀共产党员代表作典型事迹宣讲。先进基层党组织——黄寨收费站党支部书记郭莉以“让党旗在基层一线高高飘扬”为题，讲述在高速公路服务群众、抗击疫情、收费改革等工作中，党支部坚持党建围绕业务，党员先锋带头，建设“学习型站区、亲情式服务、奉献型员工”品牌站区的鲜活事例和感人故事。优秀党务工作者——信息监控中心总带班班长王磊，回顾他作为公司讲解员，为宣传交通行业文化一路走来的历程，以及他和党支部同事接力资助贫困学生6年帮她升入理想大学，为忻府区爱心特殊学校身患残疾、家庭贫困的孩子们捐赠过冬的新衣、被褥等事迹，引导广大党员要不忘初心、牢记使命，听党话、感党恩、跟党走。优秀共产党员——党委工作部赵红江以如何做新时代“四讲四有”合格党员为主题，结合党史学习教育以及自身工作经历，引用革命先贤的英雄事迹和公司先进典型、优秀员工的先进事例，就如何坚定理想信念、严守纪律规矩、提高党性修养、发挥党员作用进行深入浅出的阐述，教育党员要怀着感恩情、知足心、努力态度去工作，争做一个爱岗敬业、甘于奉献、无私无畏，品德高尚的人，让大家深刻感悟到什么是一名共产党员应有的样子，一名“四讲四有”合格党员的样子，营造“树标杆、学先进”的良好氛围。报告会用朴实语言、生动事例再现忻州南高速人默默无闻、无私奉献的工作精神，感染和激励着台下的干部职工。大家纷纷表示，宣讲报告既传授经验和做法，也树立学习标杆和榜样。

10月15日 忻州南公司工会举办关爱职工义诊送健康活动。本次活动特邀有30多年临床工作经验的中医专家邵玉宝现场诊疗。义诊现场，职工们参与诊疗咨询的热情高涨，邵玉宝仔细为大家号脉、诊断，详细询问病史、了解病情，根据不同症状给予耐心、细致解答，提供相应诊疗方法，并结合日常生活习惯提出符合个体的中医调理和预防保健建议，帮助大家养成健康生活方式。此次活动得到广大干部职工一致好评。

同日 忻州南公司工会举办以“情绪与心理健康”为主题的健康知识讲座。活动共设一个主会场、九个分会场。公司领导、各部门负责人和基层单位职工代表共计200余人听讲。讲座特邀5位有丰富临床经验的专家到场，分别从职工情绪与心理健康、常见疾病的预防与保健、突发疾病应急处置以及职工体检报告解读等环节，用通俗易懂语言深入浅出讲解健康知识。在突发疾病应急处置环节中职工上台与专家共同进行心肺复苏等实地操作，精准掌握技能，提升救助能力；互动咨询环节，5位专家针对现场职工提问进行分类，耐心、详细地解答，并对如何健康科学生活给出合理建议，使职工真正感受到大家庭关爱和温暖。

10月18日 上午，忻州南公司2021年党支部书记、党务干事业务培训在省交通干部学校开班。

此次培训共举办二期,每期五天,共计110余人参加。培训采取专题辅导、现场观摩、实例教学、提问互动等形式,重点对《中国共产党国有企业基层组织工作条例(试行)》"发展党员及党费收缴业务知识""三会一课、换届选举""党建项目化"等内容从不同角度进行辅导解读,旨在通过培训进一步加强基层党组织建设,提升党支部书记、党务干事做好新形势下党建工作业务水平和能力。

10月22日 上午,忻州南公司组织党支部书记、党务干事业务培训班赴兵器集团北方机械厂开展现场教学,重温入党誓词。在讲解员带领下,大家参观学习太原兵工工运纪念馆,一幅幅真实历史照片、一件件珍贵手稿,都是最好的"活"教材。透过被时光洗礼的斑驳,仿佛可以看见当时工人阶级战天斗地、热火朝天的生产画面,深切感受到老一代革命前辈敢于斗争、不怕牺牲、艰苦奋斗、前赴后继的大无畏精神。参观结束后,全体党员在纪念馆前,整齐列队,重温入党誓词。大家纷纷表示,要以老一辈兵工人为榜样,学习他们无私奉献、勇敢拼搏、不断创新的精神,以实际行动为公司高质发展贡献力量。

10月26日 交控集团党委组织部部长郝左军带领党史学习教育督导组成员,重点就忻州南公司党史学习教育、领导班子建设工作开展情况进行督导检查,并组织座谈交流。公司领导班子成员、相关业务部门负责人、基层党支部书记代表参加会议并做交流发言。会上,汇报党委书记、董事长潘东对党史学习教育主体责任落实情况。自党史学习教育开展以来,公司党委紧扣"学党史、悟思想、开新局"要求,加强组织领导、精心安排部署,严格学习标准、丰富形式载体,扎实推进党史学习教育深入开展。特别是在具体工作中,坚持把"我为群众办实事"作为党史学习教育最终落脚点,因地制宜,精准施策,做了大量工作,通过认真总结典型做法和经验成效,着力推动形成职工子女助学奖励、学历提升再教育、困难职工帮扶救助、法律法规宣传等服务职工群众的长效机制,取得一定成效,为推动公司高质量发展凝聚起强大工作动力。郝左军在讲话中,对公司党史学习教育工作进展情况和取得成效给予充分肯定,认为公司"我为群众办实事"实践活动整体工作扎实,取得较好效果,指出三点要求,一是抓住重点突出面向社会办实事。通过认真调查走访,切实了解公众出行需求,着力解决人民群众"急难愁盼"的问题,具体举措既要暖人心又要符合实际,用为群众办实事的实际成果检验党史学习教育成效。二是加大宣传力度,注重氛围营造。要通过沿线路段、各站点显示屏及关键宣传点位等载体凝聚广泛宣传合力,大力推进党史学习教育落实落地。特别是通过典型选树,分层次从不同侧重点发现和宣传立足岗位创实绩的典型人物和事迹,加强正面宣传和引导,提升宣传成效。三是认真做好经验做法总结梳理。要提炼学习教育过程中形成的做法和经验,上升到制度层面固化下来,形成长效机制运用到工作实践中,全面推动经营管理工作高质量发展。

督导组详细查看党史学习教育相关资料,并进行现场交流指导,对存在问题和不足向公司党委领导班子成员集中反馈。

10月29日 上午,忻州南公司组织开展太忻大道封闭施工应急保畅推进会。会议就太忻大道(国道108改造工程大盂镇石岭关—阳兴大道)全封闭施工安全运营保通保畅工作进行安排部署。党委书记、董事长潘东主持会议并讲话,公司领导、相关业务部门和单位负责人20余人参加会议。会上,副总经理孙强宣读《太忻大道封闭施工期间应急保畅工作方案》。方案成立以总经理为组长,分管领导为副组长,信息监控、路政大队、路产维护、收费管理等业务部门负责人为成员的应急保畅工作领导组,进一步明确工作职责和保通保畅措施。分管领导就保畅通工作提出具体要求。潘东在总结讲话中,指出三点要求。一是讲政治、顾大局。要提高政治站位,服从组织调配,服务工作大局,主动担当作为,全力做好保畅服务工作。二是讲奉献、重担当。细化分解,层层压实责任、落实到人,举全员之力做好保通保畅工作,全力打赢应急保畅攻坚战。三是精管理、强落实。要把应急预案做细做实,统筹协调、提前谋划好快速放行、快速清障、快速救援、快速养护等工作，全力为司乘人员创造一个干净整洁、安全畅通的通行环境。

11月1日 上午，交控集团召开传达中国共产党山西省第十二次代表大会精神会议，忻州南公司各分会场通过视频收听收看实况。会后，大家纷纷表示，要深刻认识省第十二次党代会重要意义，把学习好、宣传好、贯彻好党代会精神作为当前和今后一个时期重要政治任务；要全力抓好贯彻落实，紧密联系实际，完善发展思路，细化目标任务，制定具体方案，明确工作职责，奋力开创全方位推动高质量发展新局面。

11月8日 忻州南公司联网收费跨省交易对账业务工作推进会召开，会议传达交控集团联网收费跨省交易对账业务工作会议精神，对公司对账业务工作进行安排部署。公司领导、收费管理部工作人员、各收费站站长和票证稽核员参加会议。会上，三井、保德、奇村收费站等7个收费站站长代表就联网收费跨省交易对账业务工作开展情况、存在困难及下一步工作计划进行简要汇报。党委书记、董事长潘东在讲话中，要求全体员工深刻认识重要意义，不断提高抓好对账工作的自觉性和主动性，发扬精、准、细、严工作作风，确保对账工作稳步推进。要牢固树立大局意识和服务意识，发扬真抓实干、锐意进取工作作风，全力以赴地完成好对账工作，交一份合格答卷。

11月25日 神岢高速公路工程质量顺利通过专项验收。

12月1日 忻州南公司召开安全生产标准化一级达标现场评审会议。党委副书记、副董事长陶瑜，机关各部室负责人参加会议。会上，陶瑜介绍公司安全生产标准化建设开展情况。评审专家组组长尹立涛宣读高速公路运营企业参评安全标准化条件，介绍国家关于安全标准化规定及政策、现场评审目的、范围和依据，并对现场评审分工、评审方法和相关工作作了说明。会后，评审专家组通过现场查阅资料、领导层谈话、现场询问、现场查证等方式，对公司安全生产标准化组织建设及达标情况进行详细评审。

同日 忻州南公司举办第三期“忻州南大讲堂”，邀请省委党校教授郑延涛，央企党校高级党务教员唐卫东两位专家授课。培训以视频形式召开，专职党委副书记、副董事长陶瑜主持，公司领导和全体党员共200余人参加。上午，郑教授从省第十二次党代会召开背景意义、报告内容方针政策、战略部署以及工作措施等方面进行深入解读，内容丰富、重点突出、实操性强，为全体职工更好地学习掌握省党代会精神筑牢思想根基，深化理论认同，提出具体要求。下午，唐教授从中共十九届六中全会决议的生成背景、基本框架、主要内容、重大意义等方面进行详细解读，并结合基层党建工作实践，采取互动形式与职工进行交流，达到学以致用、融会贯通的效果。培训结束后，陶瑜在讲话中，要求各单位要进一步学习宣传贯彻中共十九届六中全会精神和省第十二次党代会精神，将精神内涵迅速传达到每一位职工，切实促进思想和行动统一。要结合工作实际，吃透精神实质、把握核心要义，认真查找在发展理念、精神作风、担当作为上存在的差距，进一步拓宽工作思路，细化目标任务，狠抓工作落实，以更加奋发有为的精神状态完成好全年工作任务。

12月13日 忻州南公司顺利通过安全生产标准化建设一级企业达标认证。

（资料提供：吕峰）

朔州高速公路管理有限公司 大事记

1月14日 朔州高速公路管理有限公司(以下简称“朔州公司”)在原现金缴纳方式基础上,拓展网上银行、微信扫码、支付宝扫码、银联云闪付扫码、POS机刷卡等多种缴纳高速公路赔款渠道。

1月19日 朔州公司组织召开《企业文化手册》和《VIS视觉识别系统手册》企业文化宣传贯彻会。

1月20日 朔州公司纪委围绕中央八项规定精神等九个方面内容,制作《以画释纪》漫画宣传图册。

1月29日 朔州公司举办“奋进二十载·筑梦新时代”主题文化展,共征集书画、摄影、剪纸等各类优秀作品120余件,多角度展现20年来不断奋勇开拓、拼搏奉献的光辉历程。

2月8日 朔州公司与中国电信朔州分公司签订战略合作协议。双方在智慧交通、5G场景应用、网络信息安全等方面进行深度合作,为朔州高速加快推进信息化建设提供新动能。

3月2日 朔州公司一届四次职代会暨2021年工作会议和2021年党的建设和党风廉政建设工作会议召开。

同日 朔州公司召开路警协同共治联席会议,全面落实“11236”协同共治机制,就道路清障、打逃协作等问题进行讨论,达成共识。

3月11日 朔州公司制定出台《ETC客户服务规范(试行)》手册。

同日 朔州公司开展以“百年圆梦、巾帼印象”为主题的征文比赛。

3月12日 朔州公司开展2021年收费站纪律专项整顿月活动。

3月18日 朔州公司举办2021年第一期安全管理人员培训班。

4月2日 朔州公司举办党史学习教育专题培训。

4月13日 朔州公司制定《2021年收费营销工作方案》。

4月15日 朔州公司“三标一体”管理体系认证启动会议召开。

4月20日 朔州军分区司令员孙强,朔州市委常委、军分区政委张培军一行到朔州公司就民兵建设情况、国防动员等相关工作进行调研。

4月28日 朔州公司组织团员青年举办“学党史 强信念 跟党走”主题党史知识竞赛活动。

5月10日 朔州公司举办庆祝中国共产党成立100周年歌咏比赛活动。

5月11日 朔州公司举办“学党史、知党情、强党性、跟党走”主题演讲比赛。

5月23日 朔州公司举办庆祝中国共产党成立100周年职工书画摄影、手工制作品评比展览活动。

6月3日 朔州公司举办第一期“道德大讲堂”。邀请省委党校科学社会教研部教授陈辉为广大干部职工作“学党史 知党情 跟党走——纪念建党一百周年”专题讲座。

6月7日 朔州公司组织200余名志愿者分别在朔州各区县高考考点开展“为梦想助力,为高考加油”志愿服务活动。

6月21日 朔州公司邀请朔州市公安局新型网络犯罪侦查大队工作人员对全体干部职工开展防范新型电信网络诈骗培训。

6月23日 朔州公司与大同市书画协会共同举办书画文化交流会。

7月1日 朔州公司开发机电运维管理平台,对辖区15个收费站机电设备全程在线监管。

7月5日 朔州公司组织50余人次开展“文明交通劝导志愿服务”活动。

7月12日 右平高速平鲁北连接线项目开工建设。

7月25日 朔州公司利用山阴北收费站二楼闲置资源改造为安全教育实训中心。

8月2日 朔州公司组织全体路政人员分批次在朔州市国防教育基地开展军训活动。

8月13日 朔州公司在元营收费站和凤凰城收费站安装AI稽核系统,探索“智能大数据”稽核新模式。

8月15日 朔州公司编制完成“质量、环境、职业健康安全”的《管理手册与程序文件(试行)》和《标准化管理手册(试行)》。

8月18日 应县西收费站获“第20届全国青年文明号”称号。

8月26日 朔州公司与高速交警二支队召开聚焦“高速畅通行动”,优化通行环境推进会。

8月30日 朔州公司利用现场热再生技术,对大新段17公里路面进行处治。

9月6日 朔州公司与朔州市气象服务中心签订气象信息共享协议书。

9月10日 朔州公司与大同南信息监控中心、大同北信息监控中心签订信息互联互通合作协议。

9月14日 朔州公司与北兰亭大同书院共同举办“大路如歌 兰亭雅韵”庆国庆迎中秋书法雅集活动。

10月19日 朔州公司承办交控集团2021年综合应急演练。

10月20日 朔州公司在朔州市各县(区)8家电信营业厅开展ETC发行推广活动。

10月22日 朔州公司开展“12328”交通运输服务监督热线管理办法培训。

10月31日 朔州公司印发《开展严禁违规宴请喝酒专项整治活动的方案》,重申严禁违规宴请喝酒;发放致干部职工家属的一封廉洁家书;签订禁酒承诺书。

11月9日 朔州公司《双重考察》微电影获省纪委宣传部2021年第三届“清风正气”原创微电影优秀奖。

11月10日 朔州公司开展2021年度员工职业技能等级认定。

11月23日 朔州公司以“深学细照笃行、知责担责履责”为主题开展党风廉政建设警示教育培训。

11月29日 毛皂收费站朱智姣获第八届“中国路姐”荣誉称号。

12月1日 朔州公司获“交通运输文化建设优秀单位”称号。

12月13日 朔州公司重新修订《安全生产责任清单与工作规范》。

同日 朔州公司重新修订《突发事件应急预案》并印发《突发事件应急预案(2021试行版)》。

12月16日 朔州公司以“全民健身促健康,同心共筑中国梦”为主题开展职工体育健身活动。

12月27日 朔州公司开展2021年度年终检查并对中层管理人员进行民主测评。

(资料提供:任睿华)

吕梁北高速公路管理有限公司大事记

1月6日 吕梁北高速公路管理有限公司(以下简称“吕梁北公司”)2020年养护工作总结暨2021年养护运营计划编制讨论会召开,党委书记、董事长李耀峰,党委副书记、副董事长、总经理冯利强,路产维护部全体人员,各路产维护站站长、副站长及养护技术人员参会。

1月7日 吕梁北公司干部任前暨廉政谈话会召开,公司领导冯利强主持,公司领导班子成员、37名新任职干部参加会议。

同日 党委书记、董事长李耀峰,党委委员、纪委书记刘元元慰问吕梁北公司驻村扶贫工作队员王慧强。

1月13日 吕梁北公司2020年度党支部书记抓基层党建暨落实“两个责任”述职评议会召开。党委副书记、副董事长、总经理冯利强主持会议,党委书记、董事长李耀峰出席并讲话。公司领导、党支部负责人、基层党支部干部职工代表、公司党群部室人员共计80余人参加会议。

1月20日 吕梁北公司新冠肺炎疫情防控工作专题视频会议召开。专职党委副书记、副董事长董万森主持会议,党委书记、董事长李耀峰,党委副书记、副董事长、总经理薛海军出席会议并讲话,纪委书记刘元元及公司所属各部室、各单位主要负责人,分管安全负责人,安全员参加会议。

1月28日 吕梁北公司2021年安委会第一次全体(扩大)会议暨疫情防控工作会议召开,公司领导董万森主持会议,李耀峰、薛海军出席会议并讲话,纪委书记刘元元及公司所属各部室、各单位主要负责人参加会议。

同日 吕梁北公司2020年度机关部室年度考核大会召开。公司领导薛海军主持会议,李耀峰讲话,各部室、各单位负责人共计40余人参加会议。

1月30日 吕梁北公司纪委通过“七个严查”严明疫情防控纪律,严格疫情防控管控措施,扎实推动新冠疫情防控工作有力有序开展。

同日 吕梁北公司纪委开启2021年第一堂廉政党课,通过各级党组织组织党员领导干部观看《正风反腐就在身边》系列警示教育片。

2月4日 吕梁北公司同交科集团、监理集团召开隧道提质升级、地质灾害处治项目协调推进会。公司领导薛海军主持会议,李耀峰出席会议并讲话。

同日 吕梁北公司领导薛海军、董万森、刘元元分别赴基层单位,向一线员工致以新春问候和祝福,同时就节假日值班,春运期间保通保畅等工作进行调研。

同日 吕梁北公司领导李耀峰带领基层单位负责人先后赴高速交警一支队、二大队、三大队、九大队共研“路警”春运联合保畅工作。

2月8日至9日 交控集团党委副书记、副董事长、总经理武艺一行深入吕梁北公司调研指导工作,副总经理谢鹏远、相关部室负责人陪同调研。武艺一行先后实地查看大中局2号隧道、白家山3号隧道病害情况,详细了解K174+850王家焉滑坡病害处治后续数据监测情况,调研架梁山隧道照明节能改造情况。

2月11日 吕梁北公司领导李耀峰深入基层一线慰问春节期间在岗工作人员,代表公司党委向他们送去关怀温暖和新春祝福。

2月18日 吕梁北公司召开2021年工作安排部署会,定目标、定计划、定措施。会议的主要任务是贯彻落实中共十九大和十九届历次全会精神、深入贯彻习近平总书记视察山西重要讲话重要指示，认真落实省委“四为四高两同步”总体思路和要求，全面贯彻落实集团公司各项决策部署，总结2020年工作，部署2021年工作。

2月22日至3月1日 吕梁北公司顺利完成基层党支部调整设置和选举工作。将原先的33个党支部调整设置为32个党支部，实现党支部设置更科学、更合理、更优化。

3月1日 静兴高速一行人到吕梁北公司进行工作交流，公司领导班子及相关业务部门负责人参加会议。

3月3日 吕梁北公司一届四次职代会暨2021年工作会议召开。党委书记、董事长李耀峰出席并讲话，党委副书记、副董事长、总经理薛海军作工作报告，专职党委副书记董万森主持，纪委书记刘元元、外部董事茹冰出席会议。

同日 吕梁北公司以视频会议形式召开2021年党的建设和党风廉政建设工作会议，回顾2020年工作，安排部署2021年工作。

同日 吕梁北公司收费工作专题会议召开。公司领导、相关业务部门负责人、各收费站站长、业务管理人员共30余人参加会议。

3月9日 吕梁北公司工会组织开展“讲红色故事 展巾帼风采”主题活动，公司领导李耀峰、薛海军、董万森参加活动。

3月10日 运城北公司专职党委副书记、副董事长孙永安，党委委员、纪委书记温晓强一行7人到吕梁北公司参观交流。公司领导班子成员及相关部室负责人参加交流活动。

同日 吕梁北公司2021年养护工作交流部署会召开，公司领导李耀峰出席会议并讲话，薛海军主持会议，董万森、刘元元出席会议，路产维护部全体人员，各路产维护站站长、副站长及养护技术人员参加会议。

3月11日 吕梁北公司通行费“堵漏增收”专题稽核推进会召开。党委书记、董事长李耀峰出席会议并讲话。收费稽查部全体工作人员、各收费站站长、稽核人员共计30余人参加会议。

3月16日 工商银行吕梁分行行长张卓一行5人到访吕梁北公司进行座谈交流，党委书记、董事长李耀峰出席座谈会。

3月17日 吕梁北公司党委副书记、副董事长、总经理薛海军先后赴枣林收费站、枣林隧道管理站、枣林路产维护站、坪头隧道管理站调研指导工作。

同日 吕梁北公司党委书记、董事长李耀峰赴兴县南隧道管理站开展学史力行“我为职工办实事”实践活动。

3月18日 吕梁北公司党委副书记、副董事长、总经理薛海军赴方山路产维护站、岚县隧道管理站、梁家庄收费站调研指导工作。综合办公室、路产维护部负责人陪同调研。

3月19日 吕梁北公司党委副书记、副董事长、总经理薛海军，专职党委副书记、副董事长董万森深入路政大队、临县北收费站调研指导工作。

3月22日 吕梁北公司党委书记、董事长李耀峰带队赴太原公司对标交流学习。

3月23日 吕梁北公司党委理论学习中心组以读书班+专题研讨形式，开展党史学习教育第2次专题学习。

3月27日 吕梁市行政审批服务管理局邀请省住建厅消防站组织的专家组，对吕梁北公司临离高速隧道进行消防复验。

3月29日 吕梁北公司举办2021年度第1期“吕北党建讲堂”，邀请省委党校党史研究室教授桑艳军为全体党员干部讲授专题党课，专职党委副书记、副董事长董万森主持。会议以视频会议形式召开，公司领导、中层干部、支委及部分党员参加会议。

3月30日 吕梁北公司召开日常养护维修管理系统培训交流会，公司领导李耀峰出席会议并讲话。薛海军、董万森、刘元元出席会议。路产维护部全体人员，各路产维护站站长、副站长及运营系统填报人员参加会议。

3月31日 吕梁北公司领导薛海军、刘元元赴交科集团就双方合作业务如何推进进行座谈。

4月1日 物流集团纪委副书记王立中一行8人到吕梁北公司交流学习,公司领导班子成员参加交流活动。

同日 吕梁北公司3月工作例会召开,总结3月工作,部署安排4月工作。公司领导,各部门、两中心一大队负责人参加会议。

4月14日 吕梁北公司党委理论中心组党史学习教育第4次专题学习(扩大)会召开,邀请太原市委党校教授郑培君做专题辅导,领导班子成员围绕学习社会主义革命和建设时期历史开展专题研讨。公司领导、机关中层正副职、党群部门职工共计30余人参加学习。

4月16日 吕梁北公司召开临离段大中局1号、2号隧道,太佳西段梁家会2号隧道病害处治分析研讨会。会议邀请专家为项目建设把脉问诊,交科集团、设计及检测单位相关人员参会。

4月19日 党史学习教育山西交控集团宣讲团成员、省直工委讲师团专家库成员、省委党校、山西行政学院哲学部副主任张志蓬教授作党史学习教育专题宣讲,公司党委书记、董事长李耀峰主持。

同日 方山县副县长秦鑫到吕梁北公司交流调研工作,公司领导李耀峰、董万森参加座谈交流。

4月19日至23日 吕梁北公司团委按照就近联合、分区管理原则,将原先23个团支部整合重组为10个团支部。

4月26日 吕梁北公司专职党委副书记、副董事长董万森深入路政大队党支部作“学党史、守初心”党史学习教育宣讲报告。

同日 吕梁北公司在太原组织召开涉路施工技术方案评审会。

4月27日 吕梁北公司2021年安委会第二次全体(扩大)会议召开,公司领导董万森主持会议,李耀峰、薛海军出席会议并讲话,刘元元及公司所属各部室、各单位主要负责人参加会议。

4月28日 吕梁北公司团委组织广大团员青年前往晋绥边区革命纪念馆、“四八”烈士纪念馆参观学习。

4月29日 吕梁北公司聘请华软公司专业技术人员,对稽核人员进行业务培训。

同日 吕梁北公司领导薛海军赴兴县东收费站党支部开展“学党史、守初心”党史学习教育宣讲活动。

同日 吕梁北公司党委委员、纪委书记刘元元深入兔坂收费站党支部作“学党史、守初心”党史学习教育宣讲报告。

同日 吕梁北公司领导薛海军、刘元元深入临离路段终点遗留工程调研指导工作,路产维护部部长任剑陪同。

4月30日 吕梁北公司“五一”假期高速公路安全保畅工作会议召开,总经理薛海军主持会议并讲话,公司所属各部室、基层各单位主要负责人参加会议。

5月1日至31日 吕梁北公司工会按照交控集团工会“妈咪小屋”建设要求,大力推进“妈咪小屋”创建,持续扩大“妈咪小屋”覆盖面,为“五期”女职工提供休息、交流场所。经过前期调研、综合评估,最后选择在梁家庄收费站、方山收费站、枣林收费站内创建“妈咪小屋”。

5月7日 吕梁北公司领导、机关全体人员、方山收费站代表、方山路产维护站代表在机关办公楼前举行升国旗仪式,共同“为党的百年华诞献礼”。

同日 吕梁北公司组织召开稽核业务交流会。公司领导李耀峰、山西交研软件研发中心赵晓柱、广东利通科技有限公司王国平参加会议。

5月8日 吕梁北公司在二楼会议室召开2021年日常养护工程进场安排及技术交底会,公司领导李耀峰出席会议并讲话,薛海军主持会议,路产维护部全体人员、各路产维护站站长及2021年度吕梁北公司太佳西段、临离段、岢临段日常养护工程中标单位:太原众益建筑工程有限公司、山西隆坤路桥工程有限公司、山西长城路桥建设开发有限公司、山西麟通建筑工程有限公司、宏基伟业集团有限公司负责人,山西华诚泰和会计师事务所有限公司代表参加会议。

同日 吕梁北公司党委书记、董事长李耀峰赴临县南片区作“学党史、守初心”宣讲报告。

5月9日 吕梁北公司积极响应交控集团工会号召，组织开展“我为群众办实事”暨“爱在三晋暖心守护”为困境、留守儿童爱心捐款活动。

5月11日 吕梁北公司组织基层单位分管安全负责人和安全员开展安全文化建设活动专题培训，共计78人参加。

同日 吕梁北公司举办“传承红色基因，汲取奋进力量，绽放时代光芒”为主题的党史知识竞赛活动，基层32个党支部通过初赛择优选送41名选手参加竞赛。

同日 吕梁北公司组织对大中局1号、2号，梁家会2号隧道病害进行实地踏勘，并召开病害处治工程方案研讨会，公司领导薛海军、董万森，路产维护部、临县西路产维护站、枣林路产维护站相关负责人参加会议。

5月13日 吕梁北公司领导薛海军深入方山路产维护站养护作业一线调研指导工作，并为现场养护人员送上防暑降温物品，要求做好防暑降温。

同日 吕梁北公司团委与方山路产维护站团支部联合举行以“以青春之名 献百年华诞”为主题的重温入团仪式活动，以此激励团员积极进取，奋发图强，勉励青年初心不改，使命在肩，共同接受思想洗礼和心灵震撼，增强团员青年政治意识、责任感和使命感。团委委员和团支部团员青年参加活动。

5月14日 吕梁北公司领导薛海军一行邀请隧道方面专家对隧道进行现场勘察，现场召开隧道病害处治研讨会，形成处治方案。

同日 吕梁北公司纪委围绕前期企务公开监督检查中发现的问题，采取“四不两直”方式，对机关各部室、基层各单位企务公开工作问题整改情况进行“回头看”，重点查看被检查单位问题的整改情况、具体举措及态度认识，进一步促进企务公开工作落实落地。党委委员、纪委书记刘元元通报企务公开监督检查中各单位存在的问题。

同日 在养护工程即将全面铺开之际，吕梁北公司纪委紧盯关键节点、关键少数，压实压紧廉政责任，组织路产维护部、各路产维护站负责人召开养护工作廉政提醒谈话会议。

同日 吕梁北公司举办党史知识竞赛选拔赛，优中选优，选出公司参赛代表队伍。

5月17日 吕梁北公司2020年度党建项目化管理成果验收评审会召开。评委由领导班子成员、2名特邀专家、党委工作部和综合办公室（董办）负责人组成。

5月19日 根据交控集团《关于加快推进新冠病毒疫苗接种工作的通知》部署，吕梁北公司主动与属地卫健部门对接，按照“应接尽接、梯次推进、突出重点、保障安全”原则，全面开展新冠病毒疫苗接种工作。

5月20日 吕梁北公司在二楼会议室组织召开机电一体化集中监控技术交流会。公司领导李耀峰、薛海军，财务核算部、收费稽查部、路网监测及运维中心负责人及山西海天腾飞科技发展有限公司技术团队参加会议。

5月25日 吕梁北公司开展“宝葫芦”杯档案知识答题活动。内容涉及《中华人民共和国档案法》《关于进一步加强档案安全工作的意见》等国家法律法规。机关各部室专（兼）职档案员共计13人参加答题活动。

5月26日 交控集团运营总监、数字交通科技公司党委书记、董事长侯兴杰一行到访吕梁北公司进行交流学习。公司领导李耀峰、薛海军、董万森、刘元元，公司业务相关部室、基层相关单位负责人参加会议。

同日 吕梁北公司召开党建工作交流会。公司领导班子成员，各党支部书记、党务干事，党群部室全体人员参加会议。

5月27日 吕梁北公司领导薛海军对岢临地质灾害及水毁防治工程、综合防排水工程，兴县北路产维护站日常养护等方面进行现场调研。

6月1日 山西交通建设监理咨询集团有限公司董事长、党委书记何晓明一行到访吕梁北公司，双方就监理服务工作进行交流座谈。公司领导李耀峰、董万森参加交流座谈会。

同日 吕梁北公司5月份工作例会召开，总结4月、5月工作完成情况，部署6月份和下半年重点工作。公司领导李耀峰、薛海军、董万森、刘元元,各部室负责人参加会议。

同日 吕梁北公司团委开展“履行社会职责,关爱儿童成长”慰问活动,给孩子们送去节日祝福和礼物,用实际行动践行“我为群众办实事”。

6月2日 吕梁北公司邀请交控集团总法律顾问吴华律师为干部职工讲授专题讲座。公司领导、中层副职及以上干部共70余人参加。党委书记、董事长李耀峰作总结讲话,会议由总经理薛海军主持。

同日 吕梁北公司组织养护集团、交科集团、监理集团相关责任人及技术人员在二楼会议室召开养护工作例会及养护工程项目推进会。党委书记、董事长李耀峰出席会议并讲话,总经理薛海军主持会议,路产维护部全体人员、各路产维护站站长参加会议。

6月3日 吕梁北公司组织开展庆祝中国共产党成立100周年“永远跟党走 劳动创造幸福”主题演讲比赛。党委书记、董事长李耀峰为决赛致开幕词,总经理薛海军致闭幕词。

6月4日 吕梁北公司党委书记、董事长李耀峰深入岚县隧道管理站调研指导工作。

6月7日 吕梁北公司与月明星(北京)科技有限公司在二楼会议室召开卫星遥感(INSAR)技术在高速公路地质灾害防治中的应用技术交流会。公司领导李耀峰、薛海军、董万森、刘元元出席会议。

6月8日 吕梁北公司特邀档案管理专家在四楼会议室举办档案专题培训。各部室、各单位档案管理员共计49人参加培训。

6月9日 运城南公司副总经理孙琳、纪委书记赵东阳,临汾南公司纪委书记王锋,吕梁南公司纪委书记米源一行17人到访吕梁北公司交流纪检工作,公司领导班子成员及相关部室负责人参加交流活动。

6月11日 英达热再生公司副总裁陈石亭一行4人到吕梁北公司,就2019年太佳高速方山段就地热再生施工段落进行回访,双方召开业务座谈会,吕梁北公司领导班子成员参加座谈交流。

6月17日 交控集团党委委员、总会计师孙建秀到公司调研指导工作,实地察看方山路产维护站党员创新工作室、方山收费站稽查工作室,参观吕梁北公司企业文化长廊,听取钉钉云上公务车辆信息化管理平台、养护工程信息化管理平台和企务公开信息化管理平台功能介绍及运行情况。随后组织召开座谈会,听取党委书记、董事长李耀峰运营管理工作情况汇报,并作党史学习教育专题宣讲。

同日 吕梁北公司紧扣“落实安全责任,推动安全发展”活动主题,深入开展安全生产宣传教育活动。总经理薛海军亲临活动现场,通过发放宣传单、向过往司乘人员宣传安全生产知识和法律法规,引导公众学习安全应急知识。

6月22日 吕梁北公司团委为超龄团员举办“退团不褪色 迈向新征程”主题团日活动暨超龄团员退团仪式。团委负责人、团委委员、各团支部书记及部分超龄团员共计30余人参加此次活动。

同日 吕梁北公司在四楼会议室举行“安全生产月”系列活动之“平安交控 知识竞赛”活动,参赛人员由各单位、各部门选拔指派,共计57人参加活动。

6月23日 吕梁北公司召开全面从严治党主题会议。领导班子成员、机关各部室负责人参加会议。

6月24日 吕梁北公司庆祝中国共产党成立100周年“永远跟党走 奋斗新征程”主题书画摄影手工作品展在二楼会议室举行。公司领导班子成员、各单位代表共计30多人参加活动。

同日 山西高速交警一支队九大队队长赵兴云、二大队队长张云山、三大队队长任安功一行到访吕梁北公司进行工作座谈。双方就迎“七一”创造安全畅通出行环境、加强文化建设、推进党史学习教育“我为群众办实事”实践活动等相关事宜进行沟通交流。公司领导李耀峰、薛海军参加交流座谈会。

同日 吕梁北公司党委书记、董事长李耀峰深入兔坂收费站、兔坂隧道管理站调研指导工作,指导开展党史学习教育“我为群众办实事”实践活动,推动党史学习教育走深走实。

同日 吕梁北公司2021年上半年纪检工作总结暨下半年纪检工作部署会议召开。公司领导班子成员、机关各部室及基层各单位负责人、各党支部纪检委员、各单位纪检监督员参加会议，纪委书记刘元元主持会议。

6月28日 吕梁北公司党委书记、董事长李耀峰前往兴县南隧道管理站党支部走访慰问老党员，送上组织关怀和温暖，并向广大党员致以节日问候。

同日 吕梁北公司党委书记、董事长李耀峰带领领导班子成员到革命老区兴县，瞻仰“四八”烈士纪念馆，缅怀革命先烈，重温入党誓词，开展党史学习教育。

6月30日 吕梁北公司召开三交收费站MTC车道改混合车道改造工程、武家梁隧道照明灯具货物采购及安装工程、外网网络安全加固工程（简称“三项工程”）交竣工验收会。公司总经理薛海军，交验组成员以及参建单位代表参加会议。

同日 吕梁北公司以视频会议方式隆重召开庆祝中国共产党成立100周年暨“七一”表彰大会。公司领导、中层副职及以上干部、支部委员及受表彰人员共计150余人参加会议。专职党委副书记、副董事长董万森主持会议。

同日 吕梁北公司隆重举行“庆祝中国共产党成立100周年”主题升旗仪式。公司领导，机关各部室、岚县片区、方山片区中层管理人员及受表彰人员代表等70余名党员干部职工参加升旗仪式，专职党委副书记、副董事长董万森主持。

7月1日 吕梁北公司组织党员干部职工通过多种方式收听收看“庆祝中国共产党成立100周年”大会，聆听习近平总书记重要讲话，共庆党百年华诞、共享党百年荣光。

同日 庆祝中国共产党成立100周年大会在北京天安门广场隆重举行，在集中收听收看大会实况后，吕梁北公司党委第一时间组织召开党委理论学习中心组（扩大）学习会，传达学习习近平总书记在中国共产党成立100周年大会上的讲话精神和习近平总书记在“七一勋章”颁授仪式上的讲话精神。领导班子成员以真情实感谈感受、谈启示，用朴实语言表达用实际行动报答党、报答祖国、报答人民、报答伟大时代的信心和决心。

同日 交控集团在方山组织召开《G59呼北高速临离段大中局1号、2号隧道地质灾害处治工程，S50太临高速太佳西段梁家会2号隧道病害处治工程》技术方案评审会。省交通规划勘察设计院有限公司、省交通建设工程质量检测中心（有限公司）相关人员及评审专家参加会议。

7月5日 吕梁北公司党员干部廉政教育培训正式开班。公司领导李耀峰、刘元元出席。

同日 吕梁北公司与山西交通建设监理咨询集团有限公司2021—2025年度养护工程监理服务签约仪式在太原举行。标志着吕梁北公司、监理集团在养护工程监理服务领域新格局、新模式、新思维合作的开启，属山西首家“分片区打捆招标”采购监理服务项目。

7月8日 吕梁北公司总经理薛海军赴临离段督导调研养护工作。薛海军一行实地查看白家山3号隧道病害处置收尾工程进展情况，要求施工单位尽快清运现场施工垃圾、处置路面、铺设隧道电缆槽线路等各项工作。同时，深入架梁山隧道、离石西服务区、张家山隧道等多处实地查看工程病害，与现场人员共同商讨处置方案。

7月7日 17时34分，岚县服务区一辆满载21吨天然气槽罐车与一辆拉土大车相撞，槽罐车天然气泄漏，在接到高速交警险情通报后，吕梁北公司第一时间响应、驰援到位，尽最大努力积极配合处置队伍圆满完成应急处置工作。公司领导李耀峰、薛海军、董万森第一时间赶赴梁家庄收费站，与岚县县委、县政府成立应急救援指挥部，靠前指挥，做到组织到位、人员到位、保障到位。

7月9日 交控集团共享事务中心第一党支部赴吕梁北公司参观交流党建文化建设。公司领导班子成员，交控集团团委书记、政策（党建）研究中心主任李永岐，人力资源中心主任李宏义，网络技术中心主任郝志强参加交流活动。

7月13日 吕梁北公司党委以读书班形式学习习近平总书记在庆祝中国共产党成立100周年大会上的重要讲话精神。会上，党委理论学习中心组成员分别领学习近平总书记在庆祝中国共产党成立一百周年大会上的讲话、习近平总书记在“七一勋章”颁授仪式上的讲话等内容,结合心得体会进行专题研讨交流。公司资深专员、总经理助理列席会议。

7月14日 吕梁北公司2021年上半年工作总结暨下半年工作安排会议召开,回顾总结上半年工作,分析当前面临的形势和问题,部署下半年重点工作任务,要求咬定目标不放松,凝神聚力不懈怠,为全面完成年度目标任务而努力奋斗。公司领导李耀峰、薛海军出席会议并讲话,总经理助理王俊峰主持会议。枣林路产维护站、方山路产维护站、枣林收费站、阳坪收费站、岚县隧道管理站、兴县隧道管理站6家基层单位作交流发言,各部室汇报上半年工作情况。

7月15日 交控集团党史学习教育巡回指导组刘志斌一行6人到吕梁北公司,对党史学习教育工作开展情况进行第二轮督导检查并召开反馈会。公司领导、各部室负责人、党群部门相关人员参加会议。

7月20日至21日 按照吕梁北公司党委统一安排部署,专职党委副书记、副董事长张海宁率第四督导组参加临县南收费站、路网监测及运维中心、阳坪收费站、兴县北路产维护站、兴县南路产维护站5个党支部督导党史学习教育专题组织生活会,并前往兴县南隧道管理站党支部(联系点)讲授专题党课。

同日 吕梁北公司资深专员董万森一行3人先后赴临县路产维护站、临县南隧道管理站、三交收费站、坪头隧道管理站4个党支部督导党史学习教育“学党史、悟思想、办实事、开新局”专题组织生活会,并就公司岢临段边坡隐患进行实地查看,提出相关指导意见,以实际行动践行党史学习教育“我为群众办实事”。

同日 吕梁北公司纪委书记刘元元先后赴枣林收费站、枣林隧道管理站、枣林路产维护站、枣林路政中队、临县西路产维护站5个党支部督导党史教育专题组织生活会。

7月21日 吕梁北公司党委书记、董事长李耀峰先后赴梁家庄收费站、岚县隧道管理站、方山收费站、方山路产维护站4个党支部督导党史学习教育专题组织生活会,并就联系点党支部党史学习教育、党员活动阵地建设、一支部一品牌等基层党建工作进行调研。

同日 吕梁北公司总经理薛海军先后赴路政大队兴县南中队、兴县北中队,岢临路网监测及运维分中心,兴县东收费站4个党支部督导党史学习教育专题组织生活会,以普通党员身份参加机关第二党支部党史学习教育专题组织生活会。

同日 公司总经理助理王俊峰先后到白文收费站、兴县南隧道管理站、兔坂收费站、临县北收费站、太佳西监测及运维分中心5个党支部督导党史学习教育专题组织生活会。

7月22日 吕梁北公司又一项创新成果“一种便捷高效起桩器”获得国家实用新型专利授权。

7月23日 吕梁北公司党委书记、董事长李耀峰围绕学深悟透力行习近平总书记“七一”重要讲话精神,讲授“弘扬伟大建党精神,走好新的‘赶考’之路”专题党课。会议以视频会议形式召开,公司领导董万森、刘元元、王俊峰在主会场参加会议,会议由张海宁主持。

7月28日 交控集团“两优一先”先进模范巡回宣讲报告会在吕梁南公司召开,邀请交科集团省交通研发公司公共事务部、集团优秀党务工作者韩晋雅作宣讲报告。吕梁北公司领导、中层管理人员和“两优一先”代表一行赴吕梁南公司参会。

同日 吕梁北公司党委书记、董事长李耀峰以普通党员身份参加机关第一党支部专题组织生活会,围绕“学党史、悟思想、办实事、开新局”主题,交流学习体会,检视自身问题,剖析思想根源,明确整改措施,开展批评与自我批评,推动党史学习教育取得更大成效。

7月29日 吕梁北公司开展2021年安全应急基础知识专题培训,基层各单位专兼职安全员共计37人参加。

同日 吕梁北公司2021年安委会第三次全体(扩大)会议召开,总经理薛海军主持会议,党委书记、董事长李耀峰和资深专员董万森出席会议并讲话,公司领导张海宁、刘元元,总经理助理王俊峰及所属各部室、各单位主要负责人参加会议。

同日 吕梁北公司在二楼会议室召开2021年上半年养护工作总结和下半年工作部署会,党委书记、董事长李耀峰出席会议并讲话,总经理薛海军主持会议,资深专员董万森,公司领导张海宁、刘元元出席会议,路产维护部全体人员,各路产维护站站长、副站长及养护技术人员参加会议。

8月4日 吕梁北公司组织收看省国资委"两优一先"先进事迹宣讲报告会。公司领导、机关部室负责人、"两优一先"部分代表参加会议。

同日 吕梁北公司结合党史学习教育中"我为群众办实事"实践活动,开展"情系职工,清凉一夏"慰问活动。

8月6日 正值汛情和疫情双重叠加时期,吕梁北公司以临战状态扎实做好疫情防控和"七下八上"主汛期应对工作,树牢底线思维,增强责任意识,抓实抓牢防控防汛举措,齐抓共管坚决打赢防控防汛两场硬仗,全力以赴守护好社会公众和职工群众生命安全。

8月10日 交控集团副总经理韩文军赴吕梁北公司调研指导工作,建设管理部部长刘瑞斌,公司领导李耀峰、薛海军、董万森、王俊峰陪同调研。

8月11日 忻州北公司党委书记、董事长李子东一行赴吕梁北公司开展交流学习,公司领导班子成员及相关部室负责人参加活动。

8月17日 吕梁北公司领导薛海军、张海宁赴兴县隧道管理站调研指导工作。

8月18日 吕梁北公司召开贯彻落实全国国有企业党的建设工作会议精神"回头看"动员部署会暨党建工作双月例会。会议以视频形式召开,公司领导李耀峰、薛海军、董万森、张海宁、刘元元、王俊峰出席会议。

同日 省自然资源厅和省气象局联合发布地质灾害气象风险预警消息,防汛工作进入"实战期"。吕梁北公司严阵以待,多措并举,扎实做好防汛各项准备工作,未雨绸缪筑牢防汛"安全堤"。

8月19日 吕梁北公司风险防控体系建设动员部署会召开。党委书记、董事长李耀峰主持会议并讲话,公司领导薛海军、董万森、张海宁、刘元元、王俊峰出席会议,机关各部室负责人参加会议。

8月20日 吕梁北公司总经理助理王俊峰、路网监测及运维中心主任薛大俊,受邀参加山西交警总队高速五支队举办的山西高速忻州地区"高速畅通行动"信息会商研判机制联席会,此次工作联席会议有10家成员单位参加,旨在共商建立信息研判联动会商机制,着力解决高速公路出行不畅、路况信息群众知晓度和及时性不够等问题,进一步推动"高速畅通行动"信息共享、精准及时发布。

8月24日 吕梁北公司《平凡之路》一书编印成册,收录20位先进个人、5个先进集体典型,是吕梁北公司改革发展的代表和缩影。

同日 吕梁北公司太佳西段隧道照明节能改造工程交工验收会召开,领导班子成员、交验组成员以及各参建单位代表参加会议。

8月25日 吕梁北公司岢临路段路政、养护、收费、隧道与高速交警一支队三大队召开联席会议,全力推进岢临高速平安畅通建设,为广大群众出行提供安全畅通出行环境。总经理助理王俊峰参加会议。

8月26日至27日 省交通运输厅成立竣工验收委员会,对临县至离石高速公路建设项目组织竣工验收。经过竣工验收委员会专家现场检查和综合评议,工程评定等级合格,临县至离石高速公路工程通过竣工验收。

9月1日 吕梁北公司离石北收费站正式开通。交控集团副总经理谢鹏远,吕梁市副市长杨巨才,离石区委书记张潞萍、区长李军,吕梁市发改委主任闫斌胜,吕梁市交通运输局副局长(主持工作)刘瑞平,吕梁市公安局交警支队支队长刘亚楼,离石区委办、区政府办、区发改局、区交通局、坪头乡等负责人,公司领导李耀峰、薛海军、董万森、张海宁、刘元元、王俊峰出席开通仪式。

9月2日 吕梁北公司召开干部大会,宣布交控集团党委关于吕梁北公司主要领导调整的决定。

专职党委副书记、副董事长、副总经理刘宏武、组织部部长郝左军等领导出席会议。

9月6日 吕梁北公司在方山县鼎恒大酒店九楼会议室召开全体党员大会,选举出席山西交控集团第一次党代会代表,党委书记、董事长薛海军主持会议,全体党员参加会议。

9月7日至9日 吕梁北公司总经理助理王俊峰对所辖6个中队进行调研指导工作。

9月9日 吕梁北公司2021年8月份工作例会召开,总结7月、8月工作完成情况,对公司下一步工作进行再部署。党委书记、董事长薛海军出席会议并讲话,张海宁主持会议。资深专员董万森,公司领导刘元元,总经理助理王俊峰参加会议并就各自分管工作做了点评。机关各部室及各基层单位负责人参加会议。

9月14日至16日 由河北陆航监测认证有限公司组成的专家评价组对吕梁北公司开展为期三天的安全生产标准化一级达标评审工作,公司领导、相关部门及单位负责人参与评审。最终,吕梁北公司以910分顺利通过安全生产标准化一级企业验收。

9月16日 吕梁北公司举办新闻宣传业务素养与技能提升培训班,旨在提升新闻宣传队伍理论水平和业务能力,加强新闻宣传和舆论引导。各部门、各单位宣传工作分管负责人及宣传工作专员90余人参加培训。

同日 吕梁北公司领导薛海军、刘元元深入梁家庄片区,就梁家庄收费站、岚县隧道管理站职工工作、生活情况进行调研指导。

9月18日 中秋、国庆两节将至,吕梁北公司纪委以多种形式聚焦两节相关纪律要求,下发《中秋、国庆"两节"廉洁提醒》,并开展监督检查,进一步增强党员干部廉洁自律意识,加大明察暗访力度,坚持"严"字当头,严肃查处顶风违纪行为,释放纠"四风"一刻不松、寸步不让的强烈信号,确保廉洁、祥和过节,为营造良好干事创业氛围提供坚强纪律保障。

同日 吕梁北公司召开专题会议,传达学习交控集团第一次党代会精神,党委书记、董事长薛海军主持会议并提出工作要求。

9月26日 吕梁北公司开展安全生产专题教育培训,特邀业内公路安全方面专家教授李忠陶,通过集中授课方式,围绕新《中华人民共和国安全生产法》和《公路工程施工管理安全基础知识与双体系建设》等内容授课。各部门、各单位主要负责人、分管安全负责人、专职安全员共计89人参加培训。

9月28日 吕梁北公司纪委书记刘元元一行深入临县南、离石北片区进行"两节"前督导,刘元元一行实地察看临县南、离石北院区建设及离石北连接线建设等情况,详细了解职工生活、工作情况。在临县南、离石北片区分别与各单位班子成员进行座谈。

9月30日 山西交通新技术发展有限公司党委书记、董事长郭殿军,党委副书记、副董事长、总经理武胜兵一行赴吕梁北公司开展工作座谈,公司领导薛海军、董万森、张海宁等参加工作座谈会。会议就呼北高速临离段路面、桥面病害处治工程、隧道提质升级专项工程、岢临地质灾害和水毁处治工程等养护工程进展情况进行沟通,双方达成一致共识。

同日 吕梁北公司召开国庆保安全保畅通保稳定工作部署视频会,安排部署国庆假期吕北高速运营管理各项工作,切实保障人民群众平安、顺畅、温暖出行。党委书记、董事长薛海军出席会议并讲话,总经理助理王俊峰主持会议。公司分管领导就各自分管工作进行详细安排。

10月1日至7日 因连续降雨,吕梁北公司临县路产维护站所辖路段存在轻微水毁灾害,公司资深专员董万森到基层调研督导保畅工作。现场实地查看高填深挖路基边坡、桥梁、隧道排水等情况,提出针对性处置措施,并就国庆安全保畅工作提出相关意见建议。

10月2日 吕梁北公司党委书记、董事长薛海军到岚县隧道管理站督导检查国庆期间重点工作。

10月7日 吕梁北公司专职党委副书记、副董事长张海宁,路产维护部部长任剑一行到水毁现场实地调研，并对下一步防灾抗汛工作提出具体要求。

10月9日 吕梁北公司组织广大干部职工集中收听收看纪念辛亥革命110周年大会，聆听习近平总书记在大会上作的重要讲话。

10月11日 吕梁北公司党委心系灾区群众，向全体干部职工发出防汛救灾爱心捐款倡议书，号召大家向灾区群众伸出援手、奉献爱心。党委书记、董事长薛海军作动员讲话。

10月13日 吕梁北公司领导薛海军、董万森、张海宁、刘元元、王俊峰一行11人赴吕梁南公司开展学习交流。

10月14日 吕梁北高速公路公司工会第二届会员代表大会召开，69名代表参加会议。专职党委副书记、副董事长张海宁出席并讲话，工会主席薛建军主持会议。大会审议《第一届委员会工作报告》及《第一届经费审查委员会工作报告》，同时选举产生新一届工会委员会、经费审查委员会、女职工委员会、工会主席、经费审查委员会主任、女职工委员会主任。

10月16日 吕梁北公司组织广大党员干部通过电视、网络直播，采取集体观看和个人自主观看相结合方式，观看《党课开讲啦》节目第一期《党的光辉历程》专题党课，200余人听讲。

10月19日 交控集团人事档案专项检查第三检查组一行赴吕梁北公司检查指导工作，公司领导刘元元、王俊峰等陪同检查。检查组一行听取党委组织部情况汇报，给予肯定。

10月20日 吕梁北公司以视频会议形式收看交控集团第4期“交控大讲堂”，并组织召开党史学习教育月例会。公司领导、机关部室负责人、党群部门相关人员参加会议。

10月21日 吕梁北公司纪委以视频会形式召开第三季度纪检工作例会。纪检室相关人员、交控支部纪检委员、各单位纪检监督员44余人参加会议。

同日 吕梁北公司召开专题会议，传达学习交控集团国企改革三年行动工作推进会和2021年第三季度经济运行分析会精神，安排部署下一阶段重点工作任务。党委书记、董事长薛海军主持会议并讲话，公司领导、机关各部室负责人参加会议。

10月22日 吕梁北公司2021年安委会第四次全体（扩大）会议在四楼会议室召开。会议传达交控集团四季度安委会会议精神，总结回顾2021年第三季度安全生产工作，安排部署第四季度安全生产重点工作。公司领导薛海军、董万森出席并讲话，张海宁主持会议，刘元元及所属各单位、各部室负责人和安全员参加会议。

10月25日 中国共产党山西省第十二次代表大会在省城开幕。吕梁北公司广大党员干部职工通过电视、网络等形式，聆听党代会报告，瞩目山西未来五年发展蓝图。

同日 在多方联动应急响应下，经过5个小时奋战，吕梁北公司所辖太佳西路段一起危化品挂车轮胎着火事故得到成功处置，及时消除重大安全隐患，保护人民群众生命安全。

10月26日 吕梁北公司2021年第四季度养护工作例会召开，党委书记、董事长薛海军出席会议并讲话，资深专员董万森主持会议，公司领导党委副书记、副董事长张海宁，纪委书记刘元元出席会议，路产维护部全体人员、各路产维护站站长及养护技术人员参加会议。

同日 吕梁北公司隧道提质升级专项工程专题会议召开，公司领导薛海军出席会议并讲话，资深专员董万森主持会议、公司领导张海宁、刘元元出席会议，交科集团、监理集团、路产维护部、路网监测及运维服务中心负责人、各路产维护站负责人参加会议。

10月26日至27日 交控集团党委组织部部长郝左军带领党史学习教育督导组深入吕梁北公司督导检查。督导组一行与公司领导、机关相关部室负责人、党支部书记代表进行座谈交流，并对党史学习教育组织领导、专题学习、政治引领、专题培训、“我为群众办实事”实践活动、组织生活会六方面资料进行查阅。座谈会上，郝左军肯定吕梁北公司开展党史学习教育取得的进展和成效。

10月28日 吕梁北公司第三季度收费工作例会在二楼会议室召开，党委书记、董事长薛海军出席会议并讲话，专职党委书记、副董事长张海宁主持会议，资深专员董万森、纪委书记刘元元出席，收费稽查部全体人员，各收费站站长，路网监测及运维中心、各分中心主任参加。

10月29日 吕梁北公司岚县隧道管理站党建项目推进会召开，公司领导张海宁、刘元元等参加会议，会议由项目负责人赵建智主持。张海宁一行还深入梁家庄收费站，实地察看"党旗红·高速情+'以站为家'"站区家文化建设、"妈咪小屋"建设等情况。

11月2日 吕梁北公司专职党委副书记、副董事长张海宁赴太佳西路网监测及运维分中心调研指导工作。

11月3日 吕梁北公司隧道提质升级专项工程(南山、龙王庙1号隧道病害处治工程)安全技术交底会在兴县南路产维护站会议室举行，资深专员董万森出席讲话并对下一步工作作出部署。省交通设计院、交科桥隧加固公司、监理集团代表参加会议。

同日 吕梁北公司纪委书记刘元元赴方山收费站调研督导疫情防控工作，要求严格落实防控措施，佩戴好防护用具并做好日常消杀工作。

11月9日 吕梁北公司联网运行指标提升推进会召开。专职党委副书记、副董事长张海宁出席会议，路网监测及运维中心、各分中心相关负责人参会。

同日 离石至临县碛口(晋陕界)高速公路连接临县至离石高速公路立体交叉方案咨询会召开，吕梁北公司董万森参加会议。

11月9日至10日 吕梁北公司外部董事茹冰赴路网监测及运维中心、路政大队、临县西路产维护站、临县北收费站、太佳西监测及运维分中心调研指导工作，召开调研座谈会，听取各单位工作情况汇报。

11月10日 交控集团四季度运营管理工作会后，吕梁北公司第一时间召开第三季度运营管理监督检查问题整改专题会议，党委书记、董事长薛海军主持会议并讲话，公司领导就各自分管工作点评。机关各部室、两中心一大队负责人参加会议，收费稽查部、路产维护部、路网监测及运维中心、路政大队就第三季度运营管理监督检查问题整改情况作专题汇报。

11月11日 吕梁北公司、吕梁南公司共赴晋绥边区革命纪念馆联合开展"追寻红色记忆 赓续精神血脉"党史学习教育主题活动，通过实地参观与学习交流，激励党员干部牢记初心使命、汲取精神力量。

11月15日 吕梁北公司迅速掀起学习贯彻中共十九届六中全会精神热潮，以党支部为单位通过集中学习和自主学习相结合方式，组织学习《中国共产党第十九届中央委员会第六次全体会议公报》，参加党员共计198人。

11月16日 吕梁北公司与山西交通物流集团有限公司签署战略合作框架协议，双方就进一步深化战略合作，携手推动高速公路经济走廊共同发展达成共识。党委书记、董事长薛海军，交通物流集团党委书记、董事长张庆华代表双方签约并讲话。

11月17日 吕梁北公司隧道提质升级专项工程第一次工地例会在二楼会议室召开。专职党委副书记、副董事长张海宁出席会议，路网监测及运维中心、各分中心相关负责人、监理单位和施工单位相关负责人参会。

同日 吕梁北公司召开原任总经理李耀峰任期经济责任审计进点会。交控集团党委委员、副总经理贾勇及审计风控部部长部勇刚及审计组成员出席会议。原任总经理李耀峰、吕梁北公司领导、各部室及各单位主要负责人参会。部勇刚主持会议。

同日 吕梁北公司在公司二楼会议室召开近期养护工作安排部署会，资深专员董万森出席会议，路产维护部全体人员、财务核算部部长及各路产维护站站长参加会议。

11月19日 吕梁北公司党建工作双月例会以视频形式召开，纪委书记刘元元主持会议，专职党委副书记、副董事长张海宁，总经理助理郭新出席会议。

11月23日 吕梁北公司在二楼会议室举办基

层党建业务辅导交流会。组织部部长马志刚主持,党委组织部成员、各党支部党务干事共计30余人参加会议。

11月24日 山西交控集团工会主席孟仁贵一行到吕梁北公司调研指导工作。公司领导薛海军、董万森、刘元元陪同调研。

11月25日 吕梁北公司收费稽查部组织开展稽核业务培训。收费稽查部全体人员,各收费站领导、稽核员及吕梁南公司学习交流人员,共48人参加培训。

11月28日 吕梁北公司首批“公路收费及监控员”职业技能等级认定考核拉开序幕,由山西交通技师学院组织实施,11月30日结束,为期三天,完成三级(高级工)、四级(中级工)、五级(初级工)近355人的技能等级认定工作。

12月1日 是第34个“世界艾滋病日”。吕梁北公司开展形式多样的宣传活动。

12月3日 吕梁北公司开展形式多样的“12·4”宪法宣传周系列活动。

12月9日 吕梁北公司举办第3期“吕北党建讲堂”,邀请省委党校、山西行政学院哲学部副主任张志蓬教授,全面解读中共十九届六中全会精神。党委书记、董事长薛海军主持会议。会议以视频形式召开,公司领导、中层干部、各支部支委参加会议。

12月13日 吕梁北公司领导张海宁、刘元元一行到兴县南收费站,就大件货物运输车辆无法过磅情况进行调研指导。

12月14日 省政府安全生产委员会发布文件,命名18家企业为“省级安全文化建设示范企业”,吕梁北公司榜上有名。

12月19日 吕梁北公司组织广大党员干部通过电视、网络直播,采取集体观看和个人自主观看相结合的方式,观看省委组织部《党课开讲啦》,力求让广大党员干部从党课中受教育、增启迪、强干劲,观看人数达190余人。

12月20日至29日 根据交控集团党委安排部署,吕梁北公司所属32个党支部陆续召开“全面建设清廉国企”专题组织生活会。公司领导深入一线进行督导,并以普通党员身份参加所在党支部组织生活会,确保高质量召开。

12月21日 吕梁北公司党委副书记、副董事长、总经理张海宁深入临县片区开展中共十九届六中全会精神宣讲工作。

12月22日 吕梁北公司2021年工作总结暨2022年重点工作部署会召开,深入贯彻交控集团要求,回顾总结分析2021年度重点工作,提早谋划2022年度工作。公司领导薛海军、张海宁讲话,资深专员董万森主持会议。公司领导、机关各部室及基层各单位负责人参加会议。

12月22日至23日 吕梁北公司纪委书记刘元元深入白文收费站、兴县南路产维护站、兴县南收费站、兴县南隧道管理站等单位,专题宣讲中共十九届六中全会、山西省第十二次党代会精神。

12月23日 吕梁北公司党委书记、董事长薛海军深入岚县片区宣讲中共十九届六中全会精神。

同日 吕梁北公司总经理助理郭新一行到枣林收费站调研指导工作。

12月28日 吕梁北公司专职党委副书记、副董事长郭太明深入兴县片区党支部宣讲中共十九届六中全会精神,并就基层党建工作开展调研。

12月31日 吕梁北公司安委会第五次全体(扩大)会议暨大排查大整治“百日攻坚”行动部署视频会议召开。党委副书记、副董事长、总经理张海宁主持会议,党委书记、董事长薛海军,资深专员董万森出席会议并讲话,总经理助理郭新及各部室、各单位主要负责人,分管安全负责人,安全员参加会议。

(资料提供:张晓娟)

吕梁南高速公路管理有限公司
大事记

1月1日 新年第一天,吕梁南高速公路管理有限公司(以下简称为“吕梁南公司”)举行收费员集体换装仪式,11个收费站530余名收费员工统一换上新式制服,以崭新形象迎接新年到来,为元旦佳节增添喜庆氛围,努力为过往司乘提供优质高效服务。

1月5日 上午,吕梁南公司党委书记、董事长王占军主持召开2020年工作回顾暨2021年总体工作调研座谈会议,会议全面回顾2020年工作,实事求是指出存在问题,对2021年总体工作进行全面细致调研分析,重点就“11236”高速公路协同共治共识、建设平安示范高速公路、收费营销、安全生产、资产盘活、“六定”改革、“三零”创建、离军段服务区建设等开年15项重点工作任务进行总体部署,确保“十四五”谋好篇、起好步、布好局。

同日 下午,为全力推进离军段增设服务区建设进程,吕梁南公司早打算、早谋划,班子成员和离军段服务区建设项目前期工作组有关人员赴柳林县,同柳林县委书记、分管副县长以及人武、国土资源、住建等部门负责人进行专题座谈,就推进离军段服务区建设和柳林西收费站拓宽改造事项进行专题座谈,就征用土地等相关事项初步达成一致意见,双方同时将两项工程项目列入“十四五”发展规划,着力推进高速公路服务功能完善和通行能力提升。

1月20日 上午,交控集团党委第六检查组到吕梁南公司进行2020年度领导班子和领导干部综合考核评价。

同日 下午,吕梁南公司2020年度党员领导干部民主生活会召开,交控集团党委第六检查组全程督导。

1月21日 吕梁南公司离军路政人员与高速交警紧密协作,调取大量信息,几经周折,成功追回新疆籍货车1月8日路产损坏逃逸路赔款62624元。

1月24日 上午10时49分,吕梁南公司所辖青银高速公路离军段八盘山隧道K1048+420米(太原方向)一辆满载纯苯罐车轮胎着火,情况危急。事故发生后,吕梁南公司迅速启动隧道危化品车辆突发事件应急响应,启动晋陕界安全应急联动协作机制,第一时间通知相关单位和部门,应急抢险人员迅速到位,紧急疏导车辆和人员,与高速交警和柳林县消防、应急管理局等部门通力协作,全面展开应急救援抢险。公司主要领导亲自指挥,值班领导第一时间赶赴现场。整个处置过程科学有序、措施得力,一个半小时火情得到控制,成功排除险情。经过11个小时连续作战,道路恢复通行,事故未造成次生灾害和人员伤亡,最大限度保障人民群众生命财产安全和高速公路安全畅通。

2月8日 交控集团总经理武艺赴吕梁南公司,就生产经营、安全生产、疫情防控、平安路建设等工作进行调研。在汾离段,察看东沟中桥桥梁病害处置和分台式路基桩板墙下沉情况;在离军段,察看八盘山隧道督办摘牌改造落实情况,调研省界军渡站区土地综合利用情况。调研期间,武艺听取吕梁南公司生产经营和平安高速建设情况汇报,并对取得的成绩予以充分肯定,提出4点要求。一是认真贯彻交控集团年度工作会、党建和党风廉政建设会精神,精准谋划,细化目标任务,降低运营成本,提升经营效益,确保全年目标任务完成。二是严格落实养护定额标准化制度,打造原生态绿色走廊,持续提升路域环境和路容路况。三是动态调整差异化收费政策,全力打击逃费漏费行为,精准发力,务实推进，确保全年通行费征收任务圆满完成。四是严格落实中央八项规定精神，切实做好春节期间安全生产、保通保畅、疫情防控和廉洁过节等各项工作。武艺最后代表交控集团向辛勤奋战在一线的广大干部职工和家属送上新春祝福。

2月16日 吕梁南公司党委书记、董事长王占军同吕梁市委副书记、代市长张广勇以及市交通运输局、市规划和自然资源局、吕梁公路分局、离石区和柳林县等主要领导，共同就G20高速公路新建柳林东互通、离军段新建服务区用地事宜等进行实地调研，经多方讨论研究，初步达成一致意见。

2月25日 吕梁南公司机关文化长廊举行“书香吕南·欢乐元宵”主题灯谜创作有奖竞猜活动。干部职工精心制作形式各异的灯笼50余个，创作最能反映行业特点和时代精神的谜题300余条。活动现场人头攒动，气氛热烈，笑声不断，传统文化与聪颖智慧碰撞出欢乐火花。

3月5日 上午，G20青银高速公路吕梁段创建平安示范高速公路协调推进会在吕梁南公司五楼会议室召开，省公安厅交通警察总队高速一支队支队长白文军主持会议，党委书记、董事长王占军汇报平安路创建和全国“两会”期间安全保畅工作，省公安厅交通管理局局长李安林、交控集团安全总监李新杰参加会议并讲话。

3月11日 吕梁南公司信息监控中心信息监控岗获评中华全国妇女联合会“2020年度全国巾帼文明岗”称号，并举行授牌仪式。

3月12日 上午，吕梁南公司一届四次职代会暨2021年工作会议在机关五楼会议室召开，总经理张金锁作题为“瞄准改革目标 踩准发展鼓点 向着高质量发展的壮美前景携手奋斗”的工作报告，专职党委副书记、副董事长刘泽林主持会议，党委委员、纪委书记米源和外部董事李建东列席会议，党委书记、董事长王占军出席并讲话。会议签订《2021年度集体合同及专项集体合同》。

同日 下午，吕梁南公司召开2021年党的建设和党风廉政建设工作会议。

3月16日 吕梁南公司与汾阳市政府进行座谈，就杏花收费站改造迁建工作进行深入研究讨论，并初步达成一致意见。

3月25日 下午，吕梁南公司赴山西高速交警一支队，共同召开平安示范高速公路创建工作协调推进会议，双方就创建工作深度交换意见，表示将共同携手推进平安示范高速公路创建，力争6月底前见到效果。

3月30日 上午，吕梁南公司召开高速公路沿线路域环境综合整治部署推进专题会议，会议传达3月25日全省环境污染防治暨高铁高速沿线环境综合整治专项行动启动会议精神，对高速公路沿线路域环境综合整治进行全面安排部署。

4月8日 上午，吕梁南公司党委书记、董事长王占军同高速交警一支队支队长白文军就推进平安示范高速公路创建进行交流座谈，白文军就全线每隔两公里增设监控设备、隧道隐患整治、科学增设标志标牌、“两客一危”重点车辆管控和应急救援站设置表明意见，王占军就方案落实、项目落实、举措落实和资金争取表明态度，双方就共同推进平安示范高速公路创建初步达成一致意见，表示将深入贯彻落实省交通管理局和交控集团“11236”协同共治共识，迎难而上、多方协调，齐心协力、主动作为，共同推进平安示范高速公路创建工作早日见到效果。

4月20日 吕梁南公司2021年度第二季度安委会议召开。

4月28日 上午，吕梁南公司组织开展党史学习教育宣讲报告会，党委书记、董事长王占军以“学习百年党史 汲取奋进力量 助力吕梁南公司高质量加速度发展”为题，为全体党员讲授党的历史，一起交流思想，感念党恩，坚定信仰，由内而外、自上而下凝聚起推进改革发展的强大力量。

5月11日 下午，长治公司董事长郭长庆一行在吕梁南公司就党史学习教育进行座谈交流。

5月17日 上午，吕梁南公司干部会议召开，宣布山西交控集团关于闫红伟担任吕梁南公司资深专员、张宏斌担任吕梁南公司副总经理的任命决定。会议由总经理张金锁主持，专职党委副书记刘泽林宣读任命文件，党委书记、董事长王占军出席并讲话。

6月1日 上午,交控集团对吕梁南公司领导班子成员2020年度及2018年至2020年任期经营业绩进行考核。

6月8日 晋南片区运城南、运城北、临汾南公司和路桥一公司一行25人,到吕梁南公司就纪检监督、企务公开等工作进行交流座谈,取得很好效果。

6月9日 下午,交控集团派出审计组,赴吕梁南公司,召开吕梁南公司党委书记、董事长王占军履行经济责任审计进点会议。副总经理贾勇出席会议并讲话,听取王占军关于任职期间履行经济责任情况报告。

6月10日至11日 吕梁南公司领导班子成员、基层党支部书记、机关党群部门负责人及业务骨干一行30余人,先后赴黄崖洞山脚下、八路军兵工厂旧址、屯留抗大一分校旧址、武乡八路军太行纪念馆,同长治公司共同开展"感悟太行精神·传承红色基因"主题党日活动,深切缅怀革命先烈,传承红色基因,汲取奋进力量。

6月16日至17日 吕梁南公司纪委在省交通干部学校举办为期两天的廉洁从业暨纪检业务培训,全体中层管理人员、纪检委员和纪检联络员、纪检室全体人员共计90人参加培训。纪委书记米源主持开班仪式,党委书记、董事长王占军出席并讲话。

6月28日 吕梁南公司会议研究决定,聘任徐仲为公司总经理助理。

7月5日 中国交通报社2021年第二期交通运输文化品牌建设与新闻宣传培训班在嘉峪关开班,共有来自全国各地交通运输行业100多家单位共160余人参加,吕梁南公司受邀作为全国交通运输行业唯一优秀品牌代表在开班仪式上发言,并进行"平安高速·暖心吕南"品牌交流展示。

7月13日 交控集团总会计师孙建秀深入工作联系点吕梁南公司,督导检查安全生产工作,并在机关召开座谈会。计划财务部部长李宏、安全环保部陶健陪同检查。

7月29日 上午,省交通运输厅、山西交控集团领导深入吕梁南公司开展"送清凉"慰问活动,为基层职工送上关怀与问候,同时赠送防暑降温慰问品,督导和落实公司高温防护工作。省交通运输厅党组成员、副厅长王晋,交控集团副总经理谢鹏远一行到汾阳收费站,向职工们了解暑期防护工作,表示亲切慰问。

同日 上午,省交通运输厅、省公安厅交通管理局、山西交控集团在吕梁南公司联合召开青银高速吕梁段"平安文明示范高速公路"试点创建工作推进会议,吕梁南公司、省公安厅交警总队高速一支队分别作平安文明示范高速公路创建工作情况汇报,省交通运输厅党组成员、副厅长王晋,省公安厅交通管理局局长李安林和山西交控集团副总经理谢鹏远分别对创建平安示范高速公路作出指示。会议由王晋主持。

7月30日 上午,吕梁南公司召开复转退伍军人及现役军属职工代表座谈会。会上宣读公司党委《慰问信》,向大家致以节日问候和良好祝愿,并送上慰问金;来自基层的2名退役军人代表分别介绍从军经历,缅怀军旅生涯,2名现役军属代表结合党史学习教育和本人工作情况,谈想法、提建议、表决心。会议组织与会人员观看公司《平安高速·暖心吕南》企业文化宣传片,勉励大家坚定理想信念,增强学习本领,弘扬优良传统,做政治过硬、业务精湛、孜孜以求的吕南复转军人。

7月31日 吕梁南公司领导班子成员带队,前往沿线交城、文水、汾阳、离石、柳林5个县(市)驻地武装部、消防救援支队和吕梁市消防救援大队,开展各种形式的"八一"建军节慰问活动,畅叙军民友好情谊,共话双拥共建,受到官兵及消防队员热烈欢迎,为进一步密切军地联系、促进军地融合、共同打造"军民共建平安文明示范路"奠定坚实基础。

8月12日 上午,青银高速吕梁段创建"平安文明示范高速公路"第一次专项督导会议在吕梁南公司召开,山西交控集团安全总监李新杰主持会议并对安全隐患排查治理工作进行安排部署,省交通运输厅安全监督处处长任大为宣读《关于成立创建"平安文明示范高速公路"领导机构的通知》,交科集团交安中心解读《青银高速吕梁段交通安全风险评估报告》，省公安厅交管局高管处处长刘冲讲话并提出意见建议。会议集中讨论《青银高速吕梁段交通安全风险评估报告》，分组讨论《创建工作分项考核指标及工作成果》（代拟稿）和《创建工作责任清单及责任分工》（代拟稿），并对下一步工作进行安排部署。

9月2日 下午，交控集团专职党委副书记、副董事长、副总经理刘宏武，组织部部长郝左军一行，在吕梁南公司宣布交控集团党委任免决定，李耀峰任吕梁南公司党委书记、董事长，聘任为吕梁南高速公路分公司总经理，免去王占军吕梁南公司党委书记、董事长，吕梁南高速公路分公司总经理职务。

9月6日 中国共产党吕梁南公司大会胜利召开。经认真讨论、充分酝酿，以无记名投票方式差额选举产生刘泽林、刘菁、刘万红、董志宏（按姓氏笔画顺序排序）4人当选为出席中国共产党山西交通控股集团有限公司第一次代表大会代表。

9月9日 吕梁南公司微信公众号正式开通。

10月2日至7日 全省多地遭遇时间久、范围广、强度大的降雨天气，导致全省11个市76个县（市、区）175.71万人受灾，直接经济损失达到50.29亿元。

10月9日 交控集团党委印发《关于表彰2021年度先进基层党组织的决定》（晋交控党发〔2021〕163号），吕梁南公司汾阳收费站党支部获“党建工作示范点”称号，文水收费站党支部获“标杆党支部”称号。

10月13日 吕梁南公司与民革忻州市委员会赴孝义市联合开展抗击灾情物资捐赠活动，以实际行动为抗洪救灾奉献爱心，贡献力量。

同日 吕梁南公司与民革忻州市委员会在公司机关二楼会议室举行座谈交流，公司在家领导班子成员、民革忻州市委员会部分代表参加座谈。

同日 吕梁北公司党委书记、董事长薛海军一行，在吕梁南公司开展学习交流活动。在座谈会上，双方就党的建设、收费稽查、养护管理、降本增效、路政管理、隧道管理等方面工作进行深入研究探讨，取得良好效果。

11月3日 吕梁南公司与太旧公司领导班子成员，一起走进全国爱国主义教育基地文水县刘胡兰纪念馆开展红色资源助学活动。通过现场体验式、浸润式学习教育，汲取红色力量，传承红色基因，赓续精神血脉，用党史这部丰富生动教科书指导实践、提振信心、推动发展，切实把党史学习教育成效转化为兴企治企的能力和水平。

11月10日 吕梁南公司以演练促实战，联合吕梁市应急管理局、市生态环境局、市消防救援支队、柳林县应急管理局、县生态环境局、县消防救援大队、县医院等部门和单位开展危险化学品泄漏事件应急演练，取得圆满成功，相关单位150余人、25辆专业救援车辆参与本次演练。

11月11日 下午，吕梁南公司党委书记、董事长李耀峰一行赴吕梁北公司就企业经营管理、基层站区建设、党史学习教育等情况进行交流学习，并实地参观吕梁北公司机关企业文化长廊、党建VR体验室和方山路产维护站党员创新工作室、方山收费站稽查工作室及妈咪小屋。公司领导班子全体成员、机关各部室负责人、部分基层单位负责人及党办、董办、组织部、收费部等相关工作人员参加观摩交流活动。

11月25日 上午，吕梁南公司领导班子在机关三楼会议室召开“全面建设清廉国企”专题民主生活会会前集中学习。党委书记、董事长李耀峰主持会议。党委理论学习中心组成员、3名外部董事参加学习，总经理助理及学习秘书、纪检室负责人列席。

11月26日 上午，吕梁市交警支队、高速交警一支队八大队、吕梁南公司共同召开吕梁西收费站疏堵保畅联勤联动协调会议，党委书记、董事长李耀峰介绍公司历年来针对吕梁西收费站拥堵治理以及2021年“平安文明示范高速公路”创建工作情况，吕梁市交警支队支队长刘亚楼分析吕梁西收费站长期以来存在的车辆拥堵原因，就推进吕梁西收费站车辆拥堵提出近期治理举措，高速交警八大队副队长陈波就治理该处车辆拥堵提出合理化建议，三方就共同推进吕梁西收费站拥堵治理初步达成一致共识。

12月3日 上午，共青团汾阳市委书记张青山和副书记田蕾一行到访汾阳西收费站，将一面印有“大爱无疆、守望相助、并肩战斗、共渡难关”的锦旗送至站长李建林手中，对爱心企业在防汛救灾及灾后重建工作中为家乡给予的帮助和支持表示感谢。

12月4日 是第八个“国家宪法日”，也是全国第四个“宪法宣传周”。12月2日上午，根据《山西省推进国家工作人员旁听庭审活动常态化制度化的实施意见》要求，吕梁南公司组织开展“集中旁听庭审活动”，集中观看山西省高级人民法院关于“建设工程施工合同纠纷”网上庭审视频，活动以视频会议的形式举行；12月4日“国家宪法日”当天，吕梁南公司组织所辖各单位开展轰轰烈烈的学习宣传咨询活动，掀起“12·4”国家宪法日暨第四个宪法宣传周宪法学习宣传活动热潮。

12月8日 吕梁南公司在家领导班子成员和中层以上管理人员及全体党员共计180余人，聆听由省委党校、省行政学院省情与发展研究所原所长郑延涛教授所作的“学习贯彻中共十九届六中全会精神、加强党的建设引领国企改革发展”专题报告。

12月12日 12时，随着第一辆车穿过收费车道，吕梁南公司杏花收费站在经历95天的全封闭升级改造后，正式恢复收费、开通运行，以全新面貌展现在社会公众面前。新落成的杏花收费站与毗邻的酒都杏花村中汾酒城融为一体，古色古香、美丽和谐、沉稳大气，构筑出一幅“车在景中行，人在画中游”的优美画卷。

12月15日 吕梁南公司领导班子召开“全面建设清廉国企”专题民主生活会。交控集团督导组组长、党委组织部部长郝左军到会指导。党委书记、董事长李耀峰主持会议并代表公司领导班子作对照检查，公司领导班子成员参加会议并分别作对照检查，总经理助理及相关部室负责人列席会议。

同日 在毛泽东主席诞辰128周年来临之际，吕梁南公司隆重举行毛泽东主席铜像揭幕仪式，深切缅怀伟大领袖、老一辈无产阶级革命家的丰功伟绩和历史功勋，歌颂共产党人无私奉献的革命精神和“为人民服务”的崇高品德，致敬革命先烈“为中华民族之崛起”矢志奋斗的英雄壮举，教育引导广大党员传承红色基因，汲取奋进力量。交控集团党委组织部部长郝左军，吕梁南公司党委书记、董事长李耀峰为毛主席铜像揭幕。

12月16日 吕梁南公司与陕西省交通控股集团有限公司榆吴分公司在军渡站区召开G20青银高速公路晋陕界安全应急保畅联席会议。会议由吕梁南公司资深专员闫红伟和陕西交控集团榆吴分公司副总经理郭长青共同主持。吕梁南公司、榆吴分公司、榆林市高速交警支队子吴大队、陕西省高速路政执法总队七支队七大队、山西省交警总队高速一支队八大队等单位相关部门负责人共40余人参会。

12月30日 青银高速吕梁段创建“平安文明示范高速公路”专项督导会议在吕梁南公司召开，省交通运输厅二级巡视员柴洪江主持会议并讲话，会议先后听取省交管局高速一支队政委侯峰和李耀峰关于“平安文明示范高速公路”创建工作进展情况汇报，省交通运输厅安全监督处处长任大为、省公安厅交管局高管处处长刘冲先后发言。省公安厅交管局副局长李怀玉、山西交控集团安全总监李新杰出席会议并讲话。

（资料提供：刘万红）

太原高速公路管理有限公司大事记

1月14日 太原高速公路管理有限公司(以下简称“太原公司”)领导干部任职大会召开,宣布主要领导任职的决定:任命冯利强为太原公司党委副书记、副董事长,提名为太原公司总经理人选。交控集团党委组织部部长郝左军出席,公司党委书记、董事长李强主持会议。

1月16日至17日 为贯彻落实交控集团1月15日新冠肺炎疫情防控工作紧急会议要求,切实加强各项措施落实落细,太原公司党委书记、董事长李强,党委副书记、副董事长、总经理冯利强,副总经理戎斌生深入基层检查指导疫情防控工作。

1月19日 太原公司2020年度党建项目化成果验收评审会议召开,对各单位入围终审的15项党建项目进行集中评审。党委书记、董事长李强等公司领导参加。

1月21日 经太原公司第一届董事会2021年第1次会议决定,聘任冯利强为太原公司总经理。

1月22日 太原公司迎接交控集团2020年度领导班子和领导人员综合考核评价,集团纪委常务副书记王忠明出席,党委书记、董事长李强等公司领导陪同。

2月12日 交控集团党委书记、董事长袁清茂深入太原公司东社收费站现场督导检查安全生产工作,并代表交控集团党委向坚守岗位的干部职工致以节日问候,副总经理谢鹏远和太原公司党委书记、董事长李强等陪同。

2月23日 太原公司一届五次职代会暨2021年工作会召开,党委书记、董事长李强出席并讲话,党委副书记、副董事长、总经理冯利强作了题为《敢于对标立标 奋勇争创一流 以奋斗姿态在“十四五”新征程中破浪前行》的工作报告。会议由专职党委副书记、副董事长闫柏青主持。

同日 太原公司2021年党的建设和党风廉政建设工作会议召开,回顾2020年工作,安排部署2021年工作。党委书记、董事长李强出席并讲话,党委副书记、副董事长、总经理冯利强主持会议,纪委书记张宇就党风廉政建设工作进行安排部署。

3月18日 交控集团总经理武艺深入太旧、太原公司调研。党委书记、董事长李强,党委副书记、副董事长、总经理冯利强陪同。

3月22日 太原公司与吕梁北公司在公司总部举行工作交流座谈会,双方围绕经营目标各项工作进行深入交流。公司党委书记、董事长李强与吕梁北公司党委书记、董事长李耀峰出席并讲话。双方领导及各总部负责人参加会议。

4月1日 太原公司领导赴大同南公司开展交流学习,并召开座谈会,太原公司党委书记、董事长李强,大同南公司党委书记、董事长马东强出席并讲话,双方领导及相关部门负责人参加会议。

4月7日 太原公司与物流集团举行盘活高速公路沿线低效土地合作签约仪式,物流集团党委书记、董事长张庆华,太原公司党委书记、董事长李强出席签约。

4月9日 太原公司党委书记、董事长李强深入养护生产作业一线,就路域环境整治、原生态绿色走廊建设、日常维修保养、专项工程规划等养护管理工作进展情况进行调研督导、现场办公,公司领导冯利强、何广龙、王贵全和路产维护系统相关负责人参加调研。

4月15日 太原公司党委书记、董事长李强深入一线,就路域环境整治工作进行调研督导,公司领导戎斌生及相关部门负责人陪同调研。

4月21日 交通运输部公路局领导一行对太原公司西山特长隧道运营管理情况进行实地调研,并召开座谈交流会。省交通运输厅、省公路局、交控集团及太原公司相关领导、基层单位负责人参加会议。

4月25日 山西交控集团党史学习教育巡回指导组组长刘志斌带领指导组一行就党史学习教育进行督导,太原公司领导班子成员参加会议。

5月12日 团省委基层组织建设部部长李续婷带领督导组深入太原公司小店收费站开展省属企业共青团改革督导工作并召开座谈会。交控集团团委书记、政研中心主任李永岐主持会议,太原公司党委书记、董事长李强出席,交控集团所属公司团组织相关人员参加会议。

5月23日 太原公司党委书记、董事长李强到文水东收费站、清徐收费站等基层站点调研指导工作,党委组织部部长张卿彪陪同。

5月30日 太原公司联合高速交警、消防、医疗等单位在G5京昆高速太祁段姚村互通开展突发事件应急处置演练。公司领导李强、冯利强等相关领导出席。

6月9日 太原公司路政治超纪律作风教育整顿动员会召开。党委书记、董事长李强出席并讲话,会议由总经理冯利强主持,公司领导班子成员,相关部室、站区负责人,全体路政、治超工作人员参加。

6月10日 太原公司组织党员干部赴太原解放纪念馆开展“沿着先辈足迹 永远跟党走”红色教育主题党日活动。公司领导李强、冯利强等领导出席,部分党员代表参与。

6月11日 太原公司党委书记、董事长李强一行赴交科集团开展交流学习,现场参观交科园区,深入了解交科集团产业布局、技术成果,并与交科集团领导班子成员座谈交流。

6月15日 太原公司党委书记、董事长李强深入东社收费站调研指导,就基层经常性思想工作开展交流。

6月17日 太原公司落实经常性思想工作暨廉政工作推进会召开。党委书记、董事长李强,纪委书记张宇出席会议并讲话,总经理冯利强主持会议。

6月23日 交控集团党委书记、董事长袁清茂到太原公司走访慰问生活困难党员,专职党委副书记刘宏武参加,党委书记、董事长李强等领导陪同。

6月25日 太原公司党委书记、董事长李强在全公司范围开展“学党史、守初心”党史学习教育专题宣讲,总经理冯利强主持。

6月30日 在中国共产党百年华诞来临之际,太原公司领导李强、冯利强前往收费站等基层单位走访慰问生活困难党员。

同日 交控集团党委书记、董事长袁清茂深入太原公司基层单位督导检查安全生产工作,并赴党建联系点长风西收费站党支部调研。太原公司领导李强、冯利强等陪同。

同日 交控集团总经理武艺深入太原公司晋祠互通,实地督导检查安全生产工作。公司领导李强、冯利强,总监何广龙及相关部门负责人陪同。

7月7日 晋城公司党委书记、董事长赵升琪等领导一行到太原公司开展交流学习,并赴小店收费站、东南路产维护站实地观摩。太原公司领导李强、冯利强、杨海滨及相关部门人员参加活动。

7月9日 太原公司党委书记、董事长李强一行赴朔州公司开展对标学习和交流座谈,李强与朔州公司董事长赵寿基分别发言,冯利强等公司领导参加。

7月14日 太原公司与监理集团、交科集团设计院公司举办2021—2023年度养护工程监理服务和设计服务项目合同签约仪式。太原公司党委书记、董事长李强,交科集团党委书记、董事长樊英华,监理集团党委书记、董事长何晓明,养护集团总经理任靖峰出席签约仪式。

7月26日 交控集团庆祝中国共产党成立100周年职工合唱展演在山西大剧院隆重举行。太原公司获得集团唯一一个“突出贡献奖”。党委书记、董事长李强亲临现场接受颁奖,党委副书记、副董事长、总经理冯利强，专职党委副书记杨优喜，副总经理付建光现场观看。

7月28日 交控集团党史学习教育巡回指导组组长刘志斌一行深入太原公司开展第二轮督导检查，同时对机关第一党支部专题组织生活会进行现场指导并点评讲话。党委书记、董事长李强及公司相关部门负责人参加。

7月29日 太原公司组织召开疫情防控工作紧急视频会议，通报全国疫情形势，安排部署疫情防控工作。公司领导班子成员、总部各部室负责人参加会议。基层各单位负责人及相关人员在分会场通过视频形式参加会议。

7月31日 为庆祝中国人民解放军建军94周年，在"八一"建军节来临之际，太原公司在各业务系统召开复转军人交流座谈会，公司领导李强、冯利强、何广龙、杨海滨、戎斌生分别参加座谈。

8月12日 省总工会党组成员、副主席韩丽珍一行2人到长风西收费站开展"夏送清凉"慰问活动。省交通运输厅一级巡视员李贵顺，省公路运输工会主席刘贵良，交控集团专职党委副书记、副董事长、副总经理刘宏武等陪同慰问。交控集团工会主席孟仁贵，太原公司李强、杨优喜等领导及相关部门人员参加慰问活动。

8月19日 太原公司养护项目管理"五方联动"工作推进会召开。会议邀请山西交通养护集团有限公司、山西交通建设监理咨询集团有限公司、山西省交通建设质量检测中心、山西省交通规划勘察设计院有限公司、山西交通新技术发展有限公司相关负责人参加，党委副书记、副董事长、总经理冯利强出席并讲话，高级专员郭慧敏主持会议，相关部门（中心）负责人参加。

8月20日 太原公司2021年上半年党建工作暨第二季度经营业绩考核工作会召开。党委书记、董事长李强出席会议并讲话，总经理冯利强主持会议，公司领导班子、总经理助理、各单位及部门负责人参加。

8月25日 太原公司"百站示范、千站提升"动员部署暨第三季度安全工作会议召开，主要分析研判当前工作形势，安排部署"百站示范、千站提升"创优活动任务和第三季度安全生产重点工作。总经理冯利强进行全面动员部署，党委书记、董事长李强出席并讲话。公司领导、总部各部室负责人、基层单位主要负责人及业务骨干参加。

9月6日 中国共产党太原高速公路管理有限公司党员大会在山西社会主义学院召开，会议以主、分四个会场同步进行方式，选举产生出席中国共产党山西交通控股集团有限公司第一次党员代表大会代表。公司领导及所属46个党支部共计321名党员参加。

9月21日 中秋佳节来临之际，太原公司党委书记、董事长李强等一行到古城营收费站、滨河收费站等基层站点检查指导工作，并慰问坚守工作岗位的一线职工。

9月23日 交控集团纪委书记、监察专员焦军到太原公司调研，并就学习贯彻习近平总书记"七一"重要讲话精神作专题宣讲。公司党委书记、董事长李强，纪委书记张宇，副总经理戎斌生陪同。

9月28日 太原公司党委书记、董事长李强一行在迎西收费站就政治生态分析研判暨政治画像工作调研，并与党员干部谈心谈话。迎西收费站党支部、长风西收费站党支部、西北路产维护站党支部共20人参加。

10月1日 交控集团党委书记、董事长袁清茂到太原公司检查指导国庆期间重点工作。党委书记、董事长李强等领导陪同。

10月9日 太原公司党委书记、董事长李强带队到东环路段调研指导防汛保畅工作。总经理冯利强，总监何广龙，副总经理杨海滨、戎斌生，相关部门（单位）负责人参加。

10月13日 在第八个国家扶贫日到来之际，太原公司党委成员深入五台县东雷乡上庄村调研指导乡村振兴驻村帮扶工作，并与村党支部结对共建开展"我为群众办实事"主题党日活动。党委书记、董事长李强，专职党委副书记、副董事长杨优喜，机关党总支40余名党员参加活动。

10月28日 交控集团专职党委副书记、副董事长、副总经理刘宏武一行在太原公司就党建工作进行调研，党委书记、董事长李强等公司领导陪同调研。

11月18日 太原公司党委书记、董事长李强到西山特长隧道调研隧道提质升级工程。总经理冯利强、总监何广龙、副总经理戎斌生、相关部门（单位）负责人参加。

11月29日 太原公司党委书记、董事长李强到东南路政中队、古城营收费站、罗城收费站，就基层党建工作及职工思想动态进行调研指导。公司相关部门负责人陪同。

11月30日 太原公司党委书记、董事长李强在东社收费站、西北路产维护站、西山特长隧道提质升级改造现场调研指导工作，副总经理戎斌生陪同，公司相关部门和有关单位负责人参加。

12月3日 太原公司党委书记、董事长李强到松庄收费站就基层党建工作及职工思想动态进行调研指导。

12月14日 交控集团高速公路路域经济发展工作推进会在太原公司召开。交控集团领导武艺、谢鹏远、孙建秀及总部相关部室负责人，所属部分企业领导、负责人参加会议。

12月30日 太原公司视频会议召开，传达交控集团关于安全生产风险隐患大排查大整治“百日攻坚”行动会议精神，对公司安全生产风险隐患排查整治工作进行再动员、再部署。党委书记、董事长李强主持会议。

（资料提供：任国光　杜晓阳）

晋中高速公路管理有限公司
大事记

1月13日 晋中高速公路管理有限公司（以下简称“晋中公司”）获山西省人民政府安委办颁发的“2020年度省级安全文化建设示范企业”称号。

4月9日 晋中公司与山西高速交警六支队召开协同共治联席会。主要落实交控集团、省公安厅交管局对执行新政“11236”协同共治机制的安排部署。

4月28日 晋中公司邀请长安大学专家李亚男、杨晓昆召开差异化收费专题调研工作座谈会，深挖创收潜能，优化差异化收费政策。

5月10日 晋中公司选派三名驻村队员进驻五台县孟家坪村定点帮扶，巩固脱贫成果，助力乡村振兴。

7月27日 山西交控集团应急安全现场观摩会暨2021年安委会第三次全体（扩大）会议在晋中公司举行。省公安厅交管局副局长李怀玉，晋中市政府副秘书长张鑫应邀出席会议，交控集团党委副书记、副董事长、总经理武艺出席并讲话，所属各企业主要领导参加。实地参观平遥收费站安全生产标准化示范班组创建成果，“晋中高速安全管理智慧系统”风险管控和隐患治理模块，养护集团道路养护施工标准化作业现场，观摩隧道危化品泄漏事故应急演练。这是对交控集团提升安全生产治理体系和治理能力的一次集中展示。

8月9日 晋中公司顺利通过交通运输企业收费公路运营安全生产标准化达标认证考核，获交通运输部颁发的“交通运输企业收费公路运营安全生产标准化一级达标证书”。

9月3日 晋中公司张兰收费站自主研发的“自动消毒与读卡装置”获国家知识产权局实用新型专

利证书。

10月2日至7日 晋中公司管辖路段平均降雨量超历史同期最高值,导致祁临段K637+650处边坡坍塌、成王庄隧道泥石流、阳左段护面墙鼓肚变形、影响道路通行安全的10处路面深陷。公司累计出动抢险人员3000余人次,投入各类机械2900余台,投入砂石料、水泥等4万余立方米,第一时间抢通道路。

11月29日 晋中公司张兰收费站"成文君"创新QC小组发布的质量管理课题"CPC卡管理辅助装置",获省质量与名牌协会、省总工会、省妇女联合会联合颁发的"2021年山西省QC小组活动三等成果"。

同日 晋中公司灵石路产维护站与路产维护部联合组成"铸路领航"QC小组发布的题为"提高小组工程一次验收合格率"成果,获山西省质量与名牌协会、省总工会、省妇女联合会联合颁发的"2021年山西省QC小组活动一等成果"。

12月 晋中公司灵石路产维护站获中国质量协会"质量信得过班组"奖。

是月 晋中公司在省总工会、共青团山西省委员会、省科学技术协会联合举办的"2021年全省五小创新大赛"中获"优胜单位"称号,路产维护团队发明的"车载式绿篱修剪机"获"优秀成果二等奖"。

(资料提供:曹 勇)

太旧高速公路管理(太原)有限公司大事记

1月11日 交控集团党委第三巡察组向太旧高速公路管理(太原)有限公司(以下简称"太旧公司")党委反馈巡察情况会议召开。交控集团党委巡察工作领导小组成员、审计风控部部长部勇刚,交控集团,监察专员办公室、综合室副主任、物流集团党委委员、纪委书记秦华国(主持工作),交控集团党委第三巡察组组长陈建华,交控集团党委第三巡察组副组长元丰社等领导出席会议并作情况反馈。党委书记、董事长张显代表公司党委及领导班子作表态发言。

1月14日 太旧公司党委巡察整改工作专题会议召开。党委书记、董事长张显以及公司领导班子其他成员出席。

1月29日 太旧公司武宿收费站"星·港湾"职工减压室开放仪式举行。党委副书记、副董事长、总经理卢永旺,专职党委副书记、副董事长张耀红出席。

2月4日 太旧公司党委副书记、副董事长、总经理卢永旺,党委委员、副总经理邓建中深入平阳高速开展安全检查,全力保障春运道路安全。

2月7日 太旧公司被省属企业文明委评为"山西省省属企业文明单位标兵"。

2月8日 太旧公司党委书记、董事长张显深入盂县大院开展春节前夕走访慰问困难职工。

2月11日至17日 太旧公司党委书记、董事长张显,党委副书记、副董事长、总经理卢永旺,专职党委副书记、副董事长张耀红,党委委员、副总经理刘江涛,党委委员、副总经理赵国荣,党委委员、副总经理邓建中,副总经理夏磊深入一线督导安全生产、疫情防控工作,同时对节日期间在岗员工表示慰问。

3月4日 太旧公司2020年度党支部书记抓基层党建述职评议考核会议召开。党委书记、董事长张显以及公司领导班子其他成员出席。

3月5日 太旧公司与高速集团盘活闲置土地项目签约仪式举行。

同日 太旧公司组织的干部大会和集体廉政谈话会议召开。专职党委副书记、副董事长张耀红，党委委员、纪委书记杨玉龙出席。

3月10日 太旧公司2021年党的建设和党风廉政建设工作会议召开。公司领导张显、卢永旺以及公司领导班子其他成员出席会议。

同日 晋中北收费站收费三班、南娄收费站综合办获评交控集团2020年度巾帼先进集体；武宿收费站综合协调岗刘晓瑛获交控集团2020年度巾帼先进个人。

同日 太旧一届六次职代会召开，公司领导班子全体成员参加会议。

3月15日 太旧公司专职党委副书记、副董事长张耀红到武宿收费站宣传贯彻习近平总书记在党史学习教育动员大会上的重要讲话精神和太旧公司2021年度两个重要会议精神。

3月29日 太旧公司第一季度意识形态分析研判会召开。党委书记、董事长张显，总经理卢永旺及公司领导班子其他成员出席。

3月30日 太旧公司机关党总支党员大会暨党总支委员会选举大会召开。党委书记、董事长张显以及公司领导班子其他成员出席。

4月1日 太旧公司党群工作交流座谈会召开。专职党委副书记、副董事长张耀红和太原公司专职党委副书记、副董事长闫柏青出席。

4月19日 太旧公司领导班子“学党史、守初心”基层宣讲活动正式启动。公司领导张显、张耀红、赵国荣分别深入基层宣讲党史。

4月20日 太旧公司“太阳花”服务品牌创建启动大会召开。党委书记、董事长张显以及公司领导班子其他成员出席。

4月22日 交控集团副总经理谢鹏远一行到太旧公司调研座谈并开展党史学习教育宣讲。

同日 太旧公司专职党委副书记、副董事长张耀红陪同忻阜公司总会计师张臣到太旧公司进行学习交流。

4月25日 中共山西省委党校中共党史教研部副教授、中共党史学会会员桑艳军讲授专题党课。太旧公司领导班子成员听讲。

4月27日 太旧公司专职党委副书记、副董事长张耀红深入寿阳大院和平定大院开展党史学习宣讲并开展党建工作调研。

4月28日 太旧公司团委被共青团山西省国资委委员会评为“五四红旗团委”。

4月29日 太旧公司2021年安委会第二次全体视频会议召开。公司领导班子成员参加会议。

同日 太旧公司党委书记、董事长张显等领导包片到基层站区开展节前安全检查工作。

5月7日 太旧公司举办党史知识竞赛，公司领导班子成员参加。

5月8日 太旧公司党委书记、董事长张显到盂县南收费站ETC服务网点调研指导工作。

5月10日 太旧公司路政治超系统第一季度运营分析会召开。公司领导张显、卢永旺、夏磊出席。

5月10日至13日 太旧公司领导卢永旺、刘江涛、邓建中、夏磊到基层宣讲党史。

5月13日 太旧公司机关党总支部开展“齐种太阳花、厚植党建林”主题党日活动。公司领导卢永旺、张耀红、赵国荣、杨玉龙、夏磊参加。

同日 太旧公司工会获评交控集团“模范职工之家”；公司工会主席张克冰、女工委主任程莉获评交控集团“优秀工会工作者”。

5月14日 机电运营维护中心副主任刘永恒、东黄水收费站维修主任杜勇获评交控集团“劳动模范”；陈家庄收费站、秋林隧道管理站获评交控集团“工人先锋号”。

5月17日 藏山隧道管理站、盂县南收费站、阳泉收费站获交控集团“青年安全示范岗”称号。

6月2日 太旧公司组织的2021年度上半年党风廉政建设形势分析研判会召开。公司领导班子成员参加。

6月7日 太旧公司被交控集团党委评为“宣传思想工作先进集体”。

6月9日 太旧公司党委书记、董事长、安全生产委员会主任张显担任“安全生产大讲堂”主讲。

6月10日 太旧公司2021年第二季度隧道系统运营分析会召开。公司领导张显、卢永旺、邓建中参加。

6月11日 太旧公司2021年安全生产应急救援消防技能比武总决赛举行。公司领导张显、卢永旺以及公司其他领导现场观看。

6月25日 第四届“太旧传承人”评选表彰活动举行，其中，有“自力更生、创新管理”传承人张毅、“艰苦奋斗、爱岗敬业”传承人高建光、“不屈不挠、攻坚克难”传承人郭小磊、“勇于奉献、服务群众”传承人丁国青。

6月28日 太旧公司领导班子成员参加党委举办的致敬建党百年入党宣誓活动。

同日 武宿收费站党支部“党建+文化传承”党建项目获交控集团2020—2021年度“1235工作法”党建项目化管理成果验收一等奖。

6月30日 太旧公司在忻州市五台县东雷乡团城村开展帮扶慰问活动。公司领导张显、张耀红参加。

7月2日 太旧公司领导张显、邓建中现场检查生产用车驾驶员安全培训效果。

7月6日 晋城公司党委书记、董事长赵升琪等一行到太旧公司参观学习。太旧公司领导张显等随行陪同。

7月8日 由太旧公司纪委组织选送的5件书法、剪纸作品，获交控集团庆祝中国共产党成立100周年廉政书法、剪纸作品征集活动优秀奖。

7月13日 太旧公司领导卢永旺，总监李羚到平阳高速公路督导检查沿线各路产维护站防汛备汛工作。

7月14日 太旧公司党委第二季度意识形态分析研判会召开。党委书记、董事长张显出席。

7月19日 太旧公司邀请省委党校中共党史教研部副教授、桑艳军讲授专题党课。

7月26日 太旧公司获交控集团职工合唱展演金奖。

7月28日 太旧公司机关党总支部组织党员代表赴革命传统教育基地、支前模范村阳曲县侯村乡店子底村开展“追寻革命足迹，赓续红色血脉”红色党建主题党日活动。党委书记、董事长张显等公司领导参加。

7月30日 太旧公司纪委组织召开2021年上半年纪检工作会议，太旧公司领导班子成员出席。

8月2日 太旧公司被省人力资源和社会保障厅、省交通运输厅授予“山西省交通运输系统先进集体”称号。路政大队大队长刘海亮被授予“山西省交通运输系统先进个人”称号。

8月5日 太旧公司党委书记、董事长张显到阳泉收费站调研。

同日 太旧公司被交控集团授予收费稽查与治超监测专项排查整治行动优秀单位。

8月10日 太旧公司2021年安委会第三次全体会议召开。党委书记、董事长张显，总经理卢永旺以及其他领导班子成员参加。

8月20日 太旧公司党委学习贯彻习近平总书记“七一”重要讲话精神宣讲报告会召开。党委书记、董事长张显出席。

同日 太旧公司在东黄水安全文化基地举办隧道管理系统日常巡查安全工作法培训。党委委员、副总经理邓建中出席。

8月30日 交控集团党委以晋交控党发〔2021〕121号文件任命张江浩为太旧公司党委书记；交控集团以晋交控发〔2021〕323号文件任命张江浩为太旧公司董事、董事长，聘任为山西交控集团太旧分公司总经理。

交控集团党委以晋交控党发〔2021〕121号文件免去张显太旧公司党委委员、党委书记职务；交控集团以晋交控发〔2021〕323号文件免去张显的太旧公司董事、董事长，山西交控集团太旧分公司总经理职务。

8月31日 交控集团专职党委副书记、副董事长、副总经理刘宏武，组织部部长郝左军出席太旧公司干部大会。

9月6日 太旧公司党员大会召开。党委书记、董事长张江浩出席。

同日 太旧公司党委书记、董事长张江浩,副总经理夏磊对太旧公司路政治超工作进行调研。

9月8日 省妇联党组成员、副主席、省政府妇儿工委办主任吕惠兰到阳曲隧道管理站调研指导工作。

9月16日 太旧公司路政一中队安全生产分析扩大会议召开。党委委员、副总经理邓建中,副总经理夏磊参加。

9月18日 太旧公司中秋国庆假期安全防范工作暨安全专项整治三年行动集中攻坚任务推进会召开。公司领导班子成员参加。

9月20日 太旧公司总经理卢永旺、副总经理邓建中采取四不两直方式,督导中秋期间安全保障、疫情防控、应急管理工作。

9月23日 太旧公司第三季度意识形态分析研判会暨“三零”单位创建工作推进会召开。党委书记、董事长张江浩以及党委领导班子其他成员出席。

9月26日 太旧公司党委书记、董事长张江浩,总监李羚会同省交通勘察设计院有限公司地质专家第一时间前往太旧高速K729+440(石太方向)发生山体岩石局部崩塌的处置现场督导抢险工作。

9月27日 太旧公司2021年统战工作座谈会召开。专职党委副书记、副董事长张耀红参加。

9月28日 太旧公司被交控集团授予“收费稽核工作优秀单位”称号。

同日 太旧公司党委书记、董事长张江浩,副总经理邓建中到基层进行季度安全督导检查。

10月1日至4日 太旧公司领导张江浩、卢永旺、李羚、张耀红到太旧高速沿线各单位进行安全督导检查。

10月5日 太旧公司领导张江浩、刘江涛、李羚会同事故现场养护、路政、交警单位负责人组成临时指挥小组,根据现场灾情有序开展抢险保通工作。

10月9日 太旧公司被交控集团评为“红旗党委”;南娄收费站被交控集团评为“标杆党支部”;武宿收费站被交控集团评为“党建工作示范点”。

10月10日 太旧公司2021年“同心同行 共享运动”体育类兴趣小组竞赛活动举行。党委书记、董事长张江浩出席开幕式。

10月11日 太旧公司党委理论学习中心组“读原著、学原文、悟原理”第二期领学活动举行。党委书记、董事长张江浩以及公司领导班子成员参加。

10月12日 太旧公司2021年第三季度运营分析会暨第四季度重点工作推进会召开。公司领导班子成员参加。

10月13日 太旧公司收费稽核与治超检测专项行动表彰大会召开。公司领导张江浩、卢永旺、赵国荣、夏磊参加。

10月20日 太旧公司重要时段安全生产工作动员视频会议召开。公司领导卢永旺、邓建中参加。

同日 交控集团命名高金富创新工作室、刘永恒创新工作室。

10月22日 太旧公司传达贯彻交控集团国企改革三年行动推进会暨第三季度经济运行分析会议召开。公司领导班子成员参加。

10月24日 太旧公司总经理卢永旺一行到五盂、平阳路段督导检查安全生产工作。

10月26日至27日 太旧公司领导张江浩、卢永旺、刘江涛分别为机关第一、第二党支部党员干部讲授专题党课。

10月27日 太旧公司领导张江浩、赵国荣到平阳高速东黄水、东梁片区调研指导工作。

10月28日 太旧公司党建及党风廉政建设工作双月例会召开。公司领导班子成员参加。

10月29日 太旧公司总经理卢永旺到原郝家庄省界收费站督导检查加气站项目工程进度、安全生产等情况。

同日 太旧公司在东黄水安全文化教育基地举办清障救援操作技能竞赛。公司领导张江浩、邓建中、夏磊到场观摩。

同日 太旧公司隧道提质升级专项工程示范段现场会在南娄隧道管理站召开。公司领导邓建中出席。

11月1日 太旧公司纪委在昔阳县大寨干部学院举办培训班,特邀太原市原纪委副书记孙建宏、省委党校教授闫世强、山西经济管理干部学院教授朱忠良等多位专家授课。

11月2日 太旧公司“百站示范、千站提升”创优活动文化建站项目交流会召开。公司总监李羚出席。

同日 太旧公司工会一届十一次工会委员会会议召开。总经理卢永旺出席。

11月3日 太旧公司、吕梁南公司领导班子成员走进红色革命教育基地——刘胡兰纪念馆,开展“红色资源助学”专题学习活动。

11月4日 太旧公司“太阳花”服务品牌分项实施方案推进会召开。总经理卢永旺出席。

11月8日 大南山隧道顺利完成2021年度国家公路网重点隧道技术状况监测工作。

11月9日 太旧公司领导张江浩、邓建中、马冬青分别到基层党建工作联系点开展省第十二次党代会精神专题宣讲。

11月15日 太旧公司举办国评规程暨隧道标准化管理培训班。副总经理邓建中出席。

同日 交控集团公司资深专员冯振萍、女工委主任龙凤等一行到太旧公司实地考察“刘永恒创新工作室”建设情况。

11月16日 太旧公司举办“太旧之声”新闻宣传专题培训班。原省交通运输厅新闻宣传中心党支部书记、省摄影家协会会员石中生,中国摄影家协会、新华社、《山西日报》等媒体特约摄影记者张向东应邀授课。

同日 运城南公司一行人到大南山隧道管理站参观学习隧道标准化管理协同运营软件系统。太旧公司副总经理赵国荣随行陪同。

11月17日 太旧公司纪委举办“以史促学、敬廉崇洁”主题演讲比赛。党委书记、董事长张江浩出席。

同日 交控集团纪委副书记赵雨兵带领党史学习教育巡回指导组对太旧公司党史学习教育和“我为群众办实事”实践活动开展情况进行督查指导,并列席指导太旧公司党委理论学习中心组(扩大)学习暨党史专题学习会。

11月19日 太旧公司2021年安委会第四次会议暨安全生产专项整治三年行动集中攻坚年重点任务推进会召开。领导班子成员参加。

11月22日 太旧公司领导班子全体成员开展专题警示教育,传达贯彻全省国有企业领导干部警示教育大会精神和交控集团董事长袁清茂就贯彻落实大会精神提出的“四个坚定不移”要求。

11月24日 太旧公司因“太阳花”服务品牌被中国交通企业管理协会评为“交通运输服务文化建设优秀单位”。

同日 太旧公司党委举办“国有企业党的建设工作会议精神”和“中共十九届六中全会精神”专题辅导。特邀山西省经济转型与企业发展研究会专职副会长郑延涛、中共山西省委党校党史教研部副教授张耀元授课。公司领导班子成员参加。

11月25日 太旧公司职工师振浩、张琮、张俊、赵宏林代表交控集团参加“竹叶青”杯国资系统篮球比赛获第二名。

11月29日 盂县南收费站“太阳花”文明形象团队被中国公路学会授予第八届“中国路姐团队”称号。

11月30日 太旧公司在五盂路段陈家庄治超检测点举行高速公路(入口治超)防散落物集中整治启动仪式暨实战演练。公司领导张江浩、邓建中、夏磊,高速交警五支队副支队长王民泉参加。

同日 太旧公司总经理卢永旺到寿阳大院宣讲中共十九届六中全会精神,深入旧关收费站党支部,与基层党员、干部、群众代表谈心谈话,并广泛征集党员群众意见建议。

12月1日 太旧公司纪委书记杨玉龙被中国交通企业管理协会、交通行业优秀企业管理成果评审委员会评为交通运输文化建设先进个人。

12月3日 太旧公司邀请律师范金国作“高速公路运营管理常见法律风险应对及防范”专题讲座。公司领导班子成员听讲。

12月4日至6日 “中外企业文化2021武汉峰会”召开。开幕式上通报表扬太旧公司纪委申报的“建太旧特色廉政文化 助推企业高质量发展”成果,被中国企业文化研究会评选为“企业党组织引领企业文化建设”先进经验。

12月7日 太旧公司党委书记、董事长张江浩,总经理卢永旺以及公司其余5名经理层成员全部参加董事会向经理层授权暨经理层成员任期制和契约化管理签约仪式。

12月8日 山西交控集团印发《关于表扬在全国联网稽核工作中表现突出单位的通报》(晋交控运管发〔2021〕430号),对在全网联动稽核工作中表现突出的太旧公司予以通报表扬。

12月9日 太旧公司张江浩会同五台县东雷乡领导干部、交控集团包村工作队长赴东雷乡团城村,调研指导乡村振兴工作。

同日 太旧公司党委书记、董事长张江浩在五盂片区梁家寨收费站主持召开“全面建设清廉国企”专题民主生活会会前调研座谈会。

12月14日 太旧公司首批内训师聘任仪式举行。党委书记、董事长张江浩,总经理卢永旺以及公司领导班子其他成员参加。

12月16日 太旧公司2021年度党员领导干部“全面建设清廉国企”专题民主生活会召开。交控集团专职巡察组组长田冬和党委组织部主办刘天华到会监督指导,党委书记、董事长张江浩以及公司领导班子其他成员参加。

12月17日 省委党史学习教育第十五巡回指导组组长高航到太旧公司督导检查“我为群众办实事”开展情况,交控集团专职党委副书记、副董事长、副总经理刘宏武等集团领导陪同。

同日 省交通运输厅组织召开阳泉西环高速公路竣工验收会议,正式通过竣工验收。

12月20日 太旧公司2021年下半年党风廉政建设形势分析研判会召开。党委书记、董事长张江浩以及领导班子其他成员参加。

12月21日 太旧公司副总经理刘江涛一行到忻州南公司学习交流后勤管理经验,取长补短,互通互惠。

12月22日 交控集团副总经理谢鹏远到太旧公司进行专题宣讲。

12月23日 太旧公司推报的《百年党史筚路蓝缕 八十载人生呕心沥血——我的姥爷 任德贵》征文作品获得省国资委主题征文三等奖、交控集团党委主题征文一等奖;《忆百年征程 守初心使命》征文作品获交控集团党委主题征文优秀奖。

12月28日 太旧公司党委党建工作双月例会暨第四季度意识形态分析研判会召开。党委书记、董事长张江浩、总经理卢永旺以及公司领导班子其他成员参加。

12月29日 太旧公司总经理、卢永旺出席公司工会召开的第二届会员代表大会。

12月30日 太旧公司总经理卢永旺督导检查平阳路政三中队、秋林隧道管理站、郝家庄超限管理站节前安全生产和疫情防控工作。

12月31日 太旧公司2021年第五次全体会议暨安全生产风险隐患大排查大整治“百日攻坚”行动部署会议召开。党委书记、董事长张江浩以及公司领导班子其他成员参加。

(资料提供:李 君)

临汾北高速公路管理有限公司大事记

1月7日 上午，交控集团党委第二巡察组向临汾北高速公路管理有限公司（以下简称“临汾北公司”）反馈巡察情况。会上，交控集团党委办公室副主任冀岚传达党委书记、董事长袁清茂在听取巡察工作情况汇报时的指示精神，对巡察整改提出明确要求。交控集团党委第二巡察组组长田冬反馈巡察情况，临汾北公司党委书记、董事长卫小红主持会议并作表态发言。会上，田冬代表交控集团党委第二巡察组全面反馈巡察情况。

1月8日 临汾北公司、交科集团“四新”技术对接交流会召开。临汾北公司领导、交科集团有关领导及有关部门负责人参加会议。会议就进一步推广“四新”（新技术、新材料、新工艺、新设备），加强兄弟单位之间交流协作，建立以“四新”技术为服务支撑的合作机制，积极推广应用“四新”技术，全面提升高速公路经营管理水平进行交流。交科集团研发板块、新技术板块、设计板块、检测板块、信通公司对“四新”技术进行推介，临汾北公司各业务部室与交科集团就“四新”技术推广应用进行交流。

1月22日 上午，临汾北公司党委2020年度民主生活会暨巡察整改专题民主生活会召开。交控集团党委第二巡察组副组长窦新霞、巡察组成员郭穆春、联络员韩伟到会指导，并进行点评。会上，卫小红代表领导班子作对照检查，重点从5个方面深入查摆问题和不足，深刻剖析原因，明确努力方向和改进措施，带头作个人对照检查发言。每位班子成员逐一发言，进行对照检查，相互开展批评。

2月1日 下午，临汾北公司2021年安委会第一次全体（扩大）会议暨疫情防控工作会议召开。会上传达学习《山西省交通运输厅关于做好省“两会”和春节期间安全生产工作的通知》《山西省生产经营单位主要负责人安全生产责任制实施办法（试行）》《临汾北管理公司2021年春运工作方案》文件精神。同时，对2020年安全生产工作情况进行总结，对2021年安全生产工作及近期安全生产重点工作进行安排部署。

2月4日 临汾北公司学习贯彻交控集团2021年“两会”精神视频会召开。迅速传达交控集团一届四次职代会暨2021年工作会议、2021年党的建设和党风廉政建设工作会议精神，并就贯彻学习会议精神提出具体要求。

2月9日 临汾北公司组织召开信息共享路警联席会，公司领导、机关相关部门负责人，高速交警等多家单位参会。会议回顾总结2021年“路警联动”取得的经验和成效，分析盘点存在问题与不足，各有关单位就信息共享提出建议。

2月12日 大年初一，临汾北公司党委书记、董事长卫小红带领相关部门负责人到各基层单位检查春节期间应急值守、道路保畅、疫情防控、安全生产等春运各项工作，并代表党委向春节期间坚守在工作一线的值班人员表示慰问。

2月25日 上午，临汾北公司一届四次职代会暨管理公司2021年工作会议召开，党委书记、董事长卫小红讲话。大会审议通过公司党委副书记、副董事长、总经理王继弘所作题为“治企有方 兴企有为 全面开启临汾北公司高质量发展新征程”的工作报告。会议的主要任务是全面贯彻中共十九大和十九届历次全会精神，认真落实省委十一届十次全会、十一次全会暨省委经济工作会议、交控集团一届四次职代会暨2021年工作会议精神，全面总结工作成绩和发展思路,客观分析面临的机遇和挑战,科学部署2021年主要任务和工作举措。大会以视频会议方式召开,参会代表共计117名,机关各部室及基层单位主要代表在主会场参会,各基层单位职工代表在分会场参会。

同日 下午,临汾北公司2021年党的建设和党风廉政建设工作会议召开。党委书记、董事长卫小红讲话,纪委书记李红英就党风廉政建设工作进行安排部署。会议以习近平新时代中国特色社会主义思想为指导,全面贯彻中共十九大和十九届历次全会精神,认真落实交控集团党的建设和党风廉政建设工作会议精神,总结回顾2020年工作,安排部署2021年工作。

2月30日 临汾北公司举办学习贯彻中共十九届六中全会精神宣讲报告会,就全会精神作深刻阐述和解读。

3月12日 临汾北公司分别获"2019—2020年度山西省省属企业文明单位标兵"和"2019—2020年度山西交控集团文明单位标兵"称号。

3月18日至19日 临汾北公司党委分两期举办党员干部党史学习教育培训班,公司领导班子成员、党员干部共230余人参加。此次培训特邀中共山西省委党校三名教授,就《习近平新时代中国特色社会主义思想问答》《学习百年党史必修课 做忠诚干净担当的党员干部》《中国共产党辉煌的百年奋斗史——不忘初心牢记使命的历史经验》进行专题辅导解读。

4月1日 临汾北公司分别在蒲县、隰县举行蒲县连接线管养移交仪式,签署蒲县连接线移交协议,这标志着新建成的蒲县连接线正式移交地方政府管养,开启临汾北高速公路连接线移交地方政府管养先河。

4月2日 上午,临汾北公司党委书记、董事长卫小红同金资公司董事长高鸿斋、路桥集团产业公司董事长白永胜、金资公司副总经理兼资本公司董事长张志峰、交控集团资本公司副总经理孙策一行,就闲置土地盘活利用等项目展开交流座谈和实地考察,会上,卫小红简要介绍公司闲置土地当前现状、区域环境和便利条件,就路桥集团提出的数字化机械设备运营项目与对方进行前期可行性分析论证。

同日 下午,临汾北公司组织召开第二季度高速公路协同共治工作会议。会上,临汾北公司与高速交警四支队就一季度辖区路段安全保畅、隐患排查、事故保畅、特情封路等路警联勤联动保畅工作进行总结,就存在的问题进行深入交流,并就清明小长假期间辖区交通事故"快处快赔"工作及第二季度联勤工作要点达成共识。会上还就如何有效制止行人上高速、提高快速救援等事宜交换意见、建议。

4月19日 交控集团党史学习教育巡回督导组组长刘志斌、副组长元丰社一行六人对临汾北公司党史学习教育开展情况进行督导检查。巡回督导组通过查阅资料,查看"山西交通在线"、"学习强国"后台学习积分、随机抽查基层党支部、交流座谈等形式,对公司党史学习教育开展情况进行指导检查,对公司上下党史学习教育进展、成效给予充分肯定,提出合理化意见建议。

4月28日 临汾北公司举办"迎'五一'、庆'五四''和融平阳'"文体系列活动,营造"心齐、气顺、劲足、风正、实干"的企业氛围。来自公司机关、各基层单位,地方单位、兄弟单位11支代表队共228名职工参加比赛。

4月30日 上午,临汾北公司组织召开"五一"期间工作部署会。会议传达交控集团《关于做好2021年"五一"假期交通运输保障工作的通知》《关于进一步加强"五一"期间安全生产和疫情防控工作的通知》《关于加强"五一"、端午节期间作风建设的通知》文件精神,重点对"五一"期间公司路网运行、保通保畅、应急值守、安全生产、疫情防控、纪律作风等方面工作进行安排部署。

5月18日 上午,临汾北公司在明曲高速开展2021年度防汛应急演练活动。演练背景预设为S2211明曲高速下行K11+950处受降雨影响造成边坡坍塌,影响道路行车安全。

5月19日 上午,临汾北公司干部大会召开,宣布交控集团关于黄河龙、郑宇彤任外部董事的任命通知。

5月25日 临汾北公司联合永和县消防救援大队,永和县应急管理局,永和县急救中心,高速交警四支队十一队、十二队等10个单位,在长延高速霍永西段高速隧道群中段石畔岭隧道展开高速公路隧道交通事故应急救援实战演练。

5月26日 交控集团经营业绩考核组对临汾北公司领导班子成员2020年度及2018—2020年任期经营业绩进行现场考核,并召开座谈会征求对考核、激励等方面意见。会上,考核组组长续宏就经营业绩考核工作进行具体安排。卫小红就公司2020年度及2018—2020年任期经营业绩考核指标完成情况进行汇报。会后,考核组一行还深入各业务部室,对经营业绩完成情况逐项进行资料查证,对薪酬管理情况进行稽核。

6月2日 交控集团副总经理谢鹏远到临汾北公司调研指导工作,先后到临侯路标准化示范路段、襄汾收费站、信息监控中心、路政大队进行调研,详细了解路域环境整治、绿化管护、路面病害处治、新技术推广应用、收费营销、打逃堵漏、收费治超一体化管理、监控集中管理、机电智能平台、路网运行管理、路政管理等相关情况。座谈会上,详细听取运营管理情况汇报,充分肯定临汾北公司在路域环境整治、收费营销、路网运行、企业文化建设等方面取得的成绩和成果。

6月23日 临汾北公司召开庆祝中国共产党成立100周年暨"七一"表彰大会。表彰先进基层党组织4个、优秀党务工作者6名、优秀共产党员17名。引导全体党员干部职工坚定理想信念,增进爱党爱国情怀,务实担当、砥砺奋进,为高质量高速度发展做出新的更大贡献。

6月28日 交控集团副总经理杨志贵到临汾北公司督导安全生产工作并讲授党史学习教育专题党课。杨志贵实地察看临侯路段二公里标准化建设,路域环境综合整治,现场观摩襄汾路产维护站应急物资库建设,详细了解襄汾收费站站区安全文化建设、标准化党支部创建以及ETC发行推广等工作,认真听取"安全生产大排查大整治"活动开展情况。随后给临汾北公司党员干部上一堂生动精彩的党史学习教育专题党课。

7月5日至10日 临汾北公司开启"赓续红色血脉 汲取奋进力量"红色武乡、右玉实景教学,用党的光荣传统和优良作风坚定信念、凝聚力量,用党的历史经验和实践创造启迪智慧、砥砺品格,引导全体党员干部在党史学习教育中找准动力之源、找准初心使命、找准信念目标。

7月6日 上午,省交通运输厅检查组一行到霍永高速东段,对高速公路沿线环境专项整治工作进行督导检查。检查组一行在霍永高速东段K153+000~K177+600段查看沿线路域环境综合治理情况,重点对汾西互通区绿化及环境卫生情况、陈家庄隧道内洞壁瓷砖、轮廓标及隧道盖板清理整治情况、隧道洞口处绿化苗木修剪情况进行检查。

8月12日 临汾北公司举办学习贯彻习近平总书记"七一"重要讲话精神专题宣讲报告会。要求学习好、宣传好、贯彻好习近平总书记"七一"重要讲话精神,要求各级党组织和广大党员干部职工按照统一部署,将学习贯彻工作不断引向深入。

8月17日 临汾北公司党委书记、董事长卫小红与蒲县县委书记薛凤奎,就蒲县连接线公路顺利通车运营进行再次商榷,双方确认蒲县连接线移交具体事宜,为进一步加快推进移交工作达成一致共识。

8月24日 交控集团党委委员、总会计师孙建秀一行九人对临汾北公司财务管理工作进行调研,并召开座谈会。公司领导班子全体成员、总经理助理和计划财务部负责人参加。会上,公司领导向调研组一行介绍党史学习教育开展、学习贯彻习近平总书记"七一"重要讲话精神以及公司领导班子建设情况,贯彻落实交控集团各项工作部署情况和经营管理工作开展情况,并就公司财务管理工作中的热点、难点问题与调研组进行意见交流。孙建秀就当前公司经营管理和财务管理工作取得成绩予以充分肯定,并对如何进一步深化效益优先战略、提升经营管理能力提出建议。

8月30日 临汾北公司党委书记、董事长卫小红到永和县协调推进重点工作任务,公司总经理助理崔建军陪同座谈调研。卫小红与永和县常务副县长李占军、县自然资源局局长王丽萍,就霍永西段二期永和至永和关段土地划拨、出让事宜进行深入交流,对进一步加快办理土地手续工作达成一致共识。

9月6日 上午,临汾北公司党的建设和党风廉政建设工作会议召开。会上,纪委书记李红英全面总结2021年以来党风廉政建设取得的成效,客观分析当前存在不足,并对党风廉政建设工作进行安排部署。公司党委书记,董事长卫小红出席会议并讲话。

同日 临汾北公司召开自成立以来第一次党员大会,来自各基层党组织的174名党员分别在主、分会场投票,选举产生4名出席中国共产党山西交通控股集团有限公司第一次党员代表大会代表。

9月26日 临汾北公司杜翟代表交控集团参加由省总工会主办的"中国梦·劳动美——永远跟党走、奋进新征程"全省职工党史知识竞赛总决赛,最终杜翟以优异成绩获个人三等奖,为交控集团以及公司赢得荣誉。

9月30日 上午,临汾北公司联合共青团临汾市委、临汾市中心血站在公司机关院内开展"迎国庆、学党史、办实事"无偿献血活动。全体党员干部职工踊跃参与,筛选出36名检验合格的职工参加献血,献血量累计14100毫升。

10月25日 上午,临汾北公司召开深化改革三年行动推进会。党委书记、董事长卫小红出席并讲话,党委副书记、副董事长、总经理王继弘主持,公司其他领导、总经理助理、机关九部室(含两中心一大队)负责人参加会议。会上全面传达交控集团国企改革推进会会议精神,通报公司深化改革三年行动进展情况,安排部署下一阶段工作任务。

10月28日 交控集团党史学习教育巡回督导组组长、纪委副书记赵雨兵一行5人,对临汾北公司党史学习教育开展情况进行督导检查。通过听取汇报、查阅资料、座谈交流方式,对公司党史任务清单落实、学习教育专题学习、专题培训、专题研讨、专题宣讲,利用红色资源开展学习情况、党史学习教育"回头看"、"我为群众办实事"实践活动开展、重点项目清单落实等情况进行重点检查;交流座谈中,听取党史学习教育以来在学史明理、学史增信、学史崇德、学史力行方面取得的实效,以及当前存在的困难和下一步工作打算。

11月2日 上午,临汾北公司召开传达贯彻山西省第十二次党代表大会精神会议。会议由党委书记、董事长卫小红主持,重点传达学习省委报告主要精神、省纪委报告主要精神、省委书记林武在闭幕会上的讲话精神、省委十二届一次全会精神和交控集团传达贯彻省第十二次党代表大会的会议精神。

11月11日 下午,大同北公司党委书记、董事长杨国华一行12人赴临汾北公司开展学习交流。双方展开交流座谈,王继弘简要介绍公司总体运营情况。王卫青对公司在经营管理、党的建设、企业文化建设等方面的经验做法给予高度评价。随后,大同北公司各职能部室负责人对公司机关经营管理、党的建设、企业文化建设及信息监控中心的信息监控业务、"12122"紧急救援、ETC人工座席、机电管理等工作进行参观交流,并给予充分肯定。

11月25日 省交通运输厅在太原组织召开霍永高速公路永和至永和关段竣工验收会议。省交通运输厅、厅建设中心、交控集团、临汾北公司、各参建单位及有关专家参加竣工验收会议。

12月16日 临汾北公司召开"全面建设清廉国企"专题民主生活会。交控集团纪委副书记赵雨兵、成员赵炜到场指导,并进行点评。会上,公司领导班子成员紧扣"全面建设清廉国企"主题,逐项进行对照检查,认真开展批评和自我批评。卫小红代表公司领导班子作对照检查,从六个方面查摆问题和不足,深刻剖析原因,明确努力方向和整改措施。随后,结合个人思想和工作实际,带头作个人对照检查,班子成员逐一发言。大家本着严肃认真、实事求是的态度,紧密联系个人思想和工作实际,以案为鉴、对照检视、自我剖析,开展批评和自我批评。赵雨兵在讲解中对公司专题民主生活会进行客观点评。

是月 临汾北公司被中国交通企业管理协会、交通行业优秀企业管理成果评审委员会评为“交通运输安全文化建设优秀单位”。

（资料提供：吴彩贤）

临汾南高速公路管理有限公司大事记

1月5日 长治公司党委书记、董事长郭长庆一行赴临汾南高速公路管理有限公司（以下简称“临汾南公司”）交流学习，并召开加强区域共建工作领导小组会议。

1月7日 交科集团总经理樊英华一行到临汾南公司交流指导工作，并召开“四新”技术对接交流会。

1月12日 临汾南公司、高速交警四支队一大队赴安泽县永鑫集团开展入企服务。

1月20日 交控集团考核组孟仁贵一行赴临汾南公司调研指导工作，并召开2020年度领导班子和领导个人综合考核评价汇报会及2020年度党员领导干部民主生活会。

1月21日 临汾南公司与高速交警四支队召开2021年第一季度路警协同联席会。

1月26日 临汾南公司2021年度安委会第一次全体（扩大）会议暨疫情防控工作视频会议召开。

同日 临汾南公司2020年度党支部书记抓党建工作述职评议考核大会召开。

1月28日 临汾南公司路产保护工作突出问题专项自查部署动员会召开。

2月1日 交科集团副总经理申俊敏一行到临汾南公司交流指导工作，共同召开科技示范路建设交流座谈会。

2月3日 临汾南公司召开传达交控集团一届四次职代会暨2021年工作会议、2021年党的建设和党风廉政建设工作会议。

2月8日 临汾南公司2020年度机关部室、三中心一大队中层管理人员述职评议会议召开。

2月9日 临汾南公司党委书记、董事长杨国华，纪委书记曹学卫，总经理助理吴晓辉一行到山西交通实业发展集团有限公司临汾分公司长临段服务区进行春节前的监督检查工作。

2月23日 临汾南公司一届五次职代会暨2021年工作会议召开；2021年党的建设和党风廉政建设工作会议召开。

3月10日 临汾南公司领导同高速集团领导一行调研闲置土地开发利用工作。

3月11日 临汾南公司开展“我为临南添青彩”植树活动。

3月15日 共青团临汾市委书记范帆一行到临汾南公司调研指导工作。

3月17日 临汾南公司党史学习教育动员部署暨宣讲会召开。

3月18日 临汾南公司开展“参观彭真故居 汲取红色力量”情景式教学，让党史学习教育“活”起来。

3月25日 临汾南公司一季度党委扩大会暨经营运行分析现场会召开。

4月1日 临汾南公司组织干部职工前往临汾烈士陵园开展“缅怀先烈守初心，传承红色担使命”活动。

同日 临汾南公司第一季度意识形态领域形势分析研判会和党委书记维稳会议召开。

4月6日 临汾北公司专职党委副书记、副董事长段纪辰一行到临汾南公司就党建工作、企业文化建设及支部文化特色等方面进行互学交流。

4月7日 临汾南公司开展“千人百里行·路域环境新”集中清理白色垃圾行动,对全线279.5公里的高速公路白色垃圾进行彻底清理。

4月15日 临汾南公司开展全民国家安全教育日宣传教育活动。

4月16日 临汾南公司开展春季军事会演活动。

4月19日 交控集团党史学习教育宣讲团在临汾南公司开展党史学习教育专题宣讲。

4月20日 交控集团党史学习教育巡回督导组到临汾南公司对党史学习教育进行督促指导。

同日 临汾南公司2021年度安委会第二次全体(扩大)会议召开。

4月21日 交控集团综合安全督导组组长刘二保一行对临汾南公司安全、消防、环保工作进行督导检查。

4月21日至22日 交控集团企务公开第一督导组到临汾南公司,对企务公开工作开展情况进行督导检查。

4月28日 临汾南公司召开4月份总经理办公会暨经营运行分析会。

4月29日 临汾南公司举办“学党史、强信念、跟党走”演讲比赛。

同日 交控集团第三检查组到临汾南公司,对运营管理各项工作进行督导检查。

4月30日 临汾南公司召开“五一”假期高速公路安全保畅工作部署会,“五一”、端午节期间纪律作风建设工作会暨节日期间纪律重申、监督检查安排部署会议。

5月7日 交控集团副总经理韩文军一行到临汾南公司,就路域环境整治、企业文化建设及长临路段缺陷修复、遗留尾工、新增工程排查整治等方面进行调研。

5月11日至12日 临汾南公司举办第一期领导干部党史学习教育培训班,到武乡县麻田八路军总部纪念馆、左权旧居,接受爱国主义和革命教育洗礼。

5月17日 临汾南公司召开干部大会,会议以视频形式召开,公司领导班子、机关中层及职工代表在主会场参加,基层单位干部职工在分会场参加。会议由党委副书记、副董事长、总经理李克军主持。会上,专职党委副书记、副董事长刘晓明宣读《关于周世俊等职务任免的通知》和《关于杨海龙等职务任免的通知》,新任纪委书记王锋,新任外部董事郑宇彤、李卓分别作表态发言,党委书记、董事长杨国华出席会议并讲话。

5月20日 临汾南公司由党委书记、董事长杨国华带队,开展第二期党员干部党史学习教育培训班,着力推动党员干部学史力行、以史为镜、知史奋进,助推工作。

5月21日 临汾南公司交通运输执法领域突出问题专项整治行动动员部署视频会召开。党委副书记、副董事长、总经理李克军和相关部门、单位负责人在主会场参加,其余路政、治超人员在分会场参加。会议分析研究近期全省及交通运输执法工作中的突出问题,解读《交通运输执法领域突出问题专项整治行动实施方案》,全面部署临汾南公司交通运输执法领域突出问题专项整治行动。

5月25日 交控集团第四考核组一行对临汾南公司开展2020年度及2018—2020年任期经营业绩考核工作。临汾南公司召开2020年度及2018—2020年任期经营指标完成情况及薪酬收入管理汇报会。考核组组长、交控集团路网应急指挥中心主任续宏出席会议并讲话。公司领导班子成员,总经理助理,各部室、三中心一大队负责人参加会议。

5月26日 临汾南公司总经理办公会暨经营分析会召开,会议由党委副书记、副董事长、总经理李克军主持,党委书记、董事长杨国华,专职党委副书记、副董事长刘晓明,纪委书记王锋、总经理助理吴晓辉,相关部室、各单位负责人参加会议。会上,综合办公室通报4月份总经理办公会安排任务落实情况;机关相关部室负责人进行工作汇报;各基层单位进行书面汇报;王锋传达交控集团纪委书记焦军在所属企业纪委书记任职试用期考核会上的讲话精神;刘晓明对党建工作现场会相关事宜进行安排部署;李克军安排部署近期工作;杨国华讲话。

同日 上午,临汾南公司5月份安全生产工作例会召开,公司领导杨国华、李克军、刘晓明、王锋、吴晓辉,相关部室、各单位负责人参加会议。会议分析总结公司近期安全生产情况,深入研究当前安全生产工作中存在的问题,并对安全应急演练及下一步安全重点工作进行安排部署。

5月27日 临汾南公司开展G22青兰高速长临段汾河特大桥危险化学品运输车辆交通事故应急处置综合演练。此次演练由山西交控集团主办,临汾南公司承办,高速交警四支队、襄汾县应急管理局、县消防大队、县卫生和体育局、临汾蓝天救援大队等单位配合实施。交控集团安环部部长陶云川,临汾南公司党委书记、董事长杨国华,临汾北高速公司党委书记、董事长卫小红,县委常委、副县长鹿剑英,山西高速交警四支队副支队长李岩飞,襄汾县政协副主席、应急管理局局长韩文跃以及交控集团所属各企业安全部门、信息监控部门负责人等共计200余人观摩此次演练。

5月28日 中交翼侯公司总经理姜中石一行到临汾南公司参观交流。公司领导杨国华、李克军、刘晓明、王锋,相关部室负责人参加活动。

6月2日 交控集团副总经理谢鹏远一行到临汾南公司调研运营管理工作并开展党史学习教育宣讲,公司领导班子成员以及相关部室负责人陪同调研。

6月7日 临汾南公司召开以案促改警示教育大会,认真传达学习《关于大同北公司大同东治超检测点私放非法超载车辆问题的通报》,总结分析当前党风廉政建设和反腐败工作形式,就加强以案促改,做好警示教育,强化作风建设等方面作出具体安排,相关业务部室及基层单位负责人代表作表态发言。公司领导、总经理助理、机关部室负责人、基层单位负责人、各党支部廉政联络员及在站职工参加会议。

6月17日 临汾南公司党建工作现场会召开,观摩交流2021年以来各党建片区,各党支部的新经验、新成果,实现相互借鉴、开拓思路、激发灵感,助推党建工作全面进步、全面过硬;总结上半年党建工作,盘点年度目标任务完成情况;深入分析当前党建工作形势,客观看待当前党建工作中存在的问题和差距,部署下阶段党建工作任务。公司领导杨国华、李克军、刘晓明、王锋,总经理助理,各部室负责人,各党支部负责人以及党务工作人员共计100余人参加。

6月24日 上午,临汾南公司以视频会议形式召开传达交控集团党建工作分管副书记例会精神工作会。党委书记、董事长杨国华,专职党委副书记、副董事长刘晓明,纪委书记王锋出席会议。会上,传达学习交控集团党建工作分管副书记例会精神;就交控集团例会安排的近期重点工作,结合实际进行细化部署;就下一阶段纪检工作进行安排;组织学习习近平总书记在青海考察期间重要讲话精神。

6月28日 上午,交控集团副总经理杨志贵一行赴临汾南公司检查指导工作并开展党史学习教育宣讲。公司领导班子成员及相关部室负责人陪同调研。

6月30日 上午,临汾南公司召开干部大会,宣布关于临汾南公司主要领导职务调整的决定。交控集团专职党委副书记、副董事长、副总经理刘宏武出席会议并讲话,会议宣布交控集团党委任免决定:戴波任临汾南公司党委书记、董事、董事长,聘任为临汾南分公司总经理。

同日 下午,临汾南公司召开庆祝中国共产党成立100周年暨“七一”表彰大会,回顾中共光辉历程,传承中共优良传统,表彰一年来在公司改革发展中涌现出来的先进典型,激励全公司上下进一步鼓足干劲、砥砺前行,以更加优异成绩庆祝中国共产党成立100周年。党委书记、董事长戴波出席会议并讲话,会议由党委副书记、副董事长、总经理李克军主持。公司领导班子成员、总经理助理、机关各部室负责人、各党支部书记、受表彰的优秀共产党员、优秀党务工作者、先进基层党组织代表在主会场参加会议,所属各单位领导班子成员、全体党员、入党积极分子以及党务工作者以视频形式在分会场参加会议。

7月1日 临汾南公司党委扩大会暨经营运行分析会召开，会议由总经理李克军主持。公司领导戴波、刘晓明、王锋，总经理助理吴晓辉、贾海宾，各部室、三中心一大队负责人，各基层单位负责人参加会议。

7月2日至6日 临汾南公司党委书记、董事长戴波，总经理李克军，相关部室人员陆续前往省信访局及太原仲裁委，协调解决张忠彦信访件。

7月9日至10日 交控集团第四督查组深入临汾南公司开展二季度高速公路运营管理监督检查工作，公司领导班子成员，相关部室负责人陪同检查。

7月17日 临汾南公司配合长临公司开展李春奖现场核验工作，精选现场核验地点，全力做好现场交通管制等各项工作。

7月19日 交控集团党史学习教育巡回指导组刘志斌一行6人到临汾南公司开展第二轮督导检查，并召开反馈会。公司领导班子成员、党口各部室负责人及相关人员参加会议。

同日 交控集团纪委副书记刘志斌一行深入临汾南公司调研检查党建工作。

7月26日 临汾南公司领导班子全体成员参加交控集团举办的庆祝中国共产党成立100周年职工合唱展演，并获得银奖。

7月28日 上午，临汾南公司总经理办公会暨经营分析会召开，会议由总经理李克军主持。总经理助理吴晓辉、贾海宾，各部室、三中心一大队负责人，各基层单位负责人参加会议。

同日 上午，临汾南公司第三季度安委会(扩大)会议召开，公司领导班子成员，各部室、三中心一大队负责人，各基层单位负责人参加会议。

8月2日 临汾南公司纪委组织晋南片区各单位、长治公司、晋城公司联合开展纪检干部学习培训活动。纪委书记王锋参加活动。

8月3日 上午，临汾南公司组织参加交控集团第三季度运营管理工作视频会。公司领导班子全体成员，总经理助理，各部室、三中心一大队负责人参加。

同日 临汾南公司疫情防控部署推进视频会议召开，会议由专职党委副书记、副董事长刘晓明主持，党委书记、董事长戴波，总经理李克军，纪委书记王锋，总经理助理吴晓辉，各部室、三中心一大队负责人，各基层单位负责人参加会议。

8月11日 下午，交科集团总经理方锐、副总经理申俊敏一行到临汾南公司开展交流学习，共同召开交流座谈会，临汾南公司领导班子成员及相关部室负责人参加会议。

8月17日 上午，临汾南公司领导戴波、李克军、吴晓辉及相关业务部室负责人参加省审计厅召开的临吉项目竣工审计对接会议。

8月18日 下午，临汾南公司与山西路桥集团交通机电工程有限公司召开光伏发电项目推介会，公司领导戴波、李克军、刘晓明、王锋、贾海宾及相关部室负责人参加会议。

8月19日 临汾南公司2021年上半年工作总结和下半年工作安排部署会议召开，全面认真总结盘点上半年工作目标任务完成情况，分析问题、查找不足，进一步明确公司当前及今后一个时期的总体发展思路，安排部署下半年重点任务。党委书记、董事长戴波参加会议并讲话，党委副书记、副董事长、总经理李克军主持会议，专职党委副书记、副董事长刘晓明，纪委书记王锋参会。

8月20日 下午，临汾南公司与晋交环保公司举行项目洽谈会。晋交环保公司董事长姚凯一行、临汾南公司领导班子成员、相关业务部室负责人参加会议。

8月25日 上午，临汾至吉县高速公路竣工决算审计进点会在交控集团第四会议室召开。省审计厅一级巡视员姚安政、省交通运输厅审计处处长车雄伟、交控集团副总经理谢鹏远出席会议并讲话，省审计厅固定资产投资审计处处长、临吉项目审计组组长李铁柱主持会议。

9月1日 上午，临汾南公司与高速交警四支队召开道路交通安全座谈会。党委书记、董事长戴波，总经理李克军，高速交警四支队支队长陈博厚、副支队长王伟及相关人员参加会议。

9月2日 上午，临汾南公司经营管理标准化体系建设推进会召开，会议以视频形式召开，公司领导戴波、李克军、刘晓明、王锋，各单位、各部室负责人在主会场参加，各站区其他中层管理人员、业务骨干在分会场参加。

9月3日 临汾南公司党委书记、董事长戴波，总经理李克军一行赴交科集团参观学习。实地参观工程质量检测中心、交通智能装备研发生产基地、LED照明灯具产品生产基地等，深入了解交科集团研发的自动发卡机、缴费机器人、经济型高强防腐钢护栏材料、雾区引导防撞系统等“六新”技术创新成果。公司相关部室、单位负责人分别与交科集团技术人员进行“一对一”交流学习，对日常工作中遇到的困难进行深入讨论，交换双方的解决方法措施，共同促进。

9月6日 临汾南公司党员大会召开，公司150余名党员齐聚一堂，正确行使选举权和被选举权，选举出席交控集团第一次党代会代表。专职党委副书记、副董事长刘晓明主持，公司领导戴波、李克军、王锋出席。

9月7日 上午，临汾南公司标准化体系建设推进会召开，纪委书记王锋和各部室负责人及业务骨干参加会议。

9月8日 上午，临汾南公司第三季度高速公路运营管理监督检查部署会议召开，总经理李克军及相关部室负责人参加会议。

同日 下午，省交通运输厅路域环境第四检查组耿军、尉恩廷一行到临汾南公司黄花岭片区开展路域检查工作，党委书记、董事长戴波陪同检查。

9月12日 上午，临汾南公司党委书记、董事长戴波到雷家庄变电站、吉县路产维护站进行调研。详细了解值班模式、日常生活、设备维护等情况，查阅相关记录资料，并向值班工作人员表示诚挚慰问。

9月14日至16日 交控集团第四督查组到临汾南公司开展三季度高速公路运营管理监督检查工作，公司领导班子成员、相关部室负责人陪同检查。

9月17日 临汾南公司纪委开展节前督查，严守重要节点，做到一刻不松、寸步不让，开展节前“推磨式”监督检查，确保务实节俭、文明廉洁过节。

9月24日 临汾南公司安全应急部联合临汾燃气公司组织开展“两节”综合性安全生产督导检查。

9月26日 上午，临汾南公司党委扩大会暨经营运行分析会召开，会议由党委副书记、副董事长、总经理李克军主持，党委书记、董事长刘晓明及各部室、各单位负责人参加会议。

9月27日至29日 临汾南公司总经理李克军赴贵阳参加北京市交通培训中心举办的《公路桥涵养护规范》(JTG 5120—2021)和《公路沥青路面预防养护技术规范》(JTG/T 5142—01—2021)解析专题培训。

9月27日至29日 临汾南公司党委书记、董事长戴波参加交控集团举办的企业合规管理专题培训班。

9月28日 临汾南公司党委书记、董事长戴波到忻州参加交控集团举办的收费稽核与入口治超工作现场会。

9月30日 临汾南公司领导戴波、刘晓明、王锋一行到长临路段实地查看道路水毁情况，同时就国庆节假期值班值守、安全应急保障等工作进行调研督导。

同日 上午，临汾南公司组织召开国庆期间安全防范工作部署会议，对国庆小长假期间安全生产和保通保畅工作进行再安排再部署。公司领导戴波、刘晓明、王锋，机关各部室负责人在主会场参会，所属各单位负责人、业务骨干在分会场参加会议。

10月8日至9日 临汾南公司领导戴波、李克军和相关部室负责人一行到所辖临吉、吉河、长临段调研汛期水毁防治工作。

10月12日 上午，临汾南公司以视频会议形式召开干部大会，公司领导班子成员、机关中层及职工代表在主会场参加，基层单位干部职工在分会场参加。会议由总经理李克军主持。

同日 临汾南公司领导戴波、李克军、刘晓明、王锋一行到临吉段水毁现场调研，相关部室人员陪同。

10月14日 下午,朔州公司副总经理尉恩廷、纪委书记王尚一行26人到临汾南公司开展学习交流。公司领导刘晓明、王锋及相关部室、单位负责人参加。

10月15日 临汾南公司纪委召开“以案促改警示教育暨机关中层干部提醒谈话会议”,通报学习省交通信息通信有限公司不停车收费运营服务中心长治西营业厅违规办理ETC设备并收取费用的典型案例,警示教育大家把牢思想之舵,严守纪律底线。纪委书记王锋及相关部室、单位负责人参加。

10月15日至16日 交控集团人事档案专项检查第三检查组一行到临汾南公司检查指导工作,党委书记、到董事长刘晓明陪同检查。

10月16日 临汾南公司党委书记、董事长戴波一行先后到长临路段古县维护站、黄花岭维护站辖区水毁现场,逐点听取水毁抢修进展情况及下一步修复计划,并对水毁修复工作进行重点部署。

10月19日 临汾南公司举办羽毛球、乒乓球联赛,公司领导戴波、刘晓明、王锋出席并讲话。

10月20日 上午,临汾南公司组织参加交控集团党委理论学习中心组(扩大)会议“读原著、学原文、悟原理”专题读书班。公司领导班子成员,各部室负责人,临汾东收费站负责人及在站职工代表在机关会议室参加;其他各基层单位负责人、党员、在站职工在站区会议室参加。

11月18日 上午,临汾南公司召开欢送长治公司挂职交流员工座谈会,欢送在临汾南公司交流锻炼的6名人员。座谈会由专职党委副书记、副董事长刘晓明主持,公司领导李克军、王锋,挂职交流职工所在部室、单位负责人参加座谈会。

同日 下午,交控集团工会副主席张永杰一行到临汾南公司就2021年工会重点工作开展情况进行调研。公司领导李克军、刘晓明、王锋,工会主席汪香莲陪同调研。

11月19日 临汾南公司党委理论中心组2021年度第23次学习会议召开,专题学习省第十二次党代会精神。党委书记、董事长戴波主持会议。

同日 上午,临汾南公司党委副书记、副董事长、总经理李克军一行到新绛县南关村慰问路政二中队受灾职工白莹及其家属,并送上慰问金和组织美好祝愿。在交谈中,李克军详细询问了解其家庭、工作、生活情况,鼓励他们一定要鼓起勇气,树立战胜灾难的信心,早日走出困境。

同日 上午,临汾南公司外部董事高保旺到临汾南收费站、路政一中队等单位调研指导党建及运营管理工作,并就中共十九届六中全会、省第十二次党代会精神进行宣传贯彻。

同日 下午,临汾南公司党委理论学习中心组举行中共十九届六中全会精神专题学习研讨会。党委书记、董事长戴波主持学习,公司领导班子成员参加学习。

11月22日 临汾南公司党委书记、到董事长刘晓明,纪委书记王锋带队到运城南公司交流学习,各部室负责人、业务骨干共13人参加。先后参观企业文化建设、青年创新室、安全VR体验馆和职工之家等场所及相关功能展示,详细了解“心联大道·情贯河东”及纪委“心·廉”文化品牌建设。在交流座谈会上,双方围绕标准化建设、合同管理、招标采购等方面工作进行深入交流,双方业务部室进行对接,分享彼此工作中的好经验、好做法。

11月23日 临汾南公司领导戴波、刘晓明、王锋带队到运城北公司交流学习。观摩现场管理,实地参观学教中心、机电人才实训中心和路网应急指挥中心,深入了解“三大中心”功能定位和实际成效。随后,两家公司就基本情况、标准化建设、机电网络管理及主要特色亮点工作进行深入学习交流,并对日常管理中易出现的问题进行详细探讨。

同日 临汾南公司党委副书记、副董事长、总经理李克军到临汾南收费站调研指导工作。

11月24日 省交通运输厅全省国省干线公路沿线环境专项整治检查组对临汾南公司路域环境、收费站区及服务区进行督导检查。党委书记、副董事长刘晓明及相关部室人员陪同。

同日 下午,临汾南公司纪委书记王锋一行赴太原仲裁委参加S19标案件庭审,积极用法律手段解决信访问题。

11月26日 上午，临汾南公司党委理论学习中心组举办第三期“读原著、学原文、悟原理”专题读书班。党委书记、董事长戴波主持学习并讲话，公司领导李克军、刘晓明、王锋，公司外部董事范黎卿、郑宇彤、梁勇旗、高保旺参加。

同日 临汾南公司“全面建设清廉国企”专题民主生活会专题学习研讨会召开。党委书记、董事长戴波主持会议并讲话，公司领导李克军、刘晓明、王锋参加。

11月30日 临汾南公司举办一场以“典亮人生·怡路同行”为主题的道德讲堂，特邀临汾市政协委员、全国律师协会理事、山西省律师协会副会长、山西尧城律师事务所主任赵志琴解读《中华人民共和国民法典》，公司领导戴波、李克军、刘晓明、王锋听讲。

同日 上午，临汾南公司机关第二党支部召开党员大会，党委副书记、副董事长、总经理李克军及综合办公室、党委组织部、机电维护中心成员参加会议。

12月1日 下午，临汾南公司党委书记、董事长戴波赴黄花岭党建片区调研指导工作，并召开专题宣讲会，学习中共十九届六中全会及山西省第十二次党代会精神；随后，开展“全面建设清廉国企”专题民主生活会谈心谈话活动。

同日 下午，临汾南公司党委副书记、副董事长、总经理李克军，到光华党建片区调研指导工作，并召开专题宣讲会，学习中共十九届六中全会及山西省第十二次党代会精神；随后，开展“全面建设清廉国企”专题民主生活会谈心谈话活动。

12月3日 临汾南公司专职党委副书记、副董事长刘晓明在乡宁党建片区开展学习山西省第十二次党代会精神专题宣讲及“深入联系点调研”活动，乡宁党建片区各党支部书记、副书记、党员、入党积极分子及职工代表参会。

同日 临汾南公司党委委员、纪委书记王锋在古县党建片区开展山西省第十二次党代会精神专题宣讲及“深入联系点调研”活动，纪检室郑瑞华、古县党建片区各党支部书记、副书记、党员、入党积极分子及职工代表参会。

12月4日 在《中华人民共和国宪法》宣传日，临汾南公司紧紧围绕“以习近平法治思想为指引 坚定不移走中国特色社会主义法治道路”宣传主题，在办公楼、收费广场等醒目位置悬挂宣传横幅和标语，利用高速公路资源优势，在所辖重点路段摆摊设点，向过往群众发放宣传手册，提供法律咨询，为全社会尊崇法治、厉行法治营造浓厚氛围。

12月6日 临汾南公司党委副书记、副董事长、总经理李克军一行到各基层单位调研指导“百站示范、千站提升”创优活动开展情况。对照交控集团《高速公路“百站示范、千站提升”创优活动验收评价标准》，先后对南辛店收费站、光华收费站、光华路产维护站、乡宁收费站、西交口隧道管理站“五强＋”管理单元创建工作进行检查指导。

12月8日至10日 临汾南公司党委书记、董事长戴波到交控集团参加信访工作培训班，进一步提高信访工作办理质量和效率，打好治理重复信访、化解信访积案攻坚战。

12月9日 下午，临汾南公司专职党委书记、董事长刘晓明参加机关第三党支部党员大会。

12月10日 临汾南公司开展习近平新时代中国特色社会主义思想、中共十九届六中全会等政治理论集中学习及闭卷测试，公司领导班子成员及全体党员干部积极响应参加学习及测试。

12月13日 临汾南公司第二期“机电自主维护能力提升培训”活动在山西交通投资大厦开课。对经过第一期自主培训并选拔合格的40余名机电维护从业者进行技能提升和资格认定前期培训，培训结束后对考核合格人员颁发结业证书。

12月13日至15日 临汾南公司举办2021年度领导干部专题培训班（第一期），公司领导、中层干部、挂职干部、团支部书记、机关科员以及部分基层业务骨干参加。总经理李克军出席开班仪式并讲话，要求提高政治站位，坚持学懂弄通，确保培训取得预期效果。

12月14日 临汾南公司总经理李克军到交控集团，参加高速公路路域经济发展工作推进会议。

12月16日至18日 临汾南公司举办2021年度领导干部专题培训班(第二期),公司领导班子成员、党(团)支部负责人以及业务骨干等共计190余人参训。

12月20日 临汾南公司积极配合临浮公司开展浮临高速项目督导开工筹备工作,高质量完成彩排及核酸检测等各项工作。

12月21日 上午,临汾南公司总经理李克军、纪委书记王锋带领45名工作人员代表运营单位参加浮山至临汾高速公路开工仪式。开工仪式由省政府党组成员汤志平主持,省交通运输厅厅长赵建平、交控集团总经理武艺、临汾市委书记闫晨曦依次讲话,省长蓝佛安讲话并宣布:“浮山至临汾高速公路开工。”项目开工建设标志着全省“县县通高速”目标顺利实现,对于带动区域经济发展,提高公司通行费收入具有重要意义。

同日 临汾南公司安全生产风险隐患大排查大整治集中行动部署会议召开,公司领导李克军、王锋和各部室、各单位负责人参加会议。

(资料提供:李家宁)

长治高速公路管理有限公司
大 事 记

1月4日 长治高速公路管理有限公司(以下简称“长治公司”)对各单位、各部门报送的科技创新项目进行评审和表彰,7家单位、9个人脱颖而出。

1月5日 长治公司领导班子及相关部室负责人前往临汾南公司进行参观学习,双方重点围绕企业综合管理、人事改革及薪酬管理、标准化建设、降本增效增收举措、党建工作、企业文化建设及长临高速相关问题等方面进行深入交流讨论,决定逐步建立起常态化、制度化合作关系,达到共同提高、共同进步。

1月8日 交控集团副总经理谢鹏远到长治公司调研指导运营管理工作,要求在力保收费任务完成上有新举措、在保障路况指标持续提升上有新思路、在持续加大科技创新上有新举措、在做好常态化疫情防护上有新成效、在实现党建引领推动党建与运营融合发展上有新突破。

1月12日至15日 长治公司党委组织召开2020年度党支部书记抓基层党建工作述职考核测评会议。采取各支部书记自行在本单位进行述职,党建联系点领导结合日常调研掌握工作情况分别进行点评,党委书记作总结点评。会后,按照要求,对党支部书记抓基层党建工作进行民主测评。

1月13日 下午,长治公司2021年度收费工作会议召开,分管领导、收费机电部工作人员及各收费站站长参加会议。

同日 长治公司开展为期一周的联网收费系统专项排查整改工作,及时发现和解决系统运行中存在的问题,持续优化高速公路联网收费系统,确保收费系统功能和联网运行平稳。

1月20日 交控集团考核组兰晓琳一行到长治公司,对领导班子和领导人员进行年度综合考核评价,同步开展党建工作目标责任制、干部选拔任用“一报告两评议”、人才工作专项和外部董事考核工作。检查考核组通过听取汇报、查阅档案资料、现场交流等方式进行对标检查和量化评分。随后,召开2020年度党员领导干部民主生活会。领导班子成员围绕本次民主生活会主题,深入查找班子和自身存在不足,深刻剖析思想根源,严肃认真开展批评与自我批评。

1月22日 长治公司领导班子及相关部室负责人到沁源县山西沁园春矿泉水有限公司参观学习，双方重点围绕企业综合管理、标准化建设、党建工作、企业文化建设及水源地保护等方面进行深入交流讨论，并表示将逐步建立起常态化、制度化合作关系，达到共同提高、共同进步。

1月27日 长治公司安委会第一次全体会议暨疫情防控工作会召开，科学分析当前面临的形势和问题，就统筹做好春运期间安全保畅、疫情防控、安全生产检查、应对恶劣天气、应急值守等工作进行再安排、再部署，公司设主会场，各站设分会场。

2月4日 长治公司召开专题会议，传达山西交控集团一届四次职代会暨2021年工作会议及2021年党的建设和党风廉政建设工作会议精神，要求各部门、各单位采取多种方式组织学习会议内容和精神；结合自身实际，将各项工作落地、落实、落细。会上，对春运和疫情防控工作进行再安排、再部署。

2月6日 长治公司一届四次职工代表大会暨2021年度工作会议召开，会议分析当前面临的形势和任务，明确今后工作方向，安排部署2021年工作任务。会议审议通过《2021年度集体合同和专项集体合同》和《职工代表大会代表提案管理办法（试行）》《困难职工申报认定办法（试行）》两项制度。

2月7日 长治公司春节期间收费机电安全工作部署视频会议召开。

2月7日至8日 长治公司党委深入离退休老干部、困难党员及群众工作单位和家庭，为他们送去党委和工会关怀及新春祝福。党委书记、董事长郭长庆深入虹梯关特长隧道管理站、路政三中队，向困难职工姬素花、崔晓辉送去慰问金。总经理王战兵来到潞城收费站和黎城收费站，向困难党员常瑞、王跃进送去党组织关怀。专职党委副书记郭秀斌为退休党员领导干部王根兴、许珏惠送上慰问金以及新春祝福，向困难职工李杰送去慰问金和新春祝福。纪委书记魏晓勇为后勤中心困难党员李高飞送去慰问金及真挚问候。

2月24日 上午，长治公司2021年党的建设和党风廉政建设工作会议召开。回顾总结2020年工作，安排部署2021年各项工作任务，签订2021年党建工作目标责任书和党风廉政目标责任书。会议以视频形式召开，机关职工代表在主会场参会，公司所属各基层单位职工代表在分会场参会。

2月下旬 长治公司积极筹划，组织开展路段区域化视频会议系统建设项目。

3月1日 长治公司副总经理郑宇彤带队，由路政大队、后勤中心、各路政中队工作人员组成监督检查组，对鲍店、潞城、东阳关、黎城服务区进行监督检查。

3月3日 下午，长治公司组织路警协同联席共治工作会议召开。会议就长邯、长平、左黎（长治段）、长临（长治段）四条高速公路安全保畅工作交流意见。要求预防为主，防处结合，全面夯实安全基础，着力提升交通安全管理服务质量和水平。

3月5日 下午，长治公司2021年度收费、隧道（机电）运营工作会议召开，会议总结2020年取得的各项工作成绩，指出存在问题。要求认真总结，深入思考，力争超额完成2021年度收费工作目标。

3月10日 下午，长治公司2021年度养护工作会议召开。要求各级养护人员大力弘扬勇于创新、求真务实、奋发进取精神，以更加扎实作风，更加有力举措来推动公司养护管理工作再上新台阶。

3月12日 长治公司2021年党建专题会议暨党建双月例会召开。要求紧紧围绕“党建质量提升年”这一主线凝心聚力，干事创业，积极开展“一支部一特色”党建文化品牌创建活动。

3月13日 长治公司副总经理王军带队到晋城公司就收费机电业务进行交流学习。通过听取介绍、走访参观、现场询问等方式，相关负责人就积极践行“技术创新、优质服务、降本增效、安全保障”等进行深入探讨。

3月15日 上午，长治公司党委书记、董事长郭长庆先后到环城隧道管理站、机电维护中心、黎城收费站、路政二中队等基层单位调研指导工作。要求各单位凝心聚力、提高思想认识，尽快进入角色，开展工作。

3月24日 交控集团副总经理韩文军一行到长治公司黎城收费站调研指导工作,参观党群服务中心、职工书屋等文化阵地,充分肯定该站收费稽核管理、机电运维管理和信息监控等工作方面特色和亮点。

3月31日 长治公司党委举办2021年第1期“明德正行”文化大讲堂,特邀长治学院思政部党总支书记、法学博士任红霞副教授讲授“中国共产党百年辉煌”。

同日 上午,长治公司党委书记、董事长郭长庆到平顺收费站、环城路产维护站等基层站所调研清明节安全保畅准备工作。

4月2日 长治公司总经理王战兵赴长临路段就道路安全隐患排查、收费机电设施维护、路域环境整治及清障应急救援等情况进行调研指导。要求全力做好道路安全隐患排查和整治工作,保障高速公路安全畅通。

4月15日 长治公司2021年第2次党建双月例会暨2020年度党建项目初审汇报会召开。由纪委书记和党群部门负责人组成初审小组,对在党委备案的32个党建项目进行初审验收,排名前10的优秀党建项目入围终审验收。

4月中旬 长治公司机电维护中心高级工程师韩栋,在第23届中国高速公路信息化大会“运行监测与应急处置论坛”上,重点分享长治高速在数字化转型进程中构建新一代数字感知的经验。

4月27日 长治公司长邯隧道管理站站长王安宏获“全国五一劳动奖章”。

4月29日 长治公司领导班子成员采取“四不两直”的方式,对所辖高速公路及沿线基层单位进行“五一”节前安全生产、作风纪律监督检查。总经理王战兵带领路产维护部相关人员先后赴环城高速、长平高速及沿线各站所进行实地查看,着重检查沿线路域环境整治、日常养护管理和收费站出入口通行秩序等情况,特别对各单位安全责任落实、节前保畅部署、安全隐患整改与值班值守情况进行督导。副总经理郑宇彤、副总经理王军、纪委书记魏晓勇在相关部门陪同下分别对各自分管范围的业务内容进行专项检查。

5月20日至28日 长治公司领导班子成员分赴各路段基层服务点开展“服务基层日”活动。按照“抓落实的关键是要有解决方案”的要求,对一些能解决的问题,现场予以答复解决,对一些需长期解决的问题,列为重点项目,细化实施方案,在下一步的工作中逐一解决,确保服务基层活动取得实效。

5月27日 交控集团第四考核组对长治公司领导班子进行任期经营业绩考核。考核组认真听取汇报,并围绕年度经营目标项目,对各类印证资料现场查阅。考核组一行还实地参观廉政文化馆、安全体验馆、科技创新馆和信息监控中心,并对加强安全管理、科技创新及文化建设等方面所取得的成果给予充分肯定。

5月28日 长治公司积极开展“美好生活·民法典相伴”主题宣传活动。党委书记、董事长郭长庆亲自带队深入基层收费广场,同普法志愿者们一道为过往司乘人员发放《中华人民共和国民法典》宣传资料。

6月10日至11日 吕梁南公司到长治公司开展党史学习教育交流。交流中,总经理张金锁一行首先观看文化宣传片,参观廉政教育室、安全培训体验馆、科技创新展览馆及信息监控中心等文化建设成果,并赴黎城黄崖洞革命纪念地、屯留抗大一分校旧址、武乡八路军太行纪念馆联合开展主题党日活动,缅怀革命先烈,接受革命传统教育。

6月16日 长治公司联合山西交通实业集团长治分公司,在潞城服务区开展“6·16”安全生产宣传咨询日活动。通过悬挂标语横幅、摆放活动展板、设立安全宣传咨询台、发放宣传资料、接受现场咨询等方式,与司乘人员面对面沟通交流,宣传普及安全生产法律法规及行驶高速公路安全知识等。

6月17日 长治公司紧扣安全生产月主题“落实安全责任、推动安全发展”,组织各业务部门和路政、隧管、养护等单位负责人及安全员30余人,前往晋城公司安全生产警示教育基地进行培训。

6月22日 长治公司2021年上半年运营分析会召开,全面总结上半年运营管理工作,听取所属各部门各单位汇报，明确下半年及今后一段时间工作目标、重点任务和具体措施。

同日 长治公司2021年安委会第三次全体会议召开。贯彻落实交控集团安全生产视频会暨安全生产“大讲堂”会议精神，对当前安全生产工作进行再动员、再部署。

6月23日 上午，长治公司联合高速交警、平顺县消防、环保、气象、“120”急救中心、天脊消防、危化品企业在虹梯关特长隧道组织开展“使命·生命·遵命”2021年高速公路交通事故综合应急演练。在点评总结会上，各参演单位对危化品车辆事故救援处置分享经验与不足，与会人员得到一次全面的知识普及，为今后处置危化品车辆事故积累经验、奠定基础。

同日 长治公司举办2021“安康杯”平安交控知识竞赛，本着“以赛促练”“以赛促干”精神，旨在提高全员安全管理素质和技能水平。

6月28日 长治公司组织领导班子成员、各党支部书记、各部门各单位负责人，赴黄崖洞革命纪念地实地参观，并开展党史专题党课学习，接受党性教育，赓续革命精神，传承红色基因，持续推动党史学习教育走深走实。

6月29日 上午，长治公司2021年专项工程推进会召开。要求各相关部门和参建单位要提高认识，坚定信心，各尽其责，加强沟通，保持合力，充分认识加快推进专项工程进度的重要性，确保各项任务顺利推进，为按期完成年度专项工程建设任务不懈努力。

是月 在长治公司党委指导支持下，长邯隧道管理站党支部以庆祝中国共产党成立100周年为契机，利用站区现有条件，打造建设小型党建文化广场，切实将党建工作融入站区建设体系，让广大党员职工在耳濡目染中增长知识、修养党性，在潜移默化中了解、支持和推动深化党建工作。

7月1日 长治公司召开庆祝中国共产党成立100周年暨“七一”表彰大会，共同回顾中共光辉历程，激励动员广大党员干部进一步坚定理想信念，不忘初心、牢记使命，为长治高速高质量发展做出新贡献。与此同时，对先进基层党组织、优秀共产党员、优秀党务工作者以及在其他重点工作任务中涌现出的先进个人进行表彰。

同日 交控集团副总经理谢鹏远一行到长治公司督导检查安全生产大排查大整治情况，并开展党史学习教育专题宣讲。谢鹏远充分肯定长治公司运营管理工作取得的成绩，特别是安全文化培育、创新创效推广应用方面走在行业前列，获“平安交通”优秀案例等多项荣誉。

7月12日至13日 长治公司开展养护业务上半年检查暨标准化路段和路域环境现场观摩活动，召开检查结果反馈会议，对养护工作提出5点要求。

7月16日 中国公路建设行业协会专家组到长治公司，对黎城（冀晋界）至长治公路改扩建工程申报“李春奖”进行现场核验。核验专家组对项目建设与运营中有关事宜进行询问交流，查看改扩建项目创新成果、科研成果资料以及结合项目建设出台的行业标准、地方标准和改扩建经验。通过现场查验后，专家组对长邯改扩建项目给予高度评价，一致认为该项目工程特点多、施工难度大、科技创新多、建设质量高。

同日 省委党校教授张志蓬再次走进长治公司“明德正行”文化大讲堂，为广大党员干部深入浅出地讲授“初心如磐跟党走，使命在肩开新局”的党课。

7月20日 交控集团总经理武艺深入长治公司就党史学习教育、运营管理等工作进行调研，并对安全生产进行督导检查。副总经理谢鹏远一同调研。武艺在讲话中，充分肯定长治公司取得成绩，要求坚持目标导向，着力提升通行费收入；强化效益意识，持续实施精细化管理；强化红线意识，着力提升安全生产工作水平；强化党建引领，以高质量党建引领高质量发展。

7月21日 长治公司强化汛期督导，筑牢安全防线，多措并举保畅通。在长治绕城高速现场，总经理王战兵要求维护站及时修复水毁急流槽，加大边沟疏通力度，确保排水畅通。在长平高速，查看梯后隧道口落石情况，部署交通管控措施，并迅速召集交警、路政、养护、隧管等单位召开防汛联勤联动会议,对防汛工作进行再安排再部署。

7月22日 交控集团党史学习教育巡回指导组在长治公司开展第二轮巡回督导,组长刘志斌讲授专题党课。

7月26日 长治公司“保安全、保畅通、促收费”工作会暨安全生产月例会召开。会议传达交控集团2021年经济运行分析会议精神,指出现阶段存在问题,安排部署下阶段重点工作任务和具体措施。总经理王战兵在讲话中,要求聚焦高质量发展,坚持做好经营运行分析;坚持目标导向,着力提升通行费收入;综合施策对症下药,不断提升道路通行保畅能力。

7月28日 下午,长治公司与高速交警三支队召开“高速畅通行动”暨创建“平安文明示范高速公路”联席会。会上,双方就组织开展青兰高速长邯段“高速畅通行动”,共同创建“平安文明示范高速公路”工作展开讨论交流,表示要全力以赴创建平安文明示范路,为人民群众便捷出行提供安全保障和优质服务。

7月29日 交控集团“两优一先”宣讲团成员杜祎勋作宣讲报告,长治公司、晋城公司、晋中公司党员干部共50余人聆听宣讲。

同日 上午,长治公司纪委2021年上半年纪检工作会暨经验交流会召开。会上,传达交控集团纪委2021年度上半年纪检监察工作会议精神、通报公司纪委2021年度上半年纪检工作开展情况。要求统一思想,高效履职,及时规划好下半年工作打算并持续推进,发挥好纪检监督职能。

8月10日 长治公司召开晋豫高速公路安全保畅跨省联勤联动会议。河南省许平南公司安林运营管理处、山西省高速交警三支队六大队、安阳市高速公路公安交警支队第三大队等高速公路管理单位相关部门负责人参加会议。共同就积极应对河南省国、省道路水毁后高速公路车流量激增状况,切实做好疫情和汛情下安全保畅等议题进行交流讨论,并现场提出具体应对措施。同时,两省四方与会人员在涉路施工、协同抗疫、信息共享、应急救援等联勤联动工作中出现的问题进行互通,分享好的工作经验和做法。

8月13日 上午,长治公司总经理王战兵一行到丰宜收费站、长临路产维护站调研,听取情况汇报后,实地查看长临路产维护站站区规划、施工进度和日常运行等方面情况,对当前工作重点进行安排部署,对职工在克服艰苦条件、积极主动作为、保障道路安全畅通等方面所做的工作给予充分肯定。

8月23日至29日 是第31个全国节能宣传周。长治公司各单位结合实际,紧紧围绕“节能降碳,绿色发展”活动主题,全面开展节能宣传活动。

8月31日 上午,长治公司总经理王战兵到虹梯关特长隧道管理站、长平路产维护站督导检查,重点查看隧道提质升级改造工程推进情况,并对安全管理及防汛工作进行检查。

9月6日 长治公司党员大会召开,采取无记名投票、差额选举方式,选举产生出席中国共产党山西交通控股集团有限公司第一次代表大会代表。

9月14日 长治市“使命·生命·遵命——2021年”高速公路危险化学品泄漏交通事故综合应急演练在长平高速成功举行。本次演练分为四个科目,分别是信息接报、先期处置、会商研判与指挥、现场救援,首次尝试采用音视频数据远程传输、应急救援远程指挥调度的方式进行。达到锻炼队伍、检验预案、提升能力的目的。

9月17日至19日 交控集团检查长治公司部分单位内业资料,收费管理,库房管理,设备管理,站区环境,土建、机电等外业内容,检查组对长治公司各项工作给予肯定。

9月18日 长治公司中秋国庆期间运营保畅暨安委会第四次全体会议召开,会议传达董事长袁清茂和纪委书记焦军在中国共产党山西交通控股集团有限公司第一次代表大会上的讲话精神,各业务部门分别对收费机电运维、道路安全保畅、疫情防控等运营保障工作进行分析,指出存在问题,细化分解重点工作任务和具体措施,安排部署中秋国庆期间严明纪律、加强作风建设相关事宜,确保公司良好发展态势。

9月23日 长治公司举办2021年度路政治超

“百站示范、千站提升”业务技能综合竞赛，所属各路政中队和治超站点积极参与，共选拔39名路政治超队员参赛。分管领导、纪检和路政大队相关人员到场观摩指导。

9月24日 上午，长治公司党史学习教育工作推进会召开，安排部署下阶段党史学习教育重点工作任务，推广各党支部学用结合经验做法。会议强调，要把“我为群众办实事”纳入党支部常态化工作，认真总结好做法、好经验，及时转化为制度成果。同时要通过选树先进典型，标杆引领，形成学有榜样、行有示范、赶有目标的良好氛围，把党史学习教育转化为全方位推动高质量发展的实际成效。

同日 长治公司举办第6期“明德正行”文化大讲堂，专题学习习近平总书记“七一”重要讲话精神。副教授张耀元从六个方面深入浅出地解读中国共产党风雨如磐定力和宏伟壮阔百年历史。

9月27日至28日 长治公司董事长郭长庆和总经理王战兵带队到各路段调研指导水毁处置工作。调研组重点就边坡滑塌、排水沟损毁、护面墙损坏、应急抢险保通、施工现场安全管控等问题进行实地查看和研究，并组织现场办公对水毁严重路段的应急处置等相关工作进行安排部署，会同各部门、各单位负责人制定一系列行之有效的应急处置措施，为最快抢通道路奠定坚实基础。

9月28日 长治公司收费稽核暨国庆期间安全保畅运营专题工作会召开，传达上级部门相关会议精神，精心安排国庆期间安全稳定、保通保畅工作，确保国庆长假期间辖区道路安全畅通。

10月1日 长治公司党委书记、董事长郭长庆和党委副书记、副董事长、总经理王战兵带队深入绕城高速、长平高速、长邯高速、左黎高速等地水毁路段现场，就水毁抢修和应急处置工作进行再检查、再督导。同时，沿着各高速公路路段对各基层单位节假日期间值班值守情况进行督导检查，并向值守在一线的工作人员表示节日慰问，对夜以继日奋战在抢险保通一线的工作人员表示衷心感谢。

10月13日至15日 长治公司收费业务技能比武竞赛活动成功举办。比赛现场，来自12个收费站的70名业务能手同台竞技，参赛选手精神饱满、沉着冷静，充分展现扎实理论基础、娴熟操作技能和良好形象风采。

10月27日 长治公司“百站示范、千站提升”收费稽核百日清零行动推进会召开，交流创优活动工作经验，表彰先进集体和个人，部署下一步工作任务。

11月4日 上午，长治公司党委理论学习中心组(扩大)学习会议召开，传达贯彻山西省第十二次党代表大会精神。

同日 中国公路建设行业协会2020—2021年度(第二批)公路交通优质工程奖(李春奖)评选结果公布，长治公司申报的山西省黎城(冀晋界)至长治公路改扩建工程等3个项目获李春奖，党委书记、董事长郭长庆，项目原负责人姬鸽被授予“优秀项目建设者”称号。

11月9日 是第30个“全国消防安全宣传教育日”，长治公司各单位多维发力，积极开展消防安全宣教活动。

11月12日 长治公司总经理王战兵带队赴东阳关省界检查工作，并送去慰问品。要求认真落实各项疫情防控措施，切实保障高速公路安全畅通。

11月18日 长治公司纪委2021年党风廉政建设和反腐败协调小组会召开，会议听取各成员部门履行职能监督情况，结合实际，对加强党风廉政建设和反腐败工作提出意见和建议。

11月26日 上午，长治公司邀请专家唐卫东，以“数览中共十九届六中全会”为题作宣讲辅导，该讲座深入浅出、广征博引，全面解读全会精神。

11月29日 省交通运输厅国省公路养护督查组到长治公司开展养护工程督导检查工作，通过查阅资料、询问核查、对单检查、随机抽检等方式，对养护工程总体情况、前期工作、计划编制、招标投标、信用评价、合同履约及各参建单位管理等进行全过程检查；在座谈会上，督导组对长治公司2021年养护工程完成情况表示充分肯定，并对存在的细节问题提出指导意见。

12月3日 长治公司党委书记郭长庆，总经理王战兵分别带队与公司领导班子成员、机关部室负责人组成法治宣传组,深入基层一线进行宪法宣传,同时还开展送"法"进基层活动,掀起班子成员带头学习宪法、宣传宪法、崇尚宪法新高潮。

12月10日 为进一步加强基层党组织标准化、规范化建设,不断增强党支部凝聚力和战斗力,长治公司党委以交控集团开展"党建质量提升年"为契机,结合基层党建工作实际,编印《党支部标准化建设工作指导手册》(以下简称《手册》)。《手册》共5个篇章,1个附录,涵盖党支部组织设置、活动场所、经常性工作、常用文书、资料标准、常用文件等内容,全面具体地回答党支部做好每一项工作的工作标准、方式方法和操作要求,重点对党员发展和换届选举工作进行详细介绍,简单易懂,操作方便,是基层党务工作者提高工作效率、做好党支部工作的重要工具书,为提升公司基层组织标准化建设奠定坚实制度基础。

12月12日至14日 长治公司委托省交通干部学校,组织540名职工参加车辆通行收费员职业技能等级认定考核。本次考核分三批开展,理论考试采用答题卡作答,实操考试通过随机抽取题组、现场打分评分进行,考场纪律严明,认定考核工作开展有序。

12月15日 交控集团安全环保部部长陶云川带队到长治公司,督导检查安全管理措施落实情况,并走进一线单位,开展全面细致的安全、防疫大检查,重点听取长治东收费站、虹梯关特长隧道管理站等单位相关人员对日常工作情况的介绍,详细询问安全生产及防疫工作安排。

12月15日至17日 长治公司对28家基层单位2021年工作目标责任制完成情况进行考核,考核内容为各单位2021年党建和党风廉政建设、生产经营、安全生产目标责任完成情况,各单位重点工作任务落实情况,各单位工作特色、亮点情况。本次考核帮助公司全面了解各单位工作状况、工作质效、工作态度等,考评结果为2021年度工作完成情况汇报会及各项评先评优活动提供事实依据,达到以考促学,激发员工积极性、主动性,深入推进标准化管理再上新台阶的目的。

12月16日 长治公司"全面建设清廉国企"专题民主生活会召开,交控集团安全环保部部长陶云川到会督导,党委书记、董事长郭长庆主持会议,通报公司党委上年度民主生活会整改落实情况,并代表公司党委班子作对照检查发言。公司领导班子成员逐一作对照检查,严肃认真开展批评与自我批评,达到坦诚相见、共勉共进、增进团结、推动工作的目的。陶云川对此次专题民主生活会进行点评,认为准备充分,主题鲜明,达到预期效果。

12月17日 长治公司道路清障(车辆救援)专项会议召开,要求各清障片区严格履行工作职责,以现有"一降三快"事故处置机制应用为基础,完善清障及道路救援机制,强化高速公路应急救援协作能力和管理,建立健全安全、规范、文明、高效的清障救援工作机制。同时,要按照岗位职责标准、清障收费标准、工作纪律等,强化业务培训,全力打造一支思想过硬、作风优良、业务精通的清障救援队伍,以此来保障公司所辖道路畅通安全,更好地服务广大司乘人员安全便捷出行,共同助力长治高速高质量发展。

同日 共青团长治市委副书记、市青联主席王浩一行走进长邯高速公安防疫检测站、东阳关服务区疫情防控查验点,慰问奋战在抗疫一线的青年志愿者,送去慰问品和防疫物资。

12月23日 上午,长治公司举办学习贯彻省第十二次党代会精神宣讲报告会,邀请省委党校、省行政学院教授郑延涛作专题辅导。

12月25日 长治公司安委会第五次全体会议暨安全生产风险隐患大排查大整治百日专项行动部署会议召开。会议通报元旦前安全大检查情况,传达省委、省政府和交控集团安全生产风险隐患大排查大整治集中行动部署会议精神。会议总结本年度安全生产工作完成情况,并就大排查大整治集中行动及今冬明春安全生产工作进行安排部署。会议要求强化政治监督,督促安全生产责任落到实处;坚持问题导向,推动各类问题有效整改;严肃追责问责,筑牢安全生产防线。

(资料提供:姬 婕)

晋城高速公路管理有限公司大事记

1月6日 交控集团党委第一巡察组巡察晋城高速公路管理有限公司(以下简称“晋城公司”)党委情况反馈会议召开,交控集团党委巡察工作领导小组成员、纪委常务副书记王忠明出席会议并讲话。

1月7日 交控集团副总经理谢鹏远深入晋城公司晋城西收费站、牛匠收费站、路网运行监测中心、“玉屏家园”职工住宅楼调研经营管理工作。

1月21日 晋城公司党委2020年度党员领导干部民主生活会暨巡察整改专题民主生活会召开,交控集团党委第一巡察组到会指导。

2月24日 晋城公司一届四次职代会暨2021年工作会议和2021年党的建设、党风廉政建设工作会议召开,表决通过《2021年度集体合同及专项集体合同》《公司一届四次职代会决议》,签订公司和基层单位《2021年度经营目标责任书》,对2020年先进集体和个人进行表彰。

3月1日 晋城公司在安全生产警示教育基地举行第7个“3·1”安全生产警示教育日活动,公司干部职工和高速交警代表在“3·1”事故警示墙前集体默哀。

3月12日 在第43个全民义务植树节到来之际,晋城公司举行晋济高速公路原生态绿色走廊建设启动仪式,150多名干部职工参加义务植树。

3月22日 晋城公司举行党史学习教育动员会暨党史培训开班仪式,党史学习教育全面铺开。

3月23日 交控集团副总经理韩文军深入晋城公司法治园区和“玉屏家园”职工住宅楼调研,并召开座谈会听取公司党史学习教育开展情况,建设管理部部长刘瑞斌陪同。

4月15日至16日 在全国交通运输行业质量管理年会上,晋城公司“闪电”QC小组获“2020年度全国优秀质量管理小组”“2020年度全国交通运输行业优秀质量管理小组”两项称号,晋阳隧道管理中心班组和信息监控中心班组分别获“2020年度全国交通运输行业质量信得过班组”称号。

4月19日 晋城公司路网运行监测中心获“全国五一巾帼标兵岗”称号。

4月22日 交控集团纪委副书记刘志斌带领党史学习教育巡回督导组,到晋城公司督导检查党史学习教育开展情况。

4月25日至26日 高沁高速公路通过工程质量专项验收。

5月12日 “玉屏家园”职工住宅楼选房工作圆满结束。

5月31日 晋城公司党委举办“永远跟党走·奋进新时代”庆祝中国共产党成立100周年歌咏比赛。

6月11日 交控集团党委委员、副总经理贾勇出席分公司总经理任期经济责任审计进点会并讲话,审计风控部部长部勇刚主持会议。

6月28日 晋城公司党委召开庆祝中国共产党成立100周年暨“七一”表彰大会。

6月30日 交控集团副总经理谢鹏远深入晋城公司督导检查安全生产大排查大整治情况,并开展党史学习教育专题宣讲,路网应急指挥中心主任续宏、副主任王保生陪同。

7月11日至22日 受强降雨影响,晋城公司四次启动雨雪恶劣天气二级应急响应,上下团结一心、坚守岗位,一线应急人员全员投入清障除险、抢通保畅“战斗”,累计出动人员1100余人次、作业机械上百台次,保障险情路段交通及时恢复。

7月21日 交控集团总经理武艺、副总经理谢鹏远,就党史学习教育、运营管理和安全防汛等工作到晋城公司调研督导,运营管理部部长韩昱,安全环保部部长陶云川,党委办公室副主任李国庆,运营管理部高级专员郭太明,监理集团董事长何晓明、副总经理杨军参加调研。

7月29日 晋城公司"七一"重要讲话精神专题学习班在太岳干部学院正式开班,公司领导班子、"两优一先"受表彰人员、相关党务人员参加学习。

8月4日 晋城公司召开新冠肺炎疫情防控工作紧急视频会议,对疫情防控工作进行再安排、再部署。

8月11日 晋城公司2020年度"1235工作法"党建项目化管理成果验收评审会召开。

9月6日 晋城公司召开党员大会,选举出席交控集团第一次党代会代表。

9月10日 交控集团法律合规部部长兰晓林一行深入晋城公司,就合规管理试点工作进行专题调研。

10月12日 晋城公司紧急视频会议召开,安排部署汛期灾后恢复重建工作。

10月20日 交控集团工会命名申乾工作室、国强工作室、相韬工作室为"职工(劳模)创新工作室"。

10月22日 晋城公司召开专题会议,贯彻落实省政府"一保两迎"安全防范工作视频会议精神,安排部署安全防范各项工作。

10月22日至23日 晋城公司首届职工运动会在润城北收费站举行。

11月21日 "玉屏家园"职工住宅楼项目主体封顶。

11月23日 鑫益盛商贸有限公司产权理顺,成为晋城公司全资子公司,经营开发进入新起点。

12月2日 高平至沁水高速公路、牛匠互通综合改造工程、牛浪路下穿晋阳高速分离式立交改造工程顺利通过竣工验收。

12月14日 晋城市总工会命名申乾工作室为晋城市"劳模(职工)和工匠人才创新工作室"。

(资料提供:张 宇)

运城北高速公路管理有限公司
大 事 记

1月4日 运城北高速公路管理有限公司(以下简称"运城北公司")邀请运城市心理咨询师协会常务理事、运城市直工委讲师团讲师郑权典作主题为"幸福人生 从心开始"的心理健康教育讲座。

1月7日 运城北公司纪委组织开展元旦、春节期间专项监督检查工作,认真贯彻落实中央八项规定精神,持续深化作风建设,严防"四风"问题发生,持续营造狠刹歪风、弘扬正风浓厚氛围。

1月8日 运城北公司在信息中心三楼会议室召开2020年度党委书记抓基层党建述职评议会议。

1月15日 运城北公司纪委组织召开党风廉政建设和反腐败工作协调小组专题研讨会议,对2020年党风廉政建设和反腐败工作作出分析研判,查找薄弱环节和突出问题,针对性提出加强和改进措施,推进2021年党风廉政建设工作再上新台阶。

1月18日 运城北公司纪委组织召开2021年春节节前廉政提醒集体谈话会议,旨在传导压力和责任,提前"敲警钟"、打好"预防针",营造风清气正节日氛围。

1月21日 运城北公司2020年度民主生活会

召开。

同日 运城北公司巡察整改专题民主生活会召开。

2月4日 运城北公司印发《财务等重大信息公开办法(试行)》《财务等重大信息公开实施细则(试行)》。

3月2日 运城北公司在信息中心三楼会议室召开一届四次职代会暨2021年工作会议。会议认真贯彻落实交控集团工作会决策部署,对2020年工作进行全面总结,对2021年工作进行系统安排部署。会议审议通过《2021年度集体合同及专项集体合同(草案)》《薪酬与绩效考核管理办法》《中层管理人员能上能下实施细则》《一届四次职代会决议(草案)》。并对2020年度表现突出的17个集体和63名个人进行表彰。

同日 运城北公司2021年党的建设和党风廉政建设工作会议召开。

3月5日 运城北公司印发《薪酬管理与绩效考核办法(试行)》。

3月9日 运城北公司获得省属企业精神文明创建文明单位称号,戴波获省属企业精神文明建设优秀工作者称号。

3月11日 运城北公司印发《招标采购管理办法实施细则(试行)》,进一步规范招标采购管理工作,降低采购成本。

同日 运城北公司修订并下发《造价管理办法》,进一步明确造价活动的定义、适用范围、工作职责、编制依据、造价的确定与控制方法和程序。

3月15日 运城北公司修订并下发《养护工程管理办法》,进一步明确适用范围、管理职责、项目库管理、工程变更、验收管理等相关条款。

3月18日 运城北公司党委印发《开展党史学习教育的实施方案》,组织开展党史学习教育。

3月19日 运城北公司机场收费站杨丹获省属国有企业第三届道德模范"孝老爱亲模范"称号。

3月25日 运城北公司党建工作安排部署会暨企务公开推进会召开。

是月 运城北公司机场收费站被交控集团工会评为2020年度巾帼先进集体,郭凯红被评为巾帼先进个人。

4月7日 运城北公司纪委组织业务部室、纪检委员开展再检查、再规范、再深入、再强调、再督促、再宣传的企务公开"回头看"推进工作,进一步推动企务公开监督机制长效化、制度化,规范企务公开内容、程序和形式,不断强化纪委对权力运行制约和监督。

4月8日 运城北公司工会二届一次会员代表大会召开。会议回顾公司工会三年来取得的成绩,并对工会发展及2021年主要工作任务作安排和部署。会议选举产生公司工会新一届委员会,选举卫晓君为工会第二届委员会主席、薛红霞为第二届经费审查委员会主任、闫虹为第二届女职工委员会主任。

4月13日至23日 运城北公司分四批组织宣传人员开展党史学习教育采风活动。

4月14日 运城北公司组织领导班子成员及部门负责人赴闻喜县陈家庄村革命老区红色教育基地,开展学党史主题学习教育活动。

4月27日 运城北公司团委获2020年度交控集团公司"五四红旗团委",英言收费站团支部获"五四红旗团(总)支部",黄昊龙、靳耀戈2人获"优秀共青团员",杨振声获"优秀共青团干部",薛芳获"优秀青年志愿者",刘斌获"青年岗位能手"。

4月 运城北公司侯马收费站获评国资委"五四红旗团支部"。

4月至5月 运城北公司组织开展"安全带——生命带"专项行动。

5月10日 运城北公司纪委组织养护工程参建人员召开廉洁提醒谈话会议,贯彻落实交控集团党委《关于加强重点工程项目廉洁建设的指导意见》和集团纪委重点工程项目建设提醒谈话会议精神,聚焦高质量发展,严控廉政风险,进一步推进廉洁工程、阳光工程建设。

5月12日至14日 运城北公司纪委邀请运城市纪委、党校等6名理论与实践经验丰富的老师,对各党支部书记、支部纪检人员开展为期三天的全员封闭式培训,进一步提高履职尽责能力,推进工作规范化法治化建设。

5月19日 运城北公司王碧蕾、薛焱杰2人获交控集团“学党史、强信念、跟党走——青年奋斗者说”竞演讲述活动优秀奖。

5月25日 运城北公司配合交控集团考核组完成公司领导班子成员2020年度及2018—2020年任期经营业绩考核。

6月3日 交控集团副总经理谢鹏远赴运城北公司,就路域环境整治、再见新成效十大专项提升工程、追缴通行费、ETC网点建设以及相关工作开展情况进行调研和座谈,并开展党史学习教育宣讲。

6月7日 运城北公司获交控集团新闻宣传工作先进集体称号,秦龙龙获得优秀通讯员称号。

6月10日 运城北公司“以案为鉴 以案促改”警示教育大会召开,切实发挥内部案例警示教育作用,引导各级管理人员深刻汲取案例教训,始终保持警钟长鸣,并以案为鉴,深入开展收费稽核与治超检测专项排查整治行动。

6月18日 运城北公司联合地方政府、高速交警在垣曲西收费站开展G3511菏宝高速闻垣段收费站危化品泄漏和团雾路段交通事故应急处置大型实战演练,交控集团各单位安全分管领导,安全应急部门、突发事件信息报送部门负责人现场观摩演练。

6月23日 运城北公司党委获省属企业“先进基层党组织”称号。

6月28日 运城北公司闻喜路产维护站党支部获交控集团党建工作项目化三等奖。

同日 交通集团党委印发《关于表彰2021年优秀共产党员、优秀党务工作者和先进基层党组织的决定》。运城北公司行子华、卫晓君、王瑞鹏、温江、赵佳6人获“优秀党务工作者”称号;杨江山、孟光荣、续强、王耀佳、杨帆获“优秀共产党员”称号。

6月29日 运城北公司党委“两优一先”表彰大会召开。

7月1日 运城北公司组织全体人员观看庆祝中国共产党成立100周年大会实况。

7月2日 运城北公司组织职工参加交控集团举办的“平安交控知识竞赛”并获三等奖。

7月13日 交控集团专职党委副书记、副董事长、副总经理刘宏武带领党委办公室、党委宣传部、工会、安全环保部等部门领导一行赴运城北公司,就党史学习教育、安全生产、信访工作等进行调研督导,并开展夏季“送清凉”活动。

7月21日 运城北公司党委书记、董事长侯毅力获得交控集团2020年度优秀调研报告三等奖。

7月26日 运城北公司在山西大剧院参加交控集团举办的庆祝中国共产党成立100周年职工合唱展演,获“职工合唱展演(赛)金奖”。

是月 运城北公司运城路产维护站获省人力资源和社会保障厅“交通运输系统先进集体”称号。王瑞鹏获“交通运输系统先进个人”称号。

8月17日至20日 运城北公司纪委会同阳光采购办公室开展招采业务专项监督检查,有效保障招采活动依规依纪依法进行,预防和遏制招采主体人员在招采过程中利用公权力谋取私利的情况发生。

是月 运城北公司获交控集团收费稽核与治超检测专项排查整治行动优秀单位称号。

9月15日 运城北公司纪委组织开展中秋、国庆节期间违反中央八项规定精神、纠治“四风”专项监督检查工作,持之以恒落实中央八项规定精神,严防“四风”问题反弹回潮,全力营造风清气正的节日氛围。

9月16日 运城北公司党建双月例会暨“1235”党建项目化管理工作现场观摩推进会召开。

10月9日 运城北公司侯马收费站党支部被交控集团党委评为2021年度“党建工作示范点”,机场收费站党支部被评为“标杆党支部”。

10月27日 运城北公司开展“中国梦·劳动美”主题学习教育活动,组织广大职工开展“永远跟党走、奋进新征程”乒乓球赛、羽毛球赛。

11月10日 运城北公司组织职工开展“安康杯”户外徒步活动。

11月26日 省公路运输工会主席刘贵良和交控集团工会主席孟仁贵一行到运城北公司调研指导工作,并为“丁志荣创新工作室”举行揭牌仪式。

是月 根据《关于开展“送温暖、献爱心”社会捐助活动的通知》文件精神，运城北公司组织动员全体干部职工开展爱心捐款活动，共收到捐款34490元。

12月9日 薛红霞任运城北公司纪委副书记。

12月15日 运城北公司"全面建设清廉国企"专题民主生活会召开，引导党员干部严守纪律底线，持续增强"四个意识"，坚定"四个自信"，坚决做到"两个维护"，为各项工作开展打下坚实思想和组织基础。

12月16日 运城北公司党委印发《关于对领导班子成员联系包片基层党支部进行调整的通知》，对公司领导班子成员包片党支部进行调整。

12月28日 运城北公司组织全体职工学习新《中华人民共和国工会法》。

12月29日 运城北公司"高速公路中央分隔带自动清扫设备研发""降低高速公路中隔带单公里绿化管护费用"获得交通运输行业2021年度优秀质量管理小组及成果奖。

12月30日 运城北公司"缩短高速公路运营报表报送时间"提高ETC车辆通行率"分别获山西省质量管理小组活动一等成果和二等成果。

12月31日 运城北公司纪委组织召开节前集体廉洁提醒谈话会议，严格贯彻落实中央八项规定精神，巩固纠治"四风"成果，切实增强公司领导干部廉洁自律、拒腐防变、克己奉公的规矩意识、纪律意识和法治意识，努力营造风清气正的节日气氛。

同日 运城北公司接受交控集团2021年安全生产工作管理目标考核，获"安全生产先进企业"称号。

是年 运城北公司深入推进国企改革三年行动，结合企业实际制定《深化改革三年行动实施方案（2020—2022年）》和《深化改革三年行动工作任务清单》，明确4个方面20项具体工作，分解4个方面改革内容76项具体措施，75项工作任务按期完成。建立机电实训中心，设置混合车道实践区、门架系统实践区等14个功能区域，涵盖电气工程、电子科学与技术等数十个专业领域内容，涉及收费、监控、供电、通信、ETC门架五大机电系统，为员工学技能长本领提供平台，以"理论讲解＋实践操作＋综合考核"的方式重点培养机电运维基础能力及机电突发事件的抢修处置应对技能。

是年 运城北公司通行费收入13.06亿元，路赔收入总计466.83万元，清障收入30.34万元，其他收入51.59万元。开展ETC专项营销，发行ETC设备2.83万套，充值647.46万元。全力打击偷逃通行费行为，追缴通行费202.66万元。所辖路段公路技术状况指数MQI为95，PQI为92.61，优良路率100%，一类、二类桥梁占比98.5%（三类桥梁5座，占比1.5%），二类及以上隧道占比100%。

（资料提供：王晓兵）

运城南高速公路管理有限公司大事记

1月1日 运城南高速公路管理有限公司（以下简称"运城南公司"）所属22个收费站400余名员工同时换上山西交控配发的新式制服，以崭新、亲和面貌，欢度元旦佳节，成为高速公路上一道靓丽风景。

1月5日 省人大代表曹来成、卫耀民，运城市人大代表李凡狮，盐湖区人大代表等一行7人，到运城南公司实地调研，并召开座谈会。

同日 省国资委举办的“迎国庆、话改革、展风采”书法绘画摄影作品评选活动揭晓。运城南公司选送的作品“国泰民安”和“扶贫在路上”分别获得书法类和摄影类优秀奖。

1月6日 凌晨2时30分,芮城县防疫指挥部在芮城东站外广场设立防疫检测点,对过往车辆人员进行测温登记,积极配合检疫工作。随后,各地方相关部门在所辖其他收费站相继设立防疫检测点。

同日 交控集团党委第二巡察组巡察反馈会议在运城南公司六楼会议室召开。交控集团党委办公室副主任冀岚出席会议并讲话,交控集团纪委(监察专员办公室)纪检一室副主任岂永强,党委第二巡察组组长田冬、副组长宋平兴、联络员韩伟出席会议,运城南公司党委书记、董事长李震主持会议并作表态发言。公司领导班子成员、全体中层管理人员及党工部、纪检室、党委组织部等部门有关人员参加会议。

1月14日 运城南公司疫情防控专题会暨一月份安委办主任视频会议召开。会议围绕疫情防控相关工作进行安排部署,对公司值班管理工作进行专题安排。总经理姚文勇出席会议并讲话,党委委员、副总经理薛炎龙主持会议,党委委员、副总经理李卓出席会议。

1月21日 运城南公司党委2020年度党员领导干部民主生活会暨巡察整改专题民主生活会召开。交控集团党委第二巡察组副组长窦新霞、巡察组成员郭穆春、联络员韩伟到会指导。公司党委书记、董事长李震主持会议并做总结表态发言。

同日 交控集团第七考核组组长、工会主席孟仁贵一行到运城南公司开展2020年度领导班子和领导人员综合考核评价,同步开展党建目标责任制考核、干部选拔任用“一报告两评议”、人才工作专项考核以及外部董事考核评价工作。

1月26日 运城南公司2021年安委会第一次全体(扩大)会议暨疫情防控工作视频会议召开。党委书记、董事长李震出席会议并讲话,党委副书记、副董事长、总经理姚文勇主持会议,党委委员、副总经理薛炎龙就安全生产和疫情防控工作进行安排部署,芮城路产维护站、闫景收费站、平陆路政中队主要负责人在主会场作表态发言。

1月29日 运城南公司春运工作动员部署会召开,对2021年春运工作进行安排部署。总经理姚文勇主持会议,党委委员、副总经理薛炎龙、李卓出席会议。公司机关相关部门和基层各单位负责人参加会议。

2月2日 山西达威服饰有限公司一行来到运城南公司,为坚守在疫情防控一线员工送来防疫物资,献上企业一片爱心。

2月4日 运城南收费站、闫景收费站获评中国交通企业管理协会2020年度五星级、三星级现场管理单位,是全省首家获此荣誉的高速公路收费站。

2月5日 运城南公司组织召开治理入口货车丢轴专题会议,党委委员、副总经理李卓出席会议并讲话,路政大队队长梁小进主持会议。

2月8日 运城南公司纪委专题会议召开,传达学习中纪委十九届五次全会和省纪委十一届七次全会精神,以及交控集团纪委书记焦军在2021年党的建设和党风廉政建设工作会议上的讲话精神,进一步研究部署有关工作。

2月10日 万荣西收费站、闫景收费站收到万荣县公安局党委感谢信,感谢两站在疫情防控关键时刻为公安民警提供帮助。

2月24日至25日 因雨雪天气,运城地区多条高速公路封闭交通,导致大量人员和车辆滞留收费站,青年志愿服务队积极为司乘人员提供暖心服务,赢得一致赞扬。

2月26日 芮城县陌南镇柳湾村委负责人专程来到芮城路产维护站,将一面写着“大火无情人有情,危难之时伸援手”的锦旗送到维护站,感谢他们在群众危难时刻的快速救援。

3月3日 运城南公司党委理论学习中心组开展2021年第3期中心组集体学习,党委书记李震主持学习,党委委员参加学习。

同日 临汾南公司一行到运城南公司就党风廉政建设、日常养护管理、隧道运营管理等进行参观交流。

3月5日 运城南公司工会组织召开“魅力女性 快乐巾帼”座谈会，专职党委副书记、副董事长黄河龙出席会议，各工会小组女职工代表20余人参加座谈会。

3月9日 运城南公司一届四次职工代表大会暨2021年工作会议召开。党委书记、董事长李震出席并讲话，党委副书记、副董事长、总经理姚文勇作题为《改革提速谋发展 精细管理增效益 为推动运城南公司高质量发展努力奋斗》的工作报告。

同日 运城南公司2021年党的建设和党风廉政建设会议召开。党委书记、董事长李震出席会议并讲话，党委副书记、副董事长、总经理姚文勇主持会议。

3月10日 运城南公司党委、纪委开展党建和党风廉政建设专题培训。专职党委副书记黄河龙，纪委书记赵东阳出席开班仪式，董事长助理常飞主持，各党支部书记、纪检委员（联络员）、党务工作者参加培训。

3月12日 山西省省属精神文明建设指导委员会公布“关于命名2019—2020年度山西省省属企业精神文明创建先进集体和个人的决定”，运城南公司被授予山西省省属企业“文明单位”称号。

3月13日 交控集团工会公布“关于表彰山西交控集体2020年度巾帼先进集团和先进个人的决定”，授予运城南收费站凤凰高翔班组“巾帼先进集体”称号、风陵渡公路超限检测站常秀丽“巾帼先进个人”称号。

3月18日 运城南公司2021年第一季度经营工作分析会召开。会议紧紧围绕如何有效推进标准化建设、精细化管理工作及如何探索并分步实施成本管控、业务拓展工作进行安排部署。党委副书记、副董事长、总经理姚文勇主持并讲话，分管领导薛炎龙、孙琳、李卓出席并作工作安排，基层各单位、机关各部门负责人参加会议。

3月24日 运城南公司纪委书记赵东阳带队分别赴临汾南、临汾北公司开展纪检工作经验交流。

3月25日 下午，运城南公司召开党史学习教育动员部署会议暨第1期党史专题讲座。党委副书记、副董事长、总经理姚文勇出席并讲话，专职党委副书记、副董事长黄河龙宣读《运城南公司开展党史学习教育实施方案》，赵东阳主持会议。

3月30日 上午，运城南公司纪委邀请临汾南、临汾北、运城北公司纪检人员一行12人，围绕加强和改进纪检监督工作，充分发挥纪检监督整体效能进行调研交流。

4月1日至2日 运城南公司路政大队组织省界公路检测站、收费站部分相关负责人及治超业务骨干一行5人，赴大同南公司考察学习治超管理工作。

4月2日 司机陈师傅将一面写着“危难伸援手、真情暖人心”的锦旗送到东郭收费站，对其尽职尽责、热心周到的服务表示感谢。

4月14日 运城南公司党委书记、董事长李震与路桥集团交通机电工程公司总经理孙小明一行举行工作会谈。双方就运城南公司分布式光伏发电、隧道照明系统改造项目进行详细交流。

同日 交控集团党史学习教育宣讲团成员、中共山西省委党校党建教研部副教授梁玉新到运城南公司作专题宣讲。

4月20日 交控集团纪委第一督查组成员赴运城南公司，对企务公开工作进行监督检查。

4月21日 山西交控集团党史学习教育巡回指导组深入运城南公司，通过查阅资料、座谈交流、实地查看等方式，对党史学习教育开展情况进行督导检查。

4月22日 第二十三届中国高速公路信息化大会暨技术产品展示会在苏州国际博览中心隆重开幕。党委书记、董事长李震，外部董事许中义，公司领导黄河龙、李卓以及相关部门负责人、业务骨干等参加本次大会。

4月27日 运城南公司党委在山西省爱国教育示范基地、山西省党史教育基地——闻喜县陈家庄革命纪念馆召开中心组学习（扩大）暨第四次党史专题学习会议。党委书记、董事长李震主持会议，领导班子成员、机关各部室、基层各单位党政负责人60余人参加会议。

4月28日 运城南公司党委组织召开党建工

作交流会。专职党委书记、副董事长黄河龙出席会议并讲话,党口各部门负责人、各党支部书记和单位负责人共44人参加会议。

同日 运城南公司总经理办公会暨“五一”节前工作部署会议召开。党委副书记、副董事长、总经理姚文勇主持并讲话,专职党委书记、副董事长黄河龙,党委委员、副总经理薛炎龙、李卓出席并作工作安排,机关相关部门负责人参加会议。

5月10日至11日 运城南公司举办“传承红色基因 汲取奋进力量 绽放时代光芒”为主题的党史知识竞赛活动。公司领导班子成员出席知识竞赛活动,专职党委书记、副董事长黄河龙对竞赛活动进行点评。

5月13日 交控集团安环部部长陶云川一行来到运城南公司,就安全生产、消防环保等工作进行专项督导检查。总经理姚文勇陪同。

同日 运城南公司纪委书记赵东阳率纪检人员一行赴运城民航机场有限公司开展纪检工作经验交流分享会。

同日 运城南公司党委理论中心组举行2021年第7期中心组学习暨第5次党史专题学习,深入学习领会习近平总书记在党史学习教育动员大会重要讲话精神,研读《中国共产党简史》重点篇目,围绕学习改革开放新时期历史开展专题交流研讨。专职党委书记、副董事长黄河龙主持中心组学习,其他中心组成员参加学习。

5月17日 运城南公司党委召开第8期中心组学习暨第6次党史专题学习,深入研读《习近平新时代中国特色社会主义思想学习问答》一书,同步围绕中共十八大以来的历史开展专题交流研讨。党委书记、董事长李震主持中心组学习,党委委员参加学习。

5月17日至18日 运城南公司组织开展安全生产标准化二级达标内部预审工作。外聘专家组以《高速公路运营企业安全生产标准化评价实施细则》为依据,对内业资料和外业现场16类164项工作进行系统诊断。

5月20日 运城南公司组织参加交控集团《中国共产党国有企业基层组织工作条例(试行)》专题解读视频会。各党支部书记、党务工作人员和党工部(董事会办公室)、党委组织部、纪检室工作人员共68人参加会议。

同日 交控集团考核四组一行对运城南公司开展领导班子成员2020年度及2018—2020年任期经营业绩考核。

5月24日 运城南公司纪委专题扩大会议召开,传达贯彻落实交控集团党委委员、纪委书记、监察专员焦军在所属企业纪委书记任职试用期考核会上的讲话精神。董事长助理常飞主持,纪委书记赵东阳出席并作工作安排,公司纪委委员、各支部纪检委员、纪检联络员共计35人参加会议。

5月25日 运城南公司工会在五楼职工之家组织开展“中国梦•劳动美——永远跟党走、奋进新征程”职工书画摄影、微视频、手工制作作品评选活动。

5月28日 运城南、北公司联合组织优秀党员代表、职工代表,部分党支部书记、纪检委员(联络员)共70余人赴长治市武乡县八路军太行纪念馆、王家峪八路军总部旧址、百团大战砖壁指挥部旧址和晋中市昔阳县大寨展览馆等地,开展“学党史、强党性、担使命”红色教育主题实践活动。

5月31日 运城南公司纪委牵头召开晋南片区纪检联动成立大会暨第一次联席会议。会议由纪委书记赵东阳主持,运城、临汾各高速公路公司和路桥公司纪委书记、纪检室负责人、干事以及运城南公司纪委委员共19人参加会议。

6月3日 交控集团副总经理谢鹏远一行到运城南公司,就路域环境整治、再见新成效十大专项提升工程、追缴通行费、ETC网点建设以及相关工作开展调研,同步进行党史学习教育专题宣讲。运营管理部部长韩昱、路网应急指挥中心副主任王保生陪同调研。

6月4日 运城南公司党委理论中心组举行2021年第9期中心组学习暨第7次党史专题学习,党委书记、董事长李震主持中心组学习,其他党委委员参加学习。

6月8日 由运城南公司纪委牵头组织晋南片区各纪委书记、工会主席、纪检室负责人和干事共29人赴汾酒集团开展对标学习与座谈交流。

6月8日至9日 运城南公司纪委牵头组织晋南片区纪检人员和部分工会人员赴吕梁南、北公司进行学习。

6月9日 运城南公司获交控集团“2020年度宣传思想工作先进集体”称号。

6月11日 运城南公司“致行运南”代表队在交控集团举办的“传承红色基因、汲取奋进力量、绽放时代光芒”党史知识竞赛中获二等奖。

6月15日 运城南公司举办党史学习教育专题讲座，邀请山西经济管理干部学院教授朱忠良作专题讲解，此次活动设1个主会场和9个分会场，公司领导班子、机关全体人员、各单位中层管理人员、全体党员及团支部书记共300余人参加，纪委书记赵东阳主持讲座。

6月16日 交控集团第二检查组进驻运城南公司开展财务管理专项检查，并召开工作检查进点会。检查组组长王玉喜、副组长和文芳及检查组成员出席会议，会议由党委书记、董事长李震主持，党委副书记、副董事长、总经理姚文勇，党委委员、副总经理孙琳及机关各部门负责人参加会议。

6月18日 运城南公司党委理论学习中心组在机关党员活动室举行2021年第11期学习。党委书记、董事长李震主持会议，其他领导班子成员参加学习。

6月22日 运城南公司获交控集团“模范职工之家”称号。

同日 在交控集团举办的“永远跟党走 劳动创造幸福”庆祝中国共产党成立100周年演讲比赛中，运城南公司参赛选手李亚娟“我是党的一块砖”，受到全场评委及观众好评，获三等奖。

6月25日 运城南公司举办“红心向党·党旗飘扬”主题歌咏比赛。所属35个党支部联合组成的11支代表队共350余人参加比赛。经过激烈角逐，红色圣火代表队获一等奖，团结胜利代表队、河之韵代表队获二等奖，扬帆代表队、红歌嘹亮代表队、领航运南代表队获三等奖，其他5支参赛队获优秀组织奖。

同日 东郭收费站QC小组、解锟QC小组、永济路产维护站QC小组、运城路产维护站与稽查队联合QC小组，获全省交通行业“优秀质量管理小组”称号。其中，运城路产维护站与稽查队联合QC小组的“内嵌式同心液压护栏调整器”成果，在第二会场99项成果中脱颖而出，获第一名的优异成绩。此外，中条山隧道管理站机电班组还获全省交通行业“质量信得过班组”称号。

6月28日 夜间，运城南公司联合高速交警四支队十四大队开展隧道消防设施实操演练。党委书记、董事长李震，党委副书记、副董事长、总经理姚文勇，党委委员、副总经理薛炎龙，党委委员、副总经理孙琳赴现场进行观摩，公司相关部门、参与隧道管理的各基层单位中层管理人员、作业班组等47名人员参加本次实操演练活动。

6月29日 山西交控集团2020—2021年度“12345”工作法推进党建工作项目化管理成果验收结果公布，运城南公司推送的永济路产维护站党支部“水车浇灌系统技术革新改造”项目、运风高速风陵渡公路超限检测站党支部“区域协作单位消防联防联勤机制”两个项目分别获二等奖、三等奖。

同日 运城南公司党委理论学习中心组在机关三楼会议室举行2021年第12期中心组学习。党委书记、董事长李震主持，其他党委委员参加学习。

6月30日 运城南公司召开庆祝中国共产党成立100周年暨“七一”表彰大会。党委书记、董事长李震出席会议并讲话，党委副书记、副董事长、总经理姚文勇主持会议，其他领导班子成员参加会议。

同日 运城南公司领导班子到老党员尹振彪家中走访慰问，为他颁发“光荣在党50年”纪念章，送上慰问品、慰问金，向他转达党中央关怀，并致以崇高敬意和诚挚问候。

7月2日 运城南公司获交控集团“平安交控—知识竞赛”团体优秀奖、东郭收费站段白洁、常平收费站沈娇获个人一等奖，黄营收费站惠敏娜获个人三等奖。

7月5日 运城南公司“致行运南代表队”获交控集团党史知识竞赛线下团体“二等奖”。

7月9日 运城南公司党委在机关三楼会议室召开理论学习中心组2021年第13期读书班暨第八次党史专题学习(扩大)会议。党委书记、董事长李震主持会议,其他领导班子成员,两位助理,机关一、二、三党支部书记及委员参加会议。

7月12日 交控集团专职党委副书记、副董事长、副总经理刘宏武一行冒着酷暑深入运城南公司,就党史学习教育、安全生产、信访工作等进行调研督导,并开展夏季“送清凉”活动,同步进行党史教育党课学习。党委办公室、党委宣传部、工会、安全环保部等部门领导及相关人员陪同调研。

7月14日 运城南公司组织召开党建专题工作会,对近期党建重点工作进行再安排和再强调。党委委员、纪委书记赵东阳出席并讲话,董事长助理常飞主持。

7月20日 交控集团党史学习教育巡回指导组刘志斌一行到运城南公司,对党史学习教育工作开展情况进行指导,并作专题党课宣讲。运城南、北公司领导班子成员、部室负责人,运城南公司机关全体党员、基层单位党员干部等230余人分别在主会场和10个分会场听讲。

7月27日 学习贯彻习近平总书记“七一”重要讲话精神专题宣讲报告会在省国资委举行。省委宣讲团成员余国琦作宣讲报告。报告会以视频形式召开。运城南公司领导班子成员、机关各部门负责人和全体党员在分会场收听收看。

7月28日 运城南公司选派的作品“平凡中见担当——作企业发展中的路基石”获省国资委“坚定百年初心 聚力转型发展”主题征文活动“三等奖”。

同日 根据省人力资源和社会保障厅、省交通运输厅《关于表彰山西省交通运输系统先进集体和先进个人的决定》(晋人社厅发〔2021〕38号)文件,授予运城南公司收费机电部部长王玉强“山西省交通运输系统先进个人”荣誉称号。

7月29日 运城南公司永济西收费站文瑞雪获省国资委“庆祝中国共产党成立100周年党史知识竞赛”三等奖。

同日 运城南公司2021年安委会第三次全体(扩大)会暨上半年经营工作分析会召开。会议主要围绕上半年经营运行情况,分析存在问题和原因,查找差距和不足,安排部署下一步工作。公司领导班子成员,基层各单位、机关各部门负责人参加会议。

7月30日 运城南公司“八一”建军节复转退役军人座谈会召开。党委委员、纪委书记赵东阳出席会议并讲话,党工部部长朱江、工会主席任化波、党委组织部副部长忽国奇以及复转退役军人、军属代表参加会议。

8月2日 晋南片区各单位、长治公司、晋城公司共30余名纪检干部开展联合学习培训活动。

8月5日 运城南公司举办党史学习教育专题讲座。邀请运城市委党校党史党建教研室主任、讲师刘俊恒作专题报告。此次活动设1个主会场和10个分会场,公司领导班子成员、机关各部室负责人、机关全体党员、各单位中层管理人员及全体党员共200余人参加。

8月12日 运城南公司组织开展2021年“人人讲安全,平安进岗位”为主题的安全生产大讲堂课件讲评活动。党委副书记、副董事长、总经理姚文勇出席活动,党委委员、副总经理薛炎龙出席并讲话,党委委员、副总经理孙琳全程听取宣讲。

8月16日 在交控集团举办的“中国梦·劳动美——永远跟党走、奋进新征程”职工书画摄影、手工制作品评比活动中,运城南公司推选的代表作品:风陵渡公路超限检测站常瑞获书法类一类奖、风陵渡公路超限检测站王小波获摄影类三等奖、圣天湖收费站肖碧洋获手工制作品类三等奖、平陆收费站陆佳星获摄影类优秀奖。

8月17日 运城民航机场有限公司纪委书记张平务一行7人到运城南公司开展纪检工作交流。党委委员、纪委书记赵东阳、纪检室全体人员参加交流座谈。

同日 运城南公司宣传工作专题会议召开,对前一阶段宣传工作进行总结,对下一步工作进行安排部署。党委委员、纪委书记赵东阳主持会议,公司机关各部门、直属单位负责人参加会议。

8月24日 随着一条前后长达100米的组合机械“长龙”,在沥青路面以每分钟3~5米的速度缓缓驶过,标志着运风高速公路压密性车辙就地热再生工程正式开始,这也是就地热再生技术在运城南公司路面预防性养护工程中的首次推广应用。

8月25日 运城南公司党委理论学习中心组在机关三楼会议室举行2021年第16期学习。党委书记、董事长李震主持会议,其他领导班子成员参加学习。

9月1日 运城南公司党委理论学习中心组在公司机关三楼会议室举行2021年第17期学习。党委书记、董事长李震主持会议,其他领导班子成员参加学习。

9月3日 运城南公司举办党史学习教育主题宣讲活动。董事长助理常飞主持,令狐前进、杜蓉、姚华牛、常秀丽、谢杰5名优秀党员代表结合自身工作、生活、学习等实际情况作宣讲。

9月6日 运城南公司党员大会召开。会议选举产生出席中国共产党山西交通控股集团有限公司第一次党员代表大会的代表。党委书记、董事长李震主持,213名党员分别在主、分会场参加。

同日 交控集团下发《关于表彰2021年度“安全生产月”活动获奖团体和个人的决定》,运城南公司获多项团体和个人奖励。

9月9日 山西交通实业集团专职党委副书记、副董事长、工会主席郭亚彬,党委委员、纪委书记王彩荣一行赴运城南公司开展工作交流。党委书记、董事长李震,党委副书记、副董事长、总经理彭梁柱,党委委员、副总经理薛炎龙等参加座谈。双方就党史学习教育、企业文化建设、干部人才工作、安全生产等方面进行深入交流座谈。

9月16日 交控集团安环部副部长刘二保一行来到运城南公司,就中秋、国庆“两节”期间的安全管理、应急消防等工作进行督导检查并召开反馈会。

9月17日 在省公路运输工会举办的党史知识竞赛现场赛中,运城南公司选派的选手王芋霖获省公路运输工会党史知识竞赛现场赛第二名。

9月18日 运城南公司召开党史学习教育工作推进会,同步传达交控集团党委第一次党代会精神。党委书记、董事长李震出席并讲话,党委副书记、副董事长、总经理彭梁柱主持会议,党委委员、副总经理薛炎龙、孙琳出席会议。

同日 运城南公司召开中秋国庆假期安全防范工作暨安全生产专项整治三年行动集中攻坚任务推进会。党委书记、董事长李震出席会议,党委副书记、副董事长、总经理彭梁柱主持会议,党委委员、副总经理薛炎龙对相关工作进行安排部署,党委委员、副总经理孙琳参加会议。

9月23日 运城南公司组织开展手持式收费应急设备操作使用专题培训。来自运城东、平陆等7个收费站的稽查员、机电员和收费班长共30余人参加培训。

9月29日 运城南公司举办党委理论学习中心组第十八次集体学习暨“读原著、学原文、悟原理”专题学习研讨会。党委书记、董事长李震主持会议并讲话,党委理论学习中心组成员、外部董事等参加学习。

9月30日 下午,交控集团总经理武艺深入运城南公司所辖S75侯平高速运三段,现场指导高速公路灾毁抢修处治工作,督导检查国庆节假日安全生产工作,副总经理谢鹏远一同前往。

同日 运城南公司第四次总经理办公会召开。公司党委副书记、副董事长、总经理彭梁柱主持会议并讲话,党委委员、副总经理薛炎龙、孙琳出席并对分管工作进行安排,相关业务部门负责人参加会议。

同日 运城南公司组织国庆假期安全防范工作专题会议召开。党委书记、董事长李震主持会议并讲话,党委副书记、副董事长、总经理彭梁柱,党委委员、副总经理孙琳出席会议并作工作安排,各单位、机关各部门负责人参加会议。

10月11日 交控集团党委印发《关于表彰2021年度先进基层党组织的决定》(晋交控党发〔2021〕163号),运城南公司运城南收费站党支部获

“党建工作示范点”称号，永济路产维护站党支部获“标杆党支部”称号。

10月13日 朔州公司党委委员、副总经理尉恩廷，纪委书记王尚一行26人赴运城南公司开展学习交流。双方围绕党的建设、企业文化、经营管理、安全发展等方面开展深入交流并召开座谈会。运城南公司党委书记、董事长李震，党委副书记、副董事长、总经理彭梁柱，党委委员、副总经理薛炎龙、孙琳等出席会议。

10月14日 运城南公司组织各单位负责人及安全员参加交控集团举办的“2021年高速公路运营安全生产责任保险业务”培训。

10月15日 河南省交通运输发展集团有限公司洛阳分公司一行6人，到运城南公司中条山隧道管理站开展交流学习。党委委员、副总经理薛炎龙出席交流活动。

10月19日 省交通运输厅第二督导组组长、省交通运输厅党组成员、副厅长段新源一行到运三高速开展公路灾毁处治工作督导检查。党委书记、董事长李震陪同。

同日 运城南公司召开干部大会，宣布交控集团党委有关人事任免决定。会议由党委书记、董事长李震主持。公司领导班子成员、机关各部门负责人和基层单位负责人代表参加会议。

同日 运城南公司举办党委理论学习中心组第19期集体学习。党委书记、董事长李震主持会议，党委理论学习中心组成员、外部董事等参加学习。

10月21日 运城南公司举办多类突发事件实战演练桌面展示比武竞赛。党委副书记、副董事长、总经理彭梁柱，党委委员、纪委书记王立中出席活动，党委委员、副总经理薛炎龙作点评。

同日 运城南公司召开2021年度安委会第四次全体会议。会议传达交控集团安委会第四次全体会议精神和省纪委办公厅《关于进一步加强安全生产领域监督执纪问责工作的通知》文件，安排部署第四季度安全生产、冬季疫情防控及安全生产领域监督执纪问责等工作。党委副书记、副董事长、总经理彭梁柱出席会议并讲话，党委委员、副总经理薛炎龙作安排，纪委书记王立中主持会议。

同日 交控集团国企改革三年行动推进会召开。会上传达全省国企改革推进会会议精神，通报改革工作进展情况，部署下一步工作任务。党委书记、董事长袁清茂出席并讲话，总经理武艺主持会议。

10月22日 运城南公司收听收看全省和交控集团“一保两迎”安全防范工作视频会议。会后，迅速召开“一保两迎”安全防范工作会议。党委书记、董事长李震出席会议并讲话，领导班子成员、各部门各单位负责人参加会议。

10月25日 运城南公司组织全体党员干部职工通过电视、网络等各种方式，集中收听收看中国共产党山西省第十二次代表大会开幕仪式实况转播，聆听党代会报告，瞩目未来五年发展蓝图。

10月27日 运城南公司运营管理工作推进会召开。会议围绕1月至10月份工作完成情况，总结并分析存在问题，研究部署下一步工作任务。党委书记、董事长李震出席并讲话，党委副书记、副董事长、总经理彭梁柱主持会议。

10月29日 运城南公司举办党委理论学习中心组（扩大）“读原著、学原文、悟原理”专题读书班，深入学习领会习近平总书记关于全面从严治党重要论述。党委理论学习中心组成员、外部董事参加学习。党委副书记、副董事长、总经理彭梁柱主持。

11月1日 运城南公司组织领导班子成员、中层管理人员及全体党员，集中收听收看交控集团传达贯彻山西省第十二次党代表大会精神会议。

同日 运城南公司召开学习宣传贯彻山西省第十二次党代会精神暨“我为群众办实事”项目推进展示会。党委书记、董事长李震出席会议并讲话。党委副书记、副董事长、总经理彭梁柱主持会议。

11月3日 运城南公司安全生产一级达标现场评审首次会议召开。公司领导班子成员、董事长助理、机关各部室负责人参加会议。

同日 山西交控集团纪委副书记、党史学习教育巡回指导组组长赵雨兵一行赴运城南公司开展巡回指导工作。公司领导班子成员、助理级人员、机关各部室负责人及基层党支部书记代表参加。

11月5日 运城南公司顺利通过安全生产标准化一级达标现场评审。

11月9日 运城南公司与交控集团数字公司召开国产化收费系统推进座谈会。会议由副总经理薛炎龙主持，总经理彭梁柱，数字公司总经理刘晓、副总经理张宇欢等出席会议。

11月10日 运城南公司举办党委理论学习中心组第21期集体学习。党委书记、董事长李震主持，党委理论学习中心组成员、外部董事等参加学习。

11月12日 大同北公司党委书记、董事长杨国华一行12人到运城南公司开展学习交流。党委书记、董事长李震携领导班子成员出席交流座谈会。

11月15日 运城南公司召开专项整治三年行动集中攻坚年重点任务推进会。党委书记、董事长李震出席，党委委员、副总经理薛炎龙作安排。

11月16日至17日 运城南公司党委副书记、副董事长、总经理彭梁柱，党委委员、纪委书记王立中一行15人，先后赴太旧、太原、晋中公司，围绕党风廉政、收费机电、安全应急、稽核管理、隧道与养护管理等工作开展学习交流。

11月17日 运城南公司特邀交控集团路网中心稽核业务主管闫会明授课，组织收费站、稽查队稽核人员开展为期两天的稽核业务培训。

11月19日 2021年全国市场质量信用A等(用户满意)企业名单公布，运城南公司高速公路服务获中国质量协会颁发的“全国市场质量信用A等用户满意服务”奖项。

同日 运城南公司组织领导班子成员及全体中层管理人员，参加集团公司传达全省国有企业领导干部警示教育大会精神会议。公司领导班子成员、助理、全体中层管理人员分别在机关六楼会议室和10个视频分会场参加会议。

11月22日 临汾南公司专职党委副书记、副董事长刘晓明一行12人到运城南公司开展交流学习并召开座谈会。党委书记、董事长李震及领导班子成员出席座谈会。

同日 运城南公司政治监督安排部署会召开，全面落实交控集团纪委关于开展2021年度政治监督专项检查要求。党委委员、纪委书记王立中主持会议并讲话，各部门负责人参加会议。

11月23日 由省应急管理厅、省交通运输厅、交控集团等相关领导和专家组成的省级安全文化评审组来到运城南公司，就安全文化示范单位创建工作进行评审验收。党委书记、董事长李震及领导班子成员、机关各部室负责人参加评审会。

同日 运城市总工会下发《关于命名运城市第四批“职工(劳模)创新工作室”传统工艺(手艺)大师创新工作室”的决定》和《关于命名第五批运城市“妈咪小屋”的决定》，“张志创新工作室”被命名为“运城市职工创新工作室”;金井收费站“妈咪小屋”被命名为运城市“妈咪小屋”。

11月24日 运城南公司举办党委理论学习中心组(扩大)暨第九次党史专题学习，专题学习贯彻中共十九届六中全会精神。党委理论中心组成员、外部董事、所属各党支部书记、机关各部室负责人在主会场参加学习，基层全体党员在分会场参加学习。平陆路产维护站、永济西收费站、运城东收费站党支部书记分别围绕深入学习贯彻中共十九届六中全会精神进行交流发言。

11月25日 省公路运输工会主席刘贵良、交控集团工会主席孟仁贵一行深入运城南公司开展调研工作并召开座谈会。公司领导班子成员、助理、相关部室负责人等陪同。

11月30日 运城南公司工会第二届会员代表大会在机关六楼会议室隆重召开。公司领导班子成员出席会议，来自基层各岗位共85名会员代表分别在主会场和分会场参加会议。

同日 运城南公司举办党委理论学习中心组第23期暨“全面建设清廉国企”专题民主生活会学习。党委书记、董事长李震主持，中心组成员参加学习。

同日 运城南公司2021年收费机电工作推进会召开。党委副书记、副董事长、总经理彭梁柱出席会议并讲话，党委委员、副总经理薛炎龙主持会议。来自基层各收费站、隧道管理站等48名中层管理人员参加会议。

12月1日 运城南公司企务公开专项巡察安

排部署会召开。纪委书记王立中主持会议,公司机关各部门负责人参加会议。

同日 中国交通企业管理协会发布2021年度交通运输文化建设优秀成果名单,运城南公司获"交通运输廉政文化建设优秀单位"称号,常飞、任化波获"交通运输廉政文化建设先进个人"称号。

此外,运城南公司继续保持"交通运输文化建设卓越单位"称号。

12月2日 运城南公司第五次总经理办公会召开。党委副书记、副董事长、总经理彭梁柱主持会议,党委委员、副总经理薛炎龙、孙琳出席会议,对分管工作进行安排,相关业务部门负责人参加会议。

12月7日 省国资委召开深入学习贯彻中共十九届六中全会精神专题宣讲报告会。运城南公司领导班子成员、助理、全体中层管理人员及职工代表共150余人分别在机关主会场和基层10个分会场参加视频会议。

12月8日 省国资委深入学习贯彻省第十二次党代会精神宣讲报告会召开。运城南公司领导班子成员、助理、全体中层管理人员及职工代表共150余人分别在机关主会场和基层10个分会场参加视频会议。

12月9日 运城南公司与物流集团召开低效闲置资产盘活利用工作座谈会,举行回转车道闲置土地利用项目签约仪式。党委书记、董事长李震及班子成员,物流集团党委书记、董事长张庆华一行出席座谈会。

12月10日 运城南公司组织开展"分体车载式绿化修剪机"和"后挂式撒布机"展示观摩会。副总经理薛炎龙出席观摩活动,路产维护部、安全应急部、各路产维护站负责人及部分养护技术人员参加观摩。

12月14日 由中国质量协会、中华全国总工会、中华全国妇女联合会联合主办的2021年全国质量管理小组评审活动落下帷幕,运城路产维护站与稽查队联合QC小组获"全国优秀质量管理小组"称号。

同日 运城南公司被省人民政府安全生产委员会命名为"省级安全文化建设示范企业"。

12月17日 运城南公司举办党委理论学习中心组第24次学习。根据交控集团党委《关于开展党委理论学习中心组列席旁听工作的通知》要求,运城北公司专职党委副书记、副董事长孙永安一行3人列席旁听。会议由党委书记、董事长李震主持,中心组成员参加学习。

12月21日 交控集团公司党史学习教育领导小组办公室发布《关于表彰庆祝中国共产党成立100周年主题征文获奖作品的决定》,运城南公司运城西收费站段晓红作品《平凡中见担当——作企业发展中的路基石》获二等奖。

同日 运城南公司安全生产风险隐患大排查大整治部署视频会议召开。党委书记、董事长李震,党委委员、副总经理薛炎龙,党委委员、纪委书记王立中出席会议。

12月25日 在中国质量协会评审会上,运城南公司中条山隧道管理站机电组获"全国质量信得过班组"称号。

12月27日 交控集团举办2021年第5期"交控大讲堂"。运城南公司领导班子成员、助理、全体党员干部共150余人分别在公司机关六楼会议室和10个视频分会场收听收看。

12月29日 运城南公司2021年度党风廉政建设和反腐败工作协调小组会议召开。党委委员、纪委书记王立中出席会议并讲话,协调小组各成员及纪检室相关人员参会。会议由纪委副书记、纪检室主任韩卫平主持。

12月30日 运城南公司党委建党百年先进标杆座谈会召开。党委书记、董事长李震出席会议并讲话,党委副书记、副董事长、总经理彭梁柱主持会议,党委委员、副总经理孙琳、董事长助理常飞等参加会议。

同日 运城南公司党史学习教育评估座谈会召开,听取各方面反映评价和意见建议,全面客观评估党史学习教育开展情况和效果。公司领导班子成员、助理、相关部门负责人、部分先进标杆代表30余人参加此次会议。

(资料提供:李瑞芳)

航空产业集团

山西航空产业集团有限公司大事记

2月26日 山西航空产业集团(以下简称“航产集团”)党史学习教育部署会召开。

会议的主要任务是:深入学习贯彻习近平总书记在党史学习教育动员大会上的重要讲话精神和省委书记楼阳生在全省党史学习教育部署会上的讲话精神,对航产集团党史学习教育进行全面安排部署。会议强调,全党开展党史学习教育,是党中央立足党的百年历史新起点,统筹中华民族伟大复兴战略全局和世界百年未有之大变局,为动员全党全国满怀信心投身全面建设社会主义现代化国家而作出的重大决策。各党委要把开展党史学习教育,作为一项重大政治任务,作为践行“两个维护”的具体行动,切实抓紧、抓实、抓出成效。

3月4日至5日 航产集团战略规划及“十四五”发展规划专题研讨会召开。会议指出,战略规划和“十四五”规划是航产集团高质量发展的宏伟蓝图和指导性纲领文件,是未来发展总纲和牵引。其中战略规划阐明未来15年战略选择、发展愿景、发展目标和发展思路;“十四五”发展规划从航产集团现状分析、存在问题,提出针对性的发展方向、重点任务和落实举措,是对战略规划第一个五年发展目标的具体实施。

3月5日 航产集团“春风行动”志愿者服务队在太原武宿国际机场T2航站楼出港大厅郑重承诺,“我承诺:尽己所能,不计报酬,帮助他人,服务社会,践行志愿精神,传播先进文化,为构建和谐社会贡献力量!”本次“学雷锋志愿服务月”系列活动与年初开展的党史学习教育有机融合,积极开展“我为群众办实事”志愿服务实践活动,进一步拓宽志愿服务内容,延伸服务触角,内容涵盖旅客服务、宣传引导群众、关心关爱特殊群体、无偿献血、深化爱国卫生运动等。

3月10日 省委党史学习领导小组联络三组一行5人到航产集团调研指导党史学习教育工作。联络三组组长卫俊萍指出,航产集团党委对党史学习教育高度重视,在开展过程中认识到位、措施得力、形势喜人、成效初显。她对航产集团下一步工作提出七点希望:一是注重做好和省委、省国资委实施方案的对接、衔接工作;二是注重工作的整体统筹和协调推进,不可以上热下冷、先热后冷、忽热忽冷,做好党史学习教育的阶段性安排;三是注重内部典型的挖掘、宣传、选树和外部典型的对标学习,充分发挥典型示范引领作用;四是注重结合不同时间节点、节日特点,组织开展具有针对性、时效性的学习教育;五是注重流动党员群体学习教育,做好离退休干部党史学习教育;六是注重抓好“我为群众办实事”实践活动,结合企业重点工作,确保取得实效;七是注重党史学习教育工作的简报报送工作,传播好工作经验。

3月23日 航产集团与民航山西监管局、民航山西空管分局、东航山西分公司以及山西省武宿综合保税区事业服务中心5家单位的100多名党员、干部、群众和志愿者一同在阳曲县北山义务植树基地,开展“全民植绿40载,美丽山西谱新篇”义务植树活动。在活动中,大家用劳动汗水亲手栽种和浇灌象征爱心与责任的“共建林”。活动不但促进各单位交流合作,也使大家对建设绿色机场有了更加强烈的期盼和信心。

4月19日 航产集团精神文明建设现场推进会召开,号召各单位打造精神文明品牌,形成“一企一品”,促进企业高质量发展。党委专职副书记、副董事长、工会主席邓保平指出,近年来航产集团精神文明建设硕果累累,在文明创建进程中,全体干部职工整体素质得到明显提升,干部作风和形象有了很大转变,机关效能和服务质量也有了新提高。他强调,要在航产集团继续深入实施文明创建工程,做到以下三点:一是深刻认识实施文明创建工程的现实问题。把精神文明建设摆到与生产经营同等重要位置,坚持“两手抓、两手硬”,以坚定文化自信建设高度社会主义精神文明。二是从教育引导、舆论宣传、文化熏陶、实践养成和制度建设五个着力点,深入实施文明创建工程。三是深入思考航产集团文明创建前进方向。清醒认识目前存在不足,打牢基础,提升竞争力,争取更大进步。

针对“一企一品”精神文明品牌创建,邓保平提出四点要求。一是切实用习近平总书记关于精神文明建设的重要论述统一思想和行动。各单位要把习近平总书记关于精神文明建设的重要论述和中共十九届五中全会对精神文明建设的部署要求结合起来,一体学习领会,统筹推进实践。二是结合年度党史学习教育“我为群众办实事”部署,深入践行群众路线。解决好群众“急难愁盼”问题,增强创建工作的吸引力、感染力、影响力。三是深入挖掘培育企业特色元素。结合工作实际,创新载体,注重特色,集思广益,深入挖掘提炼具有自身行业特色的创建目标,形成共识,激发创建活力。四是建立长效机制。建立可操作性制度,对品牌创建实施长效管理,做到持之以恒、常抓不懈。打造在航产集团乃至省属企业、全省具有一定知名度和影响力的品牌,不断提升文明创建整体工作水平。

4月22日至23日 “为创业项目服务、为产业发展赋能”——第三届中国通用航空创新创业大赛半决赛在太原举办。航产集团党委副书记、副董事长、总经理陈阳出席会议并围绕山西通航发展进行主旨演讲。中国工程院院士吴光辉、向锦武,山西省政府副秘书长向弟海,太原市政府常务副市长刘俊义,山西转型综改示范区管委会党委副书记、副主任李东洪,省发改委副厅长级干部李祥等领导参加本次半决赛组委会会议及成果发布会,并对大赛组织、评审工作及各参赛团队表现给予一致高度评价。

本届中国通航创新创业大赛首次落户山西,正值全省转型出形型关键时期,经过两届迭代,大赛正在向更高规格、更高水平、更高权威方向迈进。借助大赛优质平台,航产集团积极发挥自身资源优势,探寻打造通用航空发展山西样板的创新之路,全力建设“机场、通航、临空、非航”四大板块。在通用航空发展示范方面,提出“12345”通航发展战略体系,即打造1个省级“投、建、营”通航产业发展示范主体——山西通航集团;实施“民航+通航”双轮驱动发展方针;建设“通航运营业务平台、基础设施服务平台、通航产业发展平台”3大核心能力;落实“运控新试点、建设新模式、项目新重点、园区新载体”4个示范抓手,推动“通航运营常态化、通航消费市场化、通航运控体系化、机场建设网络化、产业园区示范化”5大实施路径,加大通航重点领域示范样板能力建设;同时,在通航运行控制、通航信息服务系统、无人机关键技术与系统解决方案、通用机场管控与保障系统、航空动力系统等方面,与相关优秀创新创业项目加大对接力度,探索产业化合作模式,推动相关业务发展,谋篇布局,深耕产业,以项目为抓手,以业务为核心,发挥山西通航集团主力军作用,共同建设山西特色通用航空产业价值链条。

5月27日 航产集团安检Ⅰ类职鉴培训机构顺利通过民航局实地审查。在实地审查环节,专家组成员仔细查阅培训台账,审核人员资质,查看多功能教室、实操教室、违禁品陈列室、电教室等培训教室,听取各类电子设备使用及功能介绍。专家组成员对航产集团培训中心取得的各类成绩给予充分肯定,对职工教育基地硬件设备作出高度评价。

党委专职副书记、副董事长、工会主席邓保平主持揭牌仪式并介绍航产集团党校、培训中心基本概况。他表示,航产集团党校、培训中心培训场地不仅满足党校建设要求,同时满足其他培训机构建设需求,确保培训有场地、教学有设备、办公有场所,为建立健全党员干部教育培训体系提供保障,为探索互联网+培训、学位模式提供平台。

航产集团党委高度重视此次安检职鉴培训机构升级工作，按照局方有关文件，经过一年时间，设计、建设教育培训基地，占地1550平方米，设置培训区、资料区、办公区、公共活动区。培训区含：4个多媒体教室、1个电教室、1个实操教室、1个陈列室、1个资料室、3个办公室，在满足Ⅰ类安检培训机构设置基础上，配备远程视频系统和录播/直播系统，丰富教育培训基地的培训功能。下一步，山西航产集团将以此次迎审工作为契机，深入推进“人人持证、技能社会”全民技能提升工程，建立技能人才培养共享平台，充分发挥省会机场的引领作用，全面提升省内机场从业人员职业素质和专业技能水平，夯实安全基础。

6月26日 太原武宿国际机场开通太原至旧金山国际货运直飞航班。作为山西始发的第一条定期国际货运直航航线，此条航线的开通填补了山西国际航空货运空白，开启山西打造国际现代物流枢纽建设的新篇章。

7月2日 航产集团获省国资委“颂歌献给党·奋进新征程”庆祝中国共产党成立100周年歌咏比赛银奖第一名。

7月20日 中共山西航空产业集团有限公司委员会党校、山西航空产业集团有限公司培训中心正式揭牌成立。

培训中心占地1550平方米，设置培训区、资料区、办公区、公共活动区等四个区域，含多媒体教室、电教室、实操教室、陈列室，资料室等8个教室和3个办公室，可同时容纳350名学员培训、考核，配备多媒体教学设备、远程会议设备和录播、直播设备等现代化培训系统。航产集团将充分利用现有培训场地，不断丰富培训功能，实现一校多用。以各类培训资质为契机，建立人才培养共享平台，进一步打通职业发展通道，帮助员工与航产集团共同发展，为高质量发展提供人才支撑。

7月21日 航产集团首次组织完成华北地区民航安检技师职业技能鉴定考核工作。此次鉴定考核，是民航局第一鉴定站首次将山西航产培训中心作为华北地区技师考点。航产集团领导高度重视本次鉴定工作，考前制定技师考核工作方案，明确了考试流程；考试过程中，严格按照局方考务规程执行，同时，首次使用航产集团培训中心录播系统监控，有效保证考试公平公正。往年技师鉴定考核需赴民航华北局进行，给安检一线参考人员带来很多不便。航产集团培训中心技师考点的建立，让参考人员在“家门口”考试，为省内机场安检技师鉴定考核提供便利，是组织人事部又一次用实际行动践行“我为群众办实事”诺言。此后，航产集团深入推进职业技能鉴定工作“一站式”服务，完善职业技能鉴定、认定体系，为全民技能提升工程提供基础，打造“航产鉴定”品牌。

7月21日至22日 由山西省人民政府、中国航空工业集团有限公司主办，省发展和改革委员会、太原市人民政府、山西转型综合改革示范区管理委员会、中航信托股份有限公司、山西航空产业集团有限公司共同承办的“第三届中国通用航空创新创业大赛”总决赛暨颁奖典礼，在太原市隆重举行。

9月18日 《山西航空产业集团2020年社会责任报告》（以下简称《报告》）在北京举办的“履行社会责任 创造社会价值——晋沪粤国资国企社会责任论坛”中正式发布。陈阳出席此次论坛。

《报告》是航产集团首份社会责任报告，从产业平台、环境保护、科技创新、安全生产、员工关爱、党建引领、精准扶贫、公益慈善以及疫情防控等十大维度全方位展现航产集团履行社会责任的自觉担当。在中国共产党成立100周年、“十四五”开局之际，全面梳理航产集团改革转型发展的实践成果，向全社会充分展现履行社会责任的生动实践和高质量转型发展的昂扬风采，对树立良好社会形象、弘扬集团服务山西履职尽责具有重要意义。

《山西省省属企业社会责任蓝皮书（2021）》共收录省属国企案例50篇，其中航产集团案例入选6篇，数量居省属国企之首。经专家组多轮评审，航产集团《严守山西空中门户——答好抗疫大考答卷》获得疫情防控“优秀案例”称号。

是月 航产集团团委“传递青春正能量 服务社

会有担当”志愿服务项目获“第三届华北民航青年志愿服务项目大赛”铜奖。

10月9日 省国家保密局副局长姚宇韧带领检查组一行四人来到航产集团,采取听取汇报、个别谈话、现场考试、查阅台账、电脑保密检查方式,对保密自查自评、保密工作责任制落实情况进行指导检查。

党委副书记、副董事长、总经理陈阳汇报集团保密工作开展情况。检查结束后,检查组召开检查反馈会,就检查结果向航产集团现场反馈。姚宇韧对航产集团保密工作成效给予肯定并提出问题和建议。他表示,航产集团党委高度重视保密工作,各项保密制度健全完善,保密工作管理规范,自查自评工作扎实开展。就检查中存在的问题,要求航产集团要进一步提高政治站位,增强保密意识;进一步明确目标任务,压实管理责任;进一步夯实工作基础,规范保密管理。

陈阳表示,航产集团要以此次保密检查为契机,认真听取并虚心接受检查组反馈的意见和建议,按照上级有关保密工作的要求和规定,进一步健全机制,强化措施,加大对保密工作的各项管理,在巩固原有成果等基础上抓好整改落实,推动保密工作再上新台阶。

12月1日 省委书记林武深入航产集团调研,听取航产集团安全运行、生产经营和全省机场一体化建设等情况汇报,对国际航班经停入晋闭环管理、口岸检疫等工作给予肯定,强调要统筹全省机场资源开发利用,进一步做优做强机场主业,大力发展临空经济,为建设内陆地区对外开放新高地做出新贡献。林武实地了解太原机场三期改扩建工程规划建设情况,要求在规划建设中体现低碳绿色发展理念,注重前瞻性、整体性和实用性,努力把太原机场打造成一流枢纽机场。

12月10日 太原机场顺利开通太原——布鲁塞尔国际货运航班,这是全省首次开通的欧洲方向国际货运航线,也是全省第二条国际货运航线,由天津航空空客A330机型执飞,班期为每周二、周四、周日。

(资料提供:张 芮)

太原武宿国际机场三期改扩建工程现场指挥部大事记

1月14日 省委常委、常务副省长、总指挥胡玉亭主持召开指挥部第七次会议,会议总结并肯定2020年主要工作;听取指挥部办公室及市政配套相关单位主要工作情况汇报,专题研究机场水暖电气供应、管线迁改、净空拆降、轨道交通综合枢纽等工作;对2021年重点工作任务进行安排部署。

2月22日 受副省长韦韬委托,省政府副秘书长梁敬华赴太原武宿国际机场飞行区西区滑行道工程项目工地现场办公,就工程堵点难点问题进行现场协调。

2月25日 副省长韦韬就交通领域重点项目在山西航产集团、华远陆港集团、山西交控集团调研,深入太原机场现场指挥中心、山西商品交易平台、太原汽车站车辆运营监控平台和全省公路路网运行监测平台,了解交通运转和物流业发展情况,检查指导安全生产工作。韦韬在讲话中,要求按照省委、省政府安排部署,加快推进太原武宿机场三期改扩建工程。

3月28日 航产集团协助省住建厅完成太原机场T3航站楼方案建筑风貌评审。航站楼系超大体量、重点地段公共建筑。根据住建部及国家发改委要求，须履行建筑风貌评审及报备程序。此类评审系山西省首次举行。评审专家组听取T3航站楼设计方案后，与设计单位进行交流沟通，并提出修改意见及建议。专家组综合评审后认为，T3航站楼设计方案彰显“适用、经济、绿色、美观”的设计理念，遵循“四型机场”设计及建设原则，在深入研究山西地域文化基础上，充分挖掘和运用地方文化建筑元素，通过轴线、院落、空间序列、色彩等建筑语言，达到建筑功能和形式有机统一，充分实现“晋风晋韵”“与古为新”的设计目标，延续城市文脉，体现城市精神，展现时代风貌，彰显地域文化特色。方案设计满足建筑风貌评审要求，予以通过。

4月19日至21日 受国家发展和改革委员会委托，中国民航工程咨询有限公司组织召开《太原武宿国际机场三期改扩建工程预可行性研究报告》评估会。来自机场规划、飞行区运行、航站区管理、空管工程、供油工程、飞行程序、综合交通等领域的19名专家，通过现场踏勘、听取设计单位汇报、分组讨论等形式，分别对机场工程、空管工程、油料工程的预可研报告及飞行程序及飞机性能分析进行深入交流和沟通，最终形成专家组意见。专家组充分认可太原机场三期改扩建工程实施的必要性和紧迫性，原则同意预可研报告主要内容，并针对总平面布置、轨交接入、土地征收、建设规模及投资等内容提出建议。

4月20日 下午，省委常委、常务副省长、总指挥胡玉亭主持召开太原机场三期改扩建工程指挥部第八次会议，专题审议可研报告、配套道路及综合交通体系方案、管线迁改等事项，对投资控制、节能环保等工作作出安排部署。

5月13日 省人民政府常务会议（〔2021〕109次）审议通过《太原机场三期改扩建工程周边路网配套及T3航站楼综合交通枢纽建设方案》。

6月14日至23日 《太原机场三期改扩建工程T3航站楼综合交通枢纽建设方案》在《山西日报》、《太原日报》、《晋中日报》、航产集团官网等媒体和平台公示，航产集团安排专人，通过电话、邮箱收集意见和建议，并对意见逐一回复。

7月8日 副省长韦韬一行赴京会见民航局副局长董志毅，双方就推进山西民航事业发展深入交换意见。

7月13日 上午，省委书记林武、副省长韦韬一行，赴中国民航局，拜会局长冯正霖、副局长董志毅等领导。民航局表示，将在太原机场改扩建工程、中小机场及民航基础设施建设、通用航空、无人机产业发展示范基地建设、航空货运、国际航线开发、基地航空公司引进等方面积极支持山西民航高质量发展。

7月16日 为进一步贯彻落实省委书记林武、副省长韦韬批示精神，加快推进武宿机场飞行区西区滑行道工程建设工作，省交通运输厅召集山西转型综改示范区、太原海关、航产集团、禧佑源航空科技集团，在禧佑源飞机维修拆解基地会议室召开“武宿机场飞行区西区滑行道工程”专题会议。会议听取各单位“武宿机场飞行区西区滑行道工程”工作进展情况汇报，研究推进下一阶段工作。

7月27日 上午，省委副书记、省长蓝佛安在太原市调研重大项目建设。他强调，要深入贯彻习近平总书记视察山西重要讲话重要指示，认真落实省委决策部署，以只争朝夕精神状态和奋发有为工作作风，加强统筹、压茬推进、规范管理，确保项目如期高质安全建成投运，为转型发展蹚新路提供有力支撑。副省长韦韬参加。

太原武宿国际机场三期改扩建是全省重点工程，对于完善现代综合交通运输体系、加快建设内陆地区对外开放新高地具有重要意义。蓝佛安到山西航产集团，了解三期改扩建工程总体布局、建筑设计、吞吐规模、交通接驳、临空经济等情况。随后召开现场办公会，听取工程前期工作进展汇报，逐项梳理项目推进中遇到的用地、资金等问题，现场调度有关部门，商议解决方案，要求各负其责、加快落实。蓝佛安强调，推进重大项目建设，一天都不能等、一天都不能浪费。项目单位和有关部门要倒排时间、优化方案,千方百计确保改扩建工程年底如期开工建设。要统筹推进主体工程、配套项目建设,确保同步建成、同步交付、同步发挥效用。要把施工安全、机场运行安全、防疫安全及土地征拆、招投标等环节考虑得再周全一点,科学组织施工,严把工程质量,确保建成精品工程、廉洁工程。

同日 下午,副省长韦韬主持召开太原机场三期改扩建工程建设指挥部第九次会议,专题研究改扩建主体工程年内开工计划、障碍物迁改、文物勘探、临时设施建设等事项,对征地拆迁、可研报告调整、涉铁项目方案审批等工作作出安排部署。

8月30日 国家发改委正式批复太原武宿机场三期改扩建工程项目建议书。

9月8日至9日 省发改委委托山西省投资咨询和发展规划院组织召开工程可行性研究报告预评估会。与会专家、受邀咨询机构进行现场踏勘;可研编制单位汇报机场工程可研报告的编制情况、与预可研的对比结果;来自机场规划、飞行区运行、航站区管理、民航弱电、投资估算等领域的9名专家听取汇报并提出修改完善意见和建议。评估会后,航产集团召集可研编制单位、航站区方案深化单位,逐条落实专家组意见和建议,并提出切实可行的落实措施,尽快完善可研报告。

9月29日至30日 受民航局委托,中国民航工程咨询有限公司组织召开《太原武宿国际机场三期改扩建工程可行性研究报告》行业评估会,会议以现场会议(北京)+视频会议(山西)的方式进行。经过一天半评审,来自飞行区工程、航站区工程、综合交通、空管工程、飞行程序、飞机性能、安防工程、投资等领域的23名专家通过分组交流讨论、专题论证,结合建设单位建议,最终形成专家组意见。专家组充分认可太原机场三期改扩建工程实施的必要性和紧迫性,同意可研报告主要内容,并提出相关建议。

10月18日 下午,航产集团组织设计项目中标单位(华东建筑设计研究总院、中航规划设计研究总院、山西省建筑设计研究院、同济大学建筑设计研究院、北京城建设计发展集团联合体)召开航站区工程设计启动会,方案设计单位总结汇报前一阶段方案优化工作成果,并表态发言;会议要求各设计单位切实增强责任感、使命感、紧迫感,根据工程建设整体进度安排,优质、高效推进航站区工程设计工作。

10月28日 航产集团组织完成"机场安防围界以外、机场地界以内滑行道工程"的年度建设任务,并联合各责任主体,通过刚完工的滑行道,将禧佑源首架拟拆解的飞机(机型A319)拖行至其机库。

11月19日 自然资源部出具工程建设用地预审意见函。同日,省自然资源厅向航产集团核发《建设项目用地预审与选址意见书》(用字第140000202100038号)。

11月22日 民航局向国家发改委正式出具《关于报送太原机场三期改扩建工程可行性研究报告意见的函》(民航函〔2021〕799号),完成工程可行性研究报告行业审查工作。

11月29日 省能源局出具《关于对太原武宿国际机场三期改扩建工程节能报告的审查意见》(晋能源审批发〔2021〕43号)。

11月30日 省发改委向国家发改委出具《关于报送太原武宿国际机场三期改扩建工程社会稳定风险评估意见的报告》(晋发改交通字〔2021〕276号)。

12月1日 省委书记林武在航产集团调研,实地了解太原机场三期改扩建工程规划建设情况。要求在规划建设中体现低碳绿色发展理念,注重前瞻性、整体性和实用性,努力把太原机场打造成一流枢纽机场。

12月3日 省政府出具《山西省人民政府关于太原武宿国际机场三期改扩建工程资金筹措方案的函》(晋政函〔2021〕144号)。

12月6日 省发改委、航产集团将《关于上报太原武宿国际机场三期改扩建工程可行性研究报告的请示》(晋发改交通函〔2021〕316号)及其所需要件报送至国家发改委。

(资料提供:胡建云)

太原国际机场有限责任公司 大 事 记

1月11日 太原国际机场有限公司(以下简称“太原机场”)获得民航局民航打赢蓝天保卫战先进单位表彰。

同日 计划财务部王堃获民航局民航打赢蓝天保卫战先进个人表彰。

1月15日 地面保障部货运保障队全翼班组获得全国民航团委2019年度全国民航青年安全生产示范岗集体表彰。

2月7日 旅客服务部边志红获得省国资委省属企业第三届道德模范提名奖。

同日 太原机场获得2019—2020年度山西省省属企业文明单位称号。

同日 旅客服务部李兵家庭获得2019—2020年度山西省省属企业“文明家庭”称号。

3月2日 太原机场以视频会议形式召开2021年工作会,全面回顾太原机场“十三五”时期及2020年主要工作,分析当前形势,部署2021年重点任务。总经理、党委副书记赖朝晖向大会做了题为《坚定信念,迎难而上,为推动“十四五”高质量发展奠定坚实基础》的工作报告。党委书记、董事长王向东作总结讲话,对2021年度各项重点工作提出具体要求。

同日 太原机场党委党史学习教育部署会召开。党委书记、董事长王向东出席会议并讲话,党委班子成员、公司三级正职、各党支部书记参会。会议对太原机场党史学习教育进行安排部署。提出3点要求:一是快速行动。各党总支、直属党支部要高度重视、深刻领会开展党史学习教育的重大意义,把思想和行动统一到中央、省委及航产集团党委和机场公司党委部署上来,抓好贯彻落实。二是深入学习,特别是领导干部要带头学史明理、学史增信、学史崇德、学史力行,带动广大党员自觉开展学习工作。三是通过学党史、悟思想、办实事、开新局,努力完成好航产集团和太原机场各项目标任务,助力高质量发展。

3月10日 太原机场团委工作座谈会召开,航产集团组织人事部副部长、团委书记陈琦到会指导,太原机场党委工作部部长胡敬东主持会议,各二级单位党办主任、团总支书记及团支部书记参加会议。座谈会上,各党办主任从如何凝聚青年力量、坚持党建带团建、焕发团组织新活力方面进行发言,各团总支书记、团支部书记从工作中遇到的难点、问题及2021年工作计划方面交流发言。会议要求,各党总支要高度重视团组织工作,要坚持抓基层、强基本、打基础,坚持党建带团建、以团建促党建,深入推进全面从严治团。要把团组织建设作为党建工作的重要内容融入党建制度体系,形成目标共订、内容衔接、相互促进,党建带团建目标管理机制。

3月18日 上午,航产集团党委一行17人到太原机场就民主生活会召开的程序及注意要点、发展党员实际问题、三会一课工作中的重点及创新案例等方面进行深入交流。

3月19日 太原机场联合24家驻场单位召开安全保卫委员会。党委书记、董事长王向东主持会议,党委副书记、总经理赖朝晖,党委委员、副总经理粟忠于及24家驻场单位相关领导参加会议。会议审议并通过《太原武宿国际机场航空安全保卫委员会章程》。

同日 太原机场团委下发《关于开展“学党史、强信念、跟党走、报党恩”学习教育的通知》。要求深入学习贯彻习近平总书记在党史学习教育动员大会上的重要讲话精神，紧紧围绕学史明理、学史增信、学史崇德、学史力行，紧密结合共青团工作和团员青年实际，扎实开展党史学习教育，坚持理论学习和实践教育相结合，进一步增强"四个意识"、坚定"四个自信"、做到"两个维护"，为全面建设社会主义现代化国家、实现中华民族伟大复兴中国梦贡献青春力量。

3月25日 太原机场党委以视频会议形式召开2021年党建、党风廉政暨纪委工作会议。党委领导班子成员、机关部室负责人、各单位党政负责人、党群部门主管、统战人士代表、基层党支部书记、党群部门专员参加会议。会议由党委副书记、总经理赖朝晖主持。航产集团党史教育巡察组到会指导。党委书记、董事长王向东和党委委员、纪委书记徐锋分别作党建工作报告、党风廉政工作报告和纪委工作报告，对2021年党建工作、党风廉政工作和纪检监察工作进行安排部署。

3月29日 民航华北地区管理局组织召开太原机场航空安保现场审计简况会，正式开启对太原机场为期4天的航空安保现场审计工作。4月1日，民航华北地区管理局召开对太原机场的审计结果通报会，太原机场以75.93%的符合率顺利通过航空安保审计。在为期4天的现场审计中，审计组对照29个审计领域、108个审计点严谨、客观地对太原机场在航空安保领域工作开展情况进行审计检查。

4月28日 太原机场团委获得全国民航团委"全国民航五四红旗团委"称号。

同日 旅客服务部亢婕获共青团山西省国资委委员会"优秀共青团员"表彰。

同日 候机楼管理部团支部获共青团山西省国资委委员会"五四红旗团支部"称号。

5月1日至5日 太原机场共保障航班1593架次，运送旅客20.1万人次，整体情况已经恢复至疫情之前运输水平并有所提升，各项运输生产指标均为历年"黄金周"新高。

5月6日 太原机场党委举行新任职干部任前谈话暨廉政教育会，对新提拔任命的20名干部进行集体任前谈话、廉政谈话。党委委员、各二级单位党政负责人、机关部室负责人参会。党委副书记、总经理赖朝辉主持会议并宣读干部任免决定。党委书记、董事长王向东在讲话中，要求新任干部要切实履行"一岗双责"，加强作风建设，不断提高自身业务技能和管理水平，带着责任和使命，把心思用在干事上，把能力发挥到岗位上，在新岗位上发挥更大作用。纪委书记徐锋在廉政谈话中，要求新任职干部要强化学习，积极履职、敢于担当，做政治坚定、勤政务实、清正廉洁的好干部，做到常怀敬畏之心，绷紧廉洁之弦。会后，全体新任职干部集中签订《廉洁从业承诺书》。

5月12日 太原机场纪委对项目廉政风险一级的四家二级单位20人进行提醒谈话，谈话会由纪委书记徐锋主持。会议要求各单位全方位扫描项目管理流程，发挥内审监督作用，以点带面，确保监督产生实效。副总经理张炳福对项目招投标、谈判过程中容易出现的问题对大家进行提醒，还针对即将上线的阳光采购平台使用进行简要说明和讲解。

5月11日 太原机场就市场营销及航班保障事宜召开专题会，副总经理、工会主席李栩出席会议，驻场航空公司代表及相关部室成员参会。会议就机场与各运营航司协作配合，共同提升航班执行率、客座率以及时刻利用率有关事宜进行研究，并就双方服务沟通、延误保障、签注政策等问题做了下一步安排部署。

5月12日至13日 太原机场组织开展绩效考核实操培训与绩效管理制度宣传贯彻，三级以上管理人员与绩效管理专员参加培训。通过培训，有效提升各级管理人员在绩效沟通、GS考核应用等方面的管理知识与技能。同时，提升三级管理人员对绩效管理制度理念、内容与流程的理解掌握，为推动太原机场公司绩效管理制度落地，绩效管理文化形成与推广奠定基础。

5月19日 太原机场先进表彰大会暨劳模先进事迹报告会召开。机场领导、副经理以上干部、劳模先进代表参加会议。会上为先进集体、先进个人、优秀通讯员、优秀内训师、最佳师傅以及"我为公司创效益，公司发展我受益”全员营销竞赛活动4月销售冠军颁奖。颁奖仪式结束后，召开“勇担新使命 岗位建新功”劳模先进事迹报告会，党总支书记、经理王斐代表获“山西航产奖状”的旅客服务部作先进事迹报告，来自飞行区管理部的创新标兵任辉和来自安全护卫部的民航“脱贫攻坚先进个人”姚晓奎先后结合自己工作和成长历程作先进事迹报告。

5月20日 太原机场党委召开“党史宣讲进基层”首场宣讲会。航产集团宣传统战部部长郑亚海到会指导，党委班子成员、各党总支班子成员、机关各总室及党群部门工作人员参会。来自飞行区管理部、旅客服务部、安全检查站、应急管理中心的5名党史宣讲团讲师，通过富有感染力的宣讲，再现革命先辈对信仰的坚守、共产党人的奉献与担当，引发大家强烈的情感共鸣和内心认同。

5月21日 太原机场创建全国文明城市动员部署会召开，贯彻落实太原市创建全国文明城市动员大会精神，安排部署太原机场有关工作。会议由党委书记、董事长王向东主持，党委委员，二级副职以上干部、机关部室负责人参会。会议通过《太原机场关于落实2021年太原市创建全国文明城市任务分解的实施方案》。

6月17日 航产集团董事会研究决定，任命王晓静为太原机场董事（兼），免去李曙昕太原机场董事职务。

6月26日 太原机场开通广州—太原—旧金山国际货运航线，该航线由中国南方航空公司执飞，每周一班，开航后每周六14:00起飞。此条航线是山西始发的第一条定期国际货运直航航线，此条航线的开通填补山西国际航空货运空白，开启全省打造国际现代物流枢纽建设的新篇章。

6月30日 太原机场党委举行庆祝中国共产党成立100周年暨“七一”表彰大会。党委班子成员，各机关部室、二级单位党政负责人，全体党支部书记，各党群办公室主任参会。大会表彰对1个先进党总支、3个先进党支部、5名优秀党务工作者、20名优秀共产党员。王向东发表讲话，就党建工作提出新要求。会后，“奋斗百年路 启航新征程”演讲比赛一等奖、二等奖获得者向在场人员进行宣讲。

同日 应急管理中心蔡子薇被省直工委评为“最美劳动者”。

同日 太原机场被省直工委评为2020年度最美劳动集体。

7月5日 上午，太原机场党委专题会议召开，党委书记、董事长王向东传达省委书记林武、省长蓝佛安在全省受表彰的全国“两优一先”代表、全国优秀县委书记和部分全省“两优一先”代表座谈会上的讲话精神。要求全体干部职工，对照省委“两优一先”座谈会会议精神，担起太原机场使命责任，珍惜荣誉、再接再厉，继续发挥先锋模范作用。要时刻牢记初心使命，坚定理想信念，践行党的宗旨，以扎实细致的作风做好安全生产和疫情防控工作，积极营造学习、争当、赶超先进的浓厚氛围，以优异成绩庆祝中国共产党成立100周年。

7月6日 零时，太原机场机坪塔台管制员向东方航空MU6996发布转场后第一条管制指令，标志着太原机场机坪塔台正式启用。为确保机坪塔台启用平稳顺畅，太原机场在人员培训、设施设备建设、工作程序设计、应急情况处置以及相关工作协议上作了大量的准备。机坪塔台的正式启用，标志着太原机场迎来“双塔时代”。

7月7日 太原机场纪委半年工作会召开。公司纪委委员、各二级党总支纪检委员、党支部纪检委员、直属党支部纪检委员参加会议，纪委办公室主任主持会议。纪委办公室主任从坚持党的政治建设、做实做细监督职责、精准执纪推进廉政建设、正风肃纪深化作风建设、持续开展廉政教育、强化制度建设等几个方面简要通报纪委半年工作完成情况。纪委书记徐锋在总结会上，对各基层党组织的纪检工作表示肯定，要求各级纪检委员在以后的工作中能够充分发挥纪检职能作用，服务好中心工作。

同日 上午，太原机场统战人士座谈会召开，通报2021年上半年太原机场公司总体情况，与会统战人士代表踊跃发言，畅谈对党百年光辉历程的所思、所感、所悟，畅谈如何加强学习，提高本领，分享工作生活体会。

7月8日 太原机场党委举行新任职干部任前谈话暨廉政教育会,对新任命的41名干部进行集体任前谈话、廉政谈话。党委委员、各二级单位党政负责人、机关部室负责人参会。党委副书记、总经理赖朝晖主持会议并宣读干部任免决定。党委书记、董事长王向东从提高政治站位、提高格局修养、提高能力素养、端正工作态度、加强工作落实、做到带头垂范和加强廉洁自律七个方面对新任职干部提出要求。最后,全体41名新任职干部集中签订《廉洁从业承诺书》。

同日 下午,太原机场举行党史学习教育微视频大赛,各党总支共选送16个微视频作品参赛。经过各总支书记打分评选,旅客服务部党总支选送的作品"守护初心 传承使命"夺得一等奖,现场还评选出二等奖、三等奖以及优秀奖作品。

7月13日 太原机场开展绩效管理体系建设半年工作会暨总结交流大会,阶段性总结绩效管理体系建设经验,巩固建设成果,发现与改进问题,进一步推动绩效管理体系建设工作,提升绩效管理水平。三级队室负责人介绍交流本部门绩效管理经验,总经理、党委副书记赖朝晖进行总结讲话。

7月16日 航产集团董事会研究决定,任命贾骁勇为太原机场董事、副董事长。

7月19日 太原机场安全检查站获得民航山西监管局"山西地区建党100周年航空安保工作先进集体"称号,安全质量部苏智昊,安全检查站姜辉、冀文斌,安全护卫部刘峰,应急管理中心苏晓强获得"山西地区建党100周年航空安保工作先进个人"称号。

7月21日 太原机场团委下发关于调整部分团组织机构的通知。成立飞行区管理部团支部、安全护卫部团支部、应急管理中心团支部。8月4日至9月30日,先后完成飞行区管理部团支部、安全护卫部团支部、应急管理中心团支部委员选举工作,完成现场指挥中心、旅客服务部、候机楼管理部、安全检查站第一团支部、第二团支部委员增补选工作。

7月22日至23日 太原机场组织开展劳动用工法律法规培训,邀请专业律师就《中华人民共和国劳动合同法》相关法律条款及企业劳动用工纠纷案例进行解析。

7月29日 上午,太原机场党委召开"履行一岗双责,强化工作作风"主题活动成果交流会。党委委员,机关各部室、二级单位党政负责人,党群办公室主任参加会议,就各单位目前履行一岗双责阶段性所取得的经验成果进行交流。

8月4日 根据全国疫情防控形势,太原机场全面升级进出港旅客健康查验措施,对进入航站楼人员(包括搭乘航班出港的旅客和送行、接机人员),必须在航站楼入口处查验健康码,并接受体温检测。太原机场组织两级机关工作人员下沉一线,支援配合一线查控人员做好旅客健康查验工作。

8月11日 太原机场党委组织召开"党建工作项目化 奋力转型出雏形"专项行动推进会,省属企业重点项目库项目负责人依次汇报项目推进情况、存在问题和下一步工作计划。公司党委专职副书记、副董事长出席会议,党委工作部部长参加会议。会议要求,一是准确把握"课题式设计、项目式管理、工程式推进、台账式督查、绩效式考核"五个核心内容,挂图作战、倒排工期,扎实推进各重点项目落地落实;二是加强跟踪调度和督查督办,将督促指导贯穿于项目实施全过程,动态掌握进展情况;三是注重总结提炼特色,进一步收集项目实施中的亮点工作,并多角度、全方位地宣传工作成果。

8月13日 民航山西监管局副局长李建国一行到太原机场机坪塔台检查指导工作,听取机坪管制室关于太原机场航空器机坪管制转场后运行情况详细介绍,对机坪塔台前期转场工作予以肯定,要求机坪管制室在疫情常态化背景下,持续完善应急处置程序,加强日常环境消杀工作,并严格落实人员外出管控和定期核酸检测相关要求。

8月18日 太原机场党委召开国有企业党建工作"回头看"动员部署会。要求全面学习领会习近平总书记全国国企党建会重要讲话精神,以"回头看"为重要契机,制定好"三清单",抓好推进落实,认真对照"回头看"工作目标和重点任务,全方位摸清现状、掌握实情，解决突出问题、固化工作成果、形成长效机制，推动党建工作迈上新台阶。

8月20日 太原机场公司印发《关于成立太原国际机场有限责任公司董事会专业委员会的通知》，成立太原机场公司董事会提名与机构编制委员会、投资决策委员会、审计与风险控制委员会、薪酬与考核委员会。

9月2日 上午，航产集团2021年度第23次董事会会议召开，审议通过《太原国际机场有限责任公司章程修正案》，对原章程中的经营范围进行调整。

9月14日 航产集团党委专职副书记、副董事长、工会主席邓保平深入太原机场调研指导文明城市创建工作。集团机关相关部室、各成员单位负责人陪同调研。邓保平走访航站楼出发厅、到达厅及停车场等场所，详细了解太原机场及相关区域的服务设施建设、环境创设、志愿者服务、从业人员规范服务等情况。他强调，创城工作是全市精神文明建设中的重点工作，各责任单位一定要对照创城任务清单，逐条逐项梳理落实。同时，他还要求巩固创建成果，形成常态长效，助力太原全国文明城市创建工作。

9月17日 太原机场顺利通过使用许可符合性评价工作。共有31名专业监察员到太原机场开展为期5天的机场使用许可符合性评价工作。评价组分为综合安全组、飞行区安全组、目视助航及供电设施组、应急救援组、应急救护组、运输管理组、空管管理组、空防安保消防组8个专业组，通过听取汇报、查阅资料、现场抽查、实地考察等方式开展各项工作。

9月27日 航产集团董事会研究决定，任命董中杰、杨世龙、郑文萍3人为太原机场外部董事，至此，公司外部董事人数已达4名。

9月30日 太原机场对国际保障隔离人员进行节前慰问，为在酒店集中隔离的专班保障人员送去节日慰问，勉励他们能够齐心协力，以最坚定意志、最顽强作风，科学防控，顺利完成每一次国际分流航班保障任务，构筑起机场疫情防控阻击战的钢铁堡垒。

同日 安全检查站“金蔷薇”班组荣获第20届“全国青年文明号”称号。

10月13日 民航华北地区管理局林涛一行到太原机场进行调研指导，充分肯定公司党建和纪检工作。要求进一步深入调研，通过调研发现问题，进一步强化学习，提高业务能力，真正解决问题，消除隐患，保障安全。

10月18日 护卫三队获得中国共产党成立100周年庆祝活动民航安全保障工作成绩突出集体通报表彰。

10月19日 太原机场航班时刻协调委员会（简称“时刻委”）成立并召开第一届委员会议，太原机场在会上介绍时刻委成立章程、组织架构及工作机制，并宣读第一届时刻委领导和委员名单，全体时刻委成员单位一致表决通过《太原机场航班时刻协调委员会章程》，时刻委下设办公室，办公室设主任1名，由太原机场航空市场部经理担任。办公室设副主任1名，由民航山西空管分局综合业务部部长担任。办公室成员若干，由民航山西空管分局管制运行部、太原机场航空市场部和运管委相关工作人员组成。

10月22日 共青团太原机场公司代表大会召开。选举产生出席共青团山西航空产业集团有限公司第一次代表大会代表。党委工作部部长胡敬东出席，团员代表共54人参加大会。

11月9日 候机楼管理部机房环境监控联动系统项目获得2021年全国民航“五小”优秀成果奖。

11月23日 飞行区管理部智能太阳能遥控驱鸟剂喷洒设备创新项目获得2020—2021年山西省总工会直属基层“五小”三等奖。

同日 飞行区管理部的机坪拖毯防丢失保护装置创新项目获得2020—2021年山西省总工会直属基层“五小”优秀奖。

11月26日 飞行区管理部“一种民航不停航施工临时用可快速拆装的围网支架”和“一种便于拆装的民航不停航施工临时围界移动工装”两项创新成果获得实用新型专利证书。

同日 太原机场党委党建与业务工作深度融

合阶段性总结大会召开,各党总支就本单位党建与业务工作深度融合开展情况进行汇报。公司党委委员,机关各部室负责人,二级单位党政负责人、党群办公室主任参加会议。会议强调,太原机场公司高质量发展必须坚持落实两个“一以贯之”,坚定不移推进党建与业务工作深度融合。一是筑牢思想“主心骨”,坚持以党建引领发展;二是把好政治“方向盘”,坚持将党建融入发展;三是激活创新“主引擎”,坚持用党建推动发展。

11月29日至12月5日 是全国第四个“宪法宣传周”,太原机场开展“宪法宣传周”主题活动。邀请专业律师重点就《中华人民共和国民法典》中关于合同管理的若干法条进行解读,并在T1、T2航站楼显著位置的广告机及LED显示屏滚动播放《中华人民共和国宪法》宣传海报,太原机场微信公众号等新媒体平台集中推出《中华人民共和国宪法》宣传海报及视频。

12月10日 太原机场开通太原—布鲁塞尔国际货运航班,这是全省首次开通的欧洲方向国际货运航线,也是全省第二条国际货运航线,由天津航空空客A330机型执飞,班期为每周二、周四、周日。本航线的开通,丰富了全省国际货运业务范畴,畅通了中欧地区之间经贸往来,在打造华北地区重要航空物流运输服务网络枢纽方面迈出坚实步伐。

12月15日 航产集团董事会研究决定,任命赖朝晖为太原机场副董事长。

同日 太原机场能源动力中心成立暨职能交接专题会召开。航产集团党委委员、副总经理员佩刚出席会议并讲话,集团机关相关部室负责人、太原机场公司领导、相关单位负责人及能源动力中心相关人员出席会议。成立能源动力中心是航产集团聚焦主业,对业务进一步整合,顺应国资国企改革的重要举措。能源动力中心主要负责太原机场供电、供水、供热制冷、排水以及相关设施的运行维护和能源计量收费工作。

12月16日 太原机场官方客服热线0351-96566正式上线。

12月23日 太原机场党委班子“全面建设清廉国企”专题民主生活会召开。

12月30日 根据航产集团《关于对〈太原国际机场有限责任公司修订“六定”改革实施方案〉的批复》(晋航产发〔2021〕116号)及《关于对〈太原国际机场有限公司机构设立及调整实施方案〉的批复》(晋航产发〔2021〕158号),太原机场对公司机构设置及主要职责进行调整,成立董事会办公室、服务质量部、规划经营中心、法务中心、审计中心和能源动力中心。

(资料提供:胡 锐)

长治机场有限责任公司 大事记

3月31日 航产集团党委专职副书记、副董事长、工会主席邓保平带领党史学习教育巡回指导组、职工代表巡视组成员一行到长治机场有限责任公司(以下简称“长治机场”)开展党史学习教育、落实航产集团职工代表巡视等指导工作。长治机场党委委员、三级干部、职工代表参加会议。

9月8日 按照省政府安委办统一安排,省应急管理厅、省交通运输厅、长治市应急管理局、市交通运输局对长治机场的安全管理工作进行综合督导和检查。

9月28日 长治机场第一次董事会会议召开，董事长王计虎，副董事长郭小兵，外部董事4人出席会议。董事会的成立是长治机场国企改革三年行动中完善法人治理结构的重大成效。

10月21日 上午，长治机场新航站楼正式投入运营。长治市政府、山西航产集团以及驻场部队相关领导共同出席投运仪式。市委副书记、代市长陈耳东，山西航产集团领导分别致辞。长治市财政局、市交通运输局、市发改委相关领导出席仪式，长治机场领导班子成员及120余名职工参加仪式。

12月29日 华夏航空长治营业部揭牌仪式在长治机场举行。华夏航空营销中心总经理周锦维在致辞中介绍华夏航空公司背景、机队规模以及航线网络布局，回顾与长治机场的合作历程，并展望华夏航空未来在长治机场的发展规划。长治机场总经理郭小兵致辞祝贺华夏航空长治营业部成立，长治营业部的成立是华夏航空在山西省内第一家驻地营业部，与长治机场的合作具有重要意义。

（资料提供：王 真）

大同机场有限责任公司
大 事 记

1月10日 大同市委副书记、市长武宏文率平城区及市公安局、市工信局、市卫健委等主要负责人，深入大同云冈机场实地检查督导疫情防控工作。

2月1日 大同机场有限责任公司（以下简称称“大同机场”）党委2020年度党员干部民主生活会召开，航产集团党委副书记、副董事长、总经理陈阳出席会议并讲话，航产集团党委第一督导组到会全程指导。

2月26日 下午，大同机场党委党史学习教育专题部署会召开，公司三级副职以上干部参会。

3月5日 大同机场团委组织团员青年、志愿者服务队在候机大厅开展“百年青春心向党，志愿建功新时代”学雷锋志愿服务活动。

3月7日 大同机场携手深圳航空、昆明航空，推出助力学生返校活动，陆续保障大同大学300余名学子安全复学返校。

3月8日 大同机场团委开展“传承党史华章学习雷锋精神”读书会活动。

3月12日 大同机场工会女工委紧紧围绕“学‘四史’坚定党性，明‘四自’健康身心，践‘三牛’努力工作，以优异业绩，庆祝‘三八’节，庆祝建党百年”主题，召开纪念“三八”国际妇女节座谈会。

3月17日 大同机场2021年工作会议暨三届二次职工代表大会召开。机场领导、三级副职以上干部及职工代表参加会议。会议作了题为《立足发展新阶段凝聚改革新合力推动实现大同机场“十四五”良好开局》的工作报告，回顾总结2020年工作，对2021年工作进行安排部署。会议听取“2021年财务经营工作报告”，听取14个部室2021年工作计划，向各部门颁发责任状。

3月24日 大同机场2021年度安全生产工作会召开。会议作了题为“担当作为，狠抓落实，奋力推进机场安全稳定发展”的安全工作报告，回顾2020年安全工作，分析行业安全形势及本场存在的薄弱环节，安排部署2021年重点工作任务。机场领导、各部门负责人、驻场单位负责人以及各部门质控员参加会议。

3月26日 大同机场党委组织党员干部、入党积极分子、团员青年赴大同市革命烈士陵园开展“缅怀革命先烈、传承革命精神”联合主题党日、团日活动。

3月28日 福州—大同—哈尔滨航线正式开通,该航线由山东航空执飞,每周一、三、五、七执飞,机型为A320,航班号为SC2227和SC2228。

同日 桂林—大同—大连航线正式开通,由桂林航空执飞,每周二、四、六执飞,机型为A320,航班号为GT1023和GT1024。

3月30日 大同机场党建工作会、统战工作会、党风廉政建设工作会暨纪检工作会议召开。回顾总结2020年党建、纪检、统战工作,对2021年工作进行安排部署。

4月1日 航产集团党委副书记、副董事长、总经理陈阳带领党史学习教育巡回指导组成员一行到大同机场指导督查工作。

4月15日 大同机场模拟机培训基地正式运行。

4月20日 大同机场工会和团委举办“我为群众办实事”心理健康疏导知识讲座。

4月21日 大同机场2021年度股东会、第六届第二次董事会、第六届第二次监事会分别在会议室召开,各股东代表、董事、监事参加会议,相关议题单位列席会议。

4月23日 由大同市政府新闻办公室、市委市政府新闻中心主办,“大同机场2021年度夏航季工作新闻发布会”在大同市综合行政办公楼会议中心召开,市委宣传部、市政府新闻办、大同机场相关负责人及来自中央、省、市20多家新闻单位30多位记者参加新闻发布会。

同日 大同机场团委联合航空市场部、机关党支部在华严寺广场开展志愿服务活动,并对大同机场夏航季航班、“大同飞”产品进行宣传。

4月27日 大同机场组织开展“学四史、感党恩——青年奋斗者说”主题演讲比赛活动暨离团仪式。

4月30日 大同机场党委领导班子巡察整改和选人用人工作专项检查专题民主生活会召开。航产集团党委副书记、副董事长、总经理陈阳到会督导,第一巡察组组长、巡察办工作人员参加会议。

5月11至12日 大同机场与大同海关、市商务局、市住建局等单位及部门,通过现场调研、座谈分析等形式,对口岸开放验收工作存在的问题进行深入探讨和研究,相关单位负责人参加现场调研和座谈会。

5月13日至14日 大同机场与携程网合作开展以“大同飞精彩出行”为主题的系列直播宣传活动。直播活动得到市文旅局、云冈石窟研究院和华严寺文物管理处等单位的大力支持与帮助,同时也获得优质餐饮、酒店等民营企业的积极参与及配合。

5月14日 大同机场党委“一企一品”精神文明品牌创建工作研讨会召开。

5月18日至19日 由民航山西安全监督管理局组织,民航华北地区管理局、民航大兴机场监管局、民航山西监管局、民航内蒙古监管局共同组成8个专业组,对大同机场开展使用许可符合性评价及《大同机场使用手册》等相关内容进行现场对照审核,同时对大同机场进行综合安全大检查。通过现场检查和验证,各检查组形成综合评价意见,一致认为大同机场通过使用许可符合性评价。

5月21日 民航华北局副局长朱为民深入大同机场航行保障部、T2航站楼就建设及安全管理工作开展调研,民航山西监管局局长朱春雷、监管局机场处相关人员陪同调研。大同机场领导及相关部室负责人参加调研。

5月26日 大同机场乡村振兴驻村第一书记和工作队出征到岗工作会在广灵县壶泉镇赵庄村召开。大同机场党委,壶泉镇党委、村委及驻村工作队员参加会议。

6月1日 大同机场女工委组织开展“携手‘童行’筑梦启航”庆“六一”亲子活动。

6月3日 山西出入境边防总站副总站长韦凤鸣一行5人工作组到大同机场,就大同航空口岸正式开放、国际航站楼查验设施、联检单位业务用房建设等进行商讨,大同市商务局口岸办、大同机场领导及相关工作人员陪同。

6月8日至24日 大同机场分别组织各部门业务骨干在抖音平台开展“主播走一线”直播活动。

直播主要围绕航空安全知识、安全检查等内容进行讲解，广泛宣传、普及航空旅行知识、乘机注意事项，引导旅客文明乘机与安全旅行，同时回答旅客关心、关注的民用航空安全问题。直播现场累计观看人次达7729人次，共计发放头等舱服务体验卡30张，接受咨询449人次。

6月22日 大同机场党委“星级创评、分类定级”项目启动，航产集团党委副书记、副董事长、总经理陈阳为仪式揭牌。

同日 航产集团党委副书记、副董事长、总经理陈阳在大同机场主持召开“我为群众办事”推进绩效考核座谈会。

同日 航产集团党委副书记、副董事长、总经理陈阳深入车保综保党支部联系点开展座谈交流调研。他详细了解党史学习教育开展以及“我为群众办实事”实践活动落实情况，同时指导党支部创新阵地建设、丰富活动载体、规范工作流程，为推进党建与业务深度融合出谋划策，并强调党支部一定要始终在“安全发展”上发挥好战斗堡垒作用。

同日 大同机场党委邀请曾任省委党校机关党委专职副书记、纪委书记姚夏冰作题为“胸怀千秋伟业、恰是百年风华”党史学习教育专题培训。

6月25日 大同机场党委开展“永远跟党走·奋进新征程”红色歌曲合唱、书画摄影展、“迎建党百年，我想对党说”签名及祝福语征集、“为生命挽袖”无偿献血活动、“学党史、强信念、跟党走”户外团建活动。

7月2日 大同机场党委召开庆祝中国共产党成立100周年“七一”表彰暨党建工作推进会。机场领导、三级副职以上干部、党员代表、民主人士、受到表彰的“两优一先”及先进集体及个人参会。

7月25日 大同机场开通河南援助物资绿色免费运输通道，优先接收及保障用于河南灾区救援相关物资，接收本地及周边各地区政府机构、红十字会、慈善机构及所有企业捐助的救援物资，为所有救援物资提供免费运输及优先保障服务。共运送口罩、药品、食品、救生衣等物资，约117件917千克。

7月26日 大同市委副书记、市长张强到大同机场现场办公，就大同航空口岸正式开放、国际航站楼查验设施、联检单位业务用房建设验收前整改问题进行协调部署，副市长赵学斌、市商务局、市财政局、市住建局、大同机场领导及相关工作人员陪同。

8月10日 大同机场与大同海关签署业务合作备忘录，落实省市口岸正式开放验收工作要求，共同打造“便捷、高效、安全”的口岸环境。大同机场、大同海关领导及相关工作人员参加签署活动。双方代表在合作备忘录上签字。

9月1日 由通航集团旗下三晋通航与江西快线合作的长治往返大同的短途运输新航线正式启航。该航线由江西快线承运，执飞机型为皮拉图斯PC-12（6人座），班期为每日往返各一班，航班时刻为：长治—大同11:00—12:30；大同—长治13:10—14:40。广大旅客可通过航旅纵横、同程旅行、美团、携程旅行网等购票渠道进行查询购票。

9月10日 大同机场机坪扩建项目通过竣工验收。验收组由建设、设计、勘察、施工及监理单位相关人员组成。

9月18日 上午，大同航空口岸通过市级验收。大同市副市长赵学斌及山西出入境边防检查总站、大同军分区、大同海关、大同市商务局、大同机场等相关领导出席验收会议。

9月23日 大同机场在灵丘县乡村振兴局开展以“丰秋深昆会，游购话灵丘”为主题的乡村振兴直播活动，庆祝“第四个中国农民丰收节”。

10月21日 下午，大同机场联合云州区消防救援大队、云州区人民医院等地方支援协议单位共同开展“古都—2021”航空器应急救援综合演练。民航山西监管局派出督导组参加演练。

10月14日 大同机场开展“爱在重阳 情满旅途”主题系列活动，温暖老年旅客回家路。

10月22日 上午，省级社会主义核心价值观建设示范点创建工作检查组对大同机场开展创建工作进行督导检查。

10月31日 重庆—大同—大连航线正式开通，由重庆航空执飞，每天一班，机型为A32H，航班号为CZ2617和CZ2618。

同日 由昆明航空执飞的长春—大同—昆明航线,由奥凯航空执飞的天津—大同—海口航线,由山东航空执飞的哈尔滨—大同—福州航线,由长龙航空执飞的大同—秦皇岛—杭州航线,由桂林航空执飞的桂林—大同—大连航线停航。

11月10日 航产集团党委专职副书记、副董事长、工会主席邓保平深入大同机场调研指导工作。

11月17日 大同航空口岸通过省级预验收,省市相关领导及验收组参加会议。省级预验收组由省商务厅会同太原海关、山西出入境边防检查总站、山西省军区战备建设局、民航山西监管局、山西航产集团和大同市政府组成。

11月29日 大同机场2021年"安康杯"职业技能竞赛和技术比武月活动收官,航行保障部代表队获竞赛团体一等奖。

12月9日 大同机场机坪扩建项目通过行业验收。验收组由民航山西监管局,工程设计、建设、施工、监理、第三方检测等单位相关人员组成。

12月20日 省委宣传部、省文明办下发《关于命名第四批社会主义核心价值观建设示范点和首批社会主义核心价值观主题公园(广场)的通知》,大同机场被命名为山西省第四批社会主义核心价值观建设示范点,是大同市唯一一家获得省企业类的示范点。

12月30日 上午,大同机场党委召开"全面建设清廉国企"专题民主生活会,航产集团第四督导组到会指导。

(资料提供:韩向荣)

忻州五台山机场有限责任公司 大事记

2月4日 上午,忻州五台山机场有限责任公司(以下简称"五台山机场")特邀省气象服务中心主任陈志峰、省大气探测技术保障中心主任郝孝智、市气象局副局长史海萍等专家,一行10人参加"五台山机场低空风切变对航空运行影响"专题研讨会,并进行实地考察。会议听取五台山机场关于风切变分析报告,省、市气象局领导及专家详述容易产生风切变现象的几种天气背景,介绍本场周边气象观测站布点及其配套设施设备情况,分享省、市气象局近几年低空风切变研究、应对、服务、规划、建设成果。此次专题会效果显著,对本场春运保障、季节变化、复杂天气保障起到重要的促进作用,与省、市气象局建立良好工作联系。深度推广多维度的合作与研究,为五台山机场持续安全运行提供技术支持与气象产品保障。

2月7日 五台山机场广播式自动相关监视(以下简称"ADS-B")由民航二所完成安装和调试,标志着五台山机场ADS-B系统正式进入试运行阶段。民航二所对本场通信导航员、管制员开展ADS-B现场技术培训,旨在让管制人员认识了解系统基本功能,熟练掌握系统操作,维护人员熟悉本系统结构、系统功能和数据流程,熟练掌握系统的安装、操作、日常管理及设备维护。

ADS-B技术将卫星导航、航空器机载设备以及地面设备等先进技术相结合,提供更加安全、高效的空中监视手段,能有效提高管制员和飞行员的运行态势感知能力,扩大监视覆盖范围,提高空域利用率,提升空中交通管制能力和服务质量。本场投入运行后，大大提升塔台的空中交通管制能力和效率，为五台山机场航空飞行安全提供技术支持与保障。

3月8日 上午，五台山机场党委组织召开党史学习教育动员部署会，深入学习贯彻习近平总书记在党史学习教育动员大会上的重要讲话精神，动员引导全体党员干部职工做到学史明理、学史增信、学史崇德、学史力行，全力推动“十四五”开好局、起好步，以优异成绩迎接中国共产党成立100周年。党委书记做动员讲话，并结合实际，对开展党史学习教育工作进行安排部署。会议要求公司上下要认真领会、抓好贯彻落实，切实把思想和行动统一到党中央决策部署和航产集团党委工作要求上来。五台山机场党委对党史学习教育氛围进行精心布置，设计制作党史学习标语宣传图，分别投放在行政办公楼及航站楼大厅的LED屏幕及电视屏幕上进行滚动播放，摆放宣传展板，并将条幅悬挂在公共区域醒目位置，全面营造浓厚氛围。

3月18日 在忻州市政府大力支持下，在市文旅局积极协调下，五台山机场联合春秋航空共同举办的“忻州新航线推介会”获得圆满成功。会议邀请忻州市文化和旅游局、春秋航空市场部、忻州各旅行社、媒体代表共30家单位50余人参加。

本次推介会意在推广五台山机场夏秋季航班航线及航空旅游产品，搭建政府与企业资源共享的平台，让机场、航空公司与旅行社之间建立良好合作关系，共同维护忻州航空市场健康稳定，推出更多亲民的航空旅游产品。市文旅局局长张振邦在致辞中表示，蓬勃兴起的忻州文化旅游业蕴含着无限商机，希望各位嘉宾、朋友们对忻州文旅产业发展给予更多关注和支持，市政府热忱欢迎更多航空公司、旅行团商来当地考察踩线，积极开发更多更好的航线产品和旅游产品，也热切期盼与更多航空公司、旅游企业加强交流合作，共同推动忻州文化旅游业提质增效、转型升级。提前规划航空网络布局，为广大市民顺畅出行做好准备，持续优化航线网络结构，加大航线开发力度，提升运行服务品质，推动航空运输与旅游产业协同发展，为民航事业及地方经济社会发展做出新贡献。

3月26日 上午，五台山机场2021年工作会召开。2020年，全体职工迎难而上、共渡难关，统筹兼顾疫情防控、安全运行及经营发展，合力完成全年工作任务，取得来之不易的成绩。机场领导作了题为《认清形势勇担当 共克时艰育新机 只争朝夕干在先 扛牢责任开好局 为全面实现年度工作目标而努力奋斗》的工作报告。会议的主要任务是：全面贯彻落实中共十九大和十九届历次全会精神和习近平总书记视察山西重要讲话重要指示，以及民航和航产集团工作会议精神，回顾2020年各项工作，部署2021年主要工作。

3月30日 上午，航产集团党委专职副书记、副董事长、工会主席邓保平带领党史学习教育巡回指导组成员一行到五台山机场开展党史学习教育指导工作。邓保平在讲话中，对五台山机场近期开展的党史学习教育工作表示充分肯定。他指出，五台山机场党委在短时间内做了许多可圈可点的扎实工作，宣传报道高频高效，行政办公楼文化墙布置氛围浓厚，职工活动阵地建设快速推进，团支部工作开展得有声有色，还为员工开通通勤班车，解除职工后顾之忧，整体工作开展质效并行，成果显著。

同日 航产集团党委专职副书记、副董事长、工会主席邓保平到五台山机场安全护卫部，为获得“全国民航五一巾帼标兵岗”称号的金莲花班组授牌，鼓励班组成员珍惜荣誉、再接再厉。在五台山机场领导陪同下，邓保平参观金莲花班组，并听取班组长吕莉介绍。金莲花班组是民航华北局工会唯一获评班组。

4月13日 五台山机场党委2021年党建、统战、党风廉政暨纪委工作会议召开。总结回顾五台山机场党委2020年党建、统战、党风廉政及纪委主要工作，明确2021年工作思路，全面安排部署党建、统战、党风廉政及纪委工作。会议传达航产集团《2021年党建工作报告》《2021年纪委工作报告》《2021年统战工作报告》《2021年党风廉政建设工作报告》。会议作了题目为《攻坚克难担使命 乘势而上谱新篇 以高质量党建引领高质量发展》的党建工作报告、《凝聚初心务使命 同心共创开局路 助推五台山机场高质量发展》为题的统战工作报告、《落实主体责任 全面从严治党 为五台山机场高质量发展提供坚强纪律保障》为题的党风廉政建设工作报告,还作了以《主动担当作为 忠诚履职尽责 为高质量发展新征程保驾护航》为题的纪委工作报告。

5月7日 航产集团党委第一巡察组在五台山机场召开巡察工作动员会。党委专职副书记、副董事长、工会主席邓保平出席动员会并讲话,提出3点要求。一是提高政治站位,深刻认识开展巡察的重要意义;二是强化政治担当,自觉接受巡察监督,切实把思想和行动统一到航产集团党委对本轮巡察工作的部署要求上来;三是严明政治纪律,从严从实推动巡察工作高质量发展。要以更高标准、更严要求锻造自身政治意志,严明政治纪律和政治规矩,坚决完成好航产集团党委交给的巡察任务。五台山机场党委书记代表党委进行表态发言,表示五台山机场党委及全体干部职工一定按照航产集团党委的统一部署和巡察组要求,把思想和行动统一到巡察工作的安排部署上来,以积极主动、求真务实的工作作风,接受巡察组监督检查;积极配合航产集团党委巡察组开展好巡察工作,确保巡察组能客观全面、准确深入地了解五台山机场党委的工作情况;坚决服从巡察组安排,自觉接受巡察组检查,诚恳面对巡察组监督,认真分析原因,进一步理清思路,推动五台山机场发展和党的建设各项事业再上新台阶。

6月1日 五台山机场党委选派驻村工作队员出征到宁武县东寨镇前井务沟村上岗。党委高度重视,在人员紧张情况下,以工作成果为导向,第一时间对选派人员进行摸底推选,同时注重老中青梯次搭配、强化科学派驻,组建一支政治过硬、素质过硬、作风过硬、善于做群众工作的驻村工作队,切实发挥选派力量最大效能。要求驻村工作队员们尽快进入状态,深入了解前井务沟村的实际情况,工作上要认真落实,主动作为,发扬求真务实、真抓实干作风,全面推进富民强村事业,代表五台山机场为乡村振兴事业做出应有贡献,以优异成绩向中国共产党成立100周年交上满意答卷。

6月3日 五台山机场向银行申请开通商户电子支付,全员可采用微信、支付宝等电子支付方式进行饭卡充值。党委结合党史学习教育,以“学党史 做先锋 转作风 优服务”为主题,坚持问题导向,立足群众需求,真心实意为群众办好事、办实事、解难事,在全公司范围开展“我为群众办实事”实践活动,不断增强群众获得感、幸福感、归属感。此后,五台山机场继续拓宽服务广度,不断推进党史学习教育向纵深发展,以职工群众满意度检验工作成效,确保“学党史 办实事”新成果促进党建工作不断提升。

6月16日 航产集团党委专职副书记、副董事长、工会主席邓保平赴五台山机场讲授党史学习教育专题党课。党委委员、党支部书记、全体班组长及机关全员参加党课学习。邓保平以“学史明理 学史增信 学史崇德 学史力行——把握目标要求,推动党史学习教育走深走实”为主题,深入浅出对各版块具体内容进行讲解,为大家带来一堂生动有趣的党课。课后,邓保平深入基层开展“送清凉”慰问一线员工活动,为150余名一线职工送去解暑慰问品。

6月21日 上午,航产集团党委专职副书记、副董事长、工会主席邓保平带队赴五台山机场开展安全生产集中检查工作,并召开现场工作部署会。会议听取党委书记关于五台山机场近期安全工作开展情况的汇报。邓保平在讲话中,提出4点要求。一是强化政治站位。各级各部门要认真分析所辖范围安全生产形势,按照民航局“六个起来”要求,抓整改、抓督查、抓提升,把安全风险管控各项措施落实到位。二是强化责任落实。各机场要把安全生产月活动与日常法定自查、“隐患清零专项行动”工作相结合,落实好安全生产主体责任,切实把安全生产责任和各项制度规程要求落实到班组和岗位。三是强化空防安全。当前国内外环境错综复杂,行业内安全生产事故频发。要对“七一”特殊时期空防安全形势保持高度敏感,进一步提升反恐警觉性和防范意识,把各项安保措施抓实落地,强化与当地政府和武警部队的联防联控,落实好空防预警等级措施。四是强化督促检查。本次安全检查是一次以“查隐患、防风险、保安全、迎建党百年”为主线，推进安全生产专项整治三年行动集中攻坚、“安全生产月”活动等为抓手的综合检查，是对省内机场安全工作的一次交叉体检，被检查机场要积极配合好检查组各项工作。会后，检查组深入机场各部门工作现场进行对标对表检查，并对发现的问题提出建议。五台山机场对整改项目制定出一一对应的整改清单，并及时落实整改任务。

7月7日 五台山机场与忻州市FM91.5综合交通广播携手，开展以“庆祝建党百年华诞 感恩回馈抗疫英雄”为主题的特价机票线上直播营销活动，让抗疫英雄优享7月特价机票优惠政策，同时提升本场航班客座率，增加本站进出港客流量。直播活动持续约30分钟，吸引围观网友4000余人，主播与在线观众互动答疑，网友们纷纷点赞。

7月21日 上午，五台山机场党委组织开展2021年上半年人员思想分析、意识形态分析研判暨专题党课活动。会议听取4个党支部关于2021年上半年意识形态工作开展情况和各部室2021年上半年人员思想状况分析的汇报，分管领导对各部室汇报情况进行点评，党委书记对各(党)支部汇报情况进行点评并作总结讲话。党委书记以“学党史 明方向 做新时代的有为青年”为主题，讲授党史学习教育专题党课。主要围绕“人生要有目标、行动要有指南、做事要有方法”三个方面内容进行阐释。课程开端从身边人、身边事讲起，发人深省，娓娓道来一桩桩、一件件生动鲜活的历史人物故事，使在座党员对党史有了更深层面、更多角度认识，用历史这面镜子照亮当下青年前行方向，争做新时代有为青年。

9月10日 上午10时50分，由青岛航空执飞的A320机型QW6155航班平稳降落在五台山机场跑道上，标志着本场新增昆明—五台山—长春航线成功首航。当前疫情形势依然较为严峻，同时航空公司飞行运力与时间都紧张的情况下，经过前期多次沟通协调，克服重重困难，得以开通昆明至五台山至长春航线，该航线是继今年夏秋季开通五台山至大连航线后新增的一条航线。此次航线开通，架起国内南北两大春城空中走廊，为旅客出行提供更多选择与便利，利于促进忻州与国内优秀旅游城市在经济、文化、旅游等方面的交流。

10月14日 民航华北地区管理局党委副书记、纪委书记林涛到五台山机场开展党建、纪检工作调研座谈，听取党委、纪委关于党建、纪检、安全工作的全面汇报，同时对华北局党建、纪检工作开展情况进行介绍交流，并现场检查支部阵地建设及党史学习教育开展情况，对五台山机场党建、纪检各项工作开展情况给予高度评价。

11月5日 太原海关一行4人赴五台山机场进行现场调研督导，实地查看航空口岸区域现场。五台山机场相关人员陪同调研。调研组听取口岸开放以来国际航班保障情况、旅客通关出入境流程及作业场地整改项目建设进展情况。调研组与机场工作人员就疫情防控海关监管标准及要求进行分析讨论，并明确下一步工作重点。调研组对五台山机场各项工作给予充分肯定，要求坚持高标准、严要求，全面做好口岸区域整改建设工作，为国际、国内疫情形势好转后可随时满足口岸开放标准及要求做好充分准备。

（资料提供：韩 斌）

吕梁机场有限责任公司
大 事 记

1月14日 吕梁机场会同方山县住建局及生产保障用房勘察、设计、监理和施工单位，召开验收会。对生产保障用房的主体建筑施工图纸、现场、消防设施、防雷设施和工程质量等进行工程竣工验收，经过方山县住建局和各单位配合，圆满完成吕梁机场生产保障用房工程验收。

1月28日 吕梁交通广播《战疫情，保春运》特别直播节目关注吕梁机场春运保障，用60分钟直播镜头，为南来北往的旅客现场报道吕梁机场春运保障情况。

是月 中国民用航空飞行校验中心对吕梁机场有限责任公司(以下简称“吕梁机场”)助航灯光目视进近坡度指示系统(PAPI灯)进行定期空中校验工作。

2月 中共吕梁市委宣传部、吕梁市文明办下发《关于命名吕梁市第一批社会主义核心价值观建设示范点的通知》，吕梁机场被命名为第一批社会主义核心价值观建设示范点。吕梁机场始终坚持开展社会主义核心价值观建设，以习近平新时代中国特色社会主义思想为指导，全面贯彻中共十九大及十九届系列全会精神，广泛、深入开展社会主义核心价值观系列活动，通过设置文化墙，举办道德讲堂，听战“疫”故事，学奉献精神；积极开展“红马甲”志愿服务、安康杯技能比武、红色教育、扶贫助捐、献血献爱心等活动，将社会主义核心价值观建设同公司经营管理、安全运行和服务保障相结合，坚持“两手抓、两手硬”，有力推动社会主义核心价值观在公司生根落地。

3月8日 吕梁机场开展净空和电磁环境保护专项宣传活动。

3月24日 在世界气象日来临之际，吕梁机场与吕梁市气象局以“学党史、促业务”为出发点，以“气象与民航”为主题开展主题党日活动，旨在加强合作交流，切实促进双方党建与业务双融合。

3月28日 从即日起，吕梁机场执行夏航季航班计划，本次换季与2020年秋冬航班相比，新增两条航线，分别是“北京大兴—吕梁—南昌”“杭州—吕梁—银川”。

是月 吕梁机场收到吉祥航空送来的2020年度最佳合作共赢单位奖牌，对公司市场部积极协调航班营销工作给予的支持表示感谢与肯定。

是月 吕梁机场与吕梁学院教师团队就鸟害防治深入开展研讨交流，旨在通过此次交流提升吕梁机场飞行区鸟害防治工作。

4月1日 航产集团党委专职副书记、副董事长、工会主席邓保平带领党史学习教育巡回指导组、职工代表巡视组成员一行到吕梁机场开展指导督查。会上，巡回指导组传达省委党史学习教育巡回指导组精神，听取吕梁机场关于党史学习教育开展情况、落实航产集团相关工作开展情况汇报。邓保平在讲话中，对吕梁机场党史学习教育和落实航产集团工作给予充分肯定，要求继续深入抓好党史学习教育，特别要抓好“关键少数”领导班子的学习，杜绝出现“灯下黑”现象。同时，扩大学习覆盖面，让党史学习教育进到基层、一线、班组及每一名群众，确保全员覆盖，避免出现“上热下冷”现象，积极探索党员联系群众、党员群众共享共学机制，切实把党员群众思想统一到全党要求上来，让党史学习教育真正落地生根。

4月7日 吕梁市审计局在吕梁机场召开审计

进点会，此次主要针对吕梁机场2019年和2020年市财政航线补贴资金的管理使用、财务管理以及以往审计中发现问题的整改情况等进行审查。

4月15日 吕梁机场组织开展“4·15”国家安全教育日活动。在候机楼现场设立咨询台，向来往旅客发放《一张图看懂国家安全法》图解宣传单，宣传国家安全的重要性。

4月21日 方山县副县长秦鑫一行到吕梁机场调研运营发展情况，并召开座谈会。要求各相关单位要加强协调配合，坚持以安全为前提，科学合理安排部署工作，要及时发现、及时处理、及时报告、及时消除安全隐患，保持机场持续安全运行。

4月22日 吕梁机场会同省气象服务中心召开“吕梁机场局地天气预报预警”工作座谈会，并进行实地考察，继续深化与省、市气象局战略合作，为吕梁机场航班运行安全提供气象支持。

4月24日 晚20点，随着中联航KN5130南昌—吕梁—大兴航班的起飞，吕梁机场当日共保障旅客2404人次，这是机场自开航以来，客流量最多的一天。截至4月24日，周二、周四、周六航班，有6天旅客人次超过2000人次，周一、周三、周五、周日航班，有7天超过1000人次，累计保障旅客35804人次，吕梁机场单日旅客吞吐量再创新高。

5月1日至5日 吕梁机场共安全保障航班96架次，同比2020年增加108.69%，同比2019年增加50.0%；旅客吞吐量8203人次，同比2020年增加308.7%，同比2019年增加25.8%。航班整体呈现高客座率、高票价水平特点。

5月8日 航产集团党委第二巡察组在吕梁机场召开巡察工作动员会。党委专职副书记、副董事长、工会主席邓保平出席会议并讲话，提出三点要求：一是提高政治站位、统一思想认识，深刻把握巡察工作的内涵要求；二是落实政治责任，紧抓“三个聚焦”，切实将“两个维护”作为巡察工作的根本任务；三是强化政治担当、严明纪律要求，确保巡察工作高质量开展。

6月8日 吕梁机场召开新任职干部集体廉政谈话会，对近期新任职干部进行集体廉政谈话。机场领导班子成员、新任职干部参会。

6月15日 吕梁机场货运部门保障货邮吞吐量11.1吨，刷新开航以来出港单日货邮保障记录。

6月21日 航产集团副总经理高之岩带领第四检查组一行在吕梁机场开展安全生产集中检查。

7月1日 吕梁机场党委庆祝中国共产党成立100周年“七一”表彰大会召开，对2020年度各类先进集体和个人进行表彰。党委领导班子成员、三级副职及以上干部、新党员、各类先进代表参加会议。会上，党委书记以“永远跟党走 共赴新征程”为题讲授“七一”专题党课。要求全体干部职工要学习党胜不骄败不馁的革命意志，学习革命前辈艰苦奋斗的奋进精神，学习党带领中华民族万众一心谋发展的坚定信念，牢记初心使命，团结一致，坚定信心，攻坚克难，奋力打开吕梁机场高质量发展新局面！

7月6日 吕梁机场与汉中豪邦东隆运输服务有限公司、山西龙世达国际空港物流有限公司合作洽谈会召开。

7月13日 上午09:00，吕梁机场恢复“吕梁—大同”航线，从2021年6月8日后，吕梁机场执飞的所有短途运输航线因多种原因停飞。随着暑运开始，为进一步丰富吕梁机场航线，也为让旅客有更多出行选择，经与山西通航集团多次沟通，恢复“吕梁—大同”航线，为吕梁、大同两市公务出行及旅游资源融合发展搭建便捷空中通道。

7月14日 民航华北管理局、山西安全监督管理局一行17人到吕梁机场开展年度综合大检查。检查组通过现场检查、翻阅台账、人员访谈等多种方式，对吕梁机场安全管理、应急管理、飞行区安全、空管安全、空防安全、消防安全、网络安全等工作进行深入检查，对发现的问题和不足，提出整改要求及指导性建议。

7月18日 针对夏季鸟类活动增多现象，为保障航班运行安全，吕梁机场飞行区管理部鸟害防治专题工作会议召开。要求结合驱鸟情况、员工资质、工作经验等方面对驱鸟人员进行科学排班，加强日常驱鸟巡视频次。

7月23日 11点37分许，得知陕西省吴堡县红盛集团黄河救援队一行8人欲乘坐DZ6388航班由吕梁机场前往河南驰援消息后，吕梁机场为驰援河南救灾人员及防汛物资运输开通绿色通道，立即指派地勤服务部专人与东海航空调度室积极协调，申请免费托运救灾物资，并联合安检人员协助八名救灾人员优先办理乘机手续，免费托运包含橡胶艇、探测仪、探照灯在内重达60千克的多种特种设备，全程仅花费5分钟，驰援救灾队顺利成行。

是月 中国民航飞行学院空管学院与吕梁机场签署建立校外培训科研教学实践基地合作协议。

是月 吕梁机场被省人力资源和社会保障厅、省交通运输厅联合授予“山西省交通运输系统先进集体”称号。

8月4日 吕梁市市长张广勇、副市长任磊、市政府秘书长权威等一行10人到吕梁机场，对疫情防控专题会议有关部署落实情况进行督导检查。要求深入贯彻落实习近平总书记关于疫情防控重要指示精神，按照省委、省政府部署要求，抓好政治责任，做好“外防输入，内防反弹”，守好机场关口防线，落实好应急处置四早要求。党委副书记、副董事长、总经理温治纲表示将持续落实党中央国务院、山西省委、吕梁市委、航产集团党委决策部署，强化管控措施，深刻汲取国内机场疫情防控经验教训，升级疫情防控措施，坚决防止疫情通过“空中门户”蔓延。

8月17日 吕梁市无线电管理局对吕梁机场无线电频率进行干扰排查，重点对对讲机发射频率进行测试检验。

8月19日至9月7日 跑道病害治理项目工程停航施工期间，航产集团党委委员、副总经理员佩刚到吕梁机场飞行区施工现场视察指导工作。要求严格把控工程质量关，确保项目按时高质量、高标准完成，认真落实各项规章制度和安全生产责任制，切实做好施工现场防护及施工人员安全教育培训工作，提高安全防范意识。

8月25日 航产集团党委专职副书记、副董事长、工会主席邓保平在吕梁机场作学习贯彻习近平总书记“七一”重要讲话精神专题宣讲报告。邓保平以学习贯彻习近平总书记“七一”重要讲话精神为主题，深入阐释重大意义，深入解读提出的一系列新思想、新观点、新论断。同时结合山西民航发展史，带领大家共同回顾航产集团变革发展之路。要求抓好学习，全面领会精神内涵；抓好结合，着力提升防控能力；抓好落实，切实担负职责使命。

8月19日 飞行区道面病害治理项目采取停航施工方式进行，历时19天。

是月 吕梁机场被市拥军优属拥政爱民工作领导小组授予“拥军优属拥政爱民先进单位”称号。

9月6日 吕梁机场飞行区道面病害治理项目工程验收会召开。省安全监督管理局在听取各参会单位情况汇报后，通过翻阅资料及实地察看，项目已完工，工程实体质量合格、档案齐全，同意通过验收。

9月7日 吕梁机场对新的《中华人民共和国安全生产法》进行宣传贯彻解读培训。

9月8日 随着MU5141航班平稳降落，此前受影响的航班，已全部恢复正常。吕梁机场正式恢复航班运营的航线有北京—吕梁—南昌、上海—吕梁、吕梁—西安—广州、成都—吕梁—大连、天津—吕梁—重庆、青岛—吕梁—兰州、贵阳—吕梁—沈阳、沈阳—吕梁—温州、杭州—吕梁—银川、深圳—吕梁—郑州共10条，通航城市18座。

9月10日 航产集团督导组一行三人到吕梁机场开展党史学习教育及贯彻落实国有企业党的建设工作会议精神“回头看”督导检查，机场党委全体领导班子成员参加。督导组对吕梁机场党委党史学习教育和“回头看”工作取得的成效给予充分肯定，传达航产集团工作部署，要求全体党员干部要持续深入学习贯彻习近平总书记重要讲话精神以及关于国有企业改革发展和党的建设重要论述，要原原本本读原文、认认真真悟原理，切实将学习成效转化为推动发展的强大动力。

9月16日 中国国际航空股份有限公司运行标准部高级经理梁钊一行10人到吕梁机场进行“吕梁至北京首都”航线航前实地考察并召开座谈会。

9月28日 吕梁机场完成一项特殊勤务保障

任务,用实际行动诠释真情服务内涵,为今后执行病患旅客保障工作奠定坚实基础。

同日 吕梁机场紧紧围绕航班“开得起、稳得住”的总方针,结合党史学习教育要求,积极开展“学党史、践初心、兴老区”行动,担当实干,21时50分,74名团队旅客搭载“吕梁—昆明”航线,开启昆明之旅。

10月15日 省生态环境厅副厅长武玉祥带领省安全生产三年行动专项督查组一行6人,到吕梁机场对安全生产专项整治三年行动落实情况开展指导督查工作。要求紧盯重点目标任务,及时修订完善各项制度,动态更新风险隐患清单,严格落实安全培训,进一步加强安全生产、管理能力,全面提高机场安全工作水平。

10月31日 伴随着CA1617航班落地,时隔2年后,“吕梁—北京(首都)”航线正式恢复。该航线由中国国际航空执飞,每日1班,单程飞行约105分钟,具体执行时刻为:北京06:40—08:05吕梁(CA1617),吕梁08:55—10:40北京(CA1618)。该航线的恢复,使得吕梁前往北京由每天一班增加到早晚两班(已开通吕梁—北京(大兴)航线:KN5257大兴14:55—16:40吕梁,KN5258吕梁15:05—16:35大兴),实现吕梁—北京早晚对飞的格局,为前往北京的老区人民提供新的出行选择方式,也在实现北京、上海、广州、深圳城市航线网络全覆盖的基础上,巩固加密航线网络。

同日 吕梁机场启动2021—2022冬春航班换季工作。执行冬春季航班计划后,由8家航空公司共同运营12条航线,执飞17个通航点,分别为北京、昆明、沈阳、贵阳、重庆、天津、广州、西安、浦东、深圳、郑州、青岛、兰州、成都、大连、临汾、大同。换季后,吕梁机场恢复“吕梁—北京(首都)”航线,加密西安、沈阳、贵阳城市的执飞航班,每日执飞一班,并将“青岛—吕梁—兰州”航线由每周二、四、六执飞调换成每周一、三、五、日执飞。

11月5日 吕梁机场领导赴吕梁市无线电管理局共同开展民航电磁环境保护交流活动,副总经理尹喜前、无线电管理局副局长张利参加。

11月26日 航产集团党史学习教育巡回指导组一行4人到吕梁机场开展第四次党史学习教育巡回指导和党委理论中心组学习列席旁听。巡回指导组听取吕梁机场党委关于党史学习教育、庆祝中国共产党成立100周年系列活动以及“我为群众办实事”实践活动开展情况汇报,机场领导班子成员围绕中共十九届六中全会精神和省第十二次党代会精神,结合自身工作开展研讨交流。

巡回指导组对吕梁机场党委党史学习教育、“我为群众办实事”实践活动和中心组专题研讨工作给予充分肯定。希望今后能进一步学思践悟,激发内生动力,把理论学习转化为指导实践的具体抓手,转化为解决困难问题的能力本领,转化为做好本职工作、推动公司发展的动力。

11月24日至27日 吕梁机场地勤服务部配载人员参加为期4天的LDP配载系统应用培训,培训由中国航信工作人员现场讲授。通过培训实践,配载调度室顺利完成新一代航班配载系统升级,成为山西省首家使用新一代LDP软件系统的机场。

是月 吕梁机场启用查码测温一体化闸机,实现旅客“秒通行”。两台查码测温一体化闸机在吕梁机场航站楼出入口亮相并试运行,这是吕梁机场科技抗疫的又一项重要措施。一体化闸机集人脸识别、身份证验证、行程卡健康码核验、体温检测、口罩识别等多种功能于一体,可高效地完成“人、证、码”三合一验证,实现无感知通行。旅客只需刷取本人二代身份证即可识别相关信息,无须再向工作人员出示手机,有效减少工作人员与旅客接触,提高通行效率,提升出行体验,也为老人儿童等不使用、不会操作智能手机的群体提供便利。

12月1日 航产集团纪委政治监督专项检查组一行2人到吕梁机场开展指导督查。检查组对吕梁机场贯彻落实政治监督各项工作给予充分肯定。要求吕梁机场党委结合实际情况,着力发现和纠正政治偏差,科学精准地做好各项工作。

12月2日 吕梁机场飞行区充电设施建设项目验收会召开,此次验收会议由华北质监站全程视频监督检查。各参建单位做汇报,验收组成员对施工现场检查、检测及试车,对施工资料进行查看,并提出需要整改意见,督促相关单位对验收提出的意见尽快整改,并在整改完成后提交整改报告。最后,各参验单位一致同意通过竣工预验收。

12月14日 华夏航空区域代表到吕梁机场开展年度业务走访交流。对吕梁机场保障能力有了进一步了解,双方对今后合作充满信心,为实现机场与航空公司携手发展、和谐共赢奠定坚实基础。

12月20日 吕梁机场航行保障部新增管制模拟机训练系统并完成安装调试工作,系统除了可以模拟在机场航空器起降大流量时段训练管制员制定管制预案、调配指挥航空器以外,还能模拟航空器机械故障、陆空通话失效、机场跑道侵入以及本场降雪、低能见度等复杂天气特殊情况下各管制席位的应急处置。模拟机的正式投入使用,有力提升吕梁机场管制队伍技能水平,加强应急处置突发事件能力,不断夯实空中管制安全运行基础。

是月 山西卫视报道吕梁机场疫情防控工作。

(资料提供:杨 岚)

运城机场有限责任公司大事记

1月7日 运城市委常委、常务副市长陈杰带领市财政局、市规划和自然资源局、市交通运输局等部门负责人,对运城机场有限责任公司(以下简称"运城机场")改扩建工程推进情况进行专题调研。陈杰在讲话中,要求运城机场在做好疫情常态化防控基础上,苦练内功,充分挖掘发展潜力,推动机场整个业务再上一个新台阶。要以全省航空管理一体化为契机,立足大交通定位,跑出"加速度",在改革中发展壮大自己。对运城机场改扩建工程涉及征地、资金等问题,相关部门要加强协作,形成工作合力,快速推进相关工程,为全市经济社会发展提供强有力交通支持。

1月9日 运城市委书记丁小强带领市直相关部门负责人深入运城机场改扩建工程项目建设现场,调研督导项目推进情况。市领导乔登州、董旭光参加调研。丁小强实地察看T2航站楼功能分区、候机区商户入驻、国际航班通道准备等情况。要求布局好候机楼商业形态,积极引进知名商户和代表运城特色的精品入驻,提升机场档次和品质,为旅客提供更加安全、温馨、周到的航运服务。丁小强还检查机场疫情防控和周边环境整治工作,要求坚决克服麻痹思想,严把外防输入关口,做到人和物同防,严格按照闭环管理和规范操作流程,强化应急预案,筑牢疫情防控的坚实防线。要加快推进机场周边区域环境综合整治工作,聚焦道路、建筑立面、屋顶净化、广告清理等重点,使机场周边区域环境得到显著改善。

1月19日 运城机场在三楼党员活动室组织召开新任职领导会议。会议由市交通运输局局长李晋学主持,市委常委、常务副市长陈杰,市委组织部副部长丁文玲,运城机场领导班子成员及中层以上干部参加。

2月2日 运城机场领导班子2020年度民主生活会召开,党委书记王朝民主持会议并讲话。市国资委第三督导组组长吕希汶、市纪委监委第四监督检查室副主任李炎培等有关领导到会督导。

2月9日 市委书记丁小强一行到运城机场慰问春节一线员工。党委书记、董事长王朝民,总经理程占胜，一线干部职工等共计80余人参加。丁小强在讲话中指出，机场在运城对外开放中发挥着极其的重要作用，下一步，T2航站楼投入使用、航空口岸正式开放，将会极大提升运城乃至全省对外开放水平。机场全体工作人员要尽职尽责，进一步提升服务水平，为全市改革发展和对外开放做出新的更大贡献。

3月3日 运城机场党委2021年度党风廉政建设工作暨警示教育大会召开，回顾总结2020年党风廉政建设工作，分析研判落实全面从严治党主体责任和监督责任面临的新情况、新问题，安排部署2021年党风廉政建设工作。党委书记、董事长王朝民出席会议并讲话。公司党委委员、纪委书记张平务主持会议，并作了题为“深入推进纪检监察工作高质量发展，为打造‘四型机场’提供坚强纪律保障”的工作报告。

3月5日 为丰富女员工业余文化生活，运城机场在“三八”妇女节前，以“党建＋工会”的形式开展多项文体庆祝活动。

同日 运城机场组织开展学雷锋示范岗活动，持续践行真情服务理念，为特殊旅客提供志愿服务，不断提升服务质量。

3月8日 为期40天的2021年春运正式收官。为落实好春运期间保障任务，运城机场成立春运保障工作领导小组，明确职责分工、开展专项检查、排查隐患漏洞、加强值班值守、强化信息报送，多措并举、严密部署，顺利完成疫情防控、旅客运输以及专机保障任务。

3月12日 运城机场组织各部门在T2航站楼前开展植树活动。

3月15日 运城机场召开党史学习教育动员部署会，传达学习贯彻习近平总书记在党史学习教育动员大会上的重要讲话精神，贯彻落实党中央、省市委以及上级党委部署要求，对机场开展党史学习教育进行动员部署。党委书记、董事长王朝民作动员讲话。

4月2日 市国资委党史学习教育第二巡回指导组一行到运城机场开展第一轮党史学习教育督导工作，党委书记、董事长王朝民主持会议并进行汇报。

4月7日至8日 为加强队伍建设，提升机场安检人员整体业务水平，运城机场安全保障部组织开展“安全检查技能比武”活动。共116人参加。

4月8日 运城机场党委举办党史学习教育专题宣讲会。领导班子成员、部门负责人以及各支部党员共60人参加。

同日 运城机场召开理论学习中心组第三次党史专题学习会，会议由党委书记、董事长王朝民主持。

4月20日 运城机场召开理论学习中心组第四次党史专题学习会，进一步深入学习领会习近平总书记在党史学习教育动员大会上的重要讲话精神，集中学习《中国共产党简史》《中华人民共和国生物安全法》，重点围绕社会主义革命和建设时期历史开展专题研讨。

4月24日至25日 运城机场“筑梦杯”职工羽毛球赛在悦动健身羽毛球馆成功举办。这届题为“高擎五四爱国旗帜，永担机场发展重任”的比赛，由运城机场党委策划，工会举办，来自五个分工会的70余名选手参赛。工会委员、各分工会主席出席活动。

5月17日 市委副书记、市长储祥好带领市直相关部门负责人深入运城机场改扩建工程项目建设现场，详细了解工程施工中的堵点情况。副市长崔元斌、市政府秘书长张保安参加。

5月19日 市委书记丁小强到运城机场调研。他强调，要明确目标、强力推进，确保航空口岸如期正式开放，助推形成现代开放新体系，加快构建开放高地，持续推进高水平对外开放，厚植高质量高速发展新优势。市领导乔登州、崔元斌参加。

6月16日 运城机场在T1航站楼组织开展安全宣传咨询活动。

6月17日 为增强基层活力，筑牢基础实力，培养安检技术能手，进一步提升机场安保能力，运城机场开展“安检业务技能大比武”活动，共有38名安检员参加。

6月22日 航产集团党委委员、纪委书记吴建庭带队到运城机场开展安全生产集中检查并召开座谈会。党委副书记、总经理程占胜，党委委员张岳峰及副科级以上干部参加会议。

同日 运城机场参加市国资委举办的“永远跟党走”歌咏比赛。

同日 运城机场组织部分职工及子女走进德育教育基地和红色革命传统教育基地——麦来少年宫，开展“关爱职工儿童，弘扬优良家风”红色教育活动，用实际行动践行习近平总书记提出的“注重家庭，注重家教，注重家风”指示精神。

6月24日 民航山西监管局局长朱春雷带领有关部门到运城机场进行“问题隐患清零”专项检查，党委书记、董事长王朝民，总经理程占胜及相关部门负责人陪同参加。

6月22日、25日 为宣传贯彻习近平总书记系列讲话重要指示精神，“国企之星”工匠能手宣讲团走进运城机场开展宣讲活动。

6月29日 运城机场隆重举办“唱响新时代 颂歌给党听”庆祝中国共产党成立100周年主题活动，总经理程占胜出席活动并致辞，党委领导班子成员到场参加。

7月31日 运城机场认真贯彻上级党委关于召开专题组织生活会要求，紧扣“学党史、悟思想、办实事、开新局”，通过交流学习体会，查找差距不足，认真开展批评与自我批评，引导全体党员牢记初心使命，坚定理想信念，践行党的宗旨，切实把学习的成果转化为奋进新征程、建功新时代的实际行动。党史学习教育市委第十二巡回指导组一行4人深入各党支部参会指导。机场领导班子成员均以普通党员身份参加所在支部专题组织生活会。

8月10日 市委常委、常务副市长陈杰带领市卫健委、市应急管理局、市疾控中心等部门负责人，到运城机场督导检查疫情防控和安全生产工作。

8月12日 运城机场举办学习贯彻习近平总书记“七一”重要讲话精神专题宣讲报告会。宣讲团成员、市工信局党组成员、市国资委党委委员、市纪委监委驻市工信局纪检监察组组长李金钟作宣讲报告。

同日 运城机场党委组织开展党史学习教育专题党课，党委书记、董事长王朝民围绕“知党史、感党恩、跟党走”，讲授“回望百年辉煌路 启航复兴新征程”专题党课。

9月7日 市委常委、常务副市长陈杰带领盐湖区、夏县、运城经济技术开发区、市规划和自然资源局、市生态环境局、市行政审批服务管理局、市城市管理局等相关地方和职能部门负责人，到运城机场进行专题调研。

9月18日 运城机场警示教育大会召开。进一步严明“双节”纪律，严格落实中央八项规定精神要求，驰而不息纠“四风”，慎终如始抓好疫情防控常态化工作，切实筑牢思想防线，绷紧纪律之弦，积极营造清正廉洁、欢乐祥和的节日氛围。党委书记、董事长王朝民，党委书记、总经理程占胜出席会议并讲话，党委书记、纪委书记、监察专员张平务主持会议。领导班子成员、中层干部、班组长代表共计50余人参加会议。

10月14日 根据市委组织部、市国资委党委关于防汛救灾和灾后恢复重建工作要求，运城机场积极响应，迅速组织开展捐款活动。本次筹集捐款共计39200元，已第一时间汇入运城市红十字会账户。

10月26日 根据中共运城市委党史学习教育领导小组关于开展党史学习教育专项督导工作的要求，市委第十二巡回指导组组长李金钟、副组长吕希汶等一行5人，通过听汇报、看资料、一对一谈话等环节，对运城机场党史学习教育工作开展情况进行专项督导。

11月7日 市委书记丁小强在运城机场检查指导疫情防控工作。他强调要准确把握当前疫情防控工作要求，始终保持高度警惕，继续坚持严格的疫情防控措施，坚决守牢外防输入的关口，为全方位推动高质量发展营造安全稳定环境。市领导乔登州、刁海鹏参加。

11月18日 市委书记丁小强深入到运城机场改扩建项目一线调研。要求深入学习贯彻中共十九届六中全会和省第十二次党代会精神，认真落实市第五次党代会部署，把项目建设作为硬任务、硬指标、硬抓手，真抓实干、奋力冲刺。副市长刁海鹏参加。

12月1日 运城机场党委理论中心组（扩大）会议召开，传达学习贯彻中国共产党十九届中央委员会第六次全体会议精神，并开展专题研讨。会议由党委书记、董事长王朝民主持，邀请市委党校教授吕永俊专题讲解中共十九届六中全会精神，运城市国资委领导任永强一行4人列席旁听，现场点评学习开展情况，并对深入学习六中全会精神、进一步提高党委理论学习中心组学习质量提出要求。

是年 运城机场先后获2021年中国民用机场协会“SMS优秀案例（安全风险管理案例）奖”，被评为“2020—2021年度运城市文明单位”，中国联合航空公司颁发的“2021年度最佳地面代理疫情防控单位”，深圳航空有限责任公司颁发的“2021年优秀代理单位奖”“最佳安全保障奖”和“货运最佳合作伙伴奖”，中国南方航空有限责任公司颁发的“2021年度优秀地面服务代理”等。

（资料提供：李 鸣）

山西空港贵宾服务有限公司
大 事 记

4月 山西空港贵宾服务有限公司（简称“贵宾公司”）获得航产集团“先进单位”称号。

是月 贵宾公司获得航产集团“模范职工之家”称号。

6月29日 贵宾公司获得航产集团“先进基层党组织”称号。

7月2日 为庆祝中国共产党成立100周年，贵宾公司开展“十红”系列活动，即品学红色历史、畅谈红色感悟、追寻红色印记、深化红色关怀、传承红色基因、吟诵红色经典、唱响红色旋律、书画红色记忆、光影红色瞬间、舞动红色风采，进一步增强全体职工对党的全面认识，积极从百年党史中汲取奋进力量。

是月 贵宾公司获得省国资委“省属企业精神文明单位”称号。

10月29日 贵宾公司“四合一”活动阵地创建完成，并于同月取得阵地标识登记著作权。此项目成功入选首都机场集团公司科技创新项目和山西省国资委“党建工作项目化、奋力转型出雏形”专项行动项目。

（资料提供：王 君）

山西通用航空集团有限公司大事记

4月 偏关老牛湾景区、运城盐湖景区、平遥古城、碛口古镇低空游览项目开通,10月太原古县城低空游览项目开通。

为打造“游山西、读历史”旅游品牌,继晋阳湖、绵山景区后,山西通用航空集团有限公司(以下简称“通航集团”)相继开通偏关老牛湾、碛口古镇、运城盐湖景区和太原古县城四个直升机低空游览项目。从“断崖万仞如削猴,飞鸟不度山石裂”的偏关老牛湾,到依吕梁山,襟黄河水的碛口古镇,到银岛万千的运城盐湖再到历史悠久的太原古县城,一幅幅壮丽山河一览眼前。围绕“黄河、太行、长城”三大旅游版块开设的低空旅游,是通用航空与文化旅游相融而生的新业态,推进全省文化旅游提质升级,有效推动全省通航产业高质量发展和旅游市场创新,在大力实施文化强省战略上迈出新步伐。

5月21日至23日 第十二届中国中部投资贸易博览会在太原晋阳湖国际会展中心举行。以“开放、合作、转型、创新”为主题,是“十四五”开局以来在中部地区举办的首个国家级经贸盛会。通航集团在此次博览会精彩亮相,在户外展区通过实物展示包括无人机在内的各类通用航空机型,向公众介绍通航产业。为助力本届中博会成功举办,宣传推广全省通航产业,通航无人机公司在晋阳湖国际会议中心庆典广场,以1000架无人机为太原市人民及来并外宾呈现出一场精彩的灯光盛宴。

是月 “空中看山西”航空摄影大赛颁奖典礼暨巡展活动开幕。大赛以航空拍摄为主要呈现手段,以“歌颂美好新时代,唱响美丽新山西”为主题,以“红色 + 人文 + 风景”为展览主要板块,展现山西丰富旅游资源、厚重历史文化、独特优美自然风光。

经过数月征集与激烈角逐,挑选出来的100幅优秀作品参加为期6个月的循环展出。这些作品通过摄影镜头和各类航拍技术,以空中视角俯瞰三晋大地,展现山西这方红色沃土的精神面貌、典型事件、典型人物、典型建筑,让观者充分感受山西晋美晋韵、发展变化。

是月 山西航空文化科普基地是通航集团积极践行新发展理念,贯彻落实科教兴晋、人才强晋和可持续发展战略,以实现建设高素质航空人才队伍的目标而打造,是融知识性、体验性、趣味性为一体的山西最大的综合性航空文化科普基地、国防教育示范基地和青少年爱国主义教育基地。经山西省科学技术协会认定,山西航空文化科普基地获批“山西省科普教育基地”,标志着山西航空文化科普活动迈向成熟化、高质量发展阶段。

是月 为助力2021年康养大会宣传推广,探索“通航 + 文旅”相融发展新思路,通航集团旗下无人机公司精心筹备,在晋城市白马寺森林公园,以千架无人机为晋城人民呈现出一场视觉盛宴,展现晋城康养产业发展成果,彰显晋城康养风采。灯光表演紧紧围绕“康养山西,夏养山西”主题,依托通航优势,科技驱动,数字赋能,以白马寺群山为景,以璀璨星空为幕,融合科技与艺术之美,为本届大会顺利举办增光添彩。

表演现场观演人数接近十万人,直接成为晋城市民视线的焦点,创造非常高的曝光度。

6月 通用航空智慧运营及无人机技术山西省重点实验室揭牌。旨在瞄准国家“交通强国”和“民航强国”战略,抓住山西省建设国家通用航空示范省和山西省低空飞行服务保障体系建设契机,聚焦通用航空及无人机系统技术发展前沿。实验室主要研究方向包括飞行服务保障、协同运行、飞行服务站、军民融合及无人机系统设计、集成验证等基础性和关键性技术。省重点实验室在山西省和全国进行应用示范及产业推广,着力打造智慧通航及无人机运行管理与应用领域新技术和新模式的创新应用示范基地。

7月22日 由太原市劳动竞赛委员会主办,太原市总工会、杏花岭区总工会、通航集团共同承办的庆祝中国共产党成立100周年全市百万职工聚焦“六新”助力转型暨第十二届职工职业技能大赛无人机装调检修工比赛在太原尧城机场举行,这是太原市首次举办此项工种的比赛。

本次大赛经过严格筛选,最终选拔产生49名高水平选手入围比赛,比赛内容分为专业理论测试、装调检修、飞行实操三个环节,比赛现场“比学赶超”氛围浓厚,通航集团参赛的选手们集中展现出良好职工职业素养,体现出干事创业、精益求精的“工匠精神”。通航集团李彬获第一名,李一军、李哲、李团团、孙廷等获“优秀选手”的称号。

比赛现场,通航集团无人机公司还进行无人机灯光秀飞行表演、垂直起降固定翼无人机、国土航测作业等无人机应用情景展示,并对无人机应用于电力、应急、遥感测绘等多个领域进行详细展演,集中展现通航集团推动技术应用升级和通航产业合作深化的最新成果。

是月 通航集团承办“第三届中国通用航空创新创业大赛”总决赛。项目涵盖新型飞行器、无人系统、航空动力、新能源、机载系统、工业信息化、新材料、先进制造、通航运营与管控等领域。体现全国航空产业最新思考与实践。参与主办本次大赛,不仅是山西省落实创新驱动、科教兴省、人才强省战略的具体体现,也是贯彻落实通航强省建设目标的重要举措,对于激发勇于探索、不断创新、坚持创业的信心和热情,吸引优质通航项目落地,以创新驱动创业,创业带动就业具有重要意义。

大赛已延续四年、举办三届,经过多方共同努力,已成为航空业界盛会,塑造独一无二的双创品牌,不仅得到业界高度认可,而且产生积极而广泛的社会影响。

9月 长治至大同短途运输航线正式启航。短途运输和低空旅游业务,是培育全省通用航空产业链的重要起点,能够有效提升省内通航作业量级,快速激活通航新兴消费。随着业务常态化运行,有力拉动通航制造、飞机维修、飞行培训、航空科普等上下游产业,促进多元化投资运营模式,推动全省通用航空全产业链构建,推进山西文化旅游强省建设,对促进山西经济发展动能转换,实现资源经济转型具有重要战略意义。

10月 2021通用航空高质量发展暨先进传感器与大气/气象测量技术论坛在太原举办。本次论坛以“促进通航高质量发展,推动行业高技术进步”为主题,由省发展和改革委员会、省气象局、航空产业集团有限公司及太原航空仪表有限公司联合主办,山西通用航空集团有限公司承办,《测控技术》杂志社、中国航空国际建设投资有限公司协办。

此次论坛立足“十四五”转型出雏形开局之年,将产业发展与专业技术研讨有效结合,以促进通用航空产业和航空技术发展为主题,构建政、产、学、研、用交流合作平台,以航空尖端科技创新推动通航产业从高速发展转向高质量发展,助推开启“十四五”通航高质量发展新征程。

是月 山西航空科普文化体验馆建成。体验馆位于尧城机场,整个场馆占地2500平方米,可容纳500余人。馆内设有山西通航历史区、飞机静态展示区、短途运输模拟体验区、低空旅游模拟体验区、空中看山西历届优秀作品展区、飞行互动体验区、航空文化展示讲解区、洽谈接待区等静态展陈及设备体验。文化馆采用高科技手段和航空展陈设计理念,全面清晰地展现人类追逐飞行梦想历程以及强大航空科技力量。文化馆让参观者更好地了解山西航空文化,近距离感受航空、聆听航空、触摸航空。

12月 山西省航空应急救援项目启动暨山西省航空护林站揭牌仪式在尧城机场举行。

近年来,山西省高度重视航空护林事业发展,不断推进航空消防应急救援力量建设。为进一步提升应对重大森林火灾航空处置攻坚能力，决定依托太原尧城机场建设依托型航空护林站。省应急管理厅以购买航空应急救援服务方式，与三晋通用航空有限责任公司签订服务合同，以太原尧城机场作为主要驻防基地，建设航空护林站，在全省范围内开展航空巡护和应急救援。

（资料提供：黄旭栋）

山西航空产业集团有限公司机务工程技术分公司大事记

4月8日 中国南方航空公司取消在山西忻州机场、吕梁机场的飞机无过站放行，将飞机放行工作委托至山西航空产业集团有限公司机务工程技术分公司（以下简称“机务工程公司”）。支线机场维修保障能力的提升，标志着全省机场机务一体化管理初见成效。

4月15日 山西航空产业集团有限公司（维修单位）召开2020年度安全管理评审会。航产集团党委委员、副总经理员佩刚出席并主持会议，各职能部门领导、各机场分管领导、机务工程技术分公司主要领导参加会议。会上审议通过《山西航空产业集团有限公司（维修单位）2020年安全工作情况汇报》和《山西航空产业集团有限公司（维修单位）2020年度安全管理评审报告》。

8月26日 中国民航局下发《关于“征集百条经验 献礼百年华诞”活动情况的通报》（局发明电〔2021〕1902号），机务工程公司获三等奖。

10月27日 机务工程公司完成太原地点山东航空公司首班机务保障任务，标志着山东航空公司将其在太原机场的全部维修业务委托至机务工程公司的开始，机务工程公司的业务范围进一步拓展。

11月2日 临汾民航机场有限公司与机务工程公司在临汾机场签订机务放行维修合作协议。航产集团党委专职副书记、副董事长、工会主席邓保平出席签约仪式，总部组织人事部、机务工程公司、临汾市国资委及临汾机场公司相关负责人参加签约仪式。该协议的签署标志着机务工程公司一体化管理工作延伸至临汾机场。

（资料提供：李 莉）

各市交通运输局

太原市交通运输局大事记

1月27日 省委常委、市委书记罗清宇带领市委常委、秘书长刘鹓，副市长张齐山等一行人到太原西北二环高速公路骆驼山隧道施工现场，调研重点项目建设情况，向奋战在一线的广大建设者表示慰问。

在骆驼山隧道建设指挥部，罗清宇认真听取工程概况、计划安排等情况汇报，与建设单位负责人深入交流路线设计、施工安全等问题，并强调，西北二环高速公路项目对进一步完善全市高速路网布局、拓展城市发展空间，推动太原加快融入国家区域发展战略具有重要意义，参建单位要提高责任意识、把握时间节点，严格建设标准、优化施工工序，加强力量配备、强化现场管理，切实保工期、保进度、保质量、保安全。

在生活区，罗清宇实地查看一线建设者生活环境，向辛勤工作的广大建设者表示慰问并送上慰问金。他叮嘱建设单位负责人要在抓好施工建设的同时，合理安排节日期间在岗工作职工休息休假，按时足额支付劳动者工资和加班费，提前调配生活物资，组织开展更多、更丰富的文化体育活动；有关方面要加大关心慰问力度，积极开展各种形式的“送爱心”“送温暖”活动，提供更为便利和周到的人文关怀，让就地过节的职工在太原也能感受到在“家”的温暖，确保大家安心搞生产、舒心过好节。

3月15日 太原市7条接驳地铁公交专线正式运营。具体为：G1路公交车由呼延村车场开往大北门地铁站（大北门）；G2路公交车由长城计算机开往尖草坪地铁站（尖草坪）；G3路公交车由火车南站开往龙兴街地铁站（长治路龙兴街口）；G4路公交车由南中环地铁站（南中环长治路口）开往机场航站楼；G5路公交车由富士康园区开往康宁街地铁站；G6路公交车由富士康园区开往通达街地铁站（通达街人民南路口）；G7路公交车由南中环地铁站（长治路南中环街口）开往唐槐路正阳街口。

是月 为贯彻落实《国务院办公厅印发关于切实解决老年人运用智能技术困难实施方案的通知》（国办发〔2020〕45号）、《山西省交通运输厅 山西省人力资源和社会保障厅 山西省卫生健康委员会 中国人民银行太原中心支行关于切实解决老年人运用智能技术困难便利老年人日常交通出行的通知》（晋交城客发〔2021〕28号）有关部署，进一步完善交通运输领域便利老年人出行服务的政策措施，确保老年人日常交通出行便利，太原市交通运输局、市卫生健康委员会联合印发《太原市65周岁以上老年人免费乘坐公交车实施办法的补充规定》（并交城客〔2021〕33号），对《太原市65周岁以上老年人免费乘坐市内公交车实施办法》作出补充规定。

全市65周岁以上老年人免费乘坐市内公交车的优惠政策已于2018年5月20日开始实行。此次补充规定为65周岁以上老年人简化老年人免费乘车公交IC卡的办理和年审流程，进一步方便老年人的日常公交出行。凡年满65周岁以上（含65周岁）老年人可携带个人身份证或户口本到太原公共交通控股（集团）有限公司指定网点办理老年人免费乘车公交IC卡。并且若本人不方便办理或年检审验，可由亲友携带相应材料进行代办、代审。

6月7日至22日 中、高考期间太原公交免费乘车。为保证考生在中、高考期间正常、安全、有序出行，太原公交实行免费乘车（除连接晋中的公交线路及旅游线、专线、网约线路外）。具体日期为：6

月7日、8日(全国普通高校招生考试、中等职业学校对口升学考试);6月9日(普通高校专升本考试);6月20日、21日、22日(高中阶段教育学校招生考试)。太原公交充分利用智能调度平台系统,随时关注客流变化,增加趟次,保证考生和市民出行。中、高考期间,连接各考点的公交线路早高峰延长至8:30,备用车全部上线运营,做到场内不留车,司机早饭推至开考后,以保证多出车、出好车。要求公交驾驶员灵活服务,优先让考生乘车。遇考生乘坐公交车辆发生故障或交通事故,不能继续运营时,驾驶员要第一时间帮助考生打出租车,同时前期支付打车费,以保证考生能及时到达考场。为给考生营造一个安静考试环境,所有公交在经过考点附近的站点时,关闭电脑自动报站,改为驾驶员口报,同时公交公司在有公交线路途经的考点附近站点安排人员值勤,维护好车辆进出站和乘客上下车秩序。

7月20日 为方便市民前往太原方特乐园游玩,太原市试运营Y6(胜利桥东—太原方特)旅游专线。试运营期间,该线路单程共设9站,分别为胜利桥东、大北门、解放北路胜利街口(回程为解放路胜利街口)、解放北路华苑二巷口、涧河、尖草坪、太钢东门、青龙镇村、太原方特。首班车发车时间为8时30分,末班车发车时间为18时30分,票价5元,刷卡和投币同价。试运营期间,Y6路的发车间隔暂定为15分钟至30分钟,随后公交公司根据客流和季节情况,灵活调整发车间隔。

7月30日 交通运输部发布通报,决定命名太原市等7个城市为国家公交都市建设示范城市。这是自2017年启动国家公交都市建设示范工程验收工作以来,交通运输部命名的第四批国家公交都市建设示范城市。

2012年10月,太原市被交通运输部列为国家公交都市建设示范工程第一批试点城市。经过6年创建,太原市公共交通发展体制机制更趋完善,基础设施供给能力显著提高,出行结构加速优化,运营服务水平稳步提升,布局合理、绿色低碳、智慧便捷的城市公共交通体系逐步形成,达到国家公交都市创建预期目标,于2019年12月向交通运输部递交验收申请报告。2020年9月,交通运输部公交都市验收专家组对太原公交都市创建工作进行全面检查验收,给予充分肯定,并给出支持性意见。

9月1日 为方便山西大学东山校区师生及沿线居民出行,太原市公交公司开通86路公交车,由山西大学南门的电车总站发车,终点站为山西大学东山校区。

86路公交车由山西大学南门电车总站发车,途经南中环街、坞城路、学府街、太榆路、龙兴街、东峰路、南中环东街,终点站为山西大学东山校区。主要站点包括山西大学坞城校区西门、西北门、北门、太原南站等。首末班发车时间:首班车6:30,末班车20:00。前期运行车距:高峰期间隔15分钟,平峰期间隔20~25分钟。86路公交车票价1元,刷卡成人卡5折,中、小学生学生卡2.5折优惠,可使用各类免费证件。

9月6日 为有效完善全市共享单车管理体系,进一步提升共享单车服务水平,8月中旬起,太原市交通运输综合行政执法队按照“一车一牌”要求,为全市三家共享单车企业发放共享单车牌照,要求企业对全市13万辆共享单车开展上牌工作。截至9月6日,全市9成以上共享单车上了“牌照”。

根据《太原市人民政府关于规范互联网租赁自行车发展的意见》,全市的共享单车总量现在为13万辆。全市现有3家共享单车运营企业,车辆配额为美团单车7万辆,青桔单车3万辆,哈啰单车3万辆,共享单车“上牌”可有效防止单车企业超量违规投放车辆,有效调控全市共享单车规模。

单车企业给车辆上牌时,须将牌照上的数字编码与车身编码、车架号一一对应。后期如果车辆出现损坏需要更换,也按照“一车一牌”的原则进行。如果新增车辆,必须要撤销掉损坏车辆的旧牌照,才可调换新牌照。为了便于监管,共享单车企业上线牌照监管小程序,执法人员可通过小程序扫描车牌上二维码对车辆进行查验。

9月10日 交通运输部城市轨道交通运营安全检查第九检查组对太原市轨道运营安全工作情

况进行检查。上午，召开座谈会，检查组听取相关工作情况汇报，现场查阅印证资料并进行问询。下午，检查组一行深入地铁大南门站、控制中心、通达街站进行现场检查，随后召开反馈会，对检查情况进行反馈交流，检查组肯定全市轨道交通运营安全工作，并提出具体工作建议。省交通运输厅、市交通运输局、市轨道公司、太原中铁轨道公司相关负责人全程陪同检查。

9月27日 上午，为深入贯彻习近平总书记关于安全生产的重要论述和指示精神，认真落实全国、全省水上安全防范工作视频会议部署要求，山西省2021年度水上搜救应急演练在汾河景区三期水域晋阳桥段举行。演练由省交通运输厅主办，太原市交通运输局承办，太原市交通运输综合行政执法队、太原市汾河景区管理委员会、太原唯诚家信物业管理有限公司以及9支水上救援和消防、医疗队伍参与演练。省应急管理厅、太原市应急管理局、太原市消防救援支队相关负责人员现场观摩指导。

此次演练由省交通运输厅二级巡视员柴洪江担任总指挥，省交通运输厅安监处处长任大为、太原市交通运输局副局长张则福担任副总指挥，演练模拟一艘大型游览画舫与一艘旅游快艇发生碰撞，造成两船船体损伤、画舫机舱起火、船舶失去动力、多名乘客落水等场景，以练为战、以战保安，共设置报警求援、事故船开展自救、海事巡航救助、桨板救援、离心力救援、心肺复苏、蛙人深潜搜寻等科目，突出多部门、多力量的密切协同和高效处置。

现场各参演队伍分工明确、反应迅速、集结有序、配合紧密，有效检验各级水上搜救应急预案的实用性、衔接性和可操作性，生动普及水上应急救援知识、求助程序和救援方法，充分展示并提高行业系统应对水上交通突发事件的快速反应和联动处置能力，省交通运输厅、市应急管理局在业务指导和技术点评时给予一致肯定。

10月20日 太原市交通运输综合行政执法队印发《关于加快推进网约车合规化工作实施方案》，全面展开城市客运市场非法营运行为集中整治活动，要求全市所有运营网约车辆必须同时取得“三证”（即网络预约出租汽车经营许可证、网络预约出租汽车驾驶员证、网络预约出租汽车运输证），拒不整改未取得“三证”的车辆将清退出市场。

其中，10月20日至11月10日为各网约车平台企业自查自纠、清理整顿阶段，要求各网约车平台公司每日如实上报清退不合规驾驶员、车辆数量。在此过程中，全市共清退不合规驾驶员8100余名、车辆7920辆。11月11日起，市交通运输综合行政执法队8支执法大队利用1个月时间，分4个工作组深入各网约车平台公司，实地检查存量清退情况和新接入车辆、驾驶员情况。12月底前，各平台公司要对存量不合规驾驶员、车辆进行全部彻底清退。在清退计划时限内仍未清退不合规驾驶员、车辆的平台公司依法逐件从重、按上限处罚；各执法大队依法对不合规驾驶员、车辆进行严格查处，持续进行辖区范围内城市客运市场非法营运行为打击行动。

10月26日 为进一步便利老年人出行，太原地铁在原老年福利票基础上，正式上线老年人公交地铁一卡通和老年人“刷脸”进站两项便民服务功能，即太原公交老年卡持有者可直接刷卡免费乘坐地铁，满足免票政策的65周岁及以上老年人持本人身份证在地铁站人工售票窗口注册后，即可“刷脸”进站乘车，以后均不需要在人工窗口换票。

据悉，“刷脸乘地铁”技术具有识别效率高、验证速度快等特点，经注册验证的老年群体在搭乘地铁时，只需面对闸机上方刷脸设备，即可过闸乘车，极大缩短过闸时间。届时，符合条件的老年人只需携带太原公交老年卡或通过“刷脸”便可免费地铁，在便利老年人出行的同时，进一步增强老年群体的幸福感、获得感，切实提升全市轨道交通运营服务水平。

11月22日 太原市开通T001路（康乐街劲松路口—太原市集中供热调度中心）通勤线路。“T”是通勤的意思。T001路线路走向为康乐街、滨河东路、胜利桥、兴华街、九丰路、兴华北街、千峰北路、兴华西街、普国路、上庄街。设置康乐街劲松路口、兴华北街九丰路口、太原市集中供热调度中心三个站点。从康乐街劲松路口开往太原市集中供热调度中心,发车时间为工作日上午7时40分;从太原市集中供热调度中心开往康乐街劲松路口,发车时间为工作日下午5时30分。车票的投币价为1元/人次,刷卡与投币价一样,无免费票。

是月 根据交通运输部公布的网约车合规率情况,在全国34个中心城市中,太原市的网约车订单合规率增幅位列首位。9月7日,交通运输部印发《关于维护公平竞争市场秩序 加快推进网约车合规化的通知》(以下简称《通知》)要求,各地交通运输主管部门要督促网约车平台公司依法依规开展经营,加快网约车合规化进程。《通知》要求,不得新接入不合规车辆和驾驶员,并加快清退不合规的驾驶员和车辆。对仍新接入不合规车辆和驾驶员的网约车平台公司,要依法依规查处,并将有关情况报至交通运输部。交通运输部每月都会公布34个中心城市网约车合规率情况。10月初,市交通运输部门印发《关于加快推进网约车合规化工作实施方案》,全面开展城市客运市场非法营运行为集中整治活动,要求全市所有运营网约车辆必须同时取得"三证"("网络预约出租汽车经营许可证""网络预约出租汽车驾驶员证""网络预约出租汽车运输证"),未取得"三证"的如果拒不整改,将被清退出市场。专项行动期间,所有在全市开展经营的网约车平台企业不得新接入不合规驾驶员和车辆;要求12月底前,对已接入的不合规驾驶员和车辆进行全量彻底清退,划定清退时限,每日报送清退情况。11月11日起,市交通运输综合行政执法队派出8支职能执法大队联合属地公安、交管、市场监管等部门采取集中行动,分别在火车站、火车南站、飞机场、各高速出口、商超、学校、医院、旅游景点等客流集散地开展定点不定点、定时不定时全面集中整治。

(资料提供:董日辉)

大同市交通运输局大事记

2月1日 大同市交通运输局召开2020年度党员干部民主生活会,全系统党员干部参加。会议在充分学习讨论党组中心工作的同时,为全面推进交通运输工作,成立公路建设项目、绿色配送、出租车行业改革三个专班,分别制定《大同市城市绿色货运配送示范工程创建攻坚行动方案》《大同市进一步深化改革推进出租汽车行业发展的指导意见》,研究部署南环高速、109国道、208国道相关工作。

3月18日 大同市政府组织召开"大同市城市绿色货运配送示范工程创建攻坚行动"协调会,市有关单位参加会议。

同日 根据工作需要,大同市交通运输局增设铁路安监管理和民航协调机构。

4月12日 副省长韦韬分别深入大同市综合交通枢纽、国际陆港、公交公司调研,市有关领导陪同参加。

4月21日 大同市交通运输局召开全系统党史学习教育动员部署会。

同日 交通运输部表彰大同市交通运输局党组书记、局长卫君为全国交通运输脱贫攻坚成绩突出个人。

4月28日 大同市交通运输局研究制定《大同市交通运输领域财政事权和支出责任划分改革实施方案》。

5月12日 大同市召开全市交通运输工作会议暨全市交通运输系统党风廉政建设工作会议。

5月27日 大同市召开全市交通运输执法领域突出问题专项整治行动动员部署会。

7月9日 省人力资源和社会保障厅、省交通运输厅表彰灵丘县交通运输局、左云县交通运输局、浑源县交通运输局、市古都汽车旅游有限公司、市渊安运输有限公司5个单位为全省交通运输系统先进集体，李振兴等11人为全省交通运输系统先进个人。

7月15日 省交通运输厅党组成员、副厅长王四小一行到云州区长城1号旅游公路大同火山群国家地质公园至马铺山森林公园段调研。

8月25日 大同市政府组织召开203省道与208国道交叉口路域环境整治推进会。

是年 大同市交通运输局圆满完成事业单位重塑性改革任务，所属事业单位由7家整合为4家。市道路运输管理处、市城市客运管理处合并组建市运输事业发展中心（市城市客运服务中心），市公路管理处、市交通工程建设质量监督站、市公路建设办公室合并组建市公路发展中心，市路政管理处更名为市交通运输运行监测与应急处置中心，市交通医院撤销划转市第五人民医院。

是年 按照“适度超前、尽力而为”的原则，大同市交通运输局科学编制现代综合交通运输体系规划、农村公路发展规划、公共交通发展规划和货运枢纽规划等。

（资料提供：高 青）

朔州市交通运输局大事记

1月29日 朔州市交通运输局领导到包扶的平鲁区下木角乡白殿沟村开展春节慰问活动，为村民送去党的关怀和温暖。慰问活动结束后，白殿沟村党支部、村委会为市交通运输局赠送锦旗。

3月4日 朔州市召开长城板块旅游公路推进会，市交通运输局、市文旅局、市城发集团、市文旅集团领导和各县（市、区）交通局、文旅局分管领导，市局建管、规划等相关科室人员参加。会上同济大学设计院详细介绍设施系统编制情况，与会人员结合各地各段实际，对标对表进行认真讨论，并依次发言。会议明确各县（市、区）2021年长城板块旅游公路建设目标任务，确定完成任务时间节点、推进内容和落实措施，划出“路线图”，给出“时间表”，吹响“冲锋号”。会议还就加快交通重点项目复工复产和“四好农村路”建设进行了安排部署。

4月1日 朔州市第一批项目全部开工。年首批重点公路工程续建项目全部复工，新开项目实现应开尽开。这是朔州市交通运输局党组以实际行动贯彻落实市委“123321”工作思路，以稳增长为目标，以抓前期为基础，以推进项目开复工为手段，“强服务、进工地、解难题、促开工”，只争朝夕抓落实，真抓实干开新局的“成绩单”。加快实施交通重点项目建设，圆满完成年初既定目标，努力实现“十四五”规划新开局，在全市高质量高速度发展中彰显交通力量，是市交通运输局全年工作重头戏。

4月2日 朔州市委党史学习教育市直机关党员先锋宣讲团在市交通运输局举行机关党委报告会，市交通运输局全体党员干部参加会议。报告会上，党史学习教育市直机关党员先锋宣讲团第三组组长、市发展和改革委员会副主任张彦青结合自己所学所思所悟就党中央开展党史学习教育的重大意义、重点内容和工作要求进行深入浅出、通俗易懂的讲解。报告会后,张彦青走下讲台和党员们一起进行交流互动。

4月13日 副省长韦韬在朔州市调研交通城建工作。省政府副秘书长梁敬华,市委副书记、市长吴秀玲参加,省交通厅党组成员、副厅长郭丙福,省住建厅二级巡视员符里刚,副市长武跃飞等陪同。

在阳方口至朔城区至平鲁公路、朔神高速窑子头服务区、集大原高铁恒山隧道建设项目施工现场,韦韬详细听取各项目总体概况、工程进展、施工工艺、投资进度、功能配套设施建设等情况,要求紧抓当前施工黄金期,科学组织、倒排工期,全力推进项目建设,加强施工质量安全管理,拓展延伸路网服务功能,为经济社会发展提供有力支撑。

在大涂皋驿站,韦韬听取长城公路建设布局情况,要求认真摸索交旅融合发展经验,整合区域旅游、文化、农业资源,打造乡村振兴新高地。

在朔州南山环境项目,韦韬详细听取项目方消纳处理城乡生活垃圾、餐厨垃圾、焚烧发电有关技术和环保达标情况,要求企业在兜底环保前提下,加快建设进度,早日实现投产运营,做优做强垃圾回收功能和业务,惠及周边城市和居民。

韦韬在讲话中,要求按照《国家综合立体交通网规划纲要》及全省省道网等规划布局,加快推进公路、铁路、民航机场建设,不断完善综合交通运输体系,提升运输服务能力和水平。要结合本地实际,因地制宜开展老旧小区改造,完善基础设施,改善居住环境,提升居民生活品质。要扎实推进垃圾分类,加快城市生活垃圾焚烧设施和餐厨垃圾处理设施建设,促进垃圾无害化资源化利用。要加大城市生活污水处理力度,促进污水处理厂实行专业化管理、规模化运营,确保达标排放、循环利用。

调研期间,韦韬还赴七里河生态综合整治项目指导海绵城市建设工作。

5月11日 朔州市交通运输综合行政执法工作暨党风廉政建设会议召开。市政府副秘书长霍永生出席会议。市交通运输局党组书记、局长杨东峰,局党组成员、驻局纪检监察组组长刘爱平,局党组成员王晓东,及相关科室负责人,各县(市、区)交通运输局局长,市交通运输综合行政执法队全体人员参加会议。

会议回顾总结2020年全市交通运输综合行政执法工作,安排部署2021年全市交通综合执法工作主要任务。局党组成员、交通运输综合行政执法队队长任晓隆作了题为《开新局 谋新篇 立新功——奋力开创全市交通运输综合行政执法工作新局面》的报告。提出了七项具体任务:一是持续深化交通综合行政执法改革;二是全力整治行业突出问题;三是不断加强超限超载车辆治理;四是扎实推进出租车乱象整治;五是全面提高执法能力;六是切实提升服务质量和水平;七是坚决抓好常态化疫情防控。会上,局党组成员、驻局纪检监察组组长刘爱平对加强综合行政执法队党风廉政建设和执法人员公正廉洁、文明执法进行安排部署,提出明确要求。

市交通运输局党组书记、局长杨东峰对大会召开表示祝贺,同时对全体执法人员提出6点要求:一是提高认识,不辱使命,不负众望,勇挑重担;二是坚持政治引领,狠抓政治建设,牢固树立“四个意识”、始终坚持“四个自信”、坚决做到“两个维护”、在思想上政治上行动上与以习近平同志为核心的党中央保持高度一致,坚决贯彻执行中央省委市委的决策部署;三是保障发展,坚持以人民为中心,坚持公正严格文明执法,坚决维护全市交通运输行业的法治秩序,着力保障“交通强市”建设;四是加强教育监督管理,努力打造一支忠诚干净担当、素质过硬的执法队伍;五是善于协调,认真处理好监管与执法的关系、独立执法与联合执法的关系、执法与司法的关系,处理好过程与效果的关系、全面和重点的关系,提升执法威力与效率;六是全力支持执法工作,为执法工作解难题,努力营造良好的执法环境,在推进“交通强市”建设,加快交通运输高质量发展中彰显交通行政执法的力量。

5月31日 上午,朔州市交通运输局“路政宣传月”集中宣传活动在朔城区化庄治超站和高速公路富甲园区出口举行。市交通运输局执法队、建管科、应安科等相关科室和化庄治超站、富甲园区高速收费站共100多人参加集中宣传。

2021年5月是交通运输部组织开展的第七个全国“路政宣传月”，主题是“学党史、当先锋、护公路、优服务”。局党组把开展好“路政宣传月”活动列为党史学习教育为民办实事的重要内容，高度重视，精心组织，狠抓落实，积极创新宣传方式，努力扩大宣传范围，大力提升宣传效果。召开专门会议进行安排部署，推出路政宣传到高速、到企业、到站场、到农村、到校园“五到”和媒体发动、上下联动、字幕滚动、案例触动、现场互动“五动”新举，开展深入广泛、扎实有效的宣传。“路政宣传月”集中活动中，向过往司乘人员发放宣传资料，解读法规，广泛宣传《中华人民共和国公路法》《公路安全保护条例》《山西省高速公路非公路标志管理办法》等法律法规，共出动执法人员40余名、悬挂条幅15条，摆放图文并茂的大型宣传展板10块，设置宣传点2个，发放宣传读本1000本，宣传资料1300份。充分展示交通运输部门服务疫情防控和经济社会发展大局、服务人民群众和维护公路路产路权工作成果，营造社会共治的良好氛围，受到社会各界广泛赞扬。

6月28日 在中国共产党百年华诞即将到来之际，朔州市交通运输局机关党委登门看望慰问交通运输局退休老党员，原市交通运输局党组成员、副局长秦艮生。局党组成员、副局长、机关党委副书记、机关纪委书记霍智生一行6人看望慰问，首先颁发“光荣在党50年”纪念章，其次送上鲜花、果篮以及党史学习书籍和慰问金。

同日 市交通运输局机关党委组织党员干部到塞北革命纪念馆重温入党誓词，进行集中宣誓，进一步了解战争年代党的奋斗史。

6月29日 上午，在交通运输局党组重视支持下，局机关党委、各支部、工会、妇联、团委等组织下，全员参与，举行了庆祝中国共产党成立100周年主题演讲赛，通过演讲、演唱、演奏、朗诵、合唱形式歌唱党、赞美党，道出干部职工对党的心声。

7月1日 上午，市交通运输局组织党员干部集中收听收看庆祝中国共产党成立100周年大会，聆听习近平总书记在庆祝大会上的重要讲话。局领导班子成员和干部职工参加，局直在外办公企事业单位在各自单位组织收听收看。

7月20日 朔州市长城一号旅游公路“十四五”规划项目集中开工仪式在朔城区举行。副市长武跃飞宣布集中开工正式启动。朔州市长城一号旅游公路是市委、市政府主抓的重要民生工程、德政工程，是促进乡村振兴、发展全域旅游、全方位推进高质量发展的战略之举。旅游公路的建设，对于全市经济社会发展，加快建设能源绿都、塞上明珠具有十分重要的意义。

8月13日 朔州“四好农村路”和长城一号旅游公路建设工作推进会召开，市交通运输局党组书记、局长杨东峰安排部署加快推进全市公路建设目标任务。

会议传达省交通运输厅半年工作汇报会和全省“四好农村路”、三个一号旅游公路建设工作推进会议精神，各县（市、区）汇报“四好农村路”和长城旅游公路进展情况，各县（市、区）交通运输局局长进行交流发言。

会议要求，各县（市、区）要按照全省“四好农村路”和三个一号旅游公路建设工作推进会上提出的“目标、投资、责任”三个要点和“目标不变、投资加大、责任加强”三项要求，明确目标任务，掌握时间节点，抓住当前黄金施工期，加快完成建设任务。

会议以视频形式召开，市“四好农村路”督导组负责人、市交通运输局领导及相关科室负责人在主会场参加，各县（市、区）督导组、交通部门负责人在分会场参加。

9月9日 朔州市委书记姜四清到朔城区，围绕重大基础工程项目建设进行调研，市领导王琳玉、郭连厚、武跃飞一同调研。朔州机场、集大原高铁是省重点项目。朔州机场11个建设项目标段已完成招标10个，场道工程地基护理全部完成，航站楼地基进入打桩阶段。集大原高铁朔州段红线内征拆工作完成90%，具备全线开工条件，控制性工程恒山隧道工程正按计划有序进行。在朔州机场和集大原高铁恒山隧道施工现场，姜四清详细了解项目总体概况、战略规划、投资进度、功能配套设施建设等情况，并深入项目部、信息化调度室，实地查看项目进展,协调解决项目建设中遇到的困难问题。

在大涂皋驿站,姜四清详细了解长城旅游公路建设布局、“四好农村路”建设等情况,要求充分依托长城旅游公路和“四好农村路”建设,以市场化方式引入投资主体,做好乡村旅游发展规划,在保持传统村落和乡村特色风貌的前提下,合理规划布局驿站,完善基础配套设施,进一步探索交旅融合发展经验,全面推进乡村振兴。

姜四清指出,重大基础设施工程项目建设事关经济社会发展、城市品质提升和民生福祉改善。要坚持以人民为中心的发展思想,把群众满意作为检验工作的重要标准,全力推进朔州机场、集大原高铁、长城旅游公路及驿站等事关群众切身利益的重大基础设施工程项目建设,切实保障和改善民生。要抢抓有利施工时节,加强施工质量安全管理,科学组织、倒排工期,全力推进项目建设,进一步完善城市功能、提升城市形象,为全方位推进高质量发展提供有力支撑。

10月19日 朔州市委副书记、市长吴秀玲到朔城区围绕全市重大交通项目建设进行调研。市委常委、副市长武跃飞,市人大常委会副主任,区党工委书记郭连厚参加调研。

吴秀玲到朔城区临港物流园,听取项目进展情况汇报,详细了解项目总体概况、战略规划、功能配套设施建设等情况。在朔州迎宾大道(含高铁站站前广场)项目现场,吴秀玲认真查看项目工程质量和施工进度,协调解决项目建设中遇到的困难问题。

朔州迎宾大道路线全长13.03公里,一期工程已基本完成建设,具备通车条件,二期工程已完成两乡五村征地,正在进行管网铺设,迎宾大道作为朔州市对外窗口之一,建成通车后,将成为连通朔州市区和朔州东站的快速通道,极大改善全市对外出行条件,改善全市交通环境,不仅方便市民出行,更是将市、城区、园区串联起来,形成区域经济体,更加有力地推动朔州经济高速度、高质量发展。

吴秀玲指出,建设安全高效、便捷通畅的交通体系是高质量发展的基础和前提,事关全市经济社会发展、城市品质提升和民生福祉改善,对于破解全市交通瓶颈制约、畅通城市道路循环、满足群众出行、经济转型高质量发展具有十分重要的现实意义。要坚持以人民为中心的发展思想,把群众满意作为检验工作的重要标准,全力推进项目建设,保障和改善民生。项目责任领导和责任单位要强化大局意识、责任意识,把主要精力聚焦到项目推进上来,算清时间账和任务账,主动作为、攻坚克难,在督促项目施工单位加快项目建设进度的同时,解决好项目施工过程中遇到的困难问题,切实用更加优质的服务保障换取项目的高质量推进。各项目施工单位要严格按照项目规划设计和施工节点要求,加快进度、倒排工期,加强施工人员和工程机械调度,确保项目按计划推进。要坚持项目质量与速度并重,在抢时间、赶进度的同时,更加注重抓质量、抓安全、抓管理,全力把每个项目建成优质工程、放心工程、民心工程,不断完善城市功能、提升城市形象,为全方位推进高质量发展提供有力支撑。

(资料报送:侯 兴 薛 艳)

忻州市交通运输局大事记

1月5日 忻州市交通运输综合行政执法队积极开展疫情防控工作。从1月开始,按照省、市总体工作部署,安排执法人员全力以赴常态化疫情防控,全天候24小时督导火车站、忻州西站、五台山机场做好疫情防控。同时,配合公安交警、卫生防疫等部门重点对运输场站等客流集散地,采取最坚决、果断、严格、有效措施筑牢防疫交通运输堡垒。

1月8日 忻府区交通运输局安排部署今冬明春火灾防控工作。会议通报全区交通运输系统消防安全形势。会议强调,树牢安全发展理念。一要提高思想认识,树立底线思维,克服麻痹和侥幸心理;二要落实工作责任,科学分解任务;三要建立工作责任制,定期开展检查监督。会议要求,一是紧盯重要节点,对人员密集场所、容易发生火灾场所,落实严管严防严控措施;二是推进电气火灾防范专项整治,按照三年整治要求和职责分工,做好电气火灾综合治理"收官"工作,确保取得实效;三是加强消防宣传教育培训,积极开办火灾防控专题工作,剖析典型火灾案例,广泛宣传普及消防安全常识及逃生自救知识。

1月21日至22日 忻州市交通运输局党组书记、局长靳泽,副局长张祥生,党组成员李金堂分别对局退休领导、困难职工和一线岗位工作人员进行走访慰问,并送上慰问品。每到一处,详细了解他们身体状况、家庭情况、困难需求,介绍一年来市局各项工作开展情况和取得的成绩,衷心感谢大家为全市交通运输事业发展做出的突出贡献,真诚希望大家一如既往地关心支持交通工作,并祝大家新春快乐,阖家幸福。

1月28日至3月8日 春运期间,忻州市运输局认真贯彻省交通运输厅、大同市委、市政府关于2021年春运工作安排部署,围绕"科学防疫、安全畅通、文明有序"要求,进一步提高思想认识,坚持底线思维,加强统筹部署,组织人员多次深入客运场站,严格落实疫情防控措施、强化运输组织保障等各项服务保障工作。春运期间,共投入客运车辆26761辆次,发送班次36848班,运送旅客330917人次,实现疫情不扩散,交通零事故,运输零滞留,零投诉的预期目标。

2月8日 忻州市交通运输综合行政执法队积极推进联合执法工作。与省公安厅交通警察总队高速五支队、忻州市公安局交警支队制定联合执法文件。以高速公路收费站、服务区公安交警查缉布控系统等为依托,联合打击"两客一危"、非法营运等道路运输违法行为,建立联合监督检查工作制度,制作执法工作流程,做到时间、范围、频率"三到位"。在道路运输安全隐患治理等方面实施齐抓共管,及时通报案件信息。

3月1日 忻州市交通运输局对忻州市公共交通有限公司进行审计。忻州公共交通有限公司上报《2020年1月—12月公交公司经营情况说明》,市交通运输局财务人员进行现场查账核实,经过一周时间加班加点,逐月逐账逐凭证认真核实,账面实际亏损2000.05万元,根据历年来忻州市审计局审计标准及原则,剔除不合理因素后上报亏损1975.9万元,经市交通运输局查账核实,剔除不合理费用136.1万元,应上报政策性亏损补贴1839.8万元。

3月5日 2021年忻州市交通运输工作暨党风廉政建设工作会议电视电话会议召开。会议总结2020年及"十三五"交通运输工作,分析形势,部署

2021年工作。市交通运输局党组书记、局长靳泽作《工作报告》。动员全市交通运输系统广大干部职工坚持以习近平新时代中国特色社会主义思想为指导,全面贯彻党的十九大、十九届历次全会精神和习近平总书记视察山西重要讲话重要指示以及习近平总书记关于交通运输领域的系列重要论述,深入贯彻落实省委十一届十一次全会暨省委经济工作会议、市委四届十次全会、市委经济工作会议和全省交通运输工作会议精神,勇于担当、奋力作为,开创"十四五"交通运输高质量发展新局面。驻市交通运输局纪检监察组组长李玉牛在讲话中,要求忠实履行职责,全面从严治党,坚决有力推动中央、省委、市委重大决策部署贯彻落实和交通运输事业高质量发展,为构建风清气正良好政治生态提供坚强的政治和纪律保障。

3月15日 忻州市交通运输局机关党委和基层支部进行全面整合。根据机关、事业、企业单位改革要求和需要,对部分基层党组织进行调整,4个企业党支部27名党员整建制划转至忻州市能交建资产经营有限公司党委。道路运输协会党支部划转至忻州市社工委,转出党员4名。调整后机关党委共有1个党总支,7个党支部(包含中共忻州市交通运输综合行政执法队总支部委员会下设的2个党支部),184名党员。

3月23日 忻州市交通运输运行监测与应急处置中心组织召开无人机专业技术驾驶专题培训。邀请太原厂家有飞行资格和丰富飞行经验的教练员授课,教练员深入浅出地从工作原理、法律法规、技术理论、安装使用、操作规范等多个方面进行讲解,确保每位参加培训的干部职工都能真正学懂吃透。下午,工作人员与教练员赴忻州云中河公园开展实机操作演练,充分将理论与实际相结合。工作人员积极开展心得交流,并对培训情况进行总结,培训取得良好效果。

3月24日 忻州市交通运输局举行党史学习教育专题党课暨第一期读书班。会议全面系统深入学习《论中国共产党历史》,并对党史学习教育进行安排部署。会议要求全体党员干部要深刻领悟辩证把握党史的主流与本质,深刻领悟全面理解党史的内在逻辑连续性与统一性,深刻领悟从社会历史发展的必然性角度出发把握党史,深刻领悟从群众史观的高度出发认识党史,深刻领悟从具体的历史分析方法出发理解党史。把党的历史学习好、领会好,把党的成功经验传承好、发扬好,不断增强"四个意识"、坚定"四个自信"、做到"两个维护",不断提高政治判断力、政治领悟力、政治执行力,坚定做党的光荣传统和优良作风的忠实传人。

同日 忻州市交通运输局召开机关党委换届和机关纪委成立选举大会。会议选举产生新一届中共忻州市交通运输局机关委员会和机关纪律检查委员会。副局长张祥生主持会议并提出五点要求。一要加强党的政治建设,充分发扬上一届机关党委工作成绩,保持荣誉,围绕局党组中心任务开展机关党的工作。二要坚持不懈强化理论武装,深入学习习近平新时代中国特色社会主义思想,统一思想,凝聚力量,武装头脑,指导工作。三要积极开展有益于增强党组织凝聚力和战斗力的文体活动,丰富机关职工业余生活,调动一切积极因素,进一步巩固和发展和谐稳定的良好局面。四要严肃党内政治生活,落实主题党日必修课,推动三会一课、民主生活会、组织生活会、党员民主评议、谈心谈话等制度落地生效。五要持续推进正风肃纪,全面加强纪律建设和反腐败斗争,推动全面从严治党向纵深发展、向基层延伸。

4月1日 上午9时,保德县交通运输局召开党史学习教育动员部署大会,局党组书记、局长王雁兵主持会议,局领导班子成员和全体党员、干部职工参加会议。会上,组织学习习近平总书记在党史学习教育动员大会上的讲话精神,传达学习省委书记楼阳生对学好党史提出的"五个牢记"要求、市委书记郑连生和县委书记温建军的动员讲话精神,对交通运输局开展党史学习教育进行全面动员和部署。会议强调,开展党史学习教育,是贯彻落实中央和省委、市委、县委决策部署的必然要求,是提高全局党员干部思想政治水平的重要契机,是促进保德交通运输高质量发展的重要引擎。党员干部要提高政治站位，牢记初心使命、传承红色基因，努力推动党史学习教育取得实效，奋力开创高质量跨越式发展新局面。

4月9日 上午，五台县交通运输局党总支组织机关党支部、公路站党支部全体党员到烈士陵园开展“清明祭英烈”活动，并到徐向前元帅纪念馆及其故居开展党史教育。祭奠现场，局党组书记、局长张文荣带领全体党员在庄严肃穆的革命烈士纪念塔前举行隆重悼念仪式，通过集体肃立默哀、向革命先烈敬献花篮等形式祭奠革命先烈，寄托无限哀思。

4月12日 忻州市交通运输综合行政执法队加强基层党组织建设。经市交通运输局党组批准，中共忻州市直工委备案，根据市字〔2020〕14号文件要求，成立中共忻州市交通运输综合行政执法队总支部委员会，下设2个党支部（中共忻州市交通运输综合行政执法队第一支部、中共忻州市交通运输综合行政执法队第二支部），同时撤销中共忻州市交通运输综合行政执法队支部。党总支的成立，进一步夯实基层党组织堡垒作用，推动党务工作全面扎实开展。

同日 忻州市交通运输局开展党史学习教育清明祭英烈活动暨党史学习教育专题培训现场学活动。市交通运输局组织副科级以上干部58人赴忻府区革命烈士陵园开展活动。活动现场，向革命烈士纪念碑鞠躬、敬献花篮，重温入党誓词。通过这次活动，大家对忻州这片具有光荣革命传统的红色土地有了更深入认识，经受了一次深刻的红色教育。

4月20日至21日 为进一步做实、做细、做好忻定、忻原大道施工图设计工作，最大限度满足有关乡村人民群众农田灌溉、耕作出行等合理需求，忻府区交通运输局党组成员、副局长陈春荣，局“四好农村路”办公室主任张玉文会同区水利局、区农业农村局相关人员，分别同忻定、忻原大道涉及的有关乡镇、村干部在道路建设实地对接，解决因道路建设阻断的田间灌溉沟渠、暗管和田间道路连通等问题。通过与乡、村干部两天勘测沟通对接，设计部门及时对设计中存在的部分缺陷和漏洞进行补充完善。乡、村干部对这次对接工作表示非常满意。

4月25日 偏关县交通运输局开展“缅怀革命先烈 传承红色基因”主题党日活动。上午，县交通运输局组织全体党员干部赴柏家咀红色党性教育基地参观学习。在梁雷烈士旧居、纪念馆，党员们认真聆听梁雷一生英勇事迹，瞻仰革命先烈当年战斗、工作、学习、生活的图片和革命实物，近距离感受革命先烈在艰苦卓绝困难条件下，舍生忘死、浴血奋战的斗争精神，感受革命先烈追求信仰、奋斗不息的革命精神和中国共产党的光辉奋斗历程。

4月26日 忻州市交通运输运行监测与应急处置中心“我为群众办实事”植树造绿活动暖人心。在市交通运输局党组成员焦建民带领下，按照应急处置中心部署，组织全体党员、入党积极分子、群众代表等共17人，赴神池县太平乡邵家窊村吉宝祥养殖合作社，开展“我为群众办实事”植树造绿主题党日活动。

4月29日 忻定、忻原大道建设项目举行开工仪式。忻定大道功能定位为城市道路，路线全长15.8公里，总投资约9.41亿元；忻原大道功能定位为旅游道路，路线全长23.18公里，总投资约26.37亿元。这是忻州市委、市政府立足新发展阶段、贯彻新发展理念、构建新发展格局，推进忻定原三城融合发展，加快宜居宜业宜创宜游的创新型田园城市建设的重大战略工程和民生工程，对进一步改善群众生活品质、提升城市能级、改善形象、缓解拥堵、释放活力具有重要意义。开工仪式上，副市长耿鹏鹏主持，市委副书记、市长朱晓东就项目建设提出要求，市委书记郑连生讲话，并宣布项目开工。市人大常委会主任王珍，市委常委、秘书长裴峰，市人大常委会副主任崔向松出席开工仪式。忻府区、定襄县、原平市政府主要负责人作表态发言。

4月30日 宁武县交通运输局组建宁武县交通运输事业发展中心。根据宁办发〔2021〕19号文件通知，县交通运输局所属5个事业单位（道路运输服务中心、城市汽车客运服务中心、地方海事服务中心、国防动员委员会交通战备服务中心、公路工程技术服务中心），于2021年4月30日起，整合组建为宁武县交通运输事业发展中心。

5月4日 忻州市交通运输局深入开展“路政宣传月”活动。每年5月是交通运输部确定的“路政宣传月”。市交通运输局进行安排部署，制定实施方案，要求各县（市、区）交通运输局及公路管理机构加强对“路政宣传月”活动的组织领导，确保活动扎实有效开展。成立“路政宣传月”领导组，分管路政和法治宣传的领导亲自挂帅，相关科室负责人等成员单位各司其职，精心组织，活动期间采取多种形式，围绕“学党史、当先锋、护公路、优服务”主题，深入进行宣传，取得良好效果。

5月6日 忻州市交通运输局联合市市场监督管理局在全市范围内开展“双随机、一公开”抽查检查工作。检查组按照方案随机抽取检查对象和执法人员，对辖区内6家道路危险货物运输企业进行随机抽查。检查以听取汇报、查阅资料、现场查看等方式，检查企业安全生产制度落实、从业人员继续教育、公共突发事件应急预案制定、车辆动态监管工作等工作台账。检查结束后，及时将抽查检查结果在“双随机、一公开”监管平台和“互联网+监管”平台公示。通过联合检查工作开展，不仅提高检查效率，扩大覆盖面，也保证检查结果客观公正。

5月10日 忻府区交通运输局组织开展党员干部“四诺”活动。要求以党史学习教育为契机，坚定理想信念，坚守人民情怀，认真聚焦2021年“突出三个坚持、打好六个硬仗、提升七个能力”的工作目标要求，对表对标，找准定位，以“一句誓言、一生作答”的担当，向组织和全区人民承诺。活动强调，全系统党员干部要以承诺书为目标导向，坚持问题引领，聚焦目标任务，找准问题症结，采取整改措施，勇于担当作为，务求见实见效，认真抓好工作落实。要坚持结果导向，强化政治意识，做忠诚干事表率；强化责任意识，做担当干事表率；强化奋进意识，做激情干事表率；强化学习意识，做智慧干事表率；强化效率意识，做高效干事表率。以优异成绩书写好“承诺”答卷！

5月13日 忻州市交通运输局深入开展“我为群众办实事”实践活动。按照开展党史学习教育中扎实践行“学党史、悟思想、办实事、开新局”要求，坚持学习工作两不误，深入企业调研服务，积极开展“解难题、办实事”和“服务群众我先行”专项行动。

5月13日至14日 忻州市交通运输局4名干部赴岢岚县山西道生鑫宇清洁能源有限公司进行调研服务，听取企业意见建议，协调解决遇到的困难与问题。局党组书记、局长靳泽了解到企业所需、所盼、所急之后，立即做出工作安排，要求市、县两级交通运输主管部门派人积极与企业沟通交流，搞好对接服务。

同日 忻州市邮政业安全中心扎实开展“讲安全 送法律 我为群众办实事”主题党日活动。党支部组织党员干部到忻州市顺达贸易有限公司（百世快递），向企业员工发放安全知识宣传材料，耐心解答有关安全生产和谨防非法集资、网络诈骗等方面问题，进一步提升企业员工安全生产意识。

5月18日 省交通运输厅召开全省交通运输执法领域突出问题专项整治行动电视电话会后，市交通运输局立即召开全市交通运输执法领域突出问题专项整治行动电视电话会。局党组成员、机关党委书记、副局长张祥生在讲话中提出四点要求。一是认清形势，提高站位，切实增强做好专项整治的政治、思想、行动自觉；二是刀刃向内，靶向整治，切实解决交通运输执法领域突出问题；三是强化措施，注重统筹，组织开展好专项整治六项行动；四是加强领导，压实责任，确保专项整治取得实效。市交通运输局成立专项整治领导小组，统筹推进全市交通运输执法领域突出问题专项整治行动。

5月20日 五台山风景名胜区旅游和交通发展中心启动“六乱”整治百日攻坚，先后清理交通沿线积存的施工垃圾和生活垃圾134.5吨，整修坑洼路面、灌缝63处，消除交通安全隐患109处，对交通沿线积存的施工垃圾和生活垃圾全面清理，投资约35万元。

5月21日 忻州全市交通运输执法领域突出问题专项整治行动动员部署会议召开，对深入推进专项整治行动作动员部署。开展时间为5月至10月，重点聚焦宗旨意识、作风纪律、素质能力、担当作为、公正廉洁等方面突出问题，组织开展执法突出问题清理整治、规范公正文明执法、讲政治优作风强服务专题教育、执法隐患排查防控和执法队伍轮训等“五大专项工作”，以此实现交通运输行政执法队伍“政治素质明显提升、纪律作风明显好转、服务意识明显提高、业务本领明显增强、执法权威和公信力明显加强、社会认可度和群众满意度明显上升”的“六个明显”行动目标。

同日 上午，忻州市交通运输局组织机关党员，到徐向前元帅故居纪念馆参观，瞻仰革命先辈功绩，接受红色教育洗礼。1901年11月8日，徐向前出生在五台永安村，并在此生活22年。徐帅戎马一生，功勋卓著，彪炳千秋，永远令人敬仰。通过瞻仰徐帅纪念馆和故居，学习先辈精神，牢记革命历史，坚定理想信念，大家一致表示：不忘初心、牢记使命，在新时代忻州市交通建设中，接续传承红色基因，发扬革命先辈艰苦奋斗精神，承担起新时代交通人的使命和责任，为忻州市交通建设做出新的更大贡献。

5月31日 忻州市交通运输局对交通运输执法领域突出问题专项整治行动进行再动员再部署。副局长张祥生在讲话中，要求聚焦人民群众反映强烈的热点、打通制约公正文明执法的堵点，全面摸排、清理、纠正交通运输执法队伍中存在的各类顽瘴痼疾，从群众最满意的地方改起，从群众最期盼的事情做起，切实维护交通运输市场主体和人民群众合法权益，打一场正风肃纪、自我净化、自我革新的攻坚战，以优异成绩迎接中国共产党成立100周年。市交通运输综合行政执法队队长王卓斌宣读《交通运输执法领域突出问题专项整治行动方案》，提出明确要求。

6月1日 岢岚县交通运输局开展“安全生产月”活动。全国第20个“安全生产月”来临之际，成立以局长为组长，分管副局长为副组长，所属机关股(室)主要负责人为成员的“安全生产月”活动领导小组，印发《关于开展2021年“安全生产月”活动的通知》。在安全月活动中，采取形式多样、富有实效的宣传方法，向交通运输从业人员发放传单2000余份、司机口袋书1500余份、折叠手册1000余份。同时到汽车站、富民公司组织开展安全宣传，并在客运站、客运企业悬挂条幅，到营运车辆上向乘客进行宣传。通过一系列活动，提升全社会安全生产法律意识，提高全行业安全生产能力，形成人人关注安全、个个重视安全的良好氛围。

6月5日至7日 忻州市交通运输局举办财会人员专业知识和技能提升培训班。培训内容为国库集中收付与会计核算、财政预算编制、执行工作机制政策、工程预决算编制和账务处理、财政资金监管工作模式和方法、政府集中采购和八项规定文件选编解读、财务会计和政府会计的记账方法。

6月10日 静乐县交通运输局获忻州市脱贫攻坚先进集体称号。近年来，静乐县交通运输局紧紧围绕脱贫攻坚目标，在公路建设上，紧盯“两通”目标，实现全县223个建制村全部通硬化路率和通客运班车率均达到100%，超过全省平均水平；在公路养护上，深化养护体制改革，建立完善县、乡、村三级责任体系，出台一系列养护政策，保证乡、村道路养护资金到位，全县12个乡镇成立农村公路管理站；在运营上，推动农村客运服务提质升级，统筹推进城乡客运一体化发展，大力发展城乡公交和农村客运班线等客运组织模式，深化交邮合作，推进农村物流节点建设，优化运力结构，调整加大客运班次密度，扩大农村道路客运服务覆盖面。

6月12日、19日 为深刻吸取“6·10”代县透水事故教训，偏关县交通运输局高度重视，迅速行动，组织开展道路运输、水路运营安全大排查大整治专项行动。县局主要领导深入水上运输企业实地检查，从许可条件、法规规定、安全管理、档案管理、整改情况5项内容进行全覆盖、全环节检查，对发现的问题限期整改，要求老牛湾水上娱乐有限责任公司认真落实企业主体责任，拉网式全面排查安全隐患，制定问题、责任、整改清单，明确整改标准、落实惩戒措施、压实主体责任，实施挂牌督办“清单销号”，形成“闭环”管理，确保不留死角、不留盲区。同时，对黄河一号旅游公路沿线地质灾害隐患进行检查。

6月24日 忻州市交通运输局举行“光荣在党50年”纪念章颁发仪式。向党龄达到50周年的老党员颁发纪念章。张祥生代表局党组向获得纪念章的老党员致以崇高敬意,感谢他们为忻州交通运输工作做出的重要贡献,向老党员们介绍近年来全市交通运输事业取得的主要成绩。他指出,颁发“光荣在党50年”纪念章,充分体现以习近平同志为核心的党中央对老党员们的关心厚爱。举办这次仪式,对于增强全系统党员干部的荣誉感、归属感、使命感,汇聚磅礴力量推动“十四五”开好局、起好步,开创全市交通运输事业高质量发展新局面,具有十分重要的意义。“光荣在党50年”纪念章获得者、忻州市交通局原副局长张铣和原党委副书记郝云田两人怀着激动心情发言,表达老党员对党的热爱、感激和祝福之情,表示要更加坚定对共产主义的信仰,不忘初心、牢记使命,永远感党恩、听党话、跟党走,继续发挥好余热,关心支持忻州交通运输工作。

7月1日 上午,忻州市交通运输局组织全体党员135人集中收听收看庆祝中国共产党成立100周年大会实况。局党组书记、局长靳泽在讲话中,要求全局党员干部要认真学习习近平总书记重要讲话,牢记党的光辉历史,明理增信崇德力行。从党的百年历程中感悟真理力量,从党的百年历程中坚定理想信念,从党的百年历程中赓续精神血脉,从党的百年历程中汲取奋进动力。充分发挥党组织的战斗堡垒作用和党员的先锋模范带头作用,以昂扬向上的精神状态和工作激情,艰苦奋斗的工作作风,团结拼搏,科学谋划,开拓创新,蹚出新路子,创造新业绩,确保“十四五”开好局、起好步,为保障全市转型出雏形做出应有贡献。会上,对2个先进基层党组织、7名优秀党务工作者和37名优秀共产党员进行表彰。

7月5日 河曲县获得全省交通运输系统“先进集体”称号。河曲县大力推进交通运输基础设施建设,稳步推进“四好农村路”建设,重点推进黄河板块旅游公路娘娘滩至船湾段项目建设,圆满完成新建神河高速公路连接线与县城黄河大街连接线工程。不断提高交通运输管理水平,大力开展道路运输市场集中整治规范经营行为,全力推进农村公路管养工作,全力抓好运营管理提质,全县农村公路“建管养”水平和道路运输管理水平得到极大提升。省交通运输厅、省人力资源和社会保障厅授予河曲县交通运输局全省交通运输系统先进集体称号。

7月10日 岢岚县公交车充电站投入运营。县交通运输局牵头建设的公交车充电站正式投入运营,结束全县无公交车充电站历史。充电站位于高家会乡五里水村,配有2套300千瓦智能功率调度充电系统充电桩、箱变及配套设备1套,可同时满足20辆公交车同时充电。至此,岢岚县万通公交有限责任公司共有15台纯电动公交车,新能源汽车占比100%。电动公交车无污染、零排放、低噪音,比传统燃油公交车更加环保,为广大市民提供更加清洁舒适的乘车出行环境。

7月11日 繁峙县岩头乡发生特大暴雨,乡道岩头至茶铺线、大桥至宽滩线、宽滩至禅堂线、宽滩至二茄兰线遭遇山洪暴发,路线及河床遭受不同程度损坏。县交通运输局接到山洪冲毁岩头乡农村公路并造成人员伤亡消息后,第一时间启动《公路抢险应急预案》,并迅速组成应急抢险救援队。党组书记、局长赵永宽亲自带队,冒雨火速赶赴受灾现场,与岩头乡政府及相关部门密切协作,对水毁道路及被困车辆人员实施抢修救援。本次水毁公路41公里,分别是县道1公里、乡道39公里、村道1公里,共30处水毁段。其间,共出动挖掘机3台、装载机5台、救援车18辆、人员68人,受灾损毁的路基、挡墙、排水沟全部修复。

7月13日 忻州市交通运输局重拳出击严查非法营运。近期,有市民和出租车司机反映,忻州西站有黑滴滴、黑网约车从事非法拉客、运营,严重影响正常巡游出租汽车客运市场秩序。接到举报后,立刻安排市交通运输综合行政执法队快速行动,执法人员冒着30多摄氏度高温酷暑,联合市交警支队在大西高铁站开展为期一周的打击非法营运专项行动。在这次行动中,执法队领导工作在一线,每天同时出动3个执法巡查小组,依法查扣涉嫌非法网约车4辆,对非法从事客运经营者起到极大震慑作用，有效净化全市出租车客运市场，保护合法经营者权益。

7月23日 忻原大道建设提速“快”进。项目起点位于定襄县与原平市交界的三家村北部山岭位置，终点位于原平市新城东路南端，路线长约8.98公里，采用城市快速路标准建设，设计速度80公里/小时，双向6车道，路基宽32米，批复概算投资121242.89万元。项目建设不仅有效缓解原平市交通出行状况，还消除忻定原三个城区间原有公路网联结的交通制约，打破现在三个城市分别独自发展格局，由三个中小城市组合成一个百万人口大城市，形成新发展格局，为城市进一步发展提供广阔空间。

8月5日 省交通运输厅党组成员、副厅长王四小一行4人，到原平市长城板块旅游公路原平市区至天涯山风景区段工程工地开展“送清凉”慰问活动，为建设一线员工送上关怀与问候，发放防暑降温用品，督促企业加强职工高温防护工作，营造和谐稳定建设环境。

8月10日 忻州市城区引进互联网租赁电动自行车项目。为满足人民群众出行需求，健全完善绿色交通运输体系，忻州市运输事业发展中心积极开展互联网租赁电动自行车项目入驻忻州市城区相关工作。在完成公开征求建议、社会稳定风险评估和法治审核等前提下，与忻州市伯乐觅马信息技术有限公司正式签订“忻州市城区伯乐觅马互联网租赁电动自行车落地签约协议”，切实解决市民“最后一公里”出行需求。

同日 代县交通客运综合枢纽投入运营。由二级客运站和城市公交站两个项目组成，一并规划，分别立项，整体设计，同时建设。占地总面积33.3亩，建筑总面积4840.13平方米，包括三层框架结构办公楼一栋，建筑面积4140.13平方米，维修车间及后勤区建筑面积700平方米，总投资4727.78万元。共建设发车位13个，客车停车位51个，社会停车位39个，安装全套智能化客运专用设备，投资3162.44万元；共建设公交车位19个，充电桩15个，投资1565.34万元。2020年3月30日开工建设，2021年6月底竣工，8月10日正式投入运营。

9月6日 忻州市委常委、常务副市长赵新年赴市交通运输综合行政执法队调研。赵新年在讲话中，要求执法人员既要柔性执法，又要刚性执法。柔性执法就是要换位思考，充分体谅交通运输从业人员工作不易，给予理解和关心，先礼后兵，充分开展说理式执法，柔性执法通过讲道理，普法宣传，教育引导违法人员及时纠正违法行为；刚性执法就是对那些违法情节严重，屡教不改的，要严肃执法，绝不手软。在执法过程中，要依法行政，秉公执法，公正执法，文明执法。在执法队案卷室，赵新年详细查阅，要求认真办理好每一个案件，依法办案，严格程序，使每个案卷都有理有据。

9月18日 忻府区交通运输局召开会议，安排中秋、国庆期间重点工作。要求“两节”期间严格落实中央八项规定精神、坚决纠正“四风”，巩固深化作风建设成果，营造节俭文明廉洁过节良好氛围。一是做好应急值班值守。遵守值班纪律，严格执行24小时值班制，做好应急准备工作，发现问题立即上报；二是做好重点工程推进。班子成员中秋期间不放假，下沉一线安排部署、解决问题，以完成忻定大道通车目标；三是做好疫情防控。要按照“非必要不外出”原则，率先垂范、提高认识，严格执行各项防控措施；四是做好安全生产督查检查。分管安全领导带队运输安全股成员对普货危货企业、忻州客运站进行安全生产检查，确保良好有序运行。

9月19日 偏关县交通运输局开展水上交通安全检查和学习培训。为深刻汲取“9·18”六枝特区牂牁江客船侧翻事故教训，强化水上交通安全监管，确保中秋、国庆“双节”期间水路客运安全平稳有序，偏关县交通运输局组织地方海事中心、水上交通运输企业负责人、企业安全生产从业人员开展安全培训。培训会上，与会人员学习习近平总书记关于安全生产重要论述和指示批示精神，观看《生命重于泰山》专题教育片。学习《中华人民共和国内河交通安全管理条例》《国内水路管理条例》《内河渡口渡船安全管理条例》《山西省水路交通管理条例》《山西省水上交通安全管理办法》等水上交通相关法律法规。

9月26日 保德县委副书记、县长韩朝炜实地勘察腰刘线公路改建工程。项目全长12.1公里,预算总投资6885.7万元。韩朝炜在讲话中,要求各相关单位要密切配合、尽快完善规划,科学施工。要认真研究政策,着力解决好融资、土地指标、征收安置等具体问题,用足、用活、用好相关政策。

9月28日 经过5个月紧张建设,忻定大道竣工通车。市委书记郑连生出席通车仪式并宣布忻定大道通车,市委副书记、市长朱晓东主持仪式,市人大常委会主任王珍,市政协主席王建廷,市领导赵新年、崔向松、耿鹏鹏、袁小波及市政府秘书长张艮生参加。忻定大道全长15.84公里,双向6车道,总投资约9.13亿元,是忻州市委、市政府从推进忻定原融合发展,打造忻州人共同的心灵家园和人生高地的战略高度作出的重大决策部署。忻定大道顺利通车标志着忻定原同城化迈出关键一步,对全市经济社会发展提供有力交通支撑,特别是为加快融入全省中部城市群奠定坚实基础。

10月3日至7日 五台山风景名胜区连续奋战消除道路水毁安全隐患。总计清理塌方落石375立方米,大小塌方落石33处,巡路及清除隐患人工投入330人次,昼夜巡路车辆52车次,动用机械50铲车7.5台班。10月8日对台豆线道路施行交通管控,10月16日恢复该线路通行。南线K60+500米(前石佛村段)10月7日12时塌落70立方米落石,下午2时40分逐渐恢复交通。

10月10日 忻州市运输事业发展中心扎实开展党史学习教育主题活动。以中国共产党成立100周年为契机,深入开展党史学习教育主题活动,组织召开主题党日活动10次,开授"书记上讲台"专题党课3次,为全体党员配发《习近平新时代中国特色社会主义思想学习问答》等党政学习教材,推行"用好党史四本书"计划,组织开展"忻州烈士陵园""徐向前元帅纪念馆""徐向前元帅故居"现场学习教育活动,通过理论实践同步走的方式方法,追溯红色记忆,坚定党员干部党性觉悟,夯实为民服务初心使命。

10月12日 保德县交通运输局多措并举,联防联控,持续加强道路旅客运输安全整治。10月2日以来,交通执法人员对全县长途客运、城市公交、农村客运车辆和企业进行检查,对存在的问题下达隐患整改通知书,要求各客运企业限时整改,确保道路旅客运输安全。结合疫情防控工作,持续加大监督检查力度,严厉打击未取得道路运输经营许可,借网约车、拼车或顺风车之名,利用微信、快手等平台招客、揽客,非法从事短、长途道路旅客运输行为,维护人民群众生命安全。截至12日,共计检查疑似非法营运车辆230余台,暂扣车辆15台,行政处罚3台,有效遏制非法营运行为,切实维护客运市场秩序。

10月15日 神池县交通运输局联合县交警大队严厉打击非法营运车辆专项行动。此次行动以汽车站周边、城乡接合部、交通干线交通枢纽等非法营运车辆易聚集区域为重点,采取流动检查、不定时检查,明察与暗访相结合方式,严厉打击未取得经营许可,擅自从事道路旅客运输和巡游、网络预约出租汽车经营行为;严厉打击利用QQ、微信群等即时通信手段组客、拉客等违法经营行为及以顺风车名义变相从事非法客运经营行为;严厉打击巡游、网约出租汽车跨区域异地驻点营运和网约车"线下"揽客等违法违规经营行为;严厉打击巡游出租汽车拒载、绕道、议价、恶意拼客、不使用计价器、接受电召任务后不履行约定等违法违规行为。保证人民群众出行安全,促进客运行业健康稳定发展。

10月20日 下午,保德县交通运输局党组书记、局长崔晓望主持召开疫情防控工作紧急部署会议。会议通报当前省内及周边省份疫情防控形势,要求各单位、企业要清醒认识当前疫情防控形势,迅速行动起来,按照省、市、县疫情防控最新安排部署,全力以赴做好具体防控工作。会议重点对"一站一场"防控工作做了细致安排部署,要求对中高风险区来保返保人员加强排查管控,严格落实实名制售检票、查码验证、体温检测、乘客信息登记、健康码行程码查验等常态化防控措施,严格做好运输场站、运输工具通风换气、清洁消毒和从业人员安全防护、健康监测等工作，发现异常人员第一时间按照相应程序规范处置。

10月24日 保德县交通运输局深入客运企业开展“一保两迎”安全防范工作督查检查。局党组书记、局长崔晓望带领局分管领导及相关股室负责人，对县汽车站、山西汽运集团云易网约车保德分公司进行节前安全生产和疫情防控工作检查。要求各相关部门要慎终如始抓好疫情防控，时刻绷紧疫情防控这根弦，严格落实“外防输入、内防反弹”要求，加强联防联控，对重点方向的旅客做好排查登记，确保不漏一人，坚决维护人民群众生命安全和身体健康。

10月25日 忻州市交通运输局组织收听收看中国共产党山西省第十二次代表大会实况。收听收看结束后，局党组书记、局长靳泽要求在全行业迅速兴起学习宣传省第十二次党代会精神热潮。从省党代会中汲取奋进动力，以昂扬向上精神状态和工作激情，艰苦奋斗工作作风，团结拼搏，科学谋划、开拓创新，蹚出新路子，创造新业绩，确保“十四五”开好局、起好步，为保障全市转型出雏形做出应有贡献。

10月27日 忻州市交通运输局驻保德县定点帮扶大队召开工作会。三级调研员、驻保德县大队长陈利主持并讲话，要求各驻村工作队在思想上要再重视，切实克服松懈情绪，收心归位，主动作为；牢牢抓住当前重点工作，带动脱贫攻坚有效衔接乡村振兴不断走向深入；压实责任，推动工作落实，当好推进乡村振兴的“排头兵”。

10月28日 省交通运输厅领导到五台县调研指导公路水毁恢复工作。10月上旬以来，忻州市连续出现降雨过程，局部地方出现大暴雨、连阴雨。由于降雨持续时间长、范围广，造成部分路段路基冲垮、边坡塌方现象。灾情出现后，各级领导先后深入受灾现场了解灾情，指挥水毁、公路抢险和保畅工作。市交通运输局及县政府主要领导陪同省厅领导一起查看、指挥石咀至阳泉公路边坡塌陷清除治理工作，要求加强巡查和清障排险，保证忻州市出省道路安全运行。

10月30日 忻州市交通运输局认真做好事业单位改革“后半篇”文章。忻州市运输事业发展中心（以下简称中心）认真贯彻落实事业单位深化改革精神，积极开展领导干部配备、职工划转、人员配置及职责划分等各项改革重塑工作。忻州市政府分别于5月31日、6月8日任命郝建平和马国剑担任中心副主任职务。8月2日，中心组织召开党员大会，选举产生中心党总支委员会，下设机关支部委员会和老干部支部委员会。9月组织开展干部提任动议、谈话调研推荐、会议推荐、深入考察和民主测评等程序，经总支部委员会专题会议研究，于10月8日上报市委组织部内设机构负责人拟任人选。截至10月底，中心党组织及委员会成员已组建和配备到位，领导班子已配备到位，在职职工、离退休职工的组织机构、人员编制和划转已全部由原整合单位转隶完毕，单位所辖职工人事、劳资等关系已移交调整更新，固定资产与财务档案已盘点和整理完毕，改革重塑基本完成。

10月31日 忻州市交通运输局全面落实市委、市政府关于进一步做好精神文明建设创建工作常态化决策部署，于9月至10月期间认真开展全国文明城市集中提升行动。组织城市客运行业1000余名从业人员开展爱国文明服务教育培训，提升行业整体服务质量。在出租车LED显示屏循环滚动文明宣传标语，在公交、出租车张贴文明标语3600余份，加大公益广告宣传力度。开展市区公交站牌的配备及卫生状况摸排，确保公交站牌整洁完好，公交线路标志标识、公益广告清晰规范。督促汽车客运中心认真落实环境卫生、公益广告、健康教育等各项措施，为旅客提供优质出行环境。全员争当排头兵，对包片的背街小巷、交通干道开展全天候文明服务，持续巩固提升创文工作成果。

同日 岢岚县交通运输局开展交通运输执法领域突出问题专项整治行动。按照交通运输部、省厅集中开展交通运输执法领域突出问题专项整治行动工作安排部署，5—10月，岢岚县交通运输局印发《交通运输执法领域突出问题专项整治行动方案》，深入开展专项整治行动，作为重要政治任务，刀刃向内、自我革新,经过认真自查自纠和深入整改,全县交通运输行政执法队伍政治素质和执法规范化水平明显提升,社会认可度和群众满意度显著提高。

11月3日 五台县交通运输局开展公路卡口疫情防控工作。针对河北省发生的疫情,五台县交通运输局召开专题会议部署公路卡口疫情防控工作。要求各部门密切配合、通力协作,确立"一盘棋"才能筑牢疫情防控的安全线。五台县组成党委政府、派出所、卫生院、"三治"工作人员、村干部联动协作的执勤组,在卡口对出入车辆和人员进行严格排查,规范执行测体温、扫"双码"、登记、劝返、隔离等防控措施,坚持"逢车必检、逢人必查"要求,绝不漏一车、不漏一人,开启24小时防疫排查工作,扎实做好交通疫情防控工作。

11月22日 忻州市交通运输局学习贯彻中共十九届六中全会精神。局党组书记、局长靳泽传达学习《关于做好中共十九届六中全会精神学习宣传的通知》和《中国共产党第十九届中央委员会第六次全体会议公报》,靳泽结合忻州交通运输工作实际,就贯彻落实提出4点要求。一是继续将"坚持交通先行,实现率先发展,努力推进现代综合交通运输体系建设"作为总要求;二是牢牢把握全方位高质量赶超型跨越式发展主题;三是强化"大交通"发展理念,落实好综合交通运输各项工作任务;四是以重大交通建设项目为引领,以交通运输发展促进有效投资。

11月25日 保德县人大常委会部分委员和县人大代表对交通道路建设情况进行专项调研。在县人大主任陈建明、马存旺带领下,部分委员和人大代表对县交通道路建设情况进行专项调研。调研组沿林涛大道,深入沙保线高地垓段、同德铝厂东线、韩家川扶贫路等地进行实地查看,并详细了解249绕城公路改线情况,11月26日上午召开座谈会,调研组听取相关部门汇报后,组织座谈交流。肯定近年来县交通道路建设成绩,充分指出存在问题,提出下一步工作建议和意见。

是月 忻州市交通运输局开展"信用交通宣传月"活动。活动期间采取发放宣传单、悬挂标语、发放资料等形式,围绕"诚实守信、一路畅行"主题,在公路沿线相关部门、乡镇、村庄、厂矿、企业、在建工地、货场、码头、公路服务区站,深入宣传习近平总书记关于加强社会信用体系建设的系列重要论述、《中华人民共和国民法典》关于诚实信用的规定等有关信用体系建设政策文件和会议精神。共发放宣传资料300余份,进行政策宣讲、接受群众咨询500余人次。形成社会各界对信用交通体系建设的有力支持。

12月1日 在忻州市古城北城门南广场,市交通运输局领导统一参加全市国家宪法宣传周系列宣传活动启动仪式。通过发放宣传资料、挂图,展出宣传展板、悬挂横幅、开展现场法律咨询等形式向群众宣传交通运输行业法律法规,营造浓厚活动氛围。开展"谁执法谁普法"线上直播活动,通过抖音平台进行现场直播,讲解交通运输系统行业法律法规,与群众互动交流,推动"互联网+普法"向纵深发展,推动《中华人民共和国宪法》《中华人民共和国民法典》等法律精神深入人心。

12月2日 忻州市交通运输局领导参加市中级人民法院、市司法局组织的国家机关领导干部集中旁听庭审活动,增强工作人员尤其是领导干部法治意识、责任意识,充分发挥"关键少数"的示范引领作用,带动全市交通运输系统尊法、学法、守法、用法。

12月6日至10日 忻州市交通运输局组织局领导、机关科室负责人、局属各单位负责人、各县(市、区)交通运输局及五台山风景区旅发局相关负责人,在汾阳贾家庄干部培训基地举办"忻州市交通运输新发展理念培训班"。此次培训围绕党员党性修养、政治理论学习、行业政策解读、专业能力提升等方面,系统开展中共十九届六中全会精神解读、公路建设新理念、交通运输综合行政执法新理念、交通运输信息化新理念等讲座,参训人员共22人,参训人员各方面能力获得显著提升,为全市今后交通建设打下坚实基础。

12月10日 忻州市委、市政府在忻府区西张村境内举行太忻大道建设项目(忻州段)开工仪式。市委书记、市长朱晓东讲话并宣布开工。省交通运输厅党组书记、厅长赵建平出席。市委副书记、政法委书记郭奔胜主持开工仪式。市人大常委会主任王珍,市政协主席王建廷,市领导张文伟、温建军、崔向松、袁小波,市政府秘书长张艮生出席。副市长耿鹏鹏介绍太忻大道(忻州段)建设项目工程概况。起点位于忻府区东曲村西,终点位于忻州市与太原市交界的石岭关处,与太忻大道太原段相接,全长16.5公里,双向6车道,设计速度为80公里/小时,总投资约15.5亿元。先期开工的道路,既是太忻大道忻州段的起点部分,也是城东路网的重要组成部分。开工仪式上,市交通运输局、市住建局负责人作表态发言。朱晓东代表忻州市委、市政府向为工程顺利开工而付出不懈努力的人员表示衷心感谢。他强调,发展是硬道理,业绩是新担当,交账是军令状。太忻经济区建设是省党代会关于区域协调发展的重大战略部署,是省委、省政府赋予忻州的光荣使命和历史重任,也是忻州全方位推动高质量发展千载难逢的重要机遇。全市上下要以太忻大道建设为新起点,解放思想,实事求是,真抓实干,久久为功,不折不扣落实好省委、省政府决策部署,努力交好全方位推动高质量发展的忻州答卷。

12月15日 忻州市交通运输系统坚决打赢疫情防控阻击战。2021年以来,认真贯彻中央、省、市关于疫情防控的决策部署,严格落实客货场站、渡口、码头等人流聚集处卫生清洁、通风消毒和防疫手续查验、人员及货物监测、防护等各项防疫措施。督促运输企业切实履行主体责任,实行"营运车辆班次通风、消毒和日清洁""冷链食品运输凡进必检、凡进必消、人物同防"等管控机制。开通公交、出租疫情防控扫码平台,实行乘客实名登记制,组织市城区公交、出租1000余名一线人员接种疫苗,在出租车顶灯循环刊播疫情防控公益标语,发放水运防疫宣传资料500余份。强化防疫服务保障,向忻州公共交通有限公司和忻州汽车客运中心捐赠4000个医用防护口罩、250升消毒液等防疫物资。深入开展入企服务,组织疫情防护知识的宣传教育,帮助企业落实人员防护、物资储备、场所消毒和中高风险区外来人员排查等各项措施。抽调159辆道路运输车辆(包括客车53辆、普货车35辆、危货车51辆、公交20辆)组建市级疫情防控道路应急运输保障车队,强化应急运力储备,保障全市疫情防控道路运输服务。

同日 岢岚县交通运输局开展打击非法营运专项行动。10—12月,岢岚县交通运输局联合县公安局印发《岢岚县打击非法营运专项行动工作方案》,决定在全县范围内开展打击非法营运行为专项行动。其间,共出动执法人员326人次,执法车辆102辆次,重点检查七座车400余辆,查处非法营运违法行为2起,罚款1.5万元,为岢岚县客运市场秩序安全稳定保驾护航。

12月20日 忻州市交通运输局深入推进"放管服"改革,进一步优化交通运输领域营商环境。严格落实相对集中行政许可权改革精神,梳理上报权责清单(2020年版),编制录入政务服务数据目录;牵头完成综合立体交通指数指标任务,配合完成政务服务、市场监管等5项指标任务;成功对接《互联网道路运输便民政务服务系统》,全年网上业务办理4230件,窗口受理办理48596件,办结率为100%;深入企业服务8次,实行上门办、就近办,共涉及人员643人,联合邮政系统实现行政审批结果快递送达54件,进一步减少群众跑路次数,提供更加便利政务服务;启用道路运输经营许可证、道路危险货物运输许可证、道路运输证、道路运输从业人员资格证等电子证照;完成道路运输驾驶员从业资格证换发、补发、变更、注销、诚信考核5项高频"跨省通办"事项865件;对证照分离改革第一批全覆盖涉及市局的6项审批事项纳入清单管理,制定告知承诺制度流程图、行政审批告知书和承诺书,优化审批服务惠企30家。

12月30日 黄河一号旅游公路主线河曲县境内娘娘滩至船湾段建成通车。黄河一号旅游公路主线河曲县境内全长78公里,其中寺沟至娘娘滩全长17公里,船湾至保德界全长38公里。新建的娘娘滩至船湾段旅游公路全长23公里,分南北两段建设,南段长7.9公里,北段长6.9公里,总投资5.1亿元,按二级公路标准建设,路基宽度12米,沿线设3.5米宽的彩色骑行道、观景台、停车场等配套设施。中间段已建成的临隩大道全长8.2公里,总投资1.8亿元,按城市道路的标准建设。娘娘滩至船湾旅游公路已打造成"城景通""景景通"的旅游公路的示范路。全长78公里的黄河一号旅游公路将河曲县的弥佛洞、娘娘滩、黄河湿地公园、临隩公园、西口古渡、鸣三省公园、南元生态示范园、海潮庵等主要旅游景点串联起来,带动沿黄生态旅游业发展。

12月31日 忻州市深入推进城市交通绿色转型发展。2021年,忻州市运输局在主城区230辆城市公交节能环保车型率达到100%的基础上,同步推进公交相关基础设施配套,推广出行公交"一卡通"和支付宝等线上云闪付扫码支付功能,实现多渠道非现金乘车付款方式,提供方便快捷的乘车服务,引导市民选用公交绿色出行。截至2021年年底,公交候车亭和站牌共计550个,候车站点732个,万人拥有量23.3个,交通站点500米覆盖率153.2%。城区市民出行城市公交(不含步行)交通分担率为30.58%,机动化出行总量日均13.6769万人次,机动车出行分担率43.3%。

(资料提供:赵 勇)

吕梁市交通运输局大事记

1月15日 吕梁市交通运输局党组传达学习市委十届四次全体会议暨市委经济工作会议精神,并就贯彻落实好进行安排部署。局长王吉对2021年重点工作提出4点要求:一是做好"十四五"规划编制;二是推进全市重点项目建设;要抓好交通重点项目的推进,围绕总投资610亿元的6条高速公路,10条国、省干线改造推进项目建设;三是全力以赴推进黄河一号旅游公路和"四好农村路"的建设。四是持之以恒抓好运输结构调整。

同日 吕梁市交通运输局召开疫情防控会议。传达学习1月14日国务院、省、市疫情防控电视电话会议精神和晋疫防控〔2021〕1号文件精神,研判当前疫情防控形势,对今后工作进行安排部署。局长王吉在讲话中提出4点要求:即做好交通运输工具管控工作,阻断病毒传播渠道;做好应急物资的运输保障;做好交通工程建设领域的疫情防控工作;做好常态化疫情防控;做好防疫物资的储备。

2月7日 吕梁市交通运输局下属单位交通运输综合行政执法队职工延瑞被市人力资源和社会保障局给予记功奖励。延瑞在驻村扶贫期间,先后2次被兴县县委、县政府评为"优秀第一书记";2次被吕梁市委组织部在全市农村第一书记考核中评为"优秀"等次;3次被吕梁市交通运输局和临县县委组织部评为"优秀共产党员";2020年6月,获"感动吕梁"提名人物。

3月3日 吕梁市交通运输局召开局安委会第一次全体(扩大)会议暨交通运输安全生产视频会议,传达学习中央、省市全国"两会"安全防范工作视频会议精神和省交通运输厅安委会第一次全体会议暨交通运输安全生产视频会议精神,分析面临形势和存在问题,安排部署2021年全市交通运输系统安全生产重点工作。局领导班子成员,科室负责人,市区、公交、出租网约车负责人在主会场参会,各县(市、区)交通运输局、"两客一危一货"企业负责人在分会场参会。

3月8日 吕梁市委组织部副部长薛有宁到市交通运输局宣读市委关于吕梁市交通运输局干部任免决定。决定任命吴晓东为吕梁市交通运输局党组书记，刘瑞平任吕梁市交通运输局党组成员、副局长（主持行政工作）。副市长杨巨才主持会议并讲话，提出了3点要求：一是讲政治、顾大局。新的班子要始终把政治建设摆在首位，带头增强“四个意识”、坚定“四个自信”、做到“两个维护”，保持政治定力、强化理论武装、确保政令畅通；二是加强团结，统一思想，进一步提高领导班子凝聚力和战斗力；三是立足实际，完善思路，狠抓落实，促进各项工作开展。

3月12日 吕梁市交通运输局召开全局党史学习教育部署会，深入学习贯彻习近平总书记在党史学习教育动员大会上的重要讲话精神和省委、市委党史学习教育部署会议精神，局党组书记吴晓东就开展党史学习教育作动员部署。会议由局党组成员、副局长刘瑞平主持，各科室、各单位负责人，各支部书记及全体党员参加会议。

3月16日 下午，吕梁市交通运输局党史学习教育领导小组办公室召开党史学习教育工作推进会。会议再次就全局《关于开展党史学习教育的实施方案》进行研究完善，听取各党支部情况汇报，并就下一步工作进行安排。

4月2日 上午，吕梁市委党史学习教育第七巡回指导组一行4人对吕梁市交通运输局党史学习教育工作进行督查指导，并就更好开展党史学习教育工作与局领导班子成员进行座谈交流。指导组组长薛空在讲话中指出，市交通运输局党史学习教育工作组织有力、内容丰富、重点突出，取得良好开局。特别是市交通运输局把党史学习教育与交通工作结合起来，明确6件为群众办的实事为党史学习教育的重点工作，有特点、有创新，是一项工作亮点。

同日 吕梁市交通运输局召开第4次安全例会。会议听取综合运输科、建设管理科、市城市公共客运发展中心关于本行业领域安全生产监督检查方案汇报，传达学习国务院安委办、应急管理部清明假期安全防范工作视频会议精神，副局长张耀东主持会议并对清明节假期期间安全防范及值班值守工作进行安排部署。

4月14日 吕梁市交通运输局党组中心组开展党史学习教育第二次专题研讨会，会议学习党史学习教育重点书目部分内容，系统学习《国家安全法》。会议要求，全局干部职工要深入学习领会习近平总书记关于党史学习教育的重要讲话精神，深刻认识开展党史学习教育的重大意义，围绕学习社会主义革命和建设时期历史开展专题研讨。

4月16日 由吕梁市交通运输局党组书记吴晓东带队，局机关及局下属单位共66名党员干部赴兴县开展党史学习教育主题党日活动。党员们先后参观“四八”烈士纪念馆和晋绥边区革命纪念馆，在“四八”烈士纪念馆举行祭奠先烈和重温入党誓词活动。

5月25日至26日 省交通运输厅党组成员、副厅长王四小一行深入吕梁市石楼县调研乡村振兴、交通建设等工作，要求全力抓好农村产业发展，接续推进巩固脱贫成果与乡村振兴有效衔接；要围绕农村公路“建好、管好、护好、运营好”总目标，结合群众需求，不断优化路网结构，更好服务农村产业发展，为乡村振兴提供坚实保障。

6月8日 吕梁市交通运输局安委会召开2021年第二次全体（扩大）会议暨推进安全生产专项整治三年行动集中攻坚，启动“党建+安全生产月”活动会议。会议深入学习贯彻习近平总书记关于安全生产重要论述和批示指示精神，全面贯彻落实省交通运输厅、市委市政府当前关于安全生产的决策部署。

6月22日 山西交通物流集团联手吕梁北高速公司成功举办养护联盟暨“四新”技术现场观摩会，以技术比武形式呈现聚焦“六新”突破、强化创新驱动新成果。

6月26日 上午，太中银铁路吕梁至太原南段动车组列车开通仪式在吕梁火车站举行。省委书记、省人大常委会主任林武出席并宣布开通。省委副书记、省长蓝佛安讲话。省委常委、秘书长李凤岐出席。副省长韦韬主持。这标志着全省11市全部实现动车快速通达,三晋大地全面进入动车时代。

同日 上午,全省“县县通高速”最后两个重点项目之一、“十四五”交通领域省重点工程——汾阳至石楼高速公路项目正式开工。省委副书记、省长蓝佛安出席开工仪式并讲话,宣布项目开工。副省长韦韬主持。蓝佛安指出,汾石高速开工建设,结束了石楼县不通高速公路历史,打通了吕梁革命老区对外开放的又一重要通道,对于补齐全省高速公路网、推动县域经济发展、促进乡村振兴具有重要意义。

7月11日 山西路桥三公司吕梁209国道项目LJ3-2分部峪口大桥随着最后一片T梁精准就位,大桥右幅梁板顺利架设完成。

8月4日 由吕梁市直机关工委主办、吕梁交通运输执法局承办的吕梁市直机关第45期道德讲堂总堂在吕梁卫校隆重开讲,来自市直机关八十多家单位代表听讲。此次道德讲堂以“文明交通、执法为民”为主题,按照省自身、歌道德、诵经典、听讲座、谈感悟和送吉祥六个环节依次展开,引导干部职工以党史学习教育为契机,以学习、践行、传播社会主义核心价值观为载体,充分结合综合执法改革实际,深入学习贯彻习近平总书记在庆祝中国共产党成立100周年大会上的重要讲话精神,从百年党史中汲取赓续奋斗的磅礴伟力,用初心本色开启综合行政执法改革发展新征程。

8月25日 吕梁全市“四好农村路”建设暨治超工作推进会召开,市委副书记、市长张广勇出席并讲话。要求各级各部门要咬定目标不动摇,全力补短板赶进度,确保完成全年建设目标和“十四五”总体任务,奋力谱写新时代吕梁交通建设新篇章。副市长杨巨才主持,市政府秘书长权威等参加。

9月8日 吕梁市人大常委会副主任卫成印带领部分省市县三级人大代表在吕梁国道改线工程LM项目部视察调研。卫成印一行在项目起点处观看施工建设宣传片,观摩路面施工摊铺现场,认真听取项目负责人情况汇报,详细询问施工过程中遇到的问题、工程进度及安全质量环保相关举措。

9月23日 山西静兴高速公路大万山特长隧道左线顺利贯通,为实现“静兴高速公路静乐丰润至蔡家崖段年内建成”目标奠定基础。

10月25日 吕梁市交通运输局组织全体党员干部职工通过广播、电视、网络等形式,收听收看中国共产党山西省第十二次代表大会开幕盛况。在收看过程中,大家仔细聆听、认真记录,一致认为,中国共产党山西省第十二次代表大会是在实现全面建成小康社会第一个百年奋斗目标,向着全面建成社会主义现代化强国第二个百年奋斗目标迈进的关键时刻召开的一次十分重要的会议,是全省政治生活中的一件大事。

10月31日 伴随着CA1617航班落地,时隔2年后,吕梁往返北京(首都)航线正式恢复。该航线由中国国际航空执飞,每日1班,单程飞行约105分钟。该航线的恢复,使吕梁前往北京由每天一班增加到早晚两班,为前往北京的老区人民提供新的出行选择方式,也在实现北京、上海、广州、深圳城市航线网络全覆盖基础上,巩固加密航线网络。

11月4日 吕梁市交通运输局召开规范执法行为优化营商环境专项行动动员部署大会,动员全市交通运输综合执法人员补齐执法短板弱项,切实规范执法行为。

11月9日 G209吕梁改线工程东川河大桥18号至21号墩右幅连续刚构实现成功合龙,标志着工程建设取得重要成果,为项目早日贯通奠定坚实基础。

12月3日 吕梁市交通运输局举办《中华人民共和国民法典》讲座,山西省晋凯律师事务所薛小燕律师受邀对侵权责任篇进行专题讲解,60余人听讲。

同日 吕梁市交通运输党风廉政建设和反腐败工作会议召开,局领导班子成员、副科以上干部及执法队全体人员参加会议。局党组书记吴晓东对全局2021年党风廉政建设和反腐败工作作了全面总结,并就下一阶段党风廉政建设工作详细安排部署。局纪检组组长黄天明重点强调做到“两个维护”、纠治“四风”问题、抓好制度落实和抓好警示教育四个方面工作。

12月4日 吕梁市交通运输局开展“12·4”国

家宪法日宣传活动，在活动现场，局有关人员紧扣活动主题，通过宣传展板、展架，发放资料，现场讲解方式进行宣传，着重加强与群众息息相关的《中华人民共和国宪法》、习近平法治思想、安全生产等的宣传力度，并结合实际，对《中华人民共和国国防交通法》《路政管理规定》《超限运输车辆行驶公路管理规定》、巡游出租汽车经营、治理超限超载、安全生产等法律、法规、规章进行宣传，同时现场为广大群众提供法律咨询。

12月7日 吕梁市交通运输局党组中心组专题学习研讨中共十九届六中全会精神，在家局领导班子成员、各党支部书记参加学习研讨。市党史学习教育第七巡回指导组组长薛空等列席旁听学习研讨。会上，局长刘瑞平传达学习《中共吕梁市委办公室关于学习宣传贯彻中共十九届六中全会精神的通知》，副局长杨志峰传达学习《习近平法治思想学习纲要》部分章节，市纪委驻交通局纪检监察组组长黄天明传达《关于离石区财政局拨付惠企资金迟滞问题处理情况的通报》。学习完指定内容后，局领导班子成员分别就贯彻中共十九届六中全会精神进行专题研讨。

（资料报送：陶建强）

晋中市交通运输局大事记

1月8日 晋中市交通运输局党组书记、局长赵俊生主持召开2021年度第1次党组理论学习中心组（扩大）会议暨民主生活会集中学习会议，局党组理论学习中心组成员、正科级以上干部参加学习。

1月12日 上午，晋中市交通运输局副局长郭福生带队到瑞达公交公司，对公交场站、车辆、人员等疫情防控工作进行督导检查。

1月20日 晋中市交通运输局、晋中路桥集团负责人到晋中市汽车客运总站慰问奋战在防疫第一线的工作人员。

2月3日 晋中市交通运输局召开2021年2月安全生产例会，局长赵俊生传达国务院、省政府安全生产电视电话会议和市安委会第一次全体（扩大）会议暨全市安全生产工作电视电话会议精神。

2月8日 下午，晋中市交通运输局党组书记、局长赵俊生带队深入汽车客运总站、晋建客运服务有限公司和晋中高铁站，就做好交通运输春运疫情防控和安全生产工作进行督导检查。检查组逐一检查消毒、通风、信息登记等防控措施落实情况并详细了解班线客运恢复运营情况，随后对公安、卫健部门工作人员表示慰问。

2月15日 农历正月初四，晋中市交通运输局党组书记、局长赵俊生带领第一检查组深入灵石县交通运输企业开展疫情防控和安全生产现场督导。

2月27日 昔榆高速公司组织召开复工复产推进会暨第一季度安全生产、环保会议。晋中市交通运输局党组书记、局长赵俊生出席会议并讲话，昔榆高速公司领导班子、各部室负责人参加会议。

3月4日 上午，晋中市交通运输局党史学习教育部署会议召开，党组书记、局长赵俊生出席会议并讲话，局机关党委委员，各党（总）支部书记、委员，局正科级以上干部，所属企业负责人参加会议。局党组成员、副局长郭福生主持会议。

3月8日 上午，晋中市交通运输系统工会组织128名会员开展健步走活动。

3月12日 上午，晋中市交通运输局召开党

(总)支部书记述职评议会议,局党组成员、党委委员及各基层党组织支部班子成员60余人参加会议。

3月15日 19时,晋中市交通运输局党组扩大会议召开,专题研究安全生产工作。会议由局党组书记、局长赵俊生主持,局安委会成员参加会议。会上,副局长郭福生传达省、市政府"三治三零"创建工作会和省政府安委会督查组对全市安全生产工作督查问题反馈会议精神。会议集体学习《道路运输安全生产专项整治三年行动方案》和省政府安全生产委员会办公室《关于构建安全风险分级管控和隐患排查治理双重预防机制的通知》(晋安办〔2016〕113号)文件;研究讨论局安委会人员调整名单和"三治三零"创建工作成立专班相关事项;对《道路运输安全生产专项整治三年行动方案》涉及主要任务逐一进行任务分解。

3月19日 晋中市交通运输局党组书记、局长赵俊生主持召开党史学习教育第一次专题学习暨党组中心组学习(扩大)会议,局党组理论学习中心组成员、正科级以上干部参加学习。赵俊生组织与会人员集中学习习近平总书记在党史学习教育动员大会上的重要讲话精神以及省委、市委动员部署会议精神,领学习近平总书记《论中国共产党历史》,共同学习习近平在中央党校(国家行政学院)中青年干部培训班开班式上发表的重要讲话等内容,与会人员进行交流研讨。

3月26日 晋中市交通运输局理论学习中心组第二次党史学习专题会召开,局党组成员、副处级以上领导、机关科室负责人参加学习。会上,原原本本学习习近平总书记在党史学习教育动员大会上的重要讲话精神,以集中自学方式深入研读习近平《论中国共产党历史》和《毛泽东 邓小平 江泽民 胡锦涛关于中国共产党历史论述摘编》等内容,中心组成员郭福生、闫旺鹏结合学习体会进行交流发言。

4月2日 晋中市交通运输局党组书记、局长赵俊生主持召开理论学习中心组第三次党史学习专题会,传达学习习近平总书记在福建考察时的重要讲话精神以及习近平总书记关于崇尚英雄、缅怀先烈的重要论述,组织学习《中国共产党组织处理规定(试行)》,集中学习《中国共产党简史》第一章至第四章,集体自学《毛泽东 邓小平 江泽民 胡锦涛关于中国共产党历史论述摘编》第一部分。局党组成员、副处以上领导、机关科室负责人参加学习。

4月12日 上午,晋中市交通运输局在环城旅游绿色通道开展"学党史、践行动、植绿树"主题党日活动,为改善生态环境、助推绿色发展挥锄添绿。

4月16日 晋中市交通运输局党组书记、局长赵俊生主持召开理论学习中心组第四次党史学习专题会,传达学习习近平总书记关于坚持全面依法治国重要论述,通报市委党史学习教育巡回指导五组检查情况及相关要求,集中学习《中国共产党简史》第五章至第六章和《毛泽东 邓小平 江泽民 胡锦涛关于中国共产党历史论述摘编》第二部分。局党组成员、副处以上领导、机关科室负责人参加学习。

4月19日 晋中市交通运输局2021年全面从严治党暨党风廉政建设工作会议召开,局党组书记、局长赵俊生出席会议并讲话。

4月28日 上午,在晋中市直工委安排下,市交通运输局在工人文化宫环球国际影城开展党史学习教育红色观影活动,组织各党(总)支部党员代表50人参加活动。

4月29日 上午,晋中交通运输局调研员杨兴龙到所联系的党史学习教育联系点——交通建设有限公司党支部调研指导工作。

4月30日 晋中市交通运输局召开理论学习中心组第五次党史学习专题会,局党组成员、副处以上领导、机关科室负责人参加学习。会上,集中学习《中国共产党简史》第七章至第九章和《毛泽东 邓小平 江泽民 胡锦涛关于中国共产党历史论述摘编》第三部分,围绕学习改革开放新时期历史展开专题研讨。

同日 上午,晋中交通运输局副局长郭福生到所联系的党史学习教育联系点——新奥交通设计所有限公司党支部调研指导工作。

5月8日 晋中市交通运输局党组书记、局长赵俊生主持召开理论学习中心组第六次党史学习专题会，局党组成员、副处以上领导、机关科室负责人参加学习。会上，集中学习《中国共产党简史》第十章和《习近平新时代中国特色社会主义思想学习问答》第一部分，中心组成员郭福生、胡开明、范志向围绕十八大以来的历史进行交流发言。

6月1日 下午，晋中市"永远跟党走——百业百人讲百年"宣讲团成员、中国作家协会会员、省作家协会主席团委员、晋中市文联副主席、《乡土文学》杂志主编杨凤喜走进市交通运输局专题宣讲，局机关科室及事业单位全体党员、企业党（总）支部委员120余人参加。宣讲会由局党组成员、副局长郭福生主持。

6月2日 晋中市交通运输局"安全生产月"活动动员部署会议召开，全面安排部署"安全生产月"活动。

6月10日 晋中市交通运输局党组书记、局长赵俊生主持召开理论学习中心组第七次党史学习专题会，传达学习习近平总书记在河南考察时的重要讲话及精神，集中自学《习近平新时代中国特色社会主义思想学习问答》第二部分，集体自习《求是》杂志发表的习近平总书记重要文章《用好红色资源，传承好红色基因，把红色江山世世代代传下去》。

6月14日 农历五月初五，晋中市交通运输局副局长郭福生带队采取"四不两直"方式，对榆次区交通运输企业安全生产和疫情防控情况进行突查暗访。

6月16日 针对近期在省内、省外发生的一些安全生产事故，晋中交通运输局组织开展一次党史学习教育主题活动，全体党员干部参加，进一步明确党员干部要发挥模范带头作用，汲取教训，举一反三，高标准，严要求，从严落实安全生产工作，扎扎实实把安全生产各项工作抓实抓细。

6月28日 晋中市交通运输局安委会根据"安全生产月"活动安排，邀请省交通运输厅安监处处长任大为、山西路桥集团安全环保部部长孟续峰进行专题宣讲，积极开展安全生产教育培训活动暨昔榆高速安全生产培训会，局副处以上干部、相关科室负责人，昔榆高速公司董事长、总经理及相关部门（项目）人员参加。培训会由副局长郝振清主持。

6月29日 上午，晋中市交通运输局在尹灵芝烈士纪念馆，组织开展"传承红色基因、庆祝建党百年"主题党日活动。

7月1日 上午8点，中国共产党成立100周年大会在北京隆重举行。晋中市交通运输局所属机关、事业单位、企业全体党员干部采取集中观看、结合岗位实际班组观看、个人观看等方式，分别通过电视、网络、多媒体等多种形式观看现场直播，认真聆听中共中央总书记、国家主席、中央军委主席习近平重要讲话。

同日 为确保中国共产党成立100周年全市交通运输系统安全稳定，根据省、市各级部门相关部署，晋中市交通运输局成立3个督查组，第一组由市交通运输局党组成员、副局长郭福生带队，采取"四不两直"方式深入灵石县、介休市、平遥县交通运输企业开展安全生产督导检查。

7月2日 下午，晋中市交通运输局召开庆祝中国共产党成立100周年暨"七一"表彰大会，局党组书记、机关党委书记、局长赵俊生出席会议并讲话，局党组成员、机关党委委员、各党（总）支部书记及委员、副科以上干部、副高职称以上专业技术干部及受到表彰的个人参加会议。

7月16日 下午，晋中交通运输局党组书记、局长赵俊生为全局党员干部作党史学习教育专题党课。市委第五巡回指导组成员到会指导。局党组成员、机关党委委员、副处以上领导、各党（总）支部书记及委员、副科以上干部、副高职称以上专业技术干部参加。

同日 晋中市交通运输局党组书记、局长赵俊生主持召开理论学习中心组第八次党史学习专题会，传达学习习近平总书记在庆祝中国共产党成立100周年大会上的重要讲话，集中学习习近平总书记在青海考察时的重要讲话精神、《求是》杂志发表的习近平总书记的重要文章《以史为镜、以史明志，知史爱党、知史爱国》《学史明理 学史增信 学史崇德 学史力行》，传达学习省委书记林武在省委常委会扩大会议暨中心组学习会上的讲话精神，中心组成员杨兴龙、李兆玉作专题研讨。局党组成员、副处以上领导、机关科室负责人参加学习。

7月26日 晋中市交通运输局办公室党支部紧紧围绕“学党史、悟思想、办实事、开新局”主题召开专题组织生活会,通过交流学习、盘点收获、查找差距,引领党员干部增强“四个意识”、坚定“四个自信”、做到“两个维护”。会议由党支部书记主持,全体党员参会,局党组书记、局长赵俊生以一名普通党员身份参与本次组织生活会。

7月31 下午,晋中市交通运输局深入晋建客运服务有限公司召开“送服务、解难题”出租车司机座谈会。会议由局党组书记、局长赵俊生主持,市城区巡游出租车行业人大代表、司机代表任荣海,三晋爱心车队、平安车队、先锋车队、星之火车队各车队代表及晋建客运服务有限公司部分工作人员参加会议。

8月6日 晋中市交通运输局结合疫情防控形势召开会议,对疫情防控工作做出安排部署。会上,副局长郭福生对局机关疫情防控工作进行安排,调研员范志向、主任李素成分别对工程建设领域和运输环节疫情防控方面做出详细部署。

8月13日 晋中市交通运输局8月安全生产工作例会召开,局党组书记、局长赵俊生,党组成员、副局长郭福生出席会议并讲话。

9月3日 晋中市交通运输局党组书记、局长赵俊生主持召开党组中心组(扩大)学习会议,传达学习习近平总书记在西藏考察时的重要讲话精神、习近平总书记在河北考察时的重要讲话精神、习近平总书记在中央民族工作会议上的重要讲话以及习近平在中央党校(国家行政学院)中青年干部培训班开班式上发表的重要讲话精神,集中自学《新征程面对面》第一章。

9月23日 晋中市人大常委会组织省、市人大代表集中视察“四个百里”工程和城建重点工程建设情况。市人大常委会副主任仝清雷、张祖祁、张拥军、乔金国,副市长郝向明参加视察。

9月26日至28日 晋中市交通运输局组织召开绩效考核专家评审会,局党组书记、局长赵俊生,副局长郝振清出席会议。会议邀请专家组对昔阳(晋冀界)至榆次高速公路建设开展现场考核和资料审查工作,考核和审查内容包括隧道、桥梁及试验检测、法律等方面。最终,建设项目以91.93分通过了此次绩效评价现场会专家评审。

9月30日 晋中市交通运输局党组书记、局长赵俊生主持召开党组理论学习中心组(扩大)会议,局副处以上领导及各科室负责人参加。会上,赵俊生领学习近平总书记关于交通运输领域的重要论述、习近平总书记在陕西榆林考察期间重要讲话精神,组织与会人员集中学习中共晋中市第五次代表大会会议精神,共同学习《交通运输行政执法程序规定》和《新征程面对面》相关章节等内容。

10月22日 上午,晋中市交通运输局组织76名党员来到晋中市烈士陵园纪念馆,开展“缅怀革命先烈 凝聚奋进力量”主题党日活动。

同日 晋中市交通运输局党组书记、局长赵俊生主持召开党组理论学习中心组(扩大)会议,局副处以上领导及各科室负责人参加。会上,赵俊生领学习近平关于全面从严治党重要论述、习近平在纪念辛亥革命110周年大会上的重要讲话精神,集中学习习近平主持十九届中共中央政治局第三十四次集体学习会精神,传达学习《中共中央组织部关于领导干部及时报告个人有关事项的通知》等,共同学习《中华人民共和国简史》和“领导干部报告个人有关事项规定”等内容,与会人员围绕学习习近平总书记关于全面从严治党重要论述,并进行交流研讨。

10月25日至27日 省交通运输厅党组成员、副厅长郭丙福一行到晋中市开展公路灾毁处治工作督导检查。其间,检查组深入寿阳、左权、榆社、平遥、灵石、祁县等县(区),实地查看国省干线、农村公路水毁处治情况,听取相关专家对下一步灾后重建建议,对全市公路灾毁处治工作提出要求。

10月27日 下午,晋中市交通运输局组织13名党员到榆次区张庆乡王郝村,开展帮助群众抢收玉米志愿活动,最大限度减少群众损失。

11月1日 上午,晋中市交通运输局党组书记、局长赵俊生主持召开党组理论学习中心组(扩大)会议,传达学习省第十二次党代会、省委十二届一次全会精神和全市领导干部大会暨市委中心组(扩大)学习会精神,局党组成员、副处以上领导、机关科室负责人参加学习。

11月1日至2日 为进一步营造全市安全畅通、文明有序的交通环境,助力文明城市创建,晋中市交通运输局组织志愿者开展文明交通志愿服务者活动。

12月25日 晋中市交通运输局党组书记、局长赵俊生带队深入榆次区苏宁物流园区、联通运输公司进行疫情防控和安全生产工作督查检查。

(资料提供:郭福生)

阳泉市交通运输局大事记

1月4日 阳泉市委书记关建勋专题调研物流快递业发展。要求牢固树立新发展理念,贯彻落实中央、省委经济工作会议精神,按照省委"四为四高两同步"总体思路和要求,强化科技引领,切实加快现代物流业发展,为全市高质量转型发展厚植新动能。

1月5日 阳泉北站改造工程施工任务顺利完成。工程于2020年12月22日开工,分为动车运行软件更换、拆除和插入道岔、动车验证三个阶段,历时17天。

2月8日 位于宁波北路东侧的阳泉综合交通客运枢纽挂牌。是与新建阳大铁路相配套,集铁路客运、公路长途客运、公交、社会车辆等多种交通功能和商业开发于一体的高度集成综合性工程项目,是阳泉市打造的首个综合交通换乘中心。

2月10日 阳泉市市长雷健坤、副市长李文兵一行到客运总站检查安全生产和疫情防控工作,并看望慰问一线职工。勉励大家坚守工作岗位,坚决克服麻痹思想、厌战情绪、侥幸心理、松劲心态,慎终如始落实常态化疫情防控和安全生产措施,保障全市人民安全健康出行。

2月20日 平定西城公交客运站正式投入使用。项目占地面积2万平方米,设场站管理、调度管理、车辆保洁、车辆检修、公交充电、后勤保障等区域,同时配备智能信息系统,包括LED动态信息显示系统、电子监控系统、公交信息查询系统等,以及水电气暖等附属配套设施。可实现80台公交车同时停放并充电,成为多功能、全方位、立体化的一级公交客运站。

3月9日 阳泉市交通运输局召开全市交通运输暨党风廉政建设工作会议,传达贯彻中央和省、市部署要求,总结2020年及"十三五"交通运输工作,分析形势,部署2021年工作。局党组书记、局长梁庆作工作报告。

2020年,阳泉市交通强国试点全面启动,基础设施建设有力推进,运输结构调整不断深入,行业治理能力和治理水平显著提升,圆满完成年度工作和"十三五"收官任务,为阳泉高质量转型发展提供有力支撑,向市委、市政府和全市人民交出优秀"交通答卷"。会议提出"十四五"目标。即:综合立体交通网初见雏形;交通出行服务品质进一步提升;货运物流服务水平进一步提升;绿色智慧交通建设取得显著成效;行业治理现代化水平进一步提高。会议安排部署2021年主要工作。共13项预期目标,八方面重点工作。

4月8日 阳泉市副市长王明厚深入307国道、207国道阳泉市绕城改线工程,实地调研项目征拆扫尾工作及工程进展情况。

王明厚先后深入巨城互通、南坪二号桥、阳左大桥等施工现场实地查看,听取施工负责人关于项目进展汇报,详细了解征拆扫尾工作进度,逐一研究落实迁改方案和时间节点,要求全力打通征拆"最后一公里"。他指出,307国道、207国道阳泉市绕城改线工程是一项重大的民生、民心工程,要切实提高政治站位,圆满完成征拆收尾工作;严格落实"六个百分之百"要求,切实保障项目建设达到环保标准。

4月19日 省委党史学习教育巡回指导组第一组组长刘志宏一行到市交通运输综合行政执法队督导调研。巡回指导组通过参观党建阵地、听取现场讲解、观看宣传视频、查阅台账资料、浏览宣传展板、互相交流等方式,详细了解综合行政执法队开展党史学习教育的具体做法和亮点成效。

刘志宏在讲话中,对市交通运输综合行政执法队党史学习教育情况给予高度评价,要求进一步提高思想认识,把思想和行动统一到党中央和省委的部署与要求上来,高标准高要求高质量推进党史学习教育各项工作,切实把学习教育成果转化为准确把握新发展阶段、深入贯彻新发展理念、加快构建新发展格局的强大动力和实际成效。

5月12日至13日 省邮政管理局党组成员、副局长高日勇一行深入阳泉市调研邮政业发展情况,并对即将召开的全国"两会"寄递渠道安全保障进行督导,提出3点要求。一是凝心聚力,担当作为,持续推动规定工作和重点工作扎实开展;二是集中精力,突出重点,推动行业规范发展;三是强化监管,常抓不懈,确保行业安全稳定运行。

5月20日 省委党史学习教育巡回指导组成员徐岩海、谢玉民深入阳泉市交通运输局督导党史学习教育开展情况。

指导组通过听取汇报、座谈交流、观看视频、查阅资料、组织考试、实地查看等,对该局党史学习教育工作给予充分肯定,认为局机关党委和局属党支部对党史学习教育高度重视、精心部署,组织领导具体有力,学习教育扎实深入,为民服务立足本职,学用结合注重落实,规定动作不打折扣,自选动作丰富多样,总体上开局良好、进展顺利、成效明显。要求在下阶段学习教育中,切实在深读精读上下功夫,在及时跟进学习上下功夫,在突出学习重点上下功夫,在推动工作落实上下功夫,确保党史学习教育和中心工作各项目标任务全面落实。

6月21日至23日 交通运输部安全总监李国平带领部检查组深入阳泉市检查交通运输行业安全生产工作,省交通运输厅党组成员、副厅长王晋,阳泉市副市长李文兵等陪同。

检查组听取李文兵的工作汇报,详细了解安全生产责任落实、专项整治三年行动集中攻坚、风险管控、重点领域治理等工作情况,对阳泉市交通运输行业安全生产工作给予充分肯定。要求深入贯彻习近平总书记关于安全生产的重要论述和重要指示精神,认真贯彻落实党中央、国务院和交通运输部关于交通运输安全生产的部署要求,压实各方责任,狠抓工作落实,抓紧抓细抓实行业风险管控、隐患排查整治、应急体系建设、从业人员能力提升等重点环节,全力提升交通运输本质安全水平,为庆祝建党一百周年营造安全稳定的交通运输环境。

6月24日 平定县获交通运输部"城乡交通运输一体化示范县"称号。近年来,平定县高度重视城乡交通运输一体化示范县创建工作,成立以县长任组长的创建工作领导小组,形成政府牵头、部门联动、齐建共创的工作协调和综合保障机制,有力保障创建工作顺利推进。该县以"服务社会、服务群众"为宗旨,坚持"公司化经营、公交化管理、规范化运行"原则,通过构建城区公交、城乡公交和镇村客运三级城乡客运网络,实现县城区域公交全覆盖、全县218个建制村城乡客运村村通,建制村通客车率达到100%,实现全县10个乡镇九年义务教育阶段寄宿制学生每周公交车免费接送,极大方便了学生出行。

6月29日 阳泉市交通运输局召开庆祝中国共产党成立100周年"七一"表彰大会。光荣在党50

年老党员代表、受表彰的先进集体和优秀个人，局属各党支部书记、局机关全体共70余人参加会议。

会上，局党组成员、副局长曹慧晟宣读《关于表彰先进基层党组织、先进党小组、优秀共产党员、优秀党务工作者和党史学习先进个人的决定》。局党组为受表彰的先进集体和优秀个人颁奖。局党组成员李涵宣读"光荣在党50年"老党员名单，局党组书记、局长梁庆为"光荣在党50年"老党员颁发纪念章。

7月16日 市委书记姜四清就阳大铁路建设运营等工作进行专题调研。要求深入学习贯彻习近平总书记"七一"重要讲话精神，坚持以人民为中心的发展思想，倾听群众呼声，顺应群众期盼，坚持系统思维，强化前瞻谋划，加强对接沟通，完善规划方案，统筹综合考量，加快解决群众便捷出行问题，切实满足全市人民对美好生活的向往。

7月28日 由省交通运输厅一级巡视员李贵顺带队的省交通运输厅调研组一行深入307国道、207国道阳泉市绕城改线工程施工现场调研指导并开展"夏日送清凉"慰问活动。李贵顺先后深入梁板预制、桥面铺设现场，实地查看现场施工质量、安全情况，详细了解施工人员生产生活和防暑降温措施落实情况，向冒着高温酷暑坚守岗位、辛苦工作的一线建设人员表达崇高敬意和亲切问候，并代表省公路运输工会为建设人员发放慰问品。

8月4日 由省财政厅二级巡视员温建栋带队的省政府淘汰国Ⅲ柴油货车专项工作督导组深入阳泉市督导国Ⅲ及以下排放标准营运柴油货车淘汰工作。

督导组听取全市国Ⅲ柴油货车淘汰工作汇报，查阅工作台账，与相关单位和部门进行座谈交流。督导组领导在讲话中，对全市柴油货车淘汰工作给予充分肯定，提出3点要求。一是提高政治站位。坚持高位推动，加强组织领导，确保部署落地，任务落实。二是理顺工作流程。要由市政府牵头，向省级有关部门做好详细汇报。三是提升工作质量。进一步开拓思路，创新方法，采取有力措施解决好异地管控、证照回收，统筹推进工作质量整体提升。

9月14日 阳泉市物流行业党委成立大会在市交通运输局召开。市委"两新"工委领导、市物流行业党委委员、各县（区）"两新"工委书记、各县（区）非公党委书记、物流企业代表共计50余人参加会议。会议由市物流行业党委书记、市交通运输局党组成员、副局长史连海主持。

会议宣读中共阳泉市非公有制企业委员会《关于成立中国共产党阳泉市物流行业委员会的通知》，平定县委"两新"工委、盂县交通运输局、山西利航物流有限公司代表分别作表态发言。

9月14日至17日 省交通运输厅第五督导组由调研员李安渠带队，深入阳泉市开展中秋、国庆"双节"前安全生产督导检查。

检查组先后到市综合交通客运枢纽、路路通客运公司、平阳湖客运码头、晋东压缩天然气、平定东方公交、吉安民爆、新城到冠山旅游路，采取听取汇报、查看资料、实地查验、现场问询等形式，对道路客运、城市客运、水上交通、危险化学品运输、道路施工工地安全等进行深入检查，详细了解安全生产责任落实、专项整治三年行动集中攻坚、风险管控、重点领域治理等工作情况，对全市交通运输行业安全生产工作给予充分肯定，对整改提高提出明确要求。

9月15日 省扬尘管控监督帮扶组由组长赵金亭带队一行3人到市交通运输局督导道路扬尘污染治理工作。督导组听取全市交通运输行业环境保护工作汇报并查看相关印证资料，赴义白路进行现场督导调研。督导组领导在讲话中，对全局道路扬尘污染防治工作给予充分肯定，要求充分认识道路扬尘管控工作重要性，切实履行行业监管责任，强化巡查机制，加大主要道路清扫力度，加强执法力度，克服一切困难，打好扬尘污染防治攻坚战。

9月26日 省交通运输厅水上交通安全第二督导组杨志诚一行3人深入阳泉市进行水上交通安全检查。

督导组先后深入平定县交通运输局、平定县娘子关旅游发展有限公司，通过听取汇报、查阅资料、实地查验、现场问询等方式进行检查。督导组对全市水上交通安全管理工作给予肯定，要求进一步贯彻交通运输部和省交通运输厅安全生产工作要求，深刻汲取"六盘水客8015"侧翻事故教训,举一反三,进一步强化安全监管责任,压实水上安全责任,加强安全警示教育,全力确保国庆期间水上交通安全。

10月19日 省交通运输厅党组成员、副厅长郭丙福带领公路灾毁处治第四督导组深入阳泉市督导公路灾毁处治情况。

督导组实地查看能源通道20国道青银高速太旧段、G5国道京昆高速平阳段、239国道正阳线、216省道、盂上线马举村段、娘子关至白羊墅线、甘桃驿至企明线等路段受损情况,仔细勘察道路抢通情况。召开座谈会,详细听取市交通运输局、阳泉公路分局、太旧高速公司及阳盂高速公司关于灾毁处治情况汇报,对全市道路抢险应对措施予以肯定,并对道路抢通保通及灾后重建工作提出明确要求。一是加强组织领导,强化政治担当,主动靠前指挥。二是开展隐患排查"回头看",对道路水毁及沿线地质灾害情况进行再审视、再筛查,对存在重大隐患的路段进行不间断监测,及时掌握灾害发展趋势,主动采取防护措施,坚决防止次生灾害发生。三是强化分类处置,轻微路段立即处治,一般路段应急修复,严重路段先绕行再重建。四是保障质量安全,加强施工质量管控,保障施工工艺,杜绝安全生产事故发生,全力保障人民群众安全出行。

市委副书记、代市长刘文华主持会议并讲话。

11月10日 省司法厅立法三处处长刘彦平、省治超办综合组组长贠岩龙一行10人组成调研组,到阳泉市开展《山西省道路货物运输源头治理超限超载暂行办法》(以下简称《办法》)立法后评估调研,调研组先后深入西郊公路超限检测站、阳泉恒跃兴钙业有限公司和平定东升兴峪煤业有限公司进行实地调研,深入了解超限站执法流程、源头核查工作和《办法》实施情况。随后,组织市、县治超办和各成员单位相关负责人,货运源头企业和运输企业代表等进行座谈交流,广泛听取相关单位、企业负责人等对《办法》贯彻执行和修改完善的意见建议。

调研组充分肯定《办法》在全市治超工作中贯彻实施取得的成效,要求有关部门进一步学习理解和掌握《办法》等治超相关法律法规基本内容,严格贯彻执行执法流程、源头核查要求,进一步细化责任、规范执法,切实保障源头治理超限超载工作履职到位,真正让《办法》及治超相关法律法规规范性文件在治超工作中发挥最大效能。

11月16日 全市太行一号旅游公路建设现场推进会在盂县召开。市委副书记、代市长刘文华主持会议并讲话。太行一号旅游公路阳泉段主线工程北起盂县和五台县相接的牛道岭,南至平定县张庄镇西川村,接昔阳县韩信井村,全长286.89公里。

刘文华强调,建好太行一号旅游公路是完善农村基础设施、建设美丽乡村的重要内容,是推进产业转型、实现乡村振兴的有力支撑。要充分认识太行一号旅游公路建设的重大意义,进一步增强加快项目建设的紧迫感、责任感,攻坚克难、苦干实干,为全市全方位推动高质量发展提供有力交通保障。

11月23日 市委副书记、代市长刘文华调研全市ETC智慧停车场建设工作。要求坚持以人民为中心的发展思想,按照阳泉市ETC智慧停车城市建设全国试点工作要求,紧扣需求,统筹规划,合理布局,切实解决群众出行难停车难问题,着力提升城市建设管理水平和居民生活品质。

刘文华指出,实施ETC智慧停车城市建设,是优化城市公共服务的重要基础设施和民生工程,对于解决群众出行难停车难、优化城市停车供需关系意义重大。各级各相关部门要提高政治站位,深入践行以人民为中心发展思想,深化城市现代治理,聚焦群众"急难愁盼"具体问题,把推进ETC智慧停车城市建设作为"我为群众办实事"实践活动的具体抓手,以强烈责任感、使命感和紧迫感,全力推进ETC智慧停车场建设,确保把好事办好、实事办实。

12月9日 市委副书记、政法委书记尚日红实地调研307国道、207国道阳泉市绕城改线工程推进情况。要求深入学习贯彻中共十九届六中全会精神,强化责任担当,聚力攻坚克难,加快工程进度,确保如期竣工通车。

尚日红强调,307国道、207国道阳泉市绕城改线工程是省重点建设项目和重大民生工程,对于缓解交通压力、拉大城市框架、创优营商环境和提升城市品位具有重要意义。各级领导干部要进一步转变作风、深入一线，靠前指挥、狠抓落实，确保项目高标准建设、高效率推进，让群众尽享便利快捷交通环境，推动经济社会高质量发展。

12月26日 阳泉市副市长句爱云一行到客运总站检查指导疫情防控工作。句爱云一行先后在旅客进站口、候车室、核酸检测点等区域，实地检查进站旅客测温，健康码、行程码和疫苗接种码查验，候车室消毒，核酸采样和人员防护等工作，随后听取站长张红波关于疫情防控工作汇报。

她强调，当前疫情形势严峻复杂，要继续保持高压态势，必须严而又严、紧而又紧抓好疫情防控各个环节工作。要严把人员进出检查、严格做到亮码、扫码、测温、佩戴口罩，做好信息登记等各项工作，全面压紧压实疫情防控责任，精准落实常态化疫情防控措施，守牢客运总站入泉防线。

12月28日 阳泉市人大常委会副主任孔禄泉带领部分人大代表调研交通强国建设工作。先后听取全市交通强国建设推进情况汇报，了解太旧高速公路阳泉段改扩建和车城网——车路智行新生态项目等重点项目情况。

孔禄泉指出，经过一年努力，两项交通强国试点任务均取得阶段性成果，很好地发挥了示范引领作用。全市交通运输系统要按照市委"14510"总体思路和部署，加快推进试点任务和重大交通项目建设，真正当好全方位推进高质量发展的开路先锋。

（资料提供：王九存）

长治市交通运输局 大 事 记

1月8日 长治市交通运输局党组书记、局长连树斌带领局城市客运管理处、市公交总公司相关负责人赴太原市，就公共自行车建设管理运营工作进行考察学习。

1月15日 在高铁长治东站出租车停车场，出租车司机代表向市交通运输综合行政执法处、市城市客运管理处高铁驻站办分别赠送"恪尽职守心系的哥的姐，严格执法守护行业稳定""不畏严寒为出租行业服务，忠于职守为的哥排忧解难"两面锦旗。市交通运输局副局长吴志刚、综合行政执法队队长周会彦、城市客运管理处负责人冯泽民接受锦旗。

1月27日 长治市交通运输局召开2021年全市道路水路春运工作视频会，周密部署全市交通运输服务保障工作。会议由副局长吴志刚主持，相关科室、局属单位及运输企业负责人在主会场参加会议，各县区交通运输局局长、分管副局长、相关部门及运输企业负责人在分会场参加会议。

2月5日 长治市交通运输局派出6个督查组，分别由局领导带队，深入各县区及市区主要交通运输企业开展春运督查。

同日 全省交通运输工作会议以视频会议形式召开，省交通运输厅通报2020年度重点工作完成情况评价结果，长治市交通运输局名列第一，获评"优秀"等次，局党组书记、局长连树斌在大会上作经验交流。

2月9日 长治市交通运输综合行政执法队与高速交警三支队、市公安交警支队开展联合执法检查，对巡游出租车议价、拼客，未经许可擅自从事道路旅客运输及网约车违规经营等重点违法违规行为进行查处。

3月2日 长治黎城至陵川夺火(晋豫界)、平遥至沁源至安泽高速公路项目前期工作技术服务签约仪式在市交通运输局举行。市委常委、常务副市长尚日红出席。市交通运输局局长连树斌与省交通规划勘察设计院有限公司董事长黄仰收正式签订长治黎城至陵川夺火(晋豫界)、平遥至沁源至安泽高速公路项目前期工作技术服务协议。

3月5日 长治市交通运输局举行“文明交通绿色出行”为主题的学雷锋、做好事,清洁公共自行车公益行活动。机关各科室工作人员参加活动。

3月12日 长治市道路运输管理处组织召开全市支持互联网物流平台企业发展工作对接会,会议介绍全市互联网物流平台建设情况,对交通运输部、国家税务总局和省、市政府有关网络货运平台政策措施进行解读,对全市发展“互联网+货运物流”新业态、新模式等工作进行部署。市道路运输管理处处长周会彦、副处长郭文军,相关科室和各县区运管所负责人及全市网络货运平台企业、规模以上道路货运企业负责人参加会议。

3月19日 长治市交通运输局召开局党组理论中心组扩大会议。集中学习习近平总书记在党史学习教育动员大会上的重要讲话精神,并对全局开展好党史学习教育作出动员部署,印发《关于开展党史学习教育的实施方案》。

3月30日 长治市交通运输局召开学习宣传《国家综合立体交通网规划纲要》培训会。

4月2日 长治市交通运输局召开长治黎城至晋城陵川至焦作修武高速公路路线方案研讨会。分管副局长王维斌主持会议。黎城、平顺、壶关县政府分管副县长和交通运输局局长,局规划科、公路处、质监站及省交通规划勘察设计院有限公司负责人参加会议。

4月8日 长治市交通运输局被平顺县委、县政府表彰为帮扶工作先进单位。同时,派驻工作人员杨涛获得“优秀驻村第一书记”,罗明富、武红波获得“优秀工作队长”,贾瑞云、贾宝玉获得“优秀工作队员”称号。

同日 长治市交通运输局领导班子成员、各基层党组织党员干部到太行太岳烈士陵园,开展“学党史、祭英烈”活动。

4月12日至4月16日 长治市交通运输局巡回指导组对局属各基层党组织党史学习教育开展情况进行巡回指导,推动全局党史学习教育有力有序开展。

4月14日 长治市交通运输局组织开展党史学习教育专题宣讲会,全体党员干部参加会议。

4月15日 长治市交通运输局组织开展形式多样、内容丰富的“4·15”全民国家安全教育日宣传教育活动。

4月19日至4月22日 省交通运输厅三个一号旅游公路建设项目前期工作调研组第二组由申水旺带队,一行7人深入长治市武乡、黎城、平顺县,对太行一号旅游公路建设项目前期、资金使用及工程质量安全等工作开展调研。

4月20日至21日 省交通运输厅二级巡视员柴洪江、水运管理处处长赵晓宙带队的督导组到长治市开展交通运输安全生产检查。市交通战备办专职副主任任贵平等陪同检查。

4月28日 长治市交通运输局机关党支部开展主题党日活动,组织全体党员到市委党校参观“峥嵘岁月 光辉历程”图文展,深入学习中国共产党历史。

4月29日 长治市交通运输局党组理论学习中心组第五次党史专题学习会议召开。市委党史学习教育第十一巡回指导组副组长孟宏智等到会指导。局党组书记、局长王克主持会议,局领导班子成员、各科室及局属单位负责人参会。

5月2日 长治市政府副市长贺鑫到市公交集团南关停车场,走访慰问全国“2020年感动交通年度人物”、出租车司机李天心。市交通运输局局长王克、副局长吴志刚等陪同前往。

5月10日 长治市交通运输局副局长王维斌带领公路、质监工作人员深入全市各县区开展“四好农村路”和太行一号旅游公路建养工作督导检查。

5月11日 长治市交通运输局党组理论学习中心组第六次党史专题学习会议召开。局党组书记、局长王克主持，局领导班子成员、各科室及局属单位负责人参加会议。

5月13日至16日 长治市市直机关第三届干部职工健身运动会圆满举行。市交通运输局派出34人组成的代表队参加并取得优异成绩。

5月20日 全市"第二届5·20公交驾驶员关爱日"主题活动在长治公交集团举行，副市长贺鑫来到活动现场看望慰问公交驾驶员，送上祝福和慰问品。市政府三级调研员宋旭岗、市交通运输局局长王克等陪同。

同日 长治市高铁东站定制客运班线开通仪式在高铁东站南侧停车场举行，这是全市在全省率先开通定制客运班线。副市长贺鑫出席并宣布开通。

同日 长治市交通运输局组织路政执法人员在长治市北外环开展"路政宣传月"宣传活动。副市长贺鑫、市交通运输局局长王克、市交通运输综合行政执法队队长周会彦参加现场活动。

5月21日 长治市交通运输局组织召开全市交通运输工作暨交通运输执法领域突出问题专项整治工作会议，贯彻落实全省交通运输工作会、全省交通运输执法领域突出问题专项整治工作电视电话会和全市经济工作会精神，总结2020年及"十三五"交通运输工作，分析研判形势，确立全市交通运输"十四五"时期总体思路，部署2021年重点工作，动员做好全市交通运输执法领域突出问题专项整治行动。党组书记、局长王克作工作报告。局领导班子成员、副科以上干部，各县区交通运输局局长、执法队长、纪检组长参加会议。

同日 长治市交通运输局召开2021年全市交通运输系统党风廉政建设工作会议，认真学习贯彻习近平总书记在中共十九届中央纪委五次全会上的重要讲话精神和全会精神，贯彻落实省纪委十一届七次全会、市纪委十一届六次全体会议精神，分析当前形势和任务，部署2021年全面从严治党各项工作，进一步压紧压实党风廉政建设主体责任，着力推动全面从严治党向纵深发展。局党组书记、局长王克作"坚持'严'的主基调，坚定不移全面从严治党"主题报告，驻局纪检监察组组长张建刚部署2021年纪检监察工作。会议由副局长吴志刚主持，市局领导班子成员、副科以上干部，各县区交通运输局局长、执法队队长、纪检组长参加会议。

同日 长治市交通运输局党组书记、局长王克带领武乡、黎城、平顺、壶关4县政府分管副县长、交通运输局长及市局规划、公路等科室负责人，赴晋城市实地观摩学习旅游公路建设工作。市交通运输局党组书记、局长张海芳陪同。

5月27日 长治市交通运输执法处、城市客运管理处党支部赴山西省第五区行政督察专员公署及刘伯承兵工厂旧址，开展"重温党史、坚定信念"主题党日活动。

6月1日 长治市"安全生产月"宣传活动在市万达广场正式启动，市交通运输局积极参与，局安全科、运管处、城市客运管理处、海事局等科室和局属单位工作人员在现场宣传安全生产。

6月4日 长治市交通运输局党组书记、局长王克以"开启新征程 扬帆再出发 推动新时代交通运输事业高质量创新发展"为题讲授专题党课。市局副科以上党员干部，各县区交通运输局局长、综合执法队队长参加会议。

6月5日 长治市交通运输局党组书记、局长王克带领局综运科、市道路运输管理处、城市客运管理处、海事局等工作人员，在现场进行环境日主题宣传活动。

6月15日 长治市交通运输局部署开展农村公路沿线环境专项整治行动。

6月16日 长治市交通运输局在英雄台广场开展"安全宣传咨询日"活动。局安全科、市道路运输管理处、城市客运管理处、海事局等科室和局属单位工作人员在现场宣传交通运输安全。

6月18日 市交通运输局组织召开全市安全生产专项整治和集中检查督查动员视频会议。学习贯彻6月17日全国、全省安全生产电视电话会议精神，部署动员在全市范围深入开展交通运输安全生产专项整治和集中检查督查工作。市局领导班子成员、相关科室和局属单位负责人，部分交通运输企业主要负责人参加会议。各县区交通运输局局长、分管副局长及安全、运管、公路、质监等股室负责人在各分会场参加会议。

6月21日 长治市交通运输局组织召开《长治市现代综合交通运输“十四五”发展规划(送审稿)》评审会。省交通运输厅发展研究中心原主任、正高级工程师安小平等5名专家及长治市发改委、规划和自然资源局、市工信局、市财政局等17家单位代表出席会议,会议由市交通运输局副局长王维斌主持。

6月22日 省交通运输厅交通运输执法领域突出问题专项整治督导组由厅政策法规处处长郭富平带队,一行4人在长治市开展专项督导。

6月23日 长治副市长贺鑫深入长治王村机场督导检查安全工作,要求把安全生产摆在首位,强化责任,加强管理,坚决守住安全生产底线,严格防范和杜绝各类安全生产事故发生。市交通运输局局长王克、王村机场总经理王计虎等陪同督导。

6月26日 长治市交通运输局组织干部职工在市八一广场积极开展“6·26”国际禁毒日宣传活动。

7月1日 上午8时,庆祝中国共产党成立100周年大会在北京天安门广场隆重举行,中共中央总书记、国家主席、中央军委主席习近平发表重要讲话。长治市交通运输局组织全体党员干部职工集中观看大会盛况。

7月2日 长治境内突降大雨,强降雨致使路面大量积水,给群众出行造成困难,长治市交通运输局立即启动突发公共事件综合应急预案,全力奋战在防汛一线,为群众安全出行保驾护航。

7月11日 省交通运输厅专项整治工作第五督导组组长、朔州市交通运输执法局党委书记部伟刚一行,赴长治就交通运输执法领域突出问题专项整治行动进展情况进行督导。市交通运输综合行政执法队队长周会彦陪同督导。

7月16日 长治市交通运输局在潞州剧院举办全市出租汽车行业创建全国文明城市专题培训,着力提升出租车行业整体文明素质水平,增强出租车驾驶员安全文明运营的自觉性、主动性,巩固提升全国文明城市创建成果。市文明办三级调研员郭卫平、市交通运输局副局长吴志刚出席会议,副处级干部王德强主持培训会。市城市客运管理处和11家出租汽车公司负责人、出租车驾驶员近600人参加培训。

7月20日 为有效应对暴雨极端天气,切实做好防汛救灾工作,长治市交通运输局多措并举,全面开展汛期安全隐患排查整治工作,最大限度保障汛期交通运输安全。

7月22日 长治市交通运输局3辆应急救援客车在长治交警特勤车带领下,冒雨往返500公里,把滞留在河南焦作高铁西站的55名群众安全接回市客运中心站。

7月24日 长治市交通运输局采取网络直播和现场集中学习方式,组织市、县两级相关执法人员参加省司法厅第一期“行政执法大讲堂”培训。

7月28日 长治市交通运输局机关党支部以党小组会形式召开党史学习教育专题组织生活会,围绕“学党史、悟思想、办实事、开新局”主题,深入学习习近平总书记“七一”重要讲话精神,交流党史学习心得,检视剖析问题,严肃开展批评与自我批评,推动党史学习教育走深走实。市委党史学习教育第十一巡回指导组孙丕文、齐青青到会指导。

7月29日 长治市交通运输局副局长吴志刚带队深入平顺县玉峡关镇达驼村、石门口村和十字河村,为奋战在一线的驻村工作队员们送上西瓜、矿泉水等防暑用品,送去局党组关怀和问候。

8月5日 长治市促进国Ⅲ及以下老旧柴油货车淘汰工作领导组组织召开长治市国Ⅲ及以下排放标准营运中重型柴油货车淘汰工作推进视频会。市促进国Ⅲ及以下老旧柴油货车淘汰工作领导组副组长王克,各县区分管副县区长,市县两级交通运输、财政、生态环境、商务、公安交警等成员单位及乡镇(街道)主要负责人参会。领导组办公室主任吴志刚主持。

8月12日 全市铁路沿线安全环境治理推进电视电话会在市政府会议中心召开。副市长贺鑫出席会议并讲话,三级调研员宋旭刚主持。

同日 长治市政府组织召开全市“四好农村路”和太行一号旅游公路建设电视电话会,市政府副市长贺鑫出席会议并讲话，三级调研员宋旭岗主持。市发改、财政、自然资源、生态环境、交通运输、文物旅游、农业农村等相关单位分管负责人在主会场参会，各县区政府分管交通副县区长、交通运输局长及相关单位负责人在分会场参会。

8月18日 长治市交通运输局召开全市行政执法案卷评查现场会，对随机抽取的市交通运输综合行政执法队和12个县（区）交通运输局2019年至2021年期间已办结交通运输行政执法案卷进行评查。

8月23日 长治交通运输执法领域突出问题专项整治见成效，自5月交通运输执法领域突出问题专项整治行动启动以来，全市交通运输部门聚焦宗旨不牢、作风不优、本领不强、担当不力、执法不廉、管理粗放等突出问题，从根源上清理、整治各类顽瘴痼疾，全力维护交通运输市场主体和人民群众合法权益。

8月25日 长治市交通运输局组织机关党员干部职工集中收看“节能低碳，绿色环保”云党课。

9月3日 长治市交通运输局党组书记、局长王克到东外环街道、英雄台小区、桥北小区等本局文明城市创建责任区域，督导检查文明城市创建工作并慰问坚守岗位的干部职工。

9月7日 长治市交通运输局部署在全市范围开展农村公路技术状况评定工作。

9月8日 长治市交通运输局组织的交通运输系统第二期行政执法业务轮训在襄垣县成功举办，70余名行政执法人员参加培训。

9月9日 长治市交通运输局党组书记、局长王克带领相关科室负责人到平顺、壶关、黎城县督导推进太行一号旅游公路建设。相关县交通运输局主要负责人陪同督导。

9月10日至12月10日 长治市交通运输局部署开展为期3个月的国道环线专项整治行动。

9月12日 长晋高速长治南互通提升改造工程竣工通车，长治市副市长贺鑫出席竣工剪彩仪式。潞州区人民政府、市交通运输局、高速交警、高速路政、长晋高速公司、长治南收费站及工程施工、监理等单位代表参加竣工仪式。

9月14日 长治市交通运输局党组书记、局长王克带领相关部门负责人一行5人，先后到王村机场、高铁东站、汽车客运东站等交通场站，对照《长治市创建文明城市实地考察标准》，对交通行业文明城市创建工作进行督导检查。

9月24日 长治市交通运输局在高铁东站公交停车场开展“绿色出行、公交出行”宣传活动，副局长吴志刚，局相关科室及公交公司工作人员参加活动。

9月27日 长治市交通运输局集中观看中央纪委、国家监委宣传部、中央广播电视总台联合制作的电视专题片《正风反腐就在身边》。局领导、各基层党支部书记、党员代表、执法人员等60余名干部职工参加活动。

9月30日 长治市交通运输局党组理论学习中心组“读原著、学原文、悟原理”党史专题学习会召开。局党组书记、局长王克主持会议，局领导班子成员、各基层党支部书记、各科室负责人参加学习。

10月1日至7日 长治市交通运输局强化监管，多措并举，全力保障国庆假期交通运输安全有序，为群众提供安全便捷的出行环境。提前部署、细化措施、责任到人，全面部署国庆假期交通运输安全生产工作。

10月15日 由交通运输部公路局副局长周荣峰带队的工作组到长治市，就交通运输抢险救灾、保通保畅、救灾物资调拨、运输服务保障、灾后恢复重建、安全生产等工作开展督导调研。省交通运输厅党组成员、副厅长王晋，长治市副市长贺鑫，黎城县、平顺县、潞城区政府主要负责人，市、县交通运输局长陪同调研。

10月19日 长治市交通运输综合行政执法队召开干部职工大会，市交通运输局领导和科室负责人出席会议。市交通运输行政执法队班子成员，潞州、上党、潞城、屯留四区交通运输局领导及市交通运输行政执法队全体干部职工参加会议。

10月25日 长治市交通运输局组织全体干部职工通过电视、网络等方式，集中收看省第十二次党员代表大会开幕大会。

10月26日 长治市交通运输局党组书记、局长王克到高铁东站“的哥的姐驿站”实地调研。

10月28日 长治市交通运输局召开全市公路建养管养工作推进会,安排部署2022年建设项目前期和灾后恢复重建工作。副局长王维斌,各县区交通运输局分管副局长,市、县区交通运输局规划、公路、质监、路政等相关科室负责人,恢复重建设计单位代表参加会议。

10月29日 长治市人民政府新闻办公室举行“全面建成小康社会”系列新闻发布会第十二场发布会。市委宣传部二级调研员李军喜主持。市交通运输局新闻发言人、副处级干部王德强,市交通运输局副局长吴志刚,市交通战备办专职副主任任贵平出席发布会,介绍长治市在全面建成小康社会进程中交通运输工作有关情况,并回答记者提问。

11月1日 长治市交通运输局召开传达学习省第十二次党代会和全市领导干部大会精神会议,集中学习,深入研讨,并就贯彻落实工作进行全面部署。局党组书记、局长王克主持会议并讲话,局领导班子成员,局机关各科室及局属单位负责人参加会议。

11月4日 长治市交通运输局党组书记、局长王克带队到平顺县玉峡关镇十字河村、达驼村、石门口村等开展走访慰问,调研乡村振兴对口帮扶工作,并与镇村干部、帮扶队员共同探讨下一步乡村振兴产业发展新路径新举措。副局长吴志刚、市交通运输综合行政执法队队长周会彦、局相关科室负责人及执法队班子成员参加调研。平顺县常务副县长郭力毅参加座谈会。

11月8日 长治市交通运输综合行政执法队在市华信汽贸园出租汽车协会会议室举行第一期全市出租汽车行业从业人员礼仪培训开班仪式。

11月12日 长治市交通运输局党组书记、局长王克带领副科以上干部到襄垣县毒品预防教育基地开展禁毒专项教育活动。

同日 长治市交通运输局在市委党校举办全市自然灾害综合风险农村公路承灾体普查技术培训班。局普查办全体人员及各县区交通运输局分管领导和业务人员参加培训。

11月19日 长治市政府督查室、市交通运输局、长治公路分局工作人员共同组成的督查组,先后到潞城区、潞州区就309国道突出环境问题整治工作进行专项督查。

11月22日 长治市交通运输局党组理论学习中心组第九次党史专题学习会议召开,认真学习贯彻中共十九届六中全会精神并开展研讨交流。局党组书记、局长王克主持会议,局副处级以上干部参加学习。

11月24日 在高铁东站“的哥的姐驿站”里,市交通运输综合行政执法队组织开展一场别开生面的出租汽车志愿者应急救援培训。长治蓝天救援队副队长关佳星、欧阳卫受邀讲授出租车营运中遇到突发意外情况的紧急救援基础知识。40余名出租汽车志愿者参训。

11月29日至12月5日 长治市交通运输局多举措开展以“习近平法治思想为指引,坚定不移走中国特色社会主义法治道路”为主题的“12·4”宪法宣传周活动。

12月2日 长治市副市长贺鑫带领市交通运输局、邮政管理局负责人,先后到潞州区、上党区,就全市邮政快递业发展情况进行调研。

12月3日 长治市交通运输局组织副科以上干部举行《中华人民共和国宪法》宣誓仪式。局党组书记、局长王克领誓。

12月8日至10日 长治市交通运输局在市委党校组织开展全市交通运输系统学习贯彻中共十九届六中全会精神暨法治培训班。市交通运输局党组书记、局长王克,市委党校常务副校长孙敬明出席开班仪式。

12月29日 长治市交通运输局召开道路运输电子证照应用工作推进会,聚焦经营性道路客货运输、道路危险货物运输、巡游出租汽车和网络预约出租汽车等重点领域电子证照推广工作,进一步加快道路运输运营许可证、从业人员从业资格证和车辆道路运输证电子证照的推广应用。

(资料提供:马 可 孙煜佳)

晋城市交通运输局大事记

1月14日 为了积极参与新冠肺炎病毒疫情防控,晋城市交通运输局发展研究中心党总支组织全体党员到晋城高铁站、客运东站、火车站及各共享单车企业开展“强化意识齐倡议 携手同心抗疫情”主题党日活动。通过出租车顶灯、微信群等多种渠道进行宣传,并印发倡议书5000份,发放口罩2000个。

2月1日 在晋城市疫情防控工作领导小组和市交通运输局组织下,汉晋公司首批164名出租车驾驶员到晋城市大医院,顺利接种新冠疫苗。随后,全市1400多名出租车驾驶员分批接种新冠疫苗。

2月2日 晋城市交通运输局党组书记、局长张海芳带队到交通运输行业生产经营单位,对春节、“两会”期间安全生产及安保维稳工作部署情况进行督查检查。督查组一行先后到市客运东站及市太行民爆器材有限公司,详细了解“两节”期间安全生产、安保维稳、隐患排查治理、安全管理、安全教育培训、安全措施等方面落实情况。

2月5日 晋城市交通运输局、市交通运输综合行政执法队、市交通运输事业发展中心开展2021年度春节期间交通运输重点企业、重点场站,疫情防控、安全生产执法检查。

2月20日 晋城市交通运输局党组书记、局长张海芳一行到市润丰交通建设投资开发有限公司,就“晋城的事,大家想、大家说、大家干”思想解放大讨论活动进行调研座谈,听取公司中层以上人员的建议和意见。

2月21日至24日 晋城市交通运输局党组书记、局长张海芳一行到湘峪古堡至皇城相府旅游公路施工现场以及晋阳高速改扩建现场进行调研指导,实地察看湘峪古堡至皇城相府旅游公路前期准备情况、起讫点及中途驿站选址规划情况,以及青阳掌社区和东阳社区的抢栽树木情况,并立即组织召开现场会,对相关问题进行有效解决。同时要求施工单位坚定发展信心,解放思想、抢抓机遇,加快项目建设速度,不断创新发展理念模式,为晋城市高质量高速度转型发展贡献力量。

2月26日 晋城市交通运输局发展研究中心按照“晋城的事,大家想、大家说、大家干”思想解放大讨论活动安排,积极开展形式多样的研讨活动。以支部和科室为单位,以工作职能和业务工作为基础,积极开展全员学习研讨,广泛征求意见建议。

3月2日 晋城市交通运输局党组书记、局长张海芳一行到市辖区“两客一危”企业进行专题调研,并开展“两会”期间安全生产执法检查。张海芳在晨光物流调研时,要求把创新驱动放在全局转型发展核心位置,以“开局就是决战、起步就是冲刺”的奋斗姿态,积极投入“气化晋城”的建设中来,在确保运输行业安全生产稳定基础上,实现2021年产值翻番目标。市交通运输局副局长王卫军、市交通运输综合行政执法队队长唐大海、局办公室主任郭晋波、安全科科长牛春杰陪同调研检查。

3月5日 “三八”妇女节前,晋城市交通运输局开展“巾帼心向党 奋斗新征程”主题系列活动,局机关全体女职工欢聚一堂,在花香四溢中感受插花艺术魅力,度过一个有意义的节日。局党组成员、副局长李明建向全局妇女致以节日祝贺和诚挚问候。

3月9日 晋城市交通运输综合行政执法队党总支,组织全体员工开展以“牢记嘱托强信念、实干担当趟新路”为主题党日暨“三八”妇女节活动。

3月15日 晋城市交通运输局发展研究中心开展党史学习教育暨“解放思想、狠抓落实”警示教育月活动动员大会。全体干部职工参加会议,会议由中心副主任杨巍主持。

3月17日 晋城市交通运输局党组书记、局长张海芳带领全体党员干部走进山耳东村“红色三杰”纪念馆参观学习,追寻晋城最初的红色足迹,传承红色基因,感悟党的初心使命。

3月18日 晋城市交通运输局举办党史学习教育专题讲座。市委党校教授、副校长卢路应邀授课。卢路以“中国共产党百年历史回顾与思考”为题,向全体党员讲述中国共产党诞生、成长、奋斗的辉煌历程。

3月19日 中共晋城市交通运输综合行政执法队总支委员会组织执法队全体人员召开2021年党史学习教育动员大会。会上,学习传达《中共晋城市交通运输局党组印发〈关于开展党史学习教育的实施方案〉的通知》(晋市交发〔2021〕8号);学习传达《中共晋城市交通运输局党组印发〈关于开展“解放思想、狠抓落实”警示教育月活动的实施方案〉的通知》(晋市交发〔2021〕7号)。

3月24日 晋城市纪委监委驻市交通运输局纪检书记李红梅、晋城市交通运输综合行政执法队队长唐大海到全市重点工程湘峪三都古城至皇城相府旅游路进行督导。李红梅现场听取施工单位工程进展情况汇报,在沿线进行实地察看,要求在确保施工安全、保证质量前提下加快施工进度,争取按期通车。

3月31日 晋城市委思想解放大讨论第十二督导组到市交通运输综合行政执法队督查指导,市委新一轮“晋城的事,大家想、大家说、大家干”思想解放大讨论活动第十二督导组一行到市交通运输综合行政执法队督查指导。督导组通过听取汇报、查阅材料、个别谈话等形式,对执法队动员部署、集中研讨等进行认真检查督导。

4月13日 晋城市交通运输局“一月一路一讲”党史学习教育到太岳干部学院和湘皇公路建设现场,开展“学党史进工地,感悟奋斗伟力”主题活动。通过聆听红色故事、党支部开展党史学习教育交流研讨、走进湘皇公路建设工地等活动形式,进一步引导全体党员干部从思想上向英雄学习,把这种精神力量转化为今后建设交通事业的强大动力,不忘初心,砥砺前行。

4月15日 晋城市交通运输局举办党史学习教育宣传贯彻会议,市直宣讲团成员、晋城市人力资源社会保障局党组成员、副局长司惠民为全局全体党员作宣讲报告,机关党委下属2个党总支9个党支部共计120多名党员参加。

4月20日 晋城市交通运输局党组成员、副局长李明建,市交通运输综合行政执法队队长唐大海,到红运旅游汽车服务有限公司、汇盛物流有限公司进行节前安全生产大排查大整治督查检查。李明建在讲话中,要求严格落实“三管三必须”要求,深入排查问题,坚持隐患零容忍,筑牢安全防线,确保节日期间安全生产形势稳定。

4月23日 晋城市交通运输局组织各县(市、区)交通运输局,省运集团晋城分公司等单位召开推进会。会上,各县(市、区)交通运输局分管工作领导汇报“公交+快递物流”工作进展情况、存在问题及下步打算;省运公司晋城分公司围绕下一步如何加快推进快递网点建设进行表态发言;综运科对近期专项检查情况进行通报讲评。要求全市交通运输系统坚决按照市委、市政府决策部署,年初承诺、年底兑现,加强协调保障,勇于担当作为,强力推进“公交+快递物流”网络建设,确保年度目标高标准实现,为美丽晋城高质量高速度转型发展做出应有贡献。

4月25日 晋城市委党史学习教育巡回指导组第七组现场对市交通运输局党史学习教育进行成果验收和阶段性指导。党组成员、副局长王卫军汇报党史学习教育开展情况,第七组组长、市退役军人事务局党组成员、副局长张涛对市交通运输局开展党史学习教育工作给予充分肯定。

4月29日 晋城市交通运输局党组书记、局长张海芳带队,到客运东站、省运客运分公司、蓝海汽运网络科技有限公司开展节前安全检查。局党组成员、副局长王卫军，三级调研员苏文，安全科长牛春杰，市交通运输综合行政执法队队长唐大海陪同检查。张海芳在讲话中，要求各客运企业要高度重视“五一”假期疫情防控工作，坚决克服麻痹思想、厌战情绪、侥幸心理、松劲心态，要毫不放松抓紧抓实常态化疫情防控措施，有序推进一线工作人员新冠病毒疫苗接种工作，确保节日期间防疫形势安全稳定。

5月6日 晋城市交通运输综合行政执法队特别邀请泽州县交通运输局行政审批科科长兼综合行政执法办主任柳忠庆讲授交通运输综合行政执法实务。

5月13日 晋城市交通运输局特别邀请郑州大学教授、中共党史专家、央视百家讲坛特邀专家周文顺教授作“台海局势及其相关战略分析”党史专题讲座。市交通运输局、市文旅局、晋城公路分局及成员晋高速公路公司全体干部职工听讲，市委党史学习教育第七巡回指导组成员旁听。党组书记、局长张海芳主持讲座。

5月14日 晋城市交通运输局召开专题会议，传达学习省委书记楼阳生在晋城调研时的讲话精神。会议要求，要把深入学习贯彻省委书记楼阳生晋城调研讲话精神作为当前重要政治任务，与党史学习教育和新一轮思想解放大讨论结合起来，迅速掀起学习宣传贯彻热潮，学深悟透精神实质，认真抓好贯彻落实，确保讲话精神不折不扣落实到工作各个方面、各个环节。要认真对标要求，紧紧围绕重点工作，有针对性地研究制定落实举措，推动交通运输工作各项目标任务不折不扣落到实处，为全市“十四五”转型出雏形贡献力量，以优异成绩庆祝中国共产党成立100周年。市交通运输局各党支部也及时传达学习省委书记楼阳生在晋城调研时的讲话精神。

5月18日至5月20日 全省康养产业发展大会在晋城市举办，市交通运输局高度重视，召开专题会议研究部署，重点针对公交、出租车辆的运行线路、环境卫生、优质服务等相关工作进行详细部署。为保障市民及游客便捷乘坐公交前往各会场及周边区域进行参观游览，局督促市公交公司精心安排运行线路、合理调配车辆数目，临时开通6条前往康养产业博览会现场（司徒小镇）的免费公交线路。督促所属单位积极行动，对公交、出租、共享单车站点、站牌和车辆卫生进行全面清理。组织有关单位对参运的驾驶员、导乘员、保洁员进行专题培训，确保在大会期间做好文明服务、温馨服务，保证车辆干净整洁，展示晋城交通良好形象。同时，开通24小时公交、出租服务热线，确保及时为乘客提供导乘方案。为迎接外地游客，做好康养大会宣传工作，在高铁东站悬挂宣传条幅，营造浓厚活动氛围。

5月21日 晋城市交通运输局发展研究中心党总支到河东社区联点共建，开展“党旗在基层一线高高飘扬”主题党日活动。中心党总支与河东社区居委会共同交流研讨“晋城的事，大家想、大家说、大家干”思想解放大讨论取得的成效；文明城市创建成功经验；疫情防控科学举措；《中华人民共和国民法典》的普及宣传；文明家庭创建措施，有效推进联点共建工作深度融合。

5月24日 晋城市委党史学习教育巡回指导组第七组张涛一行对市交通运输局党史学习教育进行督导检查，参加市局党组中心组举行的第六次专题学习会议。会议学习《习近平新时代中国特色社会主义思想学习问答》，市交通运输局领导班子成员进行讨论发言。

5月31日 晋城市交通运输局党组中心组举行党史学习教育第七次专题学习会议，局党组书记、局长张海芳主持学习。中心组成员集中学习习近平总书记文章《用好红色资源，传承好红色基因，把红色江山世世代代传下去》。

6月3日 晋城市第十四届“爱心送考”志愿服务活动启动仪式在市文体宫广场举行，活动主题是：献礼百年，爱心送考。市交通运输局三级调研员苏文，局发展研究中心负责人侯丽莉应邀出席，市区各出租汽车公司负责人及所属出租车驾驶员代表参加此次活动。

6月7日 晋城市交通运输局“安全生产月”活动启动仪式在局机关楼前举行，局机关全体干部职工及局属单位80余人参加活动。市交通运输局紧紧围绕“落实安全责任,推动安全发展”这一活动主题,在全系统唱响“安全发展”这一主旋律,全面营造“安全第一、预防为主、综合治理”“人民至上、生命至上”的社会舆论氛围,进一步提高全体干部职工和从业人员的安全意识,为交通运输发展营造良好安全生产环境,以优异成绩向中国共产党成立100周年献礼!

6月18日 晋城市交通运输综合行政执法队党总支组织全体干部职工在联通晋城分公司参加“学习红色文化、体验数字讲堂”主题党日活动,为大家上了一堂别出心裁的党课。

6月21日 晋城市交通运输局发展研究中心中层干部专题安全工作会议召开。

6月22日 晋城市交通运输局党组书记、局长张海芳一行采取“四不两直”方式,先后对泽州县华立物流有限公司和省运旅游分公司安全生产工作进行检查。重点对车辆安全例检、动态监控情况、全员岗位责任制和隐患排查自查自纠落实情况、从业人员安全教育应急演练、安全管理制度建设等进行检查。

6月25日 晋城市交通运输综合行政执法队安全工作推进会召开。

6月26日 晋城市交通运输局组织机关全体干部职工到沁水县土沃乡南阳村南阳抗大红色教育基地,开展“初心使命再宣誓,接续奋斗再出发”主题党日活动。全体党员干部认真聆听南阳军民在根据地建设、开展敌后战争等方面的英勇事迹,接受思想上洗礼,深刻体会党员初心与使命。全体党员在局党组书记、局长张海芳带领下,紧握右拳,面对鲜艳党旗,再一次重温入党誓词。进一步激发全体党员荣誉感、责任感和使命感,更加坚定立足岗位、干事创业的信心和决心。

7月1日 庆祝中国共产党成立100周年大会在北京天安门广场隆重举行。晋城市交通运输局组织全体干部职工收看大会现场直播盛况,认真聆听习近平总书记在庆祝大会上重要讲话。

7月14日 晋城市委党史学习教育巡回指导组第七组现场对市交通运输局党史学习教育进行督导检查,对市交通运输局党史学习教育给予充分肯定,并提出指导性意见。

7月23日 晋城市交通运输局机关第一党支部召开党史学习教育专题组织生活会。局党组书记、局长张海芳以普通党员身份参加会议,和大家一起交流学习体会,开展批评与自我批评。市委党史学习教育巡回指导组第七组专程指导会议。会上,局机关第一党支部书记代表支部委员会报告半年工作情况,特别是党史学习教育开展情况,通报支部委员会检视问题情况,并进行对照检查,与会党员逐一发言,提出批评意见。

8月1日 晋城市交通运输局党组书记、局长张海芳带领局机关其他职工一行到城区、泽州等多个高速公路出口和国省干线及县乡道市交界点督导检查疫情防控情况。即日零时,市交通场站应对组立即启动应急指挥体系对全市35个防疫卡点实施全面管控。上午10点,市交通运输局分两组奔赴全市六县(市、区)33个高速公路出口、7个国省干线及2个县乡道市交界点、4个火车站和2个汽车站等疫情防控一线,为24小时值守工作人员送去防疫物资。

8月31日 适逢开学季,晋城市交通运输局与市交通运输综合行政执法队联合开展“开学季送关爱 好家风助成长”主题活动。关注儿童心灵、关爱儿童成长,市交通运输局党办主任宋萍出席,部分职工及其子女参加。

9月2日 晋城市交通运输综合行政执法队举行行风监督员聘请仪式。来自新闻媒体、辖区相关企业代表、出租车司机代表等10名交通执法行风监督员正式“上岗”。市交通运输综合行政执法队队长唐大海出席仪式并向行风监督员发放聘书。

9月9日 晋城市交通运输综合行政执法队全体队员到陵川县马圪当乡古石村进行一次“踏太行一号公路,助乡村振兴之力暨我为群众办实事”主题党日活动。通过此次主题党日活动,全体党员在付出辛劳的同时,不仅促进乡村振兴发展,而且再一次感受到思想洗礼和升华,激发党员意识、宗旨意识和理想信念,始终牢记职责使命,进一步增强组织凝聚力和战斗力。座谈会上,市交通运输综合行政执法队、泽州县公安局、郑州铁路公安处等相关部门负责人就近期高铁站出租车秩序整顿,交通、公安、交警联合执法开展情况和大家关心的出租车行业相关问题进行宣传贯彻和解答。

9月16日 晋城市交通运输综合行政执法队召开全体干部职工大会,开展中秋国庆节前集体廉政谈话,切实增强全体队员廉政意识,增强拒腐防变能力。

10月14日 晋城市交通运输局发展研究中心邀请退休干部职工齐聚一堂,举行“共庆重阳佳节 共承敬老美德 共话发展新篇”座谈会,为各位老干部送去一份温暖节日祝福。会后,老干部共同参观新农村建设,感受乡村振兴新变化。

10月15日 晋城市网约车行业联合工会委员会正式成立。职责是在上级工会领导下,履行工会职责,依法维护广大网约车驾驶员和员工合法权益,发挥工会组织优势,推动网约车行业健康发展。

10月26日 晋城市人民政府新闻办公室举行晋城市“全面建成小康社会”系列新闻发布会第七场发布会,也是市交通运输局专场发布会。局党组书记、局长张海芳,局党组成员、副局长王卫军、李明建,局三级调研员时菊利、苏文、王晋霞介绍全市在全面建成小康社会进程中交通运输方面的有关情况并回答记者提问。市委宣传部副部长、市委新闻中心主任、市政府新闻办主任李建亮主持发布会。发布会上,局党组书记、局长张海芳介绍相关情况。

同日 晋城市网络预约出租汽车行业联合工会在市蓝海汽运网络科技有限公司举行揭牌仪式。市人大常委会副主任、市总工会主席张斌胜与市交通运输局党组书记、局长张海芳共同揭牌。参加仪式的还有市总工会党组书记、常务副主席李子荣,市交通运输局党组成员、副局长王卫军,市总工会党组成员、副主席冯静梅,市交通运输局三级调研员时菊利,工会主席魏亚康,市总工会信息中心主任李杨及八家网约公司会员代表。

同日 晋城市交通运输局发展研究中心组织开展2021年出租客运行业消防救援应急演练。邀请局党组书记、局长张海芳,局党组成员、副局长王卫军及局三级调研员时菊利观摩指导。特邀凤城路消防救援站、交警四大队、市紧急医疗救援中心、人寿财险有限晋城支公司联合参演。

11月11日 晋城市交通运输局组织铁路沿线安全环境治理联席会议办公室成员单位召开推进隐患治理工作座谈会,各成员单位负责人参加会议。会议学习晋城市铁路沿线安全环境治理联席会议第一次全体会议领导讲话精神、《山西省铁路沿线安全环境管理“双段长”制实施办法》及省联办《关于开展铁路沿线安全环境风险隐患排查治理专项行动的通知》精神。随后,路地双方就隐患整治情况进行交流沟通,梳理隐患整治工作重点,并就下一步工作开展提出合理化建议。

11月12日 晋城市交通运输局特邀市红十字会社会工作服务中心主任赵璐璐为机关干部职工作“应急救护知识”讲座,重点讲述“认识红十字会、救护新概念、心肺复苏、AED使用方法”四个板块应急救护理论知识,介绍心肺复苏和AED使用操作要领,并进行心肺复苏模拟。

12月2日 2021年度晋城市出租汽车驾驶员职工职业技能比赛隆重举行。此次活动是由市总工会、市交通运输局主办,市交通运输工会、市交通运输局发展研究中心、市出租汽车行业工会联合会具体承办。市交通运输局党组成员、副局长王卫军,市总工会党组成员、副主席冯静梅,市交通运输工会主任魏亚康,工会负责人李征梅,山西汽运集团晋城公司工会主席裴吉太,各出租汽车公司代表及90名出租车驾驶员出席启动仪式。

(资料提供:董 芳)

临汾市交通运输局大事记

1月5日 临汾市对公交线路进行优化调整,主要涉及1路、2路、3路、4路、6路、13路、15路、16路、20路等线路。

同日 临汾市交通运输局举行“送温暖,献爱心”捐款活动。局领导冯小宁、许学民、景俊青、张雷志、苏兰记、冯建荣、李春香出席活动并带头捐款,局机关各科室代表参加捐款活动。本次活动是深入贯彻习近平总书记视察山西重要讲话精神,以实际行动落实中央、省委、市委、市政府关于保障和改善民生的有关要求,巩固脱贫攻坚成果,切实帮助困难群众,解决实际问题的重要举措。所捐助款项将交至社会捐助和慈善事务管理中心专用账户,由民政部门统筹管理使用。

同日 临汾市总工会党组书记、常务副主席郭波,市总工会副主席杨炜、张腊全就工会工作在市交通运输局调研。郭波一行实地观摩市交通运输局职工书画展,参观职工图书阅览室、健身房、活动室,听取市交通运输局职工文化建设和工会工作开展情况有关汇报,同工会人员亲切交谈,详细了解基层工会运作情况。并对市交通运输局工会工作给予充分认可。

同日 上午,临汾市尧都区未来城公交线路开通仪式在未来城公交枢纽站举行。未来城公交枢纽站的开通,提高了尧都区河西新城与中心城区的公交运行速度,缩短通行时间,提升出行效率。

1月6日 晚7时,临汾市交通运输局紧急视频会议召开,安排部署全市交通运输系统安全生产和疫情防控工作。局党组书记、局长冯小宁主持会议并讲话。会议深入贯彻落实省、市疫情防控和安全生产工作会议精神,对当前的安全生产和疫情防控工作进行再分析、再部署、再落实、再推动。

1月10日至3月15日 临汾永和县南庄至阁底段参评全国“十大最美农村路”展示。

1月12日 临汾机场、临汾高铁西站、城西客运站以及全市各商场超市、社区等疫情防控重点场所进入“战时状态”,全面开展疫情防控。

1月13日 临汾市黄河一号旅游公路建设推进会议召开,会议通报2020年以来黄河一号旅游公路建设情况,对下一阶段工作进行安排部署。副市长潘海燕参加会议并讲话。

1月17日 临汾市交通运输局党组书记、局长冯小宁带领有关科室对临汾高铁西站疫情防控工作进行督导检查。检查组一行先后到出站口、进站口,现场查看“健康码”“行程码”扫码、登记测温等工作开展情况,认真查看高铁站的防护设施设备配置情况,详细了解进出站车次及接送旅客情况,对场站测温设备准确辨识、进出站旅客分流情况进行指导,要求临汾西站落实好管控措施,对出现“红码”及高温人员,一经发现立即报送属地政府及防疫指挥站,按流程安全处置,坚决防止疫情传播。

1月20日 从即日起,临汾高铁西站乘车可往返太原火车站。

1月21日 临汾市交通运输局组织志愿者开展“写春联 送祝福”活动,为对口帮扶的大宁县布业村、坦达村村民义务写春联,送上祝福。

1月25日至26日 临汾市交通运输局对全市各交通场站疫情防控工作开展督导检查。对各防控重点工作提出整改意见,并要求对照场站疫情防控要求,进一步自查自纠,全面落实疫情防控措施,确保完善应急机制,做到应对突发疫情,实施交通管控随时响应，继续筑牢交通运输领域联防联控坚固防线。

同日 由山西路桥集团投资建设的吉县沿黄旅游公路控制性工程K52＋610文城大桥0-0号桥台桩基顺利开钻，拉开吉县沿黄旅游公路桥梁桩基施工的序幕。黄河板块旅游公路临汾市吉县沿黄主线工程大宁吉县界至吉县姚家畔段工程，是全省三大板块旅游公路重点建设项目。

1月28日 2021年春运首日，临汾市副市长潘海燕在尧都区调研春运工作。潘海燕一行先后在临汾城西客运站、晋临运货运公司、临汾公交未来城公交枢纽站、临汾尧都机场详细了解各交通场站的疫情防控和春运保障工作，针对减少交通运输场站人员聚集、严格管控交通运输工具载客率、加强在途疫情防控和应急处置的落实情况进行检查。

2月5日 下午，临汾市交通运输局党组2020年度民主生活会召开，会议由局党组书记、局长冯小宁主持，第十四督导组、驻局纪检监察组到会指导。会上，局党组成员及局领导班子成员逐一进行检视剖析，6名党组成员逐一开展批评与自我批评，督导组成员秦炳震对此次民主生活会给予充分肯定。临汾市交通运输局获省交通运输厅2020年度重点工作完成情况“优秀”等次评价。省交通运输厅为激励先进，在政策、资金等方面对评价为“优秀”等次的市予以倾斜。

同日 为提升应急救援处置能力和完善应急处置机制，临汾民航机场公司利用航班间隙开展航空器货舱内货物起火应急处置实战演练。此次演练贴近实战，演练模拟场景为：临汾机场一架出港航班，货舱货物正在装载当中，处理货物装载的工作人员发现飞机货舱突然冒出浓烟，第一时间将此情况向机场应急指挥中心报告，应急指挥中心立即报告值班领导并按要求启动预案，通知相关救援单位前往处置。在演练过程中，各参演人员积极配合、衔接有序，火情得到有效控制，圆满完成此次演练。

2月7日 临汾市制定《深化农村公路管理养护体制改革实施方案》。

2月9日 临汾市交通运输局、市公安局联合发布《关于开展严厉打击非法网约车经营活动专项整治行动的通告》，依法开展严厉打击非法网约车经营活动专项整治行动。

同日 上午，临汾市委书记董一兵，市委副书记、市长李云峰等市领导分别深入临汾民航机场、高铁临汾西站、疫情防控临汾高速站点、北城客运站就安全工作进行检查，并看望慰问了春节期间仍然坚守一线的干部职工，向大家致以诚挚问候和新春祝福。

2月18日 大年初七，新年上班第一天，临汾市交通运输局党组书记、局长冯小宁带领局领导班子成员到各科室、各直属单位开展走访慰问活动，向干部职工致以新春问候和美好祝福。

3月4日 下午，临汾市委书记董一兵与百度智能驾驶业务副总裁吴书林一行举行工作会谈，就进一步加强合作深入交流。百度作为全球领先的人工智能平台型公司，在智能交通、智能汽车、自动驾驶等领域优势明显，发展方向与临汾转型发展战略高度契合。临汾市委、市政府高度重视与百度合作，并积极主动对接，支持百度在临汾发展，开展更广泛、更深层次长期战略合作，助力临汾打造新业态、实现新发展。

3月5日 下午，临汾市交通运输局组织女职工开展“幸福像花儿一样”主题插花活动，喜迎“三八”妇女节的到来。

3月10日 由山西省交通运输厅二级巡视员王大为带队的山西省货车非法改装专项整治行动督查组一行对襄汾县中国一汽解放商用汽车服务站和襄汾县古城西王光辉汽车修理厂进行专项督查。

3月12日 临汾市交通运输局人才工作座谈会召开，局党组书记、局长冯小宁出席会议并讲话，局党组成员、二级调研员景俊青主持会议，局直属单位20余位高(中)级职称代表、选调生代表参加座谈。

3月16日 临汾市交通运输工作暨全面从严治党工作会议召开。市交通运输局党组书记、局长冯小宁作工作报告。会议回顾总结2020年和“十三五”期间交通运输工作取得的成绩，明确“十四五”交通运输主要任务目标，安排2021年工作任务，进一步动员全市交通运输系统广大干部职工,统一思想,坚定信心,认清形势,明确任务,扎实奋进,奋力谱写交通运输高质量、高速度发展新篇章。

3月17日 临汾市区128个智能公交站牌上线。新模式智能公交电子站牌功能涵盖公交查询、航班查询、火车查询、失物招领、城市风光……乘客候车时可在站点体验查询公交运行、天气预报、公益宣传、高铁车次、航空班次、失物招领、换乘路线等信息服务。

3月22日 临汾市交通运输局组织召开专题会议,学习贯彻《国家综合立体交通网规划纲要》。市交通运输局副县级领导干部贺文喜主持会议。局相关科室、局直相关事业单位负责人参加会议。

3月25日 下午,临汾市城市管理综合行政执法队联合交通运输综合行政执法队、公共自行车运营中心、交通警察支队特勤大队等对市区内违规停放的共享电动自行车展开集中整治。

4月1日 从即日起,临汾市信合路快速通道工程施工期间,市区多条公交线路改线、停运。其中,临汾公交3路、8路、10路、16路、17路运行线路进行调整;13路、18路暂时停运;20路根据施工情况将对运行线路进行调整。

4月2日 根据国务院办公厅优化地方政务服务便民热线要求,临汾市将2027575出租车投诉热线并线接入"12328"交通热线,即日起,有关出租车业务的投诉咨询,由"12328"交通热线受理。

4月11日 黄河一号旅游公路临汾市吉县沿黄主线工程(大宁吉县界至吉县姚家畔段)首根桩基顺利浇筑完成,该项目桥梁建设工作全面展开。

4月13日 上午,临汾市"共创'三零'·共建平安"主题宣传月活动启动仪式在市区鼓楼广场举行。为全方位展示全市开展"三零"单位创建一年来的成果,彰显省委省政府、市委市政府开展"三零"单位创建工作的坚强决心,进一步提高广大干部群众对"三零"单位创建的知晓度和参与率,市"三零"单位创建工作领导小组决定在全市开展为期一个月的宣传活动。宣传月期间,将广泛动员各行各业、各条战线的广大干部群众"共创'三零'·共建平安",营造创建浓厚氛围,在全市范围内形成人人参与创建、创建成果人人共享的良好局面。

4月18日 临汾市环境污染防治暨高铁高速沿线环境综合整治工作指挥部第一次会议召开,对相关工作进行安排部署。市委常委、常务副市长潘海燕出席并讲话。这次会议以电视电话会议形式召开,市政府办公室、市生态环境局等市综合整治工作指挥部成员单位有关负责人,临汾经济开发区管委会及相关部门有关负责人在主会场参加会议;各县(市、区)政府及专项行动指挥部成员单位有关负责人在分会场参会。

4月21至22日 临汾市交通运输局在市委党校举办为期两天的党史学习教育第一期读书班暨第二期"党员进党校"集中轮训。局理论学习中心组成员、局机关党委委员、局属基层党组织书记和委员、党务工作者和未参加第一期轮训的党员共计200余人参加。培训中,市交通运输局党组书记、局长冯小宁作专题党课辅导。市委党校教授沈新力、李唐、李霄、李芹、刘佶鹏分别就《用新时代党的指导思想武装头脑》《学党章争做新时代先锋党员》《意识形态关乎国家政治安全》《学党史 守初心 担使命》《习近平〈论中国共产党历史〉》等教学科目进行专题授课;培训还特邀市委党史研究室(市地方志研究室)副主任靳水旺就《中国共产党党史》进行专题辅导。读书班和党员轮训的目的旨在深入学习党史、新中国史、改革开放史、社会主义发展史,做到学史明理、学史增信、学史崇德、学史力行,进一步提高思想理论水平,加强党性锤炼,勇于担当,善于作为,奋力书写临汾交通运输事业新篇章。培训中,部分学员代表进行交流发言。

4月23日 上午,临汾市总工会、共青团临汾市委、山西路桥集团工会隰吉公司党委联合举办的"聚焦项目强堡垒,砥砺攻坚争先锋"2021年第一阶段劳动竞赛拉开序幕,在隰吉高速路基二标段梁板预制场施工现场,数百名建设者面对党旗庄严宣誓。呼北国家高速公路隰县至吉县段工程自2019年开工以来,秉持"创新、品质、绿色、安全、智慧"的建设理念,先后在"三集中"厂站建设、四新技术推广、固废资源化利用以及党建项目化管理品牌建设等方面取得了一系列显著成效。2021年，隰吉公司以开展“红色阵地”“党员责任区”和“党员先锋岗”三项活动为载体，强化党建引领，深入实施“1235工作法”党建工作项目化管理，推动党建工作与项目建设深度融合，进一步激发各参建单位的创先争优意识，以品质工程助力交通强国建设，以优异成绩向党的百年华诞献礼。

4月27日 临汾市尧都区举行“公转铁”战略装车点揭牌仪式。万吨专用线“公转铁”战略装车点揭牌仪式是尧都区贯彻国家、省、市“公转铁”战略部署的有力行动，是优化运输结构、推进清洁运输、增强煤炭运输的重要支撑。该装车点由山西金尧宏岳物流有限公司与大秦铁路股份有限公司侯马车务段合作经营，由山西金尧宏岳物流有限公司日常管理和经营，该公司2021年1月20日通过山西省环保厅环保验收，属于装车全封闭环保设施达标单位，该线路是尧都区首个经过省环保厅认证的环保达标铁路专用线。

4月27日至28日 副省长韦韬深入临汾市曲沃县、襄汾县、尧都区实地调研交通工作，详细了解旅游公路建设、“智慧公交”、出租车运营以及晋国博物馆直达108国道旅游公路规划建设等情况。

4月29日 临汾市五一劳动奖表彰大会召开，市交通运输局获2021年临汾市五一劳动奖状；临汾公共交通有限公司驾驶员张俊伟、临汾市宏通工交有限公司公共自行车运营中心运营部车队队长宋金泉分别获2021年临汾市五一劳动奖章。

5月8日 山西路桥集团二公司隰吉高速LJ5项目部顺利实现坪城大桥全幅合龙。坪城大桥下穿瓦日铁路杜家庄大桥，右线桥梁全长127米，左线桥梁全长97米，上部结构均为先简支后连续预应力混凝土T梁。该大桥安全顺利地完成桥梁合龙，为下一步实现主线全面贯通及路面施工奠定坚实基础。

5月18日 交通运输部公布2020年度“十大最美农村路”，永和县黄河一号旅游公路南庄—阁底段榜上有名。交通运输部2020年组织全国交通运输行业开展“我家门口那条路”主题宣传活动，发动广大群众积极推介、宣传、展示“美丽农村路”。经过新媒体展示、群众评议、质量审核，永和县黄河一号旅游公路南庄—阁底段等10条农村公路被推选为2020年度“十大最美农村路”。

5月20日 临汾市交通运输局组织召开全市交通运输执法领域突出问题专项整治行动动员部署视频会议。局党组成员、驻局纪检监察组组长陈贵林主持会议，局党组成员、二级调研员张雷志做动员部署。

5月25日 临汾—古县开通定制客运线路。

6月10日 上午，临汾市交通运输局组织开展“浓情粽意 共度端午”的包粽子活动，使干部职工感受传统节日的独特魅力。

6月12日至6月13日 临汾市交通运输局安全督查组先后在襄汾县汽车客运站、临汾桂冠运业有限公司、山西驰原物流有限公司、侯马市汽车客运西站、远航旅游公司和恒安物流有限公司等企业开展安全生产监督检查工作。

6月11日 临汾市交通运输局与市图书馆联合开展“图书进机关”活动，丰富干部职工精神文化生活，提升机关人员的文化素质，助力交通运输系统学习型机关建设。市图书馆的“流动图书车”在市交通运输局活动现场办理读者证、图书借阅，现场解答关于借阅方面的问题，使借阅书籍更加方便、简单、快捷。

6月21日 上午，省交通运输厅交通运输执法领域突出问题专项整治督导组一行3人在临汾市对交通运输执法领域突出问题专项整治行动工作开展情况进行督导并召开座谈会。督导组一行还督导乡宁县交通运输局及科技治超平台、乡宁县世厚承信商砼公司，了解企业经营现状及诉求，征询对乡宁县交通运输行政执法工作的意见和建议。

6月22日 临汾市公共自行车运营中心在汾河公园文化景区举行新设公共自行车站点开通仪式及“学党史、践初心、我为群众办实事”志愿服务活动。此次汾河公园文化景区公共自行车站点的开通运营，是市委、市政府完善城市功能、提质基础设施、塑造城市特色风貌，提升城市品质的又一重要举措。

6月25日 上午9时,山西汽运集团临汾汽车运输有限公司举办"2021年道路交通事故预防应急演练"。市交通运输局副局长崔勇出席活动并讲话。临汾市道路运输事业发展中心、尧都区交警五中队相关负责人,临运公司班子成员、部室相关人员、各基层单位主要负责人、安管人员以及临汾市"两客一危"企业主要负责人、安全负责人等300余人参加观摩。整个演练流程顺畅有序,所有参演人员能够做到反应快速、分工明确,紧密配合、处置有序,圆满完成了此次应急演练活动,有效提高多部门联合救援、快速反应和综合应急处置能力。

6月27日 临汾市交通运输局局长冯小宁、市生态环境局局长李永芳、市公安局交警支队支队长曹国刚带领相关人员联合对机动车尾气排放治理和汽修行业喷涂治理工作进行检查。检查组一行先后在108国道、309国道机动车尾气排放检查点,广汽本田盛博4S店、丰田锦华4S店、德隆汽修城,实地检查机动车尾气排放治理和汽修行业喷涂治理工作。

6月28日 临汾市交通运输局庆祝中国共产党成立100周年暨"七一"表彰大会在局一楼会议室隆重举行,对2020—2021年度优秀共产党员、优秀党务工作者等进行表彰。局领导班子,机关各科室负责人,局属各基层党组织书记,"优秀共产党员"、"优秀党务工作者"、"光荣在党50周年"、预备党员代表,共计60余人参加会议。

6月30日 上午11时,临汾市中欧班列恢复常态化开行,市委副书记、市长李云峰,省商务厅厅长王宏晋出席开行仪式,此次中欧班列从位于侯马市的山西方略保税国际陆港口岸园区成功发车,终点为德国汉堡。本次中欧班列共搭载82个20英尺国际标准集装箱,所载货物为自行车、铁质梯架、卡式炉等生活日用品,总数共计18000余件。班列途经呼和浩特、包头、乌鲁木齐,由阿拉山口口岸出境,穿越俄罗斯、白俄罗斯、波兰等国,最终到达德国汉堡,全程约1万公里,运行时间约15天。

7月1日 上午,为庆祝中国共产党成立100周年,临汾民航机场在航站楼组织开展"红色快闪 致敬建党百年"庆祝活动。

7月6日 下午,临汾市委常委、副市长、翼城县委书记王渊与中国交通建设集团有限公司投资管理部总经理卢耀军一行座谈,就临汾市与中交集团进一步加强合作进行对接交流。市金融办、市国资委、市发改委、市能源局、市住建局、市规划和自然资源局、市交通运输局、市投资集团等单位主要负责人和中交集团有关人员参加座谈。卢耀军介绍中国交通建设集团有限公司基本情况、主要投资方向;市相关部门简要介绍了临汾市基本情况和重点项目情况,市投资集团介绍了企业基本情况。与会人员重点围绕生态环保、城乡水务、城市更新、片区开发、金融发展、项目合作、交通建设、科技创新等内容进行了交流探讨。

7月8日 临汾市交通运输局在同盛实验中学音乐厅举办"回望百年奋斗路 启航交通新征程"主题晚会。市委常委、副市长潘海燕,市人大常委会副主任任天顺,市政协副主席程明温,市委党史学习教育第三巡回指导组,相关市直单位负责人,交通运输系统驻临单位以及各县、市、区交通运输局有关负责人,市交通运输局"在党50年"老党员代表、受表彰的优秀共产党员、优秀党务工作者代表共300余人观看现场演出。晚会分为"红心向党""同心筑梦""初心永恒"3个篇章11个节目,表演形式多样、内容丰富,有歌舞、诗歌朗诵、小品、快板、音乐剧等形式,内容大多取材于交通一线。

7月8日 上午,临汾市委网信办副主任郭文杰带领网络安全工作督查组对市交通运输局网络安全工作进行督导检查。市交通运输局副局长苏兰记一同检查。督导组通过听汇报、看资料、查现场的方式对市交通运输局网络意识形态工作责任制、网络安全工作责任制落实情况以及2020年网络安全普查发现问题的整改情况进行认真检查和系统梳理,抽检相关系统进行网络安全风险评估,对安全漏洞进行全面细致排查,并就进一步维护交通运输网络安全提出指导意见。

7月12日至16日 临汾市交通运输局在上海

交通大学成功举办全市交通运输系统干部专业化能力提升培训班。全市各县(市、区)分管交通运输工作的领导和交通运输局局长,市交通运输局部分干部共47人参加培训。本次培训班为期5天,采取课堂授课和现场教学相结合的方式,紧紧围绕党史学习教育、综合交通运输系统发展及优化战略、交通运输环境与安全、城市公共交通优先发展的制度设计与运营机制、智慧交通建设与管理、农村四好公路建设、全国现代物流业发展的认识与实践案例等内容进行授课,在中共一大会址、上海虹桥综合交通枢纽、洋山深水港进行现场教学,课程内容丰富、形式灵活多样,具有很强的时代性、针对性、实效性。

8月2日 临汾市2021年首期乡村道路维护和公路养护工培训班在平阳现代职业培训学校开班。来自公路建设一线的50名养护工人参加首期培训。此次培训共分19期,每期6天,将对全市3399名乡村道路维护和公路养护工进行全面培训,以强化养护行业职工队伍建设,提高乡村道路维护,公路养护工理论素养、业务能力,全面提升农村公路管理专业化、精细化、标准化、规范化水平。

8月4日 临汾市邮政管理局联合市消防部门开展邮政快递业汛期安全专项培训,进一步增强从业人员防汛意识,提高行业防汛应急处置能力。全市邮政快递企业负责人、安全生产责任人和安全员共56人参加培训。培训以“科学防汛,安全第一”为主题,集中观看防汛安全知识教育片,详细讲解防汛防洪安全知识,现场教授避险自救技能,并安排襄汾县寄递企业负责人就近期发生的救灾抢险事例,分享网点排涝、客户沟通和保障投递等应急救灾处置工作经验。

8月5日 临汾市区华门一号公共自行车站点安装调试完毕,并开通使用。

8月6日 山西省推行县、乡两级“双段长”制,对铁路沿线安全实施长效管理。

8月13日 临汾市交通运输局召开2021年全市交通运输半年工作电视电话会议。会议回顾总结2021年上半年各项工作开展情况,通报“四好农村路”和黄河一号旅游公路建设进展情况,研究分析存在的问题,并对下一步工作进行安排。

8月31日 临汾市交通运输局、省高速公路综合行政执法总队临汾支队组成联合调研组赴汾西县对竹镇进行调研,进一步摸清乡村振兴驻乡镇工作队进驻以来工作情况,联合推动乡村振兴驻乡镇帮扶工作起好步,开好局。调研组一行详细了解驻乡镇帮扶工作队进驻以来的工作情况,重点调研了对竹镇巩固脱贫成果和乡村振兴规划、帮扶项目储备和建设情况。在听取驻镇帮扶工作队队长以及乡镇负责人有关文化“竹”、经济“林”、生态“河”、旅游“庄”的规划汇报后,调研组肯定了工作队和乡镇的工作成效,并对工作队调研摸底工作等方面予以精准指导。

是月 临汾市交通运输局持续开展“人人持证、技能社会”培训工作,截至月底,已对494名乡村道路维护和公路养护工进行集中培训。更好适应全市转型跨越发展需要,推动农村公路事业又好又快发展。

9月7日 上午,临汾市委书记闫晨曦主持召开市委专题工作会议,听取尧都机场与中心城区连接通道方案情况汇报,研究部署有关工作。市委常委、常务副市长潘海燕,市委常委、秘书长郭行杰出席。市委办公室、市政府办公室、市规划和自然资源局、市交通局、市住建局、尧都区、临汾经济开发区负责人参加会议。

9月9日 临汾市交通运输局举行妇女代表大会,选举新一届妇女委员会委员。局党组成员、机关党委书记、二级调研员景俊青,四级调研员李春香,还有32名局机关和局直各事业单位的女职工代表参加会议。大会一致通过《临汾市交通运输局妇女代表大会选举办法(草案)》;以无记名投票、等额选举的方式,最终选举产生李春香、王婧、秦晓晓、吉国华、柴义华5名新一届妇女委员会委员。随后,召开第一次妇委会委员全体会议,一致通过妇委会主任由李春香担任,副主任由王婧担任。

9月17日 上午10时,山西省2021年绿色出行宣传月和公交出行宣传周活动启动仪式在临汾高铁西站站前广场举行,省交通运输厅、省公安厅、省机关事务管理局、省总工会、市人民政府相关领导出席启动仪式,临汾市公交公司、出租车公司以及公共自行车运营中心工作人员和部分市民参加。2021年绿色出行宣传月和公交出行宣传周活动的主题为倡导绿色出行 促进生态文明。在启动仪式上,与会领导参观临汾绿色出行工作宣传展板,亲身感受临汾公交满满的科技感与温馨宜人的乘车环境,现场观看公交公司为公交车及司机配备的一系列高科技产品。

同日 临汾市沿黄扶贫旅游公路永和县段家河至河浍里段公路改造工程顺利通过交工验收。由临汾市交通运输局、永和县交通运输局、山西路桥集团永和沿黄旅游公路有限公司等相关单位组成的验收组在全面检查相关资料、核验工程现场、实地踏勘检测并深入研讨后,一致认为该项目整体工程质量符合设计及相关规范要求,一致同意通过交工验收。

9月23日 隰吉高速公路南岭塬隧道全线贯通,为项目如期建成通车奠定基础。南岭塬隧道位于山西省临汾市隰县县城以东龙泉镇卫家垣村,设计为左右分离式,左右线均属双向四车道高速公路长隧道,左线洞体全长2210米,右线洞体全长2187米,洞体最大埋深136.12米。在施工中,施工单位、监理单位严守安全质量红线,合理资源配置,严格遵循"先探测、管超前、短进尺、快循环、少扰动、强支护、紧封闭、勤测量"的原则,不断完善施工方案,在保证工程质量及施工安全的前提下,保质保量保安全完成预期目标。

9月26日 18时02分,在1000余名施工人员历经20小时紧急抢修后,受持续降雨影响中断行车的南同蒲铁路襄汾至侯马间线路抢修完毕,客货运输秩序逐步恢复。

9月28日 临汾市交通运输综合行政执法队在临汾高铁西站随机拦停待客的出租车,按照相关规定对出租车司机进行服务考核和安全检查。

9月29日 临汾市交通运输局发出倡议,创建"无烟机关",营造健康、舒适的工作环境和公共环境,推动无烟党政机关建设。

同日 上午,临汾市交通运输局举办迎"国庆"职工飞盘趣味运动会。共有局直单位9支代表队80多名职工参赛。本次趣味运动会共设有飞靶、飞盘、保龄球、九宫格、投篮等项目。

同日 早上6点30分,黄河一号旅游公路大宁县昕水河特大桥胜利合龙。大桥是山西省黄河一号旅游公路临汾市大宁县沿黄主线上的一项咽喉工程,全长588米,桥面宽10米,桥梁单跨跨径160米,为全省在建单跨跨径最大桥,最高墩柱加0号块高度为100米。该大桥在施工中采用高墩施工液压爬模施工工艺,模板选用德国进口的维萨板,箱梁腹板内设置竖向预应力钢棒,保证高质量施工的同时还节约了施工时间。昕水河特大桥顺利合龙标志着黄河一号旅游公路又一重难点关键性工程取得重大突破性进展。

10月1日 下午4时许,临汾首趟中亚回程班列抵达侯马方略保税国际陆港口岸园区。此趟班列是临汾市返程的首趟中亚班列,标志着全市与"一带一路"沿线国家实现铁路物流互联互通、双向往来又向前迈进一步。该班列于9月15日从哈萨克斯坦国普列德戈尔纳亚站发车,途经阿拉山口入境中国,历经16天。所载货物是从哈萨克斯坦国进口的袋装大麦,共计45个标准货柜,重量1300吨。

10月7日 临汾市交通运输局党组书记、局长冯小宁就公路养护培训、客运市场秩序以及道路水毁抢修等交通运输工作在霍州市调研。

10月14日 临汾市交通运输局党组书记、局长冯小宁一行在蒲县、大宁县农村公路水毁一线就公路抢通抢修及灾后重建工作进行调研。调研组一行先后勘察蒲县农村公路曹碗线、山岔线、下井线、古午线和大宁县农村公路宁大线、马北线、曲娥至布业公路水毁受灾及抢修现场,认真听取了公路、桥梁抢险抢修情况汇报,详细了解公路水毁抢通和修复工程进展,有针对性地提出相关抢修抢通和灾后重建建议,并给予了有力的技术支持。

10月14日至15日 临汾市交通运输局开展党史学习教育"光影铸魂"党课观影活动,组织干部职工观看爱国主义教育影片《长津湖》，重温红色记忆，感悟家国情怀。

10月15日 临汾市委书记闫晨曦在兴荣物流公司，调研网络货运平台运行情况，与企业负责人深入交流，详细了解企业运营模式、技术路径。兴荣物流公司是一家集货物运输、仓储配送、货运代理、装卸搬运、信息服务、商品展销于一体的综合性AAAA级现代物流企业，业务辐射长三角、珠三角、京津冀、山东半岛等地区，是山西省唯一一家全国公路运输甩挂试点单位。闫晨曦来到兴荣物流公司，详细了解企业运营模式、技术路径，针对企业在平台建设和运行中遇到的困难，现场研究解决方案。

10月18日 根据《临汾市人民政府关于在市区范围内实施机动车单双号限行交通管制的通告》，临汾公交线路从10月18日0时至12月31日24时全部免费乘坐。同时为了进一步贯彻落实市政府通告精神，缓解交通压力，临汾公交对5路、9路、10路、11路增加运力，加发趟次，助力广大乘客优选公交，绿色出行。

10月19日 省交通运输厅一级巡视员、省公路灾处治工作督导检查组第五组组长郝玉柱一行来到临汾市，督导检查公路灾毁处治工作。市委常委、副市长王渊陪同督导。督导检查组一行先后在尧都区县底镇清乐院村水毁处、大阳镇尧陵旅游公路水毁路段、520国道线一平垣路面塌陷处、309国道峪里路段山体塌方处进行实地督导检查，对临汾市公路抢修抢通工作予以肯定。

11月9日 上午10时，由临汾市交通运输局、临汾市道路运输事业发展中心主办，山西联运集团股份有限公司及市区六家巡游出租汽车企业承办的"95128"电召爱心车队建队启动仪式在市新博汽车出租有限公司举行，市交通运输局党组成员、副局长苏兰记出席启动仪式并宣布活动启动。"95128"平台通过巡游出租汽车电话约车和网络约车服务，解决老年人运用智能技术服务困难，方便老年人打车出行，赋予传统行业新业态、新功能的同时，又做到更好地满足人民群众安全、便捷、舒适、高效的个性化出行需求。

11月4日 临汾市恢复全市疫情检查站及各场站核酸采集点工作，各地交通部门联合交警、卫健等相关部门严格疫情查验措施，对省外来(返)临人员逐一进行检测体温查验两码；严格分类管控措施，对有14天内中高风险地区和疫情发生地所在地市旅居史人员进一步查验48小时内核酸检测，对无核酸检测阴性证明的立即登记采样检测。

11月10日 临汾市交通运输局党组成员、副局长苏兰记带领相关部门负责人在襄汾县检查指导"大气污染防治绿色运输示范区"交通管控工作。苏兰记在执勤卡点听取执法人员关于车流量、检查人员工作安排等情况的专题汇报，查看了劝返登记台账，并对管控工作提出要求。

11月12日 省交通规划勘察设计院有限公司与临汾市鸿图交通勘察设计有限公司签署战略合作协议，并举行揭牌仪式。临汾市交通运输局党组书记、局长冯小宁，局副县级领导干部贺文喜、冯建荣，市公路事业发展中心负责人，省交通规划勘察设计院有限公司与临汾市鸿图交通勘察设计有限公司相关领导出席签约仪式，共同见证山西省交通规划勘察设计院有限公司临汾分公司的正式揭牌成立。

11月15日至19日 临汾市交通运输局在市委党校举办党员干部集中培训班。局领导班子成员、县处级领导干部、机关党委委员、基层党组织书记、优秀党员和优秀党务工作者代表共50余人参加培训。培训通过专题辅导、视频教学、交流讨论等方式，对中共十九届六中全会精神、习近平总书记全面从严治党论述、四史(党史、新中国史、改革开放史、社会主义发展史)、以社会主义意识形态引领文化强国建设、落实《山西省优化营商环境条例》、全省及全市党代会精神解读等授课内容进行系统培训。

11月16日 临汾市交通运输局党组书记、局长冯小宁深入永和县黄河一号旅游公路石楼至咀头主线进行调研。要求沿黄旅游公路在建设上要有旅游的特色，沿路观景台布局要科学合理，既要保障停车安全，又要兼顾景色优美，吸引旅客停车小憩、驻足观景。他强调,进入冬季施工,各单位要加强在建项目冬季质量安全监管,全面落实好冬季施工各项质量、安全、疫情防控保障措施,确保2021年建设任务如期完成。

11月16日至12月17日 临汾市道路运输事业发展中心举办“业务能力提升专题讲堂”培训班。培训班共八期,主要围绕科室工作内容、业务流程及工作中涉及的相关政策法规等方面进行授课。

11月18日 上午,108国道襄汾至曲沃至侯马过境公路改线工程奠基仪式在襄汾县举行。副市长王云讲话并宣布工程奠基。项目起点位于襄汾县新城镇梁坡村东侧,与原108国道顺接,终点位于侯马市高村乡西贺村北侧,与原108国道顺接,全长67.68公里,总投资37.87亿元,全线采用双向四车道一级公路标准建设,设计速度80公里/小时。

同日 临汾市治理非法超限超载车辆工作会议召开。市委常委、常务副市长王渊出席并讲话。

同日 临汾市召开创建国家“公交都市”专题会议,听取进展情况汇报,安排部署下一阶段工作。市委常委、常务副市长王渊出席并讲话。会上,市发改委、市交通运输局、市工信局、市财政局、市规划和自然资源局、市城市管理局、市住建局、市公交公司等单位相关负责人进行交流发言。

11月26日至27日 临汾市交通运输局在家思博尔酒店大会议室举办全市交通运输安全监管与行政执法能力提升培训班。局党组书记、局长冯小宁,党组成员、二级调研员张雷志,党组成员、副局长崔勇出席开班仪式。市交通运输局机关各科室及局直各单位人员90余人参加此次培训,通过专题辅导和交流讨论等方式,对安全生产“三管三必须”“立责于心保安全,履职于行促发展”以及交通运输行政执法程序与文书制作、治超工作法律制度与实务等内容进行系统的政策解读和业务培训。

11月29日至12月5日 临汾市交通运输局以“以习近平法治思想为指引,坚定不移走中国特色社会主义法治道路”为主题开展了一系列宪法宣传活动。

12月3日 上午,临汾市委全面依法治市委员会守法普法协调小组、市司法局、市交通运输局联合举办临汾市“宪法主题”公交车启动仪式。市委常委、宣传部长闫建国出席并宣布临汾市“宪法主题”公交车正式启动。“宪法主题”公交车依托公共交通亲民、便民、利民的属性,让公交车成为普及宪法法律知识的“移动宣传栏”和普法风景线,让市民的乘车出行成为学法之旅,让文本上的宪法“动起来”,让公交车成为弘扬宪法精神、增强宪法意识、加强宪法实施的重要载体。

12月6日 临汾公交再添新车型,“仿古铛铛车”投入运营。“仿古铛铛车”是新能源电动公交车,车长10.5米,车身红色,印有祥云图案,上客门、下客门均为黄色仿古木质门,车辆有喜庆、欢乐、祥和之感。

12月9日 2211国道长延高速霍永段隰县东收费站正式通车运营,自此2211国道长延高速霍永段全线7个收费站已全面投入使用。隰县东收费站位于临汾市隰县黄土镇古县村西200米处,隶属于山西交通控股集团临汾北高速公路管理有限公司。

12月13日 省交通运输厅等部门对2021年“四好农村路”省级示范市、省级示范县进行公示,临汾市永和县被推荐为省级示范县。

12月21日 浮山至临汾高速公路项目正式开工,省委副书记、省长蓝佛安在临汾市浮山县出席开工仪式,并宣布项目开工。浮山至临汾高速公路项目是全省省道网规划(2021—2035年)中新规划的沁临高速的第一阶段重点实施项目,也是全省仅剩的5个“县县通高速”项目之一。项目概算总投资19.66亿元,由省、市、县三级以及省交控集团共同出资。主线全长18.68公里,起点位于浮山县城西北侧东鲁村,通过设置2条匝道实现与浮山县的交通转换;终点位于尧都区县底镇东北侧,与长临高速临汾东相接。全线采用双向四车道高速公路标准建设,建设工期为两年半,预计于2024年6月底通车运营。

(资料报送:庞燕东)

运城市交通运输局大事记

1月7日 运城市交通运输局党组书记、局长李晋学主持召开党组(扩大)会议,对2020年度目标责任考核、疫情防控、安全生产及交通系统先进集体、先进个人表彰评选工作进行全面安排部署。局领导班子成员、各科室和下属事业单位负责人参加会议。

1月8日 运城市人大常委会委员、财经工委主任任兴龙一行到运城市交通运输局,对2020年度履职情况进行年终监督检查。市交通运输局党组书记、局长李晋学向检查组一行汇报2020年度履职情况。

1月12日 运城市交通运输局党组书记、局长李晋学带领有关领导班子成员和部门负责人,深入市客运中心站督查疫情防控工作。

1月26日 运城市交通运输局领导班子召开2020年度民主生活会,紧扣主题,紧密联系工作实际进行对照检查,开展批评和自我批评,提出改进措施,明确努力方向。局党组书记、局长李晋学主持会议。

1月27日 运城市交通运输局向全市交通运输系统印发《2021年运城市交通运输春运工作实施方案》,对春运工作进行具体安排部署,努力保障人民群众平安有序出行。

2月1日 运城市交通运输局党组书记、局长李晋学带队深入市客运中心汽车站、高铁北站、尧舜禹冷链物流运输企业一线,对春运期间安全生产及疫情防控工作进行督导检查。

2月2日 运城市交通运输局召开全市交通运输工作电视电话会议,传达学习中央及省、市经济工作会议精神和全国交通运输工作会议精神,回顾总结全市"十三五"及2020年交通运输工作,表彰2020年度优秀单位,安排部署2021年工作。

2月23日 运城市交通运输局党组书记、局长李晋学主持召开党史学习教育动员部署会,深入学习贯彻中央、省委、市委党史学习教育部署精神,对全系统开展党史学习教育工作进行安排部署。全体党员、入党积极分子和新进大学生共160余人参加部署会。

同日 运城市交通运输局党组书记、局长李晋学带领相关人员深入垣曲县,对在建的黄河一号旅游公路建设情况进行督导检查。

3月9日 运城市交通运输局组织党员干部职工170余人来到盐湖区解州镇蚕坊村"国家级互联网+全民"义务植树基地开展植树志愿服务活动。

3月17日 运城市委副书记、市长储祥好深入芮城县调研黄河一号旅游公路建设,市交通运输局党组书记、局长李晋学及当地有关负责人等陪同。

3月24日 运城市交通运输局召开干部大会,市委组织部副部长丁文玲宣布市委关于薛玉马担任市交通运输局党组书记的决定。市委常委、常务副市长陈杰出席会议并讲话,局各科室、下属事业单位副科级以上干部及新进大学生参加会议。

3月26日 运城市四届人大常委会第四十九次会议召开,决定任命薛玉马为运城市交通运输局局长。决定免去李晋学的运城市交通运输局局长职务。

4月1日 运城市交通运输局在盐湖区烈士陵园开展"学党史、祭英烈"清明节祭扫活动,局领导班子成员及机关全体、下属单位160余名党员干部参加活动。

4月7日 省委党史学习教育第四巡回指导组副组长李树恩一行到市交通运输局对党史学习教育开展情况进行督导检查,局党组书记、局长薛玉马向指导组一行汇报党史学习教育工作开展情况。

同日 运城市交通运输局举行“百年征程与人生信仰”专题报告会,邀请《解放军报》报社高级编辑卜金宝作宣讲报告。局领导班子成员、机关全体人员、下属单位环节以上干部、党员及入党积极分子参加报告会。

4月8日 运城市交通运输局召开2021年度党风廉政建设和反腐败工作会议,回顾总结2020年全面从严治党工作,安排部署2021年工作任务。局党组书记、局长薛玉马作工作报告,局领导班子成员,驻局纪检监察组人员,局机关全体人员,下属单位党员、积极分子及环节以上干部等160余人参加会议。

4月14日 运城市委第五巡察组对市交通运输局开展为期三个月的巡察“回头看”,市委组织部主持日常工作的副部长、巡察领导小组成员张建元,市委第五巡察组组长董樊杰、副组长李亚红及其他巡察组人员,市委巡察办巡察一科科长马俊红,市纪委监委第五监督检查室副主任李新平,市交通运输局领导班子成员、驻局纪检监察组人员、局机关全体、下属单位中层以上干部参加会议。

4月15日 省交通运输厅战备办副主任范彦军一行,到芮城县调研风陵渡渡口和张风线战备公路改建项目,运城市交通运输局党组书记、局长薛玉马,局党组成员、驻局纪检监察组长杨铁宁等有关人员陪同。

4月21日 省交通运输厅党组成员、副厅长王晋到市交通运输局调研指导工作。局领导班子成员、各科室及下属事业单位负责人参加会议。相关负责人就综合行政执法队、民航机场建设中心等事业单位改革情况,普货运输、“两客一危”等安全生产情况,交通项目建设情况等内容进行汇报。

同日 副省长韦韬深入运城市万荣县、临猗县、盐湖区,对黄河一号旅游公路管理养护和临猗黄河大桥工程建设开展调研。

4月27日 运城市交通运输局举办“中国共产党为什么‘能’”党史学习教育宣讲报告会,市直工委副书记刘兆军作宣讲报告,局领导班子成员、机关全体人员、下属单位党员、入党积极分子和环节以上干部共160余人参加报告会。

5月8日 运城市交通运输局召开市委第五巡察组对市交通运输局巡察“回头看”汇报会议。局党组书记、局长薛玉马代表交通运输局党组作巡察“回头看”工作汇报。市委第五巡察组组长董樊杰、副组长李亚红及巡察组其他人员,局领导班子成员、驻局纪检监察组人员、局机关全体职工、下属单位中层以上干部参加会议。

5月18日 运城市人大常委会副主任潘志孝一行深入市公交西停保场及市中心汽车站公交停车场,对重点建议办理情况进行督办调研,市交通运输局党组书记、局长薛玉马及相关部门负责人陪同。

同日 运城市交通运输局召开全市交通运输执法领域突出问题专项整治行动部署会。局党组书记、局长薛玉马出席会议并讲话。各县(市、区)交通运输局局长、执法队队长及局机关相关科室、下属单位负责人参加会议。

同日 运城市交通运输局召开国Ⅲ柴油货车淘汰工作推进会。局党组书记、局长薛玉马出席会议并讲话。各县(市、区)交通运输局局长、执法队队长及相关科室负责人参加会议。

5月21日 运城市交通运输局在盐湖区滨湖大道开展以“学党史、强信念、跟党走”主题的健步走活动,局机关全体工会会员参加活动。

5月25日 运城市交通运输局组织党员干部到红色教育基地闻喜县陈家庄村参观学习。局领导班子成员、机关全体职工,下属单位领导班子成员及正科级干部60余人参加活动。

6月4日 运城市交通运输局党组书记、局长薛玉马主持召开文明城市创建推进会,局领导班子成员、各部门负责人参加会议。

6月18日 运城市交通运输局召开局安委会第三次全体(扩大)会议暨全市交通运输安全生产工作会议。局党组书记、局长薛玉马出席会议并讲话,局领导班子成员、各科室和下属单位负责人、各县(市、区)交通运输局局长和分管副局长、全市“两客一危”企业负责人参加会议。

6月22日 运城市交通运输局组织开展“红色精神咏流传”主题诵读比赛活动、“七一”表彰暨“光荣在党50年”纪念章颁发仪式,会议宣读“七一”表彰通报,对局所属2个先进党支部、7名优秀党务工作者和7名优秀共产党员代表颁发荣誉证书,为到场的2名党龄在50年以上的老党员逐一颁发“光荣在党50年”纪念章。局党组书记、局长薛玉马出席仪式并讲话,局领导班子成员、2名党龄50年以上的老党员、机关全体,下属单位班子成员及党员、积极分子参加活动。

6月28日 运城市交通运输局领导班子走访慰问老干部老党员,现场为他们颁发“光荣在党50年”纪念章,并送去组织关怀和节日祝福。

6月30日 闻喜东镇至垣曲蒲掌高速公路古城联络线项目竣工,举行试通车仪式。

7月7日 运城市委常委、常务副市长陈杰一行到2021年市“1311”重大工程项目公交东停保场建设现场,督导调研“我为群众办实事”重点项目提升市区公交线路覆盖率落实情况。市交通运输局党组书记、局长薛玉马陪同参加。

7月16日 运城至芮城109路城际公交线路开通仪式在市中心汽车站举行。市交通运输局党组书记、局长薛玉马及相关负责人参加,市政府副秘书长王奋勇出席仪式并宣布正式开通。

7月26日至27日 运城市交通运输局党组组织各党支部书记、部分委员赴夏县进行红色教育暨观摩农村公路活动。实地参观夏县黄河一号旅游公路和祁家坡隧道施工现场,到晋南革命摇篮、河东革命心脏、红色延安的大后方韩家岭接受红色教育。

7月30日 运城市委沿涑水河田园风光带建设工作督查组召开沿涑水河田园风光示范带建设推进会。会议传达学习市委书记丁小强在示范带建设督查情况第一期通报上的重要批示精神,听取规划设计单位关于《沿涑水河田园风光示范带规划方案》的介绍,参会人员围绕规划方案依次提出意见建议,汇报示范带建设推进情况及下一步工作措施。沿线六县(市、区)政府主管领导、牵头单位负责人、市直成员单位主管领导参加会议,督查组组长、市政协副主席廉广锋出席会议并讲话,市政协常委、提案委主任淮占科主持会议。

同日 省公安厅交通管理局二级警务专员姚毓璜带队,对全市国Ⅲ柴油货车淘汰完成情况进行督导检查。市国Ⅲ车淘汰领导小组副组长、市政府副秘书长王奋勇,市国Ⅲ车淘汰领导小组副组长、市交通运输局党组书记、局长薛玉马陪同并汇报工作。

8月4日 运城市交通运输局召开“四好农村路”全国示范市创建工作推进会,对创建工作进行再安排、再部署,局党组书记、局长薛玉马出席会议并讲话。

8月10日 运城市交通运输局召开学习贯彻习近平总书记“七一”重要讲话精神专题辅导会,局党组书记、局长薛玉马对学习贯彻习近平总书记“七一”重要讲话精神进行专题辅导,局领导班子成员、机关党员、下属单位支委(总支)委员参加。

8月11日 运城市交通运输局在河津市召开全市“四好农村路”示范创建暨交通运输重点工作现场推进会。局领导班子成员、各县(市、区)交通运输局局长、局相关部门负责人参加,局党组书记、局长薛玉马出席并讲话。

8月12日至27日 运城市交通运输局领导班子成员,分4个小组,带领相关业务骨干先后两次深入各县(市、区),实地指导督促全市“四好农村路”示范创建工作。

8月17日 运城市委常委、常务副市长陈杰召开全市1月至7月份经济运行会,会上对运城市“四好农村路”示范创建工作进行安排部署。

8月19日 运城市委常委、市纪委书记、市监委主任周跃武在菏宝高速临猗黄河大桥项目建设现场进行调研。

8月23日至24日 运城市交通运输局党组书记、局长薛玉马带队,前往交通运输部汇报全市“四好农村路”示范创建工作开展情况。

8月24日至25日 运城市交通运输局邀请省交通运输厅专家,对全市“四好农村路”示范创建工作进行实地指导。

8月27日 运城市交通运输局党组书记、局长薛玉马带队深入市瑞通汽车客运中心站、尧舜禹冷链物流运输企业督查交通运输行业疫情防控及文明城市创建工作，局综合运输科、市交通运输综合行政执法队、盐湖区交通运输局相关人员参加。

9月6日至12日 全国"四好农村路"示范创建国家复核组采取线上审核和视频连线方式，对运城市申报创建全国示范市工作进行全面复核。

9月9日 运城市人大常委会主任邓雁平带队到市公交西停保场，视察市交通运输局有关提升中心城区公交线路覆盖率重点建议办理情况，市交通运输局党组书记、局长薛玉马等有关人员陪同。

9月14日 省委党史学习教育第四巡回指导组组长王水成一行深入市公交西停保场对运城市交通运输局就党史学习教育"我为群众办实事"实践活动开展情况进行调研。市委常委、常务副市长陈杰，市交通运输局党组成员、一级调研员权志学等有关人员陪同。

9月15日 运城市交通运输局召开重点工作调度会，对全年重点工作目标推进情况进行再分析、再研究、再部署、再推进。局党组书记、局长薛玉马出席会议并讲话，局领导班子成员、各县（市、区）交通运输局负责人、市局相关科室及下属事业单位有关人员参加。

9月22日 运城市委第五巡察组在市交通运输局召开巡察"回头看"情况反馈会议，通报《市委第五巡察组关于对交通运输局党组巡察"回头看"的反馈意见》。市委常委、常务副市长陈杰，市纪委常委、市监委委员、二级调研员郑万荣，市委第五巡察组组长董樊杰、副组长李亚红等出席会议，市交通运输局党组书记、局长薛玉马主持会议并作表态发言。局领导班子成员，驻局纪检监察组人员，局科级干部、下属单位班子成员参加会议。

9月26日 凌晨3时许，南同蒲线侯马至灵石区间火车道突发塌方，西安去太原方向列车上的300余名旅客滞留运城火车站，K238深圳西到太原方向列车上的340名旅客滞留闻喜火车站。在市委、市政府统一指挥下市交通运输局调度市公交公司8辆公交车于6时50分准时将300余名滞留运城火车站的乘客全部安全转移到高铁北站顺利转乘。同时，协调闻喜县交通部门调集2辆大型客车、5辆中型客车，先后分12车次对340名滞留闻喜火车站的旅客全部安全转运至高铁闻喜西站顺利转运。

9月27日 运城市交通运输局召开"四好农村路"省级示范市创建复核工作现场汇报会，省"四好农村路"示范市创建复核组第四组组长、厅"四好办"副组长杨晋涛及复核组成员参加会议，市政府副秘书长、二级巡视员王奋勇主持会议，市交通运输局党组书记、局长薛玉马作工作汇报，局党组成员、一级调研员权志学及相关科室负责人参加会议。

9月30日 运城市交通运输局召开国庆期间疫情防控及安全生产安排部署会议，会议传达9月27日全省秋冬季疫情防控工作视频会议精神和副省长吴伟重要讲话精神，传达9月30日省政府安委办国庆期间安全防范工作视频调度会议精神，并对国庆期间的安全生产及疫情防控工作进行安排部署。局党组书记、局长薛玉马主持会议并讲话，局领导班子成员、机关全体人员及下属单位领导班子成员参加会议。

10月7日 汾河干流水位持续暴涨，近50年最大洪峰进入新绛县境内，严重威胁沿线群众生命财产安全。根据市政府指挥部要求，市交通运输局立即启动应急预案，迅速协调新绛县交通运输局派出公交车辆24辆、工作人员30余名，前往受灾一线开展群众转移安置和应急救援工作。同时，协调山西汽运集团运城分公司出动2辆货车将救灾物资送往防汛前线，并协助开展固坝防护。其间，共安全转移沿线群众4600余人，运送救援物资40余吨，未发生人员伤亡。

10月13日 运城市交通运输局印发《运城市农村公路灾毁路段抢通保通及能源运输保畅工作方案》的紧急通知（运交公路事业函〔2021〕221号），对全市农村公路抢通保通和能源运输保畅工作进行全面安排部署。

同日 运城市交通运输局党组书记、局长薛玉马深入平陆县公路水毁现场调研指导。

10月18日至19日 交通运输部工作组深入运城市河津市、稷山县、垣曲县督导调研抢险救灾和灾后恢复重建工作，市交通运输局党组书记、局长薛玉马及相关县（市）负责人陪同。

同日 省交通运输厅党组成员、副厅长段新源一行5人深入新绛县、稷山县、平陆县公路受损现场督导调研公路灾毁处治工作。市交通运输局党组书记、局长薛玉马，运城公路分局、南北高速管理公司及相关县负责人陪同。

11月7日 运城市委书记丁小强深入中心城区市客运中心站、高铁北站和张孝机场等交通运输站点开展疫情防控工作检查指导，市交通运输局党组书记、局长薛玉马陪同参加。

11月12日 运城市交通运输局分别召开传达学习中共十九届六中全会精神和学习贯彻省第十二次党代会精神大会，动员全体党员干部统一思想、凝聚共识，迅速掀起学习贯彻落实的热潮。

11月19日 运城市委副书记、市长储祥好在菏宝高速临猗黄河大桥项目建设现场调研指导工作。

11月23日 省委书记林武在临猗县调研菏宝高速临猗黄河大桥项目建设。

11月24日 省委书记林武在芮城县视察黄河流域生态保护和高质量发展，并实地调研黄河一号旅游公路芮城段情况。

12月2日 运城市政府召开全市重点公路项目专题会议，对当前及“十四五”期间重点公路项目进行研究部署。市委常委、常务副市长陈杰出席会议并讲话，市政府副秘书长、二级巡视员王奋勇主持会议，市交通运输局、市直相关单位、有关（市、区）政府负责人参加会议。

12月20日 运城市交通运输局机关全体人员深入万荣县万泉乡荆淮村入户走访开展“五看十问三评估”活动。

12月22日 运城市委宣讲团成员、市直工委书记范安军在市交通运输局开展中共十九届六中全会精神宣讲报告。局领导班子成员、机关全体职工及下属单位领导班子成员参加会议。

（资料提供：薛 炟）